Christoph Horn / Jörn Müller / Joachim Söder (Hg.)

Platon-Handbuch
Leben – Werk – Wirkung

Unter Mitarbeit von Anna Schriefl, Simon Weber und Denis Walter

2., aktualisierte und erweiterte Auflage

Sonderausgabe

J. B. Metzler Verlag

Die Herausgeber
Christoph Horn, Professor für Praktische Philosophie und Philosophie der Antike, Institut für Philosophie, Universität Bonn.
Jörn Müller, Professor für antike und mittelalterliche Philosophie, Institut für Philosophie, Universität Würzburg.
Joachim Söder, Professor für Philosophie, Katholische Hochschule Aachen.

ISBN 978-3-662-61949-0

Die Deutsche Nationalbibliothek verzeichnet diese Publikation in der Deutschen Nationalbibliografie; detaillierte bibliografische Daten sind im Internet über http://dnb.d-nb.de abrufbar.

J. B. Metzler
© Springer-Verlag GmbH Deutschland, ein Teil von Springer Nature, 2020

Das Werk einschließlich aller seiner Teile ist urheberrechtlich geschützt. Jede Verwertung, die nicht ausdrücklich vom Urheberrechtsgesetz zugelassen ist, bedarf der vorherigen Zustimmung des Verlags. Das gilt insbesondere für Vervielfältigungen, Bearbeitungen, Übersetzungen, Mikroverfilmungen und die Einspeicherung und Verarbeitung in elektronischen Systemen.

Die Wiedergabe von allgemein beschreibenden Bezeichnungen, Marken, Unternehmensnamen etc. in diesem Werk bedeutet nicht, dass diese frei durch jedermann benutzt werden dürfen. Die Berechtigung zur Benutzung unterliegt, auch ohne gesonderten Hinweis hierzu, den Regeln des Markenrechts. Die Rechte des jeweiligen Zeicheninhabers sind zu beachten.

Der Verlag, die Autoren und die Herausgeber gehen davon aus, dass die Angaben und Informationen in diesem Werk zum Zeitpunkt der Veröffentlichung vollständig und korrekt sind. Weder der Verlag, noch die Autoren oder die Herausgeber übernehmen, ausdrücklich oder implizit, Gewähr für den Inhalt des Werkes, etwaige Fehler oder Äußerungen. Der Verlag bleibt im Hinblick auf geografische Zuordnungen und Gebietsbezeichnungen in veröffentlichten Karten und Institutionsadressen neutral.

Einbandgestaltung: Finken & Bumiller, Stuttgart
(Foto: akg-images)

J.B. Metzler ist ein Imprint der eingetragenen Gesellschaft Springer-Verlag GmbH, DE und ist ein Teil von Springer Nature
Die Anschrift der Gesellschaft ist: Heidelberger Platz 3, 14197 Berlin, Germany

Inhalt

Vorwort zur Zweitauflage VII
Vorwort zur Erstauflage VIII

I Zur Biographie Platons Klaus Döring

1 Daten und Fakten zum Leben Platons 2
2 Kontexte der Biographie Platons 8
3 Die antike biographische Tradition 14

II Zu Platons Werken Joachim Söder

4 Editionen des »Corpus Platonicum« 20
5 Absolute und relative Chronologie. Fragen der Periodisierung 23
6 Grundmodelle der Platon-Interpretation 27
7 Diskussion um die ›ungeschriebene Lehre‹ Platons 31
8 Werkübersicht: Gliederungen zu den Schriften Platons 33

III Kontexte der Philosophie Platons Michael Erler

9 Platons Umgang mit der Tradition 64
10 Literarischer Hintergrund 67
11 Pythagoras, Pythagoreismus, Orphik 71
12 Parmenides 73
13 Heraklit 77
14 Weitere Vorsokratiker: Anaxagoras, Empedokles, Demokrit 79
15 Sokrates 84
16 Sophisten 87
17 Rhetorik 90
18 Politik, Demokratie 93
19 Mathematik 96
20 Fachwissenschaften 98

IV Zentrale Themen und Problemfelder der Schriften Platons

21 Logik und Methodologie Niko Strobach 106
22 Epistemologie Jan Szaif 117
23 Ontologie Benedikt Strobel 135
24 Psychologie Jörn Müller 147
25 Moralphilosophie Christoph Horn 160
26 Handlungstheorie Hans-Ulrich Baumgarten 170
27 Politische Philosophie Christoph Horn 174
28 Theorie des Rechts Klaus Schöpsdau 187
29 Anthropologie Jörn Müller 196
30 Theologie Michael Bordt 206
31 Kosmologie Walter Mesch 217
32 Naturphilosophie Walter Mesch 223
33 Sprachphilosophie Jochem Hennigfeld 231
34 Ästhetik Hartmut Westermann 240
35 Pädagogik Dirk Fonfara 246
36 Theorie der Geschichte Walter Mesch 252

V Zentrale Stichwörter zu Platon

37 Angleichung an Gott Michael Bordt 258
38 Aporie Niko Strobach 260
39 Dialektik/Dihairesis Niko Strobach 264
40 Dualismus (Leib-Seele-Relation) Jörn Müller 268
41 Einheit Walter Mesch 272
42 Freundschaft Friedo Ricken 277
43 Gerechtigkeit Simon Weber 282
44 Glück Anna Schriefl 290
45 Idee/Ideenkritik/Dritter Mensch Benedikt Strobel 295
46 Ironie Hartmut Westermann 303
47 Liebe Sabrina Ebbersmeyer 307
48 Lust Dorothea Frede 312
49 Mythos/Mythenkritik Christian Schäfer 316
50 Ontologischer Komparativ Benedikt Strobel 321

51	Philosophie Bernd Manuwald **325**		70	Spätantike II: späterer Neuplatonismus Matthias Perkams **430**
52	Schönes/Schönheit Hartmut Westermann **328**		71	Kirchenväter Christian Tornau **434**
53	Seelenwanderung Jörn Müller **331**		72	Byzanz Georgi Kapriev **446**
54	Selbsterkenntnis Gabriel García Carrera **336**		73	Arabisches Mittelalter Rüdiger Arnzen **452**
55	Sonnen-, Linien-, und Höhlengleichnis Rudolf Rehn **338**		74	Lateinisches Mittelalter Guy Guldentops **459**
56	›technê‹-Analogie Marcel van Ackeren **342**		75	Marsilio Ficino und die Renaissance Thomas Leinkauf **466**
57	Transzendenz Benedikt Strobel **347**		76	Die Cambridge Platonists Thomas Leinkauf **477**
58	Tugend Christoph Horn **351**		77	Deutsche Klassik und deutscher Idealismus/ Platon-Philologie im 19. Jahrhundert Thomas Leinkauf **488**
59	Wahrheit Jan Szaif **356**			
60	Wiedererinnerung/Anamnesis Bernd Manuwald **360**			
61	Wissen – Meinen Jan Szaif **363**		78	Neukantianismus, Phänomenologie und Hermeneutik Karl-Heinz Lembeck **513**
62	Zwei-Welten-Theorie Benedikt Strobel **367**			
			79	Die Platon-Rezeption bei Friedrich Nietzsche und in der französischen Gegenwartsphilosophie Jörn Müller / Hyun Kang Kim **524**
VI	**Literarische Aspekte der Schriften Platons** Rolf Geiger			
63	Die Dialogform **374**		80	Analytische Platon-Rezeption Benedikt Strobel **533**
64	Platonische Monologe **384**			
65	Die Schriftkritik **387**		81	Aktuelle Forschungstendenzen Christoph Horn / Jörn Müller **540**

VII Wichtige Stationen der Wirkungsgeschichte

VIII Anhang

66	Die ältere Akademie und Aristoteles Friedo Ricken **400**
67	Die skeptische Akademie Friedo Ricken **407**
68	Der Mittelplatonismus Christian Tornau **414**
69	Spätantike I: früherer Neuplatonismus Christian Tornau **421**

Abkürzungsverzeichnis 546
Auswahlbibliographie 548
Autorinnen und Autoren 550
Personenregister 552
Sachregister 558

Vorwort zur Zweitauflage

Da die aktuelle Platon-Forschung eines der besonders intensiv bearbeiteten philosophiehistorischen Felder ist, scheint es einige Jahre nach dem Erscheinen der Erstauflage angebracht, das Handbuch in einer zweiten Auflage zu veröffentlichen. Wie dynamisch die Forschung in ihren Publikationen vor sich geht, lässt sich ganz gut an den jährlichen Bibliographien ermessen, die sich auf der Website der International Plato Society finden (http://platosociety.org/plato-bibliography/). So war es in vielen Fällen notwendig, die Bibliographien der einzelnen Artikel zu aktualisieren und zu erweitern. Auch kleinere Fehler und Versehen wurden korrigiert und einige Sachgesichtspunkte ergänzt. Ein neuer Paragraph innerhalb der Wirkungsgeschichte (VII. 79) ist nunmehr Nietzsche sowie der französischen Platon-Rezeption seit dem Zweiten Weltkrieg gewidmet.

Für seine intensive Unterstützung bei der Neubearbeitung danken wir als Herausgeber Dr. Denis Walter (Bonn).

Bonn, Würzburg und Aachen, Dezember 2016
Christoph Horn, Jörn Müller, Joachim Söder

Vorwort zur Erstauflage

Platon ist eine der großen Figuren der westlichen Philosophiegeschichte – wenn nicht gar *die* zentrale Gründergestalt unserer philosophischen Tradition. Sein Einfluss umfasst so gut wie alle Epochen und nahezu alle Teilgebiete der Philosophie. Seine Dialoge haben durch ihre sprachliche Attraktivität, ihre stilistische Eleganz und durch die Unmittelbarkeit ihrer Dramaturgie die Rezipienten vieler Jahrhunderte in ihren Bann gezogen. Der größte Zauber Platons ergab und ergibt sich aber aus der Brillanz und Hintergründigkeit seiner Argumente, aus der Direktheit und Voraussetzungslosigkeit seiner Gedankenführung und aus der Bereitschaft, alles Erreichte stets neu zu problematisieren.

Für die moderne philosophiehistorisch-philologische Forschung seit dem frühen 19. Jahrhundert bildete Platon den denkbar attraktivsten Forschungsgegenstand. Platons Dialoge sind in ihrer Lehre interpretationsbedürftig; sie lassen zu einem guten Teil offen, wofür Platon steht. Oder steht er gerade hierfür? Neben lehrhaften und metaphysisch-dogmatisch wirkenden Texten gibt es auch aporetische, deliberative, narrative, problemexponierende und propädeutische Passagen. Zum anderen scheinen die Dialoge untereinander nur bedingt übereinzustimmen; es gibt neben positiven Wiederaufnahmen auch Selbstkritik, Revisionen oder Neufassungen eines Problems. Vertritt Platon mithin die These von der Aspekthaftigkeit der Wahrheit? Oder ist Wahrheit für ihn stets nur vorübergehend erreichbar, um dann neu gewonnen zu werden? Oder ist Platon ganz im Gegenteil ein metaphysischer Dogmatiker, der seine vollen Überzeugungen in den Dialogen allenfalls durchscheinen lässt? Trotz einiger konvergierender Tendenzen wird man nicht behaupten können, dass die moderne Platon-Forschung in den zwei Jahrhunderten ihres Bestehens zu einem grundlegenden Konsens gelangt wäre.

Im vorliegenden Handbuch sollen die zentralen Probleme und Positionen der Platon-Forschung in Überblicksartikeln referiert und diskutiert werden. Die Besonderheit dieser Publikation – im Konzert der schwer überschaubaren Publikationsfülle zum Thema Platon – besteht in ihrer Nähe zur traditionellen wie aktuellen Interpretationsgeschichte des *Corpus Platonicum*. Unsere wesentliche Intention besteht darin, innerhalb des Labyrinths der platonischen Texte und ihrer widersprüchlichen Deutungen verschiedene rote Fäden auszulegen; auf diese Weise soll den Leserinnen und Lesern eine grundsätzliche Orientierung ermöglicht werden, die als Ausgangspunkt für eine vertiefte Auseinandersetzung mit den Quellen wie auch mit ihren historischen und modernen Deutungen dienen mag.

Ein aufwändiges Werk wie das vorliegende ist ohne vielfache Unterstützung undenkbar. Für die Entstehung dieses Bandes haben wir uns zuerst sehr herzlich bei den beteiligten Autorinnen und Autoren zu bedanken. Die geduldige und gelassene Kooperation mit dem Metzler Verlag und Frau Franziska Remeika verdient ebenfalls unsere Dankbarkeit. Zweifellos den größten Dank schulden wir Anna Schriefl und Simon Weber für ihre intensive redaktionelle Arbeit in der Endphase der Entstehung des Buchs. Unterstützende Arbeiten kamen von Sascha Berninger, Martin Brecher, Heidi Engelmann, Hyun Kang Kim, Jeannine Kunz, Daniel Menne, Lena Pint, Hannah Sonnenstatter, Albert Sperber, Andrea Stercken, Martin Sticker, Anna-Katharina Strohschneider, Sebastian Volk und Anna Magdalena Weber.

Bonn und Würzburg, Dezember 2008
Christoph Horn, Jörn Müller, Joachim Söder

I Zur Biographie Platons

1 Daten und Fakten zum Leben Platons

1.1 Platons Leben

Geburtsjahr und Herkunft

Die erhaltenen antiken Quellen stimmen darin überein, dass Platon im ersten Jahr der 108. Olympiade starb. Das ist, da das attische Jahr gegen Ende des Monats Juni begann, nach unserer Zeitrechnung die Zeit von Ende Juni 348 bis Ende Juni 347. Demgemäß wird das Todesjahr Platons allgemein mit 348/7 angegeben. Unterschiedlich sind die antiken Angaben über Platons Alter zur Zeit seines Todes (genannt werden das 80., das 81., das 82. und das 84. Lebensjahr) und, damit zusammenhängend, über das Jahr seiner Geburt. Am wahrscheinlichsten ist, dass er im ersten Jahr der 88. Olympiade, also im Jahr 428/7 geboren wurde und im 81. Lebensjahr starb (Jacoby 1902, 304–312).

Platons Vater Ariston soll einer Familie angehört haben, deren Stammvater der mythische athenische König Kodros war (Diog. Laert. 3, 1). Seine Mutter Periktione entstammte einer Familie, die sich auf Dropides zurückführte, der ein Verwandter und enger Freund des Gesetzgebers Solon gewesen war (*Tim.* 20e1-2). Zwei Angehörige dieser Familie, nämlich Periktiones Bruder Charmides und ihr Vetter Kritias, spielten in den politischen Auseinandersetzungen in Athen gegen Ende des 5. Jh.s eine Rolle (s. u.). Platon hatte zwei Brüder, Glaukon und Adeimantos, und eine Schwester, Potone, ferner einen Halbbruder namens Antiphon, der der Ehe seiner Mutter Periktione mit Pyrilampes entstammte, einem Onkel mütterlicherseits, den Periktione nach dem Tod Aristons heiratete. Außer seinem Vater Ariston und seinem Stiefvater Pyrilampes hat Platon alle genannten männlichen Verwandten in seinen Dialogen auftreten lassen, teils als zentrale Gesprächsteilnehmer (Charmides und Kritias im *Charmides*, Glaukon und Adeimantos in der *Politeia*), teils als Gestalten am Rande (Charmides und Kritias im *Protagoras*, Glaukon, Adeimantos und Antiphon im *Parmenides*).

Unter den zahlreichen Legenden, die sich schon bald nach seinem Tod und vielleicht sogar schon zu seinen Lebzeiten um Platon zu ranken begannen, findet sich auch die, dass sein Vater in Wahrheit nicht Ariston, sondern der Gott Apollon gewesen sei. Schon Platons Neffe, Schüler und Nachfolger in der Leitung der Akademie, Speusipp, kam darauf zu sprechen (s. Kap. I.3), ob zustimmend oder nur referierend, lässt sich nicht entscheiden. Spätere Autoren behaupteten, Platon sei am 7. Tag des Monats Thargelion (Juli/August) geboren. Auch durch diese Behauptung wurde Platon mit Apollon verbunden, denn dieser Tag galt als der Geburtstag Apollons. Die in den Quellen zu findende Behauptung, Platon habe ursprünglich, wie sein Großvater väterlicherseits, Aristokles geheißen, habe dann aber wegen seiner breiten Stirn (*platys* = breit) oder auch aus anderen Gründen den Namen Platon erhalten, ist dem Bereich der Legende zuzuweisen.

Von der Geburt bis zur ersten sizilischen Reise

Über Platons Kindheit und Jugend wird in den Quellen zwar mancherlei berichtet, doch steht alles dies, das eine mehr, das andere weniger, in dem Verdacht, nachträglich erfunden worden zu sein. Sicher erhielt Platon die für Kinder und Jugendliche seines Herkommens übliche literarische, musische und sportliche Ausbildung, wie er sie in seinen Dialogen *Protagoras* (325c–326c) und *Politeia* (II 376e–377a, III 403c–d, 410b–412b) beschreibt (s. Kap. I.2.3). Vermutlich hat er schon als Heranwachsender Schriften prominenter früherer und zeitgenössischer Philosophen und Sophisten gelesen, von denen man, wie seine Bemerkung über die Bücher des Anaxagoras in der *Apologie* (26d10–e1) zeigt, zumindest einige auf dem Markt von Athen für einen relativ geringen Preis kaufen konnte. Entscheidend für sein weiteres Leben wurde die Tatsache, dass er sich in seinem 20. Lebensjahr eng an Sokrates anschloss (Diog. Laert. 3, 6). Ob er davor, wie Aristoteles behauptet (*Metaph.* I 6, 987a32-b1), tatsächlich mit dem Philosophen Kratylos befreundet war und über ihn die Philosophie Heraklits kennenlernte, ist ungewiss.

Der Einfluss, den Sokrates als Philosoph und Mensch auf Platon ausübte, hätte allein aber wohl kaum genügt, die Philosophie zum Zentrum seines ganzen weiteren Lebens zu machen. Hinzu kamen die politischen Verhältnisse während der ersten 30 Jahre seines Lebens. So ist es jedenfalls im siebten der 13 unter dem Namen Platons überlieferten Briefe zu lesen. Zwar ist nach wie vor umstritten, ob dieser Brief tatsächlich von Platon stammt. Allgemein anerkannt ist jedoch, dass er, falls dies nicht der Fall sein sollte, von einer Person verfasst wurde, die mit Platons Leben aufs Beste vertraut war.

Der *Siebte Brief*, den Platon in der zweiten Hälfte der 350er Jahre schrieb (die genaue Datierung ist umstritten) bzw. der sich, falls er nicht von Platon selbst stammen sollte, als zu dieser Zeit von ihm geschrieben gibt, enthält einen ausführlichen Rückblick auf Platons Leben seit Erlangung der Volljährigkeit im 18. Lebensjahr. Über die Zeit nach dem Peloponnesischen Krieg, der 404 mit einer katastrophalen Niederlage der Athener endete, heißt es zu Beginn dieses Rückblicks (*Ep. VII*, 324b8–325a5; übers. Neumann/Kerschensteiner):

> Als ich jung war, erging es mir wie so vielen: ich gedachte nach erlangter Volljährigkeit sofort in das politische Leben einzutreten. Da griffen Ereignisse, die die politischen Verhältnisse der Stadt betrafen, in mein Leben ein, und zwar folgende: da nämlich viele mit der damaligen Verfassung sehr unzufrieden waren, erfolgte ein Umsturz, und bei diesem Umsturz traten einundfünfzig Männer herrschend an die Spitze, elf in der Stadt, zehn im Piräus, diese beiden Gruppen für die Marktaufsicht und was es sonst in den beiden Stadtbezirken zu verwalten gab, – dreißig aber übernahmen die Führung des ganzen Staates mit unbeschränkter Vollmacht. Unter diesen nun hatte ich einige Verwandte und Bekannte, und so zogen sie mich denn auch sogleich zu den Geschäften heran, da mir das zukomme. Und wie es mir dann angesichts meiner jugendlichen Unerfahrenheit erging, war nicht verwunderlich. Ich glaubte nämlich, aus einem ungerechten Leben würden sie den Staat zu einer gerechten Lebensweise führen und dementsprechend verwalten, und folgte daher ihrem Vorgehen mit großer Aufmerksamkeit. Da musste ich nun sehen, wie diese Männer in kurzer Zeit die frühere Verfassung als wahres Gold erscheinen ließen – unter anderem wollten sie auch einen mir lieben älteren Freund, Sokrates, den ich unbedenklich den gerechtesten unter seinen Zeitgenossen nennen möchte, mit anderen zusammen zu einem Bürger schicken, um ihn gewaltsam zur Hinrichtung zu holen, damit er an ihrem Treiben teilhabe, ob er wollte oder nicht. Er aber gehorchte nicht, sondern setzte sich lieber der Gefahr aus, alles Erdenkliche zu erleiden, als Teilhaber ihrer verbrecherischen Taten zu werden. Da ich nun dies alles mit ansehen musste, und noch manch anderes nicht Geringfügiges solcher Art, empfand ich Widerwillen, und ich zog mich von jenem üblen Treiben zurück.

Die Rede ist in diesem Text von dem oligarchischen Terrorregime der sog. Dreißig (in späterer Zeit auch als die »Dreißig Tyrannen« bezeichnet). Zu den Verwandten Platons, die daran beteiligt waren, gehörten seine beiden Onkel Kritias, der sich als einer der Dreißig durch besondere Radikalität hervortat, und Charmides, der einer der Zehn war, die im Piräus amtierten. Beide kamen in den Kämpfen beim Sturz der Dreißig ums Leben.

Nach dem Sturz der Dreißig und der Wiederherstellung der Demokratie im Jahr 403 verspürte Platon erneut den Drang, politisch tätig zu werden. Erneut fühlte er sich jedoch zutiefst angeekelt von dem politischen Geschehen im Allgemeinen und von dem, was Sokrates widerfuhr, im Besonderen (*Ep. VII*, 325b5–c5; übers. Neumann/Kerschensteiner):

> Wieder aber wollte es das Schicksal, dass einige einflussreiche Leute meinen eben erwähnten Freund Sokrates vor Gericht zogen und gegen ihn eine ganz nichtswürdige, auf Sokrates am allerwenigsten passende Anschuldigung vorbrachten. Der Gottlosigkeit nämlich klagten sie ihn an, und die Richter verurteilten ihn auch und ließen ihn hinrichten, ihn, der es seinerzeit abgelehnt hatte, sich an der verbrecherischen Verhaftung eines Anhängers der verbannten Partei zu beteiligen, damals, als sie [d. h. die Demokraten] selbst in Verbannung und Elend lebten.

Platon gelangte zu der Überzeugung, dass eine sinnvolle politische Tätigkeit angesichts des kontinuierlich zunehmenden Verfalls von Gesetzgebung und allgemeiner Moral nicht eher möglich sein werde, als bis die politischen Verhältnisse von Grund auf verändert seien. Erst wenn die »wahre Philosophie« (*orthê philosophia*) dazu verhelfe, die Gerechtigkeit im öffentlichen und privaten Bereich zu erkennen, und wenn »entweder das Geschlecht der rechten und wahren Philosophen zur Herrschaft im Staate komme oder das der Machthaber im Staat durch eine göttliche Fügung echte Philosophie treibe«, werde das Unheil unter den Menschen ein Ende haben (*Ep. VII*, 325c5–326b4). Die theoretische Durchführung dieses Programms bildet bekanntlich die *Politeia*, auf deren zentralen Satz von der Herrschaft der wahren Philosophen als einziger Möglichkeit einer wirklichen Besserung der politischen Verhältnisse (*Rep.* V 473c11–d6) der Brief an der gerade zitierten Stelle unübersehbar Bezug nimmt.

Nach dem Tod des Sokrates im Jahre 399 soll sich Platon zusammen mit einigen anderen Sokratikern zu dem Sokratesschüler Eukleides (nicht zu verwechseln mit dem Mathematiker Eukleides, der rund 100 Jahre später lebte) in dessen Heimatstadt Megara begeben haben. Die Gründe für diesen Rückzug bleiben im Dunkeln. Dass die Sokratiker sich, wie es in einer Quelle heißt (Diog. Laert. II 106), bedroht gefühlt hätten, ist unwahrscheinlich. Wie lange Platon in Megara blieb, ist unbekannt. 395/4 soll er als Soldat am Korinthischen Krieg teilgenommen haben (Diog. Laert. III 8).

Erste sizilische Reise und Gründung der Akademie

Im Alter von »etwa 40 Jahren« (*Ep. VII*, 324a5–6, 326b5–6), also ca. 388/7, reiste Platon zum ersten Mal nach Unteritalien und Sizilien (sog. erste sizilische Reise). Wie es scheint, besuchte er zunächst die Pythagoreer in Unteritalien. Auf diese Zeit geht die lebenslange Freundschaft mit dem nicht nur als Philosoph, sondern auch als Politiker bedeutenden Pythagoreer Archytas aus Tarent zurück (*Ep. VII*, 338c6–d1, 339d1–2, 350a5–6). Danach begab sich Platon nach Syrakus. Dort begegnete er Dion, dem damals etwa 20 Jahre alten Schwager und späteren Schwiegersohn Dionysios' I., des Alleinherrschers (»Tyrannen«) von Syrakus. Die Begegnung war für beide ein einschneidendes und folgenreiches Ereignis. Im *Siebten Brief* wird eindringlich geschildert (326d7–327b4), wie Platon in Dion sogleich einen hochbegabten jungen Mann gleichen Geistes erkannte und Dion von Platons philosophischen und politischen Anschauungen zutiefst beeindruckt war und sie sich zueigen machte. Aller Wahrscheinlichkeit nach traf Platon damals auch mit Dionysios I. zusammen. Im *Siebten Brief* ist darüber zwar nichts gesagt, späteren Quellen gilt dies jedoch als ein Faktum. Glaubt man ihnen, dann endete die Begegnung der beiden in einem Zerwürfnis. Auf der Rückreise nach Athen soll Platon nach einer in zahlreichen Varianten vorliegenden antiken Tradition – angeblich auf Betreiben des Dionysios – gefangengenommen, auf Ägina als Sklave feilgeboten, von einem Mann aus Kyrene namens Annikeris gekauft und von diesem, nachdem er erkannt hatte, um wen es sich bei dem Sklaven handelte, freigelassen worden sein. Viele Platonforscher halten es für gut möglich, dass diese Tradition einen wahren Kern hat.

Viel wird im Übrigen in den erhaltenen Quellen darüber berichtet, dass Platon entweder im Zusammenhang mit der Reise nach Italien und Sizilien oder bei einer anderen vorausgehenden Reise auch Kyrene im Nordwesten Afrikas und Ägypten aufgesucht habe. Ob dies wirklich der Fall war, bleibt ungewiss.

Wohl sehr bald nach der Rückkehr nach Athen (Diog. Laert. III 7), also um 387, gründete Platon eine Schule, die Akademie, wie sie später genannt wurde. Was ihn dazu veranlasste, war zweifellos die im *Siebten Brief* zum Ausdruck gebrachte Überzeugung, dass das Unheil unter den Menschen erst dann ein Ende haben werde, wenn die »wahre Philosophie« dazu verhelfe, die Gerechtigkeit im öffentlichen und privaten Bereich zu erkennen und zu praktizieren. Den Namen »Akademie« erhielt die Schule nach dem Areal, auf dem bzw. in dessen Nähe sie sich befand. Es war dies ein parkartiges Gelände mit einem Gymnasion, das, etwa 1,5 km von der Stadtmauer entfernt, nordwestlich der Stadt in der Nähe des Flusses Kephisos lag und nach dem Heros Akademos (oder Hekademos) benannt war (vgl. Travlos 1971, 318 Abb. 417; Caruso 2013, 49 Fig 1). Östlich dieses Geländes, in Richtung auf den Kolonos Hippios (»Reiter-Hügel«) zu, erwarb Platon ein Gartengrundstück mit einem Haus. Innerhalb des Grundstückes oder in dessen Nähe errichtete er ein Musenheiligtum (*mouseion*). In ihm ließ ein Perser namens Mithradates vielleicht schon zu Platons Lebzeiten, wahrscheinlich aber erst nach seinem Tod ein Standbild Platons aufstellen. In diesem Standbild sieht man allgemein das Original, dem das in zahlreichen Repliken erhaltene bekannteste Porträt Platons nachgebildet ist (Abbildung der Replik in der Münchener Glyptothek z. B. bei Schefold 1997, 135 und 137). Spätestens zu der Zeit, als Polemon Schuloberhaupt war (314/3–270/69), befand sich innerhalb des Grundstückes oder in dessen Nähe außerdem eine Exhedra, ein nach einer Seite hin offener rechteckiger oder halbkreisförmiger zu Unterrichtszwecken genutzter Raum. Ob diese Exhedra schon zu Platons Lebzeiten errichtet wurde oder erst unter einem seiner Nachfolger, lässt sich nicht ermitteln (zu Platons Garten und Haus und zu seiner Lehrtätigkeit vgl. Kap. I.1.2).

Von der zweiten sizilischen Reise bis zum Tod Platons

Nach der Gründung seiner Schule unternahm Platon zwei weitere Reisen nach Sizilien. Im Jahre 367 war Dionysios I. gestorben und sein gleichnamiger Sohn (Dionysios II.) sein Nachfolger geworden. Dieser wurde durch Dion veranlasst, Platon als eine Art philosophischen Ratgeber nach Syrakus einzuladen. Platon, der die Möglichkeit sah, seine politischen Theorien in der Praxis zu erproben, nahm die Einladung an und kam 366 zum zweiten Mal nach Syrakus. Die Reise stand unter einem ungünstigen Stern. Platon wurde in die politischen Rivalitäten zwischen Dionysios II. und Dion hineingezogen. Dion wurde von Dionysios noch im gleichen Jahr aus Sizilien verbannt, Platon verließ Syrakus bald darauf (wohl im Frühjahr 365) und begab sich zurück nach Athen (*Ep. VII*, 327b–330b). Während der vielen Jahre seiner Verbannung hielt sich Dion viel in Athen auf, um mit Platon zusammen zu sein und mit ihm zu philosophieren. Eng freundete er sich mit Platons Neffen Speusipp und einem Mann namens Kallippos an, der Platons Schule in nicht genau zu bestimmender Weise verbunden war.

362 lud Dionysios II. Platon erneut ein, nach Syrakus zu kommen. Trotz starker Bedenken und erst nach längerem Zögern machte sich Platon 361 auf Drängen Dions und anderer Freunde auf die Reise. Die Reise endete in einer Katastrophe. Ursache dafür war nicht nur, dass Dionysios keinerlei Bereitschaft zeigte, sich der Philosophie ernsthaft zuzuwenden, sondern mehr noch, dass Platon sich für Dion und seine Rückkehr einsetzte, woran Dionysios nicht das geringste Interesse haben konnte, da er in Dion seinen gefährlichsten innenpolitischen Gegner sah. Platon bemühte sich, Syrakus so schnell wie möglich zu verlassen, Dionysios hielt ihn jedoch mit mancherlei Versprechungen und Tricks fest. Als Platon sich schließlich aufgrund einiger ihm zugetragener Gerüchte physisch bedroht fühlte, schickte er Archytas und den anderen Freunden in Tarent einen Brief, in dem er ihnen seine Lage schilderte. Dank ihres Eingreifens gelang es ihm schließlich, Syrakus zu verlassen (*Ep. VII*, 337e–340b, 345c–350b).

Auf der Rückreise nach Athen traf er bei den Spielen des Jahres 360 in Olympia mit Dion zusammen. Dieser teilte ihm mit, dass er plane, die Auseinandersetzung mit Dionysios durch eine militärische Invasion zu beenden. Platon lehnte es ab, den Plan zu unterstützen (*Ep. VII*, 350b–d). 357 landete Dion auf Sizilien, als Dionysios gerade mit einer Flotte nach Unteritalien unterwegs war. Es gelang ihm, Syrakus einzunehmen und sich für drei Jahre zum Herrscher zu machen. Dionysios II. zog sich nach Lokroi in Unteritalien zurück. 354 wurde Dion im Auftrag seines einstigen Freundes Kallippos ermordet. Für mehrere Jahre herrschten in Syrakus anarchische Zustände. 347 gelang es Dionysios, die Macht zurückzugewinnen. Doch schon nach drei Jahren (344) verlor er sie wieder. Den Rest seines Lebens verbrachte er im Exil in Korinth.

Nach seiner dritten Reise nach Sizilien scheint Platon Athen nicht mehr verlassen zu haben. 348/7 stirbt er, wie erwähnt, im Alter von 81 Jahren. Um die Umstände seines Todes begannen sich wie um die seiner Geburt alsbald mancherlei Legenden zu ranken, deren Wahrheitsgehalt wir nicht überprüfen können. Begraben wurde Platon »nicht fern von der Akademie« (Pausan. 1, 30, 3), möglicherweise auf seinem Gartengrundstück. In seinem bei Diogenes Laertios (3, 41–43) erhaltenen Testament nennt Platon als Teile seines Besitzes zwei Grundstücke, die beide nicht mit dem Gartengrundstück identisch sein können. Da dieses in dem Testament nicht erwähnt wird, ist anzunehmen, dass Platon es schon vor seinem Tod der Schule übereignet hatte (Döring 2008). Nachfolger Platons in der Leitung der Akademie wurde der Sohn seiner Schwester Potone, Speusipp.

Anders als z. B. sein Lehrer Sokrates und sein berühmtester Schüler Aristoteles hat Platon nie geheiratet und hatte, soweit wir wissen, auch keine Kinder.

1.2 Platons Schule

Die Stätten der Lehrtätigkeit Platons

Es fehlt nicht an Zeugnissen, in denen über Platons Wirken in seiner Schule und die Schule im Allgemeinen berichtet wird. Da jedoch zum einen bei vielen dieser Zeugnisse nur schwer oder gar nicht zu entscheiden ist, wieweit auf das Berichtete Verlass ist, und zum anderen davon auszugehen ist, dass sich während der rund 40 Jahre von der Gründung der Schule bis zu Platons Tod vielerlei geändert hat, ist große Behutsamkeit geboten, wenn man zu beschreiben versucht, wie sich das Leben in Platons Schule abspielte. (Zu den literarischen Zeugnissen und den archäologischen Befunden Döring 2008 und Caruso 2013, 31–117.)

Finanziert wurde die Schule zunächst wohl aus Platons privatem Vermögen. Dazu kamen dann vermutlich freiwillige Zahlungen von Schülern und früher oder später auch Spenden von Gönnern. Für die Teilnahme am Unterricht forderte Platon anders als die Sophisten und sein großer Konkurrent, der Redner Isokrates, keine Bezahlung.

Der antike Philosophiehistoriker Diogenes Laertios äußert sich zu den Stätten, an denen Platon lehrte, folgendermaßen (III 7 und III 5): »Nach Athen zurückgekehrt [von der ersten sizilischen Reise], lebte und lehrte Platon in der Akademie. Das ist ein außerhalb der Stadtmauern gelegenes parkartiges Gymnasion.« Und: »Er philosophierte anfangs in der Akademie, dann in dem Garten in Richtung auf den Kolonos zu.« Dass öffentliche Sportstätten (Gymnasien und Palaistren) für Vorträge und Diskussionen benutzt wurden, war, wie die Szenerie der Dialoge Platons zeigt (*Charm.*, *La.*, *Ly.*, *Euthd.*, *Tht.*), etwas ganz Normales. Innerhalb des Akademie-Areals, in dem sich das Gymnasion befand, in dem Platon lehrte, sind Reste zweier Gebäudekomplexe ausgegraben worden: im Süden ein rechteckiges Peristyl (d. h. ein von Säulen umgebener Innenhof) mit angrenzenden Räumen und im Norden ein quadratisches Peristyl mit einem kleinen daneben befindlichen Raum (vgl. den Plan bei Travlos 1971, 50 Abb. 62; Caruso 2013, 82 Fig. 31). Lange Zeit bestand Einmütigkeit darüber, dass die Reste des im Süden gelegenen Baues als Reste des Gymnasions anzusehen seien. Hoepfner hat dem 2002 widersprochen und zu zeigen versucht, dass es sich hierbei vielmehr um die Reste eines Bibliotheksbaues handle. Nach seiner Auffassung war das im Norden gelegene Gebäude das Gymnasion. Sollten die Ergebnisse der bisher vorgenommenen Grabungen eines Tages ausführlich publiziert und vielleicht durch neue Grabungen ergänzt werden, wird es vielleicht möglich sein, einen genaueren Eindruck von den beiden Gebäuden zur Zeit Platons zu gewinnen. Dann lassen sich möglicherweise auch begründete Vermutungen darüber anstellen, an welchen Plätzen des Gebäudes, das als Gymnasion anzusehen ist, Platon seine Hörer und Schüler um sich versammelt haben mag, ob in einer Stoa, einer Exhedra oder wo sonst.

Man nimmt allgemein an, dass Platon auch nach dem Erwerb des Gartens weiterhin im Gymnasion des Akademie-Areals lehrte, dass er seine Lehrtätigkeit also teils im Gymnasion und teils in seinem Garten ausübte. Vermutlich hielt er im Gymnasion diejenigen Lehrveranstaltungen ab, die für die Öffentlichkeit bestimmt waren, während die philosophischen Forschungen und Diskussionen mit seinen engeren Schülern im Garten stattfanden. Die Zusammenkünfte mit ihnen dürften teils in dem Haus auf seinem Grundstück stattgefunden haben, teils, wenn wir die Angaben zu den örtlichen Gegebenheiten in einer Geschichte, die der kaiserzeitliche Autor Aelian (*Varia historia* III 19) erzählt, als authentisch ansehen dürfen, auf einem Spazierweg (*peripatos*) im Akademie-Areal außerhalb des Gartens oder auch auf einem bescheideneren innerhalb desselben. Bleibt schließlich die schon erwähnte Exhedra, die sich spätestens zur Zeit des Scholarchats des Polemon entweder im Garten oder in seiner Nähe befand. Sollte es sie schon zu Platons Zeiten gegeben haben, dann könnte man vermuten, dass auch in ihr Veranstaltungen für ein größeres Publikum stattfanden. Leider fehlt jeder Anhaltspunkt für eine Entscheidung in die eine oder andere Richtung.

Platons Lehrtätigkeit im Allgemeinen

Die Beschreibung der Lehrtätigkeit Platons kann und muss von dem ausgehen, was Platon in den Büchern VI und VII (502c–541b) der *Politeia* über den Bildungsgang des künftigen Philosophen schreibt: Das Ziel, auf das alles ausgerichtet ist, ist der »größte Lehrgegenstand« (*megiston mathêma*, *Rep.* VI 504d–e, 505a), die Idee des Guten, als das, was allem zugleich Sein und Erkennbarkeit verleiht (*Rep.* VI 504a–509b) bzw. sind, wie es Platon im mündlichen Unterricht lehrte (ob schon früh oder erst in späterer Zeit, ist umstritten), die beiden Prinzipien des Einen (*hen*) und der unbegrenzten Zweiheit (*ahoristos dyas*). Der Weg zu diesem Ziel führt über die Dialektik. Ihr vorgeschaltet sind die mathematischen Disziplinen Arithmetik, Geometrie, Stereometrie, Astronomie und mathematische Harmonielehre, die streng zu scheiden ist von dem, was die praktizierenden Musiker machen, die sich statt auf das Denken allein auf ihr Ohr verlassen (*Rep.* VII 530e–531c).

Man darf wohl davon ausgehen, dass Platon in den Lehrveranstaltungen, in denen er sich an ein größeres Publikum wandte, im Großen und Ganzen das lehrte, was wir in den Dialogen lesen, die ja für die breitere Öffentlichkeit bestimmt waren. Leider gibt es außer mancherlei Legendenhaftem wie den Geschichten von dem Bauern aus Korinth, der nach der Lektüre des *Gorgias* seinen Weinberg verlassen und sich in Platons Schule begeben haben soll, und den beiden Frauen Axiothea aus Phleius und Lastheneia aus Mantinea, die sich als Männer verkleidet in Platons Unterricht einschlichen (Riginos 1976, 183–185), so gut wie keine Zeugnisse, die Hinweise darauf enthalten, wie sich Platons Lehrtätigkeit, soweit sie sich an ein breiteres Publikum wandte, im Einzelnen abspielte. Einen bescheidenen Anhaltspunkt gibt ein Fragment aus einer Komödie des Dichters Epikrates, dessen Schaffenszeit in die Jahre von ca. 380 bis ca. 350, also noch in die Lebenszeit Platons fällt (bei Athenaios 2, 59c–f). In ihm berichtet ein uns unbekannter Mann einem anderen, dass er jüngst dabei gewesen sei, wie Platons Schüler unter der Aufsicht ihres Lehrers im Gymnasion der Akademie mit großem Ernst damit beschäftigt gewesen seien, die Natur von Tieren und Pflanzen zu bestimmen und insbesondere zu klären, zu welcher

Gattung ein ihnen vorgelegter Flaschenkürbis gehöre. Es erinnert dies an die dihairetischen Bestimmungen, wie sie Platon in besonders breit ausgeführter Form in den Dialogen *Sophistes* und *Politikos* vornimmt. Mindestens ein Mal unternahm Platon den Versuch, in einem öffentlichen Vortrag »Über das Gute« seine Lehre von den beiden Prinzipien vorzutragen, über die er sonst nur im engeren Schülerkreis diskutierte. Der Versuch war ein Fiasko. Aristoteles, der bei dem Vortrag zugegen war und Aufzeichnungen von ihm machte, berichtete seinen Schülern später darüber, dass jeder der Zuhörer zu dem Vortrag hingegangen sei »in der Annahme, er werde etwas von dem erlangen, was man allgemein für die menschlichen Güter halte wie Reichtum, Gesundheit, Körperkraft, kurz, so etwas wie ein außerordentliches Glück. Als sich nun aber zeigte, dass die Ausführungen von den mathematischen Wissenschaften handelten, von Zahlen, Geometrie und Astronomie und schließlich davon, dass das Gute Eins sei, da erschien ihnen dies vollkommen widersinnig. Infolgedessen nahmen die einen die Sache nicht ernst und die anderen schimpften« (Aristoxenos, *Elem. harm.* II 30–31).

Platons Lehrtätigkeit im Kreis seiner engeren Schüler und Mitarbeiter

Etwas mehr als über die öffentliche Lehrtätigkeit Platons lässt sich über sein Wirken im Kreis seiner engeren Schüler ermitteln. In Bezug auf die Idee des Guten lässt Platon Sokrates in der *Politeia* sagen, dass er nicht über sie selbst sprechen werde, da dies den Rahmen der gegenwärtigen Diskussion sprengen würde, sondern nur in einem Vergleich über einen »Abkömmling des Guten«, die Sonne, die im Bereich der sinnlich wahrnehmbaren Welt eine Funktion habe, die der der Idee des Guten im Bereich der intelligiblen Welt entspreche. Sokrates' Gesprächspartner Glaukon gibt sich zufrieden; die geschuldete Beschreibung der Idee des Guten selbst werde Sokrates gewiss ein andermal (*eis authis*) nachholen (*Rep.* VI 506d-e). Bemerkungen von der Art, dass eine erschöpfende Erörterung des zur Diskussion stehenden Problems weit über das hinausgehen würde, was das gegenwärtige Gespräch zu leisten vermöge – bisweilen verbunden mit dem Hinweis, dass eine solche Erörterung deshalb auf einen späteren Zeitpunkt verschoben werden müsse –, finden sich auch sonst mehrfach in Platons Dialogen (z. B. *Rep.* IV 435c-d; *Plt.* 262c. 263b; *Tim.* 28c; mehr bei Krämer 1959, 389–391). Realisiert werden diese Erörterungen in den Dialogen nirgendwo, und dies aus gutem Grund: Platon hätte, um die angesprochenen Probleme umfassend darzulegen, auf seine Prinzipienlehre rekurrieren müssen, über die zu diskutieren er dem engeren Kreis derjenigen Schüler und Mitarbeiter vorbehielt, die mit seiner Philosophie hinreichend vertraut waren. Es handelt sich dabei, kurz gesagt, um die sog. ungeschriebenen Lehren (*agrapha dogmata*) Platons, über die seit knapp 60 Jahren heftig diskutiert wird (s. Kap. II.7). Das Fiasko, das Platon erlebte, als er den Versuch wagte, über diese Lehren doch einmal vor einem größeren Publikum zu sprechen, wurde erwähnt.

In einem im Originalwortlaut erhaltenen Text, der wahrscheinlich aus einer Schrift stammt, die Platons Schüler Philipp aus Opus über seinen Lehrer verfasste (Burkert 1993, 26–34 = 2008, 160–164), wird Platons Position im Kreise seiner engeren Schüler und Mitarbeiter folgendermaßen beschrieben: »Man hatte zu jener Zeit auch einen großen Fortschritt der mathematischen Wissenschaften beobachtet, wobei Platon die baumeisterliche Leitung hatte und die Aufgaben stellte und die Mathematiker diese dann mit Eifer zu lösen suchten« (Philodem, *Acad. hist.* col. Y 2–7 p. 126 Dorandi). Was hier über Platons Position im Hinblick auf den Bereich der mathematischen Wissenschaften gesagt ist, darf man gewiss auf andere Bereiche übertragen.

Bei der Durchführung ihrer Forschungen räumte Platon seinen Schülern und Mitarbeitern, zu denen so bedeutende Philosophen und Wissenschaftler wie Theätet, Speusipp, Xenokrates, Eudoxos, Herakleides Pontikos und Aristoteles gehörten, große Freiheit ein. Er ließ es zu, dass einzelne von ihnen wie etwa Speusipp, Eudoxos und Aristoteles in grundlegenden Fragen von den seinen stark abweichende, ja entgegengesetzte Positionen vertraten. Frei waren seine Schüler und Mitarbeiter auch insofern, als sie eigene Schüler haben und eigene Lehrveranstaltungen abhalten konnten. Über das persönliche Verhältnis zwischen Platon und Aristoteles wird in den Quellen teils Positives, teils Negatives berichtet. Tatsache ist, dass Aristoteles bis zu Platons Tod Mitglied seiner Schule blieb und sich in seinen Schriften zwar zahlreiche kritische, aber nirgends platonfeindliche Äußerungen finden. In der *Nikomachischen Ethik* (I, 1096a14–17) schreibt Aristoteles im Hinblick auf Platons Lehre von der Idee des Guten, die er ablehnen zu müssen glaubt: »Es scheint doch wohl besser und geradezu notwendig zu sein, zur Rettung der Wahrheit sogar das beiseitezuräumen, was einem seit langem vertraut ist [*ta oikeia*, d. h. die philosophischen Anschauungen langjähriger enger Freunde] [...]; denn obwohl mir beides lieb ist, ist es doch ein Gebot der Pietät, der Wahrheit den Vorzug zu geben.« Mit dieser Einstellung befand sich Aristoteles übrigens in voller Übereinstimmung mit seinem Lehrer. Der lässt Sokrates im *Phaidon* (91c) zu seinen Gesprächspartnern Simmias und Kebes sagen: »Wenn ihr auf mich hören wollt, dann kümmert euch um Sokrates nur wenig, viel mehr aber um die Wahrheit, und wenn ich euch etwas Wahres zu sagen scheine, dann stimmt mir zu, wenn aber nicht, dann stemmt euch mit jedem Argument dagegen.«

Aufgelockert wurde die Lehr- und Forschungstätigkeit in Platons Schule durch Symposien, zu denen auch Gäste geladen werden konnten. Erzählt wird, dass der bedeutende athenische Politiker und Feldherr Timotheos von Platon einmal zu einem dieser Symposien eingeladen worden sei und dabei festgestellt habe, dass Speise und Trank zwar schlicht, die Gespräche aber reichhaltig waren (Riginos 1976, 123–124). In den *Nomoi* (I 639d–641a, II 671c–d) verweist Platon mit Nachdruck darauf, wie wichtig es ist, dass Symposien nach festgelegten Regeln ablaufen. Man darf wohl davon ausgehen, dass dies in Platons Schule der Fall war.

Umstritten ist die Frage, ob es eine der Schule zugehörige Bibliothek gab. Bezeugt ist eine solche jedenfalls nicht.

2 Kontexte der Biographie Platons

2.1 Das politische Geschehen

Der Peloponnesische Krieg (431–404)

In den Jahrzehnten nach dem Ende der Perserkriege (479 Sieg der Griechen über das persische Landheer bei Platää und über die persische Flotte beim Vorgebirge Mykale) hatten die Athener ihre Macht immer weiter ausgebaut. Ihr wichtigstes Instrument war dabei der Attisch-Delische Seebund, den sie bald nach Kriegsende gegründet und in dem sie im Laufe der Zeit mehr und mehr eine absolute Vormachtstellung für sich beansprucht und durchgesetzt hatten. Ursprünglich gegen die Perser gerichtet, wurde der Seebund von den Athenern im Laufe der Zeit mehr und mehr dazu benutzt, eigene hegemoniale Bestrebungen durchzusetzen. Als im Jahre 431 der sog. Peloponnesische Krieg zwischen Athen und seinen Bundesgenossen auf der einen Seite und Sparta und seinen Bundesgenossen auf der anderen ausbrach, stand Athen auf der Höhe seiner Macht. Der Krieg endete 404 mit der mehr oder minder bedingungslosen Kapitulation Athens. Als politische Macht sollte die Stadt nach dieser Katastrophe nie wieder zur einstigen Größe gelangen.

Das ständige Auf und Ab während des Krieges kann hier nicht im Einzelnen nachgezeichnet werden. Nur Weniges sei herausgegriffen. Schon bald nach Beginn des Krieges wurde die Stadt von einer Seuche heimgesucht, die traditionell als Pest bezeichnet wird, deren genauer Charakter aber bis heute ungeklärt ist. Ihr fiel eine große Zahl von Menschen zum Opfer, 429 auch der herausragende Politiker Athens während der letzten 30 Jahre, Perikles. Nachdem in dem Krieg zunächst bald die eine, bald die andere Seite militärische Erfolge hatte verzeichnen können, musste Athen gegen Ende der 420er Jahre einige herbe Rückschläge hinnehmen. 421 verständigten sich die beiden Seiten auf einen Frieden, den sog. Nikiasfrieden, benannt nach dem Athener Nikias, der sich im Verlauf des Krieges mehrfach als besonnener Feldherr erwiesen hatte. Wiewohl dieser Frieden auf 50 Jahre abgeschlossen war (Thukydides V 18, 3), flammte der Krieg schon 414 wieder auf.

In der Zwischenzeit ließen sich die Athener auf ein militärisches Abenteuer ein, das sie für die erneute kriegerische Auseinandersetzung mit den Spartanern entscheidend schwächen sollte. Auf ein Hilfsgesuch der mit Athen verbündeten sizilischen Stadt Segesta hin beschlossen die Athener 415, eine umfangreiche Flotte nach Sizilien zu entsenden (die sog. sizilische

Expedition). Treibende Kraft hinter diesem Beschluss war Alkibiades, ein Mann von vielfacher Begabung, brennendem Ehrgeiz, ungehemmtem Opportunismus, dazu ausgeprägten demagogischen Fähigkeiten, der im politischen Leben Athens schon seit längerem eine herausragende Rolle spielte. Wie es scheint, verfolgte er das Ziel, ganz Sizilien zu unterwerfen. Zusammen mit Nikias und Lamachos wurde Alkibiades zum Feldherrn der Unternehmung gewählt. Bald nach der Ankunft der Flotte in Sizilien und dem Beginn der Belagerung der Stadt Syrakus wurde er jedoch nach Athen zurückberufen, um sich wegen des Verdachtes, an religiösen Vergehen beteiligt gewesen zu sein, vor Gericht zu verantworten (»Hermenfrevel«). Während der Fahrt nach Athen floh Alkibiades und lief zu den Spartanern über. Die Unternehmung der Athener endete 413 in einem Fiasko. Die Flotte der Athener wurde im Hafen von Syrakus vernichtet, die gefangenen Athener in die Steinbrüche von Syrakus geschickt, Nikias hingerichtet; Lamachos war schon vorher gefallen.

Schon im Jahr zuvor, also 414, war es zu Aktionen der Athener gekommen, die gegen die Abmachungen des Friedenvertrages von 421 verstießen. Die Spartaner hatten den Vertrag daraufhin als hinfällig angesehen und waren in Attika einmarschiert. Damit befanden sich Sparta und Athen erneut im Kriegszustand. Der zweite Teil des Krieges verlief für die Athener, die durch die katastrophale Niederlage in Sizilien stark geschwächt waren, entschieden unglücklicher als der erste. Eine zusätzliche noch gravierendere Schwächung ergab sich aus den politischen Verhältnissen innerhalb der Stadt, die eine konstante Politik unmöglich machten. Vor allem im Kreis der altadligen vermögenden Geschlechter, aber auch in anderen Kreisen der Bevölkerung Athens gab es massive Bestrebungen, die demokratische Verfassung, die jedem Vollbürger Athens ungeachtet seiner Herkunft und seiner wirtschaftlichen Verhältnisse den gleichen Anteil an der Wahrnehmung politischer Funktionen garantierte, zu beseitigen und durch eine oligarchische zu ersetzen. 411 organisierten oligarchisch gesinnte Verbände (»Hetairien«) in Athen einen Umsturz. Sie beseitigten die Demokratie und übertrugen die Herrschaft auf ein Gremium von 400 Männern, die mit umfassenden Vollmachten ausgestattet wurden. Doch schon im darauffolgenden Jahr kehrte man zu der alten demokratischen Verfassung zurück. Eine wichtige Rolle spielte in diesem Zusammenhang Alkibiades. Dieser hatte, nachdem er 412 in Verdacht geraten war, ein Doppelspiel zu treiben, erneut die Seite gewechselt und sich zu der vor Samos befindlichen Flotte der Athener begeben. Unter seiner Leitung errang diese eine Reihe glanzvoller militärischer Erfolge. 408 kehrte Alkibiades nach Athen zurück, wo man ihm als Hoffnungsträger einen triumphalen Empfang bereitete und ihn zum Oberkommandierenden zu Land und zur See wählte. Doch schon im Jahr darauf wurde er wieder abgewählt. Er zog sich auf seine privaten Besitzungen zurück. 404 wurde er in Persien ermordet. 405 verloren die Athener in der Seeschlacht bei Aigospotamoi ihre Flotte. Danach wurden sie von den Spartanern sowohl von See her als auch zu Land immer mehr eingeengt. Schließlich blieb ihnen nichts anderes übrig, als im Frühjahr 404 zu kapitulieren.

Platon wurde wenige Jahre nach Beginn des Peloponnesischen Krieges geboren; als der Krieg endete, war er 23 Jahre alt. Den größten Teil der Ereignisse muss er also bewusst wahrgenommen, von den Ereignissen vor seiner Geburt und während seiner Kindheit wie z. B. der großen Seuche durch andere erfahren haben. Spuren hat dies in seinen Schriften nur wenige und relativ unbedeutende hinterlassen. Im Dialog *Menexenos* (242c–243d) werden der Krieg und die sizilische Expedition in einer fiktiven Grabrede auf die Gefallenen des Korinthischen Krieges im Jahre 386 im Rahmen des in derartigen Reden üblichen Rückblicks auf die kriegerischen Heldentaten der Athener in einer Weise dargestellt, die mit dem wirklichen Verlauf wenig gemein hat. Für die katastrophale Niederlage werden die innenpolitischen Zwiste verantwortlich gemacht: Athen sei nicht von den Gegnern bezwungen worden, sondern habe sich selbst besiegt. In der *Apologie* erwähnt Sokrates (28e), dass er im Verlauf des Krieges an drei militärischen Unternehmungen teilgenommen habe, bei Poteidaia auf der Chalkidike (429), beim Delion, einem Heiligtum des Gottes Apollon in Böotien (424), und bei Amphipolis in Makedonien (422). Im *Laches* würdigt die Titelfigur Sokrates' tapferes Verhalten bei der gemeinsamen Flucht nach der schweren Niederlage der Athener beim Delion (181b). Im *Symposion* rühmt Alkibiades als einer, der selbst dabei war, das in vieler Hinsicht staunenswerte Verhalten des Sokrates bei der Belagerung von Poteidaia (219e–221c). Häufig vermutet worden und in der Tat ziemlich wahrscheinlich ist, dass Platon bei der Beschreibung der politischen Missstände in der Demokratie und des Charakters des ›demokratischen Menschen‹ in der *Politeia* (VIII 555b–558b bzw. 562a) die Verhältnisse in Athen gegen Ende des Peloponnesischen Krieges als Muster gedient haben. Von dem Grauen des Krieges und der Not, die er zur Folge hatte – der ›Pest‹, den Hungersnöten, der Katastrophe in Sizilien, den ruinösen politischen Auseinandersetzungen in der Stadt, dem demütigenden Kriegsende, den vielen Toten – klingt nichts an. Als das einschneidende Ereignis, das er war, kommt der Krieg nirgends auch nur ansatzweise in den Blick. Dennoch wird man davon ausgehen dürfen, dass schon während des Krieges erste Zweifel in Platon aufkamen, ob sich unter den gegebenen politischen Verhältnissen eine dauerhafte für die Stadt gute Politik machen lasse (vgl. die diesbezüglichen Andeutungen *Ep. VII*, 324c–d).

Vom Ende des Peloponnesischen Krieges bis zum Tod Philipps II. (404–336)

Nach dem Ende des Peloponnesischen Krieges wütete etwa ein halbes Jahr lang das Terrorregime der sog. Dreißig. Im Herbst 403 wurde nach einer Phase des Übergangs die Demokratie wiederhergestellt. Ein für Platons Leben und Denken einschneidendes Ereignis war der Prozess, in dem Sokrates 399 wegen Gottlosigkeit und Verderbens der Jugend zum Tode verurteilt wurde. Platon hat darin zu Recht einen Akt höchster Ungerechtigkeit gesehen (*Ep. VII*, 325b–c). Die häufig zu lesende Behauptung, es habe sich bei dem Todesurteil gegen Sokrates um einen Justizmord gehandelt, ist allerdings falsch. Juristisch gesehen lief das Verfahren nach den gesetzlichen Vorgaben der damaligen Zeit völlig korrekt ab (Döring 1998, 150–153).

Wirtschaftlich erholte sich Athen nach dem Ruin am Ende des Krieges relativ rasch, und auch militärisch konnte es sich schon bald wieder an den Auseinandersetzungen innerhalb Griechenlands beteiligen. 395 kam es zu kriegerischen Auseinandersetzungen zwischen Sparta auf der einen Seite und einer aus Theben und Athen bestehenden Koalition, der sich später auch noch Korinth und Argos anschlossen, auf der anderen (Korinthischer Krieg). Der Krieg, an dem Platon wahrscheinlich zu Beginn als Soldat teilnahm, wurde erst 387/6 beendet (Antalkidas- oder Königsfrieden). 377 gelang es Athen, einen neuen Seebund zu begründen (Zweiter Attischer Seebund). Er sollte freilich nie auch nur annähernd die Bedeutung seines Vorgängers erlangen. Als sich 357 einige der bedeutenderen Bundesgenossen lossagten, versuchte Athen vergeblich, dies mit militärischen Mitteln zu verhindern (Bundesgenossenkrieg). Als 355 Frieden geschlossen wurde, war der Bund erheblich geschrumpft und stellte keine bedeutende Größe mehr dar. 338/7 wurde er aufgelöst.

In die letzten zehn Lebensjahre Platons fällt der Beginn des Aufstiegs der Makedonen zur führenden Macht im griechischen Raum. Nachdem Perdikkas III. 359 gefallen war, setzte sich sein Bruder Philipp (Philipp II.) an die Spitze der Makedonen. 358 wurde ihm von der Heeresversammlung der Königstitel verliehen. In der Folgezeit unternahm Philipp zahlreiche Eroberungsfeldzüge. Um die Mitte der 340er Jahre waren die Makedonen zur stärksten Macht in Griechenland geworden. Im Zusammenhang mit der kontinuierlich zunehmenden politischen Dominanz der Makedonen stellte sich in Athen die Frage, ob man sich mit Philipp arrangieren oder gegen ihn Front machen solle. Als Platon 348/7 starb, war diese Frage das beherrschende politische Thema in Athen und blieb dies auch in der Folgezeit. Bis zu seiner Ermordung im Jahre 336 verzichtete Philipp darauf, Athen direkt zu attackieren, und auch sein Sohn und Nachfolger Alexander der Große verschonte die Stadt.

2.2 Die Sozialstruktur Athens zur Zeit Platons

Die Gesellschaft Athens gliederte sich vertikal in die drei Schichten der Bürger, der Metöken und der Sklaven. Bürger war jeder, der von Eltern abstammte, die ihrerseits beide Bürger waren. Alle männlichen Bürger hatten, sobald sie volljährig waren, das Recht, an den Abstimmungen in der Volksversammlung teilzunehmen, öffentliche Ämter zu bekleiden, bei Geschworenengerichten mitzuwirken und Grundbesitz zu erwerben. Die Metöken (»Mitwohner«) waren in Athen ansässige Freie, die keine Bürger waren und deshalb deren spezielle Rechte nicht besaßen; auch sonst waren ihre Rechte gegenüber denen der Bürger in mancherlei Hinsicht eingeschränkt. Die Sklaven hatten zwar einige private, aber keinerlei politische Rechte; sie galten im Prinzip als Sachen und konnten als solche ge- und verkauft sowie ge- und vermietet werden. Wie viele Menschen jede der drei Gruppen umfasste, ist schwer zu ermitteln, weshalb denn auch die Schätzungen erheblich voneinander abweichen. Nach einer Schätzung, die von vielen als plausibel erachtetet wird (Gomme 1933, 47), lebten in Athen, Piräus und Umgebung um 430 – also zu Beginn des Peloponnesischen Krieges, aber noch vor dem Ausbruch der ›Pest‹ –, die Familienangehörigen eingeschlossen, ca. 60.000 Bürger, 25.000 Metöken, 25.000 private Sklaven von Bürgern, 10.000 private Sklaven von Metöken und 35.000 Staatssklaven, die der Polis gehörten, also insgesamt ca. 155.000 Menschen. Die Zahl nahm im Verlauf des Krieges wegen der Gefallenen und der ›Pest‹ erheblich ab, füllte sich dann aber im Verlauf des 4. Jh.s wieder etwa zur alten Höhe auf.

Innerhalb der drei Schichten gab es erhebliche Unterschiede, die vor allem aus den unterschiedlichen finanziellen Verhältnissen resultierten, unter denen die Menschen lebten bzw. leben mussten. Auch Sklaven konnten Vermögen bilden, sich, wenn eine genügende Summe beisammen war, freikaufen und, rechtlich gesehen, in die Schicht der Metöken aufsteigen. Die Metöken, die sich, da sie keinen Grundbesitz erwerben konnten, hauptsächlich als Gewerbetreibende, Kaufleute und Freiberufler betätigten, konnten, wenn sie es geschickt anstellten, zu beachtlichem Reichtum gelangen, wie dies z. B. bei Kephalos der Fall war, in dessen Haus das Gespräch stattfindet, das den Inhalt der *Politeia* bildet (vgl. *Rep.* I 329e–330b). Unter den Bürgern schließlich gab es die weit überwiegende Zahl derer, die als Handwerker, Landwirte, Händler, Kaufleute, Dienstleistende oder sonstige Berufstätige den Lebensunterhalt für sich und ihre Familien erarbeiten mussten, und solche, die dank ererbtem Reichtum dies nicht zu tun brauchten, sondern von der Arbeit ihrer Sklaven leben und frei über ihre Zeit verfügen konnten; für sie lag es nahe, sich in der Politik zu betätigen, und dies taten sie denn auch häufig. Zu dieser letzten Gruppe gehörte auch Platon, der, wie im *Siebten Brief* zu lesen ist, ursprünglich auch fest entschlossen war, sich in die Politik zu begeben, sich dann aber mit Entschiedenheit der Philosophie zuwandte; und Söhne aus diesen Familien und deren Eltern und Freunde sind es, mit denen Platon Sokrates in seinen Dialogen in Gymnasien und Ringschulen (Palaistren) häufig Gespräche führen lässt (*Ly.*; *Charm.*; *Euthd.*; *La.*; *Tht.*; *Soph.*; *Plt.*; *Phlb.*). Man geht schwerlich fehl, wenn man annimmt, dass sich aus dieser Gruppe auch die Mehrzahl derer rekrutierte, die die Schule Platons besuchten.

Die Frauen, auch die Frauen aus Bürgerfamilien, hatten prinzipiell keine politischen Rechte. Selbst das Bürgerrecht der Frauen aus Bürgerfamilien war nur ein potentielles, das sie gewissermaßen als Vermittlerinnen an ihre Söhne weiterreichten, da, wie oben erwähnt, nur solche Athener Bürger im strengen Sinn waren, die von Eltern abstammten, die ihrerseits beide Bürger waren. Zivilrechtlich unterstand die Frau lebenslang ihrem Vater bzw. nach einer Eheschließung ihrem Ehemann. Sie konnte daher keine Geschäfte abschließen, nicht vor Gericht auftreten und kein Vermögen besitzen und war selbst nicht erbfähig. Hinterließ ein Bürger oder Metöke weder eheliche noch adoptierte Söhne, sondern nur Töchter, so waren diese nur gleichsam stellvertretend für schon vorhandene oder künftige eheliche Söhne erbfähig (»Erbtöchter«). Das Leben der Frau spielte sich innerhalb des Hauses (*oikos*) ab. Hier freilich hatte sie eine starke Stellung, die daraus resultierte, dass sie die Entscheidungen und Anordnungen innerhalb des Hauses traf und insbesondere für die Kindererziehung und die Beaufsichtigung des Personals zuständig war.

Im öffentlichen Leben spielten Frauen im Allgemeinen keine Rolle, doch gibt es zwei Ausnahmen. Eine davon waren die Priesterinnen. Für sie war häufig Jungfräulichkeit gefordert, aber keineswegs immer; Priesterin der Athena Polias (der »Stadtschützerin«) in Athen, die seit dem Ende des 5. Jh.s im Erechtheion amtierte, war z. B. stets eine reife verheiratete oder verwitwete Frau. Die zweite Ausnahme waren die Hetären, die häufig zugleich Tänzerinnen und Musikantinnen waren. Ihr Beruf war es, Männern einzeln oder in Gruppen bei Symposien Amüsement und sexuelles Vergnügen zu verschaffen. Sie waren meistens Sklavinnen oder freigekaufte ehemalige Sklavinnen, bisweilen aber auch Freie (zu den Hetären insgesamt vgl. Schuller 2008, 49–75).

2.3 Erziehung und Ausbildung

Die schulische Ausbildung war im Athen der Zeit Platons Privatangelegenheit. Sie musste demgemäß privat finanziert werden, weshalb denn auch, wie Platon den Sophisten Protagoras in dem nach ihm benannten Dialog bemerken lässt (*Prot.* 326c), die Reichsten ihre Söhne am längsten ausbilden lassen konnten.

Die zu Platons Zeit übliche Erziehung eines männlichen Nachkommen aus ›besserem Hause‹ bis zum Abschluss der eigentlichen schulischen Ausbildung am Ende des 17. Lebensjahrs beschreibt Protagoras in dem nach ihm benannten Dialog so (*Prot.* 325d–326c): Als Erstes lernt das Kind lesen und schreiben. Sobald es über hinreichende Fähigkeiten auf diesem Gebiet verfügt, liest, erklärt und memoriert es unter Anleitung eines Lehrers Texte der großen Autoren, um auf diese Weise seinen Charakter zu bilden. Protagoras drückt das dieser Erziehungspraxis zugrunde liegende pädagogische Prinzip so aus (325e–326a): »Sobald die Kinder lesen und schreiben gelernt haben und zu erwarten ist, dass sie das Geschriebene verstehen [...], legen die Lehrer ihnen auf ihren Bänken Werke der großen Dichter zum Lesen vor und zwingen sie, daraus auswendig zu lernen. In diesen Werken sind viele Zurechtweisungen enthalten, aber auch viele Schilderungen, Lobeserhebungen und Verherrlichungen vortrefflicher Männer der alten Zeit, damit sie der Knabe eifrig nachahmt und danach strebt, genauso zu werden.« Zusätzlich zu dieser Beschäftigung mit literarischen Texten erhielt das Kind Musikunterricht beim Kitharaspieler (*kitharistês*) und Sportunterricht in der Ringschule (*palaistra*) beim Knabentrainer (*paidotribês*).

Wollte der Jugendliche seine Ausbildung nach Abschluss der Schulzeit fortsetzen, dann schloss er sich noch für einige Jahre entweder einem Sophisten oder einem Philosophen als Schüler an, je nachdem ob es ihm in erster Linie darum ging, seine rednerischen Fähigkeiten zu schulen, um sich später auf dem Gebiet der Politik zu profilieren, oder mehr um die sittliche Bildung um ihrer selbst willen. Die Sophisten spielten seit der Mitte des 5. Jh.s eine bedeutende Rolle. Sie reisten als Wanderlehrer durch die Städte und boten in öffentlichen Einrichtungen wie Gymnasien oder in Privathäusern Vorträge und Lehrveranstaltungen an, für deren Besuch sie Honorare forderten. Natürlich kamen sie auch häufig nach Athen. Zahlreiche Dialoge Platons spiegeln diesen Sachverhalt wider. Die Gebiete, mit denen sie sich beschäftigten, waren breit gestreut. Der für ihre Zuhörer und Schüler wichtigste Teil ihres Angebots war aber zweifellos die Schulung in der Argumentations- und Redekunst mit dem Ziel, die Schüler dazu zu befähigen, im politischen Leben erfolgreich tätig zu werden. Wer vor allem dieses Ziel anstrebte, der begab sich zum Sophisten. Der erste Philosoph, der in Athen eine breitere pädagogische Wirkung entfaltete, war Platons Lehrer Sokrates. Ihm ging es darum, seinen Mitbürgern zu der Einsicht zu verhelfen, dass es für sie nichts Wichtigeres geben könne als sich um ihre *aretê*, ihr sittliches Gutsein, zu kümmern, da sie nur so zum Lebensglück (*eudaimonia*) gelangen könnten. Demselben Ziel fühlten sich in seinem Gefolge alle seine Schüler verpflichtet, und das Gleiche gilt für fast alle Philosophen nach ihm. Wem es vor allem um seine sittliche Bildung ging, der begab sich daher zum Philosophen. Spätestens nach einer solchen zusätzlichen Ausbildung beim Sophisten oder Philosophen galt die Ausbildung im Allgemeinen als abgeschlossen und man begab sich ins ›praktische Leben‹.

Der beschriebene Ausbildungsgang war, wie gesagt, der eines männlichen Kindes und Jugendlichen aus ›besserem Hause‹. In den meisten Familien ließen die wirtschaftlichen Verhältnisse eine so kostspielige Ausbildung nicht zu. Hier endete die Ausbildung mit dem Erlernen des Lesens und Schreibens, und es begann alsdann die praktische Ausbildung in einem Beruf.

Die Erziehung der weiblichen Nachkommenschaft erfolgte im Athen der Zeit Platons zu Hause. Dort erwarben die Mädchen die Fähigkeiten, die nötig waren, um später einem Haushalt vorstehen zu können. Schreiben und Lesen lernten sie nur in Ausnahmefällen und auch dann normalerweise wohl nur in elementarer Form. Schon im Alter von etwa 15 Jahren heirateten die Mädchen häufig; die Männer waren, wenn sie heirateten, zumeist etwa 30 Jahre alt oder älter.

2.4 Baukunst, Dichtung, Musik

Baukunst

Die zweite Hälfte des 5. Jh.s war in Athen die große Zeit der Architekten, Baumeister, Künstler. Als deren größte Leistung galten schon in der Antike und gelten auch heute noch die Bauten auf der Akropolis, deren Errichtung durch den Peloponnesischen Krieg zwar beeinträchtigt, aber nicht zum Erliegen gebracht wurde: 448/7–431 wurde der Parthenon erbaut, 437–432 die Propyläen, 431–421 der Nike-Tempel und 421–406 das Erechtheion. Initiator des Bauprogramms war Perikles, künstlerischer Leiter der Architekt und Bildhauer Pheidias. Die klassische Würdigung dieses Bauprogramms findet sich in Plutarchs Lebensbeschreibung des Perikles (13, 1–5; übers. Ziegler):

> So stiegen die Bauten empor in stolzer Größe, in unnachahmlicher Schönheit der Formen, und die Meister wetteiferten miteinander, durch die Feinheit der Ausführung über ihr Handwerk hinauszuwachsen. Das Wunderbarste aber war doch die Schnelligkeit. Denn obschon man glaubte, dass zur Vollendung jedes einzelnen dieser Kunstwerke die Arbeit vieler Generationen kaum ausreichen werde, wurden sie alle in der glanzvollen Zeit dieser einen Regierung zu Ende geführt. [...] Umso mehr müssen wir die Bauten des Perikles bewundern: in kurzer Zeit wurden sie geschaffen für ewige Zeit. Ihre Schönheit gab ihnen sogleich die Würde des Alters, ihre lebendige Kraft schenkt ihnen bis auf den heutigen Tag den Reiz der Neuheit und Frische. So liegt ein Hauch immerwährender Jugend über diesen Werken, die Zeit geht vorüber, ohne ihnen etwas anzuhaben, als atmete in ihnen ein ewig blühendes Leben, eine nie alternde Seele. Die Oberleitung und Aufsicht über das Ganze war Pheidias anvertraut, für die einzelnen Bauten wurden überdies bedeutende Architekten und Künstler herangezogen.

Zu den Tempeln gehörte ein reicher Skulpturenschmuck in den Giebeldreiecken und in den Metopenfeldern der Friese rings um die Ringhallen; beim Parthenon war außerdem die Außenseite der Cella mit einem ca. 160 m langen umlaufenden Fries geschmückt, der den Umzug beim alle vier Jahre stattfindenden großen Fest zu Ehren der Stadtgöttin, den Großen Panathenäen, darstellte. Der Skulpturenschmuck des Parthenon wurde unter der Leitung des Pheidias geschaffen, zum Teil von ihm selbst. Von seiner Hand stammte auch das goldelfenbeinerne Standbild der jungfräulichen Athene (*Athena Parthenos*) im Inneren des Tempels. Schon früher hatte Pheidias die bronzene Kolossalstatue der Vorkämpferin Athene (*Athena Promachos*) gefertigt, die zwischen Propyläen und Parthenon stand. Sie war, wie es heißt (Pausanias 1,28,2), so groß, dass man die Spitze der Lanze, die die Göttin in der Hand hielt, und den Kamm ihres Helmes schon von Kap Sunion aus sehen konnte.

Dichtung und Musik

Da poetische Texte beim Vortrag vielfach gesungen und/oder von Instrumenten begleitet wurden, gehörten Dichtung und Musik bei den Griechen eng zusammen. Im Drama standen gesprochene neben gesungenen und von Instrumenten begleiteten Partien. Eine besondere Stellung nahmen in Athen die musischen Darbietungen bei den Festen des Gottes Dionysos ein. Beim wichtigsten Fest des Gottes, den Großen Dionysien, wurden in jedem Jahr in der Form von Wettbewerben am ersten Tag zehn (oder zwanzig) Dithyramben, vom zweiten bis zum vierten Tag von drei Dichtern jeweils drei Tragödien und zum Abschluss ein heiteres Satyrspiel und am fünften Tag von fünf (im Peloponnesischen Krieg nur von drei) Dichtern jeweils eine Komödie aufgeführt. Die zeitliche Aufteilung zeigt, dass der Tragödie die größte Bedeutung zugemessen wurde. Im Verlauf des 5. Jh.s entstanden in Athen die Tragödien der drei ›Klassiker‹ Aischylos (gestorben 456/5 im Alter von 69 Jahren), Sophokles (gestorben 406/5 im Alter von 91 Jahren) und Euripides (gestorben 407/6 im Alter von 78 Jahren). Neben diesen drei Dichtern, von deren Tragödien wenigstens einige erhalten sind, wirkte eine große Zahl anderer Tragödiendichter, deren Werke allesamt verlorengegangen sind. Die Tragödiendichter, die anhand von Stoffen aus dem Mythos das menschliche Geschick in seiner Unsicherheit und Gefährdung darstellten, galten den Athenern als ihr moralisches Gewissen. Mit dem Tod des letzten der drei ›Klassiker‹, Sophokles, im Jahre 406/5 endete die große Zeit der Tragödie. Sie existierte in der Folgezeit zwar weiter, große Dichter brachte sie jedoch nicht mehr hervor.

Die Komödie des 5. Jh.s, die sog. Alte Komödie, war ein außerordentlich buntes und vielfältiges Gebilde. Ihre Szenerie bildeten außer der Stadt Athen und den ländlichen Bezirken Attikas die überirdischen Regionen und die Unterwelt. Die Handlung war als solche zwar fiktional, bezog sich aber durchgehend auf das aktuelle Geschehen in Athen und Attika. Akteure waren stadtbekannte Personen und typische Vertreter der verschiedenen gesellschaftlichen Gruppen, Gestalten aus dem Mythos, Götter, Tiere und personifizierte Naturerscheinungen. In ihren Stücken nahmen die Dichter in karikierender und satirischer Form Stellung zum aktuellen politischen Geschehen, aber auch zur Situation in Wissenschaft und Kultur und mahnten zu vernünftigem Handeln. In mehreren seiner während der Zeit des Peloponnesischen Krieges aufgeführten Stücke wie den *Acharnern* (aufgeführt 425), dem *Frieden* (421) und den *Vögeln* (414) macht Aristophanes – der bedeutendste Dichter der Alten Komödie, der zudem der einzige ist, von dem Stücke erhalten sind – die Friedenssehnsucht seiner Mitbürger zum Thema; in den *Wolken* (423) nimmt er Sokrates als vermeintlichen Vertreter der Naturphilosophie und der Wortverdreherei der Sophisten aufs Korn; in den *Fröschen* (405) konstatiert und beklagt er den Untergang der Tragödie. In der *Apologie* (18a–e) lässt Platon Sokrates die »Anklagen«, die Aristophanes in den *Wolken* gegen ihn erhoben hatte, zum maßgeblichen Auslöser für die feindselige Stimmung der Bevölkerung Athens gegen ihn erklären; am Ende des *Symposions* (223c–d) lässt er beide freundschaftlich miteinander diskutieren.

Nach dem Ende des Peloponnesischen Krieges machte die Komödie eine Metamorphose durch, die auch schon in den nach den *Fröschen* entstandenen Stücken des Aristophanes zu Tage tritt. Neben Änderungen in der Anlage und den Akteuren stehen inhaltliche: Die Komödie verliert die für die Alte Komödie konstituierende enge Verbindung mit dem aktuellen Geschehen und mutiert mehr und mehr zur Typenkomödie, wie wir sie aus den Komödien des Atheners Menander (342/1–291/0) und der Römer Plautus und Terenz kennen, die griechische Vorlagen ins Römische übertrugen.

Wie erwähnt, fand am ersten Tag der Großen Dionysien ein Wettbewerb statt, in dem Dithyramben vorgetragen wurden. Der Dithyrambos war ein von einem Chor vorgetragenes Lied zu Ehren des Gottes Dionysos. Seit der Mitte der 5. Jh.s löste er sich zunehmend von seiner kultischen Funktion und verselbständigte sich als literarische Gattung. Für Platon wichtig ist die Tatsache, dass der Dithyrambos von da an mehr und mehr zum Experimentierfeld für musikalische Neuerungen wurde. Platon missbilligte diese Entwicklung aufs Schärfste (vgl. *Leg.* III 700a–701d). Der Musiktheoretiker Damon, der wohl etwa 20 Jahre älter als Platon war, hatte die Theorie aufgestellt, dass die Musik eine sehr direkte positive oder negative Wirkung auf die Menschen ausübe, und zwar von der Art, dass die besonderen Charaktere (*êthê*), die man den einzelnen Tonarten und Rhythmen zuschrieb (ruhig, wild, ausgelassen, jammernd, weichlich, tapfer usw.), eine entsprechende Wirkung auf die Seelen der Zuhörer ausübten, sie also entsprechend beeinflussten und veränderten. Platon, der diese Theorie übernommen hat, geht so weit zu behaupten, dass ein Wechsel im Gebrauch der Tonarten und Rhythmen mit Notwendigkeit einen Wechsel im Verhalten der Menschen nach sich ziehe und dass daher jede Veränderung auf dem Gebiet der Musik sich mit Notwendigkeit auf die soziale Ordnung auswirke (*Rep.* IV 424c; übers. Rufener): »Man muss sich davor hüten, eine neue Art von Musik einzuführen, gefährdet man doch dadurch das Ganze; denn nirgends wird an den Regeln der Musik gerüttelt, ohne dass nicht auch die wichtigsten Gesetze der Stadt dadurch erschüttert würden. Das sagt Damon, und ich glaube es ihm.«

3 Die antike biographische Tradition

Vom Tod Platons bis zum Beginn des 3. Jh.s v. Chr.

Die früheste vollständig erhaltene Biographie Platons stammt aus der Mitte des 2. Jh.s n. Chr., wurde also rund 500 Jahre nach Platons Tod verfasst; es ist dies die Biographie, die Apuleius aus Madaura an den Anfang seiner Schrift *Über Platon und seine Lehre* gestellt hat. Die gesamte biographische Literatur zu Platon aus der Zeit davor ist verlorengegangen. Aus Zitaten und Bezugnahmen bei späteren Autoren lässt sich jedoch mancherlei rekonstruieren.

Schon bald nach Platons Tod verfasste Platons Neffe, Schüler und Nachfolger in der Schulleitung Speusipp eine Schrift mit dem Titel *Totenmahl zu Ehren Platons* (*Platônos perideipnon*). Sie war wohl identisch mit Speusipps in anderen Zeugnissen erwähnter *Lobrede auf Platon* (*Platônos enkômion*). Zu dem Wenigen, was wir von dieser Schrift wissen, gehört, dass in ihr die Legende zu lesen war, Platon sei ein Sohn des Gottes Apollon gewesen. Unter Berufung auf Dokumente aus dem Familienbesitz rühmte Speusipp in ihr ferner Platons rasche Auffassungsgabe und seine angeborene bewunderungswürdige Zurückhaltung als Kind, seine mit Anstrengung und Lernbegierde verbundenen Anfänge als Jugendlicher sowie die Tatsache, dass diese und andere Tugenden im Mannesalter noch zugenommen hätten (Apuleius, *De Platone* 1, 2). Schriften über ihren Lehrer verfassten auch die Platonschüler Philipp aus Opus, der Platons *Gesetze* nach dessen Tod herausgegeben haben soll, Hermodor aus Syrakus, der Platons Dialoge nach Sizilien gebracht und dort verkauft haben soll, und Xenokrates aus Chalkedon am Bosporus, der nach Speusipps Tod zum Leiter der Akademie gewählt wurde. Soweit erkennbar, waren in allen drei Schriften biographische und doxographische Anteile miteinander verbunden.

Auch einige Schüler des Aristoteles behandelten Platon in biographischen Schriften. Klearchos aus Soloi auf Zypern schrieb eine *Lobrede auf Platon* (*Enkômion Platônos*). Ihrem Charakter als Lobrede entsprechend, muss die Schrift eine hymnische Darstellung Platons enthalten haben. Das einzige konkrete Detail, das wir aus ihr kennen, bestätigt dies: Klearchos berichtete in ihr die Legende von Apollon als dem wahren Vater Platons. Die Schrift des Dikaiarch aus Messene *Über Lebensläufe* (*Peri biôn*) enthielt einen Abschnitt zum Leben Platons. In ihm berichtete Dikaiarch, dass Platon in jungen Jahren als Ringkämpfer an den Isthmischen Spielen teilgenommen habe (Diog.

Laert. III 4), eine Mitteilung, die möglicherweise Glauben verdient. Jedenfalls gibt es Zeugnisse, die zeigen, dass auch zu Platons Zeit noch Angehörige aus ›besseren‹ Familien an solchen Wettkämpfen teilnahmen (vgl. Pleket 1974, 66–69). Dikaiarch rühmte Platon in seiner Schrift als großen Philosophen, übte allerdings Kritik an der Art und Weise, in der er seine Philosophie in seinen Dialogen der Öffentlichkeit präsentiert habe: Durch deren gefällige Form habe er »manche dazu gebracht, oberflächlich zu philosophieren« (Philodem, *Acad. hist.* col. 1, 1–16 p. 125–126 Dorandi). Auch an Platons Darstellung des Eros nahm Dikaiarch Anstoß (Cicero, *Tusc.* IV 71). Ein weiterer Schüler des Aristoteles, Aristoxenos aus Tarent, der einer der bedeutendsten Musiktheoretiker der Antike war, warf Platon in seinem *Leben Platons* (*Platônos bios*) geistigen Diebstahl in großem Stil vor. Er behauptete, Platons *Politeia* sei fast ganz aus einer Schrift des Sophisten Protagoras mit dem Titel *Antilogikoi* oder *Antilogika* (»Gegenreden«) abgeschrieben. Da wir von dieser Schrift nicht mehr als den Titel kennen, ist es unmöglich, auch nur Vermutungen darüber anzustellen, woraus Aristoxenos seinen Vorwurf herleitete. Des Weiteren beschuldigte Aristoxenos Platon wahrscheinlich auch des Plagiats an Schriften des Pythagoras. Plagiatsvorwürfe gegen Platon wurden, nebenbei bemerkt, schon bald nach seinem Tod auch von anderen erhoben. So behauptete etwa der Historiker Theopomp (geb. 378/7) in einem gegen Platon gerichteten Pamphlet, von den Dialogen Platons erwiesen sich bei genauerer Betrachtung die meisten einerseits als unnütz und falsch und andererseits als abgeschrieben aus Schriften der Sokratesschüler Antisthenes und Aristipp sowie des Bryson aus Herakleia, der gleichfalls in die von Sokrates herkommende Tradition gehört (Döring 1998, 212–214).

Ziemlich ausführlich muss sich Neanthes aus Kyzikos, der um die Mitte des 4. Jh.s geboren wurde, in seiner Schrift *Über berühmte Männer* (*Peri endoxôn andrôn*) mit Platon befasst haben. In den Platon betreffenden Fragmenten, die aus diesem Werk erhalten sind, geht es um Platons Namen, seinen wirklichen oder vermeintlichen Verkauf in die Sklaverei (s. Kap. I.1.1) und sein Lebensende (Philodem, *Acad. hist.* col. 2, 38–5,21). Bemerkenswert ist, dass sich Neanthes zumindest in Einzelfällen für das, was er mitteilte, auf die Auskünfte von Personen berief, die Platon noch persönlich gekannt hatten.

Vom 3. bis zum 1. Jh. v. Chr.

Aus dem 3. und 2. Jh. v. Chr. kennen wir dank Zitaten bei späteren Autoren eine größere Zahl biographischer Werke unterschiedlicher Art. Zwei davon sind die umfangreichen Sammelbiographien des Hermippos aus Smyrna (2. Hälfte des 3. Jh.s) und des Satyros aus Kallatis (ca. 240–170). In ihnen waren Lebensbeschreibungen berühmter Personen vor allem aus den Bereichen der Philosophie, der Dichtung und der Politik aneinandergereiht. Für das Werk des Hermippos ist bezeugt, dass es eine Biographie Platons enthielt; für das des Satyros gibt es zwar kein solches Zeugnis, doch kann es wohl als sicher gelten, dass Platon in ihm nicht fehlte.

Ein Gewächs besonderer Art auf dem Gebiet der Biographie war die Schrift *Über die Schwelgerei in alter Zeit* (*Peri palaias tryphês*), die wahrscheinlich um die Mitte des 3. Jh.s, vielleicht aber auch erst erheblich später von einem unbekannten Autor in Erinnerung an den dem Genuss des Augenblicks gewidmeten Lebensstil des Sokratesschülers Aristipp unter dessen Namen veröffentlicht wurde. In ihr erzählte der Autor pikante Geschichten über die echte oder vermeintliche Genusssucht einiger der Großen der Philosophiegeschichte, wobei der Bereich des Sexuellen offenbar eine besondere Rolle spielte. In Bezug auf Platon war in dieser Schrift die eher harmlose Behauptung zu lesen, Platon habe ein Liebesverhältnis gehabt mit einem jungen Burschen mit dem echten oder dem Kosenamen Astêr (»Stern«), der bei ihm Astronomie studiert habe. Als Beweis für diese Behauptung führte der Autor ein Liebes- und ein Grabepigramm auf Astêr an (Diog. Laert. 3, 29), von denen er behauptet, sie seien beide von Platon verfasst, die aber in Wirklichkeit aus späterer Zeit stammen (vgl. Erler 2007, 335–336).

Zu Beginn des 2. Jh.s v. Chr. schuf Sotion aus Alexandreia einen neuen Typ der Philosophiegeschichtsschreibung: In einem Werk mit dem Titel *Abfolgen der Philosophen* (*Diadochai tôn philosophôn*) stellte er die Geschichte der Philosophie nach dem Muster von Familiengeschichten als Abfolge (*diadochê*) von Lehrer-Schüler-Verhältnissen dar. Dabei unterschied er zwei Reihen von Abfolgen, eine sich von Thales bis zu den Stoikern erstreckende ionische und eine sich von Pythagoras bis zu den Epikureern erstreckende italische Reihe. Platon leitete er als Teil der ionischen Reihe über die Abfolge Anaximander – Anaximenes – Anaxagoras – Archelaos – Sokrates von Thales her. Es liegt auf der Hand, dass in Werken dieses Typs die Lebensläufe der einzelnen Philosophen eine gewichtige Rolle spielen mussten, und so haben denn auch die meisten der 36 erhaltenen Zeugnisse aus Sotions Werk biographischen Inhalt. Dies gilt auch für die drei Platon betreffenden Zeugnisse. Ihren Inhalt bilden die Behauptung, Platon sei in seiner Jugend so schamhaft und gesittet gewesen, dass man ihn niemals übermäßig habe lachen sehen, eine Anekdote, in der Platon eine gehässige Bemerkung des Diogenes aus Sinope schlagfertig kontert, und die zuerst für Aristoteles bezeugte Feststellung, dass nicht Platon, sondern ein gewisser Alexamenos aus Teos den dramatischen Dialog als literarische Gattung erfunden habe (vgl. Erler 2007, 67–68).

Zu den Werken, die die Geschichte der Philosophie nach dem Prinzip der Abfolgen darstellten, gehört auch die *Aufzählung der Philosophen* (*Syntaxis philosophôn*) des Epikureers Philodem aus Gadara, der von ca. 110 bis nach 40 v. Chr. in Italien lebte und in Herculaneum im Hause seines Freundes L. Calpurnius Piso eine große Bibliothek zusammentrug (*Villa dei Papiri*). Zusammen mit der ganzen Stadt wurde diese Bibliothek beim Ausbruch des Vesuvs im Jahre 79 n. Chr. vernichtet. Um die Mitte des 18. Jh.s begann man mit dem Versuch, aus den verkohlten Resten der Bibliothek so viel wie möglich zurückzugewinnen. Die Bemühungen halten bis heute an. Zu den Texten, bei denen diese Bemühungen ein relativ gutes Ergebnis erbrachten, gehört der Abschnitt über die Geschichte der Akademie aus der *Aufzählung der Philosophen*, der, wie nicht anders zu erwarten, mit einer Biographie Platons begann. Die hinreichend verlässlich rekonstruierbaren Teile dieser Biographie machen in der maßgeblichen Ausgabe dieses Abschnitts der Schrift (Dorandi 1991) ein knappes Viertel des Textes aus. Philodem beschreibt in ihnen Platons Leistungen als Philosoph und Lehrer, seine sizilischen Reisen und sein Lebensende; am Schluss fügt er eine Schülerliste an (col. 1,1–6,20, p. 125–135 Dorandi). In seine Darstellung flicht Philodem ausgiebige Zitate aus den von ihm herangezogenen Quellen ein, darunter auch solche aus den im Vorangehenden genannten Platonbiographien des Philipp aus Opus, des Dikaiarch aus Messene und des Neanthes aus Kyzikos, deren Platonbiographien wir nur dank eben dieser Zitate etwas besser kennen.

Vom 1. bis zum 6. Jh. n. Chr.

Aus der Zeit vom 2. bis zum Beginn des 3. Jh.s n. Chr. sind, teils vollständig, teils in mehr oder minder stark gekürzter Form, drei Sammelwerke auf uns gekommen, die in bunter Mischung Wissenswertes, Amüsantes und Kurioses aus Geschichte und Literatur präsentieren: die *Attischen Nächte* (*Noctes Atticae*) des Römers Aulus Gellius, deren Titel zum Ausdruck bringt, dass es sich bei dem Inhalt um Lesefrüchte eines Studienaufenthaltes auf einem Landsitz bei Athen handelt, mit deren Aufzeichnung der Autor schon während seines Aufenthaltes in Athen in den Winternächten begann, die in griechischer Sprache geschriebene *Bunte Geschichte* (*Poikilê historia*) des aus Praeneste (heute: Palestrina) gebürtigen römischen Bürgers Claudius Aelianus und das *Gastmahl der Gelehrten* (*Deipnosophistai*) des Athenaios aus der im Nildelta gelegenen Stadt Naukratis. Erhalten ist außerdem eine größere Zahl von Fragmenten aus zwei demselben Genre zuzuordnenden Werken des Favorin aus Arelate (heute: Arles) mit den Titeln *Denkwürdigkeiten* (*Apomnêmoneumata*) und *Vielfältige Geschichte* (*Pantodapê historia*). Seiner Bedeutung entsprechend kam bzw. kommt Platon in allen diesen Werken häufig vor. Mitgeteilt wird, zumeist aus zweiter oder dritter Hand, eine Fülle von Notizen, Anekdoten und Kurzgeschichten zu Platons Leben, seinen Schriften und seiner Philosophie, zum Verhältnis zwischen ihm und einzelnen seiner Schüler, zu seinem Umgang mit und seinem Verhältnis zu Zeitgenossen, zu deren Urteil über ihn u. a. m. Wie viel davon historisch ist oder zumindest einen historischen Kern hat, ist schwer zu sagen; in vielen Fällen ist allerdings sicher, dass es sich um Erfindungen handelt, und in sehr vielen anderen ist dasselbe zu vermuten.

Um zumindest einen vagen Eindruck von dem zu vermitteln, was in diesen Werken über Platon zu lesen war, seien einige wenige mehr oder minder willkürlich ausgewählte Beispiele angeführt. Favorin ergänzte in seiner *Vielfältigen Geschichte* die vereinzelt auch sonst zu findende möglicherweise zutreffende Behauptung, Platon sei auf der Insel Ägina geboren, durch die Mitteilung der genauen Geburtsstätte: er sei im Hause eines uns unbekannten Pheidiades, des Sohnes eines uns gleichfalls unbekannten Thales zur Welt gekommen (Diog. Laert. III 3). Aus einer Schrift *Über Chöre* eines nicht genauer zu datierenden Aristokles zitiert Athenaios (4, 174c) die Information, Platon habe eine Nachtuhr (*nykterinon hôrologion*) konstruiert, eine Art Wecker, der nach dem Prinzip der Wasseruhren funktionierte (Diels 1920, 198–202). Eine Schrift eines ansonsten unbekannten Panokritos über Platons berühmten Schüler und Mitarbeiter Eudoxos zitiert Athenaios für die Mitteilung, Platon sei ein Liebhaber von Feigen (*philosykos*) gewesen (7, 276 f). Über Platons Stellung im Kreis der Schüler des Sokrates berichtet Athenaios unter Berufung auf eine Schrift des Hegesandros aus Delphi (2. Jh. v. Chr.) wenig Schmeichelhaftes (11, 507ab; übers. Ursula und Kurt Treu):

> Hegesandros aus Delphi behandelt in seinen *Denkwürdigkeiten* Platons Unfreundlichkeit gegen jedermann und schreibt unter anderem: Nach dem Tode des Sokrates waren seine Vertrauten noch lange Zeit niedergeschlagen. Bei einer Zusammenkunft war auch Platon anwesend. Er griff nach dem Becher, hieß sie, nicht niedergeschlagen zu sein, denn er sei selbst Manns genug, die Schule zu leiten, und trank Apollodoros zu [zu ihm vgl. *Phd.* 59b. 117d]. Der erwiderte: ›Lieber hätte ich von Sokrates den Giftbecher genommen als von dir den Zutrunk.‹

Im Folgenden führt Athenaios drei Beispiele dafür an, wie überheblich und rücksichtslos Platon sich gegenüber seinen Mitschülern verhielt. Ganz entgegengesetzt ist Platons Charakter in einer Anekdote in Aelians *Bunter Geschichte* dargestellt (4, 9): Bei den Olympischen Spielen wohnte Platon einmal in einem Zelt zusammen mit Leuten, die er nicht kannte und die ihn nicht kannten. Nur seinen Namen nannte er ihnen. Durch seine Bescheidenheit und sein freundliches Wesen nahm er die Leute so sehr für sich ein, dass sie sich freuten, ihn kennengelernt zu haben. Als diese dann einmal nach Athen kamen, baten sie Platon, ihnen seinen berühmten Namensvetter und dessen Schule zu zeigen. Platon lächelte still und gab sich zu erkennen. Seine Gäste waren höchst erstaunt und wunderten sich sehr, dass ein so bedeutender Mann wie Platon im Zusammensein mit ihnen so bescheiden aufgetreten war, dass sie nicht bemerkt hatten, um wen es sich handelte.

Aus der Mitte des 2. Jh.s n. Chr. stammt die kurze Biographie Platons, mit der Apuleius aus Madaura in Nordafrika seine Schrift *Über Platon und seine Lehre* (*De Platone et eius dogmate*) eröffnet. Es ist dies, wie schon erwähnt, die früheste erhaltene Platon-Biographie. Aus der Zeit danach sind drei weitere Platon-Biographien erhalten: aus dem 3. Jh. die Biographie im 3. Buch der Philosophiegeschichte des Diogenes Laertios und aus dem 6. Jh. die beiden eng miteinander verwandten Biographien am Beginn von Olympiodors Kommentar zum *Ersten Alkibiades* und am Anfang der ohne Angabe des Verfassers überlieferten *Prolegomena zu Platons Philosophie*.

Keine dieser Biographien ist eine erzählende Darstellung des Lebens Platons nach der Art der Biographien Plutarchs und schon gar nicht nach der neuzeitlicher Biographien. Es handelt sich vielmehr bei allen vier um kürzere oder längere teils mehr, teils weniger gut geordnete Aneinanderreihungen von Informationen zum Leben Platons.

Die Biographie des Diogenes Laertios ist von den vier erhaltenen Biographien die bei Weitem umfang- und materialreichste. Sie füllt das ganze dritte Buch seiner Philosophiegeschichte. Grob gesprochen ist sie so aufgebaut: Herkunft und Geburtsjahr Platons (§§ 1–4); Ausbildung (§§ 4–7); Schulgründung, Einfluss der Werke einiger früherer Philosophen und Schriftsteller auf Platon (§§ 7–18); die drei sizilischen Reisen (§§ 18–23); diverse Mitteilungen zu Platons Leben und Philosophie (§§ 23–26); Karikaturen Platons und seiner Schule in der zeitgenössischen Komödie (§§ 26–28); Epigramme Platons (§§ 29–33); Platons Verhältnis zu den anderen Sokratikern, sein Charakter (§§ 34–40); Platons Tod, sein Testament, Grabepigramme auf ihn, darunter zwei von Diogenes Laertios selbst verfasste (§§ 40–45); Platons Schüler (§§ 46–47); seine Schriften (§§ 48–66); seine Lehren (§§ 67–109); andere Träger des Namens Platon (§ 109). Vielfach sind Notizen unterschiedlicher Art mehr oder minder willkürlich aneinandergefügt. Dies erklärt sich daraus, dass das Werk des Diogenes insgesamt offenkundig keine abschließende Redaktion erfahren hat. Diogenes Laertios zitiert eine große Zahl von Quellen, zumeist sicher aus zweiter Hand. Häufig stellt er unterschiedliche Auffassungen nebeneinander. Alles in allem handelt es sich bei seiner Biographie um ein großes Sammelbecken, in dem eine Fülle von Informationen über zumeist nur vermutungsweise und nicht selten überhaupt nicht zu ermittelnde Kanäle aus einer Vielzahl bekannter und unbekannter Quellen zusammengeflossen ist.

Die Biographien des Apuleius, des Olympiodor und des Anonymus sind dadurch eng miteinander verbunden, dass sie in der Überzeugung geschrieben sind, Platon sei ein göttlicher (*theios*) und apollinischer (*Apollôniakos*) Mensch gewesen, wie der Anonymus schreibt. Apuleius erwähnt gleich zu Beginn die Legende von der Vaterschaft Apollons und fügt zwei weitere Legenden an, die Platons apollinische Herkunft bezeugten. Und der Anonymus schreibt am Ende seiner Biographie über Platon:

> Er lebte 81 Jahre und zeigt auch dadurch, dass er ein apollinischer Mensch war. Denn die Zahl 9, die Zahl der Musen, erzeugt mit sich selbst multipliziert die Zahl 81. Dass aber die Musen die Helferinnen Apollons sind, wird niemand bestreiten. Die Zahl 81 aber wird Potenz

der Potenz (*dynamodynamis*) genannt, und zwar aus folgendem Grund: 3 ist die erste Zahl, weil sie Anfang, Mitte und Ende hat; mit sich selbst multipliziert bringt sie die 9 hervor – 3 mal 3 ist 9 – und die Zahl 9 die Zahl 81. Man kann aber auch aus dem, was nach seinem Leben geschah, sein göttliches Wesen erkennen. Jedenfalls ging eine Frau fort, um das Orakel zu befragen, ob man sein Standbild unter die Standbilder der Götter einreihen solle. Der Gott tat daraufhin dies kund: ›Wenn du Platon, den Lehrer von göttergleichem Ruhm, ehrst, handelst du gut, und es wird dir dies mit der edlen Gunst der Glückseligen vergolten werden, unter die jener Mann zu zählen ist.‹ Es wurde auch noch ein anderer Orakelspruch kundgetan, nämlich dass zwei Söhne geboren werden würden, ein Sohn Apollons, Asklepios, und ein Sohn Aristons, Platon; von ihnen werde der eine ein Arzt für den Leib, der andere ein Arzt für die Seele sein.

Das ist formuliert in Erinnerung an die beiden ersten Verse eines Grabepigramms des Diogenes Laertios auf Platon, die so lauten (Diog. Laert. 3, 45): »Phoibos (Apollon) zeugte den Sterblichen Asklepios und Platon, diesen, damit er die Seele, jenen, damit er den Leib errette.«

Literatur
Burkert, Walter 1993: Platon in Nahaufnahme. Ein Buch aus Herculaneum. Stuttgart/Leipzig = Ders. 2008: In: Kleine Schriften VIII. Philosophica. Göttingen, 148–166.
Caruso, Ada 2013: Akademia: Archeologia di una scuola filosofica ad Atene da Platone a Proclo (387 a. C.–485 d. C.). Athen/Paestum.
Diels, Hermann ²1920: Antike Technik [1914]. Leipzig/Berlin.
Dorandi, Tiziano 1991: Filodemo: Storia dei filosofi. Platone e l'Accademia (PHerc 1021 e 164). Edizione, traduzione e commento [La scuola di Epicuro 12]. Neapel.
Döring, Klaus 1998: »Sokrates, die Sokratiker und die von ihnen begründeten Traditionen«. In: Hellmut Flashar (Hg.): Die Philosophie der Antike, Bd. 2,1. Basel, 139–364.
Döring, Klaus 2008: »Platons Garten, sein Haus, das Museion und die Stätten der Lehrtätigkeit Platons«. In: Francesca Alesse u. a. (Hg.): Anthropine sophia. Studi di filologia e storiografia filosofica in memoria di Gabriele Giannantoni. Neapel, 257–273 = Ders. 2010: In: Kleine Schriften zur antiken Philosophie und ihrer Nachwirkung. Stuttgart, 181–194.
Erler, Michael 2007: Platon. Die Philosophie der Antike, Bd. 2/2. Basel.
Gomme, Arnold W. 1933: The Population of Athens in the Fifth and Fourth Centuries B. C. Oxford.
Hoepfner, Wolfram 2002: »Platons Akademie: eine neue Interpretation der Ruinen«. In: Wolfram Hoepfner (Hg.): Antike Bibliotheken. Mainz, 56–62.
Jacoby, Felix 1902: Apollodors Chronik. Berlin.
Krämer, H. Joachim 1959: Arete bei Platon und Aristoteles. Abhandlungen der Heidelberger Akademie der Wissenschaften. Philosophisch-historische Klasse 1959/6. Heidelberg.
Pleket, Harry W. 1974: »Zur Soziologie des antiken Sports«. In: Mededelingen van het Nederlands Instituut te Rome 36, 57–87.
Riginos, Alice Swift 1976: Platonica. The Anecdotes Concerning the Life and Writings of Plato. Leiden.
Schefold, Karl 1997: Die Bildnisse der antiken Dichter, Redner und Denker. Basel.
Schuller, Wolfgang 2008: Die Welt der Hetären. Stuttgart.
Travlos, John 1971: Bildlexikon zur Topographie des antiken Athen. Tübingen.

Klaus Döring

II Zu Platons Werken

4 Editionen des »Corpus Platonicum«

4.1 Antike und mittelalterliche Überlieferung. Echtheitsfragen

Es scheint auf den ersten Blick paradox zu sein, dass Platon trotz seiner – im Übrigen schriftlich vorgetragenen – vehementen Schriftkritik (s. Kap. VI.65) seine Philosophie nicht nur in schriftlicher Form, sondern sogar mit unbestreitbaren literarischen Ambitionen niedergelegt hat. Zusätzlich überrascht die große Anzahl von nicht weniger als 47 Werktiteln, die mit Platons Autorschaft in Verbindung gebracht wurden. Freilich galten bereits in der Antike zahlreiche dieser Schriften als unecht oder zumindest zweifelhaft, in der heutigen Forschung werden immerhin gut zwei Dutzend Dialoge als echt anerkannt. Angeblich soll Platon selbst bestimmte zusammengehörige Schriften zu Werkgruppen geordnet haben; so jedenfalls lautet ein Referat bei Diogenes Laertios III 56: »Thrasyllos behauptet, er [Platon] habe die Dialoge nach dem Muster der tragischen Tetralogien herausgegeben, so wie man dort mit vier Dramen in den Wettkampf eintrat. [...] Die vier Stücke aber nannte man Tetralogie.« Dieser kurze Hinweis eines im Allgemeinen nicht gerade wegen seiner Zuverlässigkeit geschätzten spätantiken Philosophiehistorikers hat in der Platon-Forschung der letzten hundert Jahre eine intensive Debatte um die Überlieferungsgeschichte des *Corpus Platonicum* in den ersten vier Jahrhunderten hervorgerufen und zu ganz unterschiedlichen Rekonstruktionsversuchen geführt. Die Diskussion geht vor allem darum, ob der am Hofe des Kaisers Tiberius als Astrologe tätige Thrasyllos, der im 1. Jh. n. Chr. eine in neun Tetralogien geordnete Ausgabe der platonischen Schriften herausgegeben hat, tatsächlich auf eine genuin platonische Tradition zurückgreift und sie fortsetzt. Es haben sich zwei gegensätzliche Standpunkte herausgebildet: (1) Die Angabe bei Diogenes Laertios ist im Wesentlichen zutreffend und Thrasyllos bedient sich eines alten Einteilungsschemas, das zumindest auf das 1. Jh. v. Chr. oder gar auf die Alte Akademie zurückgeht (Chroust 1965, 42–46; Carlini 1972, 24–27; Müller 1975, 27). Unter dieser Voraussetzung liegt es nahe, mit der älteren Forschung (Wilamowitz-Moellendorff 1919, Bd. 2, 323–327; Bickel 1944a; 1944b; Pasquali 1952, 260–266) eine autoritative Akademie-Ausgabe anzunehmen, die auf Arkesilaos oder vielleicht sogar auf Xenokrates (Alline 1915a, 50–56) zurückgehen könnte; denn »[w]as im Tetr[alogien]-Korp[us] nicht gut platonisch ist, ist gut akademisch« (Bickel 1944a, 95). Einen Anhaltspunkt hierfür könnte auch in diesem Fall Diogenes Laertios (III 66) liefern, der Antigonos von Karystos in der zweiten Hälfte des 3. Jh.s v. Chr. von einer »kürzlich erschienenen Ausgabe« (*neôsti ekdothenta*) sprechen lässt, für deren Lektüre man Geld bezahlen müsse (hierzu Solmsen 1981). (2) Thrasyllos behauptet den platonischen Ursprung der Tetralogienordnung nur, um seine eigene Ausgabe zu legitimieren (Tarrant 1993, 85–107), die gerade deshalb nötig war, weil es keinen Normtext gegeben hat. Ausführlich hat Jachmann (1942, 225–389) die Gründe dargestellt, die gegen eine Akademie-Ausgabe Platons sprechen. Insbesondere der sehr uneinheitliche Textbestand der frühen Papyri (Zusammenstellung bei Sijpesteijn 1964; Edition in CPF 1/3) deutet auf eine nicht regulierte Überlieferungstradition der ersten Jahrhunderte hin. Jachmanns Interpretation blieb zwar nicht unwidersprochen (u. a. Philip 1970; Solmsen 1981), doch ist angesichts der problematischen Indizienlage weder an eine definitive Bestätigung noch Widerlegung zu denken. Eher drängt sich der Eindruck auf, dass die hellenistische Zeit nicht *einen* normativen Platontext kannte, sondern dass es mehrere Überlieferungsstränge nebeneinander gegeben hat (Barnes 1991). Fest steht jedenfalls, dass neben oder vor der tetralogischen Systematisierung bereits um 200 v. Chr. ein anderes Gliederungssystem existierte: die Einteilung der platonischen Dialoge in Trilogien, für die Diogenes Laertios (III 62) den Vorsteher der Bibliothek von Alexandria, Aristophanes von Byzanz, als Kronzeugen nennt. Allerdings umfasst Aristophanes' Dreiergliederung nur 15 Werke (also fünf Trilogien); »der Rest«, fährt Diogenes fort, »folgte einzeln und ohne Ordnung«. Ob diese Angabe so zu verstehen ist, dass Aristophanes die platonischen Schriften nach dieser Systematik lediglich katalogisiert hat (Wilamowitz-Moellendorff 1919, Bd. 2, 325; Pasquali 1952, 264–266; Erbse 1961, 219–221), oder ob es sich hierbei um eine eigenständige, gar ›kritische‹ Textedition handelte (Alline 1915b; 1915a,

84–103; Jachmann 1942, 331–346; dagegen Barnes 1991, 126), wird seit langem kontrovers diskutiert. Zuletzt wurden die – spärlichen – Indizien für eine Alexandrinische Textausgabe Platons von Schironi 2005 zusammengetragen. Sie kommt zu dem Ergebnis, dass diese Edition weniger von philosophischem als von philologischem Interesse inspiriert gewesen war (432–434), und schließt nicht aus, dass es sich dabei, wie schon Chroust (1965, 35) vermutete, vielleicht um so etwas wie ein »›great books‹ program« gehandelt haben könnte.

In der Textüberlieferung der Handschriften (hierzu Wilson 1962) hat sich schließlich die Tetralogienordnung durchgesetzt:

nicht von Platon stammt, ist weitgehend in der Forschung akzeptiert (vgl. Erler 2007, 294–297). Der in der Spätantike besonders bei den Neuplatonikern hochgeschätzte *Alkibiades I* hingegen galt im 20. Jh. vielfach als Spurium, wobei die Begründungen von ›nicht platonisch genug, folglich unecht‹ (Wilamowitz-Moellendorff 1919, Bd. 1, 114 Anm. 1, 378 Anm. 1) bis ›allzu platonisch, folglich unecht‹ (Dixsaut 1985, 377) reichen. Inzwischen mehren sich aber wieder die Stimmen, die für die Echtheit der Schrift eintreten (Ledger 1989, 144; vgl. Pradeau 1999, 219–220; Denyer 2001, 14–26). Ähnlich schwankend sind die Meinungen zum *Hippias maior* und *Kleitophon*. Inhaltliche Gesichtspunkte scheinen beim größeren

Tetralogie I	*Euthyphron*	*Apologie*	*Kriton*	*Phaidon*
Tetralogie II	*Kratylos*	*Theaitetos*	*Sophistes*	*Politikos*
Tetralogie III	*Parmenides*	*Philebos*	*Symposion*	*Phaidros*
Tetralogie IV	*Alkibiades I*	*Alkibiades II*	*Hipparchos*	*Anterastai*
Tetralogie V	*Theages*	*Charmides*	*Laches*	*Lysis*
Tetralogie VI	*Euthydemos*	*Protagoras*	*Gorgias*	*Menon*
Tetralogie VII	*Hippias maior*	*Hippias minor*	*Ion*	*Menexenos*
Tetralogie VIII	*Kleitophon*	*Politeia*	*Timaios*	*Kritias*
Tetralogie IX	*Minos*	*Nomoi*	*Epinomis*	*Briefe*

Neben diesem Standard-Corpus gibt es eine Reihe weiterer Platon zugeschriebener Werke, die aber bereits in der Antike als unecht angesehen wurden. Seit Müller (1975) hat sich hierfür die Bezeichnung *Appendix Platonica* eingebürgert, da sie nicht in den Sammelhandschriften des Gesamt-Corpus, sondern separat überliefert sind. Diese Spuria umfassen neben den *Definitiones* die Dialoge *De iusto*, *De virtute*, *Sisyphos*, *Demodokos*, *Halkyon*, *Eryxias* und *Axiochos*. Außerdem überliefert Diogenes Laertios (III 29–33) noch elf Epigramme, die heute – vielleicht mit Ausnahme des Grabepigramms auf Dion – allesamt als unecht angesehen werden.

Doch auch die im Tetralogien-Corpus überlieferten Werke können nicht alle als authentisch gelten. Dass die *Epinomis* nicht von Platon, sondern von seinem Schüler Philippos von Opous stammt, weiß Diogenes Laertios (III 37) zu berichten. Auch heute wird die Schrift, die sich als Fortsetzung der *Nomoi* gibt, von den meisten Platon-Forschern nicht für echt gehalten (Tarán 1975; Brisson 2005). Zu einem anderen Ergebnis freilich kommen die statistisch-stilistische Untersuchungen von Ledger 1989 bzw. Brandwood 1990 (vgl. Young 1994, 238). Ebenso gelten heute alle Dialoge der IV. Tetralogie zumindest als zweifelhaft. Dass *Alkibiades II*, *Hipparchos* und die *Anterastai*

Hippias eher gegen Platon als Verfasser zu sprechen, doch deuten mehrere Referenzen bei Aristoteles (so greift offenbar *Top.* VI.7 146a21–32 auf *Hp. mai.* 298b2–4 zurück) auf die Akademie als Ursprungsort. Sprachstatistische Erhebungen belegen eine hinreichende Nähe zu den echten Werken (Young 1994, 238), weshalb Ledger 1989 und Brandwood 1990 den Dialog für Platon reklamieren. Der *Kleitophon* hingegen steht sprachlich den sicher authentischen Dialogen nicht sonderlich nahe, doch könnte auch er zu Platons Zeit in der Akademie entstanden sein (Thesleff 1982, 208; Rowe 2005). Die Echtheit des *Minos* wird seit jeher stark bezweifelt (zuletzt Manuwald 2005; anders Cobb 1988), ebenso die des *Theages* (Döring 2004, 74–81). Ob die dreizehn unter Platons Namen überlieferten *Briefe* Anspruch auf Authentizität erheben können, ist nach wie vor sehr umstritten. Insgesamt werden die meisten dieser Briefe heute als eher unecht eingestuft. Ob dies auch für den wichtigsten unter ihnen, den berühmten *Siebten Brief*, gilt, wird kontrovers diskutiert. Die in diesem Brief mitgeteilten Nachrichten aus dem Leben Platons und ihre Einbettung in den zeitgeschichtlichen Kontext zeugen zumindest von einer recht guten Kenntnis der Ereignisse am Hof von Syrakus. Der epistemologische Exkurs (349b1–345c3) hingegen könnte mittelplatonische Spuren aufweisen und wäre dann vielleicht erst im 1. oder 2. Jh. n. Chr. nachträglich eingefügt worden (Tarrant 1982). Da sich jedoch kein zwingender Nachweis für die Unechtheit des (ursprünglichen) Briefs erbringen lässt und die statistisch-stilistischen Untersuchungen eine große Nähe zu den *Nomoi* und anderen Spätwerken belegen (Young 1994, 238), wird er von manchen unter Vorbehalt als platonisch eingestuft (Erler 2005). Annas (1999) allerdings hält die Diskussion um den *Siebten Brief* für müßig, ganz gleich ob die historiographischen Angaben korrekt sind und ob der Sprachstil platonisch ist: Der Brief fällt eindeutig unter die literarische Gattung der Kunstbriefe berühmter Persönlichkeiten und sei deshalb nicht als wirkliche Mitteilung ›An die Freunde und Verwandten Dions‹ zu verstehen. Dieses Argument hat besonders in der englischen Forschung große Zustimmung gefunden. Insgesamt muss auch mit der Möglichkeit gerechnet werden, dass authentische Schriften nach Platons Tod in der Akademie noch einmal redigiert, vielleicht auch revidiert wurden (so soll nach Diogenes Laertios III 37 Philippos von Opous die auf Wachstafeln niedergeschriebenen *Nomoi* ins Reine ab- oder sogar umgeschrieben – *metegrapsen* – und ihnen als Abschluss die *Epinomis* hinzugefügt haben). Andererseits zeigen die meisten Spuria eine solche inhaltliche Nähe zu den authentischen Schriften, dass ihnen womöglich tatsächlich ein authentischer Kern zugrunde liegen könnte (Thesleff 1982, 89–96; Nails/Thesleff 2003). Doch können sämtliche Versuche, im Einzelfall einen Echtheitskern zum Vorschein zu bringen, allenfalls Plausibilitäten aufzeigen.

Während die ältesten Platon-Papyri bis zum Ende des 4. Jh.s v. Chr. zurückreichen (Hoog 1965; Carlini 1992), geht die Mehrzahl der Handschriften auf Vorlagen des 9. Jh.s n. Chr. zurück. Der Hauptstrom der Überlieferung lässt sich in zwei Stränge scheiden (Irigoin 1986), zu denen ein Seitenzweig hinzutritt (Carlini 1972, 147): Die B-Familie (in der neuen Oxford-Ausgabe: Beta), benannt nach ihrem wichtigsten Zeugen, der Handschrift B (Bodleianus Clarkianus 39), überliefert die insgesamt vielleicht beste Textform. Hiervon unabhängig lässt sich eine zweite ›Edition‹ erschließen, die heute hauptsächlich durch eine venezianische Handschrift mit zahlreichen Abkömmlingen repräsentiert wird (T). Neben diese beiden Hauptgruppen tritt die Familie W (in der neuen Oxford-Ausgabe: Delta); sie scheint auf eine mit T gemeinsame Quelle zurückzugehen, bietet aber eine selbständige Textfassung.

4.2 Neuzeitliche Editionen

Die erste Druckausgabe der Werke Platons ist die lateinische Gesamtübersetzung durch Marsilio Ficino, die wahrscheinlich aus dem Jahre 1484 stammt (Kristeller 1978). Der griechische Text wurde jedoch erst 1513 bei Aldus Manutius in Venedig gedruckt (*editio princeps*). Damit beginnt eine rege philologische Forschungs- und Editionstätigkeit: In Basel erscheinen innerhalb von gut zwei Jahrzehnten gleich zwei humanistische Platon-Ausgaben. Für die erste (1534) zeichnet der Reformator Simon Grynaeus verantwortlich, für die zweite und einflussreichere Marcus Hopper (1556). Die zweisprachige Ausgabe, die Henricus Stephanus II. 1578 in Genf (laut Titelblatt dagegen angeblich in Paris) herausgibt, basiert im Wesentlichen auf dem griechischen Text der Aldinischen *editio princeps*, verbessert ihn aber durch Lesarten der beiden Basler Editionen und vielleicht sogar mit neuen Handschriften. Stephanus unterteilt die Druckseite in fünf Abschnitte, die mit den Buchstaben a–e bezeichnet werden, und gibt damit das bis heute verwendete Zitationsschema vor. Die erste kritische Gesamtausgabe im modernen Sinn (vgl. zum Folgenden Zadro 1996) geht auf Immanuel Bekker zurück, der sie Friedrich Schleiermacher widmete (Berlin 1816–1818). Sie umfasst acht Bände und zwei Kommentarbände mit textkritischen Anmerkungen. Als wichtigster Textzeuge für den größten Teil des *Corpus Platonicum*, nämlich die Tetralogien I–VI, gilt seit Bekker der älteste bekannte Platon-Codex, Bodleianus Clarkianus 39 (Handschrift B), geschrieben um 895, der erst 1802 von Patmos nach England kam. Seit dem Ende des 19. Jh.s hat sich allerdings die Auffassung durchgesetzt, dass keineswegs alle überlieferten Handschriften auf eine einzige, textkritisch erschließbare Quelle zurückzuführen sind (so noch Usener 1892), sondern dass es unterschiedliche Überlieferungsstränge gibt. Da sie alle ihre jeweils eigenen Fehler aufweisen, relativiert sich die singuläre Bedeutung des Codex Clarkianus, was in der Ausgabe von Martin Schanz (Leipzig 1875–1887; unvollständig) zumindest anfanghaft berücksichtigt ist. Auch die Edition von John Burnet (Oxford 1900–1907; verbessert 1905–1913) versucht die Fehler von B durch die beiden anderen Überlieferungszweige T und W zu heilen. Burnets Oxforder Ausgabe gilt bis heute als maßgeblich, auch wenn die ab 1920 erscheinenden und seitdem ständig überarbeiteten bzw. neuedierten Einzelausgaben in der zweisprachigen Collection des Universités de France ›Budé‹ (Platon: *Œuvres complè-*

tes. Paris) im Einzelfall einen Text bieten, der neueren Erkenntnissen verpflichtet ist.

Derzeit wird eine neue kritische Oxforder Gesamtausgabe erarbeitet, die unter Berücksichtigung des handschriftlichen Materials, der Papyrus-Funde, der Zitationen bei antiken Autoren sowie der Ergebnisse einer fast zweihundertjährigen Textkritik neue Standards setzen will. Der erste Band mit den Tetralogien I und II ist 1995 erschienen und fand ein eher geteiltes Echo: Zwar wird der immense editorische Fleiß gelobt, den man hinter dem umfangreichen kritischen Apparat erahnen kann. Doch obwohl die neue Ausgabe weit mehr Überlieferungszeugen berücksichtigt als jede andere Edition zuvor, ändert sich am überlieferten Text nur sehr wenig (Haslam 1997).

5 Absolute und relative Chronologie. Fragen der Periodisierung

5.1 Traditionelle Chronologisierungsversuche

Aus der antiken Überlieferung kennen wir nur sehr wenige Bemerkungen darüber, wann Platon welche Dialoge verfasst haben soll; und selbst diese Nachrichten lassen häufig erkennen, dass ihnen nicht ein historischer Tatbestand zugrunde liegt, sondern dass es sich um nachträgliche Projektionen handelt. So soll Platons erste Schrift der *Phaidros* gewesen sein, »weil der Gegenstand [des Dialogs] etwas Jugendliches an sich hat« (Diogenes Laertios III 38; vgl. auch Olympiodor, *In Platonis Alcibiadem* 2, 63–65 Westerink). Der Wert solcher Bezeugungen ist im Allgemeinen gering. Lediglich die späte Abfassungszeit der *Nomoi* (Aristoteles, *Pol.* II 5–6, 1264b24–27; Plutarch, *De Iside et Osiride* 370E10–F4) kann als gesichert gelten. Doch auch der Versuch, in den platonischen Schriften Hinweise auf historische Ereignisse zu finden, anhand derer sie sich datieren lassen, scheitert in den meisten Fällen: Abgesehen von den *Nomoi* spielen alle Dialoge zu Zeitpunkten, die weit vor der Abfassungszeit liegen. Das gilt in der Regel auch für die Rahmenhandlungen. Eine Ausnahme könnte die Einleitungserzählung des *Theaitetos* sein. Die dort erwähnte Kriegsverletzung des gleichnamigen Gesprächspartners (*Tht.* 142a6–b3) scheint die Schrift mit der aktuellen Zeitgeschichte zu verbinden, wenn Theaitetos 369/368 v. Chr. bei Korinth in der Schlacht gegen die Thebaner verwundet wurde (es kommt freilich auch die Schlacht zwischen Spartanern und Athenern 394 bzw. 391 in Frage; Nails 2002, 276 f., 320). Allerdings ist durch einen anonymen Kommentar (hg. Diels-Schubart, Berlin 1905, 3,28–37; ebenfalls in CPF 1/3) ausgerechnet für den *Theaitetos* ein zweites Proömium bezeugt, das an die Stelle der Rahmenerzählung von der Kriegsverwundung tritt. Diskutiert wird auch, ob in *Symposion* 193a1–3 eine Anspielung auf ein politisches Ereignis zu sehen ist: Die dem Aristophanes in den Mund gelegten Worte: »Vorher [...] waren wir eins, jetzt aber sind wir der Ungerechtigkeit wegen von dem Gott auseinandergelegt worden, wie die Arkader von den Lakedaimoniern« könnten auf die Zerschlagung Mantineias im Jahr 385 rekurrieren, so dass dieses Ereignis der *terminus post quem* für die Abfassung des Dialogs wäre (Dover 1965). Recht einhellig gilt die

Feststellung in den *Nomoi* (I 638b1 f.), dass »die Syrakusaner die Lokrer unterjochen«, als Hinweis auf die Unterwerfung von Lokroi durch Syrakus im Jahre 356 (oder 352; vgl. Schöpsdau 1994, 135). In diesem Fall wäre die Stelle tatsächlich ein Zeugnis dafür, dass zumindest das erste Buch der *Nomoi* nur wenige Jahre vor Platons Tod entstanden ist. Alles in allem handelt es sich aber um sehr wenige Stellen, die für eine zeitgeschichtliche Anbindung einer einzelnen Schrift oder auch nur eines Buches in Frage kommen. Weitergehende Versuche, die Dialoge mit Eckpunkten der Platon-Biographie, etwa dem Tod des Sokrates, den Reisen nach Sizilien, der Akademiegründung, in Verbindung zu bringen, wurden immer wieder unternommen (vgl. Görgemanns 1994, 44 f.); sie haben aber alle ein Moment der Willkür an sich, da sie mit zu vielen Unbekannten rechnen müssen (vgl. Thesleff 1982, 20–39).

Die Tatsache, dass in fast keinem Fall die historische Abfassungszeit eines Dialogs mit hinreichender Gewissheit ermittelt werden kann, zieht eine ernüchternde Schlussfolgerung nach sich: Eine absolute Chronologie der platonischen Schriften lässt sich nicht erstellen. Somit steht nur die Möglichkeit einer ›zweiten Fahrt‹ offen: der Versuch, die Schriften des *Corpus Platonicum* untereinander in eine relative Chronologie zu bringen. Naheliegend ist es, zunächst in den Dialogen selbst nach Hinweisen auf andere Schriften zu suchen. Doch sind solche Verweise eher selten. Im *Politikos* (258b2) wird auf die zuvor erfolgte Erörterung des *Sophistes* Bezug genommen, während die Eröffnungsszene des *Sophistes* (216a1) selbst wieder den *Theaitetos* voraussetzt. Ebenso könnte die zweimalige Erwähnung, dass Sokrates in seiner Jugend den alten Parmenides gehört habe (*Tht.* 183e7; *Soph.* 217c4–7) eine Anspielung auf den gleichnamigen Dialog sein (vgl. *Prm.* 127b1–c5). Auch scheint *Timaios* 17c1–2 die *Politeia* vorauszusetzen. Sicher jedenfalls verweist *Timaios* 27a2–b6 auf den *Kritias* als nachfolgenden Dialog, während dieser (*Criti.* 106a1–b7) sich auf die genannte *Timaios*-Stelle rückbezieht. Neben solchen expliziten Verweisen gibt es Stellen, die Lehrstücke in anderen Schriften vorauszusetzen scheinen: So baut die im *Phaidon* 72e3–73b2 skizzierte Anamnesis-Lehre sachlich auf dem *Menon* auf. Des Weiteren könnte *Theaitetos* 143b–c, in der die dramatische Dialogform, die nur Rede und Gegenrede kennt, gegenüber der erzählenden bevorzugt wird, als Reflexion auf einen ›Wendepunkt‹ innerhalb der literarischen Produktion Platons verstanden werden: Demnach wären die erzählenden Dialoge *Parmenides*, *Lysis*, *Politeia*, *Charmides* und wohl auch die dramatische und erzählende Form verbindenden Dialoge *Phaidon*, *Euthydemos*, *Protagoras* und *Symposion* vor dem *Theaitetos* (der freilich selbst dieser Mischform zuzurechnen ist!) anzusetzen (Erler 2007, 22, 74 f.).

Als Zwischenergebnis ergibt sich somit folgendes Bild: Bei Anwendung der genannten internen und sachlichen Kriterien lässt sich eine Gruppe von Dialogen (*Prm., Ly., Rep., Charm., Phd., Euthd., Prot., Symp.*) ausmachen, die mit einiger Wahrscheinlichkeit vor dem *Theaitetos* anzusetzen ist. Wenn *Phaidon* von *Menon* abhängig ist, gehört auch letzterer in diese Gruppe. Die im *Theaitetos* berichtete Verwundung des Theaitetos als *terminus post quem* der Abfassung ist entweder – mit der Mehrzahl der Interpreten – auf das Jahr 369/368 oder auf 394 zu beziehen. Die Dialoge *Sophistes* und *Politikos* sind, in dieser Reihenfolge, nach dem *Theaitetos* entstanden. Der *Kritias* kommt nach dem *Timaios* (Kreuzverweis) und beide sind offenbar später als die *Politeia*. Die dramatische Form von *Timaios*/*Kritias* schließt zumindest nicht aus, dass sie nach der ›literarischen Wende‹ des *Theaitetos* verfasst wurden (doch handelt es sich auch beim vermutlich frühen *Menon* um einen dramatischen Dialog!). Die *Nomoi* schließlich gehören offenbar zum Spätwerk; zumindest das erste Buch stammt aus Platons letztem Lebensjahrzehnt.

5.2 Statistisch-stylometrische Periodisierungsverfahren

Die Unzulänglichkeiten der traditionellen Chronologisierungsversuche führen seit dem letzten Drittel des 19. Jh.s dazu, durch Sprachstatistiken zu einer objektivierbaren Grundlage für die Periodisierung des *Corpus Platonicum* zu gelangen. Bahnbrechend wirkten die stilistischen Untersuchungen von Campbel (1867): Ausgehend von der Grundannahme, dass *Timaios*, *Kritias* und *Nomoi* zu den spätesten Werken Platons gehören, stellte er fest, dass in diesen Dialogen neu- oder umgeprägte *termini technici* in besonders starker Häufung auftreten. Daraufhin ermittelte er das Vorkommen dieses Spezialvokabulars in allen damals für echt gehaltenen Dialogen und bildete einen Quotienten, indem er die Anzahl der Wort-Treffer ins Verhältnis zur Seitenzahl des jeweiligen Werks setzte (Campbel 1867, xxiv–xxxiii). Das wichtigste Ergebnis ist, dass *Sophistes* und *Politikos* zusammen die größte Nähe zur Referenz-Gruppe (*Tim.*,

Criti., Leg.) aufweisen (Quotient 1,22; *Plt.* alleine: 1,27) und damit deutlich vor der *Politeia* (0,83), *Phaidon* (0,7) oder *Symposion* (0,67) rangieren. Den weitesten Abstand halten *Menon* (0,13), *Alkibiades I* (0,125) und *Charmides* (0,08).

Die Einsicht, dass zeitlich eng zusammengehörende Werke ähnliche Stilmerkmale aufweisen, liegt auch der Untersuchung von Dittenberger (1881) zugrunde, der sich vor allem auf drei Partikelkombinationen mit *mên* stützt. Die Gesamtheit der Dialoge teilt sich dabei in zwei Gruppen: Gruppe I umfasst die Schriften, in denen die fraglichen Kombinationen nicht vorkommen (u. a. *Cri., Euthphr., Men., Phd.*), während Gruppe II aus Werken besteht, die sie enthalten (Dittenberger 1881, 326). Da die Häufigkeit etwa des Ausdrucks *ge mên* innerhalb dieser Gruppe sehr schwankt (1 Vorkommen im *Symposion*, 2 in der umfangreichen *Politeia*, aber 24 in den *Nomoi*), unterteilt Dittenberger die Gruppe noch einmal in IIa (*Symp., Lys., Phdr., Rep., Tht.*) und IIb (*Prm., Phlb., Soph., Pol., Leg.*). Damit unterscheidet er drei Werkperioden: Das Frühwerk (I), das mittlere Werk (IIa) und das Spätwerk (IIb). Die historische Trennlinie zwischen I und IIa sieht Dittenberger in Platons erster Sizilienreise: Dorische Ausdrücke wie *ti mên* (bzw. *sa man*), die im Attischen ungebräuchlich waren, habe Platon in Syrakus kennengelernt und von da an in seinen Sprachschatz übernommen. Dass die Schriften der Gruppe IIa älter sind als jene von IIb, ergibt sich daraus, dass die *Nomoi* (IIb) nach dem Zeugnis des Aristoteles (*Pol.* II.5–6 1264b24–27) später verfasst wurden als die *Politeia* (IIa). Dittenbergers Ergebnisse wurden durch die Untersuchungen von Schanz (1886), Ritter (1888), von Arnim (1896) und anderen mit immer ausgefeilteren Methoden bestätigt (Überblick bei Brandwood 1992, 94–100; vgl. Young 1994, 230–232).

Besondere Bedeutung kommt der Entdeckung von Blass (1874, 426) zu, dass Platon – offensichtlich als Reaktion auf stilistische Forderungen des Isokrates – in den späten Dialogen akribisch darum bemüht ist, Hiate zu vermeiden. Die Dissertation von Janell (1901) geht dieser Einsicht nach und findet einen signifikanten Bruch: Während der Großteil der Dialoge im Durchschnitt zwischen 46 (*Lys.*) und 23,9 (*Phdr.*) Hiate pro Seite aufweist, haben die Spätwerke nur noch 6,7 (*Leg.* V) bis 0,4 (*Plt.*). Dabei weichen die verschiedenen Bücher der *Nomoi* (zwischen 6,7 und 2,4) noch einmal deutlich von den extrem hiatarmen Dialogen *Timaios* (1,2), *Kritias* (0,8) *Sophistes* (0,6) und *Politikos* (0,4) ab, was offenbar darauf zurückzuführen ist, dass den *Nomoi* – wohl Platons letztem Werk – eine letzte glättende Überarbeitung fehlt. Somit zeigt sich auch unter diesem Aspekt die enge Zusammengehörigkeit der Schriften des Spätwerks.

Zuletzt unternahm Ledger (1989) den Versuch, mit Hilfe computergestützter statistischer Analysen Platons Werke in eine chronologische Ordnung zu bringen. Das zugrunde gelegte Material und die elaborierte Methodologie übertreffen wohl alle bis dahin unternommenen Anstrengungen. Das Ergebnis bestätigt allerdings in auffallender Weise die wichtigsten Resultate früherer Statistiken: Der Doppeldialog *Sophistes-Politikos* gehört mit *Timaios-Kritias* und *Nomoi* in die Gruppe der Spätwerke; dieser letzten Gruppe gehen *Phaidros, Theaitetos, Parmenides* und *Politeia* unmittelbar voraus. Neu hingegen ist, dass Ledger das große Feld der frühen Dialoge noch einmal unterteilt und so zu vier statt üblicherweise drei Werkgruppen gelangt. Allerdings zeigen sich hier auch die Grenzen des mit statistischen Verfahren Möglichen: Zwar vermag die Cluster-Analyse verschiedene Schriften in zusammengehörige Gruppen zu bündeln. Jedoch erweist sich die umgekehrte Methode der Diskriminanz-Analyse als erstaunlich unzuverlässig, wenn es darum geht, echte von unechten Werken eines Autors zu scheiden. So ordnete der Computer drei von acht Stichproben aus *Politeia I* nicht Platon, sondern Xenophon zu und kam zu dem Ergebnis, dass Platons *Phaidros* mit Xenophons *Oikonomikos* stilistisch näher verwandt sei als dessen eigene *Memorabilien* (Ledger 1989, 103 f., 160)! Auch der *Parmenides* weicht stilistisch so sehr von den übrigen platonischen Dialogen ab, dass »most tests of authorship would lead us to conclude that it was not written by Plato« (Ledger 1989, 213). Doch ist diese Feststellung angesichts der mangelhaften Trennschärfe des Verfahrens nicht überzubewerten. Eine ausführliche Zusammenstellung, Überprüfung und Beurteilung aller statistisch-stylometrischen Verfahrensweisen seit 1867 sowie ihrer Ergebnisse liefert Brandwood 1990 und 1992 (zur Kritik seiner Schlussfolgerungen vgl. Young 1994, 242–246).

5.3 Zum Stand der Forschung

Von den meisten Forschern werden heute folgende drei Werkgruppen anerkannt (Erler 2007, 24–25), die sich aus den bei Brandwood 1990 zusammengestellten und kritisch evaluierten Untersuchungen ergeben (vgl. Brandwood 1990, 249–252; Young 1994, 240; kritisch Thesleff 1982 und 1989):

I *Apologie, Charmides, Euthydemos, Euthyphron, Gorgias, Hippias minor, (Hippias maior), Ion, Kratylos, Kriton, Laches, Lysis, Menexenos, Menon, Phaidon, Protagoras, Symposion*
II *Politeia, Parmenides, Theaitetos, Phaidros*
III *Timaios-Kritias, Sophistes-Politikos, Philebos, Nomoi, (Epinomis), (Briefe)*

In Klammern stehen Werke, die zwar bei Brandwood berücksichtigt sind, deren Echtheit aber nicht zweifelsfrei geklärt ist. Umgekehrt fehlen Dialoge, deren Authentizität heute immerhin für möglich gehalten wird, die aber nicht bei Brandwood untersucht worden sind, z. B. *Alkibiades I*. Da die bei Brandwood zusammengestellten Untersuchungen in der Regel von den Spätwerken *Timaios, Kritias* und *Nomoi* als Referenzpunkt ausgingen, nimmt mit wachsendem Abstand von diesem Cluster die Trennschärfe ab. Das hat zur Folge, dass Gruppe I, welche die wenigsten Gemeinsamkeiten mit III aufweist, sehr viele Werke umfasst und in sich nicht weiter differenziert ist.

Innerhalb der ersten Gruppe sind die Dialoge alphabetisch geordnet, da sich keine konsensfähigen objektiven Kriterien finden lassen, um eine interne Reihung vorzunehmen (Young 1994, 250). Die von Dover (1965) untersuchten historischen Anspielungen im *Symposion* (s. Kap. II.5.1) scheinen freilich dafür zu sprechen, dass dieser Dialog tatsächlich eine späte Stellung innerhalb der Gruppe einnimmt oder gar zum mittleren Werk zu ziehen ist (für die Einordnung unter die Frühwerke votiert zuletzt Rowe 2006). Für die späte Stellung des *Theaitetos* innerhalb der zweiten Gruppe spricht die oben genannte Bemerkung (143b-c) über die ›literarische Wende‹ hin zur Bevorzugung dramatischer Dialoge. Folglich sind die erzählenden Dialoge *Politeia* und *Parmenides* früher anzusetzen. Inhaltlich spricht manches für eine Abfassung des *Phaidros* nach der *Politeia* (vgl. Heitsch 1997, 233 mit Anm. 564), wenngleich man das Werk nicht wie Rowe (1992) in Platons letzte Schaffensperiode (nach dem *Timaios*!) verlegen muss – was etwa den Untersuchungen zur Hiatvermeidung stark zuwiderlaufen würde. Die Reihenfolge *Timaios-Kritias* sowie *Sophistes-Politikos* in der dritten Werkgruppe ist durch interne Verweise evident. Traditionell gelten die *Nomoi* als letztes Werk, und vielleicht ist die im Vergleich zu den anderen Werken dieser Gruppe nicht ganz so starke Hiatvermeidung auf eine fehlende letzte Überarbeitung zurückzuführen. Auch muss bei allen Gruppen damit gerechnet werden, dass Platon an mehreren Werken gleichzeitig gearbeitet hat.

Die statistische Computeranalyse von Ledger (1989) differenziert noch weiter und ordnet das Gesamtwerk in vier Gruppen:

I *Lysis, Euthyphron, Hippias minor, Ion, Hippias maior, Alkibiades I, Theages, Kriton*
II *Gorgias, Menexenos, Menon, Charmides, Apologie, Phaidon, Laches*
III *Protagoras, Euthydemos, Symposion, Kratylos, Politeia, Parmenides, Theaitetos, Phaidros*
IV *Philebos, Kleitophon, Sophistes, Politikos, Nomoi, Epinomis, Timaios, Kritias, (Briefe)*

Innerhalb der Gruppen weist Ledger den Schriften in der Regel ihren Platz entsprechend den Ergebnissen der Computeranalyse zu. Bemerkenswert ist die große Übereinstimmung zwischen Ledger und Brandwood (1990), was das Spätwerk anlangt. Ledger nimmt lediglich den bei Brandwood wegen zweifelhafter Echtheit nicht berücksichtigten *Kleitophon* mit hinzu. Auch die Zusammengehörigkeit von *Politeia, Parmenides, Theaitetos* und *Phaidros* (bei Brandwood Gruppe II), die dem Spätwerk unmittelbar vorausgehen, wird durch Ledger bestätigt. Ledgers Gruppe II ist der Versuch, die große Zahl an sogenannten Frühwerken weiter zu differenzieren. Diese Gruppe kann als Übergang zwischen dem eigentlichen Frühwerk (I) und der mittleren Schaffensperiode (III) angesehen werden. Ob die angewandten statistischen Methoden allerdings ausreichen, um eine chronologische Reihung innerhalb der Gruppen und der Gruppen untereinander vorzunehmen, wird von Young 1994 (246–247 mit Anm. 42) bezweifelt, da Ledger für beide Anordnungen letztlich auf dieselben Diskriminanzkriterien zurückgreift und somit eine lineare Abfolge unterstellt, die nicht auszuweisen ist.

Eine absolute Datierung der einzelnen Werkgruppen selbst ist schwierig. So galt es lange Zeit als ausgemacht, dass Platon erst nach dem Tod des Sokrates 399 v. Chr. begonnen habe, philosophische Werke zu verfassen. Dies ist in jüngerer Zeit in Frage gestellt worden (Thesleff 1982; Ledger 1989, 71). In einer Zusammenfassung früherer Überlegungen plädiert Heitsch 2004 (15–19) dafür, dass *Ion* und *Hippias minor* vor 399 verfasst worden sind. Auch die traditionelle, letztlich auf Hermann (1839) zurückgehende Unterscheidung zwischen ›sokratischen‹ und ›platonischen‹ Dialogen, die zeitweise als zu vage außer Gebrauch zu geraten schien, wird wieder nachdrücklich vertreten (Penner 1992), wozu die Arbeiten von Gregory Vlastos (Vlastos 1991 stellt gewissermaßen die

Summe dieser Anstrengungen dar) maßgeblich beigetragen haben. Die Einteilung geht von folgender Überlegung aus: Während Platon in den frühen ›sokratischen‹ Dialogen noch stark unter dem philosophischen Einfluss und persönlichen Eindruck seines Lehrers stand, habe er sich später immer mehr emanzipiert, eine eigene, nicht mehr sokratisch zu nennende Philosophie entwickelt und zuletzt in den *Nomoi* auch noch auf die literarische Figur des Sokrates als Dialogpartner verzichtet (vgl. Vlastos 1991 und 1994). Insbesondere die aporetisch endenden Werke (etwa *Ion*, *Laches*, *Lysis*) könnten dann als Reflex auf die genuin sokratische Weise des Philosophierens interpretiert werden, ebenso wie jene Dialoge, in denen die Ideentheorie scheinbar nicht oder zumindest noch nicht in systematischer Breite entwickelt ist. Unter letzterer Hinsicht müssten aber *Phaidon* und *Symposion* aus dem Frühwerk ausgeklammert werden (anders Rowe 2006). Nimmt man an, dass die historischen Anspielungen im *Symposion* eine Abfassungszeit zwischen 385 und 379 wahrscheinlich machen (Dover 1964) und Theaitetos 368 (und nicht 394) tödlich verwundet wurde, so dass der gleichnamige Dialog danach entstanden ist (Thesleff 1982, 152–157: frühe 360er Jahre), dann erhält man eine ungefähre Vorstellung, in welchem Zeitraum die Werke der mittleren Periode anzusiedeln sind.

6 Grundmodelle der Platon-Interpretation

Zu den Grunderfahrungen der Platon-Lektüre gehört es, dass verschiedene Dialoge bisweilen sehr unterschiedliche philosophische Positionen zu ein und demselben Thema einnehmen. Am bekanntesten ist sicher die Erarbeitung und argumentative Absicherung der Ideentheorie in *Phaidon*, *Symposion* und *Politeia*, die aber im *Parmenides* mit guten Gründen angegriffen wird. Daneben differieren etwa *Gorgias* und *Protagoras* in ihrer unterschiedlichen Stellungnahme zum Lustproblem. In der *Apologie* weigert sich Sokrates, einem richterlich verhängten Philosophieverbot Folge zu leisten, im *Kriton* hingegen lehnt er die dem Gerichtsurteil zuwider laufende Möglichkeit zur Flucht ab und geht gesetzestreu in den Tod. Die elenktischen (bzw. ›sokratischen‹) Dialoge vertreten in ihrem dialektischen Hin und Her weniger eine positive philosophische Lehre als eine Methode der Zerstörung falscher Überzeugungen, während die ›dogmatischen‹ Schriften sich offensichtlich um die Generierung und Sicherung begründeten Wissens bemühen, so dass sich dort platonische ›Lehren‹ identifizieren lassen. Solche scheinbaren Inkonsistenzen und Unausgewogenheiten fordern Erklärungen.

Ein recht einfaches Mittel, das seit der Renaissance immer wieder und im 19. Jh. geradezu exzessiv angewandt wurde, besteht darin, den Dialogen, die sich nicht mit einem vermeintlich platonischen Lehrgehalt in Einklang bringen lassen, ihre Echtheit abzusprechen. Da nicht von vorneherein feststeht, welche Werke die für authentisch erachtete Lehre Platons enthalten, entging innerhalb der vergangenen fünfhundert Jahre fast kein Dialog dem Schicksal, von dem einen oder anderen Interpreten als unecht eingestuft zu werden (vgl. Richard 1993). Selbst vor *Phaidon*, *Symposion* oder *Nomoi* machte die Athetese nicht halt. Der Versuch, schwierige Interpretationsprobleme dadurch zu lösen, dass einzelnen Dialogen die Authentizität abgesprochen wird, gleicht aber dem gewaltsamen Zerschneiden des Gordischen Knotens: Die Festlegung eines kanonischen Sets philosophischer Lehren und das Aussondern dessen, was über dieses Cluster hinausgeht oder ihm zu widersprechen scheint, hat etwas Willkürliches und damit theoretisch Unbefriedigendes an sich.

Seit der Mitte des 19. Jh.s haben sich zwei hermeneutische Grundmodelle herausgebildet, die das Problem scheinbarer Inkonsistenzen innerhalb des *Cor-*

pus Platonicum auf jeweils eigene Art zu lösen versuchen: die systemperspektivisch-kontextualistische und die entwicklungsgeschichtliche Deutung (vgl. Corlett 2005, 1–18). Das erste Modell ist maßgeblich durch Friedrich Schleiermacher geprägt worden, der in der Einleitung zu seiner Platon-Übersetzung hervorhebt, dass bei diesem Autor »Form und Inhalt unzertrennlich [sind], und jeder Satz nur an seinem Orte und in den Verbindungen und Begränzungen, wie ihn Platon aufgestellt hat, recht zu verstehen [ist]« (Schleiermacher 1804, 14). Doch ergibt sich das adäquate Verständnis eines philosophischen Gedankens nicht bereits aus der bloßen Berücksichtigung des Dialog-Kontexts, sondern letztlich nur durch Einbeziehung des Gesamtwerks selbst, so dass »jedes Gespräch nicht nur als ein Ganzes für sich, sondern auch in seinem Zusammenhange mit den übrigen begriffen wird« (ebd.). Damit reklamiert Schleiermacher einen ganzheitlichen Gesichtspunkt (»unitarian view«: Kahn 1996, 38), von dem allein aus Platon angemessen interpretiert werden könne. An Schleiermachers romantisch beeinflusster Auffassung übt Karl Friedrich Hermann (1839, 359–368) Kritik und schlägt statt einer organisch-einheitlichen Betrachtungsweise eine entwicklungsgeschichtliche vor. Er ist der Erste, der eine ›sokratische‹ Periode des Philosophierens, wie sie in den Frühwerken zum Ausdruck kommt, von genuin ›platonischer‹ Philosophie unterscheidet. Dieser Ansatz, die sich entwickelnde intellektuelle Biographie des Autors an seinen aufeinanderfolgenden Werken oder Werkgruppen abzulesen, gewann starken Auftrieb durch die Fortschritte der statistisch-stylometrischen Chronologisierungsbemühungen. Im Folgenden sollen die beiden Grundmodelle der Platon-Interpretation exemplarisch an zwei schulbildenden Autoren – Gregory Vlastos und Charles Kahn – dargestellt werden, deren Ansätze die heutige Diskussion wesentlich mitbestimmen.

6.1 Entwicklungsgeschichtliches Interpretationsmodell

Nach Debra Nails beruht der entwicklungsgeschichtliche Ansatz (›developmental approach‹ oder kurz ›developmentalism‹) auf drei Prämissen: »(1) Plato's philosophical doctrines developed over his productive lifetime; (2) it is possible to determine the chronological order of composition of the dialogues; and (3) the Socrates of Plato's earliest dialogues is the one most true to the historical Socrates« (Nails 1995, 53).

Während die Prämissen (1) und (2) unverzichtbar für den Ansatz als solchen sind, betrifft Prämisse (3) eigentlich nur die Sokrates-Forschung. Als wohl einflussreichster Vertreter des ›developmentalism‹ dürfte Gregory Vlastos anzusehen sein. In zahlreichen Publikationen hat er seit den 50er Jahren des 20. Jh.s die These vertreten, dass in den platonischen Dialogen mit dem Namen ›Sokrates‹ zwei verschiedene Philosophen bezeichnet werden:

> I have been speaking of *a* Socrates in Plato. There are two of them. In different segments of Plato's corpus two philosophers bear that name. The individual remains the same. But in different dialogues he pursues philosophies so different that they could not have been depicted as cohabiting the same brain throughout unless it had been the brain of a schizophrenic (Vlastos 1991, 46).

Während ›Sokrates I‹ etwa ein schlichter Moralist sei, »who has no truck with metaphysical speculation« (ebd., 82), wird ›Sokrates II‹ als Vertreter einer »grandiose metaphysical theory« (ebd., 42) geschildert. Das kann, so Vlastos, nur bedeuten, dass Platon während seiner mehrere Jahrzehnte umfassenden schriftstellerischen Tätigkeit verschiedene philosophische Phasen durchlaufen hat. Vlastos, dem – wie analytisch orientierten Philosophiehistorikern überhaupt – sehr viel an der logischen Analyse von im Text identifizierbaren Argumentationsstrukturen liegt, setzt dabei die von Sokrates vorgebrachten Argumente mit Platons Ansichten gleich: In den verschiedenen Phasen bleibt die literarische Figur des Sokrates stets das ›Mundstück‹ (vgl. ebd., 50–53; Corlett 2005, 7 f.), dessen sich der Autor bedient, um seine jeweiligen Theorien kundzutun. So stehe Platon, als er die frühen Dialoge wie *Charmides*, *Euthyphron* oder *Laches* verfasst, inhaltlich und methodisch noch ganz unter dem Einfluss des historischen Sokrates, der die moralischen Überzeugungen seiner Gesprächspartner prüft und gegebenenfalls erschüttert. Später habe sich Platon von seinem Lehrer mehr und mehr emanzipiert und eine eigenständige, letztlich un-sokratische Philosophie entwickelt, die er in den meisten Dialogen gleichwohl immer noch der Figur des Sokrates (II) in den Mund legt. Die doktrinalen (und methodischen) Gegensätze zwischen ›Sokrates I‹ und ›Sokrates II‹ sind also nicht Inkonsistenzen einer platonischen Einheitsphilosophie, sondern markieren unterschiedliche Entwicklungsstadien des Denkens Platons. Damit hat Vlastos einen Interpretationsrahmen geschaffen, der vor allem in der analytischen englischsprachigen Forschung lange Zeit paradigmatischen Charakter beanspruchte.

6.2 Systemperspektivisch-kontextuelles Interpretationsmodell

Dem ›developmental approach‹ steht als hermeneutische Alternative der sogenannte ›unitarian approach‹ gegenüber. Er galt lange Zeit – vor allem in der analytischen Philosophie – als überholt und ›kontinental‹ (vgl. Hyland 2004, 13). Spätestens seit Charles Kahns Angriff auf die entwicklungsgeschichtliche These (Kahn 1996) wird er aber auch dort wieder ernster genommen, wo er lange verpönt war. Der ›unitarische‹ Ansatz beschränkt sich nicht auf die logische Analyse argumentativer Propositionsreihen im Text, sondern nimmt die Dialogform als solche ernst: Platon hat eben keine linear argumentierenden Abhandlungen verfasst, sondern kunstvoll gestaltete Gespräche, in denen er selbst sich niemals im eigenen Namen zu Wort meldet (Frede 1992). Daraus könnte geschlossen werden, dass Platon die vorgebrachten Ansichten nicht seiner eigenen Person zugeschrieben wissen wollte. Bei der Interpretation ist nicht nur zu berücksichtigen, wer etwas sagt und was jemand sagt, sondern auch, was die Unterredner tun, wo sie sich aufhalten, welche dramatische Einbettung der Dialog aufweist.

> A good part of their [the dialogues'] lesson does not consist in what gets said or argued, but in what they show, and the best part consists in the fact that they make us think about the arguments they present. For nothing but our own thought gains us knowledge (Frede 1992, 219).

Kurz: Es geht um ein Verständnis, das den gesamten Kontext, nicht nur das gesprochene Wort einbezieht. In dieser Perspektive bedient sich der Autor nicht eines ›Sprachrohrs‹, um seine Lehren zu verkünden, sondern der Dialog verwirklicht einen systematischen Plan, in dem jedes Moment der Inszenierung eine Bedeutung für das Ganze hat. Anders gewendet: Platon spricht seine eigenen philosophischen Ansichten nicht offen durch den Mund eines Protagonisten aus, sondern hält sich zurück. Wenn überhaupt, so kann nur der Dialog als ganzer uns etwas über den Standpunkt des Autors sagen. Demnach sollte etwa das Fehlen ideentheoretischer Ansätze in den meisten Frühdialogen nicht kurzerhand so verstanden werden, dass Platon zu diesem Zeitpunkt eine solche Theorie noch nicht entwickelt habe. Es könnte durchaus sein, dass er sie bereits hat, aber nicht von den Dialogpartnern aussprechen lässt. Der umgekehrten Hintergrundannahme der Entwicklungstheoretiker, nämlich dass ein Autor in jedem Werk alles ausspricht, was er zu diesem Zeitpunkt weiß bzw. annimmt, wohnt jedenfalls eine gewisse Implausibilität inne. Für Platons Zurückhalten (bzw. Nicht-Explizitmachen) seiner eigenen Lösung, besonders in den aporetischen Dialogen, führt Kahn (1996, 66–70) vor allem zwei Gründe an: (1) Die aporetische Zuspitzung eines Problems kann einen »heilsamen Schock« (»salutary shock«) auslösen, der das selbständige Nachforschen stimuliert. (2) Die enorme Diskrepanz zwischen Platons eigener, »jenseitiger Weltsicht« (»otherworldly vision«) und der bei seinem Publikum vorauszusetzenden Einstellung führt zur Dialogform, in der wesentliche Einsichten bisweilen nur angedeutet, durch Gleichnisse oder Mythen vorgestellt, aber selten direkt ausgesprochen werden. Nach Kahn gibt es also keinen doktrinalen Bruch zwischen den Frühdialogen von Brandwoods Gruppe I und den mittleren der Gruppe II. Die unterschiedlich detaillierte Ausformulierung ›platonischer Lehren‹ ist einer pädagogischen Absicht geschuldet: der Leser soll behutsam, Schritt für Schritt, in die Philosophie eingeführt werden. So liege schon den von Kahn als »Schwellendialogen« (»threshold dialogues«) bezeichneten frühen Werken *Laches, Charmides, Euthyphron, Protagoras, Menon, Lysis* und *Euthydemos* das Konzept der »schrittweisen Ausfaltung« (»ingressive exposition«) zugrunde, um den Leser auf die großen ideentheoretischen Schriften, kulminierend in der *Politeia*, vorzubereiten. Somit können diese Frühwerke »nur aus der Perspektive dieser mittleren Werke angemessen verstanden werden« (Kahn 1996, 59–60).

Der Sache nach hat Kahn damit in der englischsprachigen Forschung einen Interpretationsansatz wieder neu belebt, der insbesondere in Deutschland seit Schleiermacher stets präsent gewesen ist. Namentlich Szlezák (1985, 328) vertritt eine von ihm »proleptisch« genannte Interpretation der früheren Dialoge im Licht der späteren Lehren – der Ideenlehre des mittleren Werkes sowie der ›ungeschriebenen‹ Prinzipienlehre. Der alternative Deutungsansatz einer an der Werkchronologie ablesbaren Entwicklungsgeschichte des platonischen Denkens sei schon deshalb nicht zwingend, weil Platon nicht unter dem Druck stand, neue Erkenntnisse sogleich mitzuteilen zu müssen. Da die Dialoge offenkundig keine linear argumentierenden ›Forschungsberichte‹ sind, sondern hochkomplexe literarische Werke, könne aus dem scheinbaren Fehlen eines Theoriestücks nicht geschlossen werden, dass der Autor zum Zeitpunkt der Abfassung der Schrift einen solchen Gedanken noch nicht gehabt habe (Szlezák 1985, 329).

6.3 Zur aktuellen Debatte

Die von den ›Unitaristen‹ seit Schleiermacher immer wieder vorgebrachten Argumente haben den international lange vorherrschenden ›developmental approach‹ in Bedrängnis gebracht (vgl. schon Klein 1965, 3–10; Press 1998, 309–312; Griswold 2002). Debra Nails schätzt alle Prämissen, auf denen dieser Ansatz beruht, als »indefensible« ein (Nails 1995, 54; vgl. Nails 1993). Insbesondere die sichere Bestimmung der chronologischen Ordnung der Dialoge, eine unverzichtbare Voraussetzung für eine entwicklungsgeschichtliche Interpretation, hält sie für undurchführbar, da Platon, wie Thesleff (1982) ausführlich zu zeigen versuchte, seine Werke bis zum Schluss immer wieder überarbeitet habe. Dies aber mache eine chronologische Interpretation der stilistisch-statistischen Untersuchungen unmöglich (vgl. auch Cooper 1997, xii–xviii; Denyer 2001, 23–26). Die von Entwicklungstheoretikern häufig unterstellte »mouthpiece theory« (Corlett 2005, 7 f.), nach welcher der literarische Sokrates nur das Sprachrohr Platons sei, wird von Cooper (1997) und Corlett (2005) zurückgewiesen. Die Tatsache, dass Platon als Autor völlig hinter sein Werk zurücktritt, verbiete es, ihm direkt eine von seinen literarischen Figuren vorgetragene Ansicht zuzuschreiben. Nur »the text as a whole« könne als Ausdruck platonischer Philosophie gedeutet werden (Cooper 1997, xix–xxiv). Konnte Klagge (1992) solche ganzheitlichen Interpretationsansätze noch als »literarisch« im Unterschied zu »philosophisch« abqualifizieren, so war – wie er selbst einräumen muss – der Streit um die Deutungshoheit zwischen diesen beiden Modellen im vollen Gange. Ob es inzwischen tatsächlich so ist, dass man »heute kaum Forscher finden [wird], welche von einer Verbindung der Chronologie der Schriften mit der philosophischen Entwicklung Platons ausgehen« (Erler 2007, 22), muss offen bleiben. Allerdings wird immer deutlicher gesehen, dass exklusive Deutungsansprüche der einen oder der anderen Art einem umfassenden Verständnis der platonischen Philosophie im Ganzen nicht gerecht werden.

The emerging consensus in Platonic scholarship should help motivate us to drop the tired contrast between ›literary‹ and ›philosophical‹ approaches to Plato. [...] Although the terms might still be usefull as designating types of questions that pick out different aspects of the text, a sound interpretation of a Platonic dialogue must combine both approaches (Griswold 2002, x–xi).

7 Diskussion um die ›ungeschriebene Lehre‹ Platons

Offenbar sind uns alle Werke, die Platon verfasst hat, tatsächlich auch überliefert. Doch gibt es antike Zeugnisse, dass sich seine Philosophie nicht in dem erschöpft, was in den Dialogen verschriftlicht worden ist. Aristoteles unterscheidet zwischen dem Sinngehalt philosophischer Begriffe in den Dialogen und in »ungeschriebenen Lehren« (*agrapha dogmata*): »Deshalb auch sagt Platon im *Timaios*, dass Materie und Raum dasselbe sind. Denn das, was teilhaben kann, und der Raum sind ein und dasselbe. Dort aber spricht er von dem, was teilhaben kann, in einem anderen Sinn als in den sogenannten ungeschriebenen Lehren« (*Phys.* IV 2, 209b11–15). Diese Stelle hat in Verbindung mit Platons Schriftkritik im *Phaidros* (274b3–278e4) und – sofern er echt ist – im *Siebten Brief* (342a7–344d2) zu der Auffassung Anlass gegeben, dass es jenseits dessen, was uns in den Dialogen fassbar ist, noch eine andere, ja vielleicht sogar »ehrwürdigere« (*Phdr.* 278d8) Philosophie Platons geben könnte. »Danach hat Platon *absichtlich und mit Vorbedacht* bestimmte Aspekte seiner Philosophie der literarischen Fixierung entzogen und ausschließlich mündlich weitergegeben« (Krämer 1996, 249–250). Gestützt wird die Möglichkeit einer solchen nichtschriftlichen platonischen Philosophie durch die Forschungen zum Verhältnis von Mündlichkeit und Schriftlichkeit in der antiken Kultur (vgl. Havelock 1986, 79–116). So beginnt sich erst ab der Mitte des 4. Jh.s v. Chr. der Primat der Schriftlichkeit durchzusetzen, »d. h. erst von da an wurde Sprache primär von der Schrift her gesehen« (Krämer 1996, 252). Auch die Schriften Platons sind also vom Paradigma der ›inneren Oralität‹ her zu verstehen und dienen hauptsächlich der Wiedererinnerung und Dokumentation (Thiel 1993; vgl. *Phdr.* 276d2–4, 277e6–278a1). Da aber stets die Gefahr besteht, dass das Geschriebene missverstanden und dann verächtlich gemacht wird, wie Platon selbst sagt (*Phdr.* 275d9–e5), liegt es nahe, dass bestimmte Themen, und zwar gerade »die höchsten, wertvollsten und schwierigsten«, von der »wiedererinnernden Speicherung und Dokumentierung ausgeschlossen« und nur mündlich erörtert werden. »Die Rede erhält auf Grund ihres *methodischen* Vorrangs auch ein *sachliches* Surplus zugesprochen« (Krämer 1996, 254).

Freilich darf diese inhaltliche Differenz zwischen schriftlicher und mündlicher Lehre nicht im Sinne eines Widerspruchs missverstanden werden; damit würde der in den Dialogen enthaltene Wahrheitsanspruch entwertet werden. Eher komplettiert die ungeschriebene Lehre die geschriebene, indem sie die letzten Fundamente aufzeigt, auf denen die Philosophie der Dialoge ruht. Auf dieser Hintergrundannahme beruhen die Versuche, Platons ungeschriebene Lehre zu rekonstruieren. Insbesondere durch Hans Krämer (1959) und Konrad Gaiser (1963) hat sich Tübingen zu einem Zentrum dieser Rekonstruktionsbemühungen entwickelt, so dass man bisweilen vom ›Tübinger Platon‹ (Pesce 1990, 11–49) oder der ›Tübinger Schule‹ spricht. Ausgangspunkt für die Rekonstruktion der ungeschriebenen Lehre sind die bei Gaiser (1963, 443–557) gesammelten antiken Zeugnisse, die etwas von Platons Lehre referieren, das sich in dieser Weise nicht unmittelbar in den Dialogen findet (neuere Sammlungen Richard 1986, 243–381; Isnardi Parente 1997/98). So heißt es bei Aristoteles, *Metaph.* I 6, 988a10–11, hinsichtlich der platonischen Ideentheorie: »Die Ideen nämlich sind für die anderen [Seienden] Ursache des Was-Seins (*tou ti estin aitia*), für die Ideen hingegen ist das Eine (*to hen*) [Ursache des Was-Seins].« Und Theophrast, vor seinem Anschluss an Aristoteles selbst Platon-Schüler, führt aus: »Platon dürfte also wohl beim Zurückführen auf die Prinzipien der Ansicht gewesen sein, dass die anderen [Seienden] an den Ideen festzumachen sind, diese aber an den Zahlen, von diesen wiederum sei zu den Prinzipien fortzuschreiten« (Theophrast, *Metaph.* 6b11–14). Aus diesen Testimonien ergibt sich, dass die landläufig als Ideenlehre bezeichnete metaphysische Grundlagentheorie selbst noch einmal auf letzte Prinzipien wie ›das Eine‹ zurückzuführen ist. Dieses ›Eine‹ wird, wie wiederum Aristoteles referiert, mit ›dem Guten selbst‹ (*to agathon auto*) identifiziert (Aristoteles, *Metaph.* XIV 4, 1091b13–14), das in *Politeia* VII 540a8–9 als »das, was allem Licht spendet« (*to pasi phôs parechon*) charakterisiert wird.

Dergestalt knüpft also die Prinzipientheorie der ungeschriebenen Lehre an etwas an, worauf in den Dialogen bereits hingewiesen wird. Allerdings darf hieraus nicht einfach geschlossen werden, dass die Dialoge eben doch schon alles enthalten, was Platon auch noch mündlich gelehrt hat (in diesem Sinn versucht Sayre (1983) über eine Liste von Synonymen die Platon-Referate aus Aristoteles, *Metaphysik* I, mit Stellen aus dem *Philebos* und dem *Parmenides* zur Deckung zu bringen). Nach der ›Tübinger‹ Lesart setzen die Dialoge zwar die ungeschriebene Lehre, verstanden als Prinzipientheorie, voraus, doch enthalten sie diese nicht selbst – zumindest nicht in ausgearbeiteter Form. Rekonstruiert man diese Theorie aber aus den Testimonien, so können *ex post* verschiedene Dialog-Passagen als Anknüpfungspunkte oder Verweise auf diese Lehre gelesen werden. Krämer (1996, 254 Anm. 30) zählt explizit zwölf »Verweisungs- oder besser Verschweigungsstellen« auf: *Prot.* 354e8–357c1; *Men.* 76e3–77b1; *Phd.* 107b4–10; *Rep.* VI 506d2–507a2, 509c1–11; *Prm.* 136d3–e3; *Soph.* 254b7–d3; *Plt.* 284d1–2; *Tim.* 28c, 48c, 53d; *Leg.* X 894a. Nach der gängigen Einteilung des *Corpus Platonicum* in drei Gruppen (s. Kap. II.5) finden sich also in jedem Cluster versteckte Verweise auf die ungeschriebene Lehre, was entweder entwicklungsgeschichtlich so gedeutet werden könnte, dass Platon schon sehr früh seine mündliche Prinzipientheorie entwickelte, oder unitaristisch, dass die Prinzipientheorie der einheitliche Fluchtpunkt ist, von dem her sich das gesamte schriftliche Œuvre erschließt.

Die Tübinger Thesen zur ungeschriebenen Lehre haben eine heftige Diskussion ausgelöst, präsentieren sie Platon doch – im Unterschied zur Offenheit seiner Dialoge – letztlich als systematischen, wenn nicht gar dogmatischen Metaphysiker. Wird dieses ›neue Platon-Bild‹ von den einen als »Paradigmenwechsel« gefeiert (Reale 1991/1993, 29–48), so stößt es bei anderen auf unverhohlene Ablehnung. Schon eineinhalb Jahrzehnte vor Krämers erstem Buch (1959) hat Harold Cherniss die Glaubwürdigkeit der doxographischen Referate des Aristoteles prinzipiell in Zweifel gezogen. Aristoteles unterstelle seinen Vorläufern Positionen, die sich erst vom Standpunkt seiner eigenen Philosophie ergeben, aber die ursprüngliche Intention der Kritisierten verfehlten (Cherniss 1945/1966, 60–61, 73). Schließt man sich Cherniss' Auffassung an, dann bricht ein tragender Pfeiler weg, auf den sich die Rekonstruktionsbemühungen stützen. Des Weiteren wird gegen die nur dem innerakademischen Kreis zugängliche Prinzipienlehre der Vorwurf der Esoterik erhoben – und kurzerhand auch auf jene ausgedehnt, die diese Lehre rekonstruieren wollen (Tigerstedt 1977, 63). Demgegenüber hat Krämer (1982, 79) aber auf den Unterschied zwischen antikem und modernem Esoterikverständnis hingewiesen, und Szlezák (1985, 327–328) auf die Differenz zwischen pythagoreischer Geheimlehre und platonischer Prinzipienlehre. Letztlich sei ganz naheliegend, dass ein Denker zu einem kompetenten Publikum anders spreche als zur breiteren Öffentlichkeit. Ferber (2007) erkennt zwar eine ›ungeschriebene Lehre‹ Platons durchaus an, hält sie aber prinzipiell nicht für mitteilbar: Gegenstand der ›ungeschriebenen Lehre‹ sind seiner Meinung nach – hier deckt er sich mit der Tübinger Interpretation – die höchsten Prinzipien. Da deren Erkenntnis aber nicht mehr durch logische Operationen herbeigeführt werden kann, entziehen sie sich propositionaler Kommunizierbarkeit. Auch Schefer (2001) geht von einer unsagbaren Erfahrung aus, die hinter der ungeschriebenen Lehre stehe, versteht diese aber als kultisch-religiöses Gotteserlebnis. Aus dem vermeintlichen Esoteriker der Tübinger Schule wird bei ihr der Mystiker Platon.

Inzwischen ist »das Kampfgeschrei um die ›ungeschriebene Lehre‹ allmählich zugunsten eines stillschweigenden, jedoch vernünftigen, d. h. auf Gründen beruhenden, Dissens verstummt« (Ferber 2007, 84). Mit anderen Worten: Es herrscht so etwas wie ein argumentatives Patt zwischen Befürwortern und Gegnern. Die Zentrallehre eines Autors aus indirekten Zeugnissen Dritter rekonstruieren zu wollen, mag den Anti-Esoterikern abwegig erscheinen. Die Suche nach einer befriedigenden Erklärung für die in diesen Zeugnissen zum Ausdruck gebrachte Differenz zwischen Geschriebenem und Ungeschriebenem führt andererseits mit einer gewissen Konsequenz zur Prinzipienlehre als Ergänzung der Ideenlehre der platonischen Dialoge.

8 Werkübersicht: Gliederungen zu den Schriften Platons

Da eine absolute Werkchronologie nicht möglich ist, werden hier die innerhalb des Tetralogien-Corpus überlieferten Werke Platons in alphabetischer Reihenfolge aufgeführt. Dabei wird nicht zwischen echten und unechten Schriften unterschieden, da sich die Authentizität nicht für alle Schriften klären lässt (s. Kap. II.4). Die hinzugefügten Untertitel stammen nicht von Platon, sind aber seit der Antike überliefert und als Themenangabe nützlich. Hilfreich zur Orientierung über die in den Dialogen auftretenden Personen ist Nails (2002). Die Schriften der sogenannten *Appendix Platonica*, die außerhalb des Tetralogien-Corpus überliefert sind, werden nicht berücksichtigt, da sie durchweg als unecht gelten.

Alkibiades I – ›Über die Natur des Menschen‹

Begegnung zwischen Sokrates und dem jungen Alkibiades, der demnächst aktiv in der Politik Athens mitwirken will (103a–106c).

Erster Teil: Alkibiades besitzt nicht das für die Politik nötige Wissen (106c–124b). Um politischen Rat erteilen zu können, braucht es Wissen; Inhalt politischer Beratungen ist die Frage nach Krieg und Frieden. Um hier ernsthaft mitreden zu können, muss man wissen, was gerecht und ungerecht ist (109c). Alkibiades' Einwand, dass es in der Politik mehr auf das Nützliche als das Gerechte ankomme, pariert Sokrates mit dem Nachweis, dass nur das Gerechte nützlich sei (116d). Der in seinen Ansichten immer schwankender werdende Alkibiades zeigt, dass sein vermeintliches politisches Wissen nur eingebildet ist. Die Einbildung aber ist die schlimmste Art der Unwissenheit (118b), an der freilich die meisten athenischen Staatsmänner – Perikles nicht ausgenommen – leiden. Als Gegenbild weist Sokrates ausgerechnet auf Sparta und Persien hin, beides Feinde Athens (119b), und rühmt in der sog. ›Königsrede‹ deren innere Moral und äußere Macht (121a–124b). Um die wahren Gegner überwinden zu können, bedarf es der durch die delphische Maxime empfohlenen Selbsterkenntnis und der Selbstsorge (124b).

Zweiter Teil: Der Weg zur Erlangung politischer Tüchtigkeit (124c–135b). Selbstsorge als Sorge für die Seele hat Vorrang vor der Sorge um den Leib und um äußere Güter, denn die Seele ist der eigentliche Mensch (129b–131a). Wie das Auge sich im Spiegel eines anderen Auges selbst sieht, so erkennt sich die vernünftige Seele selbst, wenn sie sich in der göttlichen Vernunft spiegelt (132b–133c). Diese Selbsterkenntnis ist Voraussetzung für das richtige Handeln. Die wahre Aufgabe des Politikers besteht darin, den Bürgern Tugend zu vermitteln. Dies gelingt nur dem, der selbst tugendhaft ist, was wiederum die Selbsterkenntnis zur Voraussetzung hat (134b–d).

Alkibiades erkennt Sokrates' Argumentation an und nimmt sich vor, sich um Gerechtigkeit zu bemühen.

Alkibiades II – ›Über das Gebet‹

Beim Gang zum Tempel trifft Alkibiades Sokrates, der auf die Gefahr hinweist, die eine falsche Bitte an die Götter mit sich bringen kann (138a–c). Darüber entwickelt sich ein Gespräch über das Verhältnis von Unvernunft, Wahnsinn und Einsicht. Wahnsinn und Unvernunft sind beides Formen der Unwissenheit. Die Unwissenheit in Bezug auf das Gute ist die schlimmste. Alles andere Wissen ist ohne das Wissen des Guten schädlich (143e–147e).

Dies führt zur Frage nach dem richtigen Beten und Opfern (147e–150d): Die Spartaner legen wenig Wert auf großen Aufwand und bitten darum, dass die Götter ihnen zum Guten das Schöne verleihen möchten. Frömmigkeit und Gerechtigkeit sind gottgefälliger als aufwendige Opfer (150a). Bevor man also unvorsichtige Bitten an die Götter äußert, soll man lieber schweigen.

Sokrates hat Alkibiades überzeugt. Dieser verschiebt sein Opfer, bis er durch sokratische Belehrung von seiner Unwissenheit befreit ist (151c).

Anterastai – ›Über Philosophie‹

Im Haus des Grammatikers Dionysios trifft Sokrates zwei junge Männer, die von ihren Liebhabern umgeben sind und über Himmelskunde und naturphilosophische Fragen diskutieren. Sokrates verwickelt einen der Liebhaber, der sich zuvor abschätzig über einen Rivalen, der als Gymnastiker nur Essen und Trinken im Sinn habe, geäußert hatte, in ein Gespräch über Philosophie (132a–133b).

Der Gesprächspartner, er ist Musiker, steht der Philosophie positiv gegenüber, hält sie aber für Vielwisserei. Wie beim Turnen die ›Vielüberei‹ (*polyponia*) ein Zeichen der Sportbegeisterung (*philogymnastia*) ist, so bestehe die Weisheitsbegeisterung (*philosophia*) in Vielwisserei (*polymathia*) (133e). Sokrates hingegen kritisiert diese Vorstellung: Verdient der Fünfkämpfer, der nicht in jeder Einzeldisziplin der beste ist, aber in allen zusammen, den Vorzug gegenüber dem Einzelkämpfer? (135e). Wäre der Philosoph nur ein begnadeter Vielwisser, der von allem ein wenig weiß, wie könnte er dem Spezialisten – zum Beispiel einem Steuermann im Sturm – vorgezogen werden? (136d).

Das Gespräch nimmt eine neue Wendung: Wer sich darauf versteht, Hunde zu züchten oder Pferde zu bändigen, verfügt über ein Wissen von gut und schlecht (137c). Allgemein gesprochen bedeutet dies eine Kenntnis der Gerechtigkeit, die jedem das Seine zuteilt. Dieses Wissen um Gerechtigkeit ist auch in der Politik vonnöten. Um aber zu erkennen, was für andere gut und schlecht ist, muss man zuerst sich selbst erkennen. Die geforderte Selbsterkenntnis heißt Besonnenheit (*sôphrosynê*) und ist nichts anderes als Gerechtigkeit (138a–b). So besteht auch die Kunst des Königs, Herrschers, Politikers, Hausvorstandes und Herrn darin, Besonnenheit und Gerechtigkeit walten zu lassen (138c–d). Auch der Philosoph darf sich hierauf nicht nur ein wenig verstehen, wie der Vielkämpfer, sondern sollte den ersten Rang einnehmen, wenn es um Gerechtigkeit und Besonnenheit geht (138e).

Apologie des Sokrates

(I) Verteidigungsrede vor Gericht (17a–35d): Der alte Vorwurf, Sokrates sei Sophist, er »grüble über himmlische und unterirdische Dinge und mache Unrecht zu Recht« (17b; 18bc), steht hinter der verleumderischen Klage auf Asebie (Gottlosigkeit). Grund für Sokrates' üblen Ruf: Das delphische Orakel hatte auf die Anfrage des Chairephon den Spruch erteilt, niemand sei weiser als Sokrates (21a). Sokrates überprüft den Orakelspruch, indem er zu Menschen (Staatsmännern, Dichtern, Handwerkern) geht, die für weise gelten. Sie betrügen jedoch sich selbst, indem sie sich selbst für weise halten, während Sokrates weiß, dass er nichts weiß, und deshalb weiser ist als alle.

Dies führt zur Klageerhebung des Meletos, Sokrates verderbe die Jugend und glaube nicht an die von der Polis verehrten Götter, sondern an neuartige Gottheiten (24b–c). Dem ersten Vorwurf begegnet Sokrates, indem er seinen Ankläger lächerlich macht. Er bringt ihn dazu, zuzugeben, dass die anwesenden Richter, die Zuhörer, die Ratsmänner, die Volksversammlungsteilnehmer, ja schließlich alle Athener die Jugend besser mache – nur Sokrates mache sie schlechter (24d–25c). Dabei sei dieser Vorwurf doch unsinnig, denn wer andere verdirbt, schadet am meisten sich selbst (25d–26a). Den Asebie-Vorwurf weist Sokrates zurück, indem er darauf aufmerksam macht, dass selbst sein Ankläger einräumt, der Angeklagte würde an »Göttliches« (*daimonia*) glauben (27c). Der Glaube an Göttliches impliziere aber den Glauben an Gottheiten (*daimones*) und an Götter (*theoi*).

Sokrates ist bereit, dem Gott, der ihn zum Weisheitsstreben und zur Selbsterkenntnis berufen hat, ebenso zu gehorchen wie er dem Vaterland gehorcht hat, für das er im Krieg sein Leben riskierte. Dieser Gehorsam schließt ein, den Tod, von dem kein Mensch weiß, ob er ein Übel oder ein Gut ist, nicht zu fürchten (28e–29b). Sollte das Gericht auf Freispruch entscheiden, aber jede weitere philosophische Tätigkeit untersagen, so müsste Sokrates allerdings »dem Gott mehr gehorchen als euch« (29d). Denn seine göttliche Aufgabe bestehe darin, wie eine Bremse bzw. ein Sporn (*myôps*) die Athener anzutreiben zu Selbsterkenntnis und Tugendstreben (30d–e). Seit seiner Kindheit vernehme Sokrates eine göttliche Stimme (*daimonion*), die ihn vor bestimmten Handlungen warne. Dieser Stimme sei er immer gefolgt, ohne Rücksicht auf politisches Kalkül (31d–33e).

Die Richter sollen nicht durch Flehen, Zerknirschung und Weinen zu einem milden Urteil bewogen, sondern durch Argumente überzeugt werden. Würde Sokrates sich in dieser Situation – dem *daimonion* zum Trotz – opportunistisch verhalten, wäre dies der indirekte Beweis für die Triftigkeit der Anklage auf Asebie (34b–35d).

(II) Rede zum Strafmaß (35e–38b): Nach seiner Verurteilung äußert sich Sokrates über das Strafmaß. Eigentlich verdiene er, auf Staatskosten im Prytaneion gespeist zu werden, da er den Athenern nur Wohltaten erwiesen habe (35a–37a). Da diese ›Bestrafung‹ unrealistisch ist, werden Alternativen diskutiert: Verbannung und Kerker sind Übel, die Sokrates ablehnt; ob aber der Tod ein Übel ist, weiß niemand. Da Sokrates nicht vermögend ist, könnte er als Geldstrafe höchstens eine Mine entrichten, was ungebührlich wenig ist. Allerdings erklären sich Platon und andere bereit, als Bürgen aufzutreten, und drängen auf eine Geldstrafe von 30 Minen (37a–38b).

(III) Schlussrede nach dem Todesurteil (38c–42a): Nicht weil es ihn an vernünftigen Reden (*logoi*), sondern an Frechheit und Schamlosigkeit gemangelt habe, ist Sokrates verurteilt worden (38d). Noch einmal wirft er den Anklägern Bosheit, Schlechtigkeit und Ungerechtigkeit vor (39b). Sokrates selbst ist gefasst, denn die warnende Stimme des *daimonions* hat sich nicht vernehmen lassen; folglich müsse der bevorstehende Tod wohl etwas Gutes sein. Vielleicht ist er »ein Umzug der Seele an einen anderen Ort« oder zumindest wie ein traumloser Schlaf (40a–e). Schlussworte (41c–42a).

Briefe

Wenn im Folgenden von ›Platon‹ gesprochen wird, ist damit die literarische Figur des – angeblichen – Briefschreibers gemeint. Es soll damit nicht der Eindruck erweckt werden, als ob die Briefe tatsächlich von Platon geschrieben wurden (zu Echtheitsfragen s. Kap. II.4).

Ep. I (An Dionysios): Platon äußert nach der Rückkehr von seiner letzten Sizilienreise (um 360 v. Chr.) seinen Unmut über die Ereignisse am Hof Dionysios' II. Verleumdung und erniedrigende Behandlung habe er erfahren müssen, obwohl er stets lauterer Gesinnung war. Zornig schickt er dem Tyrannen das nicht ausreichende Reisegeld zurück und fügt einige Reflexionen über das Ende von Tyrannen bei, wie es von Dichtern anschaulich beschrieben wird (309a–310b).

Ep. II (An Dionysios): Platon reagiert auf das Ersuchen Dionysios', Stillschweigen über die Ereignisse in Syrakus zu bewahren (310b) und reflektiert über die Notwendigkeit der Verbindung von Einsicht (*phronêsis*) und Macht (310b–311e). Der Mittelteil des Briefes (312d–313) ist in verschlüsselter Sprache geschrieben, damit unberufene Leser ihn nicht verstehen. Er bedient sich des Bildes, dass alles auf den ›König von allem‹ bzw. ›König des Alls‹ hingeordnet und um dessen willen da ist. Es schließen sich Betrachtungen über das Philosophieren an: Erst nach jahrelanger Einübung ins Denken versteht man Zusammenhänge, die vorher höchst unplausibel erschienen. Deshalb empfiehlt Platon, nichts niederzuschreiben, so wie er selbst seine eigene Philosophie nur mündlich vortrage (314a–c). Am Schluss des Briefes werden eher private Nachrichten über gemeinsame Bekannte ausgetauscht (314c–315a).

Ep. III (An Dionysios): Auf die Vorwürfe Dionysios', Platon habe ihn davon abgehalten, Kolonien zu gründen und die Tyrannis in eine Königsherrschaft umzuwandeln (315c–316c), reagiert der Beschuldigte, indem er die wahren Umstände seines zweiten Sizilienaufenthaltes in Erinnerung ruft. Nach der Vertreibung Dions habe Platon keine Möglichkeit mehr gesehen, die Politik aktiv zu beeinflussen und sei schließlich nach Athen zurückgekehrt. Schließlich habe er sich aber auf die dringlichen Bitten Dionysios' trotz seines hohen Alters noch einmal zu einer Sizilienreise entschlossen, um Dionysios und Dion zu versöhnen (der Brief muss also nach 360 v. Chr. geschrieben sein). Die Versöhnung sei aber daran gescheitert, dass Dionysios seine Zusagen nicht eingehalten habe (316c–318e). Außerdem habe er ausdrücklich zu Koloniegründungen geraten, wie Dionysios sehr wohl wisse (319a–e).

Ep. IV (An Dion): Platon erteilt Dion, der den Kampf gegen Dionysios aufgenommen hat, Ratschläge, wie er nach Überwindung des Tyrannen geordnete Verhältnisse in Syrakus herstellen kann (320a–e), und warnt vor Ruhmsucht und Selbstherrlichkeit (320e–321c).

Ep. V (An Perdikkas von Makedonien): Empfehlungsschreiben für Euphraios, einem Schüler Platons, der als Berater an den makedonischen Hof Perdikkas III. berufen wurde (321c–322a). Am Schluss rechtfertigt sich Platon, dass er sich in Athen nicht politisch betätigt habe (322a–c).

Ep. VI (An Hermeias, Erastos und Koriskos): Platon beglückwünscht Hermeias, den Tyrannen von Atarneus, und seine beiden ehemaligen Schüler Erastos und Koriskos, dass sie nun nahe beieinander wohnen und in philosophischer Freundschaft miteinander verbunden sind (322c–323d).

Ep. VII (An die Verwandten und Freunde Dions): Nach dem Tod Dions hatten sich dessen Parteigänger an Platon gewandt, um sich seiner Unterstützung zu versichern. Darauf antwortet Platon, er stehe ihrer Sache nahe, wenn Dions Vorhaben auch das ihre sei: Freiheit und bestmögliche Gesetze für die Syrakusaner (323d–324b). Die Anfrage nimmt Platon zum Anlass, über die Bildung seiner eigenen politischen und philosophischen Überzeugungen zu reflektieren und eine Art gedrängte Autobiographie (wenn der Brief denn echt ist) zu verfassen. Als junger Mann aus gutem Haus will Platon zunächst in die Politik gehen. Die Begegnung mit Sokrates und dessen Hinrichtung öffnen Platon die Augen dafür, dass für seine idealistischen Vorstellungen von Gerechtigkeit die politischen Verhältnisse keinen Platz bieten. Er wendet sich dauerhaft der Philosophie zu, nicht ohne freilich auf eine Gelegenheit zum politischen Eingreifen zu warten, da er der Überzeugung ist, Politiker sollten Philosophen sein und Philosophen Politiker (324b–326b). Es folgen Berichte über die erste und die zweite Sizilienreise (326b–330b).

Die biographische Schilderung wird unterbrochen von Reflexionen über das Erteilen politischer Ratschläge und die Schwierigkeiten, mit denen zu rechnen ist. Platon mahnt eindringlich seine Adressaten, sich auch als Sieger streng an die Gesetze zu halten, andernfalls würde er seine Unterstützung verweigern (330b–337e). Anschließend wird der Lebensbericht mit der dritten Sizilienreise fortgesetzt (337e–341a).

Es folgt der philosophische Exkurs (341a–345c), in welchem Platon sich kritisch über die Möglichkeit der Verschriftlichung seiner Philosophie äußert. Er unterscheidet vier Stufen der Erkenntnis: Benennung (*onoma*), Erklärung (*logos*), Abbild (*eidôlon*), Wissen (*epistêmê*), bis er schließlich fünftens zum wahrhaft seienden Erkenntnisgegenstand (*gnôston alethôs on*) gelangt, dem aber nur der Geist (*nous*) nahekommen kann. Die ersten vier Erkenntnisstufen sind zwar defizient, aber zugleich Voraussetzung, um zur fünften zu gelangen (342e). Wer aber mit dem Geist den wahrhaft seienden Erkenntnisgegenstand erkannt hat, wird sich nicht wieder auf die defizienten Stufen hinabbegeben, um seine geistige Erkenntnis im Medium schwacher Erklärungen (*to tôn logôn asthenes*) schriftlich zu fixieren (343a).

Anschließend bringt Platon seinen biographischen Abriss zum Abschluss, indem er vom Ende seines dritten Sizilienaufenthaltes, dem endgültigen Zerwürfnis mit Dionysios und einer Begegnung mit Dion in Olympia berichtet (345c–351e).

Ep. VIII (An die Verwandten und Freunde Dions): Platon rät nach dem Sturz der Tyrannis den Bürgerkriegsparteien in Sizilien, davon abzulassen, sich weiter Schaden zuzufügen, und sich stattdessen zu versöhnen (352c–355a). Dem ermordeten Dion legt er einen Appell zum Frieden und zur Einführung einer guten Verfassung in den Mund (355a–357d). Darin wird unter anderem die Umwandlung der Tyrannis in eine Monarchie mit drei Königämtern vorgeschlagen, die von den Exponenten der Bürgerkriegsparteien besetzt werden sollen. Doch soll die eigentliche Exekutive in der Hand von 35 Gesetzeswächtern (*nomophylakes*) liegen, denen Volks- und Ratsversammlung sowie verschiedene Gerichtshöfe zur Seite stehen (356d–e). Der Brief endet mit einem Aufruf zur Einigkeit.

Ep. IX (An Archytas von Tarent): Auf einen Brief des berühmten Gelehrten Archytas, der sich beklagt, dass die öffentlichen Aufgaben ihn von der Wissenschaft abhalten, antwortet Platon, dass wir nicht für uns allein geboren seien, sondern Vaterstadt, Eltern und Freunde ein Anrecht auf uns hätten (357d–358b).

Ep. X (An Aristodoros): Kurzbrief an einen Vertrauten Dions, in dem philosophische Grundhaltungen empfohlen werden (358b–c).

Ep. XI (An Laodamas): Laodamas, vielleicht ein ehemaliger Platonschüler, hatte Platon und Sokrates (wahrscheinlich Sokrates den Jüngeren, bekannt aus *Tht.*, *Soph.* und *Plt.*) um Ratschläge für die Verfassung einer neuzugründenden Kolonie gebeten. Platon antwortet, dass Sokrates erkrankt sei und er selbst aus Altersgründen nicht mehr reisen werde. Zwar habe er Zweifel am Erfolg von Laodamas' Unternehmen, dennoch gibt er einen Rat: Man solle bei der Einrichtung der Verfassung nicht nur auf gute Gesetze achten, sondern auch eine Instanz vorsehen, die über eine ›besonnene und männliche Lebensweise‹ wacht (358d–359c).

Ep. XII (An Archytas von Tarent): Platon bedankt sich bei Archytas für die Übersendung von Schriften und bestätigt die Absendung eigener Aufzeichnungen (*hypomnemata*) an Archytas (359d–e).

Ep. XIII (An Dionysios): Platon schickt Dionysios Auszüge »aus den pythagoreischen Schriften und den Einteilungen« (360b), um sich dann recht detailliert über verschiedene finanzielle Angelegenheiten auszulassen (361a–362e). Anschließend kommt er kurz auf Dion zu sprechen, bevor er sich über das Geschenk eines Brustpanzers und ähnliche Trivialitäten äußert (362e–363e).

Charmides – ›Über Besonnenheit‹

Nach seiner Rückkehr von der Schlacht bei Poteidaia erkundigt sich Sokrates, wie es in Athen um die Philosophie und die wissbegierige und schöne Jugend stehe. Der gerade eintretende Charmides wird als gleichermaßen schön und begabt genannt; doch klagt er über Kopfschmerzen. Sokrates erklärt, dass man zur Erlangung körperlicher Gesundheit auch die Seele therapieren müsse. Dies geschehe durch erbauliche Reden (*logoi kaloi*), die in der Seele Besonnenheit (*sôphrosynê*) bewirkten. Charmides solle sagen, ob er bereits im Besitz der Besonnenheit sei, wie die Umstehenden behaupten. Die Verlegenheit des Charmides führt zum Gespräch darüber, was Besonnenheit sei (153a–158e).

Gespräch mit Charmides (159b–162b): Charmides versucht, Besonnenheit zunächst als geordnetes, ruhiges Handeln, dann als Schamhaftigkeit zu definieren; beide Definitionen weist Sokrates zurück (159b–161a). Als dritte Definition schlägt Charmides vor: »das Seine tun« (*ta heautou prattein*). Sokrates vermutet, dass Kritias der eigentliche Urheber dieser Bestimmung ist (161b–162b). Prompt mischt dieser sich in das Gespräch ein (162c–175a).

Kritias unterscheidet Tun (*prattein*) von Machen (*poiein*) und präzisiert die letzte Definition als »Tun des Guten« (*he tôn agathôn praxis*). Allerdings räumt er auf Sokrates' Nachfrage ein, dass zur Besonnenheit stets auch Wissen und somit Selbsterkenntnis gehört (162e–166e). Besonnenheit ist also jene Wissensform (*epistêmê*), die zugleich um sich selbst und um anderes weiß. Sokrates prüft die Richtigkeit und die Nützlichkeit dieser Bestimmung (167a–169c). Bemängelt wird unter anderem, dass die Definition noch nichts über den Inhalt des selbstbezüglichen Wissens sage, sondern im Formalen stehen bleibe (169e–172c). Doch selbst wenn dem ›Wissen des Wissens‹ ein Inhalt zugestanden würde, wäre damit noch nicht gesagt, dass ein Leben gemäß diesem Wissen zum Glück führe. Denn nicht mannigfaches Einzelwissen verbürgt eine glückliche Lebensführung, sondern nur das Wissen des Guten und Schlechten (174b–c). Dies aber scheint eine andere Art Wissen zu sein.

Trotz des aporetischen Endes der Untersuchung ist Charmides nicht entmutigt, sondern verspricht, sich auch weiterhin von Sokrates ›therapieren‹ zu lassen. Dies deutet Kritias als Beweis seiner Besonnenheit (175a–176d).

Epinomis – ›Nächtliche Versammlung bzw. Philosoph‹

Der Dialog gibt sich als Fortsetzung der *Nomoi* und knüpft an die dort am Ende offen gelassene Frage nach dem Bildungsgang der Mitglieder der ›Nächtlichen Versammlung‹ an. Gefragt wird danach, welches Wissen als Weisheit (*sophia*) Glück verbürgen kann. Ausgeschlossen werden rein ›technische‹ Wissensformen (974d–976c). Die Arithmetik dagegen ist nicht nur Voraussetzung für die technischen Wissenschaften, sondern auch für die Erkenntnis des Guten, das nach Zahlenverhältnissen strukturiert ist, und für das vernünftige Denken, welches wiederum zu Tugend und Glück führt (976e–978b).

Bevor jedoch die Frage nach dem Verhältnis von Arithmetik und *sophia* erörtert wird, nimmt das Gespräch einen anderen Verlauf, indem eine Art *scala naturae*, ein Stufenmodell des Universums entworfen wird (981b–985e): Neben dem Bereich des Seelischen gibt es den des Körperlichen, der sich aus fünf Elementen – Erde, Wasser, Luft, Äther und Feuer – zusammensetzt. Daraus ergeben sich fünf kosmische Elementarbereich, je nachdem, welches Element bei einer Mischung überwiegt (981b): Die irdische Welt ist von überwiegend aus Erde gebildeten Lebewesen bevölkert, die auf der Vorherrschaft des Feuers beruhende himmlische Welt wird von den Gestirngöttern bewohnt (981c–982e); beide sind sichtbar. Dazwischen erstrecken sich die vorwiegend unsichtbaren Welten des Wassers, von Halbgöttern besiedelt, der Luft und des Äthers. In den beiden letztgenannten Bereichen wohnen Dämonen, die als Boten zwischen Erde und Gestirngöttern fungieren (984b–985c).

Daraufhin kommt der himmlische Elementarbereich genauer in den Blick, indem Fixsterne, Planeten, Sonne und Mond mit ihren jeweiligen Bewegungen eingehend untersucht und astronomische Grundlegungsfragen erörtert werden (985e–988d).

Damit kehrt das Gespräch zu der ursprünglichen Frage nach dem glücksverbürgenden Wissen (*sophia*) zurück: Der weiseste Mensch ist der »wahre Astronom« (*alethôs astronomos*), der Himmelskunde mit theologischer Einsicht und Frömmigkeit verbindet (990a–991b). Die Arithmetik erweist sich als astronomische Hilfswissenschaft, ebenso wie die Dialektik (991c). Die Astronomie als höchstes Wissen ist glückskonstitutiv – im Leben wie im Tod, wenn der Mensch aus der Zerstreuung der Sinneswahrnehmungen zur letzten Einheit seiner Seele zurückkehrt (992b). Allerdings sind nur wenige geeignet, dieses Wissen zu erlangen, und nur ihnen dürfen öffentliche Ämter übertragen werden.

Euthydemos – ›Streitkünstler‹

Kriton bittet Sokrates um einen Bericht über eine Diskussion mit den beiden Streitkünstlern Euthydemos und Dionysodoros, die sich selbst als Lehrer der Tugend bezeichnen. Sokrates kommt dieser Einladung nach und fordert Kriton ironisch auf, wie er selbst Schüler der beiden zu werden (271a–271d).

Die berichtete Diskussion verläuft in drei Streitrunden: Sokrates fordert die beiden Eristiker auf, eine Probe ihres Können zu liefern, indem sie dem jugendlichen Kleinias die Notwendigkeit des Strebens nach Weisheit und Tugend aufzeigen. Diese werfe nun die Frage auf, ob die Wissenden oder die Unwissenden lernen und ob man lernt, was man weiß oder was man nicht weiß (275d–277c). Als sich Kleinias in Widersprüche verwickelt, greift Sokrates ein: Alle Menschen wollen glücklich sein. Aus diesem Grund streben sie nach mannigfachen Dingen, die sich durch den Gebrauch als gut oder schlecht erweisen. Zum richtige Gebrauch verhilft die Weisheit, deshalb ist sie das größte, ja in gewissem Sinn das einzige Gut (280a–282d).

Damit übernehmen die beiden Eristiker wieder die Gesprächsführung und eröffnen die zweite Streitrunde, indem sie aufzeigen, dass Kleinias, wenn er weise werden will, untergehen muss, um ein anderer zu werden (283b–d). Außerdem beweisen sie die Unmöglichkeit der Lüge, da man stets etwas Seiendes sage und Nicht-Seiendes nicht gesagt werden könne, sowie weitere Sophismen (283e–287e). Erneut greift Sokrates ein und nimmt seinen Gesprächsfaden von 282d wieder auf. Jenes höchste Wissen, durch das man zum richtigen Gebrauch der Güter gelangt, muss Herstellungs- und Gebrauchswissen vereinen, die bei den verschiedenen Einzelwissenschaften getrennt sind (288d–290d).

Der Dialog kehrt zur Rahmenhandlung zurück, als Kriton die Schilderung der Diskussion unterbricht. Sokrates setzt das Thema im Dialog mit Kriton fort: Die gesuchte höchste Form des Wissens scheint zunächst die politische und königliche Kunst (*politikê kai basilikê technê*) zu sein; doch der angestrebte Nachweis misslingt. Deshalb erzählt Sokrates, wie er Euthydemos und Dionyodoros um Hilfe angerufen habe. Damit wird die Rahmenhandlung wieder verlassen (290e–293a).

Es folgt die dritte Streitrunde, in welcher die beiden Streitkünstler in atemloser Steigerung ein wahres Feuerwerk an Trugschlüssen abbrennen und unter anderem beweisen, dass schöne Dinge nicht durch die Anwesenheit von Schönheit schön sein können, denn sonst würde man durch die Anwesenheit eines Ochsen ja selbst zum Ochsen (293b–303a). Sokrates hält eine ironische Lobrede auf die Weisheit der beiden Eristiker und will noch einmal Kriton bewegen, sich zusammen mit ihm diesen anzuschließen (303b–304c).

Damit ist der Dialog wieder zur Rahmenhandlung zurückgekehrt, in der Kriton von einem Redenschreiber berichtet, der sich ebenso abfällig über die Eristik wie über die Philosophie geäußert habe (304c–305c). Gegen den anonymen Redenschreiber vertritt Sokrates die These von der Einheit von Philosophie und politischem Handeln (305c–306d). Zum Schluss äußert Kriton Sorge um die Erziehung seiner Söhne. Sokrates fordert ihn auf, sich ein selbständiges Urteil zu bilden (306d–307c).

Euthyphron – ›Über die Frömmigkeit‹

Euthyphron und Sokrates treffen sich an der Halle des Archon Basileus, dem für kapitale Strafsachen zuständigen Beamten. Gegen Sokrates ist die Anklage auf Asebie anhängig; Euthyphron will gerade seinen alten Vater wegen Totschlages verklagen. Zwar empfinden die Verwandten es als Frevel, wenn ein Sohn den Vater verklagt, doch geht Euthyphron selbstherrlich darüber hinweg, indem er ihnen nachsagt, sie wüssten nicht, »wie es sich mit dem Göttlichen verhält im Blick auf Frommes und Frevelhaftes« (4e). Damit behauptet Euthyphron, in religiösen Angelegenheiten kompetent zu sein, und Sokrates möchte von ihm lernen, um seinen Anklägern entgegentreten zu können. So wird gefragt, was das Fromme ist. Mit Verweis auf Zeus' Rache an Kronos lautet Euthyphrons erste Definition: Fromm ist, den Übeltäter zu verfolgen (5d–6a). Diese Bestimmung erweist sich zu als zu eng, da sie nicht alle Fälle von Frömmigkeit umfasst. Deshalb folgt der zweite Definitionsversuch: Fromm ist, was den Göttern lieb ist (6e–7a). Die Prüfung ergibt, dass etwas einem Gott lieb sein könnte, was dem andern missfällt. Deshalb verbessert Euthyphron die Definition und sagt: Fromm ist, was allen Göttern lieb ist (9e). Diese Bestimmung widerlegt Sokrates, indem er ausführt, dass das Gottgefällige nicht mit dem Frommen identisch sein kann: »Wenn nämlich das Gottgefällige wegen des Geliebtwerdens-von-den-Göttern gottgefällig ist, dann müsste auch das Fromme wegen des Geliebtwerdens fromm sein« – was nicht der Fall ist (10e–11a). Der irritierte Euthyphron muss passen, so dass Sokrates das Gespräch in die Hand nimmt und als dritte Definition vorschlägt: Alles Fromme ist gerecht (11e). Näherhin ist das Fromme der Teil der Gerechtigkeit, der sich auf die ›Behandlung‹ (*therapeia*) der Götter bezieht (12e); ›Behandlung‹ aber ist im Sinne von ›Dienstleistung‹ zu verstehen. Auf Sokrates' Frage, welcher menschlichen Dienstleistungen sich die Götter bedienen, um etwas hervorzubringen, weicht Euthyphron aus. Sokrates versucht es mit einer letzten Definition: Fromm ist eine Art Wissen, wie zu opfern und zu beten sei (14c). Die Zustimmung Euthyphrons nutzt Sokrates aus, um zu zeigen, dass es sich dabei um ein Geben (Opfer) und Nehmen (Gebet um etwas, dessen man bedarf) handelt und somit die Frömmigkeit eine Handelskunst wäre (14e). Der Nutzen der Götter an Opfergaben besteht darin, dass sie ihnen wohlgefällig sind, wobei sich der Zirkel auftut, dass erneut das Gottgefällige das Fromme ist – was bereits widerlegt wurde (15b–c). Entnervt gibt Euthyphron auf und geht weg.

Gorgias – ›Über Rhetorik‹

Sokrates will einen Vortrag des Gorgias anhören, kommt aber zu spät. Der Vortrag ist beendet, doch Gorgias willigt ein, über seine Kunst, die Rhetorik, Auskunft zu geben (447a–448d).

Erster Hauptteil: Gespräch mit Gorgias (448e–

461b): Die Rhetorik handelt von Reden (*logoi*) (449d). Dies tun auch andere Künste, weshalb sie durch verschiedene dihairetische Unterscheidungen als Überredung durch Erzeugung von Glauben (*pistis*) – nicht von Wissen – näher bestimmt wird (454e). Gorgias preist die Macht der Überredung, die moralisch indifferent sei; die Verantwortung für den Missbrauch der Rhetorik liege nicht beim Rhetoriklehrer, sondern beim Schüler, der sich ihrer bedient (455e–457c).

Sokrates weist auf einen Widerspruch in Gorgias' Argumentation hin: Zwar könne ein versierter, aber sachlich unkundiger Redner eine unkundige Zuhörerschaft besser überreden als dies Fachleuten zuzutrauen sei. Wenn es aber um Recht und Unrecht geht, muss auch der Rhetor ein Wissender sein und seinen Schülern Wissen weitergeben. Wer aber das Gerechte weiß, ist gerecht – so zwingt Sokrates Gorgias zuzugestehen. Deshalb dürfte es eigentlich keinen Missbrauch der Rhetorik geben (457c–461c). Hier verstummt Gorgias; an seine Stelle tritt Polos.

Zweiter Hauptteil: Gespräch mit Polos (461c–481b): Polos wirft Sokrates unlautere Absichten in der Gesprächsführung vor und erklärt sich bereit, statt Gorgias zu diskutieren. Die selbstgewählte Rolle kann er freilich nur schlecht ausfüllen, so dass Sokrates längere Ausführungen macht: Die Rhetorik ist keine Kunst, sondern eine Art Erfahrenheit (*empeiria*), wie man Gunst und Lust bewirkt (462c). Diese von Polos zugestandene Bestimmung passt allerdings auch auf die Kochkunst; das Wesen beider ist Schmeichelei (463c). Sokrates sucht nach einer Unterscheidung, indem er zuerst die etwas rätselhafte Definition ins Spiel bringt, die Rhetorik sei ein Abklatsch (*eidôlon*) eines Teils der Staatskunst. Diese Definition wird erläutert, indem der Begriff ›Behandlung‹ (*therapeia*) einmal auf den Leib, ein andermal auf die Seele bezogen wird. Gymnastik und Heilkunst sind Künste (*technai*) der Körperbehandlung; Gesetzgebung und Rechtspflege Künste der Seelenbehandlung – beide zusammen machen die Staatskunst (*politikê*) aus. Von diesen echten Künsten gibt es Verfallsformen: So ist die Kochkunst ein Abklatsch der Heilkunst und die Rhetorik ein Abklatsch der Rechtspflege, mithin ›Abklatsch eines Teils der Staatskunst‹ (463d–466a). Polos beharrt darauf, dass der Rhetorik große Macht zukomme, was Sokrates nun geradeheraus abstreitet, denn zur Macht gehört Wissen, wer aber mächtig sein will, ohne zu wissen, tut nicht, was er will, sondern was ihm gut scheint (466a–479c).

Dritter Hauptteil: Gespräch mit Kallikles (481c–527e): Kallikles, der seine Weltanschauung auf den Kopf gestellt sieht, reißt nun das Gespräch an sich und argumentiert gegen die Weltfremdheit der Philosophie, die den Menschen lebensuntüchtig macht (485e). Stattdessen vertritt er unverblümt das Recht des Stärkeren. Zwei Erklärungen, was unter ›stärker‹ zu verstehen ist (physische bzw. ansehensmäßige Überlegenheit) werden zurückgewiesen, die dritte (stärker ist der Einsichtigere) führt zur Frage, ob der Einsichtige nur über andere oder auch über sich selbst herrschen soll (491e). Nach Kallikles ist Selbstbeherrschung widernatürlich, denn in der uneingeschränkten Bedürfnisbefriedigung bestehe das Glück. Sokrates hingegen widerlegt die Identität von ›gut‹ und ›angenehm‹ (495e–499b) und folgert daraus, dass nicht einfach Lust Ziel des menschlichen Handelns ist, sondern das Gute (499e–500a). Hieran schließen sich Erörterungen über die richtige Lebensweise an, die schließlich im Mythos vom Totengericht kulminieren, in dem die reinen Seelen zur Seligkeit gelangen (523a).

Hipparchos – ›Der Gewinnliebende‹

Sokrates unterhält sich mit einem Gefährten darüber, wer ein Gewinnliebender sei. Dieser versucht ihn als jemanden zu bestimmen, der aus wertlosen Dingen in Kenntnis ihrer Wertlosigkeit Gewinn erzielen will. Sokrates widerlegt die These, denn niemand erwartet Gewinn von Wertlosem; vielmehr wird das Gewinnträchtige als wertvoll angesehen. Die eigentliche Gewinnliebe strebt also nach dem Guten, und insofern sind alle Menschen gewinnliebend (225a–227c). Der Gefährte fühlt sich getäuscht, was Sokrates dazu bringt, die Geschichte vom Tyrannen Hipparchos zu erzählen, der unter anderem eine Herme mit der Inschrift »Zum Gedenken an Hipparchos: Täusche nicht einen Freund« (229a–b) aufstellen ließ. Hipparchos sei von Harmodios und Aristogeiton nicht etwa aus politischen oder moralischen Gründen ermordet worden, sondern aus Eifersucht, weil Aristogeiton in ihm einen Konkurrenten um die Gunst des Harmodios sah. Nach diesem Einschub wird das eigentliche Thema wieder aufgegriffen. Der Gewinn hängt offenbar von dem Guten ab, das aus einer Sache folgt. Deshalb muss man stets auf das Gute achthaben (231c). Die Stichhaltigkeit des Arguments wird zwar zugestanden, doch bleibt der Gefährte halsstarrig. Schließlich gibt er aber doch zu, dass alle Menschen gewinnliebend sind. Für die moralisch schlechten gilt dies sowieso, aber die moralisch guten wollen das Gute und lieben somit auch den Gewinn (232b–c).

Hippias maior – ›Über das Schöne‹

Der Wander-Sophist und Diplomat Hippias kommt nach längerer Zeit wieder einmal nach Athen, wo Sokrates über seine Kunst, Wissen zu Geld zu machen, staunt. Sokrates, kürzlich gefragt, was das Schöne sei, bittet Gorgias, ihm darüber Aufschluss zu geben, bevor dieser den Athenern eine seiner berühmten Prunkreden hält. Sokrates schlüpft in die Rolle des Fragestellers (281a–286e).

Hippias' Definitionsversuche (287a–293c): Ein schönes Mädchen sei schön, will Hippias beginnen, doch Sokrates führt das Beispiel weiter und sagt, auch ein schönes Pferd oder ein schöner Topf seien schön (288c). Die Schönheit verschiedener Dinge ist relativ, wie mit Bezug auf Heraklit herausgearbeitet wird: Verglichen mit einem Menschen sei der schönste Affe hässlich. Gesucht werde aber das Schöne selbst – die Form (*eidos*), wodurch alles schön wird (289d).

Hippias' neuer Anlauf lautet: Gold ist das Schöne, das alles schön macht. Doch zeigt sich auch hier sofort eine Aporie: Pheidias, ein anerkannter Fachmann für das Schöne, hat die Augen der Athene-Statue nicht aus Gold, sondern aus Elfenbein gemacht. Hat er sich also vertan? Das gesuchte Schöne darf »niemals irgendwie irgend jemandem« als unschön erscheinen (289d–291d).

Unter dieser Vorgabe definiert Hippias: »Das Schönste ist, wenn jemand reich, gesund, von den Griechen geehrt, im hohen Alter, nachdem er seine verstorbenen Eltern ansehnlich bestattet hat, selbst von seinen Nachkommen ansehnlich und prachtvoll begraben wird« (291d–e). Demnach würden Achill und andere Heroen nicht unter die Definition fallen, was Hippias ganz zornig macht. Deshalb versucht nun Sokrates zu bestimmen, was das Schöne sei.

Sokrates' Definitionsversuche (293d–304e): ›Das Schöne ist das Schickliche (*prepon*)‹, durch das alles schön scheint (293d–294a). Doch nicht alles, was schön scheint, ist in Wirklichkeit schön.

›Das Schöne ist das Brauchbare‹ bzw. ›das Nützliche‹ (295a–297d): Wenn das Schöne etwas Gutes hervorbringt – also brauchbar und nützlich ist –, kann es als Ursache nicht mit dem Guten als Verursachtem identisch sein, was ungereimt ist.

›Schön ist das uns durch Hören und Sehen zukommende Angenehme‹ (298a). Die genaue Prüfung ergibt auch hier, dass die Definition nicht alles umfasst, was schön ist (schöne Gesetze und Tätigkeiten), und dass sie formale Mängel hat (›Hören‹ und ›Sehen‹ als zwei beliebige Merkmale).

Die Diskussion dreht sich im Kreis. Gorgias hält die Definitionssuche für kleinliches Zerpflücken großer Zusammenhänge, während Sokrates darauf beharrt, dass ohne Wissen der Definition die großen Zusammenhänge unverständlich bleiben (304a–e).

Hippias minor – ›Über die Lüge‹

Nachdem Hippias eine große Rede auf Homer gehalten hat, fragt Sokrates nach dem moralischen Wert homerischer Protagonisten. Achill gilt Hippias als Beispiel der Wahrhaftigkeit, Odysseus dagegen, ›der Vielgewandte‹, als lügenhaft (363a–365c). Um zu lügen, erwidert Sokrates, müsse man aber das Wahre und das Falsche wissen. Folglich seien der Wahrhaftige und der Lügner eine einzige Person (369a–b). Hippias versucht, Achill vor diesem Vorwurf zu retten, indem er behauptet, dieser habe nur aus Unwissenheit die Unwahrheit gesagt. Wer aus Unwissenheit etwas sagt, polemisiert Sokrates, hat keine Sachkunde und kann folglich nicht als der Bessere gegenüber dem Wissenden dastehen (370e–372a).

Hierauf entgegnet Hippias, wer absichtlich einen Fehler begeht, kann nicht besser sein als wer es unabsichtlich tut. Verschiedene Beispiele belegen jedoch – so Sokrates –, dass es besser ist, auf Grund von Wissen falsch zu handeln als unwissentlich; folglich wäre der absichtliche Bösewicht besser als der unabsichtliche (372a–375c). Trotz Einführung des Begriffs der Gerechtigkeit bleibt es bei diesem nach Sokrates zwar merkwürdigen, aber zwingenden Ergebnis der Argumentation (375d–376c).

Ion – ›Über die Ilias‹

Der eitle Rhapsode Ion von Ephesos trifft in Athen ein, nachdem er in Epidauros im musischen Wettkampf den ersten Preis errungen hat. Sokrates verwickelt ihn in ein Gespräch darüber, ob er alle Dichter so kompetent zu deuten verstehe, oder nur Homer – mithin ob die Rhapsodenkunst ein Wissen sei (530a–531a).

Ion räumt ein, dass er sich hauptsächlich auf Homer verstehe, was Sokrates zu der Vermutung Anlass gibt, hier könne es sich weder um Kunst (*technê*) noch um Wissen (*epistêmê*) handeln: Eine *technê* umfasst ein ganzes Wissensgebiet, weshalb ein Experte für Dichtkunst nicht nur Wissen über einen Dichter haben darf, sondern über alle. Ion kennt nur seinen Homer, folglich ist er kein Experte (531a–533c).

Wenn Ions Beruf keine *technê* ist, was ist er dann? Rhapsoden sind die Interpreten der Dichter und

Dichter die Interpreten der Götter (534e–535a). Die rhapsodische Kompetenz beruht auf göttlicher Inspiration (*enthousiazesthai*), nicht auf Wissen. Hier widerspricht Ion, der sich durchaus zutraut, über alles vernünftig zu sprechen, was bei Homer steht, ja hierin sogar einschlägiger bewandert sei als die Experten (536d–537b). Von da an reden Sokrates und Ion aneinander vorbei: Ion sieht seine Kompetenz in der dichterisch formalen Beurteilung dessen, was sich schickt (*prepon*), während es Sokrates um eine inhaltliche Bestimmung dieses *prepon* geht. Dies führt zu dem merkwürdigen Zugeständnis Ions, ein guter Rhapsode müsse ein guter Heerführer sein, nicht aber umgekehrt (541a). Sokrates wundert sich, warum Ion, der beste aller Rhapsoden, dann noch nicht für den Militärdienst geworben wurde. Der Anspruch, die Rhapsodenkunst sei *technê* und *epistêmê*, muss endgültig aufgegeben werden (541e–542b).

Kleitophon – ›Protreptikos‹

Zur Rede gestellt wegen seiner Kritik an Sokrates, versucht sich Kleitophon zu rechtfertigen, indem er seine Auffassung darlegt (406a–407a): Die sokratische Polemik gegen die vor allem auf körperliche Ertüchtigung abzielende Erziehung hätte einen tiefen Eindruck auf ihn gemacht. Als Gegenentwurf fordert Sokrates in protreptischer Manier, die Sorge um die Seele nicht hintan zu stellen. Da es an Lehrern der Gerechtigkeit fehle, sammelten Menschen zwar Reichtümer an, wüssten aber nicht richtig damit umzugehen. Aus schlechter Erziehung folge Ungerechtigkeit; wer das Gegenteil behauptet, widerspreche sich selbst (407b–408b).

Kleitophon bewundert diese Auffassung und fährt dann mit seiner Rechtfertigung fort: Nach Sokrates sei die Seele das Herrschende, der Körper jedoch das Beherrschte. Wie kann man also die Seele zugunsten des Körpers vernachlässigen? (704e) Da niemand, der eine eigene Lyra nicht zu gebrauchen versteht, die des Nachbarn spielen kann, soll sich, wer die eigene Seele nicht zu gebrauchen versteht, besser einem Experten anvertrauen und die »Menschenlenkkunst« (*he tôn anthrôpôn kybernêtikê*) lernen. Sokrates nennt sie auch die »politische Kunst« (*politikê*); sie ist identisch mit der Gerechtigkeit (708b).

Soweit kann Kleitophon zustimmen. Zu kritisieren wäre es aber, wenn Sokrates auf dieser protreptischen Stufe der Philosophie stehen bliebe. Denn was genau ist denn die angesprochene Gerechtigkeit? Welches ist ihr spezifisches Werk (*to idion ergon*: 409d)? Hier zeigen sich sofort Definitionsschwierigkeiten: Antworten wie ›das Nützliche‹ sind zu unspezifisch (409c–d), ebenso wie ›Freundschaft in den Städten‹ (409d–410a). Auch Sokrates' Vorschlag: ›Feinden schaden, Freunden nutzen‹, hält einer Prüfung nicht stand (410a–b). Wenn Sokrates zwar zur Gerechtigkeit auffordere, aber nicht sagen könne, was sie ist, sei das philosophisch ungenügend.

Kratylos – ›Über die Richtigkeit der Benennungen‹

Zu einem Gespräch zwischen Hermogenes und Kratylos über die Richtigkeit der Nomina tritt Sokrates hinzu. Gelten Benennungen von Natur aus (*physei*), wie Kratylos behauptet, oder beruhen sie auf Konvention (*xynthêkê kai homologia* bzw. *nomô kai ethei*: 384e)? Letzteres ist Hermogenes' Ansicht.

Sokrates' Gespräch mit Hermogenes (385b–427d): Hermogenes tritt dafür ein, dass Benennungen rein willkürlich sind. Sokrates prüft die These, indem er davon ausgeht, dass eine Aussage (*logos*) wahr oder falsch sein kann. Folglich müssten auch die Elemente, aus denen die Aussage besteht, eben die Benennungen (*onomata*), wahr oder falsch sein (385c). Dies verträgt sich nicht mit Hermogenes' Behauptung von der Willkürlichkeit der Benennungen. Dennoch beharrt Hermogenes auf seiner Konventionsthese, was einen weiteren Anlauf nötig macht: Jedes Ding (*pragma*) hat sein eigenes Wesens (*ousia*) und jede Handlung (*praxis*) ihre eigene Natur (*physis*). Eine Sprechhandlung wie das Benennen muss also Rücksicht nehmen auf ihre eigene Natur und die des Benannten (387b–d). Hier bedient sich Sokrates der *technê*-Analogie (s. Kap. V.56): Ein Tischler stellt ein Weberschiffchen her, indem er auf die Form (*eidos*) schaut, die dem konkreten Werkstück funktional zugrunde liegen muss (389a–b). So muss sich auch ein Sprachschöpfer (wörtlich: Gesetzgeber – *nomothetês*) nach dem Wesen der Benennung (*auto ekeino ho estin onoma*) richten, wenn er neue Wörter einführt (389d–390a). Folglich können Benennungen richtig oder falsch gewählt sein, je nachdem, ob sie sich nach dem Wesen der Sache richten oder nicht.

Die Auffassung von der natürlichen Richtigkeit wird im Anschluss an zahllosen etymologischen Beispielen überprüft, die bisweilen recht gezwungen daherkommen (391a–421c). Dabei redet sich Sokrates in eine geradezu göttliche Begeisterung, von der er sich am nächsten Tag wieder zu reinigen verspricht (396d–397a). Inzwischen ist Hermogenes von der

These der natürlichen Richtigkeit der Nomina überzeugt (422c): Benennungen sind Nachahmungen des Wesens der Dinge.

Sokrates' Gespräch mit Kratylos (427e–440e): Kratylos' These geht weiter als die sokratische von der natürlichen Richtigkeit der Benennungen. Während Sokrates einräumt, dass falsche Benennungen entstehen, wenn der Sprachschöpfer sich nicht am Wesen der Sache orientiert, behauptet Kratylos die naturwüchsige Richtigkeit aller Benennungen. Die Nachahmung aber bleibt immer hinter dem Urbild zurück, sonst würde dieses verdoppelt (431e–433b). Trotz dieser Defizienz verstehen wir, was gemeint ist, wobei an dieser Stelle Gewohnheit und Konvention doch ein Zugeständnis erfahren (435b–d).

Nach Kratylos' *physei*-These gelangt man über die benennenden Wörter zu den benannten Dingen selbst. Für Sokrates ist dies nicht ganz so eindeutig, denn zumindest der Sprachschöpfer muss ein Wissen von den Dingen haben, das er nicht aus den Benennungen geschöpft hat; und dabei kann er sich, wie gezeigt, auch irren (436c). Deshalb muss der Philosoph die ›Wahrheit der Dinge‹ untersuchen, nicht deren Abbilder in den Wörtern (439a–b). Dies ist nur möglich, weil »das Gute selbst, das Schöne und jedwedes Eine« letztlich unwandelbar sind (430c–440a).

Kritias – ›Über Atlantis‹ – Fragment

Der Dialog schließt unmittelbar an den vorausgehenden *Timaios* an, wo bereits die Atlantis-Sage angeklungen war (25a–b). Kritias will im Haus seines Großvaters schon als Knabe die Schriften Solons studiert haben, welche die Sage überliefern (112a–b). Nach Anrufung der Mnemosyne (108d) breitet er sie in voller Länge aus: Vor 9000 Jahren fand ein Krieg zwischen Athen und Atlantis statt. Von den alten Athenern sind nur noch Namen, aber keine Taten überliefert, denn in periodischen Abständen kommt es zu kulturvernichtenden Katastrophen (109d–e), und der Zyklus der Zivilisation beginnt von Neuem. Das Herrschaftsgebiet Athens und die Stadt selbst waren damals größer als heute, und die Kriegerklasse lebte unter Leitung ›göttlicher Männer‹ abgesondert vom Rest der Bevölkerung (110c–e) auf der Akropolis (112b). Auf Wunsch stellten sie sich den übrigen Griechen als Anführer zur Verfügung. So verwalteten sie Athen, ja ganz Griechenland in Gerechtigkeit und waren wegen ihrer körperlichen Schönheit und seelischen Tugend in ganz Europa und Asien hoch angesehen (112e).

Wie Athene und Hephaistos Athen durch Los erhalten hatten, so war Atlantis dem Poseidon zugefallen. Dieser verband sich mit Kleito und wurde so zum Ahnherrn der Atlantiker. Er umgab den großen Hügel mit Meer und machte ihn zur Insel (113b–d). Zehn Könige herrschten dort, die in ihrem Teilgebiet vollkommene Machtfülle besaßen (119c). Die ganze Insel war von Wasserstraßen durchzogen und zweimal jährlich wurden Ernten eingebracht (118e).

Als Grund für den Krieg zwischen Athen und Atlantis wird die allmähliche Depravierung der Bewohner von Atlantis angegeben: Ursprünglich waren sie gesetzestreu, wahrheitsliebend, sanftmütig und fromm. Alles außer der Tugend achteten sie gering. Doch im Lauf der Generationen nahm das von Poseidon stammende göttliche Element in ihnen ab; sie verrohten und handelten schändlich (120d–121b). Da beschloss Zeus, ihnen eine Strafe aufzuerlegen, und rief die Götterversammlung ein. – Hier bricht der Text unvermittelt ab.

Kriton – ›Über das, was zu tun ist‹

Am frühen Morgen besucht Kriton Sokrates in der Todeszelle und fordert ihn zu rascher Flucht auf, denn mit dem bevorstehenden Eintreffen des Staatsschiffs aus Delos laufe die Frist für die Hinrichtung ab (43a–46a).

Sokrates aber will auch in dieser Situation nicht der Meinung der Menge, sondern nur dem *logos* folgen, der sich ihm als der beste zeigt (46b). Nicht das Leben selbst, sondern nur das gute Leben – das identisch ist mit dem schönen und gerechten Leben – sei hoch zu achten (48b). Gerecht aber sei es, nicht Unrecht mit Unrecht zu begleichen. Selbst wenn dem Sokrates also durch die Gesetze bzw. das Todesurteil Unrecht widerfahren sei, so wäre es ebenso Unrecht, sich durch Flucht den Gesetzen zu entziehen (49e).

Hier lässt Sokrates die Gesetze selbst zu Wort kommen: Sie selbst sind es, die ein zivilisiertes öffentliches Leben überhaupt erst ermöglichen. Deshalb verdankt das Individuum den Gesetzen sein ziviles Dasein (50d). Jedem steht es frei, sich in Staaten niederzulassen, in denen andere Gesetze gelten. Doch wer sich unter die Gesetze gestellt hat, ist ihnen verpflichtet (51d–52a). Sokrates würde durch Flucht seine Verträge (*synthêkai*) mit den Gesetzen verletzen und die Ordnung des Gemeinwesens untergraben, was ganz unvereinbar mit seiner früheren Lebensweise wäre (52e–53a).

Auf diese Argumente weiß Kriton nichts zu erwidern (54b–e).

Laches – ›Über Tapferkeit‹

Lysimachos und Melesias sorgen sich um die Erziehung ihrer Söhne und bitten die beiden Feldherrn Nikias und Laches um Rat. Laches zieht den Sokrates mit hinzu, der seine Tapferkeit auch in militärisch heiklen Situationen unter Beweis gestellt hat (178a–181b).

Die Frage geht zunächst um den Nutzen der Hoplomachie, der Kunst, in voller Rüstung zu kämpfen (181b–189d). Nikias befürwortet sie mit verschiedenen Argumenten, Laches lehnt sie ab. Somit kommt Sokrates als Schiedsrichter zum Zug. Der aber meint, in Erziehungsfragen bedürfe er eines Sachverständigen, er selbst aber habe keinen Unterricht bei Sophisten besuchen können und sei daher inkompetent (184d–186c). Wohl aber könnten die beiden Feldherren eine Probe ihrer Kompetenz ablegen (186d–189d).

Damit beginnt eine Untersuchung über die Tugend der Tapferkeit (189d–194b). Wenn Nikias und Laches ihre Söhne durch Erziehung gut machen wollen, müssen sie wissen, was gut ist. Allerdings dürfte die Tugend insgesamt zu groß für die Untersuchung sein, deshalb beschränkt man sich auf einen Teil: die Tapferkeit (190b–c). Laches definiert Tapferkeit zunächst als Standhaftigkeit vor dem Feind. Die These wird unter anderem durch Gegenbeispiele widerlegt (190e–192b). Der zweite Versuch lautet: Tapferkeit ist eine Art Beharrlichkeit der Seele. Doch auch diese Definition weist Mängel auf (192b–193d). Nun springt Nikias mit einer sokratischen These ein: Tapferkeit ist Wissen (*sophia*), genauer: ein Wissen (*epistêmê*), was man im Krieg und anderswo fürchten muss und was nicht (194c–195a). Gegen Laches' Einwände verteidigt Nikias seine intellektualistische These (195a–196b). Sokrates unterzieht sie einer eingehenderen Prüfung: Neben der Tapferkeit umfasst Tugend auch noch »Besonnenheit, Gerechtigkeit und einiges andere dergleichen« (198a). Unter dem ›was zu fürchten ist‹ versteht Sokrates künftige Übel, unter dem ›was nicht zu fürchten ist‹ künftige Güter oder Indifferentes (198c). Damit läuft Nikias' Tapferkeits-Definition aber auf ein Wissen von Gutem und Schlechtem hinaus, wie es für die Tugend insgesamt gilt. Das Spezifikum der Tapferkeit ist nicht zu erkennen; die Definition ist gescheitert, obwohl Nikias nach wie vor überzeugt ist, dass sie nicht ganz falsch ist (199e–200b).

Zum Schluss will Nikias seinen Sohn von Sokrates erziehen lassen, doch dieser gibt zu bedenken, dass nicht nur Laches und Nikias ihre Inkompetenz in Erziehungsfragen unter Beweis gestellt haben, sondern auch er selbst (200d–e).

Lysis – ›Über Freundschaft‹

Auf dem Weg von der Akademie zum Lykeion trifft Sokrates auf eine Schar junger Leute, darunter Hippothales, der ihn auffordert, in die nahegelegene Palästra mitzukommen. Hippothales ist in den dort anwesenden Lysis verliebt, was Sokrates zu der Frage veranlasst, ob er denn auch wisse, auf welche Art ein Liebhaber zum Geliebten reden solle (205a). Sokrates bietet sich sogar an, ein Mustergespräch mit Lysis zu führen, wenn Hippothales den Kontakt herstellt (206c).

Dies geschieht, und Sokrates spricht mit Lysis darüber, dass seine Eltern, obwohl sie ihn sehr lieben, ihm vieles verbieten, was dieser tun möchte. Dies geschehe aber aus Fürsorge, solange Lysis noch unerfahren und unwissend sei. (207e–211c).

Währenddessen ist Lysis' Freund Menexenos hinzugetreten, den nun Sokrates in ein Streitgespräch über die Freundschaft verwickelt. Ist jemand ein Freund, wenn er liebt, wenn er geliebt wird, oder wenn beides auf Gegenseitigkeit beruht? Menexenos entscheidet sich für das Letztere, Sokrates aber denkt an ein einseitiges Verhältnis, bei dem es nicht auf Gegenliebe ankommt, denn sonst könnte es keine Pferdefreunde, Weinfreunde oder Freunde der Weisheit (*philosophoi*) geben. Andererseits kommt es vor, dass von zwei Menschen einer den anderen liebt, der andere ihn aber hasst. Es sieht schließlich so aus, dass weder der Liebende, noch der Geliebte, noch beide zusammen Freund sein können (211d–213d).

Die Dichter und Naturphilosophen sind der Ansicht, dass Gleiches miteinander befreundet sei. Das mag zwar für moralisch gleich gute Menschen gelten, aber nicht für gleich schlechte: Der Gute ist des Guten Freund, der Schlechte ist weder Freund des Guten noch des Schlechten. Doch wenn Freundschaft auf Nutzen beruht, wie kann da der Gute mit dem Guten befreundet sein? Beide bedürfen einander nicht (214a–215c). Dies führt zur Gegenthese: Gegensätzliches ist befreundet. Aber so müsste die Feindschaft mit der Freundschaft befreundet sein und umgekehrt (215c–216b).

Schließlich steigert sich Sokrates wegen der Ausweglosigkeit in Schwindel und diskutiert die Möglichkeit, dass das Gute mit dem Indifferenten befreundet ist. Das Indifferente strebt zum Guten, um dem Bösen zu entkommen. Damit zeigt sich eine Final-Struktur der Freundschaft: sie ist um etwas willen (*heneka tou*). Um bei dieser Final-Struktur einen unendlichen Regress zu vermeiden, muss man ein ›erstes Liebes‹ (*prô-*

ton philon) als ersten Anfang (*archê*) bzw. letztes Ziel der Freundschaft setzen (216c–219d). Das *prôton philon* verhält sich zu den vielen *phila*, wie Urbild zu Abbild (*eidôlon*), was Sokrates an lebensweltlichen Analogien illustriert (219d–220d). Diese scheinbar stichhaltige Argumentation wird aber auch wieder verlassen, und das Gespräch beginnt sich im Kreis zu drehen (221d–222e). Als die Pädagogen zum Heimweg drängen, wird die Unterredung abgebrochen.

Menexenos – ›Grabrede‹

Menexenos kommt vom Rathaus und trifft Sokrates. Der Rat hat darüber diskutiert, wer anlässlich der jährlichen Trauerfeier die Grabrede auf die Gefallenen halten solle, ist aber noch zu keinem Entschluss gekommen. Sokrates scherzt und meint, er selbst würde sich eine solche Rede zutrauen, da er erst am Vortag eine solche von Aspasia vernommen habe. Menexenos fordert ihn auf, diese Rede vorzutragen (234a–236d).

Aspasias Leichenrede, von Sokrates rezitiert (236d–249c): Lob der Gefallenen (236d–246b): Hervorgehoben werden die edle Abstammung aller Athener; Lob Athens und Attikas: von den Göttern geliebt, voller Fruchtbarkeit, mit hervorragender Verfassung (Aristokratie), hat die Stadt Menschen hervorgebracht, die wunderbare Taten vollbracht haben (unter anderem in den breit dargestellten Perserkriegen).

Mahnung an die Lebenden (246a–247c): Die Toten selbst rufen auf, dass die Lebenden ihre Taten nachahmen, ja übertreffen, und warnen vor Verweichlichung.

Trostworte an die Hinterbliebenen (247c–249c): Der Tod für das Vaterland ist ehrenvoll; der Staat wird für die Hinterbliebenen sorgen: Er pflegt die Alten und erzieht die Kinder.

Rückkehr zur Rahmenhandlung: Menexenos ergeht sich im Lob der Rede; Sokrates will ihm weitere Reden verschaffen (249d–e).

Menon – ›Über Tugend‹

Der Dialog beginnt ganz unvermittelt mit Menons Frage an Sokrates, wie man Tugend erlangen könne, ob durch Belehrung, Einübung, oder ob sie von Natur angeboren wäre. Sokrates behauptet, nicht einmal zu wissen, was Tugend sei. Bevor man aber nicht das Was (*ti estin*) erkannt hat, könne man auch das Wie (*hopoion ti*) nicht wissen. Menon wird aufgefordert, selbst zu sagen, was Tugend ist (70a–71d).

Was ist Tugend? (71d–80d): Menon zählt zunächst einen ganzen ›Schwarm‹ (*smênos*) verschiedener Einzeltugenden auf, die je nach Geschlecht, Alter, Handlung, Stellung variieren. Sokrates aber will wissen, ob diesen verschiedenen Tugenden nicht eine gemeinsame Form (*eidos*) als ihr Wesen zugrunde liegt (72c–d). Menon versucht es so zu definieren: Tugend ist die Fähigkeit, über die Menschen zu herrschen (73c–d). Doch passt die Definition nicht auf alle zuvor aufgezählten Tugenden, und außerdem müsste sie um das Adverb ›gerecht‹ ergänzt werden. Menon räumt ein, dass auch er die Gerechtigkeit für Tugend halte, ebenso wie die Tapferkeit, Weisheit, Besonnenheit und andere. Damit ist wieder der gesuchte Einheitsgrund zugunsten einer Vielheit verlassen worden (74a). Erneut soll nach dem Gemeinsamen Ausschau gehalten werden, Sokrates zieht geometrisch-physikalische Beispiele heran und erläutert nebenbei den methodischen Unterschied zwischen eristischen Gesprächen, die der Widerlegung des Gegners dienen, und dialektischen, die der Wahrheitssuche dienen: letztere sind ›sanfter‹ und bauen auf dem auf, worüber Übereinstimmung herrscht unter den Gesprächspartnern (75c–d). Erneut schlägt Menon eine Definition vor: Tugend ist das Verlangen nach dem Schönen und das Vermögen, es sich verschaffen zu können (77b). Doch hält auch dieser Versuch einer Kritik nicht stand. Menon vergleicht Sokrates mit einem Zitterrochen, der jeden lähmt, welcher ihn berührt (80a–b)

Lernen als Wiedererinnerung (80d–86c): Die ›Lähmung‹ der Untersuchung wird aufgehoben, indem Sokrates die angeblich priesterliche Überlieferung von der Ewigkeit und Präexistenz der Seele berichtet. Demnach ist Lernen nichts anderes als die Wiedererinnerung (*anamnêsis*) an etwas, was die Seele vor ihrem Abstieg in den Leib geschaut hat (81a–e). Sokrates demonstriert die Richtigkeit der *anamnêsis*-Lehre, indem er einem ungebildeten Sklavenjungen durch geschicktes Fragen die Lösung geometrischer Probleme entlockt (82b–84a). Menon muss zugeben, dass die Seele schon im Besitz der Wahrheit ist und sich dessen nur bewusst zu werden braucht. Damit ist die Lähmung überwunden und die Untersuchung wendet sich wieder dem Tugend-Problem zu.

Lehrbarkeit der Tugend (86c–89c): Menon möchte wieder auf seine Einleitungsfrage zurückkommen, ob Tugend lehrbar sei. Sokrates will eigentlich lieber die Wesensfrage weiter verfolgen, doch fügt er sich Menon. Unter Hinweis auf ein geometrisches Verfahren soll die hypothetische Voraussetzung von der Lehrbarkeit der Tugend geprüft werden. Diese besteht darin, dass Tugend Wissen ist. Ist diese Voraussetzung nicht erfüllt, muss die These falsch sein (86e–87b). Mit Menon ist sich Sokrates einig, dass die Tugend ein Gut ist. Da es aber, wie sich zeigt, kein Gut ohne Wissen (*epistêmê*) gibt, muss die Tugend Einsicht (*phronêsis*) und folglich lehrbar sein (87d–89c). Wer aber sind die Lehrer der Tugend?

Zwischengespräch mit Anytos über die Lehrer der Tugend (89e–95a): Der gerade anwesende Anytos, einer der späteren Ankläger des Sokrates, wird ins Gespräch mit hineingezogen. Sokrates gesteht, niemanden zu kennen, der imstande sei, die Tugend zu lehren. Die Sophisten geben zwar vor, dies zu können, sind aber weit davon entfernt, wie auch Anytos einräumt. Seiner Meinung nach kommen am ehesten die rechtschaffenen Staatsmänner Athens dafür in Frage. Doch weist Sokrates nach, dass diese nicht einmal ihre eigenen Kinder zur Tugend erziehen konnten, was Anytos sehr gegen Sokrates aufbringt.

Wissen und richtige Meinung (95a–100c): Wenn aber niemand die Tugend lehrt und keiner sie lernt, wie kann man sie dann erlangen? Erneut scheint die Untersuchung zu scheitern. Der bisherige Wissensbegriff, als dem Nicht-Wissen entgegengesetzt, ist vielleicht zu stark. In vielen handlungsrelevanten Fällen kann man sich statt des Wissens mit der richtigen Meinung begnügen (*orthê doxa*), die aber stets durch Gründe ›gefesselt‹ werden muss, sonst läuft sie – bildlich gesprochen – wie die Statuen des Daidalos davon. Die richtige Meinung aber ist weder angeboren noch erlernt, sie scheint eine Art göttliche Fügung (*theia moira*) zu sein. Näheres hierzu könnte aber erst in Erfahrung gebracht werden, wenn die Grundfrage beantwortet wäre: Was ist Tugend?

Minos – ›Über das Gesetz‹

Sokrates fragt unvermittelt einen anonymen Gefährten, was das Gesetz sei. Dessen erste Antwort: ›Das Festgesetzte‹ bleibt zu sehr an der Oberfläche; Sokrates will wissen, wodurch das Festgesetzte festgesetzt ist (313a–314b). ›Verbindliche Ansichten (*dogmata*) und Verfügungen‹, antwortet der Gefährte, stehen hinter dem Festgesetzten. Da ein Gesetz, so Sokrates, aber niemals schlecht sei, so wäre ein schlechtes *dogma* kein Gesetz. Demnach hat das Gesetz etwas von einer wahren Meinung (*alêthês doxa*), nämlich einer, die herausfindet, was ist (*tou ontos exheurêsis*: Ausfindigmachung des Seienden) (314e–315a).

Dem Einwand der synchronen (verschiedene Staaten haben verschiedene Gesetze) und diachronen (ein Staat hat im Lauf der Zeit verschiedene Gesetze) Gesetzespluralität begegnet Sokrates, indem er zwar feststellt, das Gerechte gelte universal (sogar bei den Barbaren), die Verschiedenheit der Gesetze erkläre sich aber daraus, dass nicht immer das Seiende – das bedeutet: das Gerechte – getroffen wird (315a–316b). Ein solches Verfehlen ist auf fehlerhaftes Wissen zurückzuführen (317b).

Demgegenüber wird als Inbegriff legislativer Kompetenz der König herausgestellt, der die für die Seelen der Menschen besten Gesetze kennt (318a). Damit geht das Gespräch auf Gesetzgeber der Vorzeit über, unter denen Minos besonders herausragt. Der hat zwar in den attischen Legenden einen schlechten Ruf, doch weiß Sokrates seine ›königliche Kunst‹ (*basilikê technê*) in leuchtenden Farben zu schildern, nicht ohne zugleich Kritik an dessen verleumderischer Darstellung bei den Dichtern zu üben (318e–321b).

Das Gespräch endet mit der unbeantworteten Schlussfrage: »Was ist denn aber das, was der gute Gesetzgeber und Hirte der Seele zuteilt, um sie besser zu machen?« (321d).

Nomoi – ›Über Gesetzgebung‹

Buch I: Drei Greise, der Kreter Kleinias, der Spartaner Megillos und ihr namenloser athenischer Gastfreund, wandern auf Kreta von Knossos zur Zeus-Grotte auf dem Ida. Die Frage des Atheners, wer in Sparta und auf Kreta als Urheber der Gesetze gilt (624a), führt zu einer Erörterung über den wahren Zweck der Gesetzgebung (625c–632d). Der Athener unterzieht Kleinias' Referat, dass die kretischen Gesetze darauf abzielen, den Sieg im Krieg zu gewährleisten (625c–626b), einer eingehenden Kritik, die darauf hinausläuft, dass nicht nur Tapferkeit wichtig ist, sondern die gesamte Tugend, bestehend aus Gerechtigkeit, Besonnenheit, Klugheit und Tapferkeit (629a–630d). Daraufhin entwirft er eine musterhafte Gesetzgebung, in der göttliche (die genannten Kardinaltugenden) und menschliche Güter (etwa Gesundheit) in der richtigen Rangordnung zueinander stehen und sich alles an der ›Vernunft als Führerin‹ (*ho hêgemôn nous*) orientiert (631b–632d). Ziel der Gesetzgebung ist die Erziehung zur gesamten Tugend.

Um dies zu gewährleisten, müssen die Einzeltugenden erörtert werden. Man beginnt mit der Tapferkeit (633a–635e) und geht dann über zur Besonnenheit (*sôphrosynê*). Bei diesem Anlass werden besonders die sittlichen Vorteile und Gefahren gemeinsamer Mahlzeiten (Syssitien) und Trinkgelage (Symposien) behandelt (635e–659b).

Buch II: Von dort geht das Gespräch über auf die Bedeutung der Musik für die Erziehung. Ihre Schönheit beruht auf der Verbindung mit der Tugend (654b–655b). Lust als Wirkung der Kunst wird nicht abgelehnt, sondern ethisch untermauert: Das gerechteste Leben ist das lustvollste (657c–663d). Selbst wenn dem nicht so wäre, könnte der Gesetzgeber keine nützlichere Lüge ersinnen, um die Menschen zu bessern (663d–664b)! Drei Chöre sollen eingerichtet werden: für Kinder der Musenchor, für Jugendliche der Chor des Apollo Paian und für Erwachsene der Dionysos-Chor, damit auf jeder Altersstufe die Musik ihre erzieherische Wirkung entfaltet (664b–672d). Von der Musik sollte das Gespräch eigentlich auf die Gymnastik übergehen, doch wird deren volle Erörterung auf später (Buch VII) verschoben (672e–673d).

Buch III: Als nächstes Thema werden Ursprung, Erhaltung und Verfall eines Staates anhand von Beispielen aus vorgeschichtlicher und geschichtlicher Zeit in den Blick genommen. Theoretische Überlegungen treffen auf historische Realität. Eingebettet in die Vorstellung regelmäßiger kulturvernichtender Katastrophen (vgl. *Kritias*) werden vier Stadien des Zivilisationsprozesses herausgearbeitet: (1) Zunächst hausen Menschen ohne Schrift, ohne Gesetz und ohne Kultur als Hirten in Berghöhlen wie die Kyklopen in Homers *Odyssee*. Es ist die Stufe der patriarchalen Herrschaft (*dynasteia*), in der Älteste Anführer einer kleinen, amorphen Schar sind (680b–e). (2) Darauf formieren sich aus kleineren Einheiten größere städtische Gemeinden (*poleis*), der Ackerbau kommt auf, und die Notwendigkeit der Gesetzgebung entsteht, da das Gewohnheitsrecht der die *polis* bildenden Gruppen vereinheitlicht werden muss. Die Herrschaftsform ist entweder aristokratisch oder monarchisch (680e–681d). (3) In der Folge entstehen vielfältige Verfassungsformen, werden wegen des Bevölkerungswachstums zahlreiche neue Städte gegründet, die Krieg gegeneinander führen (Bsp. Troja), und die Seefahrt entwickelt sich (681d–682e). (4) Mit der vierten Stufe des Zivilisationsprozesses wird die geschichtlich greifbare Zeit erreicht: In Griechenland bilden die Dorer die Staaten Sparta, Argos und Messene, deren Aufstieg und Niedergang beschrieben werden (682e–693d). Es folgt die Gegenüberstellung von Persien und Athen, insbesondere im Blick auf Monarchie und Demokratie bzw. einer Mischverfassung (693d–701d). Die Ergebnisse der ersten drei Bücher werden unter der Maxime rekapituliert, dass der Gesetzgeber eines Gemeinwesens auf Freiheit, Freundschaft und Vernunft achten muss (701d–702a). Abgeschlossen wird das Buch durch den Hinweis auf eine geplante kretische Koloniegründung, für welche die drei Dialogpartner eine Musterverfassung ausarbeiten wollen – ein Vorhaben, das in den Büchern IV–XII umgesetzt wird (702b–e).

Buch IV: Zunächst werden die Bedingungen der Neugründung ins Auge gefasst: Die äußeren Gegebenheiten (Lage, Bevölkerungszusammensetzung) (704a–709d), die politische Umsetzung durch einen ›zuchtvollen Tyrannen‹ (*tyrannos kosmios*) (709d–712b), die Verfassungsform: Anzustreben ist eine Nachahmung der göttlichen Herrschaft unter Kronos, in der das Gesetz überparteiliche Geltung hat (712b–715e).

Es folgt eine programmatische Ansprache an die Neusiedler, die sich bis ins nächste Buch zieht (715e–734e). In ihr wird zunächst darauf abgehoben, dass für die neue Kolonie »Gott das Maß aller Dinge« (*ho theos hēmin pantōn chrēmatōn metron*) sein soll (716c). Es folgt eine einleitende Vorrede zu den Gesetzen, in der von der Aufgabe des Gesetzgebers, die Bürger für die Tugend empfänglich zu machen, gehandelt wird (718a–723e).

Buch V: Die Ansprache an die Siedler wird fortgesetzt mit einem Pflichtenkatalog, in dem nacheinander über Pflichten gegen die Seele, gegen den Leib, gegen äußere Güter, gegen Mitmenschen, Mitbürger, die Gemeinschaft und die Fremden gehandelt wird (726a–730a). Danach wird thematisiert, was zum glücklichen Leben beiträgt (Mut, Besonnenheit, Neidlosigkeit, Wahrhaftigkeit) und was es behindert (Selbstliebe). Zum Abschluss kommt der Athener auf den Zusammenhang von Tugend, Glück und Lust zu sprechen (730b–734e).

Es folgt nun die eigentliche Gesetzgebung, die sich bis Buch XII (960b) erstreckt: I. Besiedlung und Aufteilung des Landes mit Regelung der Eigentumsverhältnisse (735a–747e). Darin enthalten sind Überlegungen zum Idealstaat (entworfen in der *Politeia*), der Muster (*paradeigma*) für alle Verfassungen ist, zum zweitbesten Staat, wie er in den *Nomoi* skizziert wird, und zum drittbesten, die real einzurichtende kretische Kolonie (739b–e).

Buch VI: II. Die Beamten und Institutionen: Gesetzeswächter (752d–755b), Militärbeamte (755b–756b), Ratsversammlung (756b–758d), religiöse Ämter (758d–760a), Landaufseher (760a–764c), Stadtaufseher (763c–e), Marktaufseher (763e–764c), Erziehungsbeamte einschließlich des Oberaufsehers über das Erziehungswesen (764c–766c), die Gerichtsbarkeit (766d–768e).

III. Die Gesetze: Der Gesetzgeber muss im Auge haben, wie man ein guter Mensch werden kann (770c–d).

Es folgen Gesetze über (1) die Götterfeste (771a–772d) sowie über (2) Ehe, Haushalt, Gemeinschaftsleben und Kinderzeugung mit recht detaillierten Vorschriften (772d–785b).

Buch VII: Das ganze Buch ist (3) der Regelung der Erziehung (*trophê kai paideia*) gewidmet, die der jeweiligen Altersstufe angepasst ist, damit »Leib und Seele möglichst schön und gut« werden (788b): (a) Vom Mutterleib an (pränatale Gymnastik) wird das Kind bis zum dritten Lebensjahr an eine heitere Gemütsstimmung gewöhnt, die das rechte Maß zwischen Lust und Unlust hält (792b–793a). (b) Vom dritten bis sechsten Lebensjahr verlangt die Seele des Kindes nach Spielen. Verhätschelungen sollen unterbunden werden; Strafen, aber nur solche, die das Ehrgefühl des Kindes nicht verletzen (*mê atimôs*), sind erlaubt (793e–794c). (c) Ab dem sechsten Lebensjahr ist auf Beidhändigkeit zu achten, die Kinder sollen Gymnastik treiben und musikalisch geschult werden; es herrscht Schulpflicht und ein gemeinsames Curriculum für Jungen und Mädchen (794c–808d). Das Schulwesen umfasst folgende Lehrgegenstände: Schreiben und Lesen (die *Nomoi* selbst werden als musterhafte Schullektüre empfohlen, 811c–e); Musik und Tanz (Exkurs über Komödie und Tragödie, 816d–817e); Gymnastik und Ringen; die mathematischen Fächer Arithmetik, Geometrie und Astronomie (808d–822d). Das zum Schluss eingefügte Jagdgesetz (822d–823d) nimmt sich wie ein Fremdkörper aus.

Buch VIII: Nach den Vorschriften über die Schulbildung geht es zur Erwachsenenbildung über: Behandelt werden (4) religiöse, militärische und sportliche Veranstaltungen (828a–835d) sowie (5) Regelungen für das Sexualverhalten (empfohlen wird die Orientierung am Naturzweck) (835d–832a). Es folgen (6) Gesetze über die wirtschaftliche Organisation des Staates (842b–850d).

Buch IX: Das Strafrecht (7) umfasst die Bücher IX und X. Philosophisch interessanter als die einzelnen Regelungen zu Tempelraub (853d), Umsturzversuch (856b), Verrat und Diebstahl (856e), Tötungsdelikten (865a), Körperverletzung (874e) und Misshandlungen (879b) ist der theoretische Exkurs über die Grundlagen des Strafrechts (857b–864c), in deren Zentrum der Begriff der Freiwilligkeit steht. Da nach sokratischer Auffassung niemand freiwillig Unrecht tut, stellt sich das Problem, wie das Strafrecht überhaupt begründet werden kann. Der Ansatz geht dahin, dass Unrecht zwar unfreiwillig geschieht, Schädigung aber freiwillig erfolgen kann. Dies hängt mit der besonderen Rolle des mittleren Seelenteils (*thymos*) zusammen.

Buch X: Das ganze Buch ist dem Religionsfrevel gewidmet und gehört noch zum Strafrecht (7). Neben dem eigentlichen Gesetz gegen die Gottesfrevler (907d–910d) enthält es eine ausführliche philosophisch-politische Theologie (885b–907b), die auf drei Axiomen beruht: Es gibt Götter; sie kümmern sich um uns; sie können nicht gegen das Gerechte (*dikaion*) umgestimmt werden (907b). Alle drei Axiome werden durch Widerlegung der gegenteiligen Auffassungen abgesichert: Widerlegung des Atheismus (887c–899d); Widerlegung des göttlichen Fürsorgemangels (899d–905d); Widerlegung der göttlichen Bestechlichkeit (905d–907b).

Buch XI: Nach Abschluss des Strafrechts folgt (8) das Eigentumsrecht (Grundmaxime: Achtung fremden Eigentums) (913a–915d), (9) das Handels- und Gewerberecht mit dem Verbot von Kreditgeschäften (915d–922a), (10) das Familienrecht (922a–932d) sowie (11) Gesetze verschiedenen Inhalts, unter anderem gegen Giftmischerei, Zauberei, Beleidigung, Verspottung in Dichtungen, Bettelei (932d–938c; wird im Buch XII fortgesetzt).

Buch XII: Es werden zunächst die Gesetze verschiedenen Inhalts von Buch XI fortgesetzt (941a–956b), bevor (12) das Prozessrecht mit drei Instanzen (956b–958c) sowie (13) die Bestattungsvorschriften (958c–960b) an die Reihe kommen.

Zum Schluss der langen Unterredung stellt sich die Frage, wie ein solches Staatswesen erhalten werden kann. Der Athener kommt auf die bereits 951d5 kurz gestreifte ›Nächtliche Versammlung‹ zurück, der die Oberaufsicht über die Gesetze obliegt. Sie wacht darüber, dass alles auf die ganze Tugend ausgerichtet bleibt (960b–965a). Abschließend ruft der Athener Kleinias zur Verwirklichung des Staates auf, Megillos und Kleinias bitten den Athener, ihnen dabei zu helfen (968e–969d).

Parmenides – ›Über die Ideen‹

Kephalos lässt sich von Antiphon, Platons Halbbruder, den Bericht des Pythodoros erzählen, wie vor vielen Jahren der junge Sokrates mit dem berühmten Naturphilosophen Parmenides und dessen Schüler Zenon zusammengetroffen ist (126a–127d).

Erster Teil (127d–137c): Zenon hat eine Schrift zur Verteidigung der parmenideischen Philosophie verfasst, in der die Unmöglichkeit der Vielheit behauptet wird. Der junge Sokrates tritt hiergegen als stürmischer Verfechter der Ideenlehre auf, gegen die Parmenides drei Haupteinwände formuliert: (a) Teilhabe-Problematik (130e–131e): Ein Gegenstand, der an einer Idee teilhat, sollte wohl an der ganzen Idee teilhaben. Wie aber kann ein und dieselbe Idee in verschiedenen, voneinander getrennten Gegenständen als Ganze anwesend sein? (b) Ideen als *paradeigmata* (132a–133a): Wenn die Ideen Urbilder (*paradeigmata*) und die an ihnen teilhabenden Gegenstände Abbilder sind, dann müsste es auch für das Verhältnis zwischen Urbild und Abbild selbst wieder ein *paradeigma* geben, und so ins Unendliche (sog. Argument vom Dritten Menschen; s. Kap. V.45). (c) *Chorismos*-Problematik (133b–134e): Wenn die Ideen selbständig und getrennt von der materiellen Welt existieren, wie können sie dann erkannt werden, wo doch unsere Erkenntnis auf die »Wahrheit bei uns« (*par' hêmin alêtheia*) geht, nicht auf die Wahrheit an sich?

Zwar lehnt auch Parmenides Ideen nicht prinzipiell ab, doch bedarf es zu ihrer Begründung weit größerer dialektischer Übung als Sokrates sie hat. Parmenides empfiehlt das zenonische *hypothesis*-Verfahren, bei der zu einer gegebenen Voraussetzung – ganz gleich ob sie für wahr oder für falsch gehalten wird – die Folgerungen geprüft werden (135a–137c) (s. Kap. IV.21.2).

Zweiter Teil (137c–166c): Zu zwei übergeordneten gegenteiligen Voraussetzungen (›das Eine ist‹ vs. ›das Eine ist nicht‹) werden jeweils vier Hypothesen gebildet, deren Folgerungen untersucht werden:

(1a) Hypothese 1 (137c–142a): Das Eine für sich betrachtet, was folgt daraus? Teillosigkeit, Ausdehnungslosigkeit, Anfangslosigkeit, Endlosigkeit, Ortlosigkeit, Ruhe- und Bewegungslosigkeit, Nicht-Identität, Nicht-Verschiedenheit usw.

(2a) Hypothese 2 (142b–157b): Das Eine in Beziehung zu den Anderen, was folgt daraus? Unendliche Vielheit, Sein des Einen und Einheit des Seins, Ganzheit aus Teilen, Ausdehnung und Gestalt, Ruhe und Bewegung, Identität, Verschiedenheit usw.

(3a) Hypothese 3 (157c–159b): Wenn das Eine ist, was folgt für das Andere in Beziehung auf das Eine? Vielheit, Teilhabe, Unendlichkeit, Endlichkeit usw.

(4a) Hypothese 4 (159b–160b): Wenn Eines ist, was folgt für das Andere ohne Beziehung auf das Eine? Keine Gegensätzlichkeiten.

(1b) Hypothese 5 (160b–163b): Wenn das Eine nicht (eines) ist, was folgt daraus für es selbst? Vielheit, Selbst-Ähnlichkeit, Fremd-Unähnlichkeit, Größe, Kleinheit usw.

(2b) Hypothese 6 (163b–164b): Wenn das Eine (überhaupt) nicht ist, was folgt daraus für es selbst? Nicht-Sein, Anfangslosigkeit, Endlosigkeit, Unveränderlichkeit, Eigenschaftslosigkeit, Ununterscheidbarkeit, Unerkennbarkeit usw.

(3b) Hypothese 7 (164b–165e): Wenn das Eine nicht ist, was folgt für die Beziehung der Anderen untereinander? Verschiedenheit, amorphe, unendliche Mengenhaftigkeit usw.

(4b) Hypothese 8 (165e–166c): Wenn das Eine nicht ist, was folgt für die Anderen an sich? Nicht-Sein.

Das Ende des Dialogs ist vollkommen offen.

Phaidon – ›Über die Seele‹

Echekrates bittet Phaidon, der bei der Hinrichtung des Sokrates zugegen war, um einen Bericht über die Vorgänge von der Verurteilung bis zum Tod. Die Vollstreckung des Todesurteils ließ so lange auf sich warten, weil am Tag vor dem Prozess das Schiff mit der religiösen Gesandtschaft nach Delos vom Apollon-Priester bekränzt worden war. Bis zur Rückkehr des Schiffs durften keine Hinrichtungen stattfinden, weshalb Sokrates so lange Zeit im Gefängnis verbrachte. Als der Tag der Hinrichtung anbricht, versammeln sich viele Schüler und Freunde des Sokrates im Gefängnis. Ausdrücklich wird erwähnt, dass Platon krank zu Hause blieb. Auch Sokrates' Frau Xanthippe ist mit seinem kleinen Kind zugegen, aber so in Tränen und Wehklagen aufgelöst, dass Sokrates den Kriton bittet, es möge sie jemand nach Hause bringen. Nach einigen Bemerkungen, warum Sokrates sogar im Gefängnis Äsopische Fabeln in Verse gesetzt habe, kommt das Gespräch auf das Thema Tod (57a–61b).

Sokrates vertritt die Ansicht, zwar sei Selbsttötung nicht erlaubt, dennoch lebe der Philosoph auf den Tod hin. Das fordert den Widerspruch von Kebes und Simmias heraus, die Sokrates beruhigt, indem er seiner Ansicht Ausdruck verleiht, dass es für die Verstorbenen nach dem Tod etwas gibt, und zwar etwas Gutes für die Guten (63c). Im Tod trennt sich die Seele endgültig vom Leib, ein Vorgang, nach dem der wahre Philosoph letztlich strebt. Da die Wahrheit durch das Denken, also die Seele, erfasst wird, kümmert sich der Philosoph bereits im Leben nicht viel um den Leib. Der Tod vollendet nur, worauf das Leben bereits hingearbeitet hat, und ist daher nichts Schreckliches (68b).

Kebes will dem nur zustimmen, wenn sich ein Beweis für die Fortexistenz der Seele anführen lässt.

Erster Beweisgang (70c–77d): Mit den Zyklen der Natur passen jene Überlieferung gut zusammen, die von einer Wanderung der Seele in die Unterwelt und von dort wieder zurück sprechen. So könnte es einen immerwährenden Kreislauf geben (70c–72e). Eine solche Vorstellung würde sich auch mit der sokratischen Lehre von der Wiedererinnerung (vgl. *Menon*) vertragen, die noch einmal in den Grundzügen skizziert wird (73b–77a): So können wir die Erkenntnis der Gleichheit, unter der wir verschiedene Gegenstände als gleich beurteilen, nicht aus den sinnlichen Gegenständen selbst gewonnen haben. Vielmehr ›erinnern‹ wir uns, wenn wir zwei gleiche Gegenstände sehen, an die Gleichheit, die wir offenbar bereits vor unserer Geburt erkannt haben. Es muss mithin eine Präexistenz der Seele geben. Nimmt man das Zyklus-Argument hinzu, so folgt auch eine Postexistenz der Seele nach dem Tod, aus der heraus sie wieder ins irdische Leben eingeht.

Zweiter Beweisgang (78b–84b): Das Zyklus-Argument ist die Schwachstelle des ersten Beweisgangs, weshalb auch Simmias und Kebes noch immer Zweifel haben. Deshalb folgt ein neuer Argumentationsgang: Die Seele ist dem Unsichtbaren ähnlicher als dem Sichtbaren. Wenn sie sich des Leibes bedient und Sinneserfahrungen macht, sind diese Wahrnehmungen schwankend und irrtumsanfällig. Besinnt sie sich hingegen ganz auf sich selbst, gelangt sie mit der reinen Denkkraft (*phronêsis*) zum Reinen, Immer-Seienden, Unvergänglichen, dem sie selbst verwandt ist (79c–e). So ist Sokrates zuversichtlich, dass die Seele, die sich schon im irdischen Leben rein gehalten hat, auch nach dem Tod ein glückliches Schicksal hat. Wer sich aber in diesem Leben seinen Begierden ausliefert, wird eventuell das nächste Mal in einem Tierleib wiedergeboren werden (81d–82a).

Auch gegen diesen Beweisgang bringen Simmias und Kebes, wenn auch zögerlich, Gegenargumente: Wie die Stimmung der Leier könnte die Seele nichts anderes als die Harmonie des Leibes, sozusagen ein funktionales Epiphänomen der Materie, sein, oder aber nach mehreren Einkörperungen doch vergehen (85e–89c).

Dritter Beweisgang (91c–95a): Auf den Harmonie-Einwand entgegnet Sokrates, dass dem schon die zuvor zugestandene *anamnêsis*-Lehre widerspricht (91c–92e). Außerdem sei jede Seele der anderen gleich, aber nicht jede Harmonie der anderen. Und schließlich könne jeder die Erfahrung machen, dass sich die Seele bisweilen dem Leib widersetzt, während eine Harmonie stets vom Instrument abhängig bleibt (93a–95a)

Vierter Beweisgang (95a–107b): Der letzte noch übrige Einwand erfordert einen längeren Anlauf. In seiner Jugend habe Sokrates sich mit naturphilosophischen Fragen beschäftigt, um die Ursachen des Seins und Werdens zu erforschen. Doch unbefriedigt von den Methoden der Naturforscher habe er schließlich eine ›zweite Fahrt‹ (*deuteros plous*) unternommen und seine Zuflucht bei den *logoi* gesucht (99c–e). Da nun habe sich gezeigt, dass die schönen Dinge schön sind wegen der Schönheit, an der sie teilhaben, und die guten gut wegen der Gutheit, und so fort. So habe er in den Ideen den wahren Grund der Dinge erkannt. Unter Zuhilfenahme des *hypothesis*-Verfahrens zeigt nun Sokrates die Unvergänglichkeit der Seele auf: Die Seele ist das Lebensprinzip des Leibes, tritt sie zum Leib hinzu, wird er lebendig, entfernt sie sich, stirbt er. Der Lebendigkeit ist der Tod entgegengesetzt. Wie aber eine Idee als Bestimmungsgrund nicht ihr Gegenteil annehmen kann, so kann auch die Seele als Prinzip der Lebendigkeit nicht den Tod annehmen. Leben und Tod schließen sich (auf der Prinzipienebene) aus. Folglich muss die Seele unsterblich sein (102b–107b).

Hieraus ergeben sich ethische Konsequenzen: Ist die Seele unsterblich, so ist die Sorge um sie die wichtigste Aufgabe in diesem Leben (107c–108c). Sokrates fügt an diese Ausführungen den Mythos vom Totengericht und den verschiedenen Schicksalen der Seelen nach dem Tod (108c–115a).

Damit ist für Sokrates der Zeitpunkt gekommen, den Giftbecher zu trinken. Er nimmt Abschied von seinen Freunden und den Kindern, badet, trinkt das Gift und stirbt.

Phaidon schließt in der Rahmenhandlung noch eine kurze Würdigung des außerordentlichen Charakters des Sokrates an (118a).

Phaidros – ›Über die Liebe‹ bzw. ›Über das Schöne‹

Sokrates trifft Phaidros, der eine Rede des Lysias über die Liebe gehört und, wie sich zeigt, das Manuskript mitgebracht hat. Mit dem Versprechen, diese Rede vorzutragen, machen beide einen Spaziergang außerhalb der Stadt zum Ufer des Ilissos (227a–230e).

Vortrag der Lysias-Rede (230e–234c): Die Rede handelt davon, dass man sich eher einem nicht-verliebten Liebhaber hingeben soll als einem verliebten; Leidenschaft sei nämlich eine Krankheit, die rationales Handeln verhindert.

Entgegen Phaidros' Erwartung hat Sokrates manches an der Rede auszusetzen, die Wortwahl, die Gedankenführung, den Inhalt, ja, sogar die Originalität.

Der enttäuschte Phaidros fordert Sokrates auf, es besser zu machen und eine Gegenrede zu halten (234c–237a).

Erste Sokrates-Rede (237a–241d): Zuerst muss nach dem Wesen (*ousia*) des Gegenstandes gefragt werden, und hier zeigt sich, dass Liebe eine Form des Verlangens (*epithymia tis*) ist. Im Menschen gibt es das angeborene Streben nach dem, was lustvoll ist, und ein erworbenes, mentales Streben nach dem Besten. Dieses führt zu Tugend und Selbstbeherrschung, das erste jedoch zu Maß- und Zuchtlosigkeit. So schadet der zuchtlose Liebhaber dem Geliebten an Seele, Leib und Besitz, er macht ihn abhängig und ist treulos.

Unvermittelt bricht Sokrates ab, ohne – wie Phaidros erwartet hatte – die Lysias-Folgerung zu ziehen, man müsse sich deshalb dem Nicht-Verliebten hingeben. Sokrates will eigentlich gehen, doch drängt Phaidros, noch zu warten. Zugleich meldet sich bei Sokrates das *daimonion* und warnt ihn, den Ort zu verlassen, bevor er seinen Frevel gesühnt hat. Denn unwahr und frevelhaft war, wie sich jetzt zeigt, die gegen Eros, den Liebesgott, gehaltene Rede. Zur Wiedergutmachung hält Sokrates eine Palinodie (Widerruf) (241d–243e).

Zweite Sokrates-Rede (Palinodie) (243e–257b): Wurde zuvor nahegelegt, der Verliebte sei wahnsinnig, so gilt es jetzt zu zeigen, dass nicht jeder Wahnsinn (*mania*) schlecht sei. So gebe es, etwa in Delphi, Wahnsinn in göttlicher Verzückung, Wahnsinn, der Kranke reinigt, und dichterischen Wahnsinn, der große Kunstwerke schafft. Auch die Liebe sei eine Form göttlichen Wahnsinns. Um das zu beweisen, muss das Wesen (*idea*) der Seele betrachtet werden. Sie bewegt sich selbst, hat also ihr Prinzip in sich und ist damit ungeworden und unvergänglich. Um eine Abkürzung zu nehmen, kleidet Sokrates seine Ausführungen in das Bild vom Seelenwagen, der von zwei geflügelten Pferden, einem guten und einem schlechten, gezogen wird. Damit kann die Seele in den Himmel auffahren, sich dem Reigen der Götter anschließen und – zumindest für eine gewisse Zeit – die Wahrheit schauen. Es ist aber nicht leicht, den Wagen auf dieser Bahn zu halten, zumal das schlechte Pferd immer ausbrechen will und eine Tendenz hat, das ganze Gespann nach unten zu reißen. Wenn ein Flügel bricht, stürzt die Seele mitsamt den Pferden in die Tiefe und wird je nach ihrer Gerechtigkeit in einen von neun irdischen Menschentypen eingekörpert (an erster Stelle steht der Philosoph, an vorletzter der Sophist, an letzter der Tyrann). Das Nachwachsen der Flügel dauert Jahrtausende (bei Philosophen geht es schneller). Auch gibt es ein Gericht, wo ungerechte Seelen gestraft werden, und nach tausend Jahren kann jede Seele wieder ein neues Los wählen. Zum Wesen des Menschen gehört es, viele Sinneswahrnehmungen unter einer Form (*eidos*) zu begreifen. Diese Form hat die Seele beim Blick auf die Wahrheit erhascht, an sie erinnert sie sich im irdischen Leben wieder (*anamnêsis*). Der Anblick schöner Dinge weckt die Erinnerung an das Schöne selbst. Liebe zum Schönen ist eine Art göttlicher Wahnsinn: Der Seele wachsen wieder Flügel und sie will an den himmlischen Ort zurückkehren, von wo sie gekommen ist. Dies ist die wahre Liebe, und sie steigert sich, wenn ein Liebender diesen Zug in der Seele eines anderen Menschen erblickt, so dass beide sich lieben und gemeinsam nach dem Schönen und Guten streben.

Phaidros ist von dieser Rede beeindruckt. Das Gespräch wendet sich nun auf die Rhetorik (259e): Der gute Redner kennt die Wahrheit der Sache, über die er spricht; der schlechte begnügt sich damit, zu wissen, was dem Publikum als wahr erscheint (261a). Damit stellt sich die Frage, ob Rhetorik eine Kunst (*technê*) ist (261a–274b). Die Rhetorik, definiert Sokrates, ist Leitung der Seele am Gängelband der Worte. Deshalb präsentiert sie Gründe und Gegengründe, so wie Sokrates es selbst in seinen beiden Reden getan hat. Das Mittel hierzu ist die Dialektik. Die echte Redekunst ist daher ein mühsames, aber wichtiges Geschäft.

Von hier geht das Gespräch über zur Frage nach der Bedeutung der Schrift (274b–278d). In Form des Mythos von Theuth, dem sagenhaften ägyptischen Erfinder der Schrift, äußert Sokrates Skepsis über den Wert der Verschriftlichung von Gedanken. Die Schrift liefert das Geschriebene jedem beliebigen Leser aus; sie kann auf Fragen nicht antworten und wird so Anlass für schwerste Missverständnisse. Weit wertvoller ist das gesprochene Wort (*logos*), dem sein Urheber im Gespräch ›zu Hilfe kommen kann‹. Wer sich auf die Wahrheit versteht und sie in gesprochener Rede in die Seelen der Menschen einzupflanzen weiß, dem gebührt der Ehrentitel ›Philosoph‹ (278c–d).

Der Dialog endet damit, dass Sokrates auf die Begabung des jungen Isokrates hinweist, der zu einer höheren Aufgabe berufen scheint als die gewöhnliche Rhetorik (279a–c).

Philebos – ›Über die Lust‹

In einem langen Redestreit mit Sokrates über das Gute ist Philebos müde geworden und überlässt es Protarchos, seine These, dass für alle Lebewesen das Gute die Lust sei, weiterzuführen. Sokrates hingegen behauptet, das Gute bestehe im Erkennen, Vernünftig-Sein und Sich-Erinnern (11a–12b).

Die Diskussion geht zunächst über die Arten der Lust und ihr Verhältnis zum Guten (12b–14b). Da hierüber zwischen den beiden Diskutanten keine Einigung erzielt werden kann, folgt ein Exkurs über Bedeutung und Methode der Dialektik (14c–20a). Von hier aus stellt sich die Streitfrage in einem neuen Licht (20b–23b): Das Gute ist das Vollkommene, Hinreichende und Begehrenswerte. Dies trifft aber weder für das Leben der reinen Lust zu (es gleicht – ohne Erinnerung, ohne Erwartung, ohne Selbstbewusstsein – dem Leben einer Qualle oder einer Auster), noch für das Leben reiner Erkenntnis. Das wünschenswerte Leben muss eine Mischung aus Lust und Einsicht aufweisen. Die Frage nach dem Vorrang von Lust oder Erkenntnis ist also ein Streit um den zweiten Platz, nämlich was von beiden dem Guten am nächsten steht.

Mit einer ›fundamentalontologischen‹ Erörterung beginnt die Hauptuntersuchung: Das Seiende teilt sich in vier Gattungen (*genê* bzw. *eidê*): Das Unbegrenzte, die Grenze (Zahl und Maß), das aus beiden Gemischte und die Ursache der Mischung. Das aus Lust und Einsicht gemischte Leben gehört offenkundig der dritten Gattung an (23c–27d). Lust allein gehört zum Unbegrenzten, Einsicht bzw. Vernunft (*nous*) fällt unter die Ursache der Mischung (27d–31a).

Die Lust (31b–55c): Nun werden noch einmal verschiedene Arten der Lust erörtert. Neben körperlicher Lust gibt es die seelische. Sie beruht auf Gedächtnis und Wiedererinnerung (*anamnêsis*) (33c–34c). Außerdem ist zu unterscheiden zwischen wahrer und falscher Lust, wie es ja auch wahre und falsche Meinung gibt (36c–41a). Der Grund für unwahre Lust liegt darin, dass sie selbst eine Mischung aus Appetenz (Lust) und Abwehr des Unzuträglichen (Unlust) ist (41b–51a). Reine oder wahre Lust hingegen ist ungemischt, weil wir bei Abwesenheit ihres Objekts keinen Mangel (Unlust) verspüren. In diesem Sinn bereiten etwa schöne Farben oder Formen, besonders aber Erkenntnisse reine Lust (51a–53d). Jedes Werden geschieht um des Seins willen, welches für das Werdende das Gute darstellt. Auch der Lust ist die ›um ... willen‹-Struktur eigen, sie ist also ein Werden und mithin nicht selbst das Gute (53c–55c).

Die Einsicht (55c–59b): Wie es reine und mit Unlust gemischte Lust gibt, so werden jetzt auch verschiedene Typen von Erkenntnis auf ihre Reinheit untersucht. Es ergibt sich eine Hierarchie, an deren Spitze die Dialektik steht, gefolgt von der Naturtheorie, die aber – da sie sich mit Werdendem beschäftigte – nur zu begründeter Meinung (*doxa*) gelangt. Noch weiter unten scheinen die technisch-herstellenden Fertigkeiten zu rangieren, wobei solche, die sich der Zahlen bedienen (Baukunst) immer noch höher einzuschätzen sind als rein empirische Wissenszweige (Landbau).

Nachdem die beiden Komponenten des guten Lebens jeweils für sich erörtert worden sind, soll das richtige Mischungsverhältnis von Lust und Einsicht bestimmt werden (59c–64a). Es sollen am besten nur reine oder wahre Lustformen in die Mischung aufgenommen werden, während letztlich alle Erkenntnisformen einen Beitrag zum guten Leben leisten, sogar die hierarchisch subalternen. Die Güte der Mischung bemisst sich am Ebenmaß (*symmetria*), an der daraus resultierenden Schönheit sowie an der Wahrheit (54b–65a).

Welche der beiden Komponenten darf nun den ›zweiten Platz‹ beanspruchen? Einsicht und Vernunft sind, anders als die Lust, am meisten der Wahrheit, dem Ebenmaß, aber auch der Schönheit verwandt. Dementsprechend rangieren sie vor der Lust (65a–67b).

Politeia – ›Über das Gerechte‹

Buch I: Im Haus des Polemarchos trifft sich Sokrates mit Freunden und Bekannten. Ausgehend von einer Ansprache des alten Kephalos entwickelt sich ein Gespräch über das Wesen der Gerechtigkeit. Ist Gerechtigkeit ein Wiedererstatten des Geschuldeten? Soll man etwa einem Rasenden ein geliehenes Messer zurückgeben? (331). Die Präzisierung der Definition lautet: Gerecht ist, jedem das ihm Zukommende (*proshêkon*) zu erstatten (332c). Thrasymachos dagegen bestimmt Gerechtigkeit als das, was dem Stärkeren nutzt (339). Sokrates hält dem entgegen, dass Gerechtigkeit die spezifische Tugend der Seele ist, die allein gutes Leben und Glück gewährleistet (352d–354a). Damit ist allerdings noch keine Begriffsbestimmung im strengen Sinn der Dialektik gegeben. Dies soll in den folgenden Büchern (die wahrscheinlich deutlich später entstanden sind als Buch I) geleistet werden.

Buch II: Glaukon referiert die gängige Meinung, Gerechtigkeit bestehe in einem faulen Kompromiss: Eigentlich sei es gut, Unrecht zu tun; Unrecht zu leiden hingegen sei schlecht, wenn man zu schwach ist, sich zu rächen. Diese Schwäche hätte zu der Konvention geführt, das Unrecht-Tun zu verpönen. Wer aber unerkannt bleiben könne, der würde, um Macht, Reichtum, Ehre zu erlangen, hemmungslos Unrecht tun, wie an der Geschichte vom Ring des Gyges illustriert wird (357a–362c).

Adeimantos bringt die ebenfalls verbreitete Ansicht ins Spiel, Gerechtigkeit werde nur wegen ihrer Folgen (Ansehen bei den Menschen und Gunst bei den Göttern) geschätzt. Aber diese erfreulichen Folgen können schon eintreten, wenn man nur den Anschein der Gerechtigkeit wahrt, ohne tatsächlich gerecht zu sein (362d–367e). Um klarer zu sehen, schlägt Sokrates vor, an einem großen Muster – dem Staat – zu betrachten, was Gerechtigkeit ist (369b). Damit erst ist das eigentliche Thema des Werkes angeschlagen.

Der Staat und seine Gerechtigkeit (369b–444a): Der Staat entsteht auf Grund der Lebensnotdurft; wenige Handwerker bilden zunächst eine rudimentäre Arbeitsteilung aus, um die allernotwendigsten Grundbedürfnisse des Überlebens zu sichern (sog. ›Schweinestaat‹). Auf der nächsten Stufe folgt der ›üppige Staat‹, der sich nicht mehr nur um das Überleben seiner Bürger sorgt, sondern auch um deren Gut-Leben (369b–373d). Damit ist ein Anreiz geschaffen für Kriege, so dass ein eigener Wächter- oder Militärstand notwendig wird. Die Wächter (*phylakes*) bedürfen einer speziellen Erziehung, die durchaus auch musische Bildung mit einschließt. Allerdings sollen sie keine falschen und schädlichen Erzählungen zu hören bekommen oder lesen, weshalb die Produktionen der Dichter zu zensieren sind (373d–383c).

Buch III: Die Überlegungen zur Erziehung der Wächter werden mit weiterer Dichterkritik fortgesetzt, bevor auf die Formen der Dichtung eingegangen wird (386a–403c). Neben der musischen Erziehung spielt die Gymnastik eine wichtige Rolle (403c–412b). Aus der Wächterklasse werden nach strenger Prüfung die Regierenden ausgewählt. Damit ergeben sich drei Stände: die Nicht-Wächter (Bauern, Handwerker), die Wächter und die Regierenden (412b–414b). Um diese Dreigliederung des Staatswesens im Bewusstsein der Bürger zu verankern, darf sogar auf eine ›edle Täuschung‹ zurückgegriffen werden, nämlich den phönikischen Metallmythos, der zwar Fiktion ist, aber etwas Wahres aussagt. Regierende und Wächter leben abgesondert, dürfen keinen Privatbesitz haben und werden von den übrigen Bürgern versorgt (416d–417b).

Buch IV: Die Erörterung der Aufgaben der oberen Stände wird fortgesetzt: Die Wächter haben dem Glück des Staates zu dienen, für eine gleichmäßige Verteilung des Wohlstands zu sorgen sowie Einheit und Stärke des Staates im Auge zu behalten (419a–427d).

Nach diesen Ausführungen steht vor dem geistigen Auge der Gesprächsteilnehmer eine voll funktionsfähige Polis, so dass nun die Frage nach der Gerechtigkeit in Angriff genommen werden kann. Ausgangspunkt ist die These vom Parallelismus zwischen der Polis und der Einzelseele: Strukturmerkmale der Polis finden sich auch in der Seele und umgekehrt (427d–428a). Der Reihe nach werden die Tugenden Weisheit (428a–429a), Tapferkeit (429a–430d), Besonnenheit (430d–432b) behandelt, bis schließlich die Gerechtigkeit erscheint und vorläufig so bestimmt wird, dass jeder das Seine hat und tut (432b–434c). Die an der Polis im Großen gewonnenen Tugendbegriffe werden nun auf das Individuum im Kleinen appliziert, um zu einer Bestimmung des gerechten Menschen zu gelangen. Analog den drei Polis-Ständen wird die Seele unterteilt in den vernünftigen Teil (*logistikon*), der herrschen soll, den muthaften (*thymoeides*), der wachen soll, und den begehrlichen (*epithymêtikon*). Weisheit ist die Tugend des *logistikon*, Tapferkeit die des *thymoeides*, Besonnenheit kommt dem *epithymêtikon* zu. Wenn aber jeder Teil das Seine tut, herrscht Gerechtigkeit (434e–444a).

Buch V: Das Buch beginnt mit einem Exkurs über die Frauen- und Kindergemeinschaft im Stand der Wächter und Regierenden. Da Frauen ebenso befähigt sind zum Kriegsdienst (Wächter) und zur Philosophie (Regierende) wie Männer, ist es zum Nutzen der Polis, sie für diese Dienste zuzulassen. Damit verbunden ist die Abschaffung von Heirat und Ehe, da die beiden oberen Stände eine homogene Gruppe bilden sollen, die Vorrang vor dem Individuum hat. Entsprechend erfolgt auch die Kindererziehung gemeinschaftlich (451c–471c).

Die Frage nach der Realisierbarkeit des idealen Staats veranlasst Sokrates, den Philosophen-Königs-Satz aufzustellen: Wenn nicht die Könige und Staatslenker sich der Philosophie befleißigen oder die Philosophen zu Königen werden, nehmen weder in den existierenden Staaten die Missstände ein Ende noch wird sich die ideale Polis verwirklichen lassen (473c–e). Der Philosoph hat Wissen (verstanden als sichere Erkenntnis der Ideen), während die Nicht-Philosophen lediglich Meinungen besitzen, die sich zwar auf Abbilder der Ideen gründen, aber schwankend und irrtumsanfällig sind (474b–480a).

Buch VI: Die Geistesanlagen, die den Philosophen zum Regieren befähigen, werden nun genauer bestimmt (484a–502c), und das Wissen des Philosophen analysiert. Ziel der Erkenntnis ist das Wissen um die Idee des Guten (502c–506b). Sokrates erläutert seine theoretischen Ausführungen zur Ideenlehre durch drei Gleichnisse: Sonnengleichnis (506b–509b), Liniengleichnis (509c–511e) und – in Buch VII – das Höhlengleichnis.

Buch VII: Das Höhlengleichnis (514a–518b) kulminiert darin, dass derjenige, der aus der Höhle zum Licht der Sonne (sie steht für die Idee des Guten) gelangt ist, die Verantwortung hat, wieder in die Höhle zu den Unwissenden hinabzusteigen – eine Anspielung auf die unangenehme Pflicht des Philosophen zu herrschen. Der im Gleichnis anklingende Bildungsweg wird detailliert ausgearbeitet (Arithmetik, Geometrie, Astronomie, Harmonik, Dialektik) und mit Altersangaben versehen (518c–541b). Erst mit 50 Jahren ist der Philosoph soweit vorbereitet, ›ins Licht zu schauen‹ und die Idee des Guten zu betrachten. Erst dann auch ist er zur Herrschaft befähigt.

Buch VIII: Nachdem die Gerechtigkeit im Staat und im Individuum nach allen Seiten ausgeleuchtet worden ist, geht es nun um die Ungerechtigkeit im Großen (Staat) wie im Kleinen (Individuum). Es wird eine Reihe ungerechter Staatsverfassungen (Timokratie, Oligarchie, Demokratie, Tyrannis) mit den ihnen entsprechenden Individuen nach Entstehung und Charakter aufgezählt (545c–569c, fortgesetzt in Buch IX).

Buch IX: Fortsetzung: Der tyrannische Mensch (571a–576b). Es schließen sich drei Beweisreihen an, die das Unglück des Ungerechten bzw. Glück des Gerechten aufzeigen (576c–588b). Das Ergebnis ist, dass der Gerechte bzw. der Philosophenkönig 729-mal glücklicher ist als der Ungerechte bzw. der Tyrann.

Buch X: Noch einmal kehrt Sokrates auf die im dritten Buch erörterte Dichter-Zensur zurück und untermauert sein damaliges Verdikt mit einer philosophischen *mimêsis*-Theorie: Dichtung und Malerei bilden die sinnliche Wirklichkeit nach, die ihrerseits nichts anderes als Nachbildung der geistigen Wirklichkeit der Ideen ist. Literarische und malerische Erzeugnisse sind also, wenn ihre Autoren nicht die (geistige) Wahrheit kennen, nur Nachahmungen von Nachahmungen (595a–608c).

Noch einmal kehrt der Dialog zur Gerechtigkeit zurück: Bereits im Leben ist der Gerechte der in Wahrheit Glückliche. Doch auch nach dem Tod erwartet ihn ein glückliches Los, wie es im abschließenden Mythos des Er erzählt wird (608a–621d).

Politikos – ›Über Königsherrschaft‹

Der Dialog schließt direkt an den *Sophistes* an, mit dem er durch die Rahmenhandlung verbunden ist. Wie dort bereits angekündigt, soll nach dem Begriff des Sophisten der des Staatsmanns erörtert werden.

An Stelle des bis dahin im Gespräch engagierten Theaitetos wählt der Fremde aus Elea Sokrates den Jüngeren, während der gleichnamige Philosoph zuhört (257a–258b).

Die Kunst des Staatsmanns wird als ein Wissen bestimmt, doch fragt sich, was für ein Wissen genau. Im dihairetischen Verfahren wird es – nicht ohne bisweilen groteske Distinktionen – als ein Wissen bestimmt, wie man ungefiederte, zweifüßige Lebewesen, also Menschen, hütet. Der Politiker ist also ein Menschenhirte (258a–267c).

Doch scheint diese Definition zu weit zu sein, denn auch andere Berufe können Anspruch auf dieselbe Tätigkeit erheben. Deshalb versucht der Fremde, das Spezifische des Staatsmanns noch genauer zu fassen, indem er einen Mythos (eigentlich drei in eine Erzählung verwobene Mythen) erzählt: Seit Zeus seinen Vater Kronos entthront und selbst die Herrschaft über die Welt übernommen hat, dreht sich diese in andere Richtung, weil der Gott sich auf eine Beobachtungswarte zurückgezogen hat und nicht mehr direkt in den Lauf des Universums eingreift (267c–274e).

Der Mythos macht erneut deutlich, wie unzureichend die Definition des Staatsmanns als Menschenhirte ist. Nicht um Aufzucht geht es, sondern um Fürsorge. Fürsorge kann gewaltsam sein oder auf freiwilligem Entgegenkommen beruhen. Im einen Fall spricht man von Tyrannis, im anderen von Königsherrschaft (275a–276e).

Immer noch ist aber der Staatsmann nicht genau von denjenigen unterschieden, die eine ähnliche Aufgabe haben. Dies soll mit Hilfe des Beispiels von der Weberkunst geschehen: Die Weberkunst wird durch begriffliche Analyse immer schärfer bestimmt. Insbesondere kommt es darauf an, sie von ähnlichen Künsten, die ihr helfen oder dienen, abzugrenzen. Dabei ist darauf zu achten, was ›Ursache‹ und was nur ›Mitursache‹ ist (277a–283b). Die Umständlichkeit der Erörterung verlockt zu einem weiteren Exkurs über die Messkunst und der Unterscheidung von absolutem und relativem Maß (283a–287a).

Wie bei der Weberkunst sollen nun von der Staatskunst die bloßen Mitursachen abgesondert werden, damit sie allein als Ursache zurückbleibt (287a–291a). Es folgt eine Betrachtung der Staatsformen, die jeweils eine positive und eine negative Ausprägung haben können, je nachdem wie bei ihnen Gesetzlichkeit und Ungesetzlichkeit, Reichtum und Armut, Freiheit und Gewalt verteilt sind: So ist die positive Form der Monarchie Königsherrschaft, die negative die Tyrannis (291a–294a).

Der wahre Staatsmann herrscht – wie der verwunderte jüngere Sokrates hören muss – ohne Gesetze. Geschriebene Gesetze passen nicht auf alle denkbaren Situationen, deshalb darf der König, wenn er einsichtig ist, vom Gesetz abweichen, wie ja auch ein Arzt sich bisweilen aus höherer Einsicht über die medizinischen Standardregeln hinwegsetzt. Ist der Herrscher jedoch ohne Einsicht, so soll strikt nach den Gesetzen verfahren werden (294b–302b).

Die verschiedenen Staatsformen lassen sich an dem Kriterium der Gesetzesherrschaft messen: Danach ist die Tyrannis die schlechteste, die Königsherrschaft die beste. In den verfehlten Herrschaftsformen finden sich statt echter Staatmänner lediglich Sophisten (303a–e). Feldherren, Richter und Rhetoren drängen sich zwar auch in die Fürsorge für das Staatswesen. Sie sind jedoch politisch nur Mitursachen, keine Ursachen (304a–305).

Die eigentliche Aufgabe des Staatsmannes besteht darin, die Bürger wie ein guter Weber zu einem einheitlichen und festen Gewebe zu verflechten. Dies ist eine Herausforderung, da es unter den Bürgern ganz gegensätzliche Charaktere, milde und wilde, gibt, die jeweils auf ihre Weise einen Beitrag zum Gemeinwohl erbringen sollen (306a–311c).

Protagoras – ›Sophisten‹

Sokrates berichtet einem Bekannten, er komme soeben von einer Diskussion mit dem Sophisten Protagoras, die ihn ganz gefesselt habe. Der Bekannte bittet darum, den Verlauf des Gesprächs zu erzählen (309a–310a).

Am frühen Morgen weckt der junge Hippokrates Sokrates und will mit ihm zu Protagoras, der seit Kurzem in Athen ist und im Haus des Kallias wohnt. Weil es noch zu früh ist, um Besuche zu machen, unterhält sich Sokrates im Hof mit Hippokrates und fragt ihn, ob er wisse, was ein Sophist sei. Da Hippokrates keine Antwort parat hat, warnt Sokrates davor, sich ohne richtige Vorstellung unterrichten zu lassen (310a–314c).

Beim Eintritt ins Haus treffen die beiden auf eine illustre Runde: Protagoras wandelt inmitten seiner Anhänger, Hippias sitzt lehrend auf einem hohen Sessel, in einem Seitenzimmer liegt der kränkliche Prodikos. Außerdem sind die beiden Söhne des Perikles anwesend, Platons Onkel Charmides, der Dichter Agathon und viele weitere Personen. Sokrates stellt dem Protagoras Hippokrates vor und seinen Wunsch, von dem Sophisten etwas zu lernen. Protagoras will vor der versammelten Gesellschaft über das Wesen der Sophistik sprechen (314c–317e).

Die Sophistik lehre, so Protagoras, wie man im öffentlichen und privaten Leben erfolgreich sein kann. Sokrates bezweifelt, dass man Tugend lehren könne. Dafür spreche die Tatsache, dass die Athener anders als bei technischen Fragen in der Volksversammlung jeden als kompetenten Sprecher ansähen, und dass angesehene Politiker offensichtlich nicht im Stande seien, ihren Kindern dieselbe Tüchtigkeit zu vermitteln (317e–320c). Auf den ersten Punkt geht Protagoras ein, indem er den Prometheus-Mythos referiert: Prometheus habe den Menschen zwar das Feuer gebracht, nicht aber die zur Erhaltung der Menschheit unentbehrlichen politischen Tugenden. Deshalb habe Zeus nachträglich durch Hermes allen Menschen Gerechtigkeitsempfinden und Scham eingepflanzt, so dass in politischen Angelegenheiten jeder mitreden kann. Für lehrbar aber hält die Tugend jeder, der ungerechtes oder frevelhaftes Verhalten nicht einfach hinnimmt, sondern sich darüber beschwert und den Schuldigen zur Rechenschaft zieht. Das Scheitern von Erziehungsbemühungen mag nicht an der Unlehrbarkeit der Tugend liegen, sondern an der fehlenden Veranlagung der Zöglinge (320c–328d).

Sokrates gibt sich beeindruckt, möchte aber nur noch »eine Kleinigkeit« (*smikron ti*) wissen: Ist die Tugend eine einzige, und sind Namen wie Besonnenheit, Gerechtigkeit, Tapferkeit nur Bezeichnungen ein und derselben Sache, oder gibt es ihrem Wesen nach verschiedene Einzeltugenden? Protagoras schließt sich der letzten Auffassung an. Sokrates dagegen argumentiert für die Identität von Frömmigkeit und Gerechtigkeit, Besonnenheit und Weisheit (328d–333e). Bei dem Versuch, die Identität von Besonnenheit und Gerechtigkeit zu beweisen, bemerkt Sokrates, dass Protagoras zunehmend verstimmt ist und seine Antworten immer monologischer werden. Die Situation eskaliert: Sokrates bittet um kürzere Antworten, Protagoras reagiert pikiert; daraufhin will Sokrates das Gespräch abbrechen und gehen. Erst durch die Intervention der Umstehenden gelingt es, dass beide Disputanten das Gespräch fortsetzen (333e–338e).

Nunmehr übernimmt Protagoras die Gesprächsführung und setzt an die Stelle der dialektischen Methode die in der Sophistik geläufige Dichtererklärung: Ein Gedicht des Simonides über ethische Fragen wird erklärt und kritisiert. Während Protagoras einen Selbstwiderspruch des Dichters erkennen zu können glaubt, interpretiert Sokrates das Gedicht unter Verwendung der Synonymik des Prodikos so, dass der Widerspruch verschwindet und das Gedicht sogar eine Bestätigung liefert für die Maximen: Niemand tue freiwillig Unrecht, und Tugend ist Wissen (338e–347a). Nun möchte auch der anwesende Hippias das Gedicht allzu gern erklären, wird aber von Alkibiades daran gehindert.

Erneut übernimmt Sokrates die Gesprächsführung und will die Dichtererklärung als müßige Spielerei beiseite lassen. Er geht zu dem Punkt vor der Eskalation zurück, als er selbst über die Identität der Einzeltugenden gesprochen hatte. Gegen die Einheit von Frömmigkeit, Besonnenheit und Gerechtigkeit hat Protagoras nichts einzuwenden, aber gegen die Identifizierung von Tapferkeit und Weisheit opponiert er und weist Sokrates auf einen logischen Fehler hin (348b–351b). Sokrates setzt nun das Gute mit dem Angenehmen gleich und folgert, dass bei der Wahlmöglichkeit zwischen Gut und Schlecht nur der Unwissende das Schlechte wählen würde. Der Wissende hingegen kennt den Maßstab, nach welchem man sein Urteil fällen muss. Tapferkeit nun ist ein Wissen von dem, was gefährlich und was ungefährlich ist, wohingegen Feigheit Unwissenheit ist. Damit ist die Identität von Tapferkeit und Weisheit dargetan (351b–360e).

Das Resultat der Diskussion, so resümiert der verwunderte Sokrates, besteht darin, dass die beiden Diskutanten ihre gegensätzlichen Positionen genau umgekehrt haben. Ging Sokrates anfangs davon aus, dass Tugend nicht lehrbar sei, so erblickt er jetzt das Wesen der Tugend in einem Wissen; mithin ist sie lehrbar. Protagoras dagegen, zu Anfang der Vertreter der Lehrbarkeit der Tugend, bestreitet am Ende, dass sie Wissen, also lehrbar ist. Deshalb muss das Wesen der Tugend noch genauer untersucht werden, was ein andermal geschehen soll (361a–362a).

Sophistes – ›Über das Seiende‹

Am Tag nach dem im *Theaitetos* berichteten Gespräch treffen der Mathematiker Theodoros und Theaitetos erneut mit Sokrates zusammen und bringen einen anonymen Fremden aus Elea, Anhänger der philosophischen Richtung des Parmenides, mit. Sie wollen über das Wesen des Sophisten, des Staatsmanns und des Philosophen disputieren. Nachdem man sich über das Diskussionsverfahren (Frage und Antwort) geeinigt hat, darf der Fremde die Gesprächsführung übernehmen. Er wählt Theaitetos als Respondenten; Thema der Untersuchung sei der Sophist (216a–218b).

Als Methode zur Bestimmung des Sophisten wird das dihairetische Verfahren gewählt, das zunächst an einem einfachen Übungsbeispiel erprobt wird: Durch stetige Zweiteilung wird der *logos* der Angelfischerei in neun Schritten ausfindig gemacht (218b–221c).

Der Versuch, auf diese Weise auch den *logos* des Sophisten zu finden, scheitert, obwohl sechs Anläufe unternommen werden, in denen der Sophist nacheinander als gewinnsüchtiger Menschenjäger, Großhändler mit Wissensware, Kleinhändler mit eigener Ware, Kleinhändler mit fremder Ware, Streitkünstler und Heiler vom Wissensdünkel bestimmt wird (221c–231c).

Schließlich unternimmt der eleatische Fremde noch einen siebten Anlauf, der von der Kunst zu widersprechen (*antilogikê technê*) ausgeht. Diese Kunst erstreckt sich auf schlechthin alles. Da aber dem Menschen keine Allwissenheit zukommt, kann der Sophist als Widerspruchskünstler nur Scheinwissen erzeugen, das aus Nachahmung (*mimêsis*) und Täuschung (*pseudos*) besteht. Damit ist das Gebiet gefunden, innerhalb dessen der Sophist zu suchen ist (232b–236c).

Allerdings verweisen Schein und Täuschung auf die Existenz eines Nicht-Seienden, was der bekannten Lehre des Parmenides völlig widersprechen würde. Deshalb muss zuerst geprüft werden, ob der Satz des Parmenides ›Seiendes ist, Nicht-Seiendes ist nicht‹ Gültigkeit beanspruchen kann (237b–242b). Es erweist sich jedoch als nötig, Parmenides zu widerlegen. Als Alternativen zieht der Fremde die Auffassung anderer Denker über Seiendes und Nicht-Seiendes heran. Doch außer, dass eine ›Gigantenschlacht‹ zwischen Materialisten und Idealisten (Ideenfreunden) um das Sein tobt, ist das Ergebnis negativ. Niemand kann sagen, was Sein bedeutet. Mehr noch: Während die einen das Sein als Bewegung auffassen, halten die anderen es für Ruhe. Da Bewegung und Ruhe aber sich ausschließende Begriffe sind, muss das Sein ein Drittes sein: weder Bewegung noch Ruhe (242b–250d).

Aus dieser Aporie hilft die Lehre von der Gemeinschaft der Gattungen (*genê*) aus der Dialektik. Um nicht alle Begriffe auf ihre Gemeinschaft abklopfen zu müssen, wählt der eleatische Fremde die bereits in der Aporie vorkommenden: Sein, Bewegung und Ruhe, sowie zusätzlich Verschiedenheit und Identität. So ist etwa Bewegung zwar nicht das Sein, sie hat aber teil (*metechei*) am Sein. Sie ist also in bestimmter Hinsicht ein Seiendes, in anderer nicht. Für das Seiende gilt entsprechend: unter mancherlei Hinsicht ist es, unter vielerlei Hinsicht aber ist es nicht (d. h. ist Nicht-Seiendes). Damit ist der Satz des Parmenides widerlegt. Angewandt auf die Schein erzeugende Kunst des Sophisten bedeutet das: Bei allen widerstreitenden Begriffen, die der Widerspruchskünstler benutzt, gilt es genau die Beziehung zu klären, in der etwas identisch und in der es verschieden ist (250d–260a).

Hierauf werden das Urteil und die Meinung analysiert, die beide aus Substantiven und Verben zusammengesetzt sind. Weder Substantive allein, noch Verben allein können einen propositionalen Gehalt ausdrücken, nur in der Verbindung beider wird etwas ausgesagt. Der Satz ›Theaitetos fliegt‹ sagt über Theaitetos etwas Falsches, d. h. Nicht-Seiendes aus. Die Falschheit bzw. Täuschung liegt in der Verbindung von Substantiv und Verb, die das Nicht-Seiende als seiend darstellt (260a–263d).

Nun kehrt die Untersuchung wieder zur Ausgangsfragestellung zurück, der Definition des Sophisten. Sein Metier, die Widerspruchskunst, führte darauf, dass er ein Meister im Erzeugen von Schein und Trugbildern, also Nicht-Seiendem ist. Diese Einteilung wird nun bis zum Ende durchgeführt: Sophist ist, wer in privatem Zwiegespräch ohne Wissen zu besitzen jemanden in Selbstwidersprüche verwickelt (263d–268d).

Symposion – ›Über das Schöne‹

Apollodoros wird gebeten, über die Reden zu berichten, die vor vielen Jahren bei einem Gastmahl des Dichters Agathon gehalten wurden. Apollodoros war zwar selbst nicht anwesend, doch hat ihm einer der Teilnehmer, Aristodemos, detailliert darüber erzählt. Dessen Bericht gibt er wieder (172a–174a).

Aristodemos, der eigentlich nicht eingeladen ist, wird von Sokrates ermutigt, mit ihm am Gastmahl Agathons teilzunehmen. Doch kurz bevor beide bei Agathon eintreten, bleibt Sokrates gedankenverloren stehen und schickt Aristodemos voraus. Sokrates kommt erst nach, als die Mahlzeit schon dem Ende zugeht und man zum Trinken übergeht. Da die anwesenden Personen von der Siegesfeier am Vortag – Agathon hatte einen Tragödienwettbewerb gewonnen – noch nicht ganz nüchtern sind, schlagen Pausanias und Eryximachos vor, nur wenig zu trinken und reihum Reden auf den Gott Eros zu halten, weil dieser von den Dichtern vernachlässigt werde (174a–178a).

Rede des Phaidros (178b–180b): Phaidros rühmt Eros als ältesten der Götter und Spender großer Wohltaten, nicht nur im Privaten, sondern auch auf politischem und militärischem Gebiet. Er kann Menschen dazu antreiben sogar das eigene Leben zu opfern, wie an den Beispielen von Alkestis, Orpheus und Achill illustriert wird.

Rede des Pausanias (180c–185c): Pausanias kennt nicht nur einen Eros, sondern unterscheidet zwei, wie es ja auch eine himmlische und eine gewöhnliche Aphrodite gibt. Der gewöhnliche Eros ist den schlechten Menschen eigen, die mehr den Körper lieben als die Seele und nicht weniger die Frauen als die Knaben. Der himmlische Eros dagegen bevorzugt die Seele und richtet sich eher auf Knaben als auf Frauen. Die Päderastie wird in Griechenland unterschiedliche beurteilt, teils schroff abgelehnt, teils als selbstverständlich angesehen; in Athen ist die Haltung schwankend. Doch der ehrbare und tugendfördernde Eros sollte respektiert werden.

Nun soll eigentlich Aristophanes sprechen, doch hat ihn ein starker Schluckauf befallen, so dass zunächst der Arzt Eryximachos spricht.

Rede des Eryximachos (185e–188e): Pausanias' Unterscheidung eines guten und eines schlechten Eros ist auch vom medizinischen Standpunkt aus zu billigen. Die ganze Natur ist vom doppelten Eros durchwaltet. Der gute gleicht die Gegensätze aus und führt zur Harmonie, wie sich in der Medizin und in der Musik beobachten lässt, und auch auf religiösem Gebiet wirkt er Gutes.

Rede des Aristophanes (189c–194e): Durch Befolgung der medizinischen Ratschläge des Eryximachos hat Aristophanes seinen Schluckauf überwunden. Aristophanes, der Komödiendichter, handelt nun wieder eher vom irdischen Eros und erzählt einen Mythos: Ursprünglich hatten die Menschen vier Beine und Arme, zwei Köpfe, einen kugelförmigen Leib und waren entweder doppelt männlich, doppelt weiblich oder gemischtgeschlechtlich. Als sie sich in frevelhaftem Hochmut erhoben, schnitt sie Zeus mitten entzwei. Seitdem sucht ein jeder seine andere Hälfte, mit der er sich wieder vereinen möchte. Wem das gelingt, der hat das höchste Glück gefunden.

Inzwischen zweifelt Sokrates daran, dass auch er eine Rede halten kann, da alle Vorredner schon so viel vorweggenommen haben.

Rede des Agathon (194e–197e): Agathon will nachholen, was bisher zu kurz gekommen ist, und nicht nur die Wohltaten des Eros rühmen, sondern auch ihn selbst charakterisieren. Eros ist nicht, wie von Phaidros behauptet, der älteste, sondern der jüngste der Götter, weshalb er auch der schönste ist. Darüber hinaus ist er zart, wohlmeinend, gewaltlos, aber auch tapfer und weise. Er spendet Schönheit, Frieden, Freude und ist bei Göttern und Menschen beliebt, weshalb Agathon ihm noch ein Loblied singt.

Nachdem Agathons Rede mit großem Beifall aufgenommen wurde, will Sokrates am liebsten gar nichts mehr sagen. Prunkreden halten kann er nicht, aber in einfachen Worten der Wahrheit nachzugehen, ist sein Geschäft. Und an dieser Wahrheitssuche haben es alle Vorredner bisher fehlen lassen, auch Agathon, mit dem Sokrates ein kurzes dialektisches Vorgespräch führt: Eros strebt nach Schönheit, besitzt sie also noch nicht. Da aber das Gute auch schön ist, ist Eros weder schön, noch gut.

Rede des Sokrates (201d–212c): Statt selbst eine Rede zu halten, will Sokrates lieber erzählen, was ihm einst eine alte Priesterin namens Diotima aus Mantineia über die Liebe gelehrt hat. Eros, weder gut noch schön, ist ein Mittleres zwischen Gut und Schlecht, Schön und Hässlich; zwar ist er nicht sterblich, doch auch kein Gott. Nach einem alten Mythos ist er das Kind von Poros (Ausweg) und Penia (Armut), deren Eigenschaften er geerbt hat. Auch ist er weder weise noch unweise, sondern: Philosoph (210d–204c). Mit einer allgemeinen Definition lässt sich sagen, Eros ist das allen Menschen gemeinsame Verlangen nach dem Besitz des Guten. Es realisiert sich in der Zeugung im Schönen, durch das sich letztlich das Verlangen nach Unsterblichkeit ausdrückt. Schließlich hält Diotima dem Sokrates eine Rede über den stufenweisen Aufstieg zur Erkenntnis des Schönen: Über körperliche Schönheit geht der Weg zu seelischer und geistiger Schönheit hin zur Schau des Schönen selbst, das ewig und unvergänglich ist. Darin liegt Glück und die Hoffnung auf Unsterblichkeit (204d–212c).

Nun bricht der betrunkene Alkibiades in die Festgesellschaft ein und sorgt für erhebliches Durcheinander. Eryximachos versucht, ihn zu integrieren und erbittet eine Rede von ihm. Alkibiades aber kann in Anwesenheit des Sokrates keine Lobrede auf den Eros, sondern nur eine auf Sokrates halten.

Lobrede des Alkibiades auf Sokrates (215a–222b): Sokrates gleiche Silenstatuen, die äußerlich unansehnlich sein können, aber in ihrem Innern Heiliges enthalten. Mit seinen Worten kann er Menschen bezaubern und braucht dazu nicht einmal wie Marsyas ein Instrument. Äußerliche Güter wie Schönheit und Reichtum bedeuten ihm nichts, wie Alkibiades selbst erfahren musste, als er eine Nacht lang mit Sokrates das Lager teilte ›wie Vater und Sohn‹. Bei Delion und in der Schlacht von Poteideia hat Sokrates seine Tapferkeit unter Beweis gestellt und sogar dem Alkibiades das Leben gerettet. Satyrgleich und silenenhaft, soll sich niemand in ihm täuschen.

Nach Alkibiades' Rede löst sich jegliche Ordnung der Festgesellschaft auf. Es wird wild diskutiert und maßlos getrunken, bis nach und nach die meisten einschlafen. Zum Schluss streitet nur noch Sokrates mit wenigen dafür, dass derselbe Dichter Komödien und Tragödien verfassen können muss, bis auch die letzten Gesprächspartner unter dem Tisch liegen. Dann steht Sokrates auf, geht ins Lykeion-Bad, und verbringt dort den Tag.

Theages – ›Über Philosophie‹

Demodokos will seinen Sohn Theages bei einem Sophisten ausbilden lassen. Auf dem Marktplatz treffen sie Sokrates, den sie wegen der Erziehungsfrage um Rat bitten. In der Halle des Zeus Eleutherios schüttet der fürsorgliche Vater Demodokos sein Herz aus: Es ist leichter ein Kind in die Welt zu setzen, als es zu erziehen. Sokrates bestärkt Demodokos darin, dass Erziehung eine schwere und wichtige Aufgabe ist. In einem Gespräch soll geklärt werden, was für eine Art Wissen Theages anstrebt und wie es erlangt werden kann (121a–122e).

Theages ist begierig, politisches Wissen zu erwerben, um später Menschen regieren zu können. Sokrates scherzt, er will wohl Tyrann von Athen werden, doch Theages möchte wie Themistokles nicht mit Gewalt, sondern mit Zustimmung der Menschen regieren. Da man das Reiten von Reitern erlernt, könnte man die Politik doch wohl am ehesten von Politikern lernen. Doch hat Theages schon gehört, dass Sokrates die Auffassung vertritt, Politiker könnten nicht einmal ihre eigenen Kinder erziehen (122e–127a). Demodokos meint nun, Sokrates werde der geeignete Lehrer seines Sohnes sein, doch hält der sich nur in Liebesdingen für kompetent. Dennoch will nun Theages sein Schüler werden, da schon viele junge Menschen aus der sokratischen Weisheit Nutzen gezogen haben. Sokrates erklärt dies mit seinem *daimonion*, das allerdings unkontrollierbar ist. Dennoch wollen Theages und Demodokos den Versuch wagen, und Theages wird Sokrates' Schüler (127a–131a).

Theaitetos – ›Über das Wissen‹

Terpsion trifft in Megara Eukleides, der kurz zuvor den in der Schlacht bei Korinth zu Tode verwundeten Theaitetos noch gesehen hat. Das weckt die Erinnerung an ein Gespräch, das Sokrates unmittelbar vor seinem Prozess mit Theaitetos und dem Mathematiker Theodoros geführt hat. Sokrates selbst hatte dem Eukleides davon berichtet, der wiederum sich Notizen dazu gemacht hatte, die er nach und nach vervollständigte. Einem Sklaven wird befohlen, diesen Text vorzulesen (142a–143c).

Sokrates gegenüber rühmt Theodoros den Theaitetos: Ähnlich wie Sokrates selbst sei dieser zwar körperlich eher unschön, habe aber einen wachen Verstand und einen guten Charakter. Theaitetos tritt hinzu und wird von Sokrates in ein Gespräch darüber verwickelt, was Wissen sei. Dass hier nicht eine Aufzählung von Einzelwissenschaften genügen könne, sondern nur eine kunstgerechte Definition, merkt Theaitetos schnell (Beispiel vom Unterschied der Quadrat- und Rechteckzahlen). Sokrates mit seinen maieutischen Fähigkeiten verspricht, dabei behilflich zu sein, das Wissen aus Theaitetos herauszulocken (143d–151d).

Erster Definitionsversuch: Wissen ist sinnliche Wahrnehmung (*aisthêsis*) (151e–187a). Ausgehend von Protagoras' Satz ›Der Mensch ist das Maß aller Dinge‹ wird eine sensualistische Erkenntnistheorie entwickelt; mögliche Einwände (Sinnestäuschungen) werden dadurch entkräftet, dass nach dieser subjektivistischen Auffassung jeder Sinneseindruck in dem Augenblick wahr ist, in dem er empfunden wird (160e). Die verschiedenen Begründungsmomente der These werden nach und nach widerlegt. Der protagoreischen Auffassung wird ein Selbstwiderspruch nachgewiesen: Wenn alle Sinneswahrnehmungen wahr sind, dann ist auch alles Wissen bzw. jede Überzeugung wahr – folglich auch die Überzeugung, dass diese Epistemologie falsch ist (170a–187b). In die Widerlegung eingeschoben ist ein Exkurs über den Unterschied zwischen Rhetor (der unwissend und daher unfrei ist) und Philosoph (172c–177c). Der Philosoph strebt danach, durch Erkenntnis möglichst gut und gerecht zu werden und sich auf diese Weise, soweit es geht, Gott ähnlich zu machen (*homoiôsis tô theô*).

Zweiter Definitionsversuch: Wissen ist wahre Meinung (*doxa alêthês*) (187b–201c). Ausgehend von dieser These des Theaitetos fragt Sokrates, ob es denn auch falsche Meinungen geben könne. Theaitetos versucht in mehreren vergeblichen Anläufen, die evidente Möglichkeit falscher Meinung zu begründen, unter anderem, indem er die Seele bzw. das Gedächtnis mit einer Wachstafel vergleicht (Irrtum durch Inkongruenz von Wahrnehmung und Erinnerungsbild: 195b–196d) und mit einem Taubenschlag (trotz Innewohnen der ›richtigen‹ Vorstellung kann das Bewusstsein ihrer nicht habhaft werden: 197a–200d). Schließlich wird die Definition dadurch entkräftet, dass es richtige Meinung auch ohne Wissen gibt (200d–201c).

Dritter Definitionsversuch: Wissen ist wahre, begründete Meinung (*alêthês doxa meta logou*) (201c–210a). Theaitetos versucht, seine zweite Definition doch noch zu retten, indem er ›mit *logos*‹ hinzusetzt; eine Formulierung, die er von jemand anderem (Antisthenes) gehört habe. Doch Sokrates widerlegt auch sie: Der These liege der ›Traum‹ zugrunde, dass die eidetischen Elemente nur wahrgenommen, aber nicht erkannt werden könnten; erst ihre Verbindung mache den *logos* als Basis des Wissens aus. Unter Zuhilfenahme des Beispiels von Buchstaben und Silben wird gezeigt, dass aus der Unerkennbarkeit der Grundbestandteile auch die Unerkennbarkeit des Komplexes resultieren müsste, bzw. dass nach dieser Theorie auch der Komplex unerkennbar sein müsste, wenn er eine für sich bestehende Einheit wäre, die mehr ist als die Summe der Elemente (201c–205d). Daraufhin unterzieht Sokrates noch drei weitere Bedeutungen des Ausdrucks *logos* der Prüfung: *logos* als lautlicher Ausdruck eines Gedankens, als Ganzheit verschiedener Teile, als Angabe des spezifischen Unterscheidungsmerkmals einer Sache. Alle drei Sinnrichtungen können die Definition nicht retten (205d–210b).

Das Gespräch endet in der Aporie: Theaitetos erkennt (weiß), dass er nichts weiß. Am folgenden Tag will man sich aber erneut treffen (die angebliche Fortsetzung des Gesprächs erfolgt im *Sophistes*).

Timaios – ›Über die Natur‹

Sokrates trifft sich am Tag nach der Erörterung über den besten Staat (wohl Hinweis auf die *Politeia*) mit Timaios aus Lokroi, Kritias und Hermokrates. Es werden noch einmal wichtige Punkte dieser Erörterung zusammengefasst. Sokrates wünscht sich, diesen Idealstaat einmal unter Realitätsbedingungen, z. B. im Krieg, zu sehen. Kritias, der auf die Ähnlichkeit des idealen Staatsentwurfs mit dem mythischen Ur-Athen verweist, erklärt sich bereit, die Geschichte vom Krieg Ur-Athens gegen Atlantis zu erzählen (Vorverweis auf *Kritias*). Zuvor aber soll der Astronom Timaios in zusammenhängender Rede über den Ursprung des Universums und die Entstehung des Menschen sprechen (17a–27b).

Vortrag des Timaios: Zu unterscheiden ist das unwandelbar Seiende (Bereich des vernünftigen Denkens: *noêsis meta logou*) vom Werdenden (Bereich der Sinneswahrnehmung und Meinung: *aisthêsis kai doxa*). Der Kosmos ist geworden, deshalb fällt er unter die *doxa* (es ist nur wahrscheinliche Rede über ihn möglich) und muss eine Ursache haben (27b–29b).

Aus neidloser Güte hat der Gott (*ho theos* bzw. *dêmiourgos*) aus der ungeordneten Bewegung (meist versteht man darunter die Ur-Materie) die Ordnung (*kosmos*) hervorgehen lassen, indem er sich am Vollkommenen orientierte. Deshalb hat er dem Weltall Geist und Seele verliehen und es so zu einem ganzheitlichen, vernünftigen Lebewesen gemacht. Es ist Abbild der Vollkommenheit: ohne Alter, autark, göttlich. Seine Gestalt ist kugelförmig, seine Bewegung kreisförmig. Angetrieben wird es durch die Weltseele, die als ein Mittleres zwischen der unteilbaren und ewig sich gleichen *ousia* und der teilbaren, materiellen *ousia* aus beiden nach bestimmten Proportionen gemischt wurde (34b–35c). Mit der Bewegung der Himmelskörper entsteht die Zeit als bewegtes Abbild der Ewigkeit (37d–40d). Der Demiurg erschafft die Götter am Himmel (Gestirne) und beauftragt sie ihrerseits, den sterblichen Teil der sterblichen Lebewesen zu schaffen, während der unsterbliche Teil (menschliche Seele) vom Demiurgen aus den Überbleibseln verfertigt wird, aus denen er die Weltseele gebildet hat (40d–47d).

Die Schilderung der Formung des Menschen wird unterbrochen durch Betrachtung der Werke der Notwendigkeit (47e–68e), derer sich der Demiurg als Mitursachen bei seinem Herstellungswerk bedient. Die ›Amme des Werden‹, ein Mittleres zwischen Seiendem und Werden, nämlich der Raum, nimmt die sichtbaren Nachahmungen der geistigen Urbilder der Elemente auf. Die Elemente Feuer, Wasser, Luft und Erde sind allerdings nicht die letzten Grundbausteine der Welt, sondern ihrerseits aufgebaut aus vier stereometrischen Gebilden (die vier platonischen Körper Tetraeder, Oktaeder, Ikosaeder und Hexaeder) (48d–55c). Es werden die Eigenschaften der Elemente behandelt, von denen auch die verschiedenen Arten der Sinneseindrücke abhängen (58c–68d).

Die Notwendigkeit wirkt nicht nur allein, sondern auch mit der Vernunft zusammen, woraus sich so etwas wie eine Naturteleologie ergibt. Dies zeigt sich besonders an den Organen des menschlichen Körpers und ihren Funktionen (69c–92b), womit die Betrachtung des Menschen wieder aufgenommen wird, die durch die Erörterung der Werke der Notwendigkeit unterbrochen worden war. Der vernünftige Seelenteil sitzt im Kopf, der muthafte in der Brust, der begehrliche im Bauch. Die Funktionen von Herz, Lunge und Leber werden besprochen und eine Art Physiologie des Organismus versucht (69d–81e). Damit ist der Übergang zu einer Betrachtung der Krankheiten des Körpers und der Seele gegeben, die in der eindringlichen Mahnung zur Harmonie – der Seelenteile untereinander und der Seele mit dem Körper – gipfelt. Der Vortrag endet mit (misogynen) Reflexionen über die Entstehung der Frau, über Fortpflanzung und die Erschaffung der übrigen Lebewesen (90d–92b).

Literatur

Alline, Henri 1915a: Histoire du texte de Platon. Paris [Nachdr. 1984].

Alline, Henri 1915b: »Aristophane de Byzance et son édition critique de Platon«. In: Revue des Études Anciennes 17, 85–97.

Annas, Julia 1999: Platonic Ethic Old and New. Ithaca.

Arnim, Hans von 1896: De Platonis dialogis quaestiones chronologicae. Rostock.

Barnes, Jonathan 1991: »The Hellenistic Platos«. In: Apeiron 24, 115–128.

Bickel, Ernst 1944a: »Das platonische Schriftenkorpus der 9 Tetralogien und die Interpolation im Platontext«. In: Rheinisches Museum 92, 94–96.

Bickel, Ernst 1944b: »Geschichte und Recensio des Platontextes«. In: Rheinisches Museum 92, 97–159.

Blass, Friedrich 1874: Die attische Beredsamkeit. Abtheilung 2: Isokrates und Isaios. Leipzig.

Brandwood, Leonard 1990: The Chronology of Plato's Dialogues. Cambridge.

Brandwood, Leonard 1992: »Stylometry and Chronology«. In: Richard Kraut (Hg.): The Cambridge Companion to Plato. Cambridge, 90–120.

Brisson, Luc 2005: »*Epinomis*: Authenticity and Authorship«. In: Klaus Döring/Michael Erler/Stefan Schorn (Hg.): Pseudoplatonica. Suttgart 2005, 9–24.

Campbel, Lewis 1867: The *Sophistes* and *Politicus* of Plato. Oxford.

Carlini, Antonio 1972: Studi sulla tradizione antica e medievale del *Fedone*. Roma.

Carlini, Antonio 1992: »Sul papiro Flinders Petrie I 5–8 del *Fedone*«. In: Studi su codici e papiri filosofici: Platone, Aristotele, Ierocle. Firenze, 147–159.

Cherniss, Harold 1945: The Riddle of the Early Academy. Berkely (dt.: Die ältere Akademie. Ein historisches Rätsel und seine Lösung. Heidelberg 1966).

Chroust, Anton-Hermann 1965: »The Organization of the Corpus Platonicum in Antiquity«. In: Hermes 93, 34–46.

Cobb, William S. 1988: »Plato's *Minos*«. In: Ancient Philosophy 8, 187–207.

Cooper, John M. 1997: »Introduction«. In: John M. Cooper (Hg.): Plato. Complete Works. Indianapolis, ix–xxix.

Corlett, J. Angelo 2005: Interpreting Plato's Dialogues. Las Vegas.

Denyer, Nicholas 2001: »Introduction«. In: Ders. (Hg.): Plato: *Alcibiades*. Cambridge, 1–29.

Dittenberger, Wilhelm 1881: »Sprachliche Kriterien für die Chronologie der Platonischen Dialoge«. In: Hermes 16, 321–345.

Dixsaut, Monique 1985: Le naturel philosophe. Essai sur les dialogues de Platon. Paris.

Döring, Klaus 2004: »Appendizes«. In: Platon: Theages. Göttingen, 73–85.

Dover, Kenneth J. 1965: »The Date of Plato's *Symposium*«. In: Phronesis 10, 2–20.

Erbse, Hartmut 1961: »Überlieferungsgeschichte der griechischen klassischen und hellenistischen Literatur«. In: Herbert Hunger u. a. (Hg.): Geschichte der Textüberlieferung der antiken und mittelalterlichen Literatur. Zürich, 207–283.

Erler, Michael 2005: »Philosophische Autobiographie am Beispiel des 7. Briefes Platons«. In: Michael Reichel (Hg.): Antike Autobiographien. Werke – Epochen – Gattungen. Köln, 75–92.

Erler, Michael 2007: Platon (Grundriss der Geschichte der Philosophie: Antike 2/2). Basel.

Ferber, Rafael 2007: Warum hat Platon die ›ungeschriebene Lehre‹ nicht geschrieben? München [erweiterter Nachdr. von: Die Unwissenheit des Philosophen oder warum hat Platon die ›ungeschriebene Lehre‹ nicht geschrieben? St. Augustin 1991].

Frede, Michael 1992: »Plato's Arguments and the Dialogue Form«. In: James Klagge/Nicholas Smith (Hg.): Methods of Interpreting Plato and his Dialogues. Oxford, 201–219.

Gaiser, Konrad 1963: Platons ungeschriebene Lehre. Studien zur systematischen und geschichtlichen Begründung der Wissenschaften in der platonischen Schule. Stuttgart.

Griswold, Charles 2002: »Preface«. In: Ders. (Hg.): Platonic Readings/Platonic Writings. University Park, ix–xvii.

Haslam, Michael W. 1997: »E. A. Duke et al. (edd.): Platonis Opera, tomus I. Oxford 1995« [Rez.]. In: Bryn Mawr Classical Review 97.1.7 (ohne Seitenangaben).

Havelock, Eric A. 1986: The Muse Learns to Write. Reflections on Orality and Literacy from Antiquity to the Present. New Haven.

Heitsch, Ernst 1997: »Appendizes«. In: Platon: *Phaidros*. Göttingen, 231–264.

Heitsch, Ernst 2004: Platon und die Anfänge seines dialektischen Philosophierens. Göttingen.

Hermann, Karl F. 1839: Geschichte und System der platonischen Philosophie. Heidelberg.

Hoog, Ingeborg 1965: Der Wert des Laches- und Phaidonpapyrus aus Arsinoe für die Platonüberlieferung. Mit einer Neuausgabe der in beiden Papyri erhaltenen Teile des Platontextes. Diss. Hamburg.

Hyland, Drew 2004: Questioning Platonism. Continental Interpretations of Plato. Albany.

Irigoin, Jean 1986: »Deux traditions dissymétriques: Platon et Aristote«. In: Annuaire du Collège de France (1985–86). Paris, 683–696.

Isnardi Parente, Margherita 1997/98: Testimonia Platonica (Bd. 1 1997: Le testimonianze di Aristotele; Bd. 2 1998: Testimonianze di età ellenistica e di età imperiale). Roma.

Jachmann, Günther 1942: Der Platontext. Göttingen.

Janell, Walther (Gualtherus) 1901: »Quaestiones Platonicae«. In: Jahrbücher für classische Philologie, Supplement 26, 263–336.

Kahn, Charles 1996: Plato and the Socratic Dialogue. The Philosophical Use of a Literary Form. Cambridge.

Klagge, James 1992: »Editor's Prologue«. In: James Klagge/Nicholas Smith (Hg.): Methods of Interpreting Plato and his Dialogues. Oxford.

Klein, Jacob 1965: A Commentary on Plato's *Meno*. Chapel Hill.

Krämer, Hans 1959: Aretê bei Platon und Aristoteles. Zum Wesen und zur Geschichte der platonischen Ontologie. Heidelberg.

Krämer, Hans 1982: Platone e i fondamenti della metafisica. Saggio sulla teoria dei principi e sulle dottrine non scritte di Platone con una raccolta dei documenti fondamentali. Milano (engl.: Plato and the Foundations of Metaphysics. New York 1990).

Krämer, Hans 1996: »Platons ungeschriebene Lehre«. In: Theo Kobusch/Burkhard Mojsisch (Hg.): Platon. Seine Dialoge in der Sicht neuer Forschungen. Darmstadt, 249–275.

Kristeller, Paul O. 1978: »The first printed Edition of Plato's Works and the Date of its Publication (1484)«. In: Erna Hilfstein u. a. (Hg.): Science and History. Studies in Honour of E. Rosen. Wroclaw, 25–35.

Ledger, Gerald R. 1989: Re-Counting Plato. A Computer-Analysis of Plato's Style. Oxford.

Manuwald, Bernd 2005: »Zum pseudoplatonischen Charakter des *Minos*. Beobachtungen zur Dialog- und Argumentationsstruktur«. In: Klaus Döring/Michael Erler/Stefan Schorn (Hg.): Pseudoplatonica. Stuttgart 2005, 135–154.

Müller, Carl W. 1975: Die Kurzdialoge der Appendix Platonica. Philologische Beiträge zur nachplatonischen Sokratik. München.

Nails, Debra 1993: »Problems with Vlastos's Platonic Developmentalism«. In: Ancient Philosophy 13, 273–291.

Nails, Debra 1995: Agora, Academy, and the Conduct of Philosophy. Dordrecht.

Nails, Debra 2002: The People of Plato: A Prosopography of Plato and Other Socratics. Indianapolis.

Nails, Debra/Thesleff, Holger 2003: »Early Academic Editing«. In: Samuel Scolnicov/Luc Brisson (Hg.): Plato's *Laws*. From Theory into Practice. Proceedings of the VI Symposium Platonicum. St. Augustin, 14–29.

Pasquali, Giorgio 1952: Storia della tradizione e critica del testo. 2., erw. Aufl. [[1]1934]. Firenze.

Penner, Terry 1992: »Socrates and the Early Dialogues«. In: Richard Kraut (Hg.): The Cambridge Companion to Plato. Cambridge, 121–169.

Pesce, Domenico 1990: Il Platone di Tubinga, e due studi sullo Stoicismo. Brescia.

Philip, James A. 1970: »The Platonic Corpus«. In: Phoenix 24, 296–308.

Pradeau, Jean-François 1999: »Appendice«. In: Platon: *Alcibiade*. Paris, 219–220.

Press, Gerald A. 1998: »The State of the Question in the Study of Plato«. In: Nicholas Smith (Hg.): Plato. Critical Assessments. Bd. 1. London, 309–332.

Reale, Giovanni 1991: Per una nuova interpretazione di Platone. Rilettura della metafisica dei grandi dialoghi alla luce delle ›Dottrine non scritte‹. Milano (dt.: Zu einer neuen Interpretation Platons. Paderborn 1993).

Richard, Marie-Dominique 1986: L'enseignement oral de Platon. Paris.

Richard, Marie-Dominique 1993: »La question de la genèse du corpus platonicien au début du XIXe siècle«. In: Michel Tardieu (Hg.): La formation des canons scripturaires. Paris, 7–46.

Ritter, Constantin 1888: Untersuchungen über Plato. Die Echtheit und Chronologie der platonischen Schriften. Stuttgart.

Rowe, Christopher 1992: »La data relativa del *Fedro*«. In: Livio Rossetti (Hg.): Understanding the *Phaedrus*. Proceedings of the II Symposium Platonicum. St. Augustin, 31–39.

Rowe, Christopher 2005: »What might we learn from the *Clitophon* about the Nature of the Academy?« In: Klaus Döring/Michael Erler/Stefan Schorn (Hg.): Pseudoplatonica. Suttgart 2005, 213–224.

Rowe, Christopher 2006: »The *Symposium* as a Socratic Dialogue«. In: James Lesher/Debra Nails/Frisbee Sheffield (Hg.): Plato's *Symposium*. Issues in Interpretation an Reception. Cambridge, Mass., 9–22.

Sayre, Kenneth M. 1983: Plato's Late Ontology. A Riddle Resolved. Princeton.

Schanz, Martin 1886: »Zur Entwicklung des platonischen Stils«. In: Hermes 21, 439–459.

Schefer, Christina 2001: Platons unsagbare Erfahrung. Ein anderer Zugang zu Platon. Basel.

Schironi, Francesca 2005: »Plato at Alexandria. Aristophanes, Aristarchus, and the ›Philological Tradition‹ of a Philosopher«. In: Classical Quarterly 55, 423–434.

Schleiermacher, Friedrich 1804: »Einleitung«. In: Platons Werke von Friedrich Schleiermacher. Ersten Theils erster Band [^{3}1855]. Berlin [Nachdr. in: Konrad Gaiser (Hg.): Das Platonbild. Zehn Beiträge zum Platonverständnis. Hildesheim 1969, 1–32].

Schöpsdau, Klaus 1994: »Einleitung«. In: Platon: *Nomoi* (Gesetze). Buch I–III. Göttingen, 91–145.

Sijpesteijn, Pieter J. 1964: »Die Platon-Papyri«. In: Aegyptus 44, 26–33.

Solmsen, Friedrich 1981: »The Academic and the Alexandrian Editions of Plato's Works«. In: Illinois Classical Studies 6, 102–111.

Szlezák, Thomas A. 1985: Platon und die Schriftlichkeit der Philosophie. Interpretationen zu den frühen und mittleren Dialogen. Berlin.

Tarán, Leonardo 1975: Academica: Plato, Philip of Opus, and the Pseudo-Platonic *Epinomis*. Philadelphia.

Tarrant, Harold 1983: »Middle Platonism and the *Seventh Epistle*«. In: Phronesis 28, 75–103.

Tarrant, Harold 1993: Thrasyllan Platonism. Ithaca.

Thesleff, Holger 1982: Studies in Platonic Chronology. Helsinki.

Thesleff, Holger 1989: »Platonic Chronology«. In: Phronesis 34, 1–26.

Thiel, Detlef 1993: Platons Hypomnemata. Die Genese des Platonismus aus dem Gedächtnis der Schrift. Freiburg/München.

Tigerstedt, Eugène N. 1977: Interpreting Plato. Uppsala.

Usener, Hermann 1892: »Unser Platontext«. In: Nachrichten von der Königlichen Gesellschaft der Wissenschaften und der Georg-August-Universität zu Göttingen, Philologisch-Historische Klasse, 25–50; 181–215 [Nachdr. in: Hermann Usener: Kleine Schriften 3. Leipzig 1914, 104–162].

Vlastos, Gregory 1991: Socrates. Ironist and Moral Philosopher. Cambridge.

Vlastos, Gregory 1994: Socratic Studies. Cambridge.

Wilamowitz-Moellendorff, Ulrich von 1919: Platon. 2 Bde [^{2}1920]. Berlin.

Wilson, Nigel G. 1962: »A List of Plato Manuscripts«. In: Scriptorium 16, 386–395.

Young, Charles M. 1994: »Plato and Computer Dating«. In: Oxford Studies in Ancient Philosophy 12, 227–250.

Zadro, Attilio 1996: »Sulle edizioni del *Corpus Platonicum* da Bekker alla nuova Oxoniense«. In: Patavium 4, 105–128.

Joachim Söder

III Kontexte der Philosophie Platons

9 Platons Umgang mit der Tradition

Eine Darstellung des philosophischen und literarischen Hintergrundes von Platons Dialogen wird erschwert durch einen Mangel an zuverlässigem biographischem Material (Erler 2007, 35 ff.). Die antiken Biographien Platons bieten zwar – der Tradition dieses Genres entsprechend – viel Anekdotisches, jedoch wenig Gesichertes über jene Einflüsse, die zu Platons geistiger Biographie beitrugen (Erler/Schorn 2008). Dass Platon, der aus altem Athener Adel stammt, eine traditionelle Ausbildung in Grammatik, in musischen Fächern und in Rhetorik erhielt, wird nicht erstaunen, auch wenn manche diesbezügliche Nachricht von Platons Bildungsprogramm der *Politeia* inspiriert zu sein scheint (Kühhas 1947). Platons philosophische Ausbildung soll nach Aristoteles zunächst vom Herakliteer Kratylos, den Platon später zum Protagonisten seines Dialogs *Kratylos* machte, dann von Sokrates beeinflusst worden sein (*Metaph.* I 5, 987a32–988a8, XIII 4, 1078b7 ff.). Gleichwohl ist die Nachricht über Kratylos ernst zu nehmen. Denn wir erfahren in diesem Zusammenhang nichts, was Aristoteles den Dialogen hätte entnehmen können. Er greift also auf eine separate Tradition zurück.

In der Tat spricht Aristoteles' Hinweis auf Heraklit und Sokrates zwei zentrale Aspekte von Platons intellektuellem Hintergrund an: Kratylos, Heraklits Lehre und generell die sog. Vorsokratiker (Dixsaut/Brancacci 2002) gehören ebenso zum intellektuellen Hintergrund der Dialoge wie die sokratische Tradition, die inhaltlich wie formal von entscheidender Bedeutung war. Der Einfluss des Sokrates auf Platons Denken und Schreiben wird schon dadurch sinnfällig, dass er diesen zum Protagonisten der meisten seiner Dialoge macht. Der *Phaidon* verdeutlicht, dass Sokrates' Verurteilung und Hinrichtung für Platon offenbar ein einschneidendes Erlebnis war (vgl. auch *Ep.* VII, 325bc). Phaidons Schlussworte des Dialogs dürften Platon aus dem Herzen sprechen: »Dies, o Echekrates, war das Ende unseres Freundes, des Mannes, der unserem Urteil nach von den damaligen [...] der trefflichste war und auch sonst der vernünftigste und gerechteste« (*Phd.* 118a; übers. Schleiermacher).

Neben externen Nachrichten können die Dialoge Platons trotz ihres literarischen Charakters und den damit verbundenen besonderen Gesetzmäßigkeiten hilfreich sein, will man sich ein Bild vom geistigen Hintergrund ihres Autors machen. Zwar spielt Platon selbst in den Dialogen bis auf wenige Erwähnungen keine Rolle. Sein Name wird nur zweimal in der *Apologie* (34a; 38b) und im *Phaidon* (59b) genannt. Auch ist Vorsicht geboten, Aussagen im Text als Aussagen über den Autor zu werten. Doch der geistige Horizont des von Platon vorgeführten Personals, das sich bei Philosophen wie Heraklit oder Parmenides ebenso gut auskennt wie bei Anaxagoras, bei Pythagoras oder Empedokles (Stellen- und Namensliste Dixsaut/Brancacci 2002, 219 f.), bei den Sophisten, in der Orphik, in der Medizin, in den Naturwissenschaften, der Musiktheorie, Rhetorik oder Dichtungstheorie, vermittelt dem Leser der Dialoge einen Eindruck davon, was man als Kenntnisstand Platons als Autor der Dialoge voraussetzen darf. Die in den Dialogen vorgeführten Diskussionen spiegeln die intellektuelle Atmosphäre und den religiösen, philosophischen und generell kulturellen Diskurs in der zweiten Hälfte des 5. Jh.s, also der dramatischen Zeit, die Platon in den Dialogen abbildet, wider. Hierzu zählen auch Diskussionen, die zu seiner Zeit im Drama, insbesondere in der Tragödie des Euripides, zu beobachten sind. Man hat auf die Beziehung zwischen Sokrates und Euripides hingewiesen und versucht, gemeinsame Interessenbereiche vor allem in der Ethik herauszuarbeiten, die auch auf Platon eingewirkt haben könnten. Besonders das Akrasie-Problem ist hier zu nennen. Die Frage nach der intellektuellen Kontrollierbarkeit der Affekte beschäftigt auch den platonischen Sokrates intensiv. Sokrates' Fähigkeit zu Selbstkontrolle und seine Abgeklärtheit gegenüber Unglücksfällen im Leben werden insbesondere im *Phaidon* illustriert, und die theoretischen Voraussetzungen für dieses Verhalten werden z. B. in der *Politeia* (*Rep.* II–III, X) diskutiert. Darüber hinaus signalisiert Platon im *Phaidon* auch, dass Sokrates' Verhalten, das alles Menschliche als gering erachtet (*Rep.* X 604bc), als Reaktion auf Vorstellungen zu verstehen ist, wie sie Menschen gewöhnlich angesichts von Unglück im Leben auszeichnen und wie es z. B. die Tragödie illustriert, wenn sie Menschen über Unglück klagen und jammern lässt. Sokrates verkörpert eine geradezu ›anti-tragische‹ Lebenseinstellung. Das platonische Sokrates-Bild nicht nur im *Phaidon* illustriert

Platons Kritik am zeitgenössischen Drama (Erler 2008). Schon dies zeigt, dass Platon mit den klassischen Dramen eines Aischylos, Sophokles oder Euripides nicht nur vertraut war und sich mit den in ihnen aufgeworfenen Fragen auseinandergesetzt hat. Er hat auch die mit dem Drama verbundenen poetologischen Fragen reflektiert und die Ergebnisse seiner Überlegungen für die Gestaltung seiner literarischen Dialoge fruchtbar gemacht. Dies lässt sich z. B. für das Problem der Erkennung bzw. Wiederkennung von Personen (*anagnorisis*) und deren theoretischen Grundlagen (z. B. Euripides, *Helena*) nachweisen (Erler 1992a), spielt doch die Frage nach Kompetenz und ›Philosophiefähigkeit‹ von Sokrates' Partnern in den Dialogen Platons eine zentrale Rolle. Neben der Auseinandersetzung mit philosophischen und kulturellen Fragen des 5. Jh.s und dem breiten literarisch-poetologischen Problembewusstsein sind in den Dialogen auch Einflüsse aus der Zeit ihrer Abfassung, also des 4. Jh.s, erkennbar (z. B. Isokrates).

Wie Aristoteles ist Platon kein Philosophiehistoriker (Cambiano 1986, 61–84; Viano 1986, 85–99). Platon kennt seine Vorgänger in der Philosophie und wohl auch ihre Texte. Doch figurieren Vorgänger wie Thales, Zenon aus Elea, Prodikos oder Hippias, um nur einige zu nennen (Nails 2002), auf unterschiedliche Weise und mit unterschiedlicher Intention in Platons Dialogen. So gestaltet er Thales z. B. im Sinne einer idealtypischen Figur (*Tht.* 173e–174a). Texte seiner Vorgänger behandelt Platon nicht im Sinne einer objektiven Historie der Philosophen und Philosophie, sondern als Quelle von Fragestellungen und Thesen, die er auf ihre Grundlagen zurückführen will. Platon mag von Kratylos, dem Herakliteer gelernt haben, dass die sensible Realität im Fluss ist, und von Sokrates, dass es ethische Standards geben muss, und von den Pythagoreern mag er auf die Bedeutung der Zahlen aufmerksam gemacht worden sein. Zwar spricht viel dafür, dass der Darstellung in Platons Dialogen Reflexionen über die Geschichtlichkeit der eigenen Philosophie zugrunde liegen und dass sich der späte Platon mit historiographischem Material auseinandergesetzt hat (Mansfeld 1986). Der Sophist Hippias mit seinen philosophiehistorischen Darlegungen ist möglicherweise eine Quelle Platons (Patzer 1987, 109–121). Eine chronologische Dimension bei der Betrachtung philosophischer Probleme jedoch liegt Platon fern. Vielmehr werden fremde Gedanken in den Dialogen als aktuelle Probleme behandelt und durchaus heftig kritisiert. Bisweilen wirft Platons Sokrates seinen Partnern in entsprechendem Zusammenhang sogar vor, sie erzählten nur Geschichten oder Mythen (*Soph.* 242c). Mancher philosophischer Vorgänger wie die ›verehrungswürdige‹ Figur des Parmenides wird mit Widerlegung geradezu bedroht, manche, wie Demokrit, übergeht Platon mit Stillschweigen – aus Konkurrenzneid, wie man in der Antike vermutete (Diog. Laert. III 25; IX 40). Offenbar liegt Platon daran, mit den Dialogen insgesamt die allmähliche Integration der Philosophie als eigenständige Disziplin in das kulturelle Leben Athens vorzuführen. Die Dialoge bieten nämlich zunächst kritische Auseinandersetzungen mit allgemeinen Vorstellungen aus dem philosophischen, religiösen oder politischen Bereich, also darüber, was ›recht‹ und ›unrecht‹, ›gut‹ und ›schlecht‹, ›fromm‹ und ›tapfer‹ ist, sowie über Möglichkeiten menschlicher Erkenntnis und über Ordnung in einer Welt und Zeit, die sich u. a. durch wachsende Orientierungslosigkeit auszuzeichnen schien. Sie widmen sich dann elementaren Themen der Sophistik und führen in späteren Dialogen wie z. B. im Quartett *Theaitetos, Sophistes, Politikos* und *Philebos* schließlich zunehmend zu Diskussionen mit philosophischen ›Fachgelehrten‹ wie z. B. großen Kennern des Heraklit, des Parmenides und der Eleaten über fachphilosophische Fragen. Dabei kommen besondere Positionen des zeitgenössischen philosophischen Diskurses wie Relativismus, Flusslehre, Monismus oder die materialistische Weltsicht zur Sprache. Die Art dieser Auseinandersetzung lässt erkennen, dass und wie Platons eigene Position in kritischer Distanz auf diesem Hintergrund aufbaut. »Griechenland ist groß, Kebes, und es gibt dort tüchtige Männer. Groß sind auch die Nationen der Barbaren, die ihr für die Suche [...] alle durchforschen müsst, und dabei müsst ihr weder Geld noch Mühen scheuen, gibt es doch nichts, wofür ihr euer Geld besser ausgeben könntet« (*Phd.* 78a; übers. Ebert). Sokrates' Aufforderung, die gesamte geistige Tradition als philosophisch relevant zu berücksichtigen, löst Platon wiederholt in den Dialogen ein, wo er sich als mit altem Wissen aus dem Orient oder Ägypten vertraut erweist. Spätere Kommentatoren haben dies dann mit Nachrichten über zahlreiche Bildungsreisen Platons zu erklären versucht, die sich freilich zumeist als fiktiv erwiesen.

Zum geistigen Fundus, aus dem Platons Darlegungen schöpfen, gehört in der Tat auch jenes in der Tradition etwas indifferent als ›Weisheit der Alten‹ oder ›*barbaros philosophia*‹ apostrophierte Reservoir von Wissen, das in althergebrachter Dichtung, aber auch in der fremden Ferne zu finden ist. In den Dialogen wird Interesse am Orient, an Ägypten, aber auch am

Fernen Osten deutlich. Dabei ist freilich zu beachten, dass Platon bisweilen mit Kenntnissen z. B. Ägyptens ›spielt‹ (*Timaios*, *Kritias*) und Historizität mit literarischen Strategien vortäuscht. Gleichwohl sollte dies nicht darüber hinwegtäuschen, dass Platon offenbar auch über großen Kenntnisreichtum bei Ländern und ihren Kulturen verfügte, die als Quelle alter Weisheit galten (Ägypten, Iran, Indien). Umstritten ist freilich, ob und inwieweit er sich von östlichen Vorstellungen hat beeinflussen lassen, ob sie auf direkten oder z. B. durch Pythagoreer oder Orphiker vermittelte Kontakten beruhten. Nicht zufällig beruft sich Platon oft auf Homer, der ihm wie seinen Zeitgenossen als Reservoir alles Wissenswerten galt, ja erkennt – wie nach ihm auch Aristoteles – an einer Stelle, die von Zeus' Überlistung durch Hera handelt (*Il.* XIV 200 ff. mit *Crat.* 402b; *Tht.* 153e), einen Bezug zu Thales und dem Beginn der Philosophie – an einer Stelle übrigens, deren Zusammenhang mit orientalischen Vorstellungen (Enuma elish) heute nachgewiesen ist (Burkert 2003). Die Art aber, wie Platons Sokrates derartiges ›altes‹ Wissen in die Diskussion einbringt, ist aufschlussreich, erlaubt sie doch wohl Rückschlüsse auf die Art und Weise, wie sich Platon selbst einen angemessenen Umgang mit traditionellem Wissen vorstellt (Erler 2001, 313–326). An zahlreichen Stellen, an denen Sokrates ›Weisheit der Alten‹ in die Diskussion einbringt, wird nämlich deutlich, dass dies fast nie uneingeschränkt geschieht. Stets signalisiert Sokrates eine gewisse Distanz, fordert seine Partner etwa dazu auf, zu überprüfen, ob das Gesagte wirklich die Wahrheit zu sagen scheint (*Men.* 81b). Selbst wenn die Tradition ›Richtiges‹ zu sagen scheint, will er wissen, ob sie auch wahr sei (*Euthphr.* 7a). Bei allem Respekt vor der Weisheit der Alten besteht für Platon kein Automatismus: alter Logos gleich Wahrheit. Das Überlieferte wird nicht einfach als gleichsam intuitive Erkenntnis übernommen, sondern bedarf einer eigenen Begründung. Analysen der einschlägigen Stellen zeigen, dass diese Begründung nach Platon in einem dialektischen Gespräch erfolgen muss. Ein solches Gespräch soll die Wahrheit des alten Logos, die Weisheit der Alten, erweisen; erst dann gilt die Gleichsetzung von ›richtig‹ und ›wahr‹. Diese ambivalente Haltung gegenüber der Wissenstradition ist für Platon bezeichnend. Auf diese Weise kommt es zu einer Art Transposition (Diès 1972, 400 f.), die bereit ist aufzunehmen, was passt und begründbar ist, und abzulehnen, was einer Prüfung nicht standhält. Hierin unterscheidet sich Platon von der Neuerungssucht der Sophisten, dem bloßen Neuarrangieren von schon Bekanntem durch Isokrates. Es geht nicht um den Inhalt der als wahr akzeptierten Tradition, sondern um deren verständige Aneignung.

Im *Philebos* (16c–d) wird die Dialektik selbst, also Platons grundlegende Methode der Wahrheitserforschung, als ein Göttergeschenk bezeichnet. Schon im geistigen Altertum habe man über sie verfügt. Offenbar, so Sokrates, waren die Alten den Göttern näher (*Phlb.* 16c). Doch habe man diese Methode allmählich zu einer bloßen Streitkunst verkommen lassen. Richtiger Gebrauch erst lässt sie zu der von Platon gebilligten Dialektik werden. Der *Sophistes* zeigt z. B., wie aus eleatischer platonische Dialektik wird. Auch die Weisheit der Alten wird getestet, ehe sie übernommen und integriert wird. Was wir an einigen Beispielen beobachten, lässt sich verallgemeinern. Immer greift Platon Traditionen auf, transponiert sie jedoch vorausschauend auf eine neue Ebene. Dieser Transpositionsprozess lässt sich z. B. gut bei Sokrates' kritischen Fragen über die Grundlagen der traditionellen Religion beobachten. Verschiedentlich nämlich betont Platons Protophilosoph Sokrates seine Beziehung zu den Göttern (Erler 2002). Er stilisiert sich geradezu als Gottesgeschenk und seine philosophische Tätigkeit als eine Art ›Gottesdienst‹ (*Apol.* 23b–c).

Derartige Rekurse auf religiösen Kontext im platonischen Dialog sind mehr als ironisches Spiel oder bloße Inszenierung. Denn Platon gibt religiösen Vorstellungen nicht nur breiten Raum, sondern er integriert sie in seine Philosophie und gibt ihr damit religiöse Züge. Deutlich wird jedoch, dass sich der religiöse vom philosophischen Diskurs weniger durch inhaltliche Aussagen als durch den Versuch unterscheidet, Gründe für das als richtig Erkannte anzugeben. Philosophische Diskussion testet und begründet, was der religiös-theologische Diskurs ohne Begründung akzeptiert. Auf diese Weise kommt es z. B. zur Ablehnung der traditionellen ›do ut des‹-Haltung der homerischen Tradition, die ersetzt wird durch die Aufforderung zum Mitwirken an guten Werken der Götter. Frömmigkeit manifestiert sich demnach nicht in äußerlichem Verhalten und im Einhalten der Riten, sondern in sokratisch-platonischer Seelsorge. Aufgefordert wird zu einem angemessenen ›Sprechen über Gott‹ (*theoprepeia*) mit Inhalten, die sich an moralischen Kriterien messen lassen, oder zu einer richtigen inneren Einstellung gegenüber den Göttern. Gleichzeitig wird die Rangfolge zwischen Religion und Philosophie deutlich: Wenn nach Sokrates selbst die Götter ihren Status durch die Betrachtung der Ideen erhalten, wie im *Phaidros* betont wird (*Phdr.* 249c), wird deutlich, dass religiöse

Tradition und Philosophie nicht gleich geordnet sind und gleich gewichtet werden. Gleichwohl werden traditionell religiöse Vorstellungen in den philosophischen Diskurs integriert.

Besonders folgenreich ist der Transformationsprozess bei Platons Philosophiebegriff (Burkert 1960, 159–177; Albert 1989). Platon nämlich prägt den Philosophiebegriff, der traditionell einen vertrauten Umgang mit einem bestimmten Gegenstand bezeichnet, um. Dialoge wie das *Symposion*, der *Phaidros* oder die *Politeia* zeigen, dass Philosophie nun einen dynamischen Akzent erhält. Er steht bei Platon für das Bewusstsein eines Mangels an Wissen. Aus Philosophie als vertrauter Umgang mit Wissen wird Philo-sophie als Suche nach Wissen und einem liebenden Streben nach etwas, das vermisst wird. Menschen, die nicht völlig unwissend sind, sehnen sich also nach Wissen wie der Liebende nach einem schönen Körper. Philosophie wird zu einer Form der Erotik, Platons Protophilosoph Sokrates wird zum Erotiker. Denn Eros ist wegen seiner Mutter Penia (›Mangel‹) zwar arm und bedürftig, doch hat er von seinem Vater Poros (›Durchkommen‹) den Drang nach Gutem und Schönen geerbt (*Symp.* 203cd, 207d; Albert 1989, 255). Durch Transformation wird Platons Philosophiebegriff also dynamisch und zum distinkten Konzept einer eigenständigen Disziplin.

10 Literarischer Hintergrund

10.1 *Sokratikoi Logoi*

Zu den Bildungselementen, die in Platons Familie gepflegt wurden, gehörte auch die Literatur. Schon seinem Vorfahren Solon spricht Platon poetische Begabung zu (*Tim.* 21cd); nur Alltagspolitik habe ihn an der Entfaltung seiner Begabung gehindert. Doch sieht Platon diese Begabung weiter in der Familie vererbt (*Charm.* 155a). Dies suggeriert, dass auch Platon einen Teil dieser Familientradition und -begabung für sich in Anspruch nahm, wenn er seine eigene Schriftstellerei trotz seiner Bedenken gegen alles Schriftliche zumindest als ›schönes Spiel‹ würdigt (*Phdr.* 276d–e; *Rep.* II 376d; VI 501e), so dass man Bemerkungen in den *Nomoi*, die von den vorgeführten Gesprächen als einer Art neuer Dichtung sprechen, wohl auch für Platons Dialoge in Anspruch nehmen darf (*Leg.* VII 811c). Nachrichten über den Unterricht Platons in musischen Fächern und von eigenen poetischen Versuchen, Tragödien und Dithyramben zu verfassen (vgl. *Phdr.* 238d, 241e; Diog. Laert. III 5), deren Ergebnisse Platon freilich unter Sokrates' Einfluss verbrannt habe, sollen wohl Platons dichterische Begabung erklären. Ohne Zweifel hat Platon mit seinen Dialogen literarische Standards für alle zukünftige philosophische Schriftstellerei gesetzt, so dass man in ihnen bisweilen den Beginn der philosophischen Dialogkunst sehen wollte (Diog. Laert. III 48).

Freilich, Platon war nicht der Erste, der Sokrates' Reden und sein Leben schriftlich verewigen wollte (Kahn 1996, 4 ff.). Platons Dialoge sind Teil einer literarischen Tradition. Aristoteles spricht in der *Poetik* von ›*Sokratikoi Logoi*‹ (›sokratische Gespräche‹ oder ›Gespräche mit Sokrates‹) als einer offenbar bereits traditionellen Gattung (vgl. Arist. *Poet.* I 1447b11; *Rhet.* III 16, 1417a21). Platon hatte sich als Autor von sokratischen Dialogen also mit anderen auseinanderzusetzen. Die im *Phaidon* aufgezählten Sokratiker haben nach unserer Kenntnis zahlreiche Schriften über seine Lebens- und Redeweise verfasst (Giannantoni 1990; Döring 1998). Leider sind diese Schriften größtenteils verloren. Neben den Dialogen Platons und den sokratischen Schriften Xenophons sind also nur Reste von Werken anderer Sokratiker wie Aischines, Antisthenes, Eukleides, Phaidon und Informationen über Aristippos erhalten (Döring 1998, 249–250). Diese Tatsache ist wohl nicht zuletzt dem Umstand geschuldet, dass die Qualität der platonischen Dialoge schnell als überragend empfunden wurde (Kahn 1996,

1–3). Hierzu mag Platons Fähigkeit beigetragen haben, literarische Elemente anderer Gattungen in die Dialoggestaltung zu integrieren und die Dialoge damit zu literarischen Kunstwerken zu machen.

Die Herkunft des sokratischen Dialogs ist ungeklärt. Kaum ist Platon der Erfinder der Gattung (so Diog. Laert. IV 48). Vielmehr lassen sich in anderen Gattungen wie in der Tragödie, in der attischen Komödie (Vegetti 1998, IV 233 ff.), aber auch im mündlichen Brauch (Mimos) Elemente nachweisen, die bei der Konstitution der Gattung ›sokratischer Dialoge‹ Pate gestanden haben können (Erler 2007, 67).

10.2 Epos und Lyrik

Der Dichtung steht Platon kritisch gegenüber, weil er sie infolge ihres mimetischen Charakters ontologisch für defizitär und wegen ihres Appells an die Emotionen der Hörer als Gefahr für ihren Gefühlshaushalt und ihre rationale Selbstkontrolle ansieht und deshalb auch ethisch für bedenklich hält. Denn Nachahmung kann zur Gewohnheit und zweiten Natur im Denken des Menschen werden (*Rep.* III 395c–d). Deshalb darf man keine Menschen darstellen, die sich schlecht verhalten, sondern nur gute Charaktere. Dennoch billigt Platon den Gebrauch von Dichtung im philosophischen Kontext; dies geschieht freilich nur unter bestimmten Bedingungen. Denn Dichtung führt nach seiner Ansicht nicht zur Erkenntnis der Wahrheit. Traditionelle Dichtung kann sich jedoch als nützliches Instrument auf dem Weg zur Wahrheit erweisen, wenn sie nicht ungeprüft akzeptiert wird (Nightingale 1995; Erler 2003, 153–173). Dichtung mit gutem Inhalt wie z. B. Hymnen als Loblieder auf Götter und gute Menschen könne bei der *paideia* von Nutzen sein (*Rep.* X 606e–607a). In der Tat bedient sich Sokrates in den Dialogen oft der Dichter und zitiert sie (Halliwell 2000), illustriert aber auch die Beliebigkeit von Interpretationen derartiger Zitate (*Prot.* 338e–347a: Simonides-Gedicht; dazu Manuwald 1999, 301–353). Vor allem aber transformiert er Traditionen aus dem Bereich der Dichtung und des Dramas, integriert sie in seine Dialoge und fördert dadurch deren literarischen Charakter. In der Tat greift Platon Elemente traditioneller Gattungen wie Tragödie und Komödie, Lyrik und Epos – in der Antike galt Platon manchen als ›*Homerus philosophorum*‹ (Panaitios bei Cic. *Tusc.* I 79 = Panaitios frg. 83 van Straaten = 120 Alesse) –, aber auch zeitgenössischer Prosa wie Enkomion, Epideixis, Protreptik auf. Dabei ist umstritten, ob die rezipierten Texte direkt übernommen (z. B. Lysias-Rede im *Phaidros*) und inwieweit Vorgaben getreu adaptiert sind (Protagoras-Mythos im *Protagoras*). Auch gibt es intertextuelle Bezüge zu anderer ›sokratischer Literatur‹; z. B. sind Passagen bei Sokratikern wie Antisthenes oder Aischines bisweilen so eng mit Partien in manchen Dialogen Platons verbunden, dass eine Abhängigkeit sehr wahrscheinlich und nur umstritten ist, wer von wem abhängt.

Schon in der Antike wollte man in Platons Dialogen jenen hohen Stil erkennen, der gemeinhin mit dem Epos Homers verbunden wurde. Die Einteilung der Dialoge nach ihren Darstellungsarten in dihegematische (erzählend), dramatische (ohne Erzähler) und gemischte Form exemplifizieren jene Vorgaben, die Platon in der *Politeia* im Epos Homers analysiert (*Rep.* III 392c–398b), wobei er das Epos freilich in einer Prosaversion bietet. Manche Strategie platonischer Darstellung – etwa das Bemühen, Glaubwürdigkeit durch ›Quellenangaben‹ zu legitimieren wie z. B. im *Symposion* – erinnert an entsprechende Vorgehensweisen epischer, aber auch lyrischer Dichter, die sich zu diesem Zweck des Musenanrufes bedienen. Einen Bezug zum Epos stellt Platon schließlich indirekt selbst her, wenn er angibt, sein Ahne Solon habe ein Epos über Atlantis begonnen, sei aber an der Vollendung durch Umstürze in Athen gehindert worden (*Tim.* 23a f.). Platons Atlantis-Erzählung setzt also gleichsam die Familientradition fort – dies freilich nicht in epischer Form, sondern als Erzählung innerhalb eines Dialogs.

Mit wenigen Ausnahmen lässt Platon historische Zeitgenossen wie Alkibiades, Politiker, Generäle oder auch Mitglieder seiner Familie (Charmides, Kritias, Glaukon, Adeimantos) in historischer Szenerie auftreten, verbindet diese Figuren jedoch mit Zügen, die ihren Besonderheiten Allgemeinheit verleihen. Er geht damit genau so vor, wie er es Sokrates im *Timaios* als Wunsch für die Darstellung eines epischen Stoffes – den Kampf der Ur-Athener gegen die Atlantiker – äußert (*Tim.* 26e ff.; Erler 1997). Zudem behandelt Platon auch inhaltlich philosophische Themen, die in der anderen sokratischen Literatur relevant sind, wie Fragen nach Wissen und Selbstbeherrschung, etwa nach der Rolle von Dichtern und Dichtung, nach der Relation von Wort und Bedeutung, nach Freundschaft und Eros. Wenn zu Beginn des *Theaitetos* über Vor- und Nachteile dramatischer oder narrativer Darstellungsweise reflektiert wird und die zeitlich nachfolgenden Dialoge zeigen, dass Platon den Ergebnissen dieser Reflexion folgt und die dramatische Dialogform präferiert (s. Kap. II.5), dann belegt das den Kunstcharakter der Dialoge und regt den Leser dazu an, derartige Selbstkommentare für die literarische und für die philosophische Deutung fruchtbar zu machen.

10.3 Tragödie und Komödie

Vom jungen Platon wird erzählt, dass er Tragödien, lyrische Gedichte und Dithyramben gedichtet, dies später aber auf Rat des Sokrates unterlassen habe (Diog. Laert. III 4–5). Diese Geschichte soll Platons dichterische Begabung und seine Darstellungskunst in den Dialogen, zugleich aber auch die Konsequenz illustrieren, mit der er sich seiner eigenen Skepsis gegenüber traditioneller Dichtung unterwirft. Allerdings belegen die nicht wenigen (32) Platon zugeschriebenen und überlieferten Epigramme wie Platons Dialogkunst seine dichterische Kompetenz (vgl. Diog. Laert. III 29 ff.). Zu den literarischen Traditionen, aus denen Platon, der Autor der Dialoge, besonders gern schöpft, gehört in der Tat das Drama, die Tragödie, aber auch die Komödie. Bezeichnend ist, dass am Ende des *Symposion* Sokrates dafür argumentiert, es gehöre zur Kompetenz ein und desselben Mannes, Tragödien und Komödien zu verfassen (223d). Das widerspricht der Tradition, passt aber zu Beobachtungen, wonach Platons Dialoge sowohl Elemente der Tragödie als auch der Komödie enthalten. Den *Phaidon*, mit seiner dezidiert als ›anti-tragischer‹ Held dargestellten Sokrates-Figur, kann man z. B. als wahre ›platonische‹ Tragödie bezeichnen; Sokrates' Verhalten angesichts des Todes folgt poetologischen Vorgaben, welche in der *Politeia* formuliert werden. Seine Partner legen ein ›tragisches‹ Verhalten an den Tag, das in der *Politeia* kritisiert wird. Den Dialog *Euthydemos* hingegen kann man als Komödie oder Satyrspiel lesen; man findet in ihm fünf Akte mit ›Zwischenspielen‹, was in der Struktur vor allem an ein Satyrspiel erinnert. Generell kann man auf ›komische‹ wie auch tragische Elemente in den Dialogen hinweisen. So zeigt sich Platon z. B. als Meister in der Verwendung der ›tragischen Ironie‹ wenn er die von ihm in den Dialogen gestalteten ›historischen Szenen‹ als Rahmen für Worte und Handlungen der Personen im Text benutzt, die über deren Horizont hinausgehen, für den Leser aber in ihrer weitreichenden Bedeutung kenntlich sind. Ferner bedient sich Platon in zahlreichen Dialogen komischer Techniken (z. B. der komischen Sprache gegen Sophisten) und auch mancher Ideen der Komödie (der Beginn des *Protagoras* ist zu vergleichen mit *Kolakes* des Eupolis, 421 v. Chr.). Das gleiche gilt für die Tragödie. Zuweilen wird eine Tragödienszene als Hintergrund das Dialoggeschehens evoziert, um ihm Tiefe und der philosophischen Botschaft Aussagekraft zu verleihen. Im *Gorgias* erinnert Platon an Euripides' Tragödie *Antiope* und fordert den Leser dadurch auf, Euripides' Musenjünger Amphion mit dem philosophischen Musenjünger Sokrates zu vergleichen (Nightingale 1992). Von mancher Technik, z. B. dem ›späten Auftreten einer wichtigen Person‹, die wir aus der Tragödie (z. B. Sophokles' *Aias*) oder der Komödie (Menanders *Dyskolos*) kennen, macht Platon gerne Gebrauch.

Bemerkenswert ist, dass sich der Autor Platon zwar wie ein ›gelehrter Dichter‹ (*poeta doctus*) des Hellenismus verhält, indem er seine Leser mit derartigem literarischem Spiel unterhalten will, dass aber dem Autor Platon immer der Philosoph die Feder führt, insofern ein derartiges literarisches Spiel stets auch philosophisch relevant ist. Jedenfalls weist er häufig auf Gedanken und Regeln hin, von denen er sich bei der Rezeption literarischer Elemente und der Gestaltung der Dialoge leiten lässt. Das verdeutlicht, dass die literarische Form Teil seiner philosophischen Botschaft ist. Wenn z. B. im *Protagoras* über Interpretationsmöglichkeiten eines Gedichts reflektiert wird, kommen Probleme von Kontextualität zur Sprache, welche Platons grundsätzliche Überlegungen im *Phaidros* über den Umgang mit geschriebenen Texten, die ohne Unterstützung ihres Autors Freiwild der Interpreten werden, sinnvoll ergänzen (s. Kap. VI.65). Wenn im *Timaios* und *Kritias* über Darstellungsformen von Bürgern, der idealen Stadt und deren Verhältnis zur Wirklichkeit reflektiert wird, darf dies als Kommentar zum Problem des ›historischen Personals‹ in Platons Dialogen verstanden werden (Erler 1997).

10.4 Mythen

Ein wichtiges, der Tradition entliehenes literarisches Element des platonischen Dialogs sind Mythen (Erler 2007, 89 ff.). Platons Prosamythen (Brisson 2000) stellen oftmals den literarischen Höhepunkt des jeweiligen Dialogs dar. Als Vorbild für Platons Mythen konnten Texte von Sophisten dienen. Man mag in diesem Zusammenhang an Prodikos' Erzählung von Herakles am Scheideweg (Xen. *Mem.* II 1, 21–34) oder an den Prometheus-Mythos des Protagoras denken, bei dem freilich umstritten ist, ob er von Protagoras selbst stammt (Manuwald 1999, 173 ff.). Falls er von Platon verfasst wurde, darf man sein Bemühen, einen möglichst authentischen ›protagoreischen‹ Mythos zu bieten, auch als Hinweis auf die Tradition werten, in der er sich sieht (*Prot.* 320c–323a), die er aber für eigene Intentionen transformiert (Erler 2007, 89 ff.). Das Erzählen von Mythen gehört jedenfalls zum lebensweltlichen Kontext des 5. Jh.s. Platon greift diese Tradition auf, funktionalisiert sie und ebnet den Weg zu jener säkularisierten Auffassung von Mythos z. B. als ›plot‹ eines Dramas, die sich dann in Aristoteles' *Poetik* findet. In der Tat berufen sich die Vortragenden in den Dialogen immer wieder auf Traditionen, und es lässt sich zeigen, dass Platon mit Motiven wie Totengericht, Unterweltsreisen, Lohn bzw. Strafe und Vergessen auf Elemente überkommener Vorstellungen zurückgreift (Orphik, pythagoreische Lehren, eleusinische Mysterien, dionysische Mysterien; vgl. Graf 1974). Freilich verbindet er diese mit philosophischen oder wissenschaftlichen Vorstellungen seiner Zeit. In den *Phaidon*-Mythos (108c ff.) baut er z. B. das Modell einer frei schwebenden Kugelerde ein oder ersetzt den Olymp durch den Gestirnshimmel. Gleichzeitig fügt Platon in seine mythischen Erzählungen auch Elemente der eigenen Philosophie (z. B. Unsterblichkeit der Seele, Anamnesis), so dass sich eine Mischung von philosophischem Logos und traditionellem Mythos ergibt, deren Bewertung in der Forschung umstritten ist (vgl. Kobusch 2002). Mythos und Logos sind bei Platon geradezu aufeinander angewiesen, und in den Dialogen wird die Komplementarität beider Aussageformen betont. Protagoras lässt zwischen Mythos und Logos als gleichwertigen Alternativen, inhaltlich Identisches zum Ausdruck zu bringen, wählen (*Prot.* 320c). Eine zunächst als Mythos begonnene Erzählung geht beinahe unmerklich in einen Logos über (*Prot.* 322d). Im *Gorgias* leitet Sokrates den Jenseitsmythos am Ende der Schrift mit der Bemerkung ein (523a), seine Geschichte werde Kallikles zwar als Mythos verstehen, er selbst betrachte sie aber als Logos, denn sie sei wahr. Auch wenn in der Forschung umstritten ist, welche Partien der Dialoge genau als Mythen gelten dürfen – bisweilen wird eine ganze Abhandlung als mythisch bezeichnet (*Timaios*) –, lassen sich doch zahlreiche Geschichten bei Platon identifizieren, die entsprechende Merkmale erfüllen (Most 2002, 11 ff.), wie eine Lokalisierung in der Vorzeit und Götter als handelnde und redende Personen.

Traditionelle Mythen dienen zur Vermittlung von Wissen über eine ferne Vergangenheit im Gedächtnis einer Gemeinschaft. Auch Platons Mythen wollen etwa den Zustand der Welt (z. B. *Plt.* 268d–274e) oder die Ursache menschlichen Verhaltens erklären. Zu diesen Mythen gehören so literarisch wie philosophisch einflussreiche Geschichten wie der Mythos des Aristophanes von den Kugelmenschen im *Symposion* (189d–193d), mit dem erklärt wird, warum Menschen sich in Liebe einander zuwenden, oder der Atlantis-Mythos (*Kritias*; *Tim.* 21e–26d), der bisweilen heute noch in Verkennung seines literarischen Charakters als historische Quelle gelesen und bisweilen zum Anlass für Lokalisierungsversuche genommen wird.

Nicht zu verwechseln mit den Mythen, aber ebenfalls eine traditionelle und von Platon gerne verwendete Darstellungsform, ist der Vergleich oder das Gleichnis, von denen wir wichtige Beispiele an zentralen Stellen des platonisches Œuvres finden, wie z. B. das Höhlengleichnis (*Rep.* VII 514a–517a), das Sonnengleichnis (VI 506d–509c) und das Liniengleichnis (VI 509c–511e). Am einflussreichsten ist vermutlich der Mythos vom Seelengespann im *Phaidros*, der beschreibt, wie die Seele sich zur Erkenntnis des Seins aufschwingen kann, dann aber wieder in die Welt des Werdens herabfällt (*Phdr.* 246a–249d), und der immer wieder, insbesondere in der Renaissance, literarisch, aber auch in der bildenden Kunst rezipiert worden ist. Mit den Jenseitsmythen im *Gorgias*, *Phaidon* und in der *Politeia* unterstreicht Platon eindrücklich und bildlich, was zuvor rational-argumentativ z. B. über die Unsterblichkeit der Seele vorgetragen wurde, und deutet damit seine Vorstellung von der Funktion von Mythen als Ergänzung, nicht als Ersatz philosophischer Wahrheitssuche an.

11 Pythagoras, Pythagoreismus, Orphik

In der Antike galt insbesondere Pythagoras, dessen Lebensdaten und -umstände unsicher sind – um 520 v. Chr. oder zehn Jahre zuvor soll er von Samos nach Kroton übergesiedelt sein – als Vorbild Platons. Pythagoras soll Platon in der Naturphilosophie, der Prinzipienlehre und in der Seelenlehre beeinflusst haben, wobei Platon zwischen Pythagoras und Sokrates eine Mittelstellung eingenommen habe, indem er Sokrates' Aporetik und Pythagoras' Dogmatik vermittelt habe. Gleichwohl scheint Pythagoras auf den ersten Blick in den Dialogen Platons keine große Rolle zu spielen. Nur an einer Stelle wird Pythagoras selbst (*Rep.* X 600b) im Zusammenhang mit einer besonderen Lebensweise erwähnt; an einer anderen werden ›Pythagoreer‹ mit der These einer Verwandtschaft von Musik und Astronomie genannt (*Rep.* VII 530d). Genaueres Zusehen lässt jedoch zahlreiche inhaltliche Berührungspunkte mit pythagoreisch-orphischen Lehren erkennen, wobei eine Differenzierung zwischen diesen beiden Richtungen etwa bei den Vorstellungen von der Unsterblichkeit schwer fällt (Burkert 1962, 105–107; Riedweg 2002, 120 ff.). Die Berührungspunkte betreffen offenbar die Mathematik ebenso wie Pythagoras' Lehre von der Seelenwanderung (Metempsychose) und die von ihm propagierte und praktizierte, nach strengen moralischen und religiösen Regeln ausgerichtete Lebensform. Platons Sokrates lässt entsprechende Konzepte wie ›Philosophie als Streben nach Wahrheit‹ und als Lebensform wie den Körper-Seele-Dualismus (Körper als Grab der Seele) und die Vorstellung von der Seelenwanderung anklingen, so dass außer Frage steht, dass Platon den Pythagoreern viel verdankt.

Bemerkenswert ist auch Pythagoras' grundsätzlicher Verzicht darauf, neben der mündlichen Lehre schriftliche Texte zu verfassen, was mit Sokrates' Haltung konvergiert, aber auch an Platons grundsätzlicher Skepsis gegenüber der Rolle der Schrift im Kontext philosophischer Belehrung erinnert. Die Zeugnisse über Pythagoras (vgl. Poseid. fr. 419 Th. = 151 Edelstein-Kidd = Galen *De plac. Hippocr. et Plat.* 5, 6, 43; Lucian. *Laps.* 5) schließen keineswegs aus, dass Pythagoras eigene Texte hinterlassen hat. Die Begründung für die Schriftenlosigkeit des Pythagoras erinnert vielmehr bisweilen an Platons Schriftkritik. Man muss bei derartigen Nachrichten immer auch mit der Möglichkeit einer Rückprojektion von platonischem Gedankengut rechnen (Burkert 1962/1972; Riedweg 1997). Hinzu kommt die Spaltung der pythagoreischen Tradition in jene Pythagoreer, die nur auf das von Pythagoras ›Gehörte‹ vertrauten (Akousmatiker), und diejenigen, die eigene Forschungen, zumeist mathematischer Art, glaubten beitragen zu können (Mathematiker).

Platon setzt bisweilen literarische Signale, die anzeigen sollen, welche Bedeutung er der pythagoreischen Lehre zubilligt, und die Pythagoras als wesentliches Element des philosophischen Hintergrundes für Platon erweisen (Riedweg 2002, 152–155). Derartige Signale sind z. B. in dem Umstand zu sehen, dass Timaios, der Hauptunterredner des *Timaios*, aus Lokroi in Unteritalien stammen und dort hochgeschätzt vorgestellt wird, aber auch von den Gesprächspartnern als ausgezeichneter Astronom und Naturforscher anerkannt wird (20a, 27a). Der Dialog *Timaios* lässt durchaus Affinitäten zu pythagoreischem Gedankengut – z. B. in der kosmischen Geometrie oder der Zahlenlehre – erkennen. Die musiktheoretischen Abschnitte kann man mit Philolaos aus Kroton oder Tarent in Verbindung bringen (Kahn 2001, 42), der wohl zwischen 470 v. Chr. und der Zeit nach 399 v. Chr. als Zeitgenosse des Sokrates lebte (Kahn 2001, 3 f.), denn sie weisen Ähnlichkeiten mit seinen naturphilosophischen Theorien auf, was Platon in der Antike sogar den Vorwurf des geistigen Diebstahls eintrug. Philolaos ist der erste Pythagoreer, von dem wir hören, dass er ein Buch geschrieben habe. Dieses Buch, von dem etwa 20 echte Fragmente erhalten sind (DK 44 B 1–6; 7; 13; 17), bot offenbar eine dem *Timaios* vergleichbare Kosmologie, die vom Ordnungsgedanken (Welt als Kosmos) bestimmt ist und von einem Miteinander von grenzenlosen und grenzbildenden Elementen ausgeht (DK 44 B 1), bei deren Zusammenfügung Harmonia eine wichtige Rolle spielt (DK 44 B 6). Darauf aufbauend wird die Entstehung der Welt geschildert, wobei Philolaos u. a. von einer Bewegung der Erde, wenn auch nicht um die Sonne, so doch um ein Feuer, ausgeht (dies wirkte auf Kopernikus). Philolaos hat Platon offenbar in der Seelenlehre (*Phaidon*), aber auch in anderen Hinsichten wie z. B. der Rolle des Begrenzten und Unbegrenzten beim Aufbau der Wirklichkeit (*Philebos*), beeinflusst.

Auch wenn die These, Platon lasse im *Timaios* nicht seine Meinung, sondern die des Pythagoreers Timaios vortragen, heute nicht mehr vertreten wird, so dokumentiert dieser Dialog jedoch ohne Zweifel Platons Interesse an und seine Vertrautheit mit pythagoreischer Lehre. Weitere Hinweise auf einen pythagoreischen Hintergrund finden sich in den Dialogen schon früh, etwa im *Gorgias* (Seele als ›leckes Fass‹, 493a–b). Was hier nur angedeutet wird, ist im *Menon* expliziert, wo Sokrates von einem weisen Mann die Lehre von der Unsterblichkeit der Seele und der Seelenwanderung erfahren haben will (*Men.* 81a–b). Auch die Anamnesis-Lehre wird mit den Pythagoreern in Verbindung gebracht. Das Interesse an Pythagoras' Lehre wird bestätigt vor allem durch den Dialog *Phaidon*. In diesem Dialog wird Echekrates aus Phleius (Ende 5./Anf. 4 Jh.), der zu den letzten Pythagoreern der mathematischen Richtung gerechnet wird (Riedweg 2002, 148), als Adressat der von Phaidon erzählten Dialoghandlung über die letzten Stunden des Sokrates eingeführt. Ort dieser Erzählung ist vermutlich ein Versammlungsplatz der Pythagoreer in Phleius. Die geschilderten Diskussionen lassen ebenfalls manche Nähe zu Pythagoreischem erkennen (von ›Pythagorean flavor‹ spricht Guthrie 1975, 325 Anm. 2). Echekrates z. B. verleiht seiner Sympathie für die womöglich pythagoreische Lehre von der Seele als Harmonia Ausdruck (Ebert 2004, 97–117) und Sokrates selbst lässt Konzepte anklingen wie Philosophie als Streben nach Wahrheit und als Lebensform mit religiösen Konnotationen, den Körper-Seele-Dualismus und die Vorstellung von der Seelenwanderung, die pythagoreischem Gedankengut nahestehen. Im *Phaidon* wird ferner auch der Pythagoreer Philolaos (Huffman 1993) zweimal zitiert (61d–62a). Aus dem Umstand, dass der Dialog ›Pythagorean flavor‹ hat, ist jedoch kaum zu folgern, dass der Dialog allein als Botschaft an die Pythagoreer in Italien gedacht ist (so Ebert 2004). Platon will keine Gegenposition beziehen. Vielmehr geht es ihm um den Nachweis, dass erst die platonische Ideenhypothese eine Grundlage für die pythagoreischen Positionen schafft (Sedley 1995, 11), dass also wiederum Transposition notwendig ist. Er setzt damit ein weiteres Zeichen, wie er mit einem wichtigen Element seines geistigen Hintergrunds umgeht und generell umzugehen wünscht.

Aristoteles bestätigt mit Blick auf Platons Prinzipienlehre eine enge Verbindung zu den Italikern (*Metaph.* I 6, 987a29 ff.; Dillon 2003, 17–20), wobei er neben Eigentümlichkeiten platonischer Lehre Konvergenzpunkte mit Pythagoreischem konstatiert. Wo Pythagoreer vom Abbildcharakter der Dinge von den Zahlen ausgingen, spreche Platon von Teilhabe (*methexis*) an den Ideen. Zudem sehe Platon wie die Pythagoreer die Eins als ›Wesenheit‹ (*ousia*) und halte wie sie die ideellen Zahlen für Ursachen des Seins. Und selbst Eigentümlichkeiten wie die Bedeutung der ›mathematischen Dinge‹ bringt Aristoteles kontrastiv mit Pythagoreischem in Verbindung: Spricht Platon den mathematischen Dingen einen Zwischenstatus zwischen Sinnlichem und den Ideen zu, so fallen bei den Pythagoreern sinnlich Wahrnehmbares und Zahlen zusammen.

Berührungspunkte zwischen platonischen und pythagoreischen Vorstellungen lassen sich auch in anderen Bereichen feststellen, in der Rhetorik z. B. die Betonung der Adressatenorientierung der Rede (Riedweg 2002, 27 f.); man mag an das Dodekaeder denken, das nach Platon (*Tim.* 55c) die Form des Alls darstellt, in der Schule des Pythagoras aber als mathematisches Geheimnis galt (Riedweg 2002, 144); man mag an den pythagoreisch inspirierten Schlussmythos der *Politeia* denken, in dem einzelnen Gestirnen Sirenen beigegeben werden, die sich im Kreis bewegen und einen Ton vernehmen lassen (*Rep.* X 617bc) (Riedweg 2002, 111). Man kann an Platons *Philebos* erinnern (16c, 23c), in dem die fundamentale Unterscheidung von Unbegrenztheit und Grenze, die in allen Dingen enthalten sei, als Gabe der Götter bezeichnet wird, die von ›alten, uns überlegenen und näher bei den Göttern wohnenden Menschen‹ überliefert sind. Auch den Umstand, dass Platon in der Akademie ein Musenheiligtum errichten ließ, ist mit pythagoreischen Vorstellungen in Verbindung gebracht worden. Vor allem ist daran zu erinnern, dass der seit Platon dynamisch akzentuierte Begriff der Philosophie als Suche nach Wahrheit aus dem Bewusstsein eines Mangels heraus (vgl. *Symp.* 204a) von manchem Pythagoras zugeschrieben wird (Herakleides Pontikos, ca. 390–322 v. Chr.; Diog. Laert. 1, 12 = fr. 87 Wehrli; zuletzt Riedweg 2002, 120 ff.), was allerdings umstritten ist (Burkert 1960, 159–177). Generell darf man wohl sagen, dass neben der Seelenlehre die Mathematik als ein Bereich anzusehen ist, in dem sich Platon von den Pythagoreern besonders hat beeinflussen lassen. Es sei hier an Anspielungen im *Gorgias* hinsichtlich der ›geometrischen Gleichheit‹ (508a) und im *Menon* (Hypothesismethode, 86e–87a), aber auch im *Politikos* erinnert (284e–285b), wo mit den ›klugen Leuten‹ wohl die Pythagoreer gemeint sind, die die Bedeutung des Maßes, nicht aber die der Unterscheidung zwischen relativem und absolutem Maß kennen, weil ihnen die Dialektik unbekannt ist.

Die Möglichkeit, eine derartige Vertrautheit mit pythagoreischer Lehre zu erwerben, hatte Platon nicht zuletzt während seiner sizilischen Reisen, besonders während der ersten zwischen 390 und 388 v. Chr., als deren Motiv sein Interesse an den Pythagoreern angegeben wird, und die ihn nach Unteritalien führt, wo er offenbar mit Timaios, in Tarent mit Archytas bekannt wurde. Archytas, der sich in den wenigen erhaltenen Textzeugnissen als vielseitiger Gelehrter mit Kompetenzen in Politik, Musik oder Mathematik erweist, der Berechnungen über Intervalle der drei Tongeschlechter anstellte und für die Lösung des mathematischen Problems der Würfelverdopplung gerühmt wurde (DK 47 A 14 = Eudemos fr. 141 Wehrli), ist für Platon nicht nur wegen seiner persönlichen Bekanntschaft, sondern auch philosophisch wegen seines Beitrages zur Mathematik, insbesondere zur Geometrie (vgl. Huffman 2005) von Bedeutung. Platon zitiert (*Rep.* VII 530d) aus einem der drei echten Archytas-Fragmente (DK 47 B 1), wo dieser von Musik und Astronomie spricht (Lloyd 1990). Auch das mathematische Curriculum in der *Politeia* mag in gewisser Weise Archytas verpflichtet sein. Freilich darf auch hier kritische Distanz nicht übersehen werden, die daraus resultiert, dass es Platon bei allem letztlich um die Suche nach dem Guten ging (*Rep.* VII 531c; Kahn 2001, 46). Auch wenn schon in der Antike gewarnt wird, den pythagoreischen Einfluss auf Platon überzubewerten (Cic. *De fin.* 5,87), wird man bei aller Zurückhaltung nicht überkritisch sein wollen.

Was für die Pythagoreer zutrifft, ist auch für Platons Beziehung zur Orphik zu beachten, wobei das Verhältnis von Orphik und Pythagoreismus umstritten ist. Zwar wurden in der Antike Bezüge zwischen orphischen Schriften und Pythagoras hergestellt (Hdt. II 81; vgl. Riedweg 2002, 21 f. und 87 ff.). Doch deutet Platon selbst neben Ähnlichkeiten der Lehren auch auf Differenzen hin. So wird darauf hingewiesen, dass Anhänger des Orpheus vom Körper als Gefängnis sprechen, in dem die Seele für Übeltaten eingekerkert ist; in Sizilien oder Italien hingegen spreche man – womit wohl Pythagoras und Empedokles gemeint sind (*Gorg.* 492e–493a) – vom Körper als Grab, in dem die Seele in diesem Leben begraben ist (*Crat.* 400c; *Phd.* 62b, 67d). Platons Interesse an orphischen und anderen, z. B. eleusinischen Mysterien, wird auch in dem Umstand manifest, dass er diese Kenntnis in sprachlicher wie in darstellerischer Hinsicht nutzt, um Aussagen seiner Dialoge religiös zu überhöhen. Auch ist dabei zu beachten, dass es sich bei entsprechender Mysteriensprache nicht einfach um dichterischen Ornat, sondern um die Möglichkeit handelt, eigene Aussagen zu vertiefen und mit Profil zu versehen. Es sei hier an die von Platon verwendete Mysterienterminologie in der Rede der Diotima im *Symposion* erinnert (201e–209e) oder an Reminiszenzen der eleusinischen Mysterienkulte in der Palinodie im *Phaidros* (Riedweg 1987, 2 ff. und 7 ff.).

12 Parmenides

Von kaum zu überschätzender Bedeutung in philosophischer, aber auch literarischer Hinsicht, ist Parmenides aus Hyele oder, wie gewöhnlich genannt, aus Elea in Unteritalien (Hdt. I 167), der aus einer wohlhabenden Familie stammte (Diog. Laert. IX 21) und als Naturphilosoph galt. Parmenides' Akme kann man wohl zwischen 504 und 501 v. Chr. ansetzen. Freilich ergibt sich dann ein Widerspruch mit Platons Darstellung im *Parmenides* (127a–d = DK 28 A 5), der ihn im Alter von 65 Jahren in Athen mit dem noch jungen Sokrates zusammentreffen lässt. Doch ist auch diese Spätdatierung mit Problemen verbunden. Wir hören von einem politischen Engagement des Parmenides als Gesetzgeber. Parmenides soll in den Jahren 449–440 v. Chr. nach Thurioi gereist sein (Quellen: Diog. Laert. IX 21–23 = DK 28 A 1; *Suda*).

Parmenides ist der Begründer der eleatischen Schule und einer der bedeutendsten antiken Philosophen, mit dem sich nicht nur Platon, sondern die gesamte antike philosophische Tradition auf verschiedene Weise auseinandergesetzt hat. Er verkündete seine philosophische Botschaft nicht in Prosa, sondern in einem Gedicht in Hexametern (154 Verse erhalten), dessen längste zusammenhängende Partie bei Simplikios (6. Jh. n. Chr.) im Kommentar zu Aristoteles' *Physik* erhalten ist. Das Gedicht, das später den Titel *De natura* (*Peri physeôs*) erhielt, umfasst drei Teile: a) ein Proömium (32 Verse, fast alle bei Sextus Empiricus überliefert); b) den Weg der Wahrheit (72 Verse erhalten); c) den Weg der Meinungen (44 Verse erhalten, 6 in lateinischer Übersetzung durch Caelius Aurelianus, DK 28 B 18). Das Proömium schildert die Entrückung des Dichters (DK 28 B 1): Ein von göttlichen Stuten gezogener und von Jungfrauen geleiteter Wagen bringt ihn schnell und abgelegen vom üblichen Pfad der Menschen (DK 28 B 6) zu einem »Tor der Nahen von Tag und Nacht«, über das die Göttin des Rechtes (Dike) wacht. Dike wird überredet, das Tor zu öffnen; von einer Göttin empfangen soll Parmenides »der Wahrheit unerschütterliches Herz« vernehmen, aber auch die unzuverlässigen Meinungen der Sterblichen hören, bei denen es Wahrheit nicht gibt (DK 28 B 1, 28–30). Die Hauptteile des Gedichts, die man als ›Wahrheitsteil‹ (*alêtheia*) und ›Meinungsteil‹ (*doxa*) bezeichnen kann, mit der Rede der Göttin und ihrer Aufforderung an einen Schüler zur Aufmerksamkeit (DK 28 B 2), lösen die angekündigte doppelte Enthüllung ein. Dabei unterscheidet sie zwei Wege (DK 28 B 2, 3–6), einen, wonach das Sein ist, und einen, wonach das Nicht-Sein ist. Der erste Teil zeigt, dass »nur das Sein ist und das Nicht-Sein« zu verwerfen ist. Er erweist sich als Weg der Wahrheit; der zweite Teil, der die Existenz des Nicht-Seins behauptet, erweist sich als falsch, weil Nicht-Sein weder gesagt noch gedacht werden kann (DK 28 B 2). Dabei wird eine dualistische Kosmologie entworfen, die sich von der Lehre der Milesier unterscheidet.

Mit dieser Weltsicht hat Parmenides neben Sokrates den größten Einfluss auf Platon und insbesondere auf seine Metaphysik und Erkenntnistheorie ausgeübt (Casertano 2002, 67–92). Parmenides wird z. B. im *Symposion* (178b) namentlich erwähnt und spielt dann in dem nach ihm benannten Dialog *Parmenides* gerade im Zusammenhang mit der Ideenlehre eine herausgehobene Rolle. Die Lehre seiner eleatischen Schule wird zudem im *Sophistes* diskutiert. Er wird in den Dialogen von Platon voller Respekt dargestellt. In der Tat übernimmt Parmenides im gleichnamigen Dialog die Rolle des Fragenden, die sonst Sokrates spielt, und bringt den jungen Sokrates und dessen Auffassung von den Ideen in Bedrängnis. Im zweiten Teil des Dialogs wird Parmenides' Lehre vom Einen überprüft; dies wird gleichsam als Hilfe für Sokrates ausgegeben, eine angemessene Vorstellung der geistigen Realität zu entwickeln. Im Dialog *Theaitetos* scheut sich Sokrates aus Respekt (183e), Parmenides anzugreifen. In den Dialogen *Sophistes* und *Politikos* lässt Platon einen Gast aus Elea, also einen Schüler des Parmenides, Sokrates' Rolle als Fragesteller übernehmen, der freilich Parmenides' Folgerungen nicht mit aller Radikalität folgt.

In der Tat findet sich Parmenides' Einfluss vor allem in Platons Metaphysik. Parmenides' Lehre, wonach es kein Ding gibt, das nicht ist, und alles, was ist, eins, einfach, einförmig, ohne Wechsel, unvergänglich und mit sich identisch ist (DK 28 B 8–6), sich richtiges Denken und Reden nur auf das richtet, was ist, dass man nicht denken kann, was nicht ist, und Erkenntnisstreben, das sich auf die Vielheit richtet, sich in Widersprüche verwickelt (DK B 8, 34–41), hat als Wendepunkt in der Philosophie zu gelten, auf den nicht nur Heraklit und Empedokles (*Soph.* 242c–e), sondern auch Platon reagiert. Man kann Platons Ontologie in der Tat als Weiterentwicklung parmenideischer Vorstellungen sehen. Das gilt nicht nur für die Ideen, sondern auch für Platons Prinzipienlehre. Wenn dort Platon offenbar das Gute mit dem Einen gleichsetzt, stellt sich Platon im Grunde in die Tradition vorsokratischer Aitiologie und lässt diese in seiner Prinzipienlehre und dort im Einen und Guten gipfeln (Krämer 1959, 486 ff.).

Neben diesen seit langem bekannten Bezügen ist in jüngerer Zeit zunehmend darauf hingewiesen worden, dass sich auch der frühe Platon als von Parmenides beeinflusst zu erkennen gibt. Denn schon in Dialogen wie dem *Symposion* oder dem *Phaidros* signalisiert er durch sprachliche Reminiszenzen, dass er wichtige Elemente seiner Ontologie in der Tradition der Eleaten sieht, und erwartet wohl auch, dass dies erkannt werden soll. Besonders deutlich sind derartige Signale im *Symposion*. Dort beschreibt Diotima die Form des Schönen mit Begriffen und mit Hilfe von Konzepten, die offensichtlich an Parmenides erinnern sollen. Diotima erklärt nämlich, wer in der Erotik hinreichend ausgebildet sei, werde zum Schluss etwas Wundervolles erblicken. Es handle sich um etwas, das immer ist und weder entsteht noch vergeht (*Symp.* 211a; vgl. DK 28 B 8, 3). Diese Beschreibung des Schönen konvergiert inhaltlich mit Parmenides' These, das Sein sei ungeworden und unvergänglich (DK 28 B 8, 3), erinnert an die Frage der Gottheit bei Parmenides, wie und woher denn das Sein vermehrt worden sei (DK 28 B 8, 7) und an ihre Antwort, dass das Sein nicht zugenommen hat. Wie Parmenides' Sein (DK 28 B 8, 4) duldet auch Diotimas Idee des Schönen keine Wechsel (*Symp.* 211b; DK 28 B 8, 4). Derartige und weitere Bemerkungen Diotimas, wonach das Schöne nicht schön in einer Hinsicht, in einer anderen aber hässlich (211a), immer es selbst, in sich selbst und eingestaltig sei (211b), sind mit gutem Grund als Hinweise auf Adaptionen parmenideischer Vorstellungen vom Sein verstanden worden (vgl. DK 28 B 8, 3; B 8, 23 f.).

Auch im *Phaidon* erinnert Platons Sprache an Parmenides, wenn die Ideen zur Sprache kommen und Sokrates den Kebes fragt: »Jenes Wesen selbst, von dessen Sein wir in Frage und Antwort Rechenschaft geben, verhält sich das immer auf die gleiche Weise oder immer anders? Das Gleiche selbst, das Schöne selbst, jedes ›selbst, was es ist‹, das Seiende, lässt das auch nur zu irgendeinem Zeitpunkt irgendeine Veränderung zu? Oder ist nicht vielmehr jedes von diesem ›was ist‹ stets von einheitlicher Gestalt für sich und verhält es sich nicht immer auf dieselbe Weise und gleich und lässt unter gar keinen Umständen irgendwann irgendeine Veränderung zu?« (78d; übers. Ebert).

In der Tat kann man sagen, dass Platon zur Ideenlehre der mittleren Dialoge und der *Politeia* nicht nur durch den Einfluss der Mathematik, sondern auch durch die Lehre des Parmenides inspiriert worden sein mag (Ferber 1989, 39 ff.). In der *Politeia* wird zudem deutlich, dass Parmenides' Gedicht nicht nur sprachlich, sondern auch inhaltlich im Hintergrund steht. Außerdem wird gerade mit Blick auf derartige Reminiszenzen in der *Politeia* erkennbar, dass und wie Platon parmenideische Vorstellungen nicht nur einfach evoziert und adaptiert, sondern entsprechend seiner grundsätzlichen Haltung gegenüber ›alter Wahrheit‹ transponiert und transformiert und erst dann in seine eigene Vorstellungswelt integriert. In der *Politeia* nämlich sind neben Signalen der Parmenides-Rezeption auch Zeichen für eine Absetzbewegung von Parmenides' Ontologie zu registrieren. Zwar teilt Platon Parmenides' These von der Unwandelbarkeit, Dauerhaftigkeit und rationalen Erkennbarkeit des Seins, wie die Frage in der *Politeia* erkennen lässt (*Rep.* V 476e–477a): »Der Erkennende, erkennt er etwas oder nichts? Du nämlich antworte mir nun an seiner Stelle. – Ich werde antworten, sagte er, dass er etwas erkennt. – Was ist oder was nicht ist? – Was ist; denn wie könnte etwas, was ja nicht ist, erkannt werden?« (übers. Schleiermacher). Doch folgt er Parmenides nicht mit Blick auf die Konsequenz, mit der dieser dann dem Bereich des Werdens und Vergehens jedes Sein und jede Wahrheit abspricht, ihn der bloßen ›Meinung der Menschen‹ zuordnet, diese Meinung aber nicht als Erkenntnis anerkennt (DK 28 B 8, 38–41). Denn Platon billigt im Gegensatz dazu in der *Politeia* dem Bereich des Werdens einen gewissen, epistemologisch freilich defizitären Status zu: Der Bereich der Doxa hat dort einen Erkenntniswert. Er kann zwar fehlbar sein; doch ist die Meinung der Menschen nach Platons Ansicht nicht völlig falsch, wie Parmenides annimmt (DK 28 B 1, 30). Vielmehr ist nach Platon von Seinsstufen (›ontologischer Komparativ‹; s. Kap. V.50) auszugehen.

Im *Sophistes* liefert Platon ebenfalls in Auseinandersetzung mit Parmenides eine Begründung für die Aufwertung des Bereichs der Meinung und des Scheins und für seine These, dass selbst dem Schein ein gewisses Sein zukommt. Auf der Suche nach einer Bestimmung des Sophisten erweist sich dieser nämlich als zur Gattung der Nachahmer gehörig und als Hersteller von Täuschungen (*Soph.* 234e–235a). Wenn die Sophisten im Umfeld täuschender Bilder zu suchen sind, führt dies zum grundsätzlichen Problem, wie man falsche Aussagen erklären und ob Nichtsein existieren kann (236e–237a). Denn es stellt sich die Frage nach der Möglichkeit des Scheins, des Bildes und der Täuschung, d. h. der Unterschied von Schein und Nichtsein zu Sein und Wahrheit muss bestimmt werden. Die Frage nach dem Nichtsein bedarf also der Klärung, wobei dieses nicht nur als sprachlicher Ausdruck, sondern als ein Aspekt der Wirklichkeit (Metaphysik) gesehen werden muss (Frede 1996, 184). Dieses für die abendländische Ontologie zentrale Problem tritt in den Blick, weil der Sophist als eine Figur beschrieben wird, die scheinbar getreue Abbilder der Wirklichkeit zu bieten vermag (239c–240c). Damit aber steht Parmenides' Grundsatz, dass Nichtsein nicht ist und nicht gesagt werden kann, als Grundlage vieler sophistischer Paradoxa auf dem Prüfstand: »denn es ist unmöglich, daß dies zwingend erwiesen wird: es sei Nichtseiendes. Vielmehr halte du von diesem Wege der Forschung den Gedanken fern« (DK 28 B 7; übers. Diels-Kranz).

Dabei lässt es Platon, wie er es dramatisch ausdrückt, auf die Notwendigkeit einer kritischen Auseinandersetzung mit Parmenides ankommen, die er sogar als »Vatermord« (*Soph.* 241d) bezeichnet, was zugleich den Respekt und die Bedeutung der Philosophie des Parmenides und die Größe der Herausforderung für Platon unterstreicht. In der Tat überwindet Platon im *Sophistes* in seiner Auseinandersetzung mit Parmenides die Entgegensetzung von Sein (›Einheit‹) und Nichtsein und erklärt, wie es zu einer von Parmenides für unmöglich erachteten Verbindung von Sein und Nichtsein kommen kann. Dabei ist festzuhalten, dass die Suche nach einem richtigen Verständnis von ›Sein‹ in einem philosophiegeschichtlichen Kontext stattfindet, der sowohl pluralistische wie monistische Ansätze berücksichtigt und in einer ›Gigantomachie‹ (245e–248a) sich einer Gleichsetzung von Materie mit dem Sein (247c) ebenso widersetzt wie der Annahme abgetrennter, körperloser Ideen als wahres Sein (›Idealisten‹). Wer zwei Prinzipien ansetzt, muss eines der Elemente als nicht seiend oder beide als identisch ansehen (243e–244a). Wer aber wie die Eleaten das Sein für Eines hält, hat Schwierigkeiten, wenn er das Verhältnis des Seienden zum Ganzen bestimmen möchte (244b–245e). Die weitere Untersuchung, welche den Logos in den Blick nimmt und die Frage zu beantworten sucht, wie ein Gegenstand mit vielen Ausdrücken belegt werden kann, führt zu einer differenzierten Bestimmung des Wesens des Nichtseins im absoluten Sinn des Parmenides und im Sinne einer Differenz in Bezug zu etwas (258d–e). Mit dieser Differenzierung lässt sich die Frage, ob es falsche Sätze geben kann, bejahen. Unter Berufung auf die Identifizierung von Sein, Denken und Wahrheit bei Parmenides konnte nämlich bestritten werden, dass es eine falsche Rede als Rede von Nichtseiendem geben kann. Kann jedoch Nicht-Sein auch im Sinne von Anders-Sein verstanden werden, ist damit die Existenz falscher Aussagen zu erklären (260a–264b).

Denn Nichtseiendes im Sinne von Verschiedenem spielt auch im Satz eine wichtige Rolle. Von der Richtigkeit der Verbindung hängt es ab, ob der Satz wahr oder falsch ist. Der Logos verlangt ein Verständnis von ›sein‹, das ein Verständnis von ›nicht sein‹ als ›anders sein‹ im Sinne einer Negation erlaubt und damit eine Beziehung zwischen Subjekt und Prädikat im Sinne einer Prädikation gestattet. Die Analyse der Satzstruktur dient also einer ontologischen Auseinandersetzung mit der These des Parmenides, dass Nichtsein nicht aussagbar und Vielheit bloßer Schein sei. Unbestritten bleibt, dass reines Sein und reines Nichtsein dem Logos nicht zugänglich sind (238c). Platon modifiziert demnach Parmenides' Dichotomie zwischen Sein und Werden auf eine entscheidende Weise. Während Parmenides als Monist bezeichnet werden kann, der die These vertritt, es gebe nur ein Sein (Curd 1998, 65.), bestreitet Platon trotz vieler Übereinstimmungen mit Parmenides' These, dass aus der Annahme, Nicht-Sein existiere nicht, notwendig ein monistisches Weltbild folgt. Platon zeigt, dass Parmenides' Folgerung nur dann Gültigkeit besitzt, wenn man wie dieser Nicht-Sein im absoluten Sinne versteht, nicht aber, wenn man zwischen absolutem und relativem Nichtsein unterscheidet.

In jüngerer Zeit ist Kritik an dieser traditionellen Deutung des Absetzungsprozesses von Parmenides geübt worden, wonach Parmenides Monist sei und Platon diesen Monismus aufgeweicht habe. Zwar akzeptiere er – so heißt es – Parmenides' These, nach der das Sein wissbar ist, ewig, ohne Wechsel und ohne Nichtsein, aber nicht die Ansicht, dass aus der Unmöglichkeit des Nichtseins ein numerischer Monismus folge. Zwar ist nicht zu bestreiten, dass Platon in den Dialogen *Parmenides* und *Sophistes* Parmenides als einen Monisten vorstellt; zu Beginn des *Parmenides* lässt er dessen Schüler Zenon zudem mit einem Buch auftreten, in dem dieser gleichsam indirekt Parmenides' Einheitsphilosophie verteidigen will (127e). Doch wies man darauf hin, dass weder im erhaltenen Text noch in der Doxographie Parmenides als ein Monist vorgestellt wird und dass es Melissos sei, der auf eleatischer Grundlage für einen Monismus argumentiert. Wenn Platon im *Parmenides* und *Sophistes* Parmenides zu einem Monisten mache, gebe er seine Philosophie nicht richtig wieder oder argumentiere nur gegen bestimmte Folgerungen, die Parmenides nach seiner Auffassung hätte ziehen müssen. Zenons Argumentation für einen parmenideischen Monismus stelle eine – wohl aus der Sophistik stammende – Fehlrezeption des Parmenides dar (Palmer 1999, 3 ff.).

Wie auch immer man diese These bewerten will – die Rezeptionsgeschichte hat Parmenides als Monisten gesehen – sie zeigt, wie sehr Platons Ontologie und Epistemologie auch dort auf Parmenides' Lehre bezogen ist, wo sie sich von dieser trennt. Und das gilt nicht nur in den argumentativen Teilen der Dialoge, sondern sogar in Platons Mythen hat man Einfluss des parmenideischen Gedichtes erkannt und diskutiert (Palmer 1999, 17 ff.). Der *Phaidros*-Mythos mit der Beschreibung der Seele als Wagenlenker (246ab) bietet Elemente wie z. B. den Aufstieg der Seele zum *hyperouranios topos*. Die dann folgende Vision des wahren Seins hat antike Kommentatoren (Hermeias, *In Phdr.* 122, 19–21) und moderne Interpreten an Parmenides' Gedicht, insbesondere das Proömium erinnert: Die Reise zur Enthüllung des Seins bei Parmenides und die Seelenreise in Platons *Phaidros* sind durch strukturelle Konvergenzen gekennzeichnet (Solmsen 1971, 69 f.). Offenbar hat Platon das Proömium des parmenideischen Gedichtes als Anabasis gelesen und als epistemologische These verstanden. Man mag auch Bezüge ausgehend von der Anamnesis-Lehre herstellen (*Phdr.* 249b–c).

Auch der im *Phaidros* dem Mythos vorausgehende Unsterblichkeitsbeweis erinnert an parmenideische Ausdrucksweise (*Phdr.* 245d), und dies gilt wohl auch, wenn Sokrates diese im *Phaidon* (80b) beschreibt: »Dem Göttlichen, Unsterblichen, Denkbaren, Eingestaltigen, Unauflöslichen, dem, was sich immer gleich bleibt, ist die Seele am ähnlichsten« (übers. Ebert).

13 Heraklit

Neben Parmenides spielt Heraklit (geb. ca. 545) als Horizont von Platons Philosophie eine besondere Rolle. Heraklit, der aus alter ephesischer Aristokratie stammt, hat eine Schrift verfasst, die im Artemision von Ephesos als Weihgabe deponiert gewesen sein soll (Diog. Laert. IX 6). Von diesem Werk ist eine Vielzahl von Fragmenten erhalten, die freilich meist nur aus einem einzigen Satz oder Aphorismus bestehen. Gleichwohl wird deutlich, dass seine Ausführungen auf literarische (Homer, Hesiod) und philosophische Vorgänger (Thales, Bias aus Priene, Pythagoras, Xenophanes) zurückgreifen, sich von diesen aber kritisch distanzieren (DK 22 B 40, 42). Heraklit bedient sich begrifflicher Paradoxien, die zum Nachdenken einladen sollen. Eine angemessene Interpretation Heraklits galt als schwierig und bedurfte nach Ansicht des Sokrates eines ›delischen Tauchers‹ (Diog. Laert. II 22). Einer Anekdote zufolge soll schon Sokrates von Euripides mit Heraklits Buch bekannt gemacht worden sein, dessen Thesen er ausgezeichnet fand, soweit er es verstanden habe (Diog. Laert. II 22).

Deutlich wird jedoch, dass Heraklit den Vorrang von Vernunft und Wissen aus eigener Erfahrung vertrat, wobei er von der Bedeutung einer nicht offensichtlichen Struktur der Dinge ausging (DK 22 B 54, 123), die er freilich als der Vernunft (*logos*) zugänglich erachtete (DK 22 B 50). Heraklit lehrte die Einheit der Gegensätze, wie sie z. B. beim Kreis mit Anfang und Ende gegeben ist (DK 22 B 103). Der Kosmos erschließt sich Heraklit als Prozess, als Feuer, das entflammt und auch verlöscht (DK 22 B 30). Seine Lehre ist geprägt von Gegensatzpaaren wie Tag/Nacht, Winter/Sommer, Leben/Tod. Die Frage nach dem Sinn dieser Gegensätze führt den Menschen nach Heraklit zur Frage nach sich selbst (DK 22 B 101). Heraklit lässt sich bei seinen Untersuchungen von Empirie leiten (DK 22 B 55). Gleichzeitig betont er jedoch seine kritische Distanz zu einer allein empirischen Weltsicht (DK 22 B 107). Wichtig ist, dass Heraklit in der Psychologie anders als Homer die Seele zum Träger persönlicher Identität und zum Zentrum für Einsicht macht, womit er auf Platon vorweist, für den die Seele das Wesen des Menschen ausmacht. Heraklit beansprucht, kohärente Argumente zu bieten, Wahrheit zu verkünden und die Menschen von Täuschungen zu befreien, sie gleichsam aufzuwecken.

Heraklits Einfluss auf Platons Denken ist in vielen Dialogen zu bemerken. Wir begegnen ihm im *Symposion* (187a), im *Theaitetos* (z. B. 152e), wo sich Platon mit der Lehre der Herakliteer vom Fluss der Dinge auseinandersetzt, und im *Kratylos* (401d, 402a–c, 440c–e), wo die Flusslehre im Zusammenhang mit der Diskussion über den Charakter von Worten herangezogen wird (Aronadio 2002, 47 f.). Diese Hinweise scheinen zu bestätigen, dass Platon offenbar über Heraklits Lehre informiert war, und sie lassen Aristoteles' Nachricht zumindest plausibel erscheinen, dass Platon zuerst von Kratylos, dem Herakliteer, philosophisch beeinflusst worden sei (Arist. Met. I 6, 987a32–b12). Bemerkenswert ist, dass Heraklit von Platon in eine Reihe mit Epikern wie Hesiod, Orpheus und Homer gestellt wird (402b–c; vgl. Patzer 1987, 109–121). Freilich ist nicht immer einfach zu beurteilen, ob an Stellen, wo Heraklit nicht ausdrücklich genannt wird, immer bewusste Heraklit-Rezeption vorliegt. Gemeinhin meint man Heraklits Einfluss in Platons Auffassung von der phänomenalen Welt, die sich beständig in Bewegung befindet, zu erkennen. Offenbar verbindet Platon mit Heraklit zwei Thesen. Im Dialog *Kratylos* bezieht er sich auf die sog. Flusslehre Heraklits (402a), appliziert sie auf die Beschreibung der wahrnehmbaren Welt und zieht daraus Konsequenzen: »Herakleitos sagt doch, dass alles davongeht und nichts bleibt und, indem er alles Seiende mit einem strömenden Fluss vergleicht, sagt er, man könne nicht zweimal in denselben Fluss steigen« (vgl. DK 22 B 91). Dieses Prozesshafte wird mit einem ›Fluss der Dinge‹ verglichen (*Crat.* 402a; *Tht.* 152d–e; Arist. *Top.* I 11, 104b21 f.; *De cael.* III 1, 298b29–33), so dass Selbigkeit nicht möglich sei; denn man könne nicht »zweimal in denselben Fluss steigen« (DK 22 B 91a). Freilich muss dies als eine Radikalisierung heraklitischer Lehre gelten und darf nicht als genuin heraklitisch angesehen werden (Hussey 2001, 80 ff.). Im *Sophistes* (242e2 f.) schreibt Platon den Herakliteern die Ansicht zu, dass »alles immer zusammengezogen und auseinandergetrieben [wird]«. Die Herakliteer werden also nicht nur mit der Vorstellung eines diachronen Fließens, sondern mit synchronem Widerspruch in Verbindung gebracht. Im ersteren Fall geht es um die wechselnde Anwesenheit von Eigenschaften am selben Subjekt in zeitlicher Folge, im zweiten um die gleichzeitige Anwesenheit unterschiedlicher Eigenschaften am selben Objekt (Irwin 1992, 55). Heraklits Konzeption einer im Fluss befindlichen Welt des Werdens scheint in Platons Ontologie und insbesondere bei seiner Analyse der phänomenalen Welt nicht ohne Einfluss gewesen zu sein. Jedenfalls legen Diotimas Worte im *Symposion* (207d) eine Konvergenz bei der Bewertung der sinnlich wahrnehmbaren Dinge nahe, wenn sie davon spricht, dass unsere Körper sich während des Lebens in einem beständigen Wandel befinden (Guthrie 1975, 467 f.). Im *Theaitetos* diskutiert Platon zudem kritisch eine ›Geheimlehre‹ (152d–e), die gewöhnlich mit Heraklits Ontologie in Verbindung gebracht wird, die Platon aber nicht dezidiert nur als ›Heraklits Lehre‹ bezeichnet. Platon spricht von Herakliteern (*Tht.* 180c), von denen er behauptet, »dass niemand von ihnen des anderen Schüler würde, sondern jeder von selbst aufwachse (*automatoi*), [...] und einer immer den andern für ein ›Nichts‹ halte« (übers. Schleiermacher).

Platon argumentiert, dass sich die Annahme eines absoluten Fließens ohne die Annahme der Existenz fester Größen selbst widerlegt. Denn wir können überhaupt nicht bestimmen, was ›fließen‹ bedeutet, ohne sagen zu können, dass etwas in Fluss ist. Auch wenn also Konvergenzen mit Platons Auffassung von der sensiblen Welt durchaus nicht von der Hand zu weisen sind, so folgt aus der Argumentation im *Theaitetos* und seiner Darstellung nicht, dass Platon mit Heraklit in der Annahme übereinstimmt, die sensible Welt sei durch diese extreme Auffassung des Fließens gekennzeichnet (Burnyeat 1990, 7–10). Zu bedenken ist ja, dass seine Auseinandersetzung mit ›Heraklit‹ oder den ›Herklitern‹ kein Selbstzweck ist, sondern der Widerlegung der These des Protagoras dienen soll, wonach der Mensch das Maß aller Dinge ist. Freilich scheint Platon den ›ontologischen‹ Aspekt der Position des Heraklit als stimulierenden Ansatz empfunden zu haben und entwickelt in Auseinandersetzung mit ihr eigene Positionen, welche man im Sinne eines ›weichen Heraklitismus‹ verstehen könnte, wonach nicht zu jeder Zeit Veränderung des Ortes und der Qualität zu erfahren ist (*Tht.* 182c). Immerhin zeigt ja der *Timaios*, dass die sensible Welt zwar durch mangelnde Stetigkeit gekennzeichnet ist, dass aber mit Blick auf die stabile intelligible Struktur, die ihr zugrunde liegt, gleichwohl Aussagen über sie möglich sind. Weiterhin ist zu fragen, ob die sog. Flusslehre wirklich einer vollständigen Beschreibung der Realität durch Heraklit in der Weise entspricht, weil Platon sie ja nur für einen Teil der Realität rezipiert, ihr aber mit den Ideen als stabile Konstanten einen weiteren Realitätsbereich entgegensetzt. Schließlich spricht Heraklit von der Existenz des Logos und von Ordnung und führt mit ihnen ein Element der Stabilität in die Welt der stetigen Veränderung ein (DK 22 B 30). Wie auch an anderen Stellen, an denen Platon auf Heraklit rekurriert, ist vielmehr mit der Möglichkeit einer kontextbedingten Radikalisierung dieser Position zu rechnen, welche z. B. die Widerlegung eines extremen Relativismus erleichtern soll (McCabe 2000, 101). Nicht nur mit Blick auf Heraklit ist zu beobachten, dass Platon Positionen widerlegt oder modifiziert, indem er auf die Konsequenzen aufmerksam macht, die ansonsten unbeachtet bleiben.

Der zweite Aspekt, der sich aus Heraklits Fluss-These ergibt, die Annahme einer gleichzeitigen Präsenz von einander widersprechenden Qualitäten, wird ebenfalls Platons Suche nach Standards motiviert haben, in diesem Fall wohl eher im Bereich der Ethik. Denn in der Tat sieht sich Platon bei der Suche nach Definitionen ethischer Begriffe, wie z. B. der Gerechtigkeit, mit dem Problem konfrontiert, dass bisweilen entgegengesetzte Bestimmungen am Gleichen auftreten, dass manche Handlungen z. B. zugleich gut und schlecht zu sein scheinen. Man denke an das Beispiel vom geborgten Schwert, das ein inzwischen verrückt gewordener Freund zurückfordert. Natürlich ist es prinzipiell gut, Geborgtes zurückzugeben, doch in diesem konkreten Fall doch wohl nicht richtig (*Rep.* I 331c–332a). Anders als Heraklit ist Platon nicht bereit, auch Begriffe wie Gerechtigkeit dem Bereich des Fließens und der Instabilität zuzurechnen, so dass es gerecht ist, Schulden zu erstatten, und zugleich, sie nicht zu erstatten. Platon fordert vielmehr, dass es Standards wie ›das Gerechte‹ geben muss, die gerade nicht dem ›heraklitischen‹ Fließen unterliegen, sondern sich durch ›parmenideische‹ Stabilität auszeichnen. Denn zwar schmeckt einem gesunden und einem kranken Sokrates Wein jeweils unterschiedlich, mal süß, mal bitter. Wenn jedoch alles in Fluss ist, dann gilt das auch für Sokrates und es gibt keine Konstante beim beurteilenden Subjekt.

Wenn also Heraklit im *Kratylos* (402a) mit einer Welt im Fluss in Verbindung gebracht wird, wenn Herakliteer im *Theaitetos* mit Protagoras und Empedokles (152e) als Vertreter der Auffassung angesprochen werden, dass alles aus Bewegung und Mischung entsteht, und als Leute apostrophiert werden, mit denen schwer umzugehen ist (179e ff.), weil sie beständig in Bewegung seien, bleibt zu fragen, ob Heraklits Ontologie der einzige, ja wichtigste Aspekt seiner Lehre ist, die Platon interessiert, wie auch Aristoteles' Hinweis (*Metaph.* I 5, 987a32–b1) nahezulegen scheint. Zudem ist darauf hinzuweisen, dass Platon auch methodische Fragen und Probleme beschäftigten, die Heraklit aufwarf, wie sie z. B. im *Phaidon* zur Sprache kommen; wenn Sokrates dort seine Gefährten vor Streitkünstlern warnt, die alles durcheinander mischen (*Phd.* 101d–e), dann darf man dies als Heraklitreminiszenz verstehen, die hier aber im Kontext methodischer Fragen auftritt (McCabe 2000, 93 ff.). Man gewinnt z. B. im *Phaidon* den Eindruck, dass für Platon Heraklit offenbar als Vorläufer der These galt, dass alle Dinge relativ sind, weil nach seiner Ansicht Eigenschaften an sich nicht existieren.

14 Weitere Vorsokratiker: Anaxagoras, Empedokles, Demokrit

Unter den Vorsokratikern, die Platon beeinflusst haben, stehen zwar Figuren wie Anaxagoras, Empedokles oder Demokrit insofern zurück, als sich ihre Bedeutung für Platon etwas schwerer fassen lässt. Doch verdienen auch sie unter verschieden Aspekten Interesse.

14.1 Anaxagoras

Anaxagoras wurde um 500 v. Chr. in Klazomenai geboren, verbrachte aber dreißig Jahre in Athen (Diog. Laert. II 7). Er kam als Gottesleugner, der die Sonne als glühenden Felsen bezeichnet, 437/6 vor Gericht (Gesetzesantrag des Orakelauslegers Diopeithes 438/7, Plut. *Per.* 32 = DK 59 A 17), musste Athen verlassen und ging nach Lampsakos, wo er 428 v. Chr. starb. Aus erhaltenen Fragmenten wird deutlich, dass Anaxagoras, wohl in Reaktion auf Parmenides' Kritik, Empirie und die Phänomene retten wollte. Deshalb suchte er Konstanten in der Welt der Phänomene auszumachen, wobei er von einer Urmischung von allem in allem ausging und als unabhängige Ursache für Veränderungen ein Prinzip annahm, das er Geist (*nous*) nannte, der ungemischt und unabhängig ist und als Unendliches (*apeiron*) den Kosmos durchwaltet. Ob Anaxagoras, der ein Freund des Perikles war (*Phdr.* 270a) und zu den führenden Intellektuellen der Stadt zählte, mit Sokrates bekannt war, ist nicht klar. In der *Apologie* (26d) suggeriert Sokrates, dass ihm Anaxagoras nur durch sein schriftliches Werk, welches man für eine Drachme kaufen könne, und durch seine Thesen bekannt sei. Doch mag diese Distanzierung durch den Kontext der Anklage bedingt sein. Jedenfalls gilt ein Schüler des Anaxagoras, Archelaos, als ein Lehrer des Sokrates (Diog. Laert. II 16).

In der *Apologie* wird deutlich, dass Anaxagoras' Aufklärungsbestrebungen zu jenen religiösen Häresien (*Apol.* 26d) gehörte, die den Hintergrund der Anklage gegen Sokrates bilden. Denn bei der Auseinandersetzung über den Vorwurf, Sokrates glaube nicht an Götter (26b), wehrt sich Sokrates mit dem Hinweis, Meletos wolle nur den Prozess gegen Anaxagoras wegen Gottlosigkeit wieder aufwärmen (26d). Dieser habe doch die Sonne für einen glühenden Klumpen gehalten (DK 59 A 19), wie man in seinen Schriften lesen könne. Werden Anaxagoras' Thesen von Sokrates in der *Apologie* also aus argumentationsstrategischen Gründen als merkwürdig hingestellt – Sokrates muss einen Vergleich mit Anaxagoras' Gottlosigkeitsvorwurf verhindern – so wird Anaxagoras' Naturphilosophie im *Phaidon* als wichtige Etappe innerhalb des Loslösungsprozesses vom mechanistischen Weltbild gewürdigt (95e ff. = DK 59 A 47).

Zunächst ist Sokrates – so hören wir – von Naturphilosophen beeinflusst gewesen: »Als ich jung war, Kebes, sagte ich, hatte ich ein wunderbares Streben nach jener Weisheit, die man die Naturkunde nennt. Denn dies schien mir großartig: die Ursachen von allem zu wissen, wodurch alles entsteht und wodurch es vergeht und wodurch es existiert; und oftmals wendete ich mich bald hierin und bald dorthin, indem ich bei mir selbst zuerst folgendes überlegte: ›Wenn das Warme und Kalte in Fäulnis gerät, bilden sich dann, wie einige gesagt haben, Tiere‹« (*Phd.* 96b). Diese Worte charakterisieren nicht nur Sokrates' jugendliches Streben nach Naturerkenntnis, sondern formulieren eine These – Zoogonie – die der Anaxagoras-Schüler Archelaos vertritt und die wie weitere naturphilosophische Thesen zum intellektuellen Diskurs der Jugendzeit Platons gehörten; jedoch habe sich Sokrates für derartiges unbegabt gefühlt und sich daher aufgrund einer eher zufälligen Bekanntschaft mit Anaxagoras' Buch dessen Lehre zugewandt (96d); er fand dessen These beeindruckend, dass der Geist (*nous*) alles ordne. Sokrates hofft also durch Anaxagoras' Werk Einblick in die Sinnhaftigkeit der Welt der Phänomene zu gewinnen. Sokrates ist ernüchtert von den Versuchen der Vorsokratiker, die vielfältigen Erscheinungen der Welt auf einiges Elementare zurückzuführen und glaubt, dass die Welt nicht auf diese ›reduktionistische Weise‹, sondern eigentlich und vor allem mit Blick auf Zweckursachen erklärt werden müsse.

Sokrates fühlte sich von Anaxagoras angesprochen, weil er hinter seiner These einer ›ordnenden Vernunft‹ ein teleologisches Naturverständnis vermutete, insofern die Vernunft »jeder Sache ihren Platz so zuweisen (wird), wie es für sie am besten ist« (*Phd.* 97c; übers. Ebert). »Dieses nun bedenkend freute ich mich, dass ich glauben konnte, über die Ursache der Dinge einen Lehrer gefunden zu haben, der ganz in meinem Sinne wäre, den Anaxagoras, der mir nun auch sagen würde, zuerst, ob die Erde flach ist oder rund […] und mir zeigte, dass es für sie besser wäre, so zu sein« (97c). Nach Sokrates' Überzeugung kommt es bei Naturerklärungen also immer nur auf diesen Grund an; wer diesen kennt, kennt auch das jeweils Schlechtere. An mehreren Beispielen, wie z. B. der Form und Position der Erde, muss man demnach erklären können, dass die gegebene Situation besser ist als andere Möglichkeiten. Sokrates verdeutlicht im *Phaidon*, er habe sich von Anaxagoras' Lehre angesprochen gefühlt, weil er glaubte, Anaxagoras habe mit dem ›Vernunftbegriff‹ (*nous*) ein teleologisches Verständnis in die Naturphilosophie eingeführt; er deutet offenbar Anaxagoras' Ausführungen dahingehend, dass »die Vernunft alles ordne und für alles ursächlich sei« (97c). Aus einem von Simplikios überlieferten Fragment (DK 59 B 12) wissen wir, dass Sokrates' Referat mit Formulierungen aus Anaxagoras' Werk kongruiert und dass er in der Tat von der Vernunft als Ordnungsfaktor in der Natur gesprochen hat. Andere Stellen in Platons Dialogen mit klaren Reminiszenzen an einen Text, von dem uns Simplikios Reste erhalten hat, bestätigen, dass Platon mit der Schrift des Anaxagoras durchaus vertraut war (*Crat.* 413c; *Leg.* XII 966d; vgl. auch *Gorg.* 465d; dazu Pepe 2002, 109). Dass Sokrates sich letztlich doch von Anaxagoras enttäuscht abwendet, lässt eine für Platons Naturphilosophie entscheidende Differenz erkennen. Denn trotz der vielversprechenden Etablierung des ›Geistbegriffes‹ im Kontext naturphilosophischer Ursachenforschung löst sich Anaxagoras nicht von einem materialistischen Naturbegriff, sondern bleibt einer mechanistischen und materialistisch-reduktionistischen Naturerklärung verhaftet. Eben hier trennen sich Sokrates und Platon von ihm und setzen seiner Lehre einen Anti-Reduktionismus entgegen, insofern sie nach Finalursachen forschen, im Geist (*nous*) eine intelligible Entität suchen und ihr Ziel durch eine ›Flucht in die Logoi‹, also eine dialektische Auseinandersetzung, zu erreichen hoffen. Tatsächlich löst Platon dann in seinen Dialogen selbst ein, was Anaxagoras nicht bieten konnte.

Der Mythos im *Phaidon* und der *Timaios* bieten jeweils einen Versuch, mechanische und finale Ursachenerklärung der sinnlichen Welt zu harmonisieren. Im Mythos des *Phaidon* werden die Form der Erde, ihr Ort im All und die Bewegungen himmlischer Körper erläutert. Neben einer Reihe einfacher Erklärungen hat der Mythos eine teleologische Dimension. Die teleologischen Erklärungen sollen andeuten, was Anaxagoras hätte lehren sollen, um zu klären, wie das Gute im Kosmos eine Rolle spielen kann (Sedley 1991, 359–383). Den geographischen Angaben zufolge leben wir demnach unterhalb der wahren Oberfläche der Erde, aber oberhalb einer Unterwelt, in der sich u. a. die bekannten Ströme Ozean, Acheron, Pyriphlegethon und Styx/Kokytos befinden. Wir erfahren, dass es Zonen gibt, die Stationen für Seelen bei ihrer Reinigung darstellen, je nach deren Lebenswandel. Die mediterrane Welt ist nur ein Punkt auf der Erde, um den die Menschen wie Frösche um einen Weiher herum wohnen (*Phd.* 109a–b). Die Thematik wie auch besonders die Erdhöhle (109a–111c) erinnert an das Höhlengleichnis in der *Politeia*. Bei diesen Ausführungen spielt der Geist zwar eine wichtige Rolle, wird aber anders als bei Anaxagoras als geistige Entität verstanden. Einem materiell-mechanistischen Naturbild wird ein teleologischer Ansatz entgegen gehalten, der nach Sinn und Zweck der Phänomene fragt. Sokrates' und Platons Verhältnis zu Anaxagoras ist also ambivalent. Die Darstellung im *Phaidon* und andere Stellen in den Dialogen machen deutlich, dass Sokrates das Werk des Anaxagoras gelesen hat und dass Sokrates' Entwicklung nicht in grundsätzlicher Absetzung oder Ablehnung von zentralen Lehren seines intellektuellen Umfeldes besteht. Vielmehr greift er Anregungen auf, baut auf diesen auf und überwindet sie, indem er sie auf eine neue Ebene hebt: Aus Anaxagoras' *nous* wird bei ihm eine geistige Entität, ein Ordnungsfaktor der Welt, der freilich mit Blick auf das, was gut ist, ordnet.

14.2 Empedokles

Nicht nur in die argumentativen Partien lässt Platon gerne Reminiszenzen an seine Vorgänger einfließen. Auch in die der Dichtung nahestehenden Partien, die Mythen, fügt er Hinweise auf seine philosophischen Vorgänger ein. Darunter erinnert besonders viel an Empedokles aus Akragas (ca. 490 v. Chr.–430 v. Chr.). Dies mag auch darin begründet sein, dass Empedokles für seine philosophische Botschaft die Gedichtform und manche in mythischen Kontext passende Bilder wählte. Platons Anspielungen können als Reaktion auch hierauf verstanden werden. Insbesondere der *Timaios*, der *Politikos*-Mythos, aber auch die Aristophanes-Rede im *Symposion* bieten Anlass, über Beziehungen zu Empedokles nachzudenken (O'Brien 1997). Empedokles stammt aus einer angesehenen, politisch engagierten adligen Familie. Er tritt uns als wandernder Wunderheiler und Wahrsager mit charismatischer Ausstrahlung und erheblichem Selbstbewusstsein entgegen (DK 31 B 112, 4 ff.), hat sich aber gleichwohl nach der Überlieferung für demokratische Bestrebungen eingesetzt, wurde verbannt und ging (nach der Verbannung) nach Thurioi (444/443 v. Chr.). Neben seiner philosophischen Tätigkeit soll er ein guter Redner gewesen sein. Unter den Werken sind vor allem *Über die Natur des Seienden* (*Peri physeôs tôn ontôn*

oder *Physika*; vgl. Primavesi 2008) in Hexametern und (nach der Suda) wohl in zwei Büchern mit einer Zeilenzahl von 2000, und die *Reinigungen* (*Katharmoi*), ebenfalls in daktylischen Hexametern, von Bedeutung, wobei umstritten ist, ob es sich um zwei unterschiedliche Gedichte handelt, in denen Empedokles religiöse Fragen und naturphilosophische Aspekte seiner Weltsicht getrennt behandelt. Seit der (Wieder-)Auffindung eines Straßburger Papyrus mit Textresten nimmt man an, dass religiöse Vorstellungen und Physik bei Empedokles zu verbinden sind und ein einheitliches Weltbild darstellen.

Empedokles geht es offenbar um eine Vermittlung von Parmenides' These der Unveränderlichkeit des Seins – Empedokles nimmt die Existenz von vier Elementen an: Feuer, Wasser, Erde, Luft – und der Veränderlichkeit der phänomenalen Welt als Ergebnis einer liebenden Vereinigung. Dabei propagiert Empedokles die regelmäßige Wiederkehr des immer gleichen Prozesses eines Wechsels von Einheit (*sphairos*) und Vielheit in einem kosmischen Zyklus (zweifach). Mit seiner Dämonenlehre steht Empedokles in der Tradition des Pythagoras. Mythische Aspekte wie die Strafung der Götter bei Blutschuld durch Inkarnation fügen sich in das Programm der beiden Gedichte ebenso wie naturphilosophisch-kosmologische Erwägungen. Seine Lehrdichtung brachte Empedokles die Bewunderung des Aristoteles ein, der ihn (nicht Parmenides) als Vertreter des Lehrgedichtes mit philosophischem Inhalt Homer als Vertreter des Epos an die Seite stellte. Für Lukrez ist Empedokles ein großes Vorbild, und Spätere (z. B. Plutarch) rühmen seine poetische Sprache. Aber auch Platon hat Empedokles beeindruckt und beeinflusst. Das mag schon für die Verbindung von Mythos mit naturphilosophisch-physikalischen Elementen in seinen Kunstmythen (z. B. *Phaidon*), aber auch für manches philosophische Konzept gelten. Mit Namen erwähnt wird Empedokles bei Platon nur zweimal eher beiläufig. Im *Menon* (76c) kommt Sokrates dem Wunsch seines Gesprächspartners nach einer Definition von ›Farbe‹ nach und folgt dabei der physikalischen Theorie des Empedokles (die er wohl einer Schrift des Gorgias entnommen hat: 76b): »Farbe ist ein dem Gesichtssinn angemessener, wahrnehmbarer Ausfluss von Körperflächen« (76d). Im *Theaitetos* erinnert Sokrates daran, dass Empedokles wie Heraklit oder Homer davon spreche, dass alles aus der Bewegung entstanden sei (152e). Auch an anderen Stellen, wo Empedokles' Name nicht fällt, hat man Anspielungen auf Empedokles vermutet. Im *Sophistes* ist etwa sicherlich Empedokles gemeint, wenn von den »sizilischen Musen« (242c ff.) die Rede ist, nach denen die Welt sich durch einen Wechsel von Einem und Vielem auszeichnet, wobei sie zum einen die Liebe (*philia*) als Prinzip der Einheit und zum anderen der Streit (*neikos*) als Prinzip der Vielheit beeinflussen. Wenn bei Platon den ›sizilischen Musen‹ der Vorwurf gemacht wird, dass sie mit ihren Adressaten wie mit kleinen Kindern sprächen, ohne sich zu kümmern, ob sie folgen könnten oder nicht (*Soph*. 242c–243b), dann ist dies an die Vorsokratiker allgemein gerichtet, passt aber in der Tat besonders zum Vorgehen des Empedokles in seinem Gedicht mit Blick auf den Adressaten Pausanias. Es kontrastiert zudem gut mit dem philosophischen Procedere des Sokrates bei Platon, der nach Homologie strebt und der sich deshalb immer bei seinem Partner versichert, ob dieser alles verstanden hat. Die kosmischen Zyklen mit ihren Umkehrungen der Weltläufe im Mythos des *Politikos* (269d–270a) erinnern in der Tat an empedokleisches Gedankengut (DK 31 B 17; O'Brien 1997, 381–98). Gleiches gilt für die Anthropogonien im Mythos des *Politikos*. Sie ähneln dem Bericht des Empedokles, wonach bisweilen ganze Kreaturen aus der Erde entspringen (DK 31 B 62, 4; vgl. *Plt*. 271a), manchmal Teile des Körpers im Chaos umherwandern (DK 31 B 57) und bisweilen Monster geboren werden (DK 31 B 61). Freilich lassen sich Elemente dieser Geschichte auch anderswo in archaischer Dichtung beobachten (McCabe 2000, 153). Zu beachten ist zudem, dass bei Platon bei den Weltperioden weniger von Zyklen als von Umkehrungen die Rede ist (Cordero 2002, 105 f.). Doch hat der *Politikos*-Mythos sicherlich empedokleisches Kolorit und soll wohl auch an ihn und andere Vorsokratiker erinnern. Denn vor dieser Folie wird deutlich, dass und wie Platon einem Gott eine besondere Rolle in diesem Kontext zubilligt.

Gewiss reizvoll und nicht unplausibel ist es auch, Anspielungen auf Empedokles in Aristophanes' Rede im *Symposion* erkennen zu wollen. Man denkt dabei natürlich an die Aufspaltung zweigeschlechtlicher Wesen in Hälften, wie sie uns sowohl bei Empedokles als auch bei Aristophanes (189d ff.) begegnen. Man hat die Aristophanes-Rede geradezu als Parodie der zoogonischen Theorie des Empedokles gelesen und sie als ›drameninternen‹ Kontrast zur Diotima-Rede verstanden (O'Brien 2002, 176–193). Hier wie auch sonst nutzt Platon freilich solche literarisch-philosophischen Anspielungen, um eigenen Positionen Profil zu geben. Vielleicht lassen sich derartige Partien wie im *Symposion* (189c–193d), im *Sophistes* (242c–243a) oder im *Timaios* (34b, 36e) sogar generell als Absage Platons an die These von einem Gott lesen, der für Übel zuständig ist (O'Brien 1997, 381–398.). Allgemein aber darf man vermuten, dass Platon in seinen Mythen, die Elemente der Rationalisierung der vorhergehenden Tradition bieten, im mechanistischen Weltbild mancher Vorsokratiker auch eine ›Antwort‹ auf Versuche philosophischer Vorgänger sieht, ihren philosophischen Logos in Form von Dichtung vermitteln zu wollen. In diesem Kontext spielt Empedokles in der Tat eine wichtige Rolle (Montevecchi 2007, 71 ff.; Cerri 2007).

Das mag auch der Fall sein bei Platons Diskussionen über die Unsterblichkeit der Seele. Neben Pythagoreischem könnte hier Empedokles für die Entwicklung des Gedankens an das Fortleben der Seele über den physischen Tod hinaus eine wichtige Rolle gespielt haben. Offenbar hat Empedokles zwischen einer physischen Seele (Lebenshauch) und einer spirituellen Seele (Daimonion) unterschieden (DK 31 B 115, 117, 127). Auch wenn in religiös gefärbten Kontexten die Vorstellung von einer Unsterblichkeit der Seele bereits verbreitet war, hat Platon wohl als erster eine rationale Begründung dieser Vorstellung versucht, was für sein Rezeptionsverhalten generell bezeichnend und im späteren Platonismus (Proklos) als ein besonderes Merkmal registriert worden ist.

Freilich ist bei der Suche nach Empedokleischem bei Platon Vorsicht geboten, wenn es um Stellen geht, an denen Empedokles' Name nicht fällt. Gleichwohl finden sich Partien, in denen man den Einfluss des Empedokles vermuten darf, z. B. im *Timaios* bei den Ausführungen über den Sehsinn (O'Brien 1970). Vielleicht von Empedokles entliehen ist die Lehre der vier Grundkörper Feuer, Wasser, Luft und Erde, wobei allerdings Platons These von Modifikationen einer einstigen Grundsubstanz die Möglichkeit von Umformungen eröffnet, die bei Empedokles nicht erkennbar ist (Wasser, Luft). Wenn der Demiurg Freundschaft (*philia*) unter den Dingen (*Tim*. 32c) schafft, mag sich dies implizit gegen den kosmischen Kreislauf bei Empedokles richten (Guthrie 1978, 278 Anm. 1). Weitere Beziehungen zum *Timaios* (O'Brien 1999) oder zum *Phaidros* werden teilweise kontrovers und unter Berücksichtigung des kürzlich entdeckten Straßburger Papyrus diskutiert.

14.3 Demokrit

Während sich Platon zumeist zu philosophischen Vorgängern bekennt, auch und gerade wenn er sich von diesen distanziert, und während er durchaus zu erkennen gibt, wann und wie er von anderen beeinflusst wurde, ist dies in Bezug auf Demokrit weniger klar.

Demokrit wurde um 460/59 v. Chr. in Abdera (Thrakien) geboren. Über sein Todesjahr gibt es nur Vermutungen, die bis in die Zeit um 380 v. Chr. reichen. Demokrit hat eine große Zahl von Schriften verfasst. Seine philosophischen Vorstellungen sind uns vor allem aus dem Bereich der Physik bekannt. Fundament seiner Physik war demnach die Lehre von den beiden Grundlagen für alle Dinge, das Leere und die Atome (auch Ideen genannt), die unzerstörbar, unveränderlich und nicht entstanden sind. Das Seiende versteht Demokrit kollektiv, nicht im Sinne eines einzigen Seienden wie Parmenides, sondern als unendliche Menge. Das Leere hat keine Eigenschaften wie die Atome, die immer in wirbelartiger Bewegung sind. Demokrits Analysen irritierender Phänomene, etwa in der Zoologie, haben einen therapeutischen Charakter, insofern sie, wie z. B. die Aufforderung zum Maßhalten, zum Ziel seiner Ethik, der Euthymia (spätere Überlieferung spricht vom ›lachenden Philosophen‹: Horaz *Ep.* 2, 1, 194), beitragen sollen.

Auch wenn es im Einzelnen Dissens gibt, ist kaum zu bestreiten, dass Platon mit Demokrits umfangreichem Werk und seiner Philosophie vertraut war. Wie man jedoch schon in der Antike konstatierte (Diog. Laert. III 25), nennt Platon ihn kein einziges Mal namentlich. Dieser Umstand rief Befremden hervor und führte schon in der Antike zu verschiedenen Erklärungsversuchen. Manche Kommentatoren gehen von einer Konkurrenzsituation aus. Platon sei sich bewusst gewesen, dass er Demokrit viel verdanke. Eben dies habe er verheimlichen wollen. Einer Nachricht des Aristoxenos aus Tarent zufolge habe Platon sogar vorgehabt, die Schriften des Demokrit, deren er habhaft werden konnte, zu verbrennen (Diog. Laert. IX 40 = frg. 131 Wehrli). Doch sei er von den Pythagoreern Amyklas und Kleinias hiervon durch den Hinweis abgehalten worden, dass Demokrits Werke weit verbreitet seien. Manche werten dies als Beleg, dass Platon jeden Beweis habe vernichten wollen, dass er Demokrit geradezu plagiiert habe. Freilich spricht gegen diese Auffassung, dass die Dialoge eine solch enge Verbindung zu Demokrit nicht erkennen lassen und dass Platon in anderen Fällen keine Bedenken hat, sich zu den Quellen seines Wissens zu bekennen. Gleichwohl soll Platon Demokrit geschätzt haben, und in der Tat lassen sich in Dialogen Reminiszenzen an Demokrits Atomistik und Erkenntnistheorie erkennen. Manches spricht dafür, dass z. B. die im *Theaitetos* (202a–205e) dargestellte Lehre, wonach nicht-erkennbare Urbestandteile die Phänomene der erkennbaren Welt konstituieren, von Demokrit beeinflusst ist. Dass er sich allerdings an nicht wenigen Stellen des *Timaios* implizit gegen Demokrit richtet, ist nicht sicher, aber doch wahrscheinlich (Ferwerda 1972, 351–359), z. B. was die Rolle der ›Notwendigkeit‹ betrifft, ein Grundelement der demokritischen Physik, wie Aristoteles bestätigt (Arist. *GA* VI 8, 789b2 = DK 68 A 66). Natürlich kann man sich fragen, ob Platon von Demokrit ein Prinzip übernommen haben kann, das andere Ursachen wie z. B. den Demiurgen ausschließt. Demokrit hätte sich sicherlich geweigert, die ›Notwendigkeit‹ als sekundäre Ursache anzusehen, wie dies bei Platon (*Tim.* 46d) geschieht. Der *Timaios* bietet kaum die Möglichkeit, wirkliche Anspielungen zu identifizieren. Doch regt er an, zu fragen, ob die Art von ›Notwendigkeit‹, von der sich Platon im *Timaios* absetzt, als demokritisch angesehen werden kann (Morel 1996, 134 Anm. 2). Hier können sich anregende Beobachtungen ergeben. Vielleicht kann man sagen, dass Platon in seine Physik Vorstellungen integriert, die sich mit einer Vorstellung von ›Notwendigkeit‹ vergleichen lassen, die sich bei Demokrit findet, ohne die gleichsam hegemoniale Rolle zu akzeptieren, die ihr dort zugesprochen wird. Wenn Platon im *Timaios* die Elemente auf streng mathematische Weise zu verstehen sucht, kann man darin eine Überwindung der Atomtheorie Demokrits sehen (Stenzel 1920). Jedenfalls ist Platons Naturphilosophie, die er mit ihrer Verbindung von Kosmologie, Theologie und Ethik im *Timaios* entwickelt, eine Reaktion auf jene Trennung von Erkenntnisstreben und ethischer Norm, die nicht zuletzt bei den Sophisten, aber auch bei Philosophen wie Demokrit zu beobachten ist, und der Versuch, diese rückgängig zu machen.

Auch in Platons Ethik, besonders dort, wo es Platon um die Bewertung körperlicher Lust und ihren Bezug zur Seele geht (z. B. *Philebos* 44bff.; *Rep.* IX 583bff.), sind Reminiszenzen an Demokrits Ethik anzunehmen. Geradezu sokratisch klingt Demokrits Aufforderung, man solle auch dann, wenn man nicht entdeckt werden könne, nichts Böses tun (DK 68 B 264). Ob Platons Vorstellungen von der Entstehung der Kultur, wie wir sie z. B. in den *Nomoi* finden (z. B. III 677a–683c), von Demokrit abhängig sind, muss unsicher bleiben (Schöpsdau 1994, 358). Vieldiskutiert hingegen ist Demokrits Anteil an Platons Diskussion der göttlichen Inspiration (*enthousiasmos*), welche Dichter für sich reklamieren und die Platon in den Bereich der Philosophie transponiert. Demnach verdanken die Dichter die Produkte ihrer Kunst göttlicher

Eingebung, nicht eigenem Vermögen, und fungieren bei der Vermittlung göttlicher Botschaften in begeistertem Zustand gleichsam als Medium, das die Zuhörer ebenfalls in einen begeisterten Zustand versetzen kann. Auch für Demokrit ist göttliche Inspiration die Voraussetzung für gute Dichtung (DK 68 B 18). Freilich, anders als noch für Homer oder Hesiod, sichert göttliche Inspiration nach der Meinung Demokrits nicht mehr die Wahrheit der poetischen Werke, sondern ihre Schönheit. Cicero oder Clemens Alexandrinus, aber später auch moderne Interpreten haben auf Konvergenzen mit Platons Auffassung hingewiesen. Dabei haben die Interpreten vor allem Platons Dialoge *Ion* oder *Phaidros* vor Augen, in denen die Lehre vom *enthousiasmos* in der Tat eine wichtige Rolle spielt (Cic. *De or.* II 46, 194 = DK 68 B 17). Freilich darf nicht übersehen werden, dass Demokrit die Lehre von ›göttlich inspirierten Dichtern‹ positiv als Legitimation für die Qualität von Dichter und Dichtung wertet. Platon jedoch nimmt im *Ion*, in dem Dichtung und Dichterinterpretation sowie ihr Verhältnis zum Wissen Thema sind, das traditionelle *enthousiasmos*-Konzept als Argument für die Abwertung von Dichtung, um deren Kunstcharakter zu bestreiten (z. B. *Ion* 533e), und betont die Rolle des göttlichen ›Wahnsinns‹ (*mania*). In der Tat vertritt Platon eine gegenüber der Tradition radikalisierte Auffassung von göttlicher Inspiration, wenn bei ihm der Dichter durch Inspiration zum willenlosen Werkzeug wird (vgl. 534c), eine Position, die allerdings schon vor ihm zu beobachten ist (z. B. Aristoph., *Ran.* 816 f.). Platon illustriert die Wirkung inspirierter Dichtung eindrucksvoll mit dem Bild vom Magnetstein, der die ihm innewohnende Kraft der Anziehung auch anderen Ringen mitteilt, so dass eine Kette entsteht (*Ion* 533c–535a). Dieses Bild bringt Platon mit Euripides (frg. 567 Kannicht) in Verbindung (533d); manche sehen in ihm aber auch einen Einfluss des Demokrit. Allerdings scheint Demokrit nach unseren Zeugnissen die Wirkung des Dichters auf seine Hörer nicht weiter thematisiert zu haben. Man darf vermuten, dass der Aspekt einer Übertragung der inspirierten Kraft auf weitere Glieder der Kette eine platonische Ergänzung des Bildes ist (Flashar 1958, 58). Trotz Differenzen steht jedoch außer Zweifel, dass Demokrits Auffassung vom poetischen *enthousiasmos* zu jenem intellektuellen Hintergrund gehört, vor dem Platons Auffassungen Profil erhalten.

15 Sokrates

Sokrates wird von Aristoteles als der Philosoph genannt, der neben dem Herakliteer Kratylos Platon schon früh beeinflusst hat. Da Sokrates nichts geschrieben hat und deshalb seine Meinungen nur aus seiner Wirkung und deren Spiegelungen bei Platon zu erschließen sind, besteht die Gefahr des Zirkels. Zudem ist infolge des literarischen Kunstcharakters der platonischen Dialoge die Frage schwer zu beantworten und dementsprechend umstritten, was Platon vom historischen Sokrates übernahm und was er an Eigenem auf sein großes Vorbild gleichsam übertrug (Döring 1998; Erler 2007, 84ff; 340 ff.). Gleichwohl belegt gerade die Gattung der platonischen Dialoge – sie wurden bereits in der Antike als ›sokratische Dialoge‹ bezeichnet – und ihre Gestaltung – Platon macht in beinahe allen Dialogen Sokrates zum Protagonisten – die Wertschätzung, die Platon seinem Lehrer entgegenbrachte. In der Tat hat Sokrates als Mensch und als Philosoph den allergrößten Einfluss auf Platon gehabt: »Dies war das Ende unseres Freundes, des Mannes, der unserem Urteil nach von den damaligen, mit denen wir es versucht haben, der trefflichste war und auch sonst der vernünftigste und gerechteste« (*Phd.* 118a; übers. Schleiermacher). Diese Schlussworte Phaidons im gleichnamigen Dialog darf man wohl als Platons persönliches Zeugnis werten und davon ausgehen, dass Sokrates auf Platon als Mensch und als personifizierter Logos eine Faszination ausgeübt hat, wie sie Alkibiades im *Symposion* (215a ff.) und Phaidon im gleichnamigen Dialog verspüren (58e ff.). Im *Siebten Brief* bekennt der Autor – wohl Platon – zudem, dass Sokrates' Hinrichtung eine Wende in seinem Leben bewirkt habe (*Ep. VII* 325b–c). Schließlich dokumentieren die Dialoge Platons, in denen die Figur des Sokrates sich auf beinahe jeder Seite findet, dass ihr Autor seinem großen Vorbild ein Denkmal setzen und sich als Nachfolger des Sokrates bekennen wollte. Sokrates' Ankündigung in der *Apologie* (39c–d), es würden nach ihm welche kommen, »die euch zur Untersuchung ziehen« und »die um desto beschwerlicher (werden), je jünger sie sind« (übers. Schleiermacher), darf als Bekenntnis Platons zu seiner Sokrates-Nachfolge gewertet werden.

Trotz dieses unbestreitbaren Einflusses auf Platon ist es schwierig, das Ausmaß dieser philosophischen Beeinflussung genau zu bestimmen. Manche Interpreten sehen in den früheren Dialogen wie *Laches*, *Charmides* oder *Protagoras* Zeugnisse für den historischen Sokrates (Vlastos 1991; zuletzt etwas anders

Penner/Rowe 2007) und lassen Sokrates mit seiner Methode (*elenchos*), mit der These von der Tugend als Wissen, von der Einheit der Tugenden als Wissen des Guten und Schlechten, von der Unfreiwilligkeit des Unrechttuns, von der Unmöglichkeit gegen eigenes, besseres Urteil zu handeln (*akrasia*), von der Philosophie als Sorge für die Seele (*Apol.* 30b) Platons Lehrer sein (Ferber 2007, 263 ff.). Andere sehen allein in der *Apologie* ein Dokument, das den historischen Sokrates als praktischen Philosophen zeigt (Döring 1998, 155 f.); manche vermuten in allen Dialogen einen Anteil Platons an der Darstellung der Sokrates-Figur und weisen darauf hin, dass sie in Verhalten und Charakterdarstellung durchgängig Merkmale aufweist, die Platon als Regeln für das Verhalten eines platonischen Philosophen aufstellt, wie Adressatenorientierung, ein bisweilen unmerkliches Beherrschen des Gespräches – z. B. bei der Behandlung der Aporien (Erler 1987) – oder die Suche nach geeigneten Partnern (Szlezák 1985/2004).

In der Tat ist es beinahe unmöglich, in den Dialogen eine genaue Trennungslinie zwischen elenktischem Prüfen und lehrhaftem Vorgehen zu ziehen (Blößner 2001) und zu unterscheiden, was als ›sokratisch‹ gelten kann und was als platonische Zutat gewertet werden muss. Zudem wird Sokrates' radikaler Intellektualismus bisweilen auch schon in den frühen Dialogen durch metaphorische Ausdrücke wie ›Kind im Mann‹ (*Phd.* 77d) relativiert, was man als Andeutung jener irrationalen Komponenten in der menschlichen Seele verstehen kann, die dann in der *Politeia* ausgeführt werden und die man für Platon verbuchen möchte (Erler 2008). Insofern ist fraglich, inwiefern auch in den frühen Dialogen ein reiner Intellektualismus vertreten wird, den man mit Sokrates verbindet und der auch schon früher z. B. einen Dramatiker wie Euripides beeindruckt zu haben scheint, falls einige Stellen in seinem Werk (z. B. *Medea*) wirklich auf Sokrates reagieren.

Da sich Platon sowohl als Autor durch die *Sokratikoi logoi* als Medium für seine Philosophie als auch durch seine Philosophie selbst als ›Sokratiker‹ zu erkennen gab, trat er in Konkurrenz zu einer zu seiner Zeit lebendigen philosophisch-literarischen Bewegung, der er u. a. im Dialog *Phaidon* ein Denkmal setzte. Dort nämlich gibt der Sokratiker Phaidon einen Überblick über den Kreis um Sokrates (vgl. auch etwas anders *Apol.* 34a). Dabei wird erwähnt, dass Platon wegen Krankheit (59b) abwesend sei und dass Aristippos und Kleombrotos auf Aigina festgehalten würden. Wir erfahren die Namen anwesender Athener wie Apollodoros, Kritoboulos, Kriton, Hermogenes, Epigenes, Aischines, Antisthenes, Ktesippos und Menexenos. Von den anwesenden ›Sokratikern‹ (59b–c) haben sieben sokratische Dialoge verfasst: Phaidon, Kriton, Aischines, Antisthenes, Simmias, Aristippos, Kebes. Manche der Personen sind aus anderen Werken Platons bekannt: Mit den Namen des Aischines aus Sphettos, Antisthenes und des abwesenden Aristippos sind Gründer von Philosophenschulen genannt. Damit ist die Gruppe bezeichnet, der sich Platon selbst zurechnete, innerhalb deren er sich philosophisch und literarisch durchzusetzen hatte und von deren Mitgliedern er gewiss in verschiedener Hinsicht beeinflusst worden ist (Kahn 1996, 1 ff.). Die schlechte Überlieferungslage der Schriften der anderen Sokratiker und die vielfach offene Frage einer relativen Datierung ihrer Werke in Bezug auf Platon macht es freilich schwierig, derartige inhaltliche Konvergenzen und Differenzen auszumachen. Eine besondere Rivalität scheint zwischen Platon und Antisthenes bestanden zu haben. Doch teilte dieser offenbar Platons negative Einschätzung berühmter Politiker wie des Perikles. Aristippos mag wichtig sein für die Diskussion der Lust im *Gorgias* und im *Protagoras* (Kahn 1996, 17). Aischines' Dialog *Alkibiades* gleicht in seiner uns noch kenntlichen Struktur Platons Dialogen *Charmides* und *Laches*. Platon stand an Ansehen offenbar zunächst hinter ihm zurück, aber auch hinter Aischines, zu dem er angeblich in einem Rivalitätsverhältnis stand. Man warf ihm sogar vor, der im Gefängnis lokalisierte Dialog *Kriton* sei ein geistiges Eigentum des Aischines (Idomeneus bei Diog. Laert. III 36). Trotz der schwierigen Überlieferungslage lassen sich einige Bezüge erkennen. Der *Ion* z. B. setzt sich offenbar mit Vorstellungen des Antisthenes auseinander. Erst allmählich (ca. 385 v. Chr.) trat Platon in den Vordergrund, wurde dann aber zur beherrschenden Figur in der ›sokratischen‹ Bewegung, wozu so glanzvolle Werke wie der *Gorgias* beigetragen haben mögen (Kahn 1996, 56).

Profil erhält Platons Sokrates-Rezeption auch mit Blick auf spätere Sokratiker. Vor allem Xenophon ist hier zu nennen. Sokrates' Fähigkeit zu rationaler Selbstbeherrschung z. B. ist Thema nicht nur bei Platon, sondern auch weiterhin in der sokratischen Literatur, z. B. bei Xenophon. Auch auf Xenophon hatte Sokrates durch sein Vorbild in Verhalten und Gesprächen großen Einfluss, der sich in Schriften wie den *Memorabilien*, der *Apologie*, dem *Symposion* oder dem *Oikonomikos* niederschlug. Es gibt keinen hinreichenden Grund anzunehmen, dass sokratische Schriften

Xenophons Platon generell beeinflusst haben. Vielleicht darf man allerdings in den *Nomoi* (I 649c ff.) eine Anspielung auf Xenophons *Kyrupädie* erkennen (vgl. Kahn 1996, 29 Anm. 55). Auch wenn bisweilen persönliche Erinnerungen an Sokrates nachwirken mögen, hat Xenophon in seinen Schriften, die mehr als 40 Jahre nach Sokrates' Tod entstanden, zahlreiche philosophische und literarische Anregungen durch Platon, aber auch z. B. durch Antisthenes erfahren. Gleichwohl kann Xenophons Sokrates-Bild als Kontrast zu dem Platons dienen. Denn Xenophons Sokrates scheint sich von dem des Platons u. a. auch dadurch zu unterscheiden, dass er weniger an einer realistisch plausiblen Darstellung der Sokrates-Figur und der ›historischen‹ Szenerie interessiert scheint. Anders als Platons Sokrates beschäftigt sich Xenophons Sokrates mit Strategie, Landwirtschaft und Haushalt und bietet das Idealbild eines Menschen, der durch sein Vorbild und in theoretischen Gesprächen unterrichtet, was ein edler Mensch wissen muss. Xenophons Sokrates zeichnet sich durch große Frömmigkeit und Selbstdisziplin aus (Döring 1998, 192 f.). Im Vergleich zu Platons Sokrates ist er mehr auf das Lebenspraktische ausgerichtet; Begriffsbestimmungen, die Platons Sokrates immer wieder beschäftigen, spielen bei Xenophon eine untergeordnete und eher oberflächliche Rolle. Literarisch zeichnet sich zwar auch Xenophons Sokrates-Bild wie das Platons durch große Funktionalität aus. Doch lässt ein Vergleich erkennen, dass und wie Platon im Bemühen, Sokrates philosophisch und literarisch Realitätsnähe zu geben, Xenophon weit übertrifft (Kahn 1996, 35). Dies gilt ebenso für die uns nur in wenigen Resten bekannten Schilderungen anderer Sokratiker, die ihr Sokrates-Bild zudem bisweilen anders akzentuieren, wenn z. B. Aischines die Erotik des Sokrates mit seiner Elenktik verbindet (*aspasia*).

Hilfreich ist auch ein Blick auf Aristoteles. Platons Schüler sah eine Besonderheit des Sokrates darin, dass er die Philosophie von der Naturbetrachtung ab- und zum Studium von ethisch und politischen Fragen hinwendete (PA 642a25–31); so jedenfalls wurde in der antiken Rezeption das Sokrates-Bild auch weiterhin – und sicherlich nicht unberechtigt – wahrgenommen, wie z. B. noch Cicero belegt, wenn er ausführt, dass Sokrates »die Philosophie vom Himmel herabgerufen, sie in den Städten angesiedelt, sie in die Häuser eingeführt und sie genötigt habe, über Leben und Sitten, über Gut und Böse nachzudenken« (Cic. Tusc. V 4, 10). Diese besondere Akzentuierung des Praktischen gilt zwar schon für Sophisten, wurde aber in der Tat zum besonderen Merkmal der sokratischen ›Seelentherapie‹ (*therapeia tês psychês*) und ist Leitfaden der in den Dialogen vorgeführten Diskussionen. Auch dort, wo es um Fragen der Metaphysik (z. B. *Politeia*) oder der Naturphilosophie (*Timaios*) geht, steht immer die Frage ›wie soll ich leben, um glücklich (*eudaimôn*) zu sein?‹ im Hintergrund. Generell darf man wohl davon ausgehen, dass Sokrates' Intellektualismus, d. h. seine Überzeugung, dass die Vernunft die Macht hat, Gefühle und Antriebe zu beherrschen, das Leben auch in schwierigen Situationen und angesichts des Todes zu lenken (vgl. *Prot.* 352b ff.), ein wesentliches Merkmal seines Lebens und Denkens ausmachte, das Platon beeindruckt und beeinflusst hat. Methodisch wird man an Sokrates' Suche nach Definitionen denken, bei der es ihm nicht um die Bestimmung von Wortbedeutungen ging, sondern darum, das Wesen einer Sache zu erfassen. Dieser Ansatz wird Platon ebenso beeinflusst haben wie Sokrates' induktive Argumentationsweise (*epagôgê*), mit der er vom Besonderen zum Allgemeinen einer Sache gelangen wollte. Dabei bediente sich Sokrates gerne langer Beispielreihen und zog aus ihnen allgemeine Folgerungen. Farben, Töne, Gesetze und andere Dinge des täglichen Lebens werden schön genannt, wenn sie nützlich sind. Also ist schön, was nützlich ist. Damit ist zwar kein eigentliches Beweisverfahren, wohl aber ein heuristisch hilfreiches Werkzeug für die Bestimmung von Begriffen gefunden, das Platon selbst allerdings später kritisch hinterfragte (Kutschera 2002, I 26 ff.).

Dies wird auch deutlich bei dem, was Platons Sokrates selbst in einer Art ›autobiographischen‹ Partie des *Phaidon* vorbringen lässt, wonach er sich nach einer Enttäuschung durch Naturphilosophen den Logoi und dort Fragen nach Wertebestimmungen zugewandt habe (*Phd.* 96a–101e). Mit dieser Hinwendung zum ethisch-praktischen Aspekt der Philosophie mag Sokrates Platon in der Tat einen wesentlichen Impuls gegeben haben. Nachdem die Vorsokratiker die Kosmologie einer rationalen, kritischen Neubewertung unterzogen hatten, bedeutete Sokrates' ›Rationalisierung der Ethik‹ eine Abwendung vom Monopol der Dichter, insbesondere Homers, als Reservoir ethisch-praktischer Belehrung, die sich vor allem an Wertevorstellungen der Adelswelt orientiert.

Man wird mit aller Vorsicht sagen dürfen, dass Sokrates' Lebensweise, seine Art des prüfenden Umgangs, seine Skepsis gegenüber Naturphilosophie, seine bedingungslose Suche nach Wahrheit und Weisheit (*Apol.* 28e), die nicht lehrt, sondern mittels Elenktik, Ironie und Aporie lernen und für die Seele seiner Partner Sorge tragen will, die nach Bestimmungen von Tugend sucht und die Möglichkeit von Akrasie bestreitet, Platon besonders beeinflusst haben. Derartige Aspekte hat Platon dann durch seine *Interpretatio Platonica* des Sokrates-Phänomens inhaltlich philosophisch begründet und methodisch weiterentwickelt. Denn viele Diskussionen in Platons Dialogen wirken in der Tat wie eine philosophische Rechtfertigung sokratischen Verhaltens und gleichzeitig wie ein Bekenntnis Platons zu seinem Lehrer Sokrates. Wenn Platon in der autobiographischen Partie des *Phaidon* z. B. Sokrates die Ideenlehre zuschreibt, die nach allem, was wir zu wissen glauben, Platon entwickelt hat, dann sollte man daraus keinen philosophiehistorischen Schluss im Sinne eines Schüler-Lehrer-Verhältnisses in diesem Bereich ziehen (Mansfeld 1986, 42), sondern ein grundsätzliches Bekenntnis Platons zu seinem Lehrer und Platons Wunsch erkennen, seine Ansichten mit Sokrates' philosophischen Zielen konvergieren zu lassen.

16 Sophisten

Von großer Bedeutung für den intellektuellen Hintergrund von Platons Philosophie sind die Sophisten, die infolge der Demokratisierung der Gesellschaft und ihrem wesentlichen Merkmal, der Rechtsgleichheit (Isonomie) in Erscheinung traten. Um 458 v. Chr. wurden durch ein Gesetz des Ephialtes und Perikles hohe Ämter auch für Mitglieder der unteren Schichten zugänglich; es gab Diäten, Ämtervergabe durch das Los, Pflicht zur Rechenschaftsablegung und gemeinsamer Beratung aller staatlichen Angelegenheiten (Hdt. III 80, 6). Dies machte es für die Bürger notwendig, ihre Rechte im öffentlichen Leben, in der Volksversammlung, aber auch im eigenen Haus wahrzunehmen. Die Demokratie verlangte und bewirkte u. a. eine Kodifizierung des Rechts, was das Gewohnheitsrecht verdrängte, durch schriftliche Fixierung aber Rechtsgleichheit und Schutz gegen Tyrannis ermöglichte. Gegen Ende des 5. Jh.s war es geradezu verboten, sich auf ungeschriebenes Recht zu berufen. Deshalb kam dem Erwerb entsprechender Schlüsselqualifikationen wie Redekunst, Kenntnissen in politischen Verfahrensfragen oder in praktischen Verhaltensnormen eine wachsende Bedeutung zu. Dies galt umso mehr, als infolge des im 5. Jh. verbreiteten Selbstbewusstseins in Athen Kompetenz in diesem Bereich nicht als von Natur aus gegeben, sondern als durch Erlernen erwerbbar angesehen wurde. Wenn gute Abstammung allein aber Tüchtigkeit (*aretê*) nicht mehr garantieren kann, Tüchtigkeit vielmehr standesunabhängig wird (Kerferd/Flashar 1998, 3 ff.), dann steht allen Erfolg offen. Da dieser nicht zuletzt auf dem persönlichen Auftreten beruht, werden Unterweisung und Hilfestellung wichtig. Diesem wachsenden Bildungsbedürfnis kamen die Sophisten entgegen, die, wie Plutarch treffend bemerkt (*Vit. Them.* 2), das Angebot traditioneller Kenntnisse und praktische Einsicht um wissenschaftliche Aufarbeitung und didaktische Vermittlung von Verfahrensweisen ergänzen, über die man verfügen musste, wollte man sich im öffentlichen Leben der Demokratie durchsetzen. In diesem Bereich boten sich die Sophisten als professionelle Lehrer an, wobei sie sich als Aufklärer und ›Avantgarde normalen Lebens‹ verstanden (Buchheim 1986). Besonders taten sich Protagoras aus Abdera (ca. 490–420 v. Chr.), Gorgias aus Leontinoi (ca. 490–385), Antiphon aus Athen (ca. 470–400 v. Chr.) und Prodikos aus Julis (ca. 465–390 v. Chr.) hervor, die alle prominent in Platons Dialogen figurieren. Im *Protagoras* bietet Platon ein Panoptikum der Sophisten im

Haus des reichen Kallias; diese Szenerie ist vielleicht inspiriert von der Komödie *Kolakes* (Schmeichler) des Eupolis (412 v. Chr.).

Grundvoraussetzung war die aus archaischer Adelsethik erwachsene Überzeugung, wonach die Natur des Menschen nicht mehr nur durch Abstammung und Veranlagung, sondern auch von Entwicklungsmöglichkeiten dieser Anlagen geprägt ist und so der Erziehung große Möglichkeiten eröffnet sind. Die Frage nach Lehrbarkeit von Tüchtigkeit wurde zu einem wichtigen Thema des philosophischen Diskurses und zum Streitpunkt mit den Sophisten (Gorgias, Protagoras), den Platon dann besonders in den frühen Dialogen aufgreift. Eben diese für die soziale und politische Bewährung wichtigen Bereiche gehörten zu den Unterrichtsgegenständen, für die sich die Sophisten als Fachleute und Lehrer anpriesen und für deren Vermittlung sie sich bezahlen ließen mit dem Ziel, auf die aktive Teilnahme am öffentlichen Leben vorzubereiten (*Prot.* 318d–319a). Neben Rhetorik und Kenntnissen der politischen Verhaltensnormen gehörten dazu Auseinandersetzung mit Problemen der Sprache, der Ontologie, der Erkenntnistheorie, des dialektischen und eristischen Diskurses, aber auch alle Bereiche traditioneller Bildung wie Grammatik, Dichtererklärung, Mythologie, Religionsphilosophie, praktische Ethik, Themen und Problemfelder, die daher auch in Platons Dialogen eine entscheidende Rolle spielen.

Die Sophisten haben zu den sich hieraus ergebenden Fragen beigetragen oder Diskussionen angeregt. Dabei lag ihr Interesse vornehmlich auf praktischen Aspekten wie Vermittlung und Anwendung von Wissen. Bevorzugte Themen waren die Problematik des Verhältnisses von *nomos*, *physis* und *aretê*, wobei *nomos* als menschliche, aber göttlich sanktionierte, auf Konvention beruhende und deshalb von Polis zu Polis und Volk zu Volk unterschiedliche Sitte und Norm der *physis* entgegengesetzt wurde, die als objektive Natur einer Sache verstanden wurde, die unabhängig ist von menschlicher Entscheidung. Die Sophisten konzentrierten sich auf die Bedürfnisse einzelner Menschen als Gegenstand ihrer empirischen und induktiven Untersuchungen, mit dem Ziel, durch Aufklärung den Menschen Handreichungen für die Meisterung des Lebens zu geben; sie unterschieden sich also in ihrer Methode und in ihrem Ziel von den Vorsokratikern und deren Suche nach Wahrheit und Sein, differierten aber auch von Platon, der allgemeingültige Erkenntnis mittels deduktiver, von ersten Grundsätzen ausgehenden Verfahren ermöglichen wollte.

In der Tat waren die von Stadt zu Stadt ziehenden Sophisten als Verfechter einer breiten Bildung und als Lehrer von Techniken, die helfen sollten, sich im alltäglichen Leben zurecht zu finden, angesehene Persönlichkeiten des kulturellen Lebens Athens (Buchheim 1986). Freilich erregte eine derartige Professionalisierung der Wissensvermittlung aber auch Widerspruch; das sich ganz an den Bedürfnissen des Volkes orientierende Auftreten mancher Sophisten wurde bisweilen von konservativen Kreisen als populistisch empfunden und in der Alten Komödie verspottet (z. B. Aristoph. *Nub.* 311). Sophisten galten aus dieser Sicht als schlau und gerissen (Guthrie 1969, 27 ff.). Sokrates' Ankläger Anytos steht für ein derartiges, offenbar verbreitetes Ressentiment (*Men.* 91a–92e). Sokrates jedenfalls gibt sich in der *Apologie* überzeugt, dass die Anklage gegen ihn an eben dieses Vorurteil appelliert, indem sie ihn in die ›sophistische Ecke‹ zu stellen versucht (*Apol.* 19d).

Platons Dialoge zeugen von der Bedeutung der Sophisten in seiner Zeit, denn er lässt wichtige Repräsentanten wie Protagoras, Gorgias oder Prodikos in zahlreichen Dialogen auftreten. Bisweilen figurieren Sophisten sogar als Protagonisten, wie im *Gorgias* und im *Protagoras*. Im *Protagoras* zeichnet Platon zudem ein – wenn auch ironisiertes – Bild der sophistischen Bewegung. Dabei fällt auf, dass Platon sich keineswegs nur negativ über alle Sophisten äußert, sondern dass er z. B. Protagoras durchaus mit Respekt und Humor begegnet. Zudem ist fraglich, ob Positionen wie die des Kallikles oder Thrasymachos mit ihrer Zurückweisung allgemeiner Moralität wirklich als typisch für die sophistische Bewegung angesehen werden dürfen (Antiphon). Protagoras jedenfalls verteidigt eine durchaus konventionelle Moral. Gleichwohl ist Platons Haltung gegen die von den Sophisten vertretenen Positionen grundsätzlich kritisch. Ein wesentlicher Stein des Anstoßes ist schon die den Sophisten unterstellte populistische Grundhaltung, die sich an populären Auffassungen orientierte. In der Tat hält Platons Protagoras für gut, was vielen gut scheint (*Tht.* 167c). Diese Anpassung an die Volksmeinung führt nach Ansicht des platonischen Sokrates dazu, dass Sophisten wie Kallikles in den ›Demos‹ – das Volk – verliebt seien (*Gorg.* 481c ff.). Dieser Geliebte ›Demos‹ freilich sei ein launiger Gesell. Deshalb müsse Kallikles seine Meinung stets ändern, um seinem Geliebten zu gefallen. Wer sich einem Geliebten wie dem ›Demos‹ anpassen will und deshalb wie Kallikles ständig seine Meinung ändere, laufe Gefahr, mit sich selbst in Widerspruch, in Disharmonia, zu geraten (482b). Dem setzt Sokrates im

Gorgias entgegen, dass seine Geliebte die Philosophie sei, die »immer dasselbe« sage (482a), keineswegs wechselhaft sei, sondern stets konstante Ansichten vertrete und gleiches Verhalten von ihrem Liebhaber erwarte. Deshalb also muss sich ihr Liebhaber, also Sokrates, entsprechend verhalten. Nur ein Philosoph, der immer dasselbe sagt und bei seiner Meinung bleibt, trägt zur inneren Harmonie, zur Übereinstimmung von Wort und Tat beim Menschen bei.

Nicht zuletzt wegen ihrer übergroßen ›Flexibilität‹ und wegen ihrer Bereitschaft, sich bei ihren Argumentationen allein auf die Welt der Phänomene und den *common sense* zu verlassen, damit die Relativierung der Werte zu akzeptieren und daran ihre Vorstellung von Erziehung und Wissensvermittlung auszurichten, lehnt Platon die Position der Sophisten grundsätzlich ab, obgleich er manche ihrer Thesen durchaus diskutabel findet. Doch vermisst er bei den Sophisten die jeweils notwendige rationale Begründung. Deshalb sieht er in den Sophisten noch im späten Dialog *Sophistes* Täuschungskünstler (268cd), die ontologisch dem Bereich des Scheins zuzuordnen sind. Der Umstand, dass Platon sich noch in einem späten Dialog mit dem Phänomen ›Sophist‹ auseinandersetzt, zeigt die Bedeutung, welche die sophistische Bewegung für Platons Denken trotz seiner immer bekundeten Ablehnung hat. In der Tat lässt ein Blick in die Themenvielfalt seiner Dialoge erkennen, dass Fragestellungen, Thesen, aber auch Methoden der Sophisten nicht ohne Einfluss auf Platons eigenes Denken geblieben sind – und dies gerade auch da, wo er sich von ihnen dezidiert distanziert. Man kann sagen, dass Platons Vorstellung von Philosophie und philosophischer Methode geradezu als ein Gegenentwurf zur Vorstellung der Sophisten konzipiert ist. Platon musste daran gelegen sein, sein neues Konzept von Philosophie vom Erscheinungsbild des Intellektuellen seiner Zeit abzusetzen. Nicht zuletzt hierzu dienen die Auseinandersetzungen mit den Sophisten und ihren Schülern in den frühen Dialogen.

Dabei wird deutlich, dass Platon in der Tat Mittel, Themen, Techniken der Lebensbewältigung, Antworten auf drängende Fragen durch die Sophistik aufgreift, diskutiert und bei Lösungsvorschlägen neue Akzente setzt. Dies gilt z. B. für die Frage nach der Einheit der Tugenden oder die ihrer Lehrbarkeit: Platon geht mit den Sophisten von einer Lehrbarkeit der Tugend aus, akzentuiert die Art ihrer Lehrbarkeit aber anders. Auch die von den Sophisten diskutierte Frage nach Natur und Konvention, Macht und Glück, Freiwilligkeit oder Unfreiwilligkeit von Unrecht, aber auch Fragen nach der Rolle der Sprache oder der Literatur in der Gesellschaft, greift Platon auf und deutet eigene Lösungen an. Platons Antwort auf Protagoras' *homo-mensura*-Satz lautet, dass nicht der Mensch, sondern Gott das Maß aller Dinge ist. Diesem Gott des Maßes sollen sich die Menschen in Platons Gesetzesstaat angleichen (*Leg.* IV 715a–716d), indem sie die Affekte der Seele kontrollieren und die Seelenteile harmonisieren (V 733a). Die Übertragung natürlicher Überlegenheit auf die Gestaltung des politischen Lebens durch Kallikles wird durch die Frage unterlaufen, was denn ›Stärke‹ und Durchsetzung der eigenen Interessen wirklich bedeutet. Sie wird sodann durch eine neue Bestimmung dessen, was gut für den Menschen ist, aufgehoben. Gesetze werden in diesem Kontext als Leitlinien dann akzeptiert, wenn die Herrschaft nicht von denjenigen ausgeübt wird, die als Philosophen das wirklich Gute kennen. Ansonsten macht die Kompetenz der Philosophen und die Einsicht, dass jeder aus eigener Fähigkeit heraus das jeweils Eigene tut, ein Regelwerk unnötig. Sprache wird nicht als Mittel zur Manipulation und Durchsetzung eigener Interessen akzeptiert, sondern als Mittel dialektischen Erkenntnisgewinns angesehen, wenn eine Anbindung der Worte an allgemeine Standards (Ideen) vorauszusetzen ist.

In vielen Fällen erhalten also platonische Positionen und Lösungsvorschläge vor dem Hintergrund sophistischer Tradition besonderes Profil. Platon selbst macht im *Euthydemos* darauf aufmerksam, in dem es u. a. darum geht, die sokratisch-platonische philosophische Methode vor einer Verwechslung mit derjenigen von Eristikern – eine besondere Art sophistischer Unterhaltungskünstler – zu bewahren. Wir werden im *Euthydemos* Zeugen eines Wettkampfes um die beste Methode, wie Schüler zu gewinnen und zu belehren sind. Der eristische Wortkampf der beiden Virtuosen im Streitgespräch, Euthydemos und Dionysodoros, die widerlegen ›was immer gesagt wird, ob wahr oder falsch‹, illustriert die Praxis einer Art von Argumentationsweise, der es um bloße Unterhaltung und Werbung für eine Methode ohne Inhaltsbezogenheit geht. Es gehört zur Ironie platonischer Darstellungskunst, dass das inhaltlich leere Spiel der Eristiker den Ernst philosophisch-platonischer Probleme andeutet, die Platon in den Dialogen diskutiert (Anamnesis-Lehre, Gesetz vom Widerspruch, Frage, wie Nicht-Seiendes ›ist‹, Gebrauch von ›sein‹, logische Möglichkeit von Negation, Irrtum, Widerspruch). Durch diese literarischen Signale deutet Platon an, dass die eristische Methode unter Beachtung inhaltlicher Kriterien auch anders verwendet werden könnte. Und in der Tat ist es der Fall, dass sie von Sokrates in den Dialogen anders verwendet wird.

Der Kontrast zu einer an Sachlösungen orientierten ›protreptischen‹ Diskussionsweise des Sokrates dient nicht zuletzt der Verteidigung der sokratisch-platonischen Methode gegen Missverständnisse seines Philosophierens. Generell ist die Sokrates-Figur im *Euthydemos* – Sokrates ist kein Wanderlehrer, bleibt immer in Athen; er beansprucht nicht, immer nur Neues zu sagen, er beansprucht kein Wissen, er lehrt nicht gegen Geld, ihm geht es nicht um schnelle Wissensvermittlung, er kümmert sich nicht um die Menge, sondern akzeptiert nur Geeignete als Partner – wie ein positives Gegenstück zum Verhalten gezeichnet, das man mit Sophisten in Verbindung bringt.

17 Rhetorik

Zu den Elementen seines kulturellen Umfeldes, mit denen sich Platon besonders intensiv und kritisch auseinandersetzt, gehört die Rhetorik. Die Kunst der Rede war im politischen Leben des 5. Jh.s vor Gericht oder in der Volksversammlung von großer Bedeutung als Mittel, eigene Ansprüche geltend zu machen. Zwar ist der Terminus ›Rhetorik‹ zuerst bei Platon (*Gorg.* 449c) belegt. Doch basieren Platons Reflexionen auch hier auf einer vorgängigen Tradition, mit der er bestens vertraut ist. Im *Phaidros* (*Phdr.* 266d–269d) bietet Platon einen Überblick über Vorzüge und Mängel der traditionellen Rhetorik, den man als ›frühestes Beispiel einer Wissenschaftsgeschichte‹ bezeichnen kann (Heitsch 1993/1997, 152). In diesem Zusammenhang verfolgt Platon die Geschichte der Rhetorik zurück bis zu deren ›Erfindern‹ Teisias aus Syrakus und Korax, diskutiert die Bedeutung wichtiger Repräsentanten traditioneller Rhetorik wie Gorgias aus Leontinoi, Protagoras aus Abdera, Hippias aus Elis, Prodikos aus Kos, Thrasymachos aus Chalkedon, mit deren Werk Platon offenbar bestens vertraut ist und denen er sogar bisweilen eine Rolle in seinen Dialogen zuweist (z. B. Gorgias im *Gorgias*, Thrasymachos in *Politeia* I). Zugleich thematisiert Platon im *Phaidros* wesentliche Bestandteile der Redekunst (Proömium, Dihegesis etc.).

Neben diesen geschichtlichen Perspektiven im *Phaidros* setzt sich Platon in seinem Œuvre auch sonst immer wieder mit Protagonisten traditioneller Rhetorik auseinander, vornehmlich im *Gorgias*, aber auch in anderen Dialogen, bisweilen explizit, bisweilen ohne konkret Namen zu nennen. In diesem Zusammenhang hat offenbar Isokrates eine wichtige Rolle gespielt, der einmal genannt (Heitsch 1993/1997, 218–225; 257–262) und einmal wohl indirekt angesprochen wird (vgl. *Euthd.* 304d, 305c–e). Dabei billigt Platons Sokrates ihm durchaus philosophische Begabung, ja einen ›göttlicheren Antrieb‹ (*Phdr.* 279a) zu. Isokrates war der einflussreichste Rhetoriklehrer und Schulgründer im 4. Jh., nach eigenem Verständnis ein Philosoph und ein durchaus erfolgreicher Konkurrent Platons (Ries 1958; Eucken 1983). Er setzte sich mit den Sokratikern in seiner Schrift ›Gegen die Sophisten‹ (zwischen 395 und 390 v. Chr.) und zunehmend auch mit Platon auseinander. Manche Partien in Platons Dialogen lassen einen Bezug zu isokratischen Vorstellungen erkennen. Vermutlich reagiert Platon z. B. mit dem *Euthydemos* auf Isokrates' Schrift *Gegen die Sophisten*. Manche Thesen Platons wie z. B. das Postulat, dass Rhetorik sich nicht an Meinung, sondern an Wissen zu orientieren habe, gewinnen vor Isokrates' gegenteiliger Position Profil. Auch Isokrates' Einstellung gegenüber dem Logos und generell gegenüber geschriebenen Texten, die vom menschlichen Logos Klarheit erwartet und Texten Autonomie zubilligt, steht Platons Auffassung entgegen und gehört zum Horizont, vor dem Platons Schriftkritik verstanden werden muss. Das gleiche gilt für Platons Kritik der Mündlichkeit, die vor ein sich bloß einprägendes Lernen, wie es auch Isokrates vertritt, den aktiven Selbsterwerb von fremden Ansichten setzt (Erler 2003).

Das Personal der Dialoge nimmt nicht selten Bezug zu isokratischen Vorstellungen. Auch ganze Schriften Platons wie der *Menexenos* gewinnen mit Blick auf Isokrates (z. B. *Panegyrikos*) an Profil (Müller 1991, 140–156; 1999, 440–446). Dabei treten Differenzen Platons in der Auffassung vom Verhältnis von Philosophie und Rhetorik ebenso zutage (Nightingale 1995, 28 ff.; Perleman 1993, 86–93) wie zu der Rolle, der Bildung und Schrift in diesen Kontexten zuzuweisen sind (Erler 1992b, 122–137; Usener 1994). Freilich ist nicht sicher, ob man in solchen Fällen von einer Beeinflussung sprechen sollte. Manches Problem und die jeweils unterschiedlichen Lösungsvorschläge (z. B. hinsichtlich der Schrift, vgl. Erler 1987; Usener 1994) sind wohl als Parallelentwicklungen anzusehen. Die Auseinandersetzung mit den Grundlagen, Intentionen und Methoden traditioneller Rhetorik ist in den Dialogen immer wieder Thema und wird in ihnen zudem direkt illustriert.

Dies gilt z. B. auch für die Auseinandersetzung mit verschiedenen Formen der Kommunikation, zu der z. B. die Makrologie gehört, d. h. die Intention vieler Sophisten, Probleme und Fragen in Form langer, dozierender Rede, statt in gemeinsamer, durch Frage- und Antwortspiel gekennzeichnete Wahrheitssuche abzuhandeln. Die Frage nach angemessenen Kommunikationsformen im philosophischen Kontext wird in Auseinandersetzung vor allem mit den Sophisten z. B. im Dialog *Protagoras* diskutiert und dabei auf Unterschied und Vorrang kurzer dialogischer Form philosophischer Auseinandersetzung vor sophistischer Makrologie hingewiesen. In der Tat bietet der *Protagoras* wiederholt eine methodische Diskussion über den Nutzen der Makrologie (Protagoras) und des kurzen Dialogs (Sokrates) (334c–338e; vgl. 328d–329b) und führt beides in einer Art Agon vor, in dem Sokrates sich durchsetzt. Im Verlauf dieses Agons werden verschiedene Arten philosophischer Kommunikation vorgeführt und diskutiert, in denen sich Sokrates immer wieder als Meister erweist: Privates Seelsorgegespräch (*Prot.* 310a ff.), öffentlicher Vortrag durch Protagoras (320c–328b), der sowohl mythologische Erzählung wie argumentative Beweisführung umfasst, elenktisches Prüfungsgespräch. Betont wird der Vorrang dialogischer Auseinandersetzung, die Platon als Methode inhaltlich-dialektischer Wahrheitssuche gegenüber sophistischen Diskursformen (z. B. Makrologie) präferiert. In diesem Kontext ist auch der auffällige Wechsel von Elenchos und belehrender Makrologie (Diotima-Rede) im *Symposion* (199b ff.) zu sehen. Die in den Dialogen reflektierte und illustrierte Kritik gibt gleichsam positiv der von Platon propagierten neuen Auffassung von Rhetorik Profil. Denn Platons Protagonist Sokrates artikuliert nicht nur kritische Distanz zur traditionellen Auffassung von Rhetorik, ihrer Methode und ihren Zielgaben, sondern formuliert seine eigene Auffassung von philosophischer Rhetorik und lässt sie in den Dialogen praktisch werden. Dabei wird das Miteinander traditioneller rhetorischer Kunstmittel mit unterschiedlichen und neuen Zielvorgaben deutlich.

Besonders die Dialoge *Gorgias* und *Phaidros* begründen, dass und warum platonische philosophische Rhetorik als Erfolg wertet, was traditionelle Rhetorik als Niederlage ansieht. Platons Sokrates teilt nämlich die traditionelle Ansicht nicht, wonach Rhetorik jedem Ziel zu dienen und eigene Interessen ohne moralische Verantwortung durchzusetzen habe (*Gorgias*). Denn im Unrecht, gerade auch dann, wenn dieses Erfolg zu bringen scheint, erkennt Platon Selbstschädigung des Menschen an seiner Seele. Folglich darf es der Redekunst nicht um Durchsetzung eigener Interessen gehen, sondern es muss ihr um Befreiung von irrigen und fehlleitenden Meinungen gehen. Auch der späte Platon weist im Kontext seiner Gründung eines zweitbesten Staates auf den Nutzen von Rhetorik (*Phlb.* 58c) hin, reduziert sie freilich auf eine dienende Funktion für die königliche Kunst (vgl. *Plt.* 303e–304a), insofern Rhetorik zu richtiger Erkenntnis zwingen oder aber mit Hilfe von ›Geschichten‹ (*mythoi*) überreden kann (*Plt.* 304c–d; vgl. den Metallmythos *Rep.* IV 414b–e). Die neuen ›therapeutischen‹ Zielvorgaben bewirken einen Paradigmenwechsel beim Einsatz der traditionellen rhetorischen Mittel. Sie machen aus traditioneller Rhetorik eine ›Pflege der Seele‹ des Adressaten und eine Seelenleitung (*Phdr.* 261a), der es um Inhalte, Wahrheit und das Glück der Adressaten geht.

Nur vor diesem Hintergrund ist verständlich, warum Platons Sokrates seine Verteidigungsrede vor Gericht zu einer Anklage der in Irrtum befangenen Richter werden lässt und in seiner Verurteilung keine Niederlage, sondern einen Dienst an seinen Mitbürgern sieht. Sokrates' Verhalten ist nicht Folge von Inkompetenz, sondern Konsequenz seiner philosophischen Grundeinstellung, welcher es um die Seele der anderen geht. Damit reagiert Platon auf die in seinem Verständnis zu einem reinen Machtinstrument verkommene Rhetorik. Mit Blick auf die von Platon propagierte neue Funktionsbestimmung rhetorischer Mittel wird eine Distanzierung von anderen traditionellen Kommunikationsformen notwendig. Dies gilt für die traditionelle Rhetorik ebenso wie für Methoden agonaler Gesprächsführung, wie sie im *Euthydemos* vorgeführt, mit sokratischer Dialektik kontrastiert und kritisiert wird. Denn dieser Dialog machte die sophistische Streitkunst selbst zum Thema und setzte sie in einen Gegensatz zur sokratisch-platonischen Hinführung zur Philosophie (Protreptik). Er illustriert die Praxis sophistisch agonaler, nur auf Sieg abzielender Argumentationsweise, die auch vor Trugschlüssen nicht zurückschreckt, um ihr Beweisziel zu erreichen. Als Kontrast werden sokratische Gesprächsrunden eingefügt, in denen zu Demonstrationszwecken sokratische Werbereden für Philosophie (Protreptikos) in Form eines dialektisch-aporetischen Gesprächs vorgetragen werden, wie sie z. B. die frühen Dialoge Platons bieten. Die Gespräche enden zwar in Ratlosigkeit (Aporie), deuten aber Lösungsmöglichkeiten an. Platon bietet dem Leser also einen Wettkampf um Sinn und Zweck kommunikativer Methoden und damit gleichsam einen Eigenkommentar zu den in seinen Schriften illustrierten philosophischen Auseinandersetzungen an. Der Kontrast des Vorgehens der Eristiker zur an Sachlösungen orientierten ›protreptischen‹ Diskussionsweise des Sokrates dient nicht zuletzt der Verteidigung der sokratisch-platonischen Methode gegen Missverständnisse seines Philosophierens, die zunächst Befreiung von Unwissen erstrebt und Mangel an Wissen in den Vordergrund stellt. Auch die Sokratesfigur im *Euthydemos*, der es nicht um Sieg, Geld und schnelle Vermittlung von Wissen geht wie den Eristikern, die nicht irritieren, sondern durch Aporien befreien will, soll der Kontrastierung Eristiker–Philosoph dienen.

Die in diesem Zusammenhang wie auch in den anderen Dialogen immer wieder betonte Adressatengebundenheit sokratischer Gesprächsführung führt zudem zu kritischen Fragen nach angemessenen Kommunikationsformen für Wissen. In diesem Zusammenhang setzt sich Platon mit der zu seiner Zeit immer wichtiger werdenden schriftlichen Vermittlungsform von Wissen ebenso kritisch auseinander wie mit mündlichen Formen wissenschaftlicher Kommunikation. Da nicht jeder für die gemeinsame Suche nach Wahrheit geeignet ist (*Phdr.* 269e ff.), werden Menschenkenntnis und richtige Einschätzung der jeweiligen Situation (*kairos*) vorausgesetzt.

Diese Kritik mündet in beiden Fällen nicht in bloße Ablehnung der Tradition, sondern ist Platon Anlass für eine Neubestimmung durch Änderung der Zielvorgabe unter Beibehaltung traditioneller Mittel, aber auch Vorgabe für den Umgang mit schriftlicher und mündlicher Kommunikation (*Phdr.* 274b–278b). Mit Blick auf die geforderte situative Adressatenorientierung haben schriftliche Fixierungen ein klares Defizit, können nur mündliche Gespräche eine kommunikative Situation schaffen, die wirkliche Wissensvermittlung erlaubt. Platon ist überzeugt, dass keine Textsorte und keine literarische Form wie der Dialog die Defizite geschriebener Texte gegenüber mündlicher Kommunikation beseitigen. Allein die Funktion einer ›Erinnerungshilfe für solche, die schon wissen‹ (*hypomnêma*), billigt Sokrates geschriebenen Texten im Lernprozess zu (277e), wobei der Autor die Texte in mündlicher Diskussion mit Hilfe höher stehender und als ›wertvoller‹ gekennzeichneter Positionen ›verteidigen‹ können muss. Hierbei ist umstritten, ob auf konkrete Inhalte (z. B. Ideenlehre, oder Elemente der sog. ›ungeschriebenen‹ Lehre) verwiesen wird oder auf methodische Differenzen.

Platon präferiert im philosophischen Lernprozess also mündliche vor schriftlicher Kommunikation. Gleichwohl bedarf nach seiner Ansicht auch mündliche Kommunikation bestimmter Bedingungen, um erfolgreiche Kommunikation zu sein, z. B. die Fähigkeit, die den Formulierungen zugrunde liegenden Gedankengänge rekapitulieren zu können, welche zu der jeweiligen Erkenntnis geführt haben. Platon illustriert auch diese Problematik in den Dialogen und lässt den Leser dadurch an seinen Überlegungen teilhaben. Oft nämlich schlagen Sokrates oder seine Partner Thesen vor, die für das Gespräch inhaltlich relevant sind und sogar Lösungsmöglichkeiten andeuten. Fast immer jedoch scheitern die Versuche, das Gehörte (*akousma*) für die Diskussion fruchtbar zu machen. Im *Laches* bietet Nikias z. B. eine Bestimmung der Tapferkeit, die er schon oft von Sokrates gehört haben will (194e) und in wichtigen Gesichtspunkten Sokrates' Definition in der *Politeia* entspricht (*Rep.* IV 429b ff.). Dennoch erweist sie sich als problematisch. Das Motiv ›Hören des Richtigen, Verfehlen der Wahrheit‹ signalisiert, dass auch mündlicher Wissenstransfer problematisch sein kann, wenn man mit mündlicher Information nicht richtig umzugehen weiß. Die Kompetenz des jeweiligen Rezipienten spielt auch hier eine entscheidende Rolle. Denn auch mündliche Informationen sind unflexibel und in wechselnden Situationen nicht hilfreich, wenn man sie wie mündliche Faustregeln behandelt. Eine bloß formelhafte Übernahme von ›Gehörtem‹, wie sie in traditionellem Unterricht, auch und vor allem innerhalb der Rhetorik praktiziert wird, reicht nach Platons Ansicht nicht aus. Notwendig sind eine aktive Haltung und eine Bereitschaft, das Gehörte kritisch zu überprüfen. Der Inhalt sowohl von Texten wie von mündlicher Lehre muss erst aktiv erworben werden.

Dialogform und Eigentümlichkeiten platonischer Darstellungskunst gewinnen mit Blick auf Platons philosophische Rhetorik und Medienkritik an Profil. Denn die Regeln dieser philosophischen Rhetorik sind für Platon auch bei der Darstellung philosophischer Diskussionen im Dialog maßgeblich; platonische Rhetorik wird dadurch zu einem hermeneutischen Mittel für deren Interpretation, insofern sie die philosophische Relevanz mancher literarischer Motive erkennen lässt, z. B. die bisweilen akzentuierte Vorläufigkeit gewonnener Ergebnisse oder Hinweise auf weitere Argumentationen. Die Dialoge illustrieren und unterstützen den geforderten aktiven Lernprozess, indem weniger die Ergebnisse einer Reflexion als vielmehr der Prozess illustriert wird, der zu diesem Ergebnis führt. Sie werden damit Teil des von Platon in Auseinandersetzung mit traditioneller Vorstellung entwickelten Konzeptes der philosophischen Rhetorik.

18 Politik, Demokratie

Die Dialoge Platons sind im 4. Jh. verfasst worden. Ihre dramatische Zeit reflektiert aber Themen und Probleme, die im 5. Jh. von Bedeutung waren. Zu diesen gehörten Diskussionen über Möglichkeiten und Konditionen für ein geordnetes Zusammenleben in der Polis, insbesondere über Vorzüge und Nachteile unterschiedlicher Herrschaftsformen wie Demokratie oder Oligarchie und über die Bedeutung von Recht und Gesetz für das Glück des Einzelnen und der Gemeinschaft. Die Diskussionen im Athen des 5. Jh.s waren nicht zuletzt geprägt durch ein Spannungsverhältnis zwischen verschiedenen Wertvorstellungen. Auf der einen Seite stand die traditionelle Adelsethik, wie sie z. B. Homer vermittelte und zu der der Vorrang des herausragenden Individuums vor der Gemeinschaft und der Anspruch, mit Blick auf die eigene Überlegenheit seine Interessen durchzusetzen, gehörten – Figuren wie Thrasymachos und Kallikles reflektieren diese Einstellung. Diese kollidierten mit Wertvorstellungen der Demokratie, deren Mitglieder stolz auf eine Gemeinschaft waren, die Regeln durch Übereinkunft (*nomos*) festlegte und politische Macht gemäß der Gleichheit vor dem Gesetz unterschiedslos auf die Bürger verteilte. Ein derartiges Spannungsverhältnis wird in Platons Dialogen ausgetragen, wobei Platons prinzipielle Skepsis gegenüber Athens offizieller Politik und den sie tragenden Institutionen biographisch begründet sein mag. Immerhin umfasste Platons Lebenszeit große politische Umbrüche, außenpolitisch den Peloponnesischen Krieg (431–404), innenpolitisch u. a. den Putsch der sogenannten Vierhundert (411/10), sodann die Machtergreifung durch eine oligarchische Gruppe, die sog. ›Dreißig Tyrannen‹, zu denen mit Kritias und Charmides auch zwei Verwandte Platons gehörten. Die Folge waren innenpolitische Verwerfungen in Athen, Demoralisierung und Verlust ethischer Standards, Polarisierung der politischen Klassen und die Bildung von Vereinen junger Männer (Hetairien) aus vornehmen Familien, die eigene Vorstellungen von Recht mittels Gewalttaten durchzusetzen suchten, gleichsam als Zeichen gegenseitiger Treue – politischer Mord war an der Tagesordnung. Zwar überlebte Athens Demokratie, desavouierte sich in Platons Augen aber völlig, u. a. durch die Verurteilung des Sokrates, so dass Platon nach dem Zeugnis des *Siebten Briefes* von jedem realpolitischen Engagement Abstand nahm.

Gleichwohl ist zu konstatieren, dass Platons grundsätzliche politische Neuorientierung auch aufgrund theoretischer Probleme erfolgte, die sich aus demokratischem Rechtsverständnis und oligarchischem Anspruch des Mehr-Haben-Wollens (*pleonexia*) ergaben. Wenn nach demokratischem Verständnis die Volksversammlungen der jeweiligen Polis verbindlich entscheiden, was Gesetz ist und was als gerecht und ungerecht zu gelten hat, dann ergibt sich aus der Vielzahl der Poleis eine Vielfalt unterschiedlicher Vorstellungen von gesellschaftlicher Normen (z. B. ist Diebstahl in Athen immer, in Sparta nicht immer verboten). Diese Vielfalt führte zum Zweifel an der Existenz eines von Natur aus gegebenen Rechts. Dieses Problem greift Platon ebenso auf wie die Frage, was der Machtanspruch der Besten in der homerisch-oligarchischen Tradition eigentlich meint, welcher die unerbittliche Durchsetzung der Eigeninteressen legitimieren soll. Beide Probleme sucht er durch eine Neuorientierung zu lösen. Demnach ist die Suche nach Recht kein eigentlich politisches, sondern ein philosophisches Problem, insofern es um eine universale Norm gehen muss. Recht findet man eben nicht durch demokratische Übereinkünfte (*nomoi*), sondern nur durch Kenntnis eines universellen Phänomens, die den demokratischen Übereinkünften vorauszugehen hat. Platons *Politeia* als Manifest seiner politischen Philosophie ist ein zutiefst ethisches Werk, in dem es um die Frage geht, wie man eine gute von einer schlechten Lebensweise unterscheiden und aus allen vorliegenden immer und überall die beste auswählen kann (*Rep.* X 618b).

Die einzelnen Gesetze in den unterschiedlichen Poleis haben demnach nur als Manifestationen des universellen Rechts zu gelten (*Gorg.* 507e ff.). Nur dann ist die Vielfalt der jeweiligen Rechtsnormen zu überwinden und ergibt sich in der Gemeinschaft und im Seelenleben des Einzelnen eine Ordnung, die dem Einzelnen das Seine in der Gemeinschaft zuweist (*Rep.* IV 433a ff.), die Platon als Gerechtigkeit bezeichnet, und die für die Gemeinschaft wie für den Einzelnen Glück bewirkt. In diesem Kontext wird auch die Bedeutung von kodifiziertem Recht und sein Verhältnis zum ›ungeschriebenen Gesetz‹, welches z. B. auch in der zeitgenössischen Tragödie (Soph. *Antigone*, *Oidipous Tyrannos*; vgl. Erler 2004, 9–19) reflektiert wird, neu diskutiert: Die Philosophenherrscher haben mit Blick auf das wirklich Gute keine kodifizierten Gesetze nötig; zweitbeste Regierungsformen müssen freilich Gesetze als ein notwendiges pädagogisches Hilfsmittel nutzen (*Politikos*; *Nomoi*). Im Zuge der platonischen Neuorientierung werden schließlich die traditionellen Staatsformen wie Oligarchie, Monarchie und ihre Verfassungsformen mit Formen von Ordnung oder Unordnung im Menschen und Menschentypen gleichgesetzt. Bei der Darstellung seiner Vorstellung von einem ›geordneten‹ Gemeinwesen, von der Verantwortung des Einzelnen und bei der Diskussion über Bedingungen ihrer Realisierung oder bestimmte gesellschaftliche Formen, greift Platon gerne auf Auffassungen zurück, wie man sie bei Dichtern (Hesiod; Solon; Aristophanes, *Ekklesiazusen*) findet, rezipiert Vorstellungen von der Entstehung der Kultur mit pessimistischer (Hesiod) oder optimistischer Perspektive (Protagoras). Selbst wenn Platon in der *Politeia* vom Verfall der Staatsformen und von Seelenmodellen spricht (VIII–IX), stellt er spielerisch einen Bezug zur Dichtung her (*Rep.* VIII 545d–e). Auch hier wird deutlich, dass Platon gleichsam ein Naturrecht neu etabliert, das freilich auf eine andere Ebene transportiert wird und auf einem anderen Naturverständnis basiert. Er trennt dabei die Frage nach Recht, Glück und Ordnung in der Gemeinschaft von dem, was traditionell als Politik verstanden wird, und überträgt dies der Philosophie.

Auf ähnliche Weise greift Platon den oligarchischen Anspruch auf, wonach die Macht in die Hände der wenigen Besten gehört. Auch hier kommt es freilich zu einer Transformation, insofern traditionelles Verständnis von Macht in Frage gestellt und wirkliche Macht nur da erkannt wird, wo sie von Vernunft geleitet wird, die nach dem für alle relevanten Guten strebt und zudem weiß, was dieses Gute ist. Über das Wissen verfügen in der Tat nur die Besten, die Philosophen, nicht aber die Politiker. Wenn nämlich der mächtig ist, der seine Ziele erreichen und deshalb wirkungsvoll handeln kann, dann muss der Mächtige mit Hilfe der Vernunft das wahre Gerechte und Gute kennen. Denn anders strebt man nach dem, was nur scheinbar erstrebenswerter Gewinn ist, täuscht sich also und erweist sich damit als schwach beim Erreichen seiner eigentlichen Ziele. Wer Unrecht tut, schadet sich also selbst – und erweist sich als ohnmächtig (*Gorg.* 468c–481b). Denn Ungerechtigkeit stört die Seelenordnung und verhindert damit jenen glücklichen Zustand, nach dem alle streben. Ungerechte folgen nämlich ihren Trieben, nicht dem vernünftigen Teil ihrer Seele. Es ist aber Ordnung, die der Seele Gesundheit und Schönheit verleiht (*Rep.* IV 444d). Die Suche nach Gerechtigkeit und Tugend wird zur Frage nach der Ordnung in der Struktur der Seele. Der Aspekt des Handelns und des Gelingens tritt in den Hintergrund. Nur der wahre Philosoph ist demnach in der Lage, eigene Wünsche – und die anderer – am Maß der wahren Zielvorgaben des Menschen zu messen und sie deshalb zu erfüllen. Nur er hat das wahre Recht im Blick und vermag deshalb partikuläre Wünsche in ein Ordnungsverhältnis zu bringen, das Platon Gerechtigkeit nennt (*Gorg.* 507e ff.).

Wieder wird deutlich: Grundlegende Erwartungen an die politische Realität – Ordnung und Glück für Mensch und Gemeinschaft – kann nach Platon nicht die traditionelle Politik, sondern nur die Philosophie als Wissenschaft von der Seele und der Erkenntnis einlösen (*Gorg.* 464b). Deshalb kritisiert Sokrates im *Gorgias* traditionelle Politiker wie Perikles oder Themistokles und preist sich und seine ›Seelsorge‹ als wahre ›Politik‹ an, der es nicht um Verbesserung von Institutionen, sondern um die Seelen der Bürger und um die Verbesserung ihrer Erkenntnisfähigkeit geht (521c). Was paradox klingt, erweist sich als Konsequenz von Platons Auseinandersetzung mit politischen Positionen seiner Zeit, passt freilich auch zum zeitgenössischen Verständnis von Polis, mit der weniger die institutionelle Organisation eines Territoriums, wie sie dem modernen Staatsbegriff eigen ist, als ein Personenverband gemeint ist (vgl. *Leg.* X 829b, Arist. *Pol.* III 1274b41; Schütrumpf 1991, 86 ff.). Platonisch-sokratische Seelentherapie wird Teil praktisch-politischer Ethik. Platons Idealstaat ›Kallipolis‹ dient deshalb der Illustration von Vorgängen in der Seele. Zentrale Merkmale eines solchen Idealstaates sind ›Arbeitsteilung‹ und Hierarchisierung bestimmter Gruppen, was sich aus dem Umstand ergibt, dass der Mensch von Natur ein bedürftiges Wesen ist. Aufgabe einer Gemeinschaft von Menschen muss folglich sein, für einen Ausgleich von Defiziten und Befriedigung der Grundbedürfnisse seiner Mitglieder zu sorgen. Dies geschieht, wenn jede Gruppe in dieser Gemeinschaft ›das Ihre tut‹ und dadurch einen Beitrag leistet, der ihren Möglichkeiten am besten entspricht.

Erfüllt jede gesellschaftliche Gruppe ihre spezifischen Aufgaben, dann herrscht Gerechtigkeit als Grundlage eines guten Lebens. Diese politischen Vorstellungen werden transferiert auf Zustände in der Seele, insofern die vier traditionellen Tugenden als Merkmale einzelner Stände oder zur Beschreibung ihres Verhältnisses untereinander in Platons Staatskonzept eingebaut (*Rep.* IV 427d–434d) und zur Grundlage der Voraussetzungen für ein ethisch gutes und damit glückliches Leben werden.

Auch wenn in späteren Dialogen Fragen einer Umsetzung politischer Konzepte im Bereich der Wirklichkeit verstärkt in den Vordergrund treten (*Politikos*) und die Frage, was und inwieweit philosophische Konzepte realisiert werden können, zum politischen Programm wird (*Nomoi*), bleiben doch ethische Fragen wesentlich; es ändern sich nur die Rahmenbedingungen. Wenn das Wissen davon, was gut ist, nicht mehr allein eine angemessene Umsetzung des als richtig Erkannten garantiert, wie in den *Nomoi* angenommen, dann stellt sich die Frage nach der Durchsetzbarkeit von Recht und Gesetz neu. Es ist also kein Zufall, dass Platon im *Politikos* und in den *Nomoi* anders als in der *Politeia* Gesetze und Vorschriften als Ergänzung und Unterstützung bei der Organisation des guten Lebens in den Vordergrund treten. Es wäre vorschnell, hieraus eine Änderung in Platons Grundposition erkennen zu wollen.

Dieser grundsätzliche ethische Aspekt ist zu beachten, wenn Platons ›politische Ansichten‹ in den vergangenen Dezennien kritische Stellungnahmen provoziert haben (Popper 1945), nicht zuletzt wegen der von ihm aufgeworfenen prinzipiellen Fragen nach dem Verhältnis von Wissen und Macht, nach dem Wesen der Gerechtigkeit oder der Möglichkeit einer Realisierung idealer politischer Konzepte. Im Kontext dieser Neuorientierung – von ›Gegenreformation‹ spricht Dodds (1951, 107) – kommt es bei Platon zu zahlreichen kritischen Diskussionen und Transformationen ›realpolitischer‹ Konzepte wie Homologie, Parrhesie, *aidôs* oder der Rhetorik (Geiger 2006), die z. T. auf bezeichnende Weise umgedeutet oder mit neuen Nuancen versehen werden.

Homologie wird von einem Begriff der Rechtssphäre oder aus dem politischen Bereich zu einer Ingredienz dialektischer Auseinandersetzung als Grundkonsens zweier Partner (*Symp.* 187b; vgl. *Gorg.* 461d; *Phlb.* 14c), die nicht die Richtigkeit dessen, in dem man übereinstimmt, garantiert, wohl aber einen inhaltsorientierten Ablauf des Gespräches. Auch die von Sokrates immer wieder (vgl. *Apol.* 24a) für sich reklamierte und für den philosophischen Diskurs als notwendig postulierte freimütige Äußerung der eigenen Meinung (*parrhêsia*) greift einen Begriff auf, der aus dem politischen Bereich stammt, von Sokrates aber auf bezeichnende Weise für den philosophischen Diskurs adaptiert wird. Freimut und Offenheit werden zu Voraussetzungen für die Kohärenz von Standpunkten und Argumentationen: »Ich denke nämlich, dass derjenige, der eine Seele hinreichend darüber prüfen will, ob sie richtig lebt oder nicht, dreierlei haben muss, welches du alles hast, Wissen, Wohlwollen und Freimut oder Aufrichtigkeit« (Parrhesie). »Denn«, so fährt Sokrates fort, »ich begegne vielen Menschen, die nicht in der Lage sind, mich zu prüfen, weil sie nicht so klug sind wie du. Andere sind zwar klug, aber nicht bereit, mir die Wahrheit zu sagen, weil sie sich so um mich kümmern wie du. Die beiden Fremden da, Gorgias und Polos, sind klug und sind meine Freunde, ihnen fehlt aber zu sehr das offene Wort und sie sind verschämter als es nötig wäre« (*Gorg.* 486e f.; übers. Dalfen).

Parrhesie bedeutet also Offenheit und konsequentes Vertreten von Positionen ohne Rücksichtnahme auf Personen oder liebgewonnene Überzeugungen. Die Dialoge erweisen denjenigen als wahren Parrhesiasten, der sich nicht dem Schwanken des Demos anpasst, der im philosophischen Diskurs sich und seiner Auffassung treu bleibt und kohärent argumentiert. Die Dialoge illustrieren darüber hinaus, dass der Parrhesiast Sokrates mit einem Gemisch von Härte und Milde vorgeht, das den Bedürfnissen der Adressaten angepasst ist. Sie zeigen aber vor allem, dass Platon das politische Konzept der Parrhesie nicht einfach übernimmt (anders Monoson 2000), sondern es transformiert und vom demokratischen Parrhesieverständnis unterscheidet, insofern er die Forderung nach Transparenz mit der Möglichkeit, adressatenbezogen Wissen zu verbergen (Ironie), verbindet.

Die Dialoge machen auf verschiedene Weise klar, dass Sokrates mehr zu den jeweiligen Problemen zu sagen hätte, aus Sorge vor Missverständnissen diese Informationen aber zurückhält. Seelsorgerische Aspekte lassen somit aus dem demokratisch-politischen Begriff eine eher ›undemokratische‹ Norm sokratisch-platonischer Seelsorge werden. Platon integriert also politische Konzepte in seine Philosophie, wandelt diese jedoch entsprechend seinen Vorstellungen um.

19 Mathematik

Die Mathematik spielte in Platons Philosophie und der Akademie offenbar eine besondere Rolle. Zwar ist der Spruch, der angeblich über dem Eingang der Akademie stand, wonach keiner eintreten solle, der nicht Geometrie betrieben hat (»mêdeis ageometrêtos eisitô«), erst bei späteren Autoren überliefert (Iulian, *Contra Heraclium* 237d) und umstritten (Saffrey 1968, 67–87). Doch hat Platon die Mathematik hoch geschätzt und ihr im Bildungsprogramm, wie er es in der *Politeia* skizziert, einen prominenten Platz eingeräumt. Demnach soll der Schüler sie zunächst spielerisch erlernen (*Rep.* VII 536d–537c) und sich nach zwei Jahren Militärdienst als Ephebe dann vom 20. bis zum 30. Lebensjahr intensiv dieser Wissenschaft widmen (537b). Den mathematischen Wissenschaften wie Arithmetik, Geometrie, Stereometrie, Astronomie und Harmonielehre wird dabei im Bildungsprogramm der *Politeia* zunächst nur eine propädeutische Funktion zugebilligt. Darüber hinaus wird ihnen aber auch die Fähigkeit zugesprochen, die Seele von den Phänomenen fort hin zum Seienden zu wenden (*Rep.* VII 521d). Möglicherweise hat sich die Ideenlehre aus Fragen entwickelt, die das Wesen mathematischer Gegenstände betreffen (Burkert 1982; Mittelstraß 1985). In den Dialogen treten seit dem *Menon* und dem *Phaidon* zunehmend mathematische Ideen wie z. B. das Doppelte, Halbe, Gleiche, der Kreis, die Einheit, die Vielheit in den Vordergrund, wenn es Platon um die Ideenlehre geht; im Liniengleichnis erhalten die Mathematica sogar einen eigenen Platz im pädagogischen Curriculum der *Politeia* als »Zugkraft zum Seienden« (*Rep.* VII 521d), was man vielleicht auf den Einfluss der Pythagoreer und des Archytas zurückführen darf.

Mathematik spielt bei der Strukturierung des Seins eine Rolle, wenn Platon etwa die Ideen mit Zahlen von 1 bis 10 gleichgesetzt haben soll. Möglicherweise ist die Dimensionsreihe Punkt (Einheit) – Linie – Fläche – Körper ein Modell der Weltstruktur, für welche nach Platon in der Prinzipienlehre offenbar die zwei Prinzipien von Einheit und ›unbegrenzter Zweiheit‹ maßgeblich sind (Arist. *Metaph.* I 6, 988a14 f.). Die mathematischen Zahlen selbst gehören nach Platon ontologisch in den Zwischenbereich, dem auch die Seele angehört (s. Kap. IV.24.4), welche deshalb in besonderer Beziehung zur Mathematik stehen soll.

Immer wieder verwendet Platon Beispiele aus dem Bereich der Mathematik und lässt in seine Gespräche mathematische Probleme einfließen, die offenbar in der zeitgenössischen Fachdiskussion eine Rolle spielten, z. B. die Theorie der geraden und ungeraden Zahlen und Theorien des Kreises bzw. der Geraden (z. B. *Rep.* VI 509d–511e; *Phlb.* 51c) sowie der regelmäßigen Figuren bzw. der Körper (*Rep.* VI 509d–511e, VII 546a–d; *Tim.* 53a–55c; 57c–d). Als die Gesprächspartner im Dialog *Menon* keine Bestimmung der Tugend finden, wollen sie sich mit Beispielen aus der Geometrie behelfen (75e–76a), wobei man dabei vielleicht Anspielungen auf die Definitionenfolgen innerhalb der mathematischen Diskussionen der Zeit Platons erkennen kann (Waschkies 1995, 115). Im gleichen Dialog lässt Platon als Beispiel für die Anamnesis-Lehre die Quadratverdopplung und damit das Problem von kommensurablen bzw. inkommensurablen Größen diskutieren (*Men.* 82b–85b), wobei aus dem späteren *Politikos* hervorgeht (266a–b), dass diese mathematische Thematik bekannt war. Im *Theaitetos* (147d–148b) klingt das Problem der Irrationalität der Quadrat- und Kubikwurzeln natürlicher Zahlen an, wozu Theaitetos offenbar Wichtiges beigetragen hat. Im Dialog *Timaios* kommt bei der Diskussion des Kosmos und seiner Struktur die Proportionenlehre zur Sprache (*Tim.* 31b–32c, 35a–36d). Neben generellen Hinweisen auf die Bedeutung der Mathematik für die Philosophie spielt die mathematische Methode in den Gesprächen selbst eine wichtige Rolle, z. B. im Hypothesis-Verfahren und bei der Suche nach Definitionen.

Grundlage für Platons Beschäftigung mit der Mathematik und sein Zahlenverständnis mögen zahlentheoretische Untersuchungen der Pythagoreer sein; auch die Entdeckung, dass Musik durch Zahlenverhältnisse erklärbar und Wirklichkeit mathematisch strukturiert ist, wird zu Platons Interesse beigetragen haben.

Schon in der Antike wird Platon mit Blick auf die Mathematik die Rolle eines ›Architekten‹ zugeschrieben, der Probleme stellte, welche die Mathematiker mit großem Engagement untersuchten. Freilich ist umstritten, ob das im Sinne einer Weiterentwicklung der Mathematik oder eher im Sinne einer Bündelung schon vorhandener Kenntnisse zu verstehen ist (Philod. *Acad. index* Y 2–23 p. 152 Gaiser = p. 126–127 Dorandi, dazu Burkert 1993; vgl. Erler 1994, 298–300). Ohne Zweifel hat die mathematische Forschung durch Platon Anregungen erhalten. Doch wird diskutiert, ob es sich dabei um konkrete Anregungen oder um generelle Fragestellungen handelte, die Platon einbrachte. Wir erfahren etwa, dass er eine Untersuchung darüber anregte, ob seine Annahme gleichförmiger Bewegungen die Erscheinungen der Planetenbahnen retten könne (Simpl. *Cael.* 488,18 ff. Heiberg = Eudemos frg. 148 Wehrli = Eudoxos frg. 121 Lasserre, vgl. Mittelstraß 1962). Dem liegt die prinzipielle Frage zugrunde, ob ein mathematischer Formalismus, d. h. eine rein intelligible Struktur, Erscheinungen erklärbar machen kann – eine Frage, die z. B. im *Timaios* positiv beantwortet und als Grundlage für die Ethik (Angleichung an Gott) genommen wird (*Tim.* 90c ff.). Das Liniengleichnis zeigt, dass Platon die Entwicklung griechischer Mathematik, wie sie Euklids Elementen zu entnehmen ist, zumindest gefördert hat, z. B. durch die Forderung, Sätze aus Prinzipien abzuleiten. Freilich lag ihm kaum an einer Entwicklung der Mathematik um ihrer selbst willen. Eine weitere Frage betrifft die Rolle der Mathematik als Zugang zur ungeschriebenen Lehre (Gaiser 1968, 41–201, 344–391).

20 Fachwissenschaften

20.1 Allgemein

Platons Bewertung der Mathematik, die wie die anderen Fachwissenschaften die Ergebnisse ihrer Arbeit der Dialektik – d. h. der Philosophie – übergeben soll, seine Kritik der Medien (Schrift, mündliche Unterrichtung) im Kontext der Wissensvermittlung und seine Umwertung der traditionellen Rhetorik und der Fachwissenschaften generell bauen alle auf Traditionen auf, setzen aber neue Akzente, die sich aus Platons Verständnis dessen ergeben, was er unter Erziehung (*paideia*) versteht. Auch für diese *paideia* verbindet Platon traditionelle mit innovativen Elementen zu einem neuen, wegweisenden Konzept.

Platons *paideia* zielt allgemein auf Harmonie und Einheit in der menschlichen Seele, wobei gelegentlich – vor allem in späteren Werken wie dem *Timaios* oder den *Nomoi* – Empfehlungen für ein harmonisches Verhältnis auch von Körper und Seele zur Sprache kommen. Platons Erziehungsprogramm wird vor allem in der *Politeia* an zentraler Stelle entwickelt (s. Kap. IV.35.2–3).

Da für Wissenserwerb und Glück (*eudaimonia*) allein die Vernunftseele zuständig ist, zielt platonische *paideia* vorrangig auf die Vernunftseele, wobei freilich die gymnastische Bildung des Körpers nicht vernachlässigt werden darf. Reinigung der Vernunftseele von falschen Auffassungen, Zügelung der innerseelischen Affekte und Stärkung des rationalen Seelenteils sind Aufgaben der Erziehung mit dem Ziel, für Harmonie und Einheit in der Seele zu sorgen (*Rep.* IV 441e–442d).

Wie die Sophisten geht auch Platon davon aus, dass es sich bei der Tüchtigkeit (*aretê*) um ein Wissen handelt, das ›lehr- und lernbar‹ ist (*Protagoras*, *Menon*). Anders als die Sophisten sieht Platons Sokrates in der Tüchtigkeit jedoch kein demokratisches Allgemeingut, das ohne Weiteres an jeden vermittelt werden kann. Grundlage für Sokrates' Verhalten ist ein neues Konzept der Wissensvermittlung, das sich wesentlich von dem der Sophisten unterscheidet. Wissen und Tüchtigkeit können demnach nicht auf traditionelle Weise vermittelt werden, als ob Wissen »an einem Faden von einem vollen in ein leeres Gefäß liefe« (*Symp.* 175d), d. h. durch bloße Affirmation, durch Nachmachen, Einüben, Auswendiglernen oder Einpflanzen (*Rep.* VII 518b), wie dies offenbar traditioneller Auffassung entsprach: »Kaum, dass ein Kind verstehen kann […], bemühen sich Amme, Mutter, Betreuer und der Vater selbst entscheidend darum, dass es möglichst gut wird, indem sie bei jeder Tat und jedem Wort lehren und zeigen: das eine ist gerecht, das andere ungerecht, dies gut, das schändlich, dies gottgefällig, das gottlos, das eine tut, das andere nicht« (*Prot.* 326e–328b; übers. Manuwald). Platonischer Erziehung geht es nicht um Selbstfinden und kritisches Nachvollziehen des Gelernten im Sinne Hesiods: Der ist am besten, der selbst alles erkennt (Hes. *Op.* 293–7). Für den künftigen Philosophen ist dabei eine Änderung der Sichtweise auf die Welt vonnöten. Das Höhlengleichnis illustriert, dass diese Entwöhnung von Gewohntem mühsam ist und der Hilfe bedarf (*Rep.* VII 515c–d). Notwendig ist die Befreiung von den Fesseln, die Umwendung (*periagôgê*) des gesamten Menschen und eine Änderung der Blickrichtung (521c). Die Lösung von den Fesseln wird als passiver Vorgang geschildert, der unter Zwang und Schmerzen vollzogen wird (515c). Platon greift dabei gleichsam als *praeparatio philosophiae* zu Tugend und Glück (*Tim.* 90c–e) auf traditionelle pädagogische Mittel wie Gewöhnung und Übung (*Rep.* IV 429c ff.) zurück, worauf dann durch eine langjährige Ausbildung im mathematischen Quadrivium, in Arithmetik, Geometrie, Astronomie und Harmonik mit Dialektik als Abschluss oder Schlussstein (VII 534d) eine Perspektivänderung bewirkt wird. Diese neue Sichtweise der Bildung bedingt nun auch eine neue Bewertung von Fachkenntnissen und ihren literarischen Darlegungen, wie sie in Athen zu Platons Zeit bereits weit verbreitet waren.

20.2 Umgang mit zeitgenössischen *technai*

Im demokratischen Umfeld Athens erhielten fachliche Kenntnisse (*technai*) für die Bewältigung von Aufgaben im öffentlichen Leben wachsende Bedeutung und gewannen zunehmend an Ansehen. Mit Kunstfertigkeiten oder *technai* ist dabei ein handwerkliches praktisches Wissen von Experten in Musik, Grammatik, aber auch Kunst der Pferdezüchtung gemeint. Diese *technai* reklamieren Kompetenz auf einem bestimmten Gebiet der alltäglichen Erfahrungswelt. Von reiner Empirie unterscheiden sie sich dadurch, dass sie auf rationalen Prinzipien beruhen und als allgemein vermittelbar angesehen wurden. Das demokratische Ambiente Athens im 5. Jh. verlieh dieser Art von Kompetenz Ansehen und Würde, die im Mythos des Protagoras im gleichnamigen Dialog (*Prot.* 320c ff.) literarischen Ausdruck finden. Dort wird erzählt, wie Prometheus unter den Menschen ›technische‹ Spezialkompetenzen verteilte, die für die jeweiligen Lebensaufgaben als unabdingbar galten, wobei sie sich als nicht hinreichend für das soziale Leben erwiesen. Deshalb verlieh er die politische Tugend oder die politische Kompetenz im Unterschied zu anderen *technai* jedem Menschen in gleicher Weise. Unter einem politischen Fachmann oder Techniten ist demnach zugleich ein Spezialist und ein Bürger zu verstehen, der sich an der Lenkung seiner Polisgemeinschaft beteiligen kann. Protagoras propagiert also eine Polis von Technikern (Vegetti 1998, 196) und verleiht damit einer Ideologie Ausdruck, die im 5 Jh. im kulturellen Leben Athens lebendig diskutiert wurde und in oligarchischen Kreisen auf heftige Ablehnung stieß, die in derartigen ›technischen‹ Kompetenzen eine Deformation der Seele durch handwerkliche Tätigkeit sah (vgl. Kritias in *Charm.* 163d; *Rep.* VI 495de).

Es ist deshalb nicht verwunderlich, dass auch in Platons Dialogen die *technê*-Analogie (s. Kap. V.56) eine zentrale Rolle bei den Diskussionen über die Abgrenzung der Philosophie von der als Scheinwissen kritisierten Kompetenz der Sophisten spielt. Sokrates scheint sich zunächst geradezu als Verfechter des technischen Selbstbewusstseins zu geben (*Apol.* 22ce), indem er bei der Suche nach der politischen Kunst und nach der angemessenen Lebensgestaltung immer wieder auf Handwerkerkompetenz nicht nur von Schustern und Köchen, sondern auch und vor allem von Ärzten und Politikern rekurriert und deren Anspruch als Analogon für die gesuchte Kompetenz anbietet. Was er bei Handwerkern und generell bei Experten bestimmter Kunstfertigkeiten findet (*Apol.* 22ce), vermisst er bei den Politikern und manchem Intellektuellen seiner Zeit. Die *technê*-Analogie gilt deshalb geradezu als ein Merkmal sokratischen Diskutierens und wird bisweilen von seinen Partnern kritisiert (*Gorg.* 490e). Sie ist für ihn in der Tat nicht nur wichtig im Kontext der Bewertung von Kompetenz, sondern auch z. B. bei der Frage, ob und wie Fachkompetenz vermittelt werden kann.

Der häufige Hinweis auf die Bedeutung von Künsten oder Kompetenzen erfüllt in den Dialogen also zwei Funktionen: Er dient zum einen polemisch dem Nachweis der Irrationalität und des falschen Wissensanspruchs mancher Experten, z. B. von Politikern (*Gorgias*), Dichtern (*Ion*), Priestern (*Euthyphron*) oder Rhetoren (*Phaidros*), oder positiv zur Entwicklung eines alternativen Wissenskonzepts (z. B. in *Rep.* I). Dabei ist wichtig, dass von einer *technê* ein Produkt (*ergon*) und das Wissen um dessen Gebrauch erwartet wird, was sich jedoch bei Tugendbegriffen als schwer zu bestimmen erweist. Zum anderen soll wieder verdeutlicht werden, dass die Kompetenz einer richtigen Anwendung von Fachwissen nicht notwendig Teil des Fachwissens selbst ist. Ein Arzt kann quasi aufgrund seiner Kenntnisse zwar eine für die Genesung richtige Diät verschreiben; zu beurteilen, ob dieser Heilungsprozess in jeder Hinsicht immer gut ist, liegt jedoch außerhalb seines *technê*-Wissens. Man kann jede Kunst positiv und negativ einsetzen (vgl. z. B. *Rep.* I 333e). Deshalb erweist sich eine übergeordnete ›Fachwissenschaft für ethische Normen‹ als notwendig, welche den richtigen Gebrauch der Fachwissenschaften reguliert und ebenfalls als Fachkompetenz verstanden wird. Eine solche findet Platon in der Dialektik, d. h. in der Philosophie. Diese philosophische Fachkompetenz weiß um das wirklich Gute, welches, wie es im Sonnengleichnis der *Politeia* heißt (*Rep.* VI 508e), den Fachkenntnissen ihre Güte und ihren jeweiligen Ort zuweist.

Deshalb wird im *Euthydemos* gefordert, dass die Techniken z. B. die Produkte ihrer Kunst der königlichen Kunst der Dialektik für eine angemessene Handhabung übergeben müssen (*Euthd.* 292b ff.). Es ist daher nur konsequent, wenn in Platons philosophisch-pädagogischem Curriculum Vermittlung und Gebrauch der Fachwissenschaften in den Dienst jenes Strebens nach dem Wissen um das Gute treten, das den Einzelwissenschaften zu jenem Nutzen erst verhilft, den die zeitgenössischen Fachleute gerne versprechen. In einem Curriculum, das die gesamte Seele des Menschen mit ihren irrationalen Teilen zu einer Abwendung vom Bereich des Sinnlichen bewegen will (*Rep.* VII 518c), erweist sich die traditionelle musisch-gymnastische Bildung, aber auch die Handwerkskunst als nur bedingt hilfreich (522b). Deshalb werden selbst die Fachwissenschaften z. B. des Quadriviums: Arithmetik, Geometrie, Astronomie, Harmonik (Stereometrie) (528a–d) nicht als Selbstzweck (536d) betrieben, sondern dienen der dialektischen Philosophie des Philosophen, als Propädeutikum (536d). Wenn der *Timaios* darüber belehrt, dass der menschliche Darm von besonderer Länge und besonders gewunden ist, damit (73a) die Speisen möglichst lange in ihm bleiben können und der Mensch nicht beständig Nahrung aufnehmen muss, sondern mehr Zeit für Philosophie und die Musenkunst hat (59c–d), dann belegt diese Einzelaussage humorvoll jene Unterordnung fachwissenschaftlicher Erkenntnisse unter übergeordnete Zwecke. Wieder wird deutlich, was generell für Platons Umgang mit Traditionen gilt: Auch mit Blick auf die zeitgenössische *technê*-Hochschätzung besteht die sokratisch-platonische Kritik nicht in reiner Ablehnung, sondern in einer Transposition und Integration. Gleiches gilt auch für die Vermittlung derartiger Fachkompetenz: Auch Platons Sokrates akzeptiert, dass das Normwissen analog zu anderen Fachkompetenzen lehrbar ist, dies jedoch nicht im Sinne eines Sich-Gewöhnens, Auswendiglernens oder bloßen Nachmachens, sondern eines Selbst-Suchens und Findens, also einer aktiven Haltung des Rezipienten (Erler 1987, 61 ff.). Sicherlich liegt hier auch eine Reaktion auf die Flut von *technê*-Literatur vor, die aus der Hochschätzung von Fachkompetenz zur Zeit Platons erwuchs. Platons Wahl der Dialogform als Medium für die Vermittlung seiner philosophischen Botschaft mag bedingt sein durch die sokratische Tradition, kann aber auch als Reaktion auf die zeitgenössische Wertschätzung von Fachkompetenz und dem damit verbundenen, eher mechanischen Verständnis von Wissensvermittlung verstanden werden, dem Platon seine aktive Auffassung von Lehren und Lernen entgegensetzt.

Diese Relativierung der Bedeutung der Fachwissenschaften bei Platon darf jedoch nicht zu der Annahme verleiten, Platon habe sie vernachlässigt oder beiseite gelassen. Vielmehr erweist sich Platon als Autor – dokumentiert durch die Kompetenz des Personals seiner Dialoge – als äußerst versiert und informiert über den Diskussionsstand relevanter Fachwissenschaften seiner Zeit. Insbesondere der *Timaios* kann als Summe der Forschungen Platons auf naturwissenschaftlichem Gebiet bezeichnet werden. Denn in ihm greift Platon auf Physik, aber auch auf andere Disziplinen wie Mathematik, Biologie, Psychologie, Medizin und Musik zurück.

20.3 Medizin

Insbesondere die Medizin ist für Platon unter physiologischen, pädagogischen, aber auch philosophischen Gesichtspunkten von Bedeutung. Auch hier zeigen seine durchaus kritischen Bemühungen enge Vertrautheit mit Lehren des Hippokrates (vgl. z. B. *Phdr.* 270c), mit Herodikos aus Selimbria (Grensemann 1975, 15 ff.) oder mit Söhnen des Asklepiades (*Rep.* III 405d ff.). Platon bedient sich der Medizin immer wieder als Paradigma einer *technê*, die vieles leisten kann, deren Leistungsfähigkeit aber freilich an eine Norm gebunden werden muss, die außerhalb der jeweiligen *technê* liegt. Gerne greift Platon auf medizinische Begrifflichkeit zurück, um Wirkungen und Anwendung der Philosophie zu beschreiben, und findet in der sog. hippokratischen Medizin mit ihrem analytisch-synthetischen Vorgehen Parallelen zur Dialektik. Auch in diesem Bereich kommt es bei Platon zu Transformationen herkömmlich medizinischer Erkenntnisse. Dabei setzt Platon besondere Akzente, indem er eine ganzheitliche philosophische Behandlung des Menschen an Leib und Seele fordert (*Charm.* 156e ff.; *Tim.* 86d ff.) und damit die hellenistischen Vorstellungen einer *philosophia medicans* vorwegnimmt. Im Buch III der *Politeia* kommen Aspekte der Diätetik durchaus auch kritisch zur Sprache (*Rep.* III 405 ff.), die medizingeschichtlich von Interesse sind, die aber auch eingehen in Platons Vorgaben für eine angemessene Analyse und einen angemessenen Umgang mit Lust und dem Schaden, der durch derartige Affekte verursacht wird (Vegetti 1998, II 428 ff.). Wie die medizinische Therapie dient auch die Philosophie der Reinigung der Seele von Irrtum und eingebildetem Wissen. Die zeitgenössische Medizin bietet Platon jedoch Mittel, soziale und moralische Defizite zu analysieren und zu therapieren (*Rep.* III 399e). Der Hinweis auf die Kompetenz des Arztes dient Platon bisweilen zur Erläuterung dessen, was man von philosophischen ›Politikern‹ erwarten darf: Wie der wahre Arzt kann sich der philosophische Politiker je nach Gegebenheit dank seiner Kompetenz für eine jeweils richtige Ordnung in Seele und Staat einsetzen. Mit der Betonung der psychosomatischen Gründe von seelischen und körperlichen Krankheiten und der Fokussierung auf die Seele geht Platon über medizinische Vorstellungen seiner Zeit hinaus. Anders als der bloße Empiriker (*Leg.* 720b–d) ist der ›freie‹, der philosophische Seelenarzt flexibel bei der Dosierung seiner Medizin, er kann den Patienten über die Problematik aufklären und hat dabei Leib und Seele im Blick (*Charm.* 157a–b). Der wahre Philosoph passt sich nämlich der jeweiligen Seele seines Adressaten an und dosiert dementsprechend das von ihm vermittelte Wissen.

20.4 Musik

Was für die Medizin gilt, ist auch in der Musik zu beobachten. Erkenntnisse der Musik transponiert Platon ebenfalls in den philosophischen Bereich, nuanciert und adaptiert sie, indem er sie zum Vergleich oder als Mittel der Analyse philosophischer Probleme heranzieht. Musik kann demnach wie Philosophie für Harmonie und Ordnung in der Seele sorgen (*Tim.* 47c–d), indem sie den Menschen auf den geistigen Bereich ausrichtet (*Symp.* 215c). Es ist deshalb nicht verwunderlich, dass in den Dialogen immer wieder Hinweise auf Musik, ihre Bedeutung für die *paideia* und eine Auseinandersetzung mit musikalischen Modeströmungen in Platons Zeit zu finden sind – auch hier erweist sich Platon als Experte, der freilich seine Kenntnisse einem übergeordneten praktisch-ethischem Ziel unterordnet.

Musik als Ausdruck mathematischer Proportionen wird zu einer der vier mathematischen Disziplinen (Arithmetik, Geometrie, Astronomie, Musiktheorie), welche als Propädeutikum zur Dialektik anzusehen sind. Platon reagiert dabei durchaus auf modische Strömungen, erweist sich wie z. B. Aristophanes als Gegner der sogenannten ›Neuen Musik‹, die sich durch zunehmende Virtuosität von Aulos- und Kitharaspiel, durch Verzicht auf strophische Responsion und durch Übergewicht melodischer Elemente im Dienste bloßer Tonmalerei auszeichnet. Platon verlangt demgegenüber jene Rhythmen und maßvollen Melodien, die einen erwünschten Effekt auf den Charakter haben. Als Maßstab für ihre passende Anwendung und als Kriterium für ihre Beurteilung wird nicht Lust, sondern Kenntnis der Tugenden verlangt. Musik kann also für Tugend nutzbar gemacht werden. Auch bei der Analyse der Struktur der Welt spielt die Musik für Platon – wohl in Anlehnung an die Pythagoreer – eine Rolle. In der Kosmologie in Platons *Politeia* (Er-Mythos) wird von acht Sirenen Sphärenmusik erzeugt (*Rep.* X 617b; vgl. *Phd.* 99d). Denn bei der Schaffung der Weltseele im *Timaios* ergeben sich eine Reihe mathematischer Verhältnisse, deren Proportionen denen der Tonleiter entsprechen (*Tim.* 35a ff.). Platon geht es in Auseinandersetzung mit der Tradition vor allem um die Rolle der Musik in der ethischen Erziehung, wobei neben Empfehlungen für einen richtigen Umgang auch Hinweise auf Gefahren der Musik und insbesondere moderner musikalischer Strömungen gegeben werden. Platon geht es um die Etablierung einer mathematischen und metaphysischen Grundlage der Musik. Vor allem aber ist der pädagogische Aspekt ausschlaggebend. Musik als Geschenk der Götter soll der Anpassung des Menschen an die Vernunft dienen (*Leg.* II 653c ff.), indem die Seelenbewegungen in gleichmäßige Umläufe überführt und letztlich den kosmischen Umläufen angepasst werden.

Literatur

Adomenas, Mantas 2002: »The Fluctuating Fortunes of Heraclitus in Plato«. In: André Laks/Claire Louguet (Hg.): Qu'est-ce que la philosophie presocratique? Villeneuve d'Ascq, 419–447.

Albert, Karl 1989: Über Platons Begriff der Philosophie. St. Augustin.

Aronadio, Francesco 2002: »Sèmainein et dèloun. Ontology et langage chez Héraclite et Platon«. In: Dixsaut/Brancacci 2002, 47–66.

Blößner, Norbert 2001: »Sokrates und sein Glück oder Weshalb hat Platon den *Phaidon* geschrieben?« In: Ales Havlícek/Filip Karfík (Hg.): Plato's »*Phaedo*«. Proceedings of the Second Symposion Platonicum Pragense. Prag, 96–139.

Blondell, Ruby 2002: The Play of Character in Plato's Dialogues, Cambridge.

Brisson, Luc 2000: Lectures de Platon. Paris.

Brisson, Luc 2002: »Platon, Pythagore et les Pythagoriciens«. In: Dixsaut/Brancacci 2002, 21–46. Buchheim, Thomas 1986: Die Sophisten als Avantgarde normalen Lebens. Hamburg.

Burkert, Walter 1960: »Platon oder Pythagoras? Zum Ursprung des Wortes Philosophie«. In: Hermes 88, 159–177.

Burkert, Walter 1962: Weisheit und Wissenschaft. Studien zu Pythagoras, Philolaos und Platon. Nürnberg (engl. 1972).

Burkert, Walter 1982: »Konstruktion und Seinsstruktur. Praxis und Platonismus in der griechischen Mathematik«. In: Abhandlungen der Braunschweigischen Wissenschaftlichen Gesellschaft 34, 125–141.

Burkert, Walter 2003: Die Griechen und der Orient. Von Homer bis zu den Magiern. München.

Burnyeat, Myles F. 1990: The *Theaetetus* of Plato. With a Transl. by M. Jane Levett. Indianapolis.

Cambiano, Giuseppe 1986: »Tecniche dossografiche in Platone«. In: Ders. (Hg.): Storiografia e dossografia nella filosofia antica. Torino, 61–84.

Cameron, Alister 1938: The Pythagorean Background of the Theory of Recollection. Menasha, Wisconsin.

Casertano, Giovanni 2002: »Parménide, Platon et la vérité«. In: Dixsaut/Brancacci 2002, 67–92.

Cerri, Giovanni 2007: »Livello scientifico e livello mitico nei poemi di Empedocle«. In: Ders. (Hg.): Empedocle tra poesia, medicina, filosofia e politica, 122–142.

Charalambopoulos, Nikos 2012: Platonic Drama and its Ancient Reception. Cambridge.

Cordero, Nestor-Luis 2002: »Platon, Empédocle, et l'origine de l'être humain«. In: Dixsaut/Brancacci 2002, 93–106.

Curd, Patricia 1998: The Legacy of Parmenides. Princeton.

Diès, Auguste [2]1972: Autour de Platon. Essais de critique et d'histoire. Paris.

Dillon, John M. 2003: The Heirs of Plato. New York.

Dixsaut, Monique/Brancacci, Aldo (Hg.) 2002: Platon source des présocratiques. Paris.

Dodds, Eric R. 1951: The Greeks and the Irrational. Berkeley.

Döring, Klaus 1984: »Der Sokrates des Aischines von Sphettos und die Frage nach dem historischen Sokrates«. In: Hermes 112, 16–30.

Döring, Klaus 1998: »Sokrates, die Sokratiker und die von ihnen begründeten Traditionen«. In: Hellmut Flashar (Hg.): Grundriss der Geschichte der Philosophie. Die Philosophie der Antike. Bd. 2/1. Basel, 139–364.

Ebert, Theodor 1978: »Platon, ein Verächter der ›Vielen‹?«

In: Jürgen Mittelstraß (Hg.): Vernünftiges Denken. Studien zur praktischen Philosophie und Wissenschaftstheorie. Berlin, 124–147.
Ebert, Theodor 2004: Phaidon. Platon Werke. Übersetzung und Kommentar 1,4. Göttingen.
Ehlers, Barbara 1966: Eine vorplatonische Deutung des sokratischen Eros. Der Dialog *Aspasia* des Sokratikers Aischines. München.
Erbse, H. 1971: »Platons Urteil über Isokrates«. In: Hermes 99, 183–197.
Erler, Michael 1987: Der Sinn der Aporien in den Dialogen Platons. Übungsstücke zur Anleitung im philosophischen Denken. Berlin.
Erler, Michael 1992a: »Anagnorisis in Tragödie und Philosophie. Eine Anmerkung zu Platons Dialog *Politikos*«. In: Würzburger Jahrbücher für die Altertumswissenschaften 43, 147–170.
Erler, Michael 1992b: »Hilfe und Hintersinn. Sokrates' Panathenaikos und die Schriftkritik im *Phaidros*«. In: Livio Rossetti (Hg.): Understanding the Phaedrus. Proceedings of the II Symposium Platonicum. St. Augustin, 122–137.
Erler, Michael 1994: »Epikur – Die Schule Epikurs – Lukrez«. In: Hellmut Flashar (Hg.): Grundriss der Philosophie. Die Philosophie der Antike. Band 4/1. Basel.
Erler, Michael 1997: »Mythos und Historie«. In: Peter Neukam (Hg.): Vermächtnis und Herausforderung. München, 80–100.
Erler, Michael 2001: »Legitimation und Projektion. Die ›Weisheit der Alten‹ im Platonismus der Spätantike«. In: Dieter Kuhn/Helga Stahl (Hg.): Die Gegenwart des Altertums. Heidelberg, 313–326.
Erler, Michael 2002: »Hilfe der Götter und Erkenntnis des Selbst. Sokrates als Göttergeschenk bei Platon und den Platonikern«. In: Kobusch/Erler 2002, 387–414.
Erler, Michael 2003: «To Hear the Right Thing and to Miss the Point: Plato's Implicit Poetics». In: Ann Michelini (Hg.): Plato as Author: The Rhetoric of Philosophy. Leiden, 153–173.
Erler, Michael 2004: »Die drei Gebote des Aischylos im *Oidipous Tyrannos* des Sophokles«. In: Würzburger Jahrbücher für die Altertumswissenschaften 28 (a), 9–19.
Erler, Michael 2006: Platon. München (it./kroat. 2008).
Erler, Michael 2007: Platon (Grundriss der Geschichte der Philosophie. Die Philosophie der Antike. Hg. v. Hellmut Flashar. Bd. 2/2). Basel.
Erler, Michael 2008: »Affekte und Wege zur Eudaimonie«. In: Hilge Landweer/Ursula Renz (Hg.): Klassische Emotionstheorien. Berlin, 19–43.
Erler, Michael/Schorn, Stefan (Hg.) 2008: Die griechische Biographie in hellenistischer Zeit. Berlin.
Erler, Michael 2013: »Argument im Kontext: Das dritte Argument für die Eudaimonie des Gerechten in der Politeia (583b ff.) und der ›Griesgram‹ im *Philebos* (42c–44d)«. In: Noburu Notomi/Luc Brisson (Hg.): Dialogues on Plato's *Politeia* (Republic). Selected Papers from the Ninth Symposium Platonicum, Sankt Augustin, 76–81.
Erler, Michael 2015: »Vom admirativen zum irritierten Staunen. Philosophie, Rhetorik und Verunsicherung in Platons Dialogen«. In: Ramona Früh/Therese Fuhrer/Marcel Humar/Martin Vöhler (Hg.): Irritationen. Rhetorische und poetische Verfahren der Verunsicherung. Berlin/New York, 109–123.
Ferber, Rafael ²1989: Platos Idee des Guten. St. Augustin.
Ferber, Rafael 2007: »What Did Socrates Know and How Did He Know It?« In: Michael Erler/Luc Brisson (Hg.): *Gorgias – Menon*. Selected Papers from the VII Symposion Platonicum. St. Augustin, 263–267.
Ferwerda, Rein 1972: »Democritus and Plato«. In: Mnemosyne IV 25, 351–359.
Flashar, Hellmut 1958: Der Dialog *Ion* als Zeugnis platonischer Philosophie. Berlin.
Frede, Dorothea 1992: »Disintegration and Restoration. Pleasure and Pain in Plato's *Philebus*«. In: Richard Kraut (Hg.): The Cambridge Companion to Plato. Cambridge, 425–463.
Frede, Dorothea 1999: »Plato on What the Body's Eye Tells the Mind's Eye«. In: Proceedings of the Aristotelian Society 99, 191–209.
Frede, Michael 1992: »Plato's *Sophist* on false Statements«. In: Richard Kraut (Hg.): The Cambridge Companion to Plato. Cambridge, 397–424.
Frede, Michael 1996: »Die Frage nach dem Seienden: *Sophistes*«. In: Burkhard Mojsisch/Theo Kobusch (Hg.): Platon. Seine Dialoge in der Sicht neuer Forschungen. Darmstadt, 181–199.
Gaiser, Konrad ²1968: Platons ungeschriebene Lehre. Stuttgart.
Geiger, Rolf 2006: Dialektische Tugenden. Untersuchungen zur Gesprächsform in den Platonischen Dialogen. Paderborn.
Gemelli Marciano, M. Laura 2007: Die Vorsokratiker, Bd. 1. Griechisch-lateinisch-deutsch. Auswahl der Fragmente und Zeugnisse. Übersetzung und Erläuterungen. München.
Giannantoni, Gabriele 1990: Socratis et Socraticorum Reliquiae. Collegit, disposuit, apparatibus notisque instruxit. Napoli.
Gigon, Olof 1985: »Gorgias bei Platon«. In: Siculorum Gymnasium 38, 567–593.
Gigon, Olof 1989: »Anaxagoras bei Platon und Aristoteles«. In: Konstantinos I. Boudouris (Hg.): Ionian Philosophy. Athens, 142–164.
Gladigow, Burkhard 1965: Sophia und Kosmos. Hildesheim.
Graeser, Andreas 1983: Die Philosophie der Antike 2. Sophistik, Sokratik, Plato und Aristoteles (= Geschichte der Philosophie, hg. v. W. Röd, Bd. II). München.
Graf, Fritz 1974: Eleusis und die orphische Dichtung Athens in vorhellenistischer Zeit. Berlin.
Grensemann, Hermann 1975: Knidische Medizin I. Berlin/New York.
Grossmann, Gustav 1978: »Platon und Protagoras«. In: Zeitschrift für philosophische Forschung 32, 510–525.
Guazzoni Foà, Virginia 1961: »Senofane e Parmenide in Platone«. In: Giornale di metafisica 16, 467–476.
Guthrie, William K. Ch. 1962: A History of Greek Philosophy. Bd. I. Cambridge.
Guthrie, William K. Ch. 1969: A History of Greek Philosophy. Bd. III. Cambridge.
Guthrie, William K. Ch. 1975: A History of Greek Philosophy. Bd. IV. Cambridge.

Guthrie, William K. Ch. 1978: A History of Greek Philosophy. Bd. V. Cambridge.
Halliwell, F. Stephen 2000: »The Subjection of Mythos to Logos«. In: Classical Quaterly 50, 94–112.
Heitsch, Ernst/Müller, Carl Werner ²1997: Platon Werke. Übersetzung und Kommentar III,4: *Phaidros* [1993]. Übers. und Kommentar von E. H. Göttingen.
Huffman, Carl A. 1993: Philolaus of Croton. Cambridge.
Huffman, Carl A. 2005: Archytas of Tarentum. Pythagorean, Philosopher and Mathematician King. Cambridge.
Hussey, Edward 2001: »Heraklit«. In: Anthony A. Long (Hg.): Handbuch Frühe Griechische Philosophie. Stuttgart.
Irwin, Terence 1977: »Plato's Heraclitism«. In: Philosophical quarterly 27, 1–13.
Irwin, Terence 1992: »Plato. The Intellectual Background«. In: Richard Kraut (Hg.): The Cambridge Companion to Plato. Cambridge, 51–89.
Kahn, Charles H. 1986: »Plato and Heraclitus«. In: Proceedings of the Boston Area Colloquium in Ancient Philosophy 1, 241–258.
Kahn, Charles H. 1996: Plato and the Socratic Dialogue. Cambridge.
Kahn, Charles H. 2001: Pythagoras and the Pythagoreans. Indianapolis.
Kerferd, George B. 1949/50: »Plato's Account of the Relativism of Protagoras«. In: Durham University Journal 42, 20–26.
Kerferd, George B. 1981: The Sophistic Movement. Cambridge.
Kerferd, George B./Flashar, Hellmut 1998: »Die Sophistik«. In: Hellmut Flashar (Hg.): Grundriss der Geschichte der Philosophie. Die Philosophie der Antike. Bd. 2/1. Basel, 1–137.
Kobusch, Theo/Erler, Michael (Hg.) 2002: Metaphysik und Religion. München.
Krämer, Hans J. 1959: Arete bei Platon und Aristoteles. Zum Wesen und zur Geschichte der platonischen Ontologie. Heidelberg.
Kühhas, Gertrude 1947: Die Platonvita des Diogenes Laertios. Graz.
Kutash, Emilie 1993: »Anaxagoras and the Rhetoric of Plato's Middle Dialogue Theory of Forms«. In: Philosophy and Rhetoric 26, 134–152.
Kutschera, Franz von 2002: Platons Philosophie. Paderborn.
Lloyd, Geoffrey E. R. 1990: »Plato and Archytas«. In: Phronesis 35, 159–174.
Mansfeld, Jaap 1986:«Aristotle, Plato, and the Presocratics«. In: Giuseppe Cambiano (Hg.): Storiografia e dossografia nella filosofia antica. Torino, 1–59 [Nachdr. in: Ders. 1990: Studies in the Historiography of Greek Philosophers. Assen, 22–83].
Manuwald, Bernd 1999: Platon Werke. Übersetzung und Kommentar 6. Göttingen.
McCabe, Mary M. 1994: Plato's Individuals. Princeton.
McCabe, Mary M. 2000: Plato and his Predecessors. Cambridge/New York.
Meier, Christian 1983: Die Entstehung des Politischen bei den Griechen. Frankfurt a. M.
Meinwald, Constance C. 1992: »Good-bye to the Third Man«. In: Richard Kraut (Hg.): The Cambridge Companion to Plato. Cambridge, 365–396.
Michelini, Ann N. 2000: »Socrates Plays the Buffoon: Cautionary Protreptic in *Euthydemus*«. In: American Journal of Philosophy 121, 509–535.
Mittelstraß, Jürgen 1962: Die Rettung der Phänomene. Ursprung und Geschichte eines antiken Forschungsprinzips. Berlin.
Mittelstraß, Jürgen 1985: »Die geometrischen Wurzeln der Platonischen Ideenlehre«. In: Gymnasium 92, 399–418.
Monoson, S. Sara 2000: Plato's Democratic Entanglements. Princeton.
Montevecchi, Frederica 2007: »Empedocle fra mythos e logos«. In: Giovanni Casertano (Hg.): Empedocle tra poesia, medicina, filosofia e politica, 71–82.
Morel, Pierre-Marie 1996: Démocrite et la recherche des causes. Paris.
Morel, Pierre-Marie 2002: »Le *Timée*, Démocrite et la necessité«. In: Dixsaut/Brancacci 2002, 129–150.
Morgan, Michael L. 1992: »Plato and Greek Religion«. In: Richard Kraut (Hg.): The Cambridge Companion to Plato. Cambridge, 227–247.
Mortley, R. J. 1969: »Plato and the Sophistic Heritage of Protagoras«. In: Eranos 67, 24–32.
Most, Glenn W. 2002: »Platons exoterische Mythen«. In: Markus Janka/Christian Schäfer (Hg.): Platon als Mythologe. Darmstadt, 7–19.
Moyal, Georges J. D. 1988: »Did Plato Misunderstand Heraclitus?« In: Revue des études anciennes 90. Bordeaux, 89–98.
Müller, Carl W. 1991: »Platon und der Panegyrikos des Isokrates«. In: Philologus 135, 140–156 [wieder abgedruckt in: Ders. 1999: Kleine Schriften, 440–46].
Nails, Debra 2002: The People of Plato. A Prosopography of Plato and other Socratics. Indianapolis/Cambridge.
Natorp, Paul 1890: »Demokrits Spuren bei Platon«. In: Archiv für Geschichte der Philosophie 3, 515–531.
Nicolai, Walter 1981: »Der Mythos vom Sündenfall der Seele (bei Empedokles und Platon)«. In: Gymnasium 88, 512–524.
Nightingale, Andrea W. 1992: »Plato's *Gorgias* and Euripides' *Antiope*. A Study in Generic Transformation«. In: Classical Antiquity 11, 121–141.
Nightingale, Andrea W. 1995: Genres in Dialogue. Plato and the Construct of Philosophy. Cambridge.
O'Brien, Denis 1970: »The Effect of a Simile. Empedocles' Theories of Seeing and Breathing«. In: Journal of Hellenic Studies 90, 140–179.
O'Brien, Denis 1997: »L'Empédocle de Platon«. In: Revue des études grecques 110, 381–398.
O'Brien, Denis 1999: »Plato and Empedocles on Evil«. In: John J. Cleary (Hg.): Traditions of Platonism. Essays in Honour of John Dillon. Aldershot, 3–27.
O'Brien, Denis 2002: »Die Aristophanes-Rede im *Symposion*. Der empedokleische Hintergrund und seine philosophische Bedeutung«. In: Markus Janka/C. Schäfer (Hg.): Platon als Mythologe. Darmstadt, 176–194.
Paisse, J. M. 1967: »Les rapports de Platon et de la philosophie présocratique. Les sources de thème platonicien de la reminiscence«. In: Les études classiques 35, 15–33.

Palmer, John A. 1999: Plato's Reception of Parmenides. Oxford.
Patzer, Andreas 1987: »Platon über den Ursprung der Eleaten und Herakliteer. Ein Vortrag«. In: Peter Neukam (Hg.): Exempla classica. München, 109–121.
Pelletier, Francis J. 1990: Parmenides, Plato, and the Semantics of Non-Being. Chicago.
Penner, Terence 1992: »Socrates and the Early Dialogues«. In: Richard Kraut (Hg.): The Cambridge Companion to Plato. Cambridge, 121–169.
Penner, Terence/Rowe, Christopher 2007: Plato's *Lysis*. Cambridge/New York.
Pepe, Lucio 2002: »Le livre d'Anaxagore lu par Platon«. In: Dixsaut/Brancacci 2002, 107–128.
Perleman, Shalom 1993: »Rhetoric and Philosophy. A Chapter in Fourth-Century Literary Criticism«. In: Scripta classica Israelica 12, 86–93.
Popper, Karl 1945: The Open Society and its Enemies. 1. The Spell of Plato. London (dt. 1975).
Prauss, Gerold 1966: Platon und der logische Eleatismus. Berlin.
Primavesi, Oliver 2008: Empedokles *Physika* I. Berlin.
Riedweg, Christoph 1987: Mysterienterminologie bei Platon, Philon und Klemens von Alexandrien. Berlin.
Riedweg, Christoph 1997: »›Pythagoras hinterließ keine einzige Schrift‹ – ein Irrtum?« In: Museum Helveticum 54/2, 65–92.
Riedweg, Christoph ²2002: Pythagoras. München.
Ries, Klaus 1958: Isokrates und Platon im Ringen um die *philosophia*. Diss. München.
Saffrey, Henri Dominique/Westerink, Leendert Gerrit 1968: Théologie platonicienne. Paris.
Schöpsdau, Klaus 1994: Platon Werke. Übersetzung und Kommentar 9. Göttingen.
Schütrumpf, Eckart E. 1991: Aristoteles, *Politik* Buch I. (Übers. und erl. von E. Schütrumpf). In: Aristoteles Werke in Deutscher Übersetzung Bd. 9, Teil I. Berlin.
Sedley, David N. 1991: »Teleology and Myth in the *Phaedo*, V«. In: John J. Cleary/Daniel Shartin: Proceedings of the Boston Area Colloquium in Ancient Philosophy, V. Lanham, 359–383.
Sedley, David N. 1995: »The dramatis personae of Plato's *Phaedo*«. In: Timothy Smiley (Hg.): Philosophical Dialogues. Plato, Hume, Wittgenstein. Dawes Hicks Lectures on Philosophy. Oxford/New York, 3–26.
Szlezák, Thomas A. 1985: Platon und die Schriftlichkeit der Philosophie. Interpretation zu den frühen und mittleren Dialogen. Berlin.
Szlezák, Thomas A. 2004: Das Bild des Dialektikers in Platons späten Dialogen. Berlin/New York.
Solmsen, Friedrich 1971: »Parmenides and the Description of Perfect Beauty in Plato's *Symposium*«. In: American Journal of Philology 92, 62–70.
Stenzel, Julius 1920: »Platon und Demokritos«. In: Neue Jahrbücher für das klassische Altertum 23, 89–100 [Nachdr. in: Ders. 1956: Kleine Schriften zur griechischen Philosophie. Darmstadt, 60–71].
Tulli, Mauro 1990: »Sul rapporto di Platone con Isocrate. Profezia e lode di un lungo impegno letterario«. In: Athenaeum 68, 403–422.
Usener, Sylvia 1994: Isokrates, Platon und ihr Publikum. Hörer und Leser von Literatur im 4. Jh. v. Chr. Tübingen.
Vegetti, Mario 1998: Platone – La Repubblica. 1. Trad. e commento. Napoli.
Viano, Carlo A. 1986: »La storiagrafia tra confutazione e interpretazione«. In: Giuseppe Cambiano (Hg.): Storiografia e dossografia nella filosofia antica. Torino, 85–99.
Vlastos, Gregory 1991: Socrates. Ironist and Moral Philosopher. Cambridge.
Wallisch, Robert 1995: Die letzte denkbare Einheit. Platons vorsokratische Ontologie. Wien.
Waschkies, Hans-Joachim 1995: »Die Prinzipien der griechischen Mathematik«. In: Klaus Döring/Bernhard Herzhoff/Georg Wöhrle (Hg.): Antike Naturwissenschaft und ihre Rezeption 5. Trier, 91–153.
Zeller, Eduard 1882: »Platons Mittheilungen über frühere und gleichzeitige Philosophen«. In: Archiv für Geschichte der Philosophie 5, 165–184.
Zimmermann, Bernhard 2008: »Sokrates oder der Intellektuelle als komisches Sujet«. In: Wolfgang von der Weppen/Bernhard Zimmermann (Hg.): Sokrates, die Sophistik und die postmoderne Moderne. Tübingen, 67–78.

Michael Erler

IV Zentrale Themen und Problemfelder der Schriften Platons

21 Logik und Methodologie

Hatte Platon schon eine Logik, wie es ein Buchtitel wie *The Origin and Growth of Plato's Logic* (Lutoslawski 1897) einst als selbstverständlich suggerieren konnte? Besaß er eine Methodologie? Das hängt ganz davon ab, *wie explizit* eine Beschreibung sein muss, um als Logik oder Methodologie zu gelten, wenn Methodologie (*methodology*) eine »explicit discussion of method« ist (Benson 2006, 86, nach Robinson 1953, 61, der dazu eine Tendenz im mittleren und späten Werk Platons sieht). Zweifellos wird in Platons Dialogen viel argumentiert, nicht selten brillant. Oft genug sind Argumente in platonischen Dialogen schlecht und zwar so, dass der Leser dies auch bemerken soll (Sprague 1962, ix: »Plato was fully conscious of the fallacious character of [...] these arguments«). Ein Bewusstsein davon, dass etwas, und auch was im Einzelfall an einem Argument faul ist, setzt bereits eine größere Distanz zur Tätigkeit des Argumentierens voraus als – auch raffiniertes – Argumentieren selbst. Dennoch ist auch das noch keine Logik im Sinne einer schematischen Systematisierung als gut akzeptierter Argumente (so bereits Lutoslawski 1897, 524). Es bleibt daher nichts übrig, als mit erheblichem Irrtumsrisiko aus Platons Text zu extrahieren, was, explizit gemacht, Logik oder Methodologie wäre: »Plato often uses arguments [which] can readily be symbolised. He does not often state or discuss logical laws, but the laws in accordance with which he argues can be ellicited« (Ackrill 1953, 111).

Dafür wiederum ist die Materiallage nicht übel: Wir sehen Sokrates in den Dialogen, in denen er das Gespräch führt, nicht einfach nur (weitgehend) fehlerfrei argumentieren. Es gehört auch zu seiner besonderen Art der Gesprächsführung, dass er den Gesprächsverlauf kommentiert. Man kann sich zudem dem Eindruck kaum entziehen, dass es im *Sophistes* oder *Parmenides* so logisch zugeht, dass diese Dialoge auch Texte zur Logik sind (zur Frage, inwiefern das, was Platon selbst ›Dialektik‹ nennt, ›Logik‹ ist, s. Kap. V.39).

Unumgänglich ist bei der extrahierenden Rekonstruktion das Problem des Anachronismus: Um bei Platon das Etikett ›Logik‹ zu rechtfertigen, muss man sich auf Späteres beziehen, das unumstritten Logik ist, und eine Ähnlichkeit damit nachweisen. Die typische logische Form einer Frage zu Platons Logik darf deshalb sein: »Hat Platon schon ...?«. Es stellt sich heraus, dass er erstaunlich vieles schon hatte. Das macht die Einschätzung verständlich, nicht Aristoteles, sondern bereits Platon sei der »Begründer der Logik« (Kutschera 1995, ix f.) bzw. »the first logician« (Lutoslawski 1897, vii) gewesen. Die verblüffende Fehleinschätzung Bochenskis, Platon sei ein Autor, dessen Lektüre ein logisch Gebildeter nur schwer ertragen könne, teilt heute niemand mehr (vgl. Bochenski 1951; laut Ackrill 1953 »grotesquely cavalier«; im Detail widerlegt bei Sprague 1962, 88–97).

Als Gegengewicht zur allzu raschen »misinterpretation by abstraction« (Robinson 1953, 2) mag aber das Schlagwort Bochenskis, bei Platon finde erst ein »Ringen um Formeln« statt (Bochenski 1978, 41) doch nützlich sein. Schon John Ackrill hat gut daran getan, das etwas unbekümmert anachronistische Vorpreschen Gilbert Ryles (Ryle 1939, 1966) fein zu kritisieren und sich zugleich für die Anregung dadurch zu bedanken (Ackrill 1997c, 109). Im deutschen Sprachraum hat Franz von Kutschera mit seiner dreibändigen Sichtung des Gesamtwerks Platons (Kutschera 2002) eine Arbeit vorgelegt, die in Platons Dialektik jeden Teil der traditionellen (aristotelischen) Logik bereits ausgeführt sieht: als Lehre vom Begriff (Ideen- und Definitionslehre, Unterscheidung von Eigenschaften und Relationen, Dihairesen), Lehre vom Urteil (Aussage als Verknüpfung, mereologische Logik, Analyse negierter Aussagen, Unterscheidung von Prädikation, Identitäts- und Existenzaussage) und Lehre vom Schluss (Elenktik, hypothetisches Raisonnieren und – nochmals – Mereologie) (Kutschera 2002, III 194–202). Man trifft eine interpretatorische Grundsatzentscheidung, je nachdem, ob man die Nachfrage »Wirklich eine *Lehre*?« mit »ja« oder »nein« beantworten würde. Eine extreme Gegenposition zur extrahierenden Rekonstruktion vertritt Böhme, der es »für gänzlich verfehlt [hält], Platon verstehen zu wollen, indem man ihn mit modernen Mitteln, etwa der Prädikatenlogik oder Methoden der Sprachanalyse rekonstruiert«, da dies daran hindere, durch Platon-Lektüre »*uns selbst* verstehen zu lernen« (Böhme 2000, 4).

21.1 Logik und Verwandtes

Definitionen

1. Hat Platon schon einen Begriff von der *Definition als Wesensbestimmung*? Ja. Typischerweise versteht der zur Definition aufgeforderte Gesprächspartner des Sokrates in einem definitorischen Dialog nicht, was das Projekt einer ordentlichen Definition ist, sondern nennt *Beispiele*. Er versteht somit nach seither herrschender Meinung zweierlei nicht (die Rehabilitierung der Worterklärung durch Beispiele unternimmt erst Wittgenstein 1984, §§ 65–75): Eine Definition muss das Wesen des Definiendum angeben und allgemein sein (Kutschera 2002, III 193). Ziel ist eine Real-, nicht eine Nominaldefinition (Fine 1999, 6). Der Gedanke, dass dies die rechte Art ist, einen Begriff zu definieren, kann ideentheoretisch verschieden stark aufgeladen werden (Dancy 2004, 2006). Dennoch findet sich bereits im Kontext des frühen Definitionsdialogs für das beim Definieren Gesuchte das Wort *ousia* im Sinne von »Wesen« (*Euthphr.* 11a).

2. Hat Platon schon Kriterien für die *extensionale Adäquatheit einer Definition*? Ja. Nimmt man das bloße Geben von Beispielen überhaupt als Definitionsversuch ernst, so ergibt es automatisch ein zu enges Definiens. Ist eine Definition allgemein, so ist sie automatisch nicht zu eng (Kutschera 2002, III 193 f.). Auch ein zu weites Definiens kommt aber zuweilen vor. »Beharrlichkeit der Seele« ist als Definiens für »Tapferkeit« zu weit, weil die beharrliche Investition von Geld in ein erfolgreiches Geschäft kein Beispiel für Tapferkeit ist (*La.* 192e). Und ein Definiens kann sowohl zu eng als auch zu weit sein, wenn es sich nur in einem Teil seiner Fälle mit dem Definiendum überschneidet (Fine 1999, 5).

3. Hat Platon schon den *modus tollens*? Nein, aber es sieht zunächst so aus. Denn man könnte versucht sein zu sagen: Wer einen Definitionsvorschlag durch ein Gegenbeispiel entkräftet, der hat den aussagenlogischen *modus tollens* und hat obendrein ein Verständnis von Quantoren, weil man dies ausbuchstabieren kann als »Wenn der Vorschlag stimmt, dann sind alle x F; nun gibt es aber ein x, das nicht F ist, mithin sind nicht alle x F; also stimmt der Vorschlag nicht«. Doch dieses Vorgehen wird nicht selbst Thema. Und wenn Logik im Explizitmachen besteht, so wäre es ein Oxymoron, Sokrates deshalb *implizite* aussagen*logische* Grundkenntnisse zuzuschreiben. Platon hat, so kann man es mit Prauss fassen, den *modus tollens* zwar nirgends »ausgesprochen«, er scheint ihm aber »mehr und mehr bewusst geworden zu sein« (Prauss 1966, 21). Wie aussagenlogisch komplex Argumente bei Platon sein können, zeigt z. B. die (kritische) Analyse von *Phaidon* 75d–76c bei Ebert (2004b, 233 f.).

4. Hat Platon ein Verständnis vom *Zirkel als Definitionsfehler*? Ja (vgl. Kutschera 2002, III 193). Ein Definitionsvorschlag erweist sich als wertlos, wenn er sich als zirkulär herausstellt: Wenn der zu klärende Begriff versteckt im Definiens eines Definitionsvorschlags vorkommt, kann dieser seinen Zweck der Begriffsklärung nicht mehr erfüllen. Dies stand Platon klar vor Augen. Man sieht das an der ausführlichen Kommentierung des zirkulären Definitionsvorschlags durch Sokrates im *Menon*, 79a–b, und der ebenso ausführlichen Diagnose am Ende des *Tht.* 209d, dass der (immer wieder zu Unrecht Platon als eigene Meinung zugeschriebene) Definitionsvorschlag »Wissen ist wahre Meinung mit *logos*« zirkulär ist.

5. Hat Platon schon eine Unterscheidung von *Extension und Intension*, von *essentiell und akzidentell*? Ja, insofern Platon klar war, dass extensionale Adäquatheit noch keine gelungene Definition garantiert. Sokrates greift nämlich im *Euthyphron* als Reaktion auf den Definitionsvorschlag »Fromm ist, was den Göttern gefällt« bemerkenswerterweise nicht die These an, dass die frommen Handlungen genau die gottgefälligen Handlungen sind. Vielmehr verwirft er die Definition mit dem Hinweis, die frommen Handlungen seien gottgefällig, weil sie fromm sind und nicht andersherum und daher das Wesen des Definiendum nicht getroffen sei (*Euthphr.* 6e–11d). Die Lehre von den fünf *megista genê* im *Sophistes* etabliert im großen Stil die Möglichkeit koextensiver, aber intensional verschiedener Prädikate (Moravcsik 1973, 170): Alles ist (mit sich) identisch, (von allen anderen) verschieden und existent; aber Identität, Verschiedenheit und Sein sind nicht dasselbe. Eng verbunden mit der intensionalen Adäquatheit ist die Einsicht in den Unterschied von »essentiell« und »akzidentell«: Gottgefällig zu sein ist nur ein Akzidens der frommen Handlungen, zum Definieren sollte man sich aber essentieller Merkmale bedienen (Kutschera 2002, III 193). Die Unterscheidung ›essentiell‹/›akzidentell‹ ist ferner das Rückgrat des abschließenden Beweisversuchs für die Unsterblichkeit der Seele im *Phaidon* (Ebert 2004b, 371–389): So wie der Schnee essentiell unheiß ist (und daher, mit Hitze konfrontiert, nur vergehen oder weichen, nicht aber sich erhitzen kann), so ist die Seele *athanatos*, »essentiell untot« (Kutschera 2002, II 38) und daher, *falls* sie obendrein unzerstörbar ist, unsterblich. Im *Sophistes* klingt das Motiv der essentiellen Unvereinbarkeit wieder an als Unmischbarkeit ei-

niger der *megista genê*, z. B. der Ruhe und der Bewegung (*Soph.* 254b–257b).

6. Hat Platon eine Definitionslehre im Sinne der Formel »*Definitio fit per genus proximum et differentiam specificam*«? Ein Verfahren, das dem wenigstens sehr nahe kommt, findet sich in großer Ausführlichkeit bei Platon, ja im Spätwerk (z. B. *Sophistes*, *Politikos*, *Philebos*) nimmt es geradezu eine beherrschende Stellung ein: das Aufstellen von Definitionsbäumen mit Hilfe von begrifflichen Teilungen (Dihairesen, s. Kap. V.39). Es lässt sich, etwas weniger auffällig, bereits bei der Einteilung der Arten der Verrücktheit im *Phaidros* finden (Sayre 2006), vielleicht embryonal schon im *Gorgias* (454e, 464d–466a, so Moravcsik 1973) und trägt sogar zur Struktur der Diotima-Rede im *Symposion* bei (Dillon 1973). Offenbar ist die Fähigkeit zur erfolgreichen Durchführung dieses Verfahrens ein wesentlicher Bestandteil dessen, was Platon »Dialektik« nennt (*Plt.* 286a–287a). Während Kutschera das Vorgehen mit *differentia specifica* und *genus proximum* als Bestandteil der platonischen Definitionslehre einschätzt (Kutschera 2002, III 193), weist D. Frede darauf hin, dass eher die (von W. E. Johnson in den 1920er Jahren etablierte) liberalere Redeweise von *determinables* und *determinates* angebracht sein könnte, da auch gelungene platonische Dihairesen nicht immer allen traditionellen Regeln für *genus* und *differentia* folgen (Frede 1997, 163; für Einzelheiten s. Kap. V.39).

Hinsichten

1. Verfügt Platon über eine *Theorie der sophistischen Fehlschlüsse*? Zum Teil finden sich die gleichen Beispiele beim Lehrer Platon wie bei seinem Schüler Aristoteles (z. B. *Euthd.* 297d–298e/*Soph. Elench.* 166b28 ff., 179a34 f.). Wie viel explizite Theorie schon bei Platon im Hintergrund steht, lässt sich zwar nicht klären. Doch diese Äußerungen bilden wenigstens für die darin behandelten Beispiele eine Art Negativabdruck von Platons eigener Logik, besonders, wenn sie von Sokrates korrigierend kommentiert werden: »For the most part, when he puts an unsound argument in the mouth of one of his characters (Socrates and Parmenides included) Plato himself is aware of its logical deficiency. A logically unsound argument, after all, might be a rhetorical masterpiece [...]« (Sayre 1983, 19). Die logische Komplexität eines frühen Dialogs wie des *Euthydemos* darf bei aller Komödiantik nicht unterschätzt werden (Sprague 1962; Gill 2001; Cürsgen 2004). Ein einheitliches Merkmal aller sophistischen Fehlschlüsse ist zwar schwer auszumachen. Auffällig ist aber, welche Rolle immer wieder ein Fehler spielt, den man die Missachtung der Aussagehinsicht nennen kann: Fehlschlüsse beruhen auf einer unzulässigen Verabsolutierung. Dies erscheint als gemeinsamer Zug von Passagen, in denen aus moderner Sicht so unterschiedliche Faktoren wie die Stelligkeit von Prädikaten, Quantoren und Widerspruchsverbot zur Debatte stehen.

2. Kennt Platon *mehrstellige Prädikate*? Eher nicht. Aber er hat eine Alternative dazu. Das prächtige Argument im *Euthydemos*, das zu dem Ergebnis führt, dass jeder Vater der Vater *aller* Lebewesen ist (*Euthd.* 298b–d) beruht modern gesprochen darauf, dass die Funktionsweise des zweistelligen Prädikats »... ist Vater von ...« verkannt und mit der des einstelligen Prädikats »... ist Vater« vermengt wird (ein solches einstelliges Prädikat lässt sich freilich leicht mit Hilfe des zweistelligen »ist-Vater-von« definieren: x ist-Vater genau dann, wenn es ein y gibt, so dass x ist-Vater-von y). Und auch das Sophisma, dass Sokrates' Halbbruder sowohl sein Bruder als auch nicht sein Bruder sei (*Euthd.* 297d), möchte man sofort durch eine Differenzierung entkräften: x ist Bruder von y genau dann, wenn x und y männlich sind und von genau allen z, von denen x Sohn ist, auch y Sohn ist; x ist Halbbruder von y genau dann, wenn es ein z gibt, so dass sowohl x als auch y Sohn von z ist. Es kann kein Zweifel daran bestehen, dass Platon die Ergänzungsbedürftigkeit der Aussagen der Sophisten erkannt hatte (vgl. auch *Symp.* 199d–200a; *Phd.* 102c; *Charm.* 166a; *Rep.* IV 438c). Denn Sokrates verdirbt ihnen gerade das Spiel damit, dass er die erforderlichen Ergänzungen konsequent einwirft (vgl. *Euthd.* 297e–298a). Nur wird der Ergänzungsbedarf nicht dahingehend formuliert, dass eine noch nicht gesättigte Prädikatstelle erkannt und aufgefüllt werden muss, sondern als Forderung zur Ergänzung zweier verschiedener relevanter Prädikationshinsichten zur Vermeidung eines Widerspruchs (in Bezug auf die Mutter/in Bezug auf den Vater). In diese Richtung geht die Forschung unter dem Stichwort »relative Begriffe« (schon thematisiert bei Schleiermacher 1996, 136; vgl. Scheibe 1967; Künne 1975, 68–81; Schmitt 1973, 232–238). Die Unterscheidung zwischen relativen und nicht-relativen einstelligen Prädikaten ergibt guten Sinn: »Man kann beispielsweise nicht behaupten, daß Lydia in bezug auf etwas ist, was sie ist [...]. Hingegen kann man mit Sinn sagen, die Sklavin Lydia sei das, was sie ist (sc. Sklavin) in bezug auf etwas bzw. jemanden« (Künne 1975, 72). Auch bei der Diskussion der *megista genê* im *Sophistes* bereitet es nur auf den ersten Blick Probleme, wenn Platon den Fremden aus

Elea »identisch« (*tauton*) und »verschieden« (*heteron*) wie einstellige Prädikate behandeln lässt. Darin liegt keine fundamentale Schwierigkeit (Kutschera 2002, III 24 f.). Dennoch muss die Frage danach, ob Platon zusätzlich zu relativen Begriffen echte mehrstellige Relationen angenommen hat, als umstritten gelten. Kutschera schreibt die Entdeckung mehrstelliger Relationen schon allein aufgrund von *Charm.* 166a nicht erst der Logik des 20. Jh.s, sondern bereits Platon zu (Kutschera 2002, I 179 f., III 195). Als überholt gelten muss in jedem Fall die Ansicht Cornfords, der Platon ein Verständnis der Logik selbst relativer Begriffe weitgehend absprach, weil dieser keine Relationen gekannt habe (Cornford 1935, 284).

3. Hat Platon ein Verständnis von *Quantoren* oder von der *Quantität des kategorischen Urteils*? Ja, aber wohl keine Theorie dazu. Wer etwas (*ti*) weiß, ist ein Wissender, und ein Wissender weiß alles (*panta*); denn angenommen, es gäbe etwas, das er nicht wüsste, so wäre er ein Nichtwissender; das stünde aber im Widerspruch dazu, dass er doch ein Wissender sein sollte; also gibt es nichts, das er nicht weiß – so ein Sophisma im *Euthydemos* (293b-e), das sich sehr glatt als indirekter Beweis referieren lässt. Sokrates bestätigt, dass er viele Kleinigkeiten weiß (*polla, smikra*), lehnt aber den Schluss ab, er müsse als Wissender, als der er sich hier ausdrücklich versteht, alles wissen. Doch das geht ebenso wenig über *common sense* hinaus wie die Fallunterscheidung in *Soph.* 252c, entweder sei jeder mit jedem Begriff, keiner mit irgendeinem oder mancher mit manchem kompatibel, wenn auch eine bewusst vorgenommene vollständige Fallunterscheidung zweifellos ein höheres Maß an »logischem Denken« verrät als die simple alltägliche Sprachkompetenz. Eine Systematik der Quantität kategorischer Urteile, wie sie in Aristoteles' assertorischer Syllogistik in *APr.* I 1–7 enthalten ist, ist im Werk Platons nicht zu finden. Wichtiger ist Platon offenbar auch in *Euthd.* 293b die Hinsichten-Unterscheidung. Platon lässt Sokrates betonen, er sei Wissender in Bezug auf das bisschen, was er wisse, nicht aber in Bezug auf alles; der Widerspruch ist also nur scheinbar, so dass die *reductio* misslingt.

4. Hat Platon den *Nichtwiderspruchssatz*? Er hatte jedenfalls etwas, das sehr danach aussieht, und das in aller erforderlichen Abstraktion und Explizitheit, um es ihm als bewusstes logisches Prinzip zuschreiben zu können. Denn warum sind Prädikationshinsichten so interessant? Weil sie das sind, was Aristoteles' Formulierung des Nichtwiderspruchssatzes in *Metaph.* IV 1005b20 f. gegen »(bloß) logische Einwände« immunisiert. Unmöglich ist demnach nicht, dass dasselbe F und nicht-F ist, sondern, dass es dies zugleich und in genau derselben Hinsicht ist. Es ist kaum übertrieben, zu sagen, die *Formulierung* des Aristoteles sei von Platon »glatt übernommen« (Hoffmann 1964, 64): »Offenbar ist doch, dass dasselbe nie zu gleicher Zeit Entgegengesetztes tun und leiden wird, wenigstens nicht in demselben Sinne genommen und in Beziehung auf eines und dasselbe« (*Rep.* IV 436b; vgl. auch die Version in *Soph.* 230b). Die Frage ist: Hat Platon mit der so ähnlichen Formulierung auch dasselbe gemeint? Das liegt daher nahe, weil die Sophisten im *Euthd.* sich zwar auf den Nichtwiderspruchssatz berufen, ihn aber nicht verstehen, weil sie ihn ohne Hinsichtenklausel nehmen (*Euthd.* 293d). Da der Satz bei rechtem Verständnis dazu zwingt, sich über Prädikationshinsichten klar zu werden (Künne 1975, 18–20), hat er bei Platon eine wertvolle heuristische Funktion (Schmitt 2003, 242, inmitten von ansonsten leider sehr pauschalen Ausführungen zu nicht-klassischen Logiken). Expliziter Logisches und eine größere Annäherung an ein Denken im Schema als die Nichtwiderspruchs-Formel findet man bei Platon nirgends. Für regelrechte Schema-Buchstaben im Sinne von Aristoteles' *Ersten Analytiken* gibt es in den Dialogen keinen Platz. Sokrates erklärt, was wir als logische Form verstehen, eher durch Kaskaden von Analogien (vgl. dazu Robinson 1953, 33–48, unter dem – nicht-platonischen – Stichwort *epagogê*). Die Ausführungen des Fremden aus Elea im zweiten Teil des *Parmenides* haben viel Schematisches an sich, sind aber keine Schemata.

5. Hat Platon ein Bewusstsein der *Gesetze der Identität*? Ja. Denn bei genauerem Hinsehen merkt man, dass es sich bei *Rep.* IV 436b nicht um den Nichtwiderspruchssatz in der üblichen Form handelt (so Prauss 1966, 96, freilich verbunden mit der übers Ziel hinaus schießenden Ansicht, deshalb gehe es auch nicht um Hinsichten). Die übliche Form wäre die Behauptung der Allgemeingültigkeit von »~(p & ~p)« oder, prädikatenlogisch instantiiert, »~(Fa & ~Fa)« bzw. $\forall x$ ~(Fx & ~Fx). Betont man das *tauton* in *Rep.* IV 436b, so ist aber die nahe liegende Formalisierung des Satzes viel eher $\forall xy$ (x=y $\supset$ ~(Fx & ~Fy). Zu behaupten, dies sei allgemeingültig, ist streng genommen nicht der Nichtwiderspruchssatz selbst, sondern eine Kombination von Nichtwiderspruchssatz und dem Leibniz'schen Substitutionsgesetz, nach welchem »x« und »y« *salva veritate* austauschbar sind, *falls* x=y. Dass die nahe liegende Formalisierung in Platons Sinn ist, zeigt sich daran, dass er in *Rep.* IV 436b-c den Satz umformt in »Sollten wir finden, dass bei diesen dies

nicht vorkommt, werden wir wissen, dass sie nicht identisch waren«, was der Formel »∀xy (Fx & ~Fy ⊃ ~ x=y)« und damit dem Leibniz'schen Prinzip der Ununterscheidbarkeit von Identischem entspricht (Künne 1975, 73). Das ist es, was Platon in *Rep.* IV zum Nachweis der Verschiedenheit sich verschieden verhaltender Seelenteile benötigt. Nebenbei sieht man, dass sich Platon für die Umformung ganz natürlich nicht nur auf die aussagenlogische Kontraposition verlässt (aus a ⊃ b folgt ~b ⊃ ~a, hier mit »x=y« für a und »~(Fx & ~Fy)« für b), sondern auch auf diejenige Richtung des Gesetzes der doppelten Negation, die der moderne Intuitionismus bestreitet: aus ~~b folgt b. Dass Platon, wie übrigens auch Leibniz, das Substitutionsprinzip auch auf Begriffe anwendet, zeigt laut Ackrill (1997a, 79) die Stelle *Soph.* 255b. In der Aussage in *Soph.* 256a, an der Identität habe alles Teil (nämlich im Hinblick auf sich selbst), erscheint schließlich auch explizit der Satz der Identität »A=A«.

Semantik

1. Kennt Platon die *Subjekt-Prädikat-Struktur* des einfachen Aussagesatzes? Ja. Das berühmte (und von der modernen Logik durch die Beachtung mehrstelliger Relationen überwundene) Prinzip, in einer einfachen Aussage werde immer etwas über etwas ausgesagt (*ti kata tinos*), jede einfache Aussage habe also Subjekt-Prädikat-Struktur, ist in *Soph.* 261c–262e nicht weniger deutlich festgehalten als in Aristoteles' *De int.* 6, 17a 25. Überhaupt deckt sich diese Passage inhaltlich sehr weit mit den Kapiteln 2 bis 6 von *De interpretatione*: Benennen ist nicht dasselbe wie Prädikation. Eine Liste von Wörtern derselben logischen Sorte ist kein *logos*. Ein paradigmatisches Wort der Sorte *onoma* (Name) symbolisiert ein *agens*, ein paradigmatisches Wort der Sorte *rhêma* (ungefähr: Verb) eine Aktion. Ein *logos* entsteht durch Verknüpfung (*symplokê*) von *onoma* und *rhema*. Erst ein *logos* kann wahr oder falsch sein. Umstritten ist freilich, in welchem Verhältnis die Rede von einer den *logos* konstituierenden Verknüpfung von *eidê* (*tôn eidôn symplokê*) in *Soph.* 259e zu der Verknüpfung von Namen und Zeitwörtern in *Soph.* 262c steht. Ackrill argumentiert gegen Ross (1951, 115) und Cornford (1935, 300), dass nicht beide Male dasselbe gemeint sein kann, da ein Name wie »Theätet« kein *eidos* bezeichnet, stellt den Zusammenhang aber etwas indirekter her. Das Verständnis eines Aussagesatzes (*logos*) im Sinne von *Soph.* 262c setzt demnach das Verständnis der Verknüpfung oder Trennung von *eidê* voraus: Um zu verstehen, dass »Theätet sitzt« falsch ist, wenn Theätet steht, muss man wissen, dass Stehen und Sitzen inkompatibel sind (Ackrill 1997a, 77 f.). Der Punkt ist systematisch bedeutend, da die aristotelische Syllogistik in *APr.* sich in der Tat nur noch mit Begriffsverknüpfungen beschäftigt und die Ungleichheit von Namen und Prädikaten erst in der Logik seit Frege 1994a wieder wirklich zu ihrem Recht kommt.

2. Hat Platon eine *Theorie des falschen Satzes*? Ja. Jedenfalls insoweit er sie braucht, um dem Verdikt des Parmenides zu entgehen, niemals lasse sich das Nichtseiende zu etwas Seiendem zähmen (*Soph.* 237a). Die Details sind kompliziert und teilweise umstritten (Cornford 1935; Frede 1967; Owen 1971; Detel 1972; Bostock 1984; Denyer 1991; Frede 1992; Szaif 1996, 412–503; van Eck 1995, 2000, 2002; Gill 2005); ein erster Eindruck vom Problem und Platons – gewissermaßen deflationärer – Lösung lässt sich aber wie folgt geben: Wenn ein falscher Satz als etwas analysiert werden muss, womit man eine Aussage über das Nichtseiende trifft, dann kann es keinen falschen Satz geben. Dann ist aber der Ansicht der Sophisten, jeder sage immer die Wahrheit (*Euthd.* 283c–285a, 287a) nichts mehr entgegenzusetzen, und das ausgerechnet aufgrund des Verdikts des Parmenides. Man könnte meinen, dies sei ein Scheinproblem, das lediglich durch die griechische Umgangssprache erzeugt wird, da man darin »die Wahrheit sagen« natürlicherweise als »sagen, was ist« (*ta onta legein*) ausdrückt (Details: Szaif 1996, 48), was nahe legt, wenn man nicht die Wahrheit sage, sage man, was nicht ist, was wiederum nach dem Verdikt des Parmenides nicht möglich ist. Doch so einfach ist es nicht. Nimmt man an, ein Satz prädiziere nicht, sondern *referiere*, so ist klar: Ein *wahrer* Satz referiert auf eine reale Situation. Doch worauf referieren falsche Sätze? Die einzig mögliche Antwort scheint zu sein: auf das Nichtseiende. Nimmt man dagegen, wie es Platon im *Sophistes* vorschlägt, an, dass Sätze eine prädikative Binnenstruktur haben, so ist dies nicht zwingend. Der Satz »Theätet fliegt« behauptet eine Verknüpfung, nämlich Teilnahme von etwas Seiendem, Theätet, an etwas Seiendem, dem Fliegen. Das Fliegen ist nicht etwa absolut Nichtseiendes. Es ist nur Nichtseiendes *im Hinblick auf Theätet*, was kompatibel mit seinem Status als Seiendes ist (vgl. den auf den Komplex der Prädikationshinsichten verweisenden Gebrauch von *peri* in *Soph.* 263d; zur Harmlosigkeit von Textvarianten in 263b vgl. Szaif 1996, 478, in Verbindung mit Frede 1967, 57 f.). Auch das Nicht-Fliegen ist nicht in irgendeinem bedrohlichen Sinn etwas Nichtseiendes. Es ist vielmehr einfach *alles andere* als das Fliegen (*Soph.* 257b–c), z. B. das Sitzen.

3. Hat Platon eine *Definition der Aussagenwahrheit*? Ja. Und zwar als Nebenergebnis aus der Theorie des falschen Satzes (*Soph.* 263c–e; vorgebildet in *Crat.* 385b). Sie ist sehr nahe an der Wahrheitsdefinition bei Aristoteles, *Metaph.* IV 1011b26. Freilich sind Aussagen nicht das Einzige, worauf Platon das Wort *alethês* anwendet (s. Kap. V.59; umfassend: Szaif 1996).

4. »Platons Bart«. Vom logischen Standpunkt aus gesehen hatte er keinen. Denn dafür maßgeblich ist die Charakterisierung, die W. V. O. Quine 1948 in seinem epochemachenden Aufsatz »On What There Is« (wohl in lockerer Anlehnung an *Soph.* 241d) gegeben hat: »Nonbeing must in some sense be, otherwise what is it that there is not? This tangled doctrine might be nicknamed *Plato's beard*; historically it has proved tough, frequently dulling the edge of Occam's razor« (Quine 1980, 2). Doch einerseits hat Platon im *Sophistes* eine gut verständliche Antwort auf die Rätselfrage gegeben. Andererseits hat er dabei das, was Quine eigentlich in Angriff nimmt, überhaupt nicht behandelt: das Problem der leeren Namen oder leeren Kennzeichnungen. Denn dass im Satz »Theätet fliegt nicht« über Theätet gesprochen wird, wird nicht problematisiert, sondern als selbstverständlich festgehalten (*Soph.* 263a). Der Vergleich mit dem Satz »Pegasus existiert nicht«, den Quine als ~∃xPx (mit »Px« = »x pegasiert«) analysiert, zeigt, dass es nicht selbstverständlich ist.

5. Unterscheidet Platon *verschiedene Sinne von* »sein«? Ja. Es fragt sich nur, welche, und in welchem Sinn von »Sinn«. Einen deutlichen Fingerzeig gibt *Soph.* 256a–b: »Dass also die Bewegung (*kinêsis*) dasselbe (*tauton*) ist und auch nicht dasselbe ist, muss man gestehen [...]. Denn wenn wir sagen, sie ist dasselbe und sie ist nicht dasselbe, so meinen wir es doch nicht auf die gleiche Art (*ou ... homoiôs*)«. Dabei lassen sich zwei Fragen trennen: 1. Unterscheidet Platon ein »ist« der Prädikation von einem »ist« der Identität – oder macht er eine ganz andere Unterscheidung, die nur so ähnlich aussieht? 2. Unterscheidet Platon vom »ist« der Prädikation oder seinem Analogon noch einmal ein »ist« der Existenz? Beide Fragen sind ausführlich diskutiert und umstritten (Cornford 1935; Ackrill 1997b; Lewis 1976; Meinwald 1991; Kutschera 2002, III 198). Sie sind auch angesichts der vielfachen und zum Teil dem deutschen »sein« fremdartigen Gebrauchsweisen des griechischen Verbs *einai* (Kahn 1981 und 1986) alles andere als einfach zu beantworten. Unterschiede Platon ein »ist« der Prädikation, der Existenz und der Identität, so hätte er die volle Frege-Trichotomie bereits gehabt, die dann bis zu Frege 1994b wieder in Vergessenheit geraten wäre. Hierfür plädieren Ackrill und Kutschera (Ackrill 1997b; Kutschera 2002, III 15, III 198). Ackrill sieht dabei freilich das »ist« der Existenz als Unterform des »ist« der Prädikation an, das er mit dem sprachlichen Ausdruck der Teilnahmebeziehung gleichsetzt, nämlich als Teilnahme am Sein (Ackrill 1997b, 82), und zwar aufgrund von *Soph.* 256a (*metechein tou ontos*). Kutschera sieht dagegen (wohl auch wegen seiner mereologischen Deutung der Teilnahme) eine größere Selbständigkeit des »ist« der Existenz bei Platon (Kutschera 2002, III 15). Dass Platon überhaupt ein »ist« der Identität und der Prädikation trennt, bestreitet Hägler (1983, 57). Mit der These, dass Platon überhaupt ein »ist« der Prädikation hat, wendet sich Ackrill 1997b gegen Cornford 1935, der infolge seiner Interpretation der *symplokê* die Rolle der symmetrischen Relation der *koinônia* (Gemeinschaft) in den Vordergrund stellt. Ackrill weist zu Recht darauf hin, dass symmetrische *koinônia* durch asymmetrische *methexis* (Teilnahme) realisiert werden kann. Einen ganz anderen Weg hat Michael Frede eingeschlagen (Frede 1967). Er wendet gegen Ackrill ein, Platon könne nicht verschiedene homonyme *Bedeutungen* von »ist« im Sinn gehabt haben, wie sie die Frege-Trichotomie postuliert, sondern nur verschiedene *Verwendungen*, da er sonst auch verschiedene Ideen dafür hätte annehmen müssen (Frede 1967, 95). Er importiert seine Unterscheidung nicht aus der Tradition der modernen Logik, sondern motiviert sie textimmanent. Demnach kann man »ist$_1$« und ein »ist$_2$« wie folgt unterscheiden (Frede 1967, 30): »x ist$_1$ y« ist gerade dann wahr, wenn x nicht verschieden ist von der Y-heit, also x *qua* seines x-Seins y ist. »x ist$_2$ y« ist dagegen gerade dann wahr, wenn x zwar y ist aber nicht *qua* seines x-Seins. Mit dieser Unterscheidung zweier Verwendungsweisen von »ist« lässt sich der Unterschied zwischen der Aussage, dass x an sich selbst y ist (*kath' auto*) und der Aussage, dass x im Hinblick auf anderes y ist (*pros ta alla*), der die Grundlage von Meinwalds Interpretation des *Parmenides* ist, verbinden (Meinwald 1991; vgl. auch Staudacher 2007).

6. Hat Platon eine Logik von Teil und Ganzem (*Mereologie*)? Jedenfalls spielen Teil und Ganzes im Zusammenhang mit Begriffen für Platons Logik eine große Rolle (zum Teilbegriff bei Platon allgemein: Harte 2002). In ihrer Gestalt in den Spätdialogen ist sie stark begriffslogisch akzentuiert als »study of the interrelation of forms« (Ackrill 1997c, 109). Sie ist »eine Theorie begründeten Wissens« auf der Grundlage von Begriffsbeziehungen, nicht eine Theorie der Zusammenhänge von Sätzen im Beweis wie Aristoteles' *Zweite*

Analytiken, wenn Platon sie auch im *Sophistes* durch eine Theorie des Satzes ergänzt (Prauss 1966, 206) und im Dialog naturgemäß »Sätze sich aneinander reihen« (Mojsisch 1996, 77). Aus diesem Grund sind mereologische Beziehungen zwischen Begriffen besonders interessante Kandidaten für Bedeutungen platonischer Fachterminologie, insbesondere dort, wo diese, wie im zweiten Teil des Parmenides, nach wie vor Rätsel aufgibt (für andere neuere Ansätze zur Interpretation des *Parmenides* vgl. Meinwald 1991; McCabe 1996; Rickless 2007a, 2007b). Julius Moravcsik hat bereits 1973 vorgeschlagen, platonische Dihairesen im Sinne eines »model of intensional mereology« zu verstehen: Geteilt würden dabei nicht in erster Linie Klassen von Gegenständen, also Extensionen, sondern Formen in ihre Teile (Moravcsik 1973, 174–176; kritisch dazu Cohen 1973; s. Kap. V.39). Eine detaillierte Ausführung der Hypothese, Platon arbeite im *Parmenides* mit einer begriffslogischen Mereologie, bietet Kutschera 1995 (vgl. auch, unter der vorsichtigen Überschrift »Ansätze zu einer mereologischen Logik«, Kutschera 2002, II 185–200). Er kommt zu dem Ergebnis, dass Platon nicht nur die elementare, sondern sogar eine abgeschwächte Version der vollen Mereologie zur Verfügung hatte (Kutschera 1995, ix; 2002, II 193), wie sie Lesniewski in den 1920er Jahren formuliert hat. Dass Platon selbst in *Plt.* 262b das Wort *meros* explizit extensional als Gegensatz zu *eidos* benutzt, legt nicht zwingend auf eine extensionale Deutung der Relation »ist Teil von« fest. Kutscheras Detailinterpretation des *Parmenides* stellt denn auch nicht selten ein Pendeln zwischen beiden möglichen Interpretationen der Teil-Ganzes-Beziehung fest. Dabei soll die intensionale Deutung jedoch das eigentlich von Platon Vertretene sein. Kutschera sieht darin einen Kontrast zu Aristoteles (Kutschera 2002, II 200), da dieser seiner Ansicht nach Teil und Ganzes nicht logisch versteht. Jüngst erzielte Erfolge bei einer mereologischen Deutung der aristotelischen Modallogik (Malink 2007) könnten dagegen eher in Richtung einer Kontinuität von Lehrer zu Schüler in der Logik deuten.

Reflexive Strukturen

1. Hat Platon die Problematik der *Selbstprädikation* der Ideen gesehen? Ja, aber er hat vielleicht bewusst daran festgehalten. Die sog. Selbstprädikation der Ideen (Hägler 1983; Malcolm 1991) wird nahe gelegt dadurch, dass in den mittleren Dialogen Benennungen der Form »Idee des X« und »das X selbst« auf dasselbe referieren (*Rep.* VII 534c) und es sehr nahe liegt, dass das X selbst sogar in ganz besonders hohem Grad X sein muss. Gerade diese These scheint aber mit verantwortlich zu sein für das – wegen seiner offensichtlichen Analogie zu Aristoteles *Metaph.* I 9, 990b17 – »Dritter Mensch« genannte ideenkritische Argument in *Prm.* 132a–b, das sich modern gesprochen so wiedergeben lässt (»∪« steht für »vereinigt mit«): Zur Menge M aller konkreten Einzeldinge, die X sind, gibt es ein X-selbst, das nicht in M enthalten ist, aber die Elemente von M erst X sein lässt: X-selbst$_1$; X-selbst$_1$ ist X (Selbstprädikation); alle Elemente von M ∪ X-selbst$_1$ sind X; also muss es ein X' geben, das nicht in M ∪ X-selbst$_1$ enthalten ist, aber die Elemente von M ∪ X-selbst$_1$ erst X sein lässt: ein weiteres X-selbst: X-selbst$_2$; usw. Dieses Argument dürfte das meistdiskutierte Stück logischer Text bei Platon sein (s. Kap. V.45.2–3). Die Literatur dazu ist unüberschaubar geworden (die klassischen Papiere von Vlastos seit 1954 sind wieder abgedruckt in Vlastos 1995, II 166–214; vgl. außerdem – auch für weitere Literatur – Sellars 1955; Künne 1975, 25–67; Meinwald 1991, 1992; Roth 2007; Cohen 1971). Kutschera sieht in der Selbstprädikation kein Problem für Platon, da der »Dritte Mensch« erst droht, wenn man annimmt, dass eine Idee X von allem, das sie X sein lässt, verschieden sein muss, was Platon nicht vertreten habe (Kutschera 1995, 29–34, und 2002, II 174–176; ähnlich Staudacher 2007, 127, im Anschluss an Frede 1967). Ob die Selbstprädikation systematisch attraktiv ist, ist eine andere Frage (Kutschera 2002, III 181); denkbar ist auch, dass Platon sie im Spätwerk aufgegeben hat (so z. B. Sellars 1955). Es herrscht jedenfalls inzwischen weitgehender Konsens (vgl. Fine 1999, 25), das Argument nicht mehr als Ausdruck einer »honest perplexity« (so Vlastos 1954, 342) Platons anzusehen, sondern anzunehmen, dass Platon es entweder selbst für defizient gehalten hat oder seine Theorie dagegen durch Revision immunisiert hat.

2. Hat Platon erkannt, dass der *Relativismus selbstwiderlegend* ist? Das kommt darauf an, für wie gut man seine diesbezüglichen Argumente hält, die zweifellos ein Höhepunkt elenktischen Denkens sind. Wenigstens ein Grenzfall zur Selbstanwendung ist das Argument in *Gorgias* 488b–489d. Man kann es so lesen, dass aus der Annahme des Kallikles, der Stärkere habe natürlicherweise Recht, folgt, dass das Volk, das immer stärker ist als der einzelne, natürlicherweise darin Recht hat, zu meinen, der Stärkere habe nicht natürlicherweise Recht. Ein unbestrittenes Paradebeispiel für die Selbstanwendung einer Meinung auf sich ist dann das letzte Argument gegen den individuell verstandenen *homo-mensura*-Satz (HMS) »Der

Mensch ist das Maß aller Dinge« im *Theaitetos*, 170e–171d (skizziert bereits in *Euthd.* 286c–287a): (1) Protagoras gibt zu, auch wenn jemand sagt »Der HMS ist falsch«, so ist dies laut HMS wahr. (2) Auch Protagoras muss also zugeben, dass der HMS falsch ist. (3) Alle anderen meinen das sowieso. (4) Alle, Protagoras eingeschlossen, halten also den HMS für falsch. (5) Was von allen für falsch gehalten wird, ist laut HMS falsch. (6) Also ist der HMS laut HMS falsch. Als problematisch angesehen wird oft der Übergang von (1) auf (2): Protagoras gibt zu, dass, wenn A behauptet »Der HMS ist falsch«, das *für A* laut HMS wahr ist. Er muss aber noch lange nicht zugeben, dass der HMS *für ihn*, Protagoras, falsch ist (für einen Überblick, wer das Argument für wie gut hält, vgl. Hardy 2001, 87, der selbst dafür plädiert; trotz des Einwands für letztlich erfolgreich hält das Argument auch McDowell 1973, 170 f.; anders Fine 1998). Für wie gut Platon selbst das Argument hielt, ist schwer zu sagen: Sokrates, der den bereits verstorbenen Protagoras spielt, lässt offen, ob ein wieder auferstandener Protagoras sich nicht dagegen zu wehren wüsste (171b).

3. Hat Platon den *Selbstwiderspruch der sokratischen Skepsis* gesehen? Nein; aber nicht, weil er ihn übersehen hätte, sondern weil es keinen gibt. Allerdings wird die Begründung dafür, warum nicht, verschieden ausfallen, je nachdem, ob man *Apol.* 22c–d (und entsprechend *Symp.* 216d) im Sinne von »Ich weiß, dass ich nichts weiß« versteht, diese Aussage aber nicht als selbstwidersprüchlich ansieht, oder ob man in diesem Satz einen Widerspruch sieht, aber *Apol.* 22c–d und *Symp.* 216d – auch angesichts von *Euthd.* 293b – so liest, dass Sokrates ihn dort *nicht ernsthaft* behauptet. Einen Widerspruch sehen manche Autoren auch durch die Unterscheidung verschiedener Ebenen oder Arten von Wissen vermieden: Sokrates könne durchaus ›meta-wissen‹, dass er nichts ›objekt-weiß‹ (vgl. Meixner 2007, 115). Kutschera unterscheidet für den *Charmides* verschiedene Stufen von »Wissenswissen« (Kutschera 2002, I 179–189). Annas bemerkt, Sokrates könne durchaus *sagen*, er wisse nichts, solange er nicht behauptet, er *wisse* das (Annas 1992, 44).

21.2 Methodologie

Elenktik

Worin das typische Vorgehen des Sokrates in den Frühdialogen genau besteht, das traditionell mit dem Etikett »Elenchos« (Prüfung, Widerlegung) versehen wird, ist stark diskutiert und umstritten (Young 2006, 55 f.; Erler 2007). Es ist *im Rückblick* eine Fundgrube für den Logiker:

> The syllogisms of the Socratic elenchus fall into many types. For some of them we can easily find names from the textbooks of logic. We can recognize here a sorites, there a dilemma, there an argument by elimination or alternative syllogism, there a hypothetical syllogism, there a categorical syllogism in the narrow sense in barbara or one of its other forms. For many more there are no obvious names; and if we tried to make them we might need dozens (Robinson 1953, 22 f.).

Doch wie systematisch ist das alles? Und falls es systematisch ist: Hat es eine uns vertraute oder eine uns fremde Systematik?

Die Bandbreite der Einschätzung, wie regelhaft der Elenchos ist, zeigt sich an ihren zwei Extrempunkten: Einerseits lautet der Titel eines neueren Sammelbandes »Does Socrates have a method?« (Scott 2002), und Young 2006, 56, hält eine weitgehend verneinende Antwort auf diese Frage für »nowadays common«. Andererseits wird der Elenchos detailliert als stark geregeltes Spiel mit den unvertauschbaren Rollen eines Fragenden und eines Antwortenden rekonstruiert, in dem in einer Spielrunde nur drei Begriffe vorkommen und das die aristotelische Syllogistik vorbereitet (Stemmer 1992; dazu zustimmend Kutschera 2002, III 199; Erler 2007). Es gehört dann geradezu zu den Spielregeln, dass sich Sokrates, wenn er fragt, auf nichts festlegt.

Schon das Objekt des Elenchos ist weniger klar, als es auf den ersten Blick scheint: Häufig handelt es sich um einen Definitionsvorschlag. Doch nicht nur Definitionsvorschläge, sondern auch Thesen, z. T. ethischer Natur, gehören zu den Objekten der Prüfung, wenn man den Begriff in einem weiten Sinn nimmt. Wenigstens eine solche These überlebt die Prüfung sogar, und es wird auch mal ein angebliches Gegenbeispiel entkräftet (so Fine 1999, 2, mit Berufung auf den *Kriton* und die denn doch nicht tapferen Löwen in *La.* 196e).

Auch der Status des Elenchos ist nicht leicht zu bestimmen: Ist er ein Element der platonischen Dialektik (so Kutschera 2002, III 199–201) und damit gegenüber der konstruktiven Dihairetik ihr destruktiver Teil? Oder ist er ihr entstehungsgeschichtlich früheres und systematisch negatives Gegenstück?

Die Schwierigkeit, die Frage zu beantworten, ob die Systematik des Elenchos vertraut oder fremd ist, zeigt sich zum einen daran, dass eine heute nahe liegende Unterscheidung direkter und indirekter Widerlegungen von Platon offenbar nicht gesehen wird (Robinson

1953, 21–32). Sie zeigt sich auch daran, dass nicht klar ist, welche Rolle Hintergrund- und Zusatzannahmen spielen. Der Text legt nahe, dass sich allein aus dem auf dem Prüfstand Stehenden selbst ein Widerspruch entwickeln lassen soll. Doch aus heutiger Sicht spielen fast immer weitere Prämissen eine Rolle (Robinson 1953, 25, 29–31). Warum also nicht einfach eine *von ihnen* aufgeben (so Vlastos 1983, 30)? Es ist nicht einfach zu sagen, warum die bloße Inkonsistenz mit später Zugestandenem gerade den *zuerst* gemachten Vorschlag zunichte macht (Vorschläge dazu, warum dies so ist, bei Stemmer 1992, 119–122).

In Platons eigener expliziter Beschreibung des Elenchos in *Soph.* 230b–d wird die Elenktik mit dem Nichtwiderspruchssatz verknüpft: Die Konsequenzen von Vorschlägen eines Gesprächspartners werden als Widerspruch im Sinne des Nichtwiderspruchssatzes exponiert, was den Gesprächspartner beschämen und von seiner Selbstüberschätzung heilen soll (vgl. zur psychologisch-pädagogischen Komponente Renaud 2002). Bereits die Widerlegung eines Definitionsvorschlags durch ein simples Gegenbeispiel kann so verstanden werden. Denn der Gesprächspartner gibt ja zunächst den Definitionsvorschlag in voller Allgemeinheit zu, dann aber auch das Gegenbeispiel, welches dem Vorschlag widerspricht.

Dagegen, dass der Elenchos *immer* »persönlich« ist, da der Befragte sagt, was er meint (so Robinson 1953, 15–17; Vlastos 1983, 35), spricht, dass das Überprüfte nicht unbedingt die *eigene* Meinung des Befragten sein muss (Stemmer 1992, 102f., im Anschluss an Ryle). Umstritten ist auch, an welche Regeln sich der Fragende halten muss (wertvolle exemplarische Analyse: Ebert 1999). Galt es lange als klar, dass sich Sokrates im Sinne seiner Selbstbeschreibung als Fragender neutral verhält und den Gesprächspartner sich selbst in Widersprüche verwickeln lässt, so wird inzwischen unter dem Schlagwort »Socrates cheats« (Young 2006, 62f.; Vlastos 1991, Kap. 5) verstärkt dem Eindruck nachgegangen, Sokrates treibe Gesprächspartner nicht selten gezielt auch mit unfairen Mitteln argumentativ in die Enge und lenke die Argumentation »auch auf Holzwege« (Erler 2007, 108; vgl. auch Ebert 2004b, 370).

Hypothesen

Obwohl Platon mit Hilfe des Begriffs der *hypothesis* unschätzbare Vorarbeit für einen Begriff der logischen Folgerung aus Prämissen geleistet hat, sind die Textstellen dazu eher methodologischer Natur. Inwiefern es bei Platon eine regelrechte Hypothesis-Methode gibt, ist ähnlich schwer zu sagen, wie, ob es eine genau geregelte Elenktik gibt (ausführlich dazu Robinson 1953, 93–280; Sayre 1969, 3–40; für die Methode im *Phd.* vgl. bes. Ebert 2004b, 350–365). Eine Hypothese sollte plausibel sein (*Phd.* 92d), doch wird nicht verlangt, dass sie selbstevident ist (zu Kriterien der Plausibilität: Stemmer 1992, 250–270). Ziel ist, sie durch Ableitung aus einer allgemeineren Hypothese zu begründen (Kutschera 2002, II 34), letzten Endes sogar, sie ganz zu überwinden (*Rep.* VII 533c). Denn Platon lässt zwar Sokrates das Arbeiten mit Hypothesen aus der Mathematik übernehmen (*Men.* 87a); doch in *Rep.* VI 510c–511d wird die Vorgehensweise der Mathematiker kritisch dargestellt als Folgern des Beweisziels mit Hilfe der *dianoia* aus Prämissen (*hypotheseis*, 510c), über die gerade keine Rechenschaft mehr abgelegt wird (*oudena logon ... didonai*, ebd.). Philosophen dagegen bedienten sich der Hypothesen nur als »Zugänge und Anläufe (*hoion epibaseis te kai hormas*), [...] bis zum Aufhören aller Voraussetzung (*mechri tou anhypothetou*) [...]« (*Rep.* VI 511b–c; Näheres bei Mittelstraß 1997).

Selbst für ein Prinzip wie den Nichtwiderspruchssatz wird das jedoch nicht durchgeführt (übrigens in auffälligem Kontrast zur transzendentalen Argumentation in Aristoteles *Metaph.* IV 3 und 4): »Lass uns in der Voraussetzung (*hypothemenoi*), dass sich dieses so verhält, weitergehen und uns anheischig machen, wenn uns dies jemals anders erscheine als so, so solle alles, was uns hieraus folgt, für nichtig erklärt sein« (*Rep.* IV 436b). Ein Restrisiko bleibt. Auch das abschließende Argument im *Phaidon* endet mit der Aufforderung, die Hypothesen kritisch zu überprüfen (*Phd.* 107b).

Dass die explizite Reflexion der Rolle von *hypotheseis* zumindest eine Vorstufe zu einem logischen Folgerungsbegriff ist, sieht man daran, dass diese es überhaupt ermöglicht, das, woraus etwas folgt und das, was folgt, auseinanderzuhalten. Benson hält als Fazit aus *Phd.* 101e die Errungenschaft fest: »don't jumble hypothesis and consequences« (Benson 2006, 88; ähnlich Kutschera 2002, II 34: Es ist »darauf zu achten, dass man begründende und begründete Aussagen auseinanderhält«). Ferner macht Platon deutlich: Es ist möglich und wichtig, die Frage, ob die Hypothese p den Satz q impliziert (p evtl. für die Wahrheit von q sogar notwendig ist (Benson 2006, 88)), von der Frage zu trennen, ob p selbst wahr ist (*Men.* 87a–c). Platons Sokrates ist ein Meister im »deontic scorekeeping« und im Verfolgen von »discursive committments« (Brandom 1994, 2000) und benutzt dafür selbst die Metapher der Zahlungsverpflichtung (*Rep.* VI 507a;

Plt. 267a). In der dialektischen Übung im zweiten Teil des *Parmenides* ist das Verfolgen der Konsequenzen von auch dubiosen Hypothesen auf die Spitze getrieben (Schramm 2007, 154 f.).

Dennoch lässt der überlieferte Text ausgerechnet der zentralen Stelle *Phd.* 100a daran zweifeln, ob Platon wirklich schon einen klaren Folgerungsbegriff hatte (Robinson 1953, 126 f.): Sokrates sagt demnach, er setze alles, was mit einer Hypothese zu harmonieren (*symphônein*) scheine, als wahr, was aber nicht, als nicht wahr (*hôs ouk alethê*). Heißt »harmonieren« hier »folgen aus«, so müsste Sokrates einander kontradiktorisch Widersprechendes zugleich als falsch setzen; heißt es »kompatibel sein mit«, auch. Das Problem kann als gelöst gelten, wenn sich Theodor Eberts Konjektur »*ouch' hôs alethê*« (»nicht als wahr«) durchsetzt (Ebert 2001 und 2004b, 352–354).

Grenzen der Logik?

Die Frage, ob und wo Platons Methodologie selbst der Logik eine Grenze zuweist, ist schwer zu beantworten. Denn die Antwort hängt davon ab, wie man die Einleitung zum Sonnengleichnis (*Rep.* VI 506e–507a) im Verhältnis zu den Ausführungen zur Dialektik in *Rep.* VII 534b–c gewichtet. In *Rep.* 534b–c ist das optimistische Zutrauen in das, was Platon Dialektik nennt, dahin gesteigert, dass selbst eine explizite Definition des Guten möglich erscheint. In *Rep.* VI 506e lehnt er den Versuch dazu jedoch mit dem Hinweis auf die Weitläufigkeit der erforderlichen Untersuchung ab. Diese Frage ist aber nicht in einem Abschnitt zu Platons Logik und Methodologie zu diskutieren, sondern im Kontext der Debatte und Sagbarkeit und Unsagbarkeit bei Platon (vgl. z. B. Gadamer 1985; Krämer 1997; Ferber 1984, 160–162; Schefer 2001), die eng verknüpft ist mit der Frage nach Platons ungeschriebener Lehre (s. Kap. II.7).

Literatur

Ackrill, John L. 1953: »Rez. zu: Bochenski, Joseph Maria: ›Ancient Formal Logic‹«. In: Mind 62, 110–112.
Ackrill, John L. 1997a: »ΣΥΜΠΛΟΚΗ ΕΙΔΩΝ« [1955]. In: Ders.: Essays on Plato and Aristotle. Oxford, 72–79.
Ackrill, John L. 1997b: »Plato and the Copula: Sophist 251–259« [1957]. In: Ders.: Essays on Plato and Aristotle. Oxford, 80–92.
Ackrill, John L. 1997c: »In Defence of Plato's Divisions« [1970]. In: Ders.: Essays on Plato and Aristotle. Oxford, 93–109.
Annas, Julia 1992: »Plato the Sceptic«. In: James C. Klagge/ Nicholas D. Smith (Hg.): Methods of Interpreting Plato and his Dialogues. Oxford (Supplementary Volume to Oxford Studies in Ancient Philosophy), 43–72.
Benson, Hugh 2006: »Plato's Method of Dialectic«. In: Ders. (Hg.): A Companion to Plato. Oxford, 85–99.
Bochenski, Joseph M. 1951: Ancient Formal Logic. Amsterdam.
Bochenski, Joseph M. ²1978: Formale Logik [1956]. Freiburg/München.
Böhme, Gernot 2000: Platons theoretische Philosophie. Stuttgart.
Bostock, David 1984: »Plato on ›is not‹«. In: Oxford Studies in Ancient Philosophy 2, 89–119.
Brandom, Robert 1994: Making It Explicit. Cambridge, Mass.
Brandom, Robert 2000: Articulating Reasons. Cambridge, Mass.
Cohen, S. Marc 1971: »The Logic of the Third Man«. In: The Philosophical Review 80/4, 448–475.
Cohen, S. Marc 1973: »Plato's Method of Division«. In: Julius M. E. Moravcsik (Hg.): Patterns in Plato's Thought. Dordrecht, 181–191.
Cornford, Francis 1935: Plato's Theory of Knowledge. London [Nachdr. 1979].
Cürsgen, Dirk 2004: »Platons *Euthydem*. Zum Verhältnis von Dialog, Logik und königlicher Kunst«. In: Marcel van Ackeren (Hg.): Platon verstehen. Themen und Perspektiven. Darmstadt, 22–38.
Dancy, Russell M. 2004: Plato's Introduction of Forms. Cambridge.
Dancy, Russell M. 2006: »Platonic Definitions and Forms«. In: Hugh Benson (Hg.): A Companion to Plato. Oxford, 70–84.
Denyer, Nicholas 1991: Language, Thought and Falsehood in Ancient Greek Philosophy. London/New York.
Detel, Wolfgang 1972: Platons Beschreibung des falschen Satzes im *Theätet* und *Sophistes*. Göttingen.
Dillon, John 1973: »Comments on John Moore's Paper«. In: Julius M. E. Moravcsik (Hg.): Patterns in Plato's Thought. Dordrecht/Boston, 72–76.
Ebert, Theodor 1999: »Der fragende Sokrates: Überlegungen zur Interpretation platonischer Dialoge am Beispiel des *Menon*«. In: Philosophiegeschichte und logische Analyse 2, 67–85 [wieder abgedruckt in: Ders.: Gesammelte Aufsätze. Bd. II: Zur Philosophie und ihrer Geschichte. Paderborn 2004, 41–64].
Ebert, Theodor 2001: »Sokrates über seinen Umgang mit Hypotheseis (*Phaidon* 100a). Ein Problem und ein Vorschlag zur Lösung«. In: Hermes 129, 467–473 [wieder abgedruckt in: Ders.: Gesammelte Aufsätze. Bd. II: Zur Philosophie und ihrer Geschichte. Paderborn 2004, 83–92].
Ebert, Theodor 2004b: Platon, *Phaidon*. Übersetzung und Kommentar. Göttingen.
Eck, Johannes van 1995: »Falsity without Negative Predication: On *Sophistes* 255e–263d«. In: Phronesis 40, 20–47.
Eck, Johannes van 2000: »Plato's Logical Insights: On *Sophist* 254d–257a«. In: Ancient Philosophy 20, 53–79.
Eck, Johannes van 2002: »Not Being and Difference: on Plato's *Sophist* 256d5–258e3«. In: Oxford Studies in Ancient Philosophy 23, 63–84.
Erler, Michael 2007: »Elenchos«. In: Schäfer 2007, 107 f.

Ferber, Rafael 1984: Platos Idee des Guten. St. Augustin.
Fine, Gail 1998: »Relativism and Self-Refutation«. In: Jyl Gentzler (Hg.): Method in Ancient Philosophy. Oxford, 137–164.
Fine, Gail 1999: »Introduction«. In: Dies. (Hg.): Plato 1. Metaphysics and Epistemology. Oxford, 1–35.
Frede, Dorothea 1997: Platon, *Philebos*. Übersetzung und Kommentar. Göttingen.
Frede, Dorothea 2004: »Dialektik in Platons Spätdialogen«. In: Marcel van Ackeren (Hg.): Platon verstehen. Themen und Perspektiven. Darmstadt, 147–167.
Frede, Michael 1967: Prädikation und Existenzaussage. Göttingen.
Frede, Michael 1992: »Plato's *Sophist* on False Statements«. In: Richard Kraut (Hg.): The Cambridge Companion to Plato. Cambridge, 397–424.
Frege, Gottlob [7]1994a: »Funktion und Begriff« [1891]. In: Ders.: Funktion, Begriff, Bedeutung. Fünf logische Studien. Hg. v. Günther Patzig. Göttingen, 17–39.
Frege, Gottlob [7]1994b: »Über Begriff und Gegenstand« [1892]. In: Ders.: Funktion, Begriff, Bedeutung. Fünf logische Studien. Hg. v. Günther Patzig. Göttingen, 66–80.
Gadamer, Hans-Georg 1985: »Platos ungeschriebene Dialektik« [1968]. In: Gesammelte Werke Bd. 6. Tübingen, 129–153.
Gill, Christopher 2001: »Protreptic and Dialectic in Plato's *Euthydemus*«. In: Luc Brisson/Thomas M. Robinson (Hg.): On Plato: *Euthydemus*, *Lysis*, *Charmides*. Selected Papers from the Fifth Symposium Platonicum. St. Augustin, 133–143.
Gill, Mary Louise 2005: »Method and Metaphysics in Plato's *Sophist* and *Statesman*«. In: Edward N. Zalta (Hg.): The Stanford Encyclopedia of Philosophy [Fall 2008 edition] (http://plato.stanford.edu/archives/fall2008/entries/plato-sophstate/, 21.9.2008).
Hägler, Rudolf-Peter 1983: Platons *Parmenides*. Probleme der Interpretation. Berlin/New York.
Hardy, Jörg 2001: Platons Theorie des Wissens im *Theätet*. Göttingen.
Harte, Verity 2002: Plato on Parts and Wholes. The Metaphysics of Structure. Oxford.
Hoffmann, Ernst 1964: Drei Schriften zur griechischen Philosophie. Heidelberg.
Kahn, Charles H. 1981: »Some Philosophical Uses of ›to be‹ in Plato«. In: Phronesis 26, 105–34.
Kahn, Charles H. 1986: »Retrospective on the Verb ›to be‹ and the Concept of Being«. In: Siimo Knuuttila/Jaakko Hintikka (Hg.): The Logic of Being. Dordrecht, 1–28.
Krämer, Hans 1997: »Die Idee des Guten. Sonnen- und Liniengleichnis«. In: Otfried Höffe (Hg.): Platon Politeia. Berlin [[2]2005], 179–203.
Künne, Wolfgang 1975: Dialektik und Ideenlehre in Platons *Parmenides*. Untersuchungen zu Hegels Plato-Deutung. Heidelberg.
Kutschera, Franz von 1995: Platons *Parmenides*. Berlin/New York.
Kutschera, Franz von 2002: Platons Philosophie. 3 Bde. Paderborn.
Lewis, Frank A. 1976: »Did Plato Discover the *Estin* of Identity?« In: California Studies in Classical Antiquity 8, 113–43.

Lutoslawski, Wincenty 1897: The Origin and Growth of Plato's Logic. London [Nachdr. Hildesheim 1983].
Malcolm, John 1991: Plato on the Self-Predication of Forms: Early and Middle Dialogues. Oxford.
Malink, Marko 2007: Aspects of Aristotle's Syllogistic. Diss. Humboldt.-Univ. Berlin.
McCabe, Mary 1996: »Unity in the *Parmenides*«. In: Christopher Gill/Dies. (Hg.): Form and Argument in Late Plato. Oxford, 5–48.
McDowell, John 1973: Plato *Theaetetus*. Translated with Notes. Oxford.
Meinwald, Constance 1991: Plato's *Parmenides*. New York.
Meinwald, Constance 1992: »Good-bye to the Third Man«. In: Richard Kraut (Hg.): The Cambridge Companion to Plato. Cambridge, 365–367.
Meixner, Uwe 2007: »Erkenntnis«. In: Schäfer 2007, 109–116.
Mittelstraß, Jürgen 1997: »Die Dialektik und ihre wissenschaftlichen Vorübungen«. In: Otfried Höffe (Hg.): Platon, *Politeia*. Berlin [[2]2005], 229–249.
Mojsisch, Burkhard 1996: »›Dialektik‹ und ›Dialog‹: *Politeia*, *Theaitetos*, *Sophistes*«. In: Theo Kobusch/Burkhard Mojsisch (Hg.): Platon. Seine Dialoge in der Sicht neuer Forschungen. Darmstadt, 165–180.
Moravcsik, Julius M. E. 1973: »Plato's Method of Division«. In: Ders. (Hg.): Patterns in Plato's Thought. Dordrecht/Boston, 158–180.
Owen, Gwilyn E. L. 1971: »Plato on Not-Being«. In: Gregory Vlastos (Hg.): Plato I: Metaphysics and Epistemology. A Collection of Critical Essays. New York, 223–267.
Prauss, Gerold 1966: Platon und der logische Eleatismus. Berlin.
Quine, Willard Van Orman [3]1980: »On What There Is« [1948]. In: Ders.: From a Logical Point of View. Cambridge, Mass., 1–19.
Renaud, François 2002: »Humbling as Upbringing: The Ethical Dimension of the Elenchos in the *Lysis*«. In: Scott 2002, 183–189.
Rickless, Samuel C. 2007a: Plato's Forms in Transition: A Reading of the *Parmenides*. Cambridge.
Rickless, Samuel C. 2007b: »Plato's *Parmenides*«. In: Edward N. Zalta (Hg.): The Stanford Encyclopedia of Philosophy [Fall 2008 edition] (http://plato.stanford.edu/archives/fall2008/enries/plato-parmenides/, 21.9.2008).
Robinson, Richard [2]1953: Plato's Earlier Dialectic [1941]. Oxford.
Ross, William D. 1951: Plato's Theory of Ideas. Oxford.
Roth, Veronika 2007: »Dritter Mensch«. In: Schäfer 2007, 95–98.
Ryle, Gilbert 1939: »Plato's *Parmenides* II«. In: Mind 48, 302–325.
Ryle, Gilbert 1966: Plato's Progress. Cambridge.
Sayre, Kenneth M. 1969: Plato's Analytic Method. Chicago.
Sayre, Kenneth M. 1983: Plato's Late Ontology. A Riddle Resolved. Princeton.
Sayre, Kenneth M. 2006: Metaphysics and Method in Plato's *Statesman*. Cambridge.
Christian Schäfer (Hg.) 2007: Platon-Lexikon. Darmstadt
Schefer, Christina 2001: Platons unsagbare Erfahrung. Basel.

Scheibe, Erhard 1967: »Über Relativbegriffe in der Philosophie Platons«. In: Phronesis 12, 28–49.
Schleiermacher, Friedrich Daniel Ernst 1996: Über die Philosophie Platons [1804–1828]. Hg. von Peter Steiner. Hamburg.
Schmitt, Arbogast 1973: Die Bedeutung der sophistischen Logik für die mittlere Dialektik Platons. Würzburg.
Schmitt, Arbogast 2003: Die Moderne und Platon. Stuttgart/Weimar.
Schramm, Michael 2007: »Hypothese«. In: Schäfer 2007, 154–156.
Scott, Gary A. (Hg.) 2002: Does Socrates Have a Method? University Park, Pennsylvania.
Sellars, Wilfrid 1955: »Vlastos and the Third Man«. In: Philosophical Review 64, 405–437.
Sichirollo, Livio 1966: »Dialegesthai – Dialektik«. In: Ders.: Von Homer bis Aristoteles. Hildesheim, 18–33.
Sprague, Rosamond K. 1962: Plato's Use of Fallacy. A Study of the *Euthydemus* and Some Other Dialogues. London.
Staudacher, Peter 2007: »Für sich«. In: Schäfer 2007, 124–127.
Stemmer, Peter 1992: Platons Dialektik. Die frühen und mittleren Dialoge. Berlin/New York.
Szaif, Jan 1996: Platons Begriff der Wahrheit. Freiburg/München.
Vlastos, Gregory 1954: »The Third Man Argument in the *Parmenides*«. In: Philosophical Review 63, 319–349.
Vlastos, Gregory 1983: »The Socratic elenchus«. In: Oxford Studies in Ancient Philosophy 1, 27–58.
Vlastos, Gregory 1991: Socrates: Ironist and Moral Philosopher. Cambridge.
Vlastos, Gregory 1995: Studies in Greek Philosophy. 2 Bde. Princeton.
Wittgenstein, Ludwig 1984: »Philosophische Untersuchungen« [1952]. In: Ders.: Werke Bd. 1. Frankfurt a. M., 225–579.
Young, Charles 2006: »The Socratic Elenchus«. In: Hugh Benson (Hg.): A Companion to Plato. Oxford, 55–59.

Niko Strobach

22 Epistemologie

22.1 Sokratischer *elenchos* und die Kriterien des Wissens

Eine Betrachtung der platonischen Epistemologie muss mit Platons frühen, den Fragen der Ethik gewidmeten Dialogen beginnen, da diese eine Interpretation der sokratischen Gesprächsform und des ihr zugrunde liegenden Wissensbegriffes enthalten (vgl. Woodruff 1990, 69; Benson 2000).

Der platonische Sokrates verwickelt andere in Gespräche zu grundlegenden Begriffen und Fragen der Ethik und Erziehung, um ihre diesbezüglichen Wissensansprüche einer kritischen Prüfung (*elenchos*) zu unterziehen. Diese elenktische Gesprächstechnik zielt darauf, den Gesprächspartner dazu zu bringen, bestimmten Prämissen und Schlussfolgerungen aus diesen Prämissen zuzustimmen, die seiner ursprünglichen These, die er mit einem Wissensanspruch formuliert hat, widersprechen. Die Tatsache, dass es ihm stets gelingt, seine Gesprächspartner zu widerlegen, nimmt der platonische Sokrates als Beweis dafür, dass deren Wissensanspruch hohl und unfundiert ist. In der *Apologie* macht der platonische Sokrates deutlich, dass diese Gesprächspraxis einer ethischen Zielsetzung dient (*Apol.* 29c–31c, 36c–d, 38a; vgl. auch *Cri.* 46b–48a). Er möchte den Gesprächspartnern bewusst machen, dass sie zu einer rationalen Lebenspraxis, die das wahrhaft für einen Menschen Gute realisiert, noch nicht befähigt sind, weil sie ihre ethischen Begriffe und Auffassungen noch nicht hinreichend geklärt haben, und dass sie sich darum ernsthafter um eine Klärung ihrer Begriffe bemühen müssen.

Den elenktischen Gesprächen liegt eine Vorstellung von den Kriterien dafür zugrunde, wann ein Begriffsverstehen tatsächlich als Wissen gelten kann. Aus diesen Kriterien ergeben sich bereits wesentliche Elemente einer Epistemologie. Folgende Charakteristika des sokratischen *elenchos* sind in diesem Zusammenhang zu beachten:

1. Der *elenchos* fungiert als ein Test der kognitiven Verfassung des Befragten. Darum hat er den Charakter einer *ad-hominem*-Argumentation, bei der der Befragte nur solchen Prämissen zustimmen darf, die er selber für wahr hält. Um in dieser Art von Test nicht zu unterliegen, bedarf es der *Klarheit und Konsistenz* hinsichtlich der *logischen Beziehungen*, in denen die leitenden Begriffe zueinander stehen, und hinsichtlich ihrer *Anwendung* auf das Besondere und Einzelne.

2. Solange die Begriffe, die man verwendet, ihrem Gehalt nach nicht geklärt sind, kann man sich weder über deren Beziehungen zu anderen Begriffen im Klaren sein noch sie auf Einzelfälle kompetent anwenden. Die Fähigkeit, die eigenen Begriffe zu definieren, besitzt darum Priorität. Vorausgesetzt wird dabei, dass die zu klärenden Begriffe einen objektiven Gehalt haben. Erfolgreiche Begriffsklärung *entdeckt* das Wesen realer Eigenschaften.
3. Der *elenchos* entlarvt die fehlende praktisch-ethische Kompetenz des Gesprächspartners, indem er zeigt, dass dieser sich über den Wesensgehalt der grundlegenden handlungsleitenden Begriffe noch im Unklaren ist.

Aus diesen Charakterisierungen des *elenchos* ergeben sich die folgenden epistemologischen Aussagen: Gemäß (1) kann als wissend nur gelten, wer die elenktische Prüfung erfolgreich zu überstehen vermag. Die Bewährung im *elenchos* setzt aber ein sicheres und konsistentes Verständnis der logischen Beziehungen der verwendeten Begriffe untereinander voraus. Ein Verstehen, welches bloß intuitiv ist oder auf bloßer Erfahrung beruht, würde diesen Erfordernissen noch nicht Genüge tun und kann darum nicht als Wissen gelten. Wissen ist *rational*, *systematisch* und *allgemein* in der Weise, dass es eine systematische Klärung der Begriffsbeziehungen in dem fraglichen Untersuchungsfeld voraussetzt. Aus (2) ergibt sich, dass dieses systematische Wissen spezifisch in den Begriffsklärungen bzw. Definitionen fundiert sein muss. Das kompetente Urteil über das Besondere und Einzelne setzt die adäquate Erkenntnis der dabei involvierten Allgemeinbegriffe voraus. Die Erkenntnis der Allgemeinbegriffe wiederum ist systematisch, da Begriffe mit Hilfe anderer Begriffe definiert werden müssen. Da dem Wissen ferner objektive Wahrheit eignen soll, erfordert dieses systematische Begriffswissen mehr als nur Konsistenz der Definitionen. Die Definitionen müssen *sachadäquat* sein. Wissen beruht somit im Kern auf, wie es in der späteren Tradition heißt, *Realdefinitionen* (objektiven Wesensbestimmungen). Dies gilt (3) gerade auch für den Bereich des Ethischen, dem ja zunächst das ausschließliche Interesse der sokratischen Elenktik gilt. Ethische Kompetenz basiert auf systematischer, sachadäquater Wesenserkenntnis bezüglich der grundlegenden Werteigenschaften, welche die Vortrefflichkeit einer Lebenspraxis konstituieren.

22.2 Wissen als *technê*

Weitere wesentliche Charakteristika des Wissensbegriffes im Frühwerk ergeben sich aus der Orientierung am Begriff der *technê* (vgl. Woodruff 1990; Brickhouse/Smith 1994, 6f.; s. Kap. V.56). Am detailliertesten wird die Theorie der *technê* im *Gorgias* ausgeführt (*Gorg.* 464b–465a, 500e–501c). In der allgemeinsten Bedeutung scheint das Wort *technê* bei Platon für jegliche Form von fachspezifischem Expertenwissen zu stehen. Als Fachwissen bezieht sich *technê* stets auf einen definierbaren Sach- und Tätigkeitsbereich im Ganzen (so bereits im *Ion*, einem der ersten Werke Platons). *technê*-Wissen kann also nie mit der Kenntnis nur eines einzelnen Sachverhaltes gleichgesetzt werden. Anders als später bei Aristoteles ist Platons Begriff der *technê* nicht auf produktives Wissen eingegrenzt. Auch die Fächer der theoretischen Mathematik zählen zum Bereich der *technê* (*Charm.* 165e–66e; *Rep.* VI 511b, VII 533b).

Wie der *Gorgias* zeigt, liegt die eigentliche Stoßrichtung des *technê*-Begriffs bei Platon zunächst darin, für genuine *technê* eine Fundierung in theoretischem Wissen zu fordern und sie von anderen Formen von Kompetenz, die nur auf praktischer Erfahrung und intuitiver Urteilskraft beruhen, abzugrenzen. Da *technê*-Wissen gemäß dieser Konzeption eine *theoretische Fundierung* besitzt und sich nie in praktischen Fertigkeiten erschöpft, ist sie auch im eigentlichen Sinne ein Gegenstand von *Lehre* (während eine praktische Fertigkeit, ein reines *know how*, in *Erfahrung* und *Übung* gründen würde). So ist etwa die medizinische *technê* gegenüber einer bloß auf Erfahrung beruhenden Heilpraxis dadurch ausgezeichnet, dass sie über eine physiologische Theorie des menschlichen Körpers verfügt, auf deren Basis sie nicht nur Gesundheit und verschiedene Krankheiten erklären kann, sondern auch die Wirkungen der verschiedenen Heilmaßnahmen auf den Körper.

Dieses *technê*-Ideal steht in bedeutsamer Weise in Übereinstimmung mit einem generellen Grundzug antiker Wissenskonzeptionen. Bei dem antiken *philosophischen* Wissenskonzept von den Vorsokratikern bis zu den Anfängen der hellenistischen Philosophie geht es *nicht* primär um *epistemische Rechtfertigung*, sondern um das *Begreifen und Erklärenkönnen*. Auch das *technê*-Wissen des frühen Platon meint nicht primär ein begründetes Fürwahrhalten bestimmter Sachverhalte, sondern eine Theorie, die es erlaubt, Sachverhalte oder Ereignisse auf ihre eigentümlichen Prinzipien und Erklärungsgründe zurückzuführen.

Erst die Debatte zwischen den Stoikern und den akademischen Skeptikern verschiebt die Akzente hin zu einer Theorie epistemischer Rechtfertigung.

Das *technê*-Ideal verbindet sich in folgender Weise mit den in Kap. IV.22.1 herausgestellten Charakteristika von Wissen:

1. Die Aussagen und Handlungsentscheidungen desjenigen, der über theoretisch fundiertes *technê*-Wissen verfügt, sind der Begründung bzw. rationalen Rechtfertigung fähig. Der Betreffende kann sich rechtfertigen und erfolgreich »Rede und Antwort« stehen (*logon didonai*) für das, was er sagt und tut.
2. Das *technê*-Wissen baut auf Wesenserkenntnis (und somit sachadäquater Begriffsklärung) auf. Der Leitbegriff der Medizin etwa ist die Gesundheit. Die medizinische *technê* muss über einen sachadäquaten Begriff von Gesundheit verfügen, was bedeutet, dass sie sich im Klaren darüber sein muss, welche Faktoren für den guten Zustand eines menschlichen Körpers verantwortlich sind. (Eine solche Wesenserklärung der Gesundheit ist natürlich nur möglich im Zusammenhang einer umfassenden Theorie der menschlichen Physiologie.)
3. Sofern zu einem *technê*-Wissen ein praktischer Bezug gehört, in dem das theoretische Wissen seine Anwendung findet, ermöglicht es *kompetentes Tätigsein*. Wenn es nun so sein sollte, dass auch das *ethische Wissen* den Charakter einer *technê* annehmen kann, so wäre dies eine *technê*, deren Wissensgegenstand das Gut-und-Richtig-Leben ist und deren Anwendung in praktischen Handlungsentscheidungen erfolgt, welche die Lebenspraxis im Ganzen bestimmen.

Platon bedient sich, von seinem Frühwerk an, der Analogie von körperlicher Gesundheit und glückstiftender guter Seelenverfassung (*aretê*/Tugend; z. B. *Cri.* 47d–48a; *Gorg.* 504b–d, 511e–512b; *Rep.* IV 444c–445b). Gut und richtig lebt, wer eine gute innere Seelenverfassung entwickelt und bewahrt. Durch ethisch richtige Handlungsentscheidungen wird die gute innere Seelenverfassung bewahrt, während unrechtes Handeln sie zerstört (*Cri.* 47b–c; vgl. *Rep.* IV 443e, 444c–d, IX 589c–590b). Da die Pointe der platonischen *technê*-Analogie darin zu liegen scheint, die Möglichkeit eines ethischen *technê*-Wissens zumindest als ein Ideal hinzustellen (auch wenn dies von einigen Interpreten bestritten wird, vgl. Roochnik 1986; s. jedoch *Gorg.* 503c–d, 510a; vgl. *Prot.* 356d–357b), so müsste ethisches Wissen also den Charakter eines systematischen Wissens von der menschlichen Seele und den Faktoren ihres Gut-Verfasstseins annehmen können, analog zum Wissen vom menschlichen Körper und den Bedingungen seiner Gesundheit. Der platonische Sokrates bezeichnet ein solches Wissen auch als die wahre »politische *technê*« (z. B. *Gorg.* 464b), weil seiner Auffassung nach die wesentliche Aufgabe politischer Herrschaft in der Erziehung der Bürger und Regulierung des Gemeinwesens unter der Zielsetzung der bestmöglichen seelischen Verfasstheit (»Tugend«) aller Bürger liegt.

22.3 Sokrates' Wissensabstreitung und sein Begriff »menschlicher Weisheit«. Fallibles Wissen?

Obwohl der platonische Sokrates jenes ethische *technê*-Wissen als anzustrebendes Ideal darstellt (was in der späteren, hellenistischen Ethik im Begriff der Lebenskunst (*ars vivendi*) aufgenommen werden wird), bestreitet er konsequent, dieses Wissen selbst zu besitzen. Dies veranlasst ihn auch zu behaupten, er sei niemals ein Lehrer gewesen (da ja streng genommen nur *technê*-Wissen lehrbar ist). Worin gründet dann aber seine Kompetenz sowohl in ethischen Fragen als auch in der kritischen philosophischen Gesprächsführung?

In seiner Selbstrechtfertigung in der *Apologie* rechtfertigt der platonische Sokrates seine Praxis der Widerlegung anderer dort mit einem Orakelspruch des Gottes Apollon, gemäß dem niemand weiser sei als Sokrates. Um den Wahrheitsgehalt dieses Orakels herauszufinden, überprüft er andere, die als kompetent oder »weise« gelten. Aus der Tatsache, dass es ihm stets gelingt, die Unklarheit und Inkonsistenz in den Begriffen und Auffassungen seiner Gesprächspartner aufzuzeigen, schließt er, dass jene nur zu wissen *meinen*, aber nicht wirklich wissen, während seine eigene Weisheit darin bestehe, dass er nicht irrtümlich glaubt zu wissen. Darin liege eine spezifisch *menschliche* Weisheit, im Unterschied zum klaren und sicheren göttlichen Wissen (*Apol.* 20d, 23a–b).

Dieser Begriff menschlicher Weisheit, die im Bewusstsein des eigenen Nichtwissens besteht, legt eine skeptische Interpretation nahe, wie sie dann in der Mittleren und Neuen Akademie (Arkesilaos, Karneades) mit Bezug auf Sokrates vertreten wurde. Jedoch kann man den platonischen Sokrates, auch in den frühen Dialogen, keineswegs auf eine konsequent skeptische Position festlegen. Zunächst geht es bei der sokratischen Wissensabstreitung nicht um jegliche Form von Wissen, sondern um ein bedeutsames Wissen, welches man einem *Weisen* zuschreiben würde. Sokrates scheint dabei primär an ethisches Wissen zu denken – das Wissen vom Guten und Schlechten. Auffällig ist ferner auch, dass der platonische Sokrates der frühen Dialoge, anders als der radikale Skeptiker, sehr emphatisch bestimmte ethische Grundüberzeugungen vertritt, die zum Teil in krassem Gegensatz zum ethischen Konsens seiner Zeit stehen (*Cri.* 49c–d; *Gorg.* 474b) und von denen er glaubt, dass sie argumentativ ausgewiesen sind, ohne allerdings deswegen seine Wissensbestreitung rückgängig zu machen (vgl. *Gorg.* 508e–509a). (Dem scheint zu widersprechen, dass Sokrates in der *Apologie*, 29b und 37b, zwei Argumente gebraucht, in denen er jeweils eindeutig einen Wissensanspruch mit Bezug auf bestimmte ethische Sachverhalte formuliert, dies mit seinem Nichtwissen darüber, was der Seele nach dem Tod widerfährt, kontrastiert; vgl. Brickhouse/Smith 1994, 35 f. Hierbei ist aber meines Erachtens der stark rhetorische Charakter der *Apologie* zu berücksichtigen, die ja auch ihrem literarischen Genus nach eine *Rede* ist. In den beiden anderen Frühwerken, in denen Sokrates nicht nur widerlegt, sondern auch konstruktiv eine ethische Konzeption ausarbeitet – dem *Kriton* und dem *Gorgias* –, ist er sehr sorgfältig darauf bedacht, seine *begründeten* Überzeugungen nicht mit Wissen gleichzusetzen.)

Die Frage nach dem Charakter der sokratischen Weisheit wird dadurch noch dringlicher, dass nach sokratischer Auffassung das gute Leben nur ein Leben aus sittlicher Haltung sein kann (*kalôs kai dikaiôs zên*), die sittliche Haltung aber allein durch das rechte intellektuelle Verstehen dessen, was für einen Menschen gut oder schlecht ist, garantiert werden kann. Die epistemologische Frage, welches Wissen für Menschen möglich ist, verbindet sich auf diese Weise mit der ethischen Frage, ob menschliches Leben jene Qualität erreichen kann, die es rechtfertigen würde, von einem wahrhaft guten Leben (*eudaimonia*) zu sprechen.

Es gibt verschiedene Möglichkeiten, die sokratische Bekräftigung seines Nichtwissens zu deuten. Da ist zum einen die bereits in der Antike vertretene ironische Deutung, gemäß der Sokrates es nicht so meint, wie er es sagt, wenn er bestreitet zu wissen. Eine andere Deutung, ebenfalls bereits in der Antike greifbar, besagt, dass der platonische Sokrates zwischen zwei Formen des Wissens unterscheidet. Es gibt verschiedene Vorschläge, um welche Formen des Wissens es sich dabei handeln könnte. Drittens besteht auch die Möglichkeit, dass Sokrates seine ethischen Überzeugungen nur als wahre *Meinungen* vertritt, die zwar in gewissem Maße rational gerechtfertigt sind, aber nicht dem Maßstab von Wissen (*epistêmê*) Genüge tun (s. Kap. V.61).

1. Die ironische Deutung (s. auch Kap. V.46): Wenn Sokrates' Gesprächspartner ihm Ironie vorwerfen (*Rep.* I 337a, vgl. a. *Symp.* 216e), so meinen sie, dass er nur so tut, als ob er selber keine Antworten wüsste, und dies als einen Trick benutzt, um andere in die Rolle des Befragten zu zwingen und widerlegen zu können. Die simple ironische Deutung der sokratischen Wissensbestreitung greift diesen in den Dialogen selbst bisweilen geäußerten Verdacht auf, indem sie Sokrates' Verhalten entweder als unaufrichtige Strategie eines Debattierkünstlers kritisiert (so die epikureische Sokrates-Kritik; vgl. Mendez/Angeli 1992, 33 ff.) oder als eine pädagogisch sinnvolle Herangehensweise zu rechtfertigen sucht, bei der es darum geht, den Gesprächspartnern ihr eigenes Unwissen bewusst zu machen (vgl. Cicero, *Acad.* II, 15). Diese Art der Deutung überzeugt nicht, da der platonische Sokrates an vielen Stellen, und zwar auch außerhalb des unmittelbaren Kontextes eines elenktischen Gesprächs, sein Nichtwissen mit Nachdruck bekräftigt. Nicht zuletzt ist auch auf die Hebammen-Analogie im *Theaitetos* zu verweisen, mit der Platon herausstellt, dass die Sokrates-Figur seiner elenktischen Dialoge nicht über ein gesichertes Wissens verfügt, das es ihm erlauben würde, als Lehrer aufzutreten, und dass er vielmehr seine Aufgabe als philosophischer Gesprächspartner darin sieht, anderen bei der Entfaltung und kritischen Prüfung ihrer Antworten zu helfen (*Tht.* 148e–151d).

Eine andere in der Antike vertretene ironische Deutung hebt auf den Gegensatz von sophistischer und sokratisch-platonischer Wissenskonzeption ab (vgl. Anonymus, *In Theaetetum*, col. LIII.37–LIX.34 Sedley/Bastianini): Die Sophisten beanspruchen, über ein fertiges Wissen zu verfügen, das sie gegen Entgelt, wie eine Ware, eine Information, einem anderen mitteilen können. Der platonische Sokrates habe hingegen erkannt, dass solche Information kein genuines, auf Einsicht beruhendes Wissen ist und dass genuines Wissen nicht von außen aufgenommen, sondern nur aus der je eigenen Seele des Suchenden gleichsam herausgehoben werden kann. Sokrates' Ironie (Verstellung) würde somit darin bestehen, dass er den Vertretern eines sophistischen Wissensbegriffes Wissen zugesteht und behauptet, leider selber *dieses* Wissen nicht zu besitzen, obwohl er in Wirklichkeit meint, dass es sich dabei nur um ein Pseudo-Wissen handelt. Dies ist eine ernst zu nehmende Möglichkeit. (Dagegen spricht allerdings, dass sich die sokratische Wissensabstreitung auch an Stellen findet, wo der Kontext keine ironische Anspielung auf ein sophistisches Pseudowissen nahelegt.)

2. Der Vorschlag, dass der platonische Sokrates (wenigstens implizit) zwei Wissensbegriffe unterscheidet und den Besitz von Wissen nur in einer der beiden Bedeutungen abstreitet: Dieser Vorschlag kann in verschiedenen Weisen entwickelt werden. Wenn man nicht davon ausgeht, dass die sokratische Wissensabstreitung nur auf einen uneigentlichen, irregeleiteten Wissensbegriff abzielt (etwa im Sinne der zweiten der beiden oben genannten ironischen Deutungen), dann bleibt noch die Möglichkeit, dass sich Sokrates selbst nur eine schwächere Form von Wissen zugestehen würde und mit seiner Wissensabstreitung auf einen anspruchsvolleren Wissensbegriff zielt. Dabei kann man sich auf Textstellen berufen, die sich so deuten lassen, dass der platonische Sokrates einen Wissensanspruch mit Bezug auf bestimmte ethische Überzeugungen vertritt (vgl. die oben genannten Passagen in *Apol.* 29b und 37b sowie Vlastos 1994a, 39–66, der noch eine Reihe weiterer Textstellen so interpretieren möchte; vgl. kritisch hierzu Benson 2000, 222–238).

Eine einflussreiche zeitgenössische Deutung, die diese Linie vertritt, stammt von Gregory Vlastos. Sie baut auf der Unterscheidung von falliblem und infalliblem Wissen auf (Vlastos 1994a, 39–66, und 1991, 107–131). Das Modell für infallibles Wissen würde, gemäß dieser Deutung, von der Mathematik und ihren stringenten Beweisverfahren geliefert. Das sokratische ethische Wissen gründe hingegen in der Kunst der Widerlegungen, die niemals einen strikten Beweis für die Wahrheit eines bestimmten ethischen Grundsatzes erbringen können, weshalb das für Sokrates mögliche Wissen nur ein fallibles sei. Diese Deutung ist jedoch schon aus philosophiehistorischen Erwägungen wenig überzeugend, denn in der antiken Philosophie wird generell Wissen mit dem Begriff Infallibilität verbunden. Die Bevorzugung fallibilistischer Wissenskonzeptionen scheint ein zeitgenössisches Phänomen zu sein.

Eine alternative Deutung könnte davon ausgehen, dass der leitende Wissensbegriff im platonischen Werk ein systematisches Wissen meint, das ein Ganzes von Begriffsgehalten und ihren logischen Beziehungen erfasst und auf dieser Grundlage zu sicheren und sachadäquaten Erklärungen fähig ist. Im Frühwerk liefert der Begriff der *technê* das Modell für ein solches systematisches Erklärungswissen. Daneben finden sich aber auch Textpassagen, in denen von Wissen in einer weniger anspruchsvollen Weise die Rede ist, nämlich mit Bezug auf Sachverhalte, hinsichtlich derer man über ausreichend gute Gründe verfügt, um sich ihrer gewiss zu sein. Dies könnten auch einzelne empirische Sachverhalte sein (vgl. *Men.* 97a–b: der Weg nach Larissa); Sokrates gehe es aber um bestimmte ethische *Prinzipien*, bezüglich deren Wahrheitsgehalt er sich gewiss sei. Gemäß diesem Deutungsansatz würde man also zwischen einem Wissensbegriff, der ein systematisches Erklärungswissen meint, und einem Wissensbegriff, der Wissen mit hinreichend gerechtfertigten Meinungen gleichsetzt, unterscheiden (vgl. Brickhouse/Smith 1994, 18–21, 30–45; Woodruff 1990). Dabei würde man die elenktische Gesprächsmethode des Sokrates als ein Rechtfertigungsverfahren betrachten, in dem bestimmte ethische Prinzipien ihre Rechtfertigung daraus erhalten, dass die Vertreter der Gegenposition ihren Standpunkt im elenktischen Gespräch nicht aufrecht erhalten können.

3. Der Vorschlag, dass Sokrates seine Überzeugungen nur als wahre Meinungen vertritt: Dieser Vorschlag kann auf das gleiche hinauslaufen wie die unter (2) diskutierten Vorschläge, wenn man anstelle eines »schwächeren« Begriffs von Wissen einen Begriff gerechtfertigten Fürwahrhaltens einführt, der sich sowohl vom bloßen Meinen ohne rationale Fundierung als auch von einem emphatischen Wissensbegriff (infallibles Wissen oder systematisches Erklärungswissen) abhebt.

22.4 Der Begriff eines universalen Wissens vom Wissen im *Charmides*

Kann man wissen, dass man etwas weiß, ohne über einen geklärten Begriff des Wissens zu verfügen? Es ist ein sokratisches Prinzip, dass man nur dann wirklich *weiß*, ob ein gegebener Einzelfall ein Gegenstand *von der und der Art* ist, wenn man den entsprechenden Allgemeinbegriff, beziehungsweise die betreffende Eigenschaft, adäquat verstanden hat. Auf das Wissen angewendet würde dies bedeuten, dass man wissen kann, ob man etwas weiß, nur wenn man über einen geklärten Begriff des Wissens verfügt – ein Wissen vom Wissen. Vorausgesetzt, dass es tatsächlich so etwas wie einen einheitlichen Wissensbegriff gibt, bedeutet dies, dass man aus ihm ein einheitliches, für alle Wissenszweige verbindliches und hinreichendes Wissenskriterium ableiten kann?

Ein zweiter Ansatzpunkt zur Thematik des Wissens vom Wissen ergibt sich aus der sokratischen Überzeugung, dass das für den Menschen Gute (jedenfalls im

Kern) nichts anderes als eine Form von Wissen oder Weisheit sei, nämlich das Wissen vom Guten (und in Verbindung damit das Wissen vom Schlechten). Wenn nun aber dieses Gute das Wissen selbst ist, so ergibt sich anscheinend, dass das Wissen vom Guten ein Wissen vom Wissen ist.

Dieser Begriff des Wissens vom Wissen wird im *Charmides* problematisiert, und zwar im Ausgang vom Tugendbegriff der *sôphrosynê*, der am ehesten als »Besonnenheit« übersetzt werden kann und eng mit dem Begriff der Selbstbeherrschung verbunden ist, in seiner Grundbedeutung aber auch so etwas wie eine »gesunde« Geisteshaltung konnotiert. Von dieser letzteren Bedeutung ausgehend, verknüpft der Dialog den Begriff der *sôphrosynê* mit dem der Selbsterkenntnis, um von diesem wiederum zum Begriff reflexiver Erkenntnis im Sinne eines Wissens vom Wissen überzugehen. Das »Wissen vom Wissen« meint dabei allerdings nicht Selbstbewusstsein, sondern einen geklärten Begriff des Wissens, der es erlaubt zu untersuchen, ob es sich bei einem Wissensanspruch tatsächlich um Wissen handelt. Es wäre ein Wissen, das alle Wissenszweige qua Wissen, und somit auch sich selbst, zum Gegenstand hat. Letzteres bedeutet, dass es die Möglichkeit der Selbstbezüglichkeit von Wissen voraussetzen würde.

Da es sich beim *Charmides* um einen aporetischen Dialog handelt, werden keine positiven Resultate deklariert; es werden aber einige Ergebnisse vorbereitet und angedeutet. Die wichtigsten seien hier zusammengefasst:

1. Ist es überhaupt möglich, dass etwas auf sich selbst bezogen ist? Der Begriff eines Wissens, das (auch) sich selbst zum Gegenstand hat, setzt dies voraus. Diese Frage wird im *Charmides* sowohl für Relationen im Allgemeinen als auch für kognitive Vermögen im Besonderen diskutiert (167b–170b). Das Ergebnis ist die Aufforderung, diese Frage gründlicher zu erörtern. Daraus, dass Platon später den Begriff der Selbstbewegung für die Wesensbestimmung der Seele gebraucht (*Phdr.* 245c–e; vgl. *Charm.* 168e), ergibt sich, dass er keine Bedenken gegen den Begriff selbstbezüglicher Relationen hat. Der Begriff eines Wissens vom Wissen kann darum nicht allein an der Voraussetzung der Möglichkeit von Selbstbezüglichkeit scheitern.

2. Es wird die Problematik der Annahme eines universalen Erkenntniskriteriums, das sich auf jegliche Art von Fachwissen anwenden ließe, ins Bewusstsein gerückt: Wenn das Wissen vom Wissen es für jede besondere Form von (Fach-)Wissen ermöglichte zu entscheiden, ob jemand tatsächlich ein solches Fachwissen besitzt, so würde dies bedeuten, dass das Wissen vom Wissen ein universales Wissenskriterium bereitstellt. Demgegenüber wird aber in dem Dialog herausgestellt, dass die Fähigkeit, in einem Fachgebiet die Wissenden von den Nichtwissenden zuverlässig zu unterscheiden, immer nur dem Experten im jeweiligen Fachgebiet zukommt (170a–172a) – ein Grundsatz, der auch an anderer Stelle bekräftigt wird (z. B. *Ion* 531d–532a).

Dieses Resultat führt zu einer kritischen Frage hinsichtlich der elenktischen Praxis des Sokrates: Wenn nur der Experte in der jeweiligen Einzelwissenschaft wirklich legitimiert ist, andere in seinem Fach auf ihr Wissen hin zu überprüfen, wie kann dann Sokrates, der Nichtwissende, für sich in Anspruch nehmen, das Wissen anderer zu testen? Für eine Antwort auf diese Frage ist zuerst zu berücksichtigen, dass Sokrates nie versucht, zum Beispiel Ärzte auf ihre ärztliche Kompetenz hin zu überprüfen oder Mathematiker auf ihre mathematische Kompetenz. Seine Gespräche bewegen sich immer im Bereich der Ethik. Aber warum könnte das Argument nicht auch auf ethisches Expertenwissen angewandt werden? Zwei alternative Antworten sind möglich: Entweder Sokrates meint, dass ethisches Wissen ganz anderer Art ist als Expertenwissen, oder er ist sich bewusst, doch über eine Form von Expertise in ethischen Fragen zu verfügen, die zwar nicht die Kriterien des *technê*-Ideals erfüllt, aber doch eine Form von ethischer Kompetenz darstellt, die Sokrates über seine Mitbürger hinaushebt. Die erste Alternative scheint unwahrscheinlich angesichts der das ganze platonische Werk durchziehenden Orientierung am Ideal des Experten, die zweite Option hingegen sehr plausibel. Sokrates hat schließlich nicht nur sein ganzes Leben der Untersuchung ethischer Fragen gewidmet und dabei, wie der *Kriton* zeigt, eine Grundlage für aus allgemeinen Prinzipien begründete ethische Entscheidungen in konkreten Situationen erarbeitet, sondern er hat mit diesen seinen prinzipiengeleiteten Handlungsentscheidungen zugleich auch ein Modell ethischer Vortrefflichkeit vorgelebt. In Kap. IV.22.3 habe ich die verschiedenen Möglichkeiten erörtert, wie diese Form ethischer Kompetenz mit der sokratischen Aussage des Nichtwissens vereinbart werden könnte.

3. Als Alternative zum problematischen Begriff eines universalen Wissenskriteriums wird folgende Lösung angeboten, die in Richtung der Idee einer Wissenschaftstheorie weist (172b): Das Wissen vom Wissen – also die Erkenntnis bestimmter allgemeiner Kennzeichen von Wissen – hat die folgenden zwei

Wirkungen: (a) Es erleichtert das eigene Lernen – auf der Grundlage einer allgemeinen Wissenschaftstheorie stellt sich der Lernstoff ›in einem klaren Licht dar‹. (b) Man ist dann auch *innerhalb der eigenen Wissenschaft* besser in der Lage, andere auf die Probe stellen. Dies ist wohlgemerkt nicht das gleiche wie die Postulierung eines universalen Kriteriums von Wissen, das eine zuverlässige Unterscheidung zwischen Wissen und Nichtwissen in allen Wissenszweigen ermögliche, ohne dass man selber in irgendeinem dieser Wissenszweige spezialisiert sein müsste. Es geht jetzt lediglich darum, dass man durch das Verständnis der allgemeinen Regeln für den methodischen Aufbau einer Wissenschaft sowohl zur Aneignung von neuem Wissen als auch zur kritischen Prüfung von ›Fachkollegen‹ besser befähigt ist. Darüber hinaus ist es auch denkbar, dass Klarheit über bestimmte generelle methodologische Kriterien von Wissenschaftlichkeit es bis zu einem gewissen Grade ermöglicht, Wissensansprüche auch außerhalb des Bereichs der eigenen Kompetenz zu testen. Wenn man zum Beispiel herausfindet, dass ein angeblicher Experte nicht in der Lage ist, die grundlegenden Begriffe seiner Wissenschaft zu definieren, oder in der Ausarbeitung der Taxonomie seiner Wissenschaft offensichtliche methodische Fehler begeht, dann ist dies ein starkes Indiz für fehlende Wissenschaftlichkeit. Und selbstverständlich ist auch Konsistenz ein solches universales negatives Wissenskriterium. Eine darüber hinausgehende substanziellere Kritik – etwa der Definitionen, die ein Experte anzubieten hat – erfordert hingegen auch auf Seiten des Prüfenden genuines Fachwissen.

Im *Charmides* deutet sich die Möglichkeit und Notwendigkeit einer Wissenschaftstheorie an, wobei der leitende Begriff jetzt nicht mehr *technê*, sondern *epistêmê* lautet. Während *technê* bei Platon ein methodisches, theoretisches Vorgehen im Gegensatz zu aus Übung resultierender bloßer Erfahrenheit und zu intuitiver Urteilskraft oder Inspiration konnotiert, steht *epistêmê* im Kontrast zum Begriff der *doxa* (Meinen). Wir müssen als nächstes diesen Gegensatz näher betrachten.

22.5 Die Unterscheidung von Wissen (*epistêmê*) und Meinen (*doxa*)

Platons Begriff der *epistêmê* ist sehr komplex, da er mehrere Gesichtspunkte zusammenfasst, die man in moderner Perspektive schärfer trennen würde. Zum einen gibt es die Unterscheidung zwischen Wissen und Meinen unter dem Gesichtspunkt der Evidenz oder Begründetheit. Gemäß dem klassischen modernen Verständnis unterscheidet sich Wissen von wahren Meinungen durch eine sichere Begründung oder Evidenz, aus der sich für den Wissenden eine rational gerechtfertigte Gewissheit ergibt. Dieser Gesichtspunkt der Sicherheit des Wissens, derer sich der Wissende selbst vergewissern kann, scheint auch in Platons Wissensverständnis vorzuliegen.

Dies zeigt sich in der Art und Weise, wie er mit dem Begriff des Wissens nicht nur das Merkmal der Unfehlbarkeit, sondern auch der Überredungsresistenz verbindet. Unfehlbarkeit des Wissens muss ja zunächst einmal nicht mehr bedeuten, als dass Wissen, qua Wissen, nicht fehlgehen kann, da Wahrheit zum Bedeutungsgehalt des Begriffs von Wissen gehört (vgl. *Rep.* V 477e). Allerdings sind auch wahre Meinungen in gewissem Sinne unfehlbar, wie im *Menon* herausgestellt wird (*Men.* 96e–97b; vgl. *Tht.* 200e). Denn insofern sie *wahr* sind, geht der Meinende nicht fehl – jedenfalls solange er an seiner wahren Meinung *festhält*. Doch gerade in dieser letzteren Einschränkung deutet sich ein signifikantes Defizit der wahren Meinungen an: Man verliert sie leicht, weil der bloß Meinende, anders als der Wissende, durch die Überzeugungskünste eines geschickten Redners, oder durch andere Einflüsse, etwa Begierden oder Furcht, dazu gebracht werden kann, seine Meinung zu ändern und irrtümlich etwas anderes für wahr zu halten. In diesem Sinne ist wohl die Aussage im *Menon* zu verstehen, dass den wahren Meinungen die *Stabilität* fehlt (*Men.* 97c–98a; vgl. *Tim.* 51e). Die Frage, was dem Wissen die Stabilität und Überredungsresistenz gibt, beantwortet Platon im *Menon* dahingehend, dass der Wissende nicht nur etwas für wahr hält, was tatsächlich wahr ist, sondern auch erklären kann, *warum* es so ist bzw. sein muss. Wissen beruht auf einer rationalen Erschließung des Grundes (*aitias logismos: Men.* 98a; vgl. *Tim.* 28a, 51e).

Dieser Gesichtspunkt eines gesicherten, überredungsresistenten Wahrheitsbesitzes, der sich der Einsicht in das Warum verdankt, hat durchaus etwas mit dem Ideal gerechtfertigter Gewissheit im Sinne des neuzeitlichen Wissensbegriffes zu tun. Im Falle des platonischen Wissensbegriffes ist dies aber nicht der einzige oder gar zentrale Gesichtspunkt. Wie in Kap. IV.22.2 bereits herausgestellt wurde, zielt bei Platon die Suche nach den Gründen vor allem auf das Erklären von Sachverhalten, weniger auf das Rechtfertigen von Meinungen. Die primäre Aufgabe der Erkenntnis ist es, objektive Begriffsgehalte und Sachverhalte nicht nur zu erschließen, sondern sie auch zu *begreifen*, indem man sie auf ihre Prinzipien oder Erklärungsgründe zurückführt und aus ihnen ableitet (s. Kap. V.61.4).

Der *epistêmê*-Begriff in Platons mittlerem und spätem Werk nimmt Elemente des *technê*-Ideals der frühen Dialoge in sich auf. Da das Erklären nicht bei einem einzelnen Sachverhalt und seinem Erklärungsgrund stehen bleiben kann, sondern von den unmittelbaren auf die basaleren, mittelbaren Erklärungsgründe zurückgehen muss, erfordert es letztlich eine systematische *Theorie*. Mit diesem theoretischen Charakter des Wissens hängen Vorstellungen von der Architektur des Wissens zusammen, die wir bereits aus dem frühen Werk kennen. Zum Wissen gehört (1) die Fähigkeit, die Grundbegriffe des fraglichen Wissenszweiges zu erklären und zu definieren, (2) die Fähigkeit, die Aussagen dieser Wissenschaft im Ausgang von den grundlegenden Definitionen (Begriffsklärungen) zu begründen, und schließlich (3) ganz generell die Fähigkeit, sich in *konsistenter* Weise über den Gegenstand des eigenen Wissens zu artikulieren, und zwar sowohl auf der Ebene der allgemeinen Theorie als auch in der Anwendung dieser Theorie auf das Einzelne und Besondere. Aufgrund des methodologischen Primats der Definitionen wird die Frage der Methode sachadäquaten Definierens zu einem der Kernprobleme der Wissenschaftsmethodologie Platons.

Wenn Wissen und wahres Meinen unter dem Gesichtspunkt der Begründetheit oder Evidenz unterschieden werden, ergibt sich daraus keine Abgrenzung der Gegenstandsbereiche von Wissen und Meinen. Ein und derselbe Sachverhalt kann gewusst oder auch bloß im Modus des Meinens für wahr gehalten werden. Mit dieser Feststellung stimmt überein, wie Platon selbst in zwei einschlägigen Texten den Unterschied von Wissen und wahrem Meinen erläutert (*Men.* 97a–b; *Tht.* 201a–c). In dem Textabschnitt aus dem *Theaitetus* (201a–c) ist das gewählte Beispiel der Augenzeuge, der weiß, dass eine bestimmte Person ein bestimmtes Verbrechen dann und dann begangen hat, während der Richter, der sich auf Zeugenaussagen verlassen muss, bestenfalls nur eine wahre Meinung erreichen kann. Es geht hier jeweils um denselben Sachverhalt, aber auf der Basis unterschiedlicher Evidenzen: unverstelltes Wahrnehmen *versus* Hörensagen.

In diesem Beispiel scheint der Akzent ganz auf dem Gegensatz von direkter Vertrautheit mit dem Sachverhalt und dem Sich-Verlassen-Müssen auf Behauptungen anderer zu liegen. Nur der, der selber ›gesehen‹ hat, kann als ein Wissender gelten. (Die Metapher vom Wissen als Gesehenhaben ist schon in der Etymologie eines der Verben für »wissen« im Griechischen (*eidenai*) angelegt.) In anderen Zusammenhängen betont Platon, dass zum zuverlässigen Urteil über den Einzelfall eine sachadäquate Klärung jener Begriffe gehört, die im Urteil verwendet werden. In diesem Sinne unterscheidet er etwa zwischen den Meinungen der gewöhnlichen Menschen darüber, ob etwas gerecht oder ungerecht ist, und dem Erkennen des Weisen, der auf Grundlage seiner gesicherten Erkenntnis des Wesens der Gerechtigkeit die Einzelfälle zuverlässig beurteilen kann (*Rep.* VII 520c; vgl. auch die Beschreibung des kompetenten Urteils anhand des Wachstafelmodells in *Tht.* 194c–d). Auch hier ist wieder vorausgesetzt, dass derselbe Sachverhalt teils im Modus des Erkennens, teils in dem des bloßen Meinens beurteilt werden kann (s. Kap. V.61.4).

In bestimmten anderen zentralen Textzusammenhängen legt sich Platon aber darauf fest, dass es Wissen (*epistêmê*) genau genommen nur von den Begriffsgehalten (Ideen) geben kann (*Phd.* 79c–d, *Rep.* V 476e–480a, 507a–511e; *Tim.* 27d–28a, 29b–c, 51b–52a; *Phlb.* 59a–d). Der Bereich des Einzelnen oder Konkreten, der zugleich der Bereich des veränderlich Bestimmten ist, sei hingegen grundsätzlich ein Bereich des bloßen Meinens (*doxa*) (vgl. Lafrance 1981; Graeser 1991; Szaif 1998, 183–324; s. a. Fine 1990; Smith 2000 mit alternativen Deutungsansätzen). Als Grund dafür, dass *epistêmê*, in dem hier relevanten Sinne, auf den Gegenstandsbereich der Ideen einzugrenzen ist, gibt Platon an, dass genuines Wissen gleichsam eine höhere Schicht von Realität voraussetzt, in der den Erkenntnisobjekten Bestimmtheit unabhängig von jenen perspektivischen und temporalen Einschränkungen zukommt, mit denen das Urteilen über Sinnlich-Konkretes behaftet ist (s. Kap. V.61.3). Da, wie wir noch sehen werden, dieser Wissensbegriff auch den Gedanken der Systematizität von *epistêmê* einschließt, kann man hier von einer Konzeption von Wissen als *Wissenschaft* sprechen, deren Besonderheit es ist, dass sie die Wissenschaft an einen nicht-sinnlichen Realitätsbereich knüpft. Davon zu unterscheiden ist die ebenfalls bei Platon greifbare Konzeption von Wissen und Erkennen als Beurteilen auf der Grundlage geklärter Begriffe und einer unverstellten Gegebenheit der zu beurteilenden Sache, die auch ein konkreter Gegenstand sein kann.

Auf die Gründe für diese These Platons wird in Kap. IV.22.7 zurückzukommen sein. Betrachten wir zunächst eine andere erkenntnistheoretische These Platons, die ebenfalls mit seiner scharfen Abgrenzung der wissenschaftlich fassbaren Realität vom Bezugsbereich unseres Wahrnehmens und Meinens zu tun hat.

22.6 Wissen, Lernen und Wiedererinnerung

Der Begriff *Wissen* (*epistêmê*) ist mit dem des *Lernens* verknüpft. Durch Lernen erwirbt man Wissen. Nun führt allerdings der *Menon*, ein Werk des Übergangs von der frühen zur mittleren Werkphase, die paradox anmutende These ein, dass alles Lernen in Wirklichkeit Wiedererinnerung (*anamnêsis*) an etwas schon Gewusstes sei, nämlich an ein vor der Geburt erworbenes, nach der Geburt aber zunächst verschüttetes Wissen (*Men.* 81a–86b; s. a. *Phd.* 72e–76e; *Phdr.* 249b–c; vgl. Vlastos 1994b; Fine 1992). Die Pointe dieser Theorie des Lernens scheint zu sein, dass Wissen nicht von außen aufgenommen, sondern nur in der je eigenen Seele wiedergewonnen werden kann. Dieser Prozess der Wiedergewinnung kann zwar oder muss sogar von außen unterstützt werden, etwa durch Sinneseindrücke, die der begrifflichen Deutung bedürfen und dadurch das theoretische Denken anregen (vgl. *Phd.* 74a–75d; *Rep.* VII 523a–524d), oder durch die Tätigkeit eines Lehrers, dessen Aufgabe nicht darin besteht, die Einsicht in die Seele seines Schülers quasi einzupflanzen, sondern sie darin wachzurufen (vgl. *Rep.* VII 518b–e).

Die *anamnêsis*-Lehre wird im *Menon* anhand eines Beispiels *mathematischen* Lernens demonstriert (s. Kap. V.60.1). Wir müssen uns aber fragen, warum Platon den Vorgang mathematischer Erkenntnis nicht als einen kreativen und konstruktiven Prozess deutet. Was rechtfertigt seine Behauptung, dass mathematisches Begreifen, da es nicht von außen in die Seele eingepflanzt werden kann, folglich schon in der Seele selbst immer vorhanden sein muss? Eine denkbare Antwort hierauf verweist auf den in der platonischen Epistemologie vorausgesetzten Realismus mit Bezug auf die Gegenstände von Erkenntnis (vgl. Szaif 1998, 270–273). Damit meine ich die These, dass Erkenntnis nur dann genuin ist, wenn sie etwas erschließt, das nicht bloß Konstrukt unseres Verstandes ist, sondern von ihm als etwas Vorgegebenes entdeckt und erfasst wird.

Wenn nun also diese Art von Erkenntnis nicht eine *Konstruktion* des Verstandes, sondern *Entdeckung* einer intellektuellen Realität ist, wie findet dann die Seele den Zugang zu dieser Realität? Die *anamnêsis*-Lehre verlegt den ursprünglichen Wissenserwerb in die Zeit vor der Geburt, ohne zu erklären, wie er vor der Geburt stattgefunden hat. In gewisser Weise scheint sie damit das Problem des Wissenserwerbs nur auf einen anderen Zeitraum zu verschieben. Im *Phaidros* gibt Platon zwar eine mythologisch eingekleidete Antwort, indem er eine vorgeburtliche »Ideenschau« an einem »überhimmlischen Ort« beschreibt (*Phdr.* 247b–248c). Damit wird jedoch nicht wirklich irgendetwas geklärt. Für Platon gehört das Ideenwissen vermutlich wesensmäßig zum Verstand (*nous*), was bedeutet, dass die rationale Seele immer schon im Besitz des Ideenwissens ist und es nicht erst zu erwerben, sondern allenfalls zu reaktivieren braucht. Dies bedeutet in platonischer Perspektive nicht, dass die Begriffe selbst durch den Verstand hervorgebracht sind. Vielmehr sind die idealen Begriffsgehalte (Ideen) dem Verstand vorgängig als das, worauf er seinem Wesen nach ausgerichtet ist (vgl. *Parm.* 132b–c).

Wie wird das Ideenwissen aktiviert? Bereits der *Menon* macht deutlich, dass die Wiedererinnerung in nichts anderem besteht als in der gründlichen und wiederholten Anwendung der philosophischen (oder mathematischen) Untersuchungsverfahren (85c–d). Der *Menon* betont auch den systematischen Charakter des Untersuchens, durch das Wiedererinnerung geschieht. Da, so der Gedanke, die Gegenstände des Wiedererinnerns alle in Beziehungen zueinander stehen, ermöglicht die Wiedererinnerung *eines* Erkenntnisobjektes die schrittweise Erschließung aller anderen Erkenntnisobjekte (vgl. *Men.* 81c–d). Sie ist also kein intuitiver Vorgang, sondern eine Untersuchungsmethode, so wie sie von kompetenten Philosophen praktiziert wird, um durch noch ungeordneten, ungenauen und oft fehlerhaften Vormeinungen hindurch zu einer genauen, verlässlichen und *systematischen* Klärung des Beziehungsgefüges der reinen intellektuellen Gehalte zu gelangen.

Platons Name für die philosophischen Untersuchungsverfahren lautet ab dem mittleren Werk *Dialektik* (*Euthd.* 290c; *Crat.* 390d; *Rep.* VI 511c–d, VII 531d–534e; *Phdr.* 266b–c). Aber bereits die frühen elenktischen Dialoge kann man so lesen, dass sie auf die These vorausweisen, dass unsere grundlegenden Begriffe ein vom Meinen und Wahrnehmen unabhängiges Fundament in unserer Seele haben. Die Tatsache, dass selbst die radikalsten philosophischen Opponenten nicht in der Lage sind, eine konsistente Gegenposition zur Ethik des Sokrates zu vertreten, nimmt der Sokrates des Frühwerks als Beweis dafür, dass er mit seinen eigenen ethischen Grundsätzen richtig liegen muss (*Gorg.* 486e–487a, 487e, 495d–e, 527a–b). Aber warum können Sokrates' Opponenten die Konsistenz ihrer Position nicht aufrechterhalten? Kallikles etwa scheitert, weil Sokrates durch seine Fragetechnik verdeutlichen kann, dass dessen Intuitionen zum Begriff des Guten nicht im Einklang mit der hedonistischen These stehen, die er vertritt. Seine Position bricht genau an dem Punkt zusammen, wo sich herausstellt, dass er selbst eben auch nicht das Gute in allen Kontexten mit dem Angenehmen oder Lustvollen zu identifizieren vermag. Warum nicht? Eine mögliche Erklärung im Sinne Platons wäre, dass wir alle bestimmte Intuitionen zum Begriff des Guten haben, die mit einer Identifikation des Guten und des Lustvollen unvereinbar sind. Solange wir unsere in der Seele latent vorhandenen und wirksamen Begriffe nicht untersuchen und hinlänglich klar unterscheiden und zueinander in Beziehung setzen, können in uns zwar leicht falsche Meinungen hinsichtlich des Guten entstehen. Eine gründliche Untersuchung wird aber letztlich das zu Tage fördern, was wir latent immer schon wissen, und gerade dies macht sich die sokratische Fragetechnik zunutze. *Nota bene* diese Thesen werden so nicht im *Gorgias* formuliert. Sie sind aber eine ernstzunehmende Hypothese, da sie erklären würden, warum die Elenktik im frühen Werk als ein Instrument nicht nur der Kritik, sondern auch der Bewährung von Überzeugungen fungiert. Es ist eine durchaus plausible Vermutung, dass Platon bereits in der frühen Werkphase die grundlegenden Begriffe als etwas nicht Erworbenes, sondern zum Wesen der Vernunft Gehöriges betrachtet.

22.7 Die metaphysischen Grundlagen von Wissen (Wissen und Ideenontologie)

Die Mathematik, und insbesondere die Geometrie, liefern für Platon spätestens ab dem mittleren Werk einen wesentlichen Anhaltspunkt für die Eingrenzung des Wissensbegriffes. Die Geometrie zeichnet sich durch die Genauigkeit ihres Denkens, den zwingenden Charakter ihrer Beweise und den methodischen Aufbau aus Prinzipien aus. Obwohl sie sinnlich wahrnehmbare Diagramme benutzt, auf die sie ihre Konstruktionen und Beweise bezieht, geht es bei ihren Beweisen nicht um diese gezeichneten Figuren, da diese ja nie exakt die zugrunde gelegten Definitionen erfüllen können (*Rep.* VI 510d–e); es geht vielmehr immer nur um etwas für das Denken selbst Gegebenes. Somit weisen die Geometrie und allgemein die Mathematik den Weg zu einer Transzendierung des Sinnlichen hin zu einem Gegenstandsbereich des reinen Denkens (*Rep.* VII 526a–b, d–e, 527d–e, 532c). Für Forschungszweige, die sich mit dem Bereich des Körperlichen und Veränderlichen befassen, etwa die Theorien der menschlichen Physiologie, wie sie in der wissenschaftlichen Medizin vor und während der Lebenszeit Platons entwickelt wurden, gilt hingegen, dass sie in ihren Aussagen keine der Mathematik vergleichbare Form von Genauigkeit erreichen können und dass ihre Erklärungsmodelle immer nur mehr oder weniger plausibel, niemals aber zwingend sind und darum auch höchst umstritten bleiben. Was für die Medizin gilt, trifft in noch höherem Maße auf die Vielfalt von allgemeinen Theorien der Physis zu, wie sie in der vorsokratischen Philosophie entwickelt worden sind. Die eindrücklichsten Resultate antiker Naturforschung stellen sich dort ein, wo es ihr gelingt, die Ergebnisse empirischer Beobachtungen mit mathematischen Modellen zu verknüpfen, so wie dies vor allem in der griechischen Astronomie geschieht, die in Platons Zeit große Fortschritte macht. Aber gerade das Beispiel der mathematischen Astronomie zeigt nach Platons Auffassung, dass sich mathematische Modelle der empirischen Wirklichkeit immer nur annähern können, so wie gezeichnete Diagramme geometrische Sachverhalte immer nur *approximativ* veranschaulichen können (*Rep.* VII 529a–530c). Uneingeschränkt wahr sind geometrische Beweise und Konstruktionen immer nur in ihrem Bezug auf ideale mathematische Gegenstände, und das heißt in Bezug auf reine Gegenstände des Denkens. Das sinnlich Wahrnehmbare kann nie genau die Inhalte mathematischer Erkenntnis reproduzieren und ist darum bestenfalls ein ungenaues Abbild jener Wahrheit, welche die wissenschaftliche Erkenntnis zu erschließen vermag.

Für Platon ergibt sich daraus der Grund zu einem revolutionären metaphysischen Schritt, der in enger Beziehung zu seiner Epistemologie steht: die Einführung eines eigenen Seinsbereiches von Gegenständen des reinen Denkens, der ›Ideen‹ oder ›Formen‹. Der Ideenhypothese liegt die Annahme zugrunde, dass die Wesensmerkmale des Wissens in einer systematischen Korrelation zu den ontologischen Grundzügen des intellektuellen Seinsbereiches stehen (*Rep.* V 478e–479e, VI 508d, 511d–e; *Tim.* 29b, 51c; *Phlb.* 59a–d; vgl. u. a. Vlastos 1965; Burnyeat 2000; Szaif 1998, 72–152 und 183–324). Exaktheit und Objektivität des Denkens (anstelle von Vagheit und Kontext- oder Perspektivengebundenheit) ist nur darum möglich, weil es Gegenstände des Denkens gibt, die exakt und eindeutig bestimmt sind, und diese Form der Bestimmtheit ist ein solcher ontologischer Grundzug, durch den sich die Gegenstände des Denkens (die ›noetischen‹ Gegenstände) von denen der Wahrnehmung abheben. Ein weiterer Grundzug der noetischen Gegenstände besteht darin, dass sie keine Veränderung zulassen. Dadurch ist es dem Denken möglich, hier etwas ohne *temporale* Einschränkung zu erkennen. Es kann seine Gegenstände so erfassen, dass sie dem Denken ein für allemal transparent geworden sind und transparent bleiben, während vom Wahrnehmbaren immer nur sozusagen temporale Ausschnitte präsent sein können (s. Kap. IV.23.1 und V.45.1).

Obwohl Platon in seinem späteren Werk stärkeres Gewicht darauf legt, dass rationale mathematische Strukturen und Proportionen den Bereich des Sinnlichen und Physischen wenigstens partiell formen, hält er doch zugleich an der These fest, dass *epistêmê* sich nur auf unveränderliche Gegenstände des Denkens, nicht auf das Konkrete und Veränderliche beziehen kann (*Tim.* 29b–d, 51b–e, *Phlb.* 59a–d). Die Theorie der empirisch gegebenen Natur kann letztlich nur den Charakter einer mehr oder weniger plausiblen »Erzählung« (*eikôs mythos, Tim.* 29d) haben, nicht den strenger Wissenschaft.

Platon hofft, auch ethisch-evaluative Grundbegriffe wie *gut, schön* und *gerecht* ihrem Wesensgehalt nach in ebenso exakter Form erfassen zu können wie die mathematischen und geometrischen Begriffe. Es spricht viel dafür, dass dem die Vorstellung zugrunde liegt, dass man auch diese Wertbegriffe in ihrem Wesenskern auf mathematische Begriffe zurückführen kann (z. B. *Rep.* IV 443d-e, VII 526d, 531c; *Phlb.* 25d–26c, 64d–e; vgl. Burnyeat 2000). Letztlich scheint für Platon alles exakte Erfassen, einschließlich des Erfassens intrinsischen Wertes, auf die Erkenntnis von Maßverhältnissen und Proportionen und damit auf die Erkenntnis mathematischer Verhältnisbestimmungen zu verweisen (*Eutphr.* 7c; *Rep.* X 602d–e; *Plt.* 283d–284d; *Phlb.* 55e). Sinnliche Qualitäten sind demgegenüber für sich genommen quantitativ unbestimmt und nur erst ein *Substrat* für Maß und Proportion, wie etwa das Beispiel der Tonhöhen zeigt, für die es an sich kein absolutes Maß gibt und die, wie die Harmonik lehrt, erst durch Proportionen, aus denen sich harmonische Intervalle und Tonleitern ergeben, zu etwas (wenigstens annäherungsweise) exakt Bestimmbaren werden (*Rep.* VII 530c–531c; *Phlb.* 17c–d, 26a).

22.8 Erkenntnisstufen und Universalwissenschaft gemäß der *Politeia*

Im sogenannten *Liniengleichnis* (*Rep.* 509d–511e) präsentiert Platon ein vierstufiges Modell von Erkenntnisstufen, das über die bloße Entgegensetzung von Wissen (*epistêmê*) und Meinen (*doxa*) hinausgeht. Der wichtigste Beitrag des *Liniengleichnisses* liegt in der Erörterung des Verhältnisses von mathematischem und philosophischem (= dialektischem) Denken. »Dialektik« fungiert dabei als der Name für die Untersuchungsmethode der Philosophie, verbunden mit der These, dass allein die Dialektik den Kriterien genuiner Wissenschaftlichkeit Genüge tut.

Das *Liniengleichnis* setzt die Grundeinteilung zwischen intellektuellen Objekten (*noêta*) und sinnlich-physischen Gegenständen sowie, parallel dazu, zwischen intellektuellem Erfassen (*noêsis*) und einem am Sinnlich-Anschaulichen orientierten Meinen (*doxa*) voraus. Dem intellektuellen Erfassen kommt in dem gleichen Maße größere *Klarheit* (*saphêneia*) als dem auf das Sinnliche bezogenen Meinen zu, wie die intellektuellen Objekte die sinnlich-doxastischen an *Wahrheit* (bzw. an eindeutiger, unverfälschter Bestimmtheit) übertrumpfen. Symbolisiert wird dieser Unterschied des Grades an Wahrheit bzw. Klarheit durch eine Linie, die in zwei Segmente von unterschiedlicher Länge geteilt ist, wobei das längere Segment dem intellektuellen Erfassen und seinen Objekten, das kürzere hingegen dem Meinen und seinen Objekten zugeordnet ist (s. Kap. V.55.2).

Die beiden Segmente werden nun jeweils noch in zwei weitere Teilsegmente unterteilt, von denen wiederum das eine Segment im gleichen Verhältnis die Länge des anderen übertrifft. Es gibt also zwei Formen des kognitiven Bezugs auf intellektuelle Objekte, von denen die eine die andere an Klarheit übertrifft, und ebenso zwei nach Graden der Klarheit und Wahrheit abgestufte Formen des Bezugs auf Objekte des Meinens. Im Segment des Meinens und seiner Objekte werden physische Objekte, so wie sie als sie selbst sind, und ihre Spiegelungen, in denen sich ihre unterschiedlichen Erscheinungsweisen repräsentieren, unterschieden. Ein Denken, das die physischen Objekte in ihrem Selbstsein zu repräsentieren versucht (z. B. die ihnen inhärierenden mathematischen Strukturen?), ist zwar nicht Wissenschaft, besitzt aber doch ein höheres Maß an Verlässlichkeit (*pistis*) als das den sinnlichen Erscheinungsformen verhaftete Mutmaßen (*eikasia*). Die zwei Teilsegmente im Bereich des intellektuellen (noetischen) Denkens hingegen sind der philosophischen Erkenntnisform (Dialektik) und dem mathematischen Denken zugeordnet, verbunden mit der These, dass die Objekte mathematischen Denkens in gewissem Sinne auch nur Abspiegelungen sind, nicht von physischen Objekten, sondern von platonischen ›Formen‹ bzw. ›Ideen‹, also den Gegenständen, denen die Definitionen der Dialektik gelten. Der Titel »Wissen« bzw. »Wissenschaft« (*epistêmê*) bleibt der Dialektik vorbehalten (auch als Erfassen, *noêsis*, im engeren Sinne bezeichnet, *Rep.* VI 510d8, vgl. VII 533e7–534a3), während der Kognitionsmodus mathematischer *technê* jetzt schlicht, in Ermanglung eines präziseren Wortes, Denken (*dianoia*) genannt wird (VI 511d2).

Diese Aussage mag überraschen, da mathematisches Denken bei Platon doch offenkundig zugleich auch als ein Paradigma für Wissenschaftlichkeit dient – jedoch nur in bestimmten Hinsichten, nämlich mit Blick auf seine Genauigkeit, den zwingenden Charakter mathematischer Argumentation und die Objektivität ihrer Resultate. Gleichwohl kann Mathematik nicht im eigentlichen Sinne als Wissenschaft gelten, weil sie bestimmte andere Kriterien von Wissenschaftlichkeit nicht erfüllt. Ihr entscheidender Mangel ist, dass sie ihre eigenen Grundbegriffe lediglich voraussetzt, nicht aber aufklärt. (Der Text spricht von Voraussetzungen bzw. »Hypothesen«, als Beispiele nennt er aber mathematische Grundbegriffe wie *gerade* und *ungerade* – als Eigenschaften der natürlichen Zahlen – und die geometrischen Grundfiguren: 510c. Die fraglichen Voraussetzungen sind also bestimmte Begriffsgehalte, bzw. die Definitionen, in denen diese Begriffsgehalte artikuliert werden können.) Entsprechend dem bereits im Frühwerk greifbaren Prinzip der Priorität definitorischer Erkenntnis kann jedoch Wissenschaft im eigentlichen Sinne erst dann gegeben sein, wenn auch die grundlegenden Begriffe dieses Denkens aufgeklärt worden sind (vgl. VII 533c). Begriffsklärung ist aber nicht mit den Methoden der Geometrie oder Arithmetik zu leisten. Dazu bedarf es jener philosophischen Untersuchungsmethoden, die Platon unter dem Namen Dialektik zusammenfasst. Ein weiterer Mangel der Mathematik liegt darin, dass sie sich nicht von der Orientierung an den sinnlichen Gegenständen vollständig ablösen kann, da sie Diagramme benutzt (VI 510b, d–e). (Das gilt im griechischen Kontext auch für die Arithmetik, die sich auf Linien- oder Punktdiagramme bezieht.) Möglicherweise war Platon der Meinung, dass der letztere Mangel ein Resultat des ersteren ist, da die Mathematiker die Evidenz ihrer Voraussetzungen nur dank der Veranschaulichung in Diagrammen beanspruchen können.

Die wissenschaftliche Erkenntnismethode der Dialektik verhält sich nun wie folgt zum mathematischen Denken (VI 510b, 511b–d, VII 533b–d): Das, was die Mathematik lediglich *voraussetzt*, wird in der Dialektik kritisch auf seine Gründe und Prinzipien hin befragt. Letztlich müsse dieser Prozess des ›Aufstiegs‹, der von Voraussetzungen auf deren Gründe zurückgeht, zu einem ersten, nicht weiter hintergehbaren »Anfang« oder Prinzip hinführen. Erst mit der Erkenntnis dieses »nicht voraussetzungshaften Prinzips« (*archê anhypothêtos*) hat der Erkenntnisfortschritt das Stadium erreicht, in dem man von wirklicher Einsicht (*noêsis*) bzw. von Wissen (*epistêmê*) sprechen kann. Platon spricht auch von einem Prozess des »Abstieges« von diesem Prinzip, wobei es sich vermutlich um eine Form von Herleitung aller anderen Begriffsgehalte im Ausgang von diesem höchsten Prinzip handelt. Mit Bezug auf den Aufstieg kann man als Analogie an das *analytische* Verfahren in der griechischen Mathematik denken. Dieses Verfahren besteht darin, dass ein zu beweisendes Theorem auf ein höheres, feststehendes Prinzip zurückgeführt wird, von dem es sich herleiten lässt. Das ›synthetische‹ Verfahren, der Abstieg vom Prinzip zu den nachgeordneten Ideen, hätte dann nur eine expositorische Funktion. Der ›Beweis‹ muss nicht erst noch *gesucht* werden, vielmehr sind die Ableitungsverhältnisse bereits im analytischen Teil der Untersuchung aufgefunden worden (Mueller 1992).

Dies passt sehr gut dazu, wie der zeitliche Ablauf des Erkenntnisfortschrittes in Buch VII der *Politeia* beschrieben wird, nämlich als ein Vorgang, der mit der Erkenntnis des höchsten Prinzips seinen Abschluss findet (VII 540a–b). Hat man erst einmal alle anderen Wissensgehalte auf dieses Prinzip zurückführen können, steht das ganze Gebäude des Wissens fest. Der Rest ist Exposition.

In dem an das *Liniengleichnis* anschließenden *Höhlengleichnis* (*Rep.* VII 514a–517a) werden die Erkenntnisstufen gleichsam in dynamischer Perspektive dargestellt, als Stufen in einem Prozess der Bildung (*paideia*). Der erste wesentliche Schritt des Bildungs- und Erkenntnisfortschrittes vollzieht sich als Befreiung der zunächst an die Objekte der Welt des Werdens bzw. an deren Schattenbilder (ihre sinnlichen Repräsentationen?) gebundenen Seele von dieser ›Fesselung‹ und als Umwendung ihres ›geistigen Auges‹ durch Einführung in das wissenschaftlich-philosophische Fragen, das dem Wesen der Dinge auf den

Grund zu gehen versucht. Die nächste Phase des Bildungsganges, die das Gleichnis als einen schrittweisen Aufstieg aus der »Höhle« (= der Welt des Werdens) in die Welt der immer seienden intellektuellen Erkenntnisobjekte und als Studium der Schattenbilder im Bereich des Noetischen (d. h. als Studium der mathematischen Objekte) beschreibt, haben wir wohl mit dem im Anschluss an das Gleichnis beschriebenen intensiven mathematischen Studium zu identifizieren (VII 524d–531c, 537b–c). Die daran anknüpfende Phase der dialektischen Forschung, die nun endlich die Ideen selbst aufklärt und zugleich ›synoptisch‹ den Zusammenhang aller noetischen Forschungszweige erfasst, gipfelt in der Schau des Guten (VII 534e). Dabei wird nun anscheinend das ›nicht-voraussetzungshafte‹ Prinzip des Liniengleichnisses mit dem höchsten Prinzip, das zuvor im *Sonnengleichnis* (VI 506d–509c) eingeführt wurde, nämlich der Idee des Guten, gleichgesetzt (VII 517b–c). Demnach ist also der dialektische Erkenntnisaufstieg ein Aufstieg zur Wesenserfassung des Guten (s. Kap. V.55.3).

Es ist also die Mathematik, die den Menschen aus der Höhle der Werdewelt befreit und auf die dialektische Untersuchung der Ideen vorbereitet. Die Mathematik scheint dabei aber mehr zu sein als nur eine pädagogisch notwendige Vorstufe, durch die man zum abstrakten Denken befähigt wird (vgl. Burnyeat 2000). Denn für Platon scheint die Erkenntnis der Ideen und Ideenbeziehungen selbst wiederum ein Verständnis von Zahlen und Proportionsbegriffen zu erfordern (vgl. etwa *Rep.* VII 526d und 531c mit Bezug auf die Idee des Guten sowie *Phlb.* 14c–19a für den Zusammenhang von Zahlbegriffen und Taxonomie).

Dass sich alle noetischen Forschungszweige laut Platon letztlich in *einem* Prinzip verankern und ›synoptisch‹ zusammenfassen lassen (*Rep.* VII 531c–d, 537c), zeigt, dass Platon die Idee einer *Universalwissenschaft* vertritt. Und dass er dieses Prinzip als Wesensbestimmung des *Guten* bezeichnet, belegt, dass sein Gedanke einer allen Einzelkompetenzen übergeordneten Universalwissenschaft die Dimension des Werthaften und Ethischen mit umfasst.

Platons Andeutungen lassen eine Reihe von gewichtigen Fragen hinsichtlich seiner Erkenntnismethodik offen. So identifiziert die *Politeia* zwar ein oberstes Prinzip, nämlich die Wesensbestimmung des Guten, erläutert jedoch nicht, wie eine Ableitung anderer Ideen aus diesem Prinzip zu denken ist und worin der Inhalt dieses Prinzips besteht. Daher werden die Interpretationen an diesem Punkt naturgemäß etwas spekulativ.

Immerhin sollte klar sein, dass es sich nicht um eine syllogistische Ableitung handeln kann, da ein einziges Prinzip nicht alle anderen Sätze einer Wissenschaft syllogistisch enthalten kann. Eher ist an eine Ordnung von Begriffen unter den Gesichtspunkten der Fundamentalität und Abgeleitetheit zu denken (so wie etwa die Begriffe einer jeden bestimmten Zahl den Begriff der Eins voraussetzen und in gewissem Sinne aus der Eins entwickelt werden können).

Was den Inhalt der Wesensbestimmung des Guten betrifft, so muss man auch die indirekte Überlieferung zu Platons Lehren berücksichtigen, und zwar insbesondere die zu seiner Vorlesung *Über das Gute*, welche durch Schülermitschriften eine weite Wirkungsgeschichte gehabt hat (vgl. Gaiser 1980). Durch die komplizierte Überlieferungsgeschichte und die Schwierigkeiten der Abgrenzung zwischen den Lehren Platons und seiner Schüler sowie der zeitlichen Zuordnung zum Werk Platons ist diese indirekte Überlieferung zwar nur mit großer Vorsicht als Evidenz für die philosophischen Auffassungen Platons brauchbar. Aber wenn man diese indirekte Überlieferung mit bestimmten Andeutungen in seinen publizierten Texten verbindet, so spricht viel dafür, dass Platon bei der Wesensbestimmung des Guten an die Explikation von Güte mit Hilfe des Begriffs der *Einheit* gedacht hat (vgl. Aristoteles, *Metaph.* I 6, 987b18 ff. und 988a8 ff. in Verbindung mit *Metaph.* XIV 4, 1091b13 ff.; vgl. auch Aristoxenos, *Harm.* II, 31 f.; vgl. hierzu die sehr weitgehenden und teils recht spekulativen Schlussfolgerungen bei Krämer 1972 und Gaiser 1986 sowie die kritische Entgegnung von D. Frede 1997, 403–417). Der Begriff der Eins oder Einheit ist die Grundlage der Zahlen und Proportionen, welche wiederum für Maß und Ordnung in anderen Arten von Gegenständen verantwortlich sind. Für Platon sind Maß und Ordnung in sich werthaft, und wenn sie sich letztlich auf Einheit zurückführen lassen, und Einheit bzw. die Eins als solche (er scheint beides nicht zu unterscheiden) zugleich auch das letzte Prinzip aller mathematischen und geometrischen Begriffe ist, dann ließe sich verstehen, warum die Wissenschaft, die die Voraussetzungen der Mathematik zu klären versucht, auch eine Grundlegung der Ethik enthalten kann.

Aber warum nennt Platon nicht ohne Umschweife Einheit als das höchste, unhintergehbare Prinzip? Warum bezieht er sich nur indirekt auf sie, nämlich unter dem Titel des Wesensgehaltes des Guten? Hierzu kann man nur mutmaßen. Plausibel scheint die Annahme, dass Platon mit der besonderen Stellung des Guten den Gedanken verbindet, dass Wissenschaft generell ihre Untersuchungsgegenstände unter dem Gesichtspunkt des Guten untersucht. Er führt damit eine teleologische Perspektive in die Wissenschaft ein, so wie er dies bereits im *Phaidon* gefordert hat (97b–99c). Wissenschaft im reinsten Sinne ist ja die Dialektik, und deren Aufgabe ist es, die objektiven Begriffsgehalte bzw. Ideen in ihrem Wesen und Gesamtzusammenhang (d. h. definitorisch und synoptisch) zu erkennen. Ideen sind, qua Gegenstände des Definierens, immer etwas Einheitliches sowie eindeutig und unveränderlich Bestimmtes und in dieser Weise etwas *Vollkommenes* und zugleich ein *Maß* für das Viele, das die Idee unvollkommen reproduziert (vgl. *Rep.* VI 484c–d, 504a–c, VII 540a–b). In diesem Sinne gründen die ontologische Wahrheit und der ausgezeichnete Seinsmodus, durch den die Ideen erkennbar sind, im Wesen des Guten, so wie das im *Sonnengleichnis* dargestellt wird (*Rep.* VI 508d). Erst wenn man von dem unbestimmt Vielen zu der jeweils *einen* Idee gleichsam hinblickt, in der sich der fragliche Bestimmungsgehalt eindeutig und ewig gültig manifestiert, ist man vom Meinen zum Erkennen aufgestiegen.

Es ist ferner auch darauf hinzuweisen, dass für Platon die naturkundliche und ethische Betrachtung der körperlichen und seelischen Natur (etwa im Sinne der teleologischen Naturbetrachtung des *Timaios*, vgl. *Tim.* 29e–30a, 48a; s. a. *Phlb.* 26e–27b) ihr Ziel nur in der Entdeckung von in sich werthaften Maßen, Proportionen und überhaupt rationalen Ordnungsverhältnissen erreicht, deren abstrakte Eigenschaften durch die Geometrie und Arithmetik studiert werden, welche selbst wiederum einer Fundierung in der dialektischen Ideenwissenschaft und einer universalen Wesenserkenntnis des Guten bedürfen. Auch in diesem Sinne verweist ein adäquates Verständnis der Wirklichkeit letztlich auf die Bedingung der Wesenserkenntnis des Guten.

Ein weiteres wichtiges Problem der Methodik der platonischen Wissenschaft wird durch die Frage benannt, wodurch eigentlich das höchste Prinzip als etwas qualifiziert ist, das selbst nicht mehr bloß eine »Voraussetzung« (*hypothesis*) ist. Man könnte hier daran denken, dass für das Prinzip Evidenz beansprucht wird. Es ist aber kaum vorstellbar, dass Platon beansprucht hätte, dass es sich bei der Wesensbestimmung des Guten schlicht um ein evidentes Prinzip handele. Das Wesen des Guten ist ja vielmehr etwas Umstrittenes. Eine Alternative dazu ist, dass es sich bei dem Prinzip um etwas handelt, hinter das offenkundig nicht mehr zurückgegangen werden kann.

Wenn es so ist, dass Platon das Gute auf den Begriff der Einheit oder der Eins zurückführen wollte, so würde einleuchten, dass mit der Eins etwas erreicht worden ist, das einen Ursprung darstellt, hinter den analytisch nicht noch weiter zurückgegangen werden kann. Dadurch gewinnt selbstverständlich die These, dass Güte in Einheit gründe, nicht den Status eines evidenten Prinzips, das keiner weiteren Begründung bedarf. Die Wesensbestimmung des Guten, die das Gute auf Einheit zurückführt, bedarf vielmehr sehr wohl einer kritischen Rechtfertigung, auch wenn der Begriff der Einheit selbst nicht aus höheren Begriffen ableitbar ist. Platon spricht von der Notwendigkeit einer eingehenden elenktischen Überprüfung dieser Wesensbestimmung (*Rep.* VII 534b–c). Wenn man die methodischen Hinweise, die der *Phaidon* zum Verfahren des Aufstiegs gibt (*Phd.* 99e–100a, 101c–e), auf die *Politeia* anwendet (vgl. Robinson 1953, 93–179), so würde es bei dieser elenktischen Prüfung eines Definitionsvorschlags bezüglich des Guten darum gehen, zu zeigen, dass sich auf der Grundlage dieser Definition eine in sich stimmige und darum nicht widerlegbare Position hinsichtlich des Guten vertreten lässt, während sich alle Gegenpositionen als inkonsistent erweisen (vgl. Szaif 1998, 249–260). In gewissem Sinne wird damit Kohärenz zum Kriterium der Erkenntnis, so wie dies ja auch schon im sokratischen Gedanken elenktischer Bewährung angelegt ist (s. Kap. IV.22.6). Dies bedeutet aber nicht, dass Platon auf einen realistischen Erkenntnis- und Wahrheitsbegriff verzichtet. Vielmehr scheint es seine Auffassung zu sein, dass die menschliche Seele, bzw. ihr rationaler Kern, in einem wesensmäßigen Bezug zu den Ideen steht, weshalb eine vollständige, in sich stimmige und klare Entfaltung ihrer Begriffe auch die Übereinstimmung mit den objektiven Ideen garantiert (vgl. zu diesem Problem Szaif 2000). Darauf zielt insbesondere auch seine Lehre vom Erkennen als Wiedererinnern (s. Kap. V.60).

Ein anderes gewichtiges Interpretationsproblem bezieht sich auf Platons Beschreibung des Erkennens von Ideen als einer Art geistiger Schau. Der Erkenntnisaufstieg resultiert in der unverstellten Präsenz der Begriffs- oder Wesensgehalte für das geistige Erfassen oder Anschauen. (Neben den visuellen Metaphern des Schauens werden auch die haptischen Metaphern des Fassens oder In-Kontakt-Tretens viel gebraucht.) Aber was meint eigentlich *intellektuelle Anschauung* bei Platon? Eine Möglichkeit besteht darin, dass er ein eigenständiges intellektuelles Anschauungsvermögen des Geistes postuliert und vom diskursiven, argumentierenden Denken unterscheidet (Oehler 1962; vgl. dazu auch Sorabji 1983; Gonzales 1996). Das geistige Erfassen wäre dann eine unmittelbare Präsenz der Idee, welche nicht mehr durch Argumente vermittelt ist, analog dazu, dass man ein bestimmtes Objekt sieht. Dieses separate Vermögen der intellektuellen Schau würde diejenige Evidenz liefern, durch die wir vom mehr oder weniger gut begründeten Meinen zum eigentlichen Wissen aufsteigen. Interpreten, die eine solche Deutungslinie vertreten, stützen sich oft auf den philosophischen Exkurs im *Siebten Brief* (z. B. Krämer 1972, 445), der in der Tat eine Erkenntnis jenseits der Sagbarkeit und damit auch jenseits des diskursiv-dialektischen Denkens nahelegt (341c–e) und der zugleich die erkenntniserschließende Funktion des *logos* in einer Weise abwertet, zu der es in Platons Dialogen keine Parallele gibt. Die Echtheit des *Siebten Briefes* und des philosophischen Exkurses im Besonderen wird in der Forschung weiterhin kontrovers diskutiert.

Es gibt mehrere Einwände gegen die These eines separaten intellektuellen Anschauungsvermögens bei Platon. Erstens legt sich Platon auf die Einheit des Erkenntnisvermögens fest. Zwar schreibt er den verschiedenen Kognitionsformen (*epistêmê* oder *doxa* und ihren Unterteilungen) je eine unterschiedliche kognitive Kraft zu, aber dies darf nicht mit der These verschiedener Erkenntnisfakultäten in der Seele gleichgesetzt werden, da er betont, dass das eine Erkenntnisvermögen der Seele (welches er metaphorisch auch als das Auge der Seele bezeichnet) je nachdem, auf welche Erkenntnisobjekte unser Erkenntnisvermögen ausgerichtet ist, entweder *epistêmê* oder *doxa* produziert (*Rep.* VII 518b–519b). Ein weiteres Argument gegen diese These ergibt sich daraus, dass Platon stets betont, dass das Erkennen der Ideen an den dialektischen Untersuchungsprozess gebunden ist und dass Kriterium von Wissen die Fähigkeit ist, Rede und Antwort zu stehen (*Symp.* 202a; *Phd.* 76b; *Rep.* 534b; vgl. auch *Leg.* XII 966a–b). Dieses Insistieren auf Begründbarkeit würde aber keinen guten Sinn ergeben, wenn die Erkenntnis einer Idee die Form einer isolierten und unvermittelten Schau hätte, denn aus einem solchen Gegebenheitsmodus würden sich keine Begründungen und Herleitungsverhältnisse ergeben. Aufgrund des von Platon in allen Phasen seines Werkes betonten systematischen Charakters von Wissen muss es sich bei der Ideenerkenntnis vielmehr um ein geistiges Erfassen der Ideen in ihrem Gesamtzusammenhang, und das heißt, in ihren wechselseitigen Beziehungen und Fundierungsverhältnissen handeln. Dieses Erfassen hängt mit dem diskursiven Prozess dialektisch-argumentativen Forschens wesensmäßig zusammen, da allein dieses die Ideen in ihren Beziehungen zu erschließen vermag. Die Rede von der »Schau« soll zwar zweifelsohne die Vorstellung eines direkten Gegebenseins der Ideen evozieren. Aber Platon betont zugleich stets, dass das unverstellte Gegebensein der Ideen, bzw. der direkte kognitive Kontakt mit ihnen, immer nur im Durchgang durch den *logos*, das heißt das argumentative Denken, möglich ist (*Phd.* 65c, 65e–66a, 99e–100a; *Rep.* VI 511b3 f.; *Tim.* 28a, 51e3 mit 52a7; *Soph.* 254a; *Plt.* 285d–86a). Der Kontrastfall zum Gegebensein der Ideen in ihrem Selbstsein ist nicht das diskursive Denken, sondern das unwissenschaftliche Meinen, dem nur erst gleichsam Bilder der Ideen gegeben sind (vgl. *Soph.* 234c), die deren eigentlichen Wesensgehalt nicht zu repräsentieren vermögen. Die ›Schau der Ideen‹ sollte man darum im Sinne Platons als jene Vollendungsphase der dialektischen Forschung verstehen, die sich einstellt, wenn man durch präzise wissenschaftliche Analyse der Ideen in ihrem Wesensgehalt und Zusammenhang und in der Zusammenschau alles Wissbaren auf ein höchstes Prinzip hin das Stadium des Meinens definitiv überwunden hat.

22.9 Die aporetische Erörterung des Wissensbegriffes im *Theaitetos* und der Wissensholismus des Spätwerks

Im Übergang vom mittleren zum späten Werk hat Platon einen kritischen Dialog verfasst, der im Ganzen der Aufgabe der Klärung des Wissensbegriffes gewidmet ist und zugleich eine bewusste Wiederaufnahme der frühen aporetisch verlaufenden Dialogform darstellt: den *Theaitetos*. Hier sei eine Zusammenfassung der wichtigsten Ergebnisse für das platonische Wissensverständnis versucht (zum Dialog insgesamt vgl. Burnyeat 1990).

Entsprechend dem elenktischen Charakter dieses Dialoges werden die drei Definitionsversuche, die von Sokrates' Gesprächspartner Theaitetos vorgelegt werden, zwar der Reihe nach widerlegt. Dennoch ist das Ergebnis dieses Dialoges nicht rein negativ, da sich aus der Explikation und kritischen Prüfung jeder dieser drei Versuche teils explizite, teils implizite konstruktive Resultate ergeben, die uns wenigstens auf den Weg zur Klärung des Wissensbegriffes bringen.

Der erste Definitionsversuch setzt Wissen mit Wahrnehmen gleich (151e): Man weiß das und nur das, was einem unmittelbar präsent ist. Sokrates' Argumentationsstrategie besteht nun zunächst darin, einen theoretischen Kontext für diese *prima facie* nicht gerade plausible Definition von Wissen auszuarbeiten, in deren Rahmen sie Plausibilität besitzen würde, und sodann diese stützende Theorie zu widerlegen. In einem zweiten liefert er sodann einen positiven Grund dafür, warum diese Definition inadäquat ist.

Die Theorie, die die Definition von Wissen als Wahrnehmen stützen soll, wird in zwei Schritten eingeführt: Zuerst wird der Wahrheitsrelativismus des Protagoras einbezogen (151e ff.), der hier so interpretiert wird, dass es keine objektive Wahrheit jenseits der Erscheinungsweisen gibt und dass darum das auf den Erscheinungsweisen basierende Meinen stets wahr ist, oder genauer: wahr *für* das wahrnehmende und meinende Subjekt. Um diese Theorie auf die Definition von Wissen als Wahrnehmen anwenden zu können, wird dabei das Wahrnehmen vorläufig schlicht gleichgesetzt damit, dass einem etwas in bestimmter Weise *erscheint*. Da es gemäß der protagorischen Auffassung keine objektive Evidenz für die Richtigkeit oder Falschheit eines Meinens jenseits der subjektiven Erscheinungsweisen geben kann, hebt sie auch den Unterschied zwischen dem Wahrnehmen bzw. Erscheinen-für und dem Wissen auf. Um nun dieser epistemologischen Theorie ihrerseits eine naturwissenschaftliche Grundlage zu geben, entwickelt der platonische Sokrates eine Wahrnehmungstheorie, die auf herakleischen Prinzipien beruht. Gemäß dieser Theorie (155e–157e) gibt es kein stabiles und für sich bestehendes Sosein, sondern nur das jeweils momentane Interagieren von Wahrnehmungssubjekt und -objekt, in dem sich jeweils die Dualität eines Wahrnehmens und einer wahrgenommenen Eigenschaft ereignet. Alles Sosein ist somit nur ein momentanes Sich-Ereignen je für ein bestimmtes Wahrnehmungssubjekt (welches selbst auch nur eine Abfolge von Wahrnehmungszuständen ohne substantielle Identität ist). Gegen diese Theorie werden verschiedene Einwände vorgebracht. Die beiden wesentlichen Argumente versuchen zu zeigen, (1) dass der radikale protagorische Wahrheitsrelativismus bzw. -perspektivismus sich als These selber aufhebt, und (2) dass die radikale Flux-These die absurde Konsequenz hat, alles sprachliche und gedankliche Bezugnehmen unmöglich zu machen (womit sich auch wiederum die These selbst aufheben würde).

Nach dieser indirekten Widerlegung der Identifikation von Wissen und Wahrnehmen wird ein direkter Einwand formuliert (184b–186e), dessen wesentlicher Punkt die Eingrenzung des Begriffs des Wahrnehmens auf das Empfangen von Sinneseindrücken ist. Hieraus ergibt sich eine strikte Unterscheidung zwischen Wahrnehmen und Urteilen und eine Verknüpfung des Wissens mit dem Urteilen. Das entscheidende Argument kann in verschiedenen Weisen rekonstruiert werden. Hier eine mögliche Paraphrase: Sinneseindrücke als solche sind noch keine Urteile. Die basalste Form der Beurteilung von Sinneseindrücken besteht darin, dass man der wahrgenommenen Sinnesqualität *Sein* zuschreibt. ›Sein‹ ist aber ein Attribut, dass selbst nicht durch die Vermittlung eines spezifischen körperlichen Wahrnehmungsorgans vorgestellt wird, sondern allein »durch die Seele selbst« – ›Sein‹ ist, mit anderen Worten, ein Verstandesbegriff. Jegliches Urteilen schreibt in der einen oder anderen Weise ›Sein‹ bzw. ›Sosein‹ zu (Sein und Sosein gehören für Platon untrennbar zusammen), und somit setzt jegliches Urteilen ein Erfassen des Attributs ›Sein‹ voraus. Wo aber das (So-)Sein einer Sache noch nicht erfasst werden kann, kann auch noch keine Wahrheit über diese Sache erfasst werden. Da also Wahrnehmen noch keine Seinszuschreibung enthält, kann es auch noch nicht Erfassen einer Wahrheit sein. Wenn man nun noch die Prämisse hinzunimmt, dass Wissen immer das Erfassen einer Wahrheit ist, so folgt, dass Wahrnehmen kein Wissen sein kann. Wissen ist im Bereich des Urteilens aufzusuchen, da erst im Urteil ein bestimmtes Sein, bzw. die Wahrheit hinsichtlich einer Sache, in den Blick treten kann.

Der zweite Definitionsversuch greift dieses Ergebnis auf, indem er das Wissen als *wahres* Urteilen bzw. *wahres* Meinen zu definieren versucht (187b). Der größte Teil der Diskussion dieses zweiten Teils ist dann allerdings der Frage gewidmet, wie überhaupt falsches Urteilen möglich ist. Im Rahmen der aporetisch verlaufenden Diskussion dieser Frage wird die für den Wissensbegriff bedeutsame Thematik der Erinnerung angesprochen. Unter anderem wird hier zum ersten Mal klar zwischen habitualisiertem und aktiviertem Wissen unterschieden (197a–198d).

Die eigentliche Widerlegung der Definition von Wissen als wahrem Urteil ist kurz gehalten (200d–201c) und wird anhand des Beispiels eines Gerichtsverfahrens entwickelt, bei dem zwischen dem wahren Meinen der Richter und dem Wissen der Augenzeugen unterschieden wird. Dieses Beispiel deutet schon an, dass Wissen nicht einfach nur begründetes wahres Meinen sein kann, da das Urteil der Richter ja durchaus, auf der Grundlage von Zeugenaussagen und Indizien, wohl begründet sein mag. Mit der Aussage, dass nur der Augenzeuge wissen kann, legt Platon die Vorstellung nahe, dass nur aus einer Form des direkten Gegebenseins des Gegenstandes oder Sachverhaltes Wissen resultieren kann (ohne aber irgendetwas darüber zu verlautbaren, was direktes Gegebensein im Falle intellektueller Wissensgegenstände bedeutet).

Der dritte und letzte Definitionsversuch modifiziert den zweiten, indem er ein weiteres Definitionselement ergänzt, nämlich den Begriff des *logos*. Wissen sei wahres Urteil in Verbindung mit einem *logos* (201c–d). Das Wort *logos* kann unter anderem ein Argument bezeichnen, und für den modernen Leser liegt es darum nahe, diese Definition so zu verstehen, dass Wissen hier als *begründetes wahres Meinen* definiert werden soll. Die nachfolgende Diskussion zeigt aber, dass unter *logos* hier die Analyse eines Gegenstandes in seine Bestandteile oder die Angabe eines ihn von allen anderen Gegenständen unterscheidenden Merkmales verstanden wird. Es geht hier nicht um Urteile im Allgemeinen und deren Rechtfertigung, sondern um die gedankliche Repräsentation von Gegenständen und die Frage, wodurch eine solche Repräsentation die Qualität von Wissen erhält. Zu denken wäre hierbei an ein definitorisches Wissen (Wesenserkenntnis), das sich in einem definitorischen Urteil artikulieren kann (s. Kap. V.61.2).

In der nachfolgenden Erörterung (201e ff.) wird zunächst das Problem der Erkenntnis elementarer Gegenstände ins Bewusstsein gerückt. Sokrates stellt eine Theorie vor, gemäß der Wissen (*epistêmê*) in der Analyse des Komplexen in seine elementaren Bestandteile besteht, wobei die Elemente selbst nicht Objekt von Wissen, sondern nur von Wahrnehmung werden können (202b). Diesen Ansatz kritisiert der platonische Sokrates mit Hilfe des im Spätwerk oft gebrauchten Beispiels des »grammatischen« Wissens, worunter er, gemäß einer älteren Bedeutung dieses Wortes, das Wissen von den Buchstaben und Buchstabenkombinationen versteht (also das Lesen- und Schreiben-Können). Er argumentiert dahingehend, dass, wenn das Komplexe (die Silben und Wörter) schlicht als eine Summe seiner Elemente aufgefasst werden kann, das Wissen bezüglich des Komplexen auf dem Wissen bezüglich des Elementaren aufbauen muss (203c–d, 205b, 205d–206b). Wenn das Komplexe hingegen nicht bloß die Summe der Elemente ist, sondern ein durch eine Form gestiftetes Ganzes, so wäre das Problem nur auf die Ebene der Form verschoben, die sich als ebenso unanalysierbar wie die einzelnen Elemente darstellen würde. (Die richtige Antwort müsste wohl so lauten, dass die Erkenntnis des Komplexen, das ein Ganzes aus Teilen ist, sowohl das Wissen von den Elementen als auch von der sie verbindenden Form einschließen müsste.)

Anschließend wird nochmals der Gedanke aufgenommen, dass der für Wissen charakteristische *logos* in einer analytischen Aufzählung der Bestandteile der in Frage stehenden Sache besteht (206e–208b). Auch dieser Neuansatz scheitert, aber die Ausführungen in diesem Abschnitt deuten doch zumindest eine Teillösung an (die auch durch Ausführungen in späteren Dialogen bestätigt wird): Es reicht nicht, wenn man für einen bestimmten Komplex die Elemente korrekt angeben kann. Der Betreffende kann als wissend erst dann gelten, wenn er ein bestimmtes Element in allen Komplexen, in denen es vorkommt, zuverlässig zu identifizieren vermag und es auch nicht irrtümlich anderen Komplexen zuschreibt, in denen es nicht vorkommt. Letztlich muss er das gesamte System von Elementen und Elementkombinationen eines Untersuchungsfeldes beherrschen. Das auf Elemente und ihre Zusammensetzungen bezogene Wissen muss also *systematisch* sein.

Damit bleibt aber noch die Frage unbeantwortet, worin genau das Wissen hinsichtlich des Elementaren besteht. Genügt es für die Erkenntnis des Elementaren, dass man seine Position in den komplexeren Strukturen bestimmen kann? Oder muss man nicht auch die Qualität (das Sosein) der unterschiedlichen Elemente für sich genommen unterscheiden können?

An diese Fragestellung könnte der letzte Explikationsversuch anknüpfen (208c–210a), bei dem es gerade darum geht, dass man Erkenntnis einer Sache besitzt, indem man sie von allem anderen durch eine intrinsische Qualität, die nur ihr eignet, unterscheiden kann. Aber auch dieser Explikationsversuch scheitert letztlich, und zwar daran, dass es nicht gelingt zu erklären, wie die *Erkenntnis* der unterscheidenden Qualität von einem bloßen *wahren Meinen* bezüglich der unterscheidenden Qualität differiert.

In den späteren Dialogen Platons wird der holistische Charakter der *epistêmê* klar bestätigt (vgl. u. a. Burnyeat 1980; Nehamas 1983; Frede 1989). Die Ideen bzw. Formen, die Wissensgegenstände *par excellence*, sind Gegenstände von *epistêmê* nur im Verbund miteinander. Im *Sophistes* etwa wird das Ideenwissen des Dialektikers mit dem »grammatischen« Wissen von den Buchstaben verglichen: gleichsam ein Wissen vom Alphabet des Seienden, welches versteht, wie die Ideen miteinander Verbindungen eingehen können (*Soph.* 252e–253e; vgl. *Plt.* 278c–d). Im *Philebos* (18c) heißt es ausdrücklich, dass nicht ein Element einzeln für sich, sondern nur alle zusammen zum Gegenstand des Wissens werden können, wobei zur Illustration wiederum das Beispiel des Buchstabenwissens herangezogen wird.

Damit findet der Gedanke der Systematizität des Wissens (welcher sich bis ins Frühwerk zurückverfolgen lässt) eindrucksvoll Bestätigung. Zugleich bestätigt das Spätwerk aber auch nachdrücklich die hervorragende Bedeutung der Begriffsklärung bzw. des definitorischen Wissens (der Wesenserkenntnis) für die *epistêmê*. Beides hängt zusammen, da das Erarbeiten von Definitionen gemäß der synoptisch-dihairetischen Methode des späten Platon komplexe *Taxonomien* hervorbringt, welche eine Weise der Vernetzung der Ideen bzw. Formen darstellen.

Die Aporien des dritten Teils des *Theaitetos* werden jedoch im Spätwerk sicherlich nicht vollständig aufgelöst. Man kann dabei zwei Problemkomplexe besonders herausstellen: (1) die Frage nach dem Unterscheidungsmerkmal von Meinen und Wissen und (2) die Frage, was es heißt, wissend mit Bezug auf eine einfache, elementare Idee zu sein. Mit Blick auf (1) kann man kritisch fragen, ob denn die synoptisch-dihairetische Übersicht über die Ideenverknüpfungen nicht auch den Charakter von bloßer wahrer Meinung haben kann. Wenn dem so ist, worin besteht dann der Unterschied von Meinen und Wissen? Gibt es eine besondere Form des kognitiven ›Kontaktes‹ bzw. der kognitiven ›Präsenz‹ der Formen, durch welche erst das Meinen bezüglich der Ideen und ihrer Beziehungen zu *epistêmê* wird? Oder ist Platons Rede von Schau und Berührung der Ideen im Erkennen nur eine metaphorische Umschreibung des kognitiven Erlebnisses sicheren Begreifens und Verstehens, das sich als Resultat ausgedehnter argumentativer Untersuchungen einstellen kann, ohne dass dazu ein besonderes intellektuelles *Anschauungsvermögen* (in Abhebung zum dialektischen, diskursiv-argumentativen Denken) erfordert ist? Wenn dies der Fall sein sollte, wie steht es dann mit den einfachen, elementaren Ideen, deren Wesensgehalt nicht auf eine Kombination von Ideen zurückgeführt werden kann (Problem 2)? Wenn ferner das Wesen einer solchen Idee auch nicht in ihren Beziehungen zu anderen Ideen bestehen kann (da ja die Wesenserkenntnis laut Platon Priorität gegenüber dem Wissen von den Attributen oder Relationsbestimmungen einer Sache hat), wie kann ihr Wesen dann noch anders als durch ein schlichtes, unmittelbares Gegebensein der Idee erkannt werden? Sollte dies aber Platons Auffassung sein, was rechtfertigt dann seine Aussage, dass Ideen nie allein für sich, sondern immer nur im Verbund mit anderen Ideen, mit denen sie »verflochten sind«, Gegenstand der *epistêmê* sein können? Wir sehen uns damit wiederum mit der gleichen Art von Problem wie in Kap. IV.22.8 konfrontiert.

Eindeutige Antworten auf diese Fragen erhalten wir aus Platons Werken nicht. Klar ist zumindest, dass in Platons Wissenskonzeption verschiedene Merkmale eingehen, die er aus dem wissenschaftlichen Denken seiner Zeit aufgenommen und in seiner neuartigen Epistemologie vereint hat. Zu nennen sind dabei insbesondere der aus dem *technê*-Ideal gewonnene Gedanke der notwendigen Systematizität des begreifenden und erklärenden Wissens, das aus der Mathematik übernommene Ideal der Klarheit und Präzision des Erfassens und der Stringenz der Herleitung der Wissensinhalte sowie das in der sokratischen Tradition stehende Bemühen um die Klärung des wahren, sachgemäßen Gehaltes der grundlegenden Begriffe. Platonische *epistêmê* ist ihrem Ideal nach das im Medium der argumentativen Rede gewonnene präzise, klare und systematische Erfassen und Herleiten jener Begriffs- oder Wesensgehalte, die der physischen Realität und menschlichen Praxis ihren rationalen Inhalt geben und zugleich unabhängig davon, rein aus sich, als unabänderliche Wahrheit die Erfüllung des menschlichen Erkenntnisstrebens sind.

Literatur

Benson, Hugh H. 2000: Socratic Wisdom. The Model of Knowledge in Plato's Early Dialogues. New York/Oxford.

Brickhouse, Thomas/Smith, Nicholas 1994: Plato's Socrates. Oxford.

Burnyeat, Myles F. 1980: »Socrates and the Jury: Paradoxes in Plato's Distinction between Knowledge and True Belief«. In: Proceedings of the Aristotelian Society. Suppl. Bd. 54, 173–191.

Burnyeat, Myles F. 1990: The *Theaetetus* of Plato. Indianapolis/Cambridge.

Burnyeat, Myles F. 2000: »Plato on Why Mathematics is Good for the Soul«. In: Timothy Smiley (Hg.): Mathematics and Necessity in the History of Philosophy. New York/Oxford, 1–81.

Fine, Gail 1990: »Knowledge and Belief in *Republic* V–VII«. In: S. Everson (Hg.): Epistemology. Cambridge, 85–115.

Fine, Gail 1992: »Inquiry in the *Meno*«. In: Richard Kraut (Hg.): The Cambridge Companion to Plato. Cambridge, 200–226.

Frede, Dorothea 1989: »The Soul's Silent Dialogue. A Non-Aporetic Reading of the *Theaetetus*«. In: Proceedings of the Cambridge Philological Society 215, 20–49.

Frede, Dorothea 1997: Platon. *Philebos*, Übersetzung und Kommentar. Göttingen.

Gaiser, Konrad 1980: »Plato's Enigmatic Lecture *On the Good*«. In: Phronesis 25, 5–37.

Gaiser, Konrad 1986: »Platons Zusammenschau der mathematischen Wissenschaften«. In: Antike und Abendland 32, 89–124.

Gonzales, Francisco 1996: »Propositions or Objects? A Critique of Gail Fine on Knowledge and Belief in *Republic* V«. In: Phronesis 41, 245–275.

Graeser, Andreas 1991: »Platons Auffassung von Wissen und Meinung in *Politeia* V«. Philosophisches Jahrbuch 98, 365–388.

Krämer, Hans J. 1972: »Über den Zusammenhang von Prinzipienlehre und Dialektik bei Platon«. In: Jürgen Wippern (Hg.): Das Problem der ungeschriebenen Lehre Platons. Darmstadt, 394–448.

Lafrance, Yvon 1981: La théorie platonicienne de la doxa. Montreal/Paris.

Mendez, E. A./Angeli, Anna 1992: Filodemo. Testimonianze su Socrate, edizione, traduzione e commento. Neapel.

Mueller, Ian 1992: »Mathematical Truth and Philosophical Method«. In: Richard Kraut (Hg.): The Cambridge Companion to Plato. Cambridge, 170–199.

Nehamas, Alexander 1983: »Episteme and Logos in Plato's Later Thought«. In: Archiv für Geschichte der Philosophie 65, 11–36.

Oehler, Klaus 1962: Die Lehre vom noetischen und dianoetischen Denken bei Platon und Aristoteles. München.

Robinson, Richard ²1953: Plato's Earlier Dialectic. Oxford.

Roochnik, David L. 1986: »Socrates's Use of the Techne-Analogy«. In: Journal of the History of Philosophy 24, 295–310.

Smith, Nicholas D. 2000: »Plato on Knowledge as a Power«. In: Journal of the History of Philosophy 38, 145–168.

Sorabji, Richard 1983: »Myths about Non-Propositional Thought«. In: Ders. (Hg.): Time, Creation and the Continuum. London, 137–156.

Szaif, Jan ²1998: Platons Begriff der Wahrheit. Freiburg/München.

Szaif, Jan 2000 »Platon über Wahrheit und Kohärenz«. In: Archiv für Geschichte der Philosophie 82, 119–148.

Szaif, Jan 2007: »Doxa and Epistêmê as Modes of Acquaintance in *Republic* V«. In: Les Etudes Platoniciennes. Bd. IV. Paris, 253–272.

Vlastos, Gregory 1965: »Degrees of Reality in Plato«. In: Renford Bambrough (Hg.): New Essays on Plato and Aristotle. London, 1–19.

Vlastos, Gregory 1991: Socrates. Ironist and Moral Philosopher. Cambridge.

Vlastos, Gregory 1994a: Socratic Studies. Hg. von Myles F. Burnyeat. Cambridge.

Vlastos, Gregory 1994b: »Anamnesis in the *Meno*«. In: Jane M. Day (Hg.): Plato's *Meno* in Focus. London/New York, 88–111.

Woodruff, Paul 1990: »Plato's Early Theory of Knowledge«. In: Stephen Everson (Hg.): Epistemology. Cambridge, 60–84.

Jan Szaif

23 Ontologie

Das Wort »Ontologie« leitet sich von den griechischen Ausdrücken *on* (Partizip Neutrum von *einai* (»sein«): »seiend«) und *logos* (»Rede«, »Erklärung«) ab und bezeichnet den Zweig philosophischer Forschung, der primär auf die Beantwortung der Fragen zielt, was seiend (*on*) ist und was das Seiende (*to on*) ist. Mit der ersten Frage wird danach gefragt, was zum Seienden gehört, d. h. welche Arten von Entitäten es gibt; mit der zweiten Frage danach, was es heißt, ein Seiendes zu sein, d. h. was es heißt, zu existieren bzw. eine Entität zu sein.

Eine ontologisch relevante Antwort auf die erste Frage besteht darin, die Begriffe aufzudecken und zu explizieren, mit denen die Gesamtheit dessen, was es gibt, auf erhellende Weise in umfassendste Klassen von Entitäten – im Folgenden: *ontologisch fundamentale* Klassen – eingeteilt werden kann. Die in einer solchen Antwort enthaltenen Begriffe (traditionell auch ›Kategorien‹ genannt) mögen entweder als die verschiedenen Bedeutungen verstanden werden, in denen der Ausdruck »Entität« auf Dinge verschiedener ontologisch fundamentaler Klassen zutrifft, oder als die dem Gattungsbegriff der Entität unmittelbar untergeordneten Artbegriffe.

Der Versuch, das Verhältnis der einzelnen Kategorien zum Begriff der Entität zu klären, führt auf die zweite ontologische Grundfrage, die Frage, was es heißt zu existieren. Mit ihrer Beantwortung soll nicht nur geklärt werden, ob zu existieren für alle Entitäten ein und dasselbe bedeutet oder Verschiedenes für Entitäten verschiedener ontologisch fundamentaler Klassen (wenn letzteres der Fall ist, dienen die Kategorien zur Spezifizierung der verschiedenen Entitätsbegriffe); mit ihr soll auch geklärt werden, welche Bestimmungen darin enthalten sind zu existieren, und wie diese (seit dem Mittelalter auch ›Transzendentalien‹ genannten) Bestimmungen ihrerseits zu explizieren sind.

Die beiden genannten Grundfragen der Ontologie bilden den Leitfaden für den folgenden Überblick über den ontologischen Gehalt der platonischen Dialoge: Der erste Teil ist den ontologisch relevanten Aussagen im *Corpus Platonicum* gewidmet, die mit der Frage, was es gibt, zu tun haben; der zweite denen, die mit der Frage, was es heißt zu existieren, zu tun haben.

23.1 Ontologisch fundamentale Klassen bei Platon

Platon gilt als Denker der zwei Welten, der Welt der Ideen einerseits und der Welt der Sinnendinge, die an Ideen teilhaben, andererseits. Dieses simple Bild hat insofern seine Berechtigung, als es eine Unterscheidung zwischen zwei ontologisch fundamentalen Klassen widerspiegelt, die in den platonischen Dialogen tatsächlich eine zentrale Rolle spielt. Aber es ist zu simpel: denn in den Dialogen ist nicht nur von Ideen und ihren sinnlich wahrnehmbaren Partizipanten, sondern auch von Entitäten anderer Art die Rede. Ausgehend von der grundlegenden Unterscheidung zwischen diesen beiden ontologisch fundamentalen Klassen sollen im Folgenden weitere aussichtsreiche Kandidaten für ontologisch fundamentale Klassen bei Platon vorgestellt werden. Dabei darf nicht in Vergessenheit geraten, dass Platon nirgends so etwas wie eine Liste von ontologisch fundamentalen Klassen abarbeitet und jeder Versuch, ontologisch fundamentale Klassen bei Platon zusammenzustellen, unter dem Vorbehalt steht, zu Orientierungszwecken Angaben aus verschiedenen Dialogen in einen Zusammenhang zu bringen, in den sie Platon selbst möglicherweise gar nicht gebracht sehen wollte.

›Die zwei Arten des Seienden‹: Ideen und ihre sinnlich wahrnehmbaren Partizipanten

Platon lässt erstmals im *Phaidon* (100b4–7) Sokrates in genereller, wenn auch ausdrücklich hypothetischer Form behaupten, dass es Ideen gibt. Die Ideenhypothese hat Konsequenzen für die Formulierung einer ontologisch relevanten Antwort auf die Frage, was es gibt; schließlich sollte eine solche Antwort unter der Annahme der Existenz von Ideen mit einer ontologisch fundamentalen Klasse aufwarten, deren Elemente entweder exklusiv oder zumindest inklusiv Ideen sind. Und tatsächlich findet sich im *Phaidon* eine ontologisch relevante Antwort auf die Frage, was es gibt, die diese Bedingung erfüllt:

> [Sokrates:] Sollen wir dann zwei Arten des Seienden (*dyo eidê tôn ontôn*) behaupten, die eine Art sichtbar, die andere unsichtbar? – Das sollten wir behaupten, sagte er [Kebes]. – Und das Unsichtbare als immer sich gleich verhaltend, das Sichtbare aber als niemals sich gleich verhaltend? – Auch das sollten wir behaupten, sagte er (*Phd.* 79a6–11, übers. Ebert 2004, 40 f.).

Der Zusammenhang, in dem der zitierte Wortwechsel steht, macht klar, dass für die hier formulierte Ansetzung ›der zwei Arten des Seienden‹ nicht der Anspruch einer *erschöpfenden* Einteilung der Gesamtheit des Seienden erhoben wird. Denn mit den Entitäten der einen Art sind exklusiv Ideen gemeint, mit denen der anderen exklusiv die mit den Ideen gleichnamigen, an ihnen teilhabenden sinnlich wahrnehmbaren Dinge (*Phd.* 78d1–79a4; vgl. Gallop 1975, 140). Neben den Ideen und deren sinnlich wahrnehmbaren Partizipanten werden im unmittelbar Folgenden auch Seelen als Entitäten angesetzt, die zu keiner der beiden Klassen des Seienden gerechnet werden – qua unsichtbare Entitäten nicht zur ersten Klasse, qua lebendige und damit veränderliche Entitäten nicht zur zweiten –, denen vielmehr zugeschrieben wird, den Entitäten der ersten Klasse ähnlicher zu sein als denen der zweiten (*Phd.* 79e3–5). Mithin ist die Unterscheidung ›der zwei Arten von Entitäten‹ in *Phd.* 79a6–11 nicht als erschöpfende Antwort auf die Frage, was es gibt, intendiert. Das ändert aber nichts daran, dass sie zumindest zwei ontologisch fundamentale Klassen zur Sprache bringt und jeweils zwei Charakteristika der Entitäten beider Klassen: die Ideen sind unsichtbar und unveränderlich, ihre sinnlich wahrnehmbaren Partizipanten sichtbar und veränderlich.

Die Ansetzung ›der zwei Arten von Entitäten‹ in *Phd.* 79a6–11 markiert Platons *ontological turn* (Woodruff 1978, 113), den er im *Phaidon* gegenüber den frühen Dialogen vollzieht, in denen ontologische Fragen weitgehend ausgeklammert werden (vgl. Vlastos 1991, 45–80 und zur Einteilung der Dialoge in frühe, mittlere, späte ebd., 46 f.; s. Kap. II.5). Zwar ist bereits in den frühen Dialogen ausdrücklich von bestimmten Ideen die Rede (*Euthphr.* 5d4, 6d11, e3; *Men.* 72c7, d8); aber die ontologischen Implikationen der Ideenannahme werden hier noch nicht thematisiert (vgl. Woodruff 1978, 101: »Socrates' inquiries [in the early dialogues] do not and need not require him to engage in metaphysical speculation«; gleichwohl finden sich in der Literatur Versuche zur Bestimmung des ontologischen Status der Ideen in den frühen Dialogen: Allen 1970; Baltes 2005, 67–75; vgl. dagegen das Plädoyer für die ontologische Neutralität der frühen Dialoge bei Woodruff 1978 und 1982, 161–180).

In den auf den *Phaidon* folgenden Dialogen bleibt die Unterscheidung ›der zwei Arten von Entitäten‹ präsent (auch wenn Binnendifferenzierungen innerhalb des Ideenbereichs stärker in den Vordergrund treten): sie wird z. B. explizit am Anfang des Sonnengleichnisses der *Politeia* aufgegriffen (*Rep.* VI 507b2–

11) und sodann im Liniengleichnis in eine umfassendere Einteilung von Entitäten integriert, mit den Gegenständen des vernünftigen Denkens (*noêsis*), die den Bereich des Seins (*ousia*) ausmachen, einerseits und den Gegenständen des Meinens (*doxa*), die den Bereich des Werdens (*genesis*) ausmachen, andererseits (*Rep.* VI 509d1–5, VII 534a2–3). Diese im *Timaios* (27d5–28a4, 29c3, 48e4–49a1, 51e6–52a7), im *Sophistes* (246b7–c2, 248a7–b1, c7–9) und im *Philebos* (59a7–d9) wiederkehrende Dichotomie von Sein (*ousia*) und Werden (*genesis*) (vgl. dazu Bolton 1975; Frede 1988) ist deshalb umfassender als die Unterscheidung zwischen Ideen und ihren sinnlich wahrnehmbaren Partizipanten, weil zum Bereich des Werdens nicht nur die an Ideen teilhabenden Sinnendinge, sondern auch deren Abbilder (s. Kap. IV.23.1 Abschnitt ›Abbilder von sichtbaren Dingen‹) gerechnet werden (und zum Bereich des Seins – vielleicht – nicht nur Ideen, sondern auch die sog. *Mathêmatika*; s. Kap. IV.23.1 Abschnitt ›Die *mathêmatika*‹).

Neben den Zusammenhängen, in denen die Unterscheidung zwischen Ideen und ihren sinnlich wahrnehmbaren Partizipanten uneingeschränkt affirmativ zur Sprache kommt – wie z. B. dem *Phaidon* und der *Politeia* –, gibt es auch Zusammenhänge, in denen sie problematisiert wird, so im ersten Teil des *Parmenides*, in der Auseinandersetzung mit den ›Ideenfreunden‹ im *Sophistes* und zu Beginn des *Philebos* (14e5–15c3). Das schwerste Geschütz gegen die Ideenannahme lässt Platon im ersten Teil des *Parmenides* auffahren, wo sie vom jungen Sokrates vertreten (128e6–130b10) und von Parmenides angegriffen wird (130c1–134e8). Platon scheint jedoch von den im *Parmenides* aufgeworfenen Schwierigkeiten (s. Kap. V.45.3) nicht so sehr beeindruckt gewesen zu sein, dass er die Unterscheidung später fallengelassen hätte. Vielmehr setzt er sie in Dialogen voraus, die sicher nach dem *Parmenides* verfasst worden sind (vgl. zur Chronologie Brandwood 1990, 250 f.): im *Phaidros* (247c3–e4), im *Timaios* (27d5–28a4, 29c3, 48e4–49a1, 51e6–52a7), im *Politikos* (269d5–7) und im *Philebos* (15a1–7, 58a2–5, 59a7–d9, 61d10–62d6). Bereits im *Parmenides* wird deutlich, warum Platon trotz aller Schwierigkeiten an der Unterscheidung festhält: die Negation der Ideenannahme, so heißt es hier, würde die Aufhebung der Möglichkeit von Dialektik einschließen (*Prm.* 135b5–c2); denn Dialektik – so ist als Begründung dieser Aussage mitzudenken – zielt auf den Erwerb von Einsicht (*nous*) im Unterschied zu wahrer Meinung (*alêthês doxa*), und Einsicht drückt sich in Sätzen über Ideen aus (vgl. zur Argumentation für die Existenz von Ideen aus der Existenz von Einsicht im Unterschied zu wahrer Meinung *Tim.* 51d3–e6).

Die Unterscheidung zwischen Ideen und ihren sinnlich wahrnehmbaren Partizipanten als eine Unterscheidung zweier Klassen *des Seienden* zu bezeichnen, wird zwar durch die Rede von *dyo eidê tôn ontôn* in *Phd.* 79a6 legitimiert, mag aber insofern als fragwürdig erscheinen, als den Entitäten der zweiten Klasse an verschiedenen Stellen abgesprochen wird, *onta* (seiend) zu sein, z. B. im fünften Buch der *Politeia*, wo ihnen lediglich zugebilligt wird, in der Mitte zwischen *to on* und *to mê on* zu liegen (477a6–8, 478d5–7, 479c6–d6; s. Kap. V.50.3), im zehnten Buch der *Politeia*, wo sie als »etwas wie das Seiende, aber nicht seiend« charakterisiert werden (597a4 f.), oder im *Timaios*, wo von ihnen gesagt wird, dass sie werden, aber niemals sind (27d6–28a1). Platon behält an diesen Stellen den Titel *on* den Ideen vor, darin partiell Parmenides folgend (vgl. zu Platons *Parmenides*-Rezeption Palmer 1999), der in seinem Lehrgedicht (B8 DK) denselben Titel einer Entität vorbehält, die er als unentstanden, unvergänglich, bewegungslos, unwandelbar und als unteilbar eines charakterisiert. All dies sind Attribute, die dann Platon auch den Ideen zuschreibt.

Der Anschein eines Widerspruchs zwischen der Rede von *dyo eidê tôn ontôn* in *Phd.* 79a6 und den Stellen, an denen den Sinnendingen abgesprochen wird, *onta* zu sein, verschwindet, wenn man beachtet, dass in *Phd.* 79a6 *tôn ontôn* im Sinne von »der Dinge, die es gibt« zu verstehen ist, an den anderen Stellen dagegen *onta* nicht in existentiellem Sinn verwendet wird (vgl. Vlastos 1973, 48 f.). Letzteres lässt sich z. B. am fünften Buch der *Politeia* zeigen: Wenn hier den sinnlich wahrnehmbaren Partizipanten einer gegebenen Idee F abgesprochen wird, *onta* zu sein, wird damit nicht behauptet, dass sie nicht existieren, sondern dass sie anders als die Idee F nicht in reiner Weise F sind, sondern in bestimmten Hinsichten F, in anderen Hinsichten nicht F sind (vgl. Vlastos 1973, 48, 66). Während etwa das Schöne selbst (*auto to kalon*, *Phd.* 78d3, 100c4 f.; *Symp.* 211d3, e1; *Rep.* V 476b10, VI 493e2 f.), d. h. die Idee des Schönen, ohne (z. B. zeitliche) Einschränkungen schön ist, sind seine sinnlich wahrnehmbaren Partizipanten nur mit diversen Einschränkungen schön (vgl. *Symp.* 211a2–5). Eben darin, dass die sinnlich wahrnehmbaren Partizipanten des Schönen selbst den Begriff, den das Prädikat »schön« ausdrückt, nur mit diversen Einschränkungen erfüllen, besteht ihre gegenüber dem Schönen selbst abbildhafte Existenz (vgl. *Symp.* 212a4). Platon nimmt dabei an, dass der von einem gegebenen Prädikat ausgedrückte Begriff frei ist von zeitlichen und anderen Einschränkungen (vgl. White 1992, 289). Das uneingeschränkte F-Sein einer gegebenen Idee *F* ist das Sein (*ousia*), das der Dialektiker mit einem *logos tês ousias* als definitorische Antwort auf die Frage, was es heißt, F zu sein, einzufangen sucht (*Rep.* VII 534b3 f.; der Ausdruck *ousia* wird daher auch als Kollektivum zur Bezeichnung von Ideen verwendet: *Phd.* 76d9, 77a2, 78d1, 92d9; vgl. zu den Verwendungen von *ousia* bei Platon die Beiträge in Motte/Somville 2008). Wie allerdings genau zu verstehen ist, was es für eine Idee *F* heißt, uneingeschränkt F zu sein, ist in der Forschung umstritten; der Punkt ist von entscheidender Bedeutung für die Bestimmung des ontologischen Status der Ideen, insbesondere für die Beantwortung der Frage, ob Ideen (ausschließlich) als Universalien oder (auch) als paradigmatische Instanzen von Universalien, d. h. als Einzeldinge anzusehen sind (s. Kap. V.45.2).

Die Zusammenfassung der Ideen zu einer ontologisch fundamentalen Klasse sollte nicht verkennen lassen, dass in den Dialogen verschiedene Ansätze zur Binnendifferenzierung des Ideenbereichs erkennbar sind (erstmals in den Büchern VI und VII der *Politeia*). Je nach Wahl der Kriterien, die die Binnendifferenzierung leiten, schließt sie an manchen Stellen eine Hierachisierung ein – so etwa in der *Politeia*, wo die Idee des Guten den übrigen Ideen übergeordnet wird, weil sie das Sein und Erkanntwerden der übrigen Ideen begründet (s. Kap. IV.23.1 Abschnitt ›Die Idee des Guten und die Prinzipien‹) –, an anderen Stellen nicht: im *Sophistes* z. B. werden einige Ideen mit Blick auf ihre weitreichende Extension als größte (d. h. umfassendste) Gattungen (*megista genê*, 254c3 f., d4) von anderen Ideen mit einer weniger weitreichenden Extension abgegrenzt, ohne ausdrücklich in einer Ideenhierarchie auf einer höheren Stufe als letztere platziert zu werden, auch wenn sie in der Literatur immer wieder – ohne Textgrundlage – als »oberste Gattungen« (Düsing 1980, 116), »höchste Ideen« (Meinhardt 1990, 234) oder gar »grundlegendste Prinzipien« (Plutarch *De E apud Delphos*, 391B5) bezeichnet werden.

Abbilder von sichtbaren Dingen

Das Verhältnis zwischen Ideen und ihren sinnlich wahrnehmbaren Partizipanten wird an verschiedenen Stellen in eine Analogie zu dem Verhältnis zwischen sichtbaren Dingen und ihren Abbildern gerückt (vgl. vor allem die Unterscheidung der drei Betten in *Politeia* X 597b5–12: der Idee des Betts, des vom Handwerker hergestellten Betts und des bildlich dargestellten Betts), derart, dass letzteren ein geringerer Seinsgrad als ersteren zugeschrieben wird (vgl. *Rep.* VII 515d3). Für diese Analogie ist vorausgesetzt, dass die Abbilder von sichtbaren Dingen ihrerseits eine eigene ontologisch fundamentale Klasse bilden. Entsprechend wird im Liniengleichnis der *Politeia* das Sichtbare in (1) die Abbilder (*eikones*) von sichtbaren Dingen (wie Schatten und Spiegelbilder) und (2) die sichtbaren Dinge selbst (wie Lebewesen, Pflanzen, Werkzeuge) eingeteilt (*Rep.* VI 509d6–510b1). Im *Sophistes* (266b2–d7) wird die Unterscheidung zwischen den Abbildern von sichtbaren Dingen und den Dingen selbst aufgegriffen und durch eine zweifache Einteilung der realen Dinge einerseits, der Abbilder andererseits in solche, die durch göttliche Kunst entstehen, und solche, die durch menschliche Kunst entstehen, ergänzt.

Immanente Formen

Die immanenten Formen (in der englischsprachigen Literatur häufig auch *immanent characters* genannt) werden nach verbreiteter Auffassung (vgl. zu ihrer Verteidigung gegen andere Deutungen Devereux 1994, 66–73) im *Phaidon* (102b2 ff.) und im *Parmenides* (130b4, 133c9–d5) von transzendenten Ideen unterschieden. Sie heißen ›immanent‹, weil sie im Gegensatz zu den transzendenten Ideen in/an (*en*) Trägern vorliegen können, die eben deshalb, weil sie an ihnen vorliegen, nach ihnen benannt sind (vgl. *Phd.* 103b6–8; *Prm.* 133d1 f.): z. B. wird Sokrates aufgrund der Größe (*megethos*), die an ihm vorliegt, groß (*megas*) genannt. Als Beispiele für immanente Formen werden im *Phaidon* zunächst solche eingeführt, die Glieder eines Gegensatzpaars sind, die Größe in uns (102d7) und das Kleine in uns (102e6). Die immanenten Formen haben mit den mit ihnen gleichnamigen transzendenten Ideen gemein, nicht ihr Gegenteil annehmen zu können: z. B. hat die Größe in uns mit der transzendenten Größe gemein, nicht klein sein zu können (*Phd.* 102d7 f.). Das unterscheidet sie auch von den sinnlich wahrnehmbaren Partizipanten der Idee (*Phd.* 103b2–c2), mit denen sie wiederum gemein haben, zugrunde gehen zu können (*Phd.* 102e2, 103a1, 104c1).

Unklar ist, ob im *Phaidon* auch von immanenten Formen die Rede ist, die nicht Glieder eines Gegensatzpaars sind. Welche Position man zu dieser Frage einnimmt (ausführliche Diskussion bei Gallop 1975, 197–209), hängt davon ab, ob die in 104b6–105a5 bestimmten ›Mitbringer‹ (*epipheronta*) – die selbst nicht Glieder eines Gegensatzpaars sind, jedoch durch das Glied eines Gegensatzpaars derart bestimmt sind, dass sie dieses den Dingen, an denen sie vorliegen, mitbringen (*epipherei*, 104e10, 105a3–4, 105d10), sie es also annehmen lassen, und selbst nicht dessen Gegenteil annehmen können – als immanente Formen zu betrachten sind oder nicht.

Unsterbliche Seelen

Die Beantwortung der zuletzt genannten Frage hat Folgen für die ontologische Klassifikation der unsterblichen Seelen, die im *Phaidon* (105c9 ff.) zu den ›Mitbringern‹ gezählt werden, insofern sie durch das Glied eines Gegensatzpaars – das Leben – derart charakterisiert sind, dass sie die von ihnen eingenommenen Körper Leben annehmen lassen (lebendig sein lassen) und selbst nicht das Gegenteil von Leben (Tod) annehmen können (unsterblich sind). Wenn die ›Mitbringer‹ als immanente Formen anzusehen sind, ist die Klasse der unsterblichen Seelen zumindest nach der Darstellung im *Phaidon* der ontologisch fundamentalen Klasse der immanenten Formen subordiniert.

Dafür, dass Platon – unsterbliche – Seelen ontologisch als Entitäten *sui generis* betrachtet hat, spricht *prima facie* die Darstellung der Entstehung der Weltseele im *Timaios*. Timaios lässt hier den Demiurgen die Weltseele aus drei Komponenten mischen: aus Sein, Identität und Verschiedenheit, und zwar jeweils in unteilbarer, unveränderlicher und in teilbarer, körperlicher Form (*Tim.* 35a1–6). Dass die drei Komponenten sowohl in unteilbarer, unveränderlicher Form als auch in teilbarer, körperlicher Form in die Mischung eingehen, soll zum einen die Zwischenstellung der Seele zwischen Ideen und sinnlich wahrnehmbaren Dingen andeuten, ihr Sein als *intermediate form of Existence* (Cornford 1952, 64, im Anschluss an Proklos' Kommentar zum *Timaios*, 2,117,14–20), das einerseits (wie das der Ideen) unzerstörbar, andererseits (wie das der Sinnendinge) veränderlich ist; ferner soll damit erklärt werden, inwiefern die Seele kognitiv sowohl zu Ideen als auch zu sinnlich wahrnehmbaren Dingen Zugang hat (vgl. *Tim.* 37a2–c5).

Auch wenn die Darstellung der Seelenmischung nahelegt, das Sein der unsterblichen Seelen als *a third form of Existence* (Cornford 1952, 63) neben dem der Ideen und dem der Sinnendinge einzustufen, werden die unsterblichen Seelen im *Timaios* nicht ausdrücklich als ontologisch fundamentale Klasse behandelt. Zwar ist im *Timaios* von drei Klassen des Seienden die Rede, doch handelt es sich bei der dritten Klasse neben der des immer Seienden (der Klasse der Ideen – und vielleicht mathematischer Gegenstände) und der des Werdenden (der Klasse der Sinnendinge) nicht um die Klasse der (unsterblichen) Seelen, sondern um die des ›Worin des Werdenden‹ (*Tim.* 48e2–49a6, 50c7–d4, 51e6–52d4).

›Das Worin des Werdenden‹ (*hypodochê*, *chôra*)

Der *Timaios* ist der einzige Dialog, der diese dritte Klasse (*triton* [...] *genos*, 48e4, 52a8) thematisiert. Timaios beschreibt die Relation zwischen dem ›Worin des Werdenden‹ und dem ›Werdenden‹ auf zwei verschiedene Weisen: (1) Er vergleicht sie einerseits mit der Relation zwischen einem Klumpen Gold und den geometrischen Figuren, die der Klumpen annimmt, wenn er verschiedentlich umgestaltet wird (ohne dabei substantiell verändert zu werden – er bleibt das, was er ist: ein Klumpen Gold). Nach diesem Vergleich (*Tim.* 50a5–b5) sind die werdenden Dinge die wechselnden Erscheinungsformen, die das an sich gestaltlose ›Worin des Werdenden‹ annimmt, ohne dabei substantiell verändert zu werden (*Tim.* 50c1 f.). (2) Er beschreibt sie andererseits als Relation zwischen einem Ort (*chôra*) und dem, was an einem Ort ist (*Tim.* 52a8–b5). Die beiden Beschreibungen sind in verschiedenen Hinsichten schwer miteinander zu vereinbaren (vgl. hierzu Zeyl 2000, lxii–lxiv); eine neuere Interpretation versucht das Problem durch den Vorschlag zu lösen, die Beschreibungen auf verschiedene Entitäten zu verteilen und zwei Elemente der dritten Klasse anzunehmen: das *receptacle* (*hypodochê*), auf das die erste Beschreibung zutrifft, und *place* (*chôra*), worauf die zweite Beschreibung passt (vgl. Miller 2003, 197–213).

Mit der Einführung der dritten Gattung des ›Worin des Werdenden‹ geht eine bemerkenswerte Neu-Konzeption des ontologischen Status von Sinnendingen einher (vgl. Zeyl 1975). Sie – und zwar speziell die sinnlich wahrnehmbaren Stoffe Wasser, Luft, Feuer und Erde (vgl. *Tim.* 49b1 ff.) – werden nun als die permanent wechselnden Erscheinungsformen des ›Worin des Werdenden‹ verstanden und verlieren damit den Status von selbständigen Entitäten, auf die man richtigerweise mit Demonstrativpronomina wie »Dieses« Bezug nehmen kann (vgl. *Tim.* 49d4–e4). Nur das im Prozess des Werdens stabile ›Worin des Werdenden‹ verdient es, als »Dieses« bezeichnet zu werden

(*Tim.* 50a1f.); dagegen ist das, was jeweils entsteht, z. B. Feuer, korrekterweise als »das jedesmal Derartige« (*Tim.* 49d5–7, e5–7) zu bezeichnen, womit zum Ausdruck gebracht wird, dass es etwas ist, als was das ›Worin des Werdenden‹ jedesmal erscheint, wenn es die entsprechende Erscheinungsform annimmt, z. B. die von Feuer (vgl. 51b4–6). (Für die aristotelische These, dass Platon unter herakliteischem Einfluss die Sinnendinge als in stetem Fluss begriffen sah – vgl. *Metaph.* 987a33 f., 987b7 –, ist diese Stelle im *Timaios* der stärkste Beleg; die im *Theaitetos* (152d2 ff.) entwickelte Flussontologie lässt sich dagegen nicht für Platon in Anspruch nehmen, sondern ist das Ergebnis der Überlegung, welche Ontologie man vertreten müsste, wenn man die Definition von Wissen als Wahrnehmung vertreten würde – eine Definition, die im *Theaitetos* zurückgewiesen wird.)

Der Demiurg: eine Entität *sui generis*?

Neben der Entität (oder nach der alternativen Deutung: den Entitäten) der dritten Klasse ist im *Timaios* von einer weiteren Entität die Rede, deren ontologische Klassifikation den Interpreten Schwierigkeiten bereitet, nämlich dem Demiurgen (vgl. zu den verschiedenen Möglichkeiten, den Demiurgen zu deuten, Karfik 2004, 130–133; s. Kap. IV.31.4). Einerseits wird er der ersten Klasse des zeitlos Seienden zugeschlagen (*Tim.* 34a8, 37a1); andererseits werden ihm Handlungen zugeschrieben, die nur ein in der Zeit existierendes Wesen ausführen kann (z. B. Sprech- und Willensakte). Wahrscheinlich sind letztere Zuschreibungen nicht wörtlich zu nehmen, sondern Teil der im *Timaios* gewählten mythischen Darstellungsform. Es liegt nahe, den Demiurgen als Symbol für die zeitlos existierenden gedanklichen Gehalte zu deuten, die die Weltseele in ihren weltgestaltenden Aktivitäten erfasst und denen eben deshalb eine – durch das Wirken der Weltseele vermittelte – weltgestaltende Wirkung zugeschrieben werden kann, was ihre symbolische Darstellung als Demiurg rechtfertigt (vgl. Strobel 2007, 297–300). Da es sich bei diesen gedanklichen Gehalten um Ideen handelt, braucht der Demiurg ontologisch nicht als eine Entität *sui generis* betrachtet zu werden.

Die *mathêmatika*

Ob Platons Dialoge ferner die Annahme einer Klasse mathematischer Gegenstände (*ta mathêmatika*) erkennen lassen, die Aristoteles (*Metaph.* 987b14–18) Platon zuschreibt, ist umstritten (vgl. dazu z. B. Brentlinger 1963, Annas 1975; Burnyeat 1987). Wenn ja, so dürfte Platon sie auch als ontologisch fundamentale Klasse betrachtet haben. Laut Aristoteles' Bericht teilen die *mathêmatika* mit den Ideen die Eigenschaft, ewig zu existieren und keinen Veränderungen zu unterliegen; es gibt aber – und das unterscheidet sie von den Ideen – jeweils mehrere einer Art: z. B. gibt es mehrere mathematische Exemplare namens »Drei« (auf zwei von ihnen wird z. B. Bezug genommen, wenn man sagt, dass 3 + 3 = 6), aber nur eine Idee der Drei. Im *Corpus Platonicum* finden sich keine eindeutigen Belege für die Annahme von mathematischen Gegenständen. Manche Interpreten sehen die Annahme im Linien- und Höhlengleichnis der *Politeia* impliziert. Im Liniengleichnis werden die in einem ersten Schritt von den sichtbaren Dingen (*ta horata*) abgegrenzten intelligiblen Dinge (*ta noêta*) ihrerseits in Gegenstände der Dialektik und Gegenstände der mathematischen Wissenschaften eingeteilt (*Rep.* VI 510b4–511d5); allerdings geht aus dem Liniengleichnis nicht hervor, ob letztere wirklich als *mathêmatika* im Sinne von Aristoteles' Bericht zu verstehen sind. Im Höhlengleichnis könnten die Schatten und Spiegelbilder, die der aus der Höhle Aufgestiegene bei Tageslicht zunächst sieht (*Rep.* VII 516a6 f., 532c1 f.), für die *mathêmatika* stehen (vgl. Burnyeat 1987, 229, und 2000, 34), während die Dinge, die die Schatten und Spiegelbilder werfen (z. B. Lebewesen, Pflanzen und Gestirne), für die Ideen stehen. Falls Platon tatsächlich die Existenz der *mathêmatika* angenommen hat, scheint er zu dieser Annahme aufgrund eines bestimmten Verständnisses (der Wahrheitsbedingungen) mathematischer Wahrheiten gekommen zu sein (vgl. Burnyeat 1987, 221–232, und 2000, 22–35).

Die Idee des Guten und die Prinzipien

Die Charakterisierung der Ideen als eine Klasse des Seienden (s. Kap. IV.23.1 Abschnitt ›Die zwei Arten des Seienden‹) wirft für eine spezielle Idee – die Idee des Guten – die Frage auf, ob auch sie zum Seienden zu rechnen ist oder nicht. Seit antiker Zeit haben viele Platon-Interpreten, insbesondere neuplatonischer Provenienz, die in *Rep.* VI 509b9 gemachte Aussage, dass die Idee des Guten »noch jenseits des Seins« sei, so verstanden, dass der Idee des Guten hier abgesprochen werde, zu sein – nicht um sie damit als dem Seienden unterlegen, sondern als ihm überlegen, als über-seiendes Prinzip des Seienden zu charakterisieren (vgl. Halfwassen 1992). Die Idee des Guten hätte damit einen Sonderstatus, der es rechtfertigen würde, sie – auch wenn sie in der *Politeia* als Idee bezeichnet wird – nicht mit den übrigen Ideen zu einer ontologisch fundamentalen Klasse zusammenzufassen. Allerdings gibt es in der *Politeia* deutliche Belege dafür, dass auch die Idee des Guten zum Seienden gerechnet wird (s. Kap. V.57), und somit keine guten Gründe dafür, sie nicht mit den übrigen Ideen zu einer Klasse zusammenzufassen (vgl. auch die Einreihung der Idee des Guten in eine Reihe mit anderen Ideen in *Rep.* V 476a4 und VI 507b5).

Ontologisch wichtiger als die Charakterisierung der Idee des Guten als »noch jenseits des Seins« ist die These, dass die Idee des Guten das Sein und Erkanntwerden der übrigen Ideen begründet (*Rep.* VI 509b7 f.). In welcher Weise tut sie das? Die *Politeia* selbst liefert keine Antwort darauf. Manche Interpreten (z. B. Krämer 1997; Szlezák 2002) versprechen sich für die Beantwortung der Frage von indirekten Testimonien, insbesondere bei Aristoteles, Aufschluss. Diese Zeugnisse legen nahe, dass Platon (zu welchem Zeitpunkt auch immer) die Idee des Guten mit dem Einen identifizierte (vgl. bes. Aristoteles, *Metaph.* 1091b14; *EE* 1218a20 f.; Aristoxenos *Harm.* 40,2), die Ideen als Zahlen konzipierte (vgl. *Metaph.* 987b22) und die als Zahlen konzipierten Ideen aus zwei Prinzipien, dem Einen (dem Formprinzip) und dem Groß-Kleinen (dem Materialprinzip), ›erzeugte‹ (vgl. *Metaph.* 987b19–22, b33–988a1). Inwieweit diese Platon zugeschriebene Prinzipientheorie – das Kernstück seiner sogenannten ungeschriebenen Lehren (vgl. *Phys.* 209b14 f.; s. Kap. II.7) – geeignet ist, zu erklären, warum in der *Politeia* behauptet wird, dass die Idee des Guten das Sein und Erkanntwerden der anderen Ideen begründet, ist deshalb so schwer zu sagen, weil die Theorie ihrerseits so wenig verständlich ist (auch bedingt durch ihre bloß indirekte Überlieferung): Was heißt es, dass die Ideen Zahlen sind? Wie ist die ›Erzeugung‹ der als Zahlen verstandenen Ideen zu denken? Welche Rolle spielen dabei die beiden Prinzipien? Die Bücher der aristotelischen *Metaphysik*, die für diese und verwandte Fragen am ehesten Aufschluss versprechen – die Bücher *M* und *N* –, sind ihrerseits voll von *cruces interpretum* (vgl. Annas 1976).

Die vier Klassen des Seienden im *Philebos*

Mit der Platon zugeschriebenen dualistischen Prinzipientheorie wird bereits von antiken Platon-Interpreten (vgl. etwa Proklos, *Platonische Theologie* III.30,15–42,26) eine Stelle im späten Dialog *Philebos* (23c1–27c2) in Verbindung gebracht, an der mit *peras* (Grenze) und *apeiron* (Unbegrenztes) zwei Bestimmungen zur Sprache kommen, die an das Prinzipienpaar erinnern. Sokrates unterscheidet hier im Gespräch mit Protarchos vier Klassen: die Klasse des Unbegrenzten (*apeiron*), die der Grenze (*peras*), die des aus Unbegrenztem und Grenze Gemischten (*meikton*) und die des Grunds der Mischung (*hê tês meixeôs aitia*). Zur ersten Klasse werden all die Dinge gerechnet, die ein Mehr und Weniger zulassen, z. B. das Wärmere und das Kältere, das Trockenere und das Feuchtere, das Schnellere und das Langsamere (25c5–10), Freude und Unbehagen (27e5–28a5); zur zweiten all die, die Gleichheit und andere Maßverhältnisse, z. B. das Doppelte, zulassen – gemeint sind Zahlen und Maße (25a6–b2; vgl. zur hier vorausgesetzten Lesart der syntaktisch zweideutigen Stelle Striker 1970, 59 f.); zur dritten Klasse all die, die Produkte des Begrenzens der Dinge der ersten Klasse durch Dinge der zweiten sind (als Beispiele werden in 25e7–26b7 genannt: Gesundheit, Schönheit, Musik, Stärke); zur vierten Klasse schließlich all die, die dafür sorgen, dass Dinge der ersten Klasse durch Dinge der zweiten begrenzt werden (als Beispiel wird in 30d10–e1 genannt der Intellekt (*nous*)). Welchen ontologischen Status die diesen vier Klassen zugerechneten Gebilde haben, bleibt unklar. Insbesondere ist unklar, ob (und, wenn ja, wo) man in dieser Einteilung Ideen und sinnlich wahrnehmbare Dinge unterbringen kann. Auch ist unklar, ob sie wirklich eine *vollständige* Einteilung alles Seienden zu sein beansprucht (wie die Rede von *panta ta nyn onta en tô panti* in 23c4 nahezulegen scheint). Man ahnt, *dass* die Einteilung ontologisch relevant ist; aber *in welcher Weise* sie das ist, lässt sich aufgrund der erwähnten Unklarheiten nur schwer sagen (vgl. zur weiteren Diskussion Striker 1970, 41–81; Benitez 1989, 59–91; Frede 1997, 184–211).

23.2 Sein und Existenz bei Platon

Die Frage nach dem Existenzbegriff

Die Einteilung der Gesamtheit der Entitäten in ontologisch fundamentale Klassen wirft die Frage auf, ob zu existieren für alle Entitäten ein und dasselbe heißt oder für Entitäten verschiedener ontologisch fundamentaler Klassen jeweils Verschiedenes. Die Frage wird in den platonischen Dialogen nicht thematisiert, aber man könnte aus ihnen zumindest implizite Antworten darauf zu gewinnen versuchen. Zum Beispiel könnte man die in der *Politeia* aufgestellte These von

Seinsgraden des Seienden (s. Kap. V.50) in dem Sinne verstehen, dass sich alle Entitäten auf einer Seinsskala derart anordnen lassen, dass zu existieren für alle ein und dasselbe bedeutet, jedoch manche Dinge in höherem Grade existieren als andere. Allerdings dürfte mit der Einstufung gewisser Entitäten als Dinge, die mehr sind als andere (*mallon onta*, *Rep.* VII 515d3, IX 585b11–d3), nicht gemeint sein, dass erstere in höherem Grade existieren als letztere, sondern dass sie einen bestimmten Begriff in höherem Maße erfüllen (vgl. Vlastos 1973, 58–75); z. B. erfüllt eine gegebene Idee F den Begriff, den das Prädikat »F« ausdrückt, in höherem Maße – nämlich reiner, ohne Einschränkungen – als die vielen sinnlich wahrnehmbaren Dinge, die F nur so sind, dass sie (in bestimmten Hinsichten) auch nicht-F sind. Insofern ist in der Annahme von Seinsgraden keine bestimmte Position zur Frage impliziert, ob zu existieren für alle Entitäten ein und dasselbe heißt oder nicht. Dagegen könnte zugunsten der These, dass in Platons Sicht zu existieren für manche Entitäten etwas anderes bedeutet als für andere, ins Feld geführt werden, dass seiner Auffassung nach die Existenz der sinnlich wahrnehmbaren Partizipanten darin besteht, an Ideen teilzuhaben, während die Existenz der Ideen (zwar vielleicht einschließt, aber) nicht darin besteht, an Ideen teilzuhaben. Allerdings findet sich in den Dialogen keine Stelle, an der sich die Annahme festmachen ließe, dass die Existenz der sinnlich wahrnehmbaren Partizipanten darin besteht, an Ideen teilzuhaben.

Um zu klären, ob zu existieren für alle Entitäten ein und dasselbe heißt oder nicht, ist zu fragen, was jeweils gemeint ist, wenn von etwas gesagt wird, dass es existiert (bzw. eine Entität ist). Hat sich Platon mit dieser Frage überhaupt auseinandergesetzt? Oder gilt auch für ihn, was Ch. Kahn für die klassische antike Philosophie generell behauptet hat: »the concept of existence is never ›thematized‹: it does not itself become a subject for philosophical reflection« (Kahn 1976, 326)? Der Dialog, von dem man sich am ehesten Überlegungen zum Existenzbegriff erwarten mag, ist der *Sophistes*, in dem neben der Rede von »dem, was nicht ist« (*to mê on*) auch die Rede von »dem, was ist« (*to on*) erhellt und geklärt werden soll, was eigentlich gemeint ist, wenn von Dingen gesagt wird, dass sie sind (vgl. *Soph.* 243e2), und ihnen damit Sein (*ousia*, *Soph.* 239b8, 250b9, 251d5, e9, 252a2, 258b9, 260d3) zugeschrieben wird. Doch ist nicht von vornherein ausgemacht, dass die im *Sophistes* intendierte Klärung des Seinsbegriffs darauf zielt zu untersuchen, was es – für welche Entitäten auch immer – heißt zu *existieren*; jedenfalls sind die Interpreten in dieser Frage unterschiedlicher Auffassung (vgl. den nützlichen Überblick über die verschiedenen Phasen der Forschung seit Cornford bei Bordt 1991, 494–500). Vielleicht bedeutet das Verb *einai* (»sein«) in seiner im *Sophistes* untersuchten Verwendung etwas ganz anderes als »existieren«? Um dies diskutieren zu können, ist es nötig, sich zunächst Klarheit über die verschiedenen Verwendungen von *einai* zu verschaffen.

Die Verwendungen von *einai* (»sein«)

Die Frage nach den Verwendungen des griechischen Verbs *einai* hat Historiker der antiken Philosophie in den vergangenen Jahrzehnten viel beschäftigt (vgl. v. a. Kahn 1966 und 1973; Matthen 1983; Ketchum 1998; Brown 1994; Kahn 2004). Folgende ›Gemeinplätze‹ über die Verwendungen von *einai* können eine erste grobe Orientierung schaffen (vgl. Owen 1999, 416 f.): Man unterscheidet *syntaktisch* zwischen (1) Vorkommnissen von Formen von *einai* mit einem – sei es explizit hinzukommen, sei es implizit aus dem Kontext zu ergänzenden – generellen oder singulären Term und (2) Vorkommnissen von Formen von *einai* ohne eine solche Ergänzung. Bezüglich der Vorkommnisse der ersten Gruppe spricht man von der *unvollständigen* Verwendung von *einai* und unterscheidet hier wiederum zwischen dem Gebrauch von *einai* als Kopula mit Ergänzung eines generellen Terms (vgl. z. B. *Sôkratês phronimos esti*, »Sokrates ist klug«: Ergänzung der Kopula *esti* durch den generellen Term *phronimos*) und dem Gebrauch von *einai* als Identitätsausdruck mit Ergänzung eines singulären Terms (vgl. z. B. *hode ho anêr Sôkratês estin*, »Dieser Mann hier ist Sokrates«: Ergänzung des Identitätsausdrucks *estin* durch den singulären Term *Sôkratês*). Bezüglich der zweiten Gruppe spricht man von der *vollständigen* Verwendung von *einai* und unterscheidet wiederum zwischen mindestens drei vollständigen Verwendungen: (a) der sog. existentiellen Verwendung im Sinne von »existieren«, (b) der veritativen Verwendung im Sinne von »der Fall sein« (*the veridical usage*, Kahn 1966, 252) und (c) der Verwendung im Sinne von »real sein« (in Opposition nicht zu »nicht existieren«, sondern zu »eine fiktionale Entität sein«: z. B. gibt es die literarische Figur Sokrates, aber sie ist anders als der historische Sokrates keine reale, sondern fiktionale Entität).

Nun gibt es viele Stellen bei Platon, an denen es plausibel ist, *einai* mit »existieren« wiederzugeben, z. B. im zehnten Buch der *Nomoi* (vgl. 888c5, 899d5), wo für die Existenz der Götter argumentiert wird (vgl. Kahn 1976, 325). Freilich ist die Legitimität der Annahme einer existentiellen Verwendung von *einai* prinzipiell in Frage gestellt worden, und zwar mit dem Argument, dass *einai* vergleichbar sei mit Verben, die in ein und derselben Bedeutung sowohl transitiv (mit Ergänzung eines Akkusativobjekts) als auch intransitiv (ohne Ergänzung eines Akkusativobjekts) gebraucht werden können (vgl. Brown 1994, 225; Kahn 2004, 383; kritisch Malcolm 2006 und Leigh 2008): so wie man auf Sätze der Form »x lehrt« mit Fragen der Form »Was lehrt x?« reagieren könne, ohne in letzteren »lehrt« in einer anderen Bedeutung als in ersteren zu verwenden, könne man auf Sätze der Form *x estin* mit Fragen der Form *ti estin x*? (»Was ist x?«) reagieren, ohne in letzteren *estin* in einer anderen Bedeutung als in ersteren zu verwenden. Da nun die Rückfragen nicht sinnvoll mit Sätzen der Form »Was existiert x?« paraphrasiert werden könnten, sei das *estin* in Sätzen der Form *x estin*, die *prima facie* eine existentielle Lesart nahelegen, nicht im Sinne von »existiert« zu verstehen.

Diese These hat einiges für sich – nicht zuletzt scheint sie einen vielversprechenden Weg zur Lösung einiger zentraler Probleme der *Sophistes*-Interpretation zu weisen (vgl. Brown 1999) –, wirft aber auch neue Schwierigkeiten auf. Im Folgenden soll, wenn auch unter Vorbehalt, der traditionellen Auffassung gemäß weiter von einer existentiellen Verwendung von *einai* die Rede sein. Was nun diese Verwendung angeht, ist in der exegetischen Literatur mittlerweile weithin akzeptiert, dass sie im *Sophistes* nicht von anderen Verwendungen von *einai* abgegrenzt wird (vgl. Owen 1999, 417; dies erkennen selbst Owens Kritiker an, vgl. Heinaman 1983a, 1). Diese Feststellung erlaubt jedoch noch nicht die Folgerung, dass in dem Dialog keine Bemühungen zur Klärung des Existenzbegriffs erkennbar sind (vgl. Heinaman 1983a, 1). Um dies zu beurteilen, bedarf es eines näheren Blicks darauf, in welchem Kontext der Seinsbegriff im *Sophistes* thematisiert wird.

Ansätze zur Klärung des Seinsbegriffs im *Sophistes*

Die Hauptfiguren des *Sophistes*, der eleatische Gast und Theaitetos, kommen auf den Seinsbegriff auf Umwegen zu sprechen, nämlich auf der Suche nach einer Bestimmung des Sophisten. Die Fährte verfolgend, dass der Sophist trügerische Darstellungen der Realität erzeugt, stoßen sie auf die Frage, ob es überhaupt so etwas wie trügerische Darstellungen der Realität und speziell so etwas wie falsche Rede gibt (die umfassendste neuere Behandlung der im Folgenden skizzierten Problemkreise bietet Crivelli 2012). Es ist nicht leicht zu sehen, was daran problematisch sein sollte (vgl. Frede 1996, 182 f.). Im *Sophistes* wird darin offenbar deshalb ein Problem gesehen, weil (1) man im Griechischen »Falsches sagen« mit *to mê on legein* (»sagen, was nicht der Fall ist«, vgl. z. B. 260c3) ausdrücken kann; (2) die Aussage, dass jemand *to mê on legei*, zu implizieren scheint, dass es *to mê on* gibt (vgl. 237a3 f.); und (3) »es gibt *to mê on*« vollständig griechisch ausgedrückt soviel heißt wie *esti to mê on*, worin ein Widerspruch enthalten zu sein scheint (den Parmenides zu vermeiden gelehrt hat; vgl. 237a4–b2; s. Kap. III.12).

Mit der oben (s. Kap. IV.23.2 Abschnitt ›Die Verwendungen von *einai*‹) skizzierten Unterscheidung der Verwendungen von *einai* lässt sich jedoch der Anschein eines Widerspruchs leicht auflösen: Denn in der Wendung *to mê on legein* bedeutet *to mê on* dasselbe wie »das, was nicht der Fall ist«, und mit dem Satz *esti to mê on* zu behaupten, dass es etwas gibt, was nicht der Fall ist, ist überhaupt nicht widersprüchlich. Es gibt Sachverhalte, die nicht der Fall sind, respektive Propositionen, die nicht wahr sind. Der Widerspruch in dem Satz *esti to mê on* kommt erst dadurch zustande, dass anstelle der veritativen Verwendung von *einai* im Rahmen von *to mê on* stillschweigend die existentielle Verwendung angenommen wird: »Es gibt etwas, das nicht der Fall ist« wird unter der Hand zu »Es gibt etwas, das es nicht gibt«. Erst viel später im Dialog (263b ff.) wird der Versuch gemacht, den Anschein eines Widerspruchs in dem Satz *esti to mê on* dadurch aufzulösen, dass *to mê on legein* nicht im Sinne von »etwas sagen, das es nicht gibt«, sondern im Sinne von »über x etwas sagen, das von allem verschieden ist, was mit Bezug auf x ist (d. h. x zukommt)« interpretiert wird (vgl. dazu Frede 1992, 419–421) und *esti to mê on* entsprechend widerspruchsfrei im Sinne von »Es gibt etwas, das von allem verschieden ist, was mit Bezug auf x ist (d. h. x zukommt)«.

Zwischen der ersten Formulierung des Problems des – vermeintlichen – Widerspruchs in der Rede *to mê on legein* in 236e–237b und der Präsentation der Lösung in 263b ff. liegen knapp 30 Stephanus-Seiten, von denen einige der Rede von *to on* gewidmet sind. Zunächst aber wird die Rede von *to mê on* weiter problematisiert: Wenn wir den Ausdruck *mê on* auf eine Sache anzuwenden versuchen, dann setzen wir damit voraus – so legt der eleatische Gast im Gespräch mit Theaitetos nahe (237b7–238c11) –, dass sie ein *on* ist (was man wiedergeben kann mit: »dass es sie gibt«); genau dies negieren wir aber zugleich, wenn wir sie als *mê on* bezeichnen. Aufgrund dieser Schwierigkeit zu sagen, dass *to mê on* unsagbar sei (238e5 f.), führt lediglich in eine neue Schwierigkeit: denn wenn wir dies sagen, fügen wir erneut das Wort *einai* (jetzt als Kopula) hinzu, wodurch wir *to mê on* wiederum zu einem Seienden machen (238e5–239a2). In der Problematisierung der Rede von *to mê on* wird offenbar nicht klar zwischen der existentiellen und der kopulativen Verwendung von *einai* unterschieden.

Nachdem sich die Rede von *to mê on* dergestalt als problematisch erwiesen hat, stellen der eleatische Gast und Theaitetos das Vorhaben, sie verständlich zu machen, zurück und wenden sich der – *prima facie* leichter verständlichen – Rede von *to on* zu, indem sie im fiktiven Gespräch mit Denkern, die sich darum bemühen, das Seiende quantitativ oder qualitativ zu bestimmen (242c5 f.), zu erfahren suchen, was diese genau meinen, wenn sie von *to on* bzw. von *ta onta* reden (243d3–5), d. h. was sie unter *einai* verstehen (243e2). Dies dient dem Zweck, die Rede von *to on* als nicht minder problematisch erscheinen zu lassen als die von *to mê on* (vgl. 243c1–6 und 250d7–e4).

Zielt die Befragung jener Denker darauf, zu klären, was es heißt zu existieren? Was die Auseinandersetzung mit den Dualisten in 243d7–244b5, den Monisten in 244b6–245d11 und den Materialisten in 246d1–248a3 angeht, spricht nichts gegen die Annahme (vgl. Brown 1999, 469). Anders sieht es bei der Auseinandersetzung mit den ›Ideenfreunden‹ in 248a4–249b4 aus (vgl. Brown 1999, 469; Künne 2004, 310): Hier geht es nicht so sehr um die Frage, was es heißt zu existieren, als um die Frage, was es heißt, eine *reale* Entität zu sein: denn es geht darum, was die ›Ideenfreunde‹ meinen, wenn sie nur Ideen dem Bereich des wirklichen Seins – dem Bereich der *alêthinê ousia* (246b8) – zurechnen (wobei sie auch Körper als Entitäten einstufen, ihnen aber keine *alêthinê ousia* zugestehen wollen).

Selbst wenn man annimmt, dass die Auseinandersetzung mit den Denkern, die das Wort *on* im Munde führen, durchgängig darauf abzielt, zu klären, was es heißt zu existieren, erbringt sie keine positive Antwort auf diese Frage, sondern endet in der Aporie (250e1, vgl. zum aporetischen Charakter der gesamten Passage Malcolm 1983): Nachdem der fiktive Dialog mit den ›Ideenfreunden‹ zu dem Ergebnis geführt hat, dass sowohl veränderliche Dinge (*kekinêmena*, wörtlich übersetzt »bewegte Dinge«; vgl. Vlastos 1973, 272 Anm. 5) als auch unveränderliche (*akinêta*, wörtlich »unbewegliche Dinge«) zum Gesamt des Seienden zu rechnen sind (249c10–d5), und mit den beiden Klassen des Veränderlichen und des Unveränderlichen das Seiende vollständig eingefangen zu sein scheint (249d6–8), wird gezeigt, dass ein Seiendes zu sein weder damit identifiziert werden kann, veränderlich zu sein, noch damit, unveränderlich zu sein (250a11–c5), woraus gefolgert wird, dass das Seiende seiner Natur nach weder veränderlich noch unveränderlich ist (250c6–8) – wie aber ist das möglich, wenn doch alles entweder veränderlich oder unveränderlich ist (250c9–d4)?

Die Lösung dieser Aporie ist – nach der Standardinterpretation (anders: Roberts 1986) – der anschließend (251c8 ff.) ausgearbeiteten Theorie der Gemeinschaft der Gattungen (*koinônia tôn genôn*; für verschiedene Deutungen der *koinônia tôn genôn* siehe Vlastos 1973, 270–322; Ketchum 1978; Heinaman 1983b) zu entnehmen: Das Seiende – eine der umfassendsten Gattungen (*megista tôn genôn*, 254d4) – ist zwar nicht *aufgrund seiner eigenen Natur* veränderlich oder unveränderlich – d. h. ein Seiendes zu sein impliziert weder veränderlich zu sein noch unveränderlich zu sein –, doch kann es *durch die Gemeinschaft* mit der Gattung des Veränderlichen (*kinêsis*) veränderlich genannt werden (manches Seiende ist veränderlich) und durch die Gemeinschaft mit der Gattung des Unveränderlichen (*stasis*) unveränderlich (manches Seiende ist unveränderlich). Allerdings wird diese Lösung der Aporie an keiner Stelle des Dialogs explizit ausgesprochen.

Die Gattung des Seienden gehört zu den Gattungen, die mit allen anderen Gattungen Gemeinschaft haben (254b9–c1, 259a5 f.). Denn auf alles, was sich unter eine der anderen Gattungen subsumieren lässt, trifft zu, dass es ist bzw. ein Seiendes ist (256e2 f.): was unveränderlich ist, ist (*stasis esti*, 250a11 f.); was veränderlich ist, ist (*kinêsis esti*, 250a11 f., 256a1, 256d9) usw. (vgl. zur Rechtfertigung dieser Wiedergaben von *stasis esti* und *kinêsis esti* Vlastos 1973, 294–299). Lässt sich das *esti* in solchen Sätzen, die die Gemeinschaft einer durch den Subjekt-Term bezeichneten Gattung mit der durch den Prädikat-Term *esti* bezeichneten Gattung des Seienden ausdrücken, im Sinne von »existiert« verstehen? Ist die Gattung des Seienden somit präziser als die Gattung dessen, was es gibt, anzusprechen? Wenn ja, so ließe sich dem *Sophistes* zufolge alles, was es gibt, unter die eine Gattung dessen, was es gibt, subsumieren, mit der Konsequenz, dass zu existieren für sämtliche Entitäten ein und dasselbe bedeuten würde. Leider ist aber nicht klar, ob das *esti* in den besagten Sätzen wirklich im Sinne von »existiert« zu verstehen ist (dafür: Ackrill 1957, 1; Heinaman

1983a, 9; dagegen: Malcolm 1967, 130; Frede 1967, 56; Owen 1999, 442 f.). Brown (1999, 471–474) sucht zu zeigen, dass das *esti* in den Sätzen zwar vollständig verwendet wird, doch nicht in existentieller Verwendung, sondern so, dass es – ohne Veränderung der Bedeutung – eine Ergänzung zulässt.

Unabhängig davon, ob die im *Sophistes* angesetzte Gattung des Seienden als Gattung dessen, was es gibt, zu verstehen ist oder nicht, bleibt abschließend festzuhalten, dass die Ansetzung der Gattung des Seienden im *Sophistes* von weitreichender Bedeutung für die weitere Entwicklung der Ontologie sein sollte. Dies gilt vor allem deshalb, weil (1) sie auf produktiven Widerspruch bei Aristoteles stieß, der sich gegen die Annahme einer Gattung des Seienden mit der These wandte, dass »seiend« (*on*) auf Entitäten verschiedener Kategorien in jeweils verschiedenem Sinne zutrifft (*to on legetai pollachôs*, z. B. Metaph. 1003b5, 1028a10), und (2) die Kategorienlehre, mit der Aristoteles seine These zu untermauern suchte, zum Dreh- und Angelpunkt ontologischer Reflexion in Antike und Mittelalter wurde.

Literatur
Ackrill, John 1957: »Plato and the Copula: *Sophist* 251–9«. In: Journal of Hellenic Studies 77, 1–6.
Allen, Reginald E. 1960: »Participation and Predication in Plato's Middle Dialogues«. In: Philosophical Review 69, 147–164.
Allen, Reginald E. 1970: Plato's *Euthyphro* and the Earlier Theory of Forms. London.
Annas, Julia 1975: »On the ›Intermediates‹«. In: Archiv für Geschichte der Philosophie 57, 146–166.
Annas, Julia 1976: Aristotle's *Metaphysics* Books M and N. Translated with Introduction and Notes. Oxford.
Baltes, Matthias 2005: *Epinoêmata*. Kleine Schriften zur antiken Philosophie und homerischen Dichtung. München/Leipzig.
Benitez, Eugenio E. 1989: Forms in Plato's *Philebus*. Assen/Maastricht.
Bolton, Robert 1975: »Plato's Distinction between Being and Becoming«. In: Review of Metaphysics 29, 66–95.
Bordt, Michael 1991: »Der Seinsbegriff in Platons *Sophistes*. Eine Untersuchung zu 242b6–249d5«. In: Theologie und Philosophie 66, 493–529.
Brandwood, Leonard 1990: The Chronology of Plato's Dialogues. Cambridge.
Brentlinger, John A. 1963: »The Divided Line and Plato's ›Theory of Intermediates‹«. In: Phronesis 8, 146–166.
Brown, Lesley 1994: »The Verb ›to be‹ in Greek Philosophy: Some Remarks«. In: Stephen Everson (Hg.): Language (= Companions to Ancient Thought 3). Cambridge, 212–236.
Brown, Lesley 1999: »Being in the *Sophist*: A Syntactical Enquiry« [1986]. In: Gail Fine (Hg.): Plato 1. Metaphysics and Epistemology. Oxford, 455–478.
Burnyeat, Myles F. 1987: »Platonism and Mathematics: A Prelude to Discussion«. In: Andreas Graeser (Hg.): Mathematics and Metaphysics in Aristotle. Akten des 10. Symposium Aristotelicum. Bern, 213–240.
Burnyeat, Myles F. 2000: »Plato on Why Mathematics is Good for the Soul«. In: Timothy Smiley (Hg.): Mathematics and Necessity. Essays in the History of Philosophy. Proceedings of the British Academy 103. Oxford, 1–81.
Cornford, Francis M. ³1952: Plato's Cosmology. The *Timaeus* of Plato Translated with a Running Commentary [1937]. London.
Crivelli, Paolo 2012: Plato's Account of Falsehood: A Study of the *Sophist*. Cambridge.
Devereux, Daniel T. 1994: »Separation and Immanence in Plato's Theory of Forms«. In: Oxford Studies in Ancient Philosophy 12, 63–90.
Düsing, Klaus 1980: »Ontologie und Dialektik bei Plato und Hegel«. In: Hegel-Studien 15, 95–150.
Ebert, Theodor 2004: Platon: *Phaidon*. Übersetzung und Kommentar. Göttingen.
Fine, Gail 1993: On Ideas. Aristotle's Criticism of Plato's Theory of Forms. Oxford.
Frede, Dorothea 1997: Platon: *Philebos*. Übersetzung und Kommentar. Göttingen.
Frede, Michael 1967: Prädikation und Existenzaussage. Platons Gebrauch von »... ist ...« und »... ist nicht ...« im *Sophistes*. Göttingen.
Frede, Michael 1988: »Being and Becoming in Plato«. In: Oxford Studies in Ancient Philosophy. Supplementary Volume, 37–52.
Frede, Michael 1992: »Plato's *Sophist* on False Statements«. In: Richard Kraut (Hg.): The Cambridge Companion to Plato. Cambridge, 397–423.
Frede, Michael 1996: »Die Frage nach dem Seienden: *Sophistes*«. In: Theo Kobusch/Burkhard Mojsisch (Hg.): Platon: seine Dialoge in der Sicht neuer Forschungen. Darmstadt, 181–199.
Gallop, David 1975: Plato: *Phaedo*. Translated with Notes. Oxford.
Geach, Peter T. 1956: »The Third Man Again«. In: Philosophical Review 65, 72–82.
Halfwassen, Jens 1992: Der Aufstieg zum Einen. Untersuchungen zu Platon und Plotin. Stuttgart.
Heinaman, Robert 1983a: »Being in the *Sophist*«. In: Archiv für Geschichte der Philosophie 65, 1–17.
Heinaman, Robert 1983b: »Communion of Forms«. In: Proceedings of the Aristotelian Society 83, 175–190.
Heinaman, Robert 1989: »Self-Predication in Plato's Middle Dialogues«. In: Phronesis 34, 56–79.
Kahn, Charles H. 1966: »The Greek Verb ›to be‹ and the Concept of Being«. In: Foundations of Language 2, 245–265.
Kahn, Charles H. 1973: The Verb ›Be‹ in Ancient Greek. Dordrecht.
Kahn, Charles H. 1976: »Why Existence Does not Emerge as a Distinct Concept in Greek Philosophy«. In: Archiv für Geschichte der Philosophie 58, 323–334.
Kahn, Charles H. 2004: »A Return to the Theory of the Verb ›be‹ and the Concept of Being«. In: Ancient Philosophy 24, 381–405.

Kahn, Charles H. 2013: Plato and the Post-Socratic Dialogue: The Return to the Philosophy of Nature. Cambridge.

Karfik, Filip 2004: Die Beseelung des Kosmos. Untersuchungen zur Kosmologie, Seelenlehre und Theologie in Platons *Phaidon* und *Timaios*. München/Leipzig.

Ketchum, Richard J. 1978: »Participation and Predication in the *Sophist* 251–260«. In: Phronesis 23, 42–62.

Ketchum, Richard J. 1998: »Being and Existence in Greek Ontology«. In: Archiv für Geschichte der Philosophy 80, 321–332.

Krämer, Hans J. 1997: »Die Idee des Guten. Sonnen- und Liniengleichnis (Buch VI 504e–511e)«. In: Otfried Höffe (Hg.): Platon. Politeia. Berlin, 179–203.

Künne, Wolfgang 2004: »Die ›Gigantomachie‹ in Platons *Sophistes*. Versuch einer analytischen Rekonstruktion«. In: Archiv für Geschichte der Philosophie 86, 307–321.

Leigh, Fiona 2008: »The Copula and Semantic Continuity in Plato's *Sophist*«. In: Oxford Studies in Ancient Philosophy 34, 105–121.

Malcolm, John 1967: »Plato's Analysis of *to on* and *to mê on* in the *Sophist*«. In: Phronesis 12, 130–146.

Malcolm, John 1983: »Does Plato Revise his Ontology in *Sophist* 246c–249d?« In: Archiv für Geschichte der Philosophie 65, 115–127.

Malcolm, John 1991: Plato on the Self-Predication of Forms. Early and Middle Dialogues. Oxford.

Malcolm, John 2006: »Some Cautionary Remarks on the ›Is‹/›Teaches‹ Analogy«. In: Oxford Studies in Ancient Philosophy 31, 281–296.

Matthen, Mohan 1983: »Greek Ontology and the ›Is‹ of Truth«. In: Phronesis 28, 113–135.

Meinhardt, Helmut 1990: Platon: *Der Sophist*. Griechisch/Deutsch. Einleitung, Übersetzung und Kommentar. Stuttgart.

Miller, Dana 2003: The Third Kind in Plato's *Timaeus*. Göttingen.

Motte, André/Somville, Pierre (Hg.) 2008: Ousia dans la philosophie grecque des origines à Aristote. Leuven/Paris/Dudley.

Nehamas, Alexander 1979: »Self-Predication and Plato's Theory of Forms«. In: American Philosophical Quarterly 16, 93–103.

Owen, Gwilym E. L. 1999: »Plato on Not-Being« [1970]. In: Gail Fine (Hg.): Plato 1. Metaphysics and Epistemology. Oxford, 416–454.

Palmer, John A. 1999: Plato's Reception of Parmenides. Oxford.

Roberts, Jean 1986: »The Problem about Being in the *Sophist*«. In: History of Philosophy Quarterly 3, 229–243.

Striker, Gisela 1970: Peras und Apeiron. Das Problem der Formen in Platons *Philebos*. Göttingen.

Strobel, Benedikt 2007: »Dieses« und »So etwas«. Zur ontologischen Klassifikation platonischer Formen. Göttingen.

Szlezák, Thomas A. 2002: »Die Idee des Guten als *arche* in Platons *Politeia*«. In: Giovanni Reale/Samuel Scolnicov (Hg.): New Images of Plato. Dialogues on the Idea of the Good. St. Augustin, 49–68.

Vlastos, Gregory 1973: Platonic Studies. Princeton.

Vlastos, Gregory 1991: Socrates, Ironist and Moral Philosopher. Cambridge.

White, Nicholas P. 1992: »Plato's Metaphysical Epistemology«. In: Richard Kraut (Hg.): Cambridge Companion to Plato. Cambridge, 277–310.

Woodruff, Paul 1978: »Socrates and Ontology: The Evidence of the *Hippias major*«. In: Phronesis 23, 101–117.

Woodruff, Paul 1982: Plato. *Hippias Major*. Translated, with Commentary and Essay. Indianapolis.

Zeyl, Donald J. 1975: »Plato and Talk of a World in Flux: *Timaeus* 49a6–50b5«. In: Harvard Studies in Classical Philology 79, 125–148.

Zeyl, Donald J. 2000: Plato: *Timaeus*. Translated, with Introduction. Indianapolis/Cambridge.

Benedikt Strobel

24 Psychologie

Der Begriff der Seele (*psychê*) ist für das Verständnis platonischen Philosophierens *in toto* von so grundlegender Bedeutung, dass man in Platon teilweise den Erfinder der philosophischen Psychologie gesehen hat: »Zentrale Bereiche platonischen Denkens wie Ideenlehre, Zweiweltenlehre und Kosmologie stehen in engem Zusammenhang mit der Seelenlehre. In der Tat finden wir eine eigentliche Psychologie erst bei Platon« (Erler 2007, 378). Die *psychê* wird »fast in jedem Dialog mitthematisiert« (Steiner 1992, 5), und dies nicht bloß in beiläufiger Form: Bedeutsame Theorien wie etwa die Lehre vom Lernen als Wiedererinnerung (*anamnêsis*; s. Kap. V.60) setzen die Idee einer unsterblichen Seele voraus, wie sie im *Phaidon* (vgl. bes. *Phd.* 72e–77a: das sog. *anamnêsis*-Argument) und andernorts bewiesen werden soll. Obwohl gerade dieser Dialog den Untertitel *Peri psychês* trägt, liefert er jedoch ebenso wenig eine umfassende und einheitliche Begriffsbestimmung von *psychê* wie die anderen Schriften (s. aber Kap. IV.24.1, Abschnitt »(Kosmisches) Bewegungsprinzip«, zur Selbstbewegung als potenziellem Definiens). Der Möglichkeit einer solchen Definition im Vollsinn des Wortes stehen auch zwei grundsätzliche Erwägungen entgegen:

1. Zum einen findet man im platonischen Œuvre mindestens zwei Seelenbegriffe, nämlich (1) eine religiös inspirierte Konzeption, die enge Affinitäten zu Orphik und Pythagoreismus aufweist und in welcher z. B. die Idee der Seelenwanderung (s. Kap. V.52) fundiert ist, sowie (2) ein stärker auf philosophisch-analytische Zwecke zugeschnittenes Seelenmodell. Dieses ist ausgesprochen multifunktional, insofern mit ihm Phänomene wie Leben, Wachstum, Erkennen, Wahrnehmen, Fühlen/Empfinden, Begehren/Streben und Bewegung thematisiert werden; dieses Konzept steht auch in enger Verbindung mit der Vorstellung einer personalen Identität, die diese verschiedenen kognitiven und moralischen Funktionen umfasst. Platon hält dabei bis in sein Spätwerk hinein beide Konzeptionen im Spiel, ohne sie vollständig miteinander zu vermitteln (Hackforth 1952, 76; contra: Graeser 1969, 7).
2. Zum anderen sind die über das *Corpus Platonicum* verteilten Aussagen über die Seele alles andere als konsonant und harmonisch, sondern vielmehr von scheinbar offensichtlichen Widersprüchen gekennzeichnet; diese betreffen die Themenkomplexe der Seelenteile (s. Kap. IV.24.2), der Unsterblichkeit (s. Kap. IV.24.3) wie auch den ontologischen Status der *psychê* (s. Kap. IV.24.4). Auf diese Dissonanzen ist in der Forschung recht unterschiedlich reagiert worden, wobei das Spektrum von harmonisierenden über entwicklungsgeschichtliche bis hin zu aporetischen Deutungen rangiert (s. Kap. IV.24.5).

Eine synoptisch orientierte Betrachtung des platonischen Verständnisses von *psychê* sollte aus diesen Gründen ihren Ausgang nicht von einer auf Einheitlichkeit abzielenden Definition, sondern von einer Darstellung und Analyse der Seele als Prinzip verschiedener Aktivitäten bzw. Funktionen nehmen (s. Kap. IV.24.1; vgl. Lovibond 1991). Von dieser Sichtung und Sammlung aus lassen sich dann auch die inhärent »problematischen« Themenkomplexe besser konturieren und ausleuchten.

24.1 Die Seele als Prinzip

Lebensprinzip

In Anknüpfung an die schon im griechischen Alltagsverständnis präsente Vorstellung, dass die Gegenwart der Seele das ist, was einen Körper belebt (*empsychon* als Bezeichnung für Belebtes, *apsychon* für Totes) bzw. ihm Leben »einhaucht« (*psychê* als »Atem«, *Crat.* 399), bestimmt Platon die Seele grundsätzlich als Lebensprinzip: Das elementare Werk (*ergon*) der Seele ist Leben (*Rep.* I 353d). Gleich zwei der Argumente für die Unsterblichkeit der Seele im *Phaidon* beruhen auf dieser Idee: Im ›Kreislaufargument‹ (*Phd.* 69ed–72d) wird der zirkuläre Übergang von Leben zu Tod (und umgekehrt) verknüpft mit der An- oder Abwesenheit der Seele in einem Körper; hiermit korreliert die Definition des Todes als Trennung der Seele vom Körper (*Phd.* 64c). Der letzte Beweis (*Phd.* 102a–107d) schreibt der Seele zu, dass sie allem, dem sie zukommt, immer Leben bringt, weswegen sie selbst nie den Tod annimmt (*Phd.* 105c–d; zur Analyse vgl. Frede 1978). ›Leben‹ wird hier offensichtlich als essentielle Eigenschaft der Seele konzipiert, was ihre Unsterblichkeit begründen soll; der dabei implizit postulierte Konnex von Leben-Bringen und Leben-Haben ist allerdings nicht unproblematisch (Fieber bringt Krankheit, ohne doch selbst krank zu sein; vgl. Hartman 1972 zum Problem der ›paulinischen Prädikation‹).

Insgesamt ist ein rein ›biologisch‹ verstandener Begriff von ›Leben‹ allerdings kaum geeignet, um das platonische Verständnis der Seele als Lebensprinzip einzufangen: Es geht immer um ein Leben bestimmter

Qualität, das durch kognitive Aktivitäten sowie durch eine Form der moralischen Selbstbestimmung der Seele charakterisiert ist. Der in zentralen Passagen direkt vollzogene Übergang von *psychê* als einem biologischen Lebensprinzip zu einem Erkenntnisprinzip (im *Phaidon*) bzw. zu einem sittlich-qualitativen Prinzip (im *ergon*-Argument von *Rep.* I) wird von Platon jedoch nicht explizit argumentativ ausgewiesen und tendiert deshalb in Richtung einer Äquivokation (vgl. Robinson 1995, 34–38; Blößner 1991).

Kognitives Prinzip und Subjekt von Empfindungen

Die Seele ist das, was erkennt (*Soph.* 248c–d) bzw. wodurch der Mensch weiß (*Euthd.* 295e). Der Modus ihrer kognitiven Tätigkeit unterscheidet sich dabei nach den involvierten Objekten: Insofern die Seele den Ideen verwandt ist, werden letztere dadurch erkannt, dass der Mensch sich von allem Sinnlichen abwendet und sie mit dem Denken selbst (*autê te dianoia, Phd.* 65e6) erfasst. Dieser epistemische Modus bedingt eine Sammlung der Seele in sich selbst unter Verzicht auf den Gebrauch der Sinnesorgane, die v. a. im *Phaidon* als eine epistemische Stör- und Fehlerquelle erscheinen; tendenziell werden Sinneswahrnehmungen dort auch unmittelbar dem Körper (und nicht der Seele) als Träger zugeschrieben (vgl. Price 1995, 36). Damit ist aber nicht gesagt, dass die Seele zu den Objekten der sinnlich wahrnehmbaren Welt in kein aktives kognitives Verhältnis treten kann, wie v. a. die Ausführungen im Spätwerk zeigen (vgl. *Tht.* 184b–186e): Sinneswahrnehmung (*aisthêsis*) ist eine genuin seelische Aktivität, die sich mittels der Werkzeuge der körperlichen Sinnesorgane vollzieht; die Seele ist auch der Ort, wo die Sinneseindrücke zusammenlaufen, die ansonsten bloß unvermittelt nebeneinander lägen (*Tht.* 184c–d). Die Theorie der Sinneswahrnehmung zeigt dabei insgesamt eine phänomenalistische Tendenz, insofern der Wahrnehmungsgegenstand in seinen Qualitäten sowohl vom externen Objekt als auch vom Akt der Wahrnehmung selbst abhängt (*Tht.* 156d–e; vgl. Modrak 1981). Die Sinneswahrnehmungen sind dabei noch einmal unterschieden von ihrer reflektierenden Beurteilung als gut oder schlecht, die als eine distinkte kognitive Funktion der Seele ›durch sich selbst‹ (*di' hautês*, 185e6) erscheint; diese ist ihrerseits nicht einfach mit der *noêsis* der Ideen als seelischer Aktivität gleichzusetzen (vgl. Cooper 1970 zu den Unterschieden von *Tht.* 184–186 zu *Rep.* VII 522–525). Die Sinneswahrnehmung als Funktion der Seele erfährt insgesamt in der Psychologie des Spätwerks eine deutliche Aufwertung: »If we can take the *Timaios* as evidence for late psychology [...], then it appears that the soul in this period is meant for and designed for sense-perception in contrast to the other-worldly middle-period soul where sense-perception appears to be confused thinking« (Ostenfeld 1987, 20).

Ebenso wie generell im Bereich der Sinneswahrnehmung eine Art »Verschiebung« von einer korporalistischen Konzeptualisierung zu einem komplexeren psycho-physischen Verständnis festzustellen ist, verhält es sich auch mit den Empfindungen (*pathê*) im engeren Sinne des Wortes: Während im *Phaidon* noch die Tendenz vorherrscht, diese wesentlich als Affektionen des Körpers zu deuten (vgl. Carone 2005, 228), werden Begierde, Lust, Schmerz, Freude u. Ä. später primär als seelische Zustände charakterisiert (*Phlb.* 35b–c; *Rep.* IV 436a–441c; vgl. aber auch schon *Gorg.* 493a), bei denen »Seele und Körper gemeinschaftlich begriffen sind und so auch gemeinschaftlich bewegt werden« (*Phlb.* 34a). Insgesamt erscheint die Darstellung ebenso wie die Beurteilung der Emotionen bei Platon zwischen den einzelnen Dialogen kaum im Sinne einer kohärenten Affekttheorie rekonstruierbar, sondern sie variiert in facettenreicher Manier je nach Kontext (Erler 2012). Meist erscheinen die Affekte allerdings als Störfaktoren bei der Suche nach der Wahrheit, obwohl ihnen unbestritten selbst auch ein kognitives Element zukommt, das sie für vernünftige Beeinflussung im Rahmen pädagogischer Bemühungen – und damit mindestens für eine abgeleitete Rationalität – zugänglich macht (Moss 2012; vorsichtiger: Renaut 2014). Sokrates wird deshalb in den Dialogen (insbesondere im *Phaidon*) als musterhaftes Beispiel für eine antitragische Form der Beherrschung von Affekten inszeniert; ebenso werden auch affekttherapeutische Strategien für (nichtphilosophische) Normalmenschen vorgestellt, die aber nicht auf eine vollständige Ausmerzung von Leidenschaften, sondern auf einen vernünftigen Umgang mit den Affekten abzielen. Eine rein negative Sicht von Emotionen, wie sie Platon teilweise unterstellt wird, überspannt hier somit den Bogen (Zaborowski 2012).

Platon bietet zwar keine Definition von Affekt (*pathos*), verknüpft ihn aber oft mit Lust- und Schmerzzuständen (*Phlb.* 47d–e). Das Wesen der Lustempfindung ist die Wiederherstellung einer gestörten Harmonie bzw. die Beseitigung eines Mangels (*Phlb.* 31b–32a; Frede 1992). Kriterium für die Bewertung der Affekte ist dabei nicht nur der ihnen innewohnende Schmerzanteil, sondern auch die Frage nach ihrem

Anlass und Inhalt (exemplifiziert am Zorn des Achill in *Phlb.* 47e). Im *Philebos* werden auch Freuden bzw. Lüste, die in der Seele durch sinnliche Eindrücke entstehen, von solchen unterschieden, welche die Seele durch Gedächtnis und Vorstellung selbst (d. h. ohne Beteiligung des Körpers) hervorbringen kann (vgl. Frede 1985). Obwohl im Spätwerk – insbesondere in den *Nomoi* – ein eher kinetisches und körperbasiertes Verständnis von Lust vorherrscht (Frede 2010), findet sich somit bei Platon die – Aristoteles' Beschreibung des Philosophenglücks in *EN* X 7–8 antizipierende – Idee rein geistiger Lüste, die aus der Betätigung der Vernunft selbst erwächst: Die beste Lebensweise ist dann konsequenterweise letztlich eine Mischung aus Vernunft und Lust (*Phlb.* 22a, 65a, 66d).

Moralisches Prinzip

Der Zustand der Seele ist bei Platon das fundamentale Kriterium für die Bewertung der sittlichen Qualität des Akteurs, insofern die Seele »Ursache des Guten und des Schlechten [...], des Gerechten und des Ungerechten« (*Leg.* X 896c) ist: Die Seele ist Sitz der moralischen Identität (*Men.* 88a–e; *Cri.* 47d–48a). Ihre naturgemäße Bestimmung ist das planende Herrschen über den Körper (*Leg.* X 896b), und dieses Werk verrichtet sie vorzüglich durch die Verwirklichung der Kardinaltugenden, insbesondere der Gerechtigkeit, wodurch der Mensch zugleich glückselig wird (*Rep.* I 353d–354a). Einer der Beweise für die Unsterblichkeit der Seele (*Rep.* X 608c–611a) wird bezeichnenderweise über die Idee geführt, dass die sittliche Schlechtigkeit als spezifisches Übel der Seele diese zwar zu degradieren bzw. zu schädigen (vgl. *Gorg.* 477a–479e), nicht aber zu zerstören vermag. Die Seele ist es auch, die als eine Wahlinstanz im Jenseits über ihr Lebenslos entscheidet (Mythos von Er, *Rep.* X 614c–621a), wobei die Frage nach dem Grad ihrer dabei involvierten Entscheidungsfreiheit im Verhältnis zu einer eventuellen Vorbestimmtheit umstritten ist; die Idee einer absolut spontanen Wahl im Sinne einer *libertas indifferentiae* ist hier sicher nicht anzunehmen (vgl. Erler 2007, 388–390).

Gerade aus dieser ethischen Perspektivierung heraus wird verständlich, warum bereits im Frühwerk eine weitgehende Identifikation der Seele mit dem individuellen Selbst des Menschen vollzogen wird, dessen genaues Verhältnis zum Körper jedoch mehrdeutig bleibt (vgl. Robinson 1995, 3–20). Dies läuft nicht nur der vor Platon (insbesondere bei Homer) geläufigen Identifikation von Personalität und Körper zuwider, sondern rückt zugleich die Forderung nach Sorge um die Seele (*epimeleia tês psychês*) ins Zentrum der Aufmerksamkeit; dieses später zum philosophischen (und auch christlichen) Gemeinplatz werdende Motiv ist als Ausdruck einer revolutionären, im Kern genuin auf Sokrates zurückgehenden Seelenkonzeption gedeutet worden (vgl. Burnet 1916); neuartig und höchst einflussreich ist auch der damit korrelierende Gedanke einer der körperlichen Gesundheit übergeordneten Gesundheit der Seele (vgl. Solmsen 1983). Bereits in den Frühdialogen führt die Identifikation von Seele und Selbst dazu, die Sorge um die Seele als eine Suche nach Selbsterkenntnis zu konzipieren (Steiner 1992, 9–48), was einem Leitmotiv sokratischen Philosophierens entspricht. Orientiert man sich am *Phaidon*, so ist mit der Sorge um die Seele das Philosophieren als *meletê thanatou* (80e) bzw. als Sterben-Lernen angesprochen, also die weitgehende Sammlung der Seele in sich selbst unter gleichzeitiger asketischer Reinigung von dem als Grab (*sôma* = *sêma*, 82e) verstandenen Körper. Die hier anklingende, im *Phaidon* abundante religiöse Motivik und Metaphorik ist u. a. als Zeugnis einer Konversion des Sokrates zum Pythagoreismus gedeutet worden (vgl. Ebert 2004); zumindest ist der *Phaidon* wohl als Versuch zu verstehen, einige traditionelle Momente des Seelenbegriffs positiv zu verarbeiten und philosophisch-argumentativ zu unterfüttern.

In der Zusammenschau der bisher entfalteten Aspekte wird die Seele wesentlich als selbsthaftes Subjekt von kognitiven Aktivitäten und moralischen Qualitäten wie auch Handlungen gesehen, wobei diese Momente in der Idee des Tugendwissens letztlich koinzidieren. Insofern im epistemischen wie auch im ethischen Bereich die unveränderliche und unbewegliche Welt der Ideen den normativen Leitmaßstab abgibt und die Seele im *Phaidon* in ihrem ontologischen Status bewusst in die Nähe dieser Intelligibilia gerückt wird, hat Theiler in entwicklungsgeschichtlicher Perspektive von einem früheren, ›statischen‹ Seelenbegriff gesprochen; von diesem sei ein späterer, ›kinetischer‹ Seelenbegriff zu unterscheiden, der wesentlich im *Phaidros* grundgelegt ist und auf die *psychê* als Bewegungsquelle abhebt (vgl. Theiler 1965, 63–65; Demos 1968; kritisch dazu: Graeser 1969, 64–66).

(Kosmisches) Bewegungsprinzip

Ein im *Phaidros* (245c–246a) entwickelter Beweis für die Unsterblichkeit der Seele beruht auf dem Grundgedanken, dass die Seele ›selbstbewegt‹ ist: Das sich selbst Bewegende kann weder untergehen noch entstehen. Platon geht hier sogar so weit, die Selbstbewegung als Wesen und Begriff der Seele (*psychês ousian te kai logon*, 245e1) zu bestimmen, was im 10. Buch der *Nomoi* seine Bestätigung findet: »Welches ist nun die Definition dessen, was den Namen ›Seele‹ trägt? Haben wir eine andere als die eben angegebene: ›die Bewegung, die sich selbst bewegen kann‹?« (*Leg.* X 895e–896a) Platon könnte das Konzept der Selbstbewegung dabei von Alkmaion von Kroton übernommen haben (vgl. Aristoteles, *De an.* 405a29–b1; Horn 2005).

Ob Platon damit in restloser Überwindung eines ›statischen‹ Seelenbegriffs zur definitiven Fassung seines *psychê*-Konzepts als Instanz der Selbstbewegung vorgedrungen ist, muss jedoch aus verschiedenen Gründen als zweifelhaft gelten:
1. In anderen Spätwerken, wie etwa dem *Timaios*, ist umstritten, ob die Seele als Selbstbeweger konzipiert wird (vgl. Carone 2005, 245).
2. In den *Nomoi* ist *prima facie* erst einmal nicht von individuellen Seelen die Rede, sondern von der Weltseele. Die funktionale Leerstelle, die mit dem Konzept der seelischen Selbstbewegung gefüllt werden soll, besteht darin, die Herkunft von Bewegung und Veränderung in der Welt überhaupt zu erklären, ohne in einen *regressus ad infinitum* zu geraten: Platon führt hier letztlich einen kosmologischen Gottesbeweis, dessen Pointe u. a. darin besteht, dass die Seele nicht nur sich selbst, sondern auch alles Körperliche bewegt, womit gleichzeitig ihre absolute Priorität anzunehmen ist. Da auch im *Phaidros* tendenziell unklar ist, ob Platon die individuelle Seele oder die Weltseele des Spätwerks im Blick hat, bleibt die Frage offen, ob die Definition der Seele als Selbstbeweger auch für die individuellen Seelen an die Stelle der oben namhaft gemachten kognitiven und ethischen Bestimmungen tritt (bzw. diese zusammenfasst).

Deutlich ist jedenfalls, dass die *psychê* erst im Spätwerk durch die Betonung des kinetischen Aspekts eine das Individuum übersteigende kosmologische Dimension gewinnt. Als rational wirksames Bewegungsprinzip dient die *psychê* dabei als Erklärung sowohl der Sternbewegungen als auch der Erkenntnisakte des individuellen Geistes, wobei die kreisförmigen Gestirnbewegungen das Vorbild für die innere Harmonie und Ordnung der menschlichen Seele bilden (Brisson 1996). Insofern Selbstbewegung dabei vermehrt in räumlichen Kategorien dargestellt wird und deshalb als eine körperliche Bewegung erscheint (Carone 2005; Johansen 2000), könnte dies aber für die ontologische Konstitution der *psychê* gravierende Konsequenzen haben: Tritt damit nicht an die Stelle einer von allem Materiellen unabhängigen geistigen Substanz (im Sinne des ›statischen‹ Seelenbegriffs) eine grundsätzlich verkörperte Instanz, die eher als eine auf den Körper angewiesene Kraft (*dynamis*) erscheint (Ostenfeld 1990; s. Kap. IV.24.4)? Die Klärung dieser Frage ist u. a. an das Verständnis der platonischen Lehre von der Seelenteilung geknüpft.

24.2 Seelenteilung

Obwohl die Seelenteilung zu den bekanntesten Lehrstücken Platons gehört, ist sie nicht im gesamten *Corpus Platonicum* nachweisbar: In den Frühwerken gibt es kaum Hinweise auf sie (Ausnahme: *Gorg.* 493a); in dem als Werk der mittleren Schaffensperiode anerkannten *Phaidon* heißt es sogar noch ausdrücklich, die Seele sei »eingestaltig« (*monoeidês*, 80b1) und »unzusammengesetzt« (*axyntheton*, 78c3), womit ihre Unsterblichkeit (d. h. Unauflöslichkeit in Bestandteile) begründet wird. Erst in der *Politeia* tritt eindeutig die Rede von verschiedenen »Formen« (*eidê*, *Rep.* IV 435c, 435e, 437b, 439e, 440e, VI 504a, IX 572a, 580d, 581e, X 595b u. ö.) bzw. »Teilen« (*merê*, *Rep.* IV 442b-c, 444b, IX 581a) innerhalb der Seele in den Vordergrund. Im *Rep.* IV wird die berühmte Tripartition der Seele etabliert, die sich zusammensetzt aus: (1) dem *logistikon*, dem denkenden und lenkenden Teil der Seele, der auf den Erwerb von Wissen und Wahrheit ausgerichtet ist; (2) dem *epithymêtikon* als Sitz verschiedener Begierden, die sich auf körperbezogene Lüste und das zu ihrer Gratifikation Beitragende (z. B. Geld) beziehen; (3) dem *thymoeides* (jeweils kontextbezogen zu übersetzen als Mut, Eifer oder Zorn), das Sieg- oder Ehrliebende (*Rep.* IX 581a–d), das zugleich als Instanz der Selbstachtung und in seinem auf Meinung beruhenden Streben als natürlicher Verbündeter der Vernunft konturiert wird.

Diese trichotome Grundstruktur wird bis ins Spätwerk beibehalten, nicht zuletzt in den berühmten Bildern vom »Seelentier« in *Politeia* IX (588c–592b), das sich aus einem »Löwen« (= Mut), einem »vielköpfigen Ungeheuer« (= Begierde) und einem »inneren Menschen« (= Vernunft) zusammensetzt; ebenso im Seelenwagen des *Phaidros* (246a–256e), in dem der Lenker für das *logistikon*, das gute Ross für das *thymoeides* und das schlechte Ross für das *epithymêtikon* zu stehen scheint – was allerdings bereits vom Neuplatoniker Hermias (*In Phaedrum*, 126) bestritten wurde, der die drei Teile des Seelenwagens als die Ingredienzien der Weltseele aus *Tim.* 35a–b (s. Kap. IV.24.4) zu erklären versuchte. Im *Timaios* (69a–72d) findet sich schließlich eine physische Dislozierung der dreiteiligen Seele in verschiedenen Körperteilen: Die Vernunft sitzt im Kopf, der Mut in der Brust, die Begierden im Bauch. In den *Nomoi* scheint Platon die Trichotomie zu Gunsten einer bipartitionistischen Psychologie, die auch in der Akademie (ebenso wie bei Aristoteles) vorherrschend bleibt, reduziert zu haben (vgl. Graeser 1969, 100–102; vgl. jedoch *Leg.* IX 863b–864b als Indiz für das Fortleben der Trichotomie).

Den Hintergrund für die Einführung der Seelenteilung bildet offensichtlich die Konzeptualisierung innerseelischer Konflikte, die in *Rep.* IV (436–444) phänomenal an Beispielen aufgewiesen werden: Wenn ein und derselbe Mensch zwar das Verlangen zu trinken verspürt, sich aber dennoch zurückhält, kann dies nach dem »Prinzip der Gegensätze« (436b–c) – nicht zu verwechseln mit dem aristotelischen Prinzip des ausgeschlossenen Widerspruchs (vgl. Robinson 1971, 39) – nur durch die Zuschreibung an verschiedene Teile erklärt werden. Während dieser Konflikt im *Phaidon* noch im Spannungsfeld des Leib-Seele-Antagonismus verortet wird, greift Platon in der *Politeia* auf verschiedene Seelenteile zurück (vgl. Müller 2009). Ein möglicher moralpsychologischer bzw. handlungstheoretischer Hintergrund dieser Internalisierung des Konflikts zwischen Vernunft und Begierde liegt darin, dass auf diese Weise *akrasia* (= Unbeherrschtheit), also ein Handeln wider bessere Einsicht, erklärbar wird, wie Platon es am Beispiel des Leontios (*Rep.* IV 439e–440a) exemplifiziert: Durch die Trichotomie entsteht ein evaluativer und motivationaler Pluralismus in der *psychê*, bei dem nicht ausgeschlossen ist, dass die Motivation der Begierde die der Vernunft bzw. des mit ihr verbündeten Eifers überwiegt und sich gewaltsam ins Werk setzt (vgl. auch die Konflikte im Seelenwagen: *Phdr.* 253c–255a; Ferrari 1985). Damit wäre die im *Protagoras* (351b–358e) formulierte Unmöglichkeit von *akrasia*, die auf den Prämissen eines evaluativen und motivationalen Monismus beruht, überwunden. Dies ist zwar nicht unumstritten (vgl. Carone 2001), aber einige Argumente sprechen dafür, die Einführung der Trichotomie und die dadurch ermöglichte Konzeptualisierung von *akrasia* als Signatur des Übergangs von einem sokratischen zu einem genuin platonischen Seelenverständnis zu sehen (vgl. auch Irwin 1977, 191, 224; Penner 1990; Annas 1999, 118 f.; contra Gerson 2014):

1. Sokrates kannte anderen antiken Quellen zufolge keine Untergliederung der Seele in verschiedene Teile, sondern identifizierte die Seele mit der Vernunft (Aristoteles, *MM* 1182a15–23; Xenophon, *Memorabilia* I 4, 14 u. 17). Dies würde den für die sokratische Handlungstheorie insgesamt kennzeichnenden Intellektualismus fundieren (vgl. Seel 2006); der Einheit der Seele entspräche auch die Einheit des sokratischen Tugendwissens.
2. Die Leugnung der *akrasia* durch Sokrates ist auch durch weitere antike Zeugnisse (Xenophon, *Memorabilia* III 9, 4; Aristoteles, *EN* 1145b25–27 und *MM* 1200b 25–28) belegt.

Zweifelhaft ist jedoch, inwiefern sich die in *Politeia* IV etablierte Dreizahl der Seelenteile stringent begründen lässt, zumal Platon selbst andeutet, dass damit noch nicht das letzte Wort gesprochen sein könnte (*Rep.* IV 443e, VIII 544d–e). Folgende Erklärungsmuster herrschen hier vor: Entweder die Dreiteilung wird als eine im historischen Kontext zu verortende Position gesehen – zu denken ist hier etwa an die traditionelle Lehre von den drei Lebensformen, für die auch ein pythagoreischer Ursprung geltend gemacht worden ist (Stocks 1915) –, oder sie wird als eine durch »inneren Systemdruck« festgelegte Größe gesehen (vgl. Robinson 1995, 119–131): Die *Politeia* beruht ja auf der Analogie von *polis* und *psychê* (vgl. Anderson 1971), so dass man in Korrespondenz zu den drei Ständen des Idealstaates (Philosophen, Wächter und Handwerker) eben drei Seelenteile anzunehmen hat, denen man dann jeweils analog die Tugenden der Weisheit, Tapferkeit und Mäßigung zuschreiben kann. Die Gerechtigkeit als vierte Kardinaltugend bezeichnet dann einen harmonischen Zustand des Gesamtgefüges der Seele und des Staates, die unter der Leitung der Vernunft bzw. der Philosophen stehen. Eventuell lässt sich der dreiteilige Aufbau der Seele in Analogie zu den Stufen bzw. Formen der platonischen Epistemologie »Wissen – Meinen – Nichtwissen« setzen (vgl. Graeser 1969, 21–26), womit die Isomorphie der seelischen *eidê* nicht auf den politischen Bereich eingeschränkt wäre.

Unklar ist auch, inwiefern Platon die Trichotomie der Seele als ein konstitutives Strukturmerkmal betrachtet hat. In *Rep.* X (611a–612a) konstatiert Platon, dass die Seele in dem für uns erkennbaren Zustand wie der Meergott Glaukos von Muscheln, Tang und Gestein überwachsen sei, von denen sie erst gereinigt werden müsse: »Und dann erst würde einer ihre wahre Natur erkennen, ob sie vielartig (*polyeidês*) oder eingestaltig (*monoeidês*) ist [...]« (X 612a). Diese wahre Natur der Seele könnte (1) die gute Seele sein, die von aller Schlechtigkeit befreit ist und deren Teile sich in innerer Harmonie befinden (was Trichotomie nicht ausschlösse), aber auch (2) eine einteilige Denkseele, die von den ihr erst in der Körperlichkeit »zugewachsenen« niedrigeren Seelenteilen des *epithymêtikon* und des *thymoeides* befreit ist.

Eventuell ist diese Problematik durch eine Unterscheidung von Diesseits- und Jenseitsseele (vgl. Groag 1915) zu entschärfen; gegen (2) spricht zuerst einmal, dass im *Phaidros*-Mythos die Seelen auch vor dem Fall (inklusive der göttlichen Seelen) als dreiteilig dargestellt werden (s. Kap. IV.24.3).

Umstritten ist auch das genaue Verständnis des zugrunde liegenden Begriffs von »Teil«: Gegen die des Öfteren vorgebrachte Idee einer Fakultätenpsychologie im Sinne des Aristoteles, in der die Teile eher Vermögen einer zugrunde liegenden Seelensubstanz darstellen (vgl. Cornford 1929/30, 213), lassen sich gewichtige Gründe ins Feld führen (vgl. Moline 1978); diese betreffen v. a. die Beschreibung der einzelnen Teile als selbständige Instanzen: Jeder der Teile verfügt über eigene spezifische Begierden und Lustzustände (*Rep.* IX, bes. 580c–588a), und bis zu einem gewissen Grad scheint Platon sogar bereit zu sein, allen Teilen (und nicht nur der Vernunft) jeweils eine Art von »Rationalität« in Form kognitiver und linguistischer Fähigkeiten zu unterstellen, weshalb sie auch untereinander kommunizieren bzw. aufeinander einwirken können (vgl. *Rep.* IV 441c; *Tim.* 70a–71d; Johansen 2000). Umstritten ist in der neueren Forschung dabei allerdings die genaue Reichweite der Rationalität der beiden unteren Seelenteile (*epithymêtikon* und *thymoeides*), insbesondere im Blick auf ihren Zugang zu allgemeinen Begriffen sowie hinsichtlich ihrer Fähigkeit zur reflektierenden Beurteilung auf der Basis von Schlussfolgerungen (Bobonich 2002, 326–329; Lorenz 2006, 76–88).

Der wiederholt vorgetragene Gedanke einer versuchten Usurpation der Aufgabe der anderen Teile, der Herrschaft übereinander bzw. eines »Bürgerkriegs in der Seele« (*tês psychês stasis*, *Rep.* IV 440e) setzt jedenfalls voraus, dass es sich bei jedem Teil um eine Art eigenständigen Akteur handelt. In der *Politeia* geht die Tendenz somit insgesamt dahin, die Teile als Homunkuli zu porträtieren (vgl. Price 1995, 56 f.; 2009), womit bekanntermaßen gravierende Probleme personaler Identität und sittlicher Verantwortlichkeit für das eigene Handeln verbunden sind (Handle wirklich ›ich‹ oder nur einer meiner seelischen Teile?). In der jüngeren Forschung wird Platon zwar des Öfteren explizit gegen Homunkulus-Vorwürfe in Schutz genommen (Shields 2001; Büttner 2007) und stattdessen eine ›vereinigende‹ Sichtweise der Seele bei Platon vertreten, bei der die Seele *in toto* als eine Art aktives Subjekt oberhalb der einzelnen Vermögen (inklusive des *logistikon*) erscheint. Allerdings lässt sich von einem solchen unifizierenden Verständnis aus die Frage, wie es überhaupt zu unbeherrschten Handlungen gegen die eigene Vernunfteinsicht (*akrasia*) kommt, kaum kohärent beantworten. Die Annahme einer *unified agency* des akratischen Akteurs in der *Politeia* (Shields 2007) bzw. in den *Nomoi* (Bobonich 1994) erscheint auf der Basis der dafür in Anspruch genommenen Texte Platons jedenfalls bisher nicht überzeugend nachgewiesen (Müller 2013).

Insofern die Wertmaßstäbe, nach denen diese Teile agieren, miteinander in Konkurrenz stehen, sind innere Konflikte nach Platon ein alltäglicher Zustand des Seelenlebens (Barney/Brennan/Brittain 2012). Einen Seelenteil im Sinne Platons kann man deshalb definieren als »the home of a family of desires and beliefs that have a tendency to stand in relations both of strong contrariety, and of confrontation, with members of any other family but not of their own« (Price 1995, 53). Der Charakter eines Menschen richtet sich dann danach, welcher der Seelenteile in ihm die Vorherrschaft erlangt. Die Herstellung einer hierarchischen Einheit im Sinne einer »differentiated unity« (Hall 1963) unter der Leitung der Vernunft – die als einziger Teil auch die Interessen der anderen miteinzubeziehen vermag (vgl. *Rep.* IV 428c–429a, 441e, IX 589a–590b) – ist deshalb das primäre ethische Desiderat: Nur so »wird einer aus vielen« (*Rep.* IV 443e1 f.). Die Einheit im Seelenleben ist im platonischen Verständnis demnach keine Vorgabe, sondern eine Aufgabe (vgl. Gerson 1986; Shields 2007). Mit Blick auf diese Zielperspektive bleibt die moralische Bewertung des einzelnen Akteurs bei Platon auch letztlich auf die Seele als ganze (und nicht auf ihre einzelnen Teile) bezogen (vgl. *Rep.* IX 577e, 579e). Die Idee fundamentaler motivationaler Konflikte, die primär im Spannungsfeld von Vernunft und Begierde angesiedelt sind, ist auch da prägend, wo Platon eventuell noch nicht (etwa im *Gorgias*) oder nicht mehr (vgl. das Marionettenbild in *Leg.* I 644d–645c; vgl. Wilburn 2012) mit einer seelischen Trichtotomie operiert.

24.3 Zur Unsterblichkeit der *psychê*

Die Unsterblichkeit der Seele galt bereits in der Antike als ein Markenzeichen des Platonismus, ebenso wie die möglicherweise auf pythagoreischen Einfluss zurückgehende Lehre von der Seelenwanderung (s. Kap. V.43). Obwohl Sokrates in der platonischen *Apologie* (29b, 40c–41c) eine eher agnostische Haltung in der Frage der Postexistenz der Seele einnimmt, ist das Thema »Unsterblichkeit« in der Tat ein immer wiederkehrendes Leitmotiv der Überlegungen Platons zur *psychê* und sogar seiner Philosophie *in toto*. Dabei handelt es sich nicht um den Ausdruck eines persönlichen Glaubens (wie es im umstrittenen *Siebten Brief*, 334e–335a, anklingt), sondern um eine philosophisch fundierte Überzeugung: Dies zeigt schon das unablässige Bemühen um überzeugende Gründe bzw. Beweise für dieses Theorem (vgl. *Phaidon*, passim; *Rep.* X 608c–611a; *Phdr.* 245b–246a; *Leg.* X 894e–896d). Diese Argumentationen greifen dabei jeweils auf verschiedene der oben dargestellten Funktionen der Seele zurück, d. h. die Unsterblichkeit der Seele wird kontextabhängig über ihre Konzeptualisierung als Lebensprinzip, als kognitives, als ethisches oder als kinetisches Prinzip plausibilisiert. Diese Pluralität der Begründungsstrategien findet sich bereits im *Phaidon*, wo je nach Zählweise – abhängig davon, ob man das *anamnêsis*-Argument als eigenständig oder als Ergänzung zum Kreislaufargument betrachtet – drei bzw. vier Beweise (zur Zählung vgl. Hackforth 1955, 18) ins Feld geführt werden (Müller 2011). Dies wirft allerdings das Problem auf, ob Platon im *Phaidon* nun jedes einzelne Argument als beweiskräftig intendiert hat (vgl. Patterson 1965, 48–51), nur das letzte, sog. ›ontologische‹ Argument (102a–107d) oder vielleicht sogar gar keines von ihnen (Ebert 2004, 417–420). In dem durch die Widerlegung der pythagoreischen Vorstellung der Seele als Harmonie (*Phd.* 91c–95a) sowie durch eine Darlegung der Ideenlehre (*Phd.* 95a–102a) vorbereiteten ontologischen Argument ist jedenfalls das durch den vorherigen Einwand des Kebes markierte argumentative Desiderat klar markiert: Die Unsterblichkeit der Seele muss in dem Sinne bewiesen werden, dass sie als unvergänglich bzw. unzerstörbar (*anôlethros*, *Phd.* 88b6, 106a1; *adiaphthoros*, *Phd.* 106e1) nachgewiesen wird. Das Erreichen dieses Resultats wird von Sokrates abschließend als »ganz sicher« (*Phd.* 106e6) festgehalten (kritisch hierzu: Keyt 1963; apologetisch: Frede 1978), so dass sich die Aufforderung zur weiteren Prüfung der »ersten Voraussetzungen« (107b4), d. h. der dem abschließenden Beweis zugrunde liegenden Ideenhypothese, wohl nicht als Relativierung der Stichhaltigkeit oder gar als Invalidierung des Arguments lesen lässt.

Als umstritten muss jedoch weiterhin gelten, ob Platon die Unsterblichkeit der ganzen, also der dreiteiligen Seele, beweisen wollte, oder ob er bloß die Vernunftseele bzw. das *logistikon* im Blick hatte. Im *Phaidon* ist von der Dreiteiligkeit zumindest nicht explizit die Rede, so dass es nahe liegt, die ›eingestaltige‹ Seele in ihrer Unzerstörbarkeit mit der Vernunft gleichzusetzen (anders: Graeser 1969, 57–60). Am schwierigsten stellt sich die Passage *Rep.* X 608c–612a dar: Wird hier der Nachweis der Unsterblichkeit für die trichotome *psychê* geführt (vgl. Robinson 1967; Graeser 1969, 27–39) oder bloß für das *logistikon* (vgl. Szlezák 1976)? Für die kontinuierliche Existenz der dreiteiligen Seele spricht das Bild vom Seelenwagen im *Phaidros*, das zumindest eine Präexistenz der Trichotomie nahelegt. Dagegen steht der Umstand, dass Platon im *Timaios* eine Unterscheidung trifft zwischen einer ›göttlichen‹ und unsterblichen Seele im Menschen, die mit dem *logistikon* identisch ist, und einer sterblichen Seele, welche die beiden unteren Seelenteile umfasst (*Tim.* 41c, 69c–d, 90a–b; vgl. auch *Plt.* 309c). Dies deutet auf einen intimen Konnex von Dreiteiligkeit und Verkörperung (vgl. Johansen 2000, 93–104; Ostenfeld 1990) hin, der die Tragweite der Aussage aus dem *Phaidros*, dass jede bzw. die ganze Seele unsterblich ist (*psychê pasa athanatos*, *Phdr.* 245c5), zumindest im Blick auf die individuellen *psychai* und ihre unteren Teile erheblich einschränken würde (allerdings kann an dieser Stelle auch die kosmische Allseele gemeint sein).

Im Kontext der platonischen Psychologie stellt sich insgesamt die Frage, inwiefern ein bloßes Fortleben der Vernunftseele unter Wegfall der anderen Teile sich mit den Aussagen und Prämissen der Jenseitsmythen im *Corpus Platonicum* vermitteln lässt. In epistemologischer Hinsicht erscheint dies unproblematisch zu sein: Obwohl gerade der *Phaidros*-Mythos ein Bild der Trichotomie zu zeichnen scheint, wäre als Voraussetzung für die *anamnêsis*-Lehre wohl nur die Kontinuität des *logistikon* erforderlich (vgl. *Phd.* 72e–77a; *Men.* 81b–d). Anders steht es mit dem Gedanken des jenseitigen Strafgerichts, bei dem über die sittliche Qualität der Seele und ihr weiteres Schicksal entschieden wird: Insofern bei Platon alle Seelenteile Träger sittlicher Qualitäten (Tugenden oder Laster) sind und auch das Verhältnis der Seelenteile untereinander entscheidende Bedeutung für die moralische Bewertung der Seele *in toto* besitzt, erscheint eine Reduktion der fortgesetzten Existenz der *psychê* auf die Vernunftseele problematisch. Auch der Mythos von Er am Schluss der *Politeia*, der sich an die kontroverse Passage *Rep.* X 611a–612a anschließt, ist als starkes Indiz für die trichotomische Struktur der unsterblichen Seele gedeutet worden: Mit der Wahl eines neuen *bios* wird auch die Seele eine andere (*Rep.* X 618b); als Erkenntnissubjekte und Träger ihrer spezifischen Qualitäten sind dabei die Seelenteile gleichermaßen verantwortlich für die Wahl der neuen Lebensform: Je nachdem welche Erkenntnisform bzw. welcher Seelenteil vorherrscht, wird man Philosoph, Wächter oder Arbeiter. In diesem Sinne wäre die Seelenteilungslehre dann »systembildender Faktor der platonischen Philosophie vom Leben und Sterben« (Graeser 1969, 40). Ob man diese Lebenswahl auch allein vor dem Hintergrund des erworbenen oder verabsäumten Tugendwissens plausibel machen kann (wofür Szlezák 1976 argumentiert), erscheint hingegen problematisch, denn »[d]ie mythische Erzählung nötigt allerdings dazu, die Seelen im Jenseits als quasi-Menschen darzustellen und nicht bloß als substanzialisiertes Denkvermögen« (Szlezák 1976, 49). Hier liegt die Crux einer rein intellektualistischen Lesart der platonischen Unsterblichkeitslehre: Sie vermag ebensowenig wie die aristotelische Lehre von der Unsterblichkeit des *nous poiêtikos* (*De an.* III 5) die Idee einer persönlichen Fortexistenz des Individuums plausibel zu machen – genau dies setzt der in der Formel der Selbstsorge (*epimeleia tês psychês*) artikulierte ethische Impetus der platonischen Psychologie aber eigentlich voraus.

24.4 Der ontologische Status der Seele

Die platonische Ontologie wird gemeinhin in den Kategorien eines metaphysischen Dualismus gefasst, indem in Anlehnung an die drei *Politeia*-Gleichnisse (s. Kap. V.55) zwischen der Welt der Intelligibilia und der Welt der Sensibilia unterschieden wird (Zwei-Welten-Theorie: s. Kap. V.62). Ein solches Modell wird auch in einem der Beweise für die Unsterblichkeit der Seele im *Phaidon* (78b–80d) verwendet, indem zwischen einem Seinsbereich der zusammengesetzten, sichtbaren, sich im ständigen Wandel befindenden und sterblichen Dinge (Sinnenwelt) und einem Bereich der einfachen, unsichtbaren, konstanten und göttlichen Dinge (Ideenkosmos) differenziert wird. Innerhalb dieser Dichotomie wird dem Leib bescheinigt, dass er dem ersten Bereich »ähnlicher und verwandter« (*homoioteron kai syngenesteron*, *Phd.* 79b2 f.) ist, während die Seele in einer gleichen Beziehung zum zweiten Bereich steht. Dies hat dazu geführt, dass der Seele teilweise selbst der Seinsstatus der Idee zuerkannt worden ist, v. a. in Verbindung mit dem letzten Argument im *Phaidon*, wo die Seele eng mit der Idee des Lebens verknüpft (oder gar mit ihr identifiziert) zu sein scheint (vgl. Hackforth 1955, 165; Theiler 1965, 64; contra: Schiller 1967).

Dieser Hypothese ist aus verschiedenen Gründen zu widersprechen. Schon innerhalb des *Phaidon* finden sich deutliche Gegenindizien: Zum einen ist auch unter Konzession der »Nähe« bzw. »Verwandtschaft« der Seele zur Ideenwelt noch keine Klassenzugehörigkeit im strikten Sinne begründet. Zum anderen wird der Seele zugeschrieben, dass sie durch häufigen Umgang mit dem Leib regelrecht mit ihm verwachsen kann (*Phd.* 81c–d) und dann in ihrer inneren Konstitution gerade nicht konstant und gleichbleibend (wie die Ideen), sondern schwankend und unbeständig ist (*Phd.* 79c). Dies spricht dafür, dass der metaphysische Dualismus von Ideen- und Sinnenwelt sich schon im *Phaidon* nicht einfach im anthropologischen Dualismus von Seele und Leib abbilden lässt (vgl. Bordt 2006; s. Kap. V.40). Hinzu kommt, dass im Spätwerk der Seele als kinetischem Prinzip vermehrt räumliche Attribute zugeschrieben werden, so dass spätestens hier eine komplette Dichotomisierung von Seele und Körper nicht mehr möglich ist (vgl. Ostenfeld 1987; Johansen 2000; Carone 2005). Damit ist nicht nur die Gleichsetzung von Seele und Idee, sondern auch die Vorstellung der Seele als einer rein geistigen Substanz hinfällig.

Für die Klärung des ontologischen Status der Seele bei Platon ist ein Blick auf ihre Herkunft erforderlich: Bei der Schaffung der Weltseele stellt der Demiurg in einem komplexen Vorgang eine Mischung aus den verschiedenen Komponenten von Sein, Selbigem und Anderem her und formt diesen ›Seelenstoff‹ anschließend zu einem langen Band, das in Intervalle unterteilt wird (*Tim.* 34b–36d; vgl. die anschaulichen Grafiken bei Brisson 1996, 246). Ein zentrales Motiv dieser Mischung ist dabei, dass für die Bereiche des Seins, des Selbigen und des Anderen jeweils eine dritte Form (*triton eidos*, *Tim.* 35a3 f.) zwischen dem Teilbaren bzw. Werdenden und dem Unteilbaren bzw. sich immer gleich Verhaltenden hergestellt wird. In einem weniger reinen Mischverhältnis stellt der Demiurg dann aus denselben Ingredienzien die individuellen Vernunftseelen her, während er die niedrigeren (sterblichen) Seelenteile des Menschen sowie die individuellen Körper den Untergöttern überlässt (*Tim.* 41d–44e; 69c–d). Damit liegt natürlich ein deutlicher ontologischer Parallelismus von Weltseele und individueller Vernunftseele im Blick auf die Vermittlung einer vernünftigen Ordnung vor: »In a word, the soul in human form, acting with rationality and virtue, exem-

plifies and epitomizes the goodness and rationality of the universe. [...] The upshot of all this is that there is no difference in kind between World Soul and the rational element in the human soul« (Robinson 1995, 89 f.). Fasst man den *Timaios*-Mythos wörtlich auf, ist im Blick auf den Seinsstatus der *psychê* zweierlei bemerkenswert:
1. Als Schöpfung des Demiurgen gehören sowohl die Weltseele als auch die individuellen Seelen eindeutig zur Seinssphäre des Gewordenen. Dies scheint der Idee einer von Ewigkeit her bewegten (*aieikinêton*, *Phdr.* 245c5) Größe, die als Ursache aller nachfolgenden Veränderung bzw. Bewegung das Prinzip der Bewegung in sich selbst hat (s. Kap. IV.24.1, Abschnitt »(Kosmisches) Bewegungsprinzip«), erst einmal zu widersprechen. Ob die Beschreibung im *Timaios* überhaupt einen zeitlichen Ursprung der Seele insinuiert, ist allerdings umstritten (vgl. Erler 2007, 386 f.).
2. Auch wenn Platon konsequent die Priorität des Seelischen gegenüber dem Körperlichen auf kosmologischer Ebene betont, werden die Grenzen zwischen den beiden Bereichen doch zunehmend verflüssigt, und zwar auch und gerade im Hinblick auf die Konstitution der Seele als Mischung aus allen Elementen des Seienden. Die Idee eines Seelenstoffs, welcher der Weltseele ebenso zugrunde liegt wie den Vernunftseelen der Götter, Dämonen und Menschen, ist teilweise panpsychistisch ausgedeutet worden (vgl. Bett 1986; vgl. *Phdr.* 245e; *Leg.* 898e, 899b). Häufiger findet sich der Rekurs auf aristotelische Kategorien zur Deutung der Seele in ihrem Verhältnis zum Körper im Spätwerk: Die Seele wird z. B. in hylemorphistischer Manier als Form des Körpers (Carone 2005) oder gar als ein auf den Körper verwiesenes Vermögen (*dynamis*) charakterisiert (Ostenfeld 1987 und 1990). Damit soll v. a. die an Descartes angelehnte Deutung der Seele als eines »Geistes in der Maschine«, also einer als Substanz gedachten Vernunft, die lediglich akzidentell mit dem Körper verbunden und jederzeit von ihm abtrennbar ist, konterkariert werden. So berechtigt die Hinterfragung der Seele als einer puren *res cogitans* vor dem Hintergrund ihrer ontologischen Konstitution und ihrer Wechselwirkung mit dem Leib im platonischen Spätwerk ist, ist hier allerdings die Gefahr anachronistischer Rückprojektionen nicht ganz von der Hand zu weisen (Fronterotta 2015).

Platon selbst gibt zudem die begrifflichen Kategorien an die Hand, mit denen man den Seinsstatus der Seele angemessen verdeutlichen kann: Die Seele kann grundlegend als *metaxy* begriffen werden, also als eine Entität, die in einer Mittelstellung zwischen zwei Seinsbereichen angesiedelt ist (vgl. Graeser 1969, 59; Steiner 1992, Kap. 4: »Die Seele als Grund-Metaxy«). Dieses Bild aus dem *Symposium*, das sich schon aufgrund der subkutanen Identifikation von Eros und Seele in diesem Dialog als Metapher für die *psychê* anbietet (vgl. Landmann 1956), umfasst dabei zwei zentrale Aspekte:

1. *metaxy* als Mittleres: Die Seele steht zwischen den beiden Welten des Sinnlichen und des Geistigen, indem sie an beiden teilhat. Hierfür spricht schon ihre oben geschilderte Konstitution, d. h. dass sie als eine Mischung aus allem Seienden eine dritte Form bzw. Gattung des Seienden bildet (*triton eidos tês ousias*, *Tim.* 35a; vgl. Cornford 1952, 63 f.: Seele als »third« bzw. »intermediate form of existence«). Gerade dadurch ist es ihr möglich, sich kognitiv auf die beiden grundlegenden Bereiche des Seienden zu beziehen: Mit ihrem veränderlichem Teil (dem ›Anderen‹) erfasst sie das sinnlich Wahrnehmbare, mit ihrem sich gleichbleibenden Teil (dem ›Selben‹) erkennt sie das Intelligible bzw. die Ideen (vgl. *Tim.* 37a–c) – ganz gemäß dem antiken erkenntnistheoretischen Grundsatz, dass Gleiches durch Gleiches erkannt wird. Die Ontologie der Seele wäre damit auch durch epistemologische Erwägungen bestimmt (vgl. Ostenfeld 1987, 18–20). Während Platon die Seele in den ›mittleren‹ Schriften tendenziell noch näher an den Ideenkosmos rückt, dem sie ähnlicher bzw. verwandter ist (vgl. *Phd.* 80a–b), ist für das Spätwerk dann eher eine Annäherung an die Welt der sinnlichen Natur zu diagnostizieren, auf die sie auch ihrerseits als Bewegungsprinzip einwirkt: In diesem Sinne ist die *psychê* gerade dadurch, dass sie zu den ersten entstandenen Dingen gehört, »ganz besonders von Natur« (*Leg.* X 892c).

Man könnte diese ontologische und epistemologische Mittelstellung der Seele zwischen den Ideen und der Sinneswelt mit der Stellung der mathematischen Objekte vergleichen (vgl. Erler 2007, 386), aber das ist eher eine schematische Analogie als eine Seinsbestimmung. Die Pointe der Mittelstellung der Seele scheint nämlich gerade darin zu liegen, dass sie nicht statisch, sondern dynamisch gedacht wird: Die Seele bestimmt sich durch ihr Verhalten auf beide Seinsbereiche hin und kann gerade in der Art und Weise, wie sie das tut, als gut oder schlecht qualifiziert werden. Ebenso, wie durch die Weltseele eine rationale Durchdringung und Ordnung des Kosmos realisiert wird, kann auch die individuelle Seele durch die Nachahmung der kosmischen Gestirnsbewegung eine den Körper miteinbeziehende Harmonie herstellen, die ihr gemeinsames Dasein gelingen lässt – wobei die Möglichkeit einer irrational einseitigen Orientierung am Körperlichen ebenfalls offensteht. Die ontologische bzw. kosmologische Verortung der Seele als ›amphibisches‹ *metaxy* hat damit eine eminent ethische Pointe, wie gerade der *Timaios* (89d–90d) zeigt.

2. *metaxy* als Vermittlung: Die Seele ist nicht nur zwischen zwei Seinsbereiche gestellt, sondern sie vermittelt auch zwischen ihnen. Sie bildet eine Brücke zwischen den beiden an sich inkommensurablen Welten des Intelligiblen und des Sinnlichen, und zwar gerade dadurch, dass sie das grundsätzlich Gegensätzliche in sich vereint: Sie ist Ursache aller Gegensätze (*Leg.* X 896d). In dieser »systematischen Zweideutigkeit« der Seele als dynamisches Bindeglied zwischen Sein und Werden liegt ein möglicher Schlüssel zur Überwindung der *chôrismos*-Problematik (Steiner 1992, Kap. 5). Während die Transzendenz (s. Kap. V.57) der Ideen ihre Kausalität für die Sinnenwelt eher mysteriös erscheinen lässt, ist die Seele v. a. als kinetisches Prinzip hier eher geeignet, eine explanatorische Funktionsstelle einzunehmen: »Definiert als *to auto heauto kinoun* (*Phdr.* 245e8, d. i. *archê tês kinêseôs*, 245c9) und auf Grund der Gleichsetzung von *zôê* und *kinêsis* (245c, *Leg.* X 895c7) als Lebensprinzip charakterisiert, erweist sich die Seele in der fortgesetzten Bewegung qua Beseelung der an sich leblosen Materie als immanentes Prinzip des Werdens« (Graeser 1969, 45).

Diese *metaxy*-Idee erscheint als ein wesentliches Grundmuster der platonischen Psychologie *in toto* und lässt sich auch auf die Stellung und Funktion des *thymos* (Brinker 2007) sowie der Affekte (Renaut 2014) zwischen Begierde und Vernunft übertragen. Bei aller Metaphorik, die dieser Interpretation des ontologischen Status der Seele als *metaxy* zueigen ist, fügt sie sich doch recht gut in die werkimmanente Entwicklung der platonischen Ontologie *in toto* ein. Während Platon v. a. in der *Politeia* Unveränderlichkeit und Unbewegtheit als Signatur des wahren Seins betrachtet, wird im *Sophistes* (248a–249d) explizit auch die Bewegung (*kinêsis*) in die Reihe der Seinsbestimmungen aufgenommen. Der tendenzielle Übergang von einem statischen zu einem eher kinetisch gefassten Seelenbegriff im Spätwerk könnte im Ansatz diese Verschiebung abbilden. Eine ähnliche Entwicklung ist auch für die normative Bestimmung des Verhältnisses der Seele zum Körper plausibel: Liegt hier der Fokus im *Phaidon* v. a. auf dem Aspekt der möglichst weitgehenden Separierung und »Reinigung« von allem Körperlichen (*Phd.* 63d–69e), wird im *Timaios* (88b–c) gefordert, »weder die Seele ohne den Körper noch den Körper ohne die Seele in Bewegung zu setzen, damit beide [...] gleichgewichtig und gesund werden«. Die zentralen Leitmotive des sokratischen Seelenverständnisses (s. Kap. IV.24.1) sind dann aber gerade nicht mehr in Opposition zur Sinnlichkeit bzw. Körperlichkeit zu konzipieren: Gesundheit der Seele ist nicht von der Gesundheit des Körpers zu trennen, womit auch das Konzept der Selbstsorge grundlegend zu reformulieren ist: »Caring for the self also involves caring for the body« (Johansen 2000, 107). Inwieweit diese Entwicklungen in Ontologie, Epistemologie und Ethik im Blick auf die korrespondierenden psychologischen Bestimmungen harte »Brüche« der platonischen Seelenlehre markieren oder lediglich Verschiebungen innerhalb eines im Kern gleichbleibenden *metaxy*-Verständnisses der *psychê*, ist dann freilich noch genauer zu klären.

24.5 Problemfelder und Deutungsalternativen

Ob man bei Platon von einer entwickelten ›Psychologie‹ oder gar von einer ›philosophy of mind‹ (Crombie 1962, Kap. 7; Lovibond 1991) sprechen kann, hängt davon ab, wie eng oder weit man diese Termini fasst. Im *Corpus Platonicum* lassen sich im Blick auf die *psychê* zwei größere Themenkomplexe unterscheiden (vgl. auch schon Chaignet 1862): ein »metaphysischer« Bereich, der sich mit der Natur, der Herkunft und dem Schicksal der Seele befasst, und ein »empirischer« Bereich, in dem es um die Klassifikation und Analyse der Funktionen der Seele in ihren verschiedenen Teilen geht. Während der zweite Teil jedoch tendenziell unterentwickelt bleibt und erst im Rahmen der aristotelischen Fakultätenpsychologie in *De anima* zu einer eigenständigen Psychologie als Disziplin wird, ist der erste Bereich zwar ein immer wiederkehrendes Thema platonischen Philosophierens; es fällt trotzdem auch hier *prima facie* erst einmal schwer, von einer systematisch geschlossenen Seelenlehre zu sprechen. Dafür verantwortlich sind die in der Forschung teils vehement diskutierten Inkohärenzen, die v. a. die Probleme der Seelenteilung und (meist verknüpft damit) der Unsterblichkeit betreffen (eine gute Übersicht bietet Graeser 1969, 1 f.): Ist die Seele nun einheitlich oder dreigeteilt, und wenn letzteres: Ist die gesamte trichotome *psychê* unsterblich oder nur ihr höchster Teil, die Vernunftseele? Hinzu kommen Verortungsprobleme im Verhältnis von individueller und Weltseele im Spätwerk, die u. a. die Frage nach der Geschaffenheit oder Ewigkeit der selbstbewegten *psychê* betreffen (vgl. Demos 1968, 137, 143 f.).

Bereits in der früheren Platonforschung lässt sich im Blick auf diese Probleme eine Spaltung der Interpreten in »Genetiker« und »Systematiker« feststellen (vgl. Groag 1913): Die »Genetiker« gehen von einer werkimmanenten Entwicklung aus, in die man die verschiedenen Werke oder Werkgruppen einordnen kann. Groag (1913, 351 f.) plädiert etwa für folgende drei Phasen: (1) Einheitlichkeit und Unteilbarkeit der Seele, die »von Sokrates übernommen, jedoch von Platon in stärkster Weise mit mystischen Vorstellungen durchsetzt« (Groag 1913, 351) wurde (in den sokratischen Dialogen und im *Phaidon*); (2) Periode der dauerhaft verbundenen und nicht getrennten Seelenteile (*Phdr., Rep.* I–VIII); (3) Phase der Teilseelen mit Unterscheidung von prä- und postexistentem »Denkgeist« auf der einen und der sterblichen »Körperseele« auf der anderen Seite (*Rep.* IX–X; *Tim.; Plt.; Leg.*).

Vor allem die von Groag vollzogene Zuordnung des »mittleren« *Phaidon* zum Frühwerk sowie diverse Datierungsprobleme bereiten hier jedoch Schwierigkeiten. Nicht zuletzt deshalb sind in bewusster Absetzung von solchen entwicklungsgeschichtlichen Deutungen der platonischen Seelenlehre diverse »systematische« Interpretationen ins Auge gefasst worden. A. Graeser (1969) negiert etwa die Annahme einer Eingestaltigkeit der Seele im *Phaidon* und geht davon aus, dass in der mittleren Werkphase eine in sich einheitliche, auf den metaphysischen Prämissen der platonischen Ontologie und Epistemologie beruhende Psychologie präsentiert werde. Diese werde in Auseinandersetzung mit dem jungen Aristoteles zwar im Spätwerk in gewisser Weise »empirisch« modifiziert, womit auch entwicklungsgeschichtliche Erwägungen ins Spiel kommen (z. B. zur Ablösung der Tripartition durch eine Bipartition), aber der Gedanke der Seelenteilung wird doch als eine durchgehende Konstante gesehen. Andere systematische Deutungen nehmen ihren Ausgangspunkt im Frühwerk sowie im sokratischen Gedanken der Sorge um die Seele und sehen die gesamte platonische Psychologie im wesentlichen ethisch fundiert (Guthrie 1955); dies verbindet sich teilweise auch mit weiterführenden Motiven, etwa bei P. Steiner, der zusätzlich einen intrinsischen Zusammenhang von Dialogform und Psychologie nachzuweisen versucht: »Psyche ist das ordnende Grundmoment der platonischen Philosophie: Psyche ist Dialog« (Steiner 1992, 214). Andere systematische Interpretationen sind erkennbar vom geistesgeschichtlichen Umfeld bzw. der eigenen philosophischen Ambition geprägt; so wurde Platons Psychologie auch neukantianisch (Barth 1921), positivistisch (Simson 1889) oder psychoanalytisch (Brès 1972) ausgelegt.

Alle systematischen Interpretationen stoßen jedoch mit ihren »unitarischen« Deutungen ihrerseits auf gewichtige textimmanente Probleme (v. a. in der Einordnung des *Phaidros*), so »dass es noch keine Interpretation gibt, die alle Zeugnisse der platonischen Seelenlehre zu einer systematischen Einheit zusammenschließen kann, ohne dem einen oder dem anderen Text Gewalt anzutun« (Szlezák 1976, 58; ähnlich auch jüngst Erler 2007, 379). Dies hat zu einem »dritten Weg« abseits der beiden geschilderten Interpretationsoptionen geführt, der annimmt, dass eine Rekonziliation aller platonischen Texte unter entwicklungsgeschichtlichen oder systematischen Prämissen nicht sinnvoll ist: »[H]e [Plato] appears to use particular ›models‹ of psyche (uniform, bipartite, tripartite, etc.) to suit particular contexts, and seems to be peculiarly unbound by dogmatism in this regard till the end of his life« (Robinson 1995, ix). Diese »aporetische« Deutung basiert letztlich auf der Prämisse, dass man Platons Schriften zwar nach Bausteinen zu einer »philosophy of mind« durchmustern kann, aber eine geschlossene Seelenlehre eben nicht auffindbar ist.

Ob man im Singular von Platons »Seelenlehre« sprechen kann, muss also weiterhin als offen gelten; dies schließt allerdings Versuche, aus seinen Schriften zentrale Aussagen zur Natur der Seele und zu ihren Funktionen herauszudestillieren und so weit wie möglich zu systematisieren, nicht *ab ovo* als fruchtlos aus. Da die Aussagen zur *psychê* teilweise Scharnierfunktionen in Platons ethischen, epistemologisch-ontologischen und kosmologischen Überlegungen einnehmen, bleibt ihre Erforschung weiterhin ein Desiderat, auch wenn man davon ausgeht, dass es Platon selbst nicht an der Entwicklung einer geschlossenen Psychologie gelegen hat.

24.6 Ausblick: Wirkung und Aktualität

Zentrale Motive der platonischen Psychologie wie etwa die Seelenteilung und die Unsterblichkeitslehre sind in ihrer historischen Wirksamkeit kaum zu überschätzen. Dies betrifft nicht nur die griechische Antike, in der v. a. die Idee der Sorge um die Seele bzw. der seelischen Gesundheit im Rahmen des eudaimonistischen Paradigmas konsequent aufgegriffen und ausgebaut wurde (vgl. Solmsen 1983, 366 f.), sondern auch das Christentum: Der Assimilation der platonischen Seelenlehre standen hier zwar einige nicht unbedeutende Hindernisse entgegen (v. a. die Idee der Seelenwanderung bzw. Reinkarnation), aber die Grundidee einer als kontinuierlicher Sitz individueller Personalität gedachten *psychê* ist in dieser Tradition doch höchst wirksam geblieben. Im Vergleich zu der auf die individuelle Seele und ihr durch richtiges Verhalten zu realisierendes Glück bzw. jenseitiges »Seelenheil« abzielenden Konzeption ist die politische Dimension der platonischen *psychê*, die den Tod überdauert (in Gestalt der Analogie von Seele und Polis) in der Folgezeit hingegen nicht weiterentwickelt worden.

In der Gegenwart ist des Öfteren auf Strukturparallelen zwischen Platon und Freud hingewiesen worden, die v. a. die trichotome Struktur der Seele und Affinitäten im Verhältnis von platonischem Eros und Freud'scher Libido betreffen. Ein formativer Einfluss Platons auf Freud in diesen Punkten ist jedoch eher unwahrscheinlich (Price 1990); zudem wird Platon hier meist nicht als aktueller Gesprächspartner wahrgenommen, sondern eher als eine zusätzliche »Autorität« zur Untermauerung des Freudschen Modells. Im Zuge der gegenwärtigen Debatte in der analytischen »philosophy of mind« ist der platonische Dualismus teilweise wieder in die Diskussion gekommen, v. a. im Blick auf die Frage, inwieweit sich hier ein für die gegenwärtige Debatte fruchtbarer, nicht-cartesischer Dualismus rekonstruieren lässt (vgl. Ostenfeld 1987, 26–71; s. Kap. V.40), wobei v. a. das Spätwerk zunehmend in den Fokus des Interesses gerückt ist (vgl. Johansen 2000; Carone 2005). Ansonsten sind direkte Bezugnahmen auf Platons Psychologie eher rar gesät – eine signifikante Ausnahme ist Davidsons Rekurs auf die platonische Seelenteilungsidee zur Erklärung von Willensschwäche (Davidson 1982) –, was wohl mit dem abnehmenden Interesse an den bei Platon dominanten metaphysischen Themen der Seelenlehre (Unsterblichkeit und ihre Beweisbarkeit) zusammenhängt: Hier steht Aristoteles' fakultätenpsychologische Analyse in *De anima*, die detailliert auf die bei Platon meist nur skizzenhaft behandelten konkreten Funktionen und Aktivitäten der *psychê* abhebt, momentan höher im Kurs.

Literatur

Anderson, Torsten J. 1971: Polis and Psyche. A Motif in Plato's *Republic*. Göteborg.

Annas, Julia 1999: Platonic Ethics, Old and New. Ithaca/London.

Barney, Rachel/Brennan, Tad/Brittain Charles (Hg.) 2012: Plato and the Divided Self. Cambridge.

Barth, Heinrich 1921: Die Seele in der Philosophie Platons. Tübingen.

Bett, Richard 1986: »Immortality and the Nature of the Soul«. In: Phronesis 31, 1–26.

Blößner, Norbert 1991: »Zu Platon *Politeia* 352d–357d«. In: Hermes 119, 61–73.

Bobonich, Christopher 1994: »Akrasia and Agency in Plato's *Laws* and *Republic*«. In: Archiv für Geschichte der Philosophie 76, 3–36.

Bobonich, Christopher 2002: Plato's Utopia Recast. His Later Ethics and Politics. Oxford.

Bordt, Michael 2006: »Metaphysischer und anthropologischer Dualismus bei Platon«. In: Bruno Niederbacher/Edmund Runggaldier (Hg.): Die menschliche Seele. Brauchen wir den Dualismus? Frankfurt a. M. u. a., 99–115.

Brès, Yvon ²1972: La psychologie de Platon [1968]. Paris.

Brinker, Wolfram 2007: Platons Ethik und Psychologie. Philologische Untersuchungen über thymetisches Denken und Handeln in den platonischen Dialogen. Frankfurt a. M. u. a.

Brisson, Luc 1996: »Den Kosmos betrachten, um richtig zu leben: *Timaios*«. In: Theo Kobusch/Burkhard Mojsisch (Hg.): Platon. Seine Dialoge in der Sicht neuer Forschungen. Darmstadt, 229–248.

Büttner, Stefan 2007: »The Tripartition of the Soul in Plato's *Republic*«. In: Fritz-Gregor Herrmann (Hg.): New Essays on Plato. Swansea, 75–93.

Burnet, John 1916: »The Socratic Doctrine of the Soul«. In: Proceedings of the British Aacdemy 7, 235–259.

Burnyeat, Michael 2006: »The Truth of Tripartition«. In: Proceedings of the Aristotelian Society 106, 1–23.

Carone, Gabriela R. 2001: »*Akrasia* in the *Republic*: Does Plato Change his Mind?« In: Oxford Studies in Ancient Philosophy 20, 107–148.

Carone, Gabriela R. 2005: »Mind and Body in Late Plato«. In: Archiv für Geschichte der Philosophie 87, 227–269.

Chaignet, Anthelme E. 1862: De la psychologie de Platon. Paris [Nachdr. Brüssel 1966].

Cornford, Francis M. 1929/30: »The Division of the Soul«. In: Hibbert Journal 28, 206–219.

Cornford, Francis M. ²1952: Plato's Cosmology [1937]. London.

Cooper, John M. 1970: »Plato on Sense-Perception and Knowledge (*Theaetetus* 184–186)«. In: Phronesis 15, 123–146.

Crombie, Ian M. 1962: An Examination of Plato's Doctrines. Bd I. London.

Davidson, Donald 1982: »Paradoxes of Irrationality«. In: Richard Wollheim/James Hopkins (Hg.): Philosophical Essays on Freud. Cambridge, 289–305.

Demos, Raphael 1968: »Plato's Doctrine of the Psyche as a Self-Moving Motion«. In: Journal of the History of Philosophy 6, 133–145.

Ebert, Theodor 2004: Platon: *Phaidon*. Übersetzung und Kommentar. Göttingen.

Erler, Michael 2007: Grundriss der Geschichte der Philosophie. Die Philosophie der Antike. Band 2/2: Platon. Basel [bes. § 6.4: »Seelenlehre«].

Erler, Michael 2012: »Platon: Affekte und Wege zur Eudaimonie«. In: Hilge Landweer/Ursula Renz (Hg.): Handbuch Klassische Emotionstheorien. Von Platon bis Wittgenstein. Berlin/Boston, 21–43.

Ferrari, Giovanni 1985: »The Struggle in the Soul: Plato's *Phaedrus* 253c7–255a1«. In: Ancient Philosophy 5, 1–10.

Frede, Dorothea 1978: »The Final Proof of the Immortality of the Soul in Plato's *Phaedo* 102a–107a«. In: Phronesis 23, 27–41.

Frede, Dorothea 1985: »Rumpelstiltskin's Pleasures: True and False Pleasures in Plato's *Philebus*«. In: Phronesis 30, 151–180.

Frede, Dorothea 1992: »Disintegration and Restoration. Pleasure and Pain in Plato's *Philebos*«. In: Richard Kraut (Hg.): The Cambridge Companion to Plato. Cambridge, 425–463.

Frede, Dorothea 2010: »Puppets on Strings: Moral Psychology in Laws Books 1 and 2«. In: Christopher Bobonich (Hg.): Plato's *Laws*. A Critical Guide. Cambridge, 108–126.

Fronterotta, Francesco 2015: »Plato's Conception of the Self. The Mind-Body-Problem and its Ancient Origin in the Timaeus«. In: Diego De Brasi/Sabine Föllinger (Hg.): Anthropologie in Antike und Gegenwart. Biologische und philosophische Entwürfe vom Menschen. Freiburg/München, 35–58.

Gerson, Lloyd P. 1986: »Platonic Dualism«. In: The Monist 69, 352–369.

Gerson, Lloyd P. 2014: »Plato's Rational Souls«. In: The Review of Metaphysics 68, 37–59.

Graeser, Andreas 1969: Probleme der platonischen Seelenteilungslehre. Überlegungen zur Frage der Kontinuität im Denken Platons. München.

Groag, Emil 1913: »Platos Lehre von den Seelenteilen. I. Teil. Die Widersprüche in der Platonischen Seelenlehre und ihre Lösung«. In: Wiener Studien 35, 323–352.

Groag, Emil 1915: »Zur Lehre vom Wesen der Seele in Platos *Phaedrus* und im zehnten Buch der *Republik*«. In: Wiener Studien 37, 189–222.

Guthrie, William K. C. 1955: »Plato's Views on the Nature of the Soul«. In: Entretiens sur l'antiquité classique de la Fondation Hardt 3, 1–22.

Hackforth, Reginald 1952: Plato's *Phaedrus*. Cambridge.

Hackforth, Reginald 1955: Plato's *Phaedo*.Cambridge.

Hall, Robert W. 1963: »*Psyche* as differentiated Unity in the Philosophy of Plato«. In: Phronesis 8, 63–87.

Hartman, Edwin 1972: »Predication and Immortality in Plato's *Phaedo*«. In: Archiv für Geschichte der Philosophie 54, 215–228.

Hermias: In Platonis *Phaedrum* scholia. Ed. P. Couvreur. Paris 1901 [Nachdr. Hildesheim 1971].

Horn, Christoph 2005: »Selbstbewegung bei Alkmaion und Platon«. In: Georg Rechenauer (Hg.): Frühgriechisches Denken. Göttingen, 152–173.

Irwin, Terence 1977: Plato's Moral Theory. The Early and Middle Dialogues. Oxford.

Johansen, Thomas 2000: »Body, Soul, and Tripartition in Plato's *Timaeus*«. In: Oxford Studies in Ancient Philosophy 19, 87–111.

Keyt, David 1963: »The Fallacies in *Phaedo* 102 A–107B«. In: Phronesis 8, 167–172.

Landmann, Michael 1956: »Platons Traktat von den drei Unsterblichkeiten. Die Urzelle von Conv. 207a–212a«. In: Zeitschrift für philosophische Forschung 10, 161–190.

Lorenz, Hendrik 2006: The Brute Within: Appetitive Desire in Plato and Aristotle. Oxford.

Lovibond, Sabina 1991: »Plato's Theory of Mind«. In: Stephen Everson (Hg.): Companions to Ancient Thought 2: Psychology. Cambridge, 35–55.

Migliori, Maurizio/Valditara, Linda M. Napolitano/Fermani, Arianna (Hg.) 2011: Inner Life and Soul. ›Psychê‹ in Plato. Sankt Augustin.

Modrak, Deborah K. 1981: »Perception and Judgement in the *Theaetetus*«. In: Phronesis 26, 35–54.

Moline, Jon 1978: »Plato on the Complexity of the Psyche«. In: Archiv für Geschichte der Philosophie 60, 1–26.

Moss, Jesssica 2005: »Shame, Pleasure and the Divided Soul«. In: Oxford Studies in Ancient Philosophy 29, 137–170.

Moss, Jessica 2012: »Soul-Leading: The Unity of the *Phaedrus*, Again«. In: Brad Inwood (Hg.): Oxford Studies in Ancient Philosophy 43. Oxford, 1–23.

Müller, Jörn 2009: »Der Leib als Prinzip des schlechten Handelns? Die Diskussion der *akrasia*-Problematik bei Sokrates und Platon im Spiegel des Leib-Seele-Verhältnisses«. In: Zeitschrift für philosophische Forschung, 63, 285–312.

Müller, Jörn (Hg.) 2011: Platon: *Phaidon*. Berlin.

Müller, Jörn 2013: »Der Mensch als Marionette: Psychologie und Handlungstheorie«. In: Christoph Horn (Hg.): Platon: *Nomoi*. Berlin, 45–66.

Ostenfeld, Erik N. 1987: Ancient Greek Psychology. Aarhus.

Ostenfeld, Erik N. 1990: »Self-Motion, Tripartition and Embodiment«. In: Classica et Mediaevalia 41, 43–49.

Patterson, Robert L. 1965: Plato on Immortality. University Park.

Penner, Terence M. 1990: »Plato and Davidson: Parts of the Soul and Weakness of Will«. In: Canadian Journal of Philosophy. Suppl. Bd. 16, 35–74.

Price, Anthony W. 1990: »Plato and Freud«. In: Christopher Gill (Hg.): The Person and the Human Mind. Issues in Ancient and Modern Philosophy. Oxford, 247–270.

Price, Anthony W. 1995: Mental Conflict, London/New York.

Price, Anthony W. 2009: »Are Plato's Soul-Parts Psychological Subjects?«. In: Ancient Philosophy 29, 1–15.

Price, Anthony W. 2010: »Emotions in Plato and Aristotle«. In: Peter Goldie (Hg.): The Oxford Handbook of Philosophy of Emotion. Oxford, 121–142.

Renaut, Olivier 2014: Platon. La Médiation des émotions. L'éducation du *thymos* dans les dialogues. Paris.

Robinson, Richard 1971: »Plato's Separation of Reason from Desire«. In: Phronesis 16, 38–48.

Robinson, Thomas M. 1967: »Soul and Immortality in *Republic* X«. In: Phronesis 12, 147–151.

Robinson, Thomas M. ²1995: Plato's Psychology [1970]. Toronto.

Schiller, Jerome 1967: »*Phaedo* 104–105: Is the Soul a Form?« In: Phronesis 12, 50–58.

Simson, E. W. 1889: Der Begriff der Seele bei Plato. Leipzig.

Seel, Gerhard 2006: »If you Know what is Best, you Do it. Socratic Intellectualism in Xenophon and Plato«. In: Lindsay Judson/Vassilis Karasmanis (Hg.): Remembering Socrates: Philosophical Essays. Oxford, 20–49.

Shields, Christopher 2001: »Simple Souls«. In: Ellen Wagner (Hg.). Essays on Plato's Psychology. Lanham, 137–156.

Shields, Christopher 2007: »Unified Agency and *Akrasia* in Plato's *Republic*«. In: Christopher Bobonich/Pierre Destrée (Hg.): *Akrasia* in Greek Philosophy. From Socrates to Plotinus, Leiden/Boston, 61–86.

Solmsen, Friedrich 1983: »Plato and the Concept of the Soul (Psyche): Some Historical Perspectives«. In: Journal of the History of Ideas 44, 355–367.

Steiner, Peter M. 1992: Psyche bei Platon. Göttingen.

Stocks, J. L. 1915: »Plato and the Tripartite Soul«. In: Mind 24, 207–221.

Szlezák, Thomas A. 1976: »Unsterblichkeit und Trichotomie der Seele im zehnten Buch der *Politeia*«. In: Phronesis 21, 31–58.

Theiler, Willy ²1965: Zur Geschichte der teleogischen Naturbetrachtung bis auf Aristoteles [1925]. Berlin.

Wagner, Ellen (Hg.) 2001: Essays on Plato's Psychology. Lanham.

Wilburn, Joshua 2012: »Akrasia and Self-Rule in Plato's *Laws*«. In: Oxford Studies in Ancient Philosophy 42, 25–53.

Zaborowski, Robert 2012: »Some Remarks on Plato on Emotions«. In: Mirabilia 15, 141–170.

Jörn Müller

25 Moralphilosophie

Platon äußert sich in seinen Schriften vielfach zu Fragen, die wir unter dem Titel ›Moralphilosophie‹ subsumieren würden. Er selbst verfügt jedoch über keinen Begriff, mit dem er diese Äußerungen gegen andere philosophische Sachgebiete wie Ontologie, Epistemologie oder Sprachphilosophie abgrenzen könnte. Bekanntlich findet sich die Unterscheidung von praktischer und theoretischer Philosophie erstmals bei Aristoteles. Immerhin formuliert Platon an einer Stelle die prägnante Gegenüberstellung einer handlungsorientierten (*praktikên*) und einer erkenntnisorientierten (*gnôstikên*) Spielart von Wissen (*Politikos* 258d–e). Man könnte daher vermuten, dass in seinem sonstigen Verzicht auf die Abgrenzung praktischer von theoretischer Philosophie selbst eine These liegt, nämlich die von der Einheit der philosophischen Vernunft. Richtig ist wohl, dass Platon wissenschaftstheoretische Unterscheidungen und disziplinäre Einteilungen innerhalb der Philosophie nicht für nötig hielt. Macht es dann aber einen guten Sinn, wenn wir Platons verschiedene Auseinandersetzungen mit moralphilosophischen Fragen systematisch-übergreifend betrachten?

Um Platon zu verstehen, ist es mit Sicherheit sinnvoll, ja sogar notwendig, dass wir *unsere* Fragen an ihn richten und dazu *unsere* disziplinäre Systematik heranziehen. Entscheidend ist nur, dass die Antworten *seine* sind. Wer nicht einfach platonische Texte repetieren oder paraphrasieren will, muss sich daher Fragen stellen wie: Wie lässt sich Platons Moralphilosophie mit modernen Begriffen kennzeichnen? Was ist unter jener von den Sophisten und von Sokrates eingeleiteten und bei Platon offenkundigen Wendung der griechischen Philosophie zur Lebenspraxis zu verstehen? Geht es dabei um Fragen der objektivierenden, unparteilichen, akteurneutralen Beurteilung von Einzelhandlungen und Lebensmodellen? Oder ist eher an eine adressatenbezogene philosophische Konsiliatorik zu denken, die sich gleichsam an den Kundeninteressen der Adressaten orientiert? Kommt Platons Position dem kantischen Moralitätsbegriff – zumindest in einigen Begriffsaspekten – nahe, oder handelt es sich um eine Ethik des strategisch-prudentiellen Typs? Schließt sein Modell auch deontologische Momente ein, d. h. ein ›moralisches Sollen‹? Gibt es bei ihm in nennenswertem Umfang konsequentialistische Theorieelemente? Was ist nach Platon intrinsisch gut, was nur instrumentell gut? Ist seine Position durchgehend die eines moralischen Intellektualismus, oder lässt sich bei ihm eine fortschreitende Tendenz zum Anti-Intellektualismus ausmachen? Ist er Hedonist oder Anti-Hedonist? Behandelt Platon moralische Dilemmata oder Konfliktfälle? Ist Platon moralischer Partikularist oder Generalist? Was motiviert nach Platon zu moralisch angemessenem Handeln? Wie deutet er das Verhältnis von Tugend (*aretê*) und Glück (*eudaimonia*)? Entwirft seine Moralpsychologie das Bild eines rationalen Akteurs, der seine Affekte unterdrückt? (Für Antworten auf diese Fragen sei auch auf weitere Einträge in diesem Handbuch verwiesen.)

25.1 Selbstsorge und Therapie der Seele

Im Zentrum der antiken Moralphilosophie, auch derjenigen Platons, stehen Tugend- und Glückskonzeptionen, die die Antwort auf die Frage liefern sollen, welche Form des menschlichen Lebens als gut oder wählenswert anzusehen ist. Unter welchen Bedingungen gelingt eine Biographie? Wann und warum ist sie vom Scheitern bedroht? Platon vertritt in dieser Frage – vorläufig und grob gesagt – einen Intellektualismus, also die Überzeugung, die menschliche Vernunft sei sowohl notwendig als auch hinreichend für das Glück. Die für die Antike (besonders für die hellenistische Epoche) typische Betonung asketisch-psychologischer Praktiken und Techniken ist bei Platon daher weitgehend auf philosophische Übungen beschränkt. Platon meint, dass ein Philosophenschüler seine ›Seele‹ mit den Mitteln der philosophischen Dialektik – vergleichbar den Methoden der antiken medizinischen Diätetik für das Feld des Leiblichen – zu perfekter rationaler Selbstverfügung transformieren kann.

In Platons Schriften lassen sich zahlreiche Indizien für diese Konzeption einer intellektualistischen Selbstsorge und Lebenskunst entdecken. Viele von ihnen dürften sokratischen Ursprungs sein, allerdings lässt sich Sokratisches kaum trennscharf von genuin Platonischem unterscheiden. Sokratisch geprägt ist wohl die Vorstellung, Philosophie bestehe in einer rationalen Prüfung der eigenen und fremden Lebensführung (*Apol.* 28e); ein »ungeprüftes Leben« sei »für einen Menschen nicht lebenswert« (*Apol.* 38a). Philosophie stellt damit eine »Fürsorge für die Seele« dar (*epimeleia tês psychês*, *Apol.* 29e; vgl. 30b; ähnlich *psychês therapeia*, *Laches* 185e), also den Versuch, eine harmonische Persönlichkeit auszubilden. Ein Beispiel für die gemeinte Prüfmethode findet sich in Platons Dialog *Laches*. Dort heißt es, Sokrates führe jeden, mit dem er spreche, »unaufhörlich im Gespräch herum, bis der Betreffende nicht mehr anders könne, als Rechenschaft darüber abzulegen, wie er jetzt lebt und wie er sein bisheriges Leben verbracht hat« (187e). Mit der Figur des historischen Sokrates scheint bei Platon ferner das Ideal der richtigen Selbsterkenntnis, der angemessenen Selbsteinschätzung in Verbindung zu stehen (s. Kap. V.54). Die Inschrift »Erkenne dich selbst« (*gnôthi seauton*) am Apollon-Tempel von Delphi erscheint im Werk Platons in einer philosophischen Deutung. In Platons *Phaidros* heißt es, es sei unsinnig, sich mit irgend etwas anderem zu beschäftigen, solange man die delphische Aufforderung zur Selbsterkenntnis nicht befolgt habe; man müsse zuerst wissen, ob man seiner Natur nach ein wildes Tier oder ein edles, göttliches Lebewesen sei (229e–f). Nahe am delphischen Motiv wird auch das Thema eines selbstbezüglichen Wissens im *Charmides* behandelt, wo das Wissen seiner selbst (*heautou epistêmê*, 165d) mit der Besonnenheit, also dem maßvollen Verhalten, in Verbindung gebracht wird (166c, 169b). Eine explizite Behandlung des Selbsterkenntnismotivs im Sinn einer philosophischen Lebenskunst findet sich besonders im Augengleichnis des *Alkibiades I*: Dort wird die Selbsterkenntnis mit der platonischen »Sorge um sich« oder »Fürsorge für die eigene Seele« identifiziert (129a).

Als weitere Belege für eine Lebenskunstkonzeption bei Platon lassen sich folgende zwei Momente anführen: Zum einen ist die Vorstellung von der »Einübung ins Sterben« einschlägig; nach Platon bemühen sich die »wirklichen Philosophen« ihr ganzes Leben lang »um nichts anderes als zu sterben und tot zu sein« (*Phd.* 64a–b). Die Philosophie erlangt damit eine soteriologische Funktion, die nicht nur das Glück im diesseitigen Leben sicherstellt, sondern auch zum bestmöglichen Leben nach dem Tod führen soll. Dabei versorgt sie den Philosophen im diesseitigen Leben mit Tugendwissen, bringt ihn auf diese Weise zugleich in den Besitz der Tugend und garantiert somit sein Glück. Zum anderen ist das Motiv einer möglichst weitgehenden »Angleichung an Gott« (*homoiôsis theô*) einschlägig, das Platon mehrfach als Ziel philosophischer Bemühung hervorhebt (*Tht.* 176a f. u. ö.; vgl. Neschke-Hentschke 1995, 208; s. Kap. V.37). Platon bildet also einen emphatischen Begriff von der persönlichkeitsverändernden Wirkung der Philosophie: Der Philosoph besitzt wahres Wissen (*epistêmê*) im Unterschied zu bloßer Meinung (*doxa*), denn die Gegenstände seines Wissens sollen unveränderlich und »immer gleichbleibend« sein. Dem Philosophen wird als Kontrastfigur der Sophist gegenübergestellt, der als bloßer Taschenspieler und Trickbetrüger charakterisiert wird. Damit jemand zum Philosophen werden kann, muss er eine Umwendung oder Konversion vollzogen haben (*periagôgê, peristrophê*). Philosophie steht so betrachtet für einen Aufstieg (*epanhodos*) der Seele (*Rep.* VII 518d, 521c). Den gewöhnlichen Leuten erscheint der Philosoph wegen seiner Ferne zur alltäglichen Lebenswelt allerdings als wenig lebenstauglich (*Rep.* VI 487d; *Tht.* 173c ff.).

Ausgangspunkt moralphilosophischer Überlegungen ist bei Platon mithin die Frage: »Wie soll man leben?« (*hontina tropon chrê zên, Rep.* I 352d; vgl. *Rep.* I 344e, IX 578c; *Gorg.* 492d, 500d; *Leg.* VII 806d). Zu beachten ist, dass das »soll« hier nicht für ein moralisches, sondern für ein glücksorientiertes Sollen steht.

25.2 Platon und das moralisch Gute

Platons moralphilosophische Grundfrage scheint somit prudentiell, also klugheitsbasiert zu sein, nämlich: Welches Leben entspricht meinem wohlverstandenen Vorteil? Gegen Überlegungen dieser Art erhebt sich der Verdacht, dass sie die Unterscheidung zwischen dem, was moralisch gut ist, und dem, was wir im außermoralischen Sinn als gut bezeichnen, verfehlen oder doch unzulässig verwischt. Mit Kant könnte man zu bedenken geben, dass »das Prinzip der eigenen Glückseligkeit« in der Moralphilosophie »am meisten verwerflich« sei (*GMS*, IV 442). Darf man moralische Probleme aus dem Blickwinkel der eigenen Glücksmehrung betrachten? Aber verfügt Platon überhaupt über den Begriff des Moralischen?

Die zuletzt genannte Frage ist schwer zu entscheiden. Bedenken stellen sich bei einem Blick auf die sprachlichen Grundlagen der platonischen Ethik ein. Es zeigt sich nämlich, dass Platon weder über einen eindeutigen Ausdruck für moralisches Gutsein verfügt noch über einen Begriff, der moralisches Sollen ausdrückt. Begriffe wie *esthlos* (edel) und *kalos* (schön) bezeichnen zwar häufig ein sittliches Moment, dies aber keineswegs exklusiv; sie dienen auch zu außermoralischen Wertungen. Zudem stehen sie primär für eine konventionelle Bedeutung von Sittlichkeit (etwa im Sinn der Ausdrücke ›ehrenhaft‹, ›anständig‹ und ›vortrefflich‹). Ähnlich liegt der Fall bei *epainetos* (lobenswert) und besonders bei der vorphilosophischen Verwendung des *aretê*-Begriffs. Auch das Wort *kalon* wird nicht selten als ästhetisches Wertprädikat und auch in weiterer nicht-moralischer Verwendungsweise gebraucht. So erscheinen im *Hippias maior* neben der formalen Deutung des *kalon* als des *prepon*, des Angemessenen, auch die inhaltlichen Interpretationen, es sei ein *chrêsimon*, etwas Nützliches, oder *hêdonê*, was hier die sinnliche Lust bezeichnet (*Hp. mai.* 290d ff.). Im *Gorgias* heißt es, mit dem *kalon* sei entweder etwas Nützliches oder etwas »Angenehmes für einen Betrachter« gemeint (*Gorg.* 474d, 475a; vgl. *Leg.* II 667b). Nach dieser Worterklärung hätte *kalon* (und ebenso sein Gegenteil *aischron*) entweder eine utilitäre oder eine ästhetische, aber gerade keine moralische Bedeutung. Mehr noch, auch der Begriff *agathon* (gut) steht für ein funktional oder utilitär Gutes (vgl. *ôphelimon*), nicht für moralische Gutheit; auf einen Menschen angewandt meint er sowohl dessen Tüchtigkeit als auch dessen Wohl, verstanden als sein wohlverstandenes Strebensziel (vgl. *Men.* 87e; *Gorg.* 468b–d; *Crat.* 419a; *Rep.* II 379b). Wenn Platon von einer »Idee des Guten« (*idea tou agathou*) spricht, will er so betrachtet lediglich behaupten, es gebe eine schlechthin vollkommene, eine bestmögliche Entität, und nicht, es existiere etwas moralisch schlechterdings Gutes. (Innerhalb der deutschen Wertphilosophie der Jahre 1900 und 1950 existierte das Missverständnis, Platons Idee des Guten sei im Sinn eines »sittlichen Höchstwerts« zu verstehen; diese Deutung lässt sich etwa bei J. Stenzel, N. Hartmann und J. Hirschberger finden: vgl. Perpeet 1966). Ähnlich liegt der Fall bei den griechischen Ausdrücken für Pflicht oder für Sollen (*deon, prepon, proshêkon*). Auch sie scheinen meist konventionell gemeint zu sein (etwa im Sinn der Imperative »Befolge die Regeln der Tradition! Lebe nach den Konventionen deiner Gemeinschaft! Handle nach dem Willen der Götter!«). Oder aber sie sind als Aufforderungen zu verstehen, seine Interessen so-und-so wahrzunehmen; in der Sprache Kants wären sie also als hypothetische Imperative zu bezeichnen (»Wenn du dies-und-das willst, handle so-und-so!«). Auf den neuzeitlichen Moralphilosophen muss es besonders irritierend wirken, dass in antiken Texten häufig der Nachweis versucht wird, dass das sittlich Gute zugleich das Angenehme (*hêdy*) oder das Vorteilhafte (*chrêsimon, ôphelimon, sympheron, lysiteles*) sei (Stemmer 1988, 542 ff.).

Ferner ist sicherlich festzuhalten, dass Platons berühmte Formel von der Vorzugswürdigkeit des Unrechtleidens gegenüber dem Unrechttun (*Gorg.* 469b–c, 473a) für sich genommen noch nicht Moralität anzeigt. Insbesondere P. Stemmer (1988) und B. Williams (1997) haben dafür argumentiert, dass dieser Grundsatz keineswegs aus einer moralischen Beweisabsicht hervorgeht. Zwar liegt in ihm eine gewisse Innovation gegenüber der konventionellen griechischen

Ethik, welche u. a. von dem Grundsatz bestimmt war, man müsse seinen Freunden Gutes und seinen Feinden Schlechtes antun (vgl. *Rep.* I 334b; mit Ausnahme von Demokrit DK 68 B 45). Auch wird damit der Standpunkt von Sophisten wie Kallikles und Polos attackiert, wonach eine Vorteilssuche mit *allen* Mitteln betrieben werden darf, also auch mit sozial inakzeptablen Methoden (s. Kap. V.43.2). Da Unrechttun bei Platon jedoch einfach soviel heißt wie jemandem Schaden zufügen und da das Gute für das Vorteilhafte steht, scheint hier lediglich gemeint zu sein: Wer jemand anderem Schaden zufügt, schädigt sich selbst am meisten; Unrechttun erweist sich für die wohlverstandene, rationale Vorteilssuche als ›schlechter‹ (*kakion*) im Sinn von ›nachteilig‹. Andererseits muss man beachte, dass es im *Kriton* heißt, Unrechttun sei unter keinen Umständen schön (*Crit.* 49a); und an anderer Stelle sagt Platon, man dürfe selbst einem Feind oder einem bösen Menschen nicht schaden (*Rep.* I 335b). Der Standpunkt der Moralität scheint hier insofern eingenommen zu sein, als der Akteur unter eine unbedingte, kategorische Forderung gestellt wird. Ausdrücklich wird ein gutes Leben an die notwendige und hinreichende Bedingung der persönlichen Gerechtigkeit geknüpft, wenn es heißt: »Für uns aber ist, da es unsere Rede so festlegt, gar nichts anderes zu betrachten als [...], ob wir gerecht handeln« (*Crit.* 48c f.). Aber auch dieses Indiz ist nicht zureichend; es könnte immer noch sein, dass Platons Forderung nach einer konsequent befolgten Gerechtigkeit verdecktermaßen von einem vorteilsorientierten Standpunkt aus vorgetragen wird. Gerechtigkeit soll ja nicht nur in sich wählenswert sein, sondern auch gut für denjenigen, der nach Glück strebt (*Rep.* II 357d).

Aber ist Platons Ethik damit angemessen gekennzeichnet? Besonders T. H. Irwin (1977) hat dafür argumentiert, dass ein zentraler Baustein der Moralität, nämlich die Herausbildung eines Selbst, das sich den anderen um ihretwillen zuwendet, exakt das ist, wodurch sich das philosophische Erziehungsprogramm der *Politeia* charakterisieren lässt. Nach Irwin zielt die Erziehung zur psychischen Gerechtigkeit in der *Politeia* auf die Formung eines moralischen Selbstverständnisses. Platon deute den Philosophen »as a virtuos man who values virtuos action for itself«. Der Philosoph ist unparteilich-objektiv: »he chooses just action and cares about other people's interest for its own sake« (1977, 243). Überdies stellen Glaukon und Adeimantos in Buch II der *Politeia* die Frage nach der Gerechtigkeit ausdrücklich so, dass der Eigenwert der Gerechtigkeit auch unabhängig von allen günstigen Folgen gezeigt werden soll (s. Kap. V.43.2). Die Dialogteilnehmer fordern von Sokrates eine Lösung für das Problem, das entsteht, wenn gerechte Menschen fälschlich als ungerecht gelten und ungerechte Personen fälschlich als gerecht angesehen werden. Während die erste Gruppe gravierende soziale Nachteile (bis hin zur Verfolgung und Tötung) hinnehmen müsse, genieße die zweite Gruppe bisweilen alle sozialen Vorteile. Entscheidend sei also vielfach nicht – so die Herausforderer des Sokrates –, ob jemand tatsächlich gerecht oder ungerecht sei, sondern, wie er auf seine Umwelt wirke. Erhärtet wird diese Sichtweise durch das berühmte Gedankenexperiment vom Ring des Gyges (*Rep.* II 359b ff.; vgl. dazu Williams 1997): Angenommen, jemand besäße einen Fingerring, der ihn unsichtbar machen und in die Lage versetzen würde, sich unbemerkt alles Gewünschte aneignen zu können; dann würde er sich wohl rein vorteilsorientiert verhalten – womit gezeigt sein soll, dass er Gerechtigkeit unter gewöhnlichen gesellschaftlichen Bedingungen nur wegen drohender Strafen und wegen des sozialen Scheins aufrechterhält. Auch die Dichter lobten Gerechtigkeit stets nur instrumentell, und selbst die Götter gälten als bestechlich. Die Provokation, die von der Gedankenführung Glaukons und Adeimantos' ausgeht, lässt sich schwerlich anders denn als Forderung nach einer moralischen Sichtweise verstehen: Sie fordern von Sokrates eine Darstellung der Gerechtigkeit als in sich guter Haltungen (vgl. *Rep.* II 367b). Solche Formulierungen legen es nahe, hier nicht nur die sozialen Konsequenzen ausgeblendet zu sehen, sondern alle Arten von Folgegütern. Die Frage würde dann lauten: Kann Sokrates Gerechtigkeit konsequenzenunabhängig, also intrinsisch, als Gut erweisen? Ein Problem liegt allerdings darin, dass damit die Gerechtigkeit als harmonischer Seelenzustand gemeint sein könnte, also etwas, das für den Akteur im Sinn des Lustgewinns vorteilhaft sein könnte. Beispielsweise heißt es in der *Politeia*: »Wenn also der Gute und Gerechte den Schlechten und Ungerechten schon an Lust so beträchtlich übertrifft, um wie viel mehr wird er ihn an guter Lebensführung, Sittlichkeit (*kallos*) und Tugend übertreffen?« (*Rep.* IX 588a). Der Grund dafür, Gerechtigkeit zu wählen, kann also nicht allein in der Lust, d. h. im Vorteil, liegen; Gerechtigkeit muss vielmehr intrinsisch wertvoll sein. In den *Nomoi* findet sich eine ähnliche Feststellung: »Denn weder sich selbst noch das Seine soll derjenige lieben, der ein großer Mann werden will, sondern das Gerechte, ob es nun bei ihm selbst oder bei einem anderen mehr praktiziert wird« (*Leg.* V 732a). Platon empfiehlt hier eine

Art von Selbstdistanzierung und Unparteilichkeit, die dem Begriff der Moralität zumindest nahe kommt.

25.3 Teleologischer Eudämonismus

Platons Moralphilosophie ist nicht einfach als klugheitsbasierte Lebenskunst zu interpretieren; dies zeigt sich noch deutlicher, wenn man sich ihre metaethischen Grundlagen verdeutlicht. Die platonische Position lässt sich erst dann angemessen verstehen, wenn man sie vor dem Hintergrund einer bestimmten teleologischen Handlungstheorie begreift, auf die sie sich substantiell stützt. Historisch gesehen sind handlungsteleologische Moralphilosophien des gemeinten Typs seit Platon und Eudoxos von Knidos vertreten worden; zu dieser Gruppe zählen, bei allen Unterschieden in der Ausgestaltung des Modells, die Positionen des Aristoteles, Epikurs, der älteren Stoiker sowie zahlreicher späterer Peripatetiker, Stoiker und Platoniker. Handlungsteleologische Ethiken beruhen auf der Überzeugung, dass nicht nur die Einzelhandlungen eines Individuums subjektiv zielgerichtet sind, sondern dass zudem eine Ordnung der verfolgten Ziele besteht, eine Ordnung, die vom Akteur in der Regel unbemerkt bleibt, obwohl er ihr unausdrücklich Folge leistet. Ein wohlbekannter Bestandteil aller dieser Moralphilosophien liegt in der Ansicht, jeder Akteur müsse seinen eigenen Handlungserfolg wollen; traditionell ausgedrückt: jede Handlung müsse sich auf ein Gut richten oder zumindest auf etwas für gut Gehaltenes (*These von der Erfolgsbindung des Handelns*). Eine andere wesentliche Teilüberzeugung lautet, dass jeder Akteur mit allen seinen Handlungen auf ein umfassendes letztes Ziel gerichtet ist. Wie viele Teilziele jemand auch immer synchron und diachron verfolgen mag, sie lassen sich vor dem Hintergrund eines einzigen großen Ziels verstehen (*These vom umfassenden letzten Ziel*).

Hieran zeigt sich, was an der Vorstellung falsch ist, Platon vertrete einfach eine Art von Klugheitsethik. Es handelt sich vielmehr um einen Theorietyp, der allgemeine Sinnbedingungen rationalen Handelns herauszuarbeiten sucht. Deren wichtigste Inhalte lassen sich in einer eher systematischen Abfolge etwa so zusammenfassen: (1) Jede Handlung eines Individuums ist Teil eines teleologischen Kontinuums, das das ganze menschliche Leben umfasst. (2) Unter Glück ist die bestmögliche Ausfüllung dieses Kontinuums zu verstehen (was immer hierfür inhaltlich in Frage kommt), wobei nach einer besonders attraktiven Lesart Glück als ein strukturiertes Ganzes aus glücksrelevanten Gütern zu verstehen ist. (3) Um glücksrelevant sein zu können, müssen Güter intrinsisch wertvoll sein, und zwar entweder im weiteren Sinn von »nicht um ihrer späteren Folgen willen wählenswert, sondern um direkter Folgen willen« oder im strikteren Sinn von »in sich gut und um seinetwillen wählenswert«. (4) Was intrinsisch wählenswert ist, ist zugleich das, worauf sich der intellektualistisch verstandene Wille richtet (s. Kap. IV.25.4). (5) Ein wichtiges (oder das zentrale oder sogar das einzige) Konstituens des Glücks bildet die habitualisierte praktische Identität, die Tugend, und zwar wegen ihres nicht-ambivalenten Gutseins.

Wann ist nun etwas ein Gut? In Platons Werk finden sich an mehreren Stellen konventionelle Güterlisten, in denen Reichtum und Besitz, Gesundheit und ein positives Erscheinungsbild, ein guter Ruf, verschiedene Kompetenzen und Qualitäten, etwa Lernfähigkeit, Gedächtnis und Urteilskraft, und schließlich Tugenden wie Großzügigkeit, Tapferkeit, Gerechtigkeit, Besonnenheit und Weisheit zu den *agatha* gerechnet werden (*Euthyd.* 279b ff.; *Gorg.* 452a f.; *Men.* 87d ff.; *Rep.* VI 506a; *Phlb.* 60d). Platon teilt diese Güter nach ihrer Bedeutung wie folgt ein: An erster Stelle kommen seelische Güter, an zweiter körperliche und an dritter Stelle materielle, äußere Güter (*Leg.* III 697b). Für Platons Güterkonzeption ist jedoch die Frage zentral, was etwas zu einem Gut macht. Wodurch wird etwas wählenswert? Wodurch wird es gegenüber anderem Wählenswerten vorziehenswert?

Was ist für Platon »das vollkommene, für alle wählenswerte und schlechterdings Gute« (*Phlb.* 61a1 f.)? Soviel ist klar: Wenn es ein höchstes Strebensziel (*telos*) gibt, muss es nicht nur *faktisch* um seiner selbst willen erstrebt werden, und es muss nicht nur einen nicht-instrumentalisierbaren, intrinsischen Wert aufweisen; vielmehr muss es überdies intrinsisch gut sein. Das kann es aber nur, wenn es sich um ein nicht-ambivalentes Gut handelt. Platon drückt dies auch so aus: Niemand könne wollen, dass es ihm nicht gut geht (*Euthyd.* 278e). Wenn nämlich *Glück* ein nicht-ambivalentes Ziel ist, kann es niemals einen guten Grund geben, es zurückzuweisen; denn es büßt seinen Wertcharakter unter keinen Umständen ein. Platon vertritt näher besehen ein teleologisches Modell mit vier Merkmalen. Das höchste Strebensziel, die *eudaimonia*, ist für ihn dasjenige, (1) was nur intrinsisch, nicht aber instrumentell erstrebt werden kann, was also niemals als Mittel zu einem weiteren Ziel in Betracht kommt, (2) was unter allen Umständen, d. h. im nicht-ambivalenten Sinn gut ist, (3) was mit jedem Gut implizit erstrebt wird und wonach deshalb zu streben niemand bestreiten kann, und (4) was durch Hinzufügung keines anderen Gutes verbessert werden kann, weil es selbst die Quelle des Gutseins alles anderen ist. Und dieses Strebensziel knüpft der mittlere Platon an die ›Idee des Guten‹, also an diejenige Entität, die er in *Politeia* VI als metaphysisch-ontologisches, epistemologisches und moralisch-axiologisches Prinzip charakterisiert.

25.4 Das funktionale und das metaphysische Gute der *Politeia*

Platon beantwortet die Frage, worin das Glück inhaltlich besteht, indem er untersucht, wonach Menschen rationalerweise streben. Ein zentraler Punkt innerhalb einer solchen rationalen Strebenstheorie lässt sich dem *Gorgias* entnehmen: In jedem Akteur soll es demnach ein vernünftiges Streben nach dem wohlverstandenen Guten geben. Sokrates macht an einer wichtigen Stelle (*Gorg.* 466a9–467e5) eine Differenzierung geltend zwischen dem, was Rhetoren bzw. Tyrannen »wollen« (*boulontai*) und dem, was sie »tun, weil es ihnen das Beste zu sein scheint« (*poiein mentoi ho ti an autois doxêi beltiston einai*). Das emphatische Wollen, von dem hier die Rede ist, beruht im Unterschied zur Wahl des scheinbar Besten auf Einsicht (*nous*); Rhetoren und Tyrannen wissen nach Platon also nicht, was sie einsichtsgemäß wollen würden. Zwar ist die traditionelle Auffassung, Platon artikuliere hier gleichsam ein neuplatonisches Modell des Strebens nach dem wahren Guten oder ein Modell des wahren Wollens im Gegensatz zum Selbstmissverständnis einer »bloßen Willkür«, in grundsätzlicher Form attackiert worden (McTighe 1984). Eine solche Attacke wirkt jedoch vor dem Hintergrund der zentralen These des *Gorgias*, niemand *wolle* Unrecht tun (*Gorg.* 509e5 f.), ebenso zum Scheitern verurteilt wie vor dem Hintergrund der *Politeia*. Platon unterscheidet zweifellos zwischen dem Guten als dem wohlverstandenen Objekt des Wollens und solchen Strebenszielen, deren Attraktivität auf einem Selbstmissverständnis beruhen soll.

Die bedeutendste Präsentation des teleologischen Eudämonismus findet sich in der *Politeia*. Platon behält hier seine These vom abschließenden Charakter des Strebensglücks bei, stellt sie aber in einen wesentlich anspruchsvolleren Theoriekontext. Erstens versucht er wie schon Sokrates zu zeigen, dass Tugend die notwendige und hinreichende Glücksbedingung ist; im Blick auf Sokrates spricht man von der ›Suffizienzthese‹ (bes. Vlastos 1991, Kap. 8). Zweitens geht es ihm um den Nachweis, dass »das Gute« – also das, nach dem alles strebt – eine Entität ist, die er als Idee des Guten (*idea tou agathou*) bezeichnet. Die beiden Beweisziele werden eng miteinander verknüpft; Platon will zeigen, dass das Glück, das sich aus der Tugend ergibt, präzise durch das Erreichen der Idee des Guten sichergestellt wird.

Nach der Exposition des Problems des sophistischen Immoralismus in Buch I – Thrasymachos vertritt die Überzeugung, Gerechtigkeit zahle sich gemessen an ihren sozialen Folgen nicht aus – führt Platon aus, dass Gerechtigkeit zur vorzüglichsten der drei oben unterschiedenen Gütergruppen gehört, nämlich zur Gruppe der zugleich intrinsischen als auch extrinsischen Güter, und zwar deswegen, weil sie sowohl in sich erstrebenswert sei als auch wünschenswert für den, der glücklich sein wolle (*Rep.* II 358a). Daran anschließend versucht er zu zeigen, dass Gerechtigkeit intrinsisch und extrinsisch wünschenswert ist. Um sein Argumentationsziel zu erreichen, also zur Einheit von Tugend und Glück auf der Basis der Idee des Guten zu gelangen, entfaltet Platon »zwei Konzeptionen des Guten«, nämlich eine funktionale und eine metaphysische (dazu Santas 1985). Die erste Konzeption besteht aus folgenden sieben Schritten (*Rep.* I 352d–354d): (1) Einige Dinge besitzen eine spezifische »Funktion« (*ergon*), z. B. Pferde, Rebscheren oder Augen. (2) Die Funktion eines solchen Dings besteht jeweils in dem, was Dinge einer bestimmten Art entweder ausschließlich oder doch am besten leisten können. (3) Ein konkretes Ding kann die Funktion, die Dingen seiner Art zukommt, gut oder schlecht erfüllen. (4) Man kann für jede Art von Ding, das eine Funktion hat, eine entsprechende abstrakte Tauglichkeit benennen. (5) Ein Ding erfüllt seine Funktion gut allein dann, wenn in ihm seine angemessene Tauglichkeit »präsent« ist, und schlecht, wenn diese fehlt. So liegt es für Platon auf der Hand, dass Rebscheren bestimmte Aufgaben allein oder zumindest besser als alle anderen Gegenstände erfüllen; gute Rebscheren erfüllen ihren Zweck auf eine höchst angemessene Weise. Platon meint also, dass ein Gegenstand gut ist, wenn er seine Funktion bestmöglich erfüllt. Schließlich fügt er noch zwei Annahmen hinzu: (6) Die Bestheit der Seele kann man als »Gerechtigkeit« bezeichnen. (7) Der gerechte Mensch führt ein gutes Leben, der ungerechte dagegen ein Schlechtes.

Man sieht nun leicht, inwiefern die erste, funktionale Konzeption des Guten die Tugend als ein intrinsisches Gut erweist. Denn gleichgültig, welche Folgen die Tugend mit sich bringt, und gleichgültig, was das letzte Ziel menschlichen Strebens ist, in jedem Fall ist die Tugend etwas Wählenswertes. Da Platon in der *Politeia* unter Gerechtigkeit die volle funktionale Entfaltung der Seele versteht, ist eine tugendhafte Seele (und analog dazu ein gerechter Staat) intrinsisch wünschenswert, weil allein sie (bzw. allein der vollkommen gerechte Staat) ein funktionales Optimum erreicht. Dass der Übergang vom Mangelzustand einer Entität zu ihrem Erfüllungszustand von ihr »gewollt« wird, scheint für Platon eine schlichte begriffsanalytische Wahrheit zu sein. Nachdem dies klar ist, liegt auch auf der Hand, wodurch eine Seele bzw. der Staat ihr funktionales Optimum erreichen: Dadurch, dass sie ihre Funktion erfüllen oder, wie es jetzt heißt, »das Ihrige tun« (*ta hautou prattein*), also ihre spezifischen Fähigkeiten entfalten (*Rep.* IV 433a). Platon deutet die so verstandene Gerechtigkeit als Einheitsmoment der drei weiteren Tugenden Besonnenheit (*sôphrosynê*), Tapferkeit (*andreia*) und Weisheit (*sophia*), die er den drei von ihm unterschiedenen Seelenteilen *epithymêtikon*, *thymoeides* bzw. *logistikon* zuordnet. Die einzelnen *aretai* stehen zueinander in einem notwendigen Verhältnis; keine kann ohne die andere vorkommen (*Rep.* IV 428a). Die Tugenden der Seelenteile werden ebenfalls als deren jeweiliges funktionales Optimum gedeutet. Die vollkommene Tugend besteht somit in der Harmonie eines bestmöglichen Zusammenspiels der drei Seelenteile des Individuums (bzw. der drei Stände eines Staates). Dieses soll sich als Konsequenz der philosophischen Einsicht ergeben. Die *dikaiosynê* ist soweit als intrinsisches Gut – vergleichbar dem Wohlbefinden oder dem unschädlichen Vergnügen – erwiesen.

Platons zweite Theorie des Guten findet sich in den drei prominenten Gleichnissen der Bücher VI und VII der *Politeia* (VI 504–511e bzw. VII 514–521b; s. Kap. V.55). Mithilfe des Sonnen- und Linien- sowie des Höhlengleichnisses wird dort die Konzeption der Idee des Guten entwickelt. Wie bereits die Feststellung (5) aus der ersten Theorie zeigte, ist Platon der Meinung, dass das Gute eines Dings dasjenige sei, was dem Ding seine Bestheit (*aretê*) verleiht. Ist dieses Gute im Gegenstand in vollem Umfang präsent, dann ist das Ding in höchstem Maße entfaltet. Im Begriff des Guten ist es dieser Übergang von der funktionalen Bestheit zur Ursache dieser Bestheit, der plausibel macht, wie Platon von seiner ersten zur zweiten Theorie des Guten gelangen kann. Denn die metaphysischen, epistemologischen und axiologischen Ausführungen zur Idee des Guten in der Gleichnisfolge von Sonne, Linie und Höhle weisen eine Entität aus, die zugleich das höchste Erkenntnisprinzip, das letzte Strebensziel und die Ursache aller Tauglichkeit sein soll. Fassen wir Platons dort getroffene Aussagen zusammen: (1) Das bedeutendste Erkenntnisobjekt ist die Idee des Guten; denn erst durch die Teilhabe an der Idee des Guten wird alles Gerechte und alles andere, was von ihr Gebrauch macht, nützlich und wertvoll. Wenn wir, so Platon, alles wüssten, ohne die Idee des Guten zu kennen, wüssten wir immer noch nicht, was moralisch gut und was funktional gut ist (*axiologische Funktion* der Idee des Guten: *Rep.* VI 505a–b). (2) Die Idee des Guten ist dasjenige Gute, das jede Seele sucht und um dessentwillen sie alles tut; die Seele ahnt, dass es etwas Derartiges gibt, befindet sich aber in Aporien und kann nicht hinreichend bestimmen, was es ist (*teleologische Funktion*: *Rep.* VI 505d–e; vgl. *Gorg.* 499e). (3) Die gesuchte beste Staatsverfassung ist erst dann vollkommen geordnet, wenn die Wächter des Staates wissen, in welchem Sinn Gerechtes und Schönes zugleich gut ist (*rektifizierende Funktion*: *Rep.* VI 506a–b). (4) Die Idee des Guten verleiht den Denkobjekten ihre Realität und vermittelt der Vernunft deren Kenntnis; die Idee des Guten ist Ursache von Wahrheit und Wissen (*epistemologische Funktion*: *Rep.* VI 508b–509a). (5) Die Denkgegenstände erhalten von der Idee des Guten ihr Sein und Wesen, da das Gute nicht Substanz (*ousia*) ist, sondern noch darüber hinausreicht (*ontologische Funktion*: *Rep.* VI 509b).

Die beiden Theorien des Guten, so kann man mit G. Santas feststellen, sind keineswegs disparat; vielmehr bietet die zweite Theorie die inhaltliche Fortführung und theoretische Fundierung der formal gefassten ersten Konzeption. Jedes Ding gelangt dann zu seiner funktionalen Bestheit, wenn es in größtmöglicher »Nähe«, in einer möglichst direkten Beziehung zur Idee des Guten steht: Das *telos* jeder Entität liegt in seinem *eidos* und letztlich in der *idea tou agathou*. Nach Platons Auffassung ist diese Beziehung im Sinn einer Kausalität durch Teilhabe zu verstehen; er interpretiert die funktionale Teleologie mittels der Ideentheorie. Die Idee des Guten ist deshalb nicht nur die Ursache aller Bestheit, sondern bildet zudem das allgemeinverbindliche letzte Strebensziel. Denn sie stellt die übergreifende Ursache aller Wesensformen dar, die jeweils Einzelaspekte sinnlicher Dinge optimieren. Aus der funktionalen Teleologie des ersten Buchs der *Politeia* wird auf diese Weise eine metaphysische Teleologie. Platon vertritt einen teleologischen Eudämonismus in Form eines *Perfektionismus*: Unter Glück ist nichts anderes als die Erfüllung der in einer Entität essentiell angelegten Eigenschaften zu verstehen. Genauer gesagt lehrt Platon einen metaphysischen Perfektionismus: Es soll intelligible Entitäten geben, die durch einen vollständigen Besitz jener Eigenschaften charakterisiert sind, die sensible Entitäten nur partiell aufweisen; und diese Ideen sollen sich zur Idee des Guten wiederum wie Prinzipiate zum Prinzip verhalten.

Dass die Idee des Guten auch in anderen Kontexten des platonischen Werks als allgemeines letztes Strebensziel erscheint, ist zumindest plausibel. Im *Philebos* heißt es etwa, das Gute müsse etwas Vollendetes (*teleon*), etwas Hinreichendes (*hikanon*) und ein für alles Erkennende verbindliches Strebensziel (*pan to gignôskon auto thêreuei*) sein; Kennzeichen des »Guten selbst« seien Selbständigkeit (*autarkeia*) und die »Kraft des Hinreichenden und Vollkommenen« (*hê tou hikanou kai teleou dynamis*, *Phlb.* 21d und 67a). Der Übergang von einer funktionalen zu einer metaphysischen Teleologie kommt sehr wahrscheinlich bereits im frühen Dialog *Lysis* zum Ausdruck; dort wird erstmals das Argument entwickelt, dass das, was uns in Wahrheit schätzenswert (*philos*) erscheint, um seiner selbst willen schätzenswert sein müsse, nicht um eines anderen Schätzenswerten willen (*heneka philou tinos heterou*). Dies aber müsse etwas sein, bei dem »alle genannten Wertschätzungen enden« (*eis ho pasai hai legomenai philiai teleutôsin*). Als ein solches *prôton philon* soll laut Platon jedoch »das Gute« gelten (*to agathon*, *Ly.* 220a–b). Platon argumentiert also bereits im *Lysis*, es müsse ein schlechterdings Gutes geben, auf das sich das gesamte Streben zurückführen lässt, weil es in sich schätzens- und wählenswert ist. Zusätzliche Indizien für ein metaphysisches *summum bonum* bei Platon ergeben sich besonders aus seinen Begriffen von Maß, Symmetrie, Harmonie und Ordnung und aus seiner Ethik einer »Angleichung an Gott« (*homoiôsis theô*) (s. Kap. V.37).

25.5 Die zentrale Bedeutung der Gerechtigkeit

Platon will den Nachweis führen, dass sich das, was in sich wählenswert ist und was die Erfüllung des wohlverstandenen Eigeninteresses darstellt, nur erreichen lässt, wenn man Gerechtigkeit sucht. Warum Gerechtigkeit? Es wirkt zunächst alles andere als klar, worin der Zusammenhang von richtiger seelischer Verfassung, Moralität und Glück für Platon besteht. Führt die *aretê* zum Glück wegen der sozialen Achtung, die sie einbringt? Dann würde es sich um eine äußere Form von Belohnung handeln. Man kann diese Deutung ausschließen; nach Platons Ansicht darf Gerechtigkeit gerade nicht wegen ihrer sozialen Folgen gepriesen werden (*Rep.* II 366e, 368b–d). Der platonische Gerechte ist keineswegs deswegen glücklich, weil seine äußeren Lebensumstände dauerhaft günstig wären. Platon geht es ja im Gegenteil darum zu zeigen, dass sich die These vom Nutzen der Gerechtigkeit selbst bei extremen sozialen Nachteilen, die ein Gerechter unter Umständen hinnehmen muss, aufrechterhalten lässt (*Rep.* II 360e ff.). Meint Platon mit dem Glück des Tugendhaften dann eine Belohnung nach dem Tod, wie wir sie besonders aus der christlichen Tradition kennen? Diese religiöse Vorstellung enthält zwar auch eine äußere Form von Belohnung; für Platon bildete sie aber eine akzeptable Idee, die er in seinen Mythen vom Totengericht wiederholt dargestellt hat. Wer sein Leben gerecht und heilig geführt hat, so heißt es im *Gorgias*, der gelangt nach seinem Tod zu den »Inseln der Seligen«, wo er in vollkommener Glückseligkeit frei von allen Übeln lebt (*Gorg.* 523a–b; ähnlich *Rep.* X 608c ff.). Allerdings liegt in der ewigen Glückseligkeit des Gerechten eher eine nachgeschobene und sekundäre, nicht die zentrale Begründung, die Platon im Sinn hat (s. Kap. V.44).

Oder besteht diese Begründung darin, dass sich das Glück bei der gerechten Persönlichkeit im Sinn einer seelischen Lustempfindung einstellt? Dies wäre eine innere Form von Belohnung, die von allen Außenumständen unberührt bliebe. Tatsächlich meint Platon, der Gerechte zeichne sich durch eine maximale seelische Harmonie und Selbstübereinstimmung aus; Platon parallelisiert die Gerechtigkeit der Seele ausführlich mit dem, was Gesundheit für einen Körper bedeutet (*Rep.* IV 444c–e). Allerdings zeigt sich erst im neunten Buch der *Politeia*, inwiefern in diesem Punkt ein wichtiger Teil des Zusammenhangs von Gerechtigkeit und Glück liegt. Platon kommt erst dort auf das Thema einer Gegenüberstellung des vollkommen Gerechten und des vollkommen Ungerechten zurück und entwickelt dabei drei Argumente für die These vom Glück des Gerechten (*Rep.* IX 576b–592b). Die Argumente Nr. 2 und 3 stellen dem Gerechten oder Philosophen, gleichgültig wie sein äußeres Leben verläuft, eine höchst positive Lustbilanz in Aussicht, und zwar im Sinn eines geistigen Genusses. Platon sagt nämlich zum einen, der Tugendhafte oder Philosoph führe das lustvollste Leben, weil sein an der Erkenntnis orientiertes Leben den höchsten Grad von Lustempfindung mit sich bringe (*Rep.* IX 580d–583a).

Zum anderen ergibt eine Betrachtung der Qualitätsgrade verschiedener Vergnügungen, dass der Philosoph eine »729mal größere Lust« als der Nichtphilosoph empfinde (*Rep.* IX 583b–588a). Der Philosoph kann mit dieser überlegenen Lustempfindung offenbar jeden sozialen Nachteil und andere widrigen Außenumstände ausgleichen.

Dennoch hat Platon noch eine andere Begründung im Sinn, wie sich am ersten der drei Argumente aus Buch IX zeigt. Dieses stützt sich nicht auf eine Belohnung durch Lust; um das Argument verständlich zu machen, muss man sich folgenden Hintergrund verdeutlichen: Am Beginn des zweiten Buchs der *Politeia* stellt Platon fest, die Gerechtigkeit gehöre zu jenen Gütern, die nicht allein um ihrer Folgen willen, sondern überdies um ihrer selbst willen anzustreben sei. Doch Platon weist die Auffassung, Lust sei etwas in sich Gutes, also ›intrinsisch wertvoll‹, zweifellos zurück. Er macht geltend, dass es auch schlechtes Vergnügen gebe, so dass Lust nur soweit erstrebenswert sein soll, wie sie sich tatsächlich als gut erweisen lässt. Wenn Platon also zeigen will, dass Gerechtigkeit etwas intrinsisch Wertvolles ist, darf er es weder bei bestimmten jenseitigen Belohnungen bewenden lassen noch bei der Lust an der seelischen Harmonie. In beiden Fällen würde es sich um Annehmlichkeiten handeln, die der Gerechte als Belohnung, d. h. als Folge seiner Gerechtigkeit, erhielte. Die Lustempfindung als Verbindungsmoment zwischen Tugend und Glück kennzeichnet eine hedonistische Position. Platon muss den intrinsischen Wert der Gerechtigkeit folglich auf andere Weise zeigen. Tatsächlich stellt sich bei näherem Hinsehen heraus, dass der innere Lustgewinn des Gerechten nur eine Zugabe darstellt. Entscheidend ist das erste platonische Argument, das auf dem Vergleich eines gerechten und eines ungerechten Lebens besteht, nämlich darin, dass der Gerechte – der Philosoph – seine Gerechtigkeit durch die Betrachtung und Nachahmung der Ideenordnung erhält (*Rep.* IX 580a–c). Der Philosoph, so Platon, wird dadurch gerecht, dass er auf die Ideen, also etwas Wohlgeordnetes und Gleichbleibendes schaut und deren Ordnung imitiert (*Rep.* VI 500c; dazu Kraut 1997). Der Gerechte bildet gleichsam die Ordnung des Universums in sich ab. Die hochgradige Regularität der Himmelsbewegungen und ihre exakte Beschreibbarkeit mit den Mitteln subtiler Formen von Mathematik rufe bei Experten der Astronomie, so Platon an anderer Stelle, eine wissenschaftlich reflektierte Form von Religiosität hervor (*Leg.* XII 966e–967b). Auch im *Timaios* wird aus analogen Überlegungen eine ethische Forderung abgeleitet; dort heißt es, man müsse sich als Individuum soweit wie möglich an die Regularität der kosmischen Umläufe angleichen (*Tim.* 90d). Entsprechend wird auch in *Politeia* VII das Bild vom Himmel und seinen Bewegungen ins Spiel gebracht, um von einer stabilen und regulären Ordnung der Welt auf die Forderung nach einer möglichst ähnlichen Ordnung der menschlichen Seele überzugehen; was geordnet sei und sich stets gleich verhalte, das, bei dem es kein Unrechttun und kein Unrechtleiden gibt, wird der menschlichen Seele zur Nachahmung empfohlen (*Rep.* VI 500b–c). Ein Individuum, das sich in vollem Umfang der Ordnung des Kosmos und der dahinter stehenden Ideenordnung angleichen würde, wäre nach *Politeia* VI und VII der perfekte Regent eines idealen Staates (s. Kap. IV.31.1).

Platon konstatiert, die Einübung in die Gerechtigkeit und die Tugend insgesamt bedeute ein Ähnlichwerden mit Gott (*Rep.* X 613a–b; s. Kap. V.37). Inwiefern aber macht die Ideenordnung die Gerechtigkeit zu etwas intrinsisch Wertvollem, und inwiefern führt ihre Betrachtung und Nachahmung zum Glück? Die Antwort liegt wohl darin, dass Platon die Gerechtigkeit, die er als eine geordnete Vielheit der Seelenteile bzw. der gesellschaftlichen Gruppen auffasst, mit dem Geflecht der Ideen, also mit der wechselseitigen Relation der Formen, in Zusammenhang bringt. Charakteristisch für Platons Teleologie ist somit, dass sie zwar bei der Perspektive einer funktionalen Optimierung einsetzt, aber diese nur als theoretische Vorstufe des Strebens nach etwas intrinsisch Wertvollem interpretiert.

Literatur

Annas, Julia 1981: An Introduction to Plato's *Republic*. Oxford.
Annas, Julia 1993: »Virtue as the Use of Other Goods«. In: Apeiron 26(3–4), 53–66.
Annas, Julia 1999: Platonic Ethics. Old and New. Ithaca/London.
Bobonich, Chris 1995: »Plato's Theory of Goods in the *Laws* and *Philebus*«. In: Proceedings of the Boston Area Colloquium in Ancient Philosophy 11, 101–139 (vgl. dazu Jyl Gentzler: »Commentary on Bobonich«. In: Ebd., 140–151).
Cooper, John M. 1977: »The Psychology of Justice in Plato«. In: American Philosophical Quarterly 14, 151–157.
Demos, Raphael 1967: »Plato on Moral Principles«. In: Mind 76, 125–126.
Denyer, Nicholas 1986: »Ethics in Plato's *Republic*«. In: Godfrey Vesey (Hg.): Philosophers Ancient and Modern. Cambridge, 19–33.
Gould, John 1955: The Development of Plato's Ethics. Cambridge.

Horn, Christoph 1998: Antike Lebenskunst. Glück und Moral von Sokrates bis zu den Neuplatonikern. München.
Horn, Christoph (Hg.) 2012: Platon, *Symposion*. Berlin.
Ilting, Karl-Heinz 1977: »Bedürfnis und Norm. Platons Begründung der Ethik«. In: Manfred Riedel/Jürgen Mittelstraß (Hg.): Vernünftiges Denken: Studien zur Praktischen Philosophie und Wissenschaftstheorie. Berlin/Boston, 420–446
Irwin, Terence H. 1977: Plato's Moral Theory. Oxford.
Irwin, Terence H. 1995: Plato's Ethics. New York/Oxford.
Krämer, Hans ²1967: Arete bei Platon und Aristoteles [1959]. Zum Wesen und zur Geschichte der platonischen Ontologie. Heidelberg.
Kraut, Richard 1992: »The Defense of Justice in Plato's *Republic*«. In: Ders. (Hg.): The Cambridge Companion to Plato. Cambridge/New York, 311–337.
Kraut, Richard 1997: »Plato's Comparison of Just and Unjust Lives«. In: Otfried Höffe (Hg.): Platon, *Politeia*. Berlin (= Klassiker Auslegen, Bd. 7), 271–290.
Liske, Michael-Thomas 1987: »Ist Platons Ethik deontologisch oder teleologisch?« In: Salzburger Jahrbuch für Philosophie 32, 65–77.
McTighe, Kevin 1984: »Socrates on Desire for the Good and the Involuntariness of Wrongdoing«. In: Phronesis 29, 193–236.
Neschke-Hentschke, Ada 1995: Platonisme politique et théorie du droit naturel. Bd. I. Louvain/Paris.
Nussbaum, Martha C. 1986: The Fragility of Goodness. Luck and Ethics in Greek Tragedy and Philosophy. Cambridge.
Penner, Terry 1973: »The Unity of Virtue«. In: Philosophical Review 38, 35–68.
Perpeet, Wilhelm 1966: »Das Gute als Einheit, Zur Agathon-Spekulation Platons«. In: Kant Studien 57, 17–31.
Pietsch, Christian (Hg.) 2013: Ethik des antiken Platonismus. Der platonische Weg zum Glück in Systematik, Entstehung und historischem Kontext. Stuttgart.
Rist, John M. 2012: Plato's Moral Realism. The Discovery of the Presuppositions of Ethics. Washington.
Santas, Gerasimos 1985: »Two Theories of Good in Plato's *Republic*«. In: Archiv für Geschichte der Philosophie 67, 223–245.
Santas, Gerasimos 1986: »Plato on Goodness and Rationality«. In: Revue Internationale de Philosophie 40, 97–114.
Santas, Gerasimos 2001: »Plato's Criticism of the ›Democratic Man‹ in the *Republic*«. In: Journal of Ethics 5, 57–71.
Santas, Gerasimos 2010: Understanding Plato's *Republic*. Malden/Oxford.
Slaatté, Howard A. 2000: Plato's Dialogues and Ethics. Lanham/NewYork/Oxford.
Stalley, Richard F. 1981: »Mental Health and Individual Responsibility in Plato's *Republic*«. In: Journal of Value Inquiry 15, 109–124.
Stemmer, Peter 1985: »Unrecht tun ist schlechter als Unrecht leiden«. In: Zeitschrift für philosophische Forschung 39, 501–522.
Stemmer, Peter 1988: »Der Grundriss der platonischen Ethik«. In: Zeitschrift für philosophische Forschung 42, 529–569.
Taylor, Christopher C. W. 1998: »Platonic Ethics«. In: Stephen Everson (Hg.): Ethics (Companions to Ancient Thought, Bd. 4). Cambridge, 49–76.
Vlastos, Gregory ²1981: Platonic Studies. Princeton.
Vlastos, Gregory 1991: Socrates. Ironist and Moral Philosopher. Cambridge.
White, F. C. 1988: »Justice and the Good of Others in Plato's *Republic*«. In: History of Philosophy Quarterly 5, 395–410
White, Nicholas P. 1984: »The Classification of Goods in Plato's *Republic*«. In: Journal of the History of Philosophy 22, 393–422.
Williams, Bernard 1978: Der Begriff der Moral. Stuttgart [engl. 1972].
Williams, Bernard 1984: Moralischer Zufall. Philosophische Aufsätze 1973–1980. Meisenheim [engl. 1981].
Williams, Bernard 1985: Ethics and the Limits of Philosophy. London.
Williams, Bernard 1993: Shame and Necessity. Berkeley.
Williams, Bernard 1997: »Platon against the Immoralist«. In: Otfried Höffe (Hg.): Platon, *Politeia*. Berlin (= Klassiker Auslegen, Bd. 7), 55–67.
Wolf, Ursula 1996: Die Suche nach dem guten Leben. Platons Frühdialoge. Reinbek.

Christoph Horn

26 Handlungstheorie

Handlungstheoretische Überlegungen finden sich bei Platon an zahlreichen Stellen, aber nirgendwo werden sie so konzentriert und zusammenhängend abgehandelt wie etwa bei Aristoteles in Buch III der *Nikomachischen Ethik*. Wer Platon verstehen will, muss dessen philosophische Theorien fast immer aus den Dialogen herausfiltern und sie Stück für Stück rekonstruieren. Im vorliegenden Fall gilt das umso mehr, da Platon kein eigenständiges Interesse an handlungstheoretischen Fragen besitzt, sondern diese lediglich mitbehandelt, wo er es für erforderlich hält; zentral scheint für ihn die Frage zu sein, mit der er im *Theaitetos* die Aufgabe des Philosophen charakterisiert: »Was aber der Mensch ist, und was einer solchen Natur im Unterschied zu anderen zu tun und zu leiden zukommt, darum bemüht er sich und strengt sich an, es zu erforschen« (*Tht.* 174b3 ff.).

26.1 Gütertheorie

Seit Sokrates, wie er von Xenophon und Platon dargestellt wird, finden wir in der antiken Ethik inhaltliche Diskussionen darüber, welche Güter (*agatha*) in welchem Grad erstrebenswert sind. Platon rechnet etwa Reichtum und Besitz dazu, Gesundheit und ein positives äußeres Erscheinungsbild, einen guten Ruf, verschiedene Kompetenzen und Qualitäten, darunter Lernfähigkeit, Gedächtnis und Urteilskraft; zu den *agatha* gehören für ihn ferner Tugenden wie Großzügigkeit, Tapferkeit, Gerechtigkeit, Besonnenheit und Weisheit (vgl. *Euthyd.* 279b ff.; *Gorg.* 452a ff.; *Men.* 87d ff.; *Rep.* VI 506; *Phlb.* 60d). Er teilt diese Güter nach ihrem Rang ein, wobei an erster Stelle die seelischen Güter, an zweiter körperliche und an dritter Stelle materielle, äußere Güter stehen sollen (vgl. etwa *Leg.* III 697b). Platon sieht jedoch nicht eine Phänomenologie von Gütern als entscheidend an, sondern wirft die Frage auf, was etwas zu einem Gut macht und wie Güter gegeneinander zu gewichten sind. Das entscheidende Auswahl- und Vorrangkriterium von Gütern ist für ihn ihre Glücksrelevanz. Einige Güter besitzen eine weitreichende, andere eine geringe Bedeutung für das Glück (*eudaimonia*).

Glück ist für Platon dasjenige, was jeder Akteur in letzter Konsequenz mit allem, was er tut, implizit anstrebt. Im *Euthydemos* ist in diesem Sinn davon die Rede, dass »wir alle danach streben, glücklich zu sein« (282a2 f.). Weil jeder Akteur letztlich nach Glück strebt, ist er rationalerweise darauf festgelegt, jede einzelne seiner Handlungen an einem Ziel auszurichten, das gut oder ein Gut ist. Platon vertritt mithin die These, dass es keine rationale Handlung geben kann, die vom Akteur nicht *sub ratione boni* gewählt wird. Zumindest ein vermeintlich Gutes muss anvisiert sein, wenn auch vielleicht kein tatsächliches Gut. Etwas Schlechtes als Schlechtes zu wählen, ist für Platon ausgeschlossen.

Die These, dass niemand freiwillig schlecht ist oder Schlechtes tut, gehört zu den grundlegenden Überzeugungen Platons. Wir stoßen auf diese These in Platons Werken aus allen biographischen Phasen (*Apol.* 25e; *Hp. min.* 376b; *Prot.* 345d–e, 352b ff., 358c–e; *Gorg.* 509e; *Men.* 77b ff.; *Rep.* II 382a, III 413a, IV 444a ff., IX 589c; *Soph.* 228c7 f.; *Tim.* 86d–e). Bemerkenswerterweise wird diese ›Unfreiwilligkeitsthese‹ an keiner Stelle anders als zustimmend angeführt. Bei ihr handelt es sich um eines der drei Paradoxa, mit denen bereits der historische Sokrates das landläufige Moralverständnis und die philosophische Moraltheorie seiner Zeitgenossen herausforderte. Neben der Unfreiwilligkeitsthese gehören zu diesen drei Provokationen auch die Überzeugungen ›Tugend ist Wissen‹ und ›Alle Tugenden bilden eine Einheit‹. In der Summe begründen sie eine Auffassung, die man als moralischen Intellektualismus bezeichnet. Dem Intellektualismus zufolge ergibt sich das angemessene oder richtige Handeln einer Person präzise aus ihrer vernünftigen Einsicht. Das bedeutet: Jemandes vernünftige Einsicht garantiert sein individuelles Gutsein und gutes Handeln, und dies sowohl im Sinn einer notwendigen als auch im Sinn einer hinreichenden Bedingung. Die Pointe des sokratischen Intellektualismus besteht darin, dass es in jedermanns Hand liegt, ob er oder sie sich durch eine konsequente Vernunftorientierung von verfehltem Handeln frei macht oder nicht. Denn jedem soll seine Vernunft unmittelbar zugänglich sein; wer sie aber vollständig aktiviert, vermag damit sowohl prudentielles Fehlhandeln zu vermeiden, nämlich Willensschwäche (*akrateia*, *akrasia*), als auch moralisches Fehlhandeln auszuschließen, d. h. Unrechttun (*adikia*). Der Grund, weswegen Platon so sehr an der These von der Unfreiwilligkeit des Fehlhandelns gelegen ist, scheint mithin sein Versuch zu sein, am moralischen Intellektualismus des Sokrates festzuhalten.

Im Zusammenhang mit seiner eudämonistischen Gütertheorie trifft Platon nun eine wesentliche Unterscheidung: die zwischen intrinsischen und instrumentellen Gütern aus dem zweiten Buch der *Politeia* (*Rep.* II 357b–d). Manches erstreben wir, weil es in sich wählenswert ist, anderes, weil wir es als wählenswert für etwas anderes ansehen. Genau genommen wird zwischen drei Güterklassen differenziert: zwischen (1) Gutem, das man nicht um seiner Folgen willen, sondern allein um seinetwillen anstrebe, z. B. Wohlbefinden oder unschädliche Arten von Vergnügen; (2) Gutem, das man sowohl um seiner selbst willen als auch wegen seiner Folgen erstrebe, z. B. Vernünftigsein, Sehen oder Gesundsein, und (3) Gutem, das allein wegen der günstigen Folgen erstrebt werde, z. B. Turnübungen, medizinische Behandlungen und gewinnträchtige Berufe. Nach Platon kann jemand ein Gut entweder um seinetwillen (*auto hautou heneka*) wollen oder um der sich aus ihm ergebenden oder zumindest zu erwartenden Konsequenzen (*ta apobainonta*) willen – oder wie bei der mittleren Gruppe in beiderlei Absicht. Die mittlere Klasse hält Platon für die wichtigste; sie schließt auch die Gerechtigkeit ein.

26.2 Strebenstheorie

Platon scheint einer der ersten Philosophen zu sein, deren Handlungstheorie einen teleologischen Charakter aufweist. Das bedeutet, dass er menschliches Handeln im Vokabular von Streben, Gütern, Mitteln und Zwecken und letzten Zielen beschreibt. Eine solche Theorie beruht grundsätzlich auf sieben Einzelthesen, nämlich:

1. Jede Handlung eines Akteurs ist stets auf ein Ziel oder einen Zweck gerichtet.
2. Mit jedem Ziel oder Zweck strebt ein Akteur nach einem (wirklichen oder vermeintlichen) Gut.
3. Ziele oder Zwecke differenzieren sich nach der Antithese von instrumentellen und intrinsischen Gütern; erstere werden (gewöhnlich oder vernünftigerweise) um letzterer willen gewählt.
4. Dabei ergeben sich mehr oder minder lange Zielketten, denn einzelne Handlungen sind (in der Regel) in größere Mittel-Zweck-Abfolgen integriert.
5. Jede Handlung eines Individuums gehört in letzter Konsequenz einem Güter- oder Zweck-Kontinuum an, welches das gesamte Leben des betreffenden Individuums einschließt.
6. Dieses Güter-Kontinuum richtet sich auf einen umfassenden letzten Zweck.
7. Der umfassende Zweck besteht im Glück oder gelingenden Leben.

Platon scheint alle sieben Punkte mehr oder minder deutlich zu vertreten. Zentral sind (1) und (7), nämlich die These von der Zweckorientierung jeder Einzelhandlung bzw. die These von der Summierung der Einzelzwecke eines Individuums zu einem Gesamtzweck, dem Glück. Glück bedeutet nach Platon soviel wie ein definitiver und umfassender Güterbesitz, d. h. ein Zustand, in dem das Streben eines Individuums seine Erfüllung erreicht – was immer inhaltlich dafür konstitutiv sein mag (*Symp.* 205a, vgl. 202c; *Gorg.* 478c). Die Strebensrelation kommt in dem, was schlechthin erstrebenswert ist, zu einem Ende. Zur Semantik des Glücksbegriffs gehört es, dass man nicht sinnvoll weiterfragen kann, weshalb jemand glücklich sein will. Was immer unter Glück zu verstehen sein mag, es bildet präzise jenes Ziel, an welchem sich jedes Streben, Begehren, Wünschen usw. erfüllt.

Spuren einer solchen eudämonistischen Strebenstheorie finden sich an vielen Stellen bei Platon. Im *Protagoras* erklärt Sokrates, das Streben des Menschen nach dem guten Leben sei wesentlich für sein Handeln und führt es seinen Zuhörern anhand des Bildes von der Jagd vor Augen, dass die Menschen der Lust als dem Guten nachjagen und der Unlust als dem Schlechten entfliehen (354c3 ff.). Wie einem Tier läuft demnach der Mensch dem Guten hinterher, um es zu erreichen und zu fangen. Im *Gorgias* behauptet Sokrates, dass jede Handlung, etwa Sitzen, Gehen, Laufen oder Zur-See-Fahren, und ebenso Gegenstände, beispielsweise Steine oder Holz, zunächst wertneutral zu begreifen seien. Erst durch das Gute und Schlechte erlangten die Handlungen ihren Wert (vgl. 467e ff.). Denn »um des Guten willen tun dieses alles diejenigen, die es tun« (468b7 f.). Sogar wenn jemand getötet und beraubt werde, geschehe dies um dieses Guten willen (vgl. 468b f.). ›Gut‹ bezeichnet in dieser Hinsicht den Erfolg, das Ziel, das eine Handlung anstrebt, »wenn es nützlich ist« (468c). Auch die Gleichnisfolge von Sonne, Linie und Höhle in *Politeia* VI und VII (s. Kap. V.55) beschreibt eine Strebensrelation. Ein wesentlicher Punkt ist hier, dass die Idee des Guten nicht nur das höchste Erkenntnisprinzip und die Ursache aller Tauglichkeit darstellt, sondern zudem das letzte Strebensziel bilden soll. Platon konstatiert dort nicht allein, dass die Idee des Guten das bedeutendste Erkenntnisobjekt sei und dass durch sie alles nützlich und wertvoll werde. Er stellt auch fest, dass die Idee des Guten dasjenige sei, welches jede Seele suche und um dessentwillen sie alles tue; die Seele, so Platon, ahnt, dass es etwas Derartiges gibt, befindet sich aber in Aporien und kann nicht hinreichend bestimmen, was es ist (*Rep.* VI 505d–e; vgl. *Gorg.* 499e). Menschliche Handlungen besitzen damit von sich her immer schon ein Ziel, um dessen willen sie vollzogen werden: das umfassende gute Leben oder die Idee des Guten.

Platons Einsicht in die intentionale Struktur von Handlungen, die zunächst an dem Begriff des Guten, nach dem alles Handeln strebt, festgemacht werden kann, bleibt zunächst durch die Bindung des Guten an den Nutzen oder Vorteil in gewissem Umfang der sophistischen Vorstellung vom subjektiven Vorteil für den jeweils Handelnden verhaftet. Platon kann diesem sophistischen Subjektivismus in ethischer Hinsicht nur entgehen, indem er den Nutzen an die objektive Vorstellung einer metaphysischen Idee des Guten bindet.

26.3 Handeln und Verursachen

In der modernen Handlungstheorie bildet die Unterscheidung von Gründen und Ursachen eine wesentliche Basis. Unsere Rede von Gründen, über die wir als Akteure oder als Interpreten fremden Handelns nachdenken, unterscheidet sich prinzipiell von unserem Sprechen über Ursachen, wie wir sie im Fall von Naturerklärungen heranziehen. Für unser alltägliches Weltbild wäre es irritierend und revisionär, ließe sich menschliches Handeln in derselben Weise beschreiben wie das, was wir gewöhnlich für intentional nichtgesteuerte Körpervorgänge halten. Wir glauben somit, dass Veränderungsprozesse, die bei Menschen auftreten, sich in mindestens zwei verschiedene Klassen aufteilen lassen: in naturale, die wir als fremdverursacht deuten, und in intentionale, die wir für selbstverursacht halten. Zu den ersteren gehören Prozesse des Wachsens, Alterns, Verdauens, Niesens oder Gähnens sowie Körperreflexe (Naturkausalität). Zur zweiten Gruppe zählt etwa, dass jemand spazieren geht, ein Buch liest, einen Vertrag schließt, eine Lebensentscheidung trifft oder einer moralischen Überzeugung folgt (Akteurkausalität). Eine Vorform dieser Unterscheidung findet sich im *Phaidon*: Dort wendet sich Sokrates gegen den Naturalismus des Anaxagoras, der menschliche Handlungen – wie etwa Sokrates' reflektierte Entscheidung, nicht aus dem Gefängnis zu fliehen – auf eine physische Erklärungsebene bezieht, nämlich auf den Besitz von Knochen, Gelenken und Sehnen. Platon lässt seinen Sokrates sagen: »Dagegen ist es ganz abwegig, Dinge jener Art Ursachen zu nennen. Wenn jemand sagen würde, dass ich ohne den Besitz von Dingen jener Art, nämlich Knochen und Sehnen und was ich sonst noch besitze, nicht in der Lage wäre, das auszuführen, was mir richtig scheint, dann würde er ganz Richtiges sagen. Dass ich aber eben deswegen tue, was ich tue, und es trotzdem mit Vernunft tue, nicht aber aufgrund einer Entscheidung für das Beste, das wäre ein ganz unverantwortliches Argument« (*Phd.* 99a5–b4; übers. Th. Ebert).

Im späten Dialog *Philebos* gelangt Platon zu einer vertieften Einsicht in das Spezifikum menschlichen Handelns. Sokrates und sein Gesprächspartner Protarchos untersuchen dort die Entstehung von Lust- und Unlustgefühlen. Zunächst beschäftigen sie sich mit deren körperlichen Ursachen wie Hunger und Durst (31e ff.). Im nächsten Schritt fordert Sokrates Protarchos dazu auf, von den körperlichen Ursachen abzusehen: »Betrachte jetzt in der Seele selbst die Erwartung in Bezug auf diese Zustände, wobei die Erwartung der Lust angenehm und zuversichtlich ist, die Erwartung der Unlust furchterregend und schmerzlich« (32b9). Die Innovation des *Philebos* zeigt sich in der Annahme von Gefühlszuständen, die ausschließlich auf die Seele als ihre Ursache zurückführbar sind. In der *Politeia* werden Lust und Unlust zwar ebenfalls als seelische Zustände beschrieben, doch die Seele wird von Platon nahezu vollständig als Funktion des Körpers aufgefasst. Mittels der Begierde (*epithymia*) strebt eigentlich der Körper nach Befriedigung seiner Bedürfnisse (vgl. die Rede von der »Lust des Körpers«: *Rep.* IV 442a). Ausgehend von dem Gedanken der seelisch verursachten Gefühlszustände gewinnt Platon hingegen im *Philebos* eine andere Ansicht von Lust und Unlust. Er bestimmt die Struktur der Begierde nunmehr genauer, indem er hervorhebt, dass der Durst keine Begierde nach Getränk darstellt, sondern nach Anfüllung mit Getränk, dass der Durst also das Durststillen begehrt. Dies kann aber nur begehren, wer schon einmal erlebt hat, dass sein Durst gelöscht worden ist, denn nur so kann er vom angenehmen Zustand des Angefülltseins wissen. Weder die gegenwärtige Wahrnehmung noch das Gedächtnis könnten ihm im Zustand des Leerseins das Wissen vom entgegengesetzten Zustand vermitteln (vgl. *Phlb.* 34e f.).

Die weitere Argumentation verläuft dann wie folgt: Der Körper kann als Erklärung für das Begehren als solches nicht hinreichen. Der Begehrende muss für Platon eine Vorstellung von dem haben, worauf sich sein Streben richtet. Der Körper aber befindet sich in einem Zustand, der beseitigt werden soll. Allein die Seele, so folgert Platon, kann mittels des Gedächtnisses eine Vorstellung von dem besitzen, was durch das Begehren erreicht werden soll (vgl. *Phlb.* 35b f.). Und abschließend stellt Platon fest: »Indem also die Rede die Erinnerung als die zum Begehrten hinführende aufgewiesen hat, hat sie nachgewiesen, dass jeder Trieb und jede Begierde und das Prinzip jeglichen Lebewesens zur Seele gehören« (*Phlb.* 35d1 ff.).

26.4 Wollen und Zurechnung

Bereits die Argumentation aus dem *Philebos* zeigte, wie groß die Bedeutung ist, die Platon der Vorstellung von einem zu verwirklichenden Ziel beimisst. Die Seele wird dabei zum eigentlich ursächlichen Prinzip für das Handeln des Menschen. Absicht bzw. Wollen sind nicht mehr als Wirkungen des Körpers zu begreifen und stellen als Funktionen der Seele auch keinen verinnerlichten Körper mehr dar. Ausschließlich die Seele kann wollen und Absichten haben. Sie wird zum maßgeblichen Faktor menschlicher Praxis und verliert dadurch ihren rein theoretischen Charakter, in dem vormals in Abgrenzung zum Körperlichen das spezifisch Menschliche für Platon bestand.

Man hat sich verschiedentlich gefragt, ob Platon über einen Willensbegriff im Sinn absoluter Spontaneität verfügt. Klar ist in dieser schwierigen Frage zumindest soviel: Platon diskutiert sowohl das Determinismus- als auch das Zurechnungsproblem und bringt dabei u. a. die Vorstellung einer Souveränität oder ›Herrenlosigkeit‹ der Tugend (*aretê adespoton*) ins Spiel sowie den Begriff eines freien Wählens (*haireisthai*) (*Rep.* X 617e; vgl. *Phd.* 99a–e; *Leg.* IX 860d ff.). Dagegen, dass es sich hierbei bereits um die Konzeption eines freien und spontanen Willens handelt, spricht allerdings, dass Platon keine Möglichkeit vorsieht, dass ein Akteur bei klarem Bewusstsein eine schlechte Handlungswahl treffen könnte. Kaum zu bestreiten ist dagegen, dass Platon als Begründer der intellektualistischen Begriffstradition des Willens (*boulêsis*) gelten kann. In einer terminologisch wirkungsreichen Passage lässt er seinen Sokrates feststellen, Rhetoren und Tyrannen täten »nichts von dem, *was sie wollen* (*ha boulontai*); sie tun vielmehr, was immer ihnen gerade richtig scheint« (*Gorg.* 466d6–e2; vgl. den Kontext 466a9–467e5 sowie *Euthd.* 278e3; *Charm.* 167e; *Men.* 77e–78b). Wollen (*boulesthai*) wird damit pointiert von einer arbiträren Handlungswahl unterschieden und als ein ausschließlich rationales Streben bestimmt, d. h. als Ausrichtung auf ein objektives Gut (vgl. auch die pseudo-platonischen Definitionen, wo *boulêsis* als *eulogos orexis* oder als *orexis meta logou* bestimmt wird (*Gorg.* 413c8)). Daneben entwickelt Platon die Vorstellung einer willentlichen Antriebsenergie. Den Willen in diesem Sinn bezeichnet er als Zorn oder Mut (*thymos, thymoeides*), weist ihm die Rolle eines selbständigen Seelenteils zu und beschreibt ihn als ambivalente Fähigkeit, die entweder vernunftwidrig oder vernunftgemäß ausgerichtet werden kann, sich jedoch unter dem Einfluss des kognitiven Seelenteils vernunftkonform verhält (*Rep.* IV 410b–411e, 439e–440e) (s. Kap. IV.24.2).

26.5 Selbstbewegung und Spontaneität

Immerhin kann man mit Blick auf den Begriff der selbstbewegten Seele bei Platon Tendenzen ausmachen, die in die Richtung eines spontanen Willens weisen. Platons Einsicht in die Grundstruktur des Wollens als Vermögen der Seele ergänzt sich in handlungstheoretischer Hinsicht mit seiner These von der Selbstbewegung der Seele im *Phaidros* (245c–246a), im *Politikos* (269d–e) und den *Nomoi* (X 893b–896d). Diese Selbstbewegung denkt Platon in strenger Entgegensetzung zum Ursache-Wirkungs-Verhältnis des ständigen Prozesses von Werden und Vergehen in der körperlichen Natur. Ursache und Wirkung sind bei naturalen Vorgängen als zueinander Anderes aufzufassen: Etwas wirkt auf etwas Anderes, oder wie Platon sich ausdrückt: »dasjenige aber, das anderes bewegt, weil es durch anderes bewegt wird« (*to d' allo kinoun kai hyp' allou kinoumenon*: *Phdr.* 245c). Und im Gegensatz zu diesen Veränderungsprozessen in der Natur verdeutlicht Platon die selbstverursachte Bewegung der Seele mit dem Bild, dass diese Bewegung »sich selbst nicht verlässt« (*ouk apoleipon heauto*: *Phdr.* 245c). Diese Selbstverursachung als dynamisches Prinzip der Seele erlaubt es Platon zusammen mit der Einsicht in die grundsätzliche Absichtlichkeit ein ursprünglich praktisches Vermögen des Menschen zu denken. Aufgrund dieses Vermögens scheint es gerechtfertigt, beim späten Platon schließlich von der Spontaneität des absichtlichen Strebens zu sprechen und das heißt vom freien Willen des menschlichen Handelns.

Für die *Nomoi* ist entscheidend, dass Platon behauptet, Selbstbewegung sei die Ursache aller anderen Bewegungsformen. Das Argument hierfür stellt eine Weiterentwicklung desjenigen aus dem *Phaidros* dar. Es lautet: Die Bewegungsprozesse im wahrnehmbaren Kosmos bilden eine kontinuierliche Kausalkette. Einen infiniten Regress in der Erklärung einer Bewegung durch eine andere kann man nur durch die Annahme von Selbstbewegung vermeiden (*Leg.* X 894c–895a). Dazu bedarf es freilich der Annahme einer zur Selbstbewegung fähigen Entität. Selbstbewegung bedeutet aber soviel wie Leben; Leben ist jedoch das Definitionsmerkmal der Seele (*Leg.* X 895e f.). Allerdings ist nicht klar, wie weit Platon den Gedanken der Selbstbewegung der Seele von der kosmologischen Ebene auf das Handeln des Menschen übertragen wollte. Möglicherweise ist dies erst in der weiteren platonischen Tradition geschehen. Beispielsweise findet sich bei Chalcidius die Feststellung, die menschliche Seele sei nach Platon eine körperlose rationale Substanz, die zur Selbstbewegung fähig sei (*Est igitur anima iuxta Platonem substantia carens corpore semet ipsam movens rationabilis*: *In Timaeo* 263; 241.8–10 Waszink).

Literatur
Bakewell, Geoffrey W. 2003: »*Poi dê kai pothen*; Self-Motion in Plato's *Phaedrus*«. In: Ders./J. P. Sickinger (Hg.): Gestures. Essays in Ancient History, Literature, and Philosophy Presented to A. L. Boegehold. Oxford, 16–26.
Baumgarten, Hans-Ulrich 1998: Handlungstheorie bei Platon. Platon auf dem Weg zum Willen. Stuttgart/Weimar.
Blyth, Dougal 1997: »The Ever-Moving Soul in Plato's *Phaedrus*«. In: American Journal of Philology 118, 185–217.
Horn, Christoph 2005: »Der Begriff der Selbstbewegung bei Alkmaion und Platon«. In: Georg Rechenauer (Hg.): Frühgriechisches Denken. Göttingen, 152–173.
Karl, Jacqueline 2010: Selbstbestimmung und Individualität bei Platon. Eine Interpretation zu frühen und mittleren Dialogen. Freiburg/München.
Kauffmann, Clemens 1993: Ontologie und Handlung: Untersuchungen zu Platons Handlungstheorie. Freiburg/München.
Müller, Jörn 2009: Der Leib als Prinzip des schlechten Handelns? In: Zeitschrift für philosophische Forschung 63, 285–312.
Müller, Jörn 2013: Der Mensch als Marionette. Psychologie und Handlungstheorie. In: Christoph Horn (Hg.): Platon. *Gesetze – Nomoi*. Berlin, 45–66.
Ostenfeld, Erik N. 1992: »Self-Motion, Tripartition, and Embodiment«. In: L. Rossetti (Hg.): Understanding the *Phaedrus*. Proceedings of the II Symposium Platonicum. St. Augustin, 324–328.

Hans-Ulrich Baumgarten

27 Politische Philosophie

Politische Philosophie (PP) bildet in den platonischen Schriften eines der großen und wiederholt behandelten Themen. Bereits im Frühdialog *Kriton* lässt Platon seinen Sokrates eine politische Argumentation vortragen, der zufolge man den staatlichen Gesetzen unbedingten Gehorsam schuldet (50a–54d). Im *Protagoras* findet sich eine Kontroverse über die Frage, ob jeder Mensch über »politische Tugend« verfügt und daher an der Meinungs- und Willensbildung in der Polis beteiligt werden sollte, wie das demokratische Athen dies praktizierte (320c–324c). Im *Gorgias* bezeichnet sich Sokrates selbst als den einzigen unter den Zeitgenossen, der sich mit der »wahren politischen Kunst auseinandersetzt« (*epicheirein tê hôs alêthôs politikê technê*) und der »politische Angelegenheiten betreibt« (*prattein ta politika*: 521d). In der *Politeia* wird mit erheblichem argumentativen Aufwand das Modell einer ideal gerechten Polis entworfen, in welcher die mit perfektem Wissen ausgestatteten Philosophen herrschen sollen; die Realisierungschancen des Entwurfs werden allerdings von Platon explizit gering veranschlagt. Der Dialog *Politikos* liefert demgegenüber eine praktikablere Konzeption vom Wissen des Staatsmanns, skizziert eine Verfassungstheorie und verteidigt die Vorstellung einer Gesetzesordnung. In seinen späten *Nomoi* entwickelt Platon schließlich in detaillierter Form das Modell einer wohlgeordneten, gesetzesbasierten Polis, die er als zweitbeste und zugleich als realisierungsfähige politische Option betrachtet zu haben scheint.

Folgende Aspekte und Motive können als grundlegend für die platonische PP (zumindest für die des reifen Platon) gelten: Zunächst, Platon scheint sein politisches Denken in mehr oder minder pointiertem Kontrast zur athenischen Demokratie des 5. Jh.s wie zur Tyrannis seiner eigenen Zeit entwickelt zu haben, da er das politische System Athens für den Justizmord an Sokrates verantwortlich macht, der »der beste, vernünftigste und gerechteste der damals lebenden Menschen« gewesen sei (*Phd.* 118a). Hauptsächliche Fehler der Demokratie liegen für Platon in einem Übermaß an individueller Freiheit und in der politischen Partizipation unreflektierter Personen. Im Hintergrund steht eine tendenziell pessimistische Anthropologie, nach der Menschen (oder doch die meisten Menschen) nicht ohne eine sie bestimmende Herrschaftsordnung leben können. Da die jeweils Regierenden stets in der Gefahr eines Machtmissbrauchs stehen, erscheint folgerichtig eine Herrschaft der

Götter über die Menschen (analog der überlegenen Herrschaft eines Hirten über seine Herde) als bestmögliche Lösung. Doch eine solche Regierungsform ist nicht zu haben; vielmehr besteht das verfügbare politische Optimum für Platon darin, dass ein maximal einsichtsgeleiteter Mensch – der zugleich frei von eigennützigen Interessen sein soll – die Staatsführung übernimmt. Auf diese Weise kommt es zu Platons Wertschätzung für die Herrschaft philosophischer Experten. Von welcher Art deren Expertenwissen ist, wird in verschiedenen Anläufen bestimmt; es handelt sich um sehr anspruchsvoll gefasste Vorstellungen umfassender Kenntnisse. Klar ist für Platon, dass es dieses Wissen ist, das eine gute politische Herrschaft von der der zeitgenössischen (demokratischen oder tyrannischen) Politiker und von der (Pseudo-)Kompetenz der Sophisten unterscheidet.

Es liegt nahe, Platons Verhältnis zur politischen Realität zu seiner eigenen Biographie in Beziehung zu setzen. Der *Siebte Brief* (falls echt) enthält hierzu zwei relevante Passagen: (1) Gleich als junger Mann habe er sich, so berichtet Platon, den politischen Angelegenheiten Athens zugewandt, bald aber mit dem Regime der dreißig Tyrannen ernüchternde Erfahrungen gemacht, zumal diese Sokrates, den »Gerechtesten der damals Lebenden« (*dikaiotaton ... tôn tote*) hingerichtet hätten; die Abneigung gegenüber der dekadenten politischen Realität habe ihn daraufhin zur Philosophie geführt (324b–326b). (2) Platon beschreibt drei Reisen nach Syrakus, die er im Lauf seines Lebens unternommen habe; besonders auf der ersten Reise sei sein Einfluss auf Dion, den Schwager des Tyrannen Dionysios I., so groß gewesen, dass auch Hoffnung auf eine Gesinnungsänderung des Tyrannen und auf Etablierung einer philosophienahen Regierungsform bestanden habe – eine, so wird berichtet, wiederholt enttäuschte Hoffnung (326b–328d). – Gleichgültig, ob diese Äußerungen authentisch sind oder nicht: fest steht, dass sowohl die frühe Wendung von der korrupten politischen Praxis hin zu einer philosophischen Reflexion über Politik als auch die Idee einer genuin philosophischen Politikberatung zu Platons Grundmotiven gehören.

27.1 Politische Philosophie in den Frühschriften

Viele Interpreten der PP in den Frühdialogen meinen, zwischen Positionen des historischen Sokrates und solchen Platons unterscheiden zu können. Unstrittig ist, dass es für eine PP von Belang ist, ob man – wie der historische Sokrates oder der frühe Platon – einen moralischen Intellektualismus vertritt und damit (wenigstens einige) Menschen für intellektuell selbststeuerungsfähig erklärt, oder ob man glaubt, es gebe eigenständige irrationale Kräfte im Menschen oder rational nicht beeinflussbare Gruppen von Menschen, die der Herrschaft und Kontrolle durch andere bedürfen.

Die erhebliche Bedeutung des Politischen für die Frühschriften können wir beginnend mit der *Apologie* daran erkennen, wie deutlich der (historische oder literarische) Sokrates seine philosophische Mission zu Fragen der Politik in Beziehung setzt: Sokrates erzählt, dass ihn eine innere Stimme, das *daimonion*, davon abhalte, unmittelbar selbst Politik zu betreiben (*ta politika prattein*: *Apol.* 31d); stattdessen sieht er seinen göttlich inspirierten Auftrag darin, in öffentlich und unentgeltlich geführten philosophischen Gesprächen junge Leute, die politisch aktiv werden wollen, zur »Fürsorge für ihre Seele« zu motivieren. Nach Sokrates hat es nie »ein größeres Gut in der Polis« gegeben als diesen Dienst, den er für den Gott leiste (*Apol.* 30a).

Der *Kriton* enthält einen Bericht (*Cri.* 51a–53a), wonach der zum Tode verurteilte Sokrates die Überzeugung vertreten habe, man müsse den staatlichen Gesetzen unter allen Umständen Gehorsam leisten – auch wenn es sich um ungerechte Gesetze handelt. Sokrates begründet diesen Legalismus damit, dass er der staatlichen Gesetzesordnung seine Existenz verdanke und zudem Dank schulde für alles, was er sei, sowie für die lebenslang gewährten Wohltaten. Außerdem hätte er in der Vergangenheit auswandern können, wenn ihm die Gesetze seines Staates nicht gefallen hätten, was er aber nicht getan habe. Mit dem zuletzt genannten Punkt formuliert Sokrates so etwas wie die Idee eines stillschweigenden Vertrags, den jeder Bürger implizit, einfach durch seine Kooperationspraxis, mit dem Staat schließt; allerdings ist Platon sicherlich kein Kontraktualist (trotz *Rep.* II 358e–359b). R. Kraut hat Sokrates' These als *persuade-or-obey*-Vorschrift rekonstruiert, der zufolge man als Staatsbürger die politischen Entscheidungsträger zuerst zu überzeugen versuchen darf, danach aber ihrer Entscheidung Folge leisten muss (Kraut 1984, 54 ff.; vgl. Schofield 2000, 185).

Im *Protagoras* argumentiert Sokrates gegen den gleichnamigen Sophisten, der jedem Bürger im Mythos von der Kulturentstehung einen hinreichenden Anteil an politischer Tugend (*politikê aretê*: 322e f.) zuspricht. Protagoras weist darauf hin, dass in der Volksversammlung jedem Bürger eine volle Beratungskompetenz zuerkannt wird; wer darin einen Mangel zeige, werde von den Mitbürgern nicht als bedauernswert – wie im Fall einer Minderbegabung oder eines Handicaps – angesehen, sondern mit Empörung und Tadel gestraft; Protagoras interpretiert diese soziale Praxis als Beleg für seine demokratienahe These von einer allgemeinen Bürgerkompetenz. Folglich bedürfe es zum vollen Erwerb politischer Tugend nur eines kleinen zusätzlichen Trainings, welches in den professionellen und kommerziellen Angeboten der Sophisten erhältlich sei (*Prot.* 320c–328d). Sokrates reagiert darauf, indem er das Problem der Einheit der Tugenden aufwirft und Protagoras in einem *elenchos* auf die Position festlegt, wonach Tugend kein Wissen sei; doch da eben dies falsch sein soll – Tugend ist nach Sokrates Wissen –, erweist sich auch Protagoras' Position bezüglich der *politikê aretê* als unhaltbar.

Im *Gorgias* argumentiert Sokrates gegen die These des Polos, der erhebliche Wert der Rhetorik bestehe darin, dass Rhetoren ebenso wie Tyrannen besondere Macht in der Polis besäßen. Politische Macht, so Polos, sei ein Gut, weil ihr Besitzer jeden nach Gutdünken töten, berauben und vertreiben könne (*Gorg.* 466a–468e). Dagegen will Sokrates zeigen, dass es sich bei Rhetoren und Tyrannen um Personen ohne vernünftiges Wissen handelt (*noun mê echôn*: 466e); folglich sei deren Macht auch kein Gut. Aufgrund von Fehlurteilen über das, was gut und schlecht ist, setzen Rhetoren nach Sokrates' Meinung ihre Überredungskraft mitunter verfehlt ein, und dasselbe gilt für den unzureichend reflektierten Machtgebrauch von Tyrannen. Beide Personengruppen können, so Sokrates, keine wirkliche politische Macht besitzen, weil es sich bei Macht um etwas Gutes handelt. Sokrates argumentiert: Wenn Machtbesitz ein arbiträres Handelnkönnen bedeute, dann sei auch zuzugeben, dass es mitunter zu einem Selbstmissverständnis komme: Jemand hält dann aber etwas Unüberlegtes für richtig und schädigt sich daher selbst. Dieser Fall trete tatsächlich ein, wenn jemand keinen Verstand hat. Nun sind aber Rhetoren und Tyrannen keineswegs im Besitz echten Wissens, sondern verfügen allenfalls über eine schmeichlerische Pseudo-Wissenschaft. Also halten sie tatsächlich Unüberlegtes für richtig und schaden sich mithin selbst. Somit besitzen sie mit ihrer Fähigkeit, Beliebiges zu tun, kein Gut. Platons implizite Konklusion ist hier offenbar, dass einzig eine vollentwickelte politische *technê* ein Gut für die Polis darstellt wie für den, der über sie verfügt.

27.2 Politische Philosophie in der *Politeia*

Die (nicht von Platon stammenden) Werktitel *Politeia* (»Verfassung«), *Republik* oder *Staat* könnten zu der Annahme verleiten, die Schrift sei insgesamt eine Abhandlung über PP. Das ist jedoch falsch; die *Politeia* behandelt das Problem der Gerechtigkeit (ausgehend von der Frage ›Macht sich Gerechtigkeit bezahlt? Oder ist Ungerechtigkeit vorteilhafter?‹) primär aus einer individualethischen Perspektive und erst sekundär aus dem Blickwinkel einer Institutionenethik. Das Thema PP bildet in der *Politeia* nur einen Exkurs (beginnend mit *Rep.* II 368d, endend mit IX 580c). Der Zweck des Exkurses besteht darin, einen zweiten Bereich, in dem es ebenso wie im individuellen Leben um Gerechtigkeit geht, zum Vergleich heranzuziehen. PP dient so gesehen lediglich der Klärung des individualethisch-psychologischen Gerechtigkeitsproblems. Gemessen am vollen Themenbestand einer PP fallen denn auch erhebliche Lücken und Unterbestimmtheiten auf: Weitgehend undiskutiert bleiben in der *Politeia* die Details der Außen-, Innen-, Sicherheits- oder Wirtschaftspolitik, und selbst die basalen politischen Institutionen und Gesetze der »schönen Stadt« (*kallipolis*: *Rep.* VII 527c) werden wenig konturiert. Anders als in den *Nomoi* werden kaum Einzelprobleme der Verfassung erörtert oder gar Fragen von Staatsämtern, Wahlverfahren, von Handel und Ökonomie, von Güterverteilung, der Lebensform einfacher Leute, der Sklaverei, des Strafrechts oder der Außenbeziehungen entwickelt; sogar die grundlegenden Prinzipien und Regeln, nach denen die zentralen Gesprächspartner Sokrates, Glaukon und Adeimantos verfahren, scheinen für ein volles Staatsmodell unzureichend.

Da PP nicht das Hauptthema der *Politeia* ausmacht, könnte man zum entgegengesetzten Extrem tendieren und annehmen, die Schrift habe gar nicht wesentlich mit politischer Theorie zu tun. Aber auch das wäre falsch. Die Tatsache, dass Platon die politische Umsetzbarkeit seines Modells explizit thematisiert, spricht ebenso dagegen wie der Umstand, dass sich nicht alle politischen Aspekte, die er diskutiert, auf eine individualethisch-psychologische Ebene zurückübertragen lassen. Die *Politeia* enthält auf diese Weise die Skizze eines ideal gerechten Staats; diese ist zwar sehr unvollständig ausgeführt, aber doch grundsätzlich politisch gemeint.

Der Argumentationsverlauf des politischen Teils der *Politeia* ist folgender: Der Exkurs zur PP erscheint in Buch II als notwendig, um das Problem der Gerechtigkeit mit Blick auf größere Verhältnisse (und damit leichter, nämlich wie mit »großen Buchstaben« geschrieben) behandeln zu können (II 368d; vgl. IV 434d f.). Eine erste, sehr skizzenhafte Beschreibung eines Staatsmodells wird als »wahre, gleichsam gesunde Polis« bezeichnet (II 369b–372e). Sie ergibt sich einfach daraus, dass die Gesprächspartner den menschlichen Grundbedürfnissen Rechnung zu tragen versuchen, beruht also auf der Basis einer elementaren politischen Anthropologie. Insbesondere stützt sie sich auf den Grundsatz, dass kein Mensch autark ist, sondern andere Menschen braucht (II 369b). Wichtig ist ferner das Prinzip der Spezialisierung, das jeden auf eine soziale Rolle gemäß seiner Naturdisposition festlegt, weil das Leben in der Polis so leichter und besser gelingt (II 370a–c). Eine zweite Polis dagegen ergibt sich, indem die erste im Stadium von Luxus, Bequemlichkeit und (Über-)Zivilisiertheit gedacht wird (II 372d–376d); es handelt sich bei dieser zweiten, »reichen« oder »aufgeschwemmten« Polis also um eine Degenerationsstufe der ersten. Mit Blick auf die Wohlstandsbedingungen der zweiten Polis führen die Gesprächspartner den Stand der »Wächter« (*phylakes*) ein, um militärische und polizeiliche Sicherheitskräfte zur Verfügung zu haben. Die Auswüchse der wohlhabenden Polis werden sodann in einer »Reinigung« (*katharsis*) überwunden (II 376d). Erst danach kommt es zur Entfaltung jener bestmöglichen Stadt, der die Gesprächspartner die Bezeichnung *kallipolis* geben. Sie enthält noch einen dritten Stand, nämlich den der regierenden Wächter (*archontes*: III 414d). Optimale Gerechtigkeit einer Polis erscheint so als harmonische Wohlgeordnetheit, bei der die drei natürlicherweise zu unterscheidenden Menschentypen auch institutionell in drei Gruppen aufgeteilt sind und ihren jeweiligen Aufgaben nachgehen.

Man versteht zunächst nicht leicht, was den Fortgang dieser politischen Überlegungen bestimmt. Wie sich aber zeigt, ist für Platon der entscheidende Punkt, dass die *kallipolis* idealerweise gerecht ist, weil sie nur eine einzige ist – während sich ungerechte Staaten in Wahrheit aus verschiedenen antagonistischen Teilstaaten zusammensetzen (IV 422e–423d) – und dies ist wiederum der Fall, weil jeder Bürger in ihr das Seine tut (*ta heautou prattein*). Diese normativ gemeinte Idiopragieformel (»Jeder soll das Seine tun«: IV 433a–435d) war verdeckterweise bereits in Buch II präsent (vgl. sogar schon I 331e); sie erscheint jetzt aber zusätzlich als Ergebnis von psychologischen Erwägungen. Die Konvergenz von politischen und psychologischen Reflexionen führt zur These von der Analogie zwischen Seele und Polis: Die Gesprächspartner nehmen nun an, dass die Psyche eines Individuums ebenso drei Teile aufweist, wie es in einer Polis drei Menschentypen, differenziert nach natürlichen Begabungsarten, geben soll. Dem begehrlichen Seelenteil (*epithymêtikon*) entspricht die untere soziale Gruppe der Bauern, Handwerker und Kaufleute, dem durch Strebensenergie charakterisierten Seelenteil (*thymoeides*) entspricht die Klasse der Sicherheitskräfte, der Hilfswächter, und dem rationalen Seelenteil (*logistikon*) die Klasse der regierenden Wächter.

Es existieren zahlreiche kritische Einwände gegen das soweit entwickelte Modell einer *kallipolis*. Man fragt sich etwa, mit welchem Recht das Prinzip der Spezialisierung jeden Menschen auf genau eine Begabung reduzieren darf (vgl. den Ausdruck »unique aptitude doctrine« bei Reeve 1988, 172). Ebenso fraglich wirkt die These, es gebe nicht mehr als nur drei Begabungen; wir Heutigen würden unzählige Arten von Talenten voneinander unterscheiden. Aus moderner Perspektive erscheint als besonders inakzeptabel, dass das Prinzip der Spezialisierung bei Platon keineswegs auf der Idee der Autonomie beruht: Er stellt es nicht jedem frei, neigungsgemäß seine eigene natürliche Begabung zu entfalten (oder dies zu unterlassen), sondern weist jedem Individuum eine feste soziale Rolle zu. Dazu erzählt er eine Geschichte, die er selbst als politisch motivierte Lüge charakterisiert (III 414b–415d): den sogenannten Metall-Mythos. Dem Mythos zufolge sind zwar alle Staatsbürger »Brüder«; aber den einen hat der Gott Gold beigemischt, einer zweiten Gruppe Silber und der dritten Gruppe Eisen. Mit der Feststellung, wer zu welcher Gruppe gehört, ist die soziale Rolle eines Individuums lebenslang festgelegt. Immerhin befolgt Platon ein Prinzip der gesellschaftlichen Durchlässigkeit, insofern Gold-, Silber- und Eisenanteile nicht vererbt werden sollen; er erklärt daher sozialen Aufstieg oder Abstieg intergenerationell für möglich. Dennoch wirkt die Rollenzuweisung autoritär. Ein noch größeres Problem ist allerdings, dass Platon sich mit dieser »edlen Lüge« (*gennaion pseudos*) offen zu den Prinzipien der politischen Propaganda und der Manipulation zu bekennen scheint. Kritische Bedenken gegen die Analogie von Polis und Seele hat überdies Williams (1973) vorgebracht: Unplausibel an der Analogie wirkt besonders, dass weder die Individualseelen noch die sozialen Gruppen ihr jeweils beherrschendes Moment (nämlich das Begehren, das Streben und das Erkennen) in Reinform repräsentieren können, weil sie sonst nicht zu einer Interaktion imstande wären.

Die angemessene Erziehung für die philosophischen Wächter bildet ein weiteres zentrales Thema der *Politeia* (beginnend mit III 412b). Diesem Themenkomplex ist vor allem die umfangreiche Passage V 471c–VII 540c gewidmet. Die Wächtererziehung erscheint als die dritte von »drei Wellen« (*trikymia*: V 472a). Mit diesem Ausdruck bezeichnet der platonische Sokrates drei besondere Herausforderungen an den *common sense*, drei harte Provokationen für die Zeitgenossen. Die ersten beiden Wellen sind die Gleichstellung der Frauen im Wächterstand (sowohl als Kriegerinnen wie als Regentinnen: V 451c–457c) und die Auflösung jeder Privatsphäre für die Wächter, also die Güter-, Frauen- und Kindergemeinschaft, Platons sogenannter ›Kommunismus‹ (V 462a–471c). Die dritte Welle gipfelt in der Idee einer Philosophenherrschaft: Staaten können ihre Übel nur dann überwinden, wenn entweder die Philosophen Könige werden oder die Könige anfangen zu philosophieren (V 473c; vgl. auch den *Siebten Brief* 326b–c). Zur Stützung dieser Überzeugung entfaltet Platon in den Büchern V–VII eine Erkenntnistheorie und eine auf sie bezogene Ontologie, nach der vollkommenes Wissen, nämlich ein Wissen ausschließlich von intelligiblen Objekten (*eidê*, *ideai*) möglich sein soll. Exakt über ein solches vollkommenes Wissen verfügt nach Platon der Philosoph, und es ist diese epistemische Vollkommenheit, die den Philosophen zum besten Herrscher macht. In denselben Kontext gehört auch das wirkungsmächtige Gleichnis vom Staatsschiff (VI 487a–489d, dazu Keyt 2006): Die Polis ist wie ein Schiff, das eigentlich eines kompetenten Steuermanns bedürfte, in der Realität aber von ignoranten und ihren Trieben ausgelieferten Schiffsleuten manövriert wird; während der wahre Steuermann, der auf der Gleichnisebene den Philosophen in der Polis repräsentiert, auf astronomische und meteorologische Kenntnisse zurückgreifen kann, wird er von der unwissenden breiten Menge für unnütz und versponnen erklärt.

Zu den genuinen Fragen der PP kehrt Platon erst wieder ab Buch VIII zurück. Dort entwickelt er eine ›Pathologie der Staatsformen‹ (VIII 545c–IX 580b). Diese wird als eine zeitlich ablaufende Verfassungsfolge (*metabolê politeiôn*) dargestellt, die sich aus einer Fehlberechnung der ›Hochzeitszahl‹ seitens der Philosophen ergeben soll (VIII 546a–547a). Die Idealpolis degeneriert, weil sich die Philosophenherrscher bei der mathematischen Bestimmung von Paarungszeiten täuschen. Die *kallipolis* wird in diesem Zusammenhang als Aristokratie bezeichnet (VIII 544e). Vier weitere Verfassungsformen, nämlich die Timokratie (VIII 547c–550c), die Oligarchie (VIII 550c–555b), die Demokratie (VIII 555b–562a) und die Tyrannis (VIII 562a–567b), ergeben sich aus ihr gleichsam zwangsläufig als immer dekadentere Verfallsstufen. Es ist schwer zu sagen, was Platon mit der Schilderung dieser Abfolge intendiert. Unplausibel ist, dass er an einen Geschichtsdeterminismus denkt, also glaubt, hiermit ein festes historisches Verlaufsmuster herausarbeiten und auf seiner Basis Prognosen treffen zu können (vgl. Poppers Ausdruck ›Historizismus‹ in 1945/1957 und 1965). Auffällig ist vielmehr, dass Platon die vier genannten dekadenten Staatsformen direkt mit Charakterzuständen von Individuen parallelisiert und dass die Staatsformen in karikaturhafter Zuspitzung geschildert werden (vgl. Frede 1997). Ausdrücklich wird der Grundsatz formuliert, dass es ebenso viele Staatsformen wie Charakterverfassungen geben müsse, weil erstere aus letzteren entstünden (VIII 544d–e). Es ist also leicht möglich, dass die Abfolge von Staatsformen nicht wirklich politisch, sondern psychologisch und individualethisch motiviert ist.

Herausragendes Kennzeichen der Timokratie ist nach Platon einerseits die verbliebene Wertschätzung für die kompetenten Herrscher, andererseits kommt in ihr bereits Geldgier auf; insbesondere werden in der Timokratie aber kriegerische Fähigkeiten geschätzt; Sieg und Ehre stehen hoch im Kurs. Geldgier kennzeichnet auch die Oligarchie; in ihr wird Besitz aber geradezu zum Prinzip des politischen Lebens, etwa bei der Ämterzuteilung. Die Oligarchie leidet an einer inneren Spaltung der Polis in Arme und Reiche. Der charakterliche Verfall der Reichen, die ein rein hedonistisches Leben führen, bildet den Entstehungshintergrund der Demokratie. Merkmal der Demokratie ist es, dass die Prinzipien von Freiheit und Gleichheit radikal durchgesetzt, ja geradezu auf die Spitze getrieben werden. In der Demokratie wird folgerichtig die Erziehung vernachlässigt, und Gesetzesverstöße werden nur nachlässig bestraft. Schließlich entsteht die Tyrannis aus der Selbstaufhebung der Demokratie, die auf politischer und privater Ebene zur Anarchie mutiert. Die Polis ist dann innerlich gespalten, bis sich ein populistischer Anführer zum Tyrannen macht. Dieser führt ein verschwenderisches Genussleben und muss sich permanent gegen Gefahren und Bedrohungen zur Wehr setzen. Der Tyrann ist auf diese Weise der unglücklichste unter den Menschen. Damit ist das Gesamtziel der *Politeia* erreicht, nämlich das Glück des Gerechten (des Philosophen) und das Unglück des Ungerechten (des Tyrannen) plausibel zu machen.

Man fragt sich, wie realistisch der skizzierte Polis-Entwurf gemeint ist. Hat Platon das Modell der *Politeia* nur vorübergehend vertreten und ist später von ihm abgerückt – z. B. deswegen, weil er deren Realisierungschancen kritischer beurteilt hat, oder gar, weil er mit einem Umsetzungsversuch in Syrakus gescheitert ist? Oder handelt es sich lediglich, wie Kant gesagt hat, um ein »auffallendes Beispiel von erträumter Vollkommenheit, die nur im Gehirn des müßigen Denkers ihren Sitz haben kann« (*KrV* A 316/B 372)? Beide Voreinschätzungen sind unzureichend, da Platon die *kallipolis* explizit als ein ideales Vorbild konzipiert (V 472c–d), dessen Verwirklichungschancen zunächst irrelevant bleiben. Ob der skizzierte Staat realisierungsfähig sei oder nicht, bilde kein Thema der Untersuchung; er existiere nirgendwo auf der Erde, sondern bestehe als ein *paradeigma* im Himmel (IX 592b). Blicke man auf die tatsächlich bestehenden Staatsverfassungen, so könne nur die Fügung Gottes (*theou moira*) einen Menschen vor krasser persönlicher Fehlentwicklung bewahren (VI 492e f.). Die Realisierbarkeit hängt für Platon vollkommen davon ab, ob man zu jener »kleinstmöglichen Korrektur« (V 473b) am bis dahin entwickelten Modell bereit ist, nämlich zur Philosophenherrschaft. Eine Verwirklichung der *kallipolis* steht und fällt also mit der Chance darauf, dass es zur Regierung eines Philosophen kommt (vgl. VII 540d). Jedoch, dass sich einmal ein Philosoph eines Staates annehmen könne, sei zwar nicht unmöglich, aber zumindest »schwierig« (*chalepa*: VI 499d). Der Gerechte kümmere sich direkt nicht um die politischen Angelegenheiten seines Vaterlandes, es sei denn, ein göttlicher Zufall (*theia tychê*) komme ihm zu Hilfe (IX 592a). Und selbst wenn der Idealstaat errichtet würde, müsse er aufgrund der Mangelhaftigkeit der menschlichen Natur wieder verloren gehen.

Man kann die *Politeia* daher so lesen, dass sie zwar Platons ernst gemeinte PP enthält, jedoch gewissermaßen nur einen Sonderfall behandelt: den der optimalen Staatsverfassung. Den suboptimalen Fall behandelt er dagegen, so eine verbreitete Auffassung, im *Politikos* und abschließend in den *Nomoi*.

27.3 Politische Philosophie im *Politikos*

Der *Politikos* gehört zu einer vom späten Platon geplanten Trilogie aus *Sophistes*, *Politikos* und einem nicht überlieferten oder nie geschriebenen Text mit dem Titel *Philosophos* (vgl. *Soph.* 217a). Der späte Platon gewährt der eleatischen Begriffsdialektik generell einen breiten Raum; in *Sophistes* und *Politikos* geht die Gesprächsführung von Sokrates passenderweise auf einen eleatischen Fremden über. Man hat häufig die Beobachtung gemacht, dass Platon seit dem eleatisierenden Dialog *Parmenides*, der dem Ende der mittleren Phase zuzurechnen ist, die Ideentheorie problembewusster behandelt, stärker an einer Theorie begrifflicher Distinktionen (*dihairesis*) interessiert scheint und Konzeptionen wechselweiser begrifflicher Implikationen und Verflechtungen verfolgt. In der Nachfolge von G. Ryle und G. E. L. Owen gehen manche Interpreten soweit zu behaupten, Platons späte Dialektik trete an die Stelle der frühen und mittleren Ideenkonzeption mit ihrer metaphysischen Partizipationstheorie. Gleichgültig, wie plausibel dies ist: In jedem Fall zeigt sich Platon im *Politikos* primär an einer begrifflichen Abgrenzung der Figur des Staatsmanns interessiert und gelangt erst indirekt zu den Fragen der PP. Der *Politikos* verfolgt das primäre Ziel, die Leser des Dialogs durch das Nachvollziehen des Definitionsbeispiels politischen Wissens dialektischer zu machen (*dialektikôteroi*: *Plt.* 285d; vgl. 287a).

Bei der dihairetischen Suche nach dem ›Staatsmann‹ (dem *politikos* oder *basilikos*) im Dialog *Politikos* geht es nun nicht um die Herausarbeitung einer berufstypischen Tätigkeit, sondern um die Identifikation eines konstitutiven Wissens, und zwar eines Wissens, das den Staatsmann von dem der »Sophisten und Gaukler« absetzt. Gedacht ist aber nicht an den Philosophen, dem ja ein eigener Dialog vorbehalten sein sollte. Der *politikos* steht dem Philosophen jedoch offenbar nahe; Platon meint eine Person, die mit der *politikê epistêmê* ein besonders hochrangiges Wissen besitzt, und zwar unabhängig davon, ob diese Person überdies einen konkreten Staat regiert oder nicht (*Plt.* 258a–b). Gesucht wird ein normativer Staatstheoretiker, der über sicheres, philosophisch fundiertes Wissen in Sachen Staatserrichtung und Staatsverwaltung verfügt und sich *eo ipso* zugleich auf die konkrete Staatsgestaltung und -führung versteht. Während in der *Politeia* die Idealstaatsgründung durch das Ideenwissen des Philosophen begründet wird, gesteht Platon im *Politikos* offenbar zu, dass es eine eigenständige *politikê epistêmê* oder *technê* gibt; daher fragt man sich, ob Platon seine Auffassung revidiert hat. Das gesuchte Wissen wird in einem ersten dihairetischen Anlauf bestimmt als die Kunst, eine Herde zweifüßiger ungefiederter Lebewesen zu hüten (*Plt.* 267c). Anders als im Fall des Rinderhirten entstehe hier jedoch das Problem, dass noch andere Berufsgruppen – nämlich Kaufleute, Bauern, Köche, Sportlehrer oder Ärzte

– mit derselben Definition gemeint sein könnten (267e). Der Fremde aus Elea muss nun einen erheblichen argumentativen Umweg gehen, um anhand einer Dihairese der Webkunst klarzulegen, dass man bestimmte Kenntnisse als ein ausgezeichnetes und übergeordnetes Integrationswissen interpretieren kann, d. h. als ein Wissen, dem bereichsspezifische Teilkenntnisse untergeordnet sind. Die Webkunst setzt nämlich eine Reihe von zuarbeitenden Techniken voraus. Am Beispiel der Webkunst lassen sich die Kenntnisse anderer Berufsgruppen somit als mitursächlich (*synaitioi*: *Plt.* 287d) für die Aufgabe der *politikê epistêmê* bestimmen. In einem systematischen Durchgang werden sieben derartige Kenntnisse und Fertigkeiten zusammengestellt (287d–289b): Sie betreffen 1. die Rohstoffbearbeitung, 2. die Werkzeugherstellung, 3. die Gefäßerzeugung, 4. den Fahrzeugbau, 5. die Textilherstellung, 6. das Kunsthandwerk und 7. die Nahrungsmittelproduktion. Die *politikê epistêmê* ist somit insofern eine »königliche Webkunst«, als sie über die anderen gemeinwohlrelevanten Kenntnisse »herrscht« und diese exakt »zusammenzuweben« versteht (*Plt.* 305e). Insbesondere gelingt es der *politikê epistêmê*, den Disziplinen Rhetorik, Feldherrntechnik und praktisches Rechtswissen ihre angemessene Stelle unter den politischen Fähigkeiten zuzuweisen (*Plt.* 304c ff.).

Platon negiert mit seiner Theorie der *politikê epistêmê* offensichtlich jede Vorstellung einer additiven, interdisziplinären oder komplementären Gewinnung des für die Politik relevanten Wissens. Bedarf es zum Erwerb der *politikê epistêmê* also wiederum einer langen Schulung und schließlich der Einsicht in die Idee des Guten? Einige Interpreten (etwa Migliori 1996) sehen die höchste Idee aus der *Politeia* im *Politikos* in der Gestalt des »Genauen selbst« (*auto takribes*: *Plt.* 284d) gegeben, das exakt in der Dialogmitte platziert ist. Dass der *politikos* das *akribes* erfasst haben muss, wird aber nicht explizit gesagt. Ein weiteres affines Element liegt möglicherweise darin, dass die Konzeption einer doppelten Zahlenwissenschaft (wie in *Rep.* VII 525c–e) im *Politikos* als doppelte Messkunst wiedererscheint (*metrêtikê*: *Plt.* 283d). Doch auch diese dient eher der allgemeinen Charakterisierung der Dialektik und kennzeichnet nicht speziell das Wissen des *politikos*; es ist also nicht zwingend, den *politikos* als dialektischen »Messkünstler« zu interpretieren. Der pädagogische Werdegang des *politikos* gehört nicht zu den Dialogthemen.

Eine Besonderheit des *Politikos* gegenüber der *Politeia* liegt in der ausführlichen Behandlung des Gesetzesbegriffs. Der Dialog enthält zugleich einen Tadel wie ein Lob der Gesetze. Im *Politikos* gelten Gesetze einerseits als mangelhaft, weil sie unmöglich das Beste und Gerechteste zugleich für alle angeben und befehlen könnten; gegenüber der Verschiedenheit der Personen und der Situationen verhalten sich die Gesetze, wie es heißt, starr und unveränderlich (*Plt.* 294a–b). Andererseits besäßen Gesetze zwei Vorzüge: erstens könne ein (nicht-einsichtsgeleiteter) Herrscher nicht jedem einzelnen Bürger exakt das für ihn Angemessene vorschreiben; die Allgemeinheit der Gesetze erlaube ihm daher eine willkommene Vereinfachung. Zweitens seien Gesetze dann notwendig, wenn ein (einsichtsgeleiteter) Herrscher vorübergehend abwesend sei; für diesen Fall seien schriftlich fixierte Erinnerungen (*hypmnêmata*) erwünscht (*Plt.* 295c). Offenkundig weist Platons Gesetzesbehandlung eine gewisse Nähe zur Schriftkritik des *Phaidros* (bes. *Phdr.* 275d–e) auf: die Gesetze wie die Schrift sind starr und undifferenziert, beide besitzen bestenfalls eine akzeptable hypomnematische Funktion. Hierzu passt der Umstand, dass der eleatische Fremde eine bedeutende Innovation vorschlägt: Gesetze sollen seitens des *politikos* beim Vorliegen einer besseren Einsicht – im Begriff des *Phaidros* gesprochen: durch *timiôtera* – geändert werden können (*Plt.* 295e f.), ein Vorschlag, der für das antike Gesetzesdenken innovativ wirkt und im Modell der ›nächtlichen Versammlung‹ in den *Nomoi* fortgeführt wird.

Dies führt zur Verfassungsdiskussion im *Politikos*. Der *Politikos* zeigt sich primär an einer normativen Hierarchisierung der Verfassungen interessiert, allerdings ohne hiermit eine gleichsam teleologische Abfolgeordnung zu verknüpfen. Der Dialog kennt sieben Stufen, wobei die höchste, die göttliche Stufe der Herrschaft eines einsichtsgeleiteten Einzelnen reserviert wird; die übrigen Stufen verhalten sich zu diesem Staat wie Nachahmungen (*mimêmata*: *Plt.* 293e, 297c). Diese untergeordneten Stufen werden nach folgendem Schema eingeteilt. Einerseits kann man anhand des Kriteriums der Machtausübung die drei Staatsformen Einzelherrschaft, Gruppenherrschaft oder Volksherrschaft unterscheiden. Andererseits gilt der Grundsatz, dass – unter Verhältnissen, in denen kein Einsichtsgeleiteter zur Verfügung steht – die Orientierung am Gesetz der Gesetzlosigkeit überlegen ist. Es ergeben sich somit 3×2 Staatsformen (*Plt.* 302c–d). Unter ihnen ist die vorzüglichste die gesetzesorientierte Einzelherrschaft, also die Monarchie, während die gesetzlose Alleinregierung, die Tyrannis, die schlechteste Option bildet. Wertungsprinzip ist dabei, in welchem

Umfang einsichtslose Herrscher durch die Staatsform an feste Regeln gebunden werden bzw. wieweit solche Herrscher ihrer Willkür freien Lauf lassen können. Die Aristokratie ist folgerichtig die zweitbeste, die Oligarchie die zweitschlechteste Staatsform. Die gesetzliche Demokratie erhält den dritten, die gesetzlose Demokratie den vierten Rang. Letztere ist insofern die beste aller schlechten Staatsformen, als sie durch die breite Machtverteilung wenig Willkür zulässt. Platons Verfassungsschema aus dem *Politikos* ist in seiner charakteristischen achsensymmetrischen Sechsteiligkeit im Wesentlichen das Schema aus Herodot *Historien* III 80–82 und aus Aristoteles' *Politik* III 7.

Wie realistisch ist das Auftreten eines einsichtsgeleiteten Herrschers? Der *Politikos* betont nachdrücklich, dass wirkliches Wissen erreichbar, aber nur wenigen zugänglich sei (*Plt.* 292e f.). Somit bleibt es dabei, dass der bestmögliche Staat nicht der gesetzesorientierte, sondern derjenige ist, der von einem »königlichen, mit Einsicht begabten Mann« (*andra ton meta phronêseôs basilikon*: *Plt.* 294a8) regiert wird. Andererseits sei eben dieser Zustand sehr unwahrscheinlich. Platon geht soweit zu sagen, dass ein solcher Staat gegenüber anderen Verfassungsformen »wie ein Gott unter den Menschen« hervorragt (*Plt.* 303b). Folgerichtig ist der Gesetzesstaat zwar nur die zweitbeste Option (*deuteros plous*: *Plt.* 300c; vgl. *Leg.* IX 875d), aber zugleich die weitaus realistischere Möglichkeit. Strikte Gesetzesobservanz, so Platon, ist immer dann vorziehenswert, wenn kein vernunftorientierter Machthaber verfügbar ist (*Plt.* 303c). Das Philosophenkönigtum wird im *Politikos* also nicht explizit wiederaufgenommen, doch der Dialog favorisiert unverändert eine ideale Expertenherrschaft gegenüber einer Gesetzesordnung.

Im *Politikos* liefert Platon eine geschichtsphilosophische Begründung für die Nicht-Idealität der politischen Sphäre, die in der *Politeia* fehlt: den schwer zu interpretierenden Mythos von den zwei Weltaltern (*Plt.* 268d–274e; dazu u. a. Horn 2002). Dessen staatsphilosophischer Kern besteht darin, dass im Zeitalter des Kronos, das dem gegenwärtigen Zeitalter des Zeus vorangegangen sei, ein Gott die Menschen gehütet haben soll (*Plt.* 271e). Jetzt dagegen hätten die Götter ihre Weltfürsorge aufgegeben (*Plt.* 272e) mit dem fatalen Resultat, dass nun Menschen über Menschen herrschten, dass also die Herrscher meist nicht besser als die Beherrschten seien (*Plt.* 275c). Der angebliche politische Pessimismus oder Realismus des späten Platon könnte aus der Perspektive dieses Mythos eine einfache Erklärung finden: Der *Politikos* behandelt in Kurzform jenen idealen Ausnahmefall im Zeitalter des Zeus, den die *Politeia* ausführlich darstellt; zusätzlich entwickelt der Spätdialog aber den Normalfall einer Staatsverwaltung in Form einer Gesetzesherrschaft. Dass die Gesetzesherrschaft durchaus einen vorzüglichen Staat ermöglicht, scheint für Platon im Blick auf die drohende Anarchie oder Gesetzlosigkeit unbestreitbar, wie die *Nomoi* genauer zeigen.

27.4 Politische Philosophie in den *Nomoi*

Die *Nomoi* (*Gesetze*) sind Platons späteste und bei weitem umfangreichste Schrift. Ihre zwölf Bücher wirken stellenweise unvollendet und sind möglicherweise von fremder Hand redaktionell überarbeitet (etwa von Philipp von Opus, dem Sekretär Platons). Die Schrift ist fast durchgehend der PP und den an sie angrenzenden Themengebieten gewidmet; eine besondere Rolle spielen dabei Fragen der Erziehung sowie die Einzelbestimmungen des Strafrechts. In den *Nomoi* werden in Dialogform die Grundlagen einer idealen Stadt, die den Namen Magnesia erhält, entwickelt. Der Gesprächsführer ist ein ungenannter Besucher aus Athen, aber die Szene spielt auf Kreta, dem Platon neben Sparta die vorzüglichste griechische Gesetzes- und Verfassungstradition bescheinigt (*Leg.* I 631b; vgl. *Rep.* VIII 544c). Der Athener berät denn auch mit dem Spartaner Megillos und dem Kreter Kleinias die philosophischen Probleme einer bestmöglichen Gesetzgebung.

Gleich zu Beginn der Schrift zeigt sich, dass Platons PP auf einem politischen Perfektionismus und Eudämonismus beruht. Einen Perfektionismus vertritt er, insofern er die Vervollkommnung der Staatsbürger zum Ziel der staatlichen Gesetzgebung erklärt. Politischer Eudämonist ist Platon, insofern er das Glück des Individuums mit dem Leben in einer ihn perfektionierenden Verfassungsordnung gleichsetzt. Bereits die *Politeia* und der *Politikos* beruhen näher betrachtet auf einer perfektionistischen und eudämonistischen Grundlage. In den *Nomoi* wird dies aber auch ausdrücklich konstatiert. Ziel des Gesetzgebers, so der Athener, muss die Förderung der höchsten Tugend bei den Bürgern sein (*Leg.* I 630c, IV 705d-e). Das Vorhandensein guter Gesetze macht diejenigen, die sie anwenden, glücklich; denn die Gesetze verschaffen ihnen sämtliche Güter (*tous autois chrômenois eudaimonas apotelountes. Panta gar agatha porizousin*: *Leg.* I 631b). Die gemeinten Güter werden von Platon in zwei Klassen eingeteilt: in menschliche und göttliche.

Unter menschlichen Gütern versteht er Gesundheit, Schönheit, Körperkraft und einsichtsvollen Reichtum. Göttliche Güter sind die vier aus der *Politeia* bekannten Kardinaltugenden, nämlich Einsicht, Besonnenheit, Gerechtigkeit und Tapferkeit (*Leg.* I 631b–d). Während der Rest des ersten Buchs der Erläuterung der Tugenden gewidmet ist, behandelt das zweite Buch Fragen der musikalischen und poetischen Erziehung; die poetische Produktion der Dichter wird dort auf die an die *Politeia* erinnernde Botschaft festgelegt, wonach das gerechteste Leben zugleich das lustvollste sein soll (*Leg.* II 660d–661d).

Das dritte Buch der *Nomoi* liefert einen historischen Überblick über verschiedene Verfassungen seit den frühesten Anfängen. Bei der Analyse der Frage, weshalb politische Systeme der Vergangenheit zugrunde gegangen sind, greift Platon erneut – auch darin der *Politeia* sowie dem *Politikos* verpflichtet – auf »Unwissenheit in Bezug auf die größten menschlichen Angelegenheiten« (*tê peri ta megista tôn anthrôpinôn pragmatôn amathia*: *Leg.* III 688c) als entscheidende Dekadenzursache zurück. Gesetzgeber müssten darauf achten, dass eine Polis stets »frei, vernünftig und freundschaftlich geeint sein muss« (*hoti polin eleutheran te einai dei kai emphrona kai heautê philên*: *Leg.* III 693b). Zudem werden die Monarchie Persiens und die Demokratie Athens als zwei entgegengesetzte, aber gleichermaßen verfehlte Verfassungsordnungen charakterisiert: Persien bilde eine sozial zerrissene Despotie, weil sich die Herrscher nicht gemeinwohlorientiert verhielten (*Leg.* III 697c ff.); Athen dagegen habe das Freiheitsprinzip überpointiert und damit gegen die Tugend der Besonnenheit verstoßen (*Leg.* III 698b ff.). In einem kurzen nachgeschobenen Exkurs zu den Verfassungen Demokratie, Oligarchie und Tyrannis konstatiert Platon, diese verdienten gar nicht die Bezeichnung ›Verfassung‹ (*politeia*), da sie keine »freiwillige Herrschaften über Freiwillige« seien; in den verfehlten Staatsformen hätten vielmehr die Herrschenden Angst vor ihren Bürgern (*Leg.* VIII 832b–d). Ab dem Ende des Buchs (*Leg.* III 702b–d) wird die Neugründung der mustergültigen Polis Magnesia diskutiert. Diese Gründung bestimmt den Inhalt der restlichen Bücher, also IV–XII. Zu beachten ist, dass es sich bei Magnesia nicht wie bei der *kallipolis* aus der *Politeia* um ein rein hypothetisch-argumentatives Gebilde handelt; Platon schildert die Planung der neuen Stadt vielmehr als konkretes und reales Projekt, das die Gesprächspartner in einem verlassenen Teil Kretas im Auftrag der Stadt Knossos erfüllen sollen.

Im vierten Buch erörtern die Gesprächspartner zunächst die äußeren Bedingungen einer Polis-Gründung, nämlich Fragen des passenden Siedlungsgebiets und der Zusammensetzung der Bevölkerung. Geplant ist eine Polis, die hinreichend weit vom Meer entfernt ist (um nicht zu kommerziell orientiert zu sein) und die autark wirtschaftet, aber auch maßvollen Handel mit der Außenwelt betreibt; sie soll konstant aus 5040 Bürgern bestehen. Zudem geht es von vornherein um die Realisierungschancen. Sollte ein maßvoller Tyrann dem Gesetzgeber seine Unterstützung anbieten oder gar ein optimal einsichtsgeleiteter und besonnener Mann Macht erlangen, so wäre dies für die zu gründende Stadt besonders günstig (*Leg.* IV 709d–712b). An dieser Stelle wird deutlich, dass Platon auch in den *Nomoi* noch immer von der absoluten Vorzugswürdigkeit personaler, einsichtsbasierter Herrschaft überzeugt ist. Die beste Verfassungsform – sieht man einmal von diesem äußerst unwahrscheinlichen Glücksfall ab – sieht er aber wiederum in der Herrschaft der Gesetze. Denn diese sind neutral und wirken sich günstigenfalls gemeinwohlorientiert aus. Wie schon im *Politikos* greift Platon auch in den *Nomoi* auf das geschichtsphilosophische Motiv einer Kronos-Epoche zurück, in der der Gott über die Menschen geherrscht haben soll (*Leg.* IV 713a–714b).

In einer imaginären Ansprache, die an die künftigen Bewohner Magnesias gerichtet ist, wird deutlich, wie wichtig für Platon die religiöse Fundierung der politischen Praxis ist (*Leg.* IV 715e–718a); u. a. fällt hier das berühmte Diktum, Gott sei das Maß aller Dinge, mit dem sich Platon gegen den *homo-mensura*-Satz des Protagoras wendet (*Leg.* IV 716c). Im zehnten Buch bestätigt sich die Bedeutung der politischen Theologie; dort liefert Platon einen Gottesbeweis aus der Vorrangigkeit der sich selbst bewegenden Seele und stellt Atheismus als Ignoranz und als staatsfeindliche Einstellung unter die Androhung der Todesstrafe bzw. von Gefängnis und Erziehungslagern (*Leg.* X 908c–909d).

Die Ansprache an die neuen Siedler wird im fünften Buch fortgesetzt. In einer detaillierten Handreichung wird ihnen ein normativer Verhaltenskatalog vorgelegt, der richtige selbstbezogene und fremdbezogene Haltungen und Einstellungen auflistet (*Leg.* V 726a–734e). Diese lassen sich grob unter der Überschrift ›Tugenden des vorbildlichen Staatsbürgers‹ zusammenfassen. Die eigentliche Gesetzgebung beginnt in Buch V sodann mit Fragen der Eigentumstheorie: Dazu zählen Probleme der Aufteilung des Landes und einschränkende Festlegungen für den Besitz von Geld sowie von Gold und von Silber (*Leg.* V 735a–742c). Jeder Haushalt bekommt danach eine doppelte Landzuweisung: ein Stück Land nahe der Stadt und eines näher an der Außengrenze. Es handelt sich nicht um Privateigentum, sondern um ein dauerhaftes Lehen, das von Familien über Generationen hinweg bewirtschaftet werden soll, auch wenn es Gemeinbesitz bleibt. Weiter legen sich die Gesprächspartner auf die Bereiche fest, in denen Beamte eingesetzt werden sollen, nämlich zunächst die *nomophylakes* (Gesetzeswächter), Soldaten und Ratsmitglieder, sogenannte ›Prytanen‹. Dabei werden auch die Prozeduren ihrer Auswahl, etwa Losverfahren oder ein qualifikationsbasiertes Auswahlverfahren, genauestens bestimmt. Da zusätzlich solche Ämter vorgesehen sind wie das der Agronomen (Landaufseher), der Astynomen (Stadtwächter), der Agoranomen (Marktaufseher), der Musik- und Gymnastik-Archonten (Erziehungsaufseher) und der Gerichtsbeamten, wirkt Magnesia wie eine komplexe legalistische und proceduralistische Bürokratie. Grundlegende Ideen sind hier die Machtaufteilung, die Spezialisierung und Professionalisierung sowie die Kontrolle der staatlichen Beamtenschaft. Das oberste politische Organ von Magnesia ist aber die Volksversammlung (*koinos syllogos* oder *ekklêsia*). Dieses Organ wählt die Beamten aus und bestimmt die Außenpolitik.

Beginnend mit dem sechsten Buch entwickelt der Text eine Fülle von Einzelgesetzen, die den religiösen Kult, die ökonomisch-kommerzielle Sphäre sowie das gemeinschaftliche Zusammenleben in Gesellschaft, Partnerschaft und Familie regeln. Besonders die weitreichenden Eingriffe in Fragen der Eheschließung, der Sexualität und der Kindererziehung erscheinen modernen Lesern wie ein zutiefst fragwürdiger Paternalismus. Das Magnesia der *Nomoi* kennt (anders als die *kallipolis* der *Politeia*) zwar sowohl Privateigentum als auch konstante partnerschaftliche und familiäre Bindungen, aber von einer Privatsphäre kann kaum die Rede sein; der Staat greift überall reglementierend ein. Allerdings mag man die gemeinsamen Mahlzeiten, die für Männer, aber auch für Frauen etabliert werden, auch als soziale und gemeinschaftsbildende Errungenschaft ansehen. Besondere Sorgfalt verwendet Platon auf die Beschreibung einer angemessenen Kindererziehung: In Buch VII sind die meisten Ausführungen einem nach Altersklassen gestuften Leitfaden für das richtige physische, psychische, musische und kognitive Training gewidmet (*Leg.* VII 788a–824a). Buch VIII thematisiert neben religiösen Riten auch die korrekte individuelle Einstellung zur Sexualität sowie Fragen von Ökonomie und Handwerk. In den Büchern IX und X findet sich eine umfangreiche Sammlung strafrechtlicher Bestimmungen. Die Bücher XI und XII enthalten u. a. Gesetze zu Fragen des Eigentums, von Handel und Gewerbe, des Erbrechts, der Militärgerichtsbarkeit, der Besteuerung usw. Von erheblicher Bedeutung für die Verfassungsstabilität von Magnesia ist für Platon das Amt der zwölf Euthynen, die eine Art Oberaufsicht über die Beamtenschaft ausüben und damit »das alle Staatseinrichtungen zu einer Einheit zusammenschließende Band der Gerechtigkeit« wahren sollen (*tês ta panta politeumata synechousês eis hen dikês*: *Leg.* XII 945d): Diese werden in einer komplizierten Prozedur gewählt, um von den untergeordneten Beamten, wenn sie ihren Dienst beenden, strenge Rechenschaft zu fordern und sie gegebenenfalls zu bestrafen. Ebenfalls von großer Bedeutung ist die ›nächtliche Versammlung‹ (*nykterinos syllogos*), ein Rat bestehend aus den zehn ältesten Gesetzeswächtern und einigen weiteren Personen (dazu Bobonich 2002, 383). Dieses Gremium dient der Bewahrung und Verbesserung der Gesetzesordnung (*Leg.* XII 961a–c, vgl. X 909a). Der nächtliche Rat empfängt u. a. Beobachter (*theôroi*), die sich im Ausland aufgehalten haben und die den Rat über die dort geltenden Gesetzesordnungen und deren mögliche Vorzüge informieren (*Leg.* X 952b–d). Dies verleiht der nächtlichen Versammlung ein Moment von offener oder deliberativer Demokratie.

Einen wichtigen Punkt in den *Nomoi* bildet schließlich Platons politische Anthropologie. Zentral ist hier die Stelle IX 875b–c, wo Platon die menschliche Natur als fundamental selbstsüchtig und eigeninteressiert beschreibt. Zu beachten ist allerdings, dass diese Klage über die menschliche Natur in eine intellektualistische Feststellung einmündet:

> Wenn allerdings einmal durch göttliche Fügung ein Mensch mit jener natürlichen Fähigkeit geboren würde und imstande wäre, eine solche Machtstellung zu erlangen, so bräuchte er keinerlei Gesetze, die über ihn herrschen müssten. Denn dem Wissen ist keinerlei Gesetz und keine Ordnung überlegen; und es widerspräche auch der göttlichen Satzung, wenn die Vernunft etwas anderem untertan und dessen Sklavin wäre, sondern sie muss über alles herrschen, sofern sie wirklich in ihrem Wesen wahrhaft und frei ist. Nun aber findet sich ja doch nirgends eine solche Fähigkeit, es sei denn in geringem Maße; darum gilt es das Zweitbeste zu wählen, die Ordnung und das Gesetz [...] (*Leg.* IX 875c3–d4; übers. Schöpsdau).

27.5 Zum Verhältnis von *Politeia*, *Politikos* und *Nomoi*

In der Platon-Forschung gibt es eine alte, kontrovers geführte Debatte über das Verhältnis der verschiedenen Ansätze, die jeweils in der *Politeia*, dem *Politikos* und den *Nomoi* vertreten werden. Worin unterscheiden sie sich, wie weit reichen die Unterschiede, und wodurch sind die Differenzen zu erklären? Dass es überhaupt Differenzen gibt, ist unbestreitbar: neben den bereits erwähnten Punkten ist etwa auffällig, dass die *Nomoi* keine Forderung nach Philosophenherrschaft erheben und daher auch keine Fundierung der PP in einer Zwei-Welten-Metaphysik (s. Kap. V.62) kennen, welche definitive und irrtumsfreie Erkenntnisse garantieren soll.

Grundsätzlich besteht das Spektrum möglicher Einschätzungen aus drei verschiedenen Positionen. (1) Nach einer älteren, heute kaum noch vertretenen Lesart hat Platon zwischen dem Staatsentwurf der Mittelperiode und dem des Spätwerks eine Meinungsänderung vollzogen, in deren Mittelpunkt ein wachsender anthropologischer Pessimismus und eine Abkehr von allzu hochfliegenden Idealen steht. Während er mit der *kallipolis* noch eine extrem utopische Vision riskiert, ist der – vielleicht durch schlechte Erfahrungen in Syrakus – realistischer gewordene späte Platon bereits mit einem weniger anspruchsvollen Modell zufrieden (vgl. etwa Crossman 1939, 263–273; Popper 1957, 189 f.; Kelsen 1985, 115–132). (2) Nach einer Auffassung, die lange Zeit als fast konsensfähig galt, existieren zwischen der PP von *Politeia*, *Politikos* und *Nomoi* keine substantiellen Differenzen. So hat Saunders (1992, 483) formuliert: »What is the relationship between the state Magnesia and the state Callipolis? Expressed in the sharpest form, my answer would be: There is no relationship. They are the same Platonic state – but placed at two points of a single sliding scale of political maturity«. Die drei Schriften entwickeln von einer einzigen Grundposition aus lediglich unterschiedlich ausgerichtete Teilaspekte: Die *Politeia* behandelt das politische Ideal schlechthin, das allerdings äußerst ungünstige Realisierungschancen besitzt. Der *Politikos* dagegen entwickelt die Idee einer Gesetzesherrschaft als der zweitbesten Staatsform. Und die *Nomoi* konkretisieren diese Idee unter insgesamt zwar günstigen, aber nicht idealen Bedingungen. So gesehen sind die Ansätze nur komplementär, nicht aber gegensätzlich (so z. B. Laks 1990 und 1996). (3) Nach einer neueren Interpretation (besonders Bobonich 2002) bestehen substantielle Differenzen zwischen *Politeia* und *Nomoi*, aber es handelt sich um andere als in (1) vermutet. Vielmehr möchte der späte Platon sein Ideal der Frauen-, Güter- und Kindergemeinschaft jetzt auf alle Bürger ausdehnen, nicht mehr auf die zwei Wächterklassen beschränken. So gesehen meint die Rede von einer »zweitbesten« Stadt (*Leg.* V 739a–740c) gar nicht die *kallipolis* als die beste Verfassung, sondern eine Situation, in der sich der ›Kommunismus‹ der *Politeia* auf die gesamte Polis erstreckt und demgegenüber selbst Magnesia nur eine Abschwächung darstellt. Bemerkenswert scheint auch, dass Platon die Gleichstellung der Frauen in Magnesia auf die gesamte Stadt ausdehnen will; den *Nomoi* zufolge können Frauen an Wahlen teilnehmen, Ämter bekleiden und zählen als volle Bürgerinnen (Bobonich 2002, 385–389).

27.6 Platons Stellung in der Geschichte der Politischen Philosophie

Im 20. Jh. ist gegenüber der *Politeia* ein massiver Totalitarismusverdacht laut geworden, besonders durch Poppers einflussreiches Werk *Die offene Gesellschaft und ihre Feinde I: Der Zauber Platons* (1945/1957). Anstoß erregt hat besonders, dass Platons PP neben der Forderung nach Auflösung der Familie und Abschaffung des Privateigentums u. a. auch die Forderungen nach Eugenik, Propagandalügen und Euthanasie einschließt. Platon scheint sich ganz für eine Aufhebung der Privatsphäre auszusprechen; die Lebensweise der beiden Wächterklassen erinnert an die Militärcamps totalitärer Staaten; und die Erziehung der Philosophen lässt an Versuche diktatorischer Regimes denken, einen »neuen Menschen« zu kreieren.

Erweist sich Platons Konzeption aus der *Politeia* als Vorstufe eines Totalitarismus? Bei genauerer Lektüre muss man Platon, auch in der *Politeia*, sicherlich von zwei Vorwürfen freisprechen: dem des Organizismus und dem des Historizismus. Auch wenn Platon die ideale Polis der *Politeia* gelegentlich in organologischer Metaphorik beschreibt, wäre die Annahme doch unzutreffend, er opfere das Glück des Individuums dem Wohlergehen des Staates; dies gilt auch für die Philosophen, die er nötigen will, vom Glück der Ideenbetrachtung abzusehen, um in die Höhle der politischen Realität zurückzukehren. Sicher unrichtig ist auch der Vorwurf, Platon habe mit der Auffassung sympathisiert, es gebe einen objektiven, prognostizierbaren Geschichtsverlauf. Weniger von der Hand weisen lässt sich dagegen, dass Platon zu den gedanklichen Vorvätern der Idee einer biologistischen Eugenik gehört; er plädiert explizit dafür, bestimmte wünschenswerte Eigenschaften von Menschen durch gezielte Kombination elterlicher Merkmale – vergleichbar der Züchtung von Hunden – zu erreichen (*Rep.* V 457c–461e). In einer kritischen Gesamteinschätzung wird man in etwa zu dem Schluss gelangen müssen, dass Platon zwar keinen Liberalismus vertritt – wenn man Liberalismus so definiert, dass die Freiheitssicherung des Individuums als fundamentales Staatsziel zu gelten hat –, dass aber Platons Version eines Perfektionismus keineswegs totalitär ist. Die Erreichung des wünschenswerten (›vollkommenen‹) Zustands besteht für Platon in dem individualistischen Ideal kognitiver und moralischer Perfektion. Was dagegen Platons PP in allen Phasen fragwürdig macht, ist ihre grundlegende Tendenz zu einem Paternalismus gegenüber Personen, die als intellektuell minderveranlagt beschrieben werden.

Generell erscheint Platon somit gegenwärtig – gemessen an der scharfen Kritik in der Mitte des 20. Jh.s – in einem milderen Licht. In der jüngsten Forschung gilt nicht einmal mehr als ausgemacht, dass es sich bei Platon tatsächlich um einen Kritiker der zeitgenössischen Athenischen Demokratie handelt, was seit Popper den meisten Gelehrten als sicher erschien. Neuerdings sieht eine Reihe von Forschern Platons angebliche Feindseligkeit gegenüber der Demokratie zurückhaltender (vgl. Monoson 2000 und Wallach 2001). Beispielsweise scheint Platon im *Menexenos* gar nicht so weit von Perikles' berühmtem Lob der Demokratie in der Leichenrede aus Thukydides' *Historien* entfernt zu sein.

Eine wichtige Frage aus der Optik des 20. Jh.s lautet, ob Platon in seiner PP einen Kommunismus vertritt. Die These ist nicht ganz so absurd, wie es auf den ersten Blick scheint. Zwar ist die Idee einer Abschaffung des Privateigentums in der *Politeia* auf die beiden Wächterklassen beschränkt, aber dort gilt das einem Sprichwort entlehnte Prinzip, dass »man unter Freunden möglichst alles gemeinsam machen muss« (*dei tauta kata tên paroimian panta hoti malista koina tôn philôn poieisthai*: *Rep.* IV 424a). Eigentum besitzt nach Platon stets eine anti-soziale und individualisierende Tendenz; es dient daher aus platonischer Sicht dem charakterlichen Wohl des Individuums, Eigentum grundsätzlich zu vermeiden und das wirtschaftliche Auskommen durch eine gemeinschaftsbasierte Versorgung sicherzustellen. Man kann also nicht behaupten, dass es sich bei der gegen Eigentum gerichteten Maßnahme nur um eine effizienzorientierte Strategie zu Lasten der Wächter handelt.

Ist Platon wegen seiner unterschiedlichen Anläufe zur Gleichstellung der Frauen in *Politeia* und *Nomoi* möglicherweise ein Feminist *avant la lettre*? Die Abschaffung der Familie in der *Politeia* (aber auch ihre Wiedereinführung in den *Nomoi*) scheint dafür (bzw. dagegen) zu sprechen, denn damit wird die für die griechische Kultur typische Rollenfestlegung auf häusliche Arbeit eliminiert (und dann wiederum reetabliert). Frauen gelten bei Platon grundsätzlich als den Männern gleichwertig und können deshalb dieselbe militärische und kognitive Ausbildung erhalten. Auch können sie alle Staatsämter einnehmen. Wie im Fall des Kommunismus gilt auch in der Feminismus-Frage, dass Platon Frauen nicht nur aus Effizienzgründen (zur Gewinnung geeigneten Wächterpersonals) gleichstellen will, sondern auch um ihrer selbst willen (einen nützlichen Überblick über die Rezeption der *Politeia* im 20. Jh. bietet Lane 2001, Essay 3 – auch zu Themen wie dem Kommunismus, dem Feminismus, der Eugenik sowie zur Abschaffung der Familie).

Innerhalb der komplexen Rezeptionsgeschichte von Platons PP im 20. Jh. scheinen diejenigen von Leo Strauss, Hannah Arendt und Eric Voegelin besonders erwähnenswert. Strauss (1975) hat durch seine an Platon orientierte Naturrechtskonzeption nicht nur die amerikanische Politikwissenschaft stark beeinflusst, sondern auch massiven Einfluss auf die Platon-Forschung in den USA genommen. In der Linie von Heideggers Konzept einer »Seynsgeschichte« versucht Arendt in ihrem Buch *Vita activa* (*The Human Condition*: 1958) die These von einem typisch neuzeitlichen »Weltverlust« zu plausibilisieren. Dabei spielt Platon eine erhebliche Rolle, insofern dieser – unter dem Eindruck des Justizmords an Sokrates – das Denken vom Handeln abgelöst und auf die ›Unsterblichkeit‹ invarianter, intelligibler Objekte hin orientiert haben soll. Innerhalb einer von Platon angestoßenen Verhängnisgeschichte ist es nach Arendt in der Neuzeit fatalerweise zum Vorrang des Arbeitens gegenüber dem Herstellen und dem Handeln gekommen. Arendt liefert ausführliche Analysen zu jeder dieser Tätigkeitsformen; u. a. mit Aristoteles will sie die Unzulänglichkeit von Arbeiten und Herstellen im Vergleich zur *praxis* eines freien Handelns und Sprechens darlegen, deren ideale historische Epoche diejenige Athens zur Zeit des Perikles gewesen sein soll. Zu den Grundüberzeugungen der späten Geschichtskonzeption E. Voegelins gehört die These, Staatsordnungen blieben solange unzulänglich, wie ihre Einrichtung nicht an göttlich-transzendenten Standards orientiert sei. Voegelin entwickelt im Band III von *Order and History* (1957) ausführlich die Meinung, dass Platon das soziale Chaos, die Anarchie und die Korruption seiner Zeit als erster erfasst und mit einem metaphysisch-politischen Ordnungsmodell bekämpft habe.

Literatur

Bobonich, Christopher 2002: Plato's Utopia Recast. His Later Ethics and Politics. Oxford.
Bobonich, Christopher (Hg.) 2010: Plato's *Laws*. A Critical Guide. Cambridge.
Bontempi, M./Panno, G. (Hg.) 2012: L'anima della legge. Studi intorno ai *Nomoi* di Platone. Milano.
Crossman, Richard H. S. 1939: Plato Today. New York.
El Murr, Dimitri 2014: Savoir et gouverner. Essai sur la science politique platonicienne. Paris.
Frede, Dorothea 1997: »Die ungerechten Menschen und die ihnen entsprechenden Verfassungen«. In: Otfried Höffe (Hg.): Platon, *Politeia*. Berlin, 251–270.
Griswold, Charles L. Jr. 1989: »Politikê Epistêmê in Plato's *Statesman*«. In: J. P. Anton/A. Preus (Hg.): Essays in Ancient Greek Philosophy III. Albany, 141–167.
Herter, Hans 1975: »Platons Staatsideal in zweierlei Gestalt«. In: Ders.: Kleine Schriften. Hg. v. Erich Vogt. München, 259–278.
Horn, Christoph 2001: Kontinuität, Revision oder Entwicklung? Das Verhältnis von *Politeia*, *Politikos* und *Nomoi* bei Eric Voegelin und in der aktuellen Forschung. München.
Horn, Christoph 2002: »Warum zwei Epochen der Menschheitsgeschichte? Zum Mythos des *Politikos*«. In: Markus Janka/Christian Schäfer (Hg.): Platon als Mythologe. Darmstadt 2002, 137–159.
Horn, Christoph (Hg.) 2013: Platon. *Gesetze – Nomoi*. Berlin.
Kahn, Charles 2004: »From *Republic* to *Laws*. A Discussion of Christopher Bobonich, Plato's Utopia Recast«. In: Oxford Studies in Ancient Philosophy 26, 337–362.
Kelsen, Hans 1985: Die Illusion der Gerechtigkeit: eine kritische Untersuchung der Sozialphilosophie Platons. Mainz.
Keyt, David 2006: »Plato and the Ship of State«. In: Gerasimos Santas (Hg.): The Blackwell Guide to Plato's *Republic*. Oxford, 189–213.
Klosko, George [2]2006: The Development of Plato's Political Theory. Oxford.
Kraut, Richard 1984: Socrates and the State. Princeton, N. J.
Laks, André 1990: »Legislation und Demiurgy: On the Relationship Between Plato's *Republic* and the *Laws*«. In: Classical Antiquity 9, 209–229.
Laks, André 1996: »Platons legislative Utopie«. In: Enno Rudolph (Hg.): Polis und Kosmos. Naturphilosophie und politische Philosophie bei Platon. Darmstadt, 43–54.
Laks, André 2005: Médiation et coercition. Pour une lecture des *Lois* de Platon. Paris.
Lane, Melissa: 2001: Plato's Progeny. London.
Lisi, Francisco L. 1985: Einheit und Vielheit des platonischen Nomosbegriffs. Köngistein/Ts.
Lisi, Francisco L. (Hg.) 2001: Plato's Laws and its Historical Significance. St. Augustin.
Migliori, Maurizio 1996: Arte politica e metretica assiologica. Commentario storico-filosofico al »*Politico*« di Platone. Milano.
Miller Jr., Mitchell H. 1980: The Philosopher in Plato's *Statesman*. Den Haag.
Mitchell, Basil/Lucas, John R. 2003: An Engagement with Plato's *Republic*. A Companion to the *Republic*. Aldershot.
Monoson, Susan Sara 2000: Plato's Democratic Entanglements: Athenian Politics and the Practice of Philosophy. Princeton.
Neschke-Hentschke, Ada 1971: Politik und Philosophie bei Plato und Aristoteles. Die Stellung der ›*Nomoi*‹ im platonischen Gesamtwerk und die politische Theorie des Aristoteles. Frankfurt a. M.
O'Meara, Dominic J. 2003: Platonopolis. Platonic Political Philosophy in Late Antiquity. Oxford.
Otto, D. 1994: Das utopische Staatsmodell von Platons *Politeia* aus der Sicht von Orwells *Nineteen Eighty-Four*. Berlin.
Pappas, N. (Hg.) 2013: The Routledge Guidebook to Plato's *Republic*. London.
Popper, Karl R. 1957: Die offene Gesellschaft und ihre Feinde I: Der Zauber Platons. Bern [engl. 1945].
Popper, Karl R. 1965: Das Elend des Historizismus. Tübingen.
Reeve, C. D. C. 1988: Philosopher-Kings: The Argument of Plato's *Republic*. Princeton.
Rowe, Christopher (Hg.) 1995: Reading the *Statesman*. Proceedings of the III Symposium Platonicum. St. Augustin.
Rowe, Christopher/Schofield, Malcolm (Hg.) 2000: The Cambridge History of Greek and Roman Political Thought. Cambridge.
Saunders, Trevor J. 1991: Plato's Penal Code. Oxford.
Saunders, Trevor J. 1992: »Plato's Later Political Thought«. In: Richard Kraut (Hg.): The Cambridge Companion to Plato. Cambridge, 464–492.
Schofield, Malcolm 2000: »Approaching the *Republic*«. In: Rowe/Schofield 2000, 190–232.
Schofield, Malcolm 2006: Plato: Political Philosophy. Oxford.
Schofield, Malcolm (Hg.) 2016: Plato. *Laws*. Cambridge
Schöpsdau, Klaus 1994: Platon, *Nomoi* (Gesetze), Buch I–III. Übersetzung und Kommentar. Göttingen.
Schöpsdau, Klaus 2003: Platon, *Nomoi* (Gesetze), Buch IV–VII. Übersetzung und Kommentar. Göttingen.
Schubert, Andreas 1995: Platon, *Der Staat*. Ein einführender Kommentar. Paderborn.
Scolnicov, Samuel/Brisson, Luc (Hg.) 2003: Plato's *Laws*: From Theory into Practice. Proceedings of the VIth Symposium Platonicum. St. Augustin.
Strauss, Leo 1975: The Argument and the Action of Plato's *Laws*. Chicago/London.
Taylor, Christopher C. W. 1986: »Plato's Totalitarianism«. In: Polis 5, 4–29.
Wallach, John R. 2001: The Platonic Political Art: A Study of Critical Reason and Democracy. University Park, Pennsylvania.

Williams, Bernard 1973: »The Analogy of City and Soul in Plato's *Republic*«. In: Edward N. Lee/Alexander P. D. Mourelatos/Richard M. Rorty (Hg.): Exegesis and Argument. Assen, 196–206.

Christoph Horn

28 Theorie des Rechts

»Wie sollte das Recht nicht etwas Schönes sein, da es alle menschlichen Verhältnisse veredelt hat?« (*Leg.* XI 937d8 f.). Als die Gesamtheit der das menschliche Verhalten regelnden Normen einer Gemeinschaft setzt eine Rechtsordnung eine begründete Vorstellung vom ›richtigen‹ Leben voraus. In diesem Sinne bilden die in fast jedem platonischen Dialog geführten Diskussionen darüber, wie man leben soll, und die in den ›staatstheoretischen‹ Dialogen angestellten Überlegungen, welche politische Ordnung am ehesten richtiges Leben ermöglicht, gleichsam Vorarbeiten zu dem in den *Nomoi* ausgearbeiteten Entwurf einer kompletten Rechtsordnung für eine fiktive Kolonie namens Magnesia. Da Platon diesen Entwurf überdies mit theoretischen Ausführungen zur Funktion der Gesetze und mit methodologischen Hinweisen zur Gesetzgebung flankiert, bieten sich die *Nomoi* als geeignete Basis für eine Darstellung des platonischen Beitrags zur Theorie des Rechts an, wobei auch die praktische Regelung einzelner Rechtsgebiete zu berücksichtigen ist, soweit darin bestimmte rechtstheoretische Positionen sichtbar werden.

28.1 Die ontologische Fundierung des Rechts

Die Notwendigkeit des Rechts gründet in der Unvollkommenheit der Menschennatur. Der Mythos vom glücklichen Kronos-Zeitalter lehrt, dass nur unter der Herrschaft eines Gottes Gesetze und Verfassungen überflüssig sind (*Plt.* 271e; *Leg.* IV 713a–714a). Menschen dagegen sinken ohne Recht und Gesetz auf ein tierisches Niveau (*Leg.* VI 874e f.). Historisch betrachtet ist der Ursprung einer Rechtsordnung die Vereinigung kleinerer Gruppen zu einem größeren Verband, der die Rechtsetzungskompetenz seinen Führern überträgt, die dann durch Auswahl aus den Normen der kleineren Gruppen eine übergreifende Ordnung schaffen (*Leg.* III 681c–d).

Quellen des Rechtes sind sowohl schriftlich aufgezeichnete Gesetze wie auch »ungeschriebene Gesetze« (*Leg.* X 793a10; *Plt.* 295e4–5). Unter diesen versteht Platon sowohl universell gültig gedachte Normen (wie das Inzesttabu *Leg.* VIII 838b1) als auch traditionelle Gewohnheiten (*Leg.* VII 793b6 f.; *Plt.* 298d6–e2).

Die empirisch gegebenen Lebensformen und Rechtsordnungen variieren von Staat zu Staat (*Leg.* V 637c ff.). Sie können sowohl richtige Normen enthalten (z. B. das karthagische Gesetz über das Weintrinken, *Leg.* II 674a) als auch verkehrte (z. B. das athenische Testamentsrecht, *Leg.* XI 922e f.). Deren Richtigkeit bemisst sich für Platon danach, ob sich das Gesetz am Guten orientiert und Gerechtigkeit hervorbringt.

Konstitutiv für die platonische Gerechtigkeit sind Maß und Ordnung gemäß dem Prinzip der proportionalen (›geometrischen‹) Gleichheit, die jedem das ihm Gebührende zuteilt. In der Seele verwirklicht sich die Gerechtigkeit als Ordnung und Harmonie (*Gorg.* 504c–d), indem die auf das Gute hin orientierte Vernunft herrscht und das Mutartige und die Begierden sich dieser Herrschaft freiwillig fügen und damit jedes Seelenvermögen »das Seine tut« (*Rep.* IV 441d ff.). Im Staat der *Politeia* realisiert sich die Gerechtigkeit als Tun des Seinen in einer arbeitsteiligen Ordnung, die den drei Ständen ihre Funktion entsprechend ihren je verschiedenen Fähigkeiten zuweist (*Rep.* IV 433a ff.). Im Staat der *Nomoi* wird die proportionale Gleichheit als Inbegriff der politischen Gerechtigkeit durch einen Mittelweg zwischen Monarchie und Demokratie verwirklicht, der Freundschaft zwischen Ungleichen stiftet (*Leg.* VI 757a–e). Ordnung und Maß zeigen auch die Bewegungen der Himmelskörper, deren Regelmäßigkeit auf eine vernunftgemäße Lenkung durch göttliche Seelen verweist (*Leg.* X 893c–d, 896d ff.). Schließlich bilden auch die Ideen einen hierarchisch geordneten Kosmos mit der Idee des Guten an der Spitze (*Rep.* VI 504a–505b). Auf diese Weise bindet die geometrische Proportion sowohl den Kosmos wie die Gesellschaft und das Individuum in Freundschaft zusammen (*Gorg.* 507e f.).

Die Schau der kosmischen und ideellen Ordnung vermag auch in der Seele Ordnung und Harmonie (*Rep.* VI 500c) zu bewirken. Zu dieser Schau ist primär der Philosoph imstande. Hat er seine Seele »geordnet«, so ist er fähig und verpflichtet, auch in der Stadt und in den Seelen der Bürger für Maß und Ordnung zu sorgen.

Dazu bedarf es des Gesetzes (*Gorg.* 504d). Dies ist das Instrument, um der Welt des Werdens Maß und Ordnung einzuprägen. Dem entspricht die Definition des Gesetzes (*nomos*) als »Austeilung der Vernunft« (*tou nou dianomê*, *Leg.* 714a). Je nach Deutung des Genitivs kann dies so verstanden werden, dass die gesetzgeberische Vernunft allen das Gebührende im rechten Maß zuteilt (vgl. *Plt.* 297a–b), oder dass der Gesetzgeber, der die Seinsordnung erkannt hat, diese vernünftige Ordnung durch seine Gesetze allen Wirklichkeitsbereichen einprägt und zuteilt.

Im Staat der *Politeia* ist dieser Gesetzgeber der Philosoph. Die Gesetze entstammen seiner Einsicht und können von ihm jederzeit aufgrund besseren Wissens abgeändert werden (vgl. *Plt.* 295c ff.). Auch die in den *Nomoi* formulierten Gesetze sind letztlich Produkte des Wissens eines Philosophen, nämlich Platons, als dessen Sprachrohr der das Gespräch leitende namenlose Athener gelten darf. Da dieser selbst nicht Mitglied in der neuen Kolonie sein wird (*Leg.* VI 753a), entspricht die Situation Magnesias dem *Plt.* 295c ins Auge gefassten Fall, dass der wahre Staatsmann für die Zeit seiner Abwesenheit schriftliche Anweisungen hinterlässt.

28.2 Methodik der Gesetzgebung

Die Setzung richtigen Rechts geschieht durch richtige Gesetze. Das richtige Gesetz hat die Gerechtigkeit und überhaupt die Tugend zum Ziel (*Leg.* IV 705e). Verkehrt ist ein Gesetz, das dieses Ziel verfehlt, etwa indem es die materiellen Werte über die seelischen stellt (*Leg.* III 697a–b, V 743e–744a) oder das Gerechte mit dem Nutzen der jeweils Regierenden identifiziert (*Rep.* I 342b; *Leg.* IV 715b, VIII 832b–d).

Neben der unabdingbaren Orientierung an diesem Ziel wird ein vernünftiger Gesetzgeber, wie dies auch Platon tut, zwischen Möglichem und Unmöglichem unterscheiden und die konkreten Gegebenheiten (Mentalität der Gesetzesadressaten, geographische Faktoren usw.) berücksichtigen (*Leg.* V 742d–e, 746a–d, VI 783b). Das ideale Recht muss also je nach den realen Bedingungen in unterschiedliche Rechtsordnungen umgesetzt werden, deren Richtigkeit sich nach dem Maß bemisst, in dem sie die beste Ordnung nachahmen (vgl. *Plt.* 301a6–303d; *Leg.* V 739e). Sofern sie diesem Kriterium genügen, kann ein Gesetzgeber auch bereits existierende Gesetze übernehmen (*Leg.* VIII 844a).

Da dem Wesen des wahren Gesetzes nur freiwilliger Gehorsam gemäß ist (*Leg.* III 690c), schickt Platon den Gesetzen jeweils eine Vorrede (Proömium, Präambel) voraus, die dem Gesetz, dessen Wesen der Zwang ist, ein Element der Überredung hinzufügt (*Leg.* IV 718a–724b), indem sie zum Zweck der Rechtsakzeptanz den Bürgern den Sinn des Gesetzes erläutert und sie zum Gesetzesgehorsam aus ›Moralität‹ statt aus bloßer ›Legalität‹ zu erziehen sucht (*Leg.* IX 857d f.). Ähnliches besagt die Feststellung, dass die ungeschriebenen Normen und die Anweisungen, die der Gesetzgeber nicht in Gesetzesform, sondern in

Form von Lob oder Tadel gibt, die Stützen der Rechtsordnung sind und dass erst deren Befolgung den vollkommenen Staatsbürger ausmacht (*Leg.* VII 793b–d, VII 822e–823a). Der Gesetzgeber wird daher auch die »ungeschriebenen« Satzungen verbindlich machen (vgl. *Plt.* 295e) und sie schriftlich aufzeichnen (*Leg.* VII 822e8–823a5).

Der Rechtsakzeptanz dient es auch, dass gemäß der Fiktion der *Nomoi* die vom Gesetzgeber entworfenen Gesetze der zu gründenden Stadt nicht aufgezwungen werden, sondern dass die Repräsentanten der Stadt aus diesem Entwurf das geeignet Scheinende auswählen sollen (*Leg.* III 702c–d, V 739a–b). Auch sind während einer Erprobungsphase noch Ergänzungen oder Korrekturen an den erlassenen Gesetzen möglich (vgl. *Leg.* VIII 840e f., 846c), die danach für alle Zeit fixiert werden sollen. Änderungen an der einmal festgelegten Rechtsordnung sind nur unter dem Zwang besonderer Ereignisse zulässig (*Leg.* VII 772c, VIII 846c, vgl. IV 709a).

28.3 Die Nomos-Physis-Problematik

Die Sophistik hatte zwischen der Natur (*physis*) und dem Gesetz (*nomos*) als menschlicher Setzung unterschieden (vgl. *Gorg.* 482e5 f.). In der Natur herrscht das Recht des Stärkeren. Demgegenüber erscheinen die existierenden Gesetze als Fesseln, mit denen die Schwachen die Starken zu bändigen suchen (*Gorg.* 483b). Aus dem Satz des Protagoras, dass die Dinge für jeden so sind, wie sie ihm erscheinen (*Tht.* 161c), und aus der kontraktualistischen Theorie, die das Gesetz als ›Übereinkunft‹ interpretierte (z. B. Antiphon, Vors. 87 B 44, A I, 29), konnte die Relativität des Rechts abgeleitet (*Tht.* 172a) und das Gerechte positivistisch als das definiert werden, was die jeweiligen Herrscher als ihren eigenen Nutzen per Gesetz festlegen (*Rep.* I 338d; vgl. *Leg.* IV 714b ff.).

Nachdem Platon in der *Politeia* den Rechtspositivismus mit dem Hinweis bekämpft hat, dass die Regierenden eines objektiven Wissens bedürfen, um nicht aus Unwissenheit etwas zu befehlen, was ihnen schadet, und damit in ihrem Sinne »unrichtige« Gesetze zu geben, führt er in den *Nomoi* den Gesetzesrelativismus auf die materialistisch-mechanistische Welterklärung gewisser Naturphilosophen als letzte Ursache zurück. Für diese sind die schönsten und größten Dinge durch die als vernunftlos gedachte Natur und den Zufall entstanden; die unbedeutenden Dinge dagegen sind Produkte der Kunst (*technê*), die erst später entstanden ist und bloße Spielereien hervorbringt. Ein Produkt der Techne ist auch die Gesetzgebung, deren Setzungen daher nicht wahr sind; gerade das Gerechte entspringt nicht der Natur, sondern wird durch menschliche Übereinkunft immer wieder neu festgesetzt (*Leg.* X 889a–890a).

Dieser Lehre stellt Platon eine Konzeption entgegen, in der Natur und Gesetz keine Gegensätze bilden, sondern als Erzeugnisse der Vernunft aufeinander bezogen sind.

1. Am Anfang der Natur steht als Ursache nicht etwas Geistloses, sondern die sich selbst bewegende Seele, die ihre Bewegung dem All mitteilt und es mit Hilfe der Vernunft in geordneter Bahn lenkt. Die seelisch-geistigen Aktivitäten sind daher früher als die körperlichen Qualitäten. Zu diesen primären Aktivitäten zählen neben Wollen, Erwägen, Fürsorge usw. (*Leg.* X 896c–d, 897a) auch die Vernunft, die Techne und eben das Gesetz (*Leg.* X 892b3). Das Gesetz ist also nichts Späteres und steht nicht im Gegensatz zur Natur.

2. Die kontraktualistische Gesetzeskonzeption der Sophistik vertritt scheinbar auch Platon, wenn er das Gesetz als »gemeinsame Überzeugung« (*dogma*) der Stadt bezeichnet (*Leg.* I 644d). Aber ein wesentlicher Unterschied besteht darin, dass die Stadt den ›Logos‹, den sie sich zum Gesetz macht, von einem Gott oder von jemandem übernimmt, der ihn kraft seiner Einsicht erkannt hat (*Leg.* I 645b), d. h. von einem weisen Gesetzgeber. Indem dieser Gesetzgeber sich an der von ihm erkannten objektiven vernünftigen Seinsordnung orientiert, ist sein Gesetz als ein »Erzeugnis der Vernunft« entweder »von Natur oder etwas, das nicht geringer ist als die Natur« (*Leg.* X 890d). Zu dem Recht dieser vernünftigen Natur bildet das positive Recht, sofern es richtig ist, keinen Gegensatz, sondern es ist gerade das Medium, durch welches das Gesetz der Natur in die menschliche Wirklichkeit gestaltend eingreift.

28.4 Platons Gesetzeskonzept in rechtshistorischer Sicht

1. Gewöhnlich wird Platons Lehre als eine Naturrechtslehre idealistischen Zuschnitts betrachtet. Für Wild (1953) handelt es sich um eine *dynamische* Naturrechtslehre, weil Platon ihre Normen aus der empirischen Wirklichkeit gewinnt, diese aber als dynamisch fasst, weil sie nach Vollkommenheit und dem Guten strebt. – Verdross (1958, 36) spricht von einem *ontologisch-teleologischen* Naturrecht, weil es fundiert ist im göttlichen Sein (der objektiven Idee) und im

menschlichen Sein (unserer auf die Rechtsidee hingeordneten Natur). – Flückiger (1954, 144 f.) bezeichnet das platonische Recht als *ideelles* Naturrecht oder Vernunftrecht, weil das Gerechte und der wahre Staat nicht aus der Erfahrung, sondern nur mittels der Vernunft aus der metaphysischen Natur des Rechts bzw. des Staates erkennbar sind; zu dieser Rechtsidee muss sich positives Recht, das gerecht sein will, wie ein Abbild zum Urbild verhalten. – Für Neschke-Hentschke (1996, 59, 72 f.) ist Platons Konzeption, weil sie das von Natur Rechte durch Rückgriff auf das wirkliche Sein (*essentia*) der Dinge bestimmt, ein *essentielles* Naturrecht im Unterschied zu dem kinematischen Naturrecht von Hobbes, das die Natur als regelmäßigen Naturprozess deutet. Dem essentiellen Naturrecht kommt eine metapositive Funktion insofern zu, als Platon das von Natur Rechte zur ausschließlichen Norm der positiven Gesetzgebung erhebt und damit die Tradition des »Politischen Platonismus« begründet, die über Cicero, Augustinus und Thomas bis zu Pufendorf reicht.

2. Für Kelsen ist Platons Konzeption zwar eine idealistische Rechtslehre, aber keine Naturrechtslehre. Eine dynamische Naturrechtslehre scheitere daran, dass in der empirischen Wirklichkeit keine eindeutigen Tendenzen zum Guten festzustellen seien. Aber auch eine ideale Naturrechtslehre im strengen Sinne des Wortes spricht Kelsen Platon ab, da für Platon die Natur mit Gott identisch sei; letztlich handle es sich also um Theologie. Die leitende Idee der Gerechtigkeit liege wie die Idee des Guten jenseits des rational Erkennbaren (Kelsen 1957, 43) und bleibe letztlich ein göttliches Geheimnis (Kelsen 1933, 115). Wegen seiner Forderung nach Herrschaft der Gesetze (*Leg.* IV 715a–d) rückt Platon für Kelsen sogar in die Nähe des Rechtspositivismus (1957, 37).

3. Wolf (1968/70) nimmt in Platons Rechtsdenken eine Entwicklung an. Danach vertrete Platon in *Apologie* und *Kriton* eine positivistische Position, da er den Gesetzesgehorsam auf die Identität des Gesetzes mit dem Gerechten gründe. In der *Politeia* thematisiere er dagegen den Unterschied zwischen dem Gerechten und dem positiven Gesetz. In den *Nomoi* vollziehe er die Wendung zum Kosmos und entdecke die Naturgesetzlichkeit als Vorbild des menschlichen Staates.

4. Lisi (1985) löst die Spannung zwischen der ontologischen Begründung des Gesetzes und dem Rechtspositivismus unter Rückgriff auf Platons ›ungeschriebene Lehre‹ mittels der platonischen Prinzipien der Einheit und der Vielheit auf. Da die vom Gesetz zu berücksichtigende menschliche Physis nicht immer und überall gleich sei, kenne Platon kein universelles Naturrecht (ebd., 192). Die Pluralität der positiven Gesetze entstehe durch die Entfaltung der Einheit des einen Nomos in die durch räumliche, zeitliche, klimatische und andere Faktoren bedingte Vielheit. Wissenschaftliche Gesetzgebung erfordert also die Erkenntnis nicht nur der Ideen- und Prinzipienordnung, sondern auch der konkreten Gegebenheiten (ebd., 363). Die dialektische Erfassung der Beziehung zwischen Einheit und Vielheit auf menschlicher Ebene mache die Originalität der platonischen Lehre aus und unterscheide sie von den späteren Naturrechtstheorien.

28.5 Die Rechtspflege (Gerichtswesen)

Da es in Magnesia (wie auch sonst in der klassischen Polis) keine Strafverfolgungsbehörde gibt, ist es moralische Pflicht der Bürger, Rechtsverletzungen durch eine Privatklage (*dikê*) oder eine Popularklage (*graphê*) vor Gericht zu bringen (*Leg.* V 730d).

Die gerichtliche Rechtsentscheidung hat nicht so sehr auf die äußere Handlung als vielmehr auf den seelischen Zustand des Täters zu zielen, nach dem die Strafe zu bemessen ist (*Leg.* IX 862c). Insofern ist das Objekt der Rechtsprechung die Seele (*Rep.* III 409a). Dies erfordert einerseits einen Richter, der fähig ist, an Hand der Vorgabe des Gesetzes und aufgrund der Tatumstände die seelische Verfassung des Täters zu diagnostizieren, andererseits aber auch einen Verfahrensmodus, der dem Richter die hierzu erforderlichen Befugnisse einräumt.

Platon ersetzt daher das aus vielen passiv bleibenden Laien bestehende Volksgericht Athens durch kleinere Gremien, in denen jeder Richter zu Wort kommen kann (*Leg.* VI 766d, IX 876b). Seine Verantwortung als »Erzieher« der Bürger fordert vom Richter Sachkompetenz und moralphilosophische Bildung (*Leg.* XII 957c–e). Das oberste Gericht besteht darum aus den Beamten, die sich in ihrem Ressort besonders bewährt haben (*Leg.* VI 767c–d). Sein Urteil fällt der magnesische Richter öffentlich, nicht wie in Athen geheim (*Leg.* VI 767d, IX 855d, IX 876b). Nach Ablauf der Amtszeit ist er – anders als in Athen – rechenschaftspflichtig (*Leg.* VI 761e5).

Die Gerichtsverhandlung in Magnesia zielt auf Ermittlung der Wahrheit und verkörpert damit ein »inquisitorial system« im Unterschied zum athenischen Prozessverfahren, welches als »adversary system« (Todd 1994, 67 f.) lediglich eine Entscheidung zwischen den Positionen des Klägers und des Beklagten herbeiführte und hierin dem demokratischen Prinzip der Chancengleichheit verpflichtet war. Das athenische Vorverfahren, das nur dazu dient, die Positionen der Parteien festzulegen, schafft Platon daher ebenso ab wie den Eid, durch den in Athen Kläger und Beklagter ihre Position beschwören, da zwangsläufig einer der beiden einen Meineid schwöre (*Leg.* XII 948d). In der Hauptverhandlung ist der magnesische Richter befugt, jederzeit fragend und belehrend einzugreifen. Als Beweise scheidet Platon den Eid aus und lässt nur Zeugenaussagen zu. Während aber in Athen die Zeugenaussage im Wesentlichen nur die Behauptung einer Partei wiederholte und an ihr keine direkte Kritik erlaubt war, soll der Richter in Magnesia auch die Zeugen befragen, um sich ein objektives Bild zu machen (*Leg.* IX 855e).

Da die Ermittlung der Wahrheit Zeit erfordert, schreibt Platon für Kapitalprozesse eine dreitägige Dauer vor (*Leg.* IX 856a); in Athen dagegen konnten an einem Tag gewöhnlich eine Popularklage bzw. bis zu vier Privatklagen verhandelt werden (Aristoteles, *Ath. Pol.* 67, 1).

Eine gesetzliche Fixierung der Strafe hält Platon nur in einem Staat mit schlecht ausgebildeten Richtern für erforderlich. In Magnesia dagegen soll in möglichst vielen Fällen der Richter kraft seiner Sachkompetenz das Strafmaß selber festsetzen und ist dabei im Unterschied zu Athen nicht an die »Schätzungen« der Parteien gebunden (*Leg.* IX 876a–e).

Die Qualität einer Verfassung zeigt sich darin, dass möglichst wenige Prozesse stattfinden (*Leg.* V 743c7 ff.; vgl. auch *Rep.* III 405a–d). Daher sollen private Streitigkeiten zunächst durch Nachbarn und Freunde geschlichtet werden, die sich die streitenden Parteien zu Schiedsrichtern wählen. Wenn hier keine Einigung zustande kommt, gelangt der Fall vor die Phylengerichte; gegen deren Spruch ist Berufung beim obersten Gericht möglich (*Leg.* VI 766e f.). Diese Ausgestaltung des Appellationsprinzips zu einem dreistufigen Instanzenzug bedeutet gegenüber der athenischen Praxis eine Neuerung, zu der Platon vielleicht durch Hippodamos von Milet angeregt wurde, der nach Aristoteles (*Pol.* II 8, 1267b39 f.) die Konzeption eines Appellationsgerichts entwickelte.

28.6 Einzelne Rechtsgebiete

In der dem menschlichen Lebenslauf folgenden Anordnung der Gesetze zeigt der Gesetzeskodex der *Nomoi* eine innere Logik und eine Vollständigkeit, die im griechischen Recht ohne Parallele ist. Da Platon aber nur die Sachgebiete regelt, die in Magnesia vorhanden sein werden, fehlt z. B. das gesamte Seehandelsrecht oder das Darlehens- und Zinsrecht (vgl. 842c ff.). Im folgenden werden die Rechtsgebiete, die durch die ökonomisch-politische Ordnung Magnesias bedingt sind, nur summarisch vorgestellt; das Strafrecht soll wegen seiner allgemeineren Relevanz ausführlicher behandelt werden (zu den Übereinstimmungen und Abweichungen der platonischen Bestimmungen gegenüber dem positiven Recht vgl. Gernet 1951, xciv–ccvi).

Familienrecht

In Magnesia erhält jeder Bürger eines der 5040 gleichgroßen Landlose zur Bewirtschaftung. Das Los wird in der Familie weitervererbt, bleibt aber Eigentum der Stadt (*Leg.* X 877d). Die Notwendigkeit, die Zahl und Größe der Landlose konstant zu halten, wirkt sich vor allem im Familien- und im Erbrecht aus.

Da die Vererbung des Landloses Kinder voraussetzt, besteht in Magnesia Heiratszwang (*Leg.* VI 774a ff., XI 930b) und Fortpflanzungspflicht (*Leg.* VI 783d ff.). Für die Ehescheidung gelten strengere Bedingungen als in Athen. Während dort der Mann die Frau verstoßen bzw. die Frau sich mit der Bitte um Trennung an den Archonten wenden konnte, soll in Magnesia zunächst eine 20köpfige Kommission eine Versöhnung der Ehegatten versuchen und erst beim Scheitern dieses Versuches die Scheidung aussprechen (*Leg.* XI 929e ff.).

Erbrecht

Das Erbrecht (*Leg.* XI 922a ff.) trägt der Unteilbarkeit und Unveräußerlichkeit des Landloses Rechnung. Der Erblasser darf – anders als in Athen – seinen Grundbesitz nicht aufteilen, sondern muss einen seiner Söhne zu dessen Erben einsetzen (testamentarische Erbfolge); hat er nur Töchter oder überhaupt keine Kinder, muss er einen Außenstehenden als Sohn und Erben adoptieren (›Adoptionstestament‹).

Stirbt der Inhaber des Landloses ohne Testament, tritt eine gesetzlich geregelte Erbfolge ein (Intestaterbfolge). Falls er nur Töchter hinterlässt, greift das gemeingriechische Rechtsinstitut der Erbtochter (*epiklêros*), dem Platon aber einen stärkeren Zwangscharakter als in Athen gibt. Falls der ohne Testament Verstorbene gar keine Kinder hinterlässt, überlässt Platon die Regelung der Nachfolge nicht dem guten Willen der Seitenverwandten, sondern schreibt gesetzlich vor, dass ein neues Paar in das verlassene Haus einziehen soll (*Leg.* XI 924c–d).

Im Interesse der Erhaltung des Landloses fordert Platon im Falle der Verstoßung (*apokêryxis*) eines Sohnes durch den Vater die Mitwirkung der gesamten Verwandtschaft in Gestalt eines Familienrats (*Leg.* XI 928d). Der umgekehrte Vorgang, die Entmündigung des Vaters, die diesem die Verwaltung des Landlos entzieht, soll dagegen wie in Athen unter staatlicher Aufsicht erfolgen (*Leg.* XI 929d ff.).

Sachenrecht

Im Sachenrecht berühren sich Platons Vorschläge vielfach mit dem positiven Recht; singulär für die damalige Zeit ist jedoch die Forderung einer Registrierung nicht nur des Grundbesitzes, sondern auch des beweglichen Vermögens in einem behördlich kontrollierten Verzeichnis (*Leg.* V 745a, XI 914c).

Schuldrecht

Weil großer Reichtum einen sozialen Konfliktstoff (*Leg.* III 679b, V 728e, 744d) und eine moralische Gefährdung (*Leg.* V 743a, 744a) darstellt, verbietet Platon Geldverleih gegen Zins (*Leg.* V 742c; *Rep.* VIII 555e–556a). Beim Kauf fordert er sofortige Bezahlung und verweigert dem Kreditverkauf den rechtlichen Schutz (*Leg.* XI 915d–e, vgl. VIII 849d–e), wofür es Parallelen im griechischen Recht gegeben zu haben scheint (so bei Charondas nach Theophrast Fr. 650 Z. 57 Fortenbaugh; vgl. auch Aristoteles, *EN* 1164b12 ff.).

Für den Abschluss von Rechtsgeschäften überhaupt sieht Platon (*Leg.* XI 920d) eine Klagemöglichkeit wegen »Nichterfüllung eines Vertrages« (*atelous homologias*) vor, zu der es kein Gegenstück im positiven Recht gibt (in Athen blieb dem Gläubiger nur die Möglichkeit einer Klage wegen Schädigung).

In den Regeln für die Rückgängigmachung von Verkäufen entfernt sich Platon kaum vom attischen Recht. Unter den Verkauf subsumiert er auch den Arbeitsvertrag eines Bürgers mit einem Handwerker (*Leg.* XI 920e–921d). Bei böswilliger Nichtausführung der Arbeit trifft den Handwerker Verlust des Lohnes oder eine Geldbuße und die Pflicht zur kostenlosen Ausführung der Arbeit; gegen eine überhöhte Lohnforderung steht dem Auftraggeber der Klageweg offen. Versäumt der Auftraggeber die Bezahlung innerhalb der vorgesehenen Frist, muss er den doppelten Lohn innerhalb eines Jahres bezahlen; nach Verstreichen dieser Frist muss er zusätzlich Säumniszinsen bezahlen.

Landwirtschaftsgesetze

In den Landwirtschaftsgesetzen folgt Platon grundsätzlich griechischem Recht (vgl. *Leg.* VIII 843e–844a, 846c), tendiert aber zu einer differenzierteren Interessenabwägung in den Tatbeständen. Auch bei den Rechtsfolgen zeigen seine Gesetze größere Flexibilität. Während Gesetze wie das gortynische und das solonische meist feste Bußen als Sanktion vorsehen, legt Platon seinen Regelungen das Prinzip der Schätzbarkeit einer Schadensersatzklage zugrunde, was eine adäquatere Entschädigung ermöglicht (vgl. Klingenberg 1976, 201 f.).

Strafrecht

1. Für einen gut eingerichteten Staat ist die Notwendigkeit von Strafgesetzen »beschämend«; beweist sie doch das Scheitern der erzieherischen Bemühungen bei bestimmten Individuen (*Leg.* IX 853b–d). Der Zweck des Staates, die Bürger zur Tugend zu erziehen, bleibt aber auch für die Bestrafung maßgebend. Deshalb zielt die Strafe nicht auf das äußere Resultat einer Straftat, das in der Regel in einer Schädigung besteht, sondern auf den für die Tat ursächlichen seelischen Zustand des Täters. Während der Schaden im Interesse der Freundschaft zwischen Opfer und Täter nach kompensatorischem Schadensersatz verlangt, erfordert der seelische Zustand des Täters zusätzlich Maßnahmen, die ihn dazu bringen, dass er das Gerechte liebt und seine Tat nicht mehr wiederholt; Mittel hierzu ist, neben anderen erzieherischen Maßnahmen wie Lob und Tadel, die Strafe (*Leg.* IX 862b–d). Strafe ist also kein reaktiver, sondern ein zukunftsorientierter Rechtsakt, da sie nicht wegen der nicht mehr ungeschehen zu machenden Tat verhängt wird, sondern im Sinne einer Spezial- und Generalprävention auf Besserung des Täters und auf Abschreckung anderer zielt (*Leg.* XI 933e–934a; vgl. *Prot.* 324a–c).

Die Besserung besteht darin, dass der Täter durch die Strafe »zur Vernunft gebracht« wird (*Leg.* IX 854d5, vgl. XI 934a1). Diesen Prozess bezeichnet Platon als »Heilung« des Täters von seiner Ungerechtigkeit, die eine »Krankheit der Seele« ist (z. B. *Leg.* IX 862c, XII 941d–942a, XII 957e; *Gorg.* 478d–479b, 525b–c; *Rep.* IV 444b–c; *Soph.* 227d ff.). Ist diese Krankheit allerdings unheilbar, so bleibt für den unheilbaren Täter als kleineres Übel (*Leg.* IX 854e) nur die Todesstrafe, deren Nutzen für die Stadt in der Abschreckung und der Befreiung von einem schlechten Menschen besteht (*Leg.* IX 854e7–855a2, 862e; *Gorg.* 525b).

Platons Auffassung vom Strafzweck berührt sich mit Vorstellungen der attischen Redner (so in der Forderung nach Entschädigung des Schadens und nach Abschreckung), unterscheidet sich aber von ihnen durch Ablehnung der bloßen Rache (*timôria*) zugunsten der Besserung des Täters (vgl. *Leg.* V 728c). Der von den Rednern geäußerte Gedanke, dass die Stadt sich von der durch einen Totschlag verursachten Befleckung reinigen muss (z. B. Antiphon, *Or.* 3, 3, 11), spielt in Platons theoretischen Äußerungen über den Strafzweck keine Rolle; in den konkreten Gesetzen Magnesias dagegen ist bei allen schweren Delikten neben der Strafe eine religiöse Reinigung vorgesehen.

2. Wenn nach der in den *Nomoi* ausdrücklich bekräftigten sokratischen These niemand freiwillig Unrecht tut (*Leg.* V 734b, 860d), stellt sich die Frage, wie die strafrechtliche Unterscheidung zwischen vorsätzlichen (freiwilligen) und unvorsätzlichen (unfreiwilligen) Handlungen und die Bestrafung von ungerechten Handlungen mit dieser These vereinbar ist (*Leg.* IX 860d–861c).

Platons Lösung beruht darauf, dass er die Straftaten nicht nach dem strafrechtlichen Kriterium ›vorsätzlich‹/›unvorsätzlich‹ beurteilt, sondern nach dem Kriterium der gerechten bzw. ungerechten Gesinnung. Dazu bedarf es der Klärung, was Ungerechtigkeit ist. Diesem Zweck dient eine Analyse der Ursachen von ›Fehlhandlungen‹ (*hamartêmata* im generellen Sinn). Als solche werden genannt: Zorn, Lust und Unwissenheit (*agnoia*). Von diesen sind die beiden ersten beherrschbar, die Unwissenheit jedoch offenbar nicht. Ungerechtigkeit (*adikia*) ist nun nichts anderes als die in der Seele ausgeübte Gewaltherrschaft von Affekten wie Zorn, Lust usw. unabhängig von einem dadurch angerichteten Schaden. Gerecht dagegen sind alle Handlungen, die »die Überzeugung vom Besten« leitet, »auch wenn dabei ein Fehler begangen wird« (*Leg.* IX 863b–864b).

Daraus ergibt sich eine Dreiteilung der Fehlhandlungen. Ein Teil ist verursacht durch unlusthaltige Affekte (Zorn und Furcht), ein zweiter durch Lust und Begierden; diese beiden Arten von Handlungen resultieren also aus Ungerechtigkeit. Die dritte Art besteht im »Streben der Erwartungen und der wahren Meinung, das sich auf das Beste richtet« (*Leg.* IX 864b), bei dem aber die Unwissenheit einen Fehler verursacht. Daraus folgt, dass die Unwissenheit keine oder nur eine so geringe Unrechtsqualität besitzt, dass sie den gerechten Charakter einer Handlung nicht beeinträchtigt (Ritter 1896, 282 f.; Hackforth 1946, 119; Görgemanns 1960, 162; Adkins 1960, 304 ff.; McGibbon 1964, 19–24; Schöpsdau 1984, 121 ff.; Roberts 1987, 26). Unwissenheit meint demnach nicht den völligen Ausfall von Rationalität (etwa infolge der Überwältigung durch die Affekte), sondern eher (wie bei Aristoteles, *EN* 1135a24 ff.) ein Irren bezüglich handlungsrelevanter Fakten, das sich dem modernen Tatbestandsirrtum annähert. Die durch sie verursachte Fehlhandlung ist je nachdem, ob es sich um die einfache oder die mit der Einbildung von Wissen verbundene »doppelte« Unwissenheit handelt, als leichte oder als grobe Fahrlässigkeit zu werten (zu dieser Bedeutung von *hamartêma* vgl. Barta 2005). Für diese Deutung spricht auch das Gesetz (*Leg.* XII 955b), das den, der »wissentlich« Diebesgut bei sich aufnimmt, mit derselben Strafe belegt wie den Dieb und damit Unwissenheit als Entschuldigungsgrund anerkennt (vgl. auch *Leg.* X 902a). Unwissenheit als Tatbestandsirrtum kannte auch das attische Recht: Wer im Krieg einen Mitbürger tötet, weil er ihn irrtümlich für einen Feind hält, bleibt wegen dieser ›Unwissenheit‹ (*agnoêsas*) straffrei (vgl. Aristoteles, *Ath. Pol.* 57, 3; Demosthenes 23, 55); diesen Fall berücksichtigt auch Platon, und zwar unter der Rubrik der ungewollten Tötung (*Leg.* IX 865a–b).

Verknüpft man diese Argumentation mit den Kategorien ›freiwillig‹/›unfreiwillig‹, so sind im Sinne der sokratischen These alle Fehlhandlungen ungewollt, wenn man sie am wahren Wollen misst, das stets auf das Gute gerichtet ist. Beurteilt man sie aber nach der Möglichkeit der Beherrschung der Antriebskräfte, dann treten sie auseinander in die durch Zorn und Lust verursachten Unrechtstaten (*adikêmata*), deren Antriebskräfte beherrschbar sind und für die der Täter daher strafrechtlich voll verantwortlich ist, und in die aus Unwissenheit resultierenden Fehlhandlungen (*hamartêmata*), die nicht ohne weiteres als Unrechtstat gelten können (so auch Aristoteles, *EN* 1135a16 ff.). Die *ungerechten* Handlungen laufen also einerseits (wie auch die Fehlhandlungen) dem stets auf das Gute gerichteten Wollen zuwider und sind daher ungewollt, andererseits sind sie aber wegen der Beherrschbarkeit ihrer Antriebskräfte strafrechtlich als freiwillige Taten zu behandeln.

Eine andere Deutung wird von Interpreten vertreten, die die Unwissenheit nicht als Ursache eines Irrtums, sondern als die dritte Ursache der *Ungerechtigkeit* betrachten und zwischen den Substantiven *hamartêma* und *adikia* bzw. *adikêma* keinen semantischen Unterschied sehen (z. B. O'Brien 1967, 191–192; Saunders 1968, 421–434; Weiss 2003, 58; Horn 2004 u. a.). Einen Kompromiss vertritt Stalley (1983, 159), indem er neben der Unwissenheit, die Ursache von Ungerechtigkeit ist, eine Unwissenheit annimmt, die infolge mangelnder Detailkenntnis Fehler verursacht, die jedoch den Handelnden nicht als ungerecht qualifizieren.

3. Die von Platon formulierten Strafgesetze sind nicht alle in gleichem Maße von den Grundprinzipien seiner Strafkonzeption bestimmt. Am deutlichsten lassen sich diese Prinzipien in den Gesetzen über die großen Verbrechen (*Leg.* IX–X) wiederfinden:

Um die Strafe nach dem Seelenzustand des Täters zu bemessen, benötigt der Richter eine Beschreibung der Tatbestände unter dem Aspekt der in ihnen sich jeweils manifestierenden psychischen Verfassung. Dies führt zu größerer Differenzierung innerhalb der einzelnen Tatbestände. So unterscheidet das Gesetz über Religionsfrevel (Asebie) sechs Typen von Delinquenten, die sich jeweils durch ihre seelische Disposition und ihre atheistische Überzeugung unterscheiden (vgl. *Leg.* X 908b–e), während das athenische Gesetz nur eine einzige Kategorie kannte; Atheisten, die neben ihrer atheistischen Überzeugung noch von Begierden beherrscht werden, werden schwerer bestraft als der bloß in seiner Überzeugung Irrende. – Bei Tötungen und Körperverletzungen variiert die Strafe u. a. nach der personalen Beziehung zwischen Täter und Opfer und nach ihrem sozialen Status, weil sich auch daran der Grad der Ungerechtigkeit ablesen lässt. So wird die Tötung eines Verwandten strenger bestraft als die eines Mitbürgers, und die eines Blutsverwandten wiederum härter als die eines Ehegatten; die schwerste seelische Störung verrät die Tötung der Eltern im Zorn, bei der Platon eine Idealkonkurrenz mehrerer todeswürdiger Verbrechen annimmt (*Leg.* IX 869b–c). Bürger werden in Anbetracht der Erziehung, die sie erhalten haben, für manche Verbrechen schwerer als Fremde bestraft (*Leg.* IX 854e, XII 942a). Vergehen gegen Sklaven werden im allgemeinen milder geahndet als die gegen einen Freien usw. – Während in Athen die Strafe für unvorsätzliche Tötung unter Umständen ebenso schwer sein konnte wie bei vorsätzlicher Tötung, wenn nämlich der ins Ausland gegangene unvorsätzliche Täter infolge der Verweigerung der Verzeihung (*aidesis*) seitens der Angehörigen des Opfers lebenslang im Exil bleiben musste, beschränkt Platon das Exil des unfreiwilligen Totschlägers auf ein Jahr und macht die Gewährung von Verzeihung den Angehörigen zur Pflicht, um die Rechtsfolgen von unvorsätzlichen und vorsätzlichen (d. h. in voller Ungerechtigkeit begangenen) Tötungen klar zu scheiden. – Die bedeutendste Konsequenz aus Platons Strafkonzeption ist die Schaffung des Tatbestands der Tötung im Zorn, die in Athen nicht als eigene Kategorie behandelt wurde. Die Differenzierung nach der seelischen Disposition geht so weit, dass Platon die Tötung im Zorn nochmals aufspaltet in eine spontane Affekthandlung mit sofortiger Reue und in eine durch eine Beleidigung ausgelöste geplante Rachehandlung ohne Reue. Die erste wird als »fast unfreiwillige Tat« mit zweijährigem Exil eines Bürgers und die zweite als »fast freiwillige« Tat mit dreijährigem Exil bestraft (*Leg.* IX 866d–868c); welcher der beiden Fälle vorliegt, sollen die obersten Beamten durch genaue Prüfung des Tathergangs entscheiden. Diese sind es auch (und nicht wie in Athen die Verwandten), die als Vertreter der Stadt über die Verzeihung und die Wiedereingliederung in die Gemeinschaft entscheiden (*Leg.* IX 867e).

Das Strafziel der Besserung ist naturgemäß hinfällig, wenn eine Besserung als unmöglich gilt (so in den vielen Fällen, in denen die Todesstrafe verhängt wird) oder eine Besserung nicht erforderlich ist (weil keine Ungerechtigkeit vorliegt). Nur bei drei schweren Delikten ist die Besserung ausdrücklich als Strafzweck genannt: Bei Tempelraub erhalten Sklaven und Fremde eine singuläre Strafe, damit sie »vielleicht zur Besinnung kommen und sich bessern« (*Leg.* IX 854d5), bei Tötung im Zorn muss der Täter ins Exil gehen, »damit er seinen Zorn zügeln lernt« (*Leg.* IX 867c8) und bei Religionsfrevel werden die redlichen Atheisten in einem Gefängnis inhaftiert, dessen Name *sôphronistêrion* auf Besserung hindeutet (*Leg.* X 909a1). Bezeichnenderweise handelt es sich im ersten und im letzten Fall um Strafen, die von Platon selbst konzipiert worden sind, und bei der Tötung im Zorn um einen von Platon selbst neu geschaffenen Tatbestand. Analog darf man Besserung als Strafzweck auch in anderen Fällen erschließen, in denen Platon eine Haftstrafe verhängt, die dem Täter Zeit zur Besinnung lässt (so bei tätlicher Beleidigung eines Älteren (*Leg.* X 880b–d), Ausübung von Kleinhandel (*Leg.* XI 919e–920a), Behinderung von Wettkampfgegnern (*Leg.* XII 954e–955a)).

Um der eigenen »Heilung« und um der Abschreckung anderer willen (aber auch zwecks Beseitigung einer Befleckung) darf ein Täter keine Möglichkeit haben, sich der Bestrafung zu entziehen. Daher überlässt Platon bei Tötungsdelikten die Strafverfolgung nicht dem Belieben der Angehörigen des Opfers, sondern schreibt vor, dass die zur gerichtlichen Verfolgung des Täters verpflichteten Verwandten bei Unterlassung der Verfolgung von jedem belangt werden können, der den Getöteten rächen will (*Leg.* IX 866b, 871b). Er schließt damit eine Lücke des attischen Strafrechts, das die Verfolgung eines Totschlägers den Verwandten des Opfers übertrug, diese aber nicht dazu zwingen konnte, so dass sich der Täter mit den Verwandten auf Unterlassung der Verfolgung gegen eine Geldzahlung einigen konnte.

Neben oder statt der Besserung erscheinen in Platons Strafgesetzgebung gelegentlich noch andere Strafzwecke. Dass der Totschläger in die Verbannung gehen muss, um dem aus dem Grab heraus wirkenden Zorn des Opfers zu entgehen (865d–e), oder dass bei Tötung im Zorn die Dauer des Exils auf ein Jahr reduziert wird, sofern das Opfer vor seinem Tod den Täter durch die Lossprechung (*aphesis*) entlastet hat (*Leg.* IX 869d f.), zeigt, dass dem Opfer ein Recht auf Rache zugestanden wird, auf das es allerdings auch verzichten kann. Stärker tritt dieses retributive Element hervor, wenn die Hinrichtung eines Sklaven mit Blick auf das Grab seines Opfers erfolgen soll und bei seiner Auspeitschung der Ankläger die Zahl der Hiebe bestimmen darf (*Leg.* VI 872b).

28.7 Moderne Bewertungen der platonischen Straftheorie

Platons Straftheorie wird von Mackenzie (1981) als eine humanitäre Sicht der Strafe gewertet, die durch ihre psychologischen und moralischen Grundannahmen (Unwissenheit oder psychische Erkrankung als Ursachen einer Straftat; Besserung als Strafzweck) modernen Straftheorien überlegen sei. Aus politischen Überlegungen baue Platon aber in diese konsistente Theorie auch restitutive (Schadensersatz) und utilitaristische Elemente (Abschreckung) ein. Während diese der humanitären Zielsetzung nicht direkt zuwiderlaufen, sei der Vergeltungsgedanke, den Platon unter der Wirkung der Tradition und aus einem Bedürfnis nach vergeltender (retributiver) Gerechtigkeit in seinen eschatologischen Mythen vertritt, mit der humanitären Straftheorie kaum vereinbar. In dieser Diskrepanz sieht sie einen Beweis für ihre generelle These, dass sich die unterschiedlichen Rechtfertigungen der Strafe nicht kohärent miteinander kombinieren lassen.

Saunders (1991) untersucht und erläutert Platons Konzeption der Strafe als einer Heilung. Während Platon in den frühen Dialogen die Strafe nur analogisch als Heilung verstand, vertrete er in den *Nomoi* eine genuin »medizinische Poenologie«, deren Basis Saunders in der Physiologie des *Timaios* sieht. Danach entspringt das Verbrechen einer seelischen Krankheit (*Tim.* 86b–87b, 89b–c), die auf eine durch körperliche Krankheiten verursachte Störung der seelischen Bewegungen zurückgeht (Saunders 1991, 169 f.). Wie körperliche Krankheiten durch eine medizinische Kur (Bewegung, gesundheitsbewirkende Tätigkeiten) geheilt werden, so lassen sich seelische Krankheiten durch eine moralische Kur (Erziehung, moralbefördernde Tätigkeiten) verhüten oder heilen (*Tim.* 87b). Der Strafe kommt dabei die Aufgabe zu, den durch die erzieherischen Maßnahmen herbeizuführenden Wechsel des Verhaltens, der naturgemäß nicht ohne Schmerzen verläuft (vgl. *Leg.* VII 797d–798b), zu unterstützen, indem sie durch Zufügung von Schmerz die eingefahrenen Verhaltensmuster des Seelenstoffes aufbricht (Saunders 1991, 172 ff.). In dieser Zufügung von Schmerz sieht Saunders ein von der politischen Notwendigkeit zugelassenes Element der Vergeltung.

Gegen diese Deutung wendet sich Stalley (1995), indem er die platonische Strafkonzeption als eine kommunikative Straftheorie interpretiert. Strafe ist nach Stalley ein Element in einem komplexen System von Einrichtungen, die die Bürger Magnesias tugendhaft machen sollen. Die Bestrafung macht dem Bestraften und denen, die Zeuge seiner Bestrafung werden, die in der Stadt geltenden Werte deutlich, damit er diese internalisiert und sein Handeln daran orientiert. Strafe hat insofern eine »kommunikative Funktion«: dem Bestraften vermittelt sie die Botschaft, dass sein Verhalten unter den Minimalstandard gesunken ist und sein Charakter verbessert werden muss; dem weiteren Publikum schärft sie ein, dass ein bestimmtes Verhalten den Werten der Stadt widerspricht. Wenn der Bestrafte sein Verhalten bessert, kann man durchaus sagen, dass er »geheilt« worden ist, aber dies ist für Stalley ebenso wie die Bezeichnung des zu ändernden seelischen Verhaltens als »Krankheit« eine bloße Metapher.

Literatur

Adkins, Arthur W. H. 1960: Merit and Responsibility. Oxford.

Barta, Heinz 2005: »Die Entstehung der Rechtskategorie ›Zufall‹. Zur Entwicklung des haftungsrechtlichen Zurechnungsinstrumentariums im antiken Griechenland und dessen Bedeutung für die europäische Rechtsentwicklung«. In: Heinz Barta/Theo Mayer-Maly/Fritz Raber (Hg.): Lebend(ig)e Rechtsgeschichte. Beispiele antiker Rechtskulturen: Ägypten, Mesopotamien und Griechenland. Wien, 16–115.

Flückiger, Felix 1954: Geschichte des Naturrechts I: Altertum und Frühmittelalter. Zollikon/Zürich.
Gernet, Louis 1951: »*Les Lois* et le droit positif«. In: Platon, *Les Lois* I–II (= Œuvres complètes XI 1). Paris (Les Belles Lettres), p. xciv–ccvi.
Görgemanns, Herwig 1960: Beiträge zur Interpretation von Platons *Nomoi*. München.
Hackforth, Reginald 1946: »Moral Evil and Ignorance in Plato's Ethics«. In: Classical Quarterly 40, 118–120.
Horn, Christoph 2004: »›Niemand handelt freiwillig schlecht.‹ Moralischer Intellektualismus in Platons *Nomoi*?« In: Marcel v. Ackeren (Hg.): Platon verstehen. Darmstadt, 168–182.
Kelsen, Hans 1933: »Die platonische Gerechtigkeit«. In: Kantstudien 38, 91–117
Kelsen, Hans 1957: »Platon und die Naturrechtslehre«. In: Österreichische Zeitschrift für Öffentliches Recht 8, 1–43.
Klingenberg, Eberhard 1976: »Platons νόμοι γεωργικοί und das positive griechische Recht«. Berlin.
Lisi, Francisco I. 1985: Einheit und Vielheit des platonischen Nomosbegriffs. Königstein/Ts.
Mackenzie, Mary Margaret 1981: Plato on Punishment. Berkeley.
McGibbon, D. 1964: »Plato's Final Definition of Justice«. In: Proceedings of the African Classical Association 7, 19–24.
Neschke-Hentschke, Ada 1996: »Politischer Platonismus und die Theorie des Naturrechts. Essai zur Archäologie der Menschenrechte«. In: Enno Rudolph (Hg.): Polis und Kosmos. Naturphilosophie und politische Philosophie bei Platon. Darmstadt, 55–73.
O'Brien, Michael J. 1967: The Socratic Paradoxes and the Greek Mind. Chapell Hill.
Roberts, Jean 1987: »Plato on the Causes of Wrongdoing in the *Laws*«. In: Ancient Philosophy 7, 23–37.
Ritter, Constantin 1896: Platons *Gesetze*. Kommentar zum griechischen Text. Leipzig.
Saunders, Trevor J. 1968: »The Socratic Paradoxes in Plato's *Laws*: a Commentary on 859c–864b«. In: Hermes 98, 421–434.
Saunders, Trevor J. 1991: Plato's Penal Code. Tradition, Controversy, and Reform in Greek Penology. Oxford.
Schöpsdau, Klaus 1984: »Zum Strafrechtsexkurs in Platons *Nomoi*. Eine Analyse der Argumentation von 860c–864b«. In: Rheinisches Museum für Philologie 127, 97–132.
Stalley, Richard F. 1983: An Introduction to Plato's *Laws*. Oxford.
Stalley, Richard F. 1995: »Punishment in Plato's *Laws*«. In: History of Political Thought 16, 469–487.
Todd, Stephen C. 1994: The Shape of Athenian Law. Oxford.
Verdross, Alfred 1958: Abendländische Rechtsphilosophie (Rechts- und Staatswissenschaften Bd. 16). Wien.
Weiss, Roslyn 2003: »Two Related Contradictions in Laws IX«. In: Scripta Classica Israelica, Jerusalem, 22, 43–65.
Wild, John 1953: Plato's Modern enemies and the theory of natural law. Chicago.
Wolf, Erik 1968/1970: Griechisches Rechtsdenken, IV 1/2: Platon. Frankfurt a. M.

Klaus Schöpsdau

29 Anthropologie

Die Anthropologie gehört zu den Themenkomplexen platonischen Philosophierens, die in der Forschung bisher etwas stiefmütterlich behandelt worden sind, und das nicht nur aufgrund der immer noch schwelenden Debatte darüber, ob man vor dem 20. Jahrhundert überhaupt von einer Anthropologie im Vollsinne des Wortes sprechen kann. Der Hintergrund ist vielmehr ein werkimmanenter. Im (pseudo-)platonischen *Alkibiades I*, der den Untertitel »Über die Natur des Menschen« (*Peri physeôs anthrôpou*) trägt, wird die anthropologische Grundfrage »Was ist also der Mensch?« (*Alc.* I, 129e) explizit gestellt. Kandidaten sind dabei die Seele, der Körper oder das aus beiden Zusammengesetzte; die Antwort fällt eindeutig aus: Der Mensch ist mit seiner Seele identisch (130c–e). Diese Gleichsetzung wird von vielen Forschern so wörtlich genommen, dass ihre Darstellung der platonischen Anthropologie nichts anderes ist als eine Aufarbeitung seiner Psychologie (vgl. z. B. Zakopoulos 1975, 41–92), wobei das Verhältnis der Seele zum Körper meist schematisch im Stile eines an Descartes geschulten Substanzendualismus (s. Kap. V.40) dargestellt wird. Des Weiteren wird diese Ansiedlung der anthropologischen Fragestellung im Kontext der Leib-Seele-Relation dann als »verhängnisvoller Dualismus« und sogar als »ruinöser Fehlansatz« (Landmann 1962, 73 und 78) gebrandmarkt, insofern Platon durch diese Engführung hinter das bereits in der Sophistik erreichte Niveau der anthropologischen Spekulation zurückgefallen sei.

Eine Reduktion der platonischen Anthropologie auf die Psychologie verbietet sich jedoch allein schon wegen anderer Textstellen, in denen im Gegensatz zum *Alkibiades I* das Kompositum aus Körper und Seele als Mensch bezeichnet wird (s. u.). Unzweifelhaft ist jedoch, dass der Schwerpunkt der anthropologischen Reflexion bei Platon just das Verhältnis von Körper und Seele betrifft (s. Kap. IV.29.1); daneben finden sich noch einige verstreute Anthropologeme, die weitere Schlaglichter auf das Verständnis des Menschen bei Platon werfen (s. Kap. IV.29.2). Aus beiden Themenkomplexen lässt sich das Bild des Menschen als einer Doppelnatur rekonstruieren, die im Spannungsfeld einer deskriptiven und einer normativen Anthropologie angesiedelt ist (s. Kap. IV.29.3).

29.1 Anthropologie im Spiegel des Leib-Seele-Verhältnisses

De facto findet sich im *Corpus Platonicum* die erste extensive Reflexion auf das Verhältnis von Körper (*sôma*) und Seele (*psychê*) in der abendländischen Literatur, aber das gezeichnete Bild ist hochgradig komplex und scheinbar nicht frei von Widersprüchen (vgl. Robinson 2000, 37). Letztere betreffen auch und v. a. die Verortung des Menschen in diesem Spannungsfeld: Einerseits gibt es auch außerhalb des schon zitierten *Alkibiades I* einige Stellen, an denen der Mensch wesentlich mit seiner unsterblichen Seele im Inneren gleichgesetzt wird, während der Körper eine bloß äußerliche Erscheinung bzw. Hülle bildet (*Leg.* XII 959a–b; *Rep.* V 469d und IX 588d; *Phd.* 115d–e); andererseits fehlt es nicht an Passagen, in denen Körper und Seele zusammen als Mensch gekennzeichnet werden (*Phd.* 79b; *Rep.* V 462c–d; *Tim.* 87e; *Crat.* 399d). Diese Ambiguitäten betreffen im Übrigen auch den Begriff des Todes, der sich sowohl auf das Kompositum als auch auf die beiden Teile beziehen kann (Bostock 1999, 404f. mit Nachweisen im *Phaidon*). Da sich einige dieser widersprüchlichen Zeugnisse in ein und demselben Werk finden, lässt sich hier kaum eine stringente entwicklungsgeschichtliche Linie ziehen; trotzdem trägt ein Blick auf die Charakterisierung des Körper-Seele-Verhältnisses und des jeweils involvierten Dualismus (s. Kap. V.40) im *Corpus Platonicum* einiges zur Einordnung und zum Verständnis dieser beiden konkurrierenden anthropologischen Modelle bei. Dabei lassen sich grob drei Positionen bzw. Phasen unterscheiden (vgl. auch Müller 2009):

1. In den ›sokratischen‹ Frühdialogen und im *Phaidon* herrscht eine Art numerischer Substanzendualismus vor (Ausnahme: *Charm.* 156d–e mit ›monistischen‹ Anklängen), in dem Körper und Seele keine wesenhafte, sondern nur eine kontingente Verbindung besitzen (Robinson 1995, 3–20). Der Sitz persönlicher Identität ist dabei die Seele, insofern sie das Prinzip kognitiver und moralischer Funktionen und Aktivitäten bildet (s. Kap. IV.24.1). Durch ihre Unsterblichkeit ist sie der Garant personaler Kontinuität auch über den physischen Tod hinaus und gerade deshalb auch wesentlicher Gegenstand menschlicher Sorge, die ihre Pointe in der seelischen Selbsterkenntnis hat (vgl. Steiner 1992, 9–48). Während der Körper im *Alkibiades I* als eine instrumentelle (und d. h. potenziell kooperative bzw. hilfreiche) Größe für die Seele ins Spiel kommt, ist er in vielen anderen Dialogen (v. a. im *Protagoras*, im *Gorgias* und im *Phaidon*) eine reine Störquelle, und zwar sowohl in epistemischer als auch in ethischer Perspektive: Der Körper (*sôma*) wird zum Grab (*sêma*) der Seele (*Gorg.* 493a). Hinter diesem plastischen Bild steht letztlich die Vorstellung, dass die (Re-)Inkarnation der Seele im Wesentlichen als eine Art Strafe zu deuten ist (*Crat.* 400c–d) bzw. als Konsequenz eines Abfalls von der ›wahren‹ Welt des Geistigen bzw. Intelligiblen, wie im *Phaidros*-Mythos (250c) erzählt wird. Der Mensch ist im Kern eine gefallene Seele, die als Exilant ihr Dasein in einer fremden Welt zu fristen hat, wenn auch ggf. mit Aussicht auf Rückkehr zu dem ihr angemessenen Lebensort. Die Seele ist dabei wesentlich als Lebensprinzip bzw. als Bewegungsursache (s. Kap. IV.24.1) des Körpers verstanden; der Tod wird gefasst als Verlassen des Leibs seitens der Seele (*Phd.* 64c, 70b). Im Gegensatz zum Substanzendualismus Descartes' hat damit der Körper, der aus den vier Elementen zusammengesetzt ist (*Phlb.* 29d), an sich weder Leben noch Bewegung; da er nach der Trennung von der Seele in seine Bestandteile ›zerfällt‹, kann man problematisieren, inwieweit er im Frühwerk bzw. im *Phaidon* überhaupt eine ›Substanz‹ im Sinne einer selbstständig existierenden Entität ist (vgl. Ostenfeld 1987, 29 und 33, der darauf hinweist, dass der Körper im *Timaios* einer Autonomie im Sinne der cartesischen ›Körpermaschine‹ eher nahe kommt). Ob der Körper dabei nun als Instrument oder als Kerker der Seele gekennzeichnet wird, macht keinen Unterschied hinsichtlich seiner ontologischen Inferiorität und seiner grundsätzlichen Getrenntheit vom wahren Menschsein, das in der Seele liegt.

2. In der *Politeia* wird der frühere Leib-Seele-Konflikt im Rahmen der Seelenteilungslehre (s. Kap. IV.24.2) teilweise in die Seele selbst verlagert, also internalisiert. Der Repräsentant des Körperlichen ist dabei wesentlich das *epithymêtikon* mit seinen Begierden. Die vom Leib zur Seele gelangenden Lüste gelten dabei als Lüste im prototypischen Sinne (*Rep.* IX 584c); insgesamt weist Platon die körperlich fundierten Begierden wie Hunger und Durst als die »stärksten« (*enargestatas*: *Rep.* IV 437d3) aus: »Das Begehrliche (*epithymêtikon*) nannten wir es auch wegen der Heftigkeit der auf Speise, Trank und Liebessachen und was hiermit sonst noch zusammenhängt bezüglichen Begierden« (*Rep.* IX 580e). Die Betonung liegt hier auf der elementaren Bedürfnisnatur des Menschen in seiner Körperlichkeit und der potenziellen Unersättlichkeit des *epithymêtikon*, welche die beiden anderen Seelenteile (Vernunft und Mut) zu kontrollieren haben. Während im Frühwerk eine auf die Vernunftseele reduzierte psychische Eingestaltigkeit in bewusster

Trennung vom Körper vorherrscht, sind nun auch bestimmte psycho-physische Zustände und Wechselwirkungen kennzeichnend für die *conditio humana*, insoweit diese als verkörperte Tripartition betrachtet wird (vgl. auch *Tim.* 43c–44b, 64a–65b). Dies kann man ggf. als Indiz dafür nehmen, dass beim späteren Platon sogar ein notwendiger Zusammenhang von seelischer Trichotomie und Inkorporation anzunehmen ist (vgl. Ostenfeld 1990; Johansen 2000, 94–103). Die Gemeinsamkeit mit der ersten Position liegt aber zumindest noch darin, dass der Mensch in eine elementare Konfliktsituation verstrickt ist: Während diese in einem numerischen Substanzendualismus noch als Opposition der als eigentlicher Mensch verstandenen Seele zum körperlichen Werkzeug oder Kerker anthropologisch externalisiert werden kann, reichen die Konflikte in der *Politeia* in die dreiteilige menschliche Seele hinein. Diese psychische Internalisierung des Gegensatzes zwischen Vernunft und Sinnlichkeit hat dann aber eine partielle Redefinition des Menschen zur Folge, die in Richtung des Kompositums tendiert. Eine volle Identität von uns als Personen mit dem leibseelisch verfassten Mensch kann in diesem Modell allerdings weiterhin verneint werden (Gerson 2003): Der Mensch als verkörperte Person (*embodied person*) ist nur ein Abglanz der unverkörperten Person (der Vernunftseele), die durch die Verbindung mit dem Leib in eine Art Stockholm-Syndrom (ebd., 176) gerät, aus dem sie sich erst wieder befreien muss.

3. Für das Spätwerk (v. a. *Timaios, Philebos, Nomoi*) lässt sich festhalten, dass an die Stelle des oppositionellen Konfliktmodells im Leib-Seele-Verhältnis ein teleologisches Kooperationsmodell tritt: Der Körper wird nicht mehr als eine Störquelle oder ein Hindernis für die seelische Aktivität gesehen, sondern als ein zur Unterstützung der *psychê* und ihrer Aktivitäten besonders geeigneter Partner: »The basic outline of the body, then, shows how the body is so constructed as to aid the intellect in maintaining control over itself and the mortal soul« (Johansen 2000, 101). Form, Lage und Einrichtung der körperlichen Glieder und Organe werden funktionalistisch erklärt; so ist etwa die runde Kopfform durch die zu beherbergenden zirkulären Denkbewegungen der Vernunftseele bedingt, die dort angesiedelt sind (*Tim.* 44d). Insofern die Seele in ihren Bewegungen und in ihrer dreigestaltigen Lokalisierung im Leib selbst zunehmend als eine räumlich-körperlich verfasste Instanz beschrieben wird, entfernt sich Platon erkennbar vom numerischen Substanzendualismus zu Gunsten einer engen Verzahnung von *psychê* und *sôma*. Diese Verbindung findet ihren Ausdruck auch *ex negativo* darin, dass die Krankheiten der Seele auf den Zustand des Körpers (bzw. auf das räumliche Verhältnis von Körper und Seele) zurückzuführen sind (*Tim.* 86b–87b; vgl. Gill 2000; Lautner 2011). Der Tod des Menschen ist damit auch nicht mehr als Trennung der Seele vom Leib gefasst, sondern geht auf körperliche Fehlfunktionen zurück. Das sich hier abzeichnende anthropologische Paradigma, das in vielen Aspekten analog zum Verhältnis von Weltseele und Weltkörper gestaltet ist, läuft letztlich darauf hinaus, dass der Mensch ein »beseelter Körper« (*empsychon sôma*: *Phlb.* 64b8) ist. Die Nähe bzw. Affinität dieser ›späten‹ Auffassung zur aristotelischen Grundidee, dass die Seele das wesenhaft mit ihm verbundene Organisationsprinzip des Körpers bildet, ist v. a. in der jüngeren Forschung des Öfteren betont worden (vgl. Ostenfeld 1987, 47 f.; Carone 2005; kritisch Fronterotta 2015), wenn auch stellenweise in einer zu physikalistischen Interpretation der platonischen *psychê*. Von einer substantiellen Getrenntheit der Seele bzw. einer Feindschaft zum Körper kann hier jedenfalls keine Rede mehr sein; das menschliche Selbst umfasst vielmehr Seele und Körper, die beide zum Gegenstand der »Sorge um sich selbst« werden (vgl. *Tim.* 88b–c; *Rep.* IX 591c–d; *Leg.* 724a–b). In den *Nomoi* wird ein ausgeprägter kausaler Interaktionismus von Leib und Seele auf kinetischer Basis geschildert, der auch als Grundlage für die Erziehung zur Tugend fungiert (Kamtekar 2010; Müller 2015, 63–71). Dies strahlt auch auf die anthropologische Bedeutung der menschlichen Mängelnatur ab: »Etwas wesenhaft Menschliches (*physei anthrôpeion*) sind nun vor allem Lust und Schmerz und Begierden, an die mit Notwendigkeit jedes sterbliche Wesen geradezu wie festgebunden und aufgehängt ist mit seinen ernstesten Bestrebungen« (*Leg.* V, 732e). Hieraus resultiert ein eingeschränkter psychologischer Hedonismus (z. B. in der Wahl der Lebensformen in *Leg.* V, 733a–d; vgl. auch VII, 792d–793a), der aber nicht mit einem normativen Hedonismus kurzgeschlossen werden sollte (zur Diskussion vgl. Lefebvre 2007; Evans 2008). Erziehung wird dementsprechend zunehmend als »richtige Heranbildung der Schmerz- und Lustgefühle« (*Leg.* II, 653c) verstanden, und die Kenntnis der Affektpsychologie wird zum Handwerkszeug des Staatsmanns (*Leg.* I, 636d, 650b, 652a).

Diese drei im Spiegel des Leib-Seele-Verhältnisses sichtbar werdenden anthropologischen Grundfiguren des (1) Separationismus, (2) des konfliktuösen Kompositionismus und (3) des teleologischen Kompositionismus sind natürlich ›Idealtypen‹, die je nach Kontext variiert oder sogar miteinander legiert werden. Konsistent ist Platon allerdings in seiner Ablehnung einer Identifikation des menschlichen Selbst mit dem Körper, von der weite Teile der ihm vorausgehenden Tradition bestimmt waren (vgl. Hirzel 1914): Das wäre nach platonischem Verständnis ein Kategorienfehler, wie ihn die materialistischen ›Körperfreunde‹ in ihrer Auseinandersetzung mit den ›Ideenfreunden‹ begehen (vgl. *Soph.* 246a ff.); ein solcher reduktiver Physikalismus, der nach Platon eine der Grundwurzeln des Atheismus ist (vgl. *Leg.* X 889b–e), verträgt sich auch nicht mit der von ihm konsequent betonten Priorität des Seelischen gegenüber dem Körperlichen auf individueller wie auch auf kosmischer Ebene (vgl. *Tim.* 34a–b; *Leg.* X 896b–c). Eine komplette Determination des Seelischen durch das Körperliche im Sinne einer behavioristischen Anthropologie ist ihm deshalb – trotz einzelner doppeldeutiger Passagen im Spätwerk (vgl. v. a. *Tim.* 86d–e) – fremd.

29.2 Elemente platonischer Anthropologie

Kennzeichnend für viele anthropologische Entwürfe von der Antike bis in die Gegenwart ist eine doppelte Ortsbestimmung des Menschen mit entgegengesetzter Blickrichtung: Im Rahmen einer ›zoologischen‹ Betrachtung wird der Mensch ›von unten‹ aus, d. h. im Vergleich mit den anderen Lebewesen bestimmt; komplementär dazu verhält sich eine Verortung des Menschen ›nach oben‹, also im Vergleich zu und in seinem Verhältnis mit Gott bzw. zum Göttlichen (›theologische‹ Perspektive). Für beide Betrachtungsweisen finden sich im *Corpus Platonicum* einige (meist verstreute) Anthropologeme.

Zoologische Bestimmungen

Generisch betrachtet gehört der Mensch zu den sterblichen Landwesen (*Tim.* 41b–c), die zahm sind (*Leg.* VI 765e–766a; *Soph.* 222b); eine (eventuell nicht ernst gemeinte) Definition via *genus proximum* und *differentia specifica* liefert Platon im *Politikos* (266e), wo der Mensch im Rahmen einer Dihairese als ungefiederter Zweifüßler bestimmt wird – was angeblich nach einer Ridikülisierung durch den Kyniker Diogenes später durch den Zusatz »mit platten Nägeln« ergänzt wurde (Diogenes Laertios, *Vitae philosophorum* VI 40; vgl. *Def.* 415a). Im *Kratylos* (399c) wird eine Etymologie präsentiert, die den Menschen (*anthrôpos*) als ein Wesen bestimmt, das etwas an- bzw. hinaufschaut (*anathrei*); dies ist nicht bloß ein Indiz für den aufrechten Gang bzw. den nach oben gerichteten Blick, sondern meint hier auch die den Mensch vom Tier unterscheidende Fähigkeit zur abstrakten Begriffsbildung (*logizesthai*) auf der Basis von Sinneseindrücken (vgl. Zakopoulos 1975, 43). In den *Definitiones* wird der Mensch dann auch als Wesen der »logischen Erkenntnis« (415a) bestimmt.

Diese Bestimmung des Menschen als eines vom Tier v. a. durch Vernunft unterschiedenen Wesens, das auf Erkenntnis hin ausgerichtet ist, findet bei Platon in vielfältiger Weise Ausdruck: Nur die Seelen, welche in ihrer Präexistenz die Ideen erblickt haben, können nach ihrem Fall und der ersten Inkarnation zu Menschen werden, weil nur sie die Fähigkeit zur Wiedererinnerung (s. Kap. V.60) und damit zur Begriffsbildung haben (*Phdr.* 245b–c; vgl. Bostock 1999, 422); ursprünglich tierische Seelen können also nie in menschliche Körper eingehen, während ursprünglich menschliche Seelen auch in Tierkörper transmigrieren können. Im Rahmen einer vom Menschen (genauer gesagt: vom Mann) als Spitze der Pyramide ausgehenden Deszendenztheorie (*Tim.* 90e ff.) »gehen die Lebewesen damals wie jetzt ineinander über, indem sie sich durch Verlust und Erwerb von Vernunft und Unvernunft verändern« (*Tim.* 92c). Der Besitz der Vernunft erklärt auch, warum die Menschen allein unter allen Lebewesen über eine Rechtsordnung verfügen und die Götter verehren (*Mx.* 237d).

Ein teilweise bei Platon anklingendes anthropologisches Motiv ist das des Mängel- bzw. Bedürfniswesens; so ist es nicht eine im aristotelischen Sinne verstandene politische bzw. soziale Natur des Menschen (als *physei politikon zôon*: Aristoteles, *Pol.* I 2), die zur Staatsgründung führt, sondern die (materiellen) Bedürfnisse der Menschen, insofern kein Mensch autark ist (*Rep.* II 368b–c). Eben dadurch wird, wie auch der *Politikos*-Mythos von den zwei Weltaltern zeigt, die Sorge um das eigene Sein zu einem Grundzug des Menschseins überhaupt (vgl. hierzu Fleischer 1976, Kap. 10). Dies ist zumindest in der Richtungstendenz verknüpft mit einer eher pessimistischen politischen Anthropologie à la Thomas Hobbes, wie sie sich in den *Nomoi* zeigt: Als »sterbliche Natur« ist der Mensch »stets zur Selbstsucht und zur Befriedigung seiner persönlichen Interessen« (*Leg.* IX 875b) geneigt (zur Anthropologie in den *Nomoi* vgl. auch Sharafat 1998). Platon steht dabei allerdings dem im *Protagoras*-Mythos (320d–322d; van Riel 2012) insinuierten Bild einer »stiefmütterlichen Natur«, die den Menschen zum Überleben schlecht ausgestattet hat, insgesamt ebenso distanziert gegenüber wie generell den auf der sophistischen Anthropologie und ihrer *nomos-physis*-Antithese basierenden Kulturentstehungstheorien (vgl. Landmann 1962, 19–46). Für kulturtheoretische Ausdeutungen bieten die platonischen Aussagen zum Menschen deshalb wenig Spielraum (vgl. jedoch Wild 1946; kritisch hierzu Vlastos 1947).

Die menschliche Bedürfnisnatur umfasst bei Platon nun nicht nur das physische Überleben, sondern auch und vor allem das Streben nach Wahrheit und Erkenntnis. So spricht er explizit von »den zweifachen Begierden, die es von Natur aus bei den Menschen gibt (*epithymiôn ousôn physei kat' anthrôpous*): auf Grund des Körpers nach Nahrung, auf Grund des Göttlichsten in uns aber nach Einsicht (*phronêsis*)« (*Tim.* 88a–b), womit auch der anthropologische Resonanzboden der Leib-Seele-Relation erneut deutlich wird. Die Erfüllungsmöglichkeit für dieses natürliche Wissensstreben, wie es auch im ersten Satz der aristotelischen *Metaphysik* formuliert wird, ist im *Symposion* beschrieben, wo der anagogische Aufstieg zur Idee durch zunehmende Abstraktion vom Schönen, das wir sinnlich wahrnehmen, realisiert wird (vgl. auch *Phdr.* 249d ff.). Vorausgesetzt sind dann auch hier die Fähigkeiten des Menschen zur Begriffsbildung und zur Wiedererinnerung, die den Menschen elementar vom Tier unterscheiden.

Theologische (bzw. kosmische) Verortung

Während Platon in seiner Anthropologie ›nach unten‹, also im Vergleich zum Tierreich, wesentlich mit Abgrenzungen arbeitet, ist der nach oben gerichtete Blick wesentlich auf Kontinuitäten abgestellt:

> Die maßgebendste Form von Seele bei uns müssen wir uns aber folgendermaßen denken, dass nämlich Gott sie jedem als einen Schutzgeist verliehen hat; da wir kein irdisches, sondern ein himmlisches Gewächs sind. [...] [I]ndem das Göttliche dort, wo die erste Entstehung der Seele sich vollzog, unser Haupt und unsere Wurzel befestigt, richtet es den ganzen Körper auf (*Tim.* 90a–b).

Hier sind verschiedene für die theologische Dimension der platonischen Anthropologie wesentliche Aspekte thematisiert:

1. Schon Diogenes von Apollonia hatte neben den Händen und der Sprache den aufrechten Gang als Humanum bezeichnet, was bei Platon spezifisch mit der nach oben gerichteten Blickwendung des Menschen verknüpft wird (*Crat.* 399c; Bayertz 2014, 39–48). Der aufwärtsgerichtete Blick als »Symbol für die Emporwendung der Seele zum Unsichtbaren« (Landmann 1962, 56) ist zugleich die Signatur der auf philosophische Erkenntnis ausgerichteten menschlichen Seele (*Tim.* 91d–e; vgl. auch den Brunnenfall des Thales in *Tht.* 174a).

2. Eine besondere Beziehung des Menschen zu den Göttern zeigt sich darin, dass im Gegensatz zu den anderen Lebewesen dem Menschen als »Reigengefährten« der Götter ein Gefühl für Takt und Rhythmus eigen ist, das sich in religiösen Chören und Tänzen äußert (*Leg.* II 653e–654a und 672c–d). Wiederholt findet sich bei Platon der Gedanke, dass die Menschen Eigentum der Götter sind (*Phd.* 62b; *Leg.* X 902c), ja sogar deren Marionetten (*thaumata*; *Leg.* I 644d, VII 804b), bei denen sich ein goldener Draht der vernünftigen Überlegung und eiserne Drähte der Begierden finden. Neben den handlungspsychologischen Implikationen dieses Marionetten-Bildes (Frede 2010; Müller 2013) ist auch dessen anthropologische Relevanz nicht zu unterschätzen (Gaudin 2002), zumal *thauma* nicht ausschließlich ein mechanisches Spielzeug, sondern auch ein ›Wunderwerk‹ bezeichnen kann (Laks 2007). Wie die Verwendung des Terminus »Schutzgeist« (*daimôn*) im obigen Zitat bereits anzeigt, sind die Menschen damit aber auch ein besonderer Gegenstand der Fürsorge der Götter; dem korrespondiert die im Mythos von den zwei Weltaltern (*Plt.* 268d–274e; vgl. auch *Leg.* IV 713a–714b) vorgetragene Idee, dass im vergangenen Zeitalter des Kronos die Menschen einst unter göttlicher Herrschaft standen, jetzt aber übereinander herrschen müssen (zu den politischen Implikationen des Mythos vgl. Cropsey 1995, bes. Kap. 5). Aus dieser ursprünglichen göttlichen Fürsorge für den Menschen leitet Platon im Gegensatz etwa zu Diogenes von Apollonia aber keine Universalteleologie der Natur ab, die auf das Wohl des Menschen zielt (*Leg.* X 903c; vgl. aber *Tim.* 77a–c): Nicht der Mensch ist der Maßstab des Guten im Universum – wie auch Platons Auseinandersetzung mit Protagoras' *homo-mensura*-Satz zeigt (*Tht.* 172a–b, 177d) –, sondern Gott (*Leg.* IV 713c).

3. Mit der »maßgebendsten Form von Seele« ist die Vernunftseele (*logistikon*) gemeint, die als das eigentlich Göttliche im Menschen auch allein unsterblich ist – zumindest im *Timaios*, wo die beiden niedrigeren

Seelenteile als »sterbliche Gattung der Seele« (*thnêton genos*: 69d5) von der Vernunft auch räumlich innerhalb des Körpers geschieden sind. Die Vernunft (*nous*) wird dabei als das den Kosmos zugleich beherrschende und bestmöglich einrichtende Prinzip verstanden (*Phlb.* 28d–31a), an dem die Götter (inklusive des Demiurgen) ebenso teilhaben wie die menschliche Seele in ihrem höchsten Teil, der dann konsequenterweise auch im Kopf (also oben) angesiedelt ist. Menschliche und göttliche Vernunftseele haben jedenfalls die höchsten Erkenntnisobjekte, die Ideen, als Ziel ihres Strebens (bzw. als »geistige Nahrung«, s. o.) gemeinsam, wie der Mythos von der Ausfahrt der Seelenwagen im *Phaidros* zeigt.

Platon führt nun an einigen Stellen die oben schon diagnostizierte Gleichsetzung des Menschen mit der unsterblichen Seele (in Abgrenzung vom Körper bzw. Kompositum) im Rahmen des anthropologischen Separationismus (s. Kap. IV.29.1) noch einen Schritt weiter, indem er die Vernunft nicht nur als das Göttliche im Menschen (*en hêmin theion*: *Tim.* 90c8), sondern als den eigentlichen Menschen bezeichnet (vgl. *Alc. I*, 133b–c); *nous* und *psychê* werden dann als Träger personaler Identität in einem Atemzug genannt (vgl. *Crat.* 400a). Einen bildhaften Ausdruck findet diese anthropologische ›Verdichtung‹ in *Politeia* IX im Bild der trichotomen Seele als einem Lebewesen, das aus einem vielköpfigen Ungeheuer (der Begierde), einem Löwen (dem Mut) und einem Menschen (der Vernunft) besteht; letzterer wird mit einem bis heute wirkmächtigen Terminus (s. Kap. IV.29.4) als »innerer Mensch« (*entos anthrôpos*, 589a–b) bezeichnet, der das Beste in der menschlichen Seele ausmacht. Eventuell ist auch schon in der *Politeia* (X 608c–612a) nur dieser Teil unsterblich (pro: Szlezák 1976; contra: Graeser 1969, 27–39; zur Diskussion s. auch Kap. IV.24.3); jedenfalls unterscheidet Platon explizit zwischen einer menschlichen Seele in ihrer wahren Natur (*alêthês physis*) und einem Zustand, in dem sie für uns im menschlichen Leben (*en tô anthrôpinô biô*) erkennbar ist (*Rep.* X 612a). Durch diese exklusive Identifikation des Menschen mit dem vernünftigen Seelenteil wird der anthropologische Dualismus weiter verschärft: von einem substanzontologischen Separationismus von Leib und (ganzer) Seele zu einer Anthropologie der abtrennbaren Vernunft, die eine gewisse Nähe zum Geistseele-Leib-Dualismus von Aristoteles (*De an.* III 5) aufzuweisen scheint. Die Vernunft ist dann nicht nur das Höchste im Menschen, sondern sie ist der eigentliche Mensch.

29.3 Zwischen deskriptiver und normativer Anthropologie: Der Mensch als Doppelnatur

Die klassifikatorischen Bestimmungen, die im Rahmen der ›zoologischen‹ und ›theologischen‹ Perspektivierung rekonstruiert worden sind, lassen ein eigentümliches Spannungsverhältnis deutlich werden: Der Mensch erscheint als eine Doppelnatur aus Tier und Gottheit, der zugleich an der Welt des Sterblichen und der des Unsterblichen teil hat – wenn auch mit einer unverkennbaren Tendenz ›nach oben‹. Diese anthropologische Mittelstellung, die vor Platon schon Heraklit deutlich formuliert hat (vgl. DK 22, B 82/83: Der Mensch steht zwischen Affe und Gottheit), spiegelt die platonische Grundidee des *metaxy*, die auch für die ontologische Situierung der Seele insgesamt eine Rolle zu spielen scheint (s. Kap. IV.24.4): Der Eros des platonischen *Symposions* ist – in der in seinem Wesen angelegten *metaxy*-Stellung – zugleich ein Bild des Menschen und seiner Strebensnatur: Der Mensch ist selbst ›dämonisch‹ gedacht, als ein Mittleres zwischen Göttlichem und Sterblichem (vgl. Fleischer 1976, bes. Kap. 1–2 u. 7; vgl. auch *Plt.* 309c8: Menschheit als *daimonion genos*). Entscheidend ist, dass diese Mittelstellung nicht statisch, als ein Festgestelltsein auf eine mittlere Seinssphäre begriffen wird, sondern dynamisch, d. h. mit der Möglichkeit des Falls bzw. Abstiegs (also einer Vertierung, wie Platon sie in den Gedanken der Seelenwanderung eingebaut hat, s. Kap. V.53) wie auch des Aufstiegs zum Göttlichen: Der Mensch ist seinem Wesen nach ein »wandelbares Lebewesen« (*Ep.* XIII 360d2–3). Er kann sich entweder seinen irdischen Begierden oder Bestrebungen hingeben (und dadurch sterblich werden) oder sich um wahre Einsichten bemühen, um »soweit es der menschlichen Natur möglich ist, der Unsterblichkeit teilhaftig zu werden« (*Tim.* 90c).

Hier wird, wie man in Anlehnung an Kants Unterscheidung von physiologischer und pragmatischer Anthropologie sagen könnte, ein Spannungsfeld sichtbar zwischen dem, was der Mensch von Natur aus ist, und dem, wozu er sich macht und ggf. auch machen soll (Müller 2015, 88–96): Die platonischen Aussagen über den Menschen ›pendeln‹ gewissermaßen permanent zwischen einer eher deskriptiven Anthropologie, welche die naturgegebene Mittelstellung des Menschen betont, und einer normativen (oder auch: idellen) Anthropologie, deren Kerngehalt das wahre Menschsein in seiner höchsten Vollendungsgestalt ist, das der Mensch erst selbst zu verwirklichen bzw. zu dem er sich selbst zu machen hat. In diesem Sinne lässt sich die platonische Anthropologie auch als Zeugnis einer schrittweisen Anthropogonie, also einer sukzessiven Menschwerdung, verstehen (vgl. Tsioli 1980). Die Grundidee der normativen Anthropologie liegt dabei in der »Angleichung an Gott« (*homoiôsis theô*), die zugleich auch eine Art *telos*-Formel der platonischen Ethik bildet (s. Kap. V.37): Sie ist das »Ziel jenes Lebens, [...] welches den Menschen von den Göttern als bestes für die gegenwärtige und zukünftige Zeit ausgesetzt wurde« (*Tim.* 90d).

Wie diese Angleichung zu realisieren ist, wird von Platon jedoch in verschiedene, keineswegs widerspruchsfreie Modelle bzw. Bilder gefasst, die ihrerseits den heterogenen Positionen der deskriptiven Anthropologie, die im Spiegel des Leib-Seele-Verhältnisses sichtbar geworden sind (s. Kap. IV.29.1), zugeordnet werden können:

1. Dem anthropologischen Separationismus entspricht auf normativer Seite die Idee einer Entfernung zu und Reinigung von allem Körperlichen: Der als reine (Vernunft-)Seele verstandene Mensch soll sich von den ihm wesensfremden körperlichen Anteilen »purifizieren«, um ungestört seiner auf die Ideen gerichteten Denktätigkeit nachgehen zu können; ansonsten droht der menschlichen Seele das Schicksal, selbst körpergleich zu werden, also eine revertierte *homoiôsis* zu vollziehen. Der ohnehin als innere »Gegenperson« (*counter-person*: Robinson 1995, 128–131) konzipierte Geistmensch soll sein körperliches Grab also so »unbefleckt« wie möglich verlassen. Der Grundgedanke der Reinigung (*katharsis*) als Vorbereitung auf den Tod weist hier deutliche Affinitäten zur Orphik (vgl. den direkten Bezug in *Crat.* 400c–d im Zusammenhang mit dem *sôma-sêma*-Vergleich), zum Pythagoreismus und zu anderen religiösen Kulten auf (s. Kap. V.52), ist aber auch Ausdruck der starken Leib-Seele-Dichotomie, wie sie etwa beim xenophontischen Sokrates sichtbar wird (vgl. Müller 2009).

2. Dem konfliktuösen Kompositionismus korrespondiert der Gedanke einer Herrschaft der Vernunft über die unvernünftigen Seelenteile bzw. den Körper. Die Herstellung bzw. Aufrechterhaltung dieses Zustandes ist jedoch auf zweierlei Weise möglich, die sich exemplarisch im Umgang mit dem begehrlichen Seelenteil zeigen:

a) Das *brute-force*-Modell beruht auf der Idee einer weitgehend gewaltsamen Repression der Begierden: Das *epithymêtikon* muss von der Vernunft unter Unterstützung des Mutes »wie ein wildes Tier« angebunden werden (*Tim.* 70e). Diese Vorstellung geht von der Prämisse aus, dass der begehrliche Seelenteil durch und durch irrational ist und deshalb auch nicht zu einem maßvollen Verhalten erzogen werden kann (vgl. Gill 1985, 11).

b) Im Gegensatz dazu steht das Modell einer ›*éducation sentimentale*‹ der Begierden: Insofern Platon auch den beiden niedrigeren Seelenteilen stellenweise eingeschränkte linguistische und kognitive Kapazitäten zuspricht (s. Kap. IV.24.2), besteht die Möglichkeit, dass die Vernunft ihr Regiment nicht mittels Gewalt (*bia*), sondern durch Überredung (*peithô*) ausübt. Die Herrschaft der Vernunft besteht dann eher darin, dass sie die verschiedenen Teile miteinander »befreundet« und für das Wohl des Ganzen sorgt (*Rep.* IX 589a–b).

Normatives Leitbild dieses Modells ist die Herstellung einer inneren Ordnung, in der die verschiedenen Teile des Kompositums ›Mensch‹ in einer Balance sind und in der jeder das Seine tut. Die Negativfolie bilden die in Analogie zu den ungeordneten Staatsverfassungen konzipierten schlechten Seelen in *Rep.* VIII–IX. Das positive Zielmoment dieses Modells normativer Anthropologie ist die Herstellung einer inneren Einheit aus der natürlichen Vorgabe einer Vielheit (vgl. Gerson 1986; Shields 2007). Damit nähert sich diese Position den normativen Konsequenzen aus

3. dem teleologischen Kompositionismus an: Hier wird der *homoiôsis*-Gedanke konkretisiert als eine Angleichung der seelischen und körperlichen Bewegungen des Menschen an die sich in den Gestirnbewegungen manifestierende Kreisstruktur des Kosmos (vgl. Brisson 1996). Die Herstellung der inneren Harmonie wird jedoch dabei durch das Verhältnis von Leib und Seele und die Vielheit der Seelenteile nicht *per se* behindert – wie unter (2) –, sondern die vorhandene menschliche Natur ist teleologisch auf die Verwirklichung des wahren Menschseins ausgerichtet; deskriptive und normative Anthropologie stehen hier weniger in einem gegensätzlichen als in einem komplementären Verhältnis zueinander. Der Mensch ist keine gefallene Seele, die dem Kreislauf der weltlichen Reinkarnation entkommen möchte, sondern ein zur Vollendung des ganzen Kosmos geschaffenes Wesen, dessen Funktion in der Führung eines rationalen Lebens in dieser Welt besteht (vgl. *Tim.* 41b–c sowie Robinson 1995, 105). Der Leib ist dann (insbes. im *Timaios*) definitiv nicht die Quelle allen Übels bzw. des Bösen, sondern leistet einen wertvollen Beitrag zur rationalen Lebensführung und zur Glückseligkeit des Menschen (Johansen 2000; contra: Hager 1963). Dies zeigt sich auch konkret in der Bewertung einzelner As-

pekte der deskriptiven Anthropologie. Dass der einzelne Mensch von Geburt an erst einmal ein Sinnenwesen ist, das seine Welt über Wahrnehmung erfährt, ist unbestritten; dieser Gedanke wird jedoch je nach zugrunde liegender Anthropologie unterschiedlich ausgewertet: Während im Separationismus die Sinneswahrnehmungen als nicht zum eigentlichen Menschen (d. h. der Vernunftseele) zugehörig aus dem Erkenntnisprozess komplett ausgeschlossen sind, ist im teleologischen Kompositionismus das Sehen die eigentliche Grundlage des Philosophierens (*Tim.* 47a ff.).

Diese drei Modelle normativer Anthropologie stehen somit für verschiedene Lesarten der *homoiôsis-theô*-Formel und des Verständnisses der ›Selbstsorge‹; sie sind ebenso wie die ihnen korrespondierenden Positionen der deskriptiven Anthropologie als rekonstruierte Idealtypen zu sehen, die im *Corpus Platonicum* häufig kontextbedingt variieren und ggf. auch in Gemengelagen auftreten können. Klar abgegrenzte entwicklungsgeschichtliche Linien bzw. Phasen kann man deshalb nicht aussondern; ein genereller Trend liegt wohl im Übergang von einem stärker sokratischen Frühwerk, das in Sachen normativer Anthropologie eher in Richtung (1) tendiert, zu einem Spätwerk, das – möglicherweise auch durch die Auseinandersetzung mit dem jungen Aristoteles (vgl. Graeser 1969) – eine deutliche Affinität zu (3) aufweist. Hier wird der Dualismus von Leib und Seele sowohl ontologisch als auch ethisch nachhaltig abgeschwächt (Müller 2015), so dass z. B. die Idee einer frühkindlichen *éducation sentimentale* durch die gleichzeitige kinetische Habitualisierung von Leib und Seele an Gewicht gewinnt.

Allen Modellen normativer Anthropologie ist hierbei die Vorstellung gemeinsam, dass die Verwirklichung des jeweiligen Kerngehalts wesenhaft auf Erziehung und Philosophie angewiesen ist. Dass der Mensch gerade in seiner amphibischen Mittelstellung ein der Erziehung bedürftiges Wesen ist, hat Platon klar formuliert: Wenn er eine richtige Erziehung genießt, »pflegt er zum göttlichsten und zahmsten Lebewesen zu werden, wenn er aber nicht hinreichend oder nicht gut erzogen wird, zum wildesten von allen« (*Leg.* VI 766a). Nicht alle Menschen bedürfen dabei jedoch der gleichen Erziehung, was letztlich damit zusammenhängt, dass sie jeweils nur für unterschiedliche Rollen in der Gesellschaft geeignet sind: Das ist der Kerngedanke des – von Platon selbst als politische Lüge charakterisierten – Metall-Mythos in *Rep.* III 414d–415c (zur anthropologischen Dimension dieses Mythos vgl. Pfeil 1963, 27–39), demzufolge die Menschen der drei Stände bereits in der Erde ›vorgeformt‹ werden und ihnen bei der Geburt jeweils Gold, Silber oder Eisen beigemischt wird; jeder ist auf seine soziale Rolle letztlich durch Naturdisposition festgelegt (*Rep.* II 370b), auch wenn diese zumindest nicht zwingend vererbt wird. Dementsprechend steht Sokrates im *Protagoras* der These, dass alle Menschen über einen adäquaten und gleichen Anteil an politischer Tugend (*politikê aretê*: *Prot.* 323a) verfügen, ablehnend gegenüber: In der politischen Anthropologie Platons ist nur ein (kleiner) Teil der Menschheit oder ggf. ein Einzelner (vgl. *Plt.* 294a; *Leg.* IX 875c) natürlicherweise zur Herrschaft geeignet – die Gesetzesherrschaft ist stets nur die zweitbeste Lösung –, während der andere (größere) Teil beherrscht werden muss. Der Gedanke einer natürlichen Gleichheit aller Menschen ist Platon hierbei nicht nur im Blick auf die Rollenverteilung der drei Stände innerhalb des Staates fremd, sondern auch und gerade im Blick auf die humanen Verwirklichungspotenziale seiner Bürger: Nicht jeder kann die Angleichung an Gott in seinem Leben realisieren.

Das normative Leitbild und zugleich der Inbegriff dessen, was Menschsein in seiner höchsten und besten Form bedeutet, ist dann natürlich der Philosoph: Er ist der »ideale Mensch« (Groethuysen 1931, 25). Hier steht wohl die Figur des Sokrates Pate, der sich ja auch in Platons *Symposion* als der wahre Erotiker und d. h. als Verkörperung des in einer *metaxy*-Stellung befindlichen und doch nach seiner Vergöttlichung strebenden Menschen entpuppt. Letztlich ist es im Übrigen auch der Philosoph, der in ausgezeichnetem Maße erkennt, was der Mensch »an sich« ist (*Tht.* 174b). In diesem Moment der Selbstreflexivität liegt dann auch das Kennzeichen einer Personalität, die nicht schon mit dem Menschsein gegeben ist, sondern als deren Ideal erscheint (vgl. auch Gerson 2003 zur Unterscheidung von »embodied« und »disembodied person«).

Das Nebeneinander von Beschreibung des Menschen als Wirklichkeit und als Möglichkeit zeigt Platons Anthropologie insgesamt als eine »dualistische Konzeption, die den Menschen in dieser Spannung zwischen seiner physischen Gestalt und seiner ideellen Form begreift« (Hartung 2008, 16). Beide Zweige der platonischen Anthropologie sind dabei wesentlich in anderen Bereichen seines Denkens lokalisierbar: Die deskriptive Anthropologie hat ihren Resonanzboden v. a. in Psychologie und Kosmologie, während die normative Anthropologie letztlich in der Ethik aufgeht. Man hat Platon deshalb vorgeworfen, dass er die eigentliche Frage nach dem Menschen, die mit der

»anthropologischen Wende« in der Sophistik aufgekommen war, gewissermaßen wieder »verstellt« habe (Landmann 1962, 73). Richtig ist hieran, dass Platon diese Frage nie isoliert für sich behandelt, sondern stets in größere Kontexte seines Denkens einbettet; dies tut allerdings der Komplexität und Tiefe seiner anthropologischen Reflexionen keinen Abbruch. Eine gewisse Präponderanz der normativen Anthropologie bedingt jedoch, dass Platon etwa an der historischen Vielfältigkeit des Humanen wenig Interesse zeigt: Der Mensch als historisches Wesen ist für ihn ein eher untergeordnetes Thema, insofern die deskriptive Anthropologie immer mit Blick auf ihr normatives Komplement formuliert ist. Dass die Beschäftigung mit den Konkretionen des Humanen ein problematisches Unternehmen ist, hat Platon dabei selbst erkannt:

> Bei himmlischen und göttlichen Dingen sind wir zufrieden, wenn sie nur mit ein bisschen Ähnlichkeit dargestellt werden; die Darstellung der sterblichen und menschlichen Dinge unterwerfen wir dagegen einer strengen Prüfung. [...] [D]as Sterbliche der Erwartung entsprechend abzubilden, darf man sich nicht als leicht, sondern als schwierig denken (*Criti.* 107d–e).

29.4 Ausblick: Wirkung und Aktualität

Ebenso wie die Seelenlehre Platons hat auch seine Anthropologie wirkungsgeschichtlich weite Kreise gezogen, wenn auch im Vergleich zu der oben dargestellten Vielschichtigkeit in verkürzter Form: Es war v. a. die exklusive Identifikation des Menschen mit der Vernunftseele, die in den verschiedenen Strömungen des Platonismus präsent blieb. Im Neuplatonismus war der *Alkibiades I* integraler Bestandteil des philosophischen Schulbetriebs und wurde des Öfteren kommentiert. Durch die frühe lateinische Übersetzung des *Phaidon* blieb aufgrund des ausgeprägten Leib-Seele-Antagonismus in diesem Dialog v. a. das anthropologische Modell des Separationismus im Mittelalter präsent. Eine bemerkenswerte *longue durée* entfaltete auch die Metapher des »inneren Menschen« (*Rep.* IX 589b-c), die – einer berühmten These von Charles Taylor (*Sources of the Self*, Cambridge/Mass. 1989) zufolge – über Augustinus (»Im inneren Menschen wohnt die Wahrheit« [*in interiore homine habitat veritas*]: *De vera religione* 39, 72) formativ auf die neuzeitlich-abendländische Konzeption von Subjektivität und Innerlichkeit einwirkte. Der Kerngedanke der normativen Anthropologie Platons, die Angleichung an Gott, bildete ebenfalls eine bis tief ins Christentum reichende Tradition aus (vgl. Merki 1952).

In der gegenwärtigen Diskussion ist Platons Anthropologie u. a. in den Debatten um das Verständnis personaler Identität im Rahmen des Dualismus präsent (vgl. z. B. Swinburne 2006), wenn auch teilweise in einfacher Gleichschaltung der platonischen *psychê* mit Descartes' *res cogitans* (vgl. Priest 1991, 1–34) – eine Prämisse, die sich bei näherem Hinsehen als problematisch erweist (vgl. Broadie 2001). In Kritik dieser traditionellen Amalgamierung ist dabei durchaus erkannt worden, dass man bei Platon auch eine nicht-cartesianische Form des Dualismus (s. Kap. V.40) rekonstruieren kann, die durchaus fruchtbar in die neueren Debatten um die Identität des Menschen eingebracht werden kann (Ostenfeld 1987, Kap. 3–5). *Conditio sine qua non* einer philosophisch ertragreichen Weiterführung solcher Tendenzen wäre allerdings die Relativierung (oder ggf. sogar Überwindung) der beiden in der Wirkungsgeschichte stark verankerten Gleichsetzungen (a) von Mensch und Vernunftseele bzw. (b) von Platons Modell *in toto* mit dem numerischen Substanzendualismus à la Descartes, und zwar zugunsten einer insbesondere am platonischen Spätwerk orientierten Ausdifferenzierung des Leib-Seele-Problems.

Literatur

Bayertz, Kurt 2014: Der aufrechte Gang. Eine Geschichte des anthropologischen Denkens. München [zu Platon: Kap. 2–4].

Bostock, David 1999: »The Soul and Immortality in Plato's *Phaedo*«. In: Gail Fine (Hg.): Plato 2. Ethics, Politics, Religion, and the Soul. Oxford, 404–424.

Brisson, Luc 1996: »Den Kosmos betrachten, um richtig zu leben: *Timaios*«. In: Theo Kobusch/Burkhard Mojsisch (Hg.): Platon. Seine Dialoge in der Sicht neuer Forschungen. Darmstadt, 229–248.

Broadie, Sarah 2001: »Soul and Body in Plato and Descartes«. In: Proceedings of the Aristotelian Society 101, 295–308.

Carone, Gabriela R. 2005: »Mind and Body in Late Plato«. In: Archiv für Geschichte der Philosophie 87, 227–269.

Cropsey, Joseph 1995: Plato's World. Man's Place in the Cosmos. Chicago.

Evans, Matthew 2008: »Plato's Anti-Hedonism«. In: Proceedings of the Boston Area Colloquium in Ancient Philosophy 23, 121–154.

Fleischer, Margot 1976: Hermeneutische Anthropologie. Platon, Aristoteles. Berlin u. a.

Frede, Dorothea 2010: »Puppets on Strings: Moral Psychology in Laws Books 1 and 2«. In: Christopher Bobonich (Hg.): Plato's Laws. A Critical Guide. Cambridge, 108–126.

Fronterotta, Francesco 2015: »Plato's Conception of the Self. The Mind-Body-Problem and its Ancient Origin in the *Timaeus*«. In: Diego De Brasi/Sabine Föllinger (Hg.): Anthropologie in Antike und Gegenwart. Biologische und philosophische Entwürfe vom Menschen. Freiburg/München, 35–58.

Gaudin, Claude 2002: »Humanisation de la marionette. Plato, *Leg.* I, 644c–645d; VIII, 803c–804c«. In: Elenchos 23, 271–295.

Gerson, Lloyd P. 1986: »Platonic Dualism«. In: The Monist 69, 352–369.

Gerson, Lloyd P. 2003: Knowing Persons. A Study in Plato. Oxford.

Gill, Christopher 1985: »Plato and the Education of Character«. In: Archiv für Geschichte der Philosophie 67, 1–26.

Gill, Christopher 2000: »The Body's Fault? Plato's *Timaeus* on Psychic Illness«. In: Maureen R. Wright (Hg.): Reason and Necessity. Essays on Plato's *Timaeus*. London, 59–84.

Graeser, Andreas 1969: Probleme der platonischen Seelenteilungslehre. Überlegungen zur Frage der Kontinuität im Denken Platons. München.

Groethuysen, Bernhard 1931: Philosophische Anthropologie. München [Kap. 2].

Hager, Fritz-Peter 1963: Die Vernunft und das Problem des Bösen im Rahmen der platonischen Ethik und Metaphysik. Bern.

Hartung, Gerald 2008: Philosophische Anthropologie. Stuttgart.

Hirzel, Rudolf 1914: »Die Person. Begriff und Name derselben im Altertum«. In: Sitzungsberichte der bayerischen Akademie der Wissenschaften 10, 1–27.

Johansen, Thomas 2000: »Body, Soul, and Tripartition in Plato's *Timaeus*«. In: Oxford Studies in Ancient Philosophy 19, 87–111.

Kamtekar, Rachana 2010: »Psychology and the Inculcation of Virtue in Plato's *Laws*«. In: Christopher Bobonich (Hg.): Plato's *Laws*. A Critical Guide. Cambridge, 127–148.

Laks, André 2007: »Marionette ou miracle? Une note sur l'interprétation ficinienne d'un passage des Lois de Platon (I, 644c1–645c8)«. In: Laurence Boulègue/Carlos Lévy (Hg.): Hédonismes. Penser et dire le plaisir dans l'Antiquité et à la Renaissance. Villeneuve d'Ascq, 255–260.

Landmann, Michael u. a. 1962: De homine. Der Mensch im Spiegel seines Gedankens. Freiburg/München [zu Platon: 69–79].

Lautner, Peter 2011: »Plato's Account of the Diseases of the Soul in *Timaeus* 86b1–87b9«. In: Apeiron 44, 22–39.

Lefebvre, René, 2007: Platon, philosophe du plaisir. Paris.

Merki, Hubert 1952: *Homoiosis theô*. Von der platonischen Angleichung an Gott zur Gottähnlichkeit bei Gregor von Nyssa. Freiburg.

Müller, Jörn 2009: »Der Leib als Prinzip des schlechten Handelns? Die Diskussion der *akrasia*-Problematik bei Sokrates und Platon im Spiegel des Leib-Seele-Verhältnisses«. In: Zeitschrift für philosophische Forschung 63, 285–312.

Müller, Jörn 2013: »Der Mensch als Marionette. Psychologie und Handlungstheorie«. In: Christoph Horn (Hg.): Platon. *Nomoi*. Berlin, 45–66.

Müller, Jörn 2015: »Leib-Seele-Dualismus? Zur Anthropologie beim späten Platon«. In: Diego De Brasi/Sabine Föllinger (Hg.): Anthropologie in Antike und Gegenwart. Biologische und philosophische Entwürfe vom Menschen. Freiburg/München, 59–96.

Ostenfeld, Erik N. 1987: Ancient Greek Psychology and the Modern Mind-Body Debate. Aarhus.

Ostenfeld, Erik N. 1990: »Self-Motion, Tripartition and Embodiment«. In: Classica et Mediaevalia 41, 43–49.

Pfeil, Hans 1963: Das platonische Menschenbild. Aschaffenburg.

Priest, Stephen 1991: Theories of the Mind. New York.

Robinson, Thomas M. ^{2}1995: Plato's Psychology [1970]. Toronto.

Robinson, Thomas M. 2000: »The Defining Features of Mind-Body Dualism in the Writings of Plato«. In: John P. Wright (Hg.): Psyche and Soma. Oxford, 37–55.

Sharafat, Shariar 1998: Elemente von Platons Anthropologie in den *Nomoi*. Frankfurt a. M.

Shields, Christopher 2007: »Unified Agency and *Akrasia* in Plato's *Republic*«. In: Christopher Bobonich/Pierre Destrée (Hg.): *Akrasia* in Greek Philosophy. From Socrates to Plotinus. Leiden/Boston, 61–86.

Sichirollo, Livio 1957: Antropologia e dialettica nella filosofia di Platone. Mailand.

Steiner, Peter M. 1992: Psyche bei Platon. Göttingen.

Swinburne, Richard 2006: »Wodurch ich bin – Eine Verteidigung des Substanzendualismus«. In: Bruno Niederbacher/Edmund Runggaldier (Hg.): Die menschliche Seele. Brauchen wir den Dualismus? Frankfurt a. M. u. a., 41–59.

Szlezák, Thomas A. 1976: »Unsterblichkeit und Trichotomie der Seele im zehnten Buch der *Politeia*«. In: Phronesis 21, 31–58.

Tsioli, Hero 1980: Platons Anthropogonie. Zum Problem der Interpretation der platonischen Anthropologie. Kiel.

Van Riel, Gerd 2012: »Religion and Morality. Elements of Plato's anthropology in the myth of Prometheus (*Protagoras* 320d–322d)«. In: Catherine Collobert/Pierre Destrée/Francisco J. Gonzalez (Hg.): Plato and Myth. Studies on the Use and Status of Platonic Myths. Leiden, 145–161.

Vlastos, Gregory 1947: »Plato's Theory of Man«. In: The Philosophical Review 66, 184–193 [Rez. zu Wild 1946].

Wild, J. 1946: Plato's Theory of Man. An Introduction to the Realistic Philosophy of Culture. Harvard.

Zakopoulos, Athenagoras N. 1975: Plato on Man. New York.

Jörn Müller

30 Theologie

Auf die Frage, was unter Platons Theologie verstanden werden soll, werden in der Forschung drei verschiedene Antworten gegeben. Die drei Interpretationen von Platons Theologie, die religiöse, die metaphysische und die kosmologische Interpretation, stützen sich auf jeweils unterschiedliche Dialoge oder Dialogabschnitte in den Werken Platons. In Frage steht also nicht lediglich die angemessene Rekonstruktion eines bestimmten Dialoges oder Dialogabschnittes, sondern vor allem, an welchen Texten man sich überhaupt orientieren soll, wenn man etwas über Platons Theologie sagen möchte. Dieses Problem entsteht, weil unklar ist, wonach überhaupt gefragt werden soll, wenn man nach Platons Theologie fragt.

Die religiöse Interpretation versteht unter Platons Theologie vor allem seine in verschiedenen Dialogen geäußerte Religionskritik, seine Neuinterpretation der Religion und seinen Beweis der Existenz von Göttern in den *Nomoi*. Platons Theologie umfasst demzufolge seine Auffassungen über die Religion der Polis, über die Gottesvorstellungen, die Mythen, sofern sie von Göttern handeln, die Kulte und die Frage, ob Götter existieren. Dabei ist umstritten, ob Platons theologische Auffassungen in Verbindung mit seiner systematischen Philosophie stehen, oder ob sie ein Lehrstück *sui generis* sind. F. Solmsen vertritt beispielsweise, dass Platons Auffassungen über die Religion zwar in dessen Staatsphilosophie eingebettet, aber unabhängig von dessen metaphysischen Annahmen seien (vgl. Solmsen 1942, viii).

Damit reagiert Solmsen auf eine zweite in der Forschung vertretene Interpretation von Platons Theologie, die metaphysische Interpretation. Ihr zufolge ist Platons Theologie identisch mit seiner Ideenlehre. Diese Interpretation geht bereits auf Zeller im 19. Jh. zurück. Wer etwas über Platons Theologie erfahren möchte, müsse vor allem seine Metaphysik, d. h. seine Ideenlehre, studieren. Weil sich die Vertreter dieser Interpretation vor allem an Platons *Politeia* orientieren, vertreten sie meist, dass Platons Gott mit der Idee des Guten, der ›höchsten‹ Idee der *Politeia*, identisch ist. Diese These vertreten sie nicht, weil Platon selbst in der *Politeia* die Identität Gottes mit der höchsten Idee ausgedrückt hat, sondern aus Gründen der systematischen Kohärenz der Platonischen Philosophie. Dabei können sich die Interpreten auch auf Aristoteles' Begriff der Theologie berufen. Aristoteles hat seine erste Philosophie, d. h. das, was man später seine Metaphysik genannt hat, als theologische Wissenschaft, als *theologikê epistêmê*, bezeichnet, weil sie u. a. Gott als Gegenstand hat (Arist., *Metaph.* I 2 982b28–983a11, VI 1 1026a18–23, XI 7 1064a33–b3).

Die dritte Antwort, die kosmologische Interpretation, ist aus der Auseinandersetzung mit der metaphysischen Interpretation von Platons Theologie erwachsen. Die Tatsache, dass Platon an keiner Stelle die Idee des Guten oder überhaupt eine Idee explizit mit Gott identifiziert, mache die metaphysische Interpretation sehr unwahrscheinlich, zumal sich kein Grund angeben lasse, warum er diese Identifikation nicht behauptet habe. Es gebe allerdings einen Dialog, in dem Platon in einem explizit philosophischen Kontext von Gott und Göttern spricht, nämlich den *Timaios*. Gott und Götter seien im *Timaios* Seelen, die zwischen der Welt der Ideen und der sichtbaren Erfahrungswelt vermitteln. Dieselbe Auffassung findet sich auch in den *Nomoi*. Dieser Dialog ist in der Forschung allerdings vernachlässigt worden, so dass sich die Diskussion faktisch vor allem auf den *Timaios* bezieht. Platons Theologie, so die kosmologische Interpretation, habe ihren Platz innerhalb einer Kosmologie. Die Kosmologie mache aber deutlich, dass Gott und die Götter gerade nicht mit obersten Prinzipien, den Ideen, identifiziert werden dürften, weil Seelen stets von den Ideen abhängig seien.

Es gibt Interpreten, die diese drei Positionen bewusst einander entgegensetzen oder miteinander zu vermitteln suchen. So vertritt Solmsen beispielsweise, dass es mehrere, sachlich voneinander unabhängige Zugänge zu Platons Theologie gebe. Ein Zugang sei derjenige der Reinigung von falschen Götterbildern, ein anderer der kosmologische und auch der teleologische Zugang im *Timaios*. In den *Nomoi* würden die verschiedenen Zugänge zusammengeführt. Allerdings gelte für jeden Zugang, dass Platons Theologie ganz unabhängig von seiner Ideenannahme sei. Lovejoy vertritt, dass sich in Platons Werken zwei Gottesbegriffe fänden. Zum einen der Gottesbegriff der Volksreligion (und an diesen Gottesbegriff knüpfe der *Timaios* an), zum zweiten der der Metaphysik (und an diesen knüpfe die Idee des Guten an). Beide Begriffe schlössen sich gegenseitig aus und seien kontradiktorisch zueinander (vgl. Lovejoy 1936, 48, 315, 326 f.). Bordt (2006) versucht, ein Modell zu entwickeln, das die drei verschiedenen Zugänge zu Platons Theologie in einem einheitlichen Entwurf integriert.

Die folgenden Überlegungen setzen bei Platons Gebrauch von ›theologia‹ im zweiten Buch der *Politeia* an und entwickeln zunächst die religiöse Interpretation von Platons Theologie anhand der *Politeia*

(s. Kap. 30.1). Dass mit der religiösen Interpretation noch nicht alles gesagt ist, was man über Platons Auffassungen über Gott und die Götter sagen kann, zeigt die enge Verbindung des zweiten Buches der *Politeia* mit der in den mittleren Büchern entwickelten Auffassung über die Idee des Guten. Sie steht im Zentrum der metaphysischen Interpretation (s. Kap. 30.2). Neben dem zweiten Buch der *Politeia* gibt es einen weiteren Zentraltext für Platons Auffassungen über Gott und die Götter: Das zehnte Buch der *Nomoi*, in dem Platon u. a. einen Beweis für die Existenz von Göttern entwickelt. Die Interpretation der *Nomoi* stützt die kosmologische Interpretation (s. Kap. 30.3). Hinweise darauf, dass er im *Timaios* und den *Nomoi* aber nicht nur von Göttern spricht, die mit Seelen zu identifizieren sind, sondern darüber hinaus einen Gott annimmt, der mit der Vernunft, dem *nous*, zu identifizieren ist, zeigen, dass sich das schon im zweiten Buch der *Politeia* entwickelte Bild von einem obersten Gott und vielen Göttern, die von dem obersten Gott abhängig sind, auch in den späten Dialogen wiederfindet und es eine konsistente Auffassung von Platons Theologie geben kann (s. Kap. 30.4).

30.1 Das zweite Buch der *Politeia*: Die religiöse Interpretation von Platons Theologie

Die religiöse Interpretation von Platons Theologie kann sich, anders als die beiden anderen Interpretationen, auf Platons Gebrauch des Wortes ›theologia‹ berufen. Platon selbst verwendet, allerdings nur ein einziges Mal, das Wort *theologia*, und zwar im zweiten Buch der *Politeia* (vgl. *Rep.* II 379a5 f.). In den uns aus der Antike überlieferten Schriften ist es der älteste Text, in dem sich der Terminus ›theologia‹ findet. Sokrates unterhält sich über die richtige Erziehung der Bürger, insbesondere über die Erziehung der späteren Wächter und Herrscher der Polis (vgl. *Rep.* II 376c7–412b7). Dabei wird u. a. diskutiert, mit welchen Mythen die Kinder und Jugendlichen aufwachsen sollen, damit sie auf ihr Leben gut vorbereitet sind (vgl. *Rep.* II 376c7–403c8). Ihr Charakter soll so geformt werden, dass sie gerecht urteilen und handeln und dadurch glücklich werden können. In dieser Diskussion findet sich ein scharfer Angriff auf Homer, Hesiod und andere Dichter. Das, was sie über die Götter sagen, ist falsch (vgl. *Rep.* II 377d5 f.). Ihre Erzählungen schreiben den Göttern Handlungen und Eigenschaften zu, die diese unmöglich ausführen oder haben können. Als ein Beispiel für eine derart falsche Erzählung zitiert Platon u. a. Hesiods Erzählung der Kastration des Uranos durch seinen Sohn Kronos. Götter verhielten sich unter keinen Umständen so, wie sie von Hesiod dargestellt worden seien. Gefragt, was für Geschichten über die Götter die Dichter denn stattdessen erzählen sollten, weicht Sokrates aus. Er sei kein Dichter, meint er, sondern kenne nur die Regeln (*typoi*), nach denen die Dichter dichten müssen. Sein Gesprächspartner bestätigt: »Richtig. Aber was sind diese Regeln in Bezug auf die Theologie (*theologia*)?« (vgl. *Rep.* II 379a5 f.). Sokrates antwortet: »Eben diese: Wie der Gott (*ho theos*) tatsächlich ist, so muss er immer dargestellt werden, wenn jemand in Epen, Liedern oder in einer Tragödie von ihm dichtet« (vgl. *Rep.* II 379a7–9), und fügt hinzu, dass Gott wirklich gut sei (vgl. *Rep.* II 379b1), sei der erste *typos* der *theologia*. Später im zweiten Buch nennt Sokrates einen zweiten *typos*: Gott sei unwandelbar bzw. unveränderlich (vgl. *Rep.* II 383a2–5).

Zwar gibt es Interpreten, die der Auffassung sind, Platon gebrauche *theologia* im Sinne der »natürlichen rationellen Behandlung des Gottesproblems« (Jaeger 1947, 13), aber Goldschmidt hat überzeugend gezeigt, dass Platon *theologia* als ein Teilgebiet der *mythologia* versteht, dasjenige nämlich, das (im Unterschied zu beispielsweise Erzählungen über Daimonen oder Heroen) die mythischen Erzählungen über die Götter abhandelt. Wenn man sich an Platons eigenem Sprachgebrauch orientieren möchte, dann umfasst Platons Theologie also die mythischen Erzählungen über die Götter.

Mit seiner Kritik an der Gottesauffassung der Dichter steht Platon in einer Tradition von griechischen Intellektuellen, die das Götterbild der Dichtung kritisiert und modifiziert haben. Besonders bedeutsam ist die Anthropomorphismuskritik von Xenophanes. Sein Vorwurf ist, dass die Menschen die Götter nach ihrem eigenen Bild entwürfen: Sie nähmen an, dass die Götter geboren würden, Kleider trügen und eine Stimme und einen Körper hätten – so wie sie selbst (vgl. DK 21 B 14); wenn Rinder Hände hätten, dann würden sie die Götter in Gestalt von Rindern meißeln (vgl. DK 21 B 15 f.). Ferner kritisiert Xenophanes, dass Homer und Hesiod den Göttern Diebstahl, Ehebruch und gegenseitigen Betrug zuschreiben (vgl. DK 21 B 11 f.). Es ist vor allem dieser Punkt, den Platon immer wieder aufgreift: Den Göttern dürfen keine ›unmoralischen‹ Eigenschaften zugesprochen werden, denn die Götter sind Vorbilder und Standards eines gelungenen und richtigen Lebens. Wenn sich junge Menschen fragen, wie sie richtig leben und handeln sollen, dann bieten ihnen Erzählungen über die Götter Orientierung und Beispiele für richtiges Verhalten. Wenn nun die Götter Schandtaten ausüben, dann meinen die jungen Menschen, auch sie seien legitimiert, so wie die Götter zu handeln. Damit verfehlen sie aber ihr eigenes gelungenes und glückliches Leben.

Noch in einem zweiten Punkt knüpft Platon an Xenophanes an. Wenn er seinen Sokrates sagen lässt, *der Gott* müsse so dargestellt werden, wie er wirklich sei, nämlich gut und unveränderlich, dann stellt sich Platon in eine Tradition, die vom Polytheismus zum Monotheismus führt (vgl. West 1999). Man könnte zwar meinen, dass der Ausdruck ›der Gott‹ von Platon nicht individualisierend, sondern generalisierend gebraucht wird, und Platon nicht etwas über einen bestimmten Gott, sondern über alle Götter sagen möchte (ähnlich wie wenn man im Deutschen generalisierend sagen kann, dass *der Bayer* gerne Bier trinkt). Demgegenüber lässt sich aber zeigen (vgl. Bordt 2006, 55–59), dass der Ausdruck ›der Gott‹ individualisierend verstanden werden muss. Platon möchte etwas über den einen, obersten Gott sagen. Dass eine derartige Interpretation nicht anachronistisch ist und spätere begriffliche Unterscheidungen in eine polytheistische Antike hineinträgt, zeigt sich daran, dass schon Xenophanes über die Vorstellung von einer Göttergemeinschaft hinausgeht, die wir in der Dichtung finden und der zufolge die Götter hierarchisch geordnet sind und von einem obersten Gott, Zeus, geleitet werden. Er behauptet, dass ein einziger Gott unter den Göttern und Menschen der größte sei. Dieser bleibe bewegungslos immer am gleichen Ort und erreiche seine Ziele dadurch, dass er mit seiner Vernunft alles ohne Anstrengung zu lenken vermöge (vgl. DK 21 B 23–26). Noch einen Schritt weiter in Richtung eines philosophischen Monotheismus ist der Sokratesschüler Antisthenes, also ein Zeitgenosse Platons, gegangen. Antisthenes hat die Überzeugung vertreten, dass es gemäß der Tradition zwar viele Götter, gemäß der Natur aber nur einen einzigen Gott gebe (SSR V A 179, 180.1–3). Antisthenes erklärt, warum überhaupt von vielen Göttern die Rede ist: Sie sind das Ergebnis der Tradition der Polis, aber ihnen entspricht keine Realität. Es spricht viel dafür, dass Antisthenes dabei die Auffassung wiedergibt, die sein Lehrer Sokrates vertreten hat. Es ist immer wieder aufgefallen, dass Platon seinen Sokrates an neuralgischen Stellen von Gott im Singular sprechen lässt, ohne dass dabei eindeutig ist, auf welchen Gott er sich bezieht (vgl. *Apol.* 35d6–9, 42a3 f.; *Crit.* 54d9 f.; *Gorg.* 512e2–5). Burnyeat hat darauf hingewiesen, dass selbst dann, wenn Sokrates Apollon meine, Sokrates' Apollon nicht mehr viel mit dem Apollon der griechischen Tradition gemeinsam habe.

Dass Platon im zweiten Buch der *Politeia* von Gott im Singular spricht, ist aber der Sache nach trotzdem überraschend, denn eigentlich wäre im Kontext des zweiten Buches der *Politeia* zu untersuchen gewesen, wie die Dichter *die Götter* darstellen sollen. Platons Forderung an die Dichter ist zudem auch nicht, dass sie nur von *einem* Gott sprechen sollen. Aber seine Auffassung ist offenbar, dass an dem einen Gott, der gut, Ursache des Guten und unveränderlich ist, deutlich wird, wie jeder Gott und jede Göttin charakterisiert werden müsse. Die Eigenschaften, die dem einen Gott zukommen, kommen ihm nicht nur deswegen zu, weil er der oberste Gott ist, sondern weil an ihm deutlich wird, was es überhaupt heißt, ein Gott zu sein. Ein Blick in Platons *Timaios* kann diesen Sachverhalt noch verdeutlichen (*Tim.* 41a7–b7). Dort spricht Platon von einem obersten Gott, der die vielen Götter erschafft. Zwischen dem einen Gott und den vielen Göttern gibt es ontologische Unterschiede. So ist der eine Gott ungeschaffen und ewig, die vielen Götter sind geschaffen und unsterblich. Diese Unsterblichkeit kommt ihnen aber nicht von sich aus zu, sondern dadurch, dass der eine, ewige Gott die Unsterblichkeit der Götter will. Damit überträgt Platon strukturell die Unterscheidung zwischen der einen Idee und den vielen Dingen, die an der Idee teilhaben, auf das Verhältnis zwischen dem einen Gott und den vielen Göttern.

Um zu verstehen, warum überhaupt über die religiöse Interpretation hinaus andere Auffassungen davon, was Platons Theologie sein könnte, vertreten werden, ist es erstens wichtig zu beachten, dass durch Platons Gebrauch von *theologia* im Sinne von ›Erzählungen über die Götter‹ nicht ausgeschlossen wird, diesem Wort auch eine andere Bedeutung zuzuschreiben. Das Wort *theologia* bedeutet wörtlich ›die Rede von Gott‹. Nun hängt die Frage, wie jemand über Gott redet, sicherlich auch davon ab, wer es ist, der etwas über Gott sagt. Wenn Dichter über Götter sprechen, hat es die Form einer Erzählung. Wenn ein Philosoph von Gott und den Göttern spricht, wird es die Form einer philosophischen Untersuchung haben. *Theologia* muss also nicht bedeuten, auf mythologische Art über Gott und die Götter zu sprechen. Auch wenn es richtig ist, dass Platon im zweiten Buch der *Politeia* keine philosophische Abhandlung über das Wesen Gottes oder der Götter entwickelt, so legt der Kontext, in dem der Terminus *theologia* vorkommt, doch eine philosophische Untersuchung nahe. Platon lässt seinen Sokrates zwar sagen, er sei kein Dichter – also keiner, der *theologia* treibe. Er interessiere sich vielmehr für die Regeln (*typoi*) der *theologia*. Nun ist es aber eine Sache, nach der Bedeutung von *theologia* im zweiten Buch der *Politeia* zu fragen, und eine andere Sache, dasjenige Projekt zu untersuchen, das durch die Erforschung der *typoi* der *theologia* angemessen bezeichnet wird. Platons Fragestellung zielt nicht auf die *theologia* selbst, sondern auf die Bestimmung der Regeln der *theologia*. Dabei ist aufschlussreich, dass er keine poetologische Betrachtung der Art und Weise, wie Dichter Göttererzählungen schreiben, vorträgt. Sokrates diskutiert beispielsweise nicht, welche literarische Form oder welches Metrum den Göttererzählungen angemessen wäre, obwohl Platon seinen Sokrates derartige Diskussionen hätte führen lassen können (vgl. z. B. *Leg.* 653c7–671a1, 802a6–803a1). Seine Regelforderung ist, dass die Dichter Gott so darstellen sollen, wie dieser tatsächlich selbst ist, nämlich erstens gut (*agathon*) und als solcher Ursache des Guten und zweitens unveränderlich. Die Regeln der *theologia* beschreiben also nicht nur die Regeln, nach denen die Dichter die Götter darstellen sollen, sondern Eigenschaften Gottes selbst.

Mit der Auffassung, Gott sei gut (*agathon*) und als solcher Ursache des Guten, gebraucht Platon ein Adjektiv, das so noch von keinem der griechischen Religionskritiker zuvor in Bezug auf einen Gott benutzt worden ist. In der Tradition von Xenophanes, Pindar, Sophokles u. a. ist zwar immer wieder behauptet worden, einem Gott könnten keine ›negativen‹ Eigenschaften zugesprochen werden, aber ›gut‹ hat keiner je einen Gott genannt (vgl. Bordt 2006, 95–134; anders Solmsen 1942, 68). Zweitens ist auffällig, dass Platon aus der Tatsache, dass Gott gut ist, schließt, er sei Ursache alles Guten und nur des Guten (vgl. *Rep.* 379b3–c8). Daraus, dass etwas gut ist, folgt der Sache nach nicht, dass es Ursache des Guten ist. Das Gutsein Gottes muss offenbar auf eine bestimmte Art und Weise verstanden werden, so dass aus dem Gutsein die Ursächlichkeit für das Gute folgt.

Diese Überlegungen lassen es verständlich erscheinen, dass Platon einen sachlichen Zusammenhang zwischen der Bestimmung Gottes im zweiten Buch der *Politeia* und den mittleren Büchern herstellen möchte. Die Idee des Guten wird dort als der Inbegriff dessen, was es heißt, gut zu sein, verstanden und ist Ursache alles Guten. Verstärkt wird die Vermutung eines sachlichen Zusammenhangs noch durch die zweite Eigenschaft eines Gottes: Er müsse unveränderlich sein. Die Unveränderlichkeit ist in einem ontologischen Kontext die charakteristische Eigenschaft für eine Idee. Noch eine weitere Überlegung kann deutlich machen, warum mit der religiösen Interpretation von Platons Theologie noch nicht alles über seine Theologie gesagt worden ist. Angesichts der Tatsache, dass es in der griechischen Kultur keinen Konsens darüber gab, wie denn nun die Götter tatsächlich sind, und es auch Menschen gab, die die Existenz der Götter leugneten, überrascht es den Leser des zweiten Buches der *Politeia*, dass Platon seine Auffassung, Gott bzw. die Götter seien gut und unveränderlich, nicht weiter begründet. Es wäre erstaunlich, wenn Platon diese Aufgabe nicht einlösen würde, denn die These, dass Gott gut ist, ist zu Platons Zeit offensichtlich begründungsbedürftig.

30.2 Gott und die Götter als Ideen? Die metaphysische Interpretation

Die metaphysische Interpretation wird von den Interpreten allerdings in den überwiegenden Fällen nicht deswegen vertreten, weil sie einen sachlichen Zusammenhang zwischen Platons Auffassungen über Gott und die Götter einerseits und seiner Metaphysik andererseits sehen, sondern aus Gründen, die mit der systematischen Einheit der Platonischen Philosophie zu tun haben. Charakteristisch für diese Position ist Zeller. Gott, so Zeller, könne nicht über den Ideen sein, weil die Ideen sonst abgeleitete und ontologisch abhängige Prinzipien wären. Deswegen lehnt er auch die Lösung der Neuplatoniker ab, die die Ideen zu Gedanken Gottes machen (vgl. Zeller 1844, 664 f. Anm. 5). Man könne nicht zugleich an der ontologischen Priorität der Ideen festhalten und behaupten, die Ideen seien Gedanken eines ontologisch höheren Prinzips. Gott könne auch kein Erzeugnis der Ideen sein. Es gebe zwar, vor allem im *Timaios*, die Vorstellung von niederen Göttern, die in ihrer Existenz abhängig seien, aber das gelte nicht von einem ewigen, absoluten Gott. Es könne auch keine zwei obersten Prinzipien geben, die unverbunden nebeneinander stünden. So bleibe nur, Gott mit dem obersten Prinzip, und das bedeutet mit der Idee des Guten, zu identifizieren. Jaeger ist Zeller gefolgt. Er vertritt, dass Platons Idee des Guten überhaupt nur auf dem Hintergrund der theologischen Überlegungen der Vorsokratiker adäquat verstanden werden könne, die das jeweils ontologisch erste Prinzip mit Gott oder dem Göttlichen identifizierten. Platon identifiziere die Idee des Guten nirgends klar mit Gott »weil der Gedanke an sich so nahe liegt, dass der Leser ihn selbst vollzieht, und es ihm wohl auch darum zu tun war, den Unterschied seines Prinzips von der Gottheit der Volksreligion hervortreten zu lassen« (Jaeger 1936, 8). Jaeger weist ferner darauf hin, dass die Idee des Guten in der *Politeia* als »das glücklichste Seiende« (*Rep.* VII 526e5) bezeichnet wird. Damit verwendet Platon einen Ausdruck, der traditionellerweise nur einem Gott zugesprochen wird. Wie selbstverständlich geht auch Gerson (1990) von der Prämisse aus, dass jeder griechische Philosoph, wenn er nach dem letzten Prinzip der Wirklichkeit fragt, nach Gott fragt. Konsequenterweise diskutiert Gerson in seinem Kapitel über Platons Theologie vor allem Fragen, die mit einem bestimmten, analytisch-angelsächsisch geprägten Verständnis der Ideenlehre Platons zusammenhängen. So folgt nach einem allgemeinen Überblick über Platons ›Theorie der Ideen‹ beispielsweise eine Auseinandersetzung mit den im ersten Teil des *Parmenides* vorgetragenen Argumenten gegen die Ideenannahme und eine Diskussion des Problems der Selbstprädikation der Idee.

Eine Variante, die A. Diès zu Beginn und M. Enders am Ende des 20. Jh.s vertreten haben, argumentiert dafür, Gott und die Götter mit dem gesamten Ideenkosmos zu identifizieren. Das Göttliche, so Diès, sei mit der Totalität des Seins identisch, aber nicht als Summe der Teile, sondern als »synthèse parfaite, unité et forme« (Diès 1927, 560). Enders erklärt den im zweiten Buch der *Politeia* zu beobachtenden Wechsel von ›der Gott‹ im Singular und ›die Götter‹ im Plural dadurch, dass ›der Gott‹ für den Ideenkosmos als Ganzes und ›die Götter‹ für die jeweiligen Ideen stehe (vgl. Enders 1999, 156). Der Plural ›die Götter‹ werde »als metaphorischer Terminus für die in sich selbstreflexiven Ideen gebraucht« (ebd., 167). Zwischen den Ideen und dem Subjekt der Ideenschau bestehe eine substantielle Identität: Die Ideen selbst seien geistbegabte Erkenntnissubjekte, die sich selbst zu erkennen in der Lage seien. Auch diejenigen Interpreten, die Platons Theologie als Mystik verstehen (z. B. Festugière 1936), sind meist Vertreter der metaphysischen Interpretation, denn es ist die oberste Idee, die in einer mystischen Schau erfahren werden kann.

Auch wenn die metaphysische Interpretation dazu tendiert, Fragen der systematischen Einheit der angenommenen platonischen systematischen Philosophie in den Blick zu nehmen, und sich weniger auf eine detaillierte Interpretation von Dialogen stützt, so hat die Analyse von Platons Religionskritik und seinem Gottesbegriff im zweiten Buch der *Politeia* doch ergeben, einen Zusammenhang zwischen den Aussagen über Gott im zweiten Buch und den Aussagen über die Idee des Guten in den mittleren Büchern anzunehmen. So gibt es eine strukturelle Analogie zwischen der einen Idee des Guten und den vielen Ideen einerseits und dem einen Gott und den vielen Göttern andererseits. Es ist ferner auffällig, dass Platon in der Diskussion der *typoi* der *theologia* Ausdrücke gebraucht, die innerhalb einer metaphysischen Diskussion die Idee des Guten charakterisieren. Gott ist gut und Ursache des Guten. Der Ausdruck ›das Gute‹ (*to agathon*), der später in den mittleren Büchern die Idee des Guten bezeichnet, wird überdies als Name einer individuellen Entität das erste Mal in der *Politeia* im Kontext des ersten *typos* der *theologia* verwendet (vgl. *Rep.* II 379b15). Im zweiten Buch heißt es, das Gutsein aller Dinge müsse auf Gott zurückgeführt werden; in den mittleren Büchern werden die Dinge gut genannt, wenn sie an dem Guten teilhaben. Man könnte ferner noch darauf hinweisen, dass Platon im zweiten Buch von der *idea*, dem *eidos* und der *morphê* Gottes spricht und damit Begriffe gebraucht, die in anderen Kontexten typischerweise eine Idee bezeichnen (vgl. *Rep.* II 380d3 f., d6, e1, 381b6, c9). Von Gott wird überdies gesagt, er sei nicht veränderlich; damit erfüllt er das Kriterium, das für ein Objekt des Wissens, also eine Idee, charakteristisch ist. Ferner wirft die Abhandlung über Gott und die Götter Fragen auf. So ist unklar, was es bedeuten soll, dass Gott gut und Ursache alles Guten ist. Um diese Aussage zu verstehen, muss man wissen, was es heißt, gut zu sein, und was es heißt, eine Ursache zu sein. Überdies fehlt eine Begründung für die These, dass Gott gut ist. Wenn eine solche Behauptung nicht einfach ein Postulat sein will, das jemand, der eine andere Auffassung hat, akzeptieren oder nicht akzeptieren kann, muss sie begründet werden.

Es liegt folglich nahe, einen Zusammenhang zwischen den Aussagen über Gott und den Aussagen über die Idee des Guten anzunehmen. Die These, Platons Theologie sei ganz unabhängig von der Annahme von Ideen, ist wenig plausibel. Im Wesentlichen werden drei Interpretationen vertreten, um diesen Zusammenhang zu beschreiben. Die erste Interpretation ist die bereits erläuterte Identitätsthese, die dazu tendiert, die Rede von Gott und den Göttern überflüssig zu machen. Die Identität von Gott und der Idee des Guten, wenn sie nicht näher erläutert wird, berücksichtigt aber zu wenig die verschiedenen Kontexte, in denen von Gott und in denen von der Idee des Guten die Rede ist. Die Identitätsthese ist eher ein Resultat systematischer Überlegungen und nicht das Ergebnis einer Textinterpretation. Gegen diese einfache Identitätsthese spricht, dass im Kontext einer metaphysischen Untersuchung von Gott an keiner Stelle die Rede ist. Platon spricht zwar an einigen Stellen davon, dass eine Idee göttlich sei. Das bedeutet aber nicht, dass die Idee in einer Verbindung zu einem Gott der Religion stünde. ›Göttlich‹ wird in Bezug auf eine Idee gebraucht, um den besonderen Status der Idee, der ihn von Gegenständen der wahrnehmbaren Wirklichkeit abhebt, zum Ausdruck zu bringen (vgl. van Camp/Canart 1956 gegen Mugnier 1930). Auch erklärt die Identitätsthese nicht, warum Platon, wenn er die Identität angenommen hat, diese Identität nicht klar zum Ausdruck gebracht hat.

Eine zweite Interpretation bringt den Zusammenhang zwischen Religion im zweiten Buch und der Metaphysik in den mittleren Büchern auf die Formel, für Platon und die Philosophen sei das, was für die Wächter die Religion sei, die Metaphysik (so z. B. Solmsen 1942, 72 f.). Diese Formel bedeutet, dass der Philosophenherrscher die Religion überwunden hat und die Metaphysik die Religion ersetzt. Ob man diese, sehr an Hegel erinnernde Formel auf Platon anwenden kann, ist umstritten. Sie beachtet zu wenig, dass Platon trotz scharfer Kritik an herrschenden Gottesvorstellungen an den Kulten der Polis teilgenommen hat (vgl. Xen. *Mem.* 1.1.2). Von dem Alltag, dem Leben und der Organisation der von Platon gegründeten Akademie ist leider zu wenig bekannt, aber es erscheint als gesichert, dass sich auf dem Gelände ein Musenheiligtum mit einem Altar befand, auf dem täglich geopfert wurde. Die Vorstellung, Platon habe einer Idee geopfert, ist sicherlich ebenso problematisch wie die Vorstellung abwegig ist, er habe in den Kultfeiern ganz unreflektiert traditionelle Gottesvorstellungen übernommen.

Bordt (2006) geht von der Beobachtung aus, dass Platon zwar einen Zusammenhang zwischen Gott und der Idee des Guten nahelegt, er aber an keiner Stelle beide Ausdrücke miteinander identifiziert. Er erklärt diese Tatsache dadurch, dass der Kontext der Rede über die Götter und derjenige der Metaphysik für Platon ganz unterschiedlich sind. Erst Aristoteles spricht von Gott im Kontext einer metaphysischen Untersuchung. Dennoch sind für Platon beide Kontexte eng aufeinander bezogen. So begründet eine an der Idee des Guten orientierte Metaphysik die Rede von Gott und den Göttern, denn innerhalb der Polisreligion und der Dichtung gibt es kein Kriterium für das, was man wahrheitsgemäß über Gott und die Götter sagen kann. Allein die Metaphysik ist in der Lage, wahre und begründete Aussagen über das erste Prinzip der Wirklichkeit zu machen. Innerhalb der Sprache der Polisreligion entspricht diesem ersten Prinzip aber Gott, weil alles, was geschieht, innerhalb der religiösen Vorstellungen die Ursache im göttlichen Willen oder Handeln hat. Weil die Metaphysik zeigt, dass das erste Prinzip das Gute ist, muss analog der eine, oberste Gott gut und Ursache alles Guten sein.

30.3 *Timaios* und das zehnte Buch der *Nomoi* als Grundlagen für eine kosmologische Interpretation

Platons *Politeia* ist nicht der einzige Dialog, in dem Platon ausdrücklich diskutiert, wie Gott oder die Götter beschaffen sind. Im zehnten Buch der *Nomoi* entwickelt Platon je einen Beweis für die Existenz, die Fürsorge und die Unbestechlichkeit der Götter. Neben der *Politeia* ist das zehnte Buch der *Nomoi* der zweite zentrale Text für eine Rekonstruktion von Platons Theologie. Dabei scheint Platon im zehnten Buch der *Nomoi* der kosmologischen Interpretation von Platons Theologie Recht zu geben. Platon entwickelt eine Auffassung von einem Gott und den Göttern, die der metaphysischen Interpretation widerspricht: Ein Gott ist eine Seele, und, so wenden Vertreter der kosmologischen Interpretation plausibel ein, was immer eine Seele ist, sie ist nie ein letztes Prinzip, sondern von einem letzten Prinzip oder letzten Prinzipien abhängig.

Nicht nur in den *Nomoi*, sondern auch in anderen Dialogen sind die Götter von obersten Prinzipien abhängige Wesen. Wenn Platon in seinem frühen Dialog *Euthyphron* beispielsweise dafür argumentiert, dass die Götter lieben, was gut ist, dann ist damit das Gute etwas, das den Göttern vorgegeben ist (*Euthphr.* 10a1–3; vgl. dazu Xenakis 1957). Im großartigen Mythos der zweiten Sokratesrede des *Phaidros*, einem Dialog, der wohl ungefähr zur selben Zeit wie die *Politeia* konzipiert worden ist, ernähren sich die an dem Himmel entlang ziehenden Götter, die Seelen sind, an dem Anblick des wahrhaft Seienden, um daraus neue Kraft zu schöpfen (vgl. *Phdr.* 246e4–247e8). Auch in diesem Dialog sind die Götter also nicht letzte Prinzipien, sondern auf andere, höhere Prinzipien angewiesen. Im *Timaios* spricht Platon davon, dass der Demiurg, ein Handwerker also, die Welt geschaffen hat. Dieser Schöpfungsakt besteht im Wesentlichen darin, dass der Demiurg auf die Ideen schaut und in eine unstrukturierte Materie Struktur bringt. Auch die Himmelskörper werden von dem Demiurgen geschaffen. Sie sind als Seelen der Himmelskörper Götter, und sind, schon weil sie geschaffen sind, keine letzten Prinzipien (vgl. *Tim.* 40a2–b6).

Dass die kosmologische Interpretation von Platons Theologie das zehnte Buch der *Nomoi* so lange vernachlässigt und sich nahezu ausschließlich am *Timaios* orientiert hat, hat keinen sachlichen Grund, sondern liegt schlicht daran, dass Platons *Timaios* zu Beginn des letzten Jahrhunderts bekannter gewesen ist als die wenig studierten *Nomoi*. Es ist das Verdienst von Solmsen, darauf hingewiesen zu haben, dass das zehnte Buch der *Nomoi* der zentrale Text ist, wenn man etwas von Platons Überlegungen über Gott und die Götter erfahren möchte. Dementsprechend stützen sich auch die folgenden Überlegungen in erster Linie auf die *Nomoi*, zumal sich das Bild, das Platon von Gott und den Göttern im *Timaios* zeichnet, mit dem in den *Nomoi* weitgehend deckt. Auch in den *Nomoi* sind die Götter die Seelen der Himmelskörper und als solche keine letzten Prinzipien. Der Unterschied zwischen den *Nomoi* und dem *Timaios* in Bezug auf die Frage nach dem Status der Götter besteht vor allem darin, dass die Götter im *Timaios* stärker in einen kosmologischen Kontext einbezogen sind als in den *Nomoi*.

Im zehnten Buch der *Nomoi* diskutiert der Athener Gesetze gegen den Gottesfrevel, die sogenannten Asebiegesetze. Gesetze gegen Gottesfrevel sind aber nur dann sinnvoll, wenn gezeigt werden kann, dass es Götter, gegen die man freveln könnte, überhaupt gibt. Weil diese Voraussetzung bestritten wird, bedarf es eines Beweises für die Existenz von Göttern. An späterer Stelle im zehnten Buch wird deutlich, dass mit dem Beweis für die Existenz von Göttern nicht nur die Asebiegesetze, sondern sämtliche in den *Nomoi* diskutierten Gesetze ihre sachliche Grundlage bekommen. Mit der Leugnung der Götter einher geht eine materialistische Ontologie, und diese Ontologie impliziert einen ethischen Relativismus, der jedes Gesetz, und nicht nur die Asebiegesetze, in Frage stellt (vgl. *Leg.* X 889e7–890a1). Der Beweis für die Existenz von Göttern ist der erste von drei Beweisen: Im zweiten Beweis wird, aufbauend auf dem ersten, gezeigt, dass die Götter fürsorglich, in dritten, dass sie unbestechlich sind.

Der Beweis für die Existenz von Göttern (*Leg.* X 887c5–899d3)

Auf die Frage, wie man die Existenz von Göttern beweisen könne, meint Kleinias, einer der beiden Gesprächspartner des Atheners, ein Beweis und damit die Widerlegung des Atheismus sei eigentlich kein Problem: Erstens gebe es das Universum mit seinen Himmelskörpern, die die Jahreszeiten, Jahre und Monate in geordneter Folge hervorbrächten, und zweitens glaubten doch alle Menschen an die Götter (*Leg.* X 885e7–886a5). Der Hinweis auf das geordnete Universum ist für die folgende Diskussion wichtig. Auch wenn zunächst unklar bleibt, wie aus der Ordnung des Universums die Existenz der Götter folgen soll, wird durch diesen Hinweis der Diskussionsrahmen abgesteckt. Platon beweist nicht die Existenz der Olympischen Götter oder der Götter der Polis. Ob man über sie je etwas Wahres wird sagen können, lässt der Athener offen. Platon möchte vielmehr zeigen, inwiefern aus der geordneten Bewegung der Himmelskörper auf die Existenz von Göttern geschlossen werden kann. Dabei kommt ihm entgegen, dass schon in der Tradition der Polisreligion die Himmelskörper, vor allem die Sonne, mit Göttern identifiziert worden sind. Es gibt also einen Anknüpfungspunkt für Platons wirkungsmächtige Konzeption von Göttern als Seelen der Gestirne in der Polis-Religion selbst.

Platon argumentiert in drei Schritten: Erstens wird der Atheismus auf seine ontologischen Voraussetzungen, den Materialismus, hinterfragt. Zweitens wird diese materialistische Ontologie kritisiert. Eine Seele, also eine immaterielle Substanz, muss das erste Prinzip von allem sein. Drittens wird die Seele oder die vielen Seelen, die für die Bewegungen der Himmelskörper angenommen werden müssen, mit Göttern identifiziert.

Die Voraussetzung des Atheismus: Materialismus

Für den Atheismus macht der Athener vor allem den Materialismus verantwortlich (*Leg.* X 886a6–e6). Die These, dass die Himmelskörper keine Götter, sondern nichts weiter als Erde und Steine seien, wird von den Atheisten durch eine falsche Auffassung vom Entstehen aller Dinge begründet. Die materialistische Theorie wird in den *Nomoi* im Detail kompliziert und mit Rückgriff auf Platons *Timaios* skizziert. Die Alternative, die Platon dabei entwickelt, ist diejenige zwischen einem vernunftlosen und zufälligen Entstehen aller Dinge und der Annahme einer strukturierenden und ordnenden vernünftigen Kraft, die die Ursache dafür ist, dass die Dinge in ihrem bestmöglichen Zustand sind oder in den bestmöglichen Zustand kommen.

Die These der Materialisten ist, dass alles, was entsteht, entweder durch die Natur, den Zufall oder durch die menschliche Kunstfertigkeit entsteht. Dass die

Entstehung der Welt vernunftlos ist, wird dadurch zum Ausdruck gebracht, dass die Kunstfertigkeit, und damit auch die Vernunft, ein gegenüber der Materie sekundäres Phänomen ist. Wenn sich die Kunstfertigkeit des Menschen mit der Natur verbinde, wie beispielsweise bei der Medizin, kämen zwar durchaus interessante Ergebnisse zustande; in den meisten Fällen aber seien die Ergebnisse der Kunstfertigkeit nichts als eine Spielerei (*Leg.* X 889c7–d7). Zu diesen Spielereien gehören auch die Gesetze einer Polis, die, weil sie nicht auf der Natur beruhen, nicht wahr sind. Die materialistische Theorie hat folgende theologische Konsequenz: »Die Götter [...] haben ihre Existenz durch die Kunstfertigkeit und nicht durch die Natur, sondern durch bestimmte Gesetze« (*Leg.* X 889e4f.), d. h. durch bestimmte Bräuche und Traditionen. Dem Materialisten zufolge sind es also die von den Gesetzgebern aufgestellten Traditionen und Gesetze, die den Göttern ihre Existenz geben.

Die ontologische Priorität der Seele

Der Fehler, den die Vertreter der zu kritisierenden Theorie begehen, liegt dem Athener zufolge darin, dass sie die ontologische Priorität zwischen der Seele und den materiellen Elementen bzw. den aus den Elementen entstandenen Körpern verkehren (*Leg.* X 891b8–892c8). Dadurch kommen sie zu einer falschen Auffassung über die eigentliche Ursache vom Werden und Vergehen der Dinge. Das, was der Sache nach eine erste Ursache ist, machen sie zur späteren Ursache. Die Seele ist nämlich vor allen Körpern entstanden und Ursache für das Entstehen aller anderen Dinge. In einer in den Details wiederum komplizierten Argumentation (vgl. Bordt 2006, 199–204) zeigt der Athener u. a., dass am Anfang jeder Veränderung etwas stehen muss, das einerseits andere Dinge in Bewegung setzen kann, andererseits aber selbst nicht in Bewegung gesetzt wird. Diese Selbstbewegung ist die ontologisch erste Bewegung, denn eine Folge von jeweils lediglich fremdverursachten Bewegungen und Veränderungen ist unmöglich (vgl. *Leg.* X 894e4–895a4): Wenn jemand nach dem Ursprung einer Veränderung fragt, so kann man nicht auf etwas verweisen, das seinerseits von etwas anderem verändert wird, denn die Veränderung kann nicht als Folge von jeweils fremdverursachten Bewegungen verstanden werden. Wenn es nur fremdverursachte Veränderungen gäbe, könnte gar keine Veränderung stattfinden. Damit ist noch nicht gezeigt, dass das, was sich selbst bewegen kann, eine Seele ist. Für diese Behauptung bringt der Athener zwei Argumente: Erstens lebt alles, was sich selbst bewegen kann. Zweitens hat etwas, das lebendig ist, eine Seele. Statt nun den Schluss zu ziehen, dass alles, was sich selbst bewegen kann, eine Seele ist, bringt der Athener ein noch ausführlicheres Argument (*Leg.* X 895d1–896a5). Weil der Name ›Seele‹ und der definierende Ausdruck ›Bewegung, die fähig ist, sich selbst zu bewegen‹, zwei Arten und Weisen sind, auf ein und dasselbe Wesen Bezug zu nehmen, ist gezeigt, dass die Seele, die sich selbst bewegt, das Prinzip aller Bewegung ist. Die materiellen Körper können sich also nur insofern bewegen, als es eine Seele gibt, Ursache ihrer Bewegung ist. Deswegen ist die Seele früher bzw. älter als die Körper (vgl. *Leg.* X 896a5–d9).

Der nächste Schritt in der Argumentation des Atheners besteht darin, die Konsequenzen der Annahme zu diskutieren, dass aus der Priorität der Seele die Priorität alles dessen folgt, was mit der Seele verbunden ist (vgl. *Leg.* X 896c5–897b6). Weil die Seele Ursache von allem sei, müsse sie auch Ursache von allen Gegensätzen sein, z. B. von Gutem und Schlechtem, Schönem und Hässlichem oder Gerechtem und Ungerechtem. Die Frage, ob man eine gute Seele als Ursache der guten, schönen und gerechten Dinge und eine schlechte Seele als Ursache der schlechten, hässlichen und ungerechten Dinge annehmen müsse, beantwortet der Athener zunächst positiv; man müsse mindestens zwei Seelen annehmen, die jeweils Ursache der guten und der schlechten Dinge seien. Dieses Bild zweier Seelen wird in der folgenden Diskussion allerdings korrigiert (vgl. *Leg.* X 897b1–5), so dass die viel diskutierte Frage (vgl. dazu P. Steiner 1992, 157–161), ob Platon eine gute und eine böse Weltseele angenommen hat, sich nicht durch einen Verweis auf den uns interessierenden Abschnitt beantworten lässt. Der Athener spricht nun nicht mehr davon, dass eine gute Seele für alle ›positiven‹ und eine schlechte Seele für alle ›negativen‹ Folgen die Ursache sei, sondern davon, dass die positiven oder negativen Folgen davon abhingen, ob eine Seele sich mit der Vernunft (*nous*) oder mit der Unvernunft verbinde. Wenn eine Seele sich mit der Vernunft verbinde und sie zu Hilfe nehme, dann entstünden die guten Folgen, wenn mit der Unvernunft, die schlechten. Die Frage, ob eine gute oder eine schlechte Seele im Himmel und auf der Erde herrscht (vgl. *Leg.* X 897b7–898d2), wird mit Hilfe des folgenden Kriteriums beantwortet: Falls sich der Umschwung des Himmels an »der Bewegung, dem Umschwung und den Berechnungen der Vernunft« (*Leg.* X 897c4 f.) orientiere, herrsche die beste Seele. Man könne die Bewegungen der Vernunft zwar nicht wahrnehmen, aber die Vernunft habe am meisten Ähnlichkeit mit der Kreisbewegung, weil sich die Kreisbewegung durch eine einzige, einfache Regel und ein einziges Gesetz beschreiben lasse. Die beste Seele, die sich an der Vernunft orientiert, sei folglich Ursache der gleichmäßigen Kreisbewegung, die die Bewegung des Himmelsgewölbes ist. Auf welche Art und Weise dabei die Seele den Umlauf bewirkt, bleibt offen. Ebenso offen bleibt das genaue Verhältnis, in dem die eine Weltseele, die sich an der Vernunft orientiert, zu den verschiedenen Seelen der Sterne steht. Einerseits meint der Athener, die Seele bewege, da sie alle Gestirne bewege, auch jedes einzelne Gestirn (*Leg.* X 898d3 f.); andererseits scheint er davon auszugehen, dass jedes Gestirn seine eigene Seele hat (*Leg.* X 899b6).

Die Seelen sind Götter

Die Existenz der Götter ist erst bewiesen, als der Athener am Beispiel der Seele der Sonne deutlich macht, dass diese Seele entweder im Inneren der Sonne wohnt, irgendeinen Körper hat und mit dem Körper das Gestirn bewegt oder körperlos ist und das Gestirn durch irgendwelche Kräfte lenkt, um dann fortzufahren, dass alle Menschen diese Seele für einen Gott halten müssten (vgl. *Leg.* X 899a7–b1). Weil eine oder mehrere Seelen nicht nur das Himmelsgewölbe, sondern auch die Sterne und den Mond leiten, müssten auch für die Bewegungen dieser Himmelskörper gute Seelen angenommen werden, die Götter sind. Alles sei also voll von Göttern. Damit ist der Beweis für die Existenz von Göttern abgeschlossen. Der Atheist müsse entweder zeigen, dass die These, die Seele sei Ursprung von allem, falsch sei, oder er solle sich überzeugen lassen und annehmen, dass es Götter gebe (*Leg.* X 899c2–d3).

Die Fürsorge (*Leg.* X 899d4–905d7) und die Unbestechlichkeit (*Leg.* X 905d8–907b4) der Götter

Im Beweis für die Fürsorge der Götter argumentiert Platon gegen den Deismus. Ein Deist behauptet, die Götter seien über die menschlichen Angelegenheiten erhaben und hätten es nicht nötig, sich um die Menschen zu kümmern. Ihre These bedeutet der Sache nach, dass eine Antwort auf die Frage, ob man gerecht oder ungerecht ist, ohne Relevanz für das glückliche Leben eines Menschen ist. In dem Beweis setzt der Athener voraus, dass die Götter Fürsorge für das All haben. Der Beweis für die Fürsorge beruht im Wesentlichen auf dem Argument, dass jemand etwas unmöglich aus Feigheit oder Trägheit vernachlässigen kann, wenn er wie die Götter alle Tugenden hat, weil Feigheit und Trägheit Laster sind; er wird vielmehr nur dann etwas vernachlässigen, wenn er der Auffassung ist, es mache keinen Unterschied, ob er sich um etwas kümmere oder nicht. Nun ist es aber für die Menschen von erheblicher Bedeutung, ob sich die Götter um sie kümmern oder nicht. Folglich müsste man annehmen, die Götter vernachlässigten aus Unwissenheit und Unkenntnis heraus die menschlichen Angelegenheiten. Weil diese Annahme in Widerspruch zu der von allen Gesprächsteilnehmern geteilten Auffassung steht, dass die Götter alles sehen, hören und wissen, können die Götter nicht aus Unkenntnis heraus die menschlichen Angelegenheiten vernachlässigen. Dabei bedeutet – wie die eschatologische Erzählung über die göttliche Ordnung und die Gerechtigkeit im Anschluss an den Beweis deutlich macht (vgl. *Leg.* X 903b1–905d7) – die Fürsorge nicht, dass die Götter unmittelbar in das Weltgeschehen eingreifen oder Handlungen vorhersehen oder beeinflussen können, sondern dass sie Garanten einer umfassenden und gerechten Weltordnung sind, die bewirkt, dass jeder, der gut ist, ein gutes Los im Jenseits (bzw. wiederum reinkarniert auf der Erde) erhalten wird und jeder, der schlecht ist, ein schlechtes Los im Jenseits (bzw. reinkarniert auf der Erde). Das Los im Jenseits ist dabei keine Belohnung oder Bestrafung, sondern eine natürliche Konsequenz der aus freiem Entschluss gewählten Lebensform (*Leg.* X 904b8–c3). Das gesamte Universum in allen seinen Teilen ist teleologisch auf ein Ziel hin geordnet. Die Teile sind auf die Erhaltung und die Vollkommenheit des Ganzen ausgerichtet. Jeder Teil im Universum existiert um der Glückseligkeit des Ganzen willen. Wenn jemand lediglich die Perspektive des eigenen Lebens einnimmt und sich selbst zum Mittelpunkt des Ganzen macht, kann es ihm scheinen, als sei das Ganze ungerecht und ohne Ordnung. Wer mit seinem Leben unzufrieden ist, versteht nicht den Platz, den er innerhalb der Ordnung des Ganzen einnimmt.

Der Beweis für die Unbestechlichkeit der Götter, durch den wiederum ausgeschlossen werden soll, dass es irgendeine Möglichkeit gibt, anders als durch ein gerechtes Leben glücklich zu werden, ist ein *ad-hominem*-Argument. Das Argument geht von der unbestrittenen Auffassung aus, dass Götter Herrscher sind. Wer meine, es sei einem Menschen möglich, die Götter durch entsprechende Geschenke dazu zu veranlassen, darüber hinwegzusehen, dass man ungerecht lebt

– und das bedeutet vor allem, sich ungerecht bereichert –, müsse die Herrschaft der Götter mit der Herrschaft von Hunden über eine Herde vergleichen, die sich von Wölfen überreden lassen, die Herde angreifen zu dürfen. Die Wölfe erreichten diese Erlaubnis dadurch, dass sie den Hunden versprächen, ihnen etwas von der Beute abzugeben. Ein weiteres Beispiel für diese Art der Herrschaft der Götter wäre, die Götter mit Steuermännern zu vergleichen, die sich durch Wein und Fleisch bestechen ließen, das Schiff vom rechten Kurs abzubringen. Dadurch stürze der Steuermann sich selbst, die Mannschaft und das Schiff ins Verderben. Die Pointe der Beispiele und Vergleiche liegt darin, dem Gesprächspartner die Absurdität dieser Auffassung deutlich zu machen. Selbst jemand, dessen Handlungen die Auffassung zugrunde liegt, die Götter seien bestechlich, wird nicht zustimmen wollen, die Herrschaft der Götter mit der Herrschaft von Hunden oder betrunkenen Steuermännern zu vergleichen und die Götter so zu Komplizen derjenigen zu machen, die Unrecht tun, weil die Götter sich mit den Tätern die Beute teilen.

Die kosmologische Interpretation: Ein Gott ist eine Seele und kein letztes Prinzip

Der Beweis für die Existenz von Göttern im zehnten Buch der *Nomoi* hat gezeigt, dass sich die Auffassung der kosmologischen Interpretation, der zufolge ein Gott eine Seele ist, in Platons Dialogen findet. Eine Seele ist aber nie ein letztes metaphysisches Prinzip, sondern einem solchen untergeordnet und von ihm ontologisch abhängig. Viele Vertreter der kosmologischen Interpretation sind (vor allem im Hinblick auf den *Timaios*) der Auffassung, dass die besondere Funktion Gottes darin bestehe, als Seele zwischen der Welt der Ideen und der Welt der Erscheinungen zu vermitteln. Als einer der ersten hat sich zu Beginn des 20. Jh.s Brochard gegen die metaphysische Interpretation ausgesprochen. Der Demiurg des *Timaios* werde in aller wünschenswerten Klarheit ›der Gott‹ genannt. Dieser Gott sei aber den Ideen untergeordnet, er schaue auf die Ideen. Brochard ist ferner der Auffassung, dass Platons Gott die Vernunft, der *nous*, sei. Dieser sei auf die Ideen gerichtet. Da es aber keine Vernunft ohne eine Seele gebe, spreche auch dieses Argument dafür, dass Gott eine Seele sein müsse (vgl. Brochard 1954, 59). Eine wichtige Variante dieses Arguments hat Hackforth und im Anschluss an Hackforth Menn in die Diskussion gebracht. Auch Hackforth vertritt, dass Gott die Vernunft sei. Allerdings sei die Vernunft, die Gott ist, nicht die Vernunft einer Seele, sondern eine Entität, die von einer Seele unabhängig ist. Eine Seele habe Vernunft, Gott sei die Vernunft. In den *Nomoi* gehe Platon davon aus, dass die Vernunft eine von den Seelen unabhängige Existenz führe. Es liege an der Seele, sich mit der Vernunft zu verbinden oder nicht (vgl. Hackforth 1936, 444). Menn meint darüber hinaus, dass die Vernunft eine Tugend sei und insofern, wie andere Tugenden auch, als eine Idee unabhängig von einer Seele existiere. Für die Rezeption der These, Gott sei eine Seele, ist es von großer Bedeutung, dass bedeutende englischsprachige Autoren wie Cornford in seinem *Timaios*-Kommentar (vgl. Cornford 1937, 34 f.) und Ross (vgl. Ross 1951, 236, auch 43, 78, 235 f.) für sie Stellung genommen haben.

Am besten ausgearbeitet findet sich die kosmologische Interpretation bei Solmsen. Im *Phaidros* und *Timaios* wolle Platon eine Antwort auf die Frage geben, wie die Ideen auf die Welt des Werdens Einfluss nehmen könnten. Von besonderer Bedeutung sei dabei die Astronomie als Vermittlerin zwischen der unbewegten Welt der Ideen und der Erfahrungswelt. Die kontinuierliche Bewegung der Sphäre der Fixsterne führe zum Begriff der Weltseele. Solmsen tendiert dazu, diese Weltseele mit Gott zu identifizieren und formuliert vorsichtig: »At least, it [i. e. die Weltseele] represents the Platonic conception of the Deity in the form in which it would suggest itself to him in the context of his theory of movements« (Solmsen 1942, 89). Der besondere Charakter von Platons Theologie bestehe darin, dass Gott seinen Platz auf der Grenze zwischen Sein und Werden habe. In Platons Theorie der Bewegung erfülle Gott zwei wichtige Funktionen, nämlich erstens selbst die perfekte Bewegung und dadurch zweitens Ursache von Leben und jeder Art von Bewegung zu sein (vgl. Solmsen 1942, 88 f.). Die Gutheit dieses Gottes drücke sich in seiner Vernünftigkeit aus, nach der er die Welt forme. Im Anschluss an Solmsen hat Ferrari in gegenüber Solmsen differenzierterer Form vertreten, Gott könne nicht mit der Idee des Guten identifiziert werden. Obwohl das Gutsein ein essentielles Prädikat Gottes sei und das Wesen Gottes damit bestimmt werde, sei mit Proklos zwischen dem Guten selbst (*autoagathon*) und Gott, der der Gute selbst (*autoagathos*) sei, zu unterscheiden. Gott habe an der Idee des Guten teil, sei aber nicht die Idee des Guten. Gott sei dabei das Medium, durch das die Idee des Guten in den Kosmos (wie im *Timaios* oder im zehnten Buch der *Nomoi*) und, vermittelt durch ihn, in die Polis komme.

30.4 Gott als Vernunft

Die Stärke der kosmologischen Interpretation besteht darin zu zeigen, dass ein Gott eine Seele sein kann. Neben dieser Auffassung findet sich im zehnten Buch der *Nomoi* aber noch eine andere Auffassung, auf die Hackforth hingewiesen hat. An derjenigen Stelle im Dialog, an der der Athener darlegt, dass sich die Weltseele dann, wenn sie alles zum Guten ordnet, an der Vernunft orientiert, identifiziert der Athener die Vernunft, den *nous*, mit Gott: Die Seele nehme »immer die Vernunft zu Hilfe, die für die Götter wahrhaft (ein) Gott ist« (*Leg.* X 897b1f). Diese Vernunft, an der sich die Seele orientiert, ist eine Entität, die selbst keine Seele hat.

Die Auffassung, dass es einen obersten Gott gibt, der mit der Vernunft zu identifizieren ist, findet sich auch in Textabschnitten der *Nomoi*, in denen der Athener außerhalb des zehnten Buches etwas über Gott sagt (vgl. Bordt 2006, 173–184). Die Behauptung, die Gesetzgebung habe ihren Ursprung in Gott (*Leg.* I 624a5–b3), bedeutet beispielsweise, dass die Gesetze der Vernunft entsprechen. Die vernünftigen Gesetze der Polis sind ebenso wie die geordnete Bewegung des Himmelsfirmaments Ausdruck der Vernunft, die mit Gott identifiziert wird. Wenn in der Polis die richtigen Gesetze herrschen, herrscht die Vernunft und herrscht Gott, der als Vernunft Maß aller Dinge ist. Ein weiteres Beispiel wäre der Beginn der fiktiven Rede des Atheners an die zukünftigen Siedler der Polis. Auch in dieser Rede wird Gott mit der Vernunft identifiziert (*Leg.* IV 715e7–716a4). Ferner identifiziert Platon in seinem *Timaios* Gott mit der Vernunft, denn der Demiurg, der an verschiedenen Stellen im *Timaios* ›Gott‹ genannt wird, ist das mythologische Bild der Vernunft. Dadurch, dass der Demiurg etwas erschafft, wird auf mythologische Art und Weise ausgedrückt, dass das, was geschaffen ist, vernünftig ist. Dieser eine Gott schafft sowohl die Weltseele als auch die vielen Götter, die Seelen sind, und ontologisch von dem einen Gott abhängen. Damit ergibt sich sowohl aus der *Politeia* wie aus dem *Timaios* und den *Nomoi* eine in wichtigen Punkten einheitliche Auffassung: Platon unterscheidet zwischen dem einen, obersten Gott und den vielen Göttern. Die Götter sind von dem einen Gott abhängig. Der eine, oberste Gott entspricht in der Sprache der Religion dem, was das oberste Prinzip der Metaphysik ist (so in der *Politeia*), oder er wird, wie in den *Nomoi*, mit der Vernunft identifiziert. Die von dem obersten Gott ontologisch abhängigen Götter sind die Seelen der Himmelskörper.

Literatur

Bordt, Michael 2006: Platons Theologie. Freiburg.
Brochard, Victor 1954: Études de philosophie ancienne et de philosophie moderne. Paris.
Burnyeat, Myles F. 1997: »The Impiety of Socrates«. In: Ancient Philosophy 17, 1–12.
Cornford, Francis M. 1937: Plato's Cosmology. New York.
Diès, Auguste 1927: Autour de Platon, Bd. II. Paris.
Enders, Markus 1999: »Platons ›Theologie‹: Der Gott, die Götter und das Gute«. In: Perspektiven der Philosophie. Neues Jahrbuch 25, 131–185.
Ferrari, Franco 1998: »Theologia«. In: Mario Vegetti (Hg.): Platone – *La Repubblica*, Traduzione e commento a cura di Mario Vegetti, Bd. II. Napoli, 403–425.
Festugière, André-Jean 1936: Contemplation et vie contemplative selon Platon. Paris.
Gerson, Lloyd P. 1990: God and Greek Philosophy. Studies in the Early History of Natural Theology. London/New York.
Goldschmidt, Victor 1949: »Theologia«. In: Questions platoniciennes. Paris, 141–172.
Hackforth, Reginald 1936: »Plato's Theism«. In: Classical Quarterly 30, 439–447.
Jaeger, Werner 1936: Paideia, Bd. III. Berlin.
Jaeger, Werner 1947: Theology of the Early Greek Philosophers. Oxford (dt.: Die Theologie der frühen griechischen Denker. Stuttgart 1953).
Karfik, Filip 2004: Die Beseelung des Kosmos. Untersuchungen zur Kosmologie, Seelenlehre und Theologie in Platons *Phaidon* und *Timaios*. München.
Lovejoy, Arthur O. 1936: The Great Chain of Being. Harvard.
Menn, Stephen 1995: Plato on God as *Nous*. Carbondale.
Mugnier, René 1930: Le sens du mot *theios* chez Platon. Paris.
Ross, W. D. 1951: Plato's Theory of Ideas. Oxford.
Solmsen, Friedrich 1942: Plato's Theology. Ithaca/New York.
Steiner, Peter 1992: Platon *Nomoi* X. Berlin.
Van Camp, Jean/Canart, Paul 1956: Le sens du mot *theios* chez Platon. Louvain.
Van Riel, Gerd 2013: Plato's Gods. Farnham.
West, Martin L. 1999: »Towards Monotheism«. In: Polymnia Athanassiadi/Michael Frede (Hg.): Pagan Monotheism in Late Antiquity. Oxford, 21–40.
Xenakis, Jason 1957: »On the Theological Interpretation of Plato's *Ethics*«. In: The Harvard Theological Review 50, 67–70.
Zeller, Eduard 1844: Die Philosophie der Griechen. Zweiter Teil, erste Abteilung: Sokrates und die Sokratiker – Platon und die alte Akademie. Leipzig.

Michael Bordt

31 Kosmologie

Die bei weitem ausführlichste Darstellung der platonischen Kosmologie findet sich im *Timaios*. Auch andere Dialoge setzen sich mit kosmologischen Themen auseinander. Doch dabei stehen ethisch-politische Fragen meist so stark im Vordergrund, dass der wahrnehmbare Kosmos, das geordnete Weltganze, fast ausschließlich als Voraussetzung für die Ordnung von Einzelseelen in den Blick kommt (*Gorg.* 506c–508a). Dies gilt auch für eschatologische Schlussmythen, die den Aufbau der Welt auf das Schicksal von Einzelseelen beziehen (*Phd.* 17d–115a; *Rep.* X 613e–621d). Wo kosmologische Themen expliziter behandelt werden, dominiert meist die Kritik an der vorsokratischen Naturphilosophie (s. Kap. IV.32). Und wo diese affirmativ gewendet wird, bleibt es entweder bei einer programmatischen Skizze, die ideentheoretische Voraussetzungen betont (*Phd.* 98b ff.; *Rep.* VII 527d–530c) oder es geht um die Ausarbeitung einzelner Aspekte, z. B. um die Funktion der Seele als universales Bewegungsprinzip (*Phdr.* 245c–246a; *Leg* X 894d–899d), die Strukturanalogie von Weltseele und Einzelseele (*Phlb.* 28d–31a) und die untergeordnete Rolle bloßer Mitursachen (*Phd.* 99b; *Plt.* 281d–283a). Nur der *Timaios* verbindet diese verschiedenen Aspekte in einem Gesamtentwurf, der bis ins Einzelne ausgeführt wird. Wer einen Zugang zur platonischen Kosmologie sucht, muss sich deshalb vor allem auf diesen ungewöhnlichen Dialog beziehen.

31.1 Die praktische Bedeutung der Kosmologie

Sokrates zieht sich im *Timaios* zurück, weil er sich außer Stande sieht, den an die *Politeia* erinnernden Idealstaat, der eingangs skizziert wird, in seiner Bewegung zu erläutern. Und eben dies wäre erforderlich, um zu sehen, wie sich der Idealstaat in Herausforderungen bewährt (*Tim.* 19b–d). Obwohl Kritias schon im Eingangsgespräch auf den Mythos von Atlantis und Urathen verweist, der eine vergleichbare Bewährungsprobe aus der Geschichte erzählt (*Tim.* 20d–25d), wird verabredet, dass vor ihm Timaios sprechen soll, um für diesen Mythos eine kosmologische Grundlage zu schaffen. Er soll mit der Entstehung des Kosmos beginnen und bei der Natur des Menschen enden, damit Kritias die Menschen gewissermaßen von ihm übernehmen und den erwähnten Mythos erzählen kann (*Tim.* 27a). Und diesen weiten Bogen schlägt die kosmologische Rede des Timaios tatsächlich. Sie erläutert, wie ein göttlicher Handwerker (*dêmiourgos*) den Kosmos hervorbringt, indem er ungeordnete Bewegung ordnet (*Tim.* 30a). Zunächst geht es um vernünftige Strukturen der ganzen Welt wie den Weltkörper, die Weltseele, die Himmelskörper und die Zeit (*Tim.* 31b–39e). Nachdem die Seelen von sichtbaren Göttern, Tieren und Menschen in dieses Gesamtbild eingeordnet wurden (*Tim.* 39e–47e), zeigt sich, dass auch notwendige Strukturen von Elementen, Materie und Raum zu untersuchen sind (*Tim.* 47e–61c). Dabei handelt es sich um materielle und räumliche Voraussetzungen, die bereits in der vernünftigen Gestaltung von Weltkörper und Weltseele vorausgesetzt waren. Auf dieser Grundlage erläutert Timaios die körperlichen Ursachen von Bewegungen, Empfindungen und Wahrnehmungen, was erneut zum Menschen überleitet (*Tim.* 61c–69a). Und schließlich rückt dieser ganz zum Hauptthema auf, weil das Zusammenwirken von Vernunft und Notwendigkeit anhand des Zusammenwirkens von menschlicher Seele und menschlichem Körper erläutert wird (*Tim.* 69a–92c).

Es ist wichtig, die praktische Bedeutung der Kosmologie zu berücksichtigen, weil nur so zu verstehen ist, warum Timaios den weiten Bogen von Grundstrukturen des Kosmos bis zur Natur des Menschen schlägt. Die platonische Kosmologie gibt ethische und politische Interessen nicht auf, um sich auf das Feld der reinen Theorie zu begeben, sondern verfolgt dieselben Interessen weiter, indem sie nun auch kosmologisch vertieft werden. Letztlich geht es um die Stellung des Menschen in der Welt und um die Implikationen, die sich daraus für sein Handeln und seine Ziele ergeben (Guthrie 1978, 246). Die Ethik des *Philebos* bestätigt diese Ausrichtung, indem sie das gute Leben (*eudaimonia*) auf eine explizite Strukturanalogie von Mikrokosmos und Makrokosmos bezieht. Das Verhältnis zwischen unserer Seele und unserem Körper entspricht dem Verhältnis zwischen Weltseele und Weltkörper (*Phlb.* 28d–31b). In dieselbe Richtung geht die ausführliche Kritik an den Atheisten, die sich in den *Nomoi* findet (*Leg.* X 885b ff.). In der älteren Forschung wurde Platons Verbindung von praktischen und theoretischen Perspektiven häufig als unwissenschaftlich kritisiert (Vlastos 1975, 28 ff.). Die neuere Forschung lässt sich dagegen stärker auf Platons integrativen Ansatz ein, ohne ihn an modernen Standards zu messen (Brisson 1996; Johansen 2004). Allerdings ist auch hier die Kritik keineswegs verstummt. So hat man etwa geltend gemacht, Platons Kosmologie sei »die Konstruktion eines Kosmos, der zur naturalistischen Rechtfertigung seiner Staatslehre tauglich sein soll« (Schäfer 2005, 27).

31.2 Der *Timaios* als Forschungsproblem

Zwei einzelne Problemfelder der Kosmologie werden besonders ausführlich diskutiert: die Astronomie und Zeittheorie einerseits und die Theorie von Elementen, Materie und Raum andererseits, die gewissermaßen die oberste und die unterste Ebene des Kosmos betreffen (s. Kap. IV.32). Vermutlich liegt dies daran, dass sie am deutlichsten zeigen, wie die platonische Naturphilosophie zu ihren vorsokratischen Vorläufern und zu ihren modernen Kritikern steht (Vlastos 1975, 23 ff., 66 ff.; Gloy 1986, 44 ff., 74 ff.). Um einen Zugang zu Platons Kosmologie zu finden, wird man sich jedoch primär mit ihrer konzeptionellen Gesamtanlage auseinandersetzen müssen. Und auch hier stößt man auf eine breite Forschungskontroverse. In ihr geht es vor allem um das Proömium der Kosmologie (*Tim.* 27d–29d) und um die anschließende Forderung einer Weltseele mit ihren schwierigen Konsequenzen (*Tim.* 29d–31b). Denn die allgemeinen Voraussetzungen der Kosmologie und ihr grundsätzlicher Zuschnitt werden vor allem in dieser einleitenden Passage behandelt. Am Anfang steht die Unterscheidung des immer Seienden, das niemals wird, und des immer Werdenden, das niemals ist, die auf die Ideenlehre der mittleren Dialoge verweist. Wie der Sokrates dieser Dialoge betont nämlich auch Timaios, dass nur das Seiende durch eine begründende oder dialektisch verfahrende Vernunft (*noêsis meta logou*) zu erkennen ist, während das Werdende bloß Meinung aufgrund von Wahrnehmung (*doxa met'aisthêseôs*) erlaubt (*Tim.* 27d–28a). Vor diesem Hintergrund wurde die Ansicht vertreten, der *Timaios* selbst gehöre zu den mittleren Dialogen (Owen 1965, 318 ff.). Doch dies ist keineswegs zwingend. Üblicherweise geht man davon aus, dass es sich um einen Spätdialog handelt, der zwar auf frühere Konzeptionen zurückgreift, sie aber zugleich entscheidend abwandelt (Cherniss 1965, 349 ff.).

Als ontologische und epistemologische Grundlage der Kosmologie dient jedenfalls eine Ideenlehre, die das erkennbare Sein der Ideen strikt vom wahrnehmbaren Werden der Körper unterscheidet. Dabei gehört der Kosmos zwar nicht zu den Ideen, sondern zu den Körpern. Aber unter diesen ist er gleichwohl durch seine vernünftige Ordnung herausgehoben. Der Kosmos ist das Schönste oder Bestgeordnete unter dem Werdenden (*Tim.* 29a). Und deshalb gestaltet ihn der Demiurg als ein Abbild von erkennbaren Ideen, die als solche über eine vorbildliche Ordnung verfügen. Wie mehrfach betont wird, geht es bei der Gestaltung des Kosmos sogar darum, seine Ähnlichkeit zum idealen Vorbild zu maximieren (*Tim.* 29e, 31b, 37c). Obwohl das kosmische Abbild die Vollkommenheit des idealen Vorbilds niemals ganz erreichen kann, wird sie vom Demiurgen im Körperlichen doch so weit verwirklicht, wie es irgend möglich ist. Denn die Ideen sind die besten Vorbilder und der Demiurg ist die beste aller Ursachen. Dass die Kosmologie zu einer Abbildtheorie führt, dürfte nachvollziehbar sein, wenn man von einer strikten Trennung von seienden Ideen und wahrnehmbaren Körpern ausgeht. Eine Abbildtheorie erlaubt nämlich besonders gut, die Ähnlichkeit von Kosmos und Ideen zu erläutern, ohne ihre vorausgesetzte Differenz zu bestreiten. Um dies zu verstehen, braucht man sich nur an die Erläuterung von Abbildern zu halten, die sich auch in anderen Dialogen findet. Man denke etwa an die berühmte Bestimmung, nach der ein Abbild »das einem Wahren ähnlich gemachte andere Derartige« ist (*Soph.* 240a). Es spricht vieles dafür, dass sich die Kosmologie an diesem vertrauten Verständnis von Abbildern orientiert (Mesch 2003, 147–167).

Dennoch ergeben sich aus ihrem Ansatz Schwierigkeiten, die seit der Antike diskutiert werden. So ist danach zu fragen, welchen epistemologischen Status die Kosmologie besitzt. Im *Timaios* wird gesagt, es handele sich hier um eine bildliche Rede (*eikôs logos*), die ihrem kosmologischen Gegenstand entspricht (*Tim.* 29c). Aber kann die Kosmologie damit noch als wissenschaftlich betrachtet werden, zumal kurz danach auch von einer bildlichen Erzählung (*eikôs mythos*) gesprochen wird? Eine weitere Schwierigkeit ergibt sich aus dem Status des Demiurgen. Denn im Text wird zwar gesagt, dass der Kosmos ein Abbild von Ideen sei, über das nur bildlich zu sprechen ist, nicht aber, dass die demiurgische Herstellung dieses Abbilds selbst bildlich aufgefasst werden müsste. Trotzdem kann die Annahme eines vermittelnden Demiurgen kaum als unproblematisch gelten, vor allem wenn dessen erzählte Tätigkeit buchstäblich genommen wird. Rechnet Platon also wirklich mit einem göttlichen Demiurgen, der den Kosmos wie ein vollkommener Handwerker herstellt, oder handelt es sich hier nur um eine bildliche Darstellung? Mit dieser Frage hängt die Schwierigkeit zusammen, ob die erzählte Herstellung der Welt insofern wörtlich zu nehmen ist, als sie auf einen zeitlichen Ursprung verweist. Ist der Kosmos nach Platon zeitlich entstanden oder nicht?

Schließlich muss man danach fragen, wie man den Status der Weltseele einzuschätzen hat. Offenkundig wird sie eingeführt, weil kein Körper über Vernunft verfügen oder vernünftig organisiert sein kann, ohne über eine Seele zu verfügen (*Tim.* 30b). Aber was unterscheidet diese Vermittlung von Vernunft und Körper von der Vermittlung durch den Demiurgen?

31.3 Die Bildlichkeit der Kosmologie

Im Proömium des *Timaios* wird betont, wissenschaftliche Erklärungen (*logoi*) seien mit den Gegenständen verwandt (*syngeneis*), als deren Dolmetscher (*exegêtai*) sie auftreten (*Tim.* 29b). Deshalb könnten lediglich die Erklärungen, die sich auf Bleibendes, Festes und mit Vernunft Erkennbares beziehen, also die *logoi* von Ideen, selbst bleibend und unwiderleglich sein, die *logoi* von Abbildern (*eikonôn*) dagegen nur bildlich (*eikotas*). Denn »was im Verhältnis zum Werden das Sein, das ist im Verhältnis zur Überzeugung die Wahrheit« (*hotiper pros genesin ousia, touto pros pistin alêtheia*, *Tim.* 29c). Wie häufig bemerkt wurde (Cornford 1937, 29), erinnert dies an das Liniengleichnis der *Politeia*, das im Rückgriff auf verschiedene Ebenen von Gegenständen verschiedene Erkenntnisebenen unterscheidet (*Rep.* VI 509c–511e; s. Kap. V.55). Der untere Teil der Linie steht für Überzeugung (*pistis*) und Vermutung (*eikasia*), die sich auf wahrnehmbare Gegenstände und ihre Abbilder richten, der obere Teil für die Einsichten der Vernunft (*noêsis*) und des Verstandes (*dianoia*), die sich auf Ideen und Mathematisches beziehen. Dabei sind die sinnlichen Gegenstände insgesamt als Abbilder der erkennbaren Gegenstände zu betrachten (*Rep.* VI 510a). Die Kosmologie unterstellt dasselbe Grundmodell, betont die Ähnlichkeit von Vorbild und Abbild aber stärker, weil es hier primär nicht um die Abbildung einzelner Ideen durch einzelne Gegenstände, sondern um die Abbildung der Ideengesamtheit durch den gesamten wahrnehmbaren Kosmos geht. Und dieser Kosmos ist eben das Schönste unter dem Wahrnehmbaren.

Direkt im Anschluss betont Timaios, dass Sokrates nicht verwundert sein dürfe, wenn es ihm in seiner kosmologischen Rede nicht gelinge, durchgängig widerspruchsfreie und genaue Erklärungen zu geben. Falls diese Erklärungen nicht weniger einleuchtend seien als die Erklärungen anderer, müsse man mit ihnen vielmehr zufrieden sein und bedenken, dass Sprecher und Hörer nur eine menschliche Natur besäßen (*Tim.* 29c–d). Man hat dies gelegentlich so verstanden, als ginge es hier um die größtmögliche Annäherung an die genaue Wahrheit, die vorläufig erreichbar sei (Taylor 1928, 59). Doch vor dem Hintergrund der grundsätzlichen Differenz von Wahrheit und Überzeugung bzw. Sein und Werden erscheint dies als eine anachronistische Annäherung an die Hypothesenbildung der modernen Naturwissenschaft. Im *eikôs logos* dürfte es nicht darum gehen, dass Hypothesen anhand von empirischen Fakten beständig überprüft und immer weiter verbessert werden müssen, sondern darum, dass selbst die beste Erklärung niemals die genaue Wahrheit enthalten kann, weil dies von ihrem Gegenstand ausgeschlossen wird (Cornford 1937, 28–32). Übersetzt man den aus der Rhetorik stammenden Begriff ›*eikôs*‹ mit ›wahrscheinlich‹, bedeutet er nicht *probabilis*, sondern *verisimilis* (Gloy 1986, 35; Böhme 1996, 19). Es geht hier nicht um die empirische Erprobung, sondern um eine Ähnlichkeit zur Wahrheit, wie sie von materiellen Abbildern von Ideen gezeigt wird. Die Kosmologie löst damit eine Forderung ein, die Platons Rhetorik-Kritik als Bedingung für jede wahre Rhetorik formuliert (*Phdr.* 269d ff.). In der Kosmologie nur eine Variante der üblichen Rhetorik zu sehen (Howald 1922, 70 f.), ist deshalb ausgeschlossen (Guthrie 1978, 251).

Besonders irritiert hat die Tatsache, dass die Kosmologie mehrfach nicht nur als *eikôs logos* (z. B. *Tim.* 29c, 30b, 48d), sondern auch als *eikôs mythos* bezeichnet wird (z. B. *Tim.* 29d, 59c, 69b). Eine bloße Fiktion im Sinne eines pseudowissenschaftlichen Märchens kann kaum gemeint sein, wenn man von der erläuterten Bestimmung der Kosmologie ausgeht. Aber bedeutet *eikôs mythos* deshalb schon dasselbe wie *eikôs logos* (Witte 1964, 8 ff.)? Oder ist eine gewisse Differenz festzuhalten? Einzuräumen ist wohl, dass der Text die Differenz, wenn Platon auf eine solche gezielt haben sollte, nicht wirklich deutlich macht (Guthrie 1978, 250–253). Es ist deshalb wenig überzeugend, wenn behauptet wurde, der *eikôs mythos* sei primär bei den kosmogonischen Problemen des Weltkörpers und der Weltseele anzutreffen, der *eikôs logos* dagegen primär bei den physikalischen Problemen der Materie (Meyer-Abich 1973, 28, 37 ff.). Zwar schließt dies nicht aus, dass auch Platons Theorie der Materie zumindest insofern Mythos ist, als sie kosmogonische Perspektiven voraussetzt. Aber die Deutung geht doch von einer betonten Differenz von wissenschaftlichem Logos und unwissenschaftlichem Mythos aus, die ihrer parallelen Kennzeichnung als *eikôs* kaum gerecht wird. Stattdessen ist wohl damit zu rechnen, dass sich Logos und Mythos in der Kosmologie durchgängig auf denselben Gegenstand beziehen (Gloy 1986, 42). Aber lässt sich der Mythos auf dieser Grundlage als ein vorläufiger Logos bestimmen, der noch nicht auf seine wahren Gründe bezogen, sondern vorschnell als endgültig genommen wird (Gloy 1986, 43)? Geht es hier um ein zeitloses Früher, das anders als die gegenwärtigen Eigenschaften wahrnehmbarer Dinge nicht falsifizierbar ist (Brisson 1994, Kap. 13)? Oder geht es eher um die Differenz einer strukturellen Perspektive, die das bleibende Verhältnis von Kosmos und Ideen, und einer kausalen Perspektive, die das zeitlose Zustandekommen dieses Verhältnisses betrifft (Mesch 2002, 199 ff.)? Der Text macht eine Entscheidung schwer.

31.4 Das demiurgische Modell

Von einem göttlichen Demiurgen wird in verschiedenen Dialogen gesprochen. Manchmal geschieht dies eher beiläufig (*Rep.* VII 507c, 530a), manchmal ausführlicher (*Soph.* 265c). Wie im *Timaios* geht es dabei um die Herstellung von wahrnehmbarem Seienden, das einen Körper hat. Denn die immer seienden Ideen benötigen keine Ursache, um ins Sein zu treten. Das Motiv für dieses demiurgische Modell ist leicht zu greifen. Offenkundig zielt es darauf, die vernünftige Ordnung des Kosmos verständlich zu machen. Kosmische Strukturen sind demnach so vollkommen, dass sie nicht durch bloßen Zufall oder unvernünftige Ursachen entstanden sein können (*Phd.* 95eff; *Soph.* 265c; *Leg.* X 888e ff.). Und das Modell des Demiurgen zeigt, wie sich die körperlichen Bewegungen des Kosmos durch Vernunft bestimmen lassen. Dies gilt nicht nur für die vollkommenen Bewegungen der Himmelskörper, sondern für alle kosmischen Bewegungen bis hinunter zu den erkennbaren Strukturen der Elemente. Keine Ebene des Kosmos ist von der demiurgischen Gestaltung unabhängig. Vorausgesetzt wird lediglich ein gestaltloser Raum (*chôra*), in dem sich stoffliche Spuren (*ichnê*) der Elemente in ungeordneter Bewegung befinden (*Tim.* 53a–b). Und dieser gestaltlose Raum kann als solcher nicht erkannt, sondern nur als notwendige Voraussetzung erschlossen werden (*Tim.* 51a–b). Der gesamte Kosmos ist also eine Verbindung von Notwendigkeit und Vernunft, in der die demiurgische Vernunft dominiert (*Tim.* 48a). Allerdings muss der Demiurg bei der Gestaltung der Elemente materielle Mitursachen stärker berücksichtigen als bei der Gestaltung des Himmels (*Tim.* 46c).

Wie der Demiurg selbst aufzufassen ist, wird von Platon nicht erläutert (s. Kap. IV.23.1). Auch der *Timaios* liefert wenig Greifbares. Schon die Einführung des Demiurgen erfolgt eher unvermittelt. Es wird zwar betont, dass alles Werdende eine Ursache benötige, um ins Sein zu treten. Aber weshalb diese Ursache zumindest letztlich als Demiurg aufzufassen ist, erfährt man nicht. Es ist deshalb kaum erstaunlich, dass dieser Übergang Platonleser seit jeher irritiert (Ebert 1991). Das Proömium verweist nur darauf, dass es eine schwierige Aufgabe sei, Genaueres herauszufinden, und sogar unmöglich, es allen zu sagen. Vielleicht handelt es sich hier um eine Aussparungsstelle, die auf Platons indirekt überlieferte Prinzipientheorie verweist (Szlezák 1997, 196 ff.). Doch daraus folgt nicht unbedingt, dass der Demiurg mit dem später ebenfalls ausgesparten »Prinzip von allem« identifiziert werden könnte (*Tim.* 48c). Deutlich behauptet ist die Güte des Demiurgen, die seine neidlose Vermittlung von Vernunft an den Weltkörper motiviert (*Tim.* 29e). In welcher Beziehung sie zur Idee des Guten und zum Prinzip der Einheit stehen mag, bleibt jedoch offen. Und dabei gilt es zu beachten, dass die Idee des Guten jenseits des Seins anzusiedeln ist (*Rep.* VI 509b), während vom Demiurgen gesagt wird, er sei das Beste des Denkbaren und Seienden (*Tim.* 37a).

Eine Identifikation des Demiurgen mit der Idee des Guten, wie sie sich etwa bei Philon findet, vermag deshalb nicht zu überzeugen. Dasselbe gilt für seine Identifikation mit der Weltseele, wie sie Numenios vertritt (Halfwassen 2000, 43 ff.). Obwohl die Weltseele wie der Demiurg Vernunft an Körper vermittelt, wird nämlich auch sie hergestellt, weshalb sie kaum mit dem herstellenden Demiurgen identisch sein kann. Näher liegt sicher seine Identifikation mit dem vernünftigen Ideenkosmos, die vor allem bei Plotin ausgearbeitet ist (Halfwassen 2000, 50 ff.). Denn die abgebildeten Ideen werden nicht nur als immer seiendes Vorbild, sondern auch als vollkommenes Lebewesen (*panteles zôon*) bestimmt (*Tim.* 30c–31b). Allerdings wird auch diese Identifikation in Platons Dialogen nirgendwo explizit vertreten. Und deshalb bleiben Versuche, die Figur des Demiurgen zu entmythologisieren, problematisch. Dies bedeutet jedoch nicht, dass eine mythologische Auffassung unproblematisch wäre. Denn neben dem Bild des Demiurgen steht schon im Proömium ein weiteres Bild, das die göttliche Ursache ganz anders veranschaulicht. Sie wird nämlich nicht nur als handwerklicher Produzent (*poietês*) oder Gestalter (*synhistas*), sondern auch als Vater erläutert. Und dies bleibt auch später wichtig, vor allem dort, wo das Worin des Werdens als eine Mutter erläutert wird, die vom Vater stammende Formen aufnimmt (*Tim.* 50d, 51a).

31.5 Die Weltseele und das Problem des zeitlichen Ursprungs

Das demiurgische und das genetische Modell zu vereinbaren, fällt nicht leicht. Und schon deshalb bereitet ein buchstäbliches Verständnis der erzählten Herstellung Schwierigkeiten. Dazu kommt die verwirrende Abfolge der Herstellungsschritte, auf die der Text selbst hinweist. Zunächst wird nämlich erläutert, wie der Demiurg den Weltkörper als eine unauflösliche Einheit von Feuer, Luft, Wasser und Erde herstellt (*Tim.* 31b–34b). Erst danach kommt Timaios auf die Herstellung der Weltseele zu sprechen. Doch dabei betont er ausdrücklich, dass dies nicht so verstanden werden darf, als wäre die Weltseele tatsächlich erst nach dem Weltkörper hergestellt worden. Denn die Seele soll den Körper beherrschen. Und der Gott hätte niemals zugelassen, dass Älteres von Jüngerem beherrscht würde (*Tim.* 34c). Damit ist klar, dass die erzählte Reihenfolge für die Herstellung des Kosmos nicht buchstäblich genommen werden darf. Und dies weckt natürlich Zweifel daran, ob die demiurgische Gestaltung überhaupt als zeitlicher Vorgang zu verstehen ist. Besonders deutlich wird die Schwierigkeit angesichts der Herstellung der Zeit. Schon Aristoteles hatte geltend gemacht, dass eine zeitliche Entstehung der Zeit unmöglich sei (*Cael.* I, 279b ff.).

Um Platons Ansatz verteidigen zu können, wird deshalb seit der Alten Akademie meist angenommen, dass die Herstellung des Kosmos im *Timaios* nur aus didaktischen Gründen (*didaskalias charin*) als zeitlicher Vorgang erläutert wird (Baltes 1976 und 1996). Auch in der neueren Forschung dominiert diese Auffassung (Taylor 1928, 69; Cornford 1937, 25). Eine wichtige antike Ausnahme ist allerdings Plutarch. Und dessen abweichende Auffassung wird auch im zeitgenössischen Kontext immer wieder verteidigt (Hackforth 1959; Robinson 1979). Dies gilt sogar für den aristotelischen Einwand, den man dadurch zu entkräften versucht, dass man die Differenz zwischen der hergestellten Zeit und der von der Herstellung vorausgesetzten Zeit betont. Die hergestellte Zeit sei das nach Zahl voranschreitende Abbild der im Einen ruhenden Ewigkeit (*Tim.* 37c). Die vorausgesetzte Zeit sei dagegen nur ungeordnete Dauer (Skemp 1942, 111) oder eine bloße Folge von früher und später (Hackforth 1959, 22). Allerdings wird man einräumen müssen, dass von einer solchen vorkosmischen Zeit in Platons Dialogen nirgendwo ausdrücklich die Rede ist.

Die Theorie der Weltseele wird in verschiedenen Hinsichten kontrovers diskutiert. So bereitet der Ansatz des *Timaios* Schwierigkeiten, wenn man ihn mit anderen Dialogen vergleicht. Während hier erzählt wird, wie der Demiurg die Weltseele herstellt, betont Sokrates im großen Mythos des *Phaidros*, die Seele müsse als Bewegungsprinzip von allem unentstanden sein. Wer die demiurgische Herstellung der Weltseele wörtlich zu verstehen versucht, stößt hier auf einen offenkundigen Widerspruch. Eine ähnliche Schwierigkeit ergibt sich für die *Nomoi*, wo gesagt wird, die gute Seele lenke die geordneten Bewegungen des Kosmos, die schlechte Seele dagegen die ungeordneten (*Leg.* X. 897c–d). Denn im *Timaios* werden die ungeordneten Bewegungen des vorkosmischen Zustands nicht auf ein psychisches Prinzip bezogen. Dasselbe gilt für die akosmischen Perioden aus dem Mythos des *Politikos* (*Plt.* 273a–e). In beiden Fällen scheint es Bewegung zu geben, ohne dass sie von der Seele ausgehen würde. Muss man also annehmen, dass sich der *Phaidros* und die *Nomoi* nur auf geordnete Bewegungen des Kosmos beziehen (Vlastos 1965, 397)? Oder ist dies mit ihrer Argumentation nicht vereinbar (Mohr 1985, 161 ff.)?

Auch die Mischung von unteilbarem und teilbarem Sein, aus der die Weltseele hergestellt wird, ist nicht leicht zu verstehen (*Tim.* 35a). Es liegt nahe, dass hier von körperlicher Teilbarkeit die Rede ist. Denn damit würde die Seele aus idealem und materiellem Sein gemischt, was gut dazu passt, dass sie Vernunft an Körper vermitteln soll. Aber was ist damit gemeint, dass auch das Selbige (*tauton*) und Andere (*heteron*) in die Mischung eingebracht werden? Gibt es Teilbares und Unteilbares nur beim Sein (Taylor 1928, 106–109) oder auch beim Selbigen und Anderen (Cornford 1937, 59–61)? Inzwischen hat sich die zweite Auffassung durchgesetzt (Brisson 1974, 270–275; von Perger 1997, 88 f.), weil sie sich leichter mit der später erläuterten Erkenntnis der Weltseele (*Tim.* 37a–c) und den höchsten Gattungen des *Sophistes* vereinbaren lässt (*Soph.* 254d–257b). Dies allein macht jedoch noch nicht verständlich, wie die Seelenmischung zur kosmologischen Abbildung steht. Wenn Ideen gar nicht in Körper eintreten können, sondern nur ihre Abdrücke, Nachahmungen oder Abbilder (*Tim.* 50c–51b), darf die Seelenmischung jedenfalls nicht so aufgefasst werden, als würden hier wirklich Ideen mit Körpern gemischt. Auch hier kann es sich vielmehr nur um einen *eikôs logos* handeln (Mesch 2005, 49–53).

Literatur
Baltes, Matthias 1976: Die Weltentstehung des platonischen *Timaios* nach den antiken Interpreten. Leiden.
Baltes, Matthias 1996: »*Gegonen* (Platon, *Tim.* 28b7). Ist die Welt real entstanden oder nicht?« In: Keimpe A. Algra/Pieter W. van der Horst/David T. Runia (Hg.): Polyhistor. Studies in the History and Historiography of Ancient Philosophy. Leiden, 76–96.
Böhme, Gernot 1996: Idee und Kosmos. Platons Zeitlehre – Eine Einführung in seine theoretische Philosophie. Frankfurt a. M.
Brisson, Luc 1974: Le même et l'autre dans la structure ontologique du *Timée* de Platon. Un commentaire systématique du *Timée* de Platon. Paris [2. Aufl. St. Augustin 1994].
Brisson, Luc ²1994: Platon. Les mots et les mythes. Paris.
Brisson, Luc 1996: »Den Kosmos betrachten, um richtig zu leben: *Timaios*«. In: Theo Kobusch/Burkhard Mojsisch (Hg.): Platon. Seine Dialoge in der Sicht neuer Forschungen. Darmstadt, 229–248.
Cherniss, Harold F. 1965: »The Relation of the *Timaeus* to Plato's Later Dialogues« [1957]. In: R. E. Allen (Hg.): Studies in Plato's Metaphysics. London, 339–378.
Cornford, Francis M. 1937: Plato's Cosmology. The *Timaeus* of Plato Translated with a Running Commentary. London [Nachdr. 1977].
Ebert, Theodor 1991: »Von der Welturache zum Weltbaumeister«. In: Antike und Abendland 37, 43–54.
Gloy, Karen 1986: Studien zur Platonischen Naturphilosophie im *Timaios*. Würzburg.
Guthrie, William K. C. 1978: A History of Greek Philosophy. Bd. 5: The Later Plato and the Academy. Cambridge.
Hackforth, Reginald 1959: »Plato's Cosmogony (*Timaeus* 27d ff.)«. In: The Classical Quarterly 9, 17–22.
Halfwassen, Jens 2000: »Der Demiurg: Seine Stellung in der Philosophie Platons und seine Deutung im antiken Platonismus«. In: Ada Neschke-Hentschke (Hg.): Platos *Timaios*. Beiträge zu seiner Rezeptionsgeschichte. Louvain/Paris, 39–62.
Howald, E. 1922: »*eikôs logos*«. In: Hermes 57, 63–79.
Johansen, Thomas K. 2004: Plato's Natural Philosophy. A Study of the *Timaeus-Critias*. Cambridge.
Mesch, Walter 2002: »Die Bildlichkeit der platonischen Kosmologie. Zum Verhältnis von Logos und Mythos im *Timaios*«. In: Markus Janka/Christian Schäfer (Hg.): Platon als Mythologe. Neue Interpretationen zu den Mythen in Platons Dialogen. Darmstadt, 194–213.
Mesch, Walter 2003: Reflektierte Gegenwart. Eine Studie über Zeit und Ewigkeit bei Platon, Aristoteles, Plotin und Augustinus. Frankfurt a. M.
Mesch, Walter 2005: »Plotins Deutung der platonischen Weltseele. Zur antiken Rezeptionsgeschichte von *Timaios* 35a«. In: Thomas Leinkauf/Carlos Steel (Hg.): Platons *Timaios* als Grundtext der Kosmologie in Spätantike, Mittelalter und Renaissance. Leuven, 41–66.
Meyer-Abich, Klaus Michael 1973: »Platons Theorie der Naturwissenschaft«. In: Erhard Scheibe/Georg Süßmann (Hg.): Einheit und Vielheit (Fs. für C. F. v. Weizsäcker). Göttingen, 20–44.
Mohr, Richard D. 1985: The Platonic Cosmology. Leiden.
Owen, G. E. L. 1965: »The Place of the *Timaeus* in Plato's Dialogues« [1953]. In: R. E. Allen (Hg.): Studies in Plato's Metaphysics. London, 313–338.
Perger, Mischa von 1997: Die Allseele in Platons *Timaios*. Stuttgart/Leipzig.
Robinson, T. M. 1979: »The Argument of *Tim.* 27d ff.«. In: Phronesis 24, 105–109.
Schäfer, Lothar 2005: Das Paradigma am Himmel. Platon über Natur und Staat. Freiburg/München.
Skemp, J. B. 1942: The Theory of Motion in Plato's Later Dialogues. Cambridge/New York. [2. Aufl. Amsterdam 1967].
Szlezák, Thomas Alexander 1997: »Über die Art und Weise der Erörterung der Prinzipien im *Timaios*«. In: Tomás Calvo/Luc Brisson (Hg.): Interpreting the *Timaeus-Critias*. Proceedings of the IV Symposium Platonicum. St. Augustin, 195–203.
Taylor, Alfred E. 1928: A Commentary on Plato's *Timaeus*. Oxford.
Vlastos, Gregory 1965: »The Disorderly Motion in the *Timaeus*« [1939]. In: R. E. Allen (Hg.): Studies in Plato's Metaphysics. London, 379–399.
Vlastos, Gregory 1975: Plato's Universe. Seattle.
Witte, Bernd 1964: »Der *eikôs logos* in Platons *Timaios*. Beitrag zur Wissenschaftsmethode und Erkenntnistheorie des späten Plato«. In: Archiv für Geschichte der Philosophie 46, 1–16.

Walter Mesch

32 Naturphilosophie

Die Naturphilosophie (NP) stand in der modernen Platon-Interpretation lange am Rande. Man konzentrierte sich weitgehend auf andere Themen und Problemfelder wie Ontologie, Epistemologie, Psychologie, Ethik und Politik. Trotz der verwirrenden Vielgestaltigkeit der Dialoge und ihrer umstrittenen Entwicklung vom Früh- zum Spätwerk schien hier zumindest klar zu sein, dass es sich um Fragen handelte, die für Platons Philosophieverständnis durchgängig zentral waren. Und eben dies meinte man für die NP nicht annehmen zu können. Man betrachtete Platons Orientierung am Vorbild des Sokrates als Abkehr vom naturphilosophischen Projekt der Vorsokratiker und ging davon aus, dass dieses erst in der Teleologie des Aristoteles wieder mit Entschiedenheit aufgegriffen worden sei. Viele Einführungen und Gesamtdarstellungen zu Platon berücksichtigten das Thema kaum. Manche Interpreten hielten den *Timaios*, der Platons ausführlichste Auseinandersetzung mit naturphilosophischen Fragen bietet, sogar für einen Fremdkörper im platonischen Werk (Wilamowitz-Moellendorff 1959, I 474) oder für ein Dokument pythagoreischen Denkens (Taylor 1928, ix, 212).

Inzwischen hat sich die Lage völlig verändert. Auf einige ältere Arbeiten zur platonischen NP und Bewegungslehre (Cornford 1937; Skemp 1942) folgte seit den 1970er Jahren eine größere Zahl von Studien (Brisson 1974; Vlastos 1975; Mohr 1985), die inzwischen zu einer wahren Flut angeschwollen ist. Einen guten Einblick verschaffen einige Sammelbände (Calvo/Brisson 1997; Natali/Maso 2003). Besonders große Aufmerksamkeit fand dabei die Rezeptionsgeschichte des *Timaios*, die ebenfalls durch verschiedene Sammelbände dokumentiert wird (Neschke-Hentschke 2000; Sharples/Sheppard 2003; Reydams-Schils 2003; Leinkauf/Steel 2005). Dies immense Forschungsinteresse ist schon deshalb gerechtfertigt, weil der *Timaios* über Jahrhunderte hinweg eine kaum zu überschätzende Wirkung entfaltet hat, und zwar weit über die Grenzen der Platon-Interpretation hinaus. Außerdem lieferte er schon dem antiken Mittel- und Neuplatonismus eine unverzichtbare Basis für den Versuch, die systematischen Grundzüge der platonischen Philosophie aus naturphilosophischer Perspektive zu rekonstruieren (Baltes 1976 und 1998). Gleichwohl ist zu Recht darauf hingewiesen worden, dass die NP in anderen Dialogen ebenfalls eine wichtige Rolle spielt (z. B. Karfik 2004, 19 ff.) und dass die Verknüpfung mit ethischen und politischen Grundfragen auch für den *Timaios* berücksichtigt werden muss (Johansen 2004, 7–23; Schäfer 2005, 15–62).

32.1 Platons Sokrates und die vorsokratischen Physiologen

Im Zentrum der frühen und mittleren Dialoge stehen ethische und politische Fragen. Platons Sokrates fragt vor allem danach, wie der Einzelne zu leben hat und wie der Staat zu gestalten ist, um ein gutes Leben (*eudaimonia*) durch tugendhaftes Handeln (*aretê*) zu ermöglichen. Dabei geht er davon aus, dass *eudaimonia* ein philosophisches Wissen über das Gute voraussetzt und dass dieses nur durch eine dialektische Wissenssuche zu erwerben ist. Sokrates kritisiert deshalb nicht nur traditionelle Meinungen und ihre literarischen Vorbilder, sondern auch die zeitgenössische Sophistik und Rhetorik. Denn diese versprechen eine methodische Orientierung der Praxis, ohne ebenso strikt auf Wissen zu setzen. NP spielt dabei zunächst keine wichtige Rolle. Um sich von der Sophistik abzusetzen, die dieses Thema zumindest am Rande berührt (*Prot.* 318e), betont Sokrates in seiner berühmten Verteidigung vor Gericht sogar ausdrücklich, dass er in einer »solchen Wissenschaft« keinerlei Weisheit besitzt (*Apol.* 19c). Und dabei gibt er nicht etwa ein Beispiel für das philosophische Nichtwissen, das seine ethischen Fragen methodisch zuspitzt (*Apol.* 21b ff.), sondern bekundet sein thematisches Desinteresse an »unterirdischen und himmlischen Dingen«. Niemand habe ihn jemals »viel oder wenig über dergleichen« reden gehört (*Apol.* 19d). Die sokratische Suche nach Tugendwissen verwirklicht sich als eine dialogische Widerlegungskunst (Elenktik), die für naturphilosophische Interessen keinen Raum zu lassen scheint. »Felder und Bäume wollen mich nichts lehren«, sagt Platons Sokrates, »wohl aber die Menschen in der Stadt« (*Phdr.* 230d).

Inwiefern die platonische Darstellung dem historischen Sokrates entspricht, ist umstritten. Dies gilt vor allem für die Sokratesfigur der mittleren Dialoge, die zu einer konstruktiven Dialektik übergeht und das gesuchte Tugendwissen ontologisch, epistemologisch und psychologisch entfaltet (Vlastos 1991, 45–80). Doch auch die frühen Dialoge bieten ein komplexes Bild, das nicht leicht auf den historischen Hintergrund zu beziehen ist. Neben der betonten Distanzierung von der vorsokratischen NP, die Sokrates mit der praktischen Orientierung der Sophistik und Rhetorik verbindet, gibt es nämlich bereits hier thematische Verbindungen, die später ausgearbeitet werden. So setzt schon die erste Fassung der *anamnêsis*-Lehre (s. Kap. V.59), die den Erwerb des Tugendwissens erklären soll, nicht nur voraus, dass die Seele alles, was hier und in der Unterwelt ist, erblickt hat, sondern auch, dass die »ganze Natur« (*physis hapasê*) miteinander verwandt ist. Denn nur so kann man von einer Sache an eine andere erinnert werden (*Men.* 81c–d). Und die Kritik an der Sophistik und Rhetorik zielt auf eine seelische Ordnung (*taxis, kosmos*), die *eudaimonia* als beste Verfassung der Seele erreicht, indem sich diese in ein geordnetes Ganzes einfügt. Wenn die »Weisen« die ganze Welt (*holon*) als Ordnung (*kosmos*) und nicht als Unordnung und Zügellosigkeit bezeichnen, ist ihnen also unbedingt zu folgen (*Gorg.* 506c–508a). Auch Xenophons Darstellung lässt eine ähnliche Spannung erkennen. Denn auch hier wird einerseits betont, Sokrates habe sich von der naturphilosophischen Kosmologie distanziert (*Mem.* I 1, 11–13), und andererseits erläutert, wie er die fürsorgliche Einrichtung der Welt durch die Götter auffasst (*Mem.* IV 3, 3–14). Wegen der prekären Quellenlage ist trotzdem schwer zu beurteilen, wie der historische Sokrates zur NP steht. Unser Sokrates-Bild wird jedenfalls im Wesentlichen durch Platon geprägt (Figal 1995, 11–28).

Die mittleren Dialoge berücksichtigen naturphilosophische Themen stärker, und zwar vor allem im Ausgang von psychologischen Fragestellungen. So versucht Sokrates im *Phaidon* nachzuweisen, dass die Seele unsterblich ist, weil Leben und Tod Gegensätze sind und im ganzen Bereich des Werdens Gegensätze zyklisch und permanent aus Gegensätzen entstehen. Der Wechsel von Leben und Tod erscheint für die Seele nur als Wechsel des Aufenthaltsortes (*Phd.* 70d–72e). Wie dieser sokratische Rückgriff auf vorsokratische Modelle einzuschätzen ist, wird nicht erst in der neueren Forschung kontrovers diskutiert (Gallop 1990, 103–113). Schon in Platons Dialog machen die Defizite dieses ersten Beweises weitere nötig, die den Zusammenhang der Seele mit transzendenten Ideen und ihrer anamnetischen Erkenntnis betonen (s. Kap. V.59). Doch im letzten Beweis wird der Kreislauf des Werdens wieder thematisch, wenn Platon auch in einer ontologischen Perspektive die Gegensätze als Ideen deutet. Wie nun betont wird, nehmen sich Gegensätze weder selbst auf, noch treten sie in etwas ein, das ihren Gegensatz bereits enthält. Da die Seele als solche immer Leben besitzt, kann sie also nicht sterben (*Phd.* 105d). Und vor diesem Hintergrund entfaltet der eschatologische Schlussmythos ein kosmologisches Modell, das verschiedenen Seelen gemäß ihrer Lebensführung verschiedene Aufenthaltsorte zuweist (*Phd.* 107d–115a). Dazwischen steht die berühmte Passage, in der Sokrates von seiner Bildungsgeschichte berichtet. Auch er hat sich demnach in seiner Jugend mit Naturkunde (*physeôs historia*) beschäftigt (*Phd.* 96a). Vor allem die Lehre des Anaxagoras, wonach die ordnende Vernunft (*nous*) die Ursache aller Dinge ist, erschien ihm attraktiv, weil sie das Gute als höchstes Prinzip zu betrachten erlaubt. Doch auch Anaxagoras enttäuscht ihn, weil er mit dieser ordnenden Vernunft gar nichts anfängt, sondern wie andere Vorsokratiker wieder nur von materiellen Bedingungen spricht. Erforderlich ist deshalb die radikale Blickwendung der sogenannten »zweiten Fahrt«, die intelligible Ideen als wahre Ursachen erkennbar macht (*Phd.* 98b ff.).

32.2 Grundzüge der platonischen Naturphilosophie

Wie häufig bemerkt wurde, formuliert der *Phaidon* das Programm einer platonischen NP, das in anderen Dialogen konkretisiert und ausgeführt wird, vor allem im späten *Timaios* (Cornford 1937, 174f.). Allerdings zieht sich Sokrates dabei als Gesprächsleiter zurück oder tritt gar nicht mehr auf. Vermutlich geschieht dies, um naturphilosophische Themen breit entfalten zu können, ohne die Sokrates-Figur, die ihre Distanz so deutlich artikuliert hatte, unplausibel werden zu lassen. Dies gilt nicht nur für den *Timaios*, sondern auch für das 10. Buch der *Nomoi*, das eine ausführliche Kritik der Atheisten enthält und in diesem Zusammenhang nicht nur die vorsokratischen Physiologen kritisiert (*Leg.* X 888d–892d), sondern auch eine eigene Bewegungslehre entfaltet (*Leg.* X 893b–899d). Eine Ausnahme ist lediglich der *Philebos*, der erneut das Thema des guten Lebens in den Vordergrund rückt und von hier aus auch auf naturphilosophische Themen eingeht (*Phlb.* 28d–31a). Die Ausarbeitung des Programms aus dem *Phaidon* erfolgt also sehr breit und vielgestaltig. Dennoch lassen sich Grundzüge der platonischen NP erkennen, die sich seit den mittleren Dialogen durchhalten. Dabei sind vier Gesichtspunkte von entscheidender Bedeutung:

Erstens darf NP nicht auf bloße Wahrnehmung gestützt werden, weil sich diese nur auf bewegte, veränderliche, entstehende und vergehende Körper bezieht. Geht man von Wahrnehmungen aus, lässt der Bereich beständigen Werdens nur Meinungen zu. Wenn eine echte Erkenntnis der *physis* möglich sein soll, muss man sich deshalb anders als die vorsokratischen Physiologen auf das bleibende Sein von Ideen beziehen, das den Bereich des wahrnehmbaren Werdens transzendiert und sich nur einer dialektisch verfahrenden Vernunft erschließt. NP benötigt nach Platon eine *ontologische Grundlage* (*Tim.* 27d).

Zweitens ist davon auszugehen, dass sich auch im Bereich des Werdens erkennbare Strukturen finden lassen, weil das Werdende eine gute Anordnung aufweist (*Tim.* 29a). Dies gilt nicht nur für den *kosmos* insgesamt, sondern auch für die *physis* seiner einzelnen Teile, obwohl es nicht überall gleichermaßen erkennbar sein muss. Das beste Beispiel liefert die astronomische Ordnung der Himmelskörper. Denn trotz aller Abweichungen im Detail ist für jeden erkennbar, dass es sich hier um regelmäßige Bewegungen handelt. Und deren Ordnung lässt sich nach Platon nur verstehen, wenn man erkennt, was ihr Gutes ist, wozu sie dient, welchen Platz sie im Ganzen einnimmt. NP besitzt insofern eine *teleologische Ausrichtung*. Damit ist nicht bestritten, dass materielle Ursachen und die Wahrnehmung von Bewegung ebenfalls eine gewisse Rolle spielen (Rowe 1993, 238f.). Aber welche Rolle dies ist, zeigt sich nach Platon erst, wenn man von der ontologischen Grundlage und der teleologischen Ausrichtung der NP ausgeht. Und dabei rücken zwei weitere Gesichtspunkte in den Vordergrund, die im *Phaidon* noch nicht angesprochen waren:

Drittens benötigt die NP ein *demiurgisches Modell*. Denn die gute Ordnung natürlicher Prozesse lässt sich am besten erläutern, wenn man sie mit der guten Ordnung technischer Produkte vergleicht (*Tim.* 28a). Welchen Status dieses demiurgische Modell besitzt, war bereits in der Antike umstritten, weil es auch in der ausführlichen Darstellung des *Timaios* recht unvermittelt vorausgesetzt wird. Dies gilt vor allem für die Frage, ob es nur eine didaktische Funktion besitzt oder auf ein tatsächliches Entstehen des Kosmos verweist (Baltes 1976). Eindeutig feststellen lässt sich nur, dass die Gestaltung der Welt durch einen göttlichen Handwerker (*dêmiourgos*) bildlich fasst, wie die ordnende Vernunft aus dem *Phaidon* zu verfahren hat, um eine gute Ordnung im Bereich des Werdenden herzustellen. Das Bild des Demiurgen veranschaulicht, weshalb die vorsokratische Annahme, kosmische Strukturen könnten durch unvernünftige Ursachen oder bloßen Zufall hervorgebracht worden sein, zurückzuweisen ist (*Soph.* 265c; *Leg.* X 888eff.). Auch ein einfacher Handwerker kommt nämlich nur verlässlich zum Ziel, wenn er den Verstand gemäß den Regeln seiner Kunst gebraucht.

Viertens fordert die NP eine *psychologische Vermittlung*. Im Zentrum steht dabei nicht die menschliche Seele, nach der im *Phaidon* gefragt worden war, sondern die Weltseele (*psychê tou pantos*), mit der die Einzelseelen zwar verwandt, aber nicht identisch sind (*Tim.* 41dff.). Denn der Kosmos benötigt nach Platon eine immanente Natur, die seine bleibende Struktur garantiert. Und nur die Weltseele lässt sich als eine umfassende Vermittlung vernünftiger Ideen und wahrnehmbarer Körper denken, die als unvergängliche Bewegungsursache wirkt (*Tim.* 36e). Auch die Weltseele ist seit der Antike umstritten. Zum einen geht es auch hier darum, ob die Weltseele als entstanden (*Tim.* 34bff.) oder als unentstanden (*Phdr.* 245c–d) betrachtet werden muss. Zum anderen wird diskutiert, in welchem Verhältnis sie zur Vernunft steht (von Perger 1997). Jedenfalls aber ist das Wesen der Seele die vernünftige Selbstbewegung, und durch diese bewegt sie alle körperlichen Dinge (*Phdr.* 245d–e; *Leg.* X 894dff.).

Obwohl der späte *Timaios* die ausführlichste Realisierung dieses naturphilosophischen Programms enthält, sind auch frühere Dialoge von Interesse. So wird die vorsokratische Astronomie in der *Politeia* kritisiert, weil sie sich zu sehr auf die bloße Wahrnehmung von Bewegung stützt. Zur Philosophie hinzuführen, vermag die Astronomie nur, wenn die Seele nicht nur die Augen nach oben richtet, sondern auch das Denken. Wahrhaft oben befindet sich nämlich nur das »Seiende und Unsichtbare«, also das wahre Sein der Ideen. Die »Gebilde am Himmel« sind zwar das Beste und Genaueste, das im Sichtbaren gebildet ist, aber sie bleiben doch weit hinter dem Wahrhaften zurück (*Rep.* VII 529b). Bei diesem Wahrhaften geht es nicht nur um das wahre Sein der Ideen, das als ontologische Grundlage zu denken ist, sondern auch um wahre Zahlenverhältnisse, die gemäß der Vernunft bestimmen, auf welchen Bahnen und mit welchen Geschwindigkeiten die Himmelskörper laufen. Diese Verhältnisse sind vom Demiurgen, wie gemäß der teleologischen Ausrichtung der NP betont wird, möglichst vollkommen eingerichtet worden. Dennoch ist das Verhältnis der Nacht zum Tage, des Tages zum Monat, des Monats zum Jahr, und erst recht das der übrigen Gestirne, so weit es sich sinnlich wahrnehmen lässt, Abweichungen unterworfen (*Rep.* VII 530a–b). Die wahre Astronomie darf sich deshalb nicht nur auf sinnliche Wahrnehmungen stützen, sondern hat sich primär des vernünftigen Denkens zu bedienen, indem sie jene Zahlenverhältnisse ausarbeitet. Nur dann ist sie zur Gesetzgebung nützlich (*Rep.* VII 530c).

32.3 Allgemeine Forschungsperspektiven

Platons NP ist in der älteren Forschung häufig dafür kritisiert worden, dass sie das Projekt der vorsokratischen Physiologen in neue Bahnen lenkt. Denn angesichts der modernen Naturwissenschaft kann es naheliegend erscheinen, diese platonischen Bahnen als Abirrung zu betrachten (Farrington 1961, 120). Dabei braucht man nicht von der anachronistischen Annahme auszugehen, bereits die Vorsokratiker hätten empirische Forschungsmethoden entwickelt. Auch Wissenschaftshistoriker, die den Ursprung moderner Wissenschaft in der Antike suchen, räumen nämlich durchaus ein, dass die Unterschiede beträchtlich sind. So hat man immer wieder darauf verwiesen, die wissenschaftliche Methode der modernen Physik bestehe in einer Wechselwirkung von experimenteller Induktion und mathematisierter Deduktion, die Naturerkenntnis mit Naturbeherrschung zu verbinden versuche. Und in allen drei Hinsichten wurden Differenzen betont: Da Experimentieren in der gesamten Antike eine Ausnahme bleibt, beschränkt sich Induktion im Wesentlichen auf systematisches Beobachten. Mathematisierte Deduktion ist fast nur in der Astronomie zu finden. Und auch hier bleibt sie weitgehend deskriptiv, beschränkt sich also auf die Beschreibung beobachtbarer Vorgänge. Schließlich ist die antike Wissenschaft insofern rein intellektuell, als sie nicht auf die technologische Beherrschung, sondern ausschließlich auf die wissenschaftliche Erkenntnis der Natur zielt (Sambursky 1965, 13–15).

Dennoch hat man häufig auf den antiken Ursprung der modernen Wissenschaft hingewiesen. Entweder geht man trotz der genannten Differenzen davon aus, dass hier die »grundlegenden Prinzipien der wissenschaftlichen Methodik [...] entdeckt wurden« (Sambursky 1965, 15 ff.). Oder man weist dies angesichts der genannten Differenzen zurück, um lediglich die antike Entdeckung des Kosmos geltend zu machen. Leitend ist dabei die Annahme, dass die Konzeption eines Kosmos, der ausschließlich von seiner eigenen Natur abhängt und deshalb ohne Rückgriff auf übernatürliche oder göttliche Ursachen erklärt werden kann, auch noch von der modernen Naturwissenschaft vorausgesetzt wird (Vlastos 1975, xii; 19–22). Beide Vorschläge kommen darin überein, die vorsokratischen Physiologen seit den Milesiern als wissenschaftliche Pioniere zu betrachten. Und für beide ergibt sich daraus eine kritische Perspektive auf Platon. Dies gilt sowohl für die ontologische Grundlage seiner NP, die das Gewicht der Wahrnehmung durch reines Denken limitiert, als auch für ihre teleologische Ausrichtung, die natürliche Prozesse und menschliche Handlungen parallelisiert (Sambursky 1965, 64 ff.; Vlastos 1975, 28 ff.). Dass Platons NP wissenschaftliche Erklärungen zu sehr von metaphysischen Annahmen abhängig macht und auf nachteilige Weise mit evaluativen Betrachtungen verknüpft, wird in der älteren Forschung oft geltend gemacht. Allerdings lassen sich unterschiedliche Akzente erkennen. Am weitesten geht die Annahme, Platon sei gar nicht an Naturwissenschaft interessiert gewesen, sondern habe im Blick auf ethische Interessen lediglich kosmologische Märchen erzählt. Von denjenigen, die nicht so weit gehen möchten, versuchen die einen Kritiker nachzuweisen, dass Platons NP unwissenschaftliche oder wissenschaftsfeindliche Züge enthält, während die andern betonen, dass sie in den wissenschaftlichen Zügen, die sie enthält, unoriginell ist (Lloyd 1968, 79).

Die erste Annahme wurde schon in der älteren Forschung mit guten Gründen zurückgewiesen. Wie wir gesehen haben, ist auch die Sokrates-Figur der frühen und mittleren Dialoge an naturphilosophischen Themen nicht schlechthin desinteressiert, sondern distanziert sich lediglich vom vorsokratischen Materialismus. Dass kosmologische Mythen, wie sie sich am Ende des *Phaidon* und der *Politeia* finden, primär eine psychologische und ethische Bedeutung haben, bedeutet nicht, dass sie keine naturphilosophische Bedeutung haben könnten. Vor allem aber gilt es, den besonderen Status des kosmologischen Mythos im *Timaios* zu berücksichtigen. Denn hier handelt es sich um einen *eikôs mythos* (*Tim.* 29d), eine bildliche Geschichte, die mehrfach auch *eikôs logos* genannt wird (z. B. *Tim.* 30b). Und, wie immer man dieses Verhältnis von Mythos und Logos deuten mag (s. Kap. IV.31), klar ist jedenfalls, dass es sich hier nicht um eine grundlose Fiktion handelt, die keinerlei wissenschaftliche Ansprüche stellt, sondern um eine ernst gemeinte Erklärung kosmischer Strukturen. Zwar wird im Proömium der Kosmologie ausdrücklich darauf hingewiesen, dass man an die Erklärungskraft der folgenden Ausführungen keine allzu hohen Erwartungen knüpfen dürfe. Es sei vielmehr damit zu rechnen, dass sie nicht durchgängig eine schlechthin widerspruchsfreie Genauigkeit erreichen. Aber dies wird nicht etwa als vermeidbares Defizit der vorgetragenen Erklärungen betrachtet, sondern als unvermeidliche Konsequenz des kosmologischen Themas. Die Kosmologie bleibt bildlich (*eikôs*), weil der bewegte, körperliche und wahrnehmbare Kosmos keine Idee ist, die mit der Genauigkeit einer reinen Ideendialektik zu bestimmen wäre, sondern nur ein vom göttlichen Demiurgen hergestelltes Bild von etwas (*eikón tinos*), nämlich Abbild der vorbildlichen Ideen (*Tim.* 29b–c). Und wie das kosmische Abbild möglichst gut hergestellt wird, ist auch seine Erklärung, zumindest im Prinzip, die bestmögliche. Die Ungenauigkeit der Kosmologie lässt sich zwar nicht dadurch entschärfen, dass man sie mit den provisorischen Hypothesen der modernen Naturwissenschaft vergleicht (Taylor 1928, 59). Man hat aber damit zu rechnen, dass sie aus platonischer Sicht wohlbegründet und unvermeidbar ist (Cornford 1937, 28–32).

Die Vorwürfe der Unwissenschaftlichkeit und Unoriginalität sind schwerer einzuschätzen, weil sie sich nicht allein im Blick auf Platon diskutieren lassen. Einerseits benötigt man einen Maßstab dafür, was als wissenschaftlich gelten kann. Und wenn man sich dabei unmittelbar an der modernen Naturwissenschaft orientiert, läuft man Gefahr, nicht nur die philosophische Intention, sondern auch die historische Wirkung Platons zu verfehlen (von Fritz 1971, 182). Selbst wer die metaphysische Grundlegung seiner NP skeptisch betrachtet, kann etwa einräumen, dass sie die Astronomie durch die Favorisierung vollkommener Kreisbewegungen gefördert hat (Vlastos 1975, 63 ff.). Andererseits benötigt man einen verlässlichen Überblick über vorsokratische und zeitgenössische Konzeptionen, um Platons Beitrag bestimmen, einordnen und einschätzen zu können. Und dies ist schon wegen ihrer fragmentarischen Überlieferung alles andere als einfach. Außerdem droht die Frage nach der Originalität zu unterschätzen, wie produktiv eine kritische Aneignung sein kann (Mugler 1960, 19; Brisson 1974, 21). In beiden Hinsichten stehen üblicherweise jene zwei Konzeptionen im Vordergrund, die auch im Folgenden etwas genauer betrachtet werden sollen: die Astronomie einerseits und die Theorie der Materie andererseits. Das Interesse an ihnen ist besonders groß, weil Platon hier auf ältere Konzeptionen zurückgreift und sie zugleich entscheidend modifiziert. Außerdem liegt in beiden Fällen der Vergleich mit der modernen Naturwissenschaft besonders nahe, weil das umstrittene Verhältnis von Beobachtung und mathematischer Beschreibung für sie eine zentrale Rolle spielt. Dabei ist nicht nur Platons Kritik der isolierten Beobachtung wichtig, sondern auch seine entschiedene Förderung der Mathematisierung. Es ist nämlich vor allem dieser mathematische Zug seiner NP, der ihm – anders als Aristoteles, der seine NP von der Mathematik distanziert (*Phys.* II 2, 193b 22–35) – auch aus moderner Sicht eine nicht unerhebliche Hochachtung eingebracht hat (Shorey 1927; Mittelstrass 1962).

Insgesamt hat die Kritik an Platon stark abgenommen. Statt seine NP an modernen Standards zu messen, versucht man eher, die Eigenart seines Ansatzes herauszuarbeiten. Im Vordergrund steht nach wie vor die ausführliche Konzeption des *Timaios* (Gloy 1986). Aber auch ihr problematisches Verhältnis zu anderen Dialogen wird häufig untersucht. Dabei gerät man in den Einzugsbereich der Kontroverse um ein entwicklungsgeschichtliches oder unitarisches Platon-Verständnis (s. Kap. II.6), legt sich aber meist nicht auf eine Extremposition fest, sondern betont eher die besonderen Perspektiven einzelner Dialoge (Mohr 1985, X). Platons ontologisch fundierte Teleologie ist auch in der neueren Forschung nicht unumstritten. Man unterscheidet nicht nur zwischen einer aristotelischen Teleologie, die »natürlich« ist, weil sie keine intentionalen Handlungen voraussetzt, und der platonischen Teleologie, die »unnatürlich« ist, weil sie dies tut (Lennox 1985, 195 ff.). Man macht auch immer wieder geltend, dass sich die platonische Teleologie ethischen Perspektiven verdankt, die im naturphilosophischen Kontext nicht förderlich sind (Graham 1991, 22). In dieselbe Richtung geht der Vorschlag, Platons Kosmologie sei keine angewandte Ideenlehre, sondern die naturalistische Rechtfertigung seiner Staatslehre (Schäfer 2005, 12 f., 27). Meist wird Platons Beitrag zur NP aber so erläutert, dass seine Stärken hervortreten. Und dies gilt auch für sein Verständnis teleologischer Erklärungen, dem man eine konstruktive Bedeutung zuschreibt (Hankinson 1998, 84 ff.). Im Einzelnen bezieht man sich dabei auf epistemologische Probleme wie die empirische Unterbestimmtheit und die Unanalysierbarkeit von einfachen Elementen oder auf kosmologische Probleme wie die Einheit des Kosmos und den Ursprung seiner Ordnung (Gregory 2000, 5 ff.). Daneben gibt es Untersuchungen, die auf die platonische Einheit theoretischer und praktischer Fragestellungen verweisen, ohne daraus ein theoretisches Defizit ableiten zu wollen (Johansen 2004, 2 f.).

32.4 Astronomie und Zeittheorie

Astronomie und Zeittheorie sind bei Platon eng verbunden. In verschiedenen Dialogen wird darauf hingewiesen, dass nur die Umläufe der Himmelskörper Zeitmessung ermöglichen. Denn nur hier handelt es sich um Bewegungen, die für alle sichtbar und regelmäßig sind (*Rep.* VII 527 d ff.; *Phlb.* 28 e ff.; *Leg.* X

898d ff.). Da sie durchaus Schwankungen und Abweichungen aufweisen, mag sich ihre Regelmäßigkeit nicht unmittelbar beobachten lassen. Aber als Anforderung an eine mathematisch fundierte Astronomie kann sie festgehalten werden (*Rep.* VII 530a–c). Und in der Kosmologie des *Timaios* ist diese Anforderung so umgesetzt, dass sich mit der mathematischen Fundierung der Astronomie zugleich eine kosmologische Präzisierung der Zeitmessung ergibt. Der Demiurg gestaltet die Zeit dort nämlich bei der »Durchordnung des Himmels« (*diakosmon hama ouranon*), indem er sie als ein »nach Zahl voranschreitendes ewiges Abbild der im Einen bleibenden Ewigkeit« (*menontos aiônos en heni kat'arithmon iousan aiônion eikona*) hervorbringt (*Tim.* 37d). Dabei wird betont, dass Sonne, Mond und Planeten nur entstanden sind, um durch die sichtbare Bestimmung fester Zeitzahlen (*arithmoi chronou*) Zeitmessung zu ermöglichen (*Tim.* 38c). Der entstandene Himmel ist insofern nichts anderes als eine astronomische Uhr (Guthrie 1978, 300; Mohr 1985, 54). Allerdings wird man kaum so weit gehen dürfen, diese Uhr mit der Zeit zu identifizieren. Folgt man der zentralen Bestimmung des *Timaios*, ist Zeit keine körperliche Bewegung, auch nicht die Bewegung der Himmelskörper, sondern das ewige Abbild der Ewigkeit, dessen zahlenmäßiges Voranschreiten in der astronomischen Bewegung sichtbar wird. Zeit ist, was die astronomische Uhr zeigt. Und dies beinhaltet, trotz aller Nähe, auch eine gewisse Differenz von Astronomie und Zeittheorie.

Als Grundlage für beide dient die bereits erfolgte Gestaltung des Weltkörpers und der Weltseele, deren gesamte Anlage darauf zielt, den sichtbaren Kosmos seinem idealen Vorbild möglichst ähnlich zu machen. In der astronomischen Gestaltung der Zeit erreicht diese demiurgische Intention ihren Höhepunkt, weil in ihr der ganze Kosmos dem vollkommenen Lebewesen bzw. der bewegten Ideengesamtheit, die sein Vorbild ist, am nächsten kommt. Das genaueste Maß liefert dabei der Umlauf der Fixsterne, der von den einzelnen Umläufen von Sonne, Mond und Planeten unterschieden wird, weil er anders als diese keine Abweichungen aufweist. Der Demiurg setzt die Fixsterne deshalb auf die einzige Umlaufbahn des »Selbigen« und die anderen Himmelskörper auf die sieben gegenläufigen und ekliptisch geneigten Umlaufbahnen des »Verschiedenen«, die er zuvor aus der Weltseele gebildet hat. Dabei grenzt der Umlauf der Fixsterne die feste Dauer eines Tages ein, während sich die veränderliche Dauer eines Monats und eines Jahres aus den veränderlichen Umläufen von Mond und Sonne ergeben. Allerdings ist die Sonne auch insofern wichtig, als sie den täglichen Umlauf der Fixsterne durch den zwar variierenden, aber offensichtlichen Wechsel von Tag und Nacht zugänglich macht (*Tim.* 39b). Dies setzt voraus, dass die Sonne eine zusammengesetzte Bewegung aufweist. Einerseits muss sie an einem Umlauf des Selbigen teilhaben, der den ganzen Himmel umfasst. Andererseits muss sie eine gegenläufige Eigenbewegung besitzen, der dem Umlauf des Verschiedenen entspricht (Cornford 1937, 86). Deshalb ist die zentrale Erde wohl nur insofern »Wächterin und Bewirkerin« von Tag und Nacht, als sie gegenläufig zum Umlauf des Selbigen rotiert und damit eine feste Basis schafft (Cornford 1937, 120 ff.). Ob der Mond und die äußeren Planeten eine dritte Bewegung aufweisen, ist angesichts des knappen Textes umstritten (Vlastos 1975, 58 ff.).

Vor diesem astronomischen Hintergrund werden »Teile der Zeit« (*merê chronou*) von »Formen der Zeit« (*eidê chronou*) unterschieden (*Tim.* 37e). Teile der Zeit sind die Tage, Nächte, Monate und Jahre, die der regelmäßige Umlauf der Himmelskörper begrenzt. Formen der Zeit sind dagegen das »war« (*ên*) und das »wird sein« (*estai*), also Vergangenheit und Zukunft, für die vor allem die Differenz zum idealen Vorbild betont wird. Vom ewigen Sein (*aidios ousia*) dürfe man nicht sagen, dass es »war, ist und sein wird«, weil ihm nur das »ist« (*estin*) zukomme (*Tim.* 38a–b). Doch die Differenz von Vorbild und Abbild ist offenkundig nur ein Aspekt der platonischen Zeittheorie, der keineswegs isoliert werden darf. Denn die Zeitbestimmung selbst macht ja geltend, dass die Zeit ewiges Abbild der Ewigkeit ist. Und durch diese Abbildung zeigt sie, wodurch der Kosmos insgesamt seinem idealen Vorbild am nächsten kommt. Angesichts dieser Spannung werden nicht nur die kosmologischen Aspekte, sondern auch die ontologischen Voraussetzungen der platonischen Zeittheorie seit Jahrzehnten äußerst kontrovers diskutiert. Bedeutet das Immersein der Ideen eine absolute Zeittranszendenz, die jede Verzeitlichung der Ewigkeit ausschließt (Taylor 1928, 186 f.; Cherniss 1944, 211 ff.; Tarán 1979, 43–46) oder nur eine permanente Dauer, die nicht zeitlich zu bestimmen ist (Cornford 1937, 98 ff.; Whittaker 1968, 131 ff.; O'Brien 1985, 62 ff.)? Lässt sich ein Ausweg finden, indem man betont, dass »aiôn« ursprünglich Lebendigkeit bedeutet (Brague 1982, 55–71; Böhme 1996, 68–98)? Gelingt dies nur, wenn man die Lebendigkeit auf Platons zeittranszendierende Ideendialektik bezieht (Mesch 2003, 175–186)? Oder ist die Frage unentscheidbar (Gloy 2008, 42–45)?

32.5 Elemente, Materie, Raum

Der *Timaios* erzählt, wie der Demiurg den Kosmos hervorbringt, indem er ungeordnete Bewegung ordnet (*Tim.* 30a). Als Vorbild dient die vollkommene Ordnung unsichtbarer Ideen, die im Sichtbaren möglichst gut abgebildet werden soll. Dies gilt nicht nur für die astronomische und zeittheoretische Ordnung der Weltseele, durch die der Kosmos seinem Vorbild besonders nahe kommt, sondern auch für die materielle und räumliche Ordnung des Weltkörpers, durch die er stärker vom Vorbild abweicht. Der Kosmos besitzt einen Körper, weil er sichtbar und berührbar ist. Er besteht aber nicht nur aus sichtbarem Feuer und berührbarer Erde, sondern auch aus Luft und Wasser, weil die Elemente möglichst perfekt verbunden werden müssen, und dies bei Dreidimensionalem nur durch zwei Mittelglieder gelingen kann. Also sind die Elemente durch eine geometrische Proportion zu verbinden: »Wie Feuer zu Luft, so Luft zu Wasser, und wie Luft zu Wasser, so Wasser zu Erde« (*Tim.* 32b). Ihre restlose und vollkommene Verbindung soll die Unauflöslichkeit des Weltkörpers garantieren (*Tim.* 32c–33a). Dabei sieht es zunächst noch so aus, als handele es sich tatsächlich um körperliche Elemente (*stoicheia*), die nicht auseinander entstehen können. Denn die Annahme solcher Elemente wird erst viel später zurückgewiesen, weil sich auch hier ein Kreislauf des Werdens aufweisen lässt (*Tim.* 49c). Doch schon die Einführung der Elemente zeigt eine gewisse Distanzierung von den Vorsokratikern, weil von vornherein nur Feuer und Erde als grundlegend erscheinen, während Luft und Wasser eingeführt werden, um sie möglichst perfekt verbinden zu können (Cornford 1937, 45).

Das Bild wird komplexer, nachdem deutlich geworden ist, dass der Demiurg stoffliche Mitursachen (*synaitia*) als Helfer benötigt (*Tim.* 46c). Diese sind nämlich nur zu verstehen, wenn man vorausgesetzte Vorbilder und gestaltete Abbilder durch eine »dritte Gattung« (*triton genos*) ergänzt (*Tim.* 48e ff.). Benötigt wird eine Art »Prägemasse« (*ekmageion*), die alles körperliche Werden aufnimmt, indem sie durch Nachahmungen, Abbilder oder Abdrücke von Ideen geprägt wird (*Tim.* 50c). Um dies leisten zu können, darf diese Masse keinerlei Bestimmung aufweisen. Es handelt sich deshalb um »eine Art unsichtbarer Form, ungestaltet, alleserfassend, auf seltsamste Weise am Vernünftigen teilhabend und äußerst schwer greifbar« (*Tim.* 51a). Im Unterschied zu den Elementen kann es sich hier also nicht um eine qualitativ bestimmte Materie handeln. Und gerade die qualitative Unbestimmtheit dieses letzten Worin ermöglicht den Stoffkreislauf der sogenannten Elemente. Genau genommen können sich nur Feuer, Luft und Wasser ineinander verwandeln, weil sie als Tetraeder, Oktaeder und Ikosaeder aus denselben Elementardreiecken, nämlich aus halben gleichseitigen Dreiecken, konstruiert werden. Die Erde entzieht sich der Wechselumwandlung, weil sie als Hexaeder aus halben Quadraten besteht. Aber auch hier handelt es sich um den Körper eines Grundstoffs, den der Demiurg hervorbringt, indem er seine »Spuren« (*ichnê*) durch Formen und Zahlen ordnet (*Tim.* 53b ff.). Nur die dritte Gattung selbst setzt keine demiurgische Gestaltung voraus. Es handelt sich hier allenfalls um einen Stoff, der ebenso bestimmungslos ist wie die *prima materia* des Aristoteles. Anders als der aristotelische Stoff muss die dritte Gattung allerdings auch als Raum (*chôra*) aufgefasst werden. Indem sie das Werdende aufnimmt, verschafft sie ihm nämlich zugleich einen »Wohnsitz« (*hedra*). Und nur, weil dies so ist, vermag das Werdende in einen bestimmten Ort (*topos*) einzutreten (*Tim.* 52a–b).

Das Verhältnis dieser verschiedenen Aspekte ist schwer zu verstehen, weil es im Text nur angedeutet wird. Außerdem kann man sich fragen, ob hier nicht Unvereinbares verbunden werden soll. So behauptet bereits Aristoteles, Materie (*hylê*) und Raum (*chôra*) wären gemäß dem *Timaios* dasselbe, weil beide als aufnehmend betrachtet würden. Dabei habe Platon jedoch übersehen, dass es etwas ganz anderes sei, in einen Stoff oder in einen Raum bzw. Ort (*topos*) einzutreten (*Phys.* IV 2, 209b11 ff.). Angesichts dieses Vorwurfs überrascht es nicht, dass sich viele Interpreten seit der Antike nicht nur mit Platons Transformation des vorsokratischen Materialismus, sondern auch mit dem Verhältnis von Platons dritter Gattung und ihrer Transformation bei Aristoteles auseinandersetzen (Claghorn 1954; Keyt 1961). Während in der Antike die Auffassung dominiert, dass Platons dritte Gattung im Grunde dasselbe meint wie die aristotelische Materie (Sorabji 1988, 33), dominiert in der neueren Forschung die Auffassung, dass es hier primär um eine nicht-aristotelische Raumkonzeption geht. Dabei werden allerdings die Akzente ganz unterschiedlich gesetzt. Entweder versteht man die dritte Gattung als leeren Raum oder bloße Ausdehnung (Zeller 1889, 740 ff.), die als solche zwar dem Nichtseienden nahe steht, aber trotzdem eine rein räumliche, also nicht-materielle Konstruktion von Elementen erlaubt (Scheffel 1976, 79). Oder man versteht sie als ein räumliches Medium, in dem nicht-substantielle Bilder von Ideen erscheinen können und bindet sie dadurch an die ontologischen Voraussetzungen der NP zurück (Cornford 1937, 194; Cherniss 1944, 172 f.). Gegen die Widerspruchsthese wird betont, dass ein solcher aufnehmender Raum zugleich als aufnehmende Materie verstanden werden kann (Gloy 1986, 82), oder dass Platons Theorie der Elemente eine Unterscheidung von Raum und Materie überflüssig macht (Schulz 1966, 126). Neuere Arbeiten zielen dagegen meist nicht mehr auf eine generelle Harmonisierung, sondern verweisen wieder auf verschiedene Aspekte des Raumes (Lee 2001, 126 ff.) oder der dritten Gattung (Miller 2003, 37 ff.).

Literatur
Baltes, Matthias 1976: Die Weltentstehung des platonischen *Timaios* nach den antiken Interpreten. Leiden.
Baltes, Matthias 1998: Der Platonismus in der Antike. Bd. 5: Die philosophische Lehre des Platonismus. Platonische Physik (im antiken Verständnis) II. Stuttgart-Bad Cannstatt.
Böhme, Gernot 1996: Idee und Kosmos. Platons Zeitlehre – Eine Einführung in seine theoretische Philosophie. Frankfurt a. M.
Brague, Remi 1982: Du temps chez Platon et Aristote. Quatre études. Paris.
Brisson, Luc 1974: Le même et l'autre dans la structure ontologique du *Timée* de Platon [²1994]. Un commentaire systématique du *Timée* de Platon. Paris/St. Augustin.
Calvo, Tomás/Brisson, Luc (Hg.) 1997: Interpreting the *Timaeus-Critias*. St. Augustin.
Cherniss, Harold F. 1944: Aristotle's Criticism of Plato and the Academy. Baltimore.
Claghorn, George S. 1954: Aristotle's Criticism of Plato's *Timaeus*. The Hague.
Cornford, Francis M. 1937: Plato's Cosmology. The *Timaeus* of Plato translated with a Running Commentary [Nachdr. London 1977].
Farrington, Benjamin ²1961: Greek Science [1944]. Harmondsworth.
Figal, Günter 1995: Sokrates. München.
Fritz, Kurt von 1971: Grundprobleme der Geschichte der antiken Wissenschaft. Berlin.
Gallop, David 1990: Plato: *Phaedo* [1975]. Reprint with Corrections.
Gloy, Karen 1986: Studien zur Platonischen Naturphilosophie im *Timaios*. Würzburg.
Gloy, Karen 2008: Philosophiegeschichte der Zeit. München.
Graham, David W. 1991: »Socrates, the Craft-Analogy and Science«. In: Apeiron 24, 1–24.
Gregory, Andrew 2000: Plato's Philosophy of Science. London.
Guthrie, William K. C. 1978: A History of Greek Philosophy. Bd. 5: The Later Plato and the Academy. Cambridge.
Hankinson, Richard J. 1998: Cause and Explanation in Ancient Greek Thought. Oxford.
Johansen, Thomas K. 2004: Plato's Natural Philosophy. A Study of the *Timaeus-Critias*. Cambridge.
Karfik, Filip 2004: Die Beseelung des Kosmos. Untersuchungen zur Kosmologie, Seelenlehre und Theologie in Platons *Phaidon* und *Timaios*. München/Leipzig.
Keyt, David 1961: »Aristotle on Plato's Receptacle«. In: American Journal of Philology 82, 291–300.
Lee, Kyung J. 2001: Platons Raumbegriff. Studien zur Metaphysik und Naturphilosophie im *Timaios*. Würzburg.
Leinkauf, Thomas/Steel, Carlos (Hg.) 2005: Platons *Timaios* als Grundtext der Kosmologie in Spätantike, Mittelalter und Renaissance. Leuven.
Lennox, James G. 1985: »Plato's Unnatural Teleology«. In: Dominic J. O'Meara (Hg.): Platonic Investigations. Washington, 195–218.
Lloyd, Geoffrey E. R. 1986: »Plato as a Natural Scientist«. In: The Journal of Hellenic Studies 88, 78–92.
Mesch, Walter 2003: Reflektierte Gegenwart. Eine Studie über Zeit und Ewigkeit bei Platon, Aristoteles, Plotin und Augustinus. Frankfurt a. M.
Miller, Dana 2003: The Third Kind in Plato's *Timaeus*. Göttingen.
Mittelstrass, Jürgen 1962: Die Rettung der Phänomene. Berlin.
Mugler, Charles 1960: La physique de Platon. Paris.
Mohr, Richard D. 1985: The Platonic Cosmology. Leiden.
Natali, Carlo/Maso, Stefano (Hg.) 2003: Plato physicus. Cosmologia e antropologia nel *Timeo*. Amsterdam.
Neschke-Hentschke, Ada (Hg.) 2000: Platos *Timaios*. Beiträge zu seiner Rezeptionsgeschichte. Louvain/Paris.
O'Brien, Denis 1985: »Temps et éternité dans la philosophie grecque«. In: Dorian Tiffenau (Hg.): Mythes et représentations du temps. Paris, 59–85.
Perger, Mischa von 1997: Die Allseele in Platons *Timaios*. Stuttgart/Leipzig.
Reydams-Schils, Gretchen (Hg.) 2003: Plato's *Timaeus* as Cultural Icon. Notre Dame.
Rowe, Christopher J. 1993: Plato: *Phaedo*. Cambridge.
Sambursky, Samuel 1965: Das physikalische Weltbild der Antike. Zürich/Stuttgart [engl. 1956].
Schäfer, Lothar 2005: Das Paradigma am Himmel. Platon über Natur und Staat. Freiburg/München.
Scheffel, Wolfgang 1976: Aspekte der Platonischen Kosmologie. Untersuchungen zum Dialog *Timaios*. Leiden.
Schulz, Dietrich J. 1966: Das Problem der Materie in Platons *Timaios*. Bonn.
Sharples, Robert W./Sheppard, Anne (Hg.) 2003: Ancient Approaches to Plato's *Timaeus*. London.
Shorey, Paul 1927: »Platonism and the History of Science«. In: Proceedings of the American Philosophical Association 46, 159–182.
Skemp, Joseph B. 1942: The Theory of Motion in Plato's Later Dialogues. Amsterdam.
Sorabji, Richard 1988: Matter, Space, and Motion: Theories in Antiquity and their Sequel. London.
Tarán, Leonardo 1979: »Perpetual Duration and Atemporal Eternity in Parmenides and Plato«. In: The Monist 62, 43–53.
Taylor, Alfred E. 1928: A Commentary on Plato's *Timaeus*. Oxford.
Vlastos, Gregory 1975: Plato's Universe. Seattle.

Vlastos, Gregory 1991: Socrates. Ironist und Moral Philosopher. Cambridge.
Whittaker, John 1968: »The ›Eternity‹ of the Platonic Forms«. In: Phronesis 13, 131–144.
Wilamowitz-Moellendorf, Ulrich von ⁵1959: Platon: Sein Leben und seine Werke. Berlin.
Zeller, Eduard ⁴1889: Die Philosophie der Griechen in ihrer geschichtlichen Entwicklung. Bd. II,1. Leipzig.

Walter Mesch

33 Sprachphilosophie

Viele der Themen, die seit dem 18. Jh. unter dem Stichwort ›Sprachphilosophie‹ (SP) diskutiert werden, sind auch bereits für Platon von zentraler Bedeutung. Das belegt schon ein flüchtiger Blick auf seine Werke: Zum einen ist mit dem *Kratylos* ein gesamter Dialog diesem Fragekomplex gewidmet, und zum andern verhandelt Platon an prominenten Stellen anderer Werke (*Theaitetos, Sophistes, Phaidros, Siebter Brief*) die Eigentümlichkeit des Sprechens. Vor allem der *Kratylos* findet in der gegenwärtigen Diskussion besondere Resonanz.

33.1 Der historische Kontext

Die Frage nach der Richtigkeit der Namen bzw. Wörter (*orthotês tôn onomatôn*) war eingängiges Thema gelehrter Streitgespräche. Nach dem Zeugnis des Xenophon (*Memorabilien* III 14, 2) hat auch Sokrates an solchen Diskussionen teilgenommen. Ausgangspunkt dieser Auseinandersetzung ist die folgende Problemstellung: Sprechend verständigen wir uns über Sachen und Sachverhalte. Das kann nur gelingen, wenn die Wörter ›richtig‹ auf die Dinge verweisen. Worauf aber beruht diese Richtigkeit? Gründet sie in einer natürlichen Relation (*physei*) zwischen Wort und Sache, oder wird sie durch Brauch und Gewohnheit (*nomô*) gestiftet?

Es ist verlockend und immer wieder versucht worden, den Beginn dieses Streits bis in die Anfänge der europäischen Philosophie zurückzuverfolgen (vgl. u. a. Derbolav 1972, 32–34; Coseriu 1975, 37–39). So hat man – gestützt auf spätantike Kommentare (Proklos und Ammonios) – den Ursprung für die *physei*-Position bei Pythagoras gesehen und sie über Heraklit bis Epikur weiterverfolgt. Als Kontrahenten (*nomô*-Position) stellt man ihnen Heraklit, Demokrit und die (jüngeren) Sophisten gegenüber. Allerdings bleiben diese Versuche aufgrund der unsicheren Quellenlage äußerst strittig. Außerdem wird dadurch verdeckt, dass mit den Schlagworten *physei – nomô* bzw. *thesei* ganz unterschiedliche Problemstellungen gemeint sein können (Coseriu 1996, 880–898). Unstrittig hingegen ist, dass die Sophisten das Thema ›Sprache‹ ausgiebig verhandelt haben. Das bezeugt nicht zuletzt Platon selbst. Da Protagoras (*Crat.* 391c; vgl. *Phdr.* 267c) und Prodikos (*Crat.* 384b; vgl. *Euthd.* 277e; *La.* 197d) im *Kratylos* nachdrücklich erwähnt werden, ist anzunehmen, dass sie Vorträge über die Richtigkeit der Benennung gehalten haben. Auch Hippias hat sich zu einschlägigen Themen geäußert (*Hp. mai.* 285c–d; *Hp. min.* 368d). Für das Verständnis des platonischen *Kratylos* ist jedoch die Frage, ob und in welchem Sinne die dort diskutierten Thesen historischen Personen zuzuordnen sind, nachrangig. Es geht in erster Linie um die sachlich-systematische Entfaltung des Problems der Benennung und um die Frage nach dem Wesen der Sprache überhaupt.

33.2 Die Widerlegung der Alternative *physei–nomô*

Hermogenes vertritt im Dialog die *nomô*-These: Die Richtigkeit der Wörter beruhe auf Vertrag und Übereinkunft bzw. auf Brauch und Gewohnheit (*Crat.* 384c–d). Kratylos hingegen behauptet, es gebe eine natürliche Richtigkeit der Wörter. Sokrates bringt Hermogenes zunächst dazu, seine These noch zu verschärfen: Die Benennungen seien vollkommen willkürlich, weshalb die Unterscheidung zwischen wahren und falschen Namen nicht greife. – Die sich anschließende Widerlegung dieser These lässt sich in folgende Argumentationsschritte unterteilen:

1. Wenn wir sinnvollerweise zwischen ›wahr reden‹ und ›falsch reden‹ unterscheiden wollen, dann muss es wahre und falsche Sätze (*logoi*) geben: Im wahren *logos* müssen auch die Teile, somit die Wörter, wahr sein. Entsprechendes gilt für den falschen *logos*. Folglich muss es auch falsche Wörter geben, was der Behauptung des Hermogenes widerspricht (zur Problematik dieser Schlussfolgerung vgl. Rehn 1982, 11–13). – Hermogenes, der diesem Gedankengang ausdrücklich zugestimmt hat, beharrt jedoch auf seiner These von der Willkür der Namengebung, die er mit einem naheliegenden (und starken) Argument stützen kann: die Verschiedenheit der Sprachen. Selbst innerhalb des Griechischen zeigen sich derart auffällige Dialektunterschiede, dass man einen willkürlichen Bezug zwischen Wort und Sache annehmen muss. Die Position des Hermogenes wird deshalb erneut geprüft.

2. Die von Hermogenes vertretene Auffassung lässt sich mit Protagoras in Verbindung bringen, der behauptet hat, allein der Mensch (als Individuum) sei das Maß aller Dinge. Gilt diese These, dann ist unsere Unterscheidung zwischen Vernunft und Unvernunft, zwischen Gut und Schlecht sinnlos. Will man solche Ungereimtheiten vermeiden, dann muss man annehmen, dass die Dinge ihr eigenes Wesen (*ousia*) haben. Die Dinge existieren nicht so, wie sie unserer Vorstellungskraft gerade erscheinen, sondern so, wie sie von Natur aus sind.

3. Diese Einsicht von der je eigenen Wesensart (*eidos*) der Dinge müssen wir auch bei unserem Handeln und Tun beachten, wenn es erfolgreich sein soll. Wir dürfen nicht willkürlich vorgehen, sondern haben uns nach der Eigenart des ›Materials‹ zu richten, das bearbeitet werden soll. So ist etwa Hartes anders zu schneiden als Weiches, Dünnes anders als Dickes usw.

4. Auch das Reden (*legein*) ist eine Art des Handelns, das, wie alle Weisen erfolgreicher *praxis*, von einem spezifischen Wissen bestimmt wird. Dann aber gilt: Soll unser Reden erfolgreich sein, soll dem anderen sachbezogen wirklich etwas mitgeteilt werden, dann müssen wir uns an dem eigenen Wesen des Sprechens orientieren. Zum Reden gehört zweifellos auch (als unabdingbare Voraussetzung) das Benennen. Also kann auch das Benennen der Dinge nur erfolgreich sein, wenn es der Natur des Benennens und Benanntwerdens folgt (*Crat.* 387d). Damit gilt den Gesprächspartnern die Behauptung, das Benennen sei vollkommen willkürlich, als widerlegt.

Diese kritische Erörterung der These des Hermogenes bietet zugleich die Grundlage für eine Wesensumgrenzung des Wortes. Ist nämlich das Reden eine *praxis*, dann lässt es sich mit dem handwerklichen Herstellen vergleichen: Wie der Handwerker zur Verwirklichung seines Zieles Werkzeuge gebraucht, so muss sich auch das Reden gewisser Werkzeuge bedienen, damit es gelingt. Und was sollen diese Werkzeuge des Redens anderes sein als die Wörter? Folglich ist auch das Wort ein Werkzeug (*Crat.* 388a). Weiterhin: Wie dem Handwerker das Werkzeug dazu dient, etwas Bestimmtes herzustellen, so dienen uns die Wörter dazu, bestimmte Dinge zu unterscheiden und von anderen abzugrenzen. Dazu ist nicht auf etwas Beiläufiges, sondern auf das Wesen (*ousia*) der Dinge zu sehen. »Das Wort ist also ein belehrendes Werkzeug und ein das Wesen unterscheidendes und sonderndes [...]« (*Crat.* 388b–c). Schließlich: Nur der geschickte und ausgebildete Handwerker kann das Werkzeug sachgemäß einsetzen, und nur der Fachmann vermag taugliche Werkzeuge herzustellen. Entsprechendes gilt für die Wörter: Der belehrende Umgang mit den Wortwerkzeugen verlangt Geschick und ist eigens zu erlernen. Vor allem aber der Wortbildner (*onomatourgos*) muss über besondere Fertigkeiten verfügen. Denn wie sich der Handwerker beim Herstellen nicht an bestehenden Einzelexemplaren, sondern am Wesensanblick (*eidos*) des Herzustellenden orientieren muss, so ist für den Wortbildner das *eidos* des Wortes, die

Wahrhaftigkeit zu verwirklichen. Das heißt: Das Wort hat sich in seiner belehrenden Funktion zu bewähren, indem die konkrete Lautgestalt auf etwas Bestimmtes verweist und dieses so von anderem unterscheidet (vgl. Derbolav 1972, 83 f.; Rehn 1982, 21). Dazu ist es keinesfalls notwendig, dass immer und überall dieselben Silben verwendet werden. Ob aber Wörter ihre Werkzeugfunktion erfüllen, kann nur derjenige beurteilen, der sich auf das sachbezogene Gespräch in Frage und Antwort versteht: der Dialektiker.

Nachdem die Behauptung, Werkzeug und Sprachgebrauch entstünden aus purer Willkür, endgültig zurückgewiesen ist, prüft der zweite Teil des *Kratylos* die Tragfähigkeit der These von der ›natürlichen Richtigkeit der Wörter‹. Obwohl Kratylos diese Auffassung vertritt, wird er noch nicht am Gespräch beteiligt.

Der Versuch, sich über die natürliche Richtigkeit durch die Ausdruckskraft eines Homer belehren zu lassen, schlägt fehl. Dennoch lässt Sokrates, nach eigenem Urteil von einem göttlichen Rausch (*enthousiasmos*) befallen, nicht davon ab, die natürliche Richtigkeit durch Etymologien zu erkunden. Dabei werden folgende Probleme offenkundig:
1. Im Laufe der Zeit sind Buchstaben und Silben verändert bzw. ergänzt oder weggelassen worden.
2. Für dasselbe Wort bieten sich ganz unterschiedliche Etymologien an. Sachliche Zusammenhänge lassen sich kaum mehr herstellen (bes. *Crat.* 404d–406a).
3. Viele Wörter werden auf Bezeichnungen für Sich-Bewegendes zurückgeführt, so dass man annehmen könnte, die Ontologie des Heraklit habe die Wortsetzung bestimmt. Dann wäre jedoch die Möglichkeit sprachlicher Verständigung nicht mehr zu erklären.

Selbst wenn man von diesen Schwierigkeiten absieht, scheitert der Versuch, die natürliche Richtigkeit allein durch Etymologien aufzuweisen, an folgender Aporie: Soll dieses Verfahren nicht in einen unendlichen Regress münden, dann müsste es bei bestimmten Stammwörtern (›Wurzeln‹), nach deren etymologischer Herkunft nicht mehr gefragt wird, zum Stehen gebracht werden. Wie aber lässt sich die Richtigkeit ›von Natur aus‹ bei diesen elementaren Wörtern nachweisen? Auch diese Stammwörter müssten – darauf wird ausdrücklich hingewiesen (*Crat.* 422d) – das wesentliche Sein der benannten Dinge anzeigen.

Folgende Überlegung scheint einen Weg aus der Aporie zu weisen: Es gibt die Möglichkeit sprachloser Verständigung, nämlich durch Gesten und Gebärden. Dabei ahmen wir die Dinge, auf die wir verweisen wollen, mit unserem Leib bzw. mit bestimmten Körperteilen nach. Im Blick auf diese Gebärdensprache ließe sich vermuten, dass auch unsere Kommunikation mittels artikulierter Laute auf dem Prinzip der Nachahmung beruht. Vor allem müsste dies für die Stammwörter gelten. »Das Wort also ist, wie es scheint, Nachahmung dessen, was es nachahmt [...]« (*Crat.* 423b). Freilich kann solche Nachahmung nicht bedeuten, dass man bestimmte Naturlaute (z. B. Tierstimmen) möglichst genau imitiert; das sollte man lieber der musikalischen Gestaltung überlassen. Denn bei den Wörtern geht es ja – wie mehrfach betont – darum, das Wesen (*ousia*) der Dinge darzustellen.

Gesetzt, die Stammwörter sind nach dem Prinzip der Wesensnachahmung gebildet, dann ließe sich dies wohl auf folgendem Weg erkunden: Zunächst müsste man die Nachahmungsfunktion aller artikulierten Laute (z. B. Vokale – Konsonanten) und Lautkombinationen (Silben) untersuchen; dann hätte man dies auf Wörter und Wortarten, schließlich auf ganze Sätze zu übertragen. Eine analoge Einteilung (*dihairesis*) wäre beim Seienden vorzunehmen, um die Übereinstimmung zwischen Wort und Wesen, zwischen Sprache und Sein feststellen zu können. Die Schwierigkeiten dieser Methode liegen auf der Hand und werden eigens benannt: Eine solche Theorie wäre viel zu komplex, um sie wirklich bewältigen zu können; vor allem aber bliebe man auf bloße Mutmaßungen angewiesen. Bevor Sokrates einen entsprechenden Theorieansatz vorträgt, warnt er deshalb davor, dass seine Überlegungen übermütig und lächerlich sein könnten.

Der Abbildcharakter einzelner Laute (Buchstaben) lässt sich etwa so angeben: Die Artikulation des Rho gibt angemessen die Bewegung wieder, z. B. in *rhein* (fließen) und *rhoê* (Strömung). Da beim Delta und Tau die Zunge an den Gaumen gedrückt wird, eignen sich diese Laute zum Ausdruck eines Stillstands, z. B. *desmos* (Band) und *stasis* (Stehen) usw.

Nachdem Sokrates an diesen und anderen Beispielen die Möglichkeit einer Abbildungstheorie vorgetragen hat, wird Kratylos eindringlich zu einer Stellungnahme aufgefordert. Nach anfänglichem Zögern gibt er zu, dass seine These von der natürlichen Richtigkeit im Sinne dieser Abbildungstheorie zu verstehen sei. Allerdings wehrt er sich (wie am Anfang bereits Hermogenes) gegen die aus dem Vergleich des Benennens mit dem handwerklichen Herstellen resultierende Konsequenz, dass es besser und schlechter gebildete Wörter gebe.

In der sich anschließenden Kritik deckt Sokrates auf, dass die Position des Kratylos inkonsistent ist:

1. Wenn die Wörter Nachahmungen (*mimêmata*) sind, dann kann man sie mit anderen Weisen der Nachahmung vergleichen, z. B. mit Gemälden, die real existierende Personen darstellen. Dann muss man zugestehen, dass die Nachahmung besser oder schlechter gelingen kann (vgl. *Crat.* 431d).
2. Abbild und Urbild können einander sogar falsch zugeordnet werden. Das gilt – bei allen Unterschieden – sowohl für den Bereich bildnerischer, als auch für die angenommene Art lautlicher Nachahmung. Wie man einer bestimmten Person ein gemaltes Portrait falsch zuordnen kann, so kann man etwas auch falsch benennen. Was aber für einzelne Wörter gilt, gilt auch für das Wortgefüge eines Satzes. Folglich irrt Kratylos, wenn er behauptet, Falsches könne nicht gesagt werden.
3. Das Abbild muss *auch* unähnlich sein; sonst ließe es sich vom Urbild gar nicht unterscheiden.
4. Sokrates zwingt den wenig einsichtigen Kratylos schließlich zu einer Selbstwiderlegung: Das Wort *sklêrotês* (Härte) lautet im eretrischen Dialekt *sklêrotêr*. Soll man behaupten, dass Rho und Sigma dieselbe Abbildfunktion haben? Und: Rho und Sigma sind kaum geeignet, die Härte nachzuahmen. Schließlich: Das Lambda soll gemäß der Lauttheorie sogar das Weiche abbilden.
5. Trotz dieser offenkundigen Unstimmigkeiten verstehen die Gesprächspartner einander. Das gründet – so gesteht Kratylos und schwenkt damit auf die Position des Hermogenes ein – in der Gewohnheit (*ethos*), in einer stillschweigenden Übereinkunft (*synthêkê*). Dann jedoch muss man konsequenterweise zugestehen: Die Richtigkeit der Wörter kann nicht allein auf einer Nachahmung bzw. Abbildung der Dinge beruhen.

Der abschließende Teil des Dialogs thematisiert den Problemzusammenhang von Sprache und Erkenntnis. Kratylos behauptet: Wer die Wörter versteht, kennt sich auch mit den Dingen aus. Unstrittig an dieser Behauptung ist, dass wir sprechend ›bei der Sache sein‹ sollen und uns über die Dinge verständigen können. Wird die These jedoch so zugespitzt, dass wir ausschließlich durch das Medium der Sprache zur Erkenntnis gelangen, dann ist die im gesamten Dialog vorausgesetzte Tätigkeit eines Wortsetzers nicht mehr ohne Widerspruch zu denken. Denn dieser müsste doch ein vorhergehendes Wissen haben, wenn denn die Dinge ›richtig‹ benannt sein sollen. Dieses Problem ließe sich lösen, wenn man annähme, dass sich uns die Wahrheit des Seienden auch ohne Worte zeigen könne (*Crat.* 438d). Dann hätte man einen Prüfstein für die unterschiedliche Qualität der Benennungen. Die Annahme einer Erkenntnis der Dinge durch sie selbst würde auch die Skepsis des Heraklitismus zunichte machen. Wenn nämlich ›alles im Fluss ist‹, dann ist Erkenntnis unmöglich, dann lässt sich über das Seiende nichts *fest*stellen. Man könnte auch nichts mehr sagen (so auch *Phdr.* 157b, 183b); denn mit dem Aussprechen hätte sich der Sachverhalt schon gewandelt. Beide Arten der Erkenntnis – die der Dinge selbst und die durch Sprache vermittelte – sind auf Bleibendes angewiesen. »Vielleicht nun verhält es sich so, lieber Kratylos, vielleicht auch nicht. Nachdenken aber mußt du wacker darüber und nichts leichtsinnig annehmen [...]« (*Crat.* 440d).

33.3 Deutungen des *Kratylos*

Die zitierte Aufforderung an Kratylos gilt auch für die Leser des Dialogs; denn auf die zentrale Frage nach der Art der Wortrichtigkeit gibt der Text keine eindeutige Antwort. So ist denn in der umfangreichen *Kratylos*-Literatur immer wieder darüber diskutiert worden, welche Position Platon selbst vertritt. Dabei sind alle grundsätzlichen Möglichkeiten (*physei* oder *nomô* oder beides) durchgespielt worden (Derbolav 1972, 228; Gaiser 1974, 32).

Dass Platon selbst eine natürliche Richtigkeit der Wörter angenommen habe, lässt sich weder am *Kratylos* noch an anderen Werken überzeugend nachweisen. Eine solche Einschätzung wird höchstens verständlich auf dem Hintergrund philosophiehistorischer Nivellierung: Aristoteles gilt gemeinhin als Antipode Platons. Da nun Aristoteles in *De interpretatione* eine Wortsetzung ›gemäß Übereinkunft‹ vertritt, da er sich überdies in demselben Werk kritisch auf den *Kratylos* bezieht (vor allem *De int.* 17a1), unterstellt man, Platon müsse für die natürliche Richtigkeit plädiert haben.

Plausibler scheint die gegenteilige Auffassung, nach der Platon von einer konventionellen Richtigkeit überzeugt war: Der Etymologieteil und die Lauttheorie seien derart absurd und widersprüchlich, dass am Ende sogar Kratylos Sprachgebrauch und Gewohnheit zu Hilfe nehmen müsse. Dabei mag man noch Platons Sympathie für die Lehre von der natürlichen Richtigkeit konstatieren (Rehn 1987, 429), am Ende zeige sich das Ergebnis des *Kratylos* in der einschlägigen Passage (*De int.* 16a) von *De interpretatione* (Schmitz 1991, 45).

Hält man sich strikt an den Text des *Kratylos*, dann ist festzustellen, dass die gegensätzlichen Thesen gar nicht vollständig widerlegt, sondern nur die Unbedingtheit ihres jeweiligen Geltungsanspruchs zurückgewiesen wird. Deshalb legt sich eine Verknüpfung der kritisch eingeschränkten Positionen nahe. Diese Intention leitet viele *Kratylos*-Interpreten. Da die Art der Vermittlung jedoch im Dialog nicht durchgeführt wird, ergibt sich ein weiter Spielraum für entsprechende Hypothesen.

Für Bubner besteht die Lösung der Antithese von konventionalistischer und naturalistischer Sprachtheorie darin, dass im Bereich menschlicher Dinge *physis* und *nomos* gleichzusetzen sind (Bubner 1967, 135). Nach Derbolav geht es Platon gar nicht »um die Alternative zwischen natürlicher und konventioneller Wortrichtigkeit« (Derbolav 1972, 228), sondern um das Problem der Wortkonstitution, an der natürliche Übereinstimmung, Brauch und Gewohnheit gleichermaßen beteiligt sind. Gaiser schlichtet den Widerstreit, indem er die natürliche Richtigkeit der Namen auf die von Platon unterstellte *strukturelle* Gleichheit zwischen Wort und Sache bezieht. Konventionell hingegen seien das konkrete Wortmaterial und die Vielfalt möglicher Zusammensetzungen von Sprachelementen zu größeren Einheiten (Gaiser 1974, 33, 118). Nach Kraus wird die Verbindung der Alternative auf der höheren Ebene der Ideenlehre möglich. *Natürlich* ist dann der Bezug der spezifischen Namensform zur Idee, während die Relation zwischen Namensform und konkreter Lautgestalt konventionell ist (Kraus 1996, 25 f.; ähnlich Silverman 1992, 27). Auch für Coseriu besteht kein Gegensatz zwischen den Thesen des Hermogenes und des Kratylos, da sie verschiedene Sprachebenen betreffen. Die Natürlichkeit betreffe die Sprache generell; das Konventionelle beziehe sich auf die konkreten Einzelsprachen (Coseriu 1996, 886 f.). Barney hingegen vertritt die These, dass man Platons Position im *Kratylos* am besten als Sprachpessimismus beschreibe, der weder auf einen Naturalismus noch auf einen Konventionalismus reduziert werden könne (Barney 2001, 17, 136 f.). Wie auch immer die Namen gesetzt seien, von ihrer ›Richtigkeit‹ könne nur in einem sehr begrenzten Sinne gesprochen werden (ebd. 141). Schließlich versucht Eckl die ›unfruchtbare Opposition‹ von Konventionalismus und Naturalismus zugunsten einer – im *Kratylos* freilich noch nicht ausgearbeiteten – Theorie des Logos zu überwinden (Eckl 2003, 12 f., 218, 229). Jede sprachliche Repräsentation, die Anspruch auf Vermittlung der Wahrheit erhebe, setze nämlich die logische Bestimmung voraus (ebd., 233).

Der Etymologieteil stellt eine besondere Herausforderung für die Interpreten dar (vgl. u. a. Barney 2001, 2). Einerseits ist die ironische Distanzierung überdeutlich, so dass die Etymologien nicht ernst genommen werden können (Heitsch 1998, 46). Andererseits widersprechen dem der enorme Umfang und die zentrale Stellung dieser Ausführungen im Ganzen des Dialogs. Sicherlich wird der Leser davor gewarnt, die etymologische Forschung als angemessene Methode zum Aufweis einer natürlichen Richtigkeit anzusehen. Das schließt jedoch nicht aus, dass Etymologien überhaupt keine sachbelehrende Funktion haben. Dieser positive Ertrag des Etymologieteils ist zuletzt von Sedley in das Zentrum seiner Interpretation gestellt und ausführlich analysiert worden (Sedley 2007, 149 f., bes. Kap. 4 und 5).

Weitergehende Deutungen – das Aufweisen einer Tiefenstruktur der Sprache (Derbolav 1972), das Offenlegen einer Struktur von Ruhe und Bewegung (Gaiser 1974), die Demonstration einer mehrfachen Bedeutung für das einzelne Wort (Silverman 1992) – bleiben allerdings bloße Vermutungen.

Ähnlich problematisch sind Versuche, die Funktion des Namengebers genauer zu bestimmen. Ihn als mythischen Wortsetzer zu verstehen, der die Relation zwischen Wort und Idee stiftet (Peterreins 1994, 93), widerspricht der Warnung des Sokrates vor einem *deus ex machina*. Dieser Gefahr entgeht man, wenn man in ihm das Ideal eines jeden Sprechenden sieht (Silverman 1992, 39). Allerdings bleibt die damit verbundene Gleichsetzung von Wortsetzer und Dialektiker fraglich. Am ehesten spricht die eigentümliche Unbestimmtheit dieser Figur dafür, dass Platon am Problem des historischen Sprachursprungs kaum interessiert ist (ebenso wenig wie Aristoteles).

Es hat in der Forschung auch nicht an Versuchen gefehlt, den *Kratylos* als Vorläufer der modernen SP und Linguistik zu beanspruchen. So hat man z. B. auf Parallelen zu de Saussures Zeichentheorie hingewiesen (Schmitter 1975); man hat Platon als Urheber des dreistelligen Sprachzeichenmodells (›semiotisches Dreieck‹) gefeiert (u. a. Kraus 1990; Oehler 1998); man hat Bezüge zu Frege und Russell hergestellt (White 1992) bzw. die Unterscheidung zwischen *meaning* und *reference* für den *Kratylos* in Anspruch genommen (Heitsch 1998).

33.4 Wort und Satz

Die sprachphilosophischen Überlegungen im *Kratylos* konzentrieren sich auf das einzelne Wort. Zwar wird auch der Satz (*logos*) als Verknüpfung von Worten für die Argumentation beansprucht (*Crat.* 385b, 431b–c); aber erst auf der Grundlage der im *Theaitetos* und im *Sophistes* diskutierten Problemstellung gelangt Platon zu einer detaillierten Satzanalyse.

Der *Theaitetos* soll das Wesen der Erkenntnis bestimmen. Dazu werden verschiedene Thesen kritisch geprüft. Bei der Erörterung der These ›Wissen ist wahre Meinung‹ stellt sich das Problem des Irrtums, der bestimmt wird als Verwechslung, als Setzen des einen für ein anderes im Denken. Das Denken aber ist – darin sind sich die Gesprächspartner sogleich einig – nichts anderes als ein Gespräch (*logos*) der Seele mit sich selbst über das, was sie erkennen möchte. Dieses stille Selbstgespräch ist ein Durchsprechen der Sache in Fragen und Antworten, im Bejahen und Verneinen. Hat die Seele nun auf diese Weise etwas festgestellt, an dem sie nicht mehr zweifelt, dann hat sie eine Meinung (*doxa*) erlangt (*Tht.* 189e–190a). Das aber heißt: Sprechen und Denken (Erkennen) sind untrennbar miteinander verbunden. Allerdings wird diese Einheit nicht eigens begründet, sondern als unmittelbar evident vorausgesetzt.

Im weiteren Dialogverlauf wird die zuvor angeführte Bestimmung des Wissens erweitert: Wissen ist wahre Meinung, verbunden mit einem *logos* (Satz, Aussage, Erklärung). Um die Tragfähigkeit dieser Thesen zu prüfen, ist das Wesen des *logos* anzugeben. Nachdem der erste Klärungsversuch (ein Traum des Sokrates) gescheitert ist, werden zum Schluss drei Definitionen vorgetragen und diskutiert: 1. *Logos* ist die stimmliche Offenbarung der Gedanken mit Hilfe von Zeit- und Hauptwörtern (*Tht.* 206d). Im *logos* müssen demnach zwei unterschiedliche Wortarten vereint werden, damit wirklich etwas gesagt wird. 2. Der *logos* muss die Elemente angeben können, aus denen eine Sache besteht (*Tht.* 206e–207a). 3. Der *logos* gibt ein Merkmal an, durch das sich etwas von allem anderen unterscheidet (*Tht.* 208c). – Diese drei Thesen geben wichtige Merkmale des *logos* an; sie bleiben jedoch unzureichend für die Erklärung von Wissen und Irrtum. Der *Sophistes* setzt hier noch einmal an.

Die erste der im *Theaitetos* vorgetragenen Definitionen des *logos* wird im *Sophistes* in folgender Form wieder aufgegriffen: Der *logos* entsteht durch eine gegenseitige Verknüpfung der Ideen (*Soph.* 259e; zu Interpretationskontroversen vgl. Derbolav 1972, 178–181). Diese Ideenverknüpfung spiegelt sich im *logos* wider. Und wie sich nicht alle Ideen miteinander verbinden lassen, so auch nicht alle Wörter. Die erste und einfachste Verbindung zu einem sinnvollen Satz besteht aus Nomen (*onoma*) und Verb (*rhêma*), z. B.

›(Der) Mensch lernt‹. Diese beiden Wortarten haben unterschiedliche Funktionen. Die Verben zeigen Handlungen an; die Nomina bezeichnen diejenigen, die diese Handlungen vollziehen. Solche Sätze benennen nicht nur ein Seiendes, sondern sie offenbaren etwas über dieses Seiende.

Außerdem muss der Satz noch die Bedingung erfüllen, dass er von etwas spricht (*logos tinos*); denn über das Nichts schlechthin lässt sich nicht sinnvoll sprechen. Ein *logos*, der diese Bedingung erfüllt, hat eine bestimmte Beschaffenheit (*Soph.* 262e): Er ist wahr oder falsch. Im Dialog wird das an zwei Beispielsätzen erläutert: »Theaitetos sitzt« und »Theaitetos fliegt«. Beide Sätze kommen darin überein, dass sie aus *onoma* und *rhêma* zusammengefügt sind und dass sie ›über etwas‹ sprechen. Sie unterscheiden sich darin, dass der erste Satz wahr und der zweite falsch ist. Der falsche *logos* fügt etwas zusammen, was in bestimmter Hinsicht nicht ist (das Fliegen in Bezug auf Theaitetos).

Die im *Theaitetos* und im *Sophistes* eröffnete sprachphilosophische Dimension ist beachtlich: Denken und Sprechen bilden eine Wesenseinheit. Das erschließt sich kaum durch eine Analyse der einzelnen Wörter (*Kratylos*), sondern erst im Blick auf die synthetische Struktur des *logos* und den ursprünglich dialogischen Charakter des Sprechens. Mit dieser Einsicht eröffnet Platon eine bis in die Gegenwart währende sprachphilosophische Diskussion; zugleich schafft er die Voraussetzung für die Grundlegung einer Logik des Aussagesatzes.

33.5 Sprache und Schrift

Die wichtigste Quelle für Platons Einschätzung der Schrift findet sich im *Phaidros*. Ausgangspunkt dieses Dialogs ist eine Rede des Lysias (über das Wesen der Liebe), die sich Sokrates von Phaidros vorlesen lässt. In den abschließenden Passagen des Gesprächs werden die Vor- und Nachteile des Geschriebenen thematisiert.

Sokrates erzählt zunächst den Mythos von Theuth, der dem ägyptischen König Thamus die Schrift schenkt, um die Ägypter erinnerungsfähiger und weise zu machen (*Phdr.* 274e). Thamus jedoch habe auf die Zweideutigkeit dieses Geschenks hingewiesen: Im Vertrauen auf die äußeren Zeichen werde man die eigene Erinnerungsfähigkeit vernachlässigen; auf die Schrift setzend, werde man deshalb nur den Anschein von Weisheit erlangen. Sokrates bekräftigt die in diesem Mythos hinterlegte Wahrheit ausdrücklich. Zwar sei die Schrift als Werkzeug der Erinnerung durchaus nützlich, aber nur für denjenigen, der sich mit den beschriebenen Sachen schon auskenne. Das Geschriebene – so Sokrates weiter – erwecke den Anschein, als spräche es zu uns. Wenn man es aber befragt, so kann es nur immer dasselbe wiederholen. Und schließlich: Wird die geschriebene Rede von Unwissenden verschmäht, dann müsste ihr der Autor zu Hilfe kommen, weil sie sich selbst nicht verteidigen kann (s. Kap. VI.65.4).

Ganz anders verhält es sich mit der lebendigen Rede des Einsichtigen. Derjenige, der um das Gerechte, Gute und Schöne weiß, ist einem kundigen Landwirt vergleichbar, der seinen Samen in fruchtbaren Boden sät. So wird sich auch der Wissende mit seinen Reden nicht an jeden Beliebigen wenden, sondern nur an diejenigen, von denen er annimmt, dass sie imstande sind, die Wahrheit zu erfassen. Die geschriebene Rede ist nur ein Abbild der lebendigen und beseelten Rede. Für den wahrhaft Wissenden bleibt das Schreiben ein Spiel, das er etwa betreibt, um seiner Altersvergesslichkeit eine Erinnerungsstütze zu geben. Verglichen mit anderen Spielen, ist die Kunst des Schreibens zwar ein schönes Spiel; weit schöner ist es jedoch, ernsthaft der Wahrheit in der dialektischen Kunst nachzuspüren.

Dieser Schlussteil des *Phaidros* ist (neben dem *Siebten Brief* und auf dem Hintergrund von Aristoteles, *Phys.* 209b14 f.) der zentrale Bezugstext für die Vertreter einer Ungeschriebenen Lehre Platons. Die Diskussion darüber, ob man eine esoterische Lehre annehmen müsse und sie rekonstruieren könne, wird seit Jahrhunderten mit großer Leidenschaft und Vehemenz geführt (zuletzt Thiel 2006; Kühn 2006). Ausgangspunkt für die Annahme einer ungeschriebenen Lehre ist die These, dass »Platon *absichtlich und mit Vorbedacht* bestimmte Aspekte seiner Philosophie der literarischen Fixierung entzogen und ausschließlich mündlich weitergegeben« hat (Krämer 1996, 249 f.). Man müsse nämlich beachten, dass sich der Vorrang der Schriftlichkeit erst im vierten Jahrhundert durchsetzte. Für Platon hingegen sei das gesprochene Wort vorrangig. Die Schrift habe einerseits die Funktion, das mündlich bereits Erfasste aufzubewahren; zum anderen solle sie Außenstehende zum Eintritt in die Akademie bewegen (Krämer 1996, 252 f.). Der entscheidende Schritt Platons liege jedoch darin: »Die höchsten, wertvollsten und schwierigsten Themen werden auch von der wiedererinnernden Speicherung und Dokumentation ausgeschlossen und bleiben ganz der Oralität vorbehalten« (Krämer 1996, 254). Daraus ergibt sich für den *Phaidros* folgende Konsequenz: Die Kunst der Dialektik kann nur in der mündlichen Rede angewendet werden; darauf richtet sich der Ernst des Philosophen, während seine Schriften ein spielerisches Vergnügen bleiben (Szlezák 1996, 116, 126).

Die Schriftkritik im *Phaidros* lässt sich allerdings auch ohne Rückgriff auf eine ungeschriebene Lehre verständlich machen. Dann käme es Platon lediglich darauf an, den Vorrang des in Frage und Antwort fortschreitenden Dialogs gegenüber dem schriftlich Fixierten hervorzuheben. Denn das Geschriebene als solches ist ein totes Werk (Humboldt), das erst wieder im selbständig vollzogenen Sprechen und Denken zum Leben erweckt werden kann.

Welche Position in diesem Streit um eine ungeschriebene Lehre man auch immer beziehen mag, es sollte unstrittig sein, das der *Phaidros* keine Ansatzpunkte für einen Sprachskeptizismus (zugunsten eines sprachungebundenen Denkens) bietet. Dafür muss man sich auf den *Siebten Brief* berufen.

33.6 Sprachskeptizismus

Der *Siebte Brief* erteilt nicht nur den schriftlich verfassten philosophischen Lehren eine Absage (*Ep. VII*, 341c–d), sondern er bezeugt ein generelles Misstrauen gegen eine erschließende Kraft der Sprache. Diese Skepsis wird in einem erkenntnistheoretischen Exkurs ausführlich dargelegt (*Ep. VII*, 342a–345c). Hier unterscheidet Platon verschiedene Stufen, um zum Wissen über das Seiende zu gelangen: (1) der Name bzw. das Wort (*onoma*); (2) der *logos*; (3) das Abbild (*eidolon*). Von diesem Weg des Wissenserwerbs sind noch einmal abzuheben (4) das Wissen selbst (*epistêmê*) und (5) das wahrhaft Seiende, das erkannt werden soll.

Platon erläutert diese Momente an einem Beispiel: (1) *Onoma* ist die Benennung für etwas Bestimmtes, z. B. ein ›Kreis‹. (2) Der aus Nomen und Verb zusammengesetzte *logos* definiert den Kreis, nämlich als dasjenige, dessen äußerste Punkte überall vom Mittelpunkt gleich weit entfernt sind. (3) Das Abbild veranschaulicht den Kreis durch eine Zeichnung oder ein Modell. (4) Im Unterschied zu diesen sinnlich wahrnehmbaren Elementen wohnt das Wissen (bzw. das Denken und die wahre Ansicht) des Kreises in der Seele. (5) Diesen Weisen der Erkenntnis steht der wahrhaft seiende Kreis gegenüber. – Was für den Kreis gilt, gilt für jegliches Seiende.

Alle Weisen der Erkenntnis sind unvollkommen: Die Benennungen sind unzuverlässig, weil sie willkürlich gesetzt sind. Deshalb kann man sich auch nicht auf den *logos* verlassen, denn er ist aus derart unbeständigen Wörtern zusammengesetzt. So bleibt die Sprache insgesamt kraftlos. »Aus diesen Gründen wird niemand, der Verstand hat, sich jemals darauf einlassen, diesem Kraftlosen das, was er durchdacht hat, anzuvertrauen, noch dazu, wenn es unveränderlich ist, wie das ja mit dem in Buchstaben Geschriebenen der Fall ist« (*Ep. VII*, 343a).

Auch das Abbild bietet der Erkenntnis nur eine schwankende Grundlage; denn es bleibt gegenüber dem Urbild stets unvollkommen und ist überdies dem Vergehen preisgegeben. Aber selbst das unsinnliche Wissen der Seele erreicht nur – wie die ersten drei Momente – das Wie-Sein der Sachen und nicht das Was-Sein, das sie als das Sichere und Verlässliche zu erlangen strebt.

Diese ernüchternde Analyse mündet jedoch nicht in einem radikalen Skeptizismus. Wer sich nämlich immer wieder bemüht, indem er die verschiedenen Stufen des Erkennens hinauf- und hinabgeht, sie gleichsam in kritischer Prüfung durcheinander wirbelt – dem kann plötzlich wie ein von einem überspringenden Funken entzündetes Feuer die Einsicht aufgehen. Solche Einsicht ist freilich nur wenigen vorbehalten.

Die Bedeutung des *Siebten Briefs* im Kontext des platonischen Œuvres ist umstritten. Folgende Interpretationsmöglichkeiten bieten sich an: Man erklärt diesen Brief – ganz oder die philosophisch brisanten Stellen (Derbolav 1987, 60) – für unecht. Dieser Nachweis ist jedoch nicht sicher zu führen, weshalb die Mehrheit der Platonforscher von der Echtheit des Briefs ausgeht (vgl. Thurnher 1975, 1–20). Dann bleibt vielleicht nur festzustellen, dass Platon im Alter eher eine skeptische Haltung vertrete und die unmittelbare, sprachfreie Ideenschau preise (Kraus 1996, 29–31). Natürlich kann der *Siebte Brief* auch als weiterer Beleg für die Apologeten einer esoterischen Lehre in Anspruch genommen werden, indem man zu zeigen versucht, »daß der Brief die gleiche Auffassung von Schriftlichkeit und Mündlichkeit der Philosophie zeigt wie der Phaidros und die Gesamtheit der Dialoge« (Szlezák 1985, 389). Schließlich aber kann der Exkurs des *Siebten Briefes* auch einsichtig interpretiert werden, ohne einen radikalen Sprach- und Erkenntnisskeptizismus annehmen zu müssen. Dann geht es Platon letztlich nicht um die Unsagbarkeit des Höchsten und Letzten, »sondern lediglich um die Gefahr, daß ›die Sache selbst‹ zwar ausgesprochen und gesagt, aber trotzdem [...] nicht auch *wirklich* wahrgenommen und angeeignet würde« (Barbarić 2002, 45).

Versucht man, die herangezogenen Texte auf eine leitende Sprachansicht zurückzuführen, dann lässt sich festhalten: Platon erfasst die Potenz (*dynamis*) der Sprache in doppelter Hinsicht. Einerseits sind wir Menschen auf die Sprache angewiesen; ohne Wort und Rede gäbe es kein Streben nach Wissen und Weisheit. Andererseits gibt es auch eine Verführungskraft der Sprache; ihr unterliegen die Menschen, wenn sie meinen, allein durch die Sprache zur Erkenntnis gelangen zu können. In diesem dialektischen Spannungsfeld bewegt sich die gesamte abendländische SP.

Literatur
Barbarić, Damir 2002: »Spiel der Sprache. Zu Platons Dialog *Kratylos*«. In: Internationales Jahrbuch für Hermeneutik 1, 39–63.
Barney, Rachel 2001: Names and Nature in Plato's *Cratylus*. New York.
Bubner, Rüdiger 1967: »Zur platonischen Problematik von Logos und Schein«. In: Hans-Georg Gadamer (Hg.): Das Problem der Sprache. München, 129–139.
Coseriu, Eugenio ²1975: Die Geschichte der Sprachphilosophie von der Antike bis zur Gegenwart. Eine Übersicht. Teil I. Tübingen.
Coseriu, Eugenio 1996: »Der *physei-thesei*-Streit/Are Words and Things Connected by Nature or by Convention?« In: Marcello Dascal u. a. (Hg.): Sprachphilosophie. 2. Halbbd. Berlin/New, 880–898.
Derbolav, Josef 1972: Platons Sprachphilosophie im *Kratylos* und in den späteren Schriften. Darmstadt.
Derbolav, Josef 1987: »Die Ohnmacht der Logoi. Platons Sprachphilosophie und der *VII. Brief*«. In: Ders.: Impulse europäischer Geistesgeschichte. Hg. von Dietrich Benner u. a. St. Augustin, 49–60.
Eckl, Andreas 2003: Sprache und Logik bei Platon. 1. Logos, Name und Sache im *Kratylos*. Würzburg.
Gaiser, Konrad 1974: Name und Sache in Platons *Kratylos*. Heidelberg.
Heitsch, Ernst 1998: »Sprachtheoretische Überlegungen Platons«. In: Allgemeine Zeitschrift für Philosophie 23, 43–59.
Hennigfeld, Jochem 1994: Geschichte der Sprachphilosophie. Antike und Mittelalter. Berlin/New York.
Königshausen, Johann-Heinrich 1988: »Grundsätzliches zur platonischen *skepsis* von guter Rede und guter Schrift im *Phaidros*«. In: Perspektiven der Philosophie 14, 109–127.
Krämer, Hans 1996: »Platons Ungeschriebene Lehre«. In: Theo Kobusch/Burkhard Mojsisch (Hg.): Platon. Seine Dialoge in der Sicht neuer Forschungen. Darmstadt, 249–275.

Kraus, Manfred 1990: »Platon und das semiotische Dreieck«. In: Poetica 22, 242–281.

Kraus, Manfred 1996: »Platon«. In: Tilman Borsche (Hg.): Klassiker der Sprachphilosophie. München, 15–32.

Kühn, Wilfried 2000: La fin du *Phèdre* de Platon. Critique de la rhétorique et de l'écriture. Firenze.

Kühn, Wilfried 2006: »Dialektik, Schrift, Rhetorik. Antwort auf den Beitrag von Detlef Thiel«. In: Allgemeine Zeitschrift für Philosophie 32, 55–59.

Kullmann, Wolfgang 1991: »Platons Schriftkritik«. In: Hermes 119, 545–555.

Lorenz, Kuno/Mittelstrass, Jürgen 1967: »On Rational Philosophy of Language: The Programme in Plato's *Cratylus* Reconsidered«. In: Mind 76/301, 1–20.

Mojsisch, Burkhard 1998: »*Logos* and *epistêmê*. The Constitutive Role of Language in Plato's Theory of Knowledge«. In: Bochumer Philosophisches Jahrbuch für Antike und Mittelalter 3, 19–28.

Oehler, Klaus 1998: »Platons Semiotik als Inszenierung der Ideen«. In: Rainer Enskat (Hg.): Amicus Plato magis amica veritas. Fs. für Wolfgang Wieland. Berlin/New York, 154–170.

Peterreins, Hannes 1994: Sprache und Sein bei Platon. München.

Rehn, Rudolf 1982: Der logos der Seele. Wesen, Aufgabe und Bedeutung der Sprache in der platonischen Philosophie. Hamburg.

Rehn, Rudolf 1987: »Zur Bewertung der Sprache bei Platon«. In: Gymnasium 94, 421–437.

Rumsey, William D. 1987: »Plato in the *Cratylus* on Speaking, Language, and Learning«. In: History of Philosophy Quarterly 4, 385–403.

Schmitter, Peter 1975: »Das Wort als sprachliches Zeichen bei Platon und de Saussure«. In: Hartmut Beckers/Hans Schwarz (Hg.): Gedenkschrift für Jost Trier. Köln/Wien, 45–61.

Schmitz, Heinz-Gerd 1991: »Die Eröffnung des sprachphilosophischen Feldes. Überlegungen zu Platons *Kratylos*«. In: Hermes 119, 43–60.

Sedley, David ²2007: Plato's *Cratylus* [2003]. Cambridge.

Silverman, Allan 1992: »Plato's *Cratylus*. The Naming of Nature and the Nature of Naming«. In: Oxford Studies in Ancient Philosophy 10, 25–71.

Soulez, Antonia 1986: »Nommer et signifier dans le *Cratyle* de Platon«. In: Burkhard Mojsisch (Hg.): Sprachphilosophie in Antike und Mittelalter. Amsterdam, 17–34.

Stetter, Christian 1999: Schrift und Sprache. Frankfurt a. M.

Szlezák, Thomas A. 1985: Platon und die Schriftlichkeit der Philosophie. Interpretationen zu den frühen und mittleren Dialogen. Berlin/New York.

Szlezák, Thomas A. 1996: »Mündliche Dialektik und schriftliches ›Spiel‹: *Phaidros*«. In: Theo Kobusch/Burkhard Mojsisch (Hg.): Platon. Seine Dialoge in der Sicht neuer Forschungen. Darmstadt, 115–130.

Szlezák, Thomas A. 2004: Das Bild des Dialektikers in Platons späten Dialogen. Platon und die Schriftlichkeit der Philosophie II. Berlin/New York.

Thiel, Detlef 2006: »Das Ende des *Phaidros*? Ein Buch von Wilfried Kühn und die Diskussion um die esoterische Platonauslegung«. In: Allgemeine Zeitschrift für Philosophie 32, 31–54.

Thurnher, Rainer 1975: *Der siebte Platonbrief*. Versuch einer umfassenden philosophischen Interpretation. Meisenheim.

White, Nicolas P. 1992: »Plato (427–347)«. In: Marcello Dascal u. a. (Hg.): Sprachphilosophie. 1. Halbbd. Berlin/New York, 234–244.

Jochem Hennigfeld

34 Ästhetik

34.1 Allgemeines

Im Sinne einer (1) Theorie der sinnlichen Wahrnehmung (*aisthêsis*) gehört die Ästhetik – zusammen mit der Theorie geistigen Erkennens (*noêsis*) – zur Epistemologie Platons (s. Kap. IV.22), welche die *aisthêsis* – aufgrund der ontologischen Hierarchisierung der jeweiligen Kognitionsgegenstände – als ein der *noêsis* deutlich unterlegenes Kognitionsvermögen begreift (vgl. hierzu insbes. das Liniengleichnis in der *Politeia* (*Rep.* VI 509c–511e)). Von Ästhetik im Sinne einer eigenständigen (2) Theorie des (sinnlich) Schönen (s. Kap. V.53), kann bei Platon hingegen nicht gesprochen werden, da er die Ausdrücke »Schönheit« (*kallos*) und »das Schöne« (*to kalon*) in vorrangig ethischen und epistemisch-ontologischen Zusammenhängen verwendet, in denen dem Schönen, soweit es Gegenstand der *aisthêsis* ist, nur eine marginale Rolle zugebilligt wird. Gleichwohl liefern die platonischen Dialoge wichtige Beiträge zur philosophischen Ästhetik im Sinne einer (3) Theorie der Kunst. Zu unterscheiden ist hierbei ein weiter Begriff von Kunst (*technê*), der nach Platon alle Bereiche menschlichen Handelns und Nachdenkens betrifft und daher auch handwerkliche Fertigkeiten wie die Webkunst, praktische Fähigkeiten wie die Reitkunst, wissenschaftliche Vermögen wie die Dialektik und selbst ethisch-moralische Kompetenzen mit umfasst, von einem engeren Verständnis von Kunst, das sich auf die – im neuzeitlichen Sinne – »schönen Künste« wie Dichtung (*poiêtikê*), Musik (*mousikê*), Malkunst (*zôgraphia*) und Bildhauerei (*andriantopoiia*) beschränkt. Für Platons kunsttheoretische Reflexionen ist der Begriff des (sinnlich) Schönen freilich kaum von Belang. Maßgeblich sind vielmehr die Konzepte des Enthusiasmus (*enthousiasmos*), der Erziehung (*paideia*) und der Mimesis (*mimêsis*), die zur Deutung und zur Bewertung insbesondere der *poiêtikê* in Anspruch genommen werden. Entsprechend richten sich die von Platon entwickelten, produktions- wie rezeptionsästhetisch gleichermaßen bedeutsamen Valenzkriterien primär auf ethisch-politische Aspekte der »schönen Künste« sowie auf den epistemisch-ontologischen Status (und allenfalls sekundär auf die ästhetische Qualität) künstlerischer Werke (*erga*).

Der nachfolgende Text wird Platons Ästhetik – im skizzierten Sinne einer Theorie der *poiêtikê*, *mousikê* etc. – anhand der Leitkonzepte *enthousiasmos*, *paideia* und *mimêsis* darstellen, ehe abschließend eine Einordnung der genannten Künste in den größeren Kontext des platonischen *technê*-Verständnisses vorgenommen wird.

34.2 Dichtung als Form des *enthousiasmos*

Das Konzept des *enthousiasmos* wird bereits im Frühdialog *Ion* entwickelt und auf die Auslegung der *poiêtikê* angewendet. Als kontrastierende Deutungsfolie dient hierbei ein konkretisierter Begriff der *technê*, der in enger Anlehnung an handwerkliche Fertigkeiten modelliert und mit Blick auf spezifische Gegenstandsbereiche ausdifferenziert wird. Während die Malkunst, die Bildhauerei und auch die Musik (*Ion* 532d–533c) dabei wie selbstverständlich als *technai* anerkannt werden, bestreitet Sokrates, dass die Dichtung ebenfalls als *technê* zu verstehen ist, um sie stattdessen als eine Form des *enthousiasmos* auszuweisen. Gegen die von der Dialogfigur Ion vertretene Behauptung, dass die Produktion von Dichtung ebenso wie deren Rezeption ein eigenständiges Sachgebiet ausmache, argumentiert Sokrates, indem er zwei für den *technê*-Begriff zentrale Kriterien ins Spiel bringt:

1. Jeder *technê* komme ein eigener Gegenstandsbereich zu, der es erlaube, sie dezidiert von allen anderen *technai* abzugrenzen. Während sich auf diese Weise etablierte *technai* wie die Arithmetik und die Medizin leicht voneinander unterscheiden ließen, sei es im Falle der *poiêtikê* nicht möglich, sie anhand eines eigenständigen Gegenstandsbereichs zu bestimmen. Ein Dichter wie Homer spreche nämlich nicht wie ein Experte (*technitês*) über ein bestimmtes Sachgebiet, für das er als Dichter kompetent wäre, sondern über vielerlei, was in die Zuständigkeit anderer Fachleute – wie des Wagenlenkers, des Arztes und des Strategen – falle (vgl. *Ion* 536e–538a). Entsprechend ist ein positiver Kompetenzenkonflikt zu konstatieren, den der Dichter nur verlieren kann: Versteht er sich als *technitês*, so konkurriert er – mangels eigenem Fachgebiet – mit einer Vielzahl ausgewiesener Experten, die sich – im Unterschied zum Dichter – wirklich auf das verstehen, worüber sie reden.

2. Der Gegenstandsbereich einer *technê* stelle jeweils ein untrennbares Ganzes (*holon*) dar, das vom betreffenden *technitês* nicht nur in Teilen, sondern in seiner Gesamtheit beherrscht werde. Im Falle der *poiêtikê* aber zeige sich, dass den einzelnen Dichtern nur limitierte Kompetenzen – etwa die Fähigkeit, Enkomien zu verfassen oder Jamben zu schreiben – zukommen, während es ihnen an anderen Kompetenzen, die – wie

die Fähigkeit, Epen zu verfassen oder Dithyramben zu schreiben – ebenfalls zur *poiêtikê* zu zählen scheinen, mangelt (*Ion* 534c). Wäre die Dichtung eine *technê*, dann müsste aber bspw. ein guter Tragödiendichter zugleich ein guter Komödiendichter sein (vgl. *Symp.* 223d). Was für die Produktion von Dichtung gilt, gilt analog auch für deren Rezeption: So sind dem Rhapsoden Ion, der sich nach eigenem Verständnis nur auf die Rezitation und Interpretation Homers, nicht aber auf die anderer Dichter versteht, ebenfalls nur limitierte Fähigkeiten zuzuschreiben. Entsprechend kann neben dem positiven auch ein negativer Kompetenzkonflikt konstatiert werden: Wer Dichtung produziert oder rezipiert, blendet Teilbereiche aus, die – wäre die *poiêtikê* eine *technê* – in die Zuständigkeit des Dichters und des Interpreten fallen würden.

Angesichts der skizzierten Kritik an ihrem vermeintlichen *technê*-Charakter plädiert Sokrates für eine alternative Deutung der *poiêtikê*: Demnach ist der als »Botschafter der Götter« (*hermeneus tôn theôn*) titulierte Dichter kein Fachmann für ein bestimmtes Sachgebiet, sondern vielmehr ein Enthusiast, der von einer göttlichen Kraft (*theia dynamis*) ergriffen, seiner eigenen Vernunft (*nous*) beraubt und zum Medium einer Mitteilung gemacht wird, die nicht von ihm selbst, sondern von dem enthusiasmierenden Gott ausgeht (*Ion* 534c–e). Wie am Bild des Magnetsteins und den Eisenringen (*Ion* 535e–536b) illustriert wird, überträgt sich die *theia dynamis* von den Produzenten auf die Rezipienten der *poiêtikê*: Ein Rhapsode wie Ion werde bei seinen Vorträgen ebenfalls von einer göttlichen Begeisterung erfasst, die ihn – ohne eigenes Zutun – zu einem Botschafter von Botschaftern (*hermêneus hermêneôn*, *Ion* 535a) geraten lässt.

Werden die Produktion wie die Rezeption der *poiêtikê* als Formen des *enthousiasmos* gedeutet, so stellt sich die – in der Forschung heftig umstrittene – Frage, welche Wertung Platon mit einer solchen Charakterisierung verbindet. Eine erste Gruppe von Interpreten (etwa Wyller 1958; Barmeyer 1968; Pöhlmann 1976; Janaway 1995; Büttner 2000) konnotiert die »göttliche Natur« der *poiêtikê* durchwegs positiv und verweist auf die wertvollen (*axia*) Ergebnisse, die der *enthousiasmos* nach Platon hervorzubringen vermag (*Ion* 534d; vgl. *Phdr.* 244a). Eine zweite Gruppe von Interpreten (etwa Tate 1929, Gundert 1969, Marten 1975, Schlaffer 1982, Westermann 2002) betont indes den vernunftberaubten Zustand der Enthusiasten, die von der *theia dynamis* derart instrumentalisiert werden, dass sie als bloße Werkzeuge (*organa*) der Götter ihr eigenes Menschsein zu verlieren drohen, jedenfalls zu keinen selbstverantworteten Entscheidungen und Handlungen mehr in der Lage sind. Demgegenüber beziehen sich Vertreter der ersten Gruppe zum einen auf die positive Aufnahme des *enthousiasmos* im *Phaidros*, in dem die – wohl kaum als vernunftlos zu brandmarkende – Philosophie selbst als eine Form göttlichen Wahnsinns (*mania*) und als Angleichung an Gott (*homiôsis theô*, *Phdr.* 249a; s. Kap. V.37) bestimmt wird, und zum anderen auf das Liniengleichnis der *Politeia*, das eine hierarchische Unterscheidung zwischen Vernunft (*nous*) und Verstand (*dianoia*) vornimmt: Demnach wolle Platon dem poetischen Enthusiasten im *Ion* »keineswegs ein absolutes Fehlen von Vernunft« (Skiadas 1971, 89) unterstellen, vielmehr werde dem Enthusiasten nicht der Intellekt, sondern lediglich die diesem – nach Vorgabe des Liniengleichnisses unterlegene – Ratio abgesprochen (Büttner 2000, 11 f.; vgl. Erler 2007, 493). Entsprechend wird die *theia dynamis* nicht als eine äußere Kraft gedeutet, die den Dichter in Besitz nimmt, sondern als das eigene und höchste geistige Vermögen des Dichters, dem eine ganz besondere »im Enthusiasmus vorliegende Erkenntnishaltung« (Büttner 2000, 130, 361, 373) zukomme. Vertreter der zweiten Gruppe wiederum insistieren darauf, dass die philosophische *mania* im *Phaidros* von dem *enthousiasmos* der Dichter (sowie der Mantiker und Telestiker) – aufgrund der ihm proprietär zukommenden Fähigkeit einer argumentativen Rechenschaftsgabe (*logon didonai*) – scharf zu unterscheiden sei (vgl. Marten 1975, 37 f.), und dass im *Ion* – anders als in der *Politeia* – zum einen keine Differenzierung zwischen *nous* und *dianoia* getroffen und zum anderen mehrfach hervorgehoben werde, dass der poetische *enthousiasmos* eine völlige Absenz menschlicher Denk- und Handlungsfähigkeit voraussetze (vgl. *Ion* 534c–d). Nach dieser Deutung nutzt Platon das Konzept eines poetischen *enthousiasmos* zur Profilierung seines eigenen Philosophieverständnisses: Zwar sei es durchaus möglich, dass ein Gott durch den vernunftberaubten Dichter Wahres (und insofern Wertvolles) verlauten lasse, doch ist es dem Dichter – anders als dem philosophischen Dialektiker – nicht möglich, diese Verlautbarung selbst kritisch zu prüfen und ihre Wahrheit unter Beweis zu stellen (vgl. *Apol.* 22a–c). So komme der Dichter dank göttlicher Eingebung allenfalls in den Besitz wahrer Meinung (*alêthês doxa*), der Philosoph hingegen durch sein eigenes geistiges Vermögen zu einem argumentativ begründbaren Wissen (*epistêmê*) (vgl. Nussbaum 1982, 84; Heitsch 1993, 91; Woodruff 1982, 147; Westermann 2002, 215–231).

34.3 Dichtung und Musik als Instrumente der *paideia*

Das dritte Buch der *Politeia* thematisiert im Kontext der *paideia*-Konzeption vorrangig die rezeptions- und wirkungsästhetischen Aspekte der Dichtung, deren Inhalt und Form unter strikte ethisch-politische Vorgaben gestellt werden: Die an die Wächter des projektierten Idealstaats adressierte Dichtung hat die Aufgabe, ihre Rezipienten moralisch zu schulen und ihnen insbesondere die Tugenden der Wahrhaftigkeit (*alêtheia*), Besonnenheit (*sôphrosynê*) und Ernsthaftigkeit (*spoudê*) zu vermitteln. Dabei wird die Wirkung der Dichtung auf ihre Rezipienten ausschließlich in der Kategorie der Nachahmung (*mimêsis*) gedeutet: Ohne Möglichkeit, sich frei und distanziert zu den poetisch präsentierten Handlungen (*praxeis*) zu verhalten, lebt man als Rezipient schlicht das nach, was in der Dichtung vorgelebt wird. Den in der Dichtung dargestellten Göttern und Heroen wird folglich eine besondere Vorbildfunktion zugedacht – mit der Konsequenz, dass die traditionelle *poiêtikê*, die ein durch Amoralität gekennzeichnetes Götter- und Heroen-Bild imaginiert und ihre Rezipienten entsprechend zu korrumpieren droht, einer scharfen Kritik unterzogen wird. Selbst Dichter wie Homer, deren Werke in ästhetischer Hinsicht als außerordentlich gelungen zu gelten haben, müssen den Idealstaat verlassen, da Dichtung nicht in irgendeiner Weise angenehm (*hêdys*), sondern – unter Berücksichtigung vorgegebener Normen – nützlich (*chrêsimon*) zu sein hat (*Rep.* III 398a–b).

Mit Blick auf die literarische Form unterscheidet Platon zwischen einer rein narrativen Darstellung (*haplê dihêgêsis*), die er etwa dem Dithyrambus, der dramatischen Darstellung (*mimêsis*), die er Tragödien und Komödien, und einer Mischung von *dihêgêsis* und *mimêsis*, die er dem Epos zuschreibt (*Rep.* III 392d–394c). Die von Platon gegebenen Beispiele lassen ahnen, dass er auch nichtmetrische Darstellungen zur *poiêtikê* zählt und sich so von der poetologischen Konzeption des Sophisten Gorgias und dessen Definition der Dichtung als metrisch geformter Sprache (*logos metron echôn*) distanziert. Eine diese Ausweitung begründende Explikation des Begriffs der *poiêtikê* findet sich freilich erst im Kontext der *mimêsis*-Konzeption des 10. Buchs der *Politeia* (*Rep.* 603b). Dass im dritten Buch auch die Form der Dichtung ethisch-politischen Direktiven zu entsprechen hat, zeigt sich an der Behandlung der dramatischen Darstellung, die insofern von besonderer Brisanz ist, als die *mimêsis* von – jeweils ethisch konnotierten – Handlungen sukzessive in Charakter (*êthos*) und Natur (*physis*) der Rezipienten übergeht (*Rep.* X 396c–d).

Analog zur *poiêtikê* wird auch die *mousikê* als ein Erziehungsinstrument begriffen, das nicht dem Vergnügen, sondern allein der Realisierung ethisch-politischer Ziele dient (vgl. auch *Leg.* VII 800b–802c). Angesichts der Wirkmächtigkeit der *mousikê*, die durch ihre jeweilige Harmonik (*harmonia*) und Rhythmik (*rhythmos*) das Innerste der Hörer zu beeinflussen vermag (*Rep.* III 401d), sind solche Musikinstrumente (*organa*), Tonarten und Rhythmen zu bevorzugen, die – der inhaltlich vorgegebenen Rede (*logos*) folgend – das Auditorium zum einen zu tapferen Taten motivieren, zum anderen aber auch besonnen agieren lassen (*Rep.* III 398c–400e). Als Merkmale gelungener *mousikê* werden Wohlberedtheit (*eulogia*), Wohlklang (*euharmostia*), Wohlgeformtheit (*euschêmosyne*) und Wohlgemessenheit (*eurythmia*) bestimmt, die sich aber allesamt an der primär intendierten moralischen Wohlgesinntheit (*euêtheia*) und Güte bemessen (*Rep.* III 400d).

34.4 Dichtung und Malkunst als *mimêsis*

Produktionsästhetische Aspekte, die im dritten Buch der *Politeia* noch weitgehend ausgeblendet werden, treten bei der Behandlung der Dichtung und Malkunst im zehnten Buch in den Mittelpunkt der Überlegungen. Dabei erfährt der Begriff der *mimêsis*, der im dritten Buch – mit der dramatischen Darstellung – lediglich eine spezifische literarische Form bezeichnet, eine bedeutsame Erweiterung: Nunmehr gilt jedes imitierende Abbilden als *mimêsis*, mithin sämtliche Arten der Dichtung und auch die Malkunst. Vor dem Hintergrund des ideentheoretischen Dualismus von *aisthêsis* und *noêsis* wird der geringe ontologische Status der Produkte von Dichtung und Malkunst hervorgehoben: So ahmt etwa ein Maler, der als Nachbildner (*mimêtês*) das Bild eines Bettgestells anfertigt, einen sinnlich wahrnehmbaren Gegenstand nach, den ein Werkbildner (*dêmiourgos*) seinerseits mit Blick auf ein weiteres, als rein geistig gedachtes Urbild (*paradeigma*) hergestellt hat, welches wiederum durch einen göttlichen Wesensbildner (*phytourgos*) geschaffen wurde (*Rep.* X 597d–e). Die Werke (*erga*) der Maler und Dichter sind demnach Abbilder von Abbildern und – aufgrund der für Platon notwendigen Defizienz eines Abbilds gegenüber seinem Vorbild – ontologisch drittrangig (*triton apo tês alêtheias*, *Rep.* X 602c).

Mit dem geringen ontologischen Status der von ihnen hervorgebrachten *eidôla* korreliert die epistemische Inferiorität der Dicht- und der Malkunst. Auf der Grundlage einer Dreiteilung der *technai* in gebrauchende (*chrêsomenai*), herstellende (*poiêsousai*) und nachahmende (*mimesomenai*) wird den Vertretern der ersten ein Wissen (*epistêmê*), denen der zweiten lediglich eine wahre Meinung (*pistis orthê*) und denen der dritten schließlich weder ein Wissen noch eine wahre Meinung zugestanden (*Rep.* X 601d–602b). Die gänzliche Unwissenheit, die den *mimêtês* demzufolge kennzeichnet, hat auch in rezeptionsästhetischer Hinsicht beträchtliche Konsequenzen, die vor dem Hintergrund der Seelenteilungslehre ausgeführt werden. Dichtung und Malkunst wirken nicht auf den vernünftigen, sondern auf den unvernünftigen Teil der Seele; die Dichtung verstärkt die Leidenschaft (*pathos*), die Vernunft (*logos*) und Gesetz (*nomos*) zu überwältigen droht; und die Malkunst verleitet – als Gegenbewegung zur auf die *noêsis* hinführende Philosophie – zu einem Vertrauen in die trügerische *aisthêsis*. Entsprechend droht den allermeisten Rezipienten, da sie sich ganz an die *eidôla* halten und von der *alêtheia* weit entfernt bleiben, eine schlechte Verfassung (*kakê politeia*) ihrer Seelen (*Rep.* X 605b–c). Als Konsequenz wird der Ausschluss der Dichter aus dem projektierten Idealstaat gefordert; es sei denn, diese könnten sich durch den Nachweis verteidigen, dass ihre *poiêtikê* nicht nur angenehm (*hêdys*), sondern auch – in ethisch-politischem Sinne – nützlich (*chrêsimon*) ist (*Rep.* X 606b–608b; vgl. *Leg.* II 655b–656b).

Die *Nomoi* übernehmen den im 10. Buch der *Politeia* erweiterten *mimêsis*-Begriff, um sämtliche Arten der *poiêtikê* – wie auch der *mousikê* (*Leg.* II 655d, VII 798d) – als Nachahmungen von Handlungen und handelnden Charakteren zu deuten. Unterschieden wird hierbei zwischen der Komödie, die als *mimêsis* des körperlich und geistig Hässlichen (*aischron*) den Rezipienten zum Lachen bewegen soll, und der Tragödie, die als *mimêsis* des Schönen und Guten auf das Ernste (*spoudaion*) bezogen ist (*Leg.* VII 816d–817a). Die Bewertungen, die Komödie und Tragödie erfahren, zeigen eindrücklich den normativen Charakter der platonischen Ästhetik, die unter einer schönen *mimêsis* nur die *mimêsis* des Schönen im Sinne des ethisch Guten und politisch Präferierten (*Leg.* II 654b–c) zu begreifen vermag. Da man das Ernste nicht ohne sein Gegenteil – das Lächerliche (*geloion*) – verstehen könne, sei die Aufführung von Komödien zwar aus didaktischen Gründen erlaubt, doch müssten sämtliche Rollen an Sklaven und auswärtige Schauspieler delegiert werden, da sich nur so verhindern lasse, dass die Bürger der Polis durch eine eigene Nachahmung des *aischron* selbst moralisch korrumpiert würden. Auch die Aufführung von Tragödien wird unter Vorbehalte gestellt: Zu präsentieren sind – nach Maßgabe eines aus lebenserfahrenen Bürgern zusammengesetzten Zensurgremiums – allein solche Stücke, deren Aussagegehalt in Übereinstimmung mit den philosophisch konzipierten Gesetzen der Polis steht. Besonders bemerkenswert für das Verhältnis von Philosophie und Dichtung ist das in den *Nomoi* geäußerte Selbstverständnis der Gesetzgeber, die sich auf eigene Weise selbst als *poiêtai* und die herkömmlichen Tragiker entsprechend als ihre Rivalen (*antagônistai*) deuten (vgl. Görgemanns 1960; Kuhn 1941/1942; Patterson 1982):

> Wir sind selber Dichter einer Tragödie, die, soweit es in unseren Kräften steht, die denkbar schönste und zugleich beste ist. Jedenfalls ist die gesamte Staatsverfassung von uns verfasst worden als eine Darstellung des schönsten und besten Lebens, und dies ist, wie wir behaupten, eigentlich die wahrste Tragödie (*Leg.* VII 817b).

In der Forschung wird die Frage nach dem Verhältnis von Platons kunsttheoretischen Ausführungen zu seinem eigenen Philosophieverständnis kontrovers diskutiert. Eine Gruppe von Interpreten betont die scharfe Konkurrenz, die zwischen Dichtung und Philosophie herrsche (etwa Gadamer 1934; Partee 1981; Annas 1982; Nehamas 1982; Westermann 2002). So spreche Platon nicht zufällig von dem »alten Streit« (*palaia diaphora*) zwischen Dichtern und Philosophen (*Rep.* X 607b), der – nach seiner Darstellung – von den Dichtern initiiert worden sei; und seine eigene Dichterkritik, die als Fortführung polemischer Aussagen vorsokratischer Philosophen (insbesondere Heraklits und Xenophanes') gedeutet werden könne, sei durchaus als Selbstprofilierung der Philosophie beschreibbar. Das Konzept der *mimêsis* erlaube es Platon, die Dichtung in ontologischer, epistemischer und ethisch-politischer Hinsicht an der – durch ihre dialektische Methode ausgezeichneten – Philosophie zu messen und für minderwertig zu befinden. Vor dieser Negativfolie avanciere die Philosophie zur eigentlichen, zur größten Kunst (*megistê mousikê*, *Phd.* 60d–61b; vgl. *Rep.* X 607b), der gegenüber die tradierten Künste kunstlos erscheinen müssen. Zusätzliche Brisanz gewinne die genannte Konkurrenz durch ihre pädagogisch-politischen Aspekte (vgl. Erler 2007, 490). So forciere Platon die Auseinandersetzung mit den Dichtern, um diese nicht nur auf theoretischem, sondern auch auf praktischem Feld zu schlagen, um die alte Bildungsautorität eines Homer zugunsten eigener Ambitionen zu entmachten.

Demgegenüber plädiert eine zweite Gruppe von Interpreten für eine Vereinbarkeit der Philosophie mit bestimmten Arten der Dichtung (vgl. die Doxographie von Büttner 2000, 170–180). Wie auch Platons eigene Tätigkeit als Dialogautor zeige, stehe er keineswegs allen Formen der *poiêtikê* ablehnend gegenüber. Die von ihm präferierte literarische Form des Dialogs diene auch keineswegs einer politischen Indoktrinierung (im Sinne des dritten Buchs der *Politeia*), vielmehr verzichte Platon bewusst auf das Verfassen philosophischer Traktate, um seine Rezipienten zu einem eigenständigen, kritischen, »dialogischen« Philosophieren hinzuführen. Entsprechend sei die in den Dialogen formulierte Dichterkritik in ihrer Reichweite zu begrenzen. Sie treffe nur Teile der traditionellen Dichtung, nicht aber Platons eigenes schriftstellerisches Werk (vgl. Büttner 2000, 166), das sogar als ein literarisch-philosophisches Gegenkonzept verstanden werden dürfe. Ein anderes Argument zugunsten einer Vereinbarkeit von Philosophie und Dichtung dissoziiert den Dialogautor Platon von der Dialogfigur Sokrates (vgl. bereits Stenzel 1956). So sei es keineswegs sicher, ob die Dichterkritik, die Platon in der *Politeia* Sokrates in den Mund lege, seine eigene Auffassung darstelle – wie auch die im *Phaidros* formulierte Schriftkritik nicht notwendig als die Position zu gelten habe, die der Schriftsteller Platon *in propria persona* vertrete.

Eine weitere in der Forschung diskutierte Frage betrifft das Verhältnis zwischen der Behandlung der *poiêtikê* im dritten Buch, das – im Kontext des *paideia*-Konzepts – bestimmte Arten der Dichtung als wichtiges Erziehungsinstrument schätzt, und derjenigen im zehnten Buch, das – im Kontext des *mimêsis*-Konzepts – jede Art von Dichtung aus dem Idealstaat auszuweisen scheint (vgl. Tate 1928 und 1932; Harth 1967). Gegenüber Deutungen, die hier eine schwer zu leugnende Spannung konstatieren und darüber hinaus prinzipiell bestreiten, dass Platon eine einheitliche Kunst- und Dichtungstheorie entwickelt habe, wurde jüngst der eindrückliche Versuch vorgelegt, bei Platon ein »weitgehend konsistentes Verständnis von Literatur« (Büttner 2000, 2) aufzuzeigen, welches auch das – in diesem Fall positiv gedeutete – Konzept des *enthousiasmos* mit einschließt.

34.5 Dichtung, Malkunst und Bildhauerei als spezifizierte *technai*

Im *Sophistes* nimmt Platon eine dihairetische Untergliederung des *technê*-Begriffs vor, die eine genauere Taxierung der Dichtung, aber auch anderer »schöner Künste« wie der Malerei und Bildhauerei im größeren Kontext von Kompetenzen und Fähigkeiten erlaubt. (1) Innerhalb des allgemeinen Bereichs der *technai* sind diese dem Teilgebiet der hervorbringenden Kunst (*poiêtikê technê*) zuzurechnen, die sich von der erwerbenden Kunst (*ktêtikê technê*) dadurch unterscheidet, dass sie etwas vom Nicht-Sein ins Sein (*einai*) bringt. (2) Innerhalb der *poiêtikê technê* wiederum sind Dichtung, Malerei und Bildhauerei zur nachahmenden Kunst (*mimêtikê technê*) zu zählen, die als genuin menschliche Kulturleistung begriffen und von einem als »göttlich« apostrophierten Gegenstück abgehoben wird, welche natürliche (*physei*) Formen des Entstehens (etwa von Lebewesen) beinhaltet. (3) Schließlich erfolgt innerhalb der *mimêtikê technê* eine weitere Spezifizierung dahingehend, dass die genannten Künste nur Abbilder (*eidôla*) von Dingen hervorbringen, nicht aber diese selbst (*Soph.* 219a–c, 265a–266d).

Gegenüber der *Politeia* weicht die vorgenommene Klassifizierung zwar insofern ab, als die basale Dreigliederung der *technai* in gebrauchende, herstellende und nachahmende von einer Zweigliederung in hervorbringende und erwerbende abgelöst wird; wichtiger aber scheint, dass an dem mimetischen, bloße *eidôla* produzierenden Charakter von Dichtung, Malerei etc. festgehalten wird. Daher scheint es kaum möglich, der platonischen Ästhetik einen Sinn für Fiktionalität (vgl. Gill 1993) zu attestieren. Einen solchen entwickelt wohl erst Aristoteles, dessen eigener *mimêsis*-Begriff nicht als imitierende Abbildung und Nachahmung, sondern als eine von der vorgegebenen Wirklichkeit abgelöste, dafür aber einer rezeptionsästhetischen Glaubwürdigkeit verpflichtete Handlungsdarstellung zu verstehen ist (*Poet.* 1451a36–38, 1451b16–19; vgl. Hamburger 1994; Fuhrmann 1992).

Literatur
Annas, Julia 1982: An Introduction to Plato's *Republic*. Oxford.
Barmeyer, Eike 1968: Die Musen. Ein Beitrag zur Inspirationstheorie. München.
Büttner, Stefan 2000: Die Literaturtheorie bei Platon und ihre anthropologische Begründung. Tübingen/Basel.
Cain, Rebecca B. 2012: »Plato on Mimesis and Mirrors«. In: Philosophy and Literature 36, 187–195.

Erler, Michael 2007: Platon. (Grundriss der Geschichte der Philosophie. Die Philosophie der Antike. Hg. v. Hellmut Flashar. Bd. 2/2). Basel.

Fuhrmann, Manfred ²1992: Die Dichtungstheorie der Antike. Aristoteles – Horaz – »Longin«. Eine Einführung. Darmstadt.

Gadamer, Hans-Georg 1934: Platon und die Dichter. Frankfurt a. M.

Gill, Christopher 1993: »Plato on Falsehood – Not Fiction«. In: Christopher Gill/Timothy P. Wiseman (Hg.): Lies and Fiction in the Ancient World. Exeter/Austin, 38–87.

Görgemanns, Herwig 1960: Beiträge zur Interpretation von Platons *Nomoi*. München.

Gundert, Hermann 1969: »Enthusiasmos und Logos bei Platon« [1949]. In: Konrad Gaiser (Hg.): Das Platonbild. Zehn Beiträge zum Platonverständnis. Hildesheim, 176–197.

Hamburger, Käte ⁴1994: Die Logik der Dichtung. Stuttgart.

Harth, Helene 1967: Dichtung und Arete. Untersuchungen zur Bedeutung der musischen Erziehung bei Plato. Frankfurt a. M.

Heitsch, Ernst 1993 Platon, *Phaidros*. Übersetzung und Kommentar. Göttingen.

Janaway, Christopher 1995: Images of Excellence. Plato's Critique of the Arts. Oxford.

Kuhn, Helmut 1941/1942: »The True Tragedy. On the Relationship between Greek Tragedy and Plato«. In: Harvard Studies in Classical Philology 52, 1–40, 53; 37–88.

Marten, Rainer 1975: »Sind Ideen dem Denken zugänglich? Die dialektische Methode, ihre methodologische Bestimmung und das Problem ihrer Bewährung«. In: Ders.: Platons Theorie der Idee. Freiburg/München, 15–66.

Nehamas, Alexander 1982: »Plato on Imitation and Poetry in *Republic* 10«. In: Julius M. E. Moravcsik/Philip Temko (Hg.): Plato on Beauty, Wisdom, and the Arts. Totowa, 47–78.

Nussbaum, Martha C. 1982: »›This Story isn't True‹. Poetry, Goodness, and Understanding in Plato's *Phaedrus*.« In: Julius M. E. Moravcsik/Philip Temko (Hg.): Plato on Beauty, Wisdom, and the Arts. Totowa, 79–124.

Partee, Morriss H. 1981: Plato's Poetics. The Authority of Beauty. Salt Lake City.

Patterson, Richard A. 1982: »The Platonic Art of Comedy and Tragedy«. In: Philosophy and Literature 6, 76–93.

Pöhlmann, Egert 1976: »Enthusiasmus und Mimesis: Zum platonischen *Ion*«. In: Gymnasium 83, 191–208.

Schlaffer, Heinz 1982: Poesie und Wissen. Die Entstehung des ästhetischen Bewusstseins und der philosophischen Erkenntnis. Frankfurt a. M.

Skiadas, Aristoxenos D. 1971: »Über das Wesen des Dichters im platonischen *Ion*«. In: Symbolae Osloenses 46, 80–89.

Stenzel, Julius 1956: »Literarische Form und philosophischer Gehalt des platonischen Dialoges« [1916]. In: Ders. (Hg.): Kleine Schriften zur griechischen Philosophie. Darmstadt, 32–47.

Tate, John 1928: »›Imitation‹ in Plato's *Republic*«. In: Classical Quarterly 22, 16–32.

Tate, John 1929: »Plato and Allegorical Interpretation«. In: Classical Quarterly 23, 142–154.

Tate, John 1932: »Plato and Imitation«. In: Classical Quarterly 26, 161–169.

Westermann, Hartmut 2002: Die Intention des Autors und die Zwecke der Interpreten. Zu Theorie und Praxis der Dichterauslegung in den platonischen Dialogen. Berlin/New York.

Woodruff, Paul 1982: »What Could Go Wrong with Inspiration? Why Plato's Poets Fail«. In: Julius M. E. Moravcsik/Philip Temko (Hg.): Plato on Beauty, Wisdom, and the Arts. Totowa, 137–150.

Wyller, Egil A. 1958: Der späte Platon. Tübinger Vorlesungen [1956]. Hamburg.

Hartmut Westermann

35 Pädagogik

35.1 Allgemeines

Auch wenn von Pädagogik als eigener wissenschaftlicher Disziplin erst seit dem 18. Jh. die Rede sein kann, ist *paideia* ein seit dem 5. Jh. v. Chr. fassbarer zentraler Begriff für die Erziehung und Bildung des Kindes (*pais*). *Paidagôgia* bedeutete ursprünglich die Führung des Kindes im Sinne von Begleitung, Zucht oder Aufsicht (*Tim.* 89d; *Rep.* VI 491e). Als *paidagôgos* galt ein Sklave, dessen dauernde häusliche Betreuung oft mit einer sittlichen Erziehung einherging (*Symp.* 183c). Während man heute zwischen der Bildung als Lernen und der Erziehung als einer Formung von Charakter und Verhalten unterscheidet, umfasst *paideia* sowohl den Vorgang der intellektuellen und ethischen Erziehung als auch das Resultat dieses Prozesses, das Erzogen- und Gebildetsein (*Prot.* 327d; *Gorg.* 470e), und zwar von Kindern, Jugendlichen und Erwachsenen (vgl. Bremer 1989).

Die Sophisten (s. Kap. III.16) richten ihre Erziehungstätigkeit – ein Zusammenspiel von Begabung (*physis*), Belehrung (*mathêsis*) und Übung (*askêsis*) – auf die praktisch-politische Vortrefflichkeit einschließlich der Redekunst (vgl. DK 80 B3). Platon hingegen bevorzugt in Abgrenzung gegen die Sophisten, denen er gerade Unbildung (*apaideusia, Gorg.* 527e) vorwirft, keine rhetorische, sondern eine philosophisch-wissenschaftliche *paideia*, die gleichwohl nicht unpolitisch ist, wie anhand des Philosophenstaates in der *Politeia* und des Gesetzesstaates in den *Nomoi* deutlich wird (vgl. Stenzel 1961). Hingewiesen sei aber auf den sokratischen Leitgedanken einer Sorge um die Seele (*Phd.* 82d, 107c) bzw. um uns selbst (*Alk. I* 132b–c) mit dem Ziel einer richtigen Lebensführung (*Apol.* 30b), so dass man hier auch von einer ›Erziehung‹ der Seele sprechen kann, die nach diesem Leben »nichts anderes als ihre Erziehung (*paideia*) und Aufzucht (*trophê*)« bei sich hat (*Phd.* 107d).

35.2 *Paideia* im Wächterstaat (*Rep.* II–IV)

Platons *paideia* steht in unlösbarem Zusammenhang mit seinem Staatsentwurf der *Politeia* (vgl. Jaeger 1954 und 1955; Gadamer 1999b), in der ein pädagogisches Curriculum für die Erziehung der Wächter und der Philosophenherrscher entwickelt wird. Als Grundstufe wird eine musisch-philosophische (II 376e–403c) und eine gymnastische Erziehung (III 403c–412b) vorgesehen, wohl Erbe des altadeligen Erziehungsverständnisses. Dabei soll bei einer vorhandenen philosophischen, d. h. hinsichtlich Körper und Seele lernbegierigen Veranlagung (*philomathês physis*), durch Anschauung und praktische Nachahmung von Vorbildern die Tugend (*aretê*) von Kindheit an (*ek paidôn*, III 395c) eingeübt werden. Dies ist die Aufgabe einer entsprechenden Erziehung im Hinblick auf den Nutzen (*ôphelia*). Diese Erziehung zielt in Gymnastik und Musik auf Gleich- und Ebenmaß, damit als Ergebnis einer gelungenen *paideia* die Seele schließlich – wie eine Lyra – auf rechte Weise gestimmt, d. h. wohlgeordnet ist, um Gutes zu tun.

Der Auswahl der geeigneten Erziehungsmittel liegt der Blick auf den späteren Nutzen gemäß bestimmter ethisch-politischer Normen zugrunde. Auf diese Weise kommt es zu einem Spannungsverhältnis im Umgang mit unwahren Geschichten (*mythoi*, II 377a) im Kontext der *paideia*. Eine »edle Lüge« bzw. die Vermittlung unwahrer Begebenheiten darf durchaus, sofern sie jenem Nutzen zuträglich ist und somit aus pädagogischen Gründen gleichsam als Medizin verwendet wird, eingesetzt werden, etwa von den Regierenden zum Wohl der Polis, wie z. B. im Mythos von den Metallen (III 414b–415c; vgl. Page 1991). Eigentlich ist die Lüge aber verderblich (III 389d) und der Erziehung der Jugend zu Besonnenheit (*sôphrosynê*) oder Selbstbeherrschung (*enkrasia*) nicht förderlich (III 390b). Infolgedessen werden auch die Dichtungen Homers und Hesiods kritisiert und aus dem Erziehungsprogramm entfernt, da sie auf unwahre und schlechte Weise Götter und Menschen darstellen und so dem übergeordneten Erziehungsziel, besonnen und gottesfürchtig (*theosetheis*) zu werden, zuwiderlaufen (II 383c; vgl. Gadamer 1999a; Jaeger 1954, 285–310; Schubert 1995, 150–158; Murray 1996, 135 ff.; Halliwell 2011). So dürfen im Rahmen der idealen *paideia* Kämpfe unter Göttern nicht weitergegeben werden, wenn man zu der Überzeugung anleiten will, dass ein Bürger dem anderen nie feindlich gesonnen sein darf. Die Dichter sollen vielmehr dazu genötigt werden, die Gesänge (*logoi*) entsprechend auszurichten, da das in der Jugend einmal Aufgenommene sich später nur schwer verändern lässt. Dasjenige, was man zuerst hört, erfolge daher stets auf die Tugend hin (*pros aretên*, II 378e; vgl. Gill 1985). Bei der musischen Bildung wird also vor Arten und Beispielen der Dichter gewarnt, die zu Unbeherrschtheit und Leichtfertigkeit verleiten, wenn von amoralischen Handlungen der Götter berichtet wird (II 377b–378e) oder diese jammernd, klagend oder lachend, unbesonnen, gierig, ruchlos oder gar unwahrhaftig (III 387e–389b) agieren. Auch die Menschen verhalten sich in den Schilderungen jener Dichter in den wichtigsten Punkten (*ta megista*) verkehrt (III 392b). Unzutreffend ist ebenso die dichterische Beschreibung von Tod und Unterwelt, die gerade nicht als schrecklich und furchtbar dargestellt werden dürfen im Hinblick auf den Nutzen für die Wächter (III 386a–387c), da diese ja als Freie (*eleutheroi*) die Knechtschaft mehr fürchten als den Tod (III 387b). Deshalb sind solche Dichtungen aus dem Unterricht auszuschließen (vgl. Janke 2007, 53–65).

Gleichwohl ist Dichtung grundsätzlich in der Lage, nachzuahmende Vorbilder aufzuzeigen und den Wächtern durch fortgesetzte Nachahmung (*mimêsis*) Wahrheit (*alêtheia*), Ernsthaftigkeit (*spoudê*) und Besonnenheit zu vermitteln, die, wenn man sie von Jugend an betreibt, später in Gewohnheiten (*êthê*) und letztlich durch Angleichung in ihre Natur (*physis*) übergehen sollen, so dass wiederholtes Nachahmen schließlich eine zweite Natur schafft (III 395c; vgl. Schubert 1995, 154; Lear 2011). Es wird deswegen nur die Vortrags- und Erzählungsart erlaubt, deren sich der wahrhaft Gute und Tugendhafte bedienen wird, indem er jene durch besonnenes Handeln nachahmt (III 396e–398b; vgl. Murray 1996, 21 f.).

Ein anderer Teil der musischen Bildung (III 398c–403c) betrifft den Gesang (*melos*), genauer: die zulässigen Tonarten, Instrumente und Zeitmaße (*rhythmoi*), wobei Tonart und Zeitmaß der Rede (*logos*) folgen. Klagende Tonarten, wie die vermischt lydische und hochlydische, sowie die bei Gastmählern üblichen ›weichlichen‹ Tonarten, die ionische und die lydische, werden abgelehnt, stattdessen allein die dorische und phrygische zugelassen, da erstere zu einem Tapferen passt, der Schicksal und Unglück beharrlich aushält, letztere zu einem vernünftig und besonnen Handelnden. Diese Tonarten ahmen Besonnene bzw. Tapfere am schönsten nach (*kallista mimêsontai*, III 399c). Deshalb werden auch keine Instrumente benötigt, die in allen Tonarten spielen können, sondern allein Lyra und Kithara sind zu gebrauchen (*chrêsima*, III 399d). Analog sollen nicht alle Zeitmaße verwendet werden, sondern nur die einem geordneten (*kosmios*) und tapferen Leben (*andreios bios*) entsprechenden Taktarten Daktylos, Jambus und Trochaios, damit später aus der Wohlgemessenheit (*eurhythmia*) des Taktes die Wohlanständigkeit (*euschêmosynê*) folgt. Weil die der Rede folgenden Tonarten und Zeitmaße sich am tiefsten in der Seele einprägen, zu tapferen und besonnenen Handlungen und schließlich zu einer tugendhaften Haltung führen, ist die Musik für Platon von besonderer Wichtigkeit. Denn das Kind, das über sie zur Ähnlichkeit, Freundschaft und Übereinstimmung mit Vernunft (*logos*) erzogen wird, wird diese später am meisten lieben, »da es sie an der Verwandtschaft erkennt« (III 402a). Dieses Zusammenfallen von seelischer Gesinnung und Musik erweist sich als das Schönste (*kalliston*) und Liebenswürdigste (*erasmiôtaton*, III 402d; vgl. Schmidt 2006, 22–27; Schubert 1995, 151; Canto-Sperber/Brisson 2011, 74–79).

An die musische Bildung schließt sich eine gymnastische Bildung der Wächter an (III 403c–412b). Da eine gute Seele durch ihre Tugend auch auf den Leib bestmöglich wirkt (III 403d), ist die beste Gymnastik (*beltistê gymnastikê*) verschwistert mit der idealen Musik (III 404b). Wie nun die Einfachheit der Musik eine Besonnenheit in der Seele erzeugt, so die Einfachheit der Gymnastik eine Gesundheit im Leib (III 404e). Gymnastik und Leibesübungen werden aber nicht zwecks einer zu erreichenden ausgezeichneten körperlichen Stärke betrieben, ebenso wenig ist ein Zuviel an Gymnastik beabsichtigt, aus der Rauheit resultieren würde, oder ein Zuviel an Musik, das zur Weichlichkeit führen würde, auch keine einseitige Ausrichtung ausschließlich auf Musik oder lediglich auf Gymnastik. Vielmehr muss beides aufeinander abgestimmt und ›gemischt‹ beigebracht werden (III 410e). Gymnastik und Musik werden auch nicht Körper und Seele zugeordnet, sondern innerhalb der Seele erstere dem mutartigen (*thymoeides*) und letztere dem wissbegierigen (*philosophon*) Seelenvermögen, um auf diese Weise zusammenzustimmen (*synharmosthêton*, III 411e).

Damit sind die Grundzüge der Bildung (*typoi tês paideias*) dargelegt (III 412b). Eine gute Erziehung macht weitere Detailvorschriften überflüssig, etwa zu Tanz, Jagd und Wettkämpfen (IV 425a–e; vgl. jedoch zum Tanz *Leg.* VII 802a–803b, 814d–816d, zu Wettkämpfen VIII 832d–835a und zur Jagd VII 822d–824a). Zu den Aufgaben und Pflichten der auszuwählenden Herrscher gehört es auch, sich um das Erziehungswesen zu kümmern (*Rep.* IV 423d–427a). Unterricht und Erziehung (*trophê*) bezeichnet Platon als das »eine Große« (*hen mega*, *Rep.* IV 423e). Denn gutes Erziehen (*eu paideuomenoi*), d. h. wenn man schon als Kind gute Ordnung durch die Musik in sich aufgenommen hat (III 401c–402a), begleitet den späteren Wächter überall hin und lässt ihn alles leicht von selbst einsehen. Deshalb soll in Gymnastik und Musik auch nichts gegen die bestehende Ordnung (*taxis*) erneuert, also auch nicht etwa neue Gattungen der Musik eingeführt (IV 424a–c), sondern vielmehr alles möglichst aufrechterhalten werden.

Wenn eine rechte Mischung von Musik und Gymnastik die Seele zusammenstimmend (*symphôn*) gemacht hat und jeder Seelenteil seine Aufgabe erfüllt, also das Vernünftige (*logistikon*) regiert, das Mutartige (*thymoeides*) jenes darin unterstützt (*epikouron*), sofern es nicht durch schlechte Erziehung (*kakê trophê*, 441a) verdorben ist und sich auf die Seite des Begehrungsvermögens (*epithymêtikon*) schlägt, und letzteres sich bereitwillig regieren lässt, so ist die Seele gerecht (vgl. Vlastos 1995; Cooper 1999; s. Kap. V.43). Auf welche Seelenteile sich die *paideia* richtet, wird in der Forschung unterschiedlich gedeutet: Während Gill (1985) davon ausgeht, dass bei der Erziehung des Mutartigen (*thymoeides*) nicht zugleich auch das Begehrungsvermögen (*epithymêtikon*) ›miterzogen‹ wird, weil analog auch nicht von einer *paideia* der Gewerbetreibenden die Rede ist, wird eine derartige ›Mit-Erziehung‹ seit einiger Zeit durchaus vertreten (vgl. Wilberding 2009), denn sie wird im Text auch nicht explizit ausgeschlossen.

35.3 Ausbildung der Philosophen im Philosophenstaat (*Rep.* V–VII)

Als Hauptzeugnis der platonischen *paideia*-Konzeption darf das Höhlengleichnis (*Rep.* VII 514a–521b) betrachtet werden (vgl. Hoffmann 1930; Ballauff 1976; Kauder 2001). Es veranschaulicht den stufenweisen Prozess des Menschen vom Unwissen zum wahren Wissen. Die *paideia* erweist sich hierbei als eine Kunst (*technê*) der »Umlenkung der Seele« (*periagôgê psychês*, VII 521c), als eine »Wendekunst« und keine »Pflanzkunst« (vgl. Chen 1987; Delhey 1994; Schubert 1995). Der Weg beginnt damit, dass ein Gefangener von seinen Fesseln befreit wird und nach dieser Loslösung zu einer Umwendung des Nackens (VII 515c) in der Lage ist, welche für eine »Umwendung der Seele« (Fink 1970, 64–75) durch die *paideia* steht, nämlich von der Unkenntnis bzw. vom Dunkel der Sinnenwelt (VII 518c) ins Freie, d. h. zu den Ideen, dem wahrhaft Seienden. Die Gefangenen sind allerdings nicht aus eigener Kraft dazu imstande. Um den Prozess der *paideia* in Gang zu setzen und um zu dessen Ziel zu gelangen, bedarf der Mensch fremder Hilfe (vgl. Wieland 1999, 219–223). Diese Hilfe muss jemand (*tis*, VII 515e) bieten, der bereits befreit und von außen in die Höhle zurückgekehrt ist. Das Ziel des Weges besteht in der Erkenntnis der Ursache all dessen, was bereits zuvor während des schrittweisen, stets mit Schmerzen verbundenen Aufstiegs aus der Höhle hinaus ins Freie erkannt wurde: die Idee des Guten, die zwar nur mit Mühe (*mogis*) und unter äußerster Anstrengung, aber gleichwohl doch zu erfassen ist (VII 517b). Nach jener höchsten Einsicht muss der Philosoph wieder in die Höhle des sinnlichen Scheins und »menschlichen Elends« hinabsteigen (vgl. Schenke 1997), um seine Regierungspflichten wahrzunehmen (VII 520c–d).

Das Höhlengleichnis zeigt, dass Platon unter der *paideia* einen das gesamte Leben umfassenden Prozess versteht, an dessen Ende, zu dem nur wenige gelangen, der philosophisch Gebildete steht, der die wahre Einsicht in die Wirklichkeit erlangt hat. Daher setzt das Erziehungsprogramm des platonischen Idealstaats bereits in der Jugend mit gymnastischer und musischer Unterweisung ein. Doch trotz der oben skizzierten engen Verbindung von Philosophie und Musik (III 376e–403c) erzieht letztere zwar durch Gewöhnung mit Hilfe des Wohlklangs zu einer gewissen Wohlgestimmtheit und Wohlgemessenheit, flößt jedoch noch keine Wissenschaft (*epistêmê*) ein. Daher besteht der nächste Schritt in einer Unterweisung in den mathematischen Disziplinen, die notwendig für jene »Umlenkung der Seele« ist. Die angehenden Philosophenherrscher werden von ihrem zwanzigsten Lebensjahr an zehn Jahre in Arithmetik (VII 522c–526c), Geometrie (VII 526c–527c), Stereometrie und Astronomie (VII 527d–530c) sowie in Harmonik (VII 530c–531c) unterrichtet. Diese Disziplinen (*mathêmata*) gehören gemäß dem Liniengleichnis (VI 509d–511e) zum Gebiet des Denkbaren (*topos noêtos*, VI 509d), aber noch nicht zum Bereich der Vernunfterkenntnis (VI 511c–d). Die mathematischen Kenntnisse sind bei jenem »Zug für die Seele vom Werdenden zum Seienden« (VII 521d) erforderlich, da sie die Seele zur Wahrheit hin leiten (VII 527b). Sie fungieren infolgedessen als Mitdienerinnen und Mitleiterinnen (VII 533d), gleichsam wie Vorspiele oder Präludien (*prooimia*, VII 531d) für die eigentlich zu erlernende Melodie (*nomos*, VII 533d): die Dialektik (*to dialegesthai*), welche die einzig wahre Wissenschaft ist (VII 532d–535a).

Nachdem die angehenden Philosophen zehn Jahre ihrer *paideia* den mathematischen Disziplinen gewidmet haben, findet eine Prüfung statt (VII 537d). Wer sich bewährt hat, soll sich nun auf die umgewendete Art (*antistrophôs*) – hier wird das Bild der *periagôgê* der Seele aus dem Höhlengleichnis wieder aufgenommen – fünf Jahre (VII 539d) ausschließlich mit der Dialektik befassen, wobei vor einer verfrühten Beschäftigung mit ihr ausdrücklich gewarnt wird (VII

538c–539d). Die dialektische Methode setzt an mit einer bestimmten Voraussetzung (*ex hypotheseôs*), hinterfragt diese und geht zum Anfang selbst zurück, d. h. schreitet fort bis zu dem keiner Voraussetzung mehr bedürfenden Anfang (*archê anhypothetos*, VI 510b), dem Anfang von allem (*archê pantos*, VI 511b). Dabei bedient sich die dialektische Methode keiner sinnlich-wahrnehmbaren Veranschaulichungen mehr, sondern operiert rein gedanklich (*logô*), d. h. ausschließlich mit Ideen (*eidê*), um zu erkennen, was ein jedes selbst (*auton*) ist. Dann ist der Dialektiker in der Lage, von einem jeden Beliebigen eine Erklärung des Wesens (*logos tês ousias*) anzugeben und sich selbst und jedem Anderen darüber Rechenschaft abzulegen (*logon didonai*). Nun ist er am Ziel (*telos*) alles Erkennbaren angelangt. Was diese dialektische Wissenschaft (*epistêmê tou dialegesthai*, VI 511c) im Rahmen jener Aufstiegs- und Abstiegsbewegung vom Seienden (*on*) und Denkbaren (*noêton*) betrachtet, ist sicherer (*saphesteron*) erfasst als dasjenige im Bereich der sogenannten mathematischen »Kenntnisse« (*mathêmata*) oder aller anderen »Künste« (*technai*). Jene Wissenschaft liegt somit wie ein Sims oder Gipfel (*thrinkos*, VII 534e) über den Kenntnissen, so dass keine andere Kenntnis mehr auf jenen Schlussstein der *paideia* gesetzt werden kann, sondern es mit den Kenntnissen hier ein Ende (*telos*, VII 534e) hat.

Platons Programm einer auf Altersstufen, Lerninhalte und Vermögen abgestimmten, nahezu lebenslangen *paideia*, für die eine strenge Bindung an ethisch-politische Normen, ein Stufengang mit dem Ziel einer Elitebildung und die Forderung einer jahrzehntelangen Anstrengung kennzeichnend ist, hängt zusammen mit seiner These, dass allein die Philosophie als höchste Bildungsmacht in Personalunion von Philosoph und Staatsmann die Krise der Polis überwinden kann (V 473c–e). Ihre rigorosen Ansprüche und ihr Zwangscharakter wurden bisweilen heftig kritisiert und brachten Platon den Vorwurf von Totalitarismus, Propaganda und Kollektivismus ein (vgl. Popper 2003, 104–143; dagegen z. B. Erbse 1979; Schubert 1995).

35.4 Die Regelung der Erziehung im Gesetzesstaat (*Leg.* I–II, VII, XII)

Auch in Platons letztem Werk, den *Nomoi*, wird die Erziehung ausführlich thematisiert. Eine fiktive Staatsverfassung legt im Rahmen einer Mustergesetzgebung die Erziehung der Bürger fest (*Leg.* I–II, VII). Sie sieht Erziehungsbeamte und einen Aufseher über das gesamte Erziehungswesen vor (VI 764c–766c), ebenso die Ausbildung in den erforderlichen Kenntnissen für die Mitglieder der »nächtlichen Versammlung« (XII 961a–969d), die über die Einhaltung der Gesetze wacht. Während Platon in der *Politeia* das Bildungsprogramm eher grundsätzlich erörtert, gibt er hier, besonders in *Leg.* II und VII, ganz konkrete Vorschriften.

Ziel der Gesetzgebung, so wird zu Anfang gesagt, sei nicht eine einzelne Tugend, wie etwa die Tapferkeit (*andreia*), sondern die gesamte Tugend. Denn auch Besonnenheit oder Selbstbeherrschung, d. h. eine rechte Haltung gegenüber Lust und Schmerz (I 636d–e), die für einen guten Menschen oder Staatsbürger kennzeichnend ist (I 643a–644b), erweist sich als bedeutsam, da dies das Ziel der Erziehung bildet (I 643e). Gut ist, wer selbstbeherrscht ist und seine Affekte zu kontrollieren von Kindheit an angeleitet wurde. Vor diesem Hintergrund tragen auch Symposien zur Erziehung bei (vgl. Schöpsdau 1994, 222 ff.; Benardete 2000, 24–87). Während ein Rausch zum Verlust der Selbstbeherrschung führt (I 645d–646a), lässt sich das Weintrinken gleichwohl rechtfertigen, indem der Wein die Möglichkeit bietet, die Furcht zu überwinden und seine Tapferkeit und Selbstbeherrschung zu erproben (I 647e–650b). Der Wein steht somit ebenso im Dienst der Erziehung wie das Spiel, das der Hinlenkung zur Tugend dienen soll, und die Musik, deren Funktion wie folgt aussieht (*Leg.* II): Ähnlich wie in der *Politeia* werden auch in den *Nomoi* Gesang und Tanz nicht um ihrer selbst willen betrieben, sondern als Nachahmungen menschlicher Stimmungen und Charaktere angesehen. Das Kind soll schon in jugendlichem Alter durch umfassende musische Erziehung an Harmonie bzw. Übereinstimmung von Affekten und Vernunft, also an Tugend, gewöhnt werden und dadurch Besonnenheit erwerben (vgl. Morrow 1960, 302 ff.; Schöpsdau 1994, 253 ff.; Mesch 2005, 103, 106; Müller 2013, 54–59). Grundsätzlich beschreibt Platon die Erziehung als »Ziehen (*holkê*) und Führen (*agôgê*) der Kinder« (II 659d). Analog liegt der Erziehungsauftrag der Dichter darin, in ihren Werken das gerechteste Leben als das lustvollste darzustellen (II 659c–663d), wovon der Staat entsprechend Nutzen hat (vgl. Ferrari 1989), auch wenn es sich um Lügen handelt (II 663d–664b).

Nachdem Wesen und Ziel der Erziehung aufgezeigt wurden, geht es anschließend um deren praktische Umsetzung (II 664b ff.), und zwar durch drei Chöre mit je nach Altersstufe verschiedenen Aufgaben (vgl. Hatzistavrou 2011). Die gymnastische Erziehung –

und ihre Beziehung zur Musik als einer Erziehung zur Tugend (II 673a) – wird nur erwähnt, aber erst später behandelt (vgl. VII 795d ff.). Da zur Gesetzgebung verschiedene Beamte und Aufseher (VI 751a–768e) gehören, gibt es auch Erziehungsbeamte für Unterricht und Wettkämpfe (VI 764c–765d) und darüber hinaus einen Erziehungsminister für das gesamte Erziehungswesen (VI 765d–766c). Dieser ist einer der wichtigsten Beamten der Stadt und wird für fünf Jahre gewählt.

Die ausführlichen Regelungen der Erziehung in den jeweiligen Altersstufen bis hin zur Erwachsenenbildung finden sich in *Leg.* VII (vgl. Benardete 2000, 190–231). Für die ersten drei Stufen, d. h. bis zum zehnten Lebensjahr, gibt es anstelle von Gesetzen nur Anweisungen, danach folgt die Unterweisung in Gymnastik und Musik, darauf die Schulbildung mit Lesen und Schreiben, Lektüre von Texten in Dichtung und Prosa. Bei der frühesten physischen Erziehung beeinflusst die rhythmische Bewegung die physische Entwicklung und den Charakter des Kindes, ebenso eine heitere Gemütsstimmung, denn Heiterkeit ist im Hinblick auf Lust und Schmerz bzw. Leid das rechte Maß (VII 788a–793e), auf diese Weise wird ein Mittelweg angestrebt (vgl. Aristoteles, *EN* II 5). Bei der Erziehung in der Zeit vom dritten bis zum sechsten Lebensjahr wird die Bedeutung des Spiels für die Seele hervorgehoben (VII 793d–794c), danach ist die Entwicklung der Beidhändigkeit sowie Tanz und Ringen als Unterarten der Gymnastik vorgesehen (VII 794d–797a). Neuerungen oder Modifikationen in Spiel, Musik oder Gesetz stellen wegen eines möglichen negativen Einflusses auf die Gesinnung Gefahren dar (VII 797a–798e) und sind daher nicht gestattet, ähnlich wie in der *Politeia* (IV 424b–425c). Ziel der Musik ist die Bildung. Da Platon neben einer gleichen Ausbildung für Männer und Frauen (*Leg.* VII 804c–806d) auch die Schulpflicht (VII 804d) in jenem »zweitbesten Staat« (IX 875d) vorschreibt, wird nun die Regelung der Schulbildung (VII 808c–824a) thematisiert, also etwa Lesen und Schreiben (VII 809e–811c), wobei der Text der *Nomoi* selbst als exemplarisches Muster für die auszuwählenden Schultexte dient (VII 811c–812a) und in den entscheidenden Partien sogar auswendig gelernt werden soll (vgl. Görgemanns 1960, 7–17). Diese Regelungen umfassen ebenso Musikunterricht, Tanz sowie Gymnastik, Ringen und die Komödie (VII 812b–816e). Bei der Tragödie hingegen wird eine Zensur vorgenommen und der philosophische Dialog als wahre Tragödie angesehen (VII 817a–e). Darauf folgen die notwendigen mathematischen Wissenschaften (VII 817e–819a). Die Handhabung der Kindererziehung schließt mit Vorschriften über die Jagd (VII 822d–824a; vgl. Benardete 2000, 226 ff.). Im Rahmen der Bildung der Erwachsenen (*Leg.* VIII) werden auch die Wettkämpfe gesetzlich festgelegt (VIII 832d–835b; vgl. Schöpsdau 2011, 181–187).

Die *Nomoi* enden mit der Beschreibung der »nächtlichen Versammlung« als dem »Anker des gesamten Staates« (vgl. Morrow 1993, 500–515; Benardete 2000, 340–352). Diese Versammlung fungiert als oberste Kontrollinstanz über die Erhaltung der Gesetze, deren Mitglieder, die zehn ältesten Gesetzeswächter und Aufseher über die Erziehung (XII 961a–b), das Ziel der Gesetzgebung – die Hinführung der Bürger zur Tugend (XII 963a–965a) – kennen und dazu speziell ausgebildet sein müssen (XII 965b ff.), und zwar, auch wenn Platon dies nur andeutet, in der dialektischen Methode (XII 965b–966b) sowie in Theologie und Kosmologie (XII 966c–968b; vgl. Jaeger 1955, 324–344; Schöpsdau 2011, 575–606).

Damit ist deutlich geworden, dass nicht nur den Staat der *Politeia*, sondern auch diesen »zweitbesten Staat« Platons (*Leg.* IX 875d) diejenigen führen bzw. kontrollieren, welche die längste Erziehung und Ausbildung erfahren haben und nun über die höchste Kenntnis verfügen (vgl. Szlezák 2004, 44–53, anders hingegen Horn 2013). Indem die Bürger im Hinblick auf die Erlangung der einen Tugend erzogen werden – etwa durch Musik oder Tanz, um die Affekte der Seele zu kontrollieren und diese so in eine harmonische Gesamtkonstellation zu bringen –, kommt es zugleich zu einer möglichst großen Angleichung an Gott (s. Kap. V.37).

Literatur

Ballauff, Theodor 1976: »Der Sinn der Paideia. Eine Studie zu Platons Höhlengleichnis« [1951/52]. In: Horst-Theodor Johann (Hg.): Erziehung und Bildung in der heidnischen und christlichen Antike. Darmstadt, 132–145.

Benardete, Seth 2000: Plato's *Laws*. The Discovery of Being. Chicago/London.

Bremer, Dieter 1989: »Paideia«. In: Historisches Wörterbuch der Philosophie. Bd. VII, 35–39.

Canto-Sperber, Monique/Brisson, Luc 2011: »Zur sozialen Gliederung der Polis (Buch II 372d–IV 427c)«. In: Otfried Höffe (Hg.): Platon: *Politeia*. Berlin, 71–88.

Chen, L. C. H. 1987: »Education in General (*Rep.* 518c4–519b5)«. In: Hermes 115, 66–72.

Cooper, John M. 1999: »The Psychology of Justice in Plato« [1977]. In: Ders.: Reason and Emotion: Essays on Ancient Moral Psychology and Ethical Theory. Princeton, 138–150.

Delhey, Norbert 1994: »*Periagôgê holês tês psychês*. Bemerkungen zur Bildungstheorie in Platons *Politeia*«. In: Hermes 122, 44–54.

Erbse, Hartmut 1979: »Platons *Politeia* und die modernen Antiplatoniker« [1976]. In: Ders.: Ausgewählte Schriften zur Klassischen Philologie. Berlin/New York, 373–395.

Ferrari, Giovanni R. 1989: »Plato and Poetry«. In: George A. Kennedy (Hg.): The Cambridge History of Literary Criticism. Bd. 1. Cambridge, 92–148.

Fink, Eugen 1970: Metaphysik der Erziehung im Weltverständnis von Plato und Aristoteles. Frankfurt a. M.

Gadamer, Hans-Georg 1999a: »Plato und die Dichter« [1934]. In: Ders.: Gesammelte Werke 5, Griechische Philosophie 1. Tübingen 1999, 187–211.

Gadamer, Hans-Georg 1999b: »Platos Staat der Erziehung« [1942]. In: Ders.: Gesammelte Werke 5, Griechische Philosophie 1. Tübingen 1999, 249–262.

Gill, Christopher 1985: »Plato and the education of character«. In: Archiv für Geschichte der Philosophie 67, 1–26.

Görgemanns, Herwig 1960: Beiträge zur Interpretation von Platons *Nomoi*. München.

Halliwell, Stephen 2011: »The *Republic*'s Two Critiques of Poetry«. In: Otfried Höffe (Hg.): Platon: Politeia. Berlin, 243–257.

Hatzistavrou, Antony 2011: »›Correctness‹ and Poetic Knowledge: Choric Poetry in the *Laws*.« In: Pierre Destrée (Hg.): Plato and the Poets. Leiden u. a., 361–385.

Hoffmann, Ernst 1976: »Der pädagogische Gedanke in Platons Höhlengleichnis« [1930]. In: Horst-Theodor Johann (Hg.): Erziehung und Bildung in der heidnischen und christlichen Antike. Darmstadt, 118–131.

Horn, Christoph 2013: »Politische Philosophie in Platons *Nomoi* – das Problem von Kontinuität und Diskontinuität«. In: Ders. (Hg.): Platon. Gesetze – Nomoi. Berlin, 1–21.

Jaeger, Werner Wilhelm ²1954: *Paideia*. Die Formung des griechischen Menschen. Bd. 2 [1944]. Berlin.

Jaeger, Werner Wilhelm ²1955: *Paideia*. Die Formung des griechischen Menschen. Bd. 3 [1947]. Berlin.

Janke, Wolfgang 2007: Plato. Antike Theologien des Staunens. Würzburg.

Kauder, Peter 2001: Der Gedanke der Bildung in Platons Höhlengleichnis. Eine kommentierende Studie aus pädagogischer Sicht. Hohengehren.

Lear, Gabriel Richardson 2011: »Mimesis and Psychological Change in *Republic* III«. In: Pierre Destrée (Hg.): Plato and the Poets. Leiden u. a., 241–266.

Mesch, Walter 2005: »Marionette Mensch und ganze Tugend. Zur Bedeutung eines Gleichnisses in Platons *Nomoi*«. In: Dimitri Barbaric (Hg.): Platon über das Gute und die Gerechtigkeit. Würzburg, 93–107.

Morrow, Glenn R. ²1993: Plato's Cretan City. A Historical Interpretation of the *Laws*. Princeton.

Müller, Jörn 2013: »Der Mensch als Marionette. Psychologie und Handlungstheorie«. In: Christoph Horn (Hg.): Platon. Gesetze – Nomoi. Berlin, 45–66.

Murray, Penelope 1996: Plato on Poetry. *Ion*, *Republic* 376e–398b, 595a–608b. Cambridge.

Page, Carl 1991: »The Truth about Lying in Plato's *Republic*«. In: Ancient Philosophy 11, 1–33.

Popper, Karl R. ⁸2003: Die offene Gesellschaft und ihre Feinde. Bd. I: Der Zauber Platons [1944]. Hrsg. von Hubert Kiesewetter. Tübingen.

Schenke, Stefan 1997: »Logik des Rückstiegs. Vom Sinn der *katabasis* des Philosophen in Platons Höhlengleichnis«. In: Philosophisches Jahrbuch 104, 316–334.

Schmidt, Gerhart 2006: »Die Rolle der Musik in Platons *Staat*« [1976]. In: Ders.: Der platonische Sokrates. Würzburg, 19–31.

Schöpsdau, Klaus 1994: Platon, *Nomoi* (*Gesetze*) Buch I–III. Übersetzung und Kommentar. Göttingen.

Schöpsdau, Klaus 2011: Platon, *Nomoi* (*Gesetze*) Buch VIII–XII. Übersetzung und Kommentar. Göttingen.

Schubert, Andreas 1995: Platon. Der Staat. Paderborn u. a.

Stenzel, Julius ³1961: Studien zur Entwicklung der platonischen Dialektik von Sokrates bis zu Aristoteles. Darmstadt.

Szlezák, Thomas Alexander 2004: Das Bild des Dialektikers in Platons späten Dialogen. Platon und die Schriftlichkeit der Philosophie. Teil II. Berlin/New York.

Vlastos, Gregory 1995: »The Theory of Social Justice in the Polis in Plato's *Republic*«. In: Daniel W. Graham (Hg.): Studies in Greek Philosophy. Volume II: Socrates, Plato, and Their Tradition. Princeton, 69–103.

Wieland, Wolfgang ²1999: Platon und die Formen des Wissens [1982]. Göttingen.

Wilberding, James 2009: »Plato's Two Forms of Second-Best Morality«. In: The Philosophical Review 118, 351–374.

Dirk Fonfara

36 Theorie der Geschichte

Lange nahm man an, dass es bei Platon überhaupt keine Theorie der Geschichte gibt. Dabei orientierte man sich am Modell der modernen Geschichtsphilosophie, die eine empirische Erforschung der Geschichte vorbereitet, indem sie die christliche Heilsgeschichte säkularisiert. Als entscheidende Voraussetzung galt die religiöse Erfahrung eines epochalen Einschnitts, der durch das Auftreten von Jesus Christus markiert wird. Erst dieses singuläre Geschehen habe eine Aufwertung geschichtlicher Ereignisse und ihre Interpretation im Sinne einer gerichteten Entwicklung möglich gemacht. Bei ihrer geschichtsphilosophischen Interpretation sei eine moderne Erfahrung des Epochenbruchs maßgeblich, und zwar unabhängig davon, ob er als Fortschritt affirmiert oder als Verfall kritisiert wird. Dass die antike Welt untergegangen ist, weiß auch derjenige, der sie weiterhin als Vorbild betrachtet und ihre Nachahmung empfiehlt. Wenn man von diesem Modell ausgeht, kann es bei Platon ebenso wenig eine Theorie der Geschichte geben wie in der sonstigen antiken Philosophie vor dem Auftreten des Christentums (Löwith 1953, 14). Einzuräumen ist dann lediglich, dass es schon seit Herodot eine forschende Geschichtsschreibung gibt, die sich von der mythologischen Überlieferung absetzt (Schadewaldt 1970, 395 ff.; Snell 1975, 139).

Nun kann man zwar nicht bestreiten, dass geschichtliche Entwicklungen von Platon in verschiedenen Dialogen thematisiert werden. Aber dies geschieht nie durch eine dialektische Erörterung, die sie begrifflich analysiert, sondern immer durch eine mythologische Darstellung, die ihre philosophischen Implikationen bildlich fasst. Auch wer keine Theorie der Geschichte im modernen Sinne erwartet, muss sich deshalb fragen, wie weit man bei einer theoretischen Interpretation der platonischen Mythen gehen darf. Tragfähige Ansatzpunkte sind nicht leicht zu finden. Und Platons zentrale Themen scheinen anderswo zu liegen: in der Ontologie, Epistemologie, Psychologie, Kosmologie, Ethik und Politik. Es ist deshalb nicht erstaunlich, dass das Geschichtsthema auch in der Platon-Forschung lange kaum beachtet wurde. Sieht man von wenigen Ausnahmen ab (Rohr 1932; Bury 1951), wird es eigentlich erst seit den 1960er Jahren ernst genommen (Gaiser 1961 und 1968). In den letzten Jahren ist das Interesse an Platons Geschichtsverständnis deutlich gestiegen, nicht zuletzt deshalb, weil seine Mythen insgesamt größere Aufmerksamkeit finden (Brisson 1998; Janka/Schäfer 2002). Denn einerseits wäre es unangemessen, die mythologische Form, in der sich dieses Verständnis artikuliert, zu ignorieren. Andererseits hat die neuere Forschung herausgearbeitet, wie raffiniert Platons Mythen sind. Und dies gilt nicht nur für den kosmologischen Mythos des *Timaios*, sondern auch für die Geschichtsmythen, die sich neben dem *Timaios* und dem mit ihm verbundenen *Kritias* vor allem im *Politikos* und im dritten Buch der *Nomoi* finden.

36.1 Der Mythos des *Politikos*

Im *Politikos* geht es um die Bestimmung der Staatskunst (*politikê technê*), die den guten Staatsmann kennzeichnet. Eine aufwendige Dihairese führt zu dem Zwischenergebnis, dass sie sich als eine Kunst der Hütung und Aufzucht von Menschen verstehen lässt (*Plt.* 267a–d). Doch dies ist unbefriedigend. Vor allem macht die gefundene Bestimmung nicht klar, wie sie von anderen Künsten, die es ebenfalls mit der Hütung und Aufzucht von Menschen zu tun haben, unterschieden werden kann (*Plt.* 268c). Der Mythos versucht, diesen Mangel auszugleichen, indem er verschiedene Weltperioden beschreibt. Während die Menschen in einer Periode von Gott vollkommen versorgt werden, sind sie in einer anderen auf sich gestellt. Und nur in dieser eigenständigen Periode, in der wir uns gegenwärtig befinden, braucht man eine Staatskunst. Die Staatskunst versucht nämlich, die Defizite aufzufangen, die sich aus dem Rückzug Gottes ergeben. Aber sie kann nicht an die Stelle des göttlichen Hüters treten. Im Anschluss an den Mythos wird entsprechend vor allem betont, man hätte die Differenz zwischen einem menschlichen und einem göttlichen Hüter nicht genug beachtet (*Plt.* 275a). Der Staatskunst geht es nicht um Einzelheiten der Pflege. Sie sorgt sich vielmehr um die gesamte menschliche Gemeinschaft (*Plt.* 276b).

Gemessen am Reichtum und am Schwierigkeitsgrad des Mythos, fällt die Dürftigkeit des festgehaltenen Ergebnisses auf. Außerdem wird im Text selbst darauf hingewiesen, dass der Mythos länger geworden sei als erforderlich. Man hat deshalb häufig vermutet, dass seine Bedeutung über das ausdrückliche Fazit hinausgehen muss (Friedländer 1975, 264). Tatsächlich wird hier das umfassendste Geschichtsbild geboten, das in den platonischen Dialogen zu finden ist. Schon dies macht verständlich, warum dieser Mythos besonders große Aufmerksamkeit gefunden hat. Dazu kommt, dass sein Verständnis beachtliche

Schwierigkeiten bereitet. Der Fremde aus Elea, von dem der Mythos erzählt wird, verbindet kosmologische mit historischen Perspektiven. Im Hintergrund stehen alte Mythen, auf die zurückgegriffen wird, um sie durch eine Verbindung von Kosmologie und Geschichte verständlich zu machen. Dabei bezieht er sich zunächst nur auf die Atreus-Sage, die von einer Umkehr der Himmelskörper erzählt, auf das Goldene Zeitalter unter Kronos, das man vom jetzigen Zeitalter unter Zeus abhebt, und auf die erdgeborenen Menschen, die ohne geschlechtliche Zeugung entstanden seien (*Plt.* 269a–c). Später wird aber auch noch der Prometheus-Mythos eingearbeitet (*Plt.* 274c). Obwohl der Fremde auf das spielerische Moment des Geschichtenerzählens verweist (*Plt.* 268d), dürfte schon dieser konstruktive Rückgriff ausschließen, dass hier einfach eine weitere Geschichte erzählt werden soll.

Dazu kommt, dass der Mythos mit einer kosmologischen Betrachtung beginnt (*Plt.* 269c–270a). Und diese ist argumentativ derart aufgeladen, dass ein einfacher Gegensatz von Mythos und Logos kaum einschlägig sein kann. Am Anfang steht die Annahme, der Kosmos werde in seiner Kreisbewegung abwechselnd von Gott gelenkt und losgelassen. Auch wenn er sich selbst überlassen sei, bewege er sich auf einer Kreisbahn, allerdings in Gegenrichtung. Denn sich selbst immer gemäß demselben und auf dieselbe Weise zu verhalten, komme nur dem Göttlichsten unter allem zu, nicht aber dem Körperlichen. Also sei für den körperlichen Kosmos mit einer gewissen Abweichung von der göttlichen Selbstbewegung zu rechnen. Und da der Kosmos nicht nur über einen Körper verfüge, sondern auch über Vernunft (*phronêsis*), dürfe es sich hier nur um die kleinstmögliche Abweichung handeln. Der allein gelassene Kosmos müsse sich daher auf einer entgegengesetzten Kreisbahn bewegen. Ausgeschlossen sei dabei nicht nur, dass der Kosmos immer sich selbst drehe, sondern auch, dass er immer ganz von Gott oder abwechselnd von zwei entgegengesetzten Göttern gedreht werde. Es fällt nicht leicht, diese Begründung eines Umlaufwechsels mit der Kosmologie des *Timaios* zu vereinbaren. Denn von einem solchen Wechsel ist dort nirgendwo die Rede. Aber die Begründung arbeitet offenkundig mit platonischen Grundannahmen. So erinnert die Bestimmung des Göttlichen schon im Wortlaut an die Standardbestimmung der Ideen. Und der Hinweis auf die Vernunft des Weltkörpers greift die Konzeption einer Weltseele auf, ohne sie ausdrücklich zu erwähnen (Gaiser 1968, 206).

36.2 Die Epochen der Geschichte

Folgt man dem Mythos des *Politikos*, ergeben sich die Epochen der Geschichte aus den kosmischen Umlaufwechseln. Diese Umlaufwechsel sind nämlich von allen Veränderungen, die sich am Himmel ereignen, die größten und vollständigsten. Wie der Fremde betont, ist es deshalb wahrscheinlich, dass sie auch für uns die größten Veränderungen bewirken. Dabei verweist er zunächst auf ein Massensterben, das Menschen und andere Lebewesen gleichermaßen betrifft. Die Umlaufwechsel scheinen also nur Überreste der einzelnen Gattungen übrig zu lassen (*Plt.* 270b–d). Und deren Lebensbedingungen unterscheiden sich je nach Umlauf beträchtlich, weil alle Prozesse ihres Lebens entgegengesetzt ablaufen. Während wir im gegenwärtigen Umlauf altern, geschlechtlich erzeugt werden und mühsam für unseren Lebensunterhalt sorgen müssen (*Plt.* 272d ff.), werden wir im anderen Umlauf immer jünger, steigen ohne geschlechtliche Erzeugung aus der Erde auf und können uns im göttlich gelenkten Kosmos mühelos mit allem Lebensnotwendigen versorgen (*Plt.* 270d ff.). Es ist diese Mühelosigkeit, die dazu geführt hat, dass der Umlauf unter Kronos als Goldenes Zeitalter von unserem Umlauf unter Zeus unterschieden wurde. Allerdings lässt der Fremde offen, ob die Menschen hier wirklich glücklicher sind. Dies wäre nämlich nur der Fall, wenn sie ihre Muße nicht nur zur Befriedigung sinnlicher Bedürfnisse, sondern auch zur philosophischen Förderung der Einsicht gebrauchen würden. Und, ob dies der Fall ist, wird nicht entschieden (*Plt.* 272b–d).

Da der kosmische Umlaufwechsel nur zwei Bewegungsrichtungen zulässt, rechnet die Standardinterpretation auch mit zwei Epochen der Geschichte. Allerdings stößt sie auf Schwierigkeiten, die dazu geführt haben, dass manche Interpreten drei Epochen unterscheiden (Brisson 1995; Rowe 2002). Lässt sich ein von Gott verlassenes Zeitalter auf Zeus beziehen? Muss hier nicht auch mit einer göttlichen Lenkung gerechnet werden, weshalb im Zeus-Zeitalter nur die dämonische Fürsorge des Kronos-Zeitalters fehlen dürfte? Kann eine einzige Epoche sowohl Verfall als auch Fortschritt aufweisen, wie die Standardinterpretation annimmt? Ist im Text eine Erdgeburt aus Leichen von einer Erdgeburt aus Samen zu unterscheiden, was auf drei Epochen deuten würde? Und wäre es nicht widersinnig, einen vorbildlichen, weil göttlich gelenkten Kosmos mit einer umgekehrten Entwicklungsrichtung zu verbinden? Das Drei-Phasen-

Modell schlägt darum vor, für das Kronos-Zeitalter dieselbe Richtung von Ost nach West anzunehmen, wie sie im Zeuszeitalter gilt. Dazwischen wird ein Zwischenzeitalter angesetzt, das in Gegenrichtung von West nach Ost läuft. Nur hier sollen Menschen aus Leichen entstehen, im Kronos-Zeitalter dagegen aus Samen. Am Text zu verifizieren ist dies allerdings kaum. Das Drei-Phasen-Modell versucht vor allem, Schwierigkeiten des Zwei-Phasen-Modells zu vermeiden. Und dabei droht es, die im Text betonte Verbindung zwischen kosmischen Umläufen und Geschichtsepochen, die mit dem Eingreifen des göttlichen Steuermanns verbunden wird, aus dem Blick zu verlieren (Horn 2002, 149 ff.).

Am wichtigsten für die Einschätzung des platonischen Geschichtsverständnisses ist die Frage, wie die Entwicklung von Kosmos und Menschheit im Zeus-Zeitalter aufgefasst werden muss. Hält man sich an die Standardinterpretation, ist hier tatsächlich mit einer Entwicklung zu rechnen. Der sich selbst überlassene Kosmos befolgt die Lehren des Demiurgen und Vaters nämlich, so gut er kann. Anfangs erinnert er sich an sie noch genauer, doch mit der Zeit vergisst er sie immer mehr, weil der Einfluss des Körperlichen zunimmt und eine voranschreitende Unordnung bewirkt (*Plt.* 273a–d). Auch unser Leben wird durch diesen Verfall erschwert. Von der Sorge »unseres beherrschenden und hütenden Dämons« verlassen, finden wir Nahrung nämlich nicht mehr mühelos. Und da wir zu Beginn noch nicht über Künste (*technai*) verfügen, die uns erlauben, für uns selbst Sorge zu tragen, geraten wir in große Not (*en megalais aporiais*). Eben deshalb schicken uns die Götter die erforderliche Belehrung und Unterweisung, wie es vom Prometheus-Mythos erzählt wird (*Plt.* 274b–e). Dass innerhalb des Zeus-Zeitalters eine solche Entwicklung stattfinden soll, braucht nicht als Widerspruch zur Voraussetzung zweier Epochen angesehen werden. Allerdings ändert sich der Blick auf die beiden Epochen, wenn man sie aus der Perspektive dieser Entwicklung betrachtet. Sie erscheinen nicht mehr einfach als Aufeinanderfolge von Ordnung und Unordnung. Es geht vielmehr um den »Wechsel einer Zeit dauernder *Einförmigkeit* und Ausgeglichenheit und einer Zeit fortschreitender *Differenzierung* und Spannung« (Gaiser 1968, 211). An dieser Einsicht kann man auch dann festhalten, wenn man sich nicht auf ihre prinzipientheoretische Fundierung verpflichten möchte. Denn durch sie wird erst verständlich, inwiefern es im Mythos des *Politikos* überhaupt um die Geschichte des Menschen geht.

36.3 Katastrophen, Verfall, Fortschritt

Katastrophen spielen in Platons Geschichtsmythen eine wichtige Rolle, weil sie jene Epochen eingrenzen, in den sich Staaten als politische Gemeinschaften zu bewähren haben. Angesichts dieser Voraussetzung hat man Platons Geschichtsphilosophie zu Recht als Katastrophentheorie bezeichnet. Dabei geht es freilich nicht um Katastrophen an sich, sondern um das durch sie herbeigeführte Erfordernis eines radikalen Neuanfangs, der unter schwierigen Bedingungen erfolgt, eine ambivalente Entwicklung einleitet und dringend der Orientierung bedarf. Vor diesem Hintergrund wird die Vergangenheit in den Dialogen häufig als Norm für die Staatsphilosophie erläutert (Wilke 1997, 53 ff.). Als Bezugspunkt dienen einerseits göttliche Gaben, deren Wert es zu bewahren gilt, und andererseits vorbildliche Staatsmänner und Dichter, an denen sich gegenwärtiges Handeln ausrichten sollte. Die entscheidende Rolle spielen nicht die vergangenen Ereignisse selbst, sondern die paradigmatischen Aspekte, die sich in ihnen erkennen lassen. Es geht vor allem um ein maßvolles und tugendhaftes Handeln, das ein rechtes Ehr- und Schamgefühl einschließt und eine freundschaftliche Verbundenheit der Bürger ermöglicht. Obwohl die Dialoge unterschiedliche Akzente setzen, lässt sich durchaus ein Gesamtbild mit konstanten Grundannahmen erkennen. Der Fortschrittsgedanke der Sophistik, der sich auch im Mythos von der Kulturentstehung des *Protagoras* zeigt, wird von Platon zwar aufgenommen, aber mit einer Kritik an gegenwärtigen Zuständen verbunden (Edelstein 1967, 22–25). Wie der Staat einzurichten ist, lässt sich nur im Rückgang auf seine idealen Strukturen bestimmen. Und dabei empfiehlt sich auch ein Blick in die Vergangenheit, soweit ideale Strukturen in dieser bereits umgesetzt waren (Wilke 1997, 230 ff.).

Auch der Mythos des *Politikos*, der den Umlauf unter Kronos als Goldenes Zeitalter schildert, gehört in diesen Zusammenhang. Allerdings bereitet er besondere Schwierigkeiten, weil er die Katastrophentheorie ins kosmologische Extrem steigert. Anders als andere Dialoge spricht er nicht von Überschwemmungen, Erdbeben und Seuchen, durch die viele Menschen umkommen, sondern von einem astronomischen Umlaufwechsel, der zu entgegengesetzten Lebensbedingungen führt. Zwar ist auch im *Timaios* eine Verheerung der Erde durch Feuer angedeutet, die man in Wahrheit auf eine Abweichung der Himmelskörper und nicht auf Phaetons Missgeschick mit dem Sonnenwagen zurückzuführen habe (*Tim.* 22c–d). Aber mit einer Umkehr von Lebensläufen hat dies nicht zu tun. Man kann allenfalls geltend machen, dass auch hier mit der Möglichkeit kosmischer Abweichungen gerechnet wird. Hat Platon tatsächlich angenommen, dass der Kosmos wiederkehrenden Umschlägen seiner gesamten Bewegungsrichtung unterworfen ist (Robinson 1995, XXV)? Oder handelt es sich zumindest in diesem Aspekt des Mythos um »ein bloßes *jeu d'esprit*« (Rowe 2002, 172)? Eine Entscheidung fällt schwer, weil das spielerische Moment des Mythos sehr eng mit ernsten Annahmen der platonischen Kosmologie verknüpft ist. Da im *Timaios* ein vom Demiurgen eingerichteter Kosmos sich selbst bewegt, ohne dass weitere Eingriffe erforderlich erscheinen, liegt eine gewisse Skepsis nahe. Auch die Konsequenzen für Platons Geschichtsbild sind keineswegs klar. Folgt aus dem Modell des kosmischen Umschlags, dass Platon einen Zustand göttlicher Versorgung bevorzugt, in dem die Kompensationen des Zeus-Zeitalters gar nicht erforderlich sind (Horn 2002, 159)? Oder vermittelt die ironische Zurückhaltung, mit der offen gelassen wird, ob die Menschen im Kronos-Zeitalter tatsächlich glücklicher sind, den Eindruck, dass es besser ist, heute »nach den Anforderungen der Philosophie zu leben, als in jenem anderen Zeitalter ein sorgloses, aber unwissendes Dasein zu genießen« (Gaiser 1968, 215)?

In anderen Dialogen ist die Vorstellung einer vorbildlichen Vergangenheit jedenfalls nicht mit einer göttlichen Vollversorgung verbunden, sondern mit einem maßvollen und tugendhaften Handeln, das sich unter schwierigen Bedingungen bewährt. Besonders deutlich zeigt dies die von Kritias erzählte Atlantis-Sage, die er schon im Einleitungsgespräch des *Timaios* zusammenfasst, bevor er sie im gleichnamigen Dialog ausführt. Denn der *Timaios* beginnt mit der Skizze eines Idealstaats, dessen Grundzüge an die *Politeia* erinnern. Und der von Kritias erzählte Mythos soll zeigen, wie sich dieser Idealstaat zu bewähren vermag (*Tim.* 19c). Dabei wird vorausgesetzt, dass die Bürger von Ur-Athen, die sich im Kampf gegen Atlantis bewährt haben, den tugendhaften Bürgern des Idealstaats entsprechen (*Tim.* 27d). Auf den ersten Blick ist diese Entsprechung unwahrscheinlich, weil die Griechen gar nichts von ihr wissen. Sie wird im Text aber dadurch plausibilisiert, dass Solon den Mythos aus Ägypten mitgebracht haben soll, und zwar als eine wahre Geschichte, die ihm von einem alten Priester erzählt wurde. Denn Ägypten werde durch seine günstige Lage am Nil von wiederkehrenden Katastrophen verschont, während die griechische Kultur durch sie immer wieder vernichtet worden sei. Nur in Ägypten bewahre man deshalb die Erinnerung an jene ferne Vergangenheit vor 9000 Jahren, in der das wohlgeordnete Ur-Athen den Angriff der Atlanter tugendhaft abwehren konnte (*Tim.* 22b–25d).

36.4 Mythische und historische Vergangenheit

Auch das dritte Buch der *Nomoi* geht von einer Katastrophenannahme aus, die kulturelle Errungenschaften früherer Zeit weitgehend vernichtet. Dabei geht es darum, den Ursprung staatlicher Ordnung (*archê politeias*) verständlich zu machen (*Leg.* III 676a). Wie der Athener ausführt, bleiben von in großen Abständen wiederkehrenden Überschwemmungen nur Berghirten verschont. Diese verfügen nur über einfache Techniken wie Töpfern und Flechten, leben noch ohne schriftliche Gesetze und eher zerstreut. Trotzdem findet sich bereits hier eine einfache Form patriarchaler Herrschaft, die es erlaubt, von einem ersten Staat (*prôtê polis*, *Leg.* III 683a) zu sprechen. Danach erfolgt ein Zusammenschluss zu größeren Gemeinschaften, die vom Ackerbau leben, Gesetzgeber benötigen und in aristokratischen oder monarchischen Verfassungen leben. Schließlich ziehen die Menschen wieder in jene Ebenen, die lange zuvor überschwemmt worden waren, weil sie sich an die Katastrophe nicht mehr erinnern können und die Menschenmenge anwächst. In dieser Zeit wurden Troja und andere große Städte gegründet, die sehr verschiedene Verfassungen aufweisen und sich unterschiedlich entwickeln (*Leg.* III 680b–682e). Auffällig am erläuterten Stufenmodell ist die Abweichung von einer sophistischen Kulturentstehungslehre, wie sie auch im Mythos des *Protagoras* zur Darstellung kommt. Während die Menschen der Urzeit dort als isolierte Mängelwesen erscheinen, die selbst Tieren unterlegen sind (*Prot.* 320c ff.), leben sie nach dem Stufenmodell der *Nomoi* von vornherein in politischen Gemeinschaften und verfügen zumindest über einfache Techniken (Schöpsdau 1994, 356 f.).

Im Anschluss an diese drei Stufen erläutert der Athener die Geschichte der dorischen Staaten Sparta, Argos und Messene (*Leg.* III 682e–693d). Dabei treten historische Tatsachen insofern stärker in den Vordergrund, als der Athener hier mit einer kollektiven Erinnerung seiner dorisch-kretischen Gesprächspartner rechnen kann. Im Hintergrund stehen die Texte der Geschichtsschreiber, vor allem Herodot, aber auch andere Autoren wie Xenophon oder Isokrates. Die Schilderung der Frühzeit bedient sich dagegen, abgesehen von zwei Homer-Zitaten, vor allem einer wahrscheinlichen Erzählung (*eikôs logos*), die ähnlich konstruierend verfährt wie die Kosmologie des *Timaios* (Schöpsdau 1994, 355 und 383 ff.). In der Literatur ist es deshalb üblich, die mythische Vergangenheit im Sinne einer bloßen Vorgeschichte von der eigentlichen historischen Vergangenheit zu unterscheiden. Dies sollte jedoch nicht darüber hinwegtäuschen, dass die platonische Darstellung den Unterschied eher marginalisiert. Wie für die Atlantis-Sage betont wird, dass es sich um eine wahre Geschichte handelt, soll auch die wahrscheinliche Geschichte der *Nomoi* mehr liefern als bloße Annahmen. Umgekehrt finden sich auch in der Darstellung der historischen Vergangenheit konstruktive Momente, die häufig irritiert haben. So behauptet der Athener, die Dorier seien die aus Troja heimkehrenden Achaier (*Leg.* III 682e), was nur schwer zu verstehen ist. Vor allem aber geht es auch hier nicht um die historische Entwicklung als solche, sondern um die Frage, warum von den drei ursprünglichen Staaten nur Sparta übrig blieb. Und die Antwort liegt in der spartanischen Mischverfassung, die einem Verfall des Königtums vorbeugt, indem sie monarchische mit demokratischen Elementen verbindet (*Leg.* III 690d ff.).

Dieselbe Spannung zeigt sich in den Perserkriegen, wenn man sie als Auseinandersetzung zwischen persischer Monarchie und attischer Demokratie versteht. Was sich in dieser Geschichte zeigt, erlaubt es dem Athener seine grundlegende These zu bestätigen: Das Ziel des wahren Gesetzgebers liegt in der ganzen Tugend. Und diese verbindet Freiheit, Freundschaft und Einsicht (*Leg.* III 701d). Auch in den *Nomoi* geht es also um die Orientierung an einer vorbildlichen Vergangenheit und nicht um historische Abläufe als solche. Richtig ist allerdings, dass diese hier deutlicher in den Vordergrund treten als in der Darstellung der *Politeia*. Denn dort wird das Entstehen des Staates ausdrücklich als eine gedankliche Konstruktion erläutert (*Rep.* II 368a). Man muss nicht behaupten, dass sie keine geschichtliche Bedeutung besitzt. Aber primär zielt Sokrates doch darauf, die Entstehung des Staates sachlich einsichtig zu machen, indem er ihn als arbeitsteilige Gemeinschaft zur Befriedigung notwendiger Bedürfnisse erläutert. Auch die Verfallsgeschichte der idealen Verfassung, die er später ausführt, ist eher typologisch als historisch orientiert (*Rep.* VIII 543a ff.). Der Idealstaat soll zwar schwer zu verwirklichen, aber im Prinzip immer möglich sein, zumindest im Sinne einer Annäherung an das theoretisch erläuterte Vorbild. Und deshalb ist auch immer die Möglichkeit eines Verfalls gegeben. In den *Nomoi*, im *Timaios-Kritias* und im *Politikos* werden die historischen Bedingungen, unter denen sich politische Entwicklungen abspielen, eingehender thematisiert. Allerdings scheint es für Platon ausgeschlossen zu sein, sie durch eine genaue Dialektik zu analysieren. Aus platonischer Sicht dürfte sich die bewegte Geschichte einem begrifflichen Zugriff nicht weniger entziehen als die bildlich verfahrende Kosmologie (s. Kap IV.31). Trotzdem zeigen die diskutierten Mythen ein Geschichtsverständnis, das philosophischen Ansprüchen zu genügen versucht.

Literatur

Brisson, Luc 1995: »Interprétation du mythe du *Politique*«. In: Christopher J. Rowe (Hg.): Reading the *Statesman*. Proceedings of the III. Symposium Platonicum. St. Augustin, 349–363.
Brisson, Luc 1998: Plato the Myth Maker. Chicago.
Bury, J. B. 1951: »Plato and History«. In: Classical Quarterly NS 1, 86–93.
Edelstein, Ludwig 1967: The Idea of Progress in Classical Antiquity. Baltimore.
Friedländer, Paul [3]1975: Platon. Bd. 3. Die platonischen Schriften. Zweite und dritte Periode. Berlin.
Gaiser, Konrad 1961: Platon und die Geschichte. Stuttgart-Bad Cannstatt.
Gaiser, Konrad [2]1968: Platons ungeschriebene Lehre. Studien zur systematischen und geschichtlichen Begründung der Wissenschaften in der Platonischen Schule [1963]. Stuttgart.
Horn, Christoph 2002: »Warum zwei Epochen der Menschheitsgeschichte? Der Mythos des *Politikos*.« In: Janka/Schäfer 2002, 137–159.
Janka, Markus/Schäfer, Christian (Hg.) 2002: Platon als Mythologe. Neue Interpretationen zu den Mythen in Platons Dialogen. Darmstadt.
Löwith, Karl 1953: »Weltgeschichte und Heilsgeschehen. Zur Kritik der Geschichtsphilosophie«. In: Ders.: Sämtliche Schriften. Bd. 2. Stuttgart/Weimar 1983 [engl. 1949].
Robinson, Thomas M. [2]1995: Plato's Psychology. Toronto.
Rohr, Günter 1932: Platons Stellung zur Geschichte. Berlin.
Rowe, Christopher J. 2002: »Zwei oder drei Phasen? Der Mythos im *Politikos*«. In: Janka/Schäfer 2002, 159–175.
Schadewaldt, Wolfgang [2]1970: »Die Anfänge der Geschichtsschreibung bei den Griechen« [1969]. In: Ders.: Hellas und Hesperien. Gesammelte Schriften zur Antike und zur neueren Literatur. Zürich/Stuttgart, 395–416.
Schöpsdau, Klaus 1994: Platon. *Nomoi* (Gesetze). Buch I–III. Übersetzung und Kommentar. Göttingen.
Snell, Bruno 1975: Die Entdeckung des Geistes. Studien zur Entstehung des europäischen Denkens bei den Griechen. Göttingen.
Wilke, Brigitte 1997: Vergangenheit als Norm in der platonischen Staatsphilosophie. Stuttgart.

Walter Mesch

V Zentrale Stichwörter zu Platon

37 Angleichung an Gott

Platons Überlegungen zur ›Ähnlichwerdung des Menschen mit Gott‹ (*homoiôsis theô*) – ein Ausdruck, der sich nur im *Theaitetos* findet – ist in seinen Dialogen in die Fragestellung eingebettet, was das Ziel des menschlichen Lebens ist und welche Voraussetzungen gegeben sein müssen, damit ein Mensch glücklich werden kann. Weil die Götter die glücklichsten Wesen überhaupt sind, kann der Weg des Menschen zu seinem eigenen Glück, seiner *eudaimonia*, als Ähnlichwerdung mit Gott verstanden werden. Je ähnlicher er den glückseligen Göttern wird, desto glücklicher wird er selbst. Für die Auffassung, dass sich der Mensch, um glücklich zu werden, an Gott angleichen und ihm ähnlich werden muss, argumentiert Platon nicht durch einen Rückgriff auf die Polis-Religion. Vorausgesetzt wird vielmehr ein Gottesbegriff, der vor allem philosophisch geprägt ist. So ist ein Gott nicht nur, wie in der Polis-Religion angenommen wird, unsterblich und glückselig, sondern vor allem gut und gerecht (s. Kap. IV.30). Im *Timaios* und den *Nomoi* wird Gott mit der Vernunft identifiziert, und Gott ähnlich zu werden bedeutet die Intelligibilisierung der eigenen Existenz. Gott ähnlich zu werden meint also, selbst die Eigenschaften in sich auszuprägen, die Gott exemplarisch zukommen. Je nachdem, welche Eigenschaft Gottes in einem Dialog betont wird, unterscheiden sich die Perspektiven der Darstellungen der Angleichung an Gott voneinander.

37.1 Die Angleichung an Gott in den mittleren Dialogen

Die Auffassung, dass das Ziel des Lebens in der Angleichung an Gott erreicht wird, findet sich, wenn auch nicht explizit, bereits im *Phaidon* angedeutet. Platon lässt seinen Sokrates zu Beginn des Dialogs ausführen, dass ein Philosoph im Tod das Ziel seines Lebens erreicht hat, weil sich dann die Seele von seinem Körper trennt (*Phd.* 63e8–69e4). Die Hoffnung, dass die Seele nach der Trennung von ihrem Körper zu guten Göttern kommt (*Phd.* 63b4–d3), kann Sokrates auch dadurch zum Ausdruck bringen, dass er sagt, die Seele könne erst nach dem Tod ihr Ziel, das Zusammensein mit der Weisheit, erreichen. Das Leben des Philosophen ist eine Übung im Sterben, weil seine Bemühung um Wahrheit und Erkenntnis bedeutet, die Seele so weit wie möglich vom Körper abzusondern und die Dinge nur mit der Seele zu betrachten.

Ein zentrales Thema der Sokrates-Rede im *Symposion* ist die Frage, wie der Mensch Unsterblichkeit, also eine Eigenschaft, die eigentlich nur den Göttern zukommt, erlangen kann. Platon interpretiert verschiedene Handlungen eines Menschen als den Versuch, Unsterblichkeit zu erlangen: Menschen zeugen Nachkommen, um durch sie weiterzuleben, oder wollen unsterblichen Ruhm dadurch erlangen, dass sie Heldentaten begehen oder künstlerische Werke schaffen. Unsterblichkeit im strengen Sinn wird dadurch allerdings nicht erreicht (*Symp.* 207a5–209e4). Erst durch den sogenannten Stufenweg, der von der sexuellen Liebe zu einem schönen Körper über die Liebe der Schönheit einer Seele und die Liebe zu den Wissenschaften bis hin zur Liebe und zur Schau des Schönen selbst führt, ist sich der Mensch am Ende seines Weges, wenn er das Schöne selbst geschaut hat, der eigentlichen Unsterblichkeit bewusst und sicher, weil er etwas, das unsterblich ist, nur mit etwas erkennen kann, das selbst unsterblich ist (*Symp.* 209e5–212a7).

Der Ausdruck ›Angleichung an Gott‹ (*homoiôsis theô*) kommt in dieser Form nur in Platons *Theaitetos* vor (*Tht.* 176b1–d1). Anders als im *Phaidon* oder dem *Symposion* ist der Kontext der Vorstellung einer Angleichung an Gott nicht derjenige der Unsterblichkeit, sondern derjenige der Gerechtigkeit. Gott selbst sei auf keine Weise ungerecht, sondern im Vollsinn vollkommen gerecht. Derjenige, der so gerecht wie nur irgend möglich ist, sei ihm am ähnlichsten. Die Aufgabe des Menschen ist es, das Böse zu fliehen und sich, so sehr es möglich ist, Gott zu verähnlichen.

37.2 Die Angleichung an Gott im *Timaios* und den *Nomoi*

Am ausführlichsten entwickelt Platon die Vorstellung einer Angleichung des Menschen an Gott im *Timaios*. In diesem Dialog steht weder die Unsterblichkeit noch die Ausbildung von Tugenden im Vordergrund. Sich Gott zu verähnlichen bedeutet hier, sich der göttlichen

Vernunft anzugleichen und die Gedanken Gottes zu denken (vgl. Sedley 1997). Dazu wird berichtet, wie ein namentlich nicht näher bestimmter Demiurg die Welt Stück für Stück erschafft. Der Demiurg ist ein Bild für die Vernunft. Er will die Welt so gut wie möglich gestalten. Das, was er schafft, ist vernünftig, d. h. die Struktur des Geschaffenen lässt sich prinzipiell mathematisch beschreiben. Nur dann, wenn der Demiurg auf die Materie zurückgreifen muss, um beispielsweise den Körper von Lebewesen zu gestalten, muss er aufgrund der Eigengesetzlichkeit der Materie bei der Schöpfung Kompromisse eingehen, die dazu führen, dass das, was er schafft, nicht vollständig intelligibel ist.

Nachdem Platon berichtet hat, wie der Demiurg den Körper der Welt gestaltet, schafft er, ohne dass er dabei von der Eigengesetzlichkeit der Materie behindert wird, in einem komplizierten Verfahren die Seele der Welt, die, nachdem sie einmal geschaffen ist, in zwei Bahnen geteilt wird: Die Bahn des Selben und die Bahn des Verschiedenen. Beide Bahnen werden noch einmal komplex geteilt (*Tim.* 34a8–37c5). Auf diese Bahnen wird der Demiurg später die Himmelskörper setzen, die dadurch, dass sie am Himmel entlang ziehen, die an sich nicht sichtbaren Bahnen der Weltseele und damit die Kreisbewegung der Weltseele als Ausdruck der kosmischen Vernunft sichtbar machen.

Es gibt etwas im Menschen, das dieser Weltseele entspricht, nämlich die Vernunft. Wenn der Demiurg die menschliche Seele hervorbringt, benutzt er für den unsterblichen Teil der Seele dasselbe Material, aus dem auch die Weltseele geschaffen worden ist. Die durch den Demiurgen geschaffene Menschenseele wird daraufhin in so viele Teile geteilt, wie es Sterne am Himmel gibt, und jedem Stern wird eine Menschenseele zugeteilt (*Tim.* 41d8–e1). Nach einer Zwischenzeit, die eine Menschenseele auf einem Himmelskörper verbringt, geht die Seele in einen menschlichen Körper ein: ein Säugling wird geboren. Platon beschreibt die Entwicklung, die ein Mensch angefangen vom Säugling mit seinen unbeholfenen und unkontrollierten Bewegungen über das Gehen- und Sprechenlernen bis hin zu einer erwachsenen Person durchläuft, als zunehmende Kontrolle der Bahnen des Selben und des Verschiedenen in der Seele des Menschen (*Tim.* 43a6–44c4). Dadurch, dass die Seele in einen Körper eintritt, werden die Umläufe auch des unsterblichen Teils der Seele mit ihren harmonischen Proportionen, in denen die einzelnen Teile der Seele zueinander gestaltet worden sind, zwar nicht zerstört, aber in Unordnung gebracht. Erwachsenwerden bedeutet, die in Unordnung geratene Seele wieder zu ihrer ursprünglichen Ordnung zu führen.

Bei der Aufgabe, die eigene Seele zur ursprünglichen Ordnung zurückzuführen, kommt dem Menschen nun entgegen, dass seine Seele mit der Weltseele wesensgleich ist. Seine Seele kann sich an der Weltseele orientieren, um ihre eigene Ordnung wiederherzustellen. Die Orientierung an der Weltseele ist möglich, weil die Weltseele für den Menschen ja teilweise sichtbar ist, denn die Bewegungen der sichtbaren Himmelskörper entsprechen der Bewegung der Weltseele. Dadurch nun, dass der Mensch sehen kann, und die Himmelskörper die Bewegungen der Weltseele sichtbar machen, kann es zu einer Angleichung der menschlichen Seele an die Weltseele kommen. Was die Vernunft ist und denkt, kann durch Betrachtung des Himmels erkannt werden. Durch die Betrachtung der durch die Gestirne sichtbar gemachten Weltseele ordnen sich im Menschen die Bahnen des Selben und Verschiedenen. Der Mensch denkt dabei die durch die Gestirne sichtbar gewordenen Gedanken der göttlichen Vernunft. Diese Betrachtung des Himmels ist zugleich eine Betrachtung des Menschen selbst, nämlich eine Betrachtung des unsterblichen Teils seiner eigenen Seele, der aus dem gleichen Stoff wie die Weltseele besteht und dadurch mit der Weltseele verwandt ist. Erst durch diese Angleichung der eigenen Seele an die Weltseele kann der Mensch selbst glücklich werden (*Tim.* 90c6–d7).

Auch in den *Nomoi* arbeitet Platon, anknüpfend an den *Timaios*, mit der Vorstellung vom glücklichen Leben des Menschen durch die Angleichung seiner Seele an die durch die Himmelskörper sichtbar werdende Vernunft. In der fiktiven Rede des Atheners an die zukünftigen Siedler der Polis bedeutet, Gott zu folgen und dadurch glücklich zu werden, nichts anderes, als ein der Vernunft gemäßes Leben zu führen. Der Athener meint: »Gott dürfte nun für uns vor allem anderen das Maß aller Dinge sein [...]. Wer also einem derartigen Wesen lieb und teuer werden will, der muss nach Kräften möglichst auch selbst zu einem solchen werden, und so ist nach diesem Grundsatz der Besonnene unter uns Gott lieb, denn er ist ihm ähnlich« (*Leg.* IV 716c4–d2). Gott nachzufolgen heißt, ihm ähnlich zu werden, und diese Angleichung an Gott bedeutet, sich in seinem eigenen Leben immer mehr an der Vernunft zu orientieren, die Norm und Maß aller Dinge ist. Dass Gott das Maß aller Dinge ist, meint daher nicht, dass sich der Mensch an der Polis-Religion zu orientieren hat, sondern vielmehr, dass es eine objektive Ordnung der Vernunft gibt, die das Maß von allem ist, und die mit Gott identifiziert werden kann. Sich in seinem Leben an der Vernunft auszurichten bedeutet u. a., den richtigen Gesetzen zu folgen, in denen die Vernunft ebenso wie in den Bewegungen der Himmelskörper zum Ausdruck kommt. Nur insoweit ein Bürger den richtigen Gesetzen und damit der Vernunft folgt, kann er selbst glücklich werden. Das Glück eines Menschen und die richtigen Gesetze einer Polis sind in einer den gesamten Kosmos umfassenden Ordnung der Vernunft begründet.

Literatur
Dombrowski, Daniel A. 2005: A Platonic Philosophy of Religion: A Process Perspective. Albany.
Merki, Hubert 1952: *Homoiôsis Theô*. Von der platonischen Angleichung an Gott zur Gottähnlichkeit bei Gregor v. Nyssa. Freiburg i. Ü.
Passmore, John 1970: The Perfectibility of Man. London (dt: Der vollkommene Mensch. Eine Idee im Wandel von 3 Jahrtausenden. Stuttgart 1975).
Russell, Daniel C.: »Virtue as ›Likeness to God‹ in Plato and Seneca«. In: Journal of the History of Philosophy 42 (2004), 241–260.
Sedley, David 1997: »›Becoming like God‹ in the Timaeus and Aristotle«. In: Tomás Calvo/Luc Brisson (Hg.): Interpreting the *Timaeus-Critias*. Proceedings of the IV. Symposium Platonicum. St. Augustin, 327–340.

Michael Bordt

38 Aporie

Der Begriff der Aporie im Zusammenhang mit Platons Dialogen ist gerade aufgrund seiner Geläufigkeit außerordentlich schwierig zu fassen. Die homophone Übersetzung des griechischen *aporia* mit dem deutschen »Aporie« (oder dem fachsprachlich-englischen *aporia*) ist zuweilen uninformativ, zuweilen trügerisch. Die Literatur ist umfangreich (vgl. Erler 1987; Motte/Rutten 2001; Erler 2007; aus jüngster Zeit besonders hervorzuheben sind Politis 2006 und 2007). Es ist sinnvoll, wenigstens dreierlei zu unterscheiden: (1) »Aporie« als technischer Fachbegriff für ein bestimmtes Strukturelement in der Komposition eines platonischen Dialogs mit einer ganz bestimmten Funktion für den davon betroffenen Gesprächsteilnehmer; (2) die verschiedenen Konnotationen von *aporia* und *aporein*, deren metaphorisches Potential Platon virtuos ausspielt; (3) »Aporie« als sehr weit gebrauchtes vornehmes Fachwort für eine beliebige Schwierigkeit, mit der sich Gesprächsteilnehmer in einem Dialog Platons konfrontiert sehen. Zwischen all dem gibt es freilich Verbindungen, und die Grenzen sind fließend: Nicht immer, wenn eine Aporie im ersten, technischen, Sinn vorkommt, benutzen die Gesprächsteilnehmer das Wort *aporia* oder *aporein*; und längst nicht immer, wenn sie das tun – was man tatsächlich bei so ziemlich jeder Schwierigkeit tun kann – liegt eine Aporie im technischen Sinn vor. Die Beschreibung des psychologischen Zustands, der mit konstitutiv ist für die Aporie im technischen Sinn, macht Gebrauch von Konnotationen des Wortes *aporia*. Und Situationen, die einer Aporie im technischen Sinn einigermaßen ähneln, ohne alle ihre Merkmale aufzuweisen, können gerade solche sein, in denen von *aporia* oder *aporein* die Rede ist.

38.1 Die technische Bedeutung von »Aporie«: heilsames Ergebnis des *elenchos*

Die Identifikation einer Aporie im technischen Sinn wird durch eine Reihe von Diagnosemerkmalen ermöglicht. Im *Men.*, 79b–80d, beschreibt der in den Zustand der Aporie Geratene seine psychologische Situation und benutzt dafür mehrmals das Verb *aporein* und zudem die Wendung *meston aporias* (»voll Verwirrung«) (80a), was die Verwendung der Stelle als paradigmatische Aporie rechtfertigt. Außerdem setzt eine Aporie eine bestimmte Textumgebung voraus: Sie ist Scheitern eines Anlaufs und ihr folgt, wenn ein Dialog nicht mit ihr endet, ein »Neuanfang« (Erler 2007, 48). »Aporie« ist somit zunächst ein zur Kompositionsanalyse eines platonischen Dialogs nützliches Wort.

In *Soph.* 230b–d findet sich, nicht von Sokrates, sondern vom Fremden aus Elea vorgebracht, eine eingehende Beschreibung der Funktion der *elenchos*-Methode: Sie soll den Gesprächspartner von seiner Überheblichkeit heilen, indem sie ihm vor Augen führt, dass er tatsächlich nicht weiß, was er zuvor zu wissen glaubte (vgl. dazu Renaud 2002). Die Stelle charakterisiert in Verbindung mit *Men.* 84a–b und *Men.* 79b die Aporie als eine persönlich demütigende Situation. Man kann daraus darauf schließen, dass die Aporie grundsätzlich ein Punkt ist, der im Zuge des *elenchos*-Verfahrens erreicht wird, wenn der Gesprächspartner einsichtsvoll genug ist, ihn zu erreichen, und dass sie die Anwendung dieser Methode wenigstens vorläufig zu einem Ziel bringt. Sie ist ›Resultat‹ des Elenchos (Erler 2007, 48). Sie bringt den Gesprächspartner auf eine neue Stufe: die Stufe der Einsicht in sein eigenes – wenigstens vorläufiges – Nichtwissen, nach *Charm.* 165e–166b das Selbstwissen. Sie ist die Voraussetzung für einen reflektierteren neuen Versuch (»Niveauwechsel«, Erler 2007, 49).

Obwohl die Aporie eigentlich ein Fortschritt ist, wird sie vom in die Aporie Geratenen nicht so empfunden – wenigstens nicht ohne Erklärung. Sie erzeugt Frustration, Aggression, beschämende Erschütterung des Selbstwert- und des sozialen Statusgefühls. Die Aktualisierung des sokratischen Dialogs in der modernen Pädagogik und Fachdidaktik (Nelson 1987; Horster 1992; Heckmann 1993) kann sie daher höchstens in einer gegenüber Platons eigener Beschreibung abgemilderten Form zulassen wollen.

Keinesfalls selbstverständlich ist, dass ein Dialog, der insofern aporetisch endet, als darin ein Definitionsprojekt nicht zu einem erfolgreichen Abschluss gelangt, *in* einer Aporie endet: Wenn der Frühdialog *Euthyphron* damit endet, dass der Gesprächspartner dem Sokrates davonläuft, ohne überhaupt sein Nichtwissen zu ahnen, so endet der Dialog in diesem Sinne zwar aporetisch, eine heilsame Aporie im Sinne von *Soph.* 230b–d wird aber gar nicht erst erreicht. Andererseits liegt es nahe, dass mancher Dialog, z. B. der *Theaitetos*, nicht bloß aporetisch, sondern tatsächlich in der Aporie endet (*Tht.* 210c). Grundsätzlich ist es sinnvoll, sorgfältig zwischen der Aporie selbst und dem Stand des Gesprächs, der sie auslöst, zu unterscheiden.

38.2 Konnotationen von *aporia/aporein* und ihre philosophischen Assoziationen

1. Die Aporie tritt nicht sofort nach dem ersten Fehlschlag eines Definitionsvorhabens ein, sondern markiert in der Regel nach mehreren Versuchen ein tief empfundenes »So geht es nicht weiter!«. In erster Linie bedeutet das griechische Wort *aporia* denn auch *Ausweglosigkeit*: durch *alpha privativum* bezeichnete Abwesenheit eines Wegs oder einer Durchfahrt (*poros*, vgl. dt. »Pore«), das Erreichen einer Sackgasse oder eines Hindernisses für das Fortkommen in der zunächst eingeschlagenen Richtung, sei es zu Wasser oder zu Lande (vgl. hierzu auch das Stranden und Wiederflottmachen der Untersuchung in *Phlb.* 13d).

2. Menon vergleicht seinen Zustand der Aporie mit dem *Stupor* der durch einen Stromschlag gelähmten und betäubten Beute eines Zitterrochens (*Men.* 80a).

3. Wenn für den Befreiten im Höhlengleichnis das Verb *aporein* benutzt wird (*Rep.* VII 515d), beschreibt dies seine *Sprachlosigkeit* im Sinn der Unfähigkeit, von einem der schattenwerfenden Gegenstände zu sagen, was dieser sei (*ho estin*), wenn er zum ersten Mal ihn und nicht bloß seinen Schatten zu Gesicht bekommt (vgl. hierzu Szlezák 1997).

4. Zu beachten ist die ökonomische Nebenbedeutung des Worts *aporia*, die im kontrastierenden Kontext von *euporia* und verwandten Wörtern hervortritt (in der Literatur wenig prominent, vgl. aber Rowe 2001). *Aporia* kann Mangel an allem Möglichen sein, was zum Handeln befähigt, insbesondere auch an Geld (vgl. Thukydides 7, 48 *aporia chrêmatôn* und weitere Belege zum Wortfeld im LSJ 214 f., 727 f.). Diese Konnotation erlaubt es, die Situation der Aporie als Situation der wenigstens vorläufigen *Zahlungsunfähigkeit* in der Währung des Worts (*logos*), also als Unfähigkeit zum *logon didonai* zu verstehen. Dies eröffnet evtl. die Möglichkeit, die Situation vor den drei großen Gleichnissen in *Rep.* VI 506b–507a – neben der unbestrittenen Aporie am Ende des ersten Buchs – als eine Art zweite Aporie zu sehen, in die Sokrates selbst gerät. Sehr nahe liegt so etwas auch für *Symp.* 198b, wo Sokrates seine Ratlosigkeit bekennt, wie er den Eros beschreiben soll, und sie mit dem Wortreichtum der Vorredner kontrastiert, bevor er den Mythos von Poros (Reichtum) und Penia (Armut) vorträgt. Die Sophisten sind nur scheinbar reich und ahnen es sogar, andere Gesprächspartner erfahren es durch den Elenchos.

5. In Sokrates' Beschreibung des Elenchos als Maieutik (Hebammenkunst) kommt das Wort *aporia* vor,

um innerhalb der Wendung *aporias empimplantai* den Zustand zu beschreiben, in dem eine Frau während der Geburtswehen nicht ein noch aus weiß (*Tht.* 151a), was Sokrates mit seiner Fähigkeit assoziiert, Gesprächspartner in intellektuelle Wehen (*mental labour*, Sedley 2004, 34) zum Hervorbringen eines Definitionsvorschlags zu versetzen und diese auch wieder aufzuheben. Die Metapher ist jedoch komplizierter, als sie zunächst scheint: An dieser Stelle kann die Aporie nicht *Resultat* des Elenchos sein, da sein Objekt ja dann noch nicht auf der Welt ist. Dem Resultat des Elenchos entspräche vielmehr die wohl in *Tht.* 151c beschriebene Rebellion der Erstgebärenden dagegen, ihr als schwächlich eingestuftes Kind auszusetzen (vgl. *Tht.* 210b; *Rep.* V 460c).

38.3 Gerät Sokrates selbst in die Aporie?

Die Frage, ob Sokrates selbst in den Zustand der Aporie gerät, ist umstritten und schwierig zu beantworten (Erler 1987, 1–18). *Symp.* 198b und *Rep.* VI 506b–507a sprechen zwar dafür, dass dies manchmal geschieht. Es ist auch sehr nahe liegend, den Zustand des 18-jährigen Sokrates in *Prm.* 135c, nachdem seine dort vorgebrachte Ideenlehre Opfer des von Zenon und Parmenides durchgeführten Elenchos geworden ist, als Aporie einzuordnen (so McCabe 1996, 45). Entscheidend ist aber, wie man für solche Situationen, in denen Sokrates selbst einen Gesprächspartner in die Aporie gebracht hat, die Frage beantwortet »Is Socrates Paralyzed by his State of Aporia?« (so der Titel von Politis 2007). Platon lässt dies Sokrates zwar bejahen (*Men.* 80c–d), aber nur wenige Interpreten sind heutzutage geneigt, das für glaubwürdig zu halten. Die meisten fassen es als die *eirôneia* (Verstellung) auf, die ihm seine Gesprächspartner immer wieder vorwerfen (Erler 1987, 8; s. Kap. V.46 im vorliegenden Band). Gerade die suggestive Metaphorik in *Men.* 80a–d überdeckt freilich leicht zwei wichtige Differenzierungen:
1. Sokrates kann insofern selbst gelähmt sein, als ihm genauso wenig wie dem Gesprächspartner ein explizites Definiens vorschwebt, und zugleich nicht insofern selbst gelähmt, als er überhaupt nicht weiß, wie man das Gespräch fortsetzen soll. Beides *kann* zusammen vorkommen (bei einem Sokrates einschließenden aporetischen Dialogschluss, wenn es den gibt), muss aber nicht. Nicht nur im *Menon*, auch in der *Politeia* geht das Gespräch weiter. Falls Sokrates im ersten Sinn gelähmt ist, erfährt er dies freilich nicht jedesmal neu in einem dramatischen Moment der Einsicht, sondern das ist nach *Apol.* 21d sein gewöhnlicher Zustand (evtl. genau »seit« *Prm.* 135c).
2. Eine Aporie kann (wie am Ende des *Menon* oder des *Laches*) für den Leser auflösbar sein oder das Aufgeben voreilig erscheinen – z. B. nennt McDowell den Schluss des *Theätet* »over-hasty« (McDowell 1973, 257). Es kann obendrein sein, dass Platon genau diesen Eindruck erreichen wollte; und doch ist Sokrates selbst mit im Zustand der Aporie. Selbst eine echte Aporie des Sokrates muss keine echte Aporie für den verständigen Leser sein.

38.4 Sind Aporien überwindbar?

Diese viel diskutierte Frage erfordert präzisierende Rückfragen: Alle oder nur einige; falls nur einige: welche? Für wen: für den Leser; für die Dialogteilnehmer mit ihren Fähigkeiten? Was zählt als Überwindung: ein explizites Definiens; Wissen; gewusstes Wissen; ein »Partnerwechsel« (Erler 2007, 49) wie in *La.* 194b – und dann bloßes Weiterreden; ein Mythos; die dihairetische Methode im Spätwerk? Dem im Einzelnen nachzugehen, ist hier nicht möglich. Einige Antworten werden jedoch durch die folgenden Beobachtungen nahe gelegt, die allerdings auch zeigen, zu welch unterschiedlichen Einschätzungen die Literatur tendiert:

1. Wenigstens *eine* Aporie wird von den Dialogteilnehmern selbst durch Angabe eines expliziten Definiens überwunden: die Aporie am Ende von *Rep.* I, und zwar durch die Definition der Gerechtigkeit in *Rep.* IV 433a–b, nachdem Sokrates zu Beginn von *Rep.* II 367e–369b, durch die Analogie von Staat und Seele einen Ausweg eröffnet hat.
2. Wenigstens für den Moment wird die Fortsetzung des Gesprächs auffällig oft durch Liberalisierung der Rechenschaftspflicht möglich, deren strenge Beachtung zur Etablierung von Wissen verlangt wird (*Rep.* V 476c–479d; *Men.* 97c–98c; *Tht.* 201c–d): Sokrates geht zum Mythos (*Symp.* 203a) oder zu Gleichnissen über (*Rep.* VI 507a). Und der Sklavenjunge im *Menon* überwindet seine kleine Aporie, indem er, durch Sokrates dazu ermuntert, auf die Lösung zeigt, da er nicht über das nötige Vokabular verfügt, sie auszusprechen (*Men.* 84a, 85b).
3. Bei manchen Aporien liegt es nahe, dass der Leser für sie eine Lösung erraten können soll, an der die Gesprächsteilnehmer vorbeigehen. Erler beansprucht, dies für *Laches*, *Hippias minor*, *Euthyphron*, *Charmi-*

des und *Euthydemos* nachgewiesen zu haben (Erler 1987, 280), wobei der Ausweg aus der Aporie »nur mit Hilfe des platonischen Ideendenkens« möglich sein soll (ebd.), das sich zwar auf den *logos* stützt, jedoch »fertige Formeln« nicht erwarten lässt (Erler 2007, 50). Lässt sich das Ergebnis verallgemeinern, so ist jede Aporie nur »beiläufiger Zustand« und »prinzipiell lösbar« (Erler 2007, 49).

4. Es ist nicht auszuschließen, dass mit den Mitteln der dihairetisch-dialektischen Spätdialoge dann doch dasjenige Wissen erreichbar sein soll, dessen Mangel in den elenktischen Dialogen vorläufig in der Aporie bewusst wird – selbst die in *Rep.* VII 534b–c angekündigte explizite Definition des Guten.

5. Es fragt sich, ob die Aporie nur im elenktischen Dialog vorkommen kann oder auch im dihairetischen Spätdialog. Die Antwort hängt davon ab, wie weit man den Begriff der Aporie zu fassen bereit ist. Was im Spätwerk fehlt, ist die psychologische Dramatik. Dass auch die große Digression im *Sophistes* damit motiviert wird, dass Schein und falsche Aussage *mesta aporias* (236e), also voller Schwierigkeiten, seien, nimmt Michael Frede dennoch zum Anlass, die Situation in *Soph.* 236e–237a selbst als *aporia* einzustufen (Frede 1996, 144). Gerade das Fehlen von Dramatik im Spätwerk ermöglicht es nach Ansicht von McCabe, dass eine Aporie am Ende des *Parmenides* von den Gesprächsteilnehmern nicht einmal mehr bemerkt wird, sie aber dem Leser als objektive Aporie deutlich werden soll: »The terminal aporia is not felt by a character in the dialogue, because the argument is now so general that it applies to any theory held by any person at any time« (McCabe 1996, 47).

Literatur

Erler, Michael 1987: Der Sinn der Aporien in den Dialogen Platons. Berlin/New York.
Erler, Michael 2007: »Aporie«. In: Christian Schäfer (Hg.): Platon-Lexikon. Darmstadt, 48–50.
Frede, Michael 1996: »The Literary Form of the Sophist«. In: Christopher Gill/Mary McCabe (Hg.): Form and Argument in Late Plato. Oxford, 135–152.
Heckmann, Gustav 1993: Das sokratische Gespräch. Frankfurt a. M.
Horster, Detlev [3]1992: Das Sokratische Gespräch in der Erwachsenenbildung. Hannover.
Liddell, Henry George/Scott, Robert/Jones, Henry Stuart (Hg.) [9]1996: A Greek-English Lexicon. Oxford [= LSJ].
McCabe, Mary 1996: »Unity in the *Parmenides*«. In: Christopher Gill/Dies. (Hg.): Form and Argument in Late Plato. Oxford, 5–48.
McDowell, John 1973: Plato, *Theaetetus*. Translated with Notes. Oxford.
Motte, Andrew/Rutten, Christian (Hg.) 2001: Aporia dans la philosophie grecque des origines à Aristote. Louvain-la-Neuve.
Nelson, Leonard 1987: Die sokratische Methode. Kassel-Bettenhausen.
Politis, Vasilis 2006: »Aporia and Searching in the Early Plato«. In: Lindsay Judson/Vassilis Karasmanis (Hg.): Remembering Socrates. Oxford, 88–109.
Politis, Vasilis 2007: »Is Socrates Paralyzed by his State of Aporia? (Meno 79e7–80d4)«. In: Michael Erler/Luc Brisson (Hg.): Plato. *Gorgias-Meno*. Proceedings of the VII. Symposium Platonicum. St. Augustin, 268–272.
Renaud, François 2002: »Humbling as Upbringing: The Ethical Dimension of the Elenchos in the *Lysis*«. In: Gary A. Scott (Hg.): Does Socrates have a method? University Park, Pennsylvania, 183–189.
Rowe, Christopher 2001: »The *Lysis* and *Symposium*: Aporia and Euporia?« In: Luc Brisson/Thomas M. Robinson (Hg.): On Plato: *Euthydemus, Lysis, Charmides*. Selected Papers from the V. Symposium Platonicum. St. Augustin, 204–216.
Sedley, David 2004: The Midwife of Platonism. Oxford.
Szlezák, Thomas A. 1997: »Das Höhlengleichnis«. In: Otfried Höffe (Hg.): Platon, *Politeia*. Berlin [[2]2005], 205–228.

Niko Strobach

39 Dialektik/Dihairesis

39.1 Dialektik als Gegenentwurf zu Sophistik, Rhetorik (und Mathematik?)

Was Platon mit der Wendung *dialektikê [technê]* oder *tou dialegestai dynamis* meint, ist im deutschen Fachwort »Dialektik« durch eine komplizierte Rezeption überlagert (zur Beziehung Platon – Hegel vgl. Gadamer 1987; Künne 1975; Düsing 1980; Bubner 1980). Freilich beginnt bereits mit Platon der individuellfachsprachliche Gebrauch des Ausdrucks, der seinen Ausgangspunkt in der Terminologie der Sophisten hat (dazu – sympathisierend – Berti 1978; vgl. zur Vorgeschichte auch Stenzel 1961). »Dialektik« wird bei Platon zum Etikett für das Projekt der Rationalität, des guten Fragens und Antwortens (*Crat.* 390b-d). Das erlaubt eine große Streubreite des Wortgebrauchs, so dass in der Literatur nicht selten die resignierende Einschätzung Zustimmung findet, viele Anwendungsfälle des Wortes »Dialektik« hätten nichts weiter gemeinsam, als das Vorgehen zu bezeichnen, das Platon beim Abfassen eines Dialogs gerade für besonders vielversprechend hielt (Robinson 1953, 70: »dialectic« als »honorific title«). Kutschera (2002, III 193 ff.) fasst alle logischen Errungenschaften Platons unter dem Stichwort »Dialektik« zusammen (s. Kap. IV.21 für »Dialektik« in diesem weiten Sinn; für einen noch weiteren Begriff Staudacher (2007), sowie – extrem weit – Böhme (2000, 100): »[M]an könnte sagen, daß Platon in seinem ganzen Werk dem Leser vorführt, was Dialektik ist«). Gerade dort, wo die Dialektik am höchsten gepriesen wird, nämlich in *Rep.* VII, ist ihr Begriff »außerordentlich allgemein« (Mittelstraß 1997, 244).

Dialektik bei Platon ist zunächst geläuterte Sophistik: das, was die Sophisten redlicherweise mit einer Kunst der Unterredung und der Auseinandersetzung hätten meinen können, die nicht bloß Geschicklichkeit ist, sondern verantwortlicher Umgang mit der menschlichen Fähigkeit zum Sich-Unterreden (*dialegesthai*) und zum Geben und Empfangen von begründenden Worten (*logon dounai kai dexasthai, Plt.* 286a; *Prot.* 336c; vgl. auch *Rep.* VI 510c, VII 531e). Die Dialektik wird in *Phdr.* 266c auch mit der Rhetorik kontrastiert (in *Gorg.* 448d auch das *dialegesthai* überhaupt). Dialektischer Gebrauch der Wörter wird dem bloß streitenden (eristischen) Gebrauch entgegengesetzt (*Phlb.* 17a). Der *dialektikos* führt (idealerweise) Aufsicht über die Wörter als einer, der zu fragen und zu antworten versteht (*Crat.* 390c). Wenn Ackrill 1955 die Dialektik als Philosophie der gewöhnlichen Sprache beschreibt (»The dialectician makes explicit the rules in accordance with which we already talk« (1997a, 79)), wirkt das heute freilich recht zeitgebunden.

In der *Politeia* scheint die Dialektik geradezu den Status eines Wundermittels anzunehmen und ihre Beherrschung erscheint als eine Stufe höchster Bildungsweihen und »Sims über allen Kenntnissen« (*Rep.* VII 534e; vgl. auch die Hochschätzung der Dialektik als glücksfördernd in *Phdr.* 276e-277a und als Wissenschaft für freie Menschen in *Soph.* 253c). Selbst die Idee des Guten soll laut *Rep.* VII 534b-c auf dialektischem Weg erreichbar sein. Auch noch im späten *Philebos*, 58a-e, wird betont, die Fähigkeit zur Dialektik (*tou dialegesthai dynamis*) gehe aufs *seiend*-Seiende (*ontôs on*), nicht aufs Werdende, und überblicke (*episkopei*) das Sicherste (*saphes*) und Wahrste (*alêthestaton*) (vgl. *Plt.* 285e-286a; *Rep.* VII 532a).

Nicht einfach einzuschätzen ist, in welchem Verhältnis Dialektik und Mathematik zueinander stehen. In der *Politeia* herrscht der Kontrast vor, der sich auf eine Vorform der axiomatischen Methode beziehen dürfte (*Rep.* VI 510b–511d, 533c): Mathematiker geben keine Rechenschaft (*logos*) mehr von ihren Hypothesen (vgl. dazu Mittelstraß 1997; Schramm 2007b, 155). Andererseits erntet Theätet (in *Tht.* 147c–148b) Lob dafür, dass er die Zahlen gerade so einteilt, wie es laut *Plt.* 262d gute dialektische Praxis ist.

Wie funktioniert Dialektik tatsächlich? Im *Phaidros*, 265–266c (und *Plt.* 286d–287d) wird das Programm formuliert und in einer Reihe später Dialoge (*Sophistes, Politikos, Philebos*) reflektiert und ausgeführt, demzufolge das Aufstellen sachgerechter Definitionsbäume mittels des Verfahrens der *dihairesis*, der begrifflichen Einteilung, zumindest ein zentraler Bestandteil der Dialektik ist (allgemein dazu Gill 2005). Dabei ist die Dialektik im *Sophistes* sowohl Methode als auch Thema, da unter das Definiendum »Sophist« gerade fällt, wer von Dialektik nichts versteht, aber so scheint.

39.2 Dihairetik als (Teil der) Dialektik

Die Dihairetik ist nicht *deduktive* Logik, die aus gegebenen Sätzen zu erschlossenen Sätzen führt (Prauss 1966, 206), auch wenn sie Aristoteles in *APr.* I 31 und *APo.* II 5, II 13 befremdlich nah an seine Syllogistik heranrückt (Analyse als Missverständnis bei Cavini 1995). Es ist der Dihairetik nicht um *Sätze* zu tun, sondern um das Abschreiten von Wegen in zum Teil sehr weit ausgedehnten Begriffsfeldern. So bilden alle sieben Definitionen des *Sophistes* zusammen einen einzigen Baum der Einteilung von Fertigkeiten (*technai*). Der Gesprächspartner stimmt nur noch zu, macht aber nie eigene Vorschläge, die untersucht werden. Seine Rolle ist nur mehr als die eines Schrittmachers für ein verständliches Tempo wichtig (vgl. *Soph.* 226c–230d).

Das Vornehmen von Dihairesen verfolgt einen pädagogischen Zweck: das »dialektischer Werden« (*Plt.* 285d, 287a). Das rechte Verständnis eines Begriffs erfordert wenigstens insofern einen Überblick über das ganze Begriffsfeld, als man auch wissen muss, was man alles hat links liegen lassen. Wie weit der Holismus gehen soll, ist freilich umstritten. Während Dorothea Frede betont, selbst im *Sophistes* werde keine komplette »ontologische Landkarte« gezeichnet (Frede 1997, 157), hält Kutschera zur Dihairesis fest: »Um eine Idee zu erkennen, muß man sie in das natürliche System aller Ideen einordnen können« (Kutschera 2002, I 197; ähnlich, mit *Rep.* VII 537c, Kranz 1986, 85).

Dass die dabei entstehenden trockenen Zergliederungen das in *Phlb.* 16d gepriesene Göttergeschenk sein sollen, hat nicht selten für Erstaunen gesorgt und in der Literatur vor allem zu zwei Fragen geführt: (1) Sind Dihairesen überhaupt philosophisch erträglich? (2) Ist dies noch die gleiche Dialektik wie in den lebendigen mittleren Dialogen mit ihrem »philosophical dialogue conducted through systematic, one-to-one, question and answer« (Gill 1996, 285)?

Die erste Frage hat besonders Gilbert Ryle aufgeworfen (Ryle 1939 und 1966, Kap. IV) und damit Ackrills »Defence of Plato's Divisions« provoziert: Dialektik ist auch im Spätwerk reicher als bloße Dihairese, aber auch diese ist ein natürlicher und durchaus philosophischer Teil davon (Ackrill 1997b; ähnlich, aber differenzierend Moravcsik 1973, 177–180). Kutschera betont, dass Dihairesen historisch gesehen zweifellos eine Errungenschaft sind: »Wir sind mit der Bestimmung von Begriffen durch Klassifikation so vertraut, daß wir kaum mehr Sinn für die Leistung haben, die in dem Gedanken steckt« (Kutschera 2002, III 10).

Die zweite Frage hat Christopher Gill zu einer weit gespannten Einteilung der beteiligten Forschergemeinschaft in drei Lager angeregt (Gill 1996, 298 f.): Viele, besonders englischsprachige Forscher, hielten unter dem Einfluss Rortys die »dialectical enquiry« für »in principle indeterminate and open-ended«; Befürworter der ungeschriebenen Lehre, etwa Szlezák, verstünden gerade die späten Dialoge als Lehrgespräche (zur beherrschenden Rolle des »Gesprächsführers« vgl. Szlezák 2004, 232); zwischen den Extremen vermittelnd sehe eine analytische Schule, beeinflusst von Owen und Vlastos, in den späten Dialogen die Errichtung eines »systematic metaphysical framework« mit »provisional elements« (Gill 1996, 301). Der mittlere Weg ermögliche es, auch in den späten Dialogen eine Fortsetzung einer »shared search« zu sehen, in die der Leser gerade umso mehr einbezogen wird, je weniger individuell die Dialogfiguren sind (Gill 1996, 296; ähnlicher Ansatz: McCabe 1996, 45). Einflussreich ist weiterhin die Ansicht, die wahre Dialektik Platons sei ungeschrieben (Ferber 1984, 160–162; Gadamer 1985; Szlezák 2004, bes. 32–35, 235). Auch das könnte den Eindruck des Unbefriedigenden angesichts der Dihairesen im Spätwerk erklären, wenn dieser Eindruck denn einen realen Grund hat, und es wäre *eine* denkbare Erklärung für die auffälligsten Lücken in Platons Werk: das Fehlen der in *Rep.* VII 534c versprochenen dialektischen Definition des Guten und das zumindest nicht offensichtliche Vorkommen der in *Plt.* 257a angekündigten dialektischen Definition des Philosophen (Szlezák 2004, 232; zu anderen Erklärungen hierfür vgl. Kranz 1986, 88 ff.).

Zentrale Metapher beim Vornehmen von Dihairesen ist die des Aufspürens und des Nachvollzugs der Gelenke der Natur (*Phdr.* 265e; *Plt.* 259d), zentrales Verb *temnein* (schneiden). Ziel ist die »Entdeckung des Systems der natürlichen Arten« (Kutschera 2002, III 10). Grundsätzlich soll eine Dihairese erst beim *atmêton eidos* (*Phdr.* 277b; *Soph.* 229d), dem nicht mehr weiter Zerschneidbaren, enden. Sonst ist sie zwar eine gewisse Charakterisierung (*logos pôs*), aber keine zum Ende gebrachte Bestimmung (*ou teleôs*, *Plt.* 267d). Das Projekt ist vom realistischen Optimismus getragen, durch gedankliche Einteilungen die Eigenstruktur, den logischen Aufbau der Wirklichkeit selbst nachvollziehen zu können.

Um zu sehen, welche Regeln Platon für das Vornehmen einer Dihairese befolgt wissen will, ist es wichtig (und nicht immer einfach) zu unterscheiden, wann diese gelingt und wann nicht. Im Großen und Ganzen gelingt im *Politikos* mehr, während im *Sophistes* vieles missglückt (kritisch auch gegenüber der Qualität der Dihairesen im *Politikos*: Sayre 2006). Aber auch im *Politikos* genügt der erste große Anlauf den Anforderungen nicht (*Plt.* 267c–d). Freilich besteht der Misserfolg im *Sophistes* paradoxerweise darin, dass man in kürzester Zeit mit fünf verschiedenen Definitionen von »Sophist« dasteht. Es liegt nahe, dass die abschließende sechste Definition gelungener sein soll, ebenso die Musterdefinitionen für »Angelfischer« (*Soph.* 218b–221c) oder für »Webkunst« (*Plt.*

279c–280b) (kritisch beurteilt *alle* Dihairesen im *Sophistes* Ambuel 2006).

Eine Dihairese, die am Ende den richtigen Teil (*meros*) trifft, kann dennoch missglückt sein, wenn sie ihn voreilig hinausschneidet und deshalb wegen zuvor unterlassener Zerlegung des Ganzen das Vorhaben verfehlt. Die Einschnitte sollen *kat' eidê* (nach den Begriffen) erfolgen und nicht bloß einen *meros* (Teil), sondern ein *genos* (eine Art) treffen (*Plt.* 262a–264b; vgl. dazu Marcos de Pinotti 1995; Bernadete 1963). Die Menschen z. B. bloß in Griechen einerseits und Barbaren andererseits zu teilen, ist nicht zulässig (*Plt.* 262d). Es ist eine wichtige Einsicht bezüglich der horizontalen Ebenen einer kunstgerechten Dihairesis, dass dieser Fehler nicht etwa durch Ausdifferenzierung der Barbaren in verschiedene *Völker* im nächsten Schritt behoben werden könnte, da das *genus proximum* für »die Griechen« bereits »Volk« sein muss. Ist *meros* extensional im Sinne von »Teilmenge« gemeint, so spricht dies für Moravcsiks Ansicht, das Projekt sei eher eine »intensional mereology« (Moravcsik 1973, 174). Eingehend wird das *langsame* Vorgehen im Laufe einer Dihairesis verteidigt (*Plt.* 262b, 283a–285c, 286d–287b; *Phlb.* 17a). Zum einen führen nur viele Unterteilungen in der Mitte (*Phlb.* 17a) zu einem informativen Ergebnis. Zum anderen kann ein überhastetes Vorgehen auch das Projekt aus dem Blick geraten lassen (*Soph.* 226c–230d). Zuweilen wird eine Abkürzung zugelassen (*Plt.* 266d–e).

Plt. 276a sowie *Soph.* 222d und 268b zeigen, dass die gleichen *differentiae specificae* unter verschiedenen *genera* für Platon sinnvoll sind. Dies ist liberaler als Aristoteles' Ansicht in *Top.* VI 6, 143b12–30 oder *Metaph.* VII 12, 1038a18–35 (so auch Westermann 2002; Cherniss 1944). Der strengen aristotelischen Forderung, die jeweils nächste Differenz müsse die jeweils vorhergehende als Hinsicht übernehmen, so dass z. B. »befußt« in »spaltfüßig« und »(im Hinblick auf den Fuß) ungespalten« zu unterteilen sei (*Metaph.* VII 12, 1038a9 ff.), folgt Platon selten (auf »befußt« folgt in *Plt.* 264e »behörnt« vs. »unbehörnt«). Sogar direkte Kreuzklassifikation kommt vor: Der Handel wird einerseits in der Dimension der Größenordnung in Großhandel und Krämerei unterteilt, andererseits in der Dimension der Handelsware in einen mit körperlichen und einen mit seelischen Gütern (*Soph.* 223c–224e), und die Produktion einerseits in der Dimension des Produzenten (Menschen/Götter), andererseits in der des Produkts (Dinge/Bilder). Dies sind für Platon keine Fehler, sondern das Verfahren wird genau technisch beschrieben und es wird dazu ermutigt (*Soph.* 266a).

Eine kunstgerechte Dihairesis ist in jedem Schritt Zweiteilung (Dichotomie), soweit diese möglich ist. Nur wenn nicht, ist eine Dreiteilung, falls auch dann nicht, eine Vierteilung etc. zu versuchen (»wie beim Opfertier«, *Plt.* 287c). Kurz gesagt: Eine kunstgerechte Dihairesis hat so wenige vertikale, aber gerade deshalb so viele horizontale Unterteilungen wie möglich. Das macht sie maximal informativ, hat aber vielleicht auch noch tiefer liegende mathematisch-metaphysische Gründe (Gaiser 1963, 125 ff.). Freilich kann eine Teilung in viele Unterarten auf derselben Ebene nötig werden (Beispiele: *Soph.* 229c; *Plt.* 287b–290d, 262a–264b). In *Soph.* 226c wird eine zuvor scheinbar erschöpfende Dichotomie der Fertigkeiten (*technai*) in erwerbende (*ktetikê*) und produktive (*poietikê*) durch die Einführung einer Unterscheidungsfähigkeit (*technê kritikê*) zur Trichotomie erweitert. Auch die Liste von *hêdonai* in *Phlb.* 52b und die drei verschiedenen Bedeutungen des »Erkenne dich selbst« (*gnôthi sauton*) in *Phlb.* 48c fallen in den Bereich der Dihairetik (zur Einteilung von Lauten und zur komplizierten Musik-Dihairese im *Philebos* vgl. Frede 1997, 154 ff.; für einen hilfreichen Überblick der Dihairesen bei Platon mit Diagrammen Sayre 2006). Ob Begriffe, die auf *alles* zutreffen, in den Bereich der Dihairetik fallen können, ist umstritten. Moravcsik plädiert im Sinne der »intensional mereology« dafür (1973, 170), Frede (2004, 148) dagegen.

Nicht für jedes Ergebnis einer Einteilung muss eine sprachliche Bezeichnung bereit liegen. Zum einen sind die letztlich gewählten Ausdrücke oft alltagssprachlich nicht geläufig und der Gesprächsführer sucht, *nachdem* das Gelenk in der Natur entdeckt ist, nach einem Wort dafür; das Ergebnis wirkt nicht selten gekünstelt, zeigt aber auch das sprachkreative Potential des Verfahrens (vgl. dazu Lane 1998, 24–26; Sayre 2006, 45–48). Zum anderen werden nicht weiter verfolgte Abteilungen, die keinen Namen haben, zuweilen bewusst anonym gelassen (*Soph.* 229c, 267b; *Plt.* 260e). Dihairesen sind also, wenigstens dem Anspruch nach, recht unabhängig von der Sprache, in der sie durchgeführt werden (so schon Lutoslawski 1897, 524). Die Bezeichnung eines *genos* mit *alpha privativum* kommt vor (*akerôn* – unbehörnt; *Plt.* 265b), freilich nicht häufig, da sie besonders die in *Plt.* 262a–264b thematisierte Gefahr birgt, zuviel in einen Topf zu werfen.

Noch immer im Schatten der *dihairesis* steht ihr terminologisches Gegenstück, die *synagôgê* (Versammlung). Meist wird zwischen beidem in der Literatur gar nicht unterschieden, so dass dort – wie auch im Folgenden – »Dihairese« in einem weiten Sinn genommen der Begriff für ein Verfahren ist, das nach Platon sowohl ein Moment der *dihairesis* (Dihairese im engeren Sinn) als auch ein Moment der *synagôgê* umfasst (engl. »collection and division«). Tatsächlich ist die *synagôgê* ein wichtiger Schritt des Verfahrens (*Phlb.* 16d; *Phdr.* 266b), in dem offenbar das im mittleren Werk so wichtige Erfassen einer Idee mit einem Male aufgehoben ist. Es ist jedoch nicht völlig klar, wo das Moment der *synagôgê* in einer Dihairese vorkommt. Das zeigt sich daran, dass es in der Literatur an verschiedenen Stellen verortet wird: Während Moravcsik nur fragt, ob die *synagôgê* lediglich am Beginn oder aber auch mitten in einer Dihairese vorkommt (Moravcsik 1973, 167 mit Verweis auf Hackford (1958, 142) für die erste und Skemp (1952, 69) für die zweite Option), versteht Schramm unter der *synagôgê* grundsätzlich die Zusammenfassung am Ende einer Dihairese (2007a, 93). Dem sprachkreativen und pädagogischen Potential des dihairetischen Verfahrens dürfte es am ehesten gerecht werden, wenn man auch die Suche nach der guten Benennung eines *genos* in der Mitte einer Dihairese mit unter den Begriff der *synagôgê* fasst. Eine hilfreiche eingehende Diskussion der *synagôgê* bietet Sayre (2006, 36–48).

Eine Dihairese kann auch einen Erkenntnisgewinn bringen, indem sie zeigt, was von ihr ausgeschlossen ist. Man sieht dies am großen Feld der Handwerke in *Plt.* 280d–e und dem Argument in *Plt.* 292d, die Sophistik könne noch nicht einmal in derselben Dihairese wie die Staatskunst auftauchen, da diese von Anfang an eine Einteilung der Arten des *Wissens* ist.

Der Ausgangspunkt einer Dihairese muss natürlich ziemlich allgemein sein, scheint aber im Vergleich zur aristotelischen Konzeption nicht streng geregelt. Sie muss (anders als in der aristotelischen Tradition) nicht mit einer Kategorie beginnen, erst recht nicht mit dem Seienden (dies im Einklang mit Aristoteles *Metaph.* III 3, 998b25). Die ausführlich durchgeführten Dihairesen im *Politikos* und *Sophistes* beginnen mit einer Fertigkeit (*technê*, *epistêmê*). Im Rückblick mit aristotelisch-scholastischer Strenge weisen sie eine verblüffende kategoriale Flexibilität auf. Das offizielle Definiendum gehört jeweils in die Kategorie der Substanz: der Sophist, der Staatsmann, der Philosoph (*Soph.* 217a; *Plt.* 257a). Eingeteilt werden Fertigkeiten. Im Laufe der Einteilung verschiebt sich das Einteilen dann auf die denkbaren Objekte, auf die diese Fertigkeiten zielen, sowie auf die Arten und Weisen oder die Ziele ihrer Realisierung, was in der Zusammenfassung an die Grenze des Sinnvollen gehen kann (*Soph.* 226a). Anderseits spricht nichts dagegen, zu definieren, dass jemand genau dann ein G ist, wenn er die Fertigkeit F besitzt und sie auf Art und Weise A oder mit dem Ziel Z vor Augen realisiert, wobei F, A und Z dann selbst definiert werden, wie es strukturell gesehen etwa im *Politikos* geschieht. Die platonische Dihairese hält, wenigstens meistens, die Waage zwischen der Nachlässigkeit des Kategorienfehlers und der Rigidität der *arbor porphyriana* und verweist damit zurück auf ihre pädagogische Funktion und ihren Ursprung in der diskursiven Praxis.

Literatur

Ackrill, John L. 1997a: »ΣΥΜΠΛΟΚΗ ΕΙΔΩΝ« [1955]. In: Ders.: Essays on Plato and Aristotle. Oxford. 72–79.
Ackrill, John L. 1997b: »In Defence of Plato's Divisions« [1970]. In: Ders.: Essays on Plato and Aristotle. Oxford, 93–109.
Ambuel, David 2006: Image and Paradigm in Plato's *Sophist*. Las Vegas.
Bernadete, Seth 1963: »Eidos and Diairesis in Plato's *Statesman*«. In: Philologus 107, 193–226.
Berti, Enrico 1978: »Ancient Greek Dialectic as Expression of Freedom of Thought and Speech«. In: Journal of the History of Ideas 39, 347–370.
Böhme, Gernot 2000: Platons theoretische Philosophie. Stuttgart/Weimar.
Bubner, Rüdiger 1980: »Dialog und Dialektik oder Platon und Hegel«. In: Ders.: Zur Sache der Dialektik. Stuttgart, 124–160.
Cavini, Walter 1995: »Naming and Argument: Diairetic Logic in Plato's *Statesman*«. In: Christopher Rowe (Hg.): Reading the *Statesman*. Proceedings of the III. Symposium Platonicum. St. Augustin, 123–138.
Cherniss, Harold 1944: Aristotle's Criticism of Plato and the Academy. Baltimore.
Düsing, Klaus 1980: »Ontologie und Dialektik bei Platon und Hegel«. In: Hegel-Studien 15, 95–150.
Ferber, Rafael 1984: Platos Idee des Guten. St. Augustin.
Frede, Dorothea 1997: Platon, *Philebos*. Übersetzung und Kommentar. Göttingen.
Frede, Dorothea 2004: »Dialektik in Platons Spätdialogen«. In: Marcel van Ackeren (Hg.): Platon verstehen. Themen und Perspektiven. Darmstadt, 147–167.
Gadamer, Hans-Georg 1985: »Platos ungeschriebene Dialektik« [1968]. In: Gesammelte Werke, Bd. 6. Tübingen, 129–153.
Gadamer, Hans-Georg 1987: »Hegel und die antike Dialektik« [1961]. In: Gesammelte Werke, Bd. 3. Tübingen, 3–28.
Gaiser, Konrad 1963: Platons ungeschriebene Lehre. Stuttgart.
Gill, Christopher 1996: »Afterword: Dialectic and the Dialogue Form in Late Plato«. In: Ders./Mary McCabe (Hg.): Form and Argument in Late Plato. Oxford, 283–311.
Gill, Mary Louise 2005: »Method and Metaphysics in Plato's *Sophist* and *Statesman*«. In: Edward N. Zalta (Hg.): The Stanford Encyclopedia of Philosophy [Fall 2008 edition]

(http://plato.stanford.edu/archives/fall2008/entries/plato-sophstate/).

Hackford, R 1958.: Plato's Examination of Pleasure. Cambridge.

Kranz, Margarita 1986: Das Wissen des Philosophen. Platons Trilogie *Theaitet*, *Sophistes* und *Politikos*. Tübingen.

Künne, Wolfgang 1975: Dialektik und Ideenlehre in Platons *Parmenides*. Untersuchungen zu Hegels Plato-Deutung. Heidelberg.

Kutschera, Franz von 2002: Platons Philosophie. 3 Bde. Paderborn.

Lane, Melissa 1998: Method and Politics in Plato's *Statesman*. Cambridge.

Lutoslawski, Wincenty 1897: The Origin and Growth of Plato's Logic. London [wieder abgedruckt Hildesheim 1983].

Marcos de Pinotti, Graciele 1995: »Autour de la distinction entre ΕΙΔΟΣ et ΜΕΡΟΣ dans le *Politique* de Platon«. In: Christopher Rowe (Hg.): Reading the *Statesman*. Proceedings of the III. Symposium Platonicum. St. Augustin, 155–161.

McCabe, Mary 1996: »Unity in the *Parmenides*«. In: Christopher Gill/Dies. (Hg.): Form and Argument in Late Plato. Oxford, 5–48.

Mittelstraß, Jürgen 1997: »Die Dialektik und ihre wissenschaftlichen Vorübungen«. In: Otfried Höffe (Hg.): Platon. *Politeia*. Berlin [²2005], 229–249.

Moravcsik, Julius M. E. 1973: »Plato's Method of Division«. In: Ders. (Hg.): Patterns in Plato's Thought. Dordrecht/Boston, 158–180.

Prauss, Gerold 1966: Platon und der logische Eleatismus. Berlin 1966.

Robinson, Richard ²1953: Plato's Earlier Dialectic [1941]. Oxford.

Ryle, Gilbert 1939: »Plato's *Parmenides* II«. In: Mind 48, 302–325.

Ryle, Gilbert 1966: Plato's Progress. Cambridge 1966.

Sayre, Kenneth M. 2006: Metaphysics and Method in Plato's *Statesman*. Cambridge.

Schramm, Michael 2007a: »Dihärese/Dihairesis«. In: Christian Schäfer (Hg.): Platon-Lexikon. Darmstadt, 92–95.

Schramm, Michael 2007b: »Hypothese«. In: Christian Schäfer (Hg.): Platon-Lexikon. Darmstadt, 154–156.

Scodel, Harvey R. 1987: Diairesis and Myth in Plato's *Statesman*. Göttingen.

Skemp, Joseph. B. 1952: Plato's *Statesman*. London.

Staudacher, Peter 2007: »Dialektik«. In: Christian Schäfer (Hg.): Platon-Lexikon. Darmstadt, 81–87.

Stenzel, Julius ³1961: Studien zur Entwicklung der platonischen Dialektik von Sokrates bis zu Aristoteles. Darmstadt.

Szlezák, Thomas A. 2004: Das Bild des Dialektikers in Platons späten Dialogen. Berlin/New York.

Westermann, Hartmut 2002: »Dihairese«. In: Christoph Horn/Christof Rapp (Hg.): Wörterbuch der antiken Philosophie. München, 110–112.

Niko Strobach

40 Dualismus (Leib-Seele-Relation)

Bei Platon ist grundlegend zu unterscheiden zwischen einem metaphysischen Dualismus im Sinne einer Zwei-Welten-Lehre (s. Kap. V.62) und einem anthropologischen Dualismus, der sich auf die Leib-Seele-Relation bezieht (vgl. Bordt 2006). Nach einer bis in die jüngere Zeit immer noch dominanten Interpretation lässt sich das Verhältnis von Seele und Körper im platonischen Œuvre nur in den Kategorien eines ›starken‹ Dualismus angemessen ausdeuten, der meist in bewusster Entgegensetzung zum aristotelischen Hylemorphismus formuliert wird: Während bei Aristoteles eine wesenhafte Einheit von Körper und Seele vorliege, drücke sich die grundlegende Trennung und Kontraposition dieser beiden Größen bei Platon *in nuce* in der berühmten Formel aus, dass der Körper (*sôma*) als Grab (*sêma*) der Seele angesehen werden müsse (*Gorg.* 493a; *Crat.* 400c; *Phdr.* 250c). Gegenüber diesem immer noch weit verbreiteten Interpretationsparadigma ist einerseits anzumerken, dass sich hinter dem Schlagwort des ›Dualismus‹ von Körper und Seele bei näherem Hinsehen durchaus heterogene Positionen verbergen (Kap. V.40.1 und V.40.2); weiterhin wird die dualistische Deutung *in toto* in der neueren Forschung zumindest für das Spätwerk Platons teilweise massiv in Frage gestellt. Beides wirft Fragen hinsichtlich der werkimmanenten Kohärenz der platonischen Position in Sachen Dualismus auf (s. Kap. V.40.3).

40.1 Die Standarddeutung: Substanzendualismus

Nach der lange Zeit nahezu kanonisch gültigen Interpretation nimmt Platon für Körper und Seele einen numerischen Substanzendualismus an: Sie sind zwei selbstständige, wesenhaft voneinander getrennte und nicht aufeinander zurückführbare Prinzipien, die im Menschen keine essentielle Einheit konstituieren, sondern nur akzidentell miteinander verbunden sind. Der primäre Referenztext für diese dualistische Auffassung sind die Ausführungen im *Phaidon* zur Unsterblichkeit der menschlichen Seele, aus denen sich folgende Aussagen extrahieren lassen (vgl. exemplarisch Bormann 1993, 96–130):

1. Sokrates bestreitet explizit gegen einen entsprechenden Einwand des Pythagoreers Simmias (*Phd.* 85e–86d), dass die Seele auf eine Mischung von körperlichen Elementen zurückführbar sei: Die Seele ist nicht die Harmonie des Körpers, wie

etwa im Falle eines Musikinstruments die Harmonie aus der Anordnung der Saiten heraus erklärbar ist. Dies insinuiert eine klare Absage an einen reduktiven Materialismus bzw. Physikalismus.

2. Dass die Seele über eine unabhängige Präexistenz gegenüber ihrer Inkarnation in einen Körper verfügt, plausibilisiert das *anamnêsis*-Argument, demzufolge alles Lernen im menschlichen Leben nur Wiedererinnerung der Seele an die von ihr im vorleiblichen Zustand geschauten Ideen bedeutet (*Phd.* 72e–77b; *Men.* 80d–86c).

3. Gegen eine materialistisch-physikalistische Fassung des Seelenbegriffs lassen sich bestimmte Eigenschaften ins Feld führen, die der *psychê* explizit zugeschrieben werden, etwa ihre Unsichtbarkeit (*Tim.* 46d) und ihre von Platon v. a. im »Argument aus der Ähnlichkeit« (*Phd.* 78b–80e) betonte Verbundenheit mit der Welt der rein intelligiblen Ideen.

4. Für diese enge Beziehung der Seele zum Bereich des Intelligiblen spricht weiterhin, dass ihre Unsterblichkeit aus der essentiellen Teilhabe an der Idee des Lebens bewiesen wird (*Phd.* 102a–107b).

Auch die diversen platonischen Mythen, die als Kernelemente ein jenseitiges Strafgericht und den Gedanken der Seelenwanderung (s. Kap. V.52) enthalten, bilden bei aller Interpretationsbedürftigkeit im Einzelfall nach Auffassung vieler Interpreten ein einschlägiges Indiz dafür, dass Platon der Seele eine vom Körper unabhängige Existenzform zugeschrieben hat: Den v. a. im *Phaidon* spezifizierten Eigenschaften und Anforderungen könne die Seele nur gerecht werden, wenn sie als nicht-räumliche und auf keinen Körper angewiesene Substanz, also als etwas für sich selbst Bestehendes gesehen werde. Teilweise wird hierin eine unverkennbare Nähe zum ›klassischen‹ neuzeitlichen Substanzendualismus von *res cogitans* und *res extensa* bei René Descartes gesehen (vgl. z. B. Priest 1991, 8–15), wenn es auch an kritischen bzw. differenzierenden Stellungnahmen zu diesem Vergleich nicht fehlt (vgl. Ostenfeld 1987, 28–30; Broadie 2001).

40.2 Alternative Deutungen

Die textlichen Evidenzen der substanzendualistischen Deutung sind v. a. in den ›mittleren‹ Dialogen angesiedelt, obwohl es einige Interpreten gibt, die sich hierfür auch auf das Spätwerk, insbesondere auf die *Nomoi*, berufen (vgl. Robinson 1995, 147; Stalley 1983, 174). Gerade hier hat Platon jedoch die Crux des ›klassischen Substanzendualismus‹ in unentschiedener Weise selbst thematisiert (vgl. *Leg.* X 898e–899a): Wie kann die Seele, insofern sie als eine rein unkörperliche und vom Körper getrennte Entität gedacht wird, überhaupt in eine Wechselwirkung mit ihm treten – was die platonische Deutung des Körpers als Werkzeug der Seele, wie sie sich prominent in *Alc. I*, 129e–130a findet, ja gerade erfordert? Dieses ›Interaktionismus‹-Problem ist im *Phaidon* aus inhaltlichen Gründen kein Thema, wird aber in den naturphilosophischen und kosmologischen Schriften des Spätwerks zunehmend bedeutsam: Hier lassen sich deutliche Indizien dafür nachweisen, dass Platon das Verhältnis von Körper und Seele sowohl im mikro- als auch im makrokosmischen Maßstab (also im Blick auf die individuellen Seelen wie auch auf die Weltseele) überdenkt und dabei auch zu anderen Bestimmungen des Status der Seele kommt: So zeigt sich etwa, dass Platon die räumliche Natur der Seelenbewegung betont, was zu einer komplett immateriell gedachten und von allem Körperlichen wesenhaft getrennten Entität nicht passt (vgl. Johansen 2000; Carone 1995, Kap. 2 und 7; vgl. auch schon Aristoteles, *De an.* I 406b26 ff.). Vor allem im *Timaios* lassen sich auch zunehmend Belege dafür finden, dass Platon keine bloß kontingente, sondern eine durchaus enge Beziehung zwischen Körper und Seele annimmt (Sedley 2000; Gill 2000).

Im Ausgang von diesen Textbefunden haben sich verschiedene alternative Deutungen für das Verhältnis von Seele und Körper im Spätwerk etabliert, die sich zunehmend gegenüber dem Paradigma des Substanzendualismus zur Geltung bringen. Eine Möglichkeit besteht z. B. darin, Platon einen attributiven Dualismus (*attributive dualism*) zuzuschreiben. Nach dieser von Ostenfeld 1987 vertretenen Auffassung sind Körper und Seele keine eigenständigen Substanzen, sondern verschiedene Attribute einer einzigen Substanz, nämlich des Lebewesens. Dadurch, dass die Seele zugleich als Denk- wie auch als Lebensprinzip verstanden wird, unterläuft Platon die Dichotomie Descartes', der mentale Aktivitäten der *res cogitans* von vitalen Funktionen der als ›Maschine‹ verstandenen *res extensa* dissoziiert. Der attributive Dualismus spiegelt sich dieser Lesart zufolge auch in der platonischen Ursachenlehre, wo eine irreduzible Zweiheit von mechanischen Ursachen und mentalen Gründen vorliegt, die als Ko-Ursachen (*synaitia*) in ein und demselben Ereignis zusammenwirken (vgl. das Zusammenwirken von *nous* und *anangkê* im *Timaios*; siehe auch *Phd.* 95e–102a). Obwohl sich die Seele in ihren räumlich verfassten Bewegungen notwendig in einem Körper realisiert, ist sie doch nicht ontologisch von diesem abhängig, nicht zuletzt, da Platon im *Timaios* wie auch in *Nomoi* X konsequent die Priorität der Seele betont:

> What is important to realize now is that the body as body is less of a substance than the soul in so far as it is dependent for its existence on the soul, but not vice versa. Hence we conclude that although the soul is characterized as a power in the late dialogues and seems necessarily embodied, it is nevertheless not an epiphenomenon but an agent capable of existing in other bodies (reincarnation) (Ostenfeld 1987, 22).

Insofern die Seele damit letztlich zu einem Vermögen (*dynamis*) des lebendigen Körpers wird, muss im attributiven Dualismus die Grundidee, dass die Vernunftseele abgetrennt bzw. abtrennbar (*chôriston*) ist, inhaltlich neu bestimmt werden: Statt trennbar von jeder Art von Körperlichkeit schlechthin zu sein, ist sie nur trennbar von jedem spezifischen Körper (Ostenfeld 1987, 51) – ansonsten wäre der attributive Dualismus auch inkompatibel mit der platonischen Reinkarnationslehre.

Der Trend im attributiven Dualismus in Richtung der aristotelischen Ontologie ist noch weiter vertiefbar, wie die Interpretation des platonischen Spätwerks durch Carone (2005) zeigt: Sie sieht die Seele in vollständiger Unterlaufung der Differenz von Mentalem und Körperlich-Mechanischem als einen dreidimensionalen Körper, der zugleich – ganz im Stile des aristotelischen Hylemorphismus – als wesenhaftes Organisationsprinzip des Körpers verstanden wird. In dieser Lesart, die letztlich in Richtung eines nicht-reduktiven Materialismus tendiert, ist Platon noch konsequenter anti-dualistisch als Aristoteles selbst, der zumindest dem *nous poiêtikos* eine Getrenntheit vom Körper zugesteht (und damit eine Art Geistseele-Leib-Dualismus vertritt; vgl. Voigt 2006): Für Platon sei hingegen kein Teil der Seele vom Körper abtrennbar (Carone 2005, 244). Ob ein solches Konzept, das eine hohe Affinität zum Materialismus der stoischen Seelenlehre aufweist (vgl. auch Gill 2000, 70–77), die in den eschatologischen Mythen ausgedrückte Idee der Unsterblichkeit der Seele als personaler Identität noch adäquat aufzufangen vermag, wäre näher zu prüfen (vgl. hierzu Carone 2005, 259–266); auf jeden Fall ist hier der größte Abstand zur Standarddeutung des Leib-Seele-Problems im Sinne eines numerischen Substanzendualismus erreicht.

Diese Deutungen überspannen allerdings möglicherweise den Bogen in Richtung eines übermäßig physikalistischen Verständnisses der platonischen Seele (Fronterotta 2007), wodurch auch das Verständnis des *mind-body*-Problems beim späten Platon zu vereinfacht aufgefasst sein könnte. Nicht zu leugnen ist allerdings, dass insbesondere in den *Nomoi* der Dualismus von Leib und Seele sowohl ontologisch als auch ethisch nachhaltig abgeschwächt wird, und zwar auf der Basis eines kausalen Interaktionismus zwischen beiden, der auf einer kinetischen Grundlage beruht (Müller 2015, 63–71).

40.3 Das Problem der werkimmanenten Kohärenz

Ebenso wie in der Psychologie und der Anthropologie zeigen sich auch im Blick auf die Formulierung der Leib-Seele-Relation bzw. des anthropologischen Dualismus im *Corpus Platonicum* Widersprüchlichkeiten, die der Erklärung bedürfen (vgl. IV.24.5; IV.29). Die Scheidelinie scheint hier der Übergang von der mittleren Werkperiode zum späteren Œuvre zu markieren: So ist angenommen worden, dass Platon erst im Spätwerk von einem numerischen Substanzendualismus zu einem attributiven bzw. abgeschwächten Dualismus übergegangen sei (Ostenfeld 1987, 26 f. und 69 f.) oder den Dualismus eben ganz zu Gunsten eines quasi-aristotelischen Modells aufgegeben habe (Carone 2005); als Hintergrund werden dann etwa Verschiebungen in der Ontologie angegeben, die v. a. eine Auflockerung des strikten metaphysischen Dualismus betreffen. Diese entwicklungsgeschichtliche Hypothese beruht jedoch u. a. auf der Voraussetzung einer eindeutigen Interpretation des frühen und des mittleren Werks im Sinne eines numerischen Leib-Seele-Dualismus, die selbst nicht frei von Problemen ist:

1. Schon innerhalb des Frühwerks lassen sich verschiedene Spielarten des Dualismus nachweisen (vgl. Robinson 1995, 3–20; 2000). Während im *Protagoras* und im *Gorgias* ein ›strikter‹ Substanzendualismus vorliegt, der Seele und Körper sowie die auf ihre Gesundheit ausgerichteten Therapiekonzepte in einen scharfen Gegensatz zueinander bringt, ist etwa im *Charmides* (156b–157a) ein ›ganzheitliches‹ bzw. psychophysisches Verständnis artikuliert: Das ganze Selbst aus Körper und Seele bedarf einer einheitlichen Therapie. Ein ähnlich »abgemilderter Dualismus« (Robinson: »mitigated dualism«) findet sich auch im

Alkibiades I, in dem der Körper als Werkzeug zumindest in einer speziellen und auch kooperativen Funktion zur Seele steht und nicht nur als deren ›Feind‹ bzw. ›Hindernis‹ erscheint (wie v. a. im *Gorgias* und im *Phaidon*).

2. Auch im *Phaidon* wird der metaphysische Dualismus nicht einfach ontologisch auf den anthropologischen Dualismus abgebildet: Der Körper ist zwar der Welt der Sensibilia näher und verwandter als der Welt der Intelligibilia, während für die Seele eben das umgekehrte Verhältnis formuliert wird (*Phd.* 79a–80b). Damit sind Seele und Körper aber keineswegs als Teile der jeweiligen Welt identifiziert; dass die Seele keine Idee ist, lässt sich auch eindeutig nachweisen (s. Kap. IV.24.4). Eventuell demonstriert der *Phaidon* damit gerade den (letztlich gescheiterten) Versuch, einen anthropologischen Dualismus innerhalb des metaphysischen Dualismus zu etablieren (so die These von Bordt 2006).

Bei der Ausdifferenzierung des anthropologischen Dualismus innerhalb des platonischen Œuvres ist jedenfalls grundlegend zu berücksichtigen, dass Platon versucht, ihn mit zwei verschiedenen Arten von Argumenten zu begründen (vgl. Gerson 1986):

a) mit ontologisch-epistemologischen Erwägungen: Unter Voraussetzung des erkenntnistheoretischen Grundsatzes, dass Gleiches nur durch Gleiches erkannt wird, muss die Seele als kognitives Prinzip (s. Kap. IV.24.1.2) sowohl zur intelligiblen als auch zur sensiblen Welt in einer Relation der Gleichheit oder zumindest Ähnlichkeit bzw. Verwandtschaft stehen. Dies findet seinen Niederschlag in ihrer ontologischen Mittelstellung (*metaxy*) zwischen Idealität und Materialität (s. Kap. IV.24.4), durch die sowohl geistige Intuition als auch Sinneswahrnehmung ermöglicht werden, wobei der Körper mindestens als ein ›Hilfsorgan‹ bzw. Instrument ins Spiel kommen muss.

b) mit ethischen Erwägungen: Insbesondere im *Phaidon* findet man einen erkennbar ethisch motivierten Dualismus mit dem Leitmotiv des »Philosophierens als Sterben-Lernen« (vgl. *Phd.* 64a), in dem die Seele so weit wie nur möglich von allem Körperlichen zu reinigen ist, um sich in sich selbst zu sammeln und in diesem Modus auf die Ideenerkenntnis auszurichten. Hier spiegelt sich das Spannungsverhältnis von deskriptiver und normativer Anthropologie (s. Kap. IV.29.3) wider, in dem sich der Mensch in seiner amphibischen Natur bzw. Mittelstellung in seiner Lebensführung entweder nach oben oder nach unten auszurichten hat. Dabei wird der Körper v. a. im *Timaios* nicht mehr als ein permanentes Hindernis oder gar als ein Antagonist gesehen, sondern als ein zur Unterstützung der rationalen Lebensführung zweckhaft eingerichteter Körper: »[T]he human body appears less like a prison for the rational soul and more, as one might put it, like a rather comfortable hotel with quite a few research facilities inbuilt. [...] the body is designed with a view to increasing our rationality« (Johansen 2000, 109).

Die unterschiedlichen, teilweise widersprüchlich klingenden Aussagen zur Leib-Seele-Relation müssen deshalb kontextabhängig daraufhin geprüft werden, inwieweit der ontologisch-epistemologische oder der ethische Aspekt des anthropologischen Dualismus im Vordergrund steht (Müller 2015); dies schließt die Möglichkeit von Lehrentwicklungen innerhalb dieser Bereiche, die dann auch auf das Verständnis von Leib und Seele abstrahlen, keineswegs aus.

Literatur

Bordt, Michael 2006: »Metaphysischer und anthropologischer Dualismus bei Platon«. In: Bruno Niederbacher/ Edmund Runggaldier (Hg.): Die menschliche Seele. Brauchen wir den Dualismus? Frankfurt a. M. u. a., 99–115.
Bormann, Karl [3]1993: Platon [1973]. Freiburg.
Broadie, Sarah 2001: »Soul and Body in Plato and Descartes«. In: Proceedings of the Aristotelian Society 101, 295–308.
Carone, Gabriela R. 1995: Mind as the Foundation of Cosmic Order in Plato's Late Dialogues. Diss. London.
Carone, Gabriela R. 2005: »Mind and Body in Late Plato«. In: Archiv für Geschichte der Philosophie 87, 227–269.
Fronterotta, Francesco 2007: »Carone on the Mind-Body-Problem in Late Plato«. In: Archiv für Geschichte der Philosophie 89, 231–236.
Gerson, Lloyd P. 1986: »Platonic Dualism«. In: The Monist 69, 352–369.
Gerson, Lloyd P. 2003: Knowing Persons. A Study in Plato. Oxford.
Gill, Christopher 2000: »The Body's Fault? Plato's *Timaeus* on Psychic Illness«. In: Maureen R. Wright (Hg.): Reason and Necessity. Essays on Plato's *Timaeus*. London, 59–84.
Johansen, Thomas 2000: »Body, Soul, and Tripartition in Plato's *Timaeus*«. In: Oxford Studies in Ancient Philosophy 19, 87–111.
Müller, Jörn 2015: »Leib-Seele-Dualismus? Zur Anthropologie beim späten Platon«. In: Diego De Brasi/Sabine Föllinger (Hg.): Anthropologie in Antike und Gegenwart. Biologische und philosophische Entwürfe vom Menschen. Freiburg/München, 59–96.
Ostenfeld, Erik 1987: Ancient Greek Psychology and the Modern Mind-Body Debate. Aarhus.
Priest, Stephen 1991: Theories of the Mind. New York.
Robinson, Thomas M. [2]1995: Plato's Psychology [1970]. Toronto.

Robinson, Thomas M. 2000: »The Defining Features of Mind-Body Dualism in the Writings of Plato«. In: John P. Wright (Hg.): Psyche and Soma. Oxford, 37–55.

Sedley, David 2000: »The Ideal of Godlikeness«. In: Gail Fine (Hg.): Plato. Oxford, 791–810.

Stalley, Richard 1983: An Introduction to Plato's *Laws*. Indianapolis.

Thurner, Martin 2007: »Dualismus (Leib-Seele-Verhältnis)«. In: Christian Schäfer (Hg.): Platon-Lexikon. Begriffswörterbuch zu Platon und der platonischen Tradition, Darmstadt, 99–101.

Voigt, Uwe 2006: »Wozu brauchte Aristoteles den Dualismus? Oder: Warum sich der aktive Geist nicht naturalisieren lässt«. In: Bruno Niederbacher/Edmund Runggaldier (Hg.): Die menschliche Seele. Brauchen wir den Dualismus? Frankfurt a. M. u. a., 117–152.

Jörn Müller

41 Einheit

Das Thema der Einheit betrifft alle Ebenen, Bereiche und Ziele der platonischen Philosophie. In den Dialogen lässt es sich am deutlichsten greifen, wo es mit der Ideenannahme verknüpft ist. Denn deren verschiedene Varianten sind dadurch verbunden, dass sie Ideen als bleibende Einheiten annehmen und von der wahrnehmbaren Vielheit der Dinge unterscheiden, um die Möglichkeit dialektischer Erkenntnis einsichtig zu machen. Schon diese Ideenannahme führt auf viel diskutierte Einheitsprobleme. Fraglich ist nicht nur, worin die Einheit einzelner Ideen besteht, sondern auch, wie verschiedene Ideen zur Einheit eines Ideenganzen gehören, ohne ihre jeweilige Einheit zu verlieren. Noch schwieriger erscheint die Frage, wie die Dinge an der Einheit von Ideen teilhaben können, ohne sie zu zerstören, weil ihre Teilhabe die Trennung von Ding und Idee zu unterlaufen droht. Und wer hier nach einer Antwort sucht, stößt auf verschiedene Einheitsstufen, die bis hinunter zu einzelnen Körpern und bis hinauf zu letzten Prinzipien reichen.

Das Einheitsthema besitzt also nicht nur eine ontologische und epistemologische, sondern auch eine kosmologische und prinzipientheoretische Dimension. Außerdem ist zu beachten, dass es in den Dialogen durchgängig, wenn auch nicht immer gleich deutlich, auf das Leitthema des guten Lebens bezogen wird. Das Einheitsthema hat damit auch eine praktische Dimension. Was die Dialoge vorführen, ist eine Einheit von Theorie und Praxis, die sich in der Parallelisierung von kosmologischen, psychologischen und politischen Strukturen sowie in der herausgehobenen Stellung der Idee des Guten artikuliert. All diese thematischen Dimensionen werden in der Forschung kontrovers diskutiert, und zwar nicht zuletzt deshalb, weil sich die Einheit der platonischen Philosophie in vielstimmigen Dialogen artikuliert. Schon der antike Platonismus versucht diese Vielstimmigkeit in den Griff zu bekommen, indem er die Dialoge auf eine im Hintergrund stehende Systematik bezieht. Die neuere Forschung greift dieses Problem auf, indem sie das Verhältnis der Dialoge und der indirekt überlieferten Prinzipientheorie diskutiert (s. Kap. II.7). Daneben steht die Kontroverse zwischen einem entwicklungsgeschichtlichen und einem unitarischen Verständnis der platonischen Philosophie (s. Kap. II.6).

41.1 Die sokratische Einheit von Theorie und Praxis

Dass Theorie und Praxis in eine Einheit gehören, zeigt sich vor allem an der Figur des Sokrates. In den frühen Dialogen gibt dieser vor, kein Wissen über wichtige Gegenstände zu besitzen, sondern nur das vermeintliche Wissen anderer zu prüfen. Primär fragt er nach der Tugend (*aretê*), nach einzelnen Tugenden wie Weisheit, Tapferkeit, Besonnenheit und Gerechtigkeit, oder danach, wie sich diese zur ganzen Tugend verhalten (*Prot.* 328dff.). Schon hier ist ein prominentes Einheitsproblem gegeben. Die Forschung hat sich weitgehend auf die Frage konzentriert, wie es mit der Unmöglichkeit von Unbeherrschtheit zusammenhängt (Gallop 1961; Vlastos, 1969). Dabei hat man auch danach gefragt, warum Sokrates hier von hedonistischen Prämissen ausgeht, obwohl er sie sonst zurückweist (Dyson 1976; Klosko 1979). Das Argument gegen die Möglichkeit von Unbeherrschtheit ist aber vor allem deshalb bedeutsam, weil es besonders nachdrücklich geltend macht, dass Tugend auf Wissen zu gründen ist (*Prot.* 351b–358e). Und gerade diese Annahme bestimmt die sokratische Einheit von Theorie und Praxis.

Einzelne Güter zu besitzen, reicht offenkundig nicht. Denn gut sind diese nur, wenn sie gut gebraucht werden. Und dazu benötigt man ein umfassendes Gebrauchswissen, das unser Handeln verlässlich anleitet (*Euthd.* 280aff.). Man benötigt eine »königliche Kunst«, die als Ursache des richtigen Handelns im Staate zu dienen vermag (*Euthd.* 291b–292d). Um dieses Ziel zu erreichen, gilt es vor allem, die verfehlte Identifikation des Guten und der Lust zu widerlegen. Ziel unserer Handlungen ist das wahrhaft Gute, das von der Lust unterschieden werden muss (*Gorg.* 494cff.).

Im Übergang von den frühen zu den mittleren Dialogen wandelt sich die Sokrates-Figur stark. An die Stelle einer negativen Dialektik, die vermeintliches Wissen widerlegt, tritt eine positive Dialektik, die widerlegungsresistente Grundlagen des Wissens konstruktiv entfaltet. Erst hier wird das gesuchte Tugendwissen mit einer Ideenannahme verbunden, die Sokrates auf ontologische und epistemologische Fragen führt. Und erst hier werden politische, psychologische und kosmologische Themen explizit besprochen. Von entwicklungsgeschichtlichen Deutungen ist diese Differenz besonders stark betont worden. Gelegentlich wird sogar ein konzeptioneller Bruch geltend gemacht (Vlastos 1991, 45ff.). Doch dies ist wenig überzeugend, weil in den mittleren Dialogen nicht einfach neue Themen und Methoden auftauchen, sondern Voraussetzungen der sokratischen Ethik entfaltet werden. Es ist also trotz aller Differenz mit einer thematischen und methodischen Kontinuität zu rechnen (Kahn 1996).

Nur deshalb konnte Platon beim Übergang zu einer konstruktiveren Dialektik an der Sokrates-Figur und an der Dialogform festhalten (Mesch 2005a, 45ff.).

41.2 Die Einheit der Gerechtigkeit und die Idee des Guten

Besonders deutlich zeigt sich diese Kontinuität in der *Politeia*, die sie im Übergang vom ersten zu den folgenden Büchern vorführt. Auch hier wird betont, dass wir nach dem wahrhaft Guten streben, weil wir nicht nur scheinbar, sondern wirklich gut leben wollen (*Rep.* VI 505d). Und um dieses Ziel zu erreichen, benötigen wir ein philosophisches Wissen, das einzelne Tugenden erkennt, indem es sie auf ethische Ideen bezieht. Worin dieses Wissen besteht, wird auf der Grundlage einer Strukturanalogie von Polis und Psyche breit entfaltet. Demnach ist der Staat gerecht, wenn jeder Stand (Herrscher, Wächter, Erwerbsleute) das Seinige tut. Dies gewährleistet auch die Einheit der Polis gegenüber Verfallstendenzen wie Aufruhr und Bürgerkrieg (*Rep.* IV 427c–434d). Entsprechend ist die Einzelseele gerecht, wenn jeder ihrer Teile (Vernunft, Affekte, Begierden) das Seinige tut. Und auch hier macht die Gerechtigkeit verständlich, wie ihre Einheit zu erhalten ist. Denn Gerechtigkeit führt zur Harmonie der Seelenteile und Ungerechtigkeit zu Zwiespalt und Zerrissenheit (*Rep.* IV 441c–445e). Die Gerechtigkeit ist hier zwar noch nicht die ganze Tugend wie in den *Nomoi*, wohl aber ihre strukturelle Voraussetzung (Mesch 2005b). Offenkundig geht es Platon nicht zuletzt darum, die Einheit der Tugenden in der gerechten Seele aufzuweisen (Gadamer 1978, 162ff.). Schon in frühen Dialogen wurde diese seelische Einheit mit einem gesunden Körper verglichen und auf einen geordneten Kosmos bezogen (*Gorg.* 506cff.).

Doch keine einzelne Tugend kann mit dem Guten selbst identifiziert werden. Es kann sich hier nur um eine Einsicht handeln, die noch größer ist als die Gerechtigkeit (*Rep.* VI 504d). Die Idee des Guten muss also als höchste Idee gelten. Wie diese höchste Idee verstanden werden kann, ist in der Forschung umstritten. Dies liegt nicht zuletzt daran, dass sie auch in der *Politeia* nicht direkt bestimmt, sondern nur gleichnishaft erläutert wird. Sokrates vergleicht die Funktion des Guten im Bereich des Denkbaren mit der

Funktion der Sonne im Bereich des Sichtbaren. Und am Ende führt dies zur schwer verständlichen Behauptung, das Gute stehe an Würde und Vermögen jenseits des Seins (*epekeina tês ousias*, *Rep.* VI 509b). Umstritten ist vor allem, wie streng diese Seinstranszendenz aufgefasst werden muss, wie sie sich erkennen lässt und wie sich diese Erkenntnis zur Praxis verhält. Steht das Gute nur jenseits untergeordneter Ideen, weshalb sich ihm durchaus ein gewisses Sein zuschreiben lässt (Baltes 1997, 3 ff.; Brisson 2000, 83 ff.)? Oder hat man seine Transzendenz so radikal und umfassend zu verstehen, dass sie jedes Sein ausschließt (de Strycker, 1970, 455; Ferber 1984, 66 ff.)? Erschließt sie sich vor allem in einer praktischen Dimension (Wieland 1982, 159 ff.; Bubner 1992, 27 ff.; Stemmer 1992, 152 ff.)? Oder lässt sie sich auf das Einheitsprinzip der indirekten Überlieferung beziehen (Krämer 1959, 398 ff. und 1969, 1 ff.; Szlezák 1985, 98 ff.; Halfwassen 1992, 220 ff.)?

Dass die Idee des Guten eine bestimmungslose, jenseits aller Vielheit stehende Einheit sei, wird im Text nicht ausdrücklich gesagt. Aber legt er einen Rückgriff auf die indirekte Überlieferung zumindest nahe, oder gibt es irgendeinen Aspekt, der ihn als unangebracht zu erweisen erlaubt? Angesichts der seit Jahrzehnten geführten Kontroverse empfiehlt sich eine Erinnerung an Gemeinsamkeiten, die von beiden Seiten akzeptiert werden. Offenkundig sollen in der Idee des Guten ontologisch-epistemologische und praktisch-politische Perspektiven verbunden werden. Sie gehört deshalb sowohl in einen theoretischen als auch in einen praktischen Zusammenhang. Eine Isolation der einen Perspektive ist deshalb ebenso fragwürdig wie eine Isolation der anderen. Die Einheit von Theorie und Praxis muss gerade für die Idee des Guten berücksichtigt werden (van Ackeren 2003, 171–199). Da sie die höchste Idee ist, erscheint durchaus erwägenswert, in ihr auch die höchste Einheit zu sehen. Auch wer von einer praktischen Perspektive ausgeht, muss hierin keinen Widerspruch sehen. Gefordert ist zunächst nur, die Idee des Guten als das Einende einer Vielheit aufzufassen (Gadamer 1978, 143–145). Was dies bedeutet, dürfte jedoch nur zu erschließen sein, wenn man von den unteren Einheitsstufen ausgeht.

41.3 Einheitsstufen und Einheitsbegriffe

Die berühmte Bestimmung von Ideen, die sich in den mittleren Dialogen findet, wird variantenreich vorgetragen. Im Zentrum steht aber immer ihre Differenz zu wahrnehmbaren Dingen, körperlichen Bewegungen und flüchtigen Erscheinungen. Denn die Wahrnehmung zeigt einen ständigen Fluss der Veränderung, der keine genaue und bleibende Erkenntnis zulässt. Um als Gegenstände einer philosophischen Dialektik dienen zu können, müssen Ideen dieser körperlichen Veränderung entzogen sein. Sie müssen sich immer gemäß demselben (*kata tauton*) oder gemäß sich selbst (*kath' hauto*) gleich verhalten (*hos autos echein*). Es ist diese unveränderliche Struktur, die Ideen als eigentliche Erkenntnisgegenstände auszeichnet (*Rep.* V 479a–e; *Symp.* 211b; *Crat.* 439e). Um dies zu verstehen, muss man ihre Einheit freilich anders auffassen als die Einheit von körperlichen Dingen: Erforderlich ist ein anderer Einheitsbegriff. Während Körper aus Körpern zusammengesetzt sind und zerstört werden, wenn sich ihre entstandene Einheit wieder auflöst, besitzen Ideen eine unvergängliche Einheit, die nicht zusammengesetzt, sondern ursprünglich ist. Eine Idee weist keinerlei Veränderung auf, weil sie selbst gemäß sich selbst ein eingestaltiges Sein besitzt (*monoeides on auto kath' hauto*, *Phd.* 78d). Ihre Einheit ist weder wahrnehmbar noch körperlich. Verständlich wird sie nur für eine dialektisch verfahrende Vernunft (*Rep.* VI 511b–e).

Dies bedeutet nicht, dass es auf der Ebene der Körper keine Einheit gäbe. So kann etwa ein einzelner Mensch durchaus als identifizierbarer Träger seiner Eigenschaften angesprochen und von deren Vielheit unterschieden werden (*Prm.* 129b–d; *Phlb.* 14c–e). Aber dabei handelt es sich nur um eine vergängliche Einheit eines vergänglichen Körpers. Und diese beruht auf der vorübergehenden Teilhabe an Ideen, die dessen Zusammensetzung bestimmt. Außerdem ist einzuräumen, dass das Einheitsproblem auf der Ebene der Körper für die Philosophie durchaus wichtig sein kann. Widersprüchliche Wahrnehmungen, die dasselbe zugleich als eines und vieles zeigen, motivieren nämlich zur philosophischen Auflösung des Widerspruchs. Aber die Einheit selbst (*auto to hen*) erkennt man trotzdem erst, wenn man Wahrnehmung und Körper hinter sich lässt (*Rep.* VII 524d–525a). Hält man sich an die Kosmologie des *Timaios*, sind sogar die stofflichen Elemente, also Feuer, Wasser, Luft und Erde, keine substantiellen Einheiten, sondern nur Eigenschaften eines gestaltlosen Raums (*chôra*), den sie durch Elementardreiecke gestalten (*Tim.* 48e ff.). Nur der Kosmos, die geordnete Ganzheit aller Körper, kann unter dem Wahrnehmbaren als echte und bleibende Einheit gelten. Es gibt nur einen einzigen Kosmos, der die Einheit des Ideenganzen umfassend abbildet (*Tim.* 31a–b). Und dieses Abbild ist unvergänglich, weil es vom Demiurgen als Verbindung eines vollkommenen Weltkörpers mit einer vollkommenen Weltseele hergestellt wird (s. Kap IV.31). Doch der Kosmos bleibt von seinem idealen Vorbild geschieden, und zwar selbst dort, wo er ihm am nächsten kommt. Auch die Zeit ist nicht mit der »im Einen ruhenden Ewigkeit« (*menontos aiônos en heni*) identisch, sondern nur ihr »nach Zahlen voranschreitendes ewiges Abbild« (*Tim.* 37c; s. Kap. IV.32). Beim Aufstieg von der Einheit der Körper zur Einheit von Ideen spielen mathematische Disziplinen eine entscheidende Rolle. Dies zeigt vor allem das philosophische Bildungsprogramm, das in der *Politeia* entwickelt wird (*Rep.* VII 521c–534e). Es besteht nämlich in einer Reihenfolge mathematischer Disziplinen, die von der Arithmetik und Geometrie über die Stereometrie, Astronomie und Harmonielehre bis zur abschließenden Dialektik führen. Bestimmend ist die durch Einheit fundierte Reihenfolge von reinen Zahlen, (zweidimensionalen) Flächen, (dreidimensionalen) Körpern, sichtbaren und hörbaren Bewegungen. Als Ausgangspunkt dient die Unterscheidung zwischen einem gewöhnlichen Zählen, wie es sich bei Kaufleuten findet, und einer wissenschaftlichen Betrachtung der Zahlen, die ein Studium der Einheit (*hê peri to hen mathêsis*) erfordert (*Rep.* VII 525a). Dabei wird betont, dass sich diese Einheit auch begrifflich (*tô logô*) nicht teilen lässt (525e). Die von reinen Zahlen vorausgesetzte Einheit ist also grundsätzlich unteilbar. Sie schließt nicht nur körperliche, sondern jegliche Teilbarkeit aus. In dieselbe Richtung deutet eine wichtige Passage aus dem *Sophistes*, die das seiende Eine vom Einen selbst unterscheidet. Denn nur das seiende Eine besteht aus Teilen, die es zu einem Ganzen eint. Das Eine selbst oder wahre Eine muss dagegen als vollkommen unteilbar (*ameres* [...] *pantelôs*) betrachtet werden (*Soph.* 245a). Schwerer einzuschätzen ist eine Passage aus dem *Theaitetos*, die mit unteilbaren und unerkennbaren Elementen (*stoicheia*) rechnet, um die Annahme, Erkenntnis sei wahre Meinung mit Begründung, prüfen zu können. Denn diese Prüfung verläuft aporetisch. Allerdings wird auch hier Einheit wiederholt als Unteilbarkeit aufgefasst (*Tht.* 201d ff.).

Die Einheit des Ideenganzen erläutert vor allem der *Sophistes*. Das Thema des Sophisten führt hier auf die Frage, wie Ideen mit Ideen verbunden sind, ohne ihre Einheit zu verlieren. Offenkundig müssen sie sich mit anderen Ideen verbinden, wenn ihre dialektische Bestimmung möglich sein soll. Aber unterschiedslos darf dies nicht geschehen, weil manche Ideen andere ausschließen. Und auch diejenigen, die sich verbinden, dürfen darin nicht identisch werden (*Soph.* 251a ff.). Als Grundlage dient eine Gemeinschaft höchster Ideen oder Gattungen: Seiendes, Ruhe, Bewegung, Identität und Differenz. Die Schwierigkeit liegt in der Verbindung von Ruhe und Bewegung. Es sieht nämlich so aus, als müsse Seiendes (*on, ousia*) sowohl bewegt als auch unbewegt sein, um erkannt werden zu können. Aber Ruhe und Bewegung schließen einander aus (*Soph.* 248a ff.). Die Theorie der höchsten Gattungen löst diese Schwierigkeit durch eine Teilhabe, die keine Identität bedeutet, sondern Differenz einschließt. Aber inwiefern soll das Seiende bewegt sein? Wenn es dabei um Seiendes im Sinne der Idee geht, kann es sich nicht um eine körperliche, sondern nur um eine intelligible Bewegung handeln (de Vogel 1953). Manche Autoren versuchen dieser Konsequenz auszuweichen, indem sie nur mit einer Bewegung der Seele rechnen (Ross 1935), oder das Seiende so weit fassen, dass es Ideen, Seelen und Körper gleichermaßen enthält (Cherniss 1944). Aber dies passt schlecht zum Wortlaut des Textes. Denn hier werden Bewegung, Leben, Seele und Vernunft dem vollkommen Seienden (*pantelôs on*) zugeschrieben (*Soph.* 248c). Und in mittleren Dialogen ist damit die Idee gemeint (*Rep.* V 477a).

41.4 Methexis, Hypothesen, Prinzipien

Wie die Einheit von Idee und teilhabendem Ding zu verstehen ist, wird in verschiedenen Dialogen untersucht. Wichtig ist nicht nur die ideenkritische Passage des *Parmenides* (130a–135b), sondern auch die Dialektik des Einen und Vielen aus dem *Philebos* (15a–c). Zwar ist diese Passage wesentlich kürzer, was zu viel diskutierten Schwierigkeiten führt (Delcomminette 2002). Aber dafür bietet der Rückgriff auf die Seinsgattungen der Grenze, des Unbegrenzten, des Gemischten und der Ursache ein Modell, das eine mögliche Lösungsperspektive zumindest skizziert. Dies gilt vor allem, wenn man dieses Modell, wie die spätere Identifikation der Ursache und der göttlichen Vernunft nahe legt (*Phlb.* 28d–31a), mit dem demiurgischen Modell des *Timaios* verbindet. Denn die Kosmologie ist in ihrer gesamten Anlage als Vermittlung von Ideen und Körpern gedacht. Und deshalb gilt es wohl, die Teilhabeproblematik auf einen kosmologischen Hintergrund zu beziehen (s. Kap IV.31). Im *Parmenides* endet die Ideenkritik dagegen aporetisch. Was von der platonischen Parmenides-Figur variantenreich vorgeführt wird, ist vor allem, dass sich die strikte Trennung der Idee mit einer Teilhabe der Dinge nicht vereinbaren lässt. Man hat dies häufig als eine Selbstkritik Platons betrachtet (Vlastos 1954). Da die Ideen in ihr durchgängig verdinglicht werden, ist eine solche Deutung aber keineswegs zwingend. Es dürfte näher liegen, die Kritik auf die zuvor artikulierte Ideenannahme des jungen Sokrates zu beziehen. Es spricht nämlich einiges dafür, dass diese noch nicht ausgereift ist (Graeser 1996).

Am ausführlichsten erörtert wird das Einheitsthema in den Hypothesen des *Parmenides*, die Sokrates zur Übung dienen sollen. Was tatsächlich folgt, ist ein verwirrendes Geflecht von Widersprüchen. Die Hypothesen widersprechen sich nämlich nicht nur untereinander, sondern auch in sich. So trägt die erste Hypothese allseitige Negationen vor. Wenn Eines ist, kann es demnach unmöglich Vieles sein. Weder hat es Teile, noch ist es ein Ganzes. Auch keine andere Bestimmtheit kommt ihm zu. Da es somit kein Sein besitzt, kann es nicht einmal Eines sein (*Prm.* 137c–142b). Die zweite Hypothese entfaltet dagegen allseitige Affirmationen. Wenn Eines ist, kann es demnach unmöglich nicht am Sein teilhaben. Es besitzt Sein und Einheit als unterscheidbare Teile, die ihrerseits aus seienden Einheiten bestehen. Auf diese Weise ist es ein Ganzes, das unvereinbare Bestimmtheiten aufweist. Während die erste Hypothese zu einem unformulierbaren Ergebnis führt, endet die zweite in einem infiniten Regress (*Prm.* 142b–155e). Obwohl die weiteren Hypothesen auf diese Schwierigkeiten reagieren, kommt es nirgendwo zu einer Auflösung der Widersprüche. Und damit bleiben alle Interpreten in einer schwierigen Situation. Manche meinten sogar, das Ganze könne nur als Witz verstanden werden. Der Neuplatonismus fand dagegen metaphysische Wahrheiten, die im Hintergrund stehen. So bezog Plotin die erste Hypothese auf das jenseitige Eine, das vollkommen bestimmungslos ist, und die zweite Hypothese auf das seiende Eine, das alle Bestimmtheiten des Ideenganzen enthält (*Enn.* V 1 [10], 8–9).

In der neueren Forschung wird diese Auffassung erneuert und im Rückgriff auf die indirekte Überlieferung der platonischen Prinzipienlehre verteidigt (Halfwassen 1992, 265–405). Dabei wird nicht behauptet, dass der *Parmenides* selbst die Prinzipienlehre artikuliert, sondern nur, dass sie hier wieder zu erkennen ist, wenn man sie bereits kennt. Da sich die indirekte Überlieferung kaum einfach von der Hand weisen lässt, wird man mit der Möglichkeit einer gebrochenen Thematisierung der Prinzipientheorie rechnen müssen. Dies schließt nicht aus, dass die Einheitshypothesen auch die platonische Ontologie in einer gewissen Brechung zeigen. Eine Verbindung mit der vorangegangenen Ideenkritik liegt ohnehin auf der Hand. Außerdem wird das seiende Eine, das Teile hat, wie wir gesehen haben, auch in anderen Dialogen vom wahren Einen oder Einen selbst, das grundsätzlich unteilbar ist, unterschieden. Eine systematische Deutung der Hypothesen liegt deshalb durchaus nahe. Aber welchen Sinn haben die Widersprüche des Textes? Und wie lässt sich mit ihnen umgehen, wenn sie nicht nur der Verschlüsselung einer vorausgesetzten Wahrheit dienen? In der Forschung konkurrieren verschiedene Ansätze, die man seit einiger Zeit als »Kompatibilismus« und »Rejektionismus« bezeichnet (Meinwald 1991, 21 ff.). Scheinbare Widersprüche sollen als vereinbar erwiesen und echte Widersprüche durch Eliminierung von Uneinleuchtendem beseitigt werden. Eine insgesamt überzeugende Strategie scheint noch nicht gefunden.

Literatur
Ackeren, Marcel van 2003: Das Wissen vom Guten. Bedeutung und Kontinuität des Tugendwissens in den Dialogen Platons. Amsterdam/Philadelphia.
Baltes, Matthias 1997: »Is the Idea of the Good in Plato's *Republic* beyond Being?« In: Mark Joyal (Hg.): Studies in Plato and the Platonic Tradition. Aldershot, 3–23.
Brisson, Luc 2000: »Présupposés et conséquences d'une interprétation ésotériste de Platon«. In: Ders.: Lectures de Platon. Paris, 43–110, Annexe 3, 83–87.
Bubner, Rüdiger 1992: »Theorie und Praxis bei Platon«. In: Ders.: Antike Themen und ihre moderne Verwandlung. Frankfurt a. M., 22–36.
Cherniss, Harold F. 1962: Aristotle's Criticism of Plato and the Academy [Baltimore 1944]. New York.
Delcomminette, Sylvain 2002: »The One-and-Many-Problems at *Philebus* 15b«. In: Oxford Studies in Ancient Philosophy 22, 21–42.
Dyson, M. 1976: »Knowledge and Hedonism in Plato's *Protagoras*«. In: Journal of Hellenic Studies 96, 32–45.
Ferber, Rafael [2]1989: Platos Idee des Guten [1984]. St. Augustin.
Gadamer, Hans-Georg 1991: »Die Idee des Guten zwischen Plato und Aristoteles« [1978]. In: Ders.: Gesammelte Werke. Bd. 7. Tübingen, 128–227.
Gallop, David 1961: »The Socratic Paradox in the *Protagoras*«. In: Phronesis 9, 117–129.
Graeser, Andreas 1996: »Wie über Ideen sprechen?: *Parmenides*«. In: Theo Kobusch/Burkhard Mojsisch (Hg.): Platon. Seine Dialoge in der Sicht neuer Forschungen. Darmstadt, 146–166.
Halfwassen, Jens 1992: Der Aufstieg zum Einen. Untersuchungen zu Platon und Plotin. Stuttgart.
Kahn, Charles H. 1996: Plato and the Socratic Dialogue. Cambridge.

Klosko, George 1979: »Toward a Consistent Interpretation of the *Protagoras*«. In: Archiv für Geschichte der Philosophie 61, 125–142.
Krämer, Hans-Joachim 1959: Arete bei Platon und Aristoteles. Zum Wesen und zur Geschichte der platonischen Ontologie. Heidelberg.
Krämer, Hans-Joachim 1969: »Epekeina tês ousias. Zu Platon, *Politeia* 509b«. In: Archiv für Geschichte der Philosophie 51, 1–30.
Meinwald, Constance C. 1991: Plato's *Parmenides*. New York/Oxford.
Mesch, Walter 2005a: »Platons Dialoge als hermeneutisches Problem«. In: Internationales Jahrbuch für Hermeneutik 4, 27–57.
Mesch, Walter 2005b: »Marionette Mensch und ganze Tugend. Zur Bedeutung eines Gleichnisses aus Platons *Nomoi*«. In: Damir Barbaric (Hg.): Platon über das Gute und die Gerechtigkeit. Würzburg, 93–107.
Ross, William David ²1953: Plato's Theory of Ideas [1935]. Oxford.
Stemmer, Peter 1992: Platons Dialektik. Die frühen und mittleren Dialoge. Berlin/New York.
Strycker, Émile de 1970: »L'idée du Bien dans la *République* de Platon«. In: L'antiquité classique 39, 450–467.
Szlezák, Thomas A. 1985: Platon und die Schriftlichkeit der Philosophie. Interpretationen zu den frühen und mittleren Dialogen. Berlin/New York.
Vlastos, Gregory 1954: »The Third Man Argument in the *Parmenides*«. In: The Philosophical Review 63, 319–449.
Vlastos, Gregory 1969: »Socrates on Acrasia«. In: Phoenix 23, 71–88.
Vlastos, Gregory 1991: Socrates. Ironist and Moral Philosopher. Cambridge.
Vogel, Cornelia de 1953: »Platon a-t-il ou n'a-t-il pas indroduit le mouvement dans son monde intelligible?« In: Actes du 13ième Congrès International de Philosophie, Louvain. Bd. 12, 61–67.
Wieland, Wolfgang 1982: Platon und die Formen des Wissens. Göttingen.

Walter Mesch

42 Freundschaft

Der Gebrauch des griechischen Wortes *philia* ist weiter als der des deutschen Wortes Freundschaft. Zunächst sollen einige Stellen interpretiert werden, in denen Platon das Wort gebrauchte, ohne den Begriff zum Thema zu machen. Ein zweiter Teil geht dann ein auf die Diskussion des Begriffs im *Lysis*.

42.1 Der Gebrauch des Wortes *philia*

Gorgias 507a5–508a4

Ausgangspunkt ist die von beiden Gesprächspartnern angenommene These, dass die besonnene Seele gut und die zügellose schlecht ist. Die besonnene Seele wird gegenüber Göttern und Menschen tun, was ihnen jeweils zukommt (*ta proshêkonta*). Wer gegenüber den Menschen tut, was ihnen zukommt, der tut das Gerechte. Dagegen könnte ein zügelloser Mensch »weder einem anderen Menschen lieb (*prosphilês*) sein noch einem Gott; denn er ist unfähig zur Gemeinschaft (*koinônein*), mit wem aber keine Gemeinschaft (*koinônia*) besteht, mit dem kann es auch keine Freundschaft (*philia*) geben«. Der Text nennt eine Abfolge von notwendigen Bedingungen: Besonnenheit ist Voraussetzung der Gerechtigkeit; Gerechtigkeit ist Voraussetzung dafür, dass Menschen eine Gemeinschaft bilden; Gemeinschaft ist die notwendige Bedingung dafür, dass Menschen einander lieb sind. Freundschaft besteht darin, dass einer dem anderen »lieb« ist. Ob sie zur Gemeinschaft hinzukommt, ob es also auch eine Gemeinschaft ohne Freundschaft geben kann, oder ob Freundschaft eine notwendige Eigenschaft einer jeden Gemeinschaft ist, wird nicht deutlich. Der Begriff der Gemeinschaft ist sehr weit gefasst; Sokrates zitiert die Weisen, die sagen, dass »die Gemeinschaft und Freundschaft« Himmel und Erde und Götter und Menschen zusammenhält. Die Freundschaft ist nicht auf eine bestimmte Form der Gemeinschaft eingeschränkt; sie erstreckt sich so weit wie die Gemeinschaft.

Politeia

Die These, Gerechtigkeit sei, den Freunden Gutes zu tun und den Feinden zu schaden, führt zu der Frage, wer als Freund zu bezeichnen sei (I 334c1–335a4). Freund (*philos*) ist der, den man liebt (*philein*). Man liebt aber jemanden, weil man ihn für gut hält; die emotionale Einstellung der Liebe beruht auf einem

Urteil. Dieses Urteil kann aber nicht richtig sein; es ist möglich, dass der, den man für gut hält, nicht gut ist, sondern nur gut zu sein scheint. Ist also tatsächlich jeder, den man liebt, auch ein Freund? Man liebt auch den, der nicht gut ist, sondern nur gut zu sein scheint. Die Liebe, so die Lösung des Einwandes, ist eine notwendige, aber keine hinreichende Bedingung dafür, dass der Geliebte ein Freund ist. Man liebt jeden, der gut zu sein scheint. Ein Freund ist aber nur, wer gut zu sein scheint und es auch ist; wer gut zu sein scheint, es aber nicht ist, der scheint ein Freund, ohne es zu sein. Freund ist also nur der Gute.

Philia wird gebraucht für die nicht näher bestimmte Liebe zu etwas; so ist die Rede von der *philia* des begehrenden Seelenteils zum Gewinn (IX 581a3 f.) oder von der *philia*, die Sokrates von Kindheit an für Homer empfindet (X 595b9 f.). Von dieser *philia* als Liebe oder Zuneigung zu etwas oder zu jemand ist die *philia* als wechselseitige Liebe oder Wertschätzung, die auf der Gerechtigkeit beruht, zu unterscheiden (I 351c7–d6). Wenn eine Stadt oder ein Heer oder auch Räuber und Diebe ein gemeinsames Ziel verfolgen, so werden sie nichts erreichen, wenn sie einander Unrecht tun. Die Ungerechtigkeit verursacht Hass und Streit, die Gerechtigkeit dagegen »Eintracht und Freundschaft (*philia*)«. Die Eintracht besteht darin, dass man gemeinsam ein und dasselbe Ziel verfolgt. Was hier unter *philia* zu verstehen ist, wird durch die Gegenüberstellung zum Hass deutlich. Es ist die emotionale Zuneigung zum anderen, die darauf beruht, dass der andere gerecht und kooperationsbereit ist und die im Unterschied zum Hass ein gemeinsames Handeln möglich macht.

Die Besonnenheit (IV 442c10–d3), eine der vier Kardinaltugenden, besteht darin, dass der herrschende und der beherrschte Seelenteil übereinstimmend urteilen, der vernünftige Seelenteil solle herrschen. Wenn sie in dieser Weise übereinstimmen, dann besteht zwischen den beiden Seelenteilen »Einklang« (*symphônia*) und »Freundschaft« (*philia*). Wie die *philia* sich zur Übereinstimmung im Urteil (*homodoxia*) verhält, bleibt offen: Erschöpft sie sich darin, oder ist *philia* mehr als *homodoxia*? Die anderen Stellen der *Politeia* sprechen für die Interpretation, dass *philia* die wechselseitige emotionale Zuneigung ist, die sich aus der Übereinstimmung im Urteil ergibt.

In der Beschreibung des Charakters des Tyrannen hebt Platon hervor, dass er zu wahrer Freundschaft unfähig ist (IX 575e2–576a7); dadurch wird ein Wesensmerkmal der wahren Freundschaft deutlich. Der tyrannische Mensch ist sein ganzes Leben lang niemals jemandes Freund. Für ihn gibt es nur Menschen, die ihm unterlegen oder die ihm überlegen sind. Entweder herrscht er über andere Menschen, oder er macht sich zu ihrem unterwürfigen Sklaven. Er umgibt sich mit Schmeichlern, die ihm seine vermeintliche Überlegenheit bestätigen. Wenn er von einem etwas braucht, tut er so, als sei er mit ihm befreundet; sobald er bekommen hat, was er will, kennt er den anderen nicht mehr. »Wahre Freiheit und Freundschaft wird die tyrannische Natur niemals verkosten«. Wo zwei Menschen in einem Verhältnis der Abhängigkeit stehen, kann es keine wahre Freundschaft geben; wahre Freundschaft setzt voraus, dass die Partner sich ihrer Unabhängigkeit voneinander bewusst sind und sich als Gleiche anerkennen.

Nomoi

In *Leg.* V 731d6–732d7 gebraucht Platon *philia* gleichbedeutend mit *philein*. Der Abschnitt spricht von der »heftigen Liebe zu sich selbst« (*he sphodra heautou philia*; *to sphodra philein hauton*). Sie ist »als das größte aller Übel den meisten Menschen in die Seele eingepflanzt«, und sie besteht darin, dass »jeder Mensch von Natur aus sich selbst lieb (*philos*) ist und es richtig ist, daß er so sein muß«. In Wahrheit ist sie aber »für jeden in jedem Fall Ursache aller Verfehlungen. Denn der Liebende (*philôn*) wird gegen das Geliebte (*to philoumenon*) blind, so dass er schlecht urteilt, was gerecht, gut und schön ist, weil er glaubt, er müsse immer sein eigenes Interesse über die Wahrheit stellen«.

Im achten Buch soll ein Gesetz über die Liebesbeziehungen (*ta erôtika*) aufgestellt werden; dazu sei es erforderlich, den Blick auf die Natur der Freundschaft (*philia*), der Begierde (*epithymia*) und der sogenannten Liebesregungen (*erôtes*) zu richten (VIII 836e5–837e1), »denn da sie zwei sind und aus beiden eine dritte andere Art, so bewirkt der *eine* Name, der sie umfasst, die ganze Ratlosigkeit und Dunkelheit«. Platon unterscheidet zunächst einen zweifachen Gebrauch des Wortes freund (*philon*). (1) a ist b und b ist a freund, wenn a dem b und b dem a in der Tugend ähnlich ist oder wenn a dem b und b dem a gleich (*isos*) ist. (2) a ist b freund, wenn a bedürftig und b reich ist. Wenn diese beiden Formen der Zuneigung heftig werden, nennen wir sie *erôs*.

Von den beiden sich so ergebenden Arten der Freundschaft ist die zweite »gefährlich und wild«, und hier kommt es selten zur Gegenseitigkeit. Dagegen ist die erste »sanft«; sie ist eine das ganze Leben andauernde wechselseitige Beziehung. Die dritte Art ist aus diesen beiden gemischt. Worauf es einem Menschen, der von diesem »dritten *erôs*« ergriffen ist, ankommt, ist nicht leicht zu sehen. »Von beiden in die entgegen gesetzte Richtung gezogen ist er ratlos, weil der eine ihm befiehlt, die jugendliche Schönheit zu berühren, während der andere es verbietet«. Das Gesetz soll nur die erste Art der Freundschaft, welche die Tugend zum Ziel hat, erlauben, die beiden anderen Arten aber verbieten.

Im dritten Buch spricht Platon von der Freundschaft unter den Athenern während der Perserkriege (*Leg.* III 698a9–c2, 699c1–d2). *Philia* ist hier ein wechselseitiger Affekt, der das gesamte Volk miteinander verbindet. Platon nennt die emotionalen Ursachen, die ihn hervorgebracht haben: die Achtung vor den Gesetzen, die alle zu einem gemeinsamen Handeln verbindet, und die »ausweglose Furcht« vor dem persischen Heer, welche die Unterwürfigkeit unter die Regierenden und die Gesetze noch steigerte. Das zweite Motiv wird als das stärkere herausgestellt. Im Unterschied zum Tapferen empfindet der Feige keine Achtung und Furcht vor dem Gesetz. Hätte ihn nicht die Angst vor dem Gegner ergriffen, so hätte er sich nicht den anderen angeschlossen, um mit ihnen zusammen das Vaterland zu verteidigen; vielmehr hätte sich das Heer aufgelöst und wäre in alle Richtungen auseinander gelaufen. Die Furcht vor der gemeinsamen Bedrohung lässt bewusst werden, dass alle aufeinander angewiesen sind und führt so zur gegenseitigen *philia*.

Symposion und *Phaidros*

Mit dem *Symposion* und dem *Phaidros* kommen wir in die Nähe des *Lysis*. Wo Schleiermacher über das Verhältnis dieser drei Dialoge spricht, vergleicht er den *Lysis* mit »Planeten [...], die nur von den größeren selbständigen Körpern ihr Licht leihen und sich um sie bewegen« (1996, 98). Thema des *Lysis* ist die Freundschaft, Thema des *Symposion* und des *Phaidros* dagegen der Eros. Das führt zu der Frage, wie *philia* und *erôs* sich zueinander verhalten. Die Freundschaft, so lässt sich in einer allgemeinen Formulierung die Antwort der beiden Dialoge zusammenfassen, ist ein Werk der Liebe. Die Freundschaft der Alkestis zu ihrem Gatten Admet übertrifft die Freundschaft der Eltern des Admet zu ihrem Sohn, und der Grund dafür ist die Liebe (*erôs*) der Alkestis zu Admet. Diese Freundschaft besteht oder zeigt sich darin, dass Alkestis im Unterschied zu den Eltern des Admet bereit ist, für ihren Gatten in den Tod zu gehen (*Symp.* 179b4–c3). Der Eros zum Schönen führt dazu, zu zeugen und zu gebären: der Liebende wird zu Reden über die Tugend bewegt und dazu, den Geliebten zu erziehen. Der Liebende und Geliebte ziehen diese gemeinsamen Kinder miteinander auf, »so dass diese eine weitaus engere Gemeinschaft als die durch Kinder miteinander haben und eine festere Freundschaft (*philia*), weil sie schönere und unsterblichere Kinder miteinander haben« (*Symp.* 209c5–7). Die Freundschaft ist die Verbindung durch das gemeinsame Gut und die gemeinsame Aufgabe. Die erste Rede des Sokrates im *Phaidros* soll die Frage beantworten, ob man eher mit einem Liebenden (*erônti*) oder einem Nicht-Liebenden Freundschaft schließen soll (237c7 f.). Der wahrhaft Geliebte, so antwortet die zweite Rede, ist dem Liebenden »von Natur aus zugeneigt (*philos*)«. Die gegenseitige Zuneigung zeigt, dass beide gut sind, denn niemals kann »ein Schlechter einem Schlechten freund (*philon*) und ein Guter einem Guten nicht freund sein«. Wenn der Geliebte dem Liebenden erlaubt, ihn zu treffen und mit ihm zu sprechen, ist er erstaunt über das Wohlwollen (*eunoia*) des Liebenden, und ihm wird bewusst, dass alle anderen Freunde (*philoi*) »ihm so gut wie nichts an Freundschaft (*philia*) erweisen im Vergleich mit seinem gotterfüllten Freund (*philos*)«. Der Geliebte wird von Gegenliebe (*anterôs*) erfüllt, und er nennt diese Gegenliebe nicht *erôs*, sondern *philia* (255a1–e2). Freundschaft ist nach dieser Stelle der wechselseitige Eros zwischen Guten verbunden mit einem außergewöhnlichen Wohlwollen.

42.2 Die Diskussion des Begriffs der *philia* im *Lysis*

Das Hauptgespräch des *Lysis* (211d6–222e7) geht aus von der Frage: Auf welche Weise wird einer des anderen Freund (*philos*)? Der erste Teil (211d6–213d5) prüft drei Möglichkeiten, die sich aus der vielfachen Bedeutung des Wortes *philos* ergeben. (a) Der Liebende (*philôn*) wird Freund des Geliebten (*philoumenos*). *Philos* bezeichnet hier eine einseitige aktive Beziehung; a wird dem b dadurch Freund, dass a den b lieb oder gern hat oder liebt. (b) Der Geliebte wird Freund des Liebenden. Hier bezeichnet *philos* eine einseitige passive Beziehung; b wird dem a dadurch Freund, dass b dem a lieb ist oder von ihm geliebt wird. Beide Antworten sind richtig, wenn man *philos* hier nicht als Substantiv (Freund), sondern als Adjektiv (freund) versteht, das erst im aktiven und dann im passiven Sinn verwendet wird. (c) Einer wird nur dann Freund des anderen, wenn beide einander lieben (*philein*). Der substantivische Gebrauch von *philos* bezeichnet eine Beziehung, in welcher a dem b und b dem a im aktiven und im passiven Sinn lieb ist; a liebt den b und wird von b geliebt, und b liebt den a und wird von a geliebt.

Alle drei Thesen scheitern; der Gesprächspartner des Sokrates wechselt, und Sokrates wählt einen anderen Ausgangspunkt für die Untersuchung. Ging es im ersten Teil um die verschiedenen Bedeutungen von ›freund‹ bzw. ›Freund‹, so geht es im zweiten (213d6–222e7) um den Grund, weshalb Menschen einander freund oder Freunde sind. Die Diskussion der Thesen, das Gleiche sei dem Gleichen notwendig freund und das Entgegengesetzte sei dem Entgegengesetzten am meisten freund, führt schließlich zu dem Ergebnis: Das weder Schlechte noch Gute ist wegen des Schlechten Freund des Guten um des Guten und Lieben (*philon*) willen. So ist der Leib (das weder Schlechte noch Gute) wegen des Schlechten (der Krankheit) Freund des Guten (der Heilkunst) um des Guten und Lieben (der Gesundheit) willen. Man ist also, wie das Beispiel der Heilkunst zeigt, einem Guten freund um eines Guten und Lieben willen. Aber auch diesem Guten, der Gesundheit, kann man dann wiederum nur um eines Guten willen freund sein. Wir müssen also, damit uns überhaupt etwas freund sein kann, zu einem »Ersten Lieben« (*prôton philon*) kommen, dem wir um seiner selbst und nicht wiederum um eines anderen willen freund sind und um dessentwillen uns alles andere freund ist. Alles, von dem wir sagen, dass es uns um eines anderen willen freund ist, das bezeichnen wir lediglich so; »freund in Wirklichkeit aber scheint nur jenes selbst zu sein, in das alle diese so genannten Freundschaften (*philiai*) enden«. Wird dieses Erste Liebe wegen eines Schlechten geliebt, so dass das Schlechte notwendige Bedingung dafür ist, dass es geliebt (*philein*) wird? Auch wenn es das Schlechte nicht mehr gäbe, blieben die weder guten noch schlechten Begierden (*epithymiai*), und es ist unmöglich, dem nicht freund zu sein (*philein*), das man begehrt und liebt (*erân*); Ursache der Freundschaft (*philia*) ist also die Begierde. Begehrt wird das, was einem fehlt; was einem fehlt, wurde einem weggenommen; was einem weggenommen wurde, gehört einem, es ist das »Angehörige« (*oikeion*). Wenn ihr einander Freunde seid, so folgert Sokrates für die beiden Knaben Lysis und Menexenos, »dann müsst ihr euch irgendwie von Natur aus angehören«, der Seele, dem Charakter, dem Verhalten oder dem Aussehen nach. Damit führt das Gespräch jedoch anscheinend zurück zu der widerlegten These, dass Gleiches dem Gleichen freund ist, und es endet in der Aporie.

42.3 Probleme und Kontroversen

1. In einem einflussreichen Aufsatz hat Vlastos (1969 [in: Vlastos 1981]) die These vertreten, die Analyse des *Lysis* verfehle das Phänomen der Liebe. »The lover Socrates has in view, seems positively incapable of loving others for their own sake« (1981, 8 f.), und er stellt ihm den aristotelischen Begriff der Freundschaft entgegen, die dem anderen das Gute um des anderen willen wünscht. Vlastos wurde von zwei Richtungen her kritisiert. Die eine behauptet, seine egoistische Interpretation werde dem Text nicht gerecht (Price 1989, 2–12; Bordt 1998, 137–140; Bordt 2000, 160–162). Nach der anderen geht Vlastos von einem falschen Begriff der Liebe aus. Es sei richtig, dass für Sokrates und Platon die Liebe letztlich auf dem Eigeninteresse beruhe; damit werde jedoch das Phänomen nicht verfehlt; vielmehr sei die Liebe tatsächlich in diesem Sinn egoistisch (Penner/Rowe 2005, 212–214).

2. Freundschaft ist im *Lysis* zunächst eine wechselseitige Beziehung (212c8). Spätestens ab 217c1, so stellt Kahn (1996, 265) fest, tritt jedoch an die Stelle der reziproken eine asymmetrische Beziehung; anstatt von der wechselseitigen Liebe ist jetzt von dem einseitigen Begehren des Bedürftigen nach dem Guten die Rede. Nach Kahn vollzieht sich hier eine Wende von der Freundschaft zum *erôs*. Wie kann, so fragt Bordt (2000, 170), die Liebe zum Ersten Geliebten eine wechselseitige Freundschaft konstituieren? Und wie verhalten sich *philia* und *erôs*? Sie sind, so die These von Penner/Rowe (2005, 212), Formen oder Arten des Verlangens nach dem Guten und nahezu austauschbar.

3. Was ist das Erste Liebe, das um seiner selbst willen geliebte Gute? Nach einer verbreiteten Auffassung ist es das Glück, wobei wiederum zu fragen ist, wie der Glücksbegriff inhaltlich näher bestimmt wird (Irwin 1977, 57; Wolf 1992, 127; Price 1989, 8). Penner und Rowe (2005, 211) identifizieren es mit Weisheit oder Wissen (Wissen vom Guten). Die Tübinger Schule sieht in ihm das Erste Prinzip der Ungeschriebenen Lehre: »im Kernstück des *Lysis* (218c–220b) meldet sich nicht, wie man bisher glaubte, die Ideenlehre, sondern der Seinsgrund selbst an« (Krämer 1959, 500; vgl. Peters 2001).

4. Diese Sachfragen können nicht getrennt werden von der Frage nach der Stellung des *Lysis* innerhalb von Platons Werk. Umstritten sind die relative Chro-

nologie, der philosophische Wert des Dialogs und sein Verhältnis zum *Symposion* und zum *Phaidros*. Die Thesen zur Datierung reichen von der Annahme, der *Lysis* sei Platons erster Dialog, bis dahin, er sei nach dem *Parmenides* verfasst. Dafür, dass der *Lysis* vor dem *Symposion* und der *Politeia* entstanden ist, spricht, dass erst diese beiden Dialoge eine Metaphysik des letzten Strebensziels entwickeln (Bordt 1998, 94–106). Diese These wird den Texten eher gerecht als die entgegengesetzte, der *Lysis* kläre, was im *Symposion* in der Schwebe blieb, und wegen der Beziehungen zur Ungeschriebenen Lehre sei er chronologisch nach der *Politeia* anzusetzen (Peters 2001, 91, 7). Eine verbreitete Einschätzung des philosophischen Wertes des *Lysis* kommt in Guthries Urteil zum Ausdruck: »it is not a success. Even Plato can nod« (1975, 143); dabei werden zum Vergleich das *Symposion* und die Freundschaftsabhandlung der *Nikomachischen Ethik* herangezogen. Das Urteil über den philosophischen Wert des *Lysis* kann daher nicht getrennt werden von der Frage seines Verhältnisses zum *Symposion* und zum *Phaidros*. Kahn (1996, 266) listet die Punkte auf, in denen der *Lysis* wichtige Elemente des *Symposion* andeutet und vorwegnimmt. Für Penner und Rowe (2005, 305, 312) steht der *Lysis* wie eine Miniatur neben dem großen Gemälde des *Symposion*; seine Sprache und die Art, wie er argumentiert, verleihen ihm seinen eigenen Glanz. Der *Lysis* sei der schwierigere und anspruchsvollere Text, und die gründliche Kenntnis des Aristoteles, welche die Freundschaftsbücher der *Nikomachischen Ethik* bezeugen, ließ vermuten, dass er in der Akademie als Diskussionsgrundlage benutzt wurde. Die zweite Rede des Sokrates im *Phaidros* bestätige den Begriff des *erôs* und der *philia*, den der (richtig interpretierte) *Lysis* entwickelt.

Literatur

Bordt, Michael 1998: Platon, *Lysis*. Übersetzung und Kommentar. Göttingen.
Bordt, Michael 2000: »The Unity of Plato's *Lysis*«. In: Thomas M. Robinson/Luc Brisson (Hg.): Plato *Euthydemos*, *Lysis*, *Charmides*. St. Augustin.
Guthrie, William K. C. 1975: A History of Greek Philosophy. Bd. IV. Cambridge.
Irwin, Terence 1977: Plato's Moral Theory. Oxford.
Kahn, Charles H. 1996: Plato and the Socratic Dialogue. Cambridge.
Krämer, Hans Joachim 1959: Arete bei Platon und Aristoteles. Heidelberg.
Penner, Terry/Rowe, Christopher 2005: Plato's *Lysis*. Cambridge.
Peters, Horst 2001: Platons Dialog *Lysis*. Ein unlösbares Rätsel? Frankfurt a. M.
Price, Anthony W. 1989: Love and Friendship Plato and Aristotle. Oxford.
Schleiermacher, Friedrich D. E. 1996: Über die Philosophie Platons. Hamburg.
Vlastos, Gregory ²1981: Platonic Studies [1969]. Princeton.
Wolf, Ursula 1992: »Die Freundschaftskonzeption in Platons *Lysis*«. In: Angehrn, Emil u. a. (Hg.): Dialektischer Negativismus. Frankfurt a. M., 103–129.

Friedo Ricken

43 Gerechtigkeit

43.1 Allgemeines

Die Philosophie der ›Gerechtigkeit‹ (altgrch. *dikaiosynê*; lat. *iustitia*) bildet das wichtigste Theoriestück der Ethik Platons. Unter Gerechtigkeit versteht Platon die umfassende Tugend und guten Zustand der menschlichen Seele bzw. Polis. Damit unterscheidet er ebenso wie die zeitgenössische Moralphilosophie zwischen einem individualethischen Gerechtigkeitsbegriff – Gerechtigkeit als Eigenschaft von Personen (*personale Gerechtigkeit*) – und einem sozialethischen Gerechtigkeitsbegriff – Gerechtigkeit als Eigenschaft (staatlicher) Institutionen (*politische Gerechtigkeit*). Mit dieser Doppelbehandlung geht Platon über die ihm überkommene philosophische Tradition hinaus, die Gerechtigkeit als ein Problem der Sozial- und Naturordnung thematisiert hat (Horn/Scarano 2002, 23).

Zugleich muss man Platons Philosophie der Gerechtigkeit in zweifacher Hinsicht vom zeitgenössischen Gerechtigkeitsdiskurs abgrenzen. Zum einen geht die Bedeutungsbreite des Wortfelds *dikaiosynê/dikaios* weit über die unseres Gerechtigkeitsbegriffs hinaus: Während wir mit Gerechtigkeit primär eine faire oder auch neutrale Regelanwendung bzw. Güterdistribution assoziieren, kann der Begriff *dikaiosynê* das gesamte moralisch gute Sozialverhalten einer Einzelperson sowie die allgemeine gute sittliche Verfasstheit eines Staates bezeichnen und nähert sich mithin unserem Begriff der ›Rechtschaffenheit‹ und ›Moralität‹ an (vgl. Vlastos 1971, 66; Adam 1979, I 12). Diese zentrale Stellung des Wortfelds *dikaiosynê/dikaios* im ethischen Denken der Antike greift Platon auf, indem er sie zu einer der vier wesentlichen menschlichen Tugenden (Kardinaltugenden) zählt und betont zugleich ihren komprehensiven Charakter, dadurch dass er sie als eine Art Meta-Tugend bestimmt, die die anderen drei zentralen Tugenden in sich vereint: Der Gerechte besitzt immer auch die Tugenden der Besonnenheit (*sôphrosynê*), Tapferkeit (*andreia*) und Weisheit (*sophia*) (*Rep.* IV 427e; vgl. *Phd.* 69b–c; *Leg.* I 631c–d, XII 964b).

Zum anderen haben der platonische und der zeitgenössische Gerechtigkeitsdiskurs unterschiedliche Primärobjekte (Horn/Scarano 2002, 11): Für Platon ist Gerechtigkeit vor allem eine Eigenschaft von Personen, während viele zeitgenössische Theoretiker in der Nachfolge John Rawls besonders den institutionenethischen Aspekt in den Vordergrund stellen (vgl. Rawls 2003, 19).

Die mit Abstand umfangreichste und philosophisch bedeutendste Bestimmung der Gerechtigkeit findet sich bei Platon in der *Politeia*, weshalb ihr schon in der Antike der Untertitel ›über das Gerechte/den Gerechten‹ (*peri tou dikaiou*) gegeben wurde.

43.2 Sophistik

Sophistischer Immoralismus

Die philosophische Gerechtigkeitsdebatte beginnt im 5. Jh. v. Chr. mit der Bewegung der Sophistik, die aus einer zunehmenden Skepsis gegenüber den überkommenen Werten und Sitten der Väter hervorgegangen ist. Ohne die sophistischen Gerechtigkeitslehren als Negativfolie ist Platons eigene Konzeption nur unzureichend zu verstehen.

Folgt man Platons Darstellung der sophistischen Lehren, so waren einige der Sophisten schlichtweg ›Immoralisten‹ (vgl. Williams 1997). Denn aus den platonischen Referaten lässt sich entnehmen, dass viele der Sophisten das gute Leben nicht in einer moralisch-sittlichen Lebensführung gesehen haben, sondern in einem Leben der vollkommenen Lust- und Bedürfnisbefriedigung, in dem man sämtliche Machtphantasien, sexuelle Wünsche und auch sonstige Begierden uneingeschränkt ausleben kann. Nach Platon kommt es den Sophisten allein auf die Intensität der Begierden sowie der aus ihrer Befriedigung resultierenden Lüste an, nicht auf deren Qualität (s. Kap. V.48). Besonders eindringlich wird das Leben eines solchen Lustmenschen vom Sophisten Kallikles im *Gorgias* beschrieben:

> Sondern das ist eben das von Natur Schöne und Rechte, [...], dass, wer richtig leben will, seine Begierden muss so groß werden lassen als möglich und sie nicht einzwängen; und diesen, wie groß sie auch sind, muss er dennoch genüge leisten vermögen [...] und befriedigen, worauf seine Begierde jedes Mal geht (*Gorg.* 491e–492a).

Da die konstante Bedürfnisbefriedigung derart mächtig gewordener Bedürfnisse jedoch nur durch das egoistische Verfolgen des eigenen Vorteils auf Kosten anderer sicherzustellen ist, wird von Kallikles eine Lebenskonstellation als ideal betrachtet, in der man ungestraft Unrecht begehen kann, ohne dafür bestraft zu werden. Als Paradigma des guten Lebens gilt ihm daher das Leben des Tyrannen, der aufgrund seiner uneingeschränkten Machtposition, absolutistisch im eigenen Interesse über den Staat herrschen kann. Der Tyrann führt das beste – weil lustvollste – Leben, indem er den Staat als Instrument zur eigenen Bedürfnisbefriedigung vollständig seinen Zwecken unterwirft: Er kann ungestraft jeden Besitz beschlagnahmen, jede Frau verführen und jeden Mann töten, verbannen oder ins Gefängnis stecken (*Gorg.* 469c; vgl. *Rep.* I 344a–b). So preist der Sophist Polos den Archelaos, Sohn des Perdikkas, als glückselig, der sich durch Mord und Intrigen in Makedonien zur Alleinherrschaft geputscht hat (*Gorg.* 470c–471d, 472c–d). In Platons Referaten der sophistischen Lehren wird Gerechtigkeit folgerichtig als eine soziale Barriere beschrieben, die der eigenen optimalen Präferenzerfüllung und dem guten Leben im Wege steht. Glaubt man den »platonischen« Sophisten, so macht sich eine gerechte Lebensführung niemals gegenüber einer selbstsüchtigen und ausbeuterischen bezahlt.

In den platonischen Dialogen stehen für einen entsprechenden ›Immoralismus‹ insbesondere (1) der ›moralische Zynismus‹ des Kallikles (vgl. Höffe 1997a, 5 f.; Horn/Scarano 2002, 20 f.), der – unter Berufung auf die *physis/nomos*-Antithese (*Gorg.* 482e) – ähnlich wie später Nietzsche in seiner *Genealogie der Moral* die Gerechtigkeit als ein bloßes, durch Satzung zu Stande gekommenes Machtinstrument der schwachen Menge gegenüber wenigen Starken bestimmt (bes. *Gorg.* 482c–484c, 491e–492c, 490a; vgl. Klosko 1984); (2) die ideologiekritische Gerechtigkeitsauffassung des Thrasymachos, der die Gerechtigkeit als »Nutzen des Stärkeren« brandmarkt (bes. *Rep.* I 338c–339a, 343b–344c; zur Position des Thrasymachos vgl. Kerferd 1947/48; Maguire 1971; Neschke-Hentschke 1985; Schütrumpf 1997; Irwin 1999, bes. 168; Samaras 2012; Anderson 2016); sowie (3) Glaukons Referat eines anonymen Kontraktualisten (*Rep.* II 358e–359b), das durchaus als Vorläufermodell der neuzeitlichen Vertragstheorien betrachtet werden kann und das darlegt, inwiefern ein rationaler Egoist der Einführung von Gerechtigkeitsgrundsätzen zustimmen kann (vgl. Kahn 1981; Williams 1997).

Die sophistische Herausforderung

Die Auseinandersetzung zwischen Platon und den Sophisten um den Wert der Gerechtigkeit wird in *Rep.* II, 357b–d, gütertheoretisch reformuliert. In der Figur des Glaukon unterscheidet Platon drei Klassen von Gütern: (1) Güter, die rein um ihrer selbst willen gewählt werden und nicht um ihrer Folgen willen (z. B. Freude und unschädliche Lust); (2) Güter, die um ihrer selbst willen und um ihrer Folgen willen gewählt werden (z. B. Einsicht, das Sehen, Hören und die Gesundheit); (3) Güter, die nicht um ihrer selbst willen, sondern ausschließlich um ihrer Folgen willen gewählt werden (z. B. medizinische Behandlung oder Leibesübungen). Nach Platon halten die Sophisten die Gerechtigkeit bestenfalls für ein Gut der dritten Klasse (*Rep.* II 358a), indem sie in ihr ein »notwendiges Übel« sehen (*Rep.* II 358c). Als solches ist sie höchstens aus instrumentellen Gründen zu wählen, nicht aber um ihrer selbst willen (vgl. Williams 1997, 55). Demgegenüber argumentiert Platon dafür, dass es sich bei der Gerechtigkeit um ein Gut der zweiten Klasse handelt und sie mithin zu den höchsten (*megiston agathon*, *Rep.* II 366e9; vgl. 367c, 358a) und göttlichen Gütern (*agatha* [...] *ta theia*, *Leg.* I 631b6 f.) zu zählen ist (vgl. hierzu Payne 2011).

Um die ›Immoralisten‹ von ihrem Irrtum zu überzeugen, halten Glaukon und Adeimantos als *advocati diaboli* Sokrates daher dazu an (*Rep.* II 358b ff.), die Gerechtigkeit ›um ihrer selbst willen‹ (*hautou heneka*, *Rep.* II 357b6, vgl. 358d2, 366e5) zu preisen. D. h. Sokrates soll zeigen, inwieweit Gerechtigkeit – unabhängig von ihren weltlichen und jenseitigen Entlohnungen, denen sich Platon *Rep.* X 612a ff. zuwendet – für eine Person ein solch dominantes Gut darstellt, das es durch keine andere Gütersumme, die man durch ein ungerechtes Verhalten erlangt, überboten werden kann, so dass es dem Gerechten unter allen Umständen (*panti tropô*, *Rep.* II 357a4–b2) besser ergeht als den Ungerechten (*Dominanz-* oder auch *Komparitivitätsthese*; vgl. Irwin 1995, 192 f. und 1999, 176 ff.; Vlastos 1971, 66 f.). Nach Irwin markiert Platons Verteidigung der Gerechtigkeit unter Präsupposition der Dominanzthese in *Rep.* II–X den Beginn einer eigenständigen ›platonischen‹ Ethik, weil Platon sich mit ihr von der stärkeren ›sokratischen‹ These, dass Gerechtigkeit für sich genommen glücklich mache (Suffizienzthese; vgl. Vlastos 1991, Kap. 8), lossagt, die seine frühen Dialoge und sogar noch *Rep.* I bestimmt habe (Irwin 1992 und 1995, 199 f.).

Dieser Punkt wird anhand zweier Gedankenexperimente illustriert, die als Messlatte an die Triftigkeit der platonischen Argumentation angelegt werden: (1) Die Parabel vom Ring des Gyges (*Rep.* II 359c–360d), einem Ring, der seinen Träger unsichtbar macht, so dass man ohne Angst vor sozialen Sanktionen unbemerkt Unrecht begehen kann. Glaukon fordert von Sokrates einen hinreichenden Grund dafür, den Ring des Gyges nicht zu benutzen, sondern ihn wegzuwerfen. (2) Die Kontrastierung der Leben zweier Männer

(*Rep.* II 360e–362c), von denen der eine ungerecht lebt, aber den Anschein der Gerechtigkeit pflegt, so dass er die soziale Hochschätzung und Entlohnung erfährt, die üblicherweise mit einer gerechten Lebensführung verbunden ist; der andere lebt gerecht, wird jedoch öffentlich als ungerecht wahrgenommen, und erntet so die soziale Ächtung und Sanktionen, die einem ungerechten Verhalten folgen (bis hin zur Blendung und Kreuzigung) (vgl. auch *Gorg.* 473b–d). Um seine Gesprächspartner davon zu überzeugen, dass es sich bei der Gerechtigkeit tatsächlich um ein Gut der zweiten Klasse handelt, muss Sokrates folglich zeigen, dass es dennoch vernünftig sei, das Leben des Gerechten zu wählen. Denn in der Gegenüberstellung der beiden Leben ist die Gerechtigkeit von all ihren mittelbaren positiven Folgen (Ämter, Ruhm, Ehre, Entlohnung im Jenseits) entkleidet und mit der Hypothek desjenigen Strafenkatalogs belastet, aufgrund dessen die meisten Menschen kein Unrecht begehen, so dass dem Handelnden jegliche extrinsische Motivation für eine gerechte Lebensführung genommen ist.

Der argumentative und heuristische Wert dieser beiden Gedankenexperimente ist jedoch umstritten: Nach Williams trägt das Gedankenexperiment vom Ring des Gyges nur wenig zur philosophischen Klärung des intrinsischen Wertcharakters der Gerechtigkeit bei, weil hier »reality with fantasy« verglichen werde (1997, 59 f.). Dagegen betont Irwin den durchaus vorhandenen Realitätsbezug dieser Parabel, die er als »simply a way of making vivid an extreme version of the circumstances that we are actually in« beschreibt (1999, 172). Allerings gibt auch Irwin zu bedenken, dass das Gedankenexperiment von der Kontrastierung der beiden Leben von Sokrates zu viel verlange: Gefordert werde hier, die Gerechtigkeit als ein Gut an sich zu verteidigen, das *sämtliche* instrumentelle Kosten aufwiegt, wovon ursprünglich gar nicht die Rede gewesen sei (Irwin 1999, 173 f.).

43.3 Platons Gegenentwurf

Allgemeine Definition der Gerechtigkeit

Platons Philosophie der Gerechtigkeit präsentiert sich zunächst als ein Sonderfall seiner Ontologie der Ideenlehre: Platon nimmt an, dass es eine Idee der Gerechtigkeit gibt, von der er auch als »die Gerechtigkeit selbst« (*autê dikaiosynê, Phdr.* 247d5 f.; vgl. *Rep.* VII 517e1 f.), »das Gerechte selbst« (*auto* [...] *to dikaion, Rep.* 479e3) oder auch »das von Natur aus Gerechte« (*to physei dikaion, Rep.* VI 501b2) spricht (vgl. auch *Prm.* 130b7–d9; *Rep.* V 476a–b). Die Annahme der Existenz einer Idee der Gerechtigkeit lässt darauf schließen, dass nach Platon Personen und Staaten gerecht zu nennen sind, insofern sie an der Idee der Gerechtigkeit partizipieren, ebenso wie ein Tisch ein Tisch zu nennen ist, insofern er an der Idee des Tisches teilhat. Die Idee der Gerechtigkeit gibt mithin jenen überpositiven, allgemeinen und invariablen Maßstab ab, der sich in der personalen und politischen Gerechtigkeit konkretisiert. Eine genaue Bestimmung der Idee der Gerechtigkeit scheint jedoch nur schwer zu geben zu sein (vgl. *Rep.* I 354b–c). Wir erfahren lediglich, dass sie von den Seelen während ihres Aufstiegs zu jenem »überhimmlischen Ort« (*exô tou ouranou; hyperouranios topos*) geschaut werden kann, wo das Göttliche und wahrhaft Seiende beheimatet ist, womit sie als verwandt mit dem Schönen (*kalon*), Weisen (*sophon*) und Guten (*agathon*) gilt (*Phdr.* 246d–247e).

Konkreteres ergibt sich aus der Verwandtschaft mit dem Guten. Nach Platons allgemeiner Theorie des Guten besteht die ›Gutheit‹ bzw. Tugend eines Dinges in der ihm eigentümlichen, seinem Wesen entsprechenden Ordnung (*taxis, kosmos*) und Harmonie (*harmonia*) (*Gorg.* 506d–e; vgl. *Phlb.* 64d–e; vgl. Kraut 1992, 315, 322, 323, 329 f.). Mit dieser Bestimmung des Guten knüpft Platon an ältere pythagoreische Lehren, wie etwa der Lehre von der *tetraktys*, und Vorstellungen aus dem Bereich der Medizin an (Alkmaion von Kroton; vgl. Horn 2007, 218); auch bei vorsokratischen Philosophen wie Heraklit (DK 22 B 54, 22 B 123, 22 B 51), Empedokles (DK 31 B 17, 31 B 35, 31 B 98, 31 B 96, 31 B 22) und Philolaos (DK 44 B 1, 44 B 6) spielt die Harmonie als Ordnungsprinzip eine wichtige Rolle.

Entsprechend befinden sich Personen und Staaten im Zustand ihrer ›Gutheit‹, d. h. sind gerecht, wenn sie die ihrer Natur eigentümliche Ordnung realisieren (*Gorg.* 503d–504d) – weshalb einige Interpreten Gerechtigkeit bei Platon als eine natürliche Norm beschreiben (z. B. Annas 1992, 168). Da Staaten und Seelen keine einfachen, nicht weiter zergliederbaren Dinge sind, unterscheidet sich die Gerechtigkeit von anderen Tugenden dadurch, dass es sich bei ihr um die übergreifende Systemtugend eines aus funktional verschiedenen Teilen zusammengesetzten Ganzen handelt. Dies führt in *Rep.* IV zur sog. Idiopragieformel als Platons allgemeiner Definition der Gerechtigkeit: »das Seinige zu tun und nicht vielerlei zu treiben ist Gerechtigkeit« (*to ta autou prattein kai mê polypragmonein dikaiosynê esti*, 433a8 f.; vgl. auch *Rep.* IV 435b; *Gorg.* 526c). Gerechtigkeit als Zustand der natürlichen Ordnung der Seele bzw. Polis besteht also genau dann, wenn jeder ihrer Teile sich auf die ihm von Natur aus zukommende Teilfunktion spezialisiert und nicht in das Kompetenzfeld eines anderen Teils eingreift. Platons allgemeine Definitionsformel der Gerechtigkeit entspricht damit dem ins Normative gewendeten polis-generativen Prinzip der natürlichen Arbeitsteilung aus *Rep.* II, 369e–370c (vgl. Kosman 2007, 127; vgl. ferner Greco 2011). Selbst die göttliche Gerechtigkeit, verstanden als die höchste Ordnung, wird von Platon auf das Prinzip der natürlichen Arbeitsteilung zurückgeführt, wenn er sie damit gleichsetzt, dass jeder aus dem seligen Geschlecht der Götter das Seinige tut (*Phdr.* 247a).

Politische Gerechtigkeit

In der gedanklichen Konstruktion der idealen bzw. ›schönen Stadt‹ (*kallipolis*) der *Politeia* (*Rep.* II–IV) unterscheidet Platon drei funktional verschiedene Teile: den Stand der Bauern, Kaufleute und Handwerker, die nicht regierenden Wächter (*phylakês*) bzw. Gehilfen (*epikouroi*) und die regierenden Wächter bzw. Philosophenherrscher (*archontes*). Nach der Idiopragieformel ist ein Staat also genau dann gut und gerecht, wenn jeder der drei Stände ausschließlich dem ihm anvertrauten Kompetenzfeld nachgeht und nicht in das eines anderen eingreift. Denn nur durch das Prinzip der Arbeitsteilung kann der Staat die ihm eigene Funktion (*ergon*) bestmöglich erfüllen, die Platon darin gegeben sieht, den Menschen, der von Natur aus ein Mängelwesen ist (vgl. bes. *Prot.* 320c–323c; *Plt.* 274b–e), konstant mit jenen Gütern zu versorgen, die er für das gute Leben benötigt (*Rep.* II, 369b–c; eine Auflistung alternativer Staatszielbestimmungen findet sich in Keyt 2006, 344 f.).

Aufgabe des Nährstands, der Masse an Bauern, Händlern und Handwerkern, ist es, die Bürger mit Nahrung, Kleidung, Wohnstädten und mit einer insgesamt angemessen materiellen Grundversorgung auszustatten. Dazu müssen sie gute Handelsleute sein, was voraussetzt, dass sie in einem gewissen Umfang Gewinn und Reichtum schätzen. Die insbesondere dem Nährstand abverlangte Tugend der Besonnenheit (*sôphrosynê*) betont dabei den Aspekt der Mäßigung: Die Menge der einfachen Bürger, die nicht wie die weisen Regenten über das notwendige Herrschaftswissen verfügen, dürfen sich nicht anmaßen, die Staatsgeschäfte besser führen zu können (*Rep.* IV 430c–432a). Ihnen wird die freiwillige Unterordnung und Einsicht in die Richtigkeit der Gesetze und Vorschriften abverlangt sowie die Beschränkung ihrer Gewinnliebe auf ein für das Ganze zuträgliches Maß, damit sie den Staat nicht von unten korrumpieren. Daneben bedarf es für das gute Leben der Bürger insbesondere weiser Regenten, die Philosophenherrscher, die den Staat mit Blick auf das Ganze gut verwalten (*Rep.* III 412b–414a) und sich um – das vielleicht wichtigste öffentliche Gut – eine angemessene Erziehung der Bürger kümmern. Die den Regenten dazu abverlangte Tugend der Weisheit (*sophia*), die in dem Wissen um das Gute selbst besteht (*Rep.* IV 428a–429a, VI 504a–506b), setzt eine besondere und deshalb seltene philosophische Veranlagung voraus. Einer Schätzung im *Politikos* zufolge können von tausend Bürgern maximal ein oder zwei ein entsprechendes Wissen erreichen (*Plt.* 292e–293a). Die philosophische Veranlagung der Regenten muss durch das Durchlaufen eines langjährigen und intensiven Curriculums entwickelt werden und erfordert ein Leben, das exklusiv der Philosophie gewidmet ist. Schließlich bedarf es der Gehilfen, die die Anweisungen der Regenten im Konfliktfall gegenüber der Menge des unteren Standes durchsetzen und den Staat nach außen beschützen (*Rep.* III 414b). Um die weisen Anordnungen der Regenten durch Tatkraft und Tapferkeit (*andreia*) effektiv umsetzen zu können (*Rep.* IV 429a–430c), müssen die Wächter von Natur aus tatkräftig und entschlossen sein und sich eines intensiven physischen Trainings unterziehen; um nicht korrumpiert zu werden und das Gewaltmonopol zum eigenen partikularen Nutzen zu missbrauchen (vgl. die ideologiekritische Gerechtigkeitsauffassung des Thrasymachos in *Rep.* I; s. Kap. V.43.2), müssen die Wächter wie auch die Philosophenherrscher ein Leben führen, in dem ihnen Privatbesitz und Reichtum untersagt ist. Sie dürfen keine Familien gründen, sondern müssen in Frauen- und Kindergemeinschaft leben, damit es zu keinen Loyalitätskonflikten und persönlicher Vorteilsnahme kommt. Diese ›kommunistische‹ Lebensweise der beiden oberen Stände steht im Kontrast zu der des gewerbetreibenden Nährstands. Nur dann also, wenn sich jeder Bürger auf die seiner Veranlagung entsprechende Aufgabe spezialisiert, wird der Staat gut und gerecht und jedem einzelnen zu dem ihm bestmöglichen Leben verhelfen. Gut und gerecht ist ein Staat also genau dann, wenn die Philosophen in Allianz mit den Helfern über den unteren Stand herrschen, alle Einsicht in die Notwendigkeit und Vorteilhaftigkeit dieser Hierarchie haben und daher in Freundschaft miteinander verbunden sind.

Personale Gerechtigkeit

Ausgangspunkt der *Politeia* bildet die Frage nach dem Wert und der Nützlichkeit der Gerechtigkeit an sich mit Blick auf die individuelle Lebensführung. Da sich die Bestimmung der personalen Gerechtigkeit im Fortgang des Dialogs jedoch als zunehmend problematisch erweist, geht Sokrates zunächst dem Wesen der politischen Gerechtigkeit nach. Denn Gerechtigkeit als Eigenschaft eines Staates sei einfacher zu erkennen (»in Großbuchstaben geschrieben«) als Gerechtigkeit als Eigenschaft einer Person (*Rep.* II 368c–369a). Mit Buch IV wendet sich Platon wieder der personalen Gerechtigkeit zu, die er per Analogieschluss unter Präsupposition der Isomorphie von Staat und Seele aus seiner Konzeption der politischen Gerechtigkeit ableitet (*Rep.* IV 435b–c, 441c–e). Sie gilt als derjenige Zustand der menschlichen Seele, in dem diese »healthy, beautiful, and in the ontologically correct, hierarchic, internal order« ist (Vlastos 1971, 69; vgl. *Rep.* IV 444d).

Nach Platons Moralpsychologie im vierten Buch der *Politeia* besitzt die menschliche Seele analog zur Polis drei Teile (435a ff.; vgl. *Rep.* IX 580d ff.; *Tim.* 42a–b; zur Seelenteilung vgl. Annas 1992, Kap. 5; Woods 1987; Irwin 1995, Kap. IV; eine grundlegende Kritik an Platons Analogie von Polis und Individuum findet sich in Williams 1973; dagegen: Ferrari 2005, 42–50): das Begehrungsvermögen (*epithymêtikon*), die Tatkraft (*thymoeides*) und das Vernunftvermögen (*logistikon*). In Analogie zur Polis gilt eine Seele als wohlgeordnet, in der die Vernunft mit Hilfe der Tatkraft über den triebhaften, begehrenden Teil herrscht; die beiden unteren Seelenteile den Anweisungen der Vernunft freiwillig Folge leisten und sie deshalb soweit wie möglich in Freundschaft miteinander verbunden sind (*Rep.* IV 442c–d, 443d, IX 589b). Der begehrende Seelenteil ist (analog zum Nährstand) für die körperlichen Bedürfnisse zuständig; Aufgabe der Vernunft ist (analog zu den Philosophenherrschern) darüber zu richten, was für die gesamte Seele wahrhaft nützlich und gut ist und aufgrund dieses Wissens zu regieren; Aufgabe der Tatkraft (analog zu den Gehilfen) im Konfliktfall zwischen Vernunft und Begehrungsvermögen, die Anweisungen der Vernunft tapfer durchzusetzen (*Rep.* IV 441e–442b). Für die natürliche Seelenordnung erweist es sich als essentiell, dass das Begehrungsvermögen wohl konditioniert ist, sich in seinen Ansprüchen zu mäßigen weiß, d. h. besonnen ist, weil nur so auch die beiden oberen Seelenteile – insbesondere die Vernunft – ihren Aufgaben nachkommen können (vgl. *Gorg.* 505a–b). Platon zeichnet das Bild eines gerechten und guten Lebens, das in seinen materiellen Ansprüchen und körperlichen, sexuellen Wünschen gemäßigt ist und in dem es primär darum geht, entschlossen die eigene Vernunftnatur im Streben nach Wissen und Wahrheit zu realisieren. Als Inbegriff des guten und gerechten Lebens erweist sich daher das Leben des Philosophen.

Ungerecht ist eine Person, insofern sie diese natürliche Ordnung in ihrer Seele korrumpiert. Die Ungerechtigkeit einer Person – aber auch eines Staates – wird dabei von Platon als ein graduelles Phänomen beschrieben (*Rep.* VIII und IX), dessen Ausmaß sich nach Art und Umfang der Korruption bemisst. Als Extremform der Ungerechtigkeit wird die Person angesehen, die die beiden oberen Seelenteile in Dienst ihrer überzogenen, unersättlichen und sogar destruktiven Wünsche, Ängste und Begierden des unteren Seelenteils stellt. Platon greift hier das sophistische Bild des Tyrannen als Inbegriff des Lustmenschen auf, nun aber als Paradigma des Ungerechten verstanden. Entsprechend gilt Platon die Tyrannis als Inbegriff der ungerechten Verfassung, weil in ihr der Staat der schrankenlosen, absolutistischen und selbstsüchtigen Interessenverfolgung eines nicht adäquaten Herrschers und seinen unersättlichen Begierden ausgeliefert ist.

Metaphysisch-kosmologische Grundlegung der Gerechtigkeit

Wie die meisten antiken Denker hegt Platon große Bewunderung für die exakte Regelmäßigkeit und Invarianz kosmischer Vorgänge. Seine Hochschätzung spiegelt sich u. a. darin wider, dass er der rein intelligiblen, invarianten Sphäre der Ideen eine weit höhere Dignität zuspricht als der sinnlich-veränderlichen materiellen Sphäre der sublunaren Welt. Ideen sind für ihn nicht nur die höchsten Entitäten, sondern zugleich auch die größten vorstellbaren Güter, die uns Menschen zu teil werden können, weil sie auf ideale Weise die Harmonie und innere Ordnung darstellen, in denen das Gutsein und die Gerechtigkeit bestehen (Kraut 1992). Die Ideen sind daher in einem ausgezeichneten Sinn gut und gerecht zu nennen (*Rep.* VI 500c; vgl. Kraut 1997). Es ist mithin kein Zufall, wenn Platon die Gerechtigkeit konstituierende Ordnung mittels Eigenschaften beschreibt (Einheit, Freundschaft, Gemeinschaft, Invarianz, Harmonie und Proportion), die den Ideen an sich bzw. untereinander in idealer Weise zukommen (vgl. White 1979, 39 f.; die wichtigsten Stellen zur Beschreibung des Wesens der Ideen finden sich in Kraut 1992, 334 Anm. 15 und White 1979, 37–39). Während das Ordnungsprinzip der Gerechtigkeit für das Ideenreich und den Kosmos jedoch faktisch gilt, besitzt es mit Blick auf die individuelle Seele und die Polis eine regulative bzw. normative Funktion (Horn 2007, 214).

Auch Platons Spätwerk zeugt von einer kosmologisch-metaphysischen Grundlegung der Gerechtigkeit: Das Wissen um die Tugenden ist nach den *Nomoi* in einer kosmologisch-theologischen Erkenntnis begründet, deren Gegenstände die Seele, die Götter und die beseelten Gestirne sind, und das die Vernunft als oberste ordnende Instanz im Weltall erkennt (*Leg.* XII 966a–967d). Nur wer dieses Wissen besitzt, ist zum wahren Staatslenker bestimmt, weil nur er fähig ist, die Sitten und Gesetze – und auch die eigene Seele – nach dem Vorbild der erkannten kosmischen Harmonie und Ordnung erfolgreich zu formen (vgl. *Leg.* XII 967d–968b; *Rep.* VI 500c). Indem der Philosoph die kosmisch-göttliche Ordnung studiert, gleicht er sich dieser soweit wie möglich an; er imitiert in seiner Seele und – als Philosophenherrscher – in seiner Heimatpolis die ewige Seinsordnung, in der das Göttliche und Vernünftige herrscht (vgl. *Leg.* XII 967a–b). So wie der Demiurg die Welt nach Maßgabe der idealen Harmonie und perfekten Proportionsverhältnisse geschaffen habe, formt der Philosoph nach ihrem Vorbild die eigene Seele und Stadt. Mit dieser kosmologisch-metaphysischen Dimension der Gerechtigkeit knüpft Platon an den Gerechtigkeitsbegriff der Vorsokratiker (Anaximander, Heraklit) an (Kosman 2007, 130). Eher defensiv gegenüber der metaphysisch-kosmologischen Grundlegung Platons Gerechtigkeitslehre der *Politeia* äußert sich dagegen Höffe, demzufolge die begründungstheoretische Funktion der Ideenlehre nicht überbetont werden darf (1997a, 8 f.).

Widerlegung des Immoralismus (Das gute ist das gerechte Leben)

Weil das vernunftgeleitete Leben des Philosophen den höchsten Gütern, den Ideen, gewidmet ist und nicht den gewöhnlichen Gütern wie Ruhm, Macht und Geld, gilt es Platon als Verwirklichung der vollkommenen Glückseligkeit (s. Kap. V.44.5). Auch im *Timaios* formuliert er den ethischen Imperativ, sich bzw. seine Seele weitmöglichst der Ordnung und Regelhaftigkeit des Kosmos und der Gestirnbewegungen anzunähern (*Tim.* 90b–d; vgl. *Gorg.* 508a). Warum aber sollte sich ein moralischer Zyniker wie der platonische Kallikles, der Platons metaphysische Prämissen nicht teilt, in seiner Auffassung vom guten Leben widerlegt fühlen?

Um zu zeigen, dass das Leben des Tyrannen nicht dem entspricht, wofür es von den Sophisten nach Platon gehalten wird, entwickelt Platon in seinen Dialogen gleich mehrere eindringliche Bilder. Im *Gorgias* vergleicht Sokrates das Leben des von den Sophisten als glückselig gepriesenen Lustmenschen aufgrund seiner Unersättlichkeit und Unstillbarkeit der Begierden mit einem leckenden Fass, das jemand mittels eines Siebs mit Wasser aufzufüllen versucht (493a–c). In der *Politeia* beschreibt er das Innenleben eines Menschen als Zusammenspiel dreier Kreaturen: einer plastischen, vielköpfigen Bestie (Begehrungsvermögen), eines Löwen (Tatkraft) und eines inneren Menschen (Vernunft). Wer das schrankenlose Lustleben eines Tyrannen führe, wer immer mehr haben wolle, sämtliche – auch seine arationalen und destruktiven – Begierden und Wünsche uneingeschränkt auslebe, der füttere die schrecklichen Häupter des vielköpfigen Ungeheuers und den Löwen, lasse jedoch den inneren Menschen verhungern. In der gerechten Seele bilde hingegen der innere Mensch den dominanten Teil, der in Allianz mit dem Löwen die zahmen Köpfe des vielköpfigen Ungeheuers pflegt, die unbändigen enthauptet und dafür sorgt, dass alle untereinander in Freundschaft leben (*Rep.* IX 588c–589b).

Der Tyrann bezahlt also nach Platon für seine ungerechte Lebensführung letztlich einen hohen Preis: Die Begierden und Leidenschaften werden in ihm so übermäßig stark, dass sie schließlich vollständig die Kontrolle in seinem Leben übernehmen. Aufgrund ihres schrankenlosen Wachstums sind sie jedoch nicht mehr zu befriedigen. Ergebnis ist ein dauerhafter Zustand der Frustration und Unzufriedenheit. Der tyrannische Mensch wird zum Sklaven seiner selbst, indem er willenlos seinen Begierden und Trieben, dem vielköpfigen Ungeheuer in sich, erliegt (*Rep.* V 444b, IX 579d–e). Der Ungerechte, der uneingeschränkt seinen Lüsten folgt, wird niemals glücklich sein (vgl. *Gorg.* 471d, 507c–e, e; *Apol.* 30b).

Der immanente Wert eines gerechten Lebens besteht somit darin, mit sich selbst im Einklang zu sein, eine innere Ruhe und Harmonie zu besitzen, die der Unruhe, Getriebenheit und Frustration eines ungerechten Lebens entgegensteht: Der Philosoph ist frei von inneren Konflikten. Diese Harmonie in der Seele ist für Platon von einem solch großen Wert, dass sie selbst dann der Ungerechtigkeit vorzuziehen ist, wenn sie mit den körperlichen und sozialen Sanktionen verbunden sein sollte, wie es im Gedankenexperiment von der Gegenüberstellung der beiden Leben angenommen wurde (s. Kap. V.43.2). Indem Platon vor Augen führt, welche Folge einer ungerechten Lebensführung immanent sind, entwickelt er ein Argument gegen die Ungerechtigkeit, das auch Thrasymachos und diejenigen verstehen können, die nicht Platons ontologischen bzw. metaphysischen Standpunkt teilen (vgl. Kraut 1992, 325).

Neben der immanenten Wertschätzung personaler Gerechtigkeit als harmonischer, vernunftgeleiteter und maximal lustvoller Seelenzustand stellt Platon auch ihre positiven dies- und jenseitigen mittelbaren Folgen heraus (*Rep.* X 612a ff.). Zur weltlichen Entlohnung der Gerechtigkeit gehöre, dass dem Gerechten aufgrund seiner Reputation und Verlässlichkeit die wichtigsten Ämter und Ehren zuteil werden. Zudem wird es ihm möglich sein, seine Kinder in die vornehmsten Familien einheiraten zu lassen (*Rep.* X 613b). Gravierender für Platon wiegen jedoch die jenseitigen Folgen einer gerechten Lebensführung. Schon im *Menon* und *Kriton* verweist Platon auf die positiven Folgen einer tugendhaften, gerechten Lebensführung mit Blick auf das Leben im Jenseits und die Wiedergeburt (*Men.* 81a–c; *Crit.* 54b–d). Auch im *Gorgias* betont Platon den Wert der Gerechtigkeit mit Blick auf das Leben im Jenseits, indem er Sokrates vom Schicksal der Seelen nach dem Tod erzählen lässt (*Gorg.* 522e–526d): Nach dem Tode werde im Jenseits unabhängig von der weltlichen Stellung einer Person über die Seelen gerichtet. Dabei geben nicht die auf Erden erworbenen äußeren Güter wie Macht, Reichtümer oder auch Schönheit den Ausschlag für das weitere Schicksal einer Seele, sondern einzig und allein deren Lebenswandel. Wer sein Leben gerecht geführt habe, komme auf die Insel der Seligen, wo er zur »vollkommenen Glückseligkeit« gelange; wer dagegen ungerecht gelebt habe, werde in den Tartaros gesteckt, wo er die Strafe für sein ungerechtes Tun auf Erde erfahre. Ziel der eigenen Lebensführung müsse es daher sein, mit möglichst gesunder Seele vor das Seelengericht zu treten. Platon argumentiert im *Gorgias* somit in Gestalt eines »akteurrelativen Konsequentialismus« (Horn/Scarano 2002, 23), dessen Ziel es ist, die Seele soweit als möglich vor Schaden zu bewahren (eine grundlegende Kritik Platons Argumentation für die Gerechtigkeit im *Gorgias* findet sich in Stemmer 1985). Eine ähnliche Position vertritt Platon auch im Schlussmythos der *Politeia* (*Rep.* X 614b–621d): In ihm berichtet der Pamphylier von den Qualen der Ungerechten im Jenseits und den Verheißungen einer gerechten Lebensführung mit Blick auf die jenseitige Fortexistenz der Seele.

43.4 Diskussion

Schon von seinem Schüler Aristoteles wird Platons Gerechtigkeitstheorie kritisiert. Aristoteles wirft seinem Lehrer vor, dass er Gerechtigkeit primär als einen innerpsychischen Zustand versteht. Demgegenüber erhebt Aristoteles gerade den Bezug zu unseren Mitmenschen zum Definitionsmerkmal der Gerechtigkeit, indem er sie als eine wesentlich auf den Anderen (*pros heteron*) bezogene Tugend bezeichnet (*EN* 1129b27; vgl. Kraut 2002, 121–123).

Aristoteles' Kritik an Platons Gerechtigkeitskonzeption ist in gewisser Weise von der neueren Forschung aufgegriffen worden. Nach einem vielbeachteten Aufsatz von Sachs (1963) ist Platons Verteidigung der Gerechtigkeit als schlichtweg irrelevant zu betrachten, weil ihr eine Art Kategorienfehler zugrunde liege. Verlangt werde zu zeigen, inwiefern das Leben nach einer ›konventionellen‹ Gerechtigkeitsvorstellung vorteilhaft ist. Es soll darlegt werden, inwiefern sich die Ausführung bzw. das Unterlassen bestimmter Handlungsarten, die wir typischerweise mit einem gerechten Lebenswandel verbinden – wie die Wahrheit zu sagen, Götter und Menschen zu achten, nicht zu töten, nicht zu stehlen usw. – bezahlt machen. Der zu verteidigende Gerechtigkeitsbegriff sei primär handlungsorientiert und komme nur derivativ Personen zu, nämlich insofern sie entsprechende Handlungen ausführen (vgl. bes. *Rep.* II 360b–c). Platon verteidige demgegenüber einen akteurzentrierten Begriff von Gerechtigkeit, der die Gerechtigkeit als inneren, seelischen Zustand einer Person ausweist. Die sophistische Herausforderung bleibe letztlich unbeantwortet, weil von Platon keine argumentative Brücke zwischen der konventionellen handlungsorientierten und seiner eigenen akteurzentrierten Gerechtigkeitsvorstellung geschlagen werde. Sachs beschreibt somit die platonische Gerechtigkeitsauffassung als einen in die Leere laufenden Revisionismus.

Eine Vielzahl von Autoren hat seitdem Platons Philosophie der Gerechtigkeit gegen den Vorwurf der Irrelevanz und eines falschen Revisionismus verteidigt: So argumentiert etwa Vlastos, dass Platons oberstes Gerechtigkeitsprinzip, der *do-one's-own*-Imperative, durchaus den Kern der konventionellen Gerechtigkeitsvorstellung zu rekonstruieren fähig sei. Denn Platons Neudefinition der Gerechtigkeit »has good links with common usage, since on this definition, as on any other, justice would involve refraining from *pleonexia*« (1971, 74). Eine Person, die im platonischen Sinn gerecht ist, habe über viele Jahre hinweg ihre niederen Seelenteile so erzogen, dass sie freiwillig den Anordnungen der Vernunft Folge leisten. Insbesondere ihr appetitiver Seelenteil zeige sich dergestalt konditioniert, dass er nur ›notwendige‹ Wünsche und Begierden hervorbringt, nicht aber unnötige, luxuriöse oder dekadente. Damit aber wird der platonisch Gerechte nicht der *pleonexia* (Mehr-Haben-Wollen) als letzten Grund der Ungerechtigkeit verfallen (ebd. 76), weshalb er kein Motiv dafür hat, ungerecht im konventionellen Sinn zu handeln (Vlastos 1972, bes. 89–91). Weitere Entgegnungen auf Sachs' Irrelevanzvorwurf finden sich u. a. in Kraut 1972; Annas 1992, bes. 157–161; Keyt 2006, 351–355; Meyer2008, 28–30; mit intuitionistischen Konsequenzen für Platons Moralkonzeption Dahl 1999; Kamtekar 2010, 67–72; Mezini 2016.

Literatur

Adams, James 1979: The *Republic* of Plato. Griech. Text. Hg. m. Anm. u. Komm. 2. Aufl. Bearb. u. eingel. v. D. A. Rees [5. Repr. of the 2. Ed. 1963 (Bd. I)]. Cambridge.

Anderson, Merrick E. 2016: »Thrasymachus' Sophistic Account of Justice in Republic i«. In: Ancient Philosophy 36, 151–172.

Annas, Julia 1992: An Introduction to Plato's Republic [1981]. 8th Impr. Oxford.

Benson, Hugh H. (Hg.) 2006: A Companion to Plato. Malden, Mass.

Dahl, Norman O. 1999: »Plato's Defence of Justice«. In: Gail Fine (Hg.): Plato 2. Ethics, Politics, Religion, and the Soul. Oxford, 207–234.

Ferrari, Giovanni R. F. 2005: City and Soul in Plato's Republic. Chicago.

Greco, Anna 2011: »›Having One's Own‹ and Distributive Justice in Plato's Republic«. In: History of Political Thought 32, 185–214.

Höffe, Otfried 1997a: »Einführung in Platons Politeia«. In: Ders. (Hg.): Platon, Politeia. Berlin, 3–28.

Höffe, Otfried 1997b: »Zur Analogie von Individuum und Polis (Buch II 367e–374d)«. In: Ders. (Hg.): Platon, Politeia. Berlin, 69–93.

Horn, Christoph 2007: »Ordnung/Kosmos (taxis/kosmos)«. In: Christian Schäfer (Hg.): Platon-Lexikon. Begriffswörterbuch zu Platon und der platonischen Tradition. Darmstadt, 214–219.

Horn, Christoph/Scarano, Nico 2002: Philosophie der Gerechtigkeit. Texte von der Antike bis zur Gegenwart. Frankfurt a. M.

Irwin, Terence H. 1992: »Socrates the Epicurean«. In: Hugh H. Benson (Hg.): Essays on the Philosophy of Socrates. New York, 198–219.

Irwin, Terence H. 1995: Plato's Ethics. New York.

Irwin, Terence H. 1999: »*Republic* 2: Questions about Justice«. In: Gail Fine (Hg.): Plato 2. Ethics, Politics, Religion, and the Soul. Oxford, 164–185.

Kahn, Charles 1981: »The Origins of the Social Contract Theory in the 5th Century B. C.«. In: George B. Kerferd (Hg.): The Sophists and their Legacy (Hermes Einzelschriften, 44), 92–108.

Kamtekar, Rachana 2010: »Ethics and Politics in Socrates' Defenses of Justice«. In: Mark L. McPherran (Hg.): Plato's Republic: A Critical Guide. Cambridge, 65–82.

Kerferd, George B. 1947/48: »The Doctrine of Thrasymachus in Plato's Republic«. In: Durham University Journal 9, 19–27.

Keyt, David 2006: »Plato on Justice«. In: Benson 2006, 341–355.

Klosko, George 1984: »The Refutation of Callicles in Plato's Gorgias«. In: Greece & Rome 31, 126–139.

Kosman, Aryeh 2007: »Justice and Virtue: The Republic's Inquiry into Proper Difference«. In: Giovanni R. F. Ferrari (Hg.): The Cambridge Companion to Plato's Republic. Cambridge, 116–137.

Kraut, Richard 1973: »Reason and Justice in Plato's Republic«. In: Edward N. Lee/Alexander P. D. Mourelatos/Richard M. Rorty (Hg.): Exegesis and Argument. Studies in Greek Philosophy Presented to Gregory Vlastos. Assen, 207–224.

Kraut, Richard 1992: »The Defense of Justice in Plato's Republic«. In: Ders. (Hg.): The Cambridge Companion to Plato. Cambridge, 311–337.

Kraut, Richard 1997: »Plato's Comparison of Just and Unjust Lives (Book IX 576b–592b)«. In: Otfried Höffe (Hg.): Platon, Politeia. Berlin, 251–290.

Kraut, Richard 2002: Aristotle. Political Philosophy. Oxford/New York.

Maguire, Joseph P. 1971: »Thrasymachus – or Plato«. In: Phronesis 16, 142–163.

Meyer, Susan Sauvé 2008: Ancient Ethics. A Critical Introduction. London.

Mezini, Erjus 2016: »The Problem of Justice in Plato's Republic«. In: Philosophical Inquiry: International Quarterly 40, 178–191.

Neschke-Hentschke, Ada 1985: »Thrasymachos' sogenannte Definition des Gerechten in Platos Politeia«. In: Archiv für Begriffsgeschichte 29, 9–25.

Payne, Andrew 2011: »The Division of Goods and Praising Justice for Itself in Republic II«. In: Phronesis 56, 58–78.

Rawls, John 2003: Eine Theorie der Gerechtigkeit. Frankfurt a. M. [engl. 1971].

Sachs, David 1963: »A Fallacy in Plato's Republic«. In: The Philosophical Review 72, 141–158.

Samaras, Thanassis 2012: »The Cynical Thrasymachus«. In: Philosophy Study 2, 172–184.

Schütrumpf, Eckart 1997: »Konventionelle Vorstellungen über Gerechtigkeit. Die Perspektive des Thrasymachos und die Erwartungen an eine philosophische Entgegnung«. In: Otfried Höffe (Hg.): Platon, Politeia. Berlin, 29–53.

Slote, Michael 2008: »Justice as a Virtue«. In: Stanford Encyclopedia of Philosophy (verfügbar unter http://plato.

stanford.edu/entries/justice-virtue/, zuletzt geprüft am 23.11.2008).

Stemmer, Peter 1985: »Unrecht Tun ist schlechter als Unrecht Leiden. Zur Begründung moralischen Handelns im platonischen *Gorgias*«. In: Zeitschrift für philosophische Forschung 39, 501–522.

Vlastos, Gregory 1971: »Justice and Happiness in the *Republic*«. In: Ders. (Hg.): Plato II: A Collection of Critical Essays. Ethics, Politics, and Philosophy of Art and Religion. Notre Dame, 66–95.

Vlastos, Gregory 1991: Socrates. Ironist and Moral Philosopher. Ithaca, NY.

White, Nicholas P. 1979: A Companion to Plato's *Republic*. Oxford.

Williams, Bernard 1973: »The Analogy of City and Soul in Plato's *Republic*«. In: Edward N. Lee/Alexander P. D. Mourelatos/Richard M. Rorty (Hg.): Exegesis and Argument. Studies in Greek philosophy presented to Gregory Vlastos. Assen, 196–206.

Williams, Bernard 1997: »Plato against the Immoralist (Book II 357a–367e)«. In: Otfried Höffe (Hg.): Platon, *Politeia*. Berlin, 55–67.

Woods, Michael 1987: »Plato's Devision of the Soul«. In: Proceedings of the British Academy 73, 23–47.

Simon Weber

44 Glück

Im Zentrum der platonischen Ethik, so lautet ein breiter Forschungskonsens (s. Kap. V.44.3), steht die Frage nach dem Glück: Sämtliche ethische Überlegungen zielen letztlich auf die Frage, worin das glückliche Leben besteht und welche Vorstellungen vom Glück als irrig zurückzuweisen sind. Platons eigener positiver Ansatz ist nicht leicht zu rekonstruieren (s. Kap. V.44.4); es wird aber deutlich, dass er die Glücksrelevanz von äußeren Gütern und traditionell verstandenen Tugenden bezweifelt und stattdessen die Wichtigkeit einer intellektualistisch verstandenen Tugend für das glückliche Leben betont.

44.1 Zum Begriff *eudaimonia*

In der griechischen Tradition etabliert sich mit Aristoteles der Begriff *eudaimonia* als zentraler Ausdruck für das Glück. Platon verwendet daneben auch andere Ausdrücke, die er äquivalent gebraucht (vgl. z. B. *Euthd.* 280b6 und *Gorg.* 507c4 zu *eu prattein* und *eudaimonein* bzw. *eudaimôn einai*; *Rep.* IV 419a2–9 und *Gorg.* 507c4 zu *makarios* und *eudaimôn*; *Leg.* VII 816d1 f. zu *eudaimonôs* bzw. *eu zên*; *Charm.* 172a zu *eu zên* und *kalôs zên*).

Das griechische Wort *eudaimonia* ist zusammengesetzt aus *eu* (gut) und *daimôn*, der Bezeichnung für eine niedere Gottheit. Es bedeutet daher ursprünglich, man habe einen guten *daimôn* oder man werde von einem guten *daimôn* geführt. Durch diese etymologischen Wurzeln wird die Vorstellung evoziert, dass das glückliche Leben mit dem Wohlwollen übernatürlicher Kräfte zusammenhängt und daher unverfügbar ist. Dies steht Platons eigenen Glücksvorstellungen entgegen, so dass er im *Timaios* eine alternative Erklärung für die Etymologie des Wortes bietet: Der *daimôn*, von dem man durch das Leben geführt werde, sei die Seele. Glücklich (*eudaimôn*) sei man dann, wenn dieser innere *daimôn* wohl geordnet ist (*Tim.* 90b–c).

Die Übersetzung von *eudaimonia* mit »Glück« kann irreführen: Erstens ist das deutsche Wort »Glück« zweideutig, da es neben dem Wohlergehen ebenfalls den günstigen Zufall oder das gute Schicksal (lat.: *bona fortuna*) bezeichnen kann. Im Griechischen lautet die Bezeichnung hierfür *eutychia*. Zweitens steht beim deutschen Wort »Glück«, ähnlich wie beim englischen »happiness«, das subjektive Empfinden im Vordergrund. Der Begriff *eudaimonia* dagegen bezeichnet ein gelingendes, erfülltes Leben nach objektiven Kriterien. Es schließt zwar subjektives Wohlergehen mit ein, beschränkt sich aber nicht darauf (zu Übersetzungsschwierigkeiten vgl. Kraut 1979, 167–170; Vlastos 1991, 201 ff.; zu antikem und modernem Glücksverständnis Horn 1998, 62 ff. und 108 ff.). Nur vor dem Hintergrund dieses objektivistischen Glücksbegriffs wird Platons Behauptung verständlich, dass man sich darüber täuschen kann, ob man wirklich glücklich ist (*Gorg.* 464a). Platons Glücksbegriff ist allerdings noch in einem zweiten Sinn objektivistisch: Er meint, es gebe nur eine einzige, allgemeingültige Antwort auf die Frage nach dem Glück und es sei Aufgabe der Philosophie, zu ermitteln, welches Leben tatsächlich das glücklichste ist (Stemmer 1988, 529–531).

44.2 Ist Platon Eudämonist?

Platon wird vom Großteil der Forscherinnen und Forscher als Eudämonist verstanden (Frede 2007; Irwin 1995; Stemmer 1988, 535–541; Bobonich 2002, 209; Reeve 2006; Vlastos 1991, 224–232). Eudämonistische Ethiken unterscheiden sich von deontologischen dadurch, dass nicht eine moralische Pflicht im Mittelpunkt der Überlegungen steht, sondern das Glück des Einzelnen oder der Gemeinschaft. So lautet die Hauptfrage von Platons *Politeia* nicht etwa, ob es eine moralische Pflicht gibt gerecht zu sein, sondern ob der Gerechte glücklich ist (*Rep.* I 352d). Das allgemeine Glücksstreben wird von Platon immer wieder betont: Alle Menschen stellen sich die Frage nach dem glücklichen Leben (*Gorg.* 500c), niemand will unglücklich sein (*Men.* 78a), Eltern wollen das Glück für ihre Kinder (*Ly.* 207e) und kluge Gesetzgeber wissen, dass die Gesetze die Bürger einer Polis glücklich machen sollen (*Rep.* IV 419a–421c; *Leg.* I 631b, V 743c). Im *Euthydemos* sagt Sokrates, niemand würde bestreiten, dass alle glücklich sein wollen (*Euthd.* 278e). Und im *Symposion* wird das Glück – wahrscheinlich zum ersten Mal in der Philosophiegeschichte (Horn 2003, 82) – explizit zum letzten Ziel des Strebens erklärt: Ausgangsfrage ist dort, warum man nach Gütern oder nach dem Guten strebt. Die Antwort lautet, dass der Besitz der Güter glücklich macht. Die weitere Frage danach, warum man glücklich sein wolle, stelle sich nicht, denn das Glück sei das letzte Ziel des Strebens (205a): »happiness is the ›question-stopper‹, the final reason why anything is desired« (Vlastos 1991, 224).

Trotz der vermeintlich eindeutigen Sachlage ist die eudämonistische Deutung der platonischen Ethik umstritten. Es gibt Versuche, deontologische Züge in ihr nachzuweisen (vgl. Nettleship 1922, 4 f.; Annas 1981, 60 ff. und die Kritik bei Stemmer 1988, 550ff; Annas bekennt sich später explizit zu einer eudämonistischen Deutung, vgl. 1999, 7 und 2008). Nach Ansicht einiger Autoren will Platon in der *Politeia* zeigen, dass die Gerechtigkeit bereits an sich erstrebenswert ist; erst in einem zweiten Schritt führe sie auch zum Glück (zu dieser Diskussion vgl. Devereux 2004). Der prominenteste Einwand gegen die eudämonistische Deutung der *Politeia* verweist darauf, dass die Philosophinnen und Philosophen in der *Politeia* dazu genötigt werden, das glückliche Leben der philosophischen Kontemplation zu unterbrechen, um ihren Regierungspflichten nachzugehen (*Rep.* VII 516d, 519c, 540b–c). In diesem Fall sei also die Regierungspflicht klarerweise ein größeres Gut als die eigene *eudaimonia*, mithin die *eudaimonia* nicht das ultimative Ziel des Strebens (White 1986 und 2002; mehr dazu bei Irwin 1995, 192 f.; Brickhouse 1981). Gegen diesen Einwand kann man geltend machen, dass es in der *Politeia* zahlreiche Hinweise darauf gibt, dass die Philosophen auch im eigenen eudämonistischen Interesse regieren (*Rep.* I 347b, VII 550b–d), das gesamte Argument also eudämonistisch ausgelegt ist (so Reeve 2006). Ferner ist darauf zu verweisen, dass Platons antike Interpreten keinen Zweifel an seiner eudämonistischen Ausrichtung hatten (Annas 1999, 2 f.).

44.3 Schwierigkeiten für die Bestimmung der platonischen Glücksvorstellung

Die genaue Bestimmung von Platons Glücksbegriff ist schwierig. Dies hat mehrere Ursachen (vgl. Frede 1999 und 2007). Erstens wird bei Platon die *eudaimonia* an vielen Stellen gar nicht explizit thematisiert, selbst dort nicht, wo sie der Sache nach im Zentrum steht (Irwin 1995, 52). Zweitens ist nicht deutlich, ob sich Platons Überlegungen zur *eudaimonia* zu einer einzigen, konsistenten Theorie verbinden lassen, oder ob er seine Ansichten immer wieder geändert hat. Nach einer gängigen Deutung vertritt er in den frühen Schriften die Auffassung, dass die Tugend hinreichende Bedingung für das Glück ist (Suffizienzthese), gibt diese These aber später auf (so Irwin 1995; s. Kap. V.44.6); zudem vertritt er auf den ersten Blick recht heterogene Ansichten zur Rolle der Lust in einem glücklichen Leben (s. Kap. V.18; vgl. auch Russell 2005; Frede 1997 und 1999). Drittens identifiziert Platon in der *Politeia* das höchste Glück mit dem Leben, das die Philosophinnen und Philosophen im Idealstaat führen. Die Glückskonzeption der *Politeia* wirkt dadurch elitär und unattraktiv, zumal das glückliche Leben der Philosophen mit einem strengen Regelwerk in Fragen von materiellem Besitz und Sexualität verbunden ist. Im *Phaidon* wird sogar verlangt, dass der Philosoph sich vom Leib abwenden muss (*Phd.* 67c). Platons Glücksbegriff hat aus diesen Gründen bei manchen Interpreten einen recht düsteren Eindruck erweckt (vgl. die Darstellungen bei Patzig 2003 und Ritter 1974) und wird viel seltener diskutiert als die der historisch nachfolgenden Philosophen (Frede 1999, 330).

Da bei Platon eine zusammenhängende Darstellung seines Glücksbegriffs fehlt, kann hier nur eine Auswahl aus verschiedenen Überlegungen geboten werden. Zu ihnen gehören die Diskussionen um das Verhältnis von Tugend und Glück in den Frühdialogen (s. Kap. V.44.4), das Argument der *Politeia*, dass der Gerechte glücklicher ist als der Ungerechte (s. Kap. V.44.5), sowie die These aus dem *Philebos*, das glückliche Leben sei eine Mischung aus Lust und Wissen (s. Kap. V.44.6). Zur Bedeutung der Vorstellung der Angleichung an Gott für den platonischen Glücksbegriff s. Kap. V.37.

44.4 Das Verhältnis von Tugend (*aretê*) und Glück in den Frühdialogen

Sokrates behauptet in der *Apologie*, er erreiche, dass die Menschen nicht nur glücklich scheinen, sondern glücklich sind (*Apol.* 36d9–e1). Er fordert sie auf, die Seele intellektuell zu perfektionieren und das eigene Leben fortwährend zu überprüfen, statt sich um Dinge wie Reichtum oder Ehre zu bemühen (*Apol.* 29d–30b). Ähnliche Forderungen finden sich in vielen frühen Dialogen: Die wissend Lebenden sind glücklich (*Charm.* 173d), das ungeprüfte Leben ist nicht lebenswert (*Apol.* 38a; vgl. dazu auch Wolf 2013, 47–53). Eine Stelle aus dem *Euthydemos* kann verdeutlichen, inwiefern die intellektuelle Perfektionierung der Seele das eigene Glück befördert. Dort setzt sich Sokrates mit der traditionellen Vorstellung auseinander, das Glück bestehe darin, möglichst viele Güter (*agatha*) zu besitzen: Reichtum, Gesundheit, eine vornehme Familie, Macht, Ehre. Sokrates bezweifelt, dass diese Dinge schlechthin glücklich machen (*Euthd.* 280b). Er schildert, wie die Güter bei falschem Gebrauch das Leben sogar unglücklich machen können. Erst durch den richtigen Gebrauch (*orthê chrêsis*) werden sie zu Gütern. Das Wissen vom richtigen Gebrauch wird mit der Tugend (*aretê*) identifiziert. Um glücklich zu werden, muss man daher möglichst tugendhaft, also weise werden (282a–d), und dazu wiederum muss man philosophieren (282d1; vgl. die Parallelstelle in *Men.* 87d–89c).

Deutlich wird, dass Sokrates die Bedeutung der traditionellen Güter für das glückliche Leben zugunsten der intellektualistisch verstandenen Tugend relativiert. Unklar bleibt jedoch, wie seiner Meinung nach das Verhältnis zwischen der so verstandenen Tugend, den äußeren Gütern und der *eudaimonia* genau zu verstehen ist. An einigen Stellen klingen seine Aussagen so, als sei die Tugend hinreichende Bedingung für das Glück. Im *Gorgias* heißt es z. B., es sei irrelevant für das Glück, ob man reich oder mächtig sei, es zähle nur, ob man weise und gut ist (*Gorg.* 470c–471a; vgl. *Cri.* 48b; *Apol.* 41c–e). Andernorts wird eine schwächere These vertreten, der zufolge die Tugend einen wichtigen, aber nicht den einzigen Beitrag zu einem glücklichen Leben leistet (*Euthd.* 281d; vgl. auch *Leg.* I 631c). Das Verhältnis von Tugend und Glück wird daher in der Forschung kontrovers diskutiert. Einige Interpreten meinen, die Tugend sei durchgehend hinreichende Bedingung für das Glück. Diese sog. Suffizienzthese wird in je unterschiedlicher Weise v. a. von Vlastos und Irwin vertreten. Vlastos argumentiert hierbei, dass die Tugend zwar integrativer Bestandteil des Glücks sei; dieses müsse neben der Tugend aber noch weitere Bestandteile enthalten (Vlastos 1991). Nach Irwin haben wir es dagegen mit einem instrumentellen Verhältnis zwischen Tugend und Glück zu tun (Irwin 1992, 207–209). Eine andere Gruppe von Interpreten ist der Ansicht, dass Sokrates keine Suffizienzthese vertritt und sehr wohl die Bedeutung äußerer Güter für die *eudaimonia* anerkennt (z. B. Brickhouse/Smith 1994, Kap. 4). Dabei kann man etwa auf Sokrates' Behauptung verweisen, dass ein chronisch Kranker notwendig schlecht lebe (*Gorg.* 512a2–b2) – eine Aussage, die der Suffizienzthese deutlich zu widersprechen scheint. In neuerer Zeit wurden Zweifel an der Relevanz der Debatte geäußert (Reshotko 2006, 135–155). Das präzise Verhältnis zwischen Tugend und Glück werde erst bei den Nachfolgern Platons untersucht, bei denen sich die zugespitzte Frage findet, ob der Tugendhafte auch in widrigen Umständen glücklich ist (Meyer 2008, 41; Annas 2008, 270 ff.).

44.5 Der Gerechte ist glücklicher als der Ungerechte: Das Argument der *Politeia*

In der *Politeia* setzt sich Sokrates mit Thrasymachos' These auseinander, dass Unrecht tun am glücklichsten macht (*eudaimonestaton*), und dass diejenigen Menschen, die Unrecht leiden, aber selbst kein Unrecht tun können, die unglücklichsten sind (*Rep.* I 344a3–6). Sokrates will dagegen nachweisen, dass die Gerechten glücklicher (*eudaimonesteroi*, I 352d2) als die Ungerechten sind. Dazu bestimmt er zuerst das gerechte Leben (*Rep.* II–VII), dann das ungerechte (*Rep.* VIII–IX). Anschließend wird ein Glücksvergleich vorgenommen (IX 576b ff.; zum Aufbau des Arguments vgl. Stemmer 1988; Blößner 1997, 47).

Das gerechte Leben wird in der *Politeia* zunächst psychologisch beschrieben, nämlich als hierarchische und harmonische Seelenstruktur unter der Herrschaft des rationalen Seelenteils (IV 441d–442b). Dieser besitzt als einziger Wissen darüber, was nützlich und gut ist (IV 442c). Andererseits wird das gerechteste Leben mit dem Leben der Philosophen im Idealstaat identifiziert (v. a. V–VII). Die Philosophen verfügen deswegen über eine vollkommen gerechte Seelenverfassung, weil sie die Idee des Guten erkennen (*Rep.* VI 500c). In der Kontemplation der Ideen besteht das glücklichste Leben. Nach der Beschreibung des vollkommen gerechten Lebens wendet sich Platon in *Rep.* VIII und IX der Darstellung des Ungerechten zu. Hier wird nochmals daran erinnert, dass alle Ausführungen letztlich dem Glücksvergleich zwischen Gerechtem und Ungerechtem dienen (VIII 554a). Der eigentliche Glücksvergleich besteht aus drei Argumenten. Im ersten Argument zeigt sich, dass der ungerechteste Mensch, der Tyrann, Sklave seiner Lüste ist und ein Leben voller Angst führt. Sokrates' Gesprächspartner Glaukon lässt sich sofort davon überzeugen, dass der Tyrann am unglücklichsten und der Gerechte am glücklichsten ist (IX 580b). Dennoch liefert Sokrates noch zwei weitere Beweise, die zeigen sollen, dass der Gerechte auch lustvoller lebt als der Ungerechte (IX 580d–583a und 583b–588a).

Zum Glücksbegriff in der *Politeia* stellen sich mehrere Fragen: Zunächst ist umstritten, ob Platon einen – natürlich differenzierten – hedonistischen Glücksbegriff vertritt (so Reeve 1988) oder die Lust des Gerechten nur einen Zusatz zu seinem ohnehin glücklichen Leben bildet (Kraut 1992). Weiterhin wurde bereits in der Antike kritisiert, dass im platonischen Idealstaat die dritte Klasse unglücklich bleibt und nur die philosophische Elite glücklich lebt (Aristoteles, *Pol.* II 2, 1264b22–4; vgl. dazu ausführlich Bobonich 2002). Platon weist allerdings selbst explizit darauf hin, warum ihn gerade das vollkommene Glück der Philosophen im Idealstaat interessiert: Man könne durch die Extrembeispiele erkennen, welches Los denjenigen blüht, die den Extremen ähnlich sind (V 472b–d; vgl. Blößner 1997, 27 f.). Schließlich stellt sich die Frage, ob die gerechte Seelenverfassung in der *Politeia* hinreichende oder nur notwendige Bedingung für das Glück ist. Annas argumentiert in ihren früheren Beiträgen, dass die gesamte platonische Ethik im Sinne der Suffizienzthese gedeutet werden kann (1981, 316; 1997 und 1999): Platon wolle gerade zeigen, dass das Glück in unserer Verfügung liegt, weil es in einer bestimmten Seelenverfassung besteht und nicht von äußeren Umständen abhängt. Auch Nussbaum ist der Meinung, dass Platon als einer der ersten Autoren eine Glückskonzeption vertritt, die Immunität gegenüber äußeren Risiken verspricht, da allein der Seelenzustand über das Glück entscheidet (Nussbaum 1986). Irwin ist dagegen der Meinung, dass die sokratische Suffizienzthese ab *Rep.* II zugunsten eines schwächeren Modells aufgegeben wird. Platon vertrete fortan nur noch die »Dominanzthese«, der zufolge der Gerechte *ceteris paribus* glücklicher ist als der Ungerechte (Irwin 1995, 192 f.). Julia Annas hat kürzlich darauf hingewiesen, dass bei Platon generell die Dominanz- und die Suffizienzthese nebeneinander zu finden seien (Annas 2008, 270–273).

44.6 Das glückliche Leben als Mischung aus Wissen und Lust: der *Philebos*

Im *Philebos* wird diskutiert, ob Lust oder Wissen bzw. die damit einhergehenden Seelenzustände ein glückliches Leben bereiten (11d4–6). Sokrates' Gesprächspartner Protarchos vertritt die Position, dass nur Lust das Leben glücklich macht, Sokrates meint zunächst, dass das rationale Leben besser ist als Lust (11b9). Plötzlich fällt ihm jedoch ein Argument dafür ein, dass weder Lust noch Wissen die alleinigen Kandidaten für das glückliche Leben sein können (23b–22c): Ein lustvolles Leben sei nicht erstrebenswert, solange man nicht weiß, dass es lustvoll ist, denn in diesem Fall wäre es wie das Leben einer Qualle oder eines anderen Weichtiers (21c); aber auch ein rein rationales Leben sei nicht das eines Menschen, sondern das eines Gottes (22c–d). Damit bekennt sich Platon – für einige Interpreten überraschenderweise (vgl. Russell 2005) – explizit dazu, dass das menschliche Glück ohne Lust unvollständig ist (wie auch in *Leg.* II 657c). Am Ende des Dialogs wird das glücklichste Leben als Mischung aus den reinen Lüsten und allen Arten des Wissens beschrieben (*Phlb.* 59d–64b) und das Ergebnis in Form einer Gütertafel zusammengefasst, die jedem Faktor seinen Platz zuweist (64c–67b). In der Forschung wird das Problem diskutiert, ob Platon diesen Entwurf ernst meint oder doch ein rein geistiges Leben favorisiert (vgl. dazu Frede 1999, 342 ff.). Damit verbunden ist die Frage, ob Platon in den späten Werken seine intellektualistische Ethik aus den früheren Schriften revidiert und realistischere Konzepte verfolgt hat (Frede 2007; eine harmonisierende Lesart vertritt Russell 2005).

Literatur

Annas, Julia 1981: An Introduction to Plato's *Republic*. Oxford.
Annas, Julia 1999: Platonic Ethics Old and New. Ithaca/London.
Annas, Julia 2008: »Plato's Ethics«. In: Gail Fine (Hg.): The Oxford Handbook of Plato. Oxford/New York, 267–285.
Blößner, Norbert 1997: Dialogform und Argument. Studien zu Platons Politeia. Stuttgart.
Bobonich, Christopher 2002: Plato's Utopia Recast: His Later Ethics and Politics. Oxford.
Brickhouse, Thomas C. 1981: »The Paradox of the Philosophers' Rule«. In: Apeiron 15, 1–9.
Brickhouse, Thomas C./Smith, Nicholas D. 1994: Plato's Socrates. New York/Oxford.
Devereux, Daniel 2004: »The Relationship between Justice and Happiness in Plato's *Republic*«. In: Proceedings of the Boston Area Colloquium in Ancient Philosophy 20, 265–305.
Frede, Dorothea 1999: »Der Begriff der *eudaimonia* in Platos *Philebos*«. In: Zeitschrift für philosophische Forschung 53, 329–354.
Frede, Dorothea [2]2007: »Plato's Ethics: An Overview.« In: Edward N. Zalta (Hg.): Stanford Encyclopedia of Philosophy (http://plato.stanford.edu/entries/plato-ethics/ [2003; Neubearbeitung 2007]).
Horn, Christoph 1998: Antike Lebenskunst. Glück und Moral von Sokrates bis zu den Neuplatonikern. München.
Horn, Christoph 2003: »Klugheit, Moral und die Ordnung der Güter: Die antike Ethik und ihre Strebenskonzeption«. In: Philosophiegeschichte und logische Analyse 6, 75–95.
Irwin, Terence H. 1992: »Socrates the Epicurean?« In: Hugh Benson (Hg.): Essays on the Philosophy of Socrates. Oxford, 198–219.
Irwin, Terence H. 1995: Plato's Ethics. Oxford.
Kraut, Richard 1979: »Two Conceptions of Happiness«. In: Philosophical Review 88, 167–197.
Kraut, Richard 1992: »The Defense of Justice in Plato's Republic«. In: Ders. (Hg.): The Cambridge Companion to Plato. Cambridge.
Meyer, Susan Sauvé 2008: Ancient Ethics. A Critical Introduction. London.

Nettleship, Richard L. 1922: Lectures on the *Republic* of Plato. London.
Nussbaum, Martha C. 1986: The Fragility of Goodness. Luck und Ethics in Greek Tragedy and Philosophy. Cambridge.
Patzig, Gunther 2003: »Quality of Life in Plato and Aristotle«. In: R. W. Sharples (Hg.): Perspectives on Greek Philosophy: S. V. Keeling Memorial Lectures in Ancient Philosophy 1992–2002. Aldershot, 38–49.
Rabbås, Øyvind/Emilsson, Eyjólfur K./Fossheim, Hallvard/Tuominen, Miira (Hg.) 2015: The Quest for the Good Life: Ancient Philosophers on Happiness. Oxford.
Reeve, C. D. C. 1988: Philosopher-Kings. The argument of Plato's *Republic*. Princeton.
Reeve, C. D. C. 2006: »Goat-Stags, Philosopher-Kings, and Eudaimonism in the *Republic*«. In: Proceedings of the Boston Area Colloquium in Ancient Philosophy 22, 210–218.
Reshotko, Naomi 2006: Socratic Virtue: Making the Best of the Neither-Good-nor-Bad. Cambridge.
Ritter, Joachim 1974: »Glück, Glückseligkeit« [I.2. zu Platon]. In: Ders. (Hg.): Historisches Wörterbuch der Philosophie, Band III. Basel, 680–682.
Russell, Daniel 2005: Plato on Pleasure and the Good Life. Oxford.
Santas, Gerasimos X. 1993: »Socratic Goods and Socratic Happiness«. In: Apeiron 26, 37–52.
Stemmer, Peter 1988: »Der Grundriss der Platonischen Ethik«. In: Zeitschrift für philosophische Forschung 41, 529–569.
Vlastos, Gregory 1991: Socrates, Ironist and Moral Philosopher. Ithaca.
White, Nicholas 1986: »The Rulers' Choice«. In: Archiv für Geschichte der Philosophie 68, 24–46.
White, Nicholas 2002: Individual and Conflict. Oxford.
Wolf, Ursula [2]2013: Die Suche nach dem guten Leben. Einführung in Platons Frühdialoge. 2. aktualisierte Auflage. Frankfurt.

Anna Schriefl

45 Idee/Ideenkritik/Dritter Mensch

45.1 Ideen als Definitionsgegenstände

Die Frage, was es heißt, eine Idee (*eidos, idea*) zu sein, wird in den platonischen Dialogen nicht in Form einer expliziten Definition beantwortet. Zwar werden den Ideen in Abgrenzung von den Sinnendingen diverse Eigenschaften zugeschrieben – z. B. ungeworden und unvergänglich zu sein, unveränderlich zu sein, nur dem Denken, nicht der Wahrnehmung zugänglich zu sein, Gegenstände des Wissens zu sein, strikte Einheiten zu sein –, aber damit werden Merkmale des Begriffs der Idee angegeben, die keine Definition des Begriffs liefern und in den Dialogen auch nicht aus einer solchen abgeleitet werden. In die Nähe einer Idee-Definition kommt allenfalls die Charakterisierung der Idee als »(*auto/to*) *ho estin*« (»(es selbst/das,) was es ist«, z. B. *Phd.* 75d2, 78d3 f., 78d5, 92d9; *Rep.* VI 507b7, VII 532a7); denn mit der Zuschreibung dieser formelhaften Wendung (vgl. zu ihrer Interpretation Kahn 1981, 127–129) wird ausgedrückt, dass die Ideen die Gegenstände sind, auf die in definitorischen Fragen der Form »Was ist (*ti estin*) x?« und in den entsprechenden Antworten Bezug genommen wird, und Platon dürfte darin, ein Definitionsgegenstand zu sein, eine zugleich notwendige und hinreichende Bedingung dafür gesehen haben, eine Idee zu sein.

Jedenfalls werden die Ideen im *Phaidon* – dem Dialog, in dem erstmals die Existenz von Ideen in genereller, wenn auch ausdrücklich hypothetischer Form behauptet wird (100b4–9) – eingeführt als die Gegenstände, »denen wir das Siegel ›es selbst, was es ist‹ (*auto ho esti*) aufdrücken, sei es in den Fragen, wenn wir fragen, sei es in den Antworten, wenn wir antworten« (*Phd.* 75d2 f.; vgl. Gallop 1975, 130 f.). Die Fragen, auf die hier angespielt wird, sind Definitionsfragen der Form »Was ist (*ti estin*) x?«, die Antworten entsprechende Definitionsvorschläge. Bereits in den frühen Dialogen werden diese Fragen von Sokrates gestellt und von seinen Gesprächspartnern (ungenügend) beantwortet, und bereits hier wird einer der Definitionsgegenstände, das Fromme, als »die Idee selbst (*auto to eidos*), durch die alles Fromme fromm ist«, bezeichnet (*Euthphr.* 6d10 f.; vgl. *Men.* 72c7–d1, d8).

Die Charakterisierung der Idee als das, »wodurch (*hô*) alles Fromme fromm ist«, beschreibt sie als ›formale Ursache‹: die frommen Dinge sind dadurch fromm, dass sie die Definition des Frommen erfüllen. Entsprechend lässt sich die Bemerkung im *Phaidon* verstehen, dass alle schönen Dinge durch das Schöne (*tô kalô*) schön sind (100d7 f., 3e2 f.; vgl. *Hp. mai.* 287c7 f.), die laut 100d8–e3, 105b7 sicherste Antwort auf die Frage, warum die schönen Dinge schön sind. Alle schönen Dinge sind dadurch schön, dass sie (zumindest in bestimmten Hinsichten) die Definition des Schönen erfüllen (vgl. zu dieser ›sicheren‹ Ursache Vlastos 1973, 76–110). Synonym mit »durch das Schöne« (*tô kalô, Phd.* 100d7, e2) wird im *Phaidon* »durch die Teilhabe am Schönen« (*dihoti metechei ekeinou tou kalou*, 100c5 f.) gebraucht, wobei bewusst offen gelassen wird, was genau unter »Teilhabe« zu verstehen ist, ob etwa die Anwesenheit (*parousia*) der Idee in ihren Partizipanten oder die Gemeinschaft (*koinônia*) der Idee mit ihren Partizipanten (100d5 f.).

Da zu jedem generellen Term sinnvollerweise eine Definitionsfrage gestellt werden kann, liegt die Annahme nahe, dass Platon entsprechend für jeden generellen Term eine Idee ansetzt. Dafür, dass er zumindest für jeden generellen Term, der auf bestimmte Dinge zutrifft, eine Idee annimmt, scheint eine Stelle in *Politeia* X zu sprechen, die sich nach der Standardinterpretation folgendermaßen wiedergeben lässt: »Wir sind ja gewohnt, für jede Gruppe von vielen Dingen (*peri hekasta ta polla*), auf die wir ein und denselben Ausdruck anwenden (*hois tauton onoma epipheromen*), jeweils eine Idee anzusetzen (*eidos* [...] *ti hen hekaston* [...] *tithesthai*)« (596a6 f.). Allerdings ist diese Stelle aufgrund verschiedener Mehrdeutigkeiten kein zwingender Beleg für die Ansetzung von Ideen für jeden generellen Term, der auf bestimmte Dinge zutrifft (vgl. Fine 1993, 111–113).

Im *Parmenides* (130c3 f.) lässt Platon Sokrates im Zweifel darüber sein, ob er auch für Substantive wie »Mensch«, »Feuer« oder »Wasser« Ideen ansetzen soll oder nicht. Dies mag als Anspielung auf den *Phaidon* und *Politeia* V verstanden werden, wo explizit nur von Ideen für gewisse Adjektive (wie »gleich«, »schön«, »gerecht«, »fromm«) die Rede ist. Letzteres hat man damit zu erklären versucht, dass im *Phaidon* und in *Politeia* V Ideen nur für die generellen Terme »F« angesetzt werden, die auf die zutreffend als »F« bezeichneten Sinnendinge eingeschränkt zutreffen, derart, dass diese in bestimmten Hinsichten F, in anderen Hinsichten nicht-F sind (vgl. z. B. Allen 1961, 329; Nehamas 1973; Annas 1981, 221–227). In der Tat machen die Argumente, mit denen im *Phaidon* (74b6–c6) und in *Politeia* V (478e7–479e9) gezeigt werden soll, dass Ausdrücke der Form *to F* (»das F«) in Definitionsfragen und -antworten jeweils auf Ideen im Unterschied zu den als »F« bezeichneten Sinnendingen Bezug nehmen, von der Prämisse Gebrauch, dass *to F* uneingeschränkt F ist, während die als »F« bezeichneten Sinnendinge in bestimmten Hinsichten F, in anderen Hinsichten nicht-F sind. In beiden Zusammenhängen (ähnlich *Prm.* 128e5–130a2) handelt es sich um ein »argument from opposites« (Allen 1961). Doch selbst wenn man diese Argumente als Argumente für die Existenz von Ideen deutet (vgl. etwa Penner 1987, 57 ff.), ist damit nicht gezeigt, dass Platon zur Zeit der Abfassung des *Phaidon* und von *Politeia* V nur solche Ideen annahm, deren Existenz mit einem »argument from opposites« begründet werden kann (vgl. z. B. Brentlinger 1972, 138–147 und Patterson 1985, 95–109). Im *Timaios* (51b8) ist dann ausdrücklich von einer Idee für den Ausdruck »Feuer« die Rede (und im *Philebos* von einer Idee für »Mensch«, 15a4), und hier findet sich auch ein (leider in sehr komprimierter Form dargebotenes) Argument für die Existenz von Ideen, das nicht darauf abhebt, dass bestimmte generelle Terme auf Sinnendinge nur eingeschränkt zutreffen. Es leitet die Existenz von Ideen daraus ab, dass es Einsicht (*nous*) im Unterschied zu wahrer Meinung (*alêthês doxa*) gibt und die Gegenstände von Einsicht Ideen sind (vgl. Strobel 2007, 276–290, mit Diskussion weiterer Literatur).

Die Einführung der Ideen als Definitionsgegenstände hat Folgen für die Bestimmung ihres ontologischen Status (vgl. zu den heute dominierenden Ansätzen Parry 2001, 1–6): denn sie legt nahe, Ideen als Universalien zu verstehen (vgl. Malcolm 1991, 54–63). Die gängige Einteilung von Universalien in Eigenschaften (einstelligen Prädikaten entsprechende Universalien) und Relationen (mehrstelligen Prädikaten entsprechende Universalien) zugrunde legend, könnte man dann sagen, dass die Ideen, die für einstellige Prädikate angesetzt werden, Eigenschaften sind (zur Deutung von Ideen als Eigenschaften siehe v. a. Fine 1993) und die Ideen, die für mehrstellige Prädikate angesetzt werden, Relationen; die Teilhabe an Ideen ließe sich entsprechend als Instantiierung von Universalien verstehen. In der Tat haben die Ideen manches mit Universalien gemein: beide sind jeweils ein ›Eines-über-Vielen‹ (die Ideen gegenüber ihren Partizipanten, die Universalien gegenüber ihren Instanzen; vgl. zum Charakter der Idee als ›Eines-über-Vielen‹ Fine 1993, 103–119); beide sind ›formale Ursachen‹ (die Partizipanten einer gegebenen Idee *F* sind dadurch F, dass sie an der Idee teilhaben; die Instanzen eines gegebenen Universale *F* sind dadurch F, dass sie das Universale instantiieren); beide sind Prädikaten korreliert (die Idee *F* dem Prädikat »ist F«, das Universale *F* dem Prädikat »ist F«).

45.2 Das Problem der Selbstprädikation

So ansprechend das Bild von Ideen als Universalien im Sinne von Eigenschaften oder Relationen auf den ersten Blick ist, es hat auch Probleme; insbesondere ist es schwer damit zu vereinbaren, dass Ideen in den Dialogen immer wieder als selbstprädikative Gegenstände präsentiert zu werden scheinen. Mit dem Terminus »Selbstprädikationsannahme« (der von Vlastos 1965, 236 mit Bezug auf eine Prämisse des ›Dritten Menschen‹ geprägt worden ist, s. Kap. V.45.3 Abschnitt ›Dritter Mensch‹) wird Platon (von manchen Interpreten) die These zugeschrieben, dass für jede Idee *F* gilt, dass sie in derselben Bedeutung von »F« F ist wie ihre Partizipanten (zur Frage, was unter ›selbstprädikativen Sätzen‹ genau zu verstehen ist, s. Lienemann 2010, 117–137). Falls Platon diese Annahme gemacht haben sollte, fällt es schwer, am Bild der Ideen als Universalien festzuhalten: Denn die Selbstprädikationsannahme würde dann implizieren, dass für jedes Universale *F* gilt, dass es in derselben Bedeutung von »F« F ist wie seine Instanzen. Diese Implikation ist absurd: Das Universale *Mensch* z. B. ist sicher kein Mensch.

Angesichts dieser Konsequenzen lehnen Interpreten, die Ideen als Universalien im Sinne von Eigenschaften oder Relationen verstehen, mehrheitlich (aber nicht durchgängig, vgl. Malcolm 1991) ab, Platon die Selbstprädikationsannahme zuzuschreiben, und schlagen für die Stellen, die die Zuschreibung nahelegen (z. B. *Prt.* 330d8–e1; *Hp. mai.* 291d1–3, 292e6 f.; *Phd.* 100c4–7, 102d6 f.; *Symp.* 211a2–5; *Soph.* 252d6–11, 258b10–c3), Deutungen vor, die die Zuschreibung als verzichtbar erscheinen lassen. Entsprechend finden sich in der Platon-Literatur zahlreiche Vorschläge zur Paraphrase von auf den ersten Blick selbstprädikativen Sätzen, die laut diesen Paraphrasen nur scheinbar selbstprädikativ sind (z. B. Cherniss 1957, 259; Nehamas 1979, 95; Allen 1983, 142–144; Patterson 1985, 70; Meinwald 1992, 379 f.; Fine 1993, 62). Allerdings gibt es gewichtige Argumente gegen diese ›verharmlosenden‹ Paraphrasen und für ein wörtliches Verständnis der selbstprädikativ anmutenden Sätze (vgl. Heinaman 1989; Malcolm 1991, 64–91). Das stärkste Argument lautet: In den mittleren Dialogen wird immer wieder das uneingeschränkte F-Sein der Idee *F* mit dem eingeschränkten F-Sein ihrer sinnlich wahrnehmbaren Partizipanten kontrastiert (s. Kap. V.45.1 zum »argument from opposites« und Kap. V.50), und dieser Kontrast bliebe unverständlich, wenn auf die Idee *F* »F« in einem anderen Sinn als auf ihre sinnlich wahrnehmbaren Partizipanten angewandt werden würde.

Von den zahlreichen Versuchen zu erklären, aus welchen Gründen Platon zur Selbstprädikationsannahme kam (vgl. Malcolm 1991, 125–169), stammt der einfachste und plausibelste von Benson Mates (vgl. Mates 1979, 222; kritische Diskussion bei Malcolm 1991, 129–133): Mates' Ausgangspunkt ist die Beobachtung, dass Ausdrücke der Form *to F* sowohl als abstrakte singuläre Terme im Sinne von »das F-Sein« als auch (nicht als singuläre Terme, sondern) verallgemeinernd im Sinne von »das, was F ist« gebraucht werden. Diese Unterscheidung ist sehr wichtig: manche Sätze mit Ausdrücken der Form *to F* sind trivialerweise wahr, wenn man annimmt, dass in ihnen die zweite Verwendung vorliegt, aber nicht trivialerweise wahr, wenn man annimmt, dass in ihnen die erste Verwendung vorliegt. Zum Beispiel ist der Satz *to kalon kalon estin* (»Das Schöne ist schön«), verstanden im Sinne von »Das, was schön ist, ist schön«, trivialerweise wahr, aber verstanden im Sinne von »Das Schönsein ist schön« alles andere als trivialerweise wahr. Von dieser Unterscheidung ausgehend, erklärt Mates die Selbstprädikationsannahme damit, dass Platon auch die Vorkommnisse von Ausdrücken der Form *to F*, in der sie in der zweiten Verwendung – verallgemeinernd – gebraucht werden, als Bezeichnungen von Ideen (miss)verstand. Demnach fasste er z. B. den generellen Satz *to kalon kalon estin* (der als genereller Satz tatsächlich trivialerweise wahr ist) als Ausdruck einer (trivialerweise wahren) Aussage über etwas auf, identifizierte das (vermeintliche) Subjekt der Aussage mit dem Schönen selbst, der Idee des Schönen, und lässt deshalb seine Dialogfiguren immer wieder ohne den Hauch eines Zweifels behaupten, dass das Schöne selbst schön ist (*Hp. mai.* 291d2 f.; *Phd.* 100c4–6; *Symp.* 211a2–5; *Soph.* 258c1). Da sich nun *alle* Ideen durch Ausdrücke der Form *ho/hê/to F* bezeichnen lassen, die eine Verwendung als verallgemeinernde Ausdrücke haben, ist Platon folgerichtig zu dem Prinzip gelangt, dass *alle* Ideen Subjekte von Selbstprädikation sind.

Mates' Erklärung für die Selbstprädikationsannahme hat den entscheidenden Vorteil, dass sie sehr gut zum Charakter der Ideen als Definitionsgegenstände passt. Denn wenn man genauer hinschaut, welche der beiden Verwendungen von Ausdrücken der Form *to F* in den Definitionsfragen und -antworten vorliegt, von denen an der oben (s. Kap. V.45.1) zitierten Stelle *Phd.* 75d2 f. die Rede ist, so zeigt sich, dass es sich dabei – wie nach Mates' Erklärung zu erwarten ist – um die verallgemeinernde Verwendung im Sinne von Ausdrücken der Form »das, was F ist« handelt. So wird z. B. im *Hippias maior* (295c2 f.) die Definition des Schönen als das Fähige und Nützliche (*to dynaton te kai to chrêsimon* [...] *esti to kalon*, 296d2 f.) ausgedrückt mit *touto* [...] *estô hêmin kalon, ho an chrêsimon ê* (»Dies sei nun für uns das Schöne: das, was nützlich ist«), wo der verallgemeinernde Ausdruck *ho an chrêsimon ê* (»das, was nützlich ist«) synonym mit *to chrêsimon* (»das Nützliche«) gebraucht wird (weitere Beispiele für den Gebrauch von *ho an F ê* als Synonym von *to F* in Definitionen: *Euthphr.* 9d2–4 und e1–3).

Unabhängig von der Frage, wie es zu erklären ist, dass Platon zur Selbstprädikationsannahme gekommen ist – wenn man denn gewillt ist, sie ihm zuzuschreiben –, ist klar, dass die Annahme unerfreuliche Konsequenzen hat: z. B. ist die Idee *Lebewesen* aufgrund der Selbstprädikationsannahme ein sterbliches Lebewesen, *qua* Idee hingegen unvergänglich. Dies ist eine der sog. Zwei-Ebenen-Paradoxien (vgl. Owen 1968; Vlastos 1973, 323–334), die so erzeugt werden, dass einer Idee unter der Selbstprädikationsannahme Prädikate zugeschrieben werden, die unvereinbar sind mit Prädikaten, die ihr *qua* Idee zugeschrieben werden. Wichtige Prädikate der zweiten Sorte sind: »ungeworden und unvergänglich« (*Tim.* 52a f.; *Phlb.* 15b3 f.), »unsichtbar« (*Phd.* 79a7, 9; *Rep.* VII 529b9; *Tim.* 52a3), »nicht sinnlich wahrnehmbar« (*Tim.* 51d5, 52a4), »nur dem Denken zugänglich« (*Phd.* 80b1; *Tim.* 48e6, 51c5), »immer seiend« (*Phd.* 79d2; *Symp.* 211a1, b1 f.; *Tim.* 28a1), »wirklich seiend« (*Phdr.* 247c7), »sich immer auf dieselbe Weise verhaltend« (*Phd.* 79a9; *Rep.* V 479e7 f., 484b4; *Soph.* 248a12; *Tim.* 38a3), »unkörperlich« (*Soph.* 246b8), »eingestaltig« (*Phd.* 78d5, 80b2; *Symp.* 211b1), »eine Einheit« (*Phlb.* 15a4–6, b1), »separat« (*Phd.* 78d5 f.; 83b1 f.; *Symp.* 211b1). Die Prädikate, die einer Idee unter der Selbstprädikationsannahme zugeschrieben werden, werden im Folgenden ›S-Prädikate‹ genannt, die Prädikate, die ihr *qua* Idee zugeschrieben werden, ›I-Prädikate‹ (vgl. zur Unterscheidung beider Sorten von Prädikaten Owen 1968; Keyt 1969; Keyt 1971; Santas 1999, 258–268).

45.3 Aporien bestimmter Annahmen über Ideen: die ›Ideenkritik‹ im *Parmenides*

Die Unterscheidung zwischen S- und I-Prädikaten ist nützlich, wenn man sich den Schwierigkeiten nähert, in die Platon im ersten Teil des *Parmenides* den jungen, dialektisch unerfahrenen Sokrates mit der Ideenhypothese geraten lässt. Diese Schwierigkeiten ergeben sich nämlich nicht so sehr aus der Ideenhypothese als solcher – die Existenz von Ideen wird vielmehr auch im *Parmenides* als notwendige Bedingung für die Möglichkeit von Dialektik anerkannt (135b5–c4) – als aus gewissen Annahmen über Ideen, speziell aus Annahmen, mit denen Ideen S- oder I-Prädikate zugeschrieben werden (manche dieser Annahmen mögen in der innerakademischen Diskussion über Ideen aufgekommen sein: vgl. Graeser 1996, 160 f.). Der Ausdruck »Ideenkritik« trifft daher auf den Inhalt des ersten Teils des *Parmenides* nur in dem eingeschränkten Sinne zu, dass zur Lösung der darin aufgeworfenen Schwierigkeiten an bestimmten Annahmen über Ideen Kritik zu üben ist.

Die beiden ersten Schwierigkeiten (*Prm.* 130c1–131e7)

Bereits die erste Schwierigkeit hat mit der Zuschreibung von S-Prädikaten zu tun. Parmenides fragt Sokrates, ob er nicht nur für Adjektive wie »gerecht«, »schön« und »gut« jeweils eine von ihren sinnlich wahrnehmbaren Partizipanten getrennt existierende Idee annehme, sondern auch für Substantive wie »Mensch«, »Feuer« und »Wasser« (130c1 f.). Sokrates bekennt, darüber oft im Zweifel gewesen zu sein (130c3 f.). Seine Zweifel dürften damit zusammenhängen, dass die Kontrastierung des uneingeschränkten F-Seins der Idee *F* mit dem eingeschränkten F-Sein der sinnlich wahrnehmbaren Partizipanten der Idee im Fall von Ausdrücken wie »Mensch«, »Feuer« und »Wasser« als unplausibel erscheint (vgl. Allen 1961, 329; anders Allen 1983, 108 f.): Der Ausdruck »Mensch« z. B. scheint auf die sinnlich wahrnehmbaren Menschen ohne Einschränkungen zuzutreffen. Auf die anschließende Frage des Parmenides, ob Sokrates auch für Ausdrücke wie »Haar«, »Schlamm« und »Schmutz« jeweils Ideen annehme (130c5–d2), reagiert Sokrates mit einem abwehrenden »Keineswegs« (130d3) und bezeichnet die Annahme als »abwegig« (130d5) – offenbar unter der Selbstprädikationsannahme voraussetzend, dass jede dieser Ideen das uneingeschränkt wäre, was die entsprechenden Sinnendinge nur eingeschränkt sind, und daher befürchtend, das Ideenreich mit wertlosen Entitäten zu bevölkern. Er fügt allerdings hinzu, durchaus mit dem Gedanken gespielt zu haben, auch für solche Ausdrücke Ideen anzunehmen (130d5 f.).

Die nächste Schwierigkeit hat mit der Zuschreibung eines I-Prädikats zu tun, nämlich der Annahme, dass jede Idee strikt eines (*hen*) ist (131c10). Stillschweigend voraussetzend, dass die Teilhabe eines Sinnendings an einer Idee einschließt, dass die Idee *in* dem Sinnending ist (was der Nicht-Immanenz der Ideen zuwiderläuft, s. Kap. V.57.2), stellt Parmenides Sokrates vor ein Dilemma, dessen Hörner jeweils die Negation der Annahme implizieren, dass jede Idee strikt eines ist: Entweder ist die Idee *als ganze* in jedem ihrer Partizipanten, wodurch sie von sich selbst getrennt, also nicht mehr eines wäre (131a7–b2); oder es sind jeweils Teile von ihr in ihren Partizipanten, wodurch sie nicht mehr strikt eines wäre (131b7–c7). Die zweite Option – dass Teile der Idee in ihren Partizipanten sind – scheint noch aus weiteren Gründen inakzeptabel (131c12–e2), für die das Prinzip vorausgesetzt ist, dass x nur dann als Grund für das F-Sein von y betrachtet werden kann, wenn x selbst uneingeschränkt F ist (wie bereits in *Phd.* 101a8–b2 vorausgesetzt ist, worauf *Prm.* 131c12–d3 anspielt; es handelt sich hier um eine Variante der »transmission theory of causation«, vgl. Lloyd 1976, 146–148). Das Prinzip impliziert für eine gegebene Idee *F qua* Grund des F-Seins ihrer Partizipanten die Selbstprädikationsannahme (vgl. Malcolm 1991, 152–157).

Dritter Mensch (*Prm.* 131e8–132b2, 132c12–133a7)

Diese Annahme spielt auch für die Erzeugung der nächsten, vor allem in der analytischen Platon-Rezeption unter dem Stichwort ›Dritter Mensch‹/›Third Man Argument‹ (›TMA‹) diskutierten Schwierigkeit eine bedeutende Rolle (s. Kap. VII.80; der Ausdruck »Dritter Mensch« geht auf Aristoteles zurück: *Metaph.* 990b17, 1039a2 f., 1059b8, 1079a13; *SE* 178b36 f., 179a3; *De ideis* bei Alex. Aphr. *In Metaph.* 84,21–85,3 und zu diesen Stellen Kung 1981). Man unterscheidet zwischen zwei Versionen des TMA im *Parmenides*, der ersten Version in 131e8–132b2 (TMA 1) und der zweiten in 132c12–133a7 (TMA 2). Mit beiden Versionen des Regressarguments soll die These, dass es für jede Bedeutung eines gegebenen generellen Terms »F«, in der »F« auf mehrere Dinge zutrifft, genau eine Idee *F* gibt (vgl. zu dieser Einzigkeitsthese 132b1 f.), als unhaltbar erwiesen werden (für das TMA 2 gilt dies freilich nur laut der Standard-Deutung des Arguments; nach einer alternativen Deutung ist es gegen die Annahme gerichtet, dass es genau eine Idee *Ähnlichkeit* gibt, vgl. Allen 1983, 160 f.; Schofield 1996, 59–68; Rickless 1998, 529–533). Die Demonstration der Unhaltbarkeit dieser Annahme erfolgt im TMA 1 in fünf Schritten, die im Folgenden im Anschluss an die mit dem Begriff der Menge (set) operierende Rekonstruktion des TMA 1 bei Cohen 1971, jedoch unter Verzicht auf deren technische Details, dargestellt werden (für eine ohne den Begriff der Menge auskommende neuere Rekonstruktion des TMA 1 s. Lienemann 2010, 55–115 mit sorgfältiger Diskussion früherer Rekonstruktionen; die drei Annahmen, auf denen das Argument basiert, identifizierte als erster Vlastos, gab sie jedoch mit Formulierungen wieder, denen zufolge zwei der drei Prämissen miteinander inkompatibel sind: s. Vlastos 1965, 238):

Schritt 1 (132a2–5): Aufgrund der Annahme, dass es für jede Menge von Dingen, auf die ein gegebener genereller Term »F« in ein und derselben Bedeutung zutrifft, genau eine dieser Bedeutung von »F« entsprechende Idee F gibt (*hen epi pollôn-*, Eines-über-Vielen-Annahme), wird für eine bestimmte Menge von sinnlich wahrnehmbaren Dingen, auf die der generelle Term »groß« in ein und derselben Bedeutung zutrifft, genau eine dieser Bedeutung von »groß« entsprechende Idee *Groß* angesetzt. Nennen wir die Menge »Menge$_1$« und die Idee »Idee$_1$«. Die Elemente der Menge$_1$ sind (nicht nur, wie sich bei Schritt 5 herausstellen wird, aber auch) dadurch groß, dass sie an der Idee$_1$ teilhaben.

Schritt 2 (implizit in 132a2–5): Aufgrund der Annahme, dass jede für eine gegebene Menge angesetzte Idee nicht Element dieser Menge ist (Nicht-Identitäts-Annahme), wird die Idee$_1$ von allen Elementen der Menge$_1$ unterschieden.

Schritt 3 (132a6f.): Aufgrund der Annahme, dass eine gegebene Idee F, die der Bedeutung entspricht, in der der generelle Term »F« auf die Elemente der Menge(n) zutrifft, für die die Idee angesetzt worden ist, in eben dieser Bedeutung von »F« F ist (Selbstprädikationsannahme), wird eine neue Menge von Dingen, auf die der generelle Term »groß« in ein und derselben Bedeutung zutrifft, gebildet: die Elemente dieser neuen Menge sind die Elemente der Menge$_1$ *und* die Idee$_1$. Nennen wir die neue Menge »Menge$_2$«. Die Menge$_2$ ist verschieden von der Menge$_1$, weil sie gegenüber der Menge$_1$ ein zusätzliches Element enthält, nämlich die Idee$_1$.

Schritt 4 (132a7f.): Aufgrund der Annahme, dass es für jede Menge von Dingen, auf die ein gegebener genereller Term »F« in ein und derselben Bedeutung zutrifft, genau eine dieser Bedeutung von »F« entsprechende Idee F gibt (Eines-über-Vielen-Annahme), wird für die Menge$_2$ genau eine der Bedeutung von »groß«, in der »groß« auf die Elemente der Menge$_2$ zutrifft, entsprechende Idee *Groß* angesetzt. Nennen wir diese für die Menge$_2$ angesetzte Idee »Idee$_2$«. Die Elemente der Menge$_2$ sind (nicht nur, wie sich bei Schritt 5 herausstellen wird, aber auch) dadurch groß, dass sie an der Idee$_2$ teilhaben.

Schritt 5 (132a10f.): Aufgrund der Annahme, dass jede für eine gegebene Menge angesetzte Idee nicht Element dieser Menge ist (Nicht-Identitäts-Annahme), wird die Idee$_2$ nicht als Element der Menge$_2$ und somit als von der Idee$_1$, die ein Element der Menge$_2$ ist, verschiedene Idee (*allo* [...] *eidos*, 132a10) angesehen.

Auf diese Weise lassen sich *ad infinitum* immer weitere Ideen namens »Idee *Groß*« erzeugen (132a11–b2). Nun ist eine unendliche Reihe von Ideen namens »Idee *Groß*« gewiss nicht nur für den jungen Sokrates im *Parmenides*, sondern auch für Platon selbst inakzeptabel. Daher fragt sich, ob und, wenn ja, wie Platon dieser Konklusion zu entgehen gedachte. Durch Aufgabe der Selbstprädikationsannahme? Schwerlich, denn diese kehrt im *Sophistes*, einem nach dem *Parmenides* verfassten Dialog, wieder (vgl. Heinaman 1981). Durch Aufgabe der Nicht-Identitäts-Annahme und das dadurch ermöglichte Zugeständnis, dass eine Idee an sich selbst teilhat? Dies ist ebenfalls unwahrscheinlich, denn von Teilhabe an einer Idee an sich selbst ist auch in späteren Dialogen nirgends explizit die Rede, nicht einmal im *Sophistes* (siehe Vlastos 1973, 339f.), wo man sie am ehesten erwarten würde, da hier Teilhabe als Relation zwischen Gattungen (*genê*) konzipiert wird. Durch Aufgabe der Eines-über-Vielen-Annahme? Dies scheint die plausibelste Vermutung – wobei man anstelle von »durch Aufgabe der Eines-über-Vielen-Annahme« besser sagen sollte: durch Ersetzung der in Schritt 1 und Schritt 4 vorausgesetzten *uneingeschränkten* Eines-über-Vielen-Annahme durch eine *eingeschränkte* Eines-über-Vielen-Annahme, die zwar Schritt 1, aber nicht mehr Schritt 4 erlaubt.

Wie eine solche Einschränkung der Eines-über-Vielen-Annahme aussehen könnte, deutet die zweite Version des TMA in *Prm.* 132c12–133a8 an, die zuweilen als bloße Reprise der ersten Version in 131e8–132b2 behandelt wird und vermutlich auch deshalb in der Forschungsliteratur weniger Aufmerksamkeit erfahren hat (ausführlich zu dem Argument jetzt Lienemann 2010, 241 ff.). Sie lässt sich – unter der Standardinterpretation (s.o.) – formal ähnlich rekonstruieren wie die erste, unterscheidet sich von dieser aber u.a. darin, dass sie die Selbstprädikationsannahme, derzufolge eine gegebene Idee F in demselben Sinne F ist wie ihre Partizipanten, daraus folgert, dass die Teilhabe an der Idee darin besteht, in Bezug auf die als Modell (*paradeigma*) konzipierte Idee abbildhaft F zu sein (vgl. 132d3 f.), worin impliziert ist, dass die Idee als Modell in realer Weise F, die Partizipanten dagegen als Abbilder (*homoiômata*) der Idee nur abbildhaft F sind (vgl. zur ontologischen Interpretation der Modell-Abbild-Relation Lee 1966 und Patterson 1985) und die Idee und ihre Partizipanten einander darin ähnlich sind, dass sie beide F sind. Wenn nun die Teilhabe an einer Idee *F* darin besteht, in Bezug auf die Idee als Modell abbildhaft F zu sein, so ist die Eines-über-Vielen-Prämisse dahingehend einzuschränken, dass es für jede Menge von Dingen, auf die ein genereller Term »F« in ein und derselben Bedeutung *derart* zutrifft, *dass sie abbildhaft F sind*, genau eine dieser Bedeutung von »F« entsprechende Idee *F* gibt. Die Einschränkung »*derart* [...], *dass sie abbildhaft F sind*« wird zwar auch im TMA 2 bewusst unterdrückt – nur dadurch, dass sie unterdrückt wird, ist Schritt 4 legitim –, aber ihre Ergänzung wird durch die gegenüber dem TMA 1 zusätzliche Prämisse, dass die Teilhabe an einer gegebenen Idee *F* darin besteht, in Bezug auf sie als Modell abbildhaft F zu sein, zumindest nahegelegt.

Weitere Schwierigkeiten (*Prm*. 132b3–c12, 133b4–134e8)

Zwischen die erste und die zweite Version des TMA ist Sokrates' Vorschlag eingelagert, Ideen als Gedanken anzusehen (132b3 f.), d. h. »ist ein Gedanke (*noêma*)« als I-Prädikat einzuführen. Parmenides' erster Konter gegen diesen Vorschlag in 132b7–c8 lässt zwei *prima facie* gleich plausible Deutungen zu (vgl. Fine 1993, 131–133; Rickless 1998, 526 f.). Nach der einen Deutung läuft er darauf hinaus, dass eine als Gedanke konzipierte Idee der Gedanke von einer anderen Idee ist, die ihrerseits kein Gedanke ist, mithin nicht zutrifft, dass alle Ideen Gedanken sind; nach der anderen Deutung läuft er darauf hinaus, dass ein als »Idee F« bezeichneter Gedanke der Gedanke von einer anderen Idee namens »Idee F« ist, mithin nicht zutrifft, dass es nur eine Idee namens »Idee F« gibt. Parmenides' zweiter Konter in 132c8–11 konfrontiert Sokrates damit, dass ihn die Konzeption von Ideen als Gedanken zwingt, die Teilhabe an Ideen als Teilhabe an Gedanken zu konzipieren und damit entweder allen Partizipanten – auch den nicht-denkenden – Gedanken zuzuschreiben oder nicht allen Partizipanten Gedanken zuzuschreiben, dann aber Gedanken anzunehmen, die keine Gedanken sind.

Die letzte Schwierigkeit (vgl. Peterson 1981) dreht sich um die Zuschreibung des I-Prädikats »existiert getrennt« (s. Kap. V.57.2). Die *ad absurdum* geführte Annahme lautet, dass jede Idee getrennt (*autê kath' hautên*) existiert – von uns und von den gleichnamigen immanenten Formen in bzw. bei uns (133c3 f. mit 130b4 und 133c9–d1). Daraus wird gefolgert (133d2–5), dass jede immanente Form das, was sie ist, nicht in Bezug auf Ideen ist. Da nun das Wissen und die Arten von Wissen, die wir haben, immanente Formen, keine Ideen sind (134b3–10), sind sie das, was sie sind, nicht in Bezug auf Ideen. Daraus folgt, dass wir kein Wissen von Ideen haben und die Ideen somit unerkennbar für uns sind (134b11–c3). Noch schlimmer (*eti* [...] *deinoteron*, 134c4) ist, dass die separate Existenz der Ideen impliziert, dass die Ideen das, was sie sind, nicht in Bezug auf uns oder auf immanente Formen in uns sind (vgl. 133c9–d2): Da das Wissen der Götter identisch ist mit der Idee Wissen und diese aufgrund der besagten Implikation das, was sie ist, nicht in Bezug auf uns oder immanente Formen in uns ist, haben die Götter kein Wissen von uns oder von den immanenten Formen in uns. Und wenn die Herrschaft der Götter identisch ist mit der Idee Herrschaft und diese das, was sie ist, nicht in Bezug auf uns ist, haben die Götter auch keine Herrschaft über uns (134d9–e6).

Die Funktion der ›Ideenkritik‹ im ersten Teil des *Parmenides*

Was soll der Leser des *Parmenides* aus dem ›ideenkritischen‹ ersten Teil des Dialogs lernen? Nicht, dass die Ideenhypothese falsch ist – denn ihre Negation würde die Aufhebung der Dialektik einschließen (*Prm*. 135b5–c2) –, und auch nicht, dass es unangemessen ist, Ideen zu thematisieren oder eine Ideenlehre zu entwickeln (vgl. Wieland 1999, 105–124); vielmehr, dass es die Annahmen über Ideen aufzudecken und zu korrigieren gilt, die zu den von Parmenides aufgeworfenen Schwierigkeiten führen. Entsprechend wird signalisiert, dass ein erfahrener Dialektiker die Schwierigkeiten lösen und die Lösung anderen vermitteln kann (*Prm*. 135a7–b2).

Inwieweit die im zweiten Teil des *Parmenides* folgende Übung etwas zur Lösung der Schwierigkeiten im ersten Teil beiträgt, ist unklar. Ein ambitionierter Versuch, die beiden Teile aufeinander zu beziehen, ist Meinwald 1991 (zusammenfassende Darstellung in Meinwald 1992) mit der These, dass der zweite Teil so komponiert sei, dass er eine Unterscheidung zwischen zwei Arten von Prädikation – Prädikation *pros heauto* und Prädikation *pros ta alla* – nahelege, mit der sich die Schwierigkeiten des ersten Teils lösen ließen (vgl. Meinwald 1991, 153–163). Einen anderen ambitionierten Versuch, die beiden Teile aufeinander zu beziehen, bietet Rickless 1998 und 2007 mit der These, dass die Annahme, dass Ideen nicht konträre Eigenschaften hätten, im zweiten Teil des *Parmenides* als falsch erwiesen werden solle und eine Ideenlehre ohne diese Annahme gegen die im ersten Teil aufgeworfenen Schwierigkeiten (mit Ausnahme der letzten) immun sei.

45.4 ›Ideenkritik‹ im *Sophistes* und *Philebos*

Für Platon war das Thema ›Ideenkritik‹ mit dem *Parmenides* freilich nicht erledigt. Im *Philebos* (15b1–8) lässt er Sokrates auf drei Fragen zurückkommen, die mit der Zuschreibung eines I–Prädikats, nämlich der Charakterisierung der Ideen als Einheiten (*monades*) zusammenhängen. Diese wird als problematisch angesehen nicht nur – wie im ersten Teil des *Parmenides* – mit Blick auf die Relation einer Idee zu ihren vielen sinnlich wahrnehmbaren Partizipanten, sondern auch mit Blick auf die Relation einer Gattungs-Idee zu den vielen ihr subordinierten Art-Ideen, in die sie mit der (im *Philebos* ebenso wie im *Phaidros*, *Sophistes* und *Politikos* praktizierten) Methode der Dihairesis eingeteilt wird (vgl. *Phlb.* 15a7). Die drei Fragen sind: (1) ob man annehmen soll, dass solche Einheiten (*monades*), wie es die Ideen sind, wirklich seiend (*alêthôs ousai*) sind; (2) wie diese Einheiten, wenn jede von ihnen stets ein und dieselbe ist und kein Entstehen oder Vergehen zulässt, dennoch mit Sicherheit diese eine (Einheit) sind; (3) ob diese in den Dingen, die entstehen und unendlich viele sind, als auseinandergerissen und Vieles anzusetzen ist oder jeweils als ganze von sich selbst getrennt. Während klar ist, dass die dritte Frage das in *Prm.* 131a7–c8 thematisierte Problem der Einheit der Idee in ihren vielen Partizipanten aufgreift, ist unklar, ob und, wenn ja, wie sich die zweite Frage auf das Problem der Einheit einer Gattungs-Idee im Verhältnis zur Vielheit der ihr subordinierten Art-Ideen beziehen lässt (vgl. Delcominette 2002 mit ausführlicher Diskussion früherer Literatur).

Im *Sophistes* lässt Platon den eleatischen Gast in Auseinandersetzung mit gewissen ›Ideenfreunden‹ (248a4) die Zuschreibung eines anderen I–Prädikats problematisieren, nämlich die Charakterisierung der Ideen als statisch, i. e. unveränderlich (*êremoun*, 248e4). Sie erscheint als problematisch, wenn man annimmt, dass (1) die Ideen Entitäten sind, die wirkliches Sein haben (246b7–8); (2) die Entitäten, die wirkliches Sein haben, erkannt werden (248d2); (3) Erkennen ein Tun und Erkanntwerden ein Leiden ist und (4) das, was ein Leiden erfährt, sich damit verändert (248e4). Die Ideenfreunde verwerfen Prämisse (3) (248d8–e5), um der aus den genannten Annahmen folgenden Konklusion zu entgehen, dass Ideen eine Veränderung erfahren. Doch ist es fraglich, ob Platon diese Konklusion tatsächlich als unvereinbar mit der Charakterisierung der Ideen als unveränderlich ansah: Denn »Veränderung« ist in der Konklusion, falls sie aus den Annahmen folgen soll, im Sinne von »extrinsische Veränderung« zu lesen, und vielleicht wird mit der Einstufung der Ideen als unveränderlich diesen nur intrinsische Unveränderlichkeit zugeschrieben (vgl. Künne 2004). Allerdings legt das im *Timaios* ausgesprochene Verbot, auf die Ideen Prädikate mit Zeitbestimmungen anzuwenden (vgl. *Tim.* 37e4–38a1), den Verdacht nahe, dass zumindest in diesem Dialog den Ideen Unveränderlichkeit in allen Hinsichten zugeschrieben wird.

Ebenfalls noch in Auseinandersetzung mit den ›Ideenfreunden‹ wird in der folgenden Passage im *Sophistes* (248e6–249b4) die These vertreten, dass dem vollständig Seienden (*tô pantelôs onti*, 248e7 f.) Einsicht (*nous*), Leben (*zôê*), Seele (*psychê*) und Veränderlichkeit (*kinêsis*) zukommen. Auf den ersten Blick ist man geneigt, diese These in dem Sinne zu verstehen, dass die Ideen einsichtig, beseelt, lebendig und damit (in gewissen Hinsichten) veränderlich sind, und es überrascht nicht, dass für zahlreiche Interpreten hier von Platon »der expliziteste Hinweis auf den Geistcharakter der Ideenwelt« (Schwabe 2001, 190) gegeben wird. Die Deutung ist jedoch unwahrscheinlich, denn in der die Auseinandersetzung mit den ›Ideenfreunden‹ abschließenden Bemerkung *Soph.* 249c10–d5 heißt es, dass sowohl Unveränderliches als auch Veränderliches (*hosa akinêta kai kekinêmena*) zum (wirklich) Seienden zu rechnen sei, und mit den unveränderlichen Entitäten dürften die Ideen gemeint sein, mit den veränderlichen hingegen die, die Einsicht, Leben, Seele und daher Veränderlichkeit besitzen. Die These, dass dem vollständig Seienden auch Einsicht, Leben, Seele und Veränderlichkeit zukommen, dürfte vielmehr bedeuten, dass zur Gesamtheit dessen, was wirkliches Sein besitzt, auch Entitäten gehören, die einsichtig, beseelt, lebendig und damit veränderlich sind (vgl. Künne 2004, 313; Miller 2004, 357 f.).

Literatur

Allen, Reginald E. 1961: »The Argument from Opposites in *Republic* V«. In: Review of Metaphysics 15, 325–335.

Allen, Reginald E. 1983: Plato's *Parmenides*. Translation and Analysis. Oxford.

Annas, Julia 1981: An Introduction to Plato's *Republic*. Oxford.

Brentlinger, John 1972: »Particulars in Plato's Middle Dialogues«. In: Archiv für Geschichte der Philosophie 54, 116–152.

Cherniss, Harold 1957: »The Relation of the *Timaeus* to Plato's Later Dialogues«. In: American Journal of Philology 78, 225–266.

Cohen, S. Marc 1971: »The Logic of the Third Man«. In: Philosophical Review 80, 448–475.

Delcomminette, Sylvain 2002: »The One-and-Many Problems at *Philebus* 15b«. In: Oxford Studies in Ancient Philosophy 22, 21–42.

Fine, Gail 1993: On Ideas. Aristotle's Criticism of Plato's Theory of Forms. Oxford.

Frede, Michael 1967: Prädikation und Existenzaussage. Platons Gebrauch von »... ist ...« und »... ist nicht ...« im Sophistes. Göttingen.

Gallop, David 1975: Plato: *Phaedo*. Translated with Notes. Oxford.

Graeser, Andreas 1996: »Wie über Ideen sprechen?: *Parmenides*«. In: Theo Kobusch/Burkhard Mojsisch (Hg.): Platon: Seine Dialoge in der Sicht neuer Forschungen. Darmstadt, 146–166.

Heinaman, Robert 1981: »Self-Predication in the *Sophist*«. In: Phronesis 26, 55–66.

Heinaman, Robert 1989: »Self-Predication in Plato's Middle Dialogues«. In: Phronesis 34, 56–79.

Kahn, Charles H. 1981: »Some Philosophical Uses of ›to be‹ in Plato«. In: Phronesis 26, 105–134.

Ketchum, Richard J. 1978: »Participation and Predication in the *Sophist* 251–260«. In: Phronesis 23, 42–62.

Keyt, David 1969: »Plato's Paradox That the Immutable Is Unknowable«. In: Philosophical Quarterly 19, 1–14.

Keyt, David 1971: »The Mad Craftsman of the *Timaeus*«. In: Philosophical Review 80, 230–235.

Künne, Wolfgang 2004: »Die ›Gigantomachie‹ in Platons *Sophistes*. Versuch einer analytischen Rekonstruktion«. In: Archiv für Geschichte der Philosophie 86, 307–321.

Kung, Joan 1981: »Aristotle on Thises, Suches and the Third Man Argument«. In: Phronesis 26, 207–247.

Lee, Edward N. 1966: »On the Metaphysics of the Image in Plato's *Timaeus*«. In: Monist 50, 341–368.

Lienemann, Béatrice 2010: Die Argumente des Dritten Menschen in Platons Dialog »*Parmenides*«. Rekonstruktion und Kritik aus analytischer Perspektive. Göttingen.

Lloyd, Anthony C. 1976: »The Principle that the Cause is Greater than its Effect«. In: Phronesis 21, 146–156.

Malcolm, John 1991: Plato on the Self-Predication of Forms. Early and Middle Dialogues. Oxford.

Mates, Benson 1979: »Identity and Predication in Plato«. In: Phronesis 24, 211–229.

Meinwald, Constance 1991: Plato's *Parmenides*. Oxford.

Meinwald, Constance 1992: »Good-bye to the Third Man«. In: Richard Kraut (Hg.): Cambridge Companion to Plato. Cambridge, 365–396.

Miller, Dana 2004: »Fast and Loose about Being: Criticism of Competing Ontologies in Plato's *Sophist*«. In: Ancient Philosophy 24, 339–363.

Nehamas, Alexander 1973: »Predication and Forms of Opposites in the *Phaedo*«. In: Review of Metaphysics 26, 461–491.

Nehamas, Alexander 1979: »Self-Predication and Plato's Theory of Forms«. In: American Philosophical Quarterly 16, 93–103.

Owen, Gwilym E. L. 1968: »Dialectic and Eristic in the Treatment of the Forms«. In: Ders. (Hg.): Aristotle on Dialectic. The *Topics*. Proceedings of the Third Symposium Aristotelicum. Oxford, 103–125.

Parry, Richard D. 2001: »Paradigms, Characteristics, and Forms in Plato's Middle Dialogues«. In: Apeiron 34, 1–35.

Patterson, Richard 1985: Image and Reality in Plato's Metaphysics. Indianapolis.

Penner, Terry 1987: The Ascent from Nominalism. Some Existence Arguments in Plato's Middle Dialogues. Dordrecht.

Peterson, Sandra 1981: »The Greatest Difficulty for Plato's Theory of Forms: the Unknowability Argument of *Parmenides* 133c–134c«. In: Archiv für Geschichte der Philosophie 63, 1–16.

Rickless, Samuel C. 1998: »How Parmenides Saved The Theory of Forms«. In: Philosophical Review 107, 501–554.

Rickless, Samuel C. 2007: Plato's Forms in Transition: A Reading of the *Parmenides*. Cambridge.

Santas, Gerasimos 1999: »The Form of the Good in Plato's *Republic*«. In: Gail Fine (Hg.): Plato 1. Metaphysics and Epistemology. Oxford, 247–274.

Schofield, Malcom 1996: »Likeness and Likenesses in the *Parmenides*«. In: Christopher Gill/Mary M. Cabe (Hg.): Form and Argument in Late Plato. Oxford, 49–77.

Schwabe, Wilhelm 2001: »Der Geistcharakter des ›überhimmlischen Raumes‹. Zur Korrektur der herrschenden Auffassung von *Phaidros* 247 C–E«. In: Thomas A. Szlezák/Karl-Heinz Stanzel (Hg.): Platonisches Philosophieren. Zehn Vorträge zu Ehren von Hans Joachim Krämer. Zürich/New York, 184–331.

Strobel, Benedikt 2007: »Dieses« und »So etwas«. Zur ontologischen Klassifikation platonischer Formen. Göttingen.

Vlastos, Gregory 1965: »The Third Man Argument in the *Parmenides*« [1954]. In: Reginald E. Allen (Hg.): Studies in Plato's Metaphysics. London/New York, 231–264.

Vlastos, Gregory 1973: Platonic Studies. Princeton.

Vlastos, Gregory 1991: Socrates, Ironist and Moral Philosopher. Cambridge.

Wieland, Wolfgang ²1999: Platon und die Formen des Wissens [1982]. Göttingen.

Benedikt Strobel

46 Ironie

46.1 Allgemeines

Unser heutiges Verständnis von Ironie (vgl. Lausberg 1960, 302 f.; Müller 2008, 333 f.; Hartung 1998) ist stark geprägt von der antiken Rhetorik, die unter *eirôneia* bzw. *ironia* den Ausdruck eines Sachverhalts durch sein Gegenteil versteht. So liegt nach Auskunft der pseudo-aristotelischen, heute dem Anaximenes von Lampsakos zugeschriebenen *Rhetorica ad Alexandrum* (21, 1434a19–25) Ironie dann vor, wenn man etwas behauptet, indem man vorgibt, es nicht zu behaupten, oder wenn man eine Sache zum Ausdruck bringt, indem man gerade ihr Gegenteil bezeichnet. Seine maßgebliche terminologische Fixierung findet dieser rhetorische Ironie-Begriff bei Quintilian, der die *ironia* als eine Trope bestimmt, bei der man das Gegenteil von dem, was gesagt wird, verstehen muss. Charakteristisch für die so gefasste *ironia verbi* ist, dass mit ihr zwar ein Gegensatz (als Unterart der *allegoria* zumindest eine erhebliche Distanz) zwischen Gesagtem und Gemeintem, jedoch keine Täuschungsabsicht verbunden ist, da der Redner durch geeignete Ironie-Signale auf das eigentlich Gemeinte hinweist (vgl. *Instituto oratoria* VIII 6, 54; Cicero, *De oratore* II 255; Weinrich 1966, 61; Boder 1973, 3 f.). Für die intendierte rhetorische Wirkung ist es sogar notwendig, dass der Redner die Ironie als Ironie transparent macht.

Demgegenüber scheint für den Begriff der *eirôneia*, wie er zur Zeit Platons alltagssprachlich verwendet wurde, eine Täuschungsabsicht entscheidend zu sein. In den Komödien des Aristophanes (vgl. *Vespae* 174; *Aves* 1211; *Nubes* 449; Büchner 1941, 343 f.; Bergson 1971, 411) bezeichnet *eirôneia* eine listige Verstellung und Unaufrichtigkeit. Auch Platon gebraucht den Ausdruck *eirôneia* nicht im Sinne der späteren terminologischen Fixierung in der Rhetorik, sondern geht von dem bei Aristophanes belegten alltagssprachlichen Verständnis aus, um unterschiedliche Arten der Verstellung und Täuschung als Ausformungen von Ironie auszuweisen. Ein zunächst unspezifischer und entsprechend applikationsfähiger Begriff der *eirôneia* erlaubt es Platon, sowohl Sokrates als auch Sokrates' Antipoden, den Sophisten, als Ironiker zu charakterisieren: Insofern beide – auf freilich je eigene Weise – mit den Mitteln der Verstellung und Täuschung operieren, können ihre jeweiligen Gesprächsmethoden als Ironie begriffen werden.

46.2 Sokratische Ironie

Sokrates gilt – spätestens seit der in Kierkegaards Dissertation *Über den Begriff der Ironie. Mit ständiger Rücksicht auf Sokrates* von 1841 proklamierten These, dass »der Begriff der Ironie mit Sokrates Einzug in die Welt« (Kierkegaard 1961, 7) gehalten habe – als geradezu idealtypische Personifizierung des Ironikers (vgl. Griswold 2002, 87). Allerdings findet sich in den Dialogen keine einzige Stelle, an der Sokrates sich selbst *eirôneia* zuschreibt oder sich gar als einen Ironiker (*eirôn*) bezeichnet. Wird Sokrates *eirôneia* zugesprochen, so stets von dritter Seite und zwar meist von Sophisten, die mit dieser Zuschreibung einen an die Gesprächsführung des Sokrates adressierten Vorwurf verbinden. So spricht etwa Thrasymachos in der *Politeia* in spöttischem Ton von der »bekannten Ironie des Sokrates« (*eiôthyia eirôneia Sôkratous*, *Rep.* I 337a4 f.), um zu kritisieren, dass dieser im Gespräch zwar allzu gerne die Rolle des kritisch Fragenden spiele, die des Antwortenden hingegen tunlichst zu vermeiden suche. Die *eirôneia* des Sokrates begreift Thrasymachos demnach als eine bewusste Verstellung, ein taktisches Zurückhalten eigener Überzeugungen (vgl. Vlastos 1991, 24 f.). In der *Apologie* (37e–38a) wehrt sich Sokrates jedoch explizit gegen den Verdacht, er würde auf ironische Weise sprechen und insgeheim etwas anderes meinen als er offen sage. Und im *Gorgias* (489d–e) macht Sokrates seinerseits dem Sophisten Kallikles die *eirôneia* zum Vorwurf – bezeichnenderweise als Replik auf den nicht ganz unberechtigten Tadel des Kallikles, Sokrates nehme ihn – indem er wiederholt das *eirôneuesthai* praktiziere – im Gespräch nicht hinreichend ernst.

Dass sich Sokrates gegen die Zuschreibung der *eirôneia* verwahrt, kann freilich selbst als Ausdruck ironischer Rede interpretiert werden: Behauptet Sokrates, er verstelle sich nicht, dann ist diese Behauptung – so gesehen – nichts anderes als eine erneute Verstellung. Stützen lässt sich diese Deutung auf eine Passage im *Symposion* (216d–217a), wo der mit Sokrates bestens vertraute Alkibiades die *eirôneia* als ein charakteristisches und durchaus positives Merkmal nicht nur der Gesprächs-, sondern der gesamten Lebensführung des Sokrates darstellt: Sokrates sei mit einer aufklappbaren Silenenstatue zu vergleichen, in deren Inneren sich – kontrastierend zu ihrem hässlichen Äußeren – Götterbilder befinden. Dass Sokrates sein Spiel (*paidia*) mit den Menschen treibe und sich sein ganzes Leben lang ironisch gebe, wird erklärt durch Sokrates' Geringschätzung äußerer Güter (vgl. Boder

1973, 17 f.). Mit seiner Verstellung ziele Sokrates darauf, seine innere Weisheit und Besonnenheit zu verbergen. Die sokratische Ironie kann entsprechend verstanden werden als eine Verstellung zum Niederen, sie ist »Überlegenheit im Schein der Unterlegenheit« (Reinhardt 1960, 225) oder – in einem Wort – Tiefstapelei.

Eine mögliche Deutung des sokratischen *eirôneuesthai* sieht dieses in engem Zusammenhang mit zwei Begriffen, die Sokrates – im Unterschied zur *eirôneia* – selbst zur Charakterisierung seiner Gesprächsmethode verwendet (vgl. Vlastos 1991, 107–131): der argumentativen Prüfung (*elenktikê*) und der philosophischen Hebammenkunst (*maieutikê*). Sokrates sieht nach dieser Deutung seine Aufgabe nicht darin, eigene Wissensansprüche zu erheben und zu verteidigen, sondern lediglich darin, – in ostentativem Eingeständnis des eigenen Unwissens (*amathia*) – die von anderen geltend gemachten Wissensansprüche kritisch zu untersuchen. Kriterium hierbei ist, dass ein Wissensanspruch nur dann zu Recht besteht, wenn das vermeintliche Wissen (*epistêmê*) in der Prüfung argumentativ ausgewiesen (*logon didonai*) werden kann. Aufgrund der eigenen *amathia* beanspruche Sokrates auch gar nicht, seine Gesprächspartner zu belehren, vielmehr wolle er das in diesen – gemäß dem Theorem von der Erkenntnis als Wiedererinnerung (*anamnêsis*) – bereits latent vorhandene Wissen lediglich aktualisieren. Sokrates' Gesprächsfunktion ist demnach die eines Geburtshelfers, der kein eigenes Wissen an die Gesprächspartner heranträgt, sondern nur deren Erkenntnisse ans Licht der Welt holt. Eine solche Deutung nimmt Sokrates' bekanntes Diktum aus der *Apologie* (vgl. 20c–23b und 38a), er wisse nur, dass er nichts wisse, für bare Münze und akzeptiert die Beschreibung, die Sokrates selbst von seiner Gesprächsmethode und -intention gibt.

Die angeführte Passage aus dem *Symposion* weist demgegenüber darauf hin, dass Sokrates keineswegs so unwissend ist, wie er tut: In seinem Inneren verbergen sich Götterbilder, seine Ironie täuscht über die eigene Weisheit hinweg. Unter Bezug auf die Alkibiades-Rede ist daher auch eine alternative Interpretation möglich, welche die *eirôneia* des Sokrates nicht als ein korrespondierendes, sondern als ein konkurrierendes Konzept zur *maieutikê* begreift (vgl. Boder 1973, 20–23): Deutet Sokrates seine eigene Gesprächsmethode vor dem Hintergrund seiner vermeintlichen *amathia* als *maieutikê*, so zeigt die *eirôneia*, dass der sehr wohl wissende Sokrates sich nur unwissend gibt. Robert Musil hat diese Interpretation der sokratischen Gesprächsführung in der Sentenz zugespitzt: »Sokratisch ist: sich unwissend stellen. Modern: unwissend sein« (Musil 1958, 558).

Einen dritten Weg zwischen der Annahme eines in der Tat unwissenden, lediglich die *maieutikê* praktizierenden Sokrates und der Annahme eines insgeheim wissenden, sich notorisch verstellenden Sokrates geht Vlastos, der in seiner Studie *Socrates. Ironist and Moral Philosopher* (vgl. Kahn 1992) Sokrates eine *complex irony* zuerkennt, die sich von der *simple irony* im Sinne des rhetorischen Ironie-Begriffs durch ihren oszillierenden Charakter unterscheidet: »In ›simple‹ irony what is said just isn't what is meant [...]. In ›complex‹ irony what is said both is and isn't what is meant: its surface content is meant to be true in one sense, false in another« (Vlastos 1991, 31). So sei auch Sokrates in einem buchstäblichen Sinne zwar unwissend, zugleich aber in einer grundlegenderen, sich in seiner Überlegenheit im *elenchos* auch *in praxi* manifestierenden Weise wissend.

46.3 Sophistische Ironie

Im *Sophistes* spricht Platon dem Sophisten zwar konsequent jegliches theoretische Wissen (*epistêmê*) ab, die *eirôneia* im Sinne einer praktischen Fähigkeit (*technê*) hingegen zu: Der Sophist versteht es, sich zu verstellen (*eirôneuesthai*, *Soph.* 268b). Erläutert wird diese Kompetenz durch den Hinweis auf das Gesprächsverhalten des Sophisten, der Wissensansprüche erhebt und im Gestus des Lehrenden auftritt, obgleich er selbst sehr wohl ahnt (allerdings nicht weiß), dass er über gar kein Wissen, sondern lediglich über ungerechtfertigte Meinungen verfügt. Diese bewusste Verstellung unterscheidet den – als *eirônikos mimetês* apostrophierten – Sophisten von einem »aufrichtigen« (*euêthês*) Unwissenden, der zwar ebenfalls nur Meinungen nachahmt und daher wie der Sophist als *doxomimetês* bezeichnet wird, doch – anders als der Sophist – selbst das zu wissen meint, was er sich irrtümlich vorstellt (*Soph.* 267d–268a). Entsprechend kann die *eirôneia* des Sophisten als eine spezifische Ausformung von Unaufrichtigkeit begriffen werden: Inszeniert sich der Sophist – trotz seiner Ahnung um die eigene Unwissenheit – als ein Wissender, so steht dies einerseits in Spannung zu seinem eigenen Selbstverständnis, andererseits aber auch zu dem, was der Sophist tatsächlich ist. Wie die Verstellung des Sokrates eine zum Geringeren ist, so ist die des Sophisten eine zum Höheren. Kann die sokratische Ironie als

Tiefstapelei verstanden werden, so die sophistische Ironie als Hochstapelei (vgl. Ferber 1989, 52). Es ist wichtig zu sehen, dass die *eirôneia* dem Sophisten nach Platon nicht beiläufig zukommt, sondern vielmehr eine essentielle Eigenschaft seiner Gesprächs- und Lebensführung darstellt. In der abschließenden Definition des *Sophistes* wird die *eirôneia* daher auch zu den Definitionsmerkmalen des Sophisten gerechnet. Ein Proprium des Sophisten allerdings stellt sie insofern nicht dar, als sie auch den von Platon als Volksverführer stigmatisierten öffentlichen Redner (*dêmologikos*) auszeichnet.

Wird die *eirôneia* des Sophisten als ein »Sich-hin- und-her-Drehen beim Reden« (*Soph.* 267e) bezeichnet, so erinnert diese Formulierung an einen Vergleich, den Sokrates an verschiedener Stelle zur Charakterisierung sophistischer Gesprächsführung verwendet: Wie der homerische Meeresgott Proteus seine Gestalt wandle, um sich dem Zugriff des Menelaos zu entziehen (vgl. *Odyssee* IV 450–480), so winde sich auch der Sophist im Gespräch hin und her und wandle seine Aussagen, um den prüfenden Fragen des Sokrates zu entgehen (vgl. *Ion* 541e–542a; *Euthd.* 288b–d; *Euthyphr.* 15c–e; *Rep.* II 381d–e). Als Grund für ein solches Gesprächsverhalten gibt Sokrates an, dass der Sophist die Wahrheit nicht offen sagen, sondern sein Wissen verbergen (*apokryptesthai*) wolle. Diese Erklärung kann ihrerseits als Fall sokratischer Ironie gedeutet werden. Aus der Sicht des Sokrates nämlich ist das, was der Sophist zu verbergen sucht, kein Wissen, sondern schlicht die Tatsache, dass er über gar kein Wissen verfügt. Interpreten, die Sokrates' Behauptung, er wisse nur, dass er nichts wisse, ironisch verstehen, weisen zudem darauf hin, dass es gerade Sokrates' eigene Redeweise sei, die sich durch ein Zurückhalten von Wissen auszeichne. Das *apokryptesthai*, das Sokrates dem Sophisten zum Vorwurf macht, ist – so gesehen – kein Merkmal sophistischer, sondern sokratischer Gesprächsführung (vgl. Szlezák 1985, 141; Erler 1987, 3; Westermann 2002, 118).

Sowohl die sokratische wie auch die sophistische Ironie werden in der aristotelischen Moralphilosophie adaptiert (vgl. Büchner 1941, 340–343). Im Kontext der *mesotês*-Lehre situiert Aristoteles die Tugend der Wahrhaftigkeit in der Mitte zwischen zwei fehlerhaften Extremen (*akra*): der als *eirôneia* bezeichneten Untertreibung oder Tiefstapelei einerseits und der – von Aristoteles im Unterschied zu Platon nicht ebenfalls als *eirôneia*, sondern als *alazoneia* bezeichneten – Übertreibung oder Hochstapelei andererseits (*EN* II 7, 1108a19–23). Zwar sind aufgrund ihres jeweiligen Gegensatzes zur Aufrichtigkeit beide *akra* als Formen der Verstellung und Täuschung zu tadeln, doch steht die *alazoneia* – gemäß der nicht symmetrisch zu verstehenden Konzeption der *mesotês* – in einem schärferen Widerspruch zur Wahrhaftigkeit als die *eirôneia*: Während die Verstellung durch Übertreibung auf Gewinn ziele, versuche die Verstellung durch Untertreibung – wie Aristoteles namentlich mit Blick auf Sokrates ausführt – lediglich Aufgeblasenheit zu vermeiden, und könne, solange sie nicht im Übermaß betrieben werde und Offensichtliches verleugne, sogar eine gewisse Kultiviertheit (*charieis*) anzeigen (*EN* IV 13; vgl. Cicero, *De oratore* II, 270). Eine scharfe Kritik erfährt die *eirôneia* hingegen in der aristotelischen *Rhetorik*, wo dem ironisch verfahrenden Redner vorgeworfen wird, seine Zuhörer zu verachten (*Rhet.* 1379b30f.).

Der Aristoteles-Schüler Theophrast skizziert in seinen *Charakteren* den Idealtypus des *eirôn*, doch wird dieser – wohl in Rückgriff auf die Komödien des Aristophanes und ohne erkennbare Anleihen bei der sokratischen oder sophistischen Ironie – als ein lügnerischer und heuchlerischer Kleinbürger dargestellt (*Char.* 1,1; vgl. Weinrich 1976, 577).

46.4 Platonische Ironie

In der Forschung wird die sokratische Ironie nicht nur von der sophistischen, sondern mitunter auch von der platonischen Ironie unterschieden (vgl. insbes. Blasucci 1969; Roloff 1975; Griswold 2002). Während sich die sokratische und die sophistische Ironie auf die Kommunikationsstrategien bestimmter Dialogfiguren beziehen, verweist die platonische Ironie auf die literarischen Gestaltungsprinzipien des Dialogautors. Roloff, der die elaborierteste Aufarbeitung platonischer Ironie vorgelegt hat, differenziert entsprechend zwischen einer »Ironie I«, die ihren Ort im »Dialog D_1«, dem von Platon inszenierten Gespräch der *dramatis personae* hat, und einer »Ironie II«, die einem »Dialog D_2« zugehört, dem »Zwiegespräch zwischen Platon und seinem Leser« (Roloff 1975, 22). Kennzeichnend für die »Ironie I« sei es, dass Sokrates wider besseres Wissen die Unwahrheit sage und seine Zuhörer bewusst täusche, um sie im Letzten bloßzustellen: »Sokratische Ironie ist daher, als Verstellung und Irreführung zugleich, eine Form des Betrugs: Indem sie das Wahre (oder das für wahr Gehaltene) vorenthält, zwingt sie dazu, sich mit dem Falschen einzurichten« (Roloff 1975, 11). Demgegenüber ziele die »Ironie II« – ein »kunstvolles Geflecht aus Doppeldeutigkeiten, Verschiebungen, unsinnigen Behauptungen, falschen Analogien, Auslassungen etc.«– darauf, den Leser einerseits zu provozieren und zu permanenter Eigentätigkeit anzuhalten (vgl. Boder 1973, 166; Erler 1987, 12), ihn andererseits aber nicht ins Leere laufen zu lassen, sondern zu einem bestimmten Ziel hinzuführen, zu dem, »was Platon anstelle der vordergründigen und nur scheinbaren Mitteilung von D_1 tatsächlich mitteilen will« (Roloff 1975, 28). Anders als die »Ironie I«, die nur sporadisch in den Gesprächsbeiträgen des Sokrates auftrete, bestimme die »Ironie II« daher die platonischen Dialoge in ihrer Gesamtheit. Vor dem Hintergrund der Schriftkritik des Phaidros hält Roloff fest, dass Platon mit der Ironie II die Form einer Belehrung gefunden habe, die ohne direkte Mitteilung auskomme und mit Blick auf die Leser eine »selektive Funktion« wahrnehme: »Die Unberufenen werden mit der vorsätzlichen Äußerung des Unzutreffenden abgespeist« (Roloff 1975, 30 f.). Während Roloff die platonische Ironie demnach in ambitionierter Weise als Königsweg einer der Schriftkritik gemäßen Schriftlichkeit deutet, sehen andere Platon-Exegeten (etwa Griswold 2002) in ihr nur eine partiell einsetzbare Technik literarischer Rhetorik, die beispielsweise dann zum Einsatz kommt, wenn Platon die Szenerie des Protagoras mit intertextuellem Bezug zu Eupolis' Komödie Die Schmeichler gestaltet.

Literatur

Bergson, Leif 1971: »Eiron und Eironeia«. In: Hermes 99, 409–422.
Blasucci, Savino 1969: L'ironia in Socrate e Platone. Trani.
Boder, Werner 1973: Die sokratische Ironie in den platonischen Frühdialogen. Amsterdam.
Büchner, Wilhelm 1941: »Über den Begriff der Eironeia«. In: Hermes 76, 339–358.
Erler, Michael 1987: Der Sinn der Aporien in den Dialogen Platons. Übungsstücke zur Anleitung im philosophischen Denken. Berlin/New York.
Erler, Michael 1998: »Ironie«. In: Der neue Pauly. Bd. 5, 1106–1108.
Ferber, Rafael [2]1989: Platos Idee des Guten. St. Augustin.
Griswold, Charles L. 2002: »Irony in the Platonic Dialogues«. In: Philosophy and Literature 26, 84–106.
Hartung, Martin 1998: Ironie in der Alltagssprache. Eine gesprächsanalytische Untersuchung. Opladen.
Kahn, Charles H. 1992: »Vlastos's Socrates«. In: Phronesis 37, 233–258.
Kierkegaard, Sören 1961: Über den Begriff der Ironie. Mit ständiger Rücksicht auf Sokrates [1981]. München.
Lausberg, Heinrich 1960: Handbuch der literarischen Rhetorik. Eine Grundlegung der Literaturwissenschaft. München.
Leibowitz, David 2010: The Ironic Defense of Socrates: Plato's Apology. Cambridge/New York.
Müller, Wolfgang G. [4]2008: »Ironie«. In: Ansgar Nünning (Hg.): Metzler Lexikon Literatur- und Kulturtheorie. Ansätze – Personen – Grundbegriffe. Stuttgart/Weimar, 333–334.
Musil, Robert 1958: Aus einem Rapial und anderen Aphorismen: Tagebücher, Aphorismen, Essays und Reden. Hamburg.
Opsomer, Jan 1998: »The Rhetoric and Pragmatics of Irony/ eirôneia«. In: Orbis 40, 1–34.
Reinhardt, Karl 1960: Vermächtnis der Antike. Gesammelte Essays zur Philosophie und Geschichtsschreibung. Hg. von Carl Becker. Göttingen.
Roloff, Dietrich 1975: Platonische Ironie. Das Beispiel: Theaitetos. Heidelberg.
Szlezák, Thomas A. 1985: Platon und die Schriftlichkeit der Philosophie. Interpretationen zu den frühen und mittleren Dialogen. Berlin/New York.
Vlastos, Gregory 1991: Socrates. Ironist and Moral Philosopher. Cambridge.
Weinrich, Harald 1966: Linguistik der Lüge. Heidelberg.
Weinrich, Harald 1976: »Ironie«. In: Historisches Wörterbuch der Philosophie 4, 1976, 577–582.
Westermann, Hartmut 2002: Die Intention des Dichters und die Zwecke der Interpreten. Zu Theorie und Praxis der Dichterauslegung in den platonischen Dialogen. Berlin/New York.
Wheeler, Kathleen M. 2014: »Irony and Dramatic Art in Plato's Meno«. In: Bärbel Frischmann (Hg.): Ironie in Philosophie, Literatur und Recht. Würzburg, 37–54.

Hartmut Westermann

47 Liebe

47.1 Einleitung

Der Begriff der Liebe (*erôs*) ist sowohl mit Platons Seelenkonzeption als auch mit seinem Begriff von Philosophie eng verbunden und steht damit im Zentrum des platonischen Denkens (Krüger 1963; Gould 1963). Zugleich nimmt die Liebe im Denken Platons eine Sonderstellung ein, insofern mit ihr ein nicht-rationales Moment Eingang in die platonische Erkenntnistheorie findet (Dodds 1970, 107–122; Moravcsik 1972; Frede 1993, 409 f.), die sich in der Regel durch die Betonung von Rationalität und Mäßigkeit sowie durch die Abwertung der nicht-rationalen Begierden (*epithymiai*), zu denen auch die Liebe zählt (*Leg.* VI 782d–783b), auszeichnet.

Die enge Verbindung von Eros und Philosophie und damit der Bezug von Eros auf Wahrheit und Erkenntnis ist eines der Hauptcharakteristika der Liebestheorie Platons und unterscheidet sie zugleich von anderen Theorien der Liebe. Der von Platon bestimmte Typus von Liebe wird in der Forschung vor allem von christlichen Formen der Liebe (*agapê/caritas*, vgl. Scholz 1929; Nygren 1954) und dem von Sigmund Freud im Kontext der Psychoanalyse entwickelte Begriff von Liebe (Santas 1988) unterschieden.

Innerhalb des platonischen Denkens steht Eros einerseits mit dem Begriff von Freundschaft (*philia*) in enger Verbindung, ohne mit diesem identisch zu sein (O'Connell 1981), und andererseits mit dem sich von der Liebesgöttin Aphrodite herleitenden *aphrodisia* (*Rep.* III 389e, 403a, IX 580e). Die Liebe zu sich selbst (*philautia*), die bei Aristoteles zur Grundlage aller Liebesbeziehungen zu anderen wird (*EN* 1168a28–1169b2), spielt bei Platon nur eine untergeordnete Rolle und wird als »übergroße Selbstliebe« (*to sphodra philein hauton*) explizit kritisiert (*Leg.* V 731d–732b).

47.2 Die Dialoge über die Liebe

Rhetorische Präsentation und literarische Inszenierung

Die grundsätzlichen Bestimmungen und ausführlichsten Erörterungen über Eros finden sich in den Dialogen *Phaidros* und *Symposion*. Obwohl sich die Dialoge in zahlreichen Punkten unterscheiden, teilen sie einige Gemeinsamkeiten, die beide Dialoge kennzeichnen und damit das Wissen über die Liebe in einer spezifischen und für die Sache nicht äußerlichen Form konditionieren. (1) Im *Phaidros* und noch auffälliger im *Symposion* wird durch Verschachtelungen und erzählerische Brechungen das Mitzuteilende als ein Gehörtes und Weitererzähltes und damit als ein überaus prekäres Wissen dargestellt (Nussbaum 1986, 168 f.). (2) Beide Texte enthalten nicht allein die typische dialogische Struktur von Frage und Antwort, sondern längere Reden (*erôtikoi logoi*), die bereits in der Antike eine bestimmte Literaturgattung bilden (Lasserre 1944). (3) Die Reden über Eros sind mit Mythen durchsetzt, die auf nicht-diskursive Weise Einblick in das Wesen des Eros geben (Nicholson 1999, 15–34). (4) Platon wählt in beiden Dialogen Darstellungsformen, in denen das Wissen nicht nur dargelegt wird, sondern in dem die Protagonisten selbst in realen und zum Teil gegenseitigen Liebesverhältnissen verbunden sind. (5) Der jeweilige Ort, den Platon für seine Erörterungen der Liebe wählt, ist für platonische Dialoge eher untypisch, steht aber im engen Bezug zu der Darlegung, dies gilt sowohl für den Dialog *Phaidros*, in dem sich Platon außerhalb der Stadt an einem *locus amoenus* gemeinsam mit Phaidros niederlässt, als auch für das *Symposion*, in dem im Haus des Agathon nach der Dichterkrönung ein Fest veranstaltet ist.

Symposion: Eros als Begehren und Zeugen im Schönen

Im *Symposion* werden sieben Reden gehalten, von denen sechs den Liebesgott zum Gegenstand haben, die letzte hingegen das besondere Verhältnis des Sokrates zum Eros behandelt. Das Kernstück und zugleich die wirkungsmächtigste Passage des Textes befindet sich ohne Zweifel in der Rede des Sokrates, dennoch macht erst die Zusammenschau aller Reden die Argumentationsstruktur und die Komplexität der Theorie der Liebe einsichtig (Thiel 2002; Sheffield 2006b). Entsprechend den Kenntnissen und Fähigkeiten der Redner wird Eros aus verschiedenen Perspektiven thematisiert.

Zunächst wird er in der Rede des Phaidros als Führer zum guten und richtigen Leben bestimmt (*kalôs biôsesthai*, *Symp.* 178c7). Hier findet sich auch bereits die charakteristische Bestimmung von Eros als »Streben nach dem Schönen« (*tois kalois philotimian*, ebd. 178d2). Die politische Dimension der Liebe wird erwähnt, insofern deutlich gemacht wird, dass Großes im Staat nur durch Liebe geschieht. In der sich anschließenden Rede des Pausanias wird die später von Sokrates aufgegriffene Unterscheidung von einer himmlischen (*erôs ouranios*) und einer gemeinen Liebe (*pandemos*) eingeführt (*Symp.* 180e). Während sich die gemeine Liebe, die auch zwischen Männern und Frauen möglich ist, primär auf den Körper richtet, ist die himmlische Liebe auf Tugend und Weisheit aus. Das ihr entsprechende Liebesverhältnis ist das zwischen einem Jüngling und einem Älteren. Der Arzt Eryximachos greift die eingeführte Unterscheidung der beiden Eroten auf und erkennt in ihnen ein in der gesamten Natur wirksames Prinzip. Der Komödiendichter Aristophanes führt den Mythos von der ursprünglichen Kugelgestalt der Menschen ein, der eine Erklärung für den Eros liefert: Ursprünglich seien die Menschen Doppelwesen gewesen, die wegen ihrer Überheblichkeit von Zeus getrennt wurden und seither danach strebten, ihre andere Hälfte wiederzufinden. Liebe ist damit als das Streben bestimmt, die ursprüngliche Natur wieder herzustellen mit dem Ziel »die menschliche Natur zu heilen« (*iasasthai tên physin tên anthrôpinên, Symp.* 191d3 f.). Der Tragödiendichter Agathon preist Eros als einen Gott, der sich durch Gerechtigkeit, Besonnenheit, Tapferkeit und Weisheit auszeichne.

In der sich anschließenden Rede des Sokrates, die in expliziter Differenz zu den vorherigen Reden auf Wahrheit zielt (Foucault 1989, 302–304; Rehn 1996, 82 ff.), werden einige der genannten Bestimmungen aufgegriffen und in ein umfassendes Konzept der Liebe integriert. Bedeutsam ist, dass Sokrates hier nicht sein eigenes Wissen kundtut, sondern vorgibt, von der Priesterin Diotima aus Mantinäa in der Liebe unterrichtet worden zu sein. Die Liebeslehre der Diotima enthält die folgenden Bestimmungen (ausführlich Sier 1997 und Sheffield 2006a): Eros sei kein Gott, sondern ein Daimon, gezeugt am Geburtstag der Aphrodite von dem Gott Poros (Ausweg) und Penia (Armut) und damit ein Mittelwesen, das zwischen dem Göttlichen und dem Menschlichen vermittelt. Als Liebender sei Eros selbst bedürftig, insofern er dessen, was er begehrt, ermangelt, weshalb ihn Diotima auch als philosophisch bestimmt, da er wie der Philosoph zwischen Weisheit und Unverstand »immer in der Mitte stehe« (*Symp.* 204a–b). Liebe als Begehren basiere auf dem Bedürfnis nach »Zeugen und Gebären im Schönen« (*tês gennêseôs kai tou tokou en tô kalô*, ebd. 206e3 f.), sowohl dem Leibe als der Seele nach, und lässt sich damit auch verstehen als Streben nach Unsterblichkeit (ebd. 207a; Wippern 1965). Abschließend weiht Diotima Sokrates in die höchsten und heiligsten Mysterien der Liebe ein, indem sie eine Stufenfolge der Liebe aufstellt, die sich zugleich als Stufen eines intellektuellen Reifungsprozesses verstehen lässt:

Von der Liebe zu einem schönen Menschen werde man zu der Liebe zu vielen schönen Menschen, von diesen zu den schönen Sitten und Handlungsweisen und dann zu den schönen Erkenntnissen geführt, bis man schließlich zur Kenntnis des Schönen selbst gelangt (*Symp.* 211c). Diese Kenntnis wiederum führt dazu, dass man sich mit Liebe und Wohlwollen den Jüngeren zuwendet mit dem Ziel, in ihnen Tugend zu erzeugen (ebd. 212a). In der letzten Rede, die von Alkibiades stammt, wird das Liebesverhalten des Sokrates beschrieben: Dieser schmeichle sich bei den Jünglingen Athens als Liebender ein, wird dann aber von diesen wie ein Geliebter begehrt, wodurch die Jugend Athens zu wahrer Tugend verführt werde.

Phaidros: Eros als göttlicher Wahnsinn

Im *Phaidros* werden drei Reden auf den Eros gehalten, die jeweils nicht von den Vortragenden selbst stammen. In der ersten, von Phaidros vorgetragenen Rede wird vor dem Umgang mit Liebhabern (*erastai*) gewarnt, weil diese, von ihrer Leidenschaft besessen, allein auf die Befriedigung ihrer Begierden und nach dem »körperlichen Genuss verlangen« und daher zur Freundschaft (*philia*) wenig geeignet seien (*Phdr.* 233a–d). Anschließend hält Sokrates zwei Reden, von denen die erste nicht seine Meinung widerspiegelt. In dieser wird dafür argumentiert, die Liebenden zu fliehen, da sie von Sinnen seien, den Geliebten von den Aufgaben gegenüber der Gemeinschaft zurückhielten und schließlich ins Unglück stürzten. In der zweiten Rede des Sokrates wird diese Ansicht widerlegt, indem zwischen krankhaftem und göttlichem Wahnsinn (*mania*) unterschieden wird. Sokrates nennt vier Arten des göttlichen Wahnsinns, nämlich den der Weissagung, der Mysterien, der Dichtung und den der Liebe (ebd. 244a–245a). Bei der Begründung für die Göttlichkeit der Liebe bezieht sich Platon auf einen Mythos, der das Schicksal der unsterblichen Seelen vor ihrem Niederfall auf die Erde beschreibt: die Seelen, vorgestellt als ein befiedertes Zweigespann mit einem Wagenlenker, leben vor ihrem Fall auf die Erde zusammen mit den Göttern an einem überhimmlischen Ort und schauen dort den Glanz der göttlichen Schönheit. Verlieren sie aus Nachlässigkeit oder Trägheit ihre Federn, so fallen sie auf die Erde, werden zu Menschen und vergessen ihren göttlichen Ursprung. Erblicken sie nun einen schönen Menschen, so erinnern sie sich an die vormals geschaute göttliche Schönheit, sind entzückt und verehren und opfern dem Schönen »wie einem heiligen Bilde oder einem Gott« (ebd. 251a). Liebender und Geliebter gleichen sich so dem Göttlichen an: Der Liebende, indem er dem Gott in sich selbst nachforscht und dessen Sitten begeistert annimmt, der Geliebte, indem er sich darum bemüht, den ihm vom Liebenden unterstellten Eigenschaften auch wirklich gerecht zu werden (ebd. 252d–253c).

Trotz der verschiedenen Perspektiven und Schwerpunkte, mit denen Eros in den beiden Dialogen betrachtet wird, lassen sich einige grundsätzlichen Bestimmungen festhalten: (1) Eros wird von Platon zugleich als ein Gott und als eine Form der menschlichen Begierden verstanden. (2) Wahre Liebe wird bei Platon nicht physiologisch, sondern metaphysisch begründet, insofern ihre Ursache nicht an die körperliche Natur des Menschen, sondern an die göttliche Herkunft der Seele geknüpft wird. (3) Liebe hat einen notwendigen Bezug zur Schönheit, die als einzige Idee für uns sinnlich wahrnehmbar ist und auf die wir mit Liebe reagieren. (4) Der Liebe eignet ein ekstatisches und transformatorisches Potential, durch das sich Liebender und Geliebter idealerweise selbst dem Göttlichen näher bringen.

47.3 Eros und Philosophie

Eros und Philosophie werden von Platon auf komplexe Weise enggeführt und miteinander verbunden, dabei lassen sich in der Hauptsache zwei Aspekte unterscheiden.

Zwischenmenschliche Liebe als Verführung zur Philosophie

Platon entwickelt eine Theorie der Liebe, in der die Begeisterung für einen schönen Menschen in sich die Dynamik zur Selbstvervollkommnung birgt und damit zugleich den Beginn einer intellektuellen Entwicklung markiert. Während im *Symposion* die eigene Weiterentwicklung durch eine Übertragung der Liebe auf andere Gegenstände beschrieben wird, steht im *Phaidros* die Selbstvervollkommnung innerhalb einer Liebesbeziehung im Vordergrund. Beides ist deshalb möglich, weil Platon zwischen dem innerweltlich begegnendem Schönen und der Idee des Schönen selbst keinen radikalen Bruch, sondern nur verschiedene Grade setzt.

Gegen den kritischen Einwand, bei Platon werde die individuelle zwischenmenschliche Liebe marginalisiert und abgewertet (Vlastos 1981), lässt sich mit Blick auf die in der Rede des Alkibiades und im *Phaidros* gegebenen Bestimmungen der zwischenmenschlichen Beziehung überzeugend argumentieren (Nussbaum 1986, 166 ff.). Denn trotz aller Prävalenz des Allgemeinen vor dem Einzelnen und des Seelischen vor dem Körperlichen macht Platon deutlich, dass es das konkrete und sinnliche zwischenmenschliche Liebeserleben ist, welches uns dazu verhilft, den Bezug zum wahren Sein aufzudecken (Foucault 1989, 289–310).

Die erotische Struktur der Philosophie

Eros und Philosophie sind allerdings nicht nur durch den sinnlichen Anfang miteinander verbunden. Die spezifische Haltung des Philosophen wird von Platon auch mit Rückgriff auf Elemente der Liebessprache expliziert. (1) In Analogie zur zwischenmenschlichen Liebe wird das Erkennen als ein Begehren oder Streben verstanden. Der Philosoph ist mithin durch ein Streben nach Weisheit charakterisiert, was impliziert, dass er nicht im Besitz der Weisheit ist und dieses als einen Mangel erlebt. (2) Das Streben nach Weisheit gründet nach Platon in dem basalen Wunsch, durch Zeugen und Gebären soweit wie möglich an der Unsterblichkeit teilzuhaben. Und ebenso wie man sich den Kindern als Früchten der körperlichen Liebe zuwendet, um diese verantwortungsvoll aufzuziehen, kümmert sich auch der Philosoph sorgend um diejenigen, in denen er Tugend und Erkenntnis gezeugt hat.

Sokrates und Eros

Platon betont wiederholt das besondere Verhältnis von Sokrates und Eros (*Lys.* 204 c; *Phdr.* 257 a; *Symp.* 177 d, 193 e, 198 d, 212 b; vgl. auch Xenophon *Mem.* 2, 6, 28; *Symp.* 8, 2). Die beiden oben genannten Aspekte – das Streben nach Weisheit und das Wissen um den eigenen Mangel einerseits und der verantwortliche pädagogische Umgang mit Jüngeren andererseits – charakterisieren die sokratische Haltung zur Philosophie. Von daher ist auch erklärlich, dass Sokrates, der üblicherweise auf seinem Nichtwissen beharrt, im *Symposion* geständig ist »nichts als Liebessachen zu verstehen« (*hos ouden phêmi allo epistasthae ê ta erôtika*, *Symp.* 177 d7 f.). Darüber hinaus ähneln sich die Beschreibungen von Sokrates und Eros, die im *Symposion* gegeben werden, so dass die mythologische Beschreibung des Eros als barfüßig, bedürftig und außerhalb der Gesellschaft stehend zugleich als Charakterisierung des Sokrates und der sokratischen Philosophie gelten kann (Osborne 1994, 93–191).

47.4 Homoerotik und Genderproblematik

Platons Theorie der Liebe ist auf spezifische Weise mit der in der griechischen Antike etablierten kulturellen Praxis der homoerotischen Knabenliebe verbunden und versucht zugleich, dieser eine Legitimation und eine neue Bestimmung zu geben (Dover 1983; Buffière 1980; Foucault 1989). Das homoerotische Liebesverhältnis zwischen einem älteren Liebhaber (*erastês*) und einem jüngeren Geliebten (*erômenon*), das das spezifische platonische Liebesverhältnis charakterisiert, ist eines, das nicht nur beiden Liebespartnern, sondern zugleich der Polis dienlich ist, und hat damit auch eine politische Funktion (Ludwig 2002). Jüngere lernen durch die Orientierung an einem bereits etablierten Mitglied, würdige Mitglieder der Gemeinschaft zu werden. Die Liebe eines Älteren zu einem Jüngling, die bereits in der Rede des Pausanias ausgezeichnet wird, wird in der Rede der Diotima aufgegriffen und zugleich beschränkt: die wahre Knabenliebe (*to orthôs paiderastein*, *Symp.* 211b6) weist über das persönliche Verhältnis zweier Liebender hinaus, sie ist dann richtig und himmlisch, wenn sie zugleich der Anfang einer intellektuellen Reifung ist, die wahre Erkenntnis und Selbstvervollkommnung zum Ziel hat.

Das heterosexuelle Liebesverhältnis und das zwischen zwei Frauen spielt dagegen bei Platon kaum eine Rolle. Frauen, die im antiken Athen von dem öffentlichen Leben weitgehend ausgeschlossen waren und denen keine Bürgerrechte zukamen (Cantarella 1983), werden von Platon im Vergleich zum Mann als von Natur aus defizitär begriffen (*Symp.* 181c; *Tim.* 90e–91a), weshalb es auch keinen Sinn machen würde, sich einer Frau in liebender Bewunderung zuzuwenden. Um so erstaunlicher ist es, dass Platon sich dafür entscheidet, den zentralen Teil seiner Liebestheorie im *Symposion* einer Frau, Diotima, in den Mund zu legen, und damit zum ersten und einzigen Mal eine Frau zur zentralen Protagonistin in einem seiner Dialoge zu machen, ein Umstand, der auch das Interesse der feministischen Forschung auf sich gezogen hat (Irigaray 1984; Halperin 1990; Nye 1994; Evans 2006; Hobbs 2006). Ob es sich bei Diotima um eine reale Person oder eine Fiktion Platons handelt, ist bisher nicht geklärt. Für die Einführung Diotimas lassen sich die folgenden Überlegungen anführen: (1) als Priesterin verfügt sie über große Autorität und hat Teil an einer übermenschlichen Sphäre des Wissens, was ihren Worten mehr Gewicht verleiht; (2) durch die Wahl einer Frau vermeidet es Platon, Sokrates in ein möglicherweise homoerotisches Lehrverhältnis zu einem Wissenderen zu stellen; (3) mit der von Diotima vorgebrachten Lehre übt Platon Kritik an dem traditionellen männlichen Paradigma von Liebe als Eroberung und Besitz und ersetzt dieses durch die weiblich konnotierten Begriffe der erotischen Verantwortlichkeit, Zeugung und Schwangerschaft (Halperin 1990; Hobbs 2006). Diese spezifisch weibliche Metaphorik eröffnet wiederum die Möglichkeit, die Eroslehre Platons mit einem weiteren zentralen platonischen Konzept von Philosophie zu verbinden, nämlich dem von Philosophie als Kunst der Geburtshilfe (*technê tês maieuseôs*, *Tht.* 150b6–151d3).

47.5 Rezeption

Platons Theorie der Liebe wurde im Kontext des neuplatonischen und frühchristlichen Denkens aufgegriffen und weiterentwickelt (Rist 1964). Allerdings wurde ihr schon in der Antike mit Skepsis begegnet und häufig wurde sie als unlautere Legitimation für Päderastie missverstanden (Dörrie 1990, 40–44 u. 279–283; vgl. auch Dikaiarch *Fragm.* 43 W; Cicero *Tusc. Disp.* IV, 78–76; Plutarch *Erotikos* 752c–752c). Die Form des philosophischen Symposions wurde bereits mit Lukians *Symposion* parodiert. Während des lateinischen Mittelalters war die originäre Konzeption so gut wie nicht präsent, erst als in der Renaissance das platonische Corpus ins Lateinische übersetzt wurde, erlebte auch die Liebeskonzeption Platons eine neue Blüte. Nachdem bereits Leonardo Bruni in der ersten Hälfte des 15. Jahrhunderts Teile des *Symposions* und den *Phaidros* übersetzt und eine *Canzone a Laude di Venere* verfasst hatte (Hankins 1990, I 66–81), hat Marsilio Ficino 1469 einen Kommentar zum platonischen *Symposion* vorgelegt, der als Reinszenierung des Gastmahls in Florenz stilisiert ist (Ficino 1986). Es entstanden daraufhin zahlreiche Traktate und Dialoge, in denen die platonische Liebe diskutiert und den eigenen kulturellen Bedürfnissen und Gegebenheiten angepasst wurde (Ebbersmeyer 2002). In dieser Zeit wurde auch der Begriff der »platonischen Liebe« gebildet, der nun so etwas wie eine heterosexuelle Beziehung ohne sexuelles Begehren meint. Eine weitere intensive Rezeption, freilich mit kritischen und bisweilen ironischen Brechungen, erhält das Konzept der platonischen Liebe in der deutschen Frühromantik und im deutschen Idealismus (Manger 2002; Matuschek 2002).

Literatur

Belfiore, Elizabeth S. 2012: Socrates' Daimonic Art. Love for Wisdom in Four Platonic Dialogues. Cambridge.

Berg, Steven 2010: Eros and the Intoxications of Enlightenment. On Plato's *Symposium*. New York.

Buffière, Félix 1980: Eros adolescent. La pédérastie dans la Grèce antique. Paris.

Cantarella, Eva [2]1983: L'ambiguo malanno. Condizione e immagine della donna nell'antichità greca e romana. Rom.

Cairns, Douglas 2013: »The Imagery of Erôs in Plato's *Phaedrus*«. In: Ed Sanders u. a. (Hg.): Erôs in Ancient Greece. Oxford, 233–250.

Davidson, James N. 1999: Kurtisanen und Meeresfrüchte. Die verzehrenden Leidenschaften im klassischen Athen. Berlin [engl. 1997].

Dodds, Eric Robertson 1970: Die Griechen und das Irrationale. Darmstadt [engl. 1951].

Dörrie, Heinrich 1990: Der hellenistische Rahmen des kaiserzeitlichen Platonismus (= Der Platonismus in der Antike Bd. 2). Stuttgart-Bad Cannstatt.

Dover, Kenneth J. 1983: Homosexualität in der griechischen Antike. München [engl. 1978].

Ebbersmeyer, Sabrina 2002: Sinnlichkeit und Vernunft. Studien zur Rezeption und Transformation der Liebestheorie Platons in der Renaissance. München.

Evans, Nancy 2006: »Diotima and Demeter as Mystagogues in Plato's *Symposium*«. In: Hypatia 21(2), 1–27.

Ficino, Marsilio 1986: Über die Liebe oder Platons Gastmahl [1469]. Übers. von Karl P. Hasse; hg. von Paul R. Blum. Hamburg.

Foucault, Michel 1989: Der Gebrauch der Lüste (Sexualität und Wahrheit II). Frankfurt a. M. [frz. 1984].

Frede, Dorothea 1993: »Out of the Cave: What Socrates Learned from Diotima«. In: Ralph M. Rosen/Joseph Farrell (Hg.): Nomodeiktes. Greek Studies in Honor of Martin Ostwald. Ann Arbor, 397–422.

Gordon, Jill 2012: Plato's Erotic World: From Cosmic Origins to Human Death. Cambridge/New York.

Gould, Thomas 1963: Platonic Love. London.

Halperin, David M. 1990: »Why is Diotima a Woman? Platonic Eros and the Figuration of Gender«. In: Ders./John J. Winkler/Froma I. Zeitlin (Hg.): Before Sexuality. Princeton, 257–308.

Hankins, James 1990: Plato in the Italian Renaissance. 2 Bde. Leiden/New York u. a.

Hobbs, Angela 2006: »Female Imagery in Plato«. In: James Lesher/Debra Nails/Frisbee C. C. Sheffield (Hg.): Plato's *Symposium*. Issues in Interpretation and Reception. Cambridge, Mass./London, 252–271.

Irigaray, Luce 1984: »L'amour Sorcier: Lecture de Platon, *Le Banquet*. Discours de Diotime«. In: Dies.: Ethique de la différence sexuelle. Paris, 27–39.

Krüger, Gerhard [3]1963: Einsicht und Leidenschaft. Das Wesen des platonischen Denkens. Frankfurt a. M.

Lasserre, François 1944: »Erotikoi logoi«. In: Museum Helveticum 1, 169–178.

Ludwig, Paul W. 2002: Eros and Polis. Desire and Community in Greek Political Theory. Cambridge.

Manger, Klaus 2002: »Lais' Antisymposion in Wielands *Aristipp*«. In: Stefan Matuschek (Hg.): Wo das philosophische Gespräch ganz in Dichtung übergeht. Platons *Symposion* und seine Wirkung in der Renaissance, Romantik und Moderne. Heidelberg, 49–61.

Matuschek, Stefan 2002: »Die Macht des Gastmahls. Schlegels *Gespräch über die Poesie* und Platons *Symposion*«. In: Ders. (Hg.): Wo das philosophische Gespräch ganz in Dichtung übergeht. Platons *Symposion* und seine Wirkung in der Renaissance, Romantik und Moderne. Heidelberg, 81–96.

Moravcsik, Julius M. E. 1972: »Reason and Eros in the Ascent-Passage of the *Symposium*«. In: John P. Anton (Hg.): Essays in Ancient Greek Philosophy. Albany, 285–302.

Nicholson, Graeme 1999: Plato's *Phaedrus*. The Philosophy of Love. West Lafayette, Indiana.

Nussbaum, Martha C. 1986: The Fragility of Goodness. Luck and Ethics in Greek Tragedy and Philosophy. Cambridge u. a.

Nye, Andrea 1994: »Irigary and Diotima at Plato's *Symposium*«. In: Nancy Tuana (Hg.): Feminist Interpretations of Plato. Pennsylvania, 197–216.

Nygren, Anders [2]1954: Eros und Agape. Berlin [schwed. 1930–1936].

O'Connell, Robert J. 1981: »Eros and Philia in Plato's Moral Cosmos«. In: Henry J. Blumenthal/Robert A. Markus (Hg.): Neoplatonism and Early Christian Thought. Essays in Honour of A. H. Armstrong. London, 3–19.

Osborne, Catherine 1994: Eros Unveiled. Plato and the God of Love. Oxford.

Pender, Elizabeth 2011: »A Transfer of Energy. Lyric Eros in *Phaedrus*«. In: Pierre Destrée/Fritz-Gregor Herrmann (Hg.) Plato and the Poets. Leiden, 327–348.

Racket, Andrés Federico 2013: »Tragedia, comedia y diálogo socrático: el Banquete entre los géneros teatrales, Sócrates entre la belleza y la fealdad, eros entre lo elevado y lo bajo«. In: Emerita 81, 45–64.

Rehn, Rudolf 1996: »Der entzauberte Eros: *Symposion*«. In: Theo Kobusch/Burkhard Mojsisch (Hg.): Platon. Seine Dialoge in der Sicht neuer Forschungen. Darmstadt, 81–95.

Renaut, Olivier 2013: »Challenging Platonic *Erôs*: The Role of *Thumos* and *Philotimia* in Love«. In: Ed Sanders u. a. (Hg.): *Erôs* in Ancient Greece. Oxford, 95–110.

Rist, John M. 1964: Eros and Psyche. Studies in Plato, Plotinus and Origen. Toronto.

Santas, Gerasimos 1988: Plato and Freud. Two Theories of Love. Oxford.

Scholz, Heinrich 1929: Eros und Caritas. Die platonische Liebe und die Liebe im Sinne des Christentums. Halle (Saale).

Sheffield, Frisbee C. C. 2006a: Plato's *Symposium*. The Ethics of Desire. Oxford.

Sheffield, Frisbee C. C. 2006b: »The Role of the Earlier Speeches in the *Symposium*: Plato's Endoxic Method?«. In: James Lesher/Debra Nails/Frisbee C. C. Sheffield (Hg.): Plato's *Symposium*. Issues in Interpretation and Reception. Cambridge, Mass./London, 23–46.

Sier, Kurt 1997: Die Rede der Diotima. Untersuchungen zum platonischen *Symposion*. Stuttgart/Leipzig.

Thiel, Rainer 2002: »Irrtum und Wahrheitsfindung. Zur Argumentationsstruktur von Platons *Symposion*«. In: Stefan Matuschek (Hg.): Wo das philosophische Gespräch ganz in Dichtung übergeht. Platons *Symposion* und seine Wirkung in der Renaissance, Romantik und Moderne. Heidelberg, 5–16.

Vlastos, Gregory ²1981: »The Individual as Object of Love in Plato«. In: Ders.: Platonic Studies. Princeton, 3–42.

Wills, Bernard N. 2011: »The End of Patriarchy: Plato and Irigaray on Eros«. In: Dialogue 50, 23–37.

Wippern, Jürgen 1965: »Eros und Unsterblichkeit in der Diotima-Rede des *Symposions*«. In: Hellmut Flashar/Konrag Gaiser/Wolfgang Schadewaldt (Hg.): Synusia. Pfullingen, 123–160.

Sabrina Ebbersmeyer

48 Lust

Lust (*hedonê*) dient Platon als generischer Begriff zur Bezeichnung jeder Art von positiver Erfahrung (Wahrnehmungen, Affekte, Einsichten). Entsprechendes gilt auch für den Gegenbegriff von Schmerz oder Unlust (*lypê*). *Hedonê* ist daher mit Lust, Freude, Vergnügen, Annehmlichkeit etc. wiederzugeben (vgl. *Philebos* 11b). Platons Behandlung und Bewertung der Lust, sofern er sie explizit thematisiert und nicht nur beiläufig erwähnt, lässt sich in drei Phasen einteilen, die in etwa der herkömmlichen Einteilung seiner Werke in Früh-, Mittel-, und Spätdialoge entspricht (s. Kap. V, bes. Kap. V.38).

48.1 Frühdialoge

Während die frühesten der sog. ›sokratischen‹ Dialoge die Lust nicht zum Thema machen (vgl. aber die Gleichsetzung des Schönen mit dem für Augen und Ohren Angenehmen im *Hippias Maior*, 297a–303e; Woodruff 1982, 77–79), wird die Lust in den späteren sokratischen Dialogen z. T. scharf kritisiert. Im *Gorgias* wird die Lust generell auf Begierden (*epithymia*) und einen entsprechenden Mangel zurückgeführt. Daraus ergeben sich grundsätzliche Kritikpunkte: Das Begehren ist unstillbar, Lust ist zwangsläufig mit Schmerz vermischt und schließt unwürdige körperliche und geistige Erregungen mit ein. Zudem ist die Lust des Schlechten gleichwertig mit der des Tugendhaften (*Gorg.* 493d–500d; vgl. Irwin 1977, 118–124). Die Notwendigkeit einer Unterscheidung besserer und schlechterer Arten von Lust macht zwar die Vernunft zum Richter, von einem positiven Beitrag der besseren Arten von Lust zum Leben ist aber nicht weiter die Rede. Ebenso negativ wie der *Gorgias* steht der *Phaidon* der Lust gegenüber. Der Philosoph meidet die Lust, da sie den Geist behindert und die ›falsche Währung‹ für die Beurteilung des Guten und Schlechten darstellt (bes. *Phd.* 65e–69d). Ganz anders argumentiert *prima facie* der *Protagoras*. Der berühmte Sophist wird zu einer Gleichsetzung des Guten mit der Lust und zur Definition der Tugend als ›Messkunst der Lüste‹ genötigt (*Prot.* 351b–357e). Ob dies eine – zeitweilige – Hinwendung zu einem rationalen Hedonismus anzeigt oder nur ein dialektischer Kunstgriff zur Widerlegung des Protagoras ist, bleibt umstritten (vgl. Irwin 1977, 110–114; Gosling/Taylor 1982, 58–68; Manuwald 1999, 393–401). Für letzteres spricht zum einen der aporetische Ausgang des Dialogs: Ohne die ›Messkunst‹ auch nur zu erwähnen, kommt Sokrates zu dem Schluss, dass weder die Frage nach der Natur der Tugend noch die nach ihrer Lehrbarkeit eine Lösung gefunden hat. Zum anderen ist es unwahrscheinlich, dass der Sokrates der *Apologie*, des *Kriton*, *Laches*, *Charmides* oder des *Lysis*, der die Sorge für die eigene Seele über alles stellt, ernsthaft einem undifferenzierten Luststandard das Wort reden würde, den er im *Phaidon* als ›falsche Währung‹ abtun wird.

48.2 Dialoge der mittleren Jahre

Der Tenor der Behandlung der körperlichen Lüste in der *Politeia* ist zwar allgemein negativ, da sie mit den Begierden, dem niedrigsten Seelenteil, assoziiert und der Kontrolle der Vernunft unterstellt werden. Die Erziehung durch Musik und Gymnastik dient jedoch der Hinwendung zu besseren Arten von Lust (*Rep.* III 403d–404d), und ihre Harmonisierung in der Einzelseele wie auch im Staat als ganzem ist die Aufgabe der Besonnenheit (*Rep.* IV 430d–432b). Ferner soll die Einigkeit unter den Mitgliedern der Herrscherklasse auch durch den Gleichklang in Hinblick auf Lust und Schmerz gestärkt werden (*Rep.* V 462a–464d). Der Philosoph wird sich zwar von Begehren und Lust der beiden unteren Seelenteile enthalten (Besitz- und Ehreliebe), dafür aber die Lust am Lernen und an geistigen Tätigkeiten kultivieren (*Rep.* VI 485a–e). Diese Differenzierung wird in Buch IX (580d–587a) durch einen Wettbewerb zwischen den unterschiedlichen Arten von Lust vertieft, der mit einem klaren Sieg der philosophischen Lust endet (vgl. Gosling/Taylor 1982, 103–128; Kraut 1997, bes. 272–280). Dabei geht Platon auch auf die Natur der Lust ein und erklärt, wie es zu bloß scheinbarer oder ›falscher‹ Lust kommt. Zunächst begründet er dies mit einem Vergleich unterschiedlicher Bewegungen und deren Zielen: Zwischen Lust und Schmerz liegt ein Zustand von Lust- und Schmerzfreiheit. Empfindet man zunächst die Bewegung (*kinêsis*) ›von unten‹ zur neutralen Mitte hin als Befreiung von Schmerz und daher wie eine Lust, so wirkt dieser neutrale Zustand anschließend als ein Mangel an Lust und daher wie ein Schmerz. In dieser Ambivalenz kann ›nichts Gesundes‹ liegen: Echte Lust bringt erst die Bewegung von der schmerzfreien Mitte zu einem ›wahren Oben‹ (*Rep.* IX 583c–585a). Der Vergleich mit einer Auf- und Abwärtsbewegung, der an die ›Höhle‹ erinnert, wird noch durch eine Erklärung von Lust und Schmerz als Füllung und Leerung ergänzt (*plêrôsis/kenôsis*, *Rep.* IX 585a–e). Der Wert der Lust richtet sich jeweils nach der Art des auszugleichenden Mangels wie auch des Gegenstandes der ›Füllung‹. Besteht die Füllung bei den niedrigen Seelenteilen aus Unbeständigem, Unreinem und Sterblichem, so gilt die Anfüllung geistiger Mängel beständigem, verlässlichem, reinem und wahrhaft Seiendem. Folglich ist auch die Lust wahrhaftiger und beständiger. Über die Frage der Tragweite dieser Folgerungen ist hier hinwegzugehen: Platon zieht jedenfalls das Fazit, dass nur die Bewegung zum wahren ›Oben‹ und die Füllung mit ›wahrhaft Seiendem‹ als wahre oder echte Lust gelten können, während die anderen Arten als bloße Illusionen (*Rep.* IX 586c) oder Bastard-Lüste zu bewerten sind (ebd. 587b–c). Der Unterschied zwischen der höchsten und der niedrigsten Art von Lust ist so groß, dass nach Sokrates' abschließender Berechnung das Leben des Philosophenkönigs 729mal mehr Lust enthält als das des Tyrannen (ebd. 587d–c).

Von einer derart rigiden Trennung zwischen körperlicher und geistiger Lust nehmen *Symposion* (210a–212b) und *Phaidros* (253d–256e) Abstand. Dort wird zwar die Lust nicht thematisiert, wohl aber hat das sinnlich Schöne als Anreiz zum Aufstieg zu höherem, geistig Schönem eine positive Funktion, die auch der betreffenden Lust zukommen sollte. Wie insbesondere die Lehre der Diotima im *Symposion* hervorhebt, beruht die Liebe zum Schönen (und die entsprechende Lust) jeweils auf einem Mangel: Man liebt nicht dasjenige, was man hat, sondern was man nicht hat, und entsprechend wird der Philosoph als Dämon, zwischen Sterblichem und Unsterblichem gezeichnet, der immer auf der Jagd nach dem wahrhaft Schönen ist – ohne es je wirklich sein Eigen nennen zu können, so wie der Mensch grundsätzlich einem ständigen Werden und Vergehen unterliegt (*Symp.* 202d–206a). Diese Aufwertung der Freude an sinnlicher Schönheit zeugt von einer Änderung der Grundhaltung Platons in den Jahren nach Abschluss der *Politeia*; daher ist das *Symposion* kein Echo auf die negative Bewertung der Lust in *Gorgias* und *Phaidon*, sondern eine Art Vorbereitung des *Phaidros* (Frede 1993).

48.3 Spätdialoge

In Platons späten Werken werden körperliche Lüste wie selbstverständlich mit in die Kennzeichnung von Funktion und Bewertung der Lust einbezogen und auch nicht grundsätzlich als minderwertig eingestuft. Geblieben ist hingegen die Vorstellung, dass die Lust in der Erfüllung eines Mangels oder Bedarfs besteht.

Diese liegt der eingehenden Behandlung der Lust im *Philebos* zugrunde, dem einzigen der späten Dialoge, in dem Sokrates noch einmal das Wort führt. Die Frage nach der Natur und dem Wert der Lust wird hier in Form eines Wettstreits von Lust und Wissen um den Rang des höchsten Gutes präsentiert. Das Resultat ist ein Kompromiss: Das beste menschliche Leben besteht in einer Mischung aus (sorgfältig ausgewählten Arten von) Lust und sämtlichen Arten von Wissen (*Phlb.* 20b–23b, 59d–64b). Dass Wettstreit und Sieg des Wissens über die Lust nicht das eigentliche Anliegen des Dialogs sind, sondern dies in einer gründlichen Bestimmung der Natur der Lust und der Kriterien zu ihrer Beurteilung liegt, zeigt die Tatsache, dass Platon dazu eigens eine neue ontologische Einteilung in vier Klassen alles Seienden einführt: Grenze, Unbegrenztheit, die harmonische Mischung dieser beiden und die Ursache für solche Mischungen (*Phlb.* 23b–27c). In dieser Vierteilung, welche Grenze mit Zahlen und Zahlverhältnissen verbindet und somit nicht nur Anklänge an Pythagoreisches enthält, sondern auch auf die ›Mathematisierung‹ in Platons sog. ungeschriebener Lehre verweist, wird die Lust dem Unbegrenzten, das Wissen der Ursache harmonischer Mischungen zugeteilt. Ihre nähere Bestimmung weist den Schmerz als Störung, die Lust als Wiederherstellung des harmonischen Gleichgewichts in Körper und Seele aus, und legt damit die Rahmenbedingungen für eine umfassende kritische Beurteilung der Lust fest (*Phlb.* 31b–55c; vgl. Gosling 1975, 185–206; Frede 1997, 184–221). Diese richtet sich nach der Art der jeweiligen Störung bzw. des Mangels und deren Ausgleich oder Wiederherstellung. Platon geht hier sehr gründlich vor. Er unterscheidet Störungen und Wiederherstellungen, die im Wesentlichen den Körper, den Körper zusammen mit der Seele, oder die Seele allein betreffen. Die Kriterien zur Bewertung der verschiedenen Arten von Lust richten sich nach der Art und Gegenstand der ›Füllung‹ (dieser Ausdruck wird hier in teils metaphorischer, teils in wörtlicher Bedeutung gebraucht, wenn es um Füllungen durch Essen und Trinken und nicht um die Stillung seelischer Bedürfnisse geht).

In der ›Lustkritik‹ geht es um vier Arten der ›Falschheit‹ von Lust: Die Lust kann (a) auf einem Irrtum über ihren Gegenstand wie auch (b) auf einer Überschätzung des Ausmaßes der Lust (und Unterschätzung des Schmerzes) beruhen; (c) die Lust kann fälschlich mit Freiheit von Schmerz gleichgesetzt werden und sie kann (d) mit Schmerz vermischt sein. Da Platon selbst die Unterschiedlichkeit der Verwendung von ›falsch‹ hervorhebt, ist die Kritik, die ihm diese Redeweise vielfach eingetragen hat, nicht berechtigt (vgl. Frede 1997, 242–295). Sie verfehlt Platons Einsicht, dass Lust und Schmerz intentionale Zustände oder Prozesse sind, die nicht nur einfachen Gegenständen wie Essen und Trinken, sondern auch Meinungen und Überzeugungen gelten. So kann sich die Freude über einen angenommenen Sachverhalt als unbegründet erweisen, während die Freude am Unglück eines anderen, anders als es der Volksmund will, keine reine Freude darstellt. So zeigt Platon, dass die Schadenfreude in der Komödie0 in Wahrheit eine Mischung aus Lust und Schmerz, aus Übelwollen und Belustigung ist und einer entsprechenden moralischen Beurteilung unterliegt (*Phlb.* 48a–50a).

Da Platon den falschen oder verfehlten Arten von Lust schließlich ›wahre‹ und ›reine‹ Arten gegenüberstellt (*Phlb.* 503–53b) und diesen bei der ›Preisverleihung‹ am Ende des Dialogs den 5. Platz auf der Skala der Güter zuweist, wird vielfach die Auffassung vertreten, dass diese Arten von Lust keine bloßen ›Wiederherstellungsfreuden‹ sind, sondern in gewisser Weise die aristotelische Konzeption der Lust als vollkommene Tätigkeit (*energeia*) vorwegnehmen (so Gadamer 1931, 151–159; Hackforth 1945, 99–107; Gosling/Taylor 1982, 137–140; Carone 2000, bes. 263–270). All diesen Bemühungen stehen jedoch klare Aussagen im Text entgegen: Auch die reinen Arten der Lust sind Kompensationen eines ›ungefühlten Mangels‹ (*anaisthêtos endeia*, *Phlb.* 51b). Zudem beschließt Platon seine lange Erörterung der Lust mit der Erklärung, die Lust sei immer nur ein ›Werden‹ und daher dem Sein unterlegen (*Phlb.* 53c–55c). Dass Platon im *Philebos* gleichwohl einem aus Lust und Wissen gemischten Leben den Vorzug vor einem Leben des reinen Denkens gibt, beruht darauf, dass eine derartige Existenz allein den Göttern vorbehalten ist (*Phlb.* 32e–33b). Menschen sind eines Lebens ohne Schmerz und Lust nicht fähig; zudem dient die Lust an der Erfüllung ›ungefühlter Mängel‹ auch dem Ansporn zu Selbstverbesserung und Selbstvervollkommnung. Dass diese allenfalls zu einer Gottähnlichkeit, nicht aber zu einem göttlichen Status führen können, ist daher kein Zeichen eines unheilbaren Pessimismus Platons, sondern einer optimistischen Einschätzung menschlicher Möglichkeiten. Dies macht Platon zwar nicht zum Anwalt eines Hedonismus besonderer Art, wohl aber kann er so der Lust eine wichtige Rolle im menschlichen Leben zuweisen (vgl. Frede 1999).

Bestimmte Aspekte dieser Theorie der Lust finden sich auch in anderen Spätdialogen. So führt der *Ti-*

maios Lust und Schmerz zunächst mit dem Eros zusammen als ›gewaltsame Affekte‹ in der mit dem Körper verbundenen Seele ein (*Tim.* 42a–b). Die spätere physiologische Erklärung der Sinneswahrnehmungen bezieht auch die Entstehung von Schmerz und Lust mit ein und führt diese – ganz im Sinne des *Philebos* – auf naturwidrige heftige Störungen und intensive Wiederherstellungen zurück (*Tim.* 64a–65b). Auch hier erwähnt Platon die Möglichkeit ›ungefühlter‹ Auflösungen, deren Ausgleich durch eine intensive Bewegung als Lust ohne Schmerz empfunden wird (*Tim.* 65a). Ebenso werden emotionale Formen der Lust auf intensive Störungen zurückgeführt (*Tim.* 69c–d). Ferner beruft sich Platon zur Erklärung des Unterschiedes zwischen einem natürlichen, angenehmen und einem widernatürlichen, schmerzhaften Tod auf das Prinzip, dass alle natürlichen Veränderungen lustvoll, alle unnatürlichen schmerzhaft sind (*Tim.* 85d–e). Von geistiger Lust ist im *Timaios* nicht die Rede: Weder den regulären Bewegungen der Weltseele noch denen der menschlichen Seele wird ein Element der Lust zugeschrieben.

In den *Nomoi* stellen Lust und Schmerz einen wesentlichen Gesichtspunkt in der Erziehung der Bürger des Gesetzes-Staates dar, weil zwei der bürgerlichen Tugenden, Besonnenheit und Tapferkeit, welche Lust und Schmerz zum Gegenstand haben, zum Fundament des Gesetzesstaates gehören. Daher hat sich der Gesetzgeber ihrer in besonderem Maß anzunehmen (*Leg.* I 631a–632b). Die große Bedeutung des richtigen Umgangs mit Lust und Schmerz erhellt ferner der berühmte Vergleich der Seele mit einer Art Marionette, die von Lust und Schmerz wie durch eiserne Drähte gelenkt wird, welche ihrerseits vom ›goldenem Leitseil‹ der Vernunft abhängen (*Leg.* I 644c–645d; Schöpsdau 1994, 228–236; Bobonich 2002, 350–373). Während der richtige Umgang mit dem Schmerz als Sache militärischen Trainings kurz abgetan wird (*Leg.* I 633b–d), widmet der Athener der richtigen Disposition der Lust gegenüber eine lange Erörterung (634a–641c). Daraus erklärt sich die zunächst so befremdliche Organisation öffentlicher Trinkgelage als Test für den moralischen Zustand der Bürger. Eine nähere Bestimmung der Natur der Lust und eine Einteilung in unterschiedliche Arten findet sich in den *Nomoi* ebenso wenig wie Hinweise auf eine Dreiteilung der Seele oder eine grundsätzliche Bevorzugung intellektueller Freuden (Voigtländer 1960, 165–212; Bobonich 2002, 258–267). Stattdessen dient eine Charakterisierung der für Tugenden und Laster typischen Arten von Lust dem Erweis der Überlegenheit des Lebens der Tugend (*Leg.* V 732e–734e). Diese Zurückhaltung entspricht der Zielsetzung des Gesetzesstaates, dem es um die Eintracht unter den Bürgern, nicht aber um metaphysische oder auch naturphilosophische Grundlagen zu tun ist, sofern diese nicht unmittelbare Konsequenzen für die Einstellung der Bürger haben, wie etwa für das Vertrauen in eine sinnvolle Weltordnung (vgl. das Gesetz gegen Atheismus und seine Begründung, *Leg.* X 885c–903a). Zudem dürfte Plato davon ausgehen, dass seine Leser, was Natur und Bewertung der Lust angeht, mit der Lehre des *Philebos* vertraut sind und daher keiner weiteren Belehrung bedürfen. Ausführliche Wiederholungen sind bekanntlich in Platons Dialogen selten zu finden, sondern sie beschränken sich auf bloße Andeutungen. Nichts, was Platon in den *Nomoi* über Lust und Schmerz sagt, ist jedoch unverträglich mit der Annahme, dass er sie weiterhin als Störungen und Wiederherstellungen des natürlichen harmonischen Gleichgewichtes bzw. als Mangel und dessen Kompensation in Körper und Seele betrachtet.

Wie dieser kurze Abriss plausibel macht, ergeben sich je nach der Konzentration der Interpretation auf die frühen, mittleren oder späten Dialoge oder auch auf einzelne Dialoge innerhalb dieser drei Phasen unterschiedliche Einschätzungen der Natur und des Wertes der Lust bei Platon: Er kann als Befürworter wie auch als Gegner eines Hedonismus gelten, je nachdem, in welchem Sinn von Lust die Rede ist und welche Rolle sie in der Gesamtkonzeption des betreffenden Dialoges spielt.

Literatur
Bobonich, Christopher 2002: Plato's Utopia Recast. His Later Ethics and Politics. Oxford.
Carone, Gabriella 2000: »Hedonism and the Pleasureless Life in Plato's *Philebus*«. In: Phronesis 45, 257–283.
Frede, Dorothea 1993: »Out of the Cave: What Socrates Learned from Diotima«. In: Ralph M. Rosen/Joseph Farrell (Hg.): Nomodeiktes: Greek Studies in Honor of Martin Ostwald. Ann Arbor, 397–422.
Frede, Dorothea 1997: Platon *Philebos*. Übersetzung und Kommentar. Göttingen.
Frede, Dorothea 1999: »Der Begriff der *eudaimonia* in Platons *Philebos*«. In: Zeitschrift für philosophische Forschung 53, 1–26.
Gadamer, Hans Georg [4]2004: Platos dialektische Ethik [1931]. Leipzig.
Gosling, Justin C. B. 1975: Plato *Philebus*. Translated with Notes and Commentary. Oxford.
Gosling, Justin C. B./Taylor, Christopher C. W. 1982: The Greeks on Pleasure. Oxford.
Hackforth, Reginald 1945: Plato's *Philebus*. Translation with Introduction and Commentary. Cambridge.

Höffe, Otfried (Hg.) 1997: Platon *Politeia*. Berlin.
Irwin, Terence 1977: Plato's Moral Theory. Oxford.
Irwin, Terence 1979: Plato's *Gorgias*. Translated with Notes. Oxford.
Irwin, Terence 1995: Plato's Ethics. Oxford.
Kraut, Richard 1997: »Plato's Comparison of Just and Unjust Lives«. In: Höffe 1997, 271–290.
Manuwald, Bernd 1999: Platon *Protagoras*. Übersetzung und Kommentar. Göttingen.
Schöpsdau, Klaus 1994: Platon *Nomoi* Buch I–III. Übersetzung und Kommentar. Göttingen.
Taylor, Christopher C. W. 1976: Plato's *Protagoras*. Transl. with Notes. Oxford.
Taylor, Christopher C. W. 2008: Pleasure, Mind, and Soul: Selected Papers. Oxford.
Voigtländer, Hans D. 1960: Die Lust und das Gute bei Platon. Würzburg.
Warren, James 2014: The Pleasure of Reason in Plato, Aristotle, and the Hellenistic Hedonists. Cambridge.
Wolfsdorf, David 2013: Pleasure in Ancient Greek Philosophy. Philadelphia.
Woodruff, Paul 1982: Plato *Hippias Major*. Oxford.

Dorothea Frede

49 Mythos/Mythenkritik

Als ›Mythos‹ bezeichnet man – unabhängig von der literarischen Gattung – eine narrative Darstellung von Götter- oder Heroengeschichten. Ihre Mehrzahl lässt sich den menschheitsgeschichtlichen und kosmogonischen Aitologien zuordnen, die freilich nicht immer klar geschieden sind (Pfister 1930, 146 f.; Schäfer 1996, 34 f.). Diese vorläufige Skizzierung trifft auch auf die Mythen Platons zu; sie gestattet es, die Grundlagen ihrer identifizierenden Kennzeichen zu erschließen. Eine hilfreiche Liste der platonischen Mythen und ihrer Fundstellen in den Dialogen bieten Droz (1992, 18) und Most (2014, 12; vgl. dazu aber auch Nesselrath 2014).

49.1 Charakteristika und beabsichtigte Wirkungen platonischer Mythenerzählung

Für Platons Philosophie ist die Dialogform charakteristisch und auch inhaltlich von kaum zu überschätzendem Belang. Seine Mythenerzählungen überraschen daher und wurden in der Forschung lange als randständige Kuriosa übergangen oder mit gewissem Unbehagen verzeichnet. Demgegenüber wurde jedoch seit jeher auch in der Bildersprache der Dialoge wenn schon nicht immer Mythologisches, so doch Mythisches registriert, wofür die Figur der ›Anamnesis‹ von jenseitig Geschautem mit ihrem gezielten Anklang an die Lethe und das Schicksal der Seele im Jenseits den wohl prominentesten Beleg hergibt (vgl. Droz 1992, 77–87). Die allgemeine Frage nach diesen ohne narrativen Aufwand in den Normalverlauf der argumentativen Darstellung integrierten mythischen »Findlingen« von der Art des Anamnesis-Bildes leitet über zu einer geeigneten Einstiegsfrage in den Problemkomplex der Mythen bei Platon, nämlich, ob Platons Mythen Fiktionen des Autors oder Traditionsgut sind. Die Antwort darauf fällt zunächst abwägend aus: In der Überlieferung belegt sind neben Einzelmythologemen, die ständig unter der Hand in den Text einfließen, etwa aus der Prometheus-Sage stammende Darstellungsinhalte des protologischen Mythos in *Prot.* 320d–322d oder die auch bei Herodot (in Abwandlung) belegte Gyges-Geschichte (*Rep.* II 359a–360d). Daneben gibt es von Platons Sokrates erfundene Mythen (mit traditionellen Protagonisten) wie den Theuth-Mythos aus *Phdr.* 274c–275a. Die Reaktion des Phaidros in 275b zeigt, dass sie den Gesprächspartnern des Dialogs (stellvertretend für das Lesepublikum) auch leicht als *ad-hoc*-Entwürfe zu durchschauen waren. Doch zeigen gerade diese Erzählungen auch, dass jeder platonische Mythos traditionelle Versatzstücke oder Strukturen integriert. Und das mit Absicht: Der Mythos will offenbar immer etwas Bekanntes anklingen lassen, da er dazu dient, über geläufige Motive Neues narrativ nahe zu bringen. Dieses Verfahren ist dem Mythos mit der Einführung neuer Bedeutungen überkommener ›normalsprachlicher‹ Wörter durch Platon in den Dialogen gemeinsam (vgl. Kerényi 1964, 12–14, zur Umdeutung von *theologia*, und Herrmann 2006, 44–59, zu *ousia*). Der Mythos dient so dem Argumentationsgang und seiner Ergebnisgewinnung, er steht nicht allein, sondern hat seinen Platz innerhalb eines Dialogganzen, das ihn erklärend und situierend umfasst, und das er einführt, ergänzt, kontrapunktiert, wiederholt oder widerspiegelt. Die argumentative Dienlichkeit des Mythos zeigt sich auch darin, dass, wie im *Symp.*, ein Mythos (der Diotima) einen anderen (des Aristophanes) im Sinne einer argumentativen Ergebnisgewinnung überbieten und korrigieren kann.

Im Hintergrund dieses (keineswegs immer ganz bruchlosen) Miteinanders und Ineinanders von argumentativer und narrativer Themenbewältigung bei Platon steht u. a., dass *mythos* und *logos* (so eine gängige terminologische Opposition) dem Begriffsgehalt nach ursprünglich beide das ›vernünftig darstellende Reden‹ bedeuten, der eine eben vor allem in Erzählform, der andere in argumentativ nachvollziehbarer Form (Janka 2013, 203f., und Janka 2014, 25–36). In dieser Tradition gesehen ist der Mythos bei Platon durchaus, wenn auch nicht immer, Ausdrucksmedium von Wahrem und entsprechend gibt sich Platons Sokrates etwa vom Wahrheitsgehalt des Diotima-Mythos gänzlich überzeugt (*Symp.* 212bc). Aber schon vor Platon lässt sich bei Pindar, Herodot und anderen Autoren zunehmend ein Wertungsgefälle in der Wortverwendung feststellen, das dem Mythos im griechischen Sprachgebrauch die Rolle des Unverbürgten und Fabulatorischen ohne Wahrheitsanspruch bis hin zur Auffassung als »Kindermärchen« zuweist, dem *logos* hingegen die Rolle des rational und traditionsunabhängig Nachvollziehbaren. Bei Platon gibt es daneben auch etliche Misch- oder Zwischenformen dieser Auffassungsweisen; als Beispiel sei nur der lange Passus eines in aitiologischer Absicht geschichthaft erzählten Argumentverlaufs zur Staatsgründung in der *Rep.* genannt, der von den Dialogpersonen als eine Art des *mythologein* aufgefasst wird (II 376d; VI 501e) und von den bisweilen verlegenen Interpreten deswegen mal als sozialhistorischer Rückblick, mal als zeitlos gedachte Themenanalyse verstanden wird (Höffe 1987, 222–260; Schäfer 2013, 229).

Auf diesem Hintergrund lässt sich, wenn schon nicht eine Definition, so doch eine Liste identifizierender Kennzeichen des Mythos bei Platon vorlegen (vgl. Most 2014, 13–15): Es handelt sich bei den Mythen um narrative Monologe, die von einem älteren Erzähler an einen jüngeren Zuhörer gerichtet sind, sie stehen bevorzugt am Beginn oder am Ende einer dialektischen Dialogpassage und offenbaren somit ihre psychologische oder pädagogische Stoßrichtung. Der Mythos gibt also Anlass zu einer argumentativ begründenden Erörterung oder schließt eine solche ab, etwa, um ihre Ergebnisse emotional zu festigen. Der Erzähler beruft sich des Weiteren – zu Recht oder zu Unrecht – auf (vorwiegend traditionelle) Quellen, wobei er – anders als der *logos* – zumeist von nicht *semper, ubique, ab omnibus* nachprüfbaren oder nur ›schwer fassbaren‹ Themen wie Kosmogonien, Göttern, oder Heroen der Vorzeit handelt. Zusätzlich wird in Platons Darstellung immer wieder die Länge und wortreiche Schwelgerei des Mythos angesprochen und kritisch mit dem Erkenntnisertrag in Beziehung gesetzt (Schäfer 2014, 207–210). Insbesondere wenn Sokrates als Erzähler auftritt, werden auch Platons eigene Theoprepie-Regeln und Dichtervorschriften aus der *Rep.* eingehalten (s. Kap. V.49.2). Generell bemisst sich der »Wert« eines Mythos bei Platon anscheinend gern an der Person, die ihn erzählt, und es ist gerade für die Interpretation und als Verlässlichkeitskriterium keineswegs einerlei, ob man einen Mythos vor sich hat, der von ›positiven‹ oder philosophisch ernsthaften Gestalten wie Sokrates oder Timaios vorgetragen wird oder eben einem Sophisten wie Protagoras (*Prot.* 320d–322d) und einem Komödiendichter wie Aristophanes (*Symp.* 189d–193a) in den Mund gelegt ist. Die Charakterzeichnung eines Gesprächsteilnehmers färbt somit auf den anzunehmenden Wahrheitsgehalt oder die Vertrauenswürdigkeit des von ihm dargebotenen Mythos ab und bringt dadurch auch eine gesprächsdynamisch ›performative‹ Rückbindung des Mythenerzählens an das dominierende Dialogganze zu Tage. Entsprechend wurden neben themengebundenen Einteilungsmustern (Droz 1992, 18) und funktional bündelnden Einordnungen (als »traditionell«, »pädagogisch«, »philosophisch« u. a.: vgl. Janka 2014, 39–43; Droz 1992, 15f.) zu einer Klassifizierung der platonischen Mythen auch erzählergebundene Kriterien vorgeschlagen (Janka 2013, 203–209).

Aus den genannten Charakteristika lassen sich auch verschiedene durchaus positive Wirkungen in der Absicht des Mythenerzählens ersehen, die Pépin (1972, 479–482) als ›objektive‹ und ›subjektive Wohltaten‹ oder ›Dienste‹ der platonischen Mythen folgendermaßen klassifiziert hat: Auf der ›objektiven Seite‹ steigert oder erschließt der Mythos den Bedeutungsreichtum einer Aussage durch vielfache Auslegungsmöglichkeiten; er erleichtert die Analyse und Darstellung eines komplexen Problems durch den Appell an Intuition, visuelles Vorstellen u. Ä.; und er respektiert und kennzeichnet Tabufelder und Grauzonen von Themenbereichen, indem er in Bildern davon redet. Ähnlich lautet das Fazit zum Er-Mythos der *Rep.* bei Halliwell (2007, 445): »tests the limits of understanding«, »yields a surplus of possible meanings that cannot be adequately encompassed by any simple interpretation«, »stands in a kind of challenging counterpoint [...] with the rest of the *Republic*«. Von der ›subjektiv wohltuenden‹ Seite her betrachtet stimuliert der Mythos zum Weiterdenken, oft v. a. durch seine *prima facie* absurd anmutenden oder kuriosen Darstellungselemente; er nimmt den eher ›blutleer‹ erscheinenden Theorieübungen, die er kontrastiert oder widerspiegelt, die Langeweile und Trockenheit, womit er gleichzeitig den Dialog auflockert und mit Spannung lädt; und er ist gleichsam ein hermeneutischer Belastungstest, wie eine Nagelprobe zur Aussonderung oder Unterscheidung derer, die sich auf Denken und Argumentation des Autors – oder zumindest: des Sprechers im Dialog – einlassen wollen oder nicht. Ähnliches zeigt die Sammlung platonischer Selbstaussagen zu den verschiedenen Mythen bei Droz (1992, 15).

Diese Liste identifizierender Kennzeichen und die Funktionsanalysen konkretisieren sich augenfällig in den Seelenmythen und insbesondere in der ›Großform‹ der eschatologischen Schlussmythen des platonischen Werks: Sie beschließen die Dialoge *Gorg.* und *Rep.* (mit dem Sonderfall des Jenseitsmythos im *Phd.*: vgl. Schäfer 2011, 173 f.) und werden einschränkend als in der Aussage ›wahrscheinlich‹, jenseits des epistemologisch Zugänglichen charakterisiert. (Selbst der große kosmologische Entwurf des *Tim.* wird als »wahrscheinliche Erzählung«, *eikôs mythos* – und wahlweise genauso als »wahrscheinlicher *logos*« – bezeichnet; vgl. Mesch 2009.) Auch in der Konstruktion dieser Mythen dominiert das Baumaterial traditioneller Jenseitserzählungen, sie soll das Fazit des Dialogteils unterstreichen (so im *Gorg.*-Mythos 523a–527b), dem umschließenden Argument des Dialogs zuarbei-

ten oder die traditionellen religiösen Vorstellungen als Erlebnisbericht verbürgen (so im Er-Mythos der *Rep.* X 613e–614b; Cürsgen 2014). Manche Interpreten haben dieses Deutungsschema auf die Spitze getrieben und vom Mythos als bloßer »handmaid of philosophy« gehandelt (Edmonds 2004, 169).

49.2 Kritik und Potential des Mythos

Die moderne Diskussion um die Mythenerzählungen bei Platon kreist vielfach um die Frage, ob der Mythos gegenüber den argumentativen Dialogpartien inhaltlich etwas Zusätzliches oder eine bessere Einsicht erbringt, etwas, das der *logos* nicht oder so nicht herbeischaffen kann und das somit für eine (zumindest partielle) Überlegenheit des mythischen ›Diskurses‹ spricht. In diesem Sinne ist wiederholt argumentiert worden, doch wiegen die Gegenargumente schwer (vgl. zu diesen Kobusch 2014). An deren Spitze steht letztlich die Aufgehobenheit des Mythos im Dialogganzen, das ihn einerseits einbindet und erklärt, und dessen Ergebnisse zu erklären und sinnlich zu binden andererseits die Hauptaufgabe des Mythos ist. Damit sind die Abhängigkeitsverhältnisse eindeutig festgestellt.

Eine weitere vielsagende Facette ist die Kritik des Mythos, in der Platon die Standards des Erzählens den Kriterien des argumentativ Nachvollziehbaren unterstellt. Aus Platons Mythenkritik in der *Rep.* geht hervor, dass die Mythen der Dichter zwar pädagogische und heuristische Bedeutung für die Erziehung zur Philosophie haben können. Doch dürfe der traditionelle Mythos dieser nicht als gleichwertig zur Seite gestellt werden, ist doch die Philosophie die höchste Art zu dichten, wie Sokrates im *Phd.* behauptet (60e–61a). Denn erst die philosophische Erkenntnis, und insbesondere die Erkenntnis des Guten, gibt den Ausschlag für jede weitere Erkenntnis. Diesem Modell steht die griechische Auffassung entgegen, in den Mythendichtern, v. a. in Hesiod und Homer, die Lehrer des Volkes und den Maßstab jeder Erziehung zu sehen, wovon auch *Rep.* X 606e und *Prot.* 338e–339e Zeugnis ablegen (vgl. Herodot II 49; Xenophanes, Fragment 21B10). Gerade in Anbetracht dieses kanonischen Bildungsprogramms setzen die platonischen Dialoge auf eine strenge Überwachung des Mythenerzählens, und zwar in erster Linie betreffs der Inhalte und erst in zweiter Linie hinsichtlich seiner Ausdrucksformen (*Rep.* II 392c; vgl. Halliwell 1997, 321). Diese Kontrolle soll das Mythenerzählen nicht abschaffen, sondern seinen pädagogischen Charakter aufdecken und den Mythos somit erst richtig zur Geltung kommen lassen (*Plt.* 304a–d). Platons Rückstufung des Mythos und der Dichtung »versteht sich dann aus der Radikalität seiner Option für die Philosophie« (Kutschera 2002, I 70). Erkenntnis ist von den traditionellen Mythen, die in der *Rep.* angegriffen werden, also letztlich nicht zu bekommen, vor allem aber nicht die höchste Erkenntnis des Guten. Das erklärt auch, warum die Dichter unmoralische Geschichten über die Götter erzählen, was schon vor Platon als anstößig empfunden wurde und als Ausgangspunkt beständiger philosophischer Kritik diente. Platons Ausführungen stehen hier in der langen Tradition der geforderten ›Gottangemessenheit‹ (*theoprepeia*) des Redens (Dreyer 1970). Gott sei gut und tue oder bewirke nichts Schlechtes, heißt der erste Standard des vernünftigen Sprechens von den Göttern in *Rep.* II 379a–c. Erst aus dieser richtigen Erkenntnis ergibt sich das rechte Erzählen. Alles, was die überlieferten Mythenerzählungen den Göttern anlasten: Täuschung, Lügen, Ehebruch, Mord, Diebstahl und Ähnliches, halte diesem Anspruch nicht stand und dürfe daher nicht zugelassen werden (*Rep.* X 607a; vgl. Xenophanes, Fragmente 21B11 und 12; Schäfer 1996, 25–254). Solche Göttergeschichten taugten für die Heranbildung von Menschen, die ihr Leben in moralischer Eigenentscheidung führen lernen und den Tod nicht fürchten sollen, genausowenig wie solche Mythen, die von den Schrecken der Unterwelt oder vom Glück schlechter Leute handeln; sie müssen daher in einer vorbildlichen Polis zensiert werden (*Rep.* III 386c–392c, X 606b–608b; Halliwell 1997, 314). Zu Recht ist immer wieder darauf hingewiesen worden, welch große Wertschätzung für die großen Dichter bei all dieser Kritik aus Platons Worten spricht (Moss 2007; O'Connor 2007). Ähnlich wie die Musik kann die Dichtung über das Gefühlsleben die menschlichen Haltungen beeinflussen und darin in hohem Maße förderlich wie verderblich wirken (*Rep.* X 602c ff.); darin gleicht das Mythendichten der Rhetorik und deren Stärken und Fallen (*Rep.* III 396e; Halliwell 1997, 322–329). Da literarische Darstellung ihrem ganzen Wesen gemäß Nachahmung sei, durch ihre Wirkung insbesondere auf die nichtrationalen Seelenteile jedoch große Macht auf die psychische Entwicklung nehme und damit selbst wieder Nachahmung hervorrufe, dürfe das Mythenerzählen nur solches zur Darstellung bringen, was vorbildlich sei und zum rechten Handeln anreize (*Rep.* III 394c–e, 401c, VI 595a–608b; *Phlb.* 48a–d). Die ontologisch grundgelegte Kritik der Mimesis wandelt sich bei Platon demgemäß an manchen Stellen in eine ethische und ›politische‹, wie die beiden großen Lehrstücke zur Darstellungskunst in *Rep.* II 379a–398b und X 595a–608b zeigen. Im Hintergrund steht die Überzeugung, dass nicht die Wiedergabe des sinnenfällig Begegnenden wahrheitsfähig ist, sondern dass sich die Wahrheit in der geistigen Reflexion auftut, die, wie in der Philosophie, nicht die konkreten Einzeldinge ins Auge fasst, sondern deren Wesensarten oder Sinngehalte sowie die reinen Sinnverhältnisse (*logoi*) zwischen ihnen (*Phd.* 99e). Nicht den Einzelfall eines Königs in naturalistischer Spiegelbildlichkeit wiederzugeben sei der Sinn künstlerischer Darstellung, sagt Platons Sokrates im Hinblick auf die Aufführung von Königsmythen in den Tragödien; sondern an *einem* König das Wesen des Königseins überhaupt darzustellen, um es so begreiflich zu machen (*Rep.* X 597e).

49.3 Fazit: Alles Vergängliche ist nur ein Gleichnis

Für die Einordnung des Mythos, seines Zwecks, Sinns und Stellenwerts im platonischen Dialogwerk ist es lohnend, die Mythen arbeitstechnisch in Nähe zur Gleichnisrede zu stellen, in der auch die berühmtesten der philosophischen Bilder Platons wie die geschichtenartig beschreibenden Parabeln vom Seelenwagen im *Phdr.* (246a–256e) und von der Höhle in der *Rep.* (VII 514d–517a) erzählt werden, wenn auch diesen narrativen Lehrstücken oft das traditionell mythische Personal (scheinbar) abgeht (beide werden gleichwohl bei Droz 1992, 18 und 88–102, unter den mythischen Erzählungen abgehandelt). In Gleichnissen und Parabeln unterscheidet man seit Lessing einen anvisierten ›Sachteil‹ und einen umsetzenden ›Bildteil‹: Etwas gedanklich Erfasstes oder nur Begreifbares, um das es eigentlich geht, wird vergleichend in ein sinnlich greifbares Bild und damit im Dienste eingängigen Erfassens in eine andere Lebenswirklichkeit umgesetzt. Die Abhängigkeitsverhältnisse und gegenseitigen Zugangseröffnungen beider ›Teile‹, ›Dimensionen‹ oder ›Wirklichkeiten‹ sind damit klar abgesteckt. Die Zuordnungen gleichen nun nicht zufällig denen, die bei Platon zwischen der logischen Argumentation und ihren gedanklichen Ergebnissen einerseits und dem eingängigen, sinnlich ansprechenden Mythos andererseits bestehen, soweit dieser den abstrakt gewonnenen Gedanken abbilden, widerspiegeln, intuitiv vorbereiten oder emotional festigen soll. So kann man im Mythos einen »konkretisierten Logos« und ein »integratives Moment philosophischer Darstellung bei gleichzeitiger Orientierung am Logos« sehen (Pietsch 2014, 159 f.). Mehr noch: »Alles Vergängliche ist nur ein Gleichnis«, wie Goethe sagt, und tatsächlich besteht ja das Abhängigkeitsverhältnis des sinnlich Zugänglichen (im ›Bildteil‹ von Gleichnissen) vom nur gedanklich Erfassbaren (im ›Sachteil‹ von Gleichnissen), das es als sein Erfüllungsziel anvisiert, auch zwischen den beiden ontologischen Wirklichkeiten der Lehre Platons, der nur geistig einzusehenden Ideenwelt und der sinnlich anzusehenden Realität. Im selben Sinne spricht *Tim.* 37d von der (sinnlich erfahrbaren) Zeit als einem »beweglichen« Abbild der (das Geistige charakterisierenden) Ewigkeit und spricht somit das gleichnishafte Abhängigkeitsverhältnis der Wirklichkeiten aus (Mesch 2009). Es zeigt sich also eine dreifache Parallelisierung: der Ideenwelt steht die sinnliche Wirklichkeit gegenüber, dem erfassten Gedanken (angestrebter ›Sachteil‹) die sinnenfällige Umsetzung (im anzeigenden ›Bildteil‹), der argumentativen Rede (›ewiger‹ *logos* des Dialogs) die narrative (›beweglicher‹ *mythos*). Freilich scheint aber Platon immer wieder gerade auf die Gefahr hinzuweisen, dass sich die Mythen in ihrer Buntheit und Anschaulichkeit verlieren können und somit den argumentativen *logos* in seiner Unbestechlichkeit zu verwässern oder zu pervertieren drohen (Schäfer 2005, 416–422). Welche Rolle der Mythos in der dreifachen Parallelisierung spielt, zeigen die Hinweise Platons auf die Dienlichkeit der sinnlichen Wahrnehmung für die (geistige) Erkenntnis (*Symp.* 209e–212c; *Phd.* 73c–74d; Perkams 2013, 265–267): Die Wahrnehmung des Sinnenfällig-Zeitlichen soll als Umsetzung und Propädeutik angesehen werden und als solche auf die geistige Erkenntnis hin anstoßen.

Literatur
Collobert, Catherine/Destrée, Pierre/Gonzalez, Francisco J. Gonzalez (Hg.) 2012: Plato and Myth. Leiden/Boston.
Colloud-Streit, Marlis 2005: Fünf Platonische Mythen im Verhältnis zu ihren Textumfeldern. Fribourg.
Cürsgen, Dirk: »Der Mythos des Er«. In: Janka/Schäfer 2014, 373–398.
Dreyer, Otto 1970: Untersuchungen zum Begriff des Gottgeziemenden in der Antike. Hildesheim.
Droz, Geneviève 1992: Les mythes platoniciens. Paris.
Edmonds III, Radcliffe G. 2004. Myths of the Underworld Journey: Plato, Aristophanes and the ›Orphic‹ Gold Tablets. Cambridge.
Halliwell, Stephen 1997: »The *Republic*'s Two Critiques of Poetry«. In: Otfried Höffe (Hg.): Platon, *Politeia*. Berlin, 313–332.
Halliwell, Stephen 2007: »The Life-and-Death Journey of the Soul: Interpreting the Myth of Er«. In: G. R. F. Ferrari (Hg.): The Cambridge Companion to Plato's *Republic*. Cambridge, 445–473.
Herrmann, Fritz-Gregor 2006: »OUSIA in Plato's *Phaedo*«. In: Ders. (Hg.): New Essays on Plato. Language and Thought in Fourth-Century Greek Philosophy. Swansea, 43–73.
Höffe, Otfried 1987: Politische Gerechtigkeit. Grundlegung einer kritischen Philosophie von Recht und Staat. Frankfurt a. M.
Janka, Markus 2013: »Mythos«. In: Christian Schäfer (Hg.): Platon-Lexikon. Begriffswörterbuch zu Platon und der platonischen Tradition. Darmstadt ²2103, 203–209.
Janka, Markus 2014: »Semantik und Kontext: MYTHOS und Verwandtes im Corpus Platonicum«. In: Janka/Schäfer ²2014, 23–46.
Janka, Markus/Schäfer, Christian (Hg.) ²2014: Platon als Mythologe. Interpretationen zu den Mythen in Platons Dialogen. Darmstadt.
Kerényi, Karl 1964: Griechische Grundbegriffe. Zürich.
Kobusch, Theo 2014: »Die Wiederkehr des Mythos. Zur Funktion des Mythos in Platons Denken und in der Philosophie der Gegenwart«. In: Janka/Schäfer ²2014, 47–60.
Kutschera, Franz von 2002: Platons Philosophie. Band I. Paderborn.
Mesch, Walter 2009: »Zeit und Ewigkeit in Platons *Timaios*«. In: Reinhard Kratz/Hermann Spiekermann (Hg.): Zeit und Ewigkeit als Raum göttlichen Handelns. Berlin/New York, 69–97.
Moss, Jessica 2007: »What is Imitative Poetry and Why is It Bad?« In: G. R. F. Ferrari (Hg.): The Cambridge Companion to Plato's *Republic*. Cambridge, 415–444.
Most, Glenn W. 2014: »Platons Exoterische Mythen«. In: Janka/Schäfer ²2014, 9–21.
Nesselrath, Heinz-Günther: »Platons Atlantis-Geschichte – ein Mythos?«. In: Janka/Schäfer ²2014, 339–354.
O'Connor, David K. 2007: »Rewriting the Poets in Plato's Characters«. In: G. R. F. Ferrari (Hg.): The Cambridge Companion to Plato's *Republic*. Cambridge, 55–89.
Pépin, Jean 1972: Mythe et allégorie. Paris.
Perkams, Matthias 2013: »Sinneswahrnehmung«. In: Christian Schäfer (Hg.): Platon-Lexikon. Begriffswörterbuch zu Platon und der platonischen Tradition. Darmstadt ²2013, 265–268.
Pfister, Friedrich 1930: Die Religion der Griechen und Römer. Leipzig.
Pietsch, Christian 2014: »Mythos als konkretisierter Logos. Platons Verwendung des Mythos am Beispiel von *Nomoi* X 903b–905d«. In: Janka/Schäfer ²2012, 157–172.
Schäfer, Christian 1996: Xenophanes von Kolophon. Ein Vorsokratiker zwischen Mythos und Philosophie. Stuttgart/Leipzig.
Schäfer, Christian 2005: »Zur Vorsokratikerdarstellung im *Phaidon*«. In: Georg Rechenauer (Hg.): Frühgriechisches Denken. Göttingen, 407–422.

Schäfer, Christian 2011: »Der Mythos im *Phaidon*«. In: Jörn Müller (Hg.): Platon, *Phaidon*. Berlin, 159–174.

Schäfer, Christian 2013: »Polis«. In: Ders. (Hg.): Platon-Lexikon. Begriffswörterbuch zu Platon und der platonischen Tradition. Darmstadt ²2013, 228–233.

Schäfer, Christian 2014: »Herrschen und Selbstbeherrschung: Der Mythos des *Politikos*«. In: Janka/Schäfer ²2014, 203–224.

Christian Schäfer

50 Ontologischer Komparativ

50.1 Belege für den ontologischen Komparativ bei Platon

Als »ontologischen Komparativ« (vgl. Bröcker 1959) bezeichnet man die These, dass manche Dinge mehr sind, ›seiender‹ sind als andere. Diese in der englischsprachigen Literatur meist als Annahme von *degrees of reality* bezeichnete These (vgl. z. B. Allen 1960, 155–157; Vlastos 1973, 58) wird Platon vor allem mit Blick auf seine sog. Zwei-Welten-Lehre (s. Kap. V.62) zugeschrieben, die mit der These verbunden sei, dass die Entitäten der intelligiblen Welt (die Ideen) in höherem Grade seien als die sinnlich wahrnehmbaren Entitäten. Die Zuschreibung ist gerechtfertigt, da in der *Politeia* tatsächlich von »Dingen, die mehr sind« (*mallon onta*) die Rede ist; als *mallon onta* werden hier freilich nicht Ideen im Verhältnis zu Sinnendingen bezeichnet, sondern (1) – im Höhlengleichnis des siebten Buchs – die Artefakte im Verhältnis zu ihren Schatten, die an der Höhlenwand erscheinen (515d3; vgl. zur Stelle Vlastos 1973, 60–62) und (2) – im neunten Buch – wahre Meinung, Wissen, Vernunft und die Tugend insgesamt im Verhältnis zu dem, womit körperliche Bedürfnisse befriedigt werden (585b11–d3) sowie die Seele im Verhältnis zum Körper (585d5 f.).

Obwohl die These, dass die Ideen einen höheren Seinsgrad aufweisen als die Sinnendinge, nicht explizit ausgesprochen wird, kann sie als Implikation der im fünften Buch der *Politeia* vertretenen Auffassung angesehen werden, dass die Sinnendinge in der Mitte zwischen dem auf reine Weise Seienden (d. h. den Ideen) und dem völlig Nicht-Seienden lägen (*Rep.* V 477a7, 478d6 f., 479d4 f.). Diese These dürfte implizieren, dass die Sinnendinge mehr sind als das überhaupt nicht Seiende, aber weniger als das auf reine Weise Seiende (vgl. Bröcker 1959, 416). In demselben Zusammenhang ist auch von »mehr sein« (*mallon einai*) und »mehr nichtsein« (*mallon mê einai*) die Rede: Es wird bemerkt, dass die Sinnendinge weder Nicht-Seiendes an Dunkelheit darin überträfen, dass sie in höherem Maße nicht seien, noch auch Seiendes an Helligkeit darin, dass sie in höherem Maße seien (479c7–9).

50.2 Grade der Reinheit des Seins

Dass an den zitierten Stellen mehrfach vom »auf reine Weise (*eilikrinôs*) Seienden« die Rede ist, deutet darauf hin, dass die Seinsgrade genauer als Grade der

Reinheit des Seins zu beschreiben sind (vgl. auch *Rep.* V 478e1–3). Platon scheint dabei »Sein« analog zu Masse-Ausdrücken wie »Gold«, »Wasser«, »Licht« behandelt zu haben: So wie z. B. ein Klumpen Gold in dem Maße als reineres Gold bezeichnet werden kann, in dem er weniger Bestandteile enthält, die kein Gold sind, kann eine Entität in dem Maße als reineres Seiendes bezeichnet werden, in dem es weniger Anteile von Nicht-Sein aufweist (vgl. zu dem Beispiel Vlastos 1973, 48; Code 1993, 92 f.).

Der Vergleich der Seinsskala mit einer Skala von Graden der Reinheit von Gold hilft allerdings nur bedingt weiter, den ontologischen Komparativ verständlich zu machen, denn Sein und Nicht-Sein sind gewiss keine stofflichen Elemente, und schon deshalb ist die Rede von »Anteilen von Sein« und »Anteilen von Nicht-Sein« potentiell irreführend. Insbesondere ist die Vorstellung einer Mischung beider Anteile geeignet, die logische Schwierigkeit zu verdecken, die darin liegt, Entitäten sowohl Sein als auch Nicht-Sein zuzuschreiben: Schließen Sein und Nicht-Sein einander nicht gerade aus? Muss man sich nicht, wie bereits Parmenides B2 zu lehren scheint, für einen der beiden Wege entscheiden, den des Seins oder den des Nicht-Seins? Warum meint Platon, in Bezug auf die Sinnendinge einen dritten Weg des Seins *und* Nicht-Seins beschreiben zu können (zur Frage, ob in B6, 4 f. ein dritter Weg angedeutet wird, siehe mit Bezug auf *Politeia* V Palmer 1999, 38–42)?

50.3 Sein und Nicht-Sein der Sinnendinge

Um dies zu klären, ist ein näherer Blick auf die griechischen Entsprechungsstücke von »Sein« und »Nicht-Sein«, *einai* und *mê einai*, nötig und zu fragen, in welchem Sinne den Sinnendingen in *Politeia* V sowohl *einai* als auch *mê einai* zugeschrieben werden (*Rep.* V 477a6, 478d5–6, e1–2; vgl. zu den verschiedenen Deutungen von *einai* in *Politeia* V Fine 1978, 124). Der Kontext der These (vgl. *Rep.* V 478e7–479c5) spricht für ein *prädikatives* Verständnis von »Sein« und »Nicht-Sein«. Diese Deutung wird seit Vlastos (1973, 63) von der Mehrheit der Interpreten akzeptiert (vgl. u. a. Ketchum 1980, 214; Annas 1981, 198; Graeser 1982, 34–35; Stemmer 1985, 87–90; Smith 2000, 151–152). Die Alternative zwischen der existentiellen und prädikativen Deutung wird dagegen in Frage gestellt von Brown (1994, 220–228), Gonzalez (1996, 258–262) und Kahn (2004, 385). Das prädikative Verständnis stützt sich v. a. darauf, dass Sokrates

Glaukon fragt, ob jedes der vielen Sinnendinge das mehr sei als nicht sei, als was man es beschreibe (*Rep.* V 479b9 f.), worauf Glaukon entgegnet, dass man dies nicht strikt ausmachen (*pagiôs noêsai*) könne (*Rep.* V 479b11–c5). Diese Stelle legt *prima facie* zwei Lesarten der These, dass die Sinnendinge sind und nicht sind, nahe, eine stärkere und eine schwächere: Dass jedes Sinnending x sowohl ist als auch nicht ist, bedeutet nach der stärkeren Lesart, dass für *alle* generellen Terme »F«, die auf x zutreffen, gilt, dass x nicht nur F ist, sondern auch nicht-F ist (diese Lesart vertreten u. a. Bolton 1975, 77–82; White 1977, 197; Horn 1997, 298). Nach der schwächeren Lesart bedeutet die These, dass für *einige* der generellen Terme »F«, die auf x zutreffen, gilt, dass x nicht nur F ist, sondern auch nicht-F ist (diese Lesart vertreten u. a. Allen 1961, 329; Nehamas 1975, 108; Annas 1981, 209).

Um zu sehen, dass die These zumindest in der schwächeren Lesart durchaus vertretbar ist, braucht man nur für »x« »Helena« und für »F« »schön« einzusetzen: Helena ist zweifellos, verglichen mit anderen sterblichen Frauen, schön, aber verglichen mit einer Göttin wie Aphrodite ist sie nicht schön, sondern sogar hässlich (siehe *Hp. mai.* 289a8–b8). Da es nun ziemlich sicher für jedes Sinnending, x, generelle Terme gibt, die – so wie »schön« auf Helena – in bestimmten Hinsichten auf x zutreffen und in anderen Hinsichten nicht, scheint die Verallgemeinerung für *alle* Sinnendinge durchaus berechtigt. Wichtig ist jedoch – um den Anschein eines Widerspruchs zu vermeiden –, dass die Einschränkungen expliziert werden, unter denen der Term auf x zutrifft, und die, unter denen er nicht auf x zutrifft – im genannten Beispiel sind dies die Einschränkungen »verglichen mit anderen sterblichen Frauen« und »verglichen mit Göttinnen«.

Die Explikation dieser Einschränkungen macht auch klar, warum die schwächere der beiden erwähnten Lesarten der These, dass jedes Sinnending sowohl ist als auch nicht ist, gegenüber der stärkeren den Vorzug verdient, falls die These Plausibilität besitzen soll: Denn würden wir einen generellen Term bilden, in dem neben dem Wort »schön« sämtliche Einschränkungen des Schönseins der sinnlich wahrnehmbaren Entität, auf die er angewandt werden soll, explizit vorkommen, so träfe er auf diese Entität nicht zugleich verneint zu, da keine weiteren Einschränkungen gedanklich ergänzt werden könnten, unter denen sich der Widerspruch zwischen der affirmativen und der negativen Zuschreibung des Terms vermeiden ließe. Man würde also erwarten, dass die These, dass jedes Sinnending x F ist und nicht-F ist, nur für *einige*, nicht für *alle* generelle

Terme »F« vertreten wird, da ein genereller Term »F« auf ein Sinnending x nur dann derart zutrifft, dass x nicht nur F ist, sondern auch nicht-F ist, wenn das F-Sein von x und das Nicht-F-Sein von x in je verschiedenen Hinsichten eingeschränkt werden kann.

Ein Kuriosum der so verstandenen These, dass die Sinnendinge sind und nicht sind, ist, dass mit ihr nur die generellen Terme berücksichtigt werden, die auf Sinnendinge *eingeschränkt* zutreffen. Ganz außer Acht gelassen werden die generellen Terme, die auf Sinnendinge *uneingeschränkt* zutreffen, z. B. »Mensch« (vgl. Annas 1981, 209): solange Helena lebt, ist sie ein Mensch, und es gilt unter keinen Umständen, dass sie kein Mensch ist. Man mag daher gegen die so verstandene These, dass die Sinnendinge sind und nicht sind, einwenden, dass sie mit der Ausklammerung der auf Sinnendinge uneingeschränkt zutreffenden generellen Terme ein verzerrtes Bild des Seins der Sinnendinge zeichnet, und man versteht besser, warum Aristoteles – durchaus in anti-platonischer Stoßrichtung – gerade diese Terme als die auszeichnen wird, mit denen wir – mehr oder weniger genau – das Wesen (*ti estin*) der Sinnendinge angeben, die uns also näher zu deren Sein bringen als die, die nur eingeschränkt auf sie zutreffen (vgl. *Cat.* 2b31–37).

Wenn – wie bisher angenommen – das unreine Sein eines Sinnendings x darin besteht, dass für einige der generellen Terme »F«, die auf x zutreffen, gilt, dass x nicht nur F ist, sondern auch nicht-F ist, liegt die Annahme nahe, dass das reine Sein einer Idee y darin besteht, dass für *keinen* der generellen Terme »F«, die auf y zutreffen, gilt, dass y nicht nur F ist, sondern auch nicht-F ist. Doch scheint dies ein zu starkes Kriterium für das reine Sein einer Idee zu sein; denn es gibt gewiss generelle Terme, die auf Ideen bloß eingeschränkt zutreffen: Zum Beispiel trifft der generelle Term »etwas, das von Helena partizipiert wird« auf die Idee des Schönen zu bestimmten Zeitpunkten zu (wenn zutrifft, dass Helena schön ist), zu anderen Zeitpunkten nicht (wenn Helena noch nicht oder nicht mehr schön ist). Platon scheint ein schwächeres Kriterium für das reine Sein einer Idee im Blick gehabt zu haben, nämlich das Kriterium, dass jede Idee namens »das F(e) selbst« (z. B. das Schöne selbst, das Gerechte selbst) uneingeschränkt F ist: das Schöne selbst ist uneingeschränkt schön, das Gerechte selbst ist uneingeschränkt gerecht, etc. (siehe zur Implikation der sog. Selbstprädikationsannahme in *Rep.* V Allen 1961, 333).

Angesichts dieses Kriteriums stellt sich die Frage, ob es in *Politeia* V wirklich darum geht, Ideen *simpliciter* und Sinnendinge *simpliciter* hinsichtlich ihres Seinsgrads miteinander zu vergleichen, oder nicht vielmehr darum, für bestimmte generelle Terme »F« eine gegebene Idee, das F(e) selbst, mit den als »F« bezeichneten Sinnendingen zu vergleichen und festzustellen, dass das F(e) selbst uneingeschränkt F ist, während die als »F« bezeichneten Sinnendinge nur eingeschränkt F sind. Demnach hätten wir es in *Politeia* V gar nicht mit *einer* Seinsskala zu tun, auf der Ideen *simpliciter* und Sinnendinge *simpliciter* miteinander verglichen werden, sondern mit – je nach Wahl des generellen Terms – *verschiedenen* Seinsskalen, z. B. mit der Skala der schönen Dinge, auf der das Schöne selbst und die schönen Sinnendinge hinsichtlich ihres (Schön-)Seinsgrads miteinander verglichen werden, mit der Skala der gerechten Dinge, auf der das Gerechte selbst und die gerechten Sinnendinge hinsichtlich ihres (Gerecht-)Seinsgrads miteinander verglichen werden, usw.

Unter Voraussetzung dieser Interpretation wird der oben skizzierte Einwand hinfällig, dass in *Politeia* V ein verzerrtes Bild des Seins der Sinnendinge gezeichnet wird; denn wenn sie zutrifft, dann geht es in *Politeia* V gar nicht um das Sein der Sinnendinge *simpliciter*, sondern um das Sein der schönen Sinnendinge, um das Sein der gerechten Sinnendinge, kurz: um das Sein von »particulars as qualified instances of some terms, namely, those that have unqualified application to Forms« (Annas 1981, 211).

Damit soll allerdings nicht geleugnet werden, dass Platon bereits zur Zeit der Niederschrift von *Politeia* V eine generelle Defizienz des Seins der Sinnendinge gegenüber dem Sein der Ideen annahm. Im *Phaidon* und *Symposion* wird eine solche generelle Defizienz z. B. dadurch nahegelegt, dass das Sein der Ideen als eingestaltig (*monoeides*, *Phd.* 78d5, 80b2, 83e2; *Symp.* 211b1, 211e4), das der Sinnendinge als vielgestaltig (*polyeides*, *Phd.* 80b4) beschrieben wird. Man könnte dies so verstehen, dass bereits der Umstand, dass auf Sinnendinge *viele* Beschreibungen zutreffen, als Ausweis der Defizienz ihres Seins gegenüber dem Sein der Idee *F* gewertet wird, das ausschließlich darin besteht, F zu sein (vgl. zum Kontrast von Einheit und Vielheit in der Abgrenzung der Ideen von Sinnendingen Horn 1997).

50.4 Das unwirkliche Sein der Sinnendinge

Zu fragen bleibt, ob Platon das F-Sein der als »F« bezeichneten Sinnendinge nicht nur als eingeschränktes F-Sein, sondern darüber hinaus auch als *unwirkliches*, nur *scheinbares* F-Sein verstanden wissen will. In der Tat gibt es zahlreiche Stellen in den platonischen Dialogen, die für eine bejahende Antwort auf diese Frage sprechen (vgl. z. B. *Politeia* V 476a7). Nun kann man die These des unwirklichen F-Seins der als »F« bezeichneten Sinnendinge geradezu als eine Implikation der These ihres eingeschränkten F-Seins ansehen, dann nämlich, wenn man voraussetzt, dass wirklich (*ontôs*) F zu sein heißt, uneingeschränkt F zu sein (vgl. zu dieser Explikation von *ontôs* Ketchum 1980, 215 f.). Möglicherweise hat aber Platon mit dem unwirklichen F-Sein der als »F« bezeichneten Sinnendinge etwas anderes als eine Implikation ihres eingeschränkten F-Seins im Auge. Vielleicht behauptet er das unwirkliche F-Sein der als »F« bezeichneten Sinnendinge nicht unter der Voraussetzung, dass wirklich F zu sein heißt uneingeschränkt F zu sein, sondern will sagen, dass der Term »F« auch in den Fällen, in denen er auf ein F seiendes Sinnending x eingeschränkt zuzutreffen *scheint*, nicht wirklich auf x zutrifft, etwa weil x nur annähernd F ist oder weil x zwar manche, aber nicht alle Eigenschaften hat, die ein wirkliches F hat (vgl. zur letzteren Option Code 1993). Zum Beispiel mag man die im *Phaidon* (74d–75b) vertretene These vom Zurückbleiben der sinnlich wahrnehmbaren gleichen Dinge hinter dem Gleichen selbst als These des bloß annähernden Gleichseins der sinnlich wahrnehmbaren gleichen Dinge verstehen (zur Kritik an dieser Interpretation vgl. Nehamas 1975; zu ihrer Verteidigung Malcolm 1991, 106–124). Denkbar ist auch, dass Platon für verschiedene generelle Terme »F« verschiedene Strategien verfolgt, das unwirkliche F-Sein der als »F« bezeichneten Sinnendinge zu begründen (vgl. dazu Santas 2002, 362–368): Für manche Terme mit Rekurs auf ihr eingeschränktes F-Sein (unter der Voraussetzung, dass wirklich F zu sein heißt uneingeschränkt F zu sein), für andere mit Rekurs auf ihr bloß approximatives F-Sein, für wieder andere mit Rekurs darauf, dass sie zwar einige, aber nicht alle Eigenschaften eines wirklichen F besitzen.

50.5 Sein und Werden

Einmal vorausgesetzt, dass Platon das unwirkliche F-Sein der als »F« bezeichneten Sinnendinge als Implikation ihres eingeschränkten F-Seins verstanden wissen will, bleibt das Problem, dass es keineswegs für alle generellen Terme »F« plausibel ist zu sagen, dass die als »F« bezeichneten Sinnendinge nur eingeschränkt F sind, z. B. nicht für die Ausdrücke »Mensch« oder »Finger« (wie in *Rep.* VII 523d4 f. ausdrücklich festgehalten wird). Dennoch wird im zehnten Buch der *Politeia* offenbar für *jeden* (generellen) Term, der auf mehrere Sinnendinge zutrifft, behauptet, es gebe eine entsprechende Idee (596a6 f.), und zugleich weiterhin das eigentliche Sein der Idee gegenüber dem uneigentlichen Sein der ihr entsprechenden Sinnendinge bekräftigt (597a4–7, d1–3). Wie ist nun z. B. im Fall des generellen Terms »Mensch« der Kontrast zwischen dem eigentlichen Sein der Idee des Menschen und dem uneigentlichen Sein der sinnlich wahrnehmbaren Menschen zu denken, wenn »Mensch« auf die sinnlich wahrnehmbaren Menschen ohne Einschränkungen zutrifft?

Für die Beantwortung dieser Frage kann man auf die im *Timaios* (27d6–28a1) formulierte Einstufung der Ideen als Entitäten, die immer sind und kein Werden haben, und der Sinnendinge als Entitäten, die werden und niemals sind, zurückgreifen. Nimmt man die Beschreibung der Sinnendinge als Entitäten, die werden und niemals sind, ernst, so ist auch das Menschsein der sinnlich wahrnehmbaren Menschen als Werden zu betrachten (vgl. zur entsprechenden Verwendung von *gignesthai* Frede 1988, 48), das im *Timaios* als Aufnehmen von Abbildern (*mimêmata*, *aphomoiômata*) der Idee durch den Raum (*chôra*) bzw. das Aufnehmende (*hypodochê*) charakterisiert wird. Mit der Beschreibung des Menschseins der sinnlich wahrnehmbaren Menschen als Werden lässt sich der Rede vom uneigentlichen Sein der sinnlich wahrnehmbaren Menschen ein Sinn abgewinnen: *Qua* Werden lässt es die Beständigkeit vermissen, die notwendige Bedingung für eigentliches Sein ist.

Anders als in *Politeia* V ist damit im *Timaios* eine Seinsskala impliziert, auf der Ideen *simpliciter* und Sinnendinge *simpliciter* hinsichtlich ihres Seinsgrades miteinander verglichen werden. Für diesen Vergleich ist nicht mehr wie in *Politeia* V relevant, dass *manche* generelle Terme (wie »schön«, »fromm«, »gleich«) auf Sinnendinge bloß eingeschränkt zutreffen; ausschlaggebend ist jetzt vielmehr, dass mit der Anwendung von *sämtlichen* generellen Termen auf Sinnendinge stets nur ein Werden und damit kein eigentliches Sein ausgedrückt wird.

Literatur

Allen, Reginald E. 1960: »Participation and Predication in Plato's Middle Dialogues«. In: Philosophical Review 69, 147–164.

Allen, Reginald E. 1961: »The Argument from Opposites in Republic V«. In: Review of Metaphysics 15, 325–335.

Annas, Julia 1981: An Introduction to Plato's *Republic*. Oxford.
Bolton, Robert 1975: »Plato's Distinction between Being and Becoming«. In: Review of Metaphysics 29, 66–95.
Bröcker, Walter 1959: »Platons ontologischer Komparativ«. In: Hermes 87, 415–425.
Brown, Lesley 1994: »The Verb ›to be‹ in Greek Philosophy: Some Remarks«. In: Stephen Everson (Hg.): Language (Companions to Ancient Thought 3). Cambridge, 212–236.
Code, Alan D. 1993: »Vlastos on a Metaphysical Paradox«. In: Terence Irwin/Martha C. Nussbaum (Hg.): Virtue, Love, and Form. Essays in Memory of Gregory Vlastos. Edmonton, 85–98.
Fine, Gail 1978: »Knowledge and Belief in *Republic* V«. In: Archiv für Geschichte der Philosophie 60, 121–139.
Frede, Michael 1988: »Being and Becoming in Plato«. In: Oxford Studies in Ancient Philosophy. Supplementary Volume, 37–52.
Gonzalez, Francisco 1996: »Propositions or Objects? A Critique of Gail Fine on Knowledge and Belief in *Republic* V«. In: Phronesis 41, 245–275.
Graeser, Andreas 1982: »Über den Sinn von Sein bei Platon«. In: Museum Helveticum 39, 29–42.
Horn, Christoph 1997: »Platons *epistêmê-doxa*-Unterscheidung und die Ideentheorie«. In: Otfried Höffe (Hg.): Platon. Politeia. Berlin, 291–312.
Kahn, Charles H. 2004: »A Return to the Theory of the Verb ›be‹ and the Concept of Being«. In: Ancient Philosophy 24, 381–405.
Ketchum, Richard J. 1980: »Plato on Real Being«. In: American Philosophical Quarterly 17, 213–220.
Malcolm, John 1991: Plato on the Self-Predication of Forms. Early and Middle Dialogues. Oxford.
Nehamas, Alexander 1975: »Plato on the Imperfection of the Sensible World«. In: American Philosophical Quarterly 12, 105–117.
Palmer, John A. 1999: Plato's Reception of Parmenides. Oxford.
Santas, Gerasimos 2002: »Plato's Idea of the Good«. In: Giovanni Reale/Samuel Scolnicov (Hg.): New Images of Plato. Dialogues on the Idea of the Good. St. Augustin, 359–378.
Smith, Nicholas D. 2000: »Plato on Knowledge as a Power«. In: Journal of the History of Philosophy 38, 145–168.
Stemmer, Peter 1985: »Das Kinderrätsel vom Eunuchen und der Fledermaus. Platon über Wissen und Meinen in Politeia V«. In: Philosophisches Jahrbuch 92, 79–97.
Vlastos, Gregory 1973: Platonic Studies. Princeton.
White, Frank C. 1977: »Plato's Middle Dialogues and the Independence of Particulars«. In: Philosophical Quarterly 27, 193–213.

Benedikt Strobel

51 Philosophie

51.1 Die Semantik von *philosophia*, *philosophos* und *philosophein* bei Platon

Um den in den Dialogen Platons verwendeten Begriff von Philosophie zu erfassen, sind, soweit er sich aus dem Wortgebrauch ableiten lässt, außer *philosophia* auch das Nomen bzw. Adjektiv/Adverb *philosophos/-ôs* und das Verb *philosophein* zu berücksichtigen. Die Wörter sind zusammengesetzt aus den Bestandteilen *philo-* (vgl. *philos* ›Freund‹, ›liebend‹) und *soph-* (vgl. *sophos* ›weise‹, *sophia* ›Weisheit‹). Vor Platon belegt ist das Verb *philosophein* (Herodot 1, 30, 2; Thukydides 2, 40, 1), ebenfalls (adjektivisches) *philosophos* (*philosophoi logoi*, Gorgias, *Hel.* B 11, 13 DK) und wohl auch (Datierung nicht völlig sicher) *philosophia* im Sinne von Naturphilosophie ([Hippokrates], *de vet. med.* c. 20, p. 51, 10 Heiberg). Pythagoras wird der Gebrauch von *philosophos* und *philosophia* zugeschrieben (Herakleides Pont. fr. 87 f. Wehrli; vgl. aber Burkert 1960 (s. u. 15.2). Für Heraklit ist eine (adjektivische) Verwendung von *philosophos* bezeugt (fr. 35 D.-K.).

Die zentrale Stellung des Begriffs ›Philosophie‹ bei Platon wird schon dadurch deutlich, dass die Ausdrücke des Wortfelds in den unstrittig echten Schriften ca. 280-mal vorkommen, und zwar je nach Dialogzusammenhang (und Sprecher) in zahlreichen Bedeutungsnuancen. Nimmt man *philosophia*, *philosophos* und *philosophein* zusammen, lassen sich dafür im Wesentlichen folgende Bedeutungen differenzieren:

1. Übereinstimmend mit dem vor Platon belegten Gebrauch: ›Bildungseifer‹, ›Gern-mit-Gegenständen-der-Bildung-Umgehen‹, ›allgemeine Bildung‹ (*Prot.* 335d7; *Mx.* 234a5; *Ly.* 213d7; *Symp.* 184c5-d1; *Tim.* 24d1).
2. Erwerb von Wissen (*Euthd.* 288d8).
3. (Einzel-)Wissenschaft, ›Wissenschaftler‹ (*Tht.* 143d3; *Ap.* 23d5 f.; vgl. schon vor Platon [Hippokrates], *de vet. med.* c. 20, p. 51, 10 Heiberg).
4. Die für Sokrates spezifische Haltung des Prüfens von sich selbst und anderen (*Ap.* 28e5; vgl. auch *Phd.* 61a3), das Diskutieren philosophischer Themen (*Phd.* 59a3 f.).
5. Eine von den Bedürfnissen und Ansprüchen des Körpers gelöste Betätigung, die speziell auf Gegenstände gerichtet ist, die nur mit der Seele erkannt werden können (*Phd.* 66d2). Die Macht, welche die Seele von der Sinnenwelt zur Welt des Denkbaren hinüberzieht (*Phd.* 82e1, 83a2) und daher tendenziell mit dem Verlangen nach der

Trennung der Seele vom Körper verbunden ist (*Phd.* 64a5), weil volle Erkenntnis erst nach der Trennung der Seele vom Körper möglich ist (*Phd.* 66d7–67a2).

6. Die Mitte zwischen Nicht-Wissen und Wissen (*Symp.* 203d–204b) und somit die Haltung des Strebens nach Erkenntnis: Ein Gott, oder wenn sonst ein ›anderer‹ weise (*sophos*) ist, philosophiert nicht; er begehrt nicht, Wissen zu erlangen, da er schon weise (wissend) ist (vgl. auch *Ly.* 218a2–b3; *Phdr.* 278d4; *Crat.* 406a5: *zêtêsis kai philosophia*).

7. Das Mittel, mit dem die nur dem Denken zugänglichen Dinge erkannt werden können (*Phd.* 81b7), die (tiefere) Einsicht selbst (vgl. *Phd.* 82b2 f., *Rep.* X 619c7 f.). Speziell: Der Inbegriff der Betätigung und der Erkenntnisse des platonischen *philosophos* (*Rep.* V 473d3), der als einer, dessen Streben auf die ganze Weisheit gerichtet ist (*Rep.* V 475b8 f., 485b5, 486a5 f.), der die Evidenz, d. h. die Dinge an sich, schauen will (*tês alêtheias philotheamôn*, *Rep.* V 475e4), zum Seienden aufsteigt (das ist die wahre *philosophia*, *Rep.* VII 521c7 f.) und mit Hilfe der Dialektik (*Rep.* VII 532a–e) das Gute an sich noetisch erfasst (*Rep.* VII 532b2) und so zum Ziel (der Erkenntnis) gelangt (*Rep.* VII 532e2 f., 540a8 f.). Nur dieser tugendhafte (*Rep.* VI 487a4 f.) *philosophos* hat die Lust der Schau des Seienden (*Rep.* IX 582c7–9), nur sein Urteilsvermögen zählt (*Rep.* IX 582e8 f.), er hat das höchste Glück (*Rep.* IX 586e4–587a1, 587b8 f.).

51.2 Platons spezifischer Philosophiebegriff

Philosophieren ist für Platon in allgemeinerem Verständnis eine das ganze Leben erfassende, in einem tugendhaften Leben bestehende Existenzform (*Gorg.* 500c, 507c ff.; vgl. auch Nightingale 1995, bes. 193 f.). Als spezifisch platonischer Philosophiebegriff gilt in der Platon-Forschung zu Recht die unter (6) aufgeführte Konzeption mit ihrer Differenzierung von *sophos* und *philo-sophos*. Zwar wurde diese Unterscheidung von Herakleides Pontikos (s. o.) bereits für Pythagoras in Anspruch genommen, jedoch sehr wahrscheinlich zu Unrecht. Vielmehr war es Platon, der die übliche Semantik der Zusammensetzungen mit *phil(o)-* vom Typus *phil-hippos* (›Pferdefreund‹), *philokalos* (›Freund des Schönen‹), wie er sie auch in der o. unter (1) genannten Bedeutung verwendet, verändert hat, indem er den ersten Bestandteil rein verbal verstand und das Lieben (*philein*) als Funktion des Begehrens (*epithymein*) fasste (Burkert 1960; Sier 1997, 87).

Unterschiedliche Positionen gibt es in Bezug auf die Frage, was aus der Stellung des *philosophos* zwischen dem Unwissenden und dem Wissenden für das Gewinnen von Erkenntnis folgt: Ist damit eine Haltung beschrieben, die das Erlangen von letztlich nur Gott zukommendem Wissen (*sophia*) grundsätzlich ausschließt und den Philosophen als jemanden bestimmt, der stets auf der Suche nach diesem Wissen ist, es aber in seiner Beschränkung als Mensch niemals erreichen kann (so u. a. Pieper 1948, 71 f. und 1957; Dalfen 1998, bes. 49–52; Ferber 2007), oder lässt dieser Philosophiebegriff auch das Erreichen des Zieles zu (so Albert 1989, 18–30; Szlezák 1993, 156 f.; Erler 2007, 350)? Tatsächlich ist nach *Symp.* 204a2 das Wissen nicht auf Gott eingeschränkt, vielmehr wird auch die Möglichkeit, dass ein anderer *sophos* ist, genannt (vgl. auch *Tim.* 53d6 f.), und eine genaue Betrachtung des Kontextes von *Symp.* 203d–204b zeigt, dass Eros, der hier den Philosophen verkörpert, jedenfalls zeitweilig erreichen kann, was er erstrebt, wenn es ihm auch nicht gelingt, es auf Dauer festzuhalten. Danach unterscheiden sich Gott und Mensch nicht hinsichtlich des Erkenntnisgegenstandes und der Erkenntnistiefe, sondern in der Art, wie sie über das Wissen verfügen können.

Eine parallele und für Platons Philosophiebegriff gleichermaßen relevante Kontroverse besteht im Hinblick auf die Frage, ob nach den Ausführungen in der *Politeia* der platonische *philosophos* zu einer Letztbegründung kommen kann oder nicht. Für letztere Position sei stellvertretend die pointierte Bemerkung Stemmers (1992, 223) angeführt: »In seiner [sc. Platons] Theorie liegt der Zwiespalt dessen, der zwar zu sagen vermag, was man wissen muß, um ein bestimmtes Ziel zu erreichen, der aber zugleich erkennt, daß niemand in der Lage ist, das als nötig erkannte Wissen in hinreichender Weise zu erlangen«. In der *Politeia* wird nun zwar das höchste Wissen inhaltlich nur gleichnishaft dargelegt und von keinem Gesprächsteilnehmer voll beansprucht, aber es wird auch dargelegt, dass es möglich ist, zum Ziel der Erkenntnis zu kommen, wenn die Erreichung dieses Zieles auch an zahlreiche Bedingungen hinsichtlich Person und Ausbildungsgang des *philosophos* geknüpft ist (vgl. o. unter (7); Albert 1989, 30–32; Manuwald 2003, 368–370; Erler 2007, 370).

Wenn (in scheinbarem Widerspruch dazu) im *Phaidon* gesagt wird, dass die volle unmittelbare Erkenntnis (im Sinne eines festen Besitzes) erst von der vom Körper befreiten Seele erreicht werden kann (vgl.

o. unter (5)), so hängt diese Aussage mit der Todes- und Unsterblichkeitsthematik des Dialogs zusammen (Albert 1989, 34–36). Auch der Lebende kann ganz nahe an das Wissen herankommen (*engytatô*, *Phd.* 67a2) – vgl. Erkenntnis durch Anamnesis (*Phd.* 72e ff.) –, es gibt einen wahren und gewissen, (menschlicher) Erkenntnis zugänglichen *logos* (90c7–d7; dazu Manuwald 2011, 114–116), und so wird denn auch den lebenden Gesprächspartnern des Sokrates im *Phaidon* (107b) das Erreichen des Ziels in Aussicht gestellt (Szlezák 1993, 157; vgl. auch Sedley 1995, bes. 16–22; anders Rowe 2001, 41–47). Insofern stimmt der *Phaidon* durchaus mit den anderen Belegen überein.

Kontrovers diskutiert wird außerdem die weitere Frage, ob das Dialogische (im Sinne eines Dialogs mit anderen Personen) für das platonische Philosophieren wesentlich ist (Dalfen 1998, bes. 38, 51, 66, 70) oder nicht (Szlezák 1993, 139, 146 f.). Dazu ergibt sich aus den Dialogen, dass der Gesprächsführer über Vorstellungen/Wissen verfügt, die er zumindest nicht im jeweiligen Dialog gewonnen hat (z. B. *Rep.* VI 506d6–e5; *Symp.* 201d–212a), dass die Hinführung der angehenden Philosophen zur Erkenntnis dialogisch geschieht bzw. geschehen soll (*Rep.* VII 534c1 f. [*elenchos*]; *Symp.* 210a ff. [Leitung durch einen Führer]; *Ep. VII*, 344b), dass die Schau am Ende des Weges jedoch notwendig ein undialogisches Phänomen in der Seele des Einzelnen ist (*Rep.* VII 532c; *Symp.* 210e, 211d; *Ep. VII*, 344b).

51.3 Der Gegenstand platonischen Philosophierens

Der Gegenstand der Philosophie Platons ist nach seiner Definition die Weisheit (*sophia*) (vgl. o. unter (7); Pieper 1957, 131–133). Betrachtet man die in den Dialogen behandelten Themen im Einzelnen, hat sich Platon – nach moderner Terminologie und ohne dass er ausdrücklich eine solche Einteilung vorgenommen hätte – mit Fragen der Logik, der Erkenntnistheorie, der Ethik, der Staatsphilosophie, der Naturphilosophie, der Sprachphilosophie, der Psychologie, der Ontologie und der Metaphysik befasst. Vornehmlich aber geht es dem platonischen *philosophos*, wie er dem Leser der Dialoge vorgeführt wird, um die nur mit dem Denken erfassbare Welt, die allein für Platon Sein hat (vgl. o. unter (5) und (7)), d. h. das Reich der Ideen, wohin die »wahre Philosophie« (*Rep.* VII 521c7 f.) führt, gipfelnd in der Schau der Idee des Guten (*Rep.* VII 517c), einer göttlichen *theôria* (517d4 f.; vgl. *Phdr.* 247c–e).

Literatur

Albert, Karl 1989: Über Platons Begriff der Philosophie. St. Augustin.

Blößner, Norbert 1997: Dialogform und Argument. Studien zu Platons *Politeia*. Stuttgart.

Burkert, Walter 1960: »Platon oder Pythagoras? Zum Ursprung des Wortes ›Philosophie‹«. In: Hermes 88, 159–177 [wieder abgedruckt in: Ders.: Kleine Schriften III. Göttingen 2006, 217–235].

Dalfen, Joachim 1998: »Wie, von wem und warum wollte Platon gelesen werden? Eine Nachlese zu Platons Philosophiebegriff«. In: Grazer Beiträge 22, 29–79.

Erler, Michael 2007: Platon (Grundriss der Geschichte der Philosophie. Begr. v. Friedrich Ueberweg. Hg. von Hellmut Flashar. Die Philosophie der Antike. Bd. 2/2). Basel.

Ferber, Rafael 2007: Warum hat Platon die ›ungeschriebene Lehre‹ nicht geschrieben? München.

Manuwald, Bernd 2003: »›Proleptische Argumentation‹ in Platons *Politeia*«. In: Zeitschrift für philosophische Forschung 57, 350–372.

Manuwald, Bernd 2011: »Welchem ›Logos‹ kann man noch vertrauen? Die ›harmonia‹-These als Gefährdung des Beweisgangs für die Unsterblichkeit der Seele (89b–95a)«. In: Jörn Müller (Hg.): Platon, *Phaidon*. Berlin, 110–126.

Nightingale, Andrea W. 1995: Genres in Dialogue. Plato and the Construct of Philosophy. Cambridge.

Pieper, Josef 1957: »Was versteht Platon unter ›Philosophie‹?« In: Friedrich Hörmann (Hg.): Vom Menschen in der Antike. München, 129–142.

Pieper, Josef 2003: Was heißt Philosophieren? [1948]. Freiburg i. Br.

Rowe, Christopher J. 2001: »The Concept of Philosophy (*philosophia*) in Plato's *Phaedo*«. In: Ales Havlíček/Filip Karfík (Hg.): Plato's *Phaedo*. Proceedings of the Second Symposium Platonicum Pragense. Prague, 34–47.

Sedley, David 1995: »The Dramatis Personae of Plato's *Phaedo*«. In: Timothy Smiley (Hg.): Philosophical Dialogues. Plato, Hume, Wittgenstein. Oxford (Proceedings of the British Academy 85), 3–26.

Sier, Kurt 1997: Die Rede der Diotima. Untersuchungen zum platonischen *Symposion*. Stuttgart/Leipzig.

Stemmer, Peter 1992: Platons Dialektik. Die frühen und mittleren Dialoge. Berlin/New York.

Szlezák, Thomas A. 1993: Platon lesen. Stuttgart-Bad Cannstatt.

Bernd Manuwald

52 Schönes/Schönheit

52.1 Allgemeines

Bei Platon können die Ausdrücke »schön« (*kalos*), »Schönheit« (*kallos*) und »das Schöne« (*to kalon*) – wie auch der Gegenbegriff des Hässlichen (*aischron*) – in Abhängigkeit vom jeweiligen Verwendungskontext – eine ästhetische, eine ethische, aber auch eine epistemisch-ontologische Bedeutung annehmen und entsprechend für das sinnlich Anziehende, das moralisch Vorzügliche oder das in seinem Kognitions- und Seinsstatus besonders Ausgezeichnete stehen. Wird der Begriff des *kalon* in ethischen oder in epistemisch-ontologischen Kontexten verwendet, so gerät er in eine gewisse Konkurrenzsituation zum Begriff des Guten (*agathon*), was die semantische Relation beider Begriffe klärungsbedürftig erscheinen lässt.

52.2 Frühdialoge

Einen vorrangig ethischen Verwendungskontext findet der Begriff des *kalon* in Frühdialogen, die – wie der *Laches* und der *Charmides* – die Frage nach der Wesensbestimmung einzelner Tugenden aufwerfen. So werden die Tapferkeit (*andreia*) und die Besonnenheit (*sôphrosynê*) zu den schönen Dingen (*kala pragmata*) gezählt, ohne dass diese als konsensuell eingeführte Subsumierung begründet oder das *kalon* genauer charakterisiert würde (vgl. *La.* 192c; *Charm.* 159c). Zwar wird angedeutet, dass der Begriff des *kalon* auch in seiner ethischen Verwendung von dem des *agathon* zumindest intensional zu unterscheiden ist (vgl. *Charm.* 160e–161a), doch bleibt offen, anhand welcher semantischen Merkmale beide Begriffe differenziert werden können.

Eigens thematisiert wird das *kalon* erstmals im *Hippias Maior*. Doch offeriert auch dieser Dialog, der bei Diogenes Laertios mit dem Untertitel »Über das Schöne« (*peri tou kalou*) aufgeführt wird, keine Definition des *kalon*. Gleichwohl arbeiten die einzelnen, jeweils aporetisch endenden Explikationsversuche sukzessive einer Profilierung des Begriffs zu, indem sie das Schöne zunächst vom Angemessenen (*prepon*, *Hp. mai.* 293e–296d), sodann vom Brauchbaren (*chrêsimon*, *Hp. mai.* 96c) bzw. Nützlichen (*ôphelimon*, *Hp. mai.* 296e; vgl. *Gorg.* 474d) und schließlich vom Angenehmen im ästhetischen Bereich des Sicht- und Hörbaren (*di akoês kai di opseôs hêdea*, *Hp. mai.* 298a) sowie von unterschiedlichen Arten der Lust (*hedonê*, *Hp. mai.* 303e–304a; vgl. *Gorg.* 474d–475d) abzugrenzen erlauben. Für die wechselseitige Positionierung der Begriffe des *kalon* und des *agathon* ist aufschlussreich, dass der Behauptung, das Schöne sei nicht gut und das Gute sei nicht schön, klar widersprochen wird (*Hp. mai.* 297c). Folgt man nämlich der angedeuteten Präferenz für die konträre Gegenthese, wonach alles Gute auch schön und alles Schöne auch gut ist, so kann – neben der intensionalen Differenz beider Begriffe – zugleich ihre Koextensionalität konstatiert werden (vgl. Erler 2007, 303).

Gemäß dem »transitorischen«, d. i. auf die Ideenkonzeption des mittleren Platon voraus weisenden Charakter des *Hippias Maior* wird zwischen dem Schönen und den schönen Einzeldingen (wie schönen Gegenständen, Lebewesen und Handlungen) unterschieden und die ontologische Fundierungsfunktion angesprochen, die dem Schönen gegenüber den schönen Einzeldingen zukommt: »Ist also nicht auch alles Schöne durch das Schöne schön?« (*Hp. mai.* 287c). Diesen Gedanken fortführend wird der *Phaidon* die zwischen den Ideen und ihren Instanziierungen angesetzte Relation der Teilhabe (*methexis*) anhand der Idee des *kalon* exemplifizieren: »Mir scheint nämlich, wenn irgend etwas anderes schön ist außer jenem selbst Schönen, es wegen gar nichts anderem schön sei, als weil es selbst teilhabe an jenem Schönen« (*Phd.* 100c).

52.3 *Symposion*

Die im *Symposion* präsentierten Lobreden auf den Eros akzentuieren insbesondere den Zusammenhang der ästhetischen und der ethischen Verwendungsweise des *kalon*. So begreift Platons Dialogfigur Phaidros den zunächst auf körperliche Vorzüge gerichteten Eros – da dieser sowohl beim Liebenden als auch beim Geliebten neben der Scham vor dem Schändlichen (*aischron*) auch das Streben nach dem Schönen wecke und so den Einzelnen wie die gesamte Polis zu »großen und schönen Taten« (*megala kai kala erga*) motiviere – als den Urheber der größten Güter (*megista agatha*). Dieselbe These vertritt auch die Dialogfigur Agathon (*Symp.* 197c), die in Eros nicht nur den schönsten und besten (*kallistos kai aristos*), sondern zugleich auch den glücklichsten (*eudaimonestatos*) und jüngsten (*neôtatos*) der Götter sieht (*Symp.* 195a), dem sämtliche Tugenden – wie Gerechtigkeit, Besonnenheit, Tapferkeit und Weisheit – zuzusprechen sind. Demgegenüber wird in der von Sokrates fingierten Diotima-Rede darauf insistiert, dass Eros weder schön noch hässlich sei: Eros stehe für das Streben nach (und folglich nicht für den Besitz) der Schönheit, die damit ihrerseits als Ziel dieses Strebens bestimmt wird (*Symp.* 202e–204c).

Nach Diotima verfolgt das Streben nach Schönheit einen stufenweisen, der Mysterieninitiation vergleichbaren (vgl. Riedweg 1987) Aufstiegsweg, der über schöne Körper (*kala sômata*), schöne Handlungen (*kala epitêdeumata*) und schöne Reden (*kaloi logoi*) zur Schönheit der Seele (*psychê*) sowie der Erkenntnisse (*epistêmai/mathêmata*) und schließlich zur Idee des Schönen führt (*Symp.* 210e–212a). Die körperliche Schönheit Einzelner fungiert dabei als das Initialmoment einer das Ästhetische alsbald übersteigenden Bewegung, die sich zunehmend auf ethische Vorzüge (etwa tugendhafter Taten) und im letzten auf epistemisch-ontologische Qualitäten (des Schönen selbst) ausrichtet. Entsprechend wird die Idee des Schönen, mit deren Schau der skizzierte Aufstiegsweg endet, in der Forschung nicht selten mit der Idee des Guten identifiziert (vgl. Price 1989, 43; Erler 2007, 197). Für eine solche Gleichsetzung spricht, dass der Aufstieg zur Idee des Schönen im *Symposion* weitgehend analog zum Aufstieg zur Idee des Guten in der *Politeia* konzipiert wird (vgl. Krämer 1959, 98). Dagegen spricht allerdings, dass die im *Symposion* – wie auch schon in den Frühdialogen – häufig anzutreffende Floskel des »*kalos kai agathos*« unter begriffsökonomischen Vorgaben keine Identität des *kalon* und des *agathon*, sondern eher die intensionale Differenz und extensionale Äquivalenz beider Begriffe nahe legt. Relevant für die Verhältnisbestimmung von *kalon* und *agathon* ist auch das so berühmte wie interpretationsbedürftige Bild von der »Erzeugung und Geburt im Schönen« (*genesis kai tokos en kalô*, *Symp.* 206b–207a), welches nicht nur als Wesensähnlichkeit von Erzeuger und Erzeugtem (vgl. Erler 2007, 197), sondern auch dahingehend ausgelegt werden kann, dass das Schöne den Bereich des Vergänglichen ausmache, in welchem sich das als unvergänglich gedachte Gute auf bestmögliche Weise manifestiere (vgl. *Phdr.* 250b–d). Der mit der Geburtsgöttin Eileithyia verglichenen Schönheit kommt hierbei – analog zum philosophischen Selbstverständnis des platonischen Sokrates – eine Art maieutischer Funktion für die Entstehung des Guten zu (*Symp.* 206d; vgl. *Tht.* 149a–151d).

52.4 Politeia

Das in der *Politeia* entwickelte Konzept der Erziehung (*paideia*) vereint eine körperliche Ausbildung (*gymnastikê*) mit einer geistigen (*mousikê*). Das gleichermaßen durch ästhetische wie ethische Qualitäten ausgezeichnete Bildungsziel kann entsprechend mit der Wortverbindung *kalokagathia* (aus *kalos kai agathos*) bezeichnet werden, welche das tradierte, bis auf Homer zurückgehende Adelsideal einer Kombination des Schönen und Guten treffend zum Ausdruck bringt (vgl. *Rep.* VI 505b, VII 531c).

In der Ideenkonzeption des mittleren Platon treten der ästhetische und der ethische Verwendungskontext des *kalon* allerdings hinter den epistemisch-ontologischen zurück. Auskunft über den Status des *kalon* und seine Position gegenüber dem *agathon* gibt das Sonnengleichnis (*Rep.* VI 506b–509b), das nicht der Idee des Schönen, sondern vielmehr der Idee des Guten eine singuläre Funktion zuweist: Während das *agathon* in ontologischer wie in epistemischer Hinsicht den Grund aller übrigen Ideen darstellt und selbst jenseits des Ontischen sowie epistemisch Zugänglichen (*epekeina tês ousias*) verortet wird, zählt die Idee des *kalon* zu dem, was durch das *agathon* fundiert wird. Damit aber wird die Wirklichkeit wie die Erkennbarkeit des *kalon* in Abhängigkeit vom *agathon* gedacht. Gilt – angesichts der Selbstprädizierbarkeit der Ideen (vgl. *Phd.* 102d–e; Marten 1975) – von dem Schönen an sich, dass es auch selbst schön ist, so meint auch dies – vor dem Hintergrund des Dualismus von rein zu denkenden Ideen (*noêta*) einerseits und sinnlich wahrnehmbaren Einzeldingen (*aisthêta*) andererseits – keineswegs eine ästhetische, sondern vielmehr eine epistemisch-ontologische Qualität: Wie das *kalon* durch das *agathon* begründet ist, so kommt ihm selbst eine analoge Fundierungsfunktion gegenüber den schönen Einzeldingen zu, die in ihrer Wirklichkeit und Erkennbarkeit primär von der Idee des Schönen und über diese vermittelt zudem von der Idee des Guten abhängen. Sind damit auch die unterschiedlichen Funktionen geklärt, die dem *kalon* und dem *agathon* innerhalb der Ideenkonzeption zukommen, so ist die intensionale Differenz beider Begriffe noch nicht hinreichend bestimmt.

52.5 Phaidros

Der *Phaidros* schreibt der Idee des Schönen – im Kontext der Ideenschau und Anamnesis-Lehre – eine Sonderstellung zu, die allerdings von der epistemisch-ontologischen Fundierungsfunktion der Idee des Guten in der *Politeia* zu unterscheiden und eher als eine psychologisch-epagogische Rolle zu bezeichnen ist: Unter den Ideen, welche die Seelen vor ihrer Inkorporierung am »überhimmlischen Ort« zu erblicken vermögen, ragt die des Schönen durch ihren Glanz (*lamprotês*) hervor. Begegnet die Seele nach ihrer Inkorporierung im Bereich der sinnlichen Wahrnehmung (*aisthêsis*) etwas Schönem, so wird das Sehvermögen (als der vornehmste aller Sinne) affiziert, und die Seele erinnert sich an den eigentümlichen Glanz des Schönen selbst: »Nur der Schönheit aber ist dieses zuteil geworden, dass sie uns das Hervorleuchtendste (*ekphanestaton*) ist und das Liebreizendste (*erasmiôtaton*)« (*Phdr.* 250d). Analog zu den Ausführungen des *Symposion* wird die sinnenfällige Schönheit, welche die *aisthêta* als Instanziierungen der *noêta* deutlich werden lässt, als das Initialmoment einer Bewegung gedeutet, die den von der Schönheit Ergriffenen zum Kosmos der Ideen hinführt. Der Eros erscheint so als eine spezifisch philosophische Mania, die den Begeisterten – im Unterschied zu den übrigen Formen des Enthusiasmos – nicht seiner Vernunft beraubt, sondern diese vielmehr aktiviert und zur Wiedererinnerung an die Idee des Schönen motiviert (*Phdr.* 249d–e; vgl. Westermann 2002, 215–229).

Ebenfalls im Kontext der Ideenschau findet sich eine eher periphere Bemerkung, die in der Platonrezeption zum *locus classicus* für die – bei Platon in dieser Form selbst nicht nachweisbare – Trias vom Wahren, Schönen und Guten avancierte: »Das Göttliche nämlich ist das Schöne, Weise (*sophon*), Gute und was dem ähnlich ist« (*Phdr.* 246e; vgl. *Phlb.* 64e).

52.6 *Philebos*

Einen weiteren Beitrag zur wechselseitigen Bestimmung der Begriffe des Schönen und des Guten liefert der *Philebos*, auch wenn die in diesem Spätdialog explizit aufgeworfene Wesensfrage nach dem *agathon* (*Phlb.* 13e) unbeantwortet und die intensionale Differenzierung beider Begriffe im Letzten ungeklärt bleibt. Da das Gute – wie Sokrates feststellt – auf keinen einheitlichen Begriff gebracht werden kann, soll es in gleich dreifacher Form fassbar gemacht werden, nämlich als Schönheit (*kallos*), Verhältnismäßigkeit (*symmetria*) und Wahrheit (*alêtheia*) i. S. der Beständigkeit (*Phlb.* 65a). Allerdings machen die drei genannten Formen nicht das Gute selbst resp. die Idee des Guten aus (anders Rese 2007, 246), sondern erklären lediglich, durch welche spezifischen Eigenschaften ein konkretes Gutes, das als harmonische Mischung (*meixis*) aus Begrenzt- und Unbegrenztheit (*peras*, *apeirôn*, *Phlb.* 33b) verstanden wird, ausgezeichnet ist.

Die Schönheit wird dabei zwar als eines von drei Mischungsprinzipien begriffen, die gemeinsam die Güte einer bestimmten Mischung gewährleisten, doch kommt der Schönheit – wie auch der Beständigkeit – lediglich eine epistemische, der Verhältnismäßigkeit (*symmetria*) bzw. dem richtigen Maß (*metron/metriotês*) hingegen die entscheidende ontologische Funktion zu: Es ist die *symmetria*, die eine Mischung zu einer guten, d. i. einer harmonisch strukturierten Mischung macht. Ohne *symmetria* gäbe es streng genommen gar keine Mischung, sondern bloß ein wirres Durcheinander, das sich alsbald in seine Bestandteile auflösen würde (*Phlb.* 64d–e; vgl. *Soph.* 228c). Demgegenüber stellt die Schönheit kein zweites Konstituens einer guten Mischung dar, sondern lediglich die Form, in welcher sich die *symmetria* einer Mischung in augenscheinlicher Weise manifestiert. Daher lässt sich an der – als »Zuflucht des Maßes« (*Phlb.* 64e) bezeichneten – Schönheit zwar erkennen, ob eine Mischung in der Tat gut, also durch *symmetria* ausgezeichnet ist, doch fungiert die Schönheit damit – neben der Beständigkeit – nur als eine *causa cognoscendi* der Güte einer Mischung, deren *causa essendi* allein die Verhältnismäßigkeit darstellt (vgl. Frede 1997, 359; Erler 2007, 257): Wenn etwas schön ist, dann ersehen wir daraus, dass es auch gut ist; doch dafür, dass es gut ist, spielt die – als sinnenfällige Manifestation der *symmetria* zu verstehende – Schönheit keine Rolle. Entsprechend ist zwischen der Koextensionalität der Begriffe des *kalon* und des *agathon* einerseits und ihrer asymmetrischen ontologischen Dependenz andererseits zu unterscheiden: Alles Schöne ist auch gut und alles Gute auch schön. Die Schönheit einer Mischung ist dabei abhängig von ihrer Güte, wogegen die Güte nicht von der Schönheit abhängt.

In der Taxonomie der Besitztümer (*ktêmata*), die Sokrates gegen Ende des Dialogs erstellt, wird das *kalon* – anders als das *metron* und die *symmetria* – nicht der ersten, sondern – zusammen mit dem Wohlbemessenen (*symmetron*), dem Vollkommenen (*teleion*) und dem Hinreichenden (*hikanon*) – der zweiten Güterklasse zugeschlagen (*Phlb.* 66a–b). Dass dem Schönen nur dieser vergleichsweise bescheidene Rang zugebilligt wird, kann einerseits mit Blick auf die bloß epistemische (und nicht ontologische) Funktion der Schönheit hinsichtlich der Güte einer Mischung erklärt werden, andererseits aber auch durch den Hinweis, dass die zweite Güterklasse dasjenige beinhalte, was das richtige Maß besitze, die erste hingegen dasjenige, was selbst das richtige Maß sei (vgl. Frede 1997, 363).

52.7 Timaios

Im *Timaios* wird das *kalon* ebenfalls in enger Verbindung mit dem *agathon* und der *symmetria* thematisiert – »Nun ist alles Gute schön, das Schöne aber ist nicht disproportioniert (*ametron*)« (*Tim.* 87c) –, im Unterschied zum *Philebos* aber in anthropologischen und kosmologischen Überlegungen kontextualisiert. Die Schönheit (und psychosomatisch gedeutete Gesundheit) eines Menschen beruht demnach auf gleich drei wohlproportionierten Anordnungen: der inneren Harmonie seiner Seele, der inneren Harmonie seines Körpers sowie dem harmonischen Verhältnis zwischen seiner Seele und seinem Körper (*Tim.* 87c–88d). Vor diesem Hintergrund findet das in der *Politeia* entwickelte Konzept der *paideia* mit ihrer Kombination von *mousikê* und *gymnastikê* eine Reformulierung, welche die Sentenz von der *mens sana in corpore sano* zu präludieren scheint (*Tim.* 88b–c), doch wird die angestrebte Harmonisierung von Körper und Seele im *Timaios* in spezifischer Form, nämlich als Nachahmung kosmischer Ordnungsstrukturen gedacht.

Literatur

Erler, Michael 2007: Platon. (Grundriss der Geschichte der Philosophie. Die Philosophie der Antike. Hg. v. Hellmut Flashar. Bd. 2/2). Basel.
Frede, Dorothea 1997: Platon, *Philebos*. Übersetzung und Kommentar. Göttingen.
Krämer, Hans Joachim 1959: Arete bei Platon und Aristoteles. Zum Wesen und zur Geschichte der platonischen Ontologie. Heidelberg.
Marten, Rainer 1975: »Sind Ideen absurd? Das Problem der Selbstbezüglichkeit der Ideen«. In: Ders.: Platons Theorie der Idee. Freiburg i. Br./München, 93–130.
Price, A. W. 1989: Love and Friendship in Platon and Aristotle. Oxford 1989.
Rese, Friederike 2007: »Schönheit«. In: Christian Schäfer (Hg.): Platon-Lexikon. Darmstadt, 244–248.
Riedweg, Christoph 1987: Mysterienterminologie bei Platon, Philon und Klemens von Alexandrien. Berlin.
Westermann, Hartmut 2002: Die Intention des Autors und die Zwecke der Interpreten. Zu Theorie und Praxis der Dichterauslegung in den platonischen Dialogen. Berlin/New York.

Hartmut Westermann

53 Seelenwanderung

Mit »Seelenwanderung« [= SW] (grch.: *metempsychôsis*) wird eine meist in religiösen Vorstellungen wurzelnde Auffassung bezeichnet, der zufolge die Seele den Körper nach dem Tod verlässt, um zu einem späteren Zeitpunkt zu reinkarnieren, d. h. in einen neuen Organismus einzugehen (bzw. in ihm »wiedergeboren« zu werden: Palingenesie). Charakteristisch ist die Idee, dass der Reinkarnationsvorgang sich mehrfach im Rahmen von Zyklen wiederholt, wobei ein Übergang zwischen verschiedenen Daseinsformen (also etwa von Mensch zu Tier oder umgekehrt) prinzipiell möglich ist (vgl. Böhme 1989, V).

Das Konzept der SW setzt dabei einige grundlegende Vorstellungen im Blick auf die Seele voraus (vgl. Long 1948, 2–4; Böhme 1989, 131–145; Zander 1999, 58):

1. Sie ist eine potentiell vom Körper unabhängig existenzfähige, immaterielle Substanz, womit eine Form des numerischen Leib-Seele-Dualismus (s. Kap. V.40) impliziert ist.
2. Es wird eine seelische Belebtheit der nichtmenschlichen Welt angenommen, die eine Transmigration in Körper anderer Daseinsformen ermöglicht.
3. Die Seele ist Träger einer kontinuierlichen (meist als unsterblich bzw. unvergänglich konzipierten) Personalität, die sich auf kognitive Fähigkeiten (Erinnerung und Bewusstsein) ebenso wie auf moralische Momente (sittlicher Charakter) stützt (vgl. auch Schomerus 1928, 212; Jaeger 1953, 101).

Diese Voraussetzungen sind für den griechischen *psychê*-Begriff vor dem 6. Jh. v. Chr. offensichtlich nicht erfüllt: Erste Zeugnisse einer weiter verbreiteten SW-Lehre in Dichtung und Philosophie sind für Griechenland erst in diesem Zeitraum greifbar, und zwar bei Pherekyedes, Pythagoras, Pindar, Empedokles sowie in der orphischen Literatur (vgl. Long 1948, 13–62; Böhme 1989, 1–41; Kalogerakos 1996; Zander 1999, 57–74). Umstritten ist v. a. die ursprüngliche Urheberschaft der SW in Griechenland zwischen Pythagoreismus und Orphik (vgl. Long 1948, 89–92; Burkert 1962, 98–109; Kalogerakos 1996, 144–149 und 343 f.), ebenso die Frage nach einer möglichen Abhängigkeit von indischen SW-Lehren (pro: Böhme 1989, 204–209; contra: Long 1948, 9–12); auch Zusammenhänge mit dem Schamanismus sind angenommen worden (vgl. Dodds 1970, 79 f. und 85; Burkert 1962, 98–142).

Unstrittig ist, dass Platon sich bei diesen verschiedenen, in sich schon recht pluralen Traditionen freizügig ›bedient‹ und daraus in seiner eigenen SW-Lehre eine eklektische Synthese herstellt (vgl. Long 1948, 63–86; Böhme 1989, 42–55; Zander 1999, 74–81). Die aus den verschiedenen Schriften rekonstruierbaren Kernelemente seiner Konzeption (s. Kap. V.53.1) sind jedoch nicht frei von Problemen und Widersprüchen, die unterschiedliche Deutungen nach sich gezogen haben (s. Kap. V.53.2); diese betreffen auch die Frage nach der generellen Funktion der SW-Lehre innerhalb der platonischen Philosophie *in toto* (s. Kap. V.53.3).

53.1 Kernelemente der platonischen SW-Lehre

Die zentralen Bausteine der platonischen SW-Lehre lassen sich v. a. aus den verschiedenen Jenseitsmythen (vgl. hierzu: Alt 1982/83) rekonstruieren, wie sie sich im *Gorgias* (523a–527a), im *Phaidon* (107d–114c), im *Phaidros* (246a–249d) und in *Politeia* X (614b–621b) finden; hinzu kommen noch einige wichtige Passagen im *Timaios* (41e–42 c; 90e–92c), im *Menon* (81a–d) und in den *Nomoi* (870d–e; 872e; 903b–905d). Folgende Elemente erscheinen dabei signifikant:

1. ›Fall der Seele‹: Im *Phaidros* wird die erste Einkörperung der Seele als ein Fall aus ihrer gottähnlichen Existenz im Himmel gedeutet: Insofern der befiederte Seelenwagen aufgrund innerer Spannungen seiner drei Teile den überirdischen Ort der Ideen nicht mehr zu sehen bekommt, verliert er seine Flügel; die unbefiederte Seele »schwebt umher, bis sie auf ein Starres trifft, wo sie nun wohnhaft wird, einen erdigen Leib annimmt, der nun durch ihre Kraft sich selbst zu bewegen scheint« (*Phdr.* 246c). Der Eintritt in die Körperlichkeit wird weniger als Resultat einer Verfehlung verstanden, die den Charakter eines ›Sündenfalls‹ hat – wie etwa bei Empedokles und in der Orphik (vgl. *Crat.* 400c), sondern als ein kaum zu vermeidender Ausfluss der antagonistischen Struktur des menschlichen Seelenwagens. Die These, dass Platon hier nicht die Ursituation der Seele beschreibt, sondern spätere Zwischenstadien im Reinkarnationszyklus (vgl. Bluck 1958a), muss als unplausibel gelten (vgl. McGibbon 1964). Die Einkörperung erscheint als etwas für die Seele Unnatürliches, wie die Metaphern vom Körper als Gefängnis (*phroura*: *Phd.* 62b) bzw. als Grab (*sêma*: *Gorg.* 493a; *Phdr.* 250c) der Seele verdeutlichen, die Platon selbst von anderen übernimmt (vgl. *Crat.* 400c) und die ihrerseits eine bemerkenswerte *longue durée* in der abendländischen Geistesgeschichte entfalten (vgl. Courcelle 1965 und 1966).

2. ›Jenseitsgericht‹: Nach dem als Trennung der unsterblichen *psychê* vom Leib konzipierten Tod des Menschen wird die Seele an einem jenseitigen Ort vor ein an einem Kreuzweg befindliches Gericht geführt, vor dem sie ›unverhüllt‹ auf der Basis ihrer vorherigen Lebensführung abgeurteilt wird (*Gorg.* 523d; *Phd.* 109a; *Rep.* X 614c). Je nach Schuld bzw. Verdienst wird sie zur Strafe bzw. zur Belohnung an entsprechende Orte verbracht, wo sie Buße leisten und sich reinigen muss oder – im Verdienstfalle – zumindest temporär an der Glückseligkeit teilhat. In einigen Mythen entwirft Platon dabei eine umfangreiche, wenn auch nicht einheitliche Topographie des Jenseits (vgl. Pender 2012), wobei das Grundmuster einer Unterwelt (als Ort der Bestrafung) und der überirdischen Insel der Seligen (als Ort der Belohnung) in verschiedener Form meist erkennbar ist. Im Blick auf die schuldigen Seelen unterscheidet Platon meist noch einmal zwischen heilbaren und unheilbaren: Letztere werden nicht mehr eingekörpert, sondern zur endlosen Strafe in den Tartaros geworfen (*Phd.* 113e; *Rep.* X 616a).

3. ›Wiedereinkörperung‹: Der Gedanke einer am Gerechtigkeitsmaßstab orientierten ›Vergeltungskausalität‹ dominiert *prima facie* auch die Form der Reinkarnation, denn diese richtet sich wesentlich nach der vorherigen Lebensführung. Im *Phaidros* (248d–e) wird eine Hierarchie von neun menschlichen Lebensformen geschildert, die vom Philosophen an der Spitze bis zum Tyrannen hinabreicht, in die eine Inkarnation erfolgen kann; auch der Übergang einer ursprünglich menschlichen Seele in Tierkörper (und später wieder zurück) ist möglich, wobei hier eine besondere Akzentuierung der charakterlichen Qualitäten als ausschlaggebendes Kriterium für die Gestalt der Reinkarnation vorherrscht (*Phd.* 81e–82a). Ebenso entstehen die Frauen aus feigen und ungerechten (ursprünglich männlichen) Seelen, was im Kontext einer umfassenden ›Deszendenztheorie‹ der belebten Natur aus der menschlichen Seele steht (*Tim.* 90e ff.); gerade bei der Schilderung der Transmigrationen sind allerdings auch ironische Töne hörbar. In den *Nomoi* wird ein auf konkrete Taten zugeschnittenes Talionssystem sichtbar, bei dem etwa ein Muttermörder als Frau wiedergeboren wird, um von der Hand seiner Kinder ein gleiches Schicksal zu erleiden (*Leg.* IX 870d–e; 872e).

Platon operiert dabei neben dem ethischen Kriterium von Tugend- und Lasterhaftigkeit auch mit einem epistemischen, das sich auf die Erkenntnis der Wahrheit (i. e. Ideen) sowie auf die Realisierung von Vernunft im einzelnen Lebensvollzug stützt: »Nach all diesen Prinzipien also gehen die Lebewesen ineinander über, indem sie sich durch Verlust und Erwerb von Vernunft und Unvernunft verändern« (*Tim.* 92c). Insofern hier letztlich die sokratische Konzeption des Tugendwissens im Hintergrund steht, koinzidieren sittlicher und epistemischer Maßstab für die Reinkarnation sicherlich; dementsprechend sind die größten Belohnungen im Jenseits ebenso wie die besten Wiedereinkörperungen auch für diejenigen vorgesehen, die ein ›philosophisches Leben‹ führen, das die Suche nach Wahrheit und die Realisierung der Tugenden organisch verbindet.

Erscheint bis hierhin die platonische SW-Lehre als Ausdruck einer kosmischen Vergeltungs- bzw. Belohnungsmechanik – wie sie sich schon bei Pindar (*Olympische Oden*, 2,58 ff.; fr. 133) u. a. findet –, in welcher Gesetz und Notwendigkeit (vgl. das »Gesetz der Adrasteia« in *Phdr.* 248c) das menschliche Geschick regieren, fügt Platon hier doch ein zentrales Element hinzu: das der Wahl durch die Seele selbst. Im Mythos von Er wird geschildert, wie den Seelen Grundrisse von Lebensweisen (*biôn paradeigmata*: *Rep.* X 617d6) präsentiert werden, aus denen sie in einer ausgelosten Reihenfolge wählen können. Die Wahl wird dabei im Lichte der früheren Erfahrungen getroffen, wie die Beispiele verschiedener Heroen zeigen, wobei grundsätzlich gilt: »Die Schuld ist des Wählenden; Gott ist schuldlos« (*Rep.* X 617e). Auch in den *Nomoi* wird neben der Metapher vom göttlichen Brettspieler, der jede Seele an den ihr gebührenden Platz stellt – also in einen entsprechenden Körper inkarnieren lässt (*Leg.* X 903c–e) –, betont, dass dies auf der Basis einer von der einzelnen Seele selbst zu verantwortenden Disposition erfolgt (*Leg.* X 904b–c). Die Form der Reinkarnation verdankt sich letztlich sowohl einer dem Einfluss des Individuums entzogenen Vorgabe als auch seiner ihm selbst zuzuschreibenden Verantwortung: Sie beruht auf »Verlosung und Wahl« (*Phdr.* 249b2–3: *klêrôsis te kai hairesis*). In der SW-Lehre kombiniert Platon somit Momente von Determiniertheit und Freiheit.

4. ›Reinkarnationszyklus‹: Die SW ist eingebunden in einen festen Kreislauf von 10.000 Jahren, der jeweils zehn verschiedene Einkörperungen (inklusive der entsprechenden Zwischenaufenthalte im Jenseits) umfasst; ein Verlassen des Zyklus ist erst nach Ablauf dieser Zeit möglich, wobei drei aufeinander folgende Philosophenleben einen vorzeitigen Ausstieg der Seele nach 3000 Jahren ermöglichen (*Rep.* X 615a–b; *Phdr.* 248e–249a; zu Unklarheiten im Zyklusschema vgl. Bluck 1958b, 412; Zander 1999, 77).

53.2 Interpretationsprobleme

Eine einheitliche Darlegung und kohärente Interpretation der eschatologischen Mythen Platons, wie sie teilweise in der älteren Forschung propagiert wird (vgl. z. B. Döring 1893), wird mittlerweile eher kritisch eingestuft (vgl. Alt 1982/83). Im *Gorgias* etwa wird der Gedanke des jenseitigen Gerichts ohne irgendeine Andeutung auf die SW entwickelt (vgl. Long 1948, 65 f. gegen Friedländer u. a.). Im besonderen Blick auf die Entfaltung der SW-Lehre im späteren Œuvre bereitet v. a. die Einordnung des *Timaios* Probleme, der einigen Elementen des in V.53.1 gezeichneten Bildes direkt zu widersprechen scheint: Die erste Einkörperung der Seele ist hier nicht das Resultat eines ›Sturzes‹ bzw. ›Falls‹ (wie im *Phaidros*), sondern die Seelen werden im Rahmen eines kosmischen Plans »nach dem Gesetz der Notwendigkeit den Körpern eingepflanzt« (*Tim.* 42a); von einem die Reinkarnationen präludierenden Strafgericht ist ebenso wenig die Rede wie von einer Unterwelt und einem transzendenten Jenseits überhaupt: Die erlöste gute Seele kehrt nach ihrer Trennung vom Körper zu ihrem Fixstern zurück, verbleibt also im kosmischen Raum (*Tim.* 42b); für eine direkte Wahl der späteren Existenzform finden sich im *Timaios* ebenfalls keine Anhaltspunkte. Im Gesamtwerk bleibt auch unklar, ob die Seele als dreiteilige wandert und reinkarniert oder ob bloß der vernünftige Teil den Tod überdauert, ob es also einen konstitutiven Unterschied zwischen Diesseits- und (geläuterter) Jenseitsseele gibt (vgl. Guthrie 1955; s. Kap. IV.60.2). Viele Interpreten versuchen, diese Unterschiede in den Rahmen einer entwicklungsgeschichtlichen Betrachtung der platonischen SW-Lehre *in toto* einzuordnen (vgl. Böhme 1989, 45–53; Zander 1999, 75–79; tendenziell harmonisierend: Long 1948, 63–86).

Einige Schwierigkeiten und Inkonsistenzen der SW-Lehre ließen sich natürlich auch mit Verweis auf den mythischen Darstellungsrahmen neutralisieren: So ist etwa die Idee der Transmigration in Tierkörper, die in besonderem Maße der Kritik (und auch der Ridikülisierung) durch philosophische Gegner ausgesetzt ist – indem sich z. B. die Frage stellt, welche Funktion das *logistikon* eigentlich im Tierkörper ausüben soll –, in der späteren platonischen Tradition nur noch als Metapher für das sittliche Absinken des Menschen auf die Stufe des seinen Trieben blind folgenden Tieres aufgefasst worden. Ob man die Hauptelemente der SW-Lehre wörtlich (im Sinne einer Offenbarung transrationaler Gehalte; vgl. Böhm 1998, 42: »Glaubenssatz«), allegorisch (als verschlüsselte Bilder; vgl. Zander 1999, 79) oder fiktional (im Sinne bloß pädagogisch nützlicher Märchen) versteht, hängt natürlich davon ab, wie man den Wahrheitsgehalt der platonischen Mythen allgemein einschätzt (s. Kap. V.49). Platon selbst kennzeichnet spezifisch die SW-Lehre regelmäßig als eine aus religiöser Überlieferung (*Men.* 81a: Priester; *Leg.* 870d: Mysterien) stammende »alte Lehre« (*palaios logos*: *Phd.* 70c; vgl. auch *Ep.* VII 335a), die zwar in der dargebotenen Form nicht beweisbar ist, aber zumindest eine Art wahren Kern haben muss: »He never insists upon the details of metempsychosis, but is assured that something like it must be true« (Long 1948, 77; vgl. auch *Phd.* 114d; *Men.* 81a8/e2: *alêthê*). Man kann aber auch diskutieren, ob es sich bei der Lehre von der Unsterblichkeit der Seele und ihren Transmigrationen nicht um eine – dem Metall-Mythos der *Politeia* vergleichbare – noble Lüge handelt (Centrone 2011). Platons wiederholter Rekurs auf die SW-Idee gibt jedenfalls genügend Anlass, nach den möglichen philosophischen Funktionen zu fragen, welche diese Lehre bei ihm ausfüllt.

53.3 Die philosophische Signifikanz der SW-Lehre

Bei genauerem Hinsehen lassen sich insgesamt vier Funktionen unterscheiden, in denen Platon seine SW-Lehre einsetzt (bzw. eingesetzt haben könnte):

1. *Vitalistisch-kosmologische Funktion:* Im sog. Kreislaufargument zum Beweis der Unsterblichkeit der Seele (*Phd.* 70d–72e) wird dafür argumentiert, dass die Seelen nach dem Tod im Hades sein müssen, damit aus dem Toten wieder Lebendiges werden kann. In einem *per-impossibile*-Argument hebt Platon darauf ab, dass ansonsten die gesamte Natur in einem linearen Prozess des Sterbens begriffen wäre: »Denn wenn zwar aus dem anderen das Lebende würde, dies aber stürbe, wie wäre denn zu helfen, dass nicht zuletzt alles im Totsein aufginge?« (*Phd.* 72d). Eine Entstehung neuer Lebewesen wäre letztlich nicht möglich, wenn die Seele zugrunde ginge (*Leg.* X 904a). Insofern die Seele im Spätwerk als kosmologisches wie auch als individuelles Bewegungsprinzip gefasst ist, kann man die Garantie einer kontinuierlichen Beseelung (und damit zugleich Bewegung) der lebendigen Natur unter Verzicht auf eine Neuschaffung von Seelen als eine Art Funktionsstelle verstehen, an der die SW-Lehre sinnvoll einsetzbar ist (vgl. auch Kalogerakos 1996, 127).

2. *Epistemische Funktion* (vgl. auch Böhme 1989, 44 f.): Bezeichnenderweise begegnet der Gedanke der SW-Lehre im platonischen Œuvre erstmalig explizit im Kontext der *anamnêsis*-Lehre, der zufolge alles Lernen »Wiedererinnerung« ist (*Men.* 81a–d). Dies setzt ein vorheriges Gelernt-Haben voraus, was im *Phaidon* (72e–78a) dann als Beweis für die notwendige Präexistenz der Seele vorgebracht wird. Der hier angedeutete Konnex mit der Ideenlehre wird im *Phaidros* explizit formuliert: Die präexistente menschliche Seele hat notwendig die Ideen geschaut, aber beim Eintritt in das körperliche Leben gerät dieses Wissen zumindest temporär in Vergessenheit (*Phdr.* 248c–d; vgl. auch *Rep.* X 621a), kann jedoch später anlässlich sinnlicher Anschauung wieder aktiviert werden (*Phd.* 75d–e). Die Wiedererinnerungslehre setzt also die SW-Idee funktional voraus; umgekehrt hat der Grad des im jeweiligen Leben erworbenen Wissens einen maßgeblichen Einfluss auf die nächste Inkarnation: Auf diesem Wissen beruht schließlich auch die Wahl des jeweiligen Lebensloses (*Rep.* X 618b–619b). Die epistemische Funktion ist hierbei über das Konzept des Tugendwissens auch teilweise direkt an die

3. *ethische Funktion* gekoppelt. Die meisten Interpreten sehen die platonische SW-Lehre durch ihre eminent moralische (vgl. Long 1948, 85 f.: »completely moral doctrine«) oder auch politische Dimension (vgl. Zander 1999, 79 f.: SW »aus Staatsraison«; speziell für die *Nomoi*: Stalley 2009) gekennzeichnet. Zentral ist der Gedanke, dass die SW einen Beitrag zur Gerechtigkeit leistet, insofern die Reinkarnationen den Charakter von Strafe und Belohnung besitzen; der Tod ist nicht das Ende von allem, so dass die Schlechten sich keineswegs sicher fühlen können: Dies ist natürlich zugleich ein (prudentielles) Argument für eine sittliche Lebensführung im jetzigen Dasein. Traditionelle moralische Aspekte der SW, wie etwa die Notwendigkeit einer weitgehenden Reinigung vom Körper im Rahmen einer asketischen Lebensführung, finden sich v. a. im *Phaidon*; konkrete Vorschriften wie etwa der Vegetarismus, der sich unter diesem Gesichtspunkt aus der SW-Lehre ableiten lässt, spielen bei Platon im Gegensatz zu anderen SW-Lehren jedoch keine Rolle (vgl. Böhme 1989, 179 f.).

Insgesamt ist kaum zu bezweifeln, dass die SW-Lehre einen Appell zur Führung eines philosophischen Lebens, das ja auch den vorzeitigen bzw. endgültigen Ausstieg aus dem Zyklus ermöglicht, intendiert; hierauf gründet sich ja auch die Hoffnung des vor seinem Tod stehenden Sokrates (vgl. *Phd.* 63c–64a; 68a). Es stellt sich aber die Frage, ob diese ethische Funktion nicht auch durch den Gedanken eines einfachen Jenseitsgerichtes für die unsterbliche Seele (wie im Christentum) gewährleistet wäre: Im *Gorgias* rekurriert Sokrates im eschatologischen Schlussmythos signifikanterweise nicht auf die SW-Lehre, um die These zu verteidigen, dass Unrechttun schlechter ist (und d. h. auch: mehr Schaden bringt) als Unrechtleiden. Durch die SW-Lehre wird also gewissermaßen eine Verdoppelung der Vergeltungskausalität eingeführt, deren Notwendigkeit bzw. Sinnhaftigkeit nicht unmittelbar einleuchtet. Eventuell ist die ethische Dimension in diesem Kontext auch stärker auf die

4. *personale Funktion* der SW-Lehre verwiesen: Gerade durch die eminent ›dualistische‹ Perspektive der SW-Lehre (Körper und Seele stehen hier ja letztlich nur in einer kontingenten, beliebig austauschbaren Verbindung miteinander) könnte Platon verdeutlichen wollen, was den eigentlichen Grund personaler Identität ausmacht: die Seele in ihrer kognitiven und moralischen Dimension als Instanz individueller Unsterblichkeit (s. Kap. IV.24.3). Die wandernde Seele ist deshalb auch kein bloßer »Schatten« (wie in der homerischen *psychê*-Tradition), sondern ein vollständiger Akteur, der über sein eigenes Schicksal durch seine hiesige Lebensführung ebenso wie durch seine jenseitigen Wahlakte entscheiden kann. Die Identität der Person wird also durch die Reinkarnation nicht in Frage gestellt (contra: Bostock 1999, 416–421), sondern eben auf die Seele verdichtet. Durch diese Verdeutlichung der identitätskonstitutiven Dimension der menschlichen Seele, bei der die Einbringung der SW-Lehre auch als eine Art radikalisiertes Gedankenexperiment angesehen werden könnte, wird jedenfalls der sokratische Grundgedanke, dass die Selbstsorge nicht den Körper, sondern die Seele des Menschen betrifft, nachhaltig unterstrichen.

Literatur

Alt, Karin 1982/83: »Diesseits und Jenseits in Platons Mythen von der Seele (I).« In: Hermes 110, 278–299; (II) In: Hermes 111, 15–33.
Bluck, R. S. 1958a: »The *Phaedrus* and Reincarnation«. In: American Journal of Philology 79, 156–164.
Bluck, R. S. 1958b: »Plato, Pindar and Metempsychosis«. In: American Journal of Philology 79, 405–414.
Böhme, Angelika 1989: Die Lehre von der Seelenwanderung in der antiken griechischen und indischen Philosophie. Ein Vergleich der philosophischen Grundlegung bei den Orphikern, bei Pythagoras, Empedokles und Platon, mit den Upanishaden, dem Urbuddhismus und dem Jainismus. Diss. Düsseldorf.
Bostock, David 1999: »The Soul and Immortality in Plato's *Phaedo*«. In: Gail Fine (Hg.): Plato 2. Ethics, Politics, Religion, and the Soul. Oxford, 404–424.
Burkert, Walter 1962: Weisheit und Wissenschaft. Studien zu Pythagoras, Philolaos und Platon. Nürnberg.
Centrone, Bruno 2011: »Personal Immortality in Plato: Another Noble Lie?«. In: Maurizio Migliori/Linda M. Napolitano Valditara/Arianna Fermani (Hg.): Inner Life and Soul. *Psychê* in Plato. Sankt Augustin, 71–85.
Courcelle, Pierre 1965: »Tradition platonicienne et traditions chrétiennes du corps-prison (*Phédon* 62 b; *Cratyle* 400 c)«. In: Revues des études latines 43, 406–443.
Courcelle, Pierre 1966: »Le corps-tombeau (Platon, *Gorgias*, 493a, *Cratyle*, 400c, *Phèdre*, 250c)«. In: Revue des études anciennes 68, 101–122.
Dodds, Eric Robertson 1970: Die Griechen und das Irrationale. Frankfurt a. M. [engl. 1951].
Döring, August 1893: »Die eschatologischen Mythen Platons«. In: Archiv für Geschichte der Philosophie 6, 475–490.
Guthrie, William K. C. 1955: »Plato's Views on the Nature of the Soul«. In: Entretiens sur l'antiquité classique de la Fondation Hardt 3, 1–22.
Jaeger, Werner 1953: Die Theologie der frühen griechischen Denker. Stuttgart.
Kalogerakos, Ioannis G. 1996: Seele und Unsterblichkeit. Untersuchungen zur Vorsokratik bis Empedokles. Stuttgart/Leipzig.
Long, Herbert Strainge 1948: A Study of the Doctrine of Metempsychosis in Greece. From Pythagoras to Plato. Princeton.
McGibbon, D. D. 1964: »The Fall of the Soul in Plato's *Phaedrus*«. In: Classical Quarterly 14, 56–63.
Pender, Elizabeth 2012: »The Rivers of Tartarus: Plato's Geography of Dying and Coming-Back-to-Life«. In: Catherine Collobert/Pierre Destrée/Francisco J. Gonzalez (Hg.): Plato and Myth. Studies on the Use and Status of Platonic Myths. Leiden, 199–233.
Schomerus, Hilko W. 1928: »Der Seelenwanderungsgedanke im Glauben der Völker«. In: Zeitschrift für systematische Theologie 6, 210–277.
Stalley, Richard 2009: »Myth and Eschatology in the *Laws*«. In: Catalin Partenie (Hg.): Plato's Myths. Cambridge, 187–205.
Zander, Helmut 1999: Geschichte der Seelenwanderung in Europa. Alternative religiöse Traditionen von der Antike bis heute. Darmstadt.

Jörn Müller

54 Selbsterkenntnis

Es gibt im antiken Griechenland bereits vor Platon eine Auseinandersetzung mit dem Thema Selbsterkenntnis, von der verschiedene, v. a. literarische Ausdeutungen des delphischen Spruches »Erkenne dich selbst« (*gnôthi sauton*) zeugen (vgl. Göbel 2006, 16; Courcelle 1974). Dieser Spruch, eine Inschrift beim Apollon-Tempel in Delphi (der genaue Ort ist umstritten), wurde in der Antike häufig auf Apollon selbst oder auf die Sieben Weisen zurückgeführt. Auch bei Platon werden die Sieben Weisen als Autoren genannt (*Prot.* 343a–b), Sokrates' Gesprächspartner führen ihn bisweilen auf Apollon zurück (z. B. Kritias in *Charm.* 164d).

In der antiken Tragödie wird der Spruch meist als Warnung vor *hybris* gegenüber den Göttern ausgelegt oder generell als Mahnung, sich der eigenen, begrenzten Fähigkeiten und seines Platzes in der Gesellschaft bewusst zu werden (vgl. Aischylos, *Prometheus* 305 ff.). Heraklit bringt den delphischen Spruch mit der Tugend der Besonnenheit (*sôphrosynê*) in Zusammenhang (DK B 116). Allerdings ist unklar, ob damit eine tiefere philosophische Reflexion einhergeht, denn die traditionelle Tugend *sôphrosynê* wurde in der Antike auch in unphilosophischen Kontexten sehr früh mit der Erkenntnis der eigenen Grenzen verbunden (vgl. North 1966; Witte 1970): Sie wird oftmals als Respekt gegenüber den Älteren oder den Herrschern gedeutet (zu Selbsterkenntnis und *sôphrosynê* vgl. North 1966).

Platon knüpft bei seinen Ausführungen zur Selbsterkenntnis an die literarische Tradition an, indem er das Thema ebenfalls unter Rückgriff auf den delphischen Spruch behandelt. Er nimmt dabei häufig explizit auf den delphischen Spruch Bezug (vgl. *Phdr.* 229c–239; *Alc. I* 124b, 129a, 132c); bisweilen erwähnt er auch nur dessen vermeintliche Autoren (*Prot.* 342e–343b) oder den delphischen Tempel (*Apol.* 20e–21b). Ferner verbindet er die Selbsterkenntnis ebenfalls mit der *sôphrosynê*: Im *Charmides* wird die *sôphrosynê*, die Hauptthema des Dialogs ist, unter Bezugnahme auf den delphischen Spruch mit der Selbsterkenntnis identifiziert (*Charm.* 164d3 f.). Doch obwohl Platon explizit an die literarische Tradition anknüpft, führt er die Überlegungen zur Selbsterkenntnis in drei Richtungen weiter: Erstens legt er eine genauere Bestimmung der menschlichen Grenzen vor, indem er Selbsterkenntnis als Erkenntnis des begrenzten Wissens deutet (s. Kap. 54.1). Zweitens präzisiert er die Selbsterkenntnis als Erkenntnis der eigenen Seele und deren Struktur (s. Kap. 54.2). Und drittens thematisiert er den reflexiven Charakter der Selbsterkenntnis, d. h. er fragt, in welchem Sinne durch die Selbsterkenntnis ein Bezug auf sich selbst stattfindet (s. Kap. 54.3).

54.1 Selbsterkenntnis als Erkenntnis des eigenen Unwissens

In der *Apologie* wird die Selbsterkenntnis im Zusammenhang mit dem delphischen Orakel thematisiert, das hier allerdings nicht mit dem Spruch »Erkenne dich selbst« zitiert wird, sondern mit der Behauptung, dass Sokrates der weiseste unter den Menschen sei (*Apol.* 20e6–21a8; zu dieser Anekdote vgl. Heitsch 2002, 74). Sokrates will überprüfen, ob das Orakel Recht hat, indem er das Wissen anerkannter Experten prüft. Es lassen sich drei Wissensbereiche unterscheiden, deren Vertreter Sokrates in Prüfungsgespräche verwickelt: Politik, Poesie und handwerkliche Fertigkeiten (*cheirotechnai*: 22c9). Für jeden der drei Bereiche weist Sokrates nach, dass die vermeintlichen Experten keine Erkenntnis über das Wichtigste (*ta megista*: 22d7) haben, obwohl sie denken, darüber zu verfügen. Sokrates erkennt, dass er sich als einziger seines Unwissens bzw. der Grenzen seines Wissens bewusst ist. Zugleich wird deutlich, dass die wichtigste Erkenntnis, die allen Experten fehlt, die Tugend ist (29b2 f., 29e5, 41e4 f.; vgl. Tsouna 2001, mit einer kleinen Bibliographie über Selbsterkenntnis) oder das Gute im Allgemeinen (21d4; vgl. Balansard 2001, 160–176). Dadurch wird die Selbsterkenntnis als Erkenntnis des eigenen Unwissens mit der Forderung verbunden, nach der Erkenntnis des Wichtigsten – also der Tugend oder des Guten – zu streben. Diese moralisch-praktische Wendung der sokratischen Selbsterkenntnis wurde besonders von Foucault herausgestellt, der die Selbsterkenntnis als Ausdeutung der Sorge um sich selbst (*epimeleia heautou*) versteht. Selbsterkenntnis bedeute nicht, eine theoretische Frage nach der eigenen Seele zu stellen, sondern die eigene Seele als Urheberin des Handelns zu begreifen (Foucault 2001, 39–44).

Die in der *Apologie* vorgenommene Präzisierung der Selbsterkenntnis als Erkenntnis des eigenen Unwissens gilt als genuin sokratisch. Als Indiz dafür, dass nicht erst Platon, sondern schon Sokrates die Selbsterkenntnis in dieser Weise interpretiert hat, gilt die Häufung dieses Themas in den Frühdialogen sowie ein Verweis bei Aristophanes, dass für Sokrates ein weiser Mensch sich selbst als unwissend und töricht erkennt (*Die Wolken* 840).

54.2 Selbsterkenntnis als Erkenntnis der eigenen Seele

Die Erkenntnis des eigenen Unwissens bedeutet zu begreifen, dass man sich bei der Suche nach dem Guten irren kann. Dies wiederum führt zur Untersuchung der Ursachen für diese Irrtümer, die in der psychologischen Konstitution der Menschen liegen. Die Selbsterkenntnis erweist sich bei Platon daher immer deutlicher als Erkenntnis der eigenen Seele (zur Psychologie s. Kap IV.24). So spricht Sokrates im *Phaidros* davon, dass man untersuchen müsse, ob die eigene Seele die Mannigfaltigkeit des Typhons zeigt oder »ein milderes einfacheres Wesen« ist (229c–239a). In der *Politeia* führt Sokrates die ausführlichsten Untersuchungen zur dreigeteilten Seelenstruktur durch. Nach Ansicht einiger Autoren kann auch das Höhlengleichnis als Prozess der Erkenntnis der eigenen Seele gedeutet werden, denn es beginnt mit der Feststellung, dass alle Menschen sich bei ihrer Selbsterkenntnis irren (Tsouna 2001 zu *Rep.* VII 515a4–8).

Da die Selbsterkenntnis hier als Erkenntnis der dreigeteilten Seele verstanden wird, schließt sich unmittelbar die Frage an, wo bei dieser Seelenstruktur das eigentliche »Selbst« zu verorten ist. Deutlich ist, dass die Erkenntnis der Seelenstruktur bei Platon mit dem Anspruch verbunden ist, den rationalen Seelenteil als zentralen und wichtigsten Seelenteil anzuerkennen (s. Kap. IV.29.2). Diesen Gedanken findet man schon in *Alkibiades I* im Kontext der Frage nach dem Selbst (*auto*): Zuerst identifiziert dort Platon das Selbst (*auto*) mit der Seele (*Alc. I* 129b1–130c3). Anschließend führt er aus, dass man die eigene Seele dann erkennt, wenn man in Kontakt zu einer anderen Seele tritt, besonders mit deren Denkvermögen (*phronêsis*: *Alc. I* 132d1–133c6). Die zentrale Stellung des rationalen Seelenteils wird besonders im *Phaidros* betont. Dort wird denjenigen, die dem Ideenbereich nahe bleiben, eine »wahrhafte Vollkommenheit« zugeschrieben, weil nur im Ideenbereich die »wirkliche Nahrung« für den *noûs* zu finden sei (*Phdr.* 248a–249d). Die Vollkommenheit des Menschen ist hier also exklusiv an den rationalen Seelenteil gebunden. Auch in der *Politeia* wird anhand der Idee des Guten deutlich, dass der rationale Seelenteil der zentrale Seelenteil ist: Was in der *Apologie* als das Wichtigste (*ta megista*) bezeichnet wird, taucht im *Rep.* VI 505a–b als das *megiston mathêma* auf, und wird genauer bestimmt als das, wonach alle Menschen letztlich streben (*Rep.* VI 505e–506a). Die Idee des Guten kann nur durch philosophische Bemühung angeschaut werden, was Aufgabe des *noûs* ist. Daher ist der *noûs* das Wichtigste in der Seele, denn es ist seine Aufgabe zu erkennen, wonach der Mensch als ganzes Individuum strebt.

54.3 Selbsterkenntnis und Selbstreflexion

Im *Charmides* wird diskutiert, ob Selbsterkenntnis mit einer reflexiven Beziehung zu sich selbst einhergeht. Platons Antwort auf diese Frage bleibt zweideutig. Sokrates' Gesprächspartner Kritias interpretiert die Selbsterkenntnis nicht als Erkenntnis vom Selbst (*auto*) des Menschen, also von der Seele, sondern als ein selbstbezügliches Wissen (*epistêmê heautês*: *Charm.* 166c1 f.), also als Fähigkeit zu erkennen, wann jemand wirkliches Wissen besitzt. Sie ist somit ein rein formales Wissen, dass sich nur auf das Phänomen des Wissens bezieht, und selbst keine Inhalte hat (*Charm.* 166e–167b; s. Kap. IV.22.4). Sokrates bezweifelt, das es ein solches selbstbezogenes, inhaltsfreies Wissen geben kann. Unklar bleibt jedoch, ob Sokrates damit auch der Selbsterkenntnis jegliche Form von Reflexivität abspricht. Diese Frage wird auch unter den Interpreten diskutiert: Oehler (1985) vertritt die Meinung, dass es bei Platon keine reflexive Selbsterkenntnis geben kann. Bei Platon bedeute die Selbsterkenntnis eine Erkenntnis eines Objekts, nämlich der Seele und ihrer Struktur. Sie sei also nicht selbstbezügliche Erkenntnis eines Subjekts. Andere Interpreten sind dagegen der Ansicht, dass die Kritik des Sokrates ein selbstreflexives Wissen nicht vollständig ausschließt, da der Prozess, in dem bei Platon der rationale Seelenteil die Gesamtseele betrachtet, selbstreflexiv verstanden werden kann (vgl. Szlezák 1985, 136). Unter den Autoren, die ein reflexives Wissen bei Platon annehmen, lassen sich wiederum zwei Interpretationen unterscheiden: (1) Nach Ansicht der ersten Deutung lehnt Sokrates lediglich ab, dass die Selbsterkenntnis eine Art von Wissenschaft sei (vgl. Tuckey 1968, 30–37; Schmid 1998, 43; Tsouna 2001; Griswold 1986). Sie lasse sich deshalb nicht als Wissenschaft verstehen, weil jede Wissenschaft durch den Bezug auf ein Objekt charakterisiert ist. Bei der Selbsterkenntnis handle es sich dagegen eher um eine für die Ethik charakteristische Erkenntnisart bzw. um eine Art moralisches Bewusstsein (Schmid 1998; Tuckey 1968). (2) Andere Interpreten sind der Ansicht, dass im *Charmides* für die Menschen selbstbezogenes Wissen zwar unmöglich ist, weil es in inhaltsloser Selbstbezogenheit bestünde. Für die Götter stünde diese Möglichkeit aber offen (vgl. Martens 1973, 58–68). Für die Menschen hänge die Selbsterkenntnis letztlich von der objektiven Erkenntnis ab, die in der Erkenntnis der Ideen und letztlich in der Erkenntnis des Guten ihre Begründung findet. Die Selbsterkenntnis bedeute also zu erkennen, dass das Denken von den Ideen abhängig ist, und genau dort die Grenzen des Menschen liegen.

Literatur

Balansard, Anne 2001: *Technè dans les Dialogs de Platon*. St. Augustin.
Courcelle, Pierre 1974/75: »Connais-toi toi-même« de Socrate à saint Bernard. Paris. 3 Bde.
Foucault, Michel 2001: L'Herméneutique du Sujet. Cours au Collège de France 1981–1982. Paris.
Göbel, Christian 2002: Griechische Selbsterkenntnis. Stuttgart.
Griswold, Charles L. Jr. 1986: Self-Knowledge in Plato's *Phaedrus*. New Haven/London.
Heitsch, Ernst 2002: *Apologie des Sokrates*. Übersetzung und Kommentar. Göttingen.
Martens, Ekkehard 1973: Das selbstbezügliche Wissen in Platons *Charmides*. München.
North, Helen 1966: Sophrosyne. Self-Knowledge and Self-Restraint in Greek Literature. New York.
Oehler, Klaus ²1985: Die Lehre vom Noetischen und Dianoetischen Denken bei Platon und Aristoteles [1962]. Hamburg.
Schmid, W. Thomas 1998: Plato's *Charmides* and the Socratic Ideal of Rationality. New York.
Szlezák, Thomas A. 1985: Plato und die Schriftlichkeit der Philosophie: Interpretationen zu den früheren und mittleren Dialogen. Berlin/New York.
Tsouna, Voula 2001: »Socrate et la Connaissance de soi: Quelques Interprétations«. In: Philosophie Antique 1, 37–64.
Tuckey, T. G. 1968: Plato's *Charmides*. Amsterdam.
Witte, Bernd 1970: Die Wissenschaft vom Guten und Bösen. Interpretationen zu Platons *Charmides*. Berlin.

Gabriel García Carrera

55 Sonnen-, Linien-, und Höhlengleichnis

Sonnen-, Linien- und Höhlengleichnis zählen zu den Grundtexten der platonischen Philosophie, denn sie fassen nicht nur in mythisch-bildhafter Form zusammen, was in den mittleren Büchern des *Staats* (V–VII) hinsichtlich der Fragen nach dem Wesen der Erkenntnis und der Natur der Wirklichkeit dialektisch entwickelt wird, sondern sie entwerfen in einprägsamen Bildern grundlegende Gehalte, Motive und Aspekte der platonischen Philosophie überhaupt. Hierzu zählen

1. die Trennung der Welt in einen empirischen, über die Sinne erfahrbaren Bereich, der kein wirkliches Wissen zulässt, und in eine intelligible Sphäre, die nur dem (reinen) Denken zugänglich ist und in der wahres Wissen zu finden ist;
2. die Verknüpfung unterschiedlicher Erkenntnisformen mit bestimmten Gruppen von Objekten;
3. ein hierarchisch gegliedertes System von Erkenntnisformen, dem ein hierarchisch gestuftes Modell der Realität gegenübersteht;
4. die zentrale Rolle der (philosophischen) Erziehung und Bildung (*paideia*) für den Einzelnen wie den Staat;
5. die herausragende Stellung der Idee des Guten.

Die Deutung der drei Gleichnisse bietet erhebliche Schwierigkeiten, die in erster Linie auf deren metaphorische Form zurückzuführen sind, die nicht »ohne Rest« im Rahmen einer philosophischen Analyse aufzulösen ist (Wieland 1982, 197), die aber auch damit zusammenhängen, dass sich Platon bei der Kommentierung seiner bildhaften Texte sehr zurückhält und sich nicht selten mit wenigen Andeutungen begnügt. Dass die drei Gleichnisse in thematischer wie auch sachlicher Hinsicht eng aufeinander bezogen sind, darf als gesichert gelten. Umstritten ist allerdings, worin der gemeinsame Kernbereich der drei Gleichnisse zu sehen ist. Neben der *paideia* (Jaeger 1959, 893) ist immer wieder die Idee des Guten genannt worden (Wieland 1982, 197; Ferber 1989, 54; Krämer 2005, 181) und tatsächlich spricht einiges dafür, dass die drei Gleichnisse durch die Idee des Guten zusammengehalten werden. Sie bildet nicht nur das Zentrum des die Reihe der Gleichnisse einleitenden Sonnengleichnisses, sondern sie steht auch im Mittelpunkt der beiden folgenden Gleichnisse, des Linien- und Höhlengleichnisses. Beide Gleichnisse erläutern und illustrieren die Idee des Guten (vgl. *Rep.* VI 509c, 514a), indem sie unterschiedliche Perspektiven dieser Idee entwickeln und beleuchten, das Liniengleichnis, indem es den Ort kenntlich macht, der der Idee des Guten in einem gegliederten (und abgestuften) System unterschiedlicher Wissensformen und unterschiedlicher Gruppen von Objekten, die Gegenstände möglichen Wissens sein können, zukommt, und das Höhlengleichnis, indem es den Aspekt einer philosophischen Erziehung bzw. Bildung vorstellt, deren Ziel in der Hinführung zur Schau der Idee des Guten gesehen wird.

55.1 Sonnengleichnis

Im Sonnengleichnis (*Rep.* VI 506b–509b) stellt Platon eine Analogie her zwischen der Sonne und der Idee des Guten. Die Sonne, ein ›Abkömmling‹ (*ekgonos*) des Guten, verhält sich zum Sichtbaren und zum Sehvermögen wie die Idee des Guten zum Denkbaren und zum Denkvermögen (*Rep.* VI 508b–c). Wie die Sonne im Bereich des Sichtbaren (*topos horatos*) die Erkenntnis sinnlich-empirischer Gegenstände ermöglicht und auch die Ursache für deren ›Werden‹ und Wachstum ist, indem sie Licht spendet, so ermöglicht die Idee des Guten im Bereich des Denkbaren (*topos noêtos*) nicht nur die Erkenntnis intelligibler Objekte, indem sie ihnen ›Wahrheit‹ und dem Erkennenden das ›Vermögen zu erkennen‹, verleiht (vgl. *Rep.* VI 508e), sondern sie ist darüber hinaus auch die Ursache für deren ›Sein‹ (*einai*) und ›Wesen‹ (*ousia*).

Das Sonnengleichnis ist das Ergebnis des Eingeständnisses des Sokrates, vom »Guten selbst« *vorerst* nicht sprechen zu können (vgl. *Rep.* VI 506d–e), wohl aber von der Sonne, die als ›Abkömmling‹ des Guten dem Guten »sehr ähnlich« sei (vgl. *Rep.* VI 506e). Ob die Weigerung des Sokrates, vom Guten selbst zu sprechen, als Hinweis darauf zu verstehen ist, dass von der Idee des Guten *prinzipiell* kein Wissen möglich ist (Ferber 2005, 149 ff.) oder ob die Zurückhaltung des Sokrates als Indiz zu werten ist, dass das Wissen um die Idee des Guten einem speziellen Publikum vorbehalten bleiben soll (Szlezák 2003, 109 ff.), ist umstritten, wenngleich die Tatsache, dass Sokrates hervorhebt, »vorerst« nicht vom Guten selbst sprechen zu können und auch der Umstand, dass eine Vorlesung Platons über das Gute zuverlässig dokumentiert ist, eher für die zweite Möglichkeit sprechen. Das Gleichnis, das dann entworfen wird und von dem es heißt, es beruhe nicht auf Wissen, sondern auf Glauben (vgl. *Rep.* VI 506c), bietet also keine inhaltliche Bestimmung der Idee des Guten, sondern nur ein ›Bild‹,

gleichsam einen ›Umriss‹ des Guten, doch lässt dieser Umriss, so ungenau er im Einzelnen auch ist, doch deutlich werden, dass für Platon die Idee des Guten die Funktion eines obersten Prinzips hat, dem fast göttliche Attribute zugesprochen werden. So heißt es in *Rep.* VII 517c, sie bringe im Sichtbaren das ›Licht‹ und die ›Sonne‹ hervor, im Denkbaren schenke sie ›Wahrheit‹ und ›Einsicht‹, in *Rep.* VII 518c–d wird sie als das ›Hellste‹ und in *Rep.* VII 526e als das ›Glückseligste‹ unter dem Seienden bezeichnet. Es ist deshalb nicht überraschend, dass die Idee des Guten in der Tradition immer wieder als »Gottheit« aufgefasst wurde (vgl. Apelt 1916, 500 Anm. 97). Die Idee des Guten, die sich durch Schönheit, Symmetrie und Wahrheit auszeichnet (*Phlb.* 65d), steht in Platons Philosophie für die Einheit von theoretischer und praktischer Vernunft. Sie »erleuchtet« nicht nur den Raum des Denkens, sondern gibt dem Denken (und Handeln) auch Richtung. In diesem Sinne ist sie – anders als die Sonne, die lediglich Medium der sinnlichen Erkenntnis ist, weil ihr Licht die Erkenntnis empirischer Objekte ermöglicht – nicht nur Medium, sondern auch das Ziel aller philosophischen Bemühungen, denn sie ist die Ursache von allem, was in der Welt schön und richtig ist (*Rep.* VII 517c), und für das Denken gleichsam das Ende einer langen Reise (*Rep.* VII 532e).

55.2 Liniengleichnis

Im Liniengleichnis (*Rep.* VI 509c–511e) werden unterschiedliche Gegenstandsbereiche und unterschiedliche Erkenntnisformen einander zugeordnet. Hierzu wird eine Linie (A B) in zwei ungleiche Abschnitte geteilt (A C und C B), die anschließend noch einmal in demselben Verhältnis wie vorher geteilt werden (*Rep.* VI 509d), so dass sich insgesamt vier Teilbereiche ergeben (A D, D C und C E, E B). Die erste Teilung trennt den gesamten Gegenstandsbereich in zwei gegensätzliche Sphären, eine sinnliche, nur der Wahrnehmung zugängliche, und eine intelligible, die dem Denken vorbehalten ist. Die vier Segmente, die durch die erneute Teilung der beiden Hauptabschnitte entstehen, repräsentieren einerseits die empirischen Gegenstände (D C) und ihre Abbilder (A D), andererseits die Gegenstände der (mathematischen) Wissenschaft(en) (C E) und die Inhalte der Dialektik (E B).

Bei dem Liniengleichnis handelt es sich nicht um ein bloßes Zuordnungsschema von Erkenntnisformen und -objekten, sondern die Abschnitte und Teilsegmente dieses Gleichnisses repräsentieren zugleich eine Rangordnung der unterschiedlichen Erkenntnisweisen und -objekte. Die Gegenstände der sichtbaren Welt zusammen mit ihren Spiegelungen in Kunst und Sprache sind Abbilder der intelligiblen Formen der unsichtbaren Welt. Sie besitzen kein Sein im strengen Sinne, sondern sind einem ständigen Wandel unterworfen. Sie lassen deshalb nur die beiden untersten Formen des »Wissens« zu, das Vermuten (*eikasia*) und das Fürwahrhalten (*pistis*). Anders verhält es sich in der Welt der intelligiblen Formen, der Ideen. In ihr kann die Seele eine deutlichere und sicherere Erkenntnis erlangen, doch auch hier gibt es eine doppelte Form der Erkenntnis: die Verstandeserkenntnis des Wissenschaftlers (*dianoia*) und die Vernunfteinsicht des Dialektikers (*noêsis*). Beide unterscheiden sich vor allem durch ihre jeweiligen Methoden, aber auch durch die Klarheit und Sicherheit des jeweils Gewussten. Der Wissenschaftler geht von Voraussetzungen (*hypotheseis*) aus, die er nicht mehr hinterfragt und von denen er deshalb keine Rechenschaft anderen gegenüber ablegen kann (*Rep.* VI 510b–c). Hinzu kommt, dass er sich bisweilen bei seinen Beweisen auch der sinnlichen Anschauung bedient (*Rep.* VI 510e). Der Dialektiker dagegen geht zwar auch von Grundannahmen aus, doch er fragt weiter nach den Voraussetzungen dieser Grundannahmen, um zu dem zu gelangen, was keiner Voraussetzung mehr bedarf, den Ideen (*Rep.* VI 511b). Dabei benutzt er nichts, was aus der Wahrnehmung stammt, sondern hält sich allein an die Formen des Denkens, die Ideen (*Rep.* VI 511b–c). Es ist gerade die Figur des Dialektikers, die deutlich macht, dass es sich bei dem Liniengleichnis nicht um einen starren Schematismus handelt, um ein statisches System von Zuordnungen, sondern dass auch im Liniengleichnis – ähnlich wie im Höhlengleichnis – eine Bewegung intendiert ist, ein Aufstieg oder Denkweg aufgezeigt wird, der bei den Phänomenen der Erfahrungswelt beginnt, über die Formen der intelligiblen Welt fortschreitet und schließlich bei der Schau der Idee des Guten Halt macht, gleichsam eine Pause einlegt, dann erneut absteigt in die Welt der Vielheit und des bloßen Meinens, um das mühsame Geschäft der Philosophie zu betreiben, die Suche nach der Idee des Guten, um sie zum Maßstab des Denkens und menschlicher Praxis zu machen.

Beide Gleichnisse, das Sonnen- und das Liniengleichnis, sind in den letzten Jahrzehnten Gegenstand zahlreicher Kontroversen gewesen. Dabei ging und geht es vor allem um die Frage, ob sich bestimmte Schwierigkeiten, die einem adäquaten Verständnis der beiden Texte im Wege stehen, im Rückgriff auf Diskussionen innerhalb der platonischen Akademie, wie sie etwa in Platons Vorlesung über das Gute greifbar werden, lösen lassen. In diesem Zusammenhang sind z. B. Versuche zu nennen, das *Gute* in Platons *Staat* mit dem *Einen* zu identifizieren und so die einheits- und seinsstiftende Funktion des Guten, von der im Sonnengleichnis die Rede ist (vgl. etwa *Rep.* VI 509b), mit dessen »Übertranszendenz« – vgl. den Ausdruck *epekeina tês ousias* (*Rep.* VI 509b9) –, zu begründen (Krämer 2005, 192) oder die Stellung der Mathematik im Liniengleichnis durch die innerakademischen Diskussionen über den Zusammenhang von Ideen und Zahlen verständlich zu machen. Zweifellos bereichern diese Überlegungen die Bemühungen um ein besseres Verständnis der Gleichnisse, doch bleibt umstritten, ob damit nicht etwas in den Text hineingetragen wird, was von Platon erst später entwickelt wird oder das Ergebnis von innerschulischen Diskussionen ist, die in dieser Form erst nach Platon stattgefunden haben.

55.3 Höhlengleichnis

Das Höhlengleichnis (*Rep.* VI 514a–517a) bildet den Abschluss und Höhepunkt der drei Gleichnisse. Die wesentlichen Elemente der vorangehenden Gleichnisse (die Trennung der Welt in einen sinnlich-empirischen und intelligiblen Bereich, die Unterscheidung unterschiedlicher Erkenntnisformen und ihre Verknüpfung mit unterschiedlichen Seinsformen, die Sonderstellung der Dialektik, die Idee des Guten) spielen auch im Höhlengleichnis eine zentrale Rolle, doch sie sind hier Teil eines Bildungskonzepts, dessen Ziel die *Umwendung* (*periagogê*) des ganzen Menschen ist (*Rep.* VII 518d).

Im Höhlengleichnis wird zunächst ein düsteres Bild der Situation des Menschen gezeichnet: Die Menschen sitzen gefesselt in einem höhlenartigen Gewölbe vor einer Wand, auf der sich Schatten spiegeln, die von Gegenständen stammen, die hinter ihnen vorbeigetragen werden. Da ihr Kopf so fixiert ist, dass sie immer nur auf diese Wand blicken können, halten sie die Schatten, die sich auf dieser Wand zeigen, für reale Gegenstände und das Schauspiel der »Schattenkämpfe« (*Rep.* VII 517d–e) insgesamt für die gesamte Wirklichkeit. Erst dann, wenn die Fesseln eines Menschen gelöst würden, er sich umwenden und aus der Höhle herausgehen könnte, dann würde er erkennen, dass die Dinge, die er für wirklich gehalten hat, nur Abbilder sind und dass sich die wahren Formen, die Urbilder der phänomenalen Welt, außerhalb der Höhle befinden.

Der Bildungsvorgang wird im Höhlengleichnis als ein Befreiungsprozess verstanden: Die Seele, deren Auge tief in »irgendeinem barbarischen Schlamm« vergraben ist (*Rep.* VII 533d), löst sich aus der Bindung an die Welt der Sinne und wendet sich der Welt der Ideen zu (*Rep.* VII 532b). Das Lösen der Fesseln ist jedoch kein punktueller Vorgang, durch den der Mensch sofort frei würde, sondern es markiert den Beginn des letzten Teils eines Lern- und Bildungsprozesses, der einer Reihe von ausgewählten Mitgliedern des Wächterstandes vorbehalten ist. Die einzelnen Stationen dieses Prozesses werden in der Forschung kontrovers diskutiert. Vor allem ist umstritten, ob die Stufen des Aufstiegs aus der »Höhle« mit den Abschnitten, die im Liniengleichnis unterschieden werden, übereinstimmen. So wird die These vertreten, Platons »Höhle«, der Bereich der sinnlich erfahrbaren Welt, habe mit der unteren Hälfte der »Linie«, »no connexion at all« (Ferguson 1921, 138), sondern diene allein der Veranschaulichung des theoretisch Erarbeiteten (ebd., 146). Andere Interpreten gehen davon aus, dass der Aufstieg aus der Höhle in drei Stufen erfolge (vgl. Pritchard 1995, 94), doch lassen sich im Höhlengleichnis mühelos die vier Abschnitte erkennen, die auch im Liniengleichnis unterschieden werden, die Stufe der Schatten, der die Mutmaßung zugeordnet wird, die Stufe der Dinge, die Urheber der Schatten sind; auf ihr ist kein Wissen, sondern nur ein Fürwahrhalten möglich; die Stufe der mathematischen (und ähnlicher) Gegenstände außerhalb der »Höhle«; ihr ist die *dianoia* zugeordnet, eine Wissensform, die zwischen Wissen und Meinung steht, und am Ende die Stufe der Ideen, bei denen wirkliches Wissen möglich ist. Wichtig in diesem Zusammenhang ist aber, dass es sich bei diesen Stufen nicht nur um ein »ontologisches Gefälle zwischen einem Ding und seinem Abbild« handelt (Szlezák 2005, 213), sondern dass sie auch einen Unterschied in den Methoden sichtbar werden lassen, wie vor allem das Liniengleichnis zeigt und wie auch der Bildungsprozess, den die in der Höhle Gefangenen zu durchlaufen haben, selbst verdeutlicht. Hauptgegenstand dieses Bildungsprozesses ist nämlich die Dialektik, die wissenschaftliche Methode, die allein mit Mitteln des Denkens darauf abzielt, das Wesen der Dinge zu erklären (*Rep.* VI 511b-c) und alles auf die Idee des Guten zurückzuführen (Krämer 1972, 432). Der Bildungsvorgang selbst ist durch dreierlei gekennzeichnet: (1) Bildung braucht Zeit; denn bei der Bildung geht es für Platon nicht um die bloße Vermittlung von Kenntnissen oder Fertigkeiten, sondern um die über Stufen verlaufende Herausbildung einer neuen Denk- und Lebensform; (2) Bildung ist ein mühsamer und schmerzhafter Prozess, im Text ist von einem »steinigen und steilen« Weg die Rede (*Rep.* VII 515e), der die Abkehr von vertrauten Denk- und Lebensweisen fordert und zunächst von Verwirrung und Verunsicherung gekennzeichnet ist (*Rep.* VII 515c); (3) Der Bildungsprozess ist nicht allein zu bewältigen, er braucht den Anderen, den »Gehilfen«, der unterstützt und ermahnt, bisweilen auch Zwang ausübt, der vor allem aber Partner (und »Geburtshelfer«) im philosophischen Gespräch ist. Für Platon kann Bildung, kann Lernen nur im Dialog geschehen, denn Lernen ist ein anamnetischer Vorgang (s. Kap. V.60), ein Prozess, in dem man sich im Wechselspiel von Fragen und Antworten des latent in der Seele vorhandenen Wissens bewusst wird. Doch Bildung ist im Höhlengleichnis kein Selbstzweck. Wer den (philosophischen) Bildungsgang durchlaufen hat, wer also der Höhle entkommen ist, der darf nur auf Zeit »im Reinen wohnen« (*Rep.* VII 520d), also philosophieren und glücklich sein (*Rep.* VII 516c), denn er steht in der Schuld seiner Stadt, der Polis, die ihm den Aufstieg aus der Welt des Werdens in die Welt des Seienden ermöglicht hat. Er muss deshalb wieder hinab in die Höhle steigen, ungern und nicht ganz freiwillig (*Rep.* VII 519e), um sich zum »wechselseitigen Nutzen« aller (*Rep.* VII 520a) an der Leitung der Stadt auf Zeit zu beteiligen, aber auch anderen zu helfen, den Weg aus der Höhle zu finden. Gerade das Rückkehrmotiv macht deutlich, dass das Höhlengleichnis, aber auch die beiden vorangehenden Gleichnisse in einem politischen Kontext zu lesen sind: Die kleine Gruppe derer, denen es gelingt, ihr Denken aus der Gewalt der Dinge zu befreien und in die Sphäre der Ideen vorzudringen, wo sie zuletzt und »mit Mühe« die Idee des Guten erblicken (*Rep.* VII 517c), sind Teil eines größeren Ganzen und müssen am Ende ihr Wissen um das Schöne, Wahre und Gute auch mit denen teilen, die ihnen mit Spott und Verfolgung begegnen, damit ein besseres und gerechteres Gemeinwesen entstehen kann, eine Stadt, in der »niemand Unrecht tut noch leidet« (*Rep.* VI 500c).

Literatur

Annas, Julia 1981: An Inroduction to Plato's *Republic*. Oxford.
Apelt, Otto 1916: »Anmerkungen«. In: Platons *Staat*. Neu übers. u. erl. von Otto Apelt. Leipzig.

Erler, Michael 2006: Platon. München.
Ferber, Rafael 1989: Platos Idee des Guten. 2., durchges. u. erw. Aufl. St. Augustin.
Ferguson, A. S. 1921/22: »Plato's Simile of Light«. In: Classical Quarterly 15, 131–152 und 16, 15–28.
Gaiser, Konrad 1980: »Plato's Enigmatic Lecture ›On the Good‹«. In: Phronesis 25, 5–37.
Halfwassen, Jens 1992: Der Aufstieg zum Einen. Untersuchungen zu Platon und Plotin. Stuttgart.
Höffe, Otfried (Hg.) 1997: Platon. *Politeia*. Berlin.
Ilting, Karl-Heinz 1968: »Platons ›Ungeschriebene Lehren‹: der Vortrag ›über das Gute‹«. In: Phronesis 13, 1–31.
Jaeger, Werner [3]1959: *Paideia*. Die Formung des griechischen Menschen. 3 Bde. Berlin.
Kobusch, Theo/Mojsisch, Burkhard 1996: Platon. Seine Dialoge in der Sicht neuerer Forschungen. Darmstadt.
Krämer, Hans J. 1966: »Das Problem der Philosophenherrschaft bei Platon«. In: Philosophisches Jahrbuch 74, 254–270.
Krämer, Hans J. 1972: »Über den Zusammenhang von Prinzipienlehre und Dialektik bei Platon. Zur Definition des Dialektikers *Politeia* 534 B–C«. In: Jürgen Wippern (Hg.): Das Problem der Ungeschriebenen Lehre Platons. Beiträge zum Verständnis der Platonischen Prinzipienphilosophie. Darmstadt, 394–444 [zuerst erschienen in: Philologus 110 (1966), 35–70].
Krämer, Hans J. 1997: »Die Idee des Guten. Sonnen- und Liniengleichnis (Buch VI 504a–511e)«. In: Höffe 1997, 179–203.
Merlan, Philip 1969: »Bemerkungen zum neuen Platonbild«. In: Archiv für Geschichte der Philosophie 51, 111–126.
Oehler, Klaus 1965: »Neue Fragmente zum esoterischen Platon«. In: Hermes 93, 397–405.
Pritchard, Paul 1995: Plato's Philosophy of Mathematics. St. Augustin.
Rehn, Rudolf 2005: Platons Höhlengleichnis. Das siebte Buch der *Politeia*; griechisch – deutsch. Mainz.
Szlezák, Thomas A. 1997: »Das Höhlengleichnis (Buch VII 514a–521b und 539d–541b)«. In: Höffe 1997, 205–228.
Szlezák, Thomas A. 2003: Die Idee des Guten in Platons *Politeia*. St. Augustin.
Szlezák, Thomas A. 2004: Das Bild des Dialektikers in Platons späten Dialogen. Platon und die Schriftlichkeit der Philosophie. Teil II. Berlin/New York.
Wieland, Wolfgang 1982: Platon und die Formen des Wissens. Göttingen.

Rudolf Rehn

56 ›technê‹-Analogie

Kunst (*technê*) ist ein zentraler Terminus in Platons Dialogen. Er taucht – je nach Suchkriterien – weit über 600 Mal auf. Hinzukommen über 180 Stellen mit abgeleiteten Worten oder Komposita, 75 Nennungen des Adverbs ›nicht-kunstgemäß‹ (*atechnôs*) und Termini, die mit dem Wortfeld aufs engste verbunden sind, z. B. ›Handwerker‹ (*dêmiourgos*) mit über 150 Stellen. Unzählig sind die Stellen, wo durch die Extension »–ikê« das Wort *technê* ohne Bedeutungsverlust wegfallen kann, z. B. Heilkunst (*iatrikê*) (Lyons 1963; Roochnik 1996, 253 und 265; Balansard 2001; Löbl 2003, 61–177).

Die Ansicht der älteren Forschung (Jeffré 1922, 6), dass Platon seinen Sokrates als erster ein *technê*-Konzept durch Beobachtung der Handwerker entwickeln ließ, gilt als revidiert (Roselli/Velardi 2011). Seit Homer ist *technê* ein Begriff für Wissen (Snell 1924). Aischylos stilisiert im *Prometheus* den Titelhelden zum »Helfer der Menschen«, weil er »Lehrer aller Künste« (110 f.) ist. In Euripides' *Bittflehenden* (202) wird *technê* noch als göttliches Geschenk verstanden, um dann aber einen vom göttlichen Wirken unabhängigen menschlichen Bereich zu konstituieren. Durch *technê* ist der Mensch in der Lage, dem Schicksal (*tychê*) etwas entgegen zu setzen (Joos 1955). Im 5. Jh. wird *technê* zum entscheidenden Faktor für ein neues »Können-Bewusstsein« (Meier 1980, 435–499) und ein gesteigertes Selbstbewusstsein des Menschen *in toto* (Wilms 195, 29).

Platon knüpft zum einen an den Umstand an, dass *technê* nicht nur Technik meint, sondern bereits ein allgemein gebräuchliches Beiwort für Wissen ist, das ferner alle bereits hierarchisch gedachten Wissensbestände bezeichnet (z. B. Schusterei, Architektur, die sog. Schönen Künste, Rhetorik und herausragend Heilkunst (Knutzen 1963; Longrigg 1993)). Zum anderen ist das platonische Verständnis durch die Auseinandersetzung mit dem sophistischen *technê*-Konzept geprägt (Heinimann 1961). Denn die Sophisten und Isokrates (Wilms 1995; Eucken 1983) beanspruchten bereits, Tugend (*aretê*) im Rahmen einer *technê* lehren zu können (Kube 1969, 48–114).

In der Forschung ist erstens die Bedeutung des Ausdrucks *technê* bei Platon umstritten, dann wird zweitens gefragt, wie und mit welcher Absicht Platon im Rahmen von sog. Analogien Rekurs darauf nimmt, und drittens, ob diesbezüglich die Dialogphasen mehr oder minder stark geänderte Positionen enthalten. Im Brennpunkt der Kontroversen standen lange die

Frühdialoge, mittlerweile werden zunehmend auch die mittleren und späten Dialoge untersucht.

56.1 Die Frühdialoge

Wegen der deutlichen praktischen Ausrichtung der frühen Dialoge ist vor allem fraglich, ob Platon in positiver Weise vom *technê*-Begriff Gebrauch macht (Balaban 2007), um die Suche nach der Tugend oder gar die Tugend selbst zu beschreiben. In der früheren Literatur wurde gelegentlich mit kantianischen (oder heideggerianischen) Untertönen (z. B. Hirschberger 1932, 105) bestritten, bei Platon könne Philosophie und besonders Ethik etwas »Technisches« sein. Die neuere Forschung geht fast *unisono* davon aus, dass Platon grundsätzlich oder teilweise positiv auf *technê* verweist bzw. davon Gebrauch macht (Balaban 2007; dagegen: Roochnik 1996 und teilweise Wolf 1996).

technê-Analogien

Erstens spricht in der *Apologie* Sokrates nur den Handwerkern Wissen zu (*Apol.* 22c–e) und knüpft damit an das gängige Verständnis an. Er verwendet wie selbstverständlich Analogien (z. T. identische wie Isokrates): Die Erziehung des Menschen wird in Analogie mit der Aufzucht von Fohlen gesetzt, die eine bestimmte ihnen zugehörige Tugend erlangen, wenn sie von einem Sachverständigen (*technitês, epistêmôn*) ausgeführt wird (*Apol.* 20a–b). Dabei wird jedoch nicht das Wesen von Tier und Mensch analogisiert, sondern – während Isokrates (*orat.* 15, 209 f.) schließt, dass Menschen überhaupt durch eine *technê* erziehbar sind – der Umstand, dass Menschen wie *eine* Tierart *eine* bestimmte Tugend, die »menschliche und bürgerliche« auszeichnet (*Apol.* 20b; Kube 1969, 122 ff.).

Zweitens lässt Platon Sokrates auf allgemein bekannte und anerkannte Künste (*technai*) verweisen, um zu zeigen, dass Tugend ein theorie- und wissensfähiger Gegenstand ist (*La.* 184e–185; *Charm.* 174–175a; *Apol.* 25a–b). Sokrates möchte plausibilisieren, dass es unverständlich wäre, wenn in Bezug auf alle Teilbereiche des Lebens dem Wissen von Experten gefolgt wird, aber gerade in Bezug auf die wichtigsten Dinge (*ta megista, Apol.* 22d–e), die Tugenden und die Frage nach der guten und daher glücklichen Lebensführung, keinerlei Kompetenzunterschiede bestehen würden. Daraus folgt, dass die ethischen Entscheidungen, die in den Dialogen präsentiert werden, ebenso wie die in anderen Fachbereichen als bestimmter Situationstypus aufzufassen sind. Ethische Entscheidungssuche soll nicht durch Kriterien wie Mehrheitsvoten, Tradition, Lust o. Ä., sondern durch Fach-Wissen, also Wahrheit und Wissen, bestimmt sein (*Cri.* 47a–48a, 54b; Detel 1975).

Drittens zeigt eine weitere Gruppe von Analogien, dass der Zusammenhang von *technê* und Tugend enger ist: Von der Tugend, Tüchtigkeit (*aretê*) eines Handwerkers zu reden heißt *notwendig* von seiner *technê* zu reden und umgekehrt (*Prot.* 322 b–d). Ein Meister einer Kunst macht keinen Fehler, er ist *notwendig* tüchtig, tugendhaft (*Euthd.* 280a; *Rep.* I 340d). Analog ist der, der die gerechten Dinge gelernt hat, *notwendig* gerecht (*Gorg.* 460b; Graeser 1993, 95). Ganz allgemein ist die Frage, wer jemand ist, synonym mit der Frage, welche *technê* er beherrscht (*Gorg.* 447d). Platon verwendet offenbar Beispiele von bekannten Künsten, um einen Zusammenhang von Wissen (*technê*) einerseits und Tugend andererseits zu behaupten, der weit über eine Analogie hinausgeht, nämlich dass auch in ethischen Belangen Wissen/Kunstfertigkeit notwendig und hinreichend zu einem entsprechenden Handeln führen. Techne-Analogien dienen somit für Platon der Plausibilisierung eines nicht analogischen, sondern identischen Verhältnisses, nämlich der platonischen Grundthese, dass Tugend Wissen ist (*Euthd.* 278d–281e; Chance 1992, 110–129).

Hat die Analogie Grenzen?

Obschon eine enge Verbindung von Tugend und *technê* in den Frühdialogen weitergehend unumstritten ist (vgl. Lesses 1982 bzw. die einzige Ausnahme seitdem: Roochnik 1996, 1–15), wird kontrovers diskutiert, wie weit die *technê*-Analogie trägt oder welche Aspekte sie ein- bzw. ausschließt. Während einige Autoren davon ausgehen, dass Platon in den frühen Dialogen Tugend(-wissen) vollumfänglich durch den *technê*-Begriff beschreibt (z. B. Irwin 1977 und 1995; Reeve 1988), sehen andere deutliche Einschränkungen (Vlastos 1978; Wieland 1982; Wolf 1996).

Erstens war umstritten, ob jede *technê* ein externes Ziel verfolgt oder etwas anfertigt, das dann unabhängig von der *technê* Bestand hat (*Gorg.* 353e–454a; *Charm.* 165b–166b). In diesem Sinne könne Tugend keine *technê* sein (Irwin 1977, 73 f.). Wegen zahlreicher Beispiele von Künsten, deren Aufgabe oder Werk (*ergon*) in der Verrichtung selbst liegt (z. B. *Euthd.*

279d–e), wurde dies von der Mehrheit der Kommentatoren bestritten (Nussbaum 1986, 97; Roochnik 1986).

Zweitens ist umstritten, ob der Umstand, dass der Gebrauch der von Platon erwähnten Künste selber wieder durch ein anderes Wissen gelenkt werden muss (*Euthd.* 288d–291d), zum Schluss führt, dass dieses Wissen keinen *technê*-Charakter haben könne (Wieland 1982, 252–263). Die Diskussion konzentriert sich auf den Schluss des *Hippias Minor*, einen Dialog, dessen Argumente lange als besonders fehlerhaft galten (so Grote 1865, 387; Guthrie 1975, 195f; Zembaty 1989; Kahn 1996, 113f.; dagegen: Weiss 1992). In allen Künsten basiert deren Beherrschung auf Wissen. Das für eine Kunst spezifische Wissen impliziert die Fähigkeit für Gegenteiliges (*dynamis, Hp. min.* 366b–c; *Metaph.* 1048a7–11), nämlich das für die jeweilige *technê* spezifische Ziel oder Werk (*ergon*) freiwillig und absichtlich zu verfehlen oder zu erreichen. Ist Tugend ebenfalls eine *technê*, folgt: »Der also vorsätzlich fehlt und das Schlechte und Unrecht tut, o Hippias, wenn es einen solchen gibt, wäre kein anderer als der Gute« (*Hp. min.* 376b). Wenn, so argumentiert die eine Gruppe von Interpreten (Müller 1986; Wolf 1996, 65 f.), die *technê*-Analogie zu einem amoralischen Schluss führe, wolle Platon damit klar machen, dass Tugend nicht in allen Belangen eine *technê* ist. Die andere Gruppe (Irwin 1995, 68–70; van Ackeren 2003, 54–64) sieht im Schlusssatz einen Hinweis auf das Sokratische Paradox von der Unfreiwilligkeit des Unrechttuns (Taylor 1926). Der Nebensatz »wenn es einen solchen gibt« weise darauf hin, dass auch das Tugendwissen theoretisch zu einer zweipoligen Fähigkeit führe, aber im Falle der Tugend als *technê* bleibe die Möglichkeit des absichtlichen Falschhandelns nur eine logische Möglichkeit, die praktisch immer ungenutzt bleibe. Diese Interpreten weisen auf den Umstand hin, dass Platon sich nirgendwo *expressis verbis* von dem *technê*-Modell distanziert, und argumentieren dafür, dass die Tugend sich zwar von anderen Künsten unterscheidet, weil sie auf einem Wissen basiert, das den Gebrauch des Wissens mitbestimmt, aber deswegen nicht aufhört, eine *technê* zu sein. Auch im *Euthydemos* wird eine königliche Kunst (*basilikê technê*) gesucht, deren *ergon* erstens das Glück ist, die zweitens den Gebrauch der anderen Künste regelt und drittens reflexiv die eigene Anwendung leiten kann, so dass Missbrauch nicht möglich ist (*Euthd.* 288d–291d), weil die Kunst vom Gerechten und Ungerechten notwendig gerecht handeln lässt (*Gorg.* 460a–c).

Das Platonische *technê*-Konzept

Platon entwickelt im *Ion* und *Gorgias* einen eigenen *technê*-Begriff. Jede *technê* basiert auf Wissen. In den Frühdialogen handelt es sich um synonyme Ausdrücke (*Charm.* 165; *Ion* 532c; *Prot.* 356d–e; *Euthd.* 281a; *Rep.* IV 428b–c). Gegen den Anspruch der Sophisten, mit ihrer Kunst Vielwisserei und Vielgeschäftigkeit (*Ion* 536e; Kube 1969, 130 f.) begründen zu können, bestimmt Platon Wissen spezifisch: Jede *technê* hat genau einen Bereich, eine Aufgabe (*ergon*), und ein *ergon* wird von genau einer *technê* behandelt (*Ion* 537c–d). Jede *technê* behandelt das Ganze des Ergon, nicht nur Teilaspekte (*Ion* 532d–533c). Wer entsprechendes Wissen hat, kann über seinen Gegenstand widerspruchsfrei reden. Diese Rede ist nicht nur deskriptiv: Das Wissen, das die *technê* ausmacht, enthält einen Maßstab, so dass Unterschiede in Bezug auf das *ergon* bewertet werden können (*Ion* 530c–532a; *Tht.* 178b f.; vgl. Flashar 1958, 36 f.). Die Normativität erstreckt sich auf den Umstand, wie bzgl. des Gegenstandes zu handeln ist (*Ion* 540b–c; Kube 1969, 127; Diller 1955, 185). Im *Gorgias* werden *technê* und Übung, Erfahrung und Schmeichelei (*empeiria, tribê* und *kolakeia*) unterschieden (*Gorg.* 463a–b, 464c). Zunächst ist die Differenz methodisch: *technê* impliziert Wissen, Einsicht, einen *logos*, über die Natur (*physis*) des Gegenstandes, so dass ein Kunstverständiger Gründe (*aitiai*) angeben und Rechenschaft ablegen kann, warum er was wie wozu tut bzw. aufgrund welcher kausaler Mechanismen es den gewünschten Effekt hat. Das Vorgehen wird mit mathematischer Präzision berechnet (*diarithmein, Gorg.* 500e–501c; *Leg.* IV 720b–d; 857d–e). Inhaltlich ist jede *technê* am tatsächlich Besten (*to beltiston*) ihres Gegenstandes orientiert (*Gorg.* 464c). Obschon Platon gerade im *Gorgias* besonders reichen Gebrauch von *technê*-Analogien macht, geht es ihm darum, ein allgemeines, d. h. auch ontologisch-kosmologisches *technê*-Konzept zu entwickeln, das z. T. die Terminologie der Ideenannahme verwendet und spätere Vorstellungen (*Rep.* oder *Tim.*) vorbereitet (Krämer 1959, 68 f.; van Ackeren 2003, 96–122): Das Wissen einer *technê* schließt Kenntnis von einer bestimmten Gestalt (*eidos*) ein. Mit diesem Wissen kann ein Sachverständiger dann berechnen, wie die Ordnung (*kosmos*) und Anordnung (*taxis*) seines Gegenstandsbereiches beschaffen sein muss, die dessen Tugend und Gutheit ausmachen (*Gorg.* 503d–504a; *Rep.* VI 484c; *Tim.* 28a, 30c–d). Als solche Werke, die durch eine Messkunst entstanden sind, werden Himmel, Erde, Götter, menschliche Gemeinschaften, alle Dinge,

Körper und Seelen, und vor allem die entsprechenden Tugenden gefasst. In diesem Sinne spricht Platon Sokrates zu, die politische und messende Kunst zu beherrschen (*Gorg.* 465c; Parry 1996, 44 f.).

56.2 Die Dialoge der mittleren und späten Phase

Einige Autoren halten die Positionen der mittleren und späten Dialoge für antithetisch zu denen der Frühdialoge (Irwin 1977 und 1995; Vlastos 1992), was besonders für den praktischen Aspekt und die Bedeutung der *technê*(-Analogie) gelte, weil letztere als positives Modell aufgegeben werde (Reeve 1988, 26). Dagegen weist eine Reihe von neueren und umfangreichen Untersuchungen darauf hin, dass die Frequenz der Nennungen und Analogien nur unwesentlich abnimmt, ohne dass der positive Bezug verloren geht (Thomsen 1990; Balansard 2001; Löbl 2003, 61–177).

Erstens kommen Analogien besonders häufig in Dialogen vor, die der Explikation der politischen Kunst dienen oder praktischen Fragen gewidmet sind. So bietet allein das erste Buch der *Politeia* sechs zentrale Argumente, die auf *technê*-Analogien basieren. Die Entstehung der verschiedenen Polis-Formen ist ganz am *technê*-Gedanken orientiert (*Rep.* III 369b ff.). Die Tätigkeit der Wächter und Philosophenkönige wird besonders häufig mit anderen Künsten verglichen (*Rep.* IV 428d, VI 484c, 500d–501d; Kato 1986). Ebenso ist die Staatskunst im *Politikos* durchgehend anhand von zahlreichen *technê*-Analogien (z. B. ärztliche oder Webkunst) als *technê* bestimmt (*Plt.* 257a–b, 281a–283b; Oesterle 1978; van Ackeren 2003, 274–303). Uneinigkeit herrscht darüber, in wie engem Zusammenhang die Frage nach der Gesetzgebung mit der *technê*(-Anaglogie) steht (wenig Bezüge in den *Nomoi* sieht z. B. Löbl 2003, 143; dagegen zur *nomothetikê technê* allgemein Hentschke 2004). Zweitens interessiert sich Platon zunehmend für Unterscheidungen verschiedener Künste. Sowohl die dihairetischen Serien zu Beginn des *Politikos* und *Sophistes* unterscheiden Künste (ferner *Rep.* X 601d). Es findet sich ferner eine Unterteilung nach Reinheit, Klarheit und Genauigkeit. Fraglich in der Forschung ist, ob Platon, etwa im *Politikos*, ein allgemeines und vollständiges System der Künste mit der sie gebrauchenden Philosophie als königliche und herrschende Kunst (*basilikê technê*) an der Spitze entwickeln wollte, oder ob diese Einteilung speziell der Explikation der politischen Kunst dient (Campiano 1991, 199).

Wichtig für die Fassung der Philosophie selbst als *technê* ist die Unterscheidung von theoretischen, praktischen und produzierenden Künsten (*Soph.* 219b–d; *Plt.* 258d; *Rep.* X 601d). In diesem Sinne kann Platon die Philosophie von »unedlen« Künsten distanzieren (*Rep.* VI 495d, VII 522b–c) und zugleich zentrale (und nicht mehr nur rein praktische) Momente wie Dialektik, Dihairetik, Messkunst als *technê* bezeichnen (*Phdr.* 266b, 276d–e; *Plt.* 283d–285b; Gill 1995). Selbst Dialoge, die thematisch einen geringen Bezug zum Feld der Künste haben, erwähnen diese nicht nur im Rahmen von positiven Analogien. Platon kennzeichnet Philosophie selber als *technê* (*Phd.* 89d–90b; *Symp.* 205b–c, 221e). Die Orientierung der Philosophie am Guten und am Nutzen wird weiter durch *technê*-Analogien unterstützt (*Tht.* 167c–d, 171e–172b, 185c–186c).

Schließlich wird der Kosmos im *Timaios* von einem Handwerker (*dêmiourgos*) geschaffen. Dies galt einigen Interpreten als überraschend (z. B. Vlastos 1975, 26), während eine neue reichhaltige Forschung (Opsomer 2005; Waack-Erdmann 2006; Silverman 2010) zur platonischen Demiurgie hier eine konsequente Fortführung sieht. Gott wurde bereits in der *Politeia* als Schöpfer von Artefakten bezeichnet (Opsomer 2006). Der *technê*-Gedanke wird so zu einem tragenden Moment platonischer Kosmologie (Brisson 1996, 231; Carone 2005), womit seine Bedeutung für den Menschen eher gestärkt als geschwächt ist (Waack-Erdmann 2006; Long 2010).

Insgesamt ist sowohl der häufige Gebrauch von *technê*-Analogien wie die direkte Gebrauchnahme des Ausdruckes für Philosophie ein Ausdruck des Umstandes, dass Platon die Möglichkeiten des Wissens außerordentlich optimistisch, d. h. hoch einschätzt (Nussbaum 1986, 89–90).

Literatur

Ackeren, Marcel van 2003: Das Wissen vom Guten. Bedeutung und Kontinuität des Tugendwissens in den Dialogen Platons. Amsterdam/Philadelphia.

Balaban, Oded 2007: »The Meaning of ›craft‹ (*tékhne*) in Plato's Early Philosophy«. In: Archiv für Begriffsgeschichte 49, 7–30.

Balansard, Anne 2001: Technè dans les Dialogues du Platon. St. Augustin.

Brisson, Luc 1996: »Den Kosmos betrachten, um richtig zu leben: *Timaios*«. In: Theo Kobusch/Burkhard Mojsisch (Hg.): Platon. Seine Dialoge in der Sicht neuer Forschungen. Darmstadt, 229–248.

Campiano, Giuseppe 1991: Platone e le tecniche. Bari.

Carone, Gabriela R. 2005: Plato's Cosmology and its Ethical Dimensions. Cambridge.

Chance, Thomas 1992: Plato's *Euthydemus*. Analysis of What Is and Is Not Philosophy. Berkeley/Los Angeles/Oxford.
Detel, Wolfgang 1975: »Bemerkungen zum Einleitungsteil einiger platonischer Frühdialoge«. In: Gymnasium 82, 308–314.
Diller, Hans 1955: »Probleme des platonischen *Ion*«. In: Hermes 83, 171–193.
Eucken, Rainer 1983: Isokrates. Berlin/New York.
Flashar, Kurt 1958: Der Dialog *Ion* als Zeugnis Platonischer Philosophie. Berlin.
Gill, Christopher 1995: »Rethinking Constitutionalism in *Statesman* 291–303«. In: Christopher Rowe (Hg.): Reading the *Statesman*. St. Augustin. 292–305.
Graeser, Andreas [2]1993: Sophistik, Sokratik, Plato und Aristoteles (= Die Philosophie der Antike 2. Geschichte der Philosophie Bd II. Hg. v. Wolfgang Röd) [1976]. München.
Graham, David 1991: »Socrates, the Craft Analogy, and Science«. In: Apeiron 24, 1–24.
Grote, George 1865: Plato and the other Companions of Socrates. London.
Guthrie, William K. C. 1975: A History of Greek Philosophy: Bd. 4, Plato: The Man and his Dialogues: Earlier Period. Cambridge.
Heinimann, Felix 1961: »Eine vorplatonische Theorie der *technê*«. In: Museum Helveticum 18, 105–130.
Hentschke, Ada Babette [2]2004: Politik und Philosophie bei Platon und Aristoteles [1971]. Frankfurt a. M.
Hirschberger, Johannes 1932: Die Phronesis in der Philosophie Platons vor dem *Staat*. Leipzig.
Irwin, Terence 1977: Plato's Moral Theory. New York/Oxford.
Irwin, Terence 1995: Plato's Ethics. New York/Oxford.
Jeffrè, Fritz 1922: Der Begriff *technê* bei Plato. Diss. Kiel.
Joos, Paul 1955: *Tychê, physei, technê*. Studien zur Thematik frühgriechischer Lebensbetrachtung. Diss. Zürich.
Kahn, Charles 1996: Plato and the Socratic Dialogue. Cambridge.
Kato, Morimichi 1986: Techne und Philosophie bei Platon. Frankfurt a. M./Bern/New York.
Knutzen, Georg 1963: Technologie in den hippokratischen Schriften *peri diaitês, peri agôn, peri arthron embolês*. Mainz.
Krämer, Hans-Jürgen 1959: Arete bei Platon und Aristoteles. Zum Wesen und zur Geschichte der Platonischen Ontologie. Heidelberg.
Kube, Jörg 1969: TECHNE und ARETE. Sophistisches und Platonisches Tugendwissen. Berlin.
Lesses, Glenn 1982: »Virtue as Technê in the Early Dialogues«. In: Southwest Philosophical Studies 13, 91–100.
Löbl, Rudolf 1997: TEXNH – Technê. Untersuchungen zur Bedeutung dieses Wortes in der Zeit von Homer bis Aristoteles. Bd. I: Von Homer bis zu den Sophisten. Würzburg.
Löbl, Rudolf 2003: TEXNH – Techne. Untersuchungen zur Bedeutung dieses Wortes in der Zeit von Homer bis Aristoteles. Bd. II: Von den Sophisten bis zu Aristoteles. Würzburg.
Longrigg, John 1993: Greek Rational Medicine. London/New York 1993.
Long, Anthony A. 2010: »Cosmic Craftsmanship in Plato and Stoicism«. In: Richard D. Mohr/Barbara M. Sattler (Hg.): Plato's *Timaeus* Today – One Book. The Whole Universe. Las Vegas/Zürich/Athen, 37–53.
Lyons, John 1963: Structural Semantics. An Analysis of Part of the Vocabulary of Plato. Oxford.
Nussbaum, Martha C. 1986: The Fragility of Goodness, Luck and Ethics in Greek Tragedy and Philosophy. Cambridge.
Meier, Christian 1980: Die Entdeckung des Politischen bei den Griechen. Frankfurt a. M.
Müller, Gerhard 1986: »Platonische Freiwilligkeit im Dialoge *Hippias Elaton*«. In: Ders./Andreas Graeser/Dieter Maue (Hg.): Platonische Studien. Heidelberg, 34–52.
O'Brien, Michael 1967: The Socratic Paradoxes and the Greek Mind. Chapel Hill.
Oesterle, Hans-Joachim 1978: Platons Staatsphilosophie im Dialog *Politikos*. Diss. Gießen.
Opsomer, Jan 2005: »A Craftsman and his Handmaiden. Demiurgy According to Plotinus«. In: Thomas Leinkauf/Carlos Steel (Hg.): Platons *Timaios* als Grundtext der Kosmologie in Spätantike, Mittelalter und Renaissance. Leuven, 67–102.
Opsomer, Jan 2006: »Drittes Bett, Artefakt-Ideen und die Problematik, die Ideenlehre zu veranschaulichen«. In: Dirk Fonfara (Hg.): Metaphysik als Wissenschaft. Fs. für Klaus Düsing zum 65. Geburtstag. Freiburg/München, 73–88.
Parry, Richard D. 1996: Plato's Craft of Justice. New York.
Penner, Terry 1992: »Socrates and the Early Dialogues«. In: Richard Kraut (Hg.): The Cambridge Companion to Plato. Cambridge, 121–169.
Reeve, C. D. C. 1988: Philosopher Kings. The Argument of Plato's *Republic*. Princeton.
Roochnik, David 1986: »Socrates' Use of the Technê-Analogy«. In: Journal of the History of Philosophy 24, 295–310.
Roochnik, David 1996: Of Art and Wisdom, Plato's Understanding of Techne. University Park, Pennsylvania.
Roselli, Amneris/Velardi, Roberto (Hg.) 2011: L'insegnamento delle technai nelle culture antiche. Atti del convegno, Ercolano, 23–24 marzo 2009. Pisa/Rom.
Shaw, J. Clerk 2011: »Socrates and the True Political Craft«. In: Classical Philology 106, 187–207.
Silverman, Allan 2010: »Philosopher-Kings and Craftsman-Gods«. In: Richard D. Mohr/Barbara M. Sattler (Hg.): Plato's *Timaeus* Today – One Book. The Whole Universe. Las Vegas/Zürich/Athen, 55–67.
Snell, Bruno 1924: Die Ausdrücke des Wissens in der vorplatonischen Philosophie. Berlin.
Sprague, Rosamund K. 1976: Philosopher Kings. Columbia, South California.
Taylor, Alfred E. 1926: Plato. The Man and his Work. London.
Thomsen, Dirko 1990: Techne als Metapher und als Begriff der sittlichen Einsicht. Freiburg.
Vlastos, Gregory 1975: Plato's Universe. Oxford.
Vlastos, Gregory 1978: »The Virtuous and the Happy«. In: Times Literary Supplement 24, 230–233.
Vlastos, Gregory 1992: Socrates. Ironist and Moral Philosopher. Cambridge.
Waack-Erdmann, Katharina 2006: Die Demiurgen bei Platon und ihre Technai. Darmstadt.
Warren, Edward 1989: »The Craft Argument: An Analogy?« In: John P. Anton/Anthony Preus (Hg.): Essays in Ancient Philosophy. Bd. 3. Albany.

Weiss, Rosalyn 1992: »*Ho Agathos* as *Ho Dunatos* in the *Hippias Minor*«. In: Hugh Benson (Hg.): Essays on the Philosophy of Socrates. New York/Oxford, 242–262.

Weiss, Rosalyn 1995: »Statesman as *epistêmôn*: Caretaker, Physician, and Weaver«. In: Christopher Rowe (Hg.): Reading the *Statesman*. St. Augustin, 213–222.

Wieland, Wolfgang 1982: Platon und die Formen des Wissens. Göttingen.

Wilms, Hartmut 1995: Techne und Paideia bei Xenophon und Isokrates. Stuttgart/Leipzig.

Wolf, Ursula 1996: Die Suche nach dem guten Leben. Platons Frühdialoge. Reinbek bei Hamburg.

Woodruff, Paul 1992: »Plato's Early Theory of Knowledge«. In: Hugh Benson (Hg.): Essays on the Philosophy of Socrates. Oxford, 86–107.

Zembaty, Jane 1989: »Socrates Perplexity in Plato's *Hippias Minor*«. In: John P. Anton/Anthony Preus (Hg.): Essays in Ancient Philosophy. Bd. 3. New York, 51–71.

Marcel van Ackeren

57 Transzendenz

In den platonischen Dialogen werden verschiedene Aufstiege von tieferen zu höheren Erkenntnis- und/oder Seinsstufen geschildert: Der Aufstieg zu etwas Hinreichendem im *Phaidon* (101d5–e1), der Aufstieg zur Idee des Schönen in der Diotima-Rede des Sokrates im *Symposion* (211b5–d1), der Aufstieg zum nichtvorausgesetzten Anfang (*archê anhypothetos*) im Liniengleichnis der *Politeia* (VI 511b3–7); der Aufstieg zur Idee des Guten im Höhlengleichnis der *Politeia* (VII 515c6–516b7, vgl. 517a8–c5); der Aufstieg zum über-himmlischen Ort im Seelen-Mythos des *Phaidros* (246d6–248b5). All diese Aufstiege schließen das Transzendieren (von lat. *transcendere*: »übersteigen«, »überschreiten«) ihrer jeweiligen Anfangs- und Zwischenstationen ein. Im Liniengleichnis der *Politeia* heißt es ausdrücklich, dass der Dialektiker die Voraussetzungen (*hypotheseis*) nach oben hin übersteige (*Rep.* VI 511a5 f.). Mit Blick auf diese Stellen hat man zu Recht gesagt, dass Platon »Philosophie als Transzendieren« (Halfwassen 1998) porträtiere.

Vom Transzendieren als Merkmal philosophischer Tätigkeit abzugrenzen ist Transzendenz als Charakteristikum gewisser ontologisch primärer Entitäten. Wenn Entitäten der platonischen Ontologie Transzendenz zugeschrieben wird, geht es in der Regel entweder um die Ideen im Allgemeinen oder um die Idee des Guten im Besonderen: Den Ideen wird generell (1) Raum- und Zeit-Transzendenz (s. Kap. V.57.1) sowie (2) Transzendenz im Verhältnis zu ihren sinnlich wahrnehmbaren Partizipanten zugeschrieben (s. Kap. V.57.2); der Idee des Guten speziell (3) Seinstranszendenz (s. Kap. V.57.3).

57.1 Die Raum- und Zeit-Transzendenz der Ideen

Mit der Raum- und Zeit-Transzendenz der Ideen ist gemeint, dass Ideen nicht räumlich lokalisiert werden können und die Prädikate, die auf sie zutreffen, von Zeitbezügen frei sind. Dass die Ideen nicht räumlich lokalisiert werden können, geht aus den Dialogen klar hervor (*Symp.* 211a8; *Phdr.* 247d7–e1; *Tim.* 52a2). Weniger klar ist, ob ihnen in den Dialogen auch Zeit-Transzendenz zugeschrieben wird (vgl. dazu Owen 1966; Whittaker 1968; Patterson 1985; Tarán 2001). Zwar heißt es im *Timaios* (37e4–38a6), es sei falsch, von Ideen so zu reden, als hätten sie eine Vergangenheit oder eine Zukunft, und damit scheint den Ideen eine Geschichte in der Zeit abgesprochen zu werden. Doch scheint den Ideen an verschiedenen Stellen mit dem Prädikat »immer (*aei*) seiend« keine zeitlose, sondern eine zeitlich permanente Existenz zugeschrieben zu werden (z. B. im *Phaidon* im Argument für die Unsterblichkeit der Seele aus ihrer Verwandtschaft mit den Ideen, vgl. Whittaker 1968, 133–135).

Ferner wird im *Sophistes* (248c11–e5) in Auseinandersetzung mit gewissen ›Ideenfreunden‹ problematisiert, ob die Ideen dadurch, dass sie zu bestimmten Zeitpunkten erkannt werden, eine Veränderung erfahren (vgl. dazu Keyt 1969; Künne 2004); die ›Ideenfreunde‹ negieren zwar die Veränderlichkeit der Ideen, doch mit dem Zugeständnis, dass Ideen zu gewissen Zeitpunkten erkannt werden, räumen auch sie ein, dass Ideen eine Geschichte in der Zeit haben. Von einer Zeit-Transzendenz der Ideen in dem Sinne, dass *alle* Prädikate, die auf Ideen zutreffen, von Zeitbezügen frei sind, können sie somit vernünftigerweise nicht reden. Zudem ist zu bedenken, dass bestimmte Ideen zu bestimmten Zeitpunkten partizipiert werden und auch insofern eine Geschichte in der Zeit haben.

57.2 Die Transzendenz der Ideen gegenüber ihren sinnlich wahrnehmbaren Partizipanten (*separation, chôrismos*)

Ob den Ideen in den Dialogen Transzendenz gegenüber ihren sinnlich wahrnehmbaren Partizipanten – oder *separation*, wie es in der englischsprachigen Literatur (vgl. u. a. Fine 1984; Vlastos 1991, 256–265; Devereux 1994) mit Rekurs auf aristotelischen Sprachgebrauch (*chôrismos*, vgl. *Metaph.* 1078b31 und 1086b4) heißt – zugeschrieben wird, hängt davon ab, wie man die These versteht, dass Ideen im Verhältnis zu ihren sinnlich wahrnehmbaren Partizipanten transzendent sind. Im Anschluss an Devereux 1994 lassen sich die folgenden beiden einzeln notwendigen und gemeinsam hinreichenden Bedingungen für die Transzendenz einer Idee gegenüber ihren Partizipanten herausarbeiten:
1. *Nicht-Immanenz* (*separate existence* bei Devereux 1994, 76): Eine gegebene Idee *F* ist nicht in/an den Sinnendingen, die F sind (anders: Perl 1999, wo dafür argumentiert wird, dass Nicht-Immanenz *keine* notwendige Bedingung für Transzendenz ist).
2. *Unabhängige Existenz* (*ontological independence* bei Devereux 1994, 76): Eine gegebene Idee *F* kann existieren, ohne dass ein Sinnending, das F ist, existiert, aber umgekehrt kann kein Sinnending, das F ist, existieren, ohne dass die Idee *F* existiert (manche Interpreten sehen in dieser Bedingung allein eine hinreichende Bedingung für die Transzendenz bzw. Separatheit der Ideen gegenüber ihren sinnlich wahrnehmbaren Partizipanten, so Fine 1984, 43 und Vlastos 1991, 75, 264 f.).

Zur Beantwortung der Frage, ob den Ideen in den Dialogen tatsächlich eine durch diese beiden Bedingungen bestimmte Transzendenz zugeschrieben wird, soll zunächst die Nicht-Immanenz-Bedingung betrachtet werden: Kann den platonischen Dialogen das Prinzip entnommen werden, dass eine gegebene Idee *F* nicht in/an den Sinnendingen ist, die F sind?

Sieht man sich in Platons frühen, vor dem *Phaidon* und dem *Symposion* verfassten Dialogen um, stößt man nicht nur nicht auf Formulierungen eines solchen Prinzips, sondern ganz im Gegenteil auf Aussagen, die vorauszusetzen scheinen, dass Sinnendinge genau dann F sind, wenn die Idee *F* in/an ihnen ist (*eneinai/einai en*, *Charm.* 159a1 f., a9; *Euthphr.* 5d1 f.; *Men.* 72e1, e7, 73a2 f.; *pareinai*, *Charm.* 158e7, 160d7, 175e2; *Ly.* 217d4–e8; *epeinai*, *Hp. mai.* 300a10; *para-/prosgignesthai*, *La.* 189e4 f., 190b5, e1 f.; *Hp. mai.* 289d4, d8, e5, 290b7, 293e11 f., 294c6), und Sinnendinge eine gegebene Idee *F* genau dann haben (*echein*, *Charm.* 175e7–176a2, 176a7; *Ly.* 217e2; *Prot.* 329e4; *Hp. mai.* 300a9) oder besitzen (*kekthêsthai*, *La.* 189e7, 190c2, 191e6, 192a4), wenn sie F sind. Diese Formulierungen legen nahe, den Ideen der frühen Dialoge Immanenz in den Sinnendingen zuzuschreiben (Vorbehalte dagegen bei Dancy 1991, 9–14).

Anders stellen sich die Ideen der mittleren Dialoge dar. Im *Phaidon* wird unterschieden zwischen immanenten Formen (*immanent characters*), die in Sinnendingen sind, und nicht-immanenten Ideen, die nicht in Sinnendingen sind (vgl. zur Verteidigung der Annahme, dass im *Phaidon* immanente Formen von nicht-immanenten Ideen unterschieden werden, Devereux 1994, 66–73; dagegen: Fine 1986, 75–80; Dancy 1991, 14–20; Perl 1999, 353 f.). Zum Beispiel werden einerseits die Größe in Simmias (103c2), die Größe in Phaidon (102c7) und weitere immanente Formen namens »die Größe« in anderen sinnlich wahrnehmbaren Trägern angenommen; andererseits wird die Idee *Größe* angesetzt, die weder in Simmias noch in Phaidon noch in sonst einer sinnlich wahrnehmbaren Entität ist. Die immanenten Formen werden als »in uns« (*en hêmin*) bezeichnet, die nicht-immanente Idee als »in der Wirklichkeit« (*en tê physei*, 103b5). Von ersteren heißt es, dass die Sinnendinge sie *haben* (102c2, c4, c7), von letzterer, dass die Sinnendinge an ihr *teilhaben* (102b2) (vgl. zur terminologischen Differenzierung zwischen *echein* und *metechein* in der Unterscheidung von immanenten Formen und nicht-immanenten Ideen Fujisawa 1974). Erstere unterliegen Veränderungen (102e2, 103a1), letztere verhält sich immer auf dieselbe Weise (78c6, 79a9).

Die Nicht-Immanenz der Idee wird nicht nur durch ihre Abgrenzung von den immanenten Formen ausgedrückt, sondern auch durch die explizite Behauptung, dass die Idee nicht in (*en*) etwas anderem ist (vgl. *Symp.* 211a8–b1; *Phdr.* 247d6–e1; *Tim.* 52a2) bzw. nicht in uns (*en hêmin*) ist (*Prm.* 133c5). Darüber hinaus wird die Nicht-Immanenz an verschiedenen Stellen als *auto kath' hauto*-Sein beschrieben (vgl. z. B. *Phd.* 66a2, 78d5–6, 83b1; *Symp.* 211b1; *Prm.* 133c3–7; Vlastos 1991, 256–262; Devereux 1994, 73–75). Im *Parmenides* vertritt Sokrates explizit das *chôris*-Sein (Separatsein) der Ideen einerseits, ihrer Partizipanten andererseits (130b1–3), wobei diese These auch hier mit der Annahme immanenter Formen einhergeht (vgl. 130b4, 133c9–d5 und dazu Devereux 1994, 69 Anm. 13), um trotz der Annahme der Nicht-Immanenz der Ideen Redeweisen wie »Ähnlichkeit ist in (*en*) Sokrates« oder »Sokrates hat (*echei*) Ähnlichkeit« verständlich zu machen.

Über die Gründe, aus denen Platon zur Annahme der Nicht-Immanenz der Ideen kam, lässt sich nur spekulieren. Möglicherweise sah er in der Immanenz der Ideen eine Bedrohung ihrer strikten Einheit und wollte mit der Nicht-Immanenz-Annahme den Schwierigkeiten entgehen, in die er im *Parmenides* den jungen Sokrates mit der Immanenz-Annahme geraten lässt (*Prm.* 131a4–e7; vgl. Devereux 1994, 85–88).

Die Nicht-Immanenz der Ideen bietet noch keine Gewähr dafür, dass sie ohne ihre Partizipanten existieren können; denn, wie Fine mit Recht bemerkt, gilt nicht für alle x, alle y, dass, wenn x nicht in/an y ist, x ohne y existieren kann (Fine 1984, 62). Und sie bietet erst recht keine Gewähr dafür, dass die Partizipanten nicht ohne die von ihnen partizipierte Idee existieren können. Daher ist noch offen, ob nicht nur die erste, sondern auch die zweite Bedingung der oben formulierten Bestimmung der Transzendenz der Ideen im Verhältnis zu ihren Partizipanten erfüllt ist: Können die Ideen ohne Partizipanten existieren? Und können die Partizipanten nicht ohne die Idee existieren?

Was die erste Frage angeht, finden wir im *Corpus Platonicum* keine explizite Antwort. Doch heißt es im *Symposion* (211b3–5), dass die Idee des Schönen vom Werden und Vergehen ihrer Partizipanten völlig unberührt bleibt, und »it is natural to understand this to mean that the Form will not be affected even if all of its participants pass out of existence« (Devereux 1994, 77). Verallgemeinert man diese für die Idee des Schönen formulierte These für sämtliche Ideen, so kann man sagen, dass eine gegebene Idee F existieren kann, auch wenn es überhaupt kein Sinnending gibt, sei es F oder nicht F.

Was die zweite Frage betrifft, so scheint (zumindest für einige generelle Terme »F«) vorausgesetzt, dass ein Sinnending dann und nur dann F ist, wenn es an der Idee F teilhat (vgl. *Phd.* 100c5 f.). Ohne die Idee F kann es daher nicht F sein. Aber schließt dies ein, dass es ohne die Idee F nicht existieren kann? Hier kommt es darauf an, welche Terme für »F« eingesetzt werden. Da z. B. Sokrates nicht existieren kann, ohne ein Mensch zu sein, kann er nicht ohne die Idee des Menschen existieren; aber da Helena durchaus existieren kann, ohne schön zu sein, kann sie ohne die Idee der Schönheit existieren. Andererseits gilt auch im Falle der Idee des Schönen, dass Sinnendinge *qua* Partizipanten der Idee nicht ohne sie existieren können. Insofern kann generell einer gegebenen Idee Transzendenz gegenüber ihren Partizipanten *qua* Partizipanten von ihr zugeschrieben werden.

57.3 Die Seinstranszendenz (der Idee) des Guten

Die Idee des Guten besitzt als Idee die Art von Transzendenz ihren sinnlich wahrnehmbaren Partizipanten gegenüber, die allen Ideen im Verhältnis zu ihren sinnlich wahrnehmbaren Partizipanten zukommt. Doch ist sie nicht nur eine Idee unter anderen, sondern der Grund des Seins (*einai*, *ousia*) und Erkanntwerdens (*gignôskesthai*) der anderen Ideen (*Rep.* VI 509b6–8) und als solche »nicht Sein, sondern noch jenseits des Seins, es an Würde und Macht übertreffend« (*Rep.* VI 509b8–10). Auf diese berühmte Stelle im Sonnengleichnis gründet sich die Rede von der »Seinstranszendenz (der Idee) des Guten«.

Was heißt es für die Idee des Guten, jenseits des Seins (*epekeina tês ousias*), seinstranszendent zu sein? Einer langen, spätestens seit Plotin (3. Jh. n. Chr.) fest etablierten Interpretationstradition zufolge (moderne Vertreter: Krämer 1969; De Vogel 1973 und 1988, 45–50; Halfwassen 1992, 220–264) heißt dies, dass die Idee des Guten – als Grund des Seins der anderen Ideen – selbst nicht ist, was man wahlweise mit »dass die Idee des Guten – als Grund des Seins der anderen Ideen – selbst nicht existiert« oder mit »dass die Idee des

Guten – als Grund des Seins der anderen Ideen – selbst nicht irgendetwas ist« paraphrasieren mag. Nun klingt es einigermaßen paradox zu sagen, dass die Idee des Guten der Grund des Seins aller anderen Ideen ist, aber selbst nicht existiert; und es klingt ebenso paradox zu sagen, dass die Idee des Guten der Grund des Seins aller anderen Ideen ist, aber nicht irgendetwas ist – also auch nicht der Grund des Seins aller anderen Ideen. Sollte Platon seinen Sokrates hier wirklich so etwas Paradoxes behaupten lassen?

Vertreter der oben genannten Interpretation der Seinstranszendenz der Idee des Guten sind sich dieser Schwierigkeit durchaus bewusst, machen jedoch geltend, dass das Nichtsein der Idee des Guten aus den (von Platon akzeptierten) Annahmen folge, dass die Idee des Guten Grund alles Seienden sei und kein Grund von etwas mit diesem identisch sei (vgl. Ferber 2005 sowie Ferber/Damschen 2015). Zudem scheint die Deutung durch die für Platons mündliche Äußerungen »über das Gute« (*Peri tagathou*) bezeugte Identifikation des Guten mit dem Einen (Aristoxenos, *Harmonica* 40,2) gestützt zu werden: denn eine der Konsequenzen der ersten Hypothese des *Parmenides* lautet, dass das Eine nicht ist (vgl. *Prm.* 141e9 f.: »Parmenides: Auf keinen Fall hat also das Eine am Sein teil. – Offenbar nicht. – Das Eine ist also auf keinen Fall. – Wie es scheint, nicht.«). Allerdings wird am Ende dieser Hypothese (*Prm.* 142a6–8) die ernüchternde Bilanz gezogen, dass es sich so mit dem Einen nicht verhalten könne, was Zweifel daran nährt, dass der Gedanke, dass das Eine nicht ist, von den Gesprächspartnern Parmenides und Aristoteles als eine akzeptable Folgerung aus der Voraussetzung, dass das Eine ist, angesehen wird.

In der *Politeia* selbst finden sich Bemerkungen, die daran zweifeln lassen, dass die Seinstranszendenz der Idee des Guten darin besteht, als Grund des Seins der anderen Ideen selbst nicht zu sein. Um nur die wichtigsten zu nennen (vgl. ausführlicher Baltes 1999, 353–356): Erstens wird die Idee des Guten an mehreren Stellen der *Politeia* der Klasse dessen, was ist, zugerechnet, so wenn sie als »das Hellste des Seienden« (*Rep.* VII 518c9), »das Glückseligste des Seienden« (*Rep.* VII 526e3 f.) und »das Beste im Bereich des Seienden« (*Rep.* VII 532c5 f.) bezeichnet wird. Zweitens wird der Idee des Guten eine Erklärung ihres Seins (ein *logos tês ousias*) und *a fortiori* Sein zugeschrieben (vgl. *Rep.* VII 534b3–8, c2). Drittens wird sie als »Schlusspunkt des Intelligiblen« (*Rep.* VII 532b2) bezeichnet, was zeigt, dass sie zur Klasse des Intelligiblen zu rechnen ist, die ihrerseits identisch ist mit der Klasse des wirklich Seienden. Die angeführten Stellen legen den Schluss nahe: »Dieses ›jenseits des Seins‹ (sc. in *Rep.* VI 509b9) ist nicht so zu verstehen, als käme dem *agathon* kein Sein zu« (Beierwaltes 1957, 46).

Unter dieser Annahme ist der Genitivus absolutus *ouk ousias ontos tou agathou* in *Rep.* VI 509b8 als Verneinung einer Identitätsaussage zu verstehen, der Aussage, dass die Idee des Guten die *ousia* ist, d. h. mit (dem) Sein identisch ist. Die Verneinung dieser Aussage könnte nun im vorliegenden Kontext zweierlei bedeuten: (1) nach einer schwächeren Lesart, dass die Idee des Guten, weil sie der Grund des Seins der anderen Ideen ist, von eben diesem Sein (sc. der anderen Ideen) verschieden ist (vgl. Baltes 1999, 360); (2) nach einer stärkeren Lesart, dass sie, auch wenn sie der Grund des Seins der anderen Ideen ist, vom Sein selbst, d. h. der Idee des Seins, verschieden ist (vgl. Hitchcock 1985, 90 Anm. 56 mit Hinweis auf *Rep.* V 478e1 f.). Beide Interpretationen sind vertretbar; aber da die Aussage, dass die Idee des Guten jenseits des Seins ist, mit dem steigernden Zusatz »noch« (*eti*) versehen wird und ebenfalls emphatisch hinzugefügt wird, dass das Gute das Sein an Würde und Macht übertrifft, scheint mehr intendiert zu sein als die eher triviale Feststellung, dass die Idee des Guten als Grund des Seins der anderen Ideen nicht mit eben diesem Sein identisch ist. Die Pointe scheint vielmehr die zu sein, dass, obwohl nach den Prämissen der platonischen Ideenlehre eigentlich die Idee des Seins in der Funktion des Grunds des Seins der übrigen Ideen zu erwarten wäre – derart, dass das Sein der anderen Ideen in der Teilhabe an der Idee des Seins gründet –, überraschenderweise der noch jenseits der Idee des Seins angesiedelten Idee des Guten diese Funktion zugeschrieben wird. Mangels näherer Erläuterungen in der *Politeia* selbst muss freilich offenbleiben, welche Gründe sich Platon dafür nahelegten, dem Guten einen Vorrang vor dem Sein zuzuschreiben, und wie er diesen Vorrang genau verstanden wissen wollte (siehe zur explanatorischen Rolle der Idee des Guten die Beiträge in Cairns/Hermann/Penner 2007).

Literatur

Baltes, Matthias 1999: *Dianoêmata*. Kleine Schriften zu Platon und zum Platonismus. Stuttgart/Leipzig.

Beierwaltes, Werner 1957: Lux intelligibilis. Untersuchung zur Lichtmetaphysik der Griechen. München.

Cairns, Douglas/Hermann, Fritz-Gregor/Penner, Terry (Hg.) 2007: Pursuing the Good. Ethics and Metaphysics in Plato's *Republic*. Edinburgh.

Dancy, Russell M. 1991: Two Studies in the Early Academy. Albany/N. Y.

Devereux, Daniel T. 1994: »Separation and Immanence in Plato's Theory of Forms«. In: Oxford Studies in Ancient Philosophy 12, 63–90.
De Vogel, Cornelia J. 1973: »Encore une fois: Le bien dans la *Republique* de Platon«. In: Zetesis. Album amicorum. Fs. E. de Strycker. Antwerpen/Utrecht, 40–56.
De Vogel, Cornelia J. ²1988: Rethinking Plato and Platonism [1986]. Leiden.
Ferber, Rafael 2005: »Ist die Idee des Guten nicht transzendent oder ist sie es doch? Nochmals Platons *EPEKEINA TES OUSIAS*«. In: Damir Barbarić (Hg.): Platon über das Gute und die Gerechtigkeit / Plato on Goodness and Justice / Platone sul Bene e sulla Giustizia. Würzburg, 149–174.
Ferber, Rafael/Damschen, Gregor 2015: »Is the Idea of the Good Beyond Being? Plato's *epekeina tēs ousias* Revisited (Republic 6,509b8–10)«. In: Debra Nails/Harold Tarrant (Hg.): Second Sailing: Alternative Perspectives on Plato. Helsinki, 197–203.
Fine, Gail 1984: »Separation«. In: Oxford Studies in Ancient Philosophy 2, 31–87.
Fine, Gail 1986: »Immanence«. In: Oxford Studies in Ancient Philosophy 4, 71–97.
Fujisawa, Norio 1974: »*Echein, Metechein*, and Idioms of ›Paradeigmatism‹ in Plato's Theory of Forms«. In: Phronesis 19, 30–58.
Halfwassen, Jens 1992: Der Aufstieg zum Einen. Untersuchungen zu Platon und Plotin. Stuttgart.
Halfwassen, Jens 1998: »Philosophie als Transzendieren. Der Aufstieg zum höchsten Prinzip bei Platon und Plotin«. In: Bochumer Philosophisches Jahrbuch für Antike und Mittelalter 3, 29–42.
Hitchcock, David 1985: »The Good in Plato's *Republic*«. In: Apeiron 19, 65–92.
Keyt, David 1969: »Plato's Paradox That the Immutable Is Unknowable«. In: Philosophical Quarterly 19, 1–14.
Krämer, Hans J. 1969: »*Epekeina tês ousias*. Zu Platon, *Politeia* 509 B«. In: Archiv für Geschichte der Philosophie 51, 1–30.
Künne, Wolfgang 2004: »Die ›Gigantomachie‹ in Platons *Sophistes*. Versuch einer analytischen Rekonstruktion«. In: Archiv für Geschichte der Philosophie 86, 307–321.
Owen, Gwilym E. L. 1966: »Plato and Parmenides on the Timeless Present«. In: Monist 50, 317–340.
Patterson, Richard 1985: »On the Eternality of Platonic Forms«. In: Archiv für Geschichte der Philosophie 67, 27–46.
Perl, Eric D. 1999: »The Presence of the Paradigm: Immanence and Transcendence in Plato's Theory of Forms«. In: Review of Metaphysics 53, 339–362.
Tarán, Leonardo 2001: »Perpetual Duration and Atemporal Eternity in *Parmenides* and Plato« [1979]. In: Ders.: Collected Papers (1962–1999). Leiden, 204–217.
Vlastos, Gregory 1991: Socrates, Ironist and Moral Philosopher. Cambridge.
Whittaker, John 1968: »The ›Eternity‹ of the Platonic Forms«. In: Phronesis 13, 131–143.

Benedikt Strobel

58 Tugend

In der Nachfolge des Sokrates bildet Tugend (*aretê*) für Platon – neben dem Begriff des Glücks (*eudaimonia*) – das wichtigste Konzept der Moralphilosophie. Platon spricht einerseits von *der* Tugend im kollektiven Singular, andererseits von *den* Tugenden; die als Einheit konzipierte *aretê* setzt sich für Platon aus verschiedenen Einzeltugenden (*aretai*) zusammen (vgl. *Prot.* 325a). Mit den *aretai* sind solche vorzüglichen, sozial geachteten Haltungen gemeint wie Tapferkeit (*andreia*), Gerechtigkeit (*dikaiosynê*), Besonnenheit (*sôphrosynê*), Weisheit (*sophia*), Klugheit (*phronêsis*) oder Frömmigkeit (*hosiotês, eusebeia*). Platon diskutiert kaum mehr als diese wenigen Charakterhaltungen; anders als Aristoteles zeigt er sich nicht an einer breiten Auflistung herausragender seelischer Persönlichkeitsmerkmale interessiert, sondern beschränkt sich tendenziell auf das, was man später als die ›Kardinaltugenden‹ bezeichnet hat.

Platon meint mit dem Ausdruck *aretê* die intellektualistisch verstandene seelische Vollkommenheit einer Person. Diese stellt für ihn das wichtigste Gut im menschlichen Leben dar. Unter einem ›Gut‹ (*agathon*) versteht Platon wie die antike Moralphilosophie überhaupt etwas, das in nennenswertem Umfang zum Glück oder gelingenden Leben (*eudaimonia*) beiträgt. Gewöhnliche Güter, die zweifellos einige Bedeutung für das Glück eines Menschen besitzen, sind für ihn etwa Reichtum, Ansehen, Macht, Gesundheit, physische Schönheit, körperliche und geistige Begabungen oder Lust. Deren Bedeutung für das umfassend gelingende Leben ist nach sokratisch-platonischer Auffassung jedoch viel begrenzter, als die landläufige Meinung dies unterstellt. Eine von Platon übernommene moralphilosophische These des Sokrates scheint darin bestanden zu haben, dass Tugend alle genannten Güter an Glücksrelevanz übertrifft (dazu *Gorg.* 507c–e; *Charm.* 175e). In der *Apologie* lässt Platon seinen Sokrates sogar die Feststellung treffen, Tugend ergebe sich nicht aus Reichtum; vielmehr ergäben sich umgekehrt »Reichtum und alle anderen menschlichen Güter aus der Tugend« (30a–b). Ebenso wie Sokrates (dessen Position sich jedoch nicht mit letzter Genauigkeit aus den Äußerungen Xenophons, Platons, Aristoteles' und anderer antiker Quellen rekonstruieren lässt) vertritt auch Platon einen Eudämonismus, in welchem die Tugend zum wichtigsten glückskonstitutiven Gut erklärt wird (zum Rang der Tugend in der Liste der Güter vgl. ausführlich *Leg.* I 630e–631a).

58.1 Tugend als Wissen und Lehrbarkeit der Tugend

Zwei der drei prominenten ›Paradoxa‹ des Sokrates beziehen sich auf den Tugendbegriff: zum einen die Überzeugung, dass Tugend Wissen ist, zum anderen die These, dass alle Tugenden eine Einheit bilden (vgl. u. a. Arist. *EN* VI 13, 1144b28–30). Dem historischen Sokrates und ebenso dem frühen Platon ist die intellektualistische These zuzuschreiben, dass es sich bei Tugend um ein Wissen handelt (vgl. *Men.* 87c). Diese Auffassung scheint Sokrates in der Auseinandersetzung mit der ursprünglich sophistischen Überzeugung von der Lehrbarkeit der *aretê* gewonnen zu haben (vgl. *Prot.* 361a trotz 319a und 328c). Während aber die Sophisten eher den Anteil des Trainings und der Gewöhnung am Erwerb exzellenter Kompetenzen und Charaktereigenschaften hervorhoben, deutet Sokrates die Tugend als eine *technê*, d. h. als ein umfassendes, handlungsleitendes Wissen, welches auf einen bestimmten Lebensbereich bezogen ist (vergleichbar der Feldherrenkunst oder der Medizin). So gelangt er zu der Überzeugung, im Wissen (*epistêmê*) liege die notwendige und zugleich hinreichende Bedingung für moralisch richtiges Handeln (›moralischer Intellektualismus‹). Ihre Lehrbarkeit macht die Tugend dennoch nicht zu einer leichthin erreichbaren Größe; der Sokrates des frühen Platon bekennt, weder selbst Tugendwissen zu besitzen noch jemanden zu kennen, der es besitzt (*Men.* 71b–c).

Der mittlere Platon scheint die These von der Tugend als einem Wissen einer Revision unterzogen zu haben. Im Buch IV der *Politeia* beschreibt er nicht mehr die Tugend insgesamt als ein Wissen, sondern nur noch die Weisheit (*sophia*), die er als Tugend des oberen, rationalen Seelenteils deutet. Während die Besonnenheit die vorzügliche Eigenschaft des unteren, begehrlichen Seelenteils darstellt und die Tapferkeit den Bestzustand des mittleren, ist es erst die *sophia*, die den beiden untergeordneten psychischen Vermögen ihre rationale Ordnung vermittelt; Besonnenheit und Tapferkeit können daher nicht selbst vollkommen rational sein. Insofern bildet die Weisheit keinen Teil der Tugend neben den anderen Teilen, sondern spielt eine übergreifende Rolle (dazu Devereux 1992).

58.2 Die These von der Einheit der Tugenden

Noch im frühen Dialog *Laches* wird Tapferkeit ausdrücklich als ein »Teil der Tugend« neben anderen Teilen bezeichnet (*ontôn dê kai allôn merôn*: 198a). Für diese Position scheint es so, als ergebe sich die volle Tugend erst aus der Gesamtheit der Einzelteile. Natürlich bleibt dann zu fragen, wie die Teil-Ganzes-Relation präzise zu verstehen ist. In ausführlicher Form wirft Platon dieses Problem im *Protagoras* auf: Setzt sich die eine Tugend aus relativ selbständigen Teilen (*moria*) zusammen – wie die Gerechtigkeit, Besonnenheit und Frömmigkeit – oder handelt es sich hierbei nur um verschiedene Bezeichnungen (*onomata*) für ein und dieselbe Sache? Den Anlass für diese Frage bildet das Problem, ob man einzelne Tugenden getrennt voneinander besitzen kann, und ob manche Tugenden, beispielsweise Tapferkeit und Besonnenheit, einander nicht geradezu zuwider laufen (*Prot.* 329c–d). Klar ist, dass Platon in irgendeinem Sinn an der sokratischen Überzeugung von der Einheit der Tugenden festhalten will (vgl. *Prot.* 329c–333e). Es lässt sich jedoch schwer entscheiden, wie Platon seine These meint und wodurch er sie glaubt verteidigen zu können. Grundsätzlich bestehen zwei Möglichkeiten: Nach der schwachen Lesart, der ›Bikonditionalitätsthese‹, die von Vlastos (1972) vertreten worden ist, sind die einzelnen Tugenden in ihrer Ausrichtung und Definition verschieden, aber im konkreten Besitz voneinander untrennbar: Wenn ein Individuum eine von ihnen hat, verfügt es in Wahrheit über alle; wenn der Betreffende eine nicht besitzt, hat er in Wahrheit keine. Nach der starken Lesart müssen die einzelnen *aretai* als Ausprägungen eines einzigen ethischen Wissens verstanden werden, welches den Schlüssel zur angemessenen Praxis bildet; sie stellen mithin eine intensionale und eine extensionale Einheit dar. Möglicherweise hat Platon im *Protagoras* erwogen, im hedonistischen Kalkül die gesuchte Einheit des Tugendwissens zu sehen (353e–355a). Gegen diese Deutung spricht allerdings, dass der Lustkalkül von Platon eher als eine Perspektive der breiten Menge eingeführt wird.

Der späte Platon rollt das Problem eines Konflikts zwischen den Teiltugenden Tapferkeit und Besonnenheit erneut auf (*Plt.* 306a ff.); es geht ihm aber erkennbar nicht um eine Widerlegung der Einheitsthese, sondern nur darum, dass er die im *Politikos* entwickelte »königliche Staatskunst« auf die Beachtung bestimmter seelischer Tendenzen von Individuen verpflichtet. Die These von der Einheit der Tugenden ist auch in Platons spätestem Werk, den *Nomoi*, belegt (*Leg.* III 696b, IV 709b–c, XII 963c ff.).

58.3 Tugend als nicht-ambivalentes Gut beim frühen Platon

Bereits der historische Sokrates scheint den Gedanken skizziert zu haben, es gebe etwas konstant oder nicht-ambivalent Gutes; darunter verstand er vermutlich das Glück. Wie wir durch den Bericht Xenophons wissen (*Memorabilien* IV 2,31 ff.), unterschied Sokrates zwischen dem Glück als einem eindeutigen Gut, das sich nicht zum Schlechten wandeln kann, und den vielen uneindeutigen Gütern wie Gesundheit, Wissen, Schönheit, Kraft, Reichtum, Ansehen und Macht. Letztere haben einen ambivalenten Charakter: sie erweisen sich in bestimmten Fällen als nachteilig. Gesundheit beispielsweise sei insofern ein ambivalentes Gut, als jemandes Gesundheit den Betreffenden zur Teilnahme an einer Schlacht verleiten könne, die für ihn einen katastrophalen Ausgang nehme. Bereits der Sokrates des Xenophon differenziert daher zwischen dem Glücklichsein (*eudaimonein*) als dem An-sich-Guten und solchen stets ambivalenten Glücksgütern (*eudaimonika*) wie Gesundheit oder Wissen.

Eine ganz ähnliche Überlegung stellt der Sokrates beim frühen Platon zugunsten des herausragenden Gutseins der Tugend an. Demnach ist die *aretê* im Unterschied zu allen anderen Gütern (a) ein konstantes und nicht-ambivalentes Gut, (b) ein rektifizierendes, andere Güter korrigierendes und (c) ein nicht-missbrauchbares Gut. Im frühen Dialog *Euthydemos* erläutert Platon diesen Gedanken näher: Demnach existiert nur ein einziges solches Gut, die richtige Einsicht (*sophia*: *Euthd.* 279a–281e; vgl. die Parallelpassage *Men.* 87c–89a). *Sophia* fungiert hierbei als Inbegriff der intellektualistisch verstandenen Tugend. Das Argument wird im Kontext der Frage entwickelt, welche Güter zum Glück beitragen. Platon bildet zwei Gruppen von Gütern: Einerseits Dinge wie Reichtum, Gesundheit, gute Abstammung usw., andererseits das Besonnensein, Gerechtsein und Tapfersein. Als das bedeutendste aller Güter wird vorübergehend das glückliche Gelingen (*eutychia*) identifiziert. Der besondere Wert der *sophia* wird so plausibel gemacht, dass demjenigen, der etwas fachgerecht verwendet, sein Vorhaben verlässlich gelinge. Somit gelangt Platons Sokrates zu der Auffassung, der rechte Gebrauch müsse dasjenige sein, was etwas zu einem Gut mache.

Denn die aufgezählten Güter seien mit Ausnahme der *sophia* dadurch charakterisiert, dass sie entweder gut oder schlecht verwendet werden könnten. Daraus folge, dass von den genannten Gütern nur die *sophia* als eigentliches Gut zu betrachten sei, und ebenso, dass nur die Unwissenheit (*amathia*) als Übel angesehen werden müsse.

Ähnliche Überlegungen finden sich auch sonst beim frühen und mittleren Platon. Im *Symposion* lässt er Pausanias behaupten, menschliche Handlungen seien nicht schon an sich gut oder schlecht; gut und schlecht würden sie erst durch die Art ihrer Ausführung (*Symp.* 180e–181a, 183d). Vergleichbar argumentiert auch der platonische Sokrates: Gesundheit sei das Gut des Körpers und entsprechend Tugend das Gut der Seele; doch das Letztere sei ungleich wertvoller, weil Gesundheit in bestimmten Konfliktsituationen zum Schlechten ausschlagen könne (*Gorg.* 512a und 477b–e; *Cri.* 47e–48a; vgl. auch die ungefähre Parallelstelle *Gorg.* 467e–468a).

Tugend wird im *Euthydemos* mithin als stabiles, nicht-fehlverwendbares Instrument des richtigen Gütergebrauchs erläutert. Davon zu unterscheiden ist die These, Sokrates habe die *aretê* als ein bloßes Mittel, als ein Instrument zur Erlangung der (näherhin als Lust interpretierten) *eudaimonia* aufgefasst (so Irwin 1977 und in veränderter Form 1995). Dieser Interpretation widerspricht Sokrates' Feststellung, Güter gebe es nicht von Natur aus, sondern allein aufgrund von rechtem Gebrauch; denn damit erklärt Sokrates die Weisheit zu einem intrinsischen Gut, während er die Unwissenheit als ein intrinsisches Übel bestimmt (*Euthyd.* 281d–e). Wie verhalten sich in Platons Modell dann aber Tugend und Glück zueinander? Im *Euthydemos* folgt auf die referierte Passage die Feststellung: »Da wir nun alle danach streben, glücklich zu sein, und da wir offenkundig durch den Gebrauch der Dinge, und zwar durch den richtigen Gebrauch (*orthôs chrêsthai*), glücklich werden, wobei es das Wissen ist, das die Richtigkeit und das gute Gelingen sicherstellt, muss jeder Mensch, wie es scheint, auf jede Weise dafür sorgen, so weise wie möglich zu werden« (*Euthyd.* 282a2–6). Während Tugend ein Gut darstellt (also etwas, das zum Ziel beiträgt), ist Glück selbst das Ziel und insofern selbst kein Gut. Das Tugendwissen besitzt einen nicht-ambivalenten, intrinsisch wertvollen und doch zugleich instrumentellen Charakter im Blick auf die Erlangung des nicht-ambivalenten, aber endgültigen Glücks. Während sich ein Fachwissen wie das der Medizin oder Feldherrenkunst zu guten wie zu schlechten Zielen instrumentalisieren lasse, soll die *sophia* des *Euthydemos* insofern ein nicht-missbrauchbares Gut sein, als mit ihr *eo ipso* eine richtige Finalisierung aller Teilgüter, also die richtige Strebensordnung, verbunden sein soll. Die *sophia* wird also gewollt, weil sie zur *eudaimonia* führt, obwohl beide eindeutig und invariabel sein sollen.

58.4 Tugend als Gesundheit der Seele beim mittleren Platon

In der *Politeia* sagt Platon an einer markanten Stelle, bei der Tugend handle es sich um »die Gesundheit, Schönheit und die gute Verfassung der Seele«, bei der Schlechtigkeit (*kakia*) dagegen um »ihre Krankheit, Hässlichkeit und Schwäche« (*Rep.* IV 444d–e, vgl. IX 591b–c, X 609b ff.). Platon beschreibt Tugend damit als den optimalen Funktionszustand der menschlichen Seele. Damit knüpft er an den ursprünglichen Wortsinn von *aretê* als ›Bestzustand‹ oder ›Vollkommenheit‹ an. Man hat häufig die Beobachtung gemacht, dass der griechische Ausdruck *aretê* nicht primär ›Tugend‹ in der später üblichen Bedeutung charakterlicher Vorzüglichkeit meint, sondern in einem breiteren und allgemeineren Sinn die Bestform von etwas bezeichnet, besonders von Gebrauchsgegenständen. Der mittlere Platon knüpft an diese funktionale Wortbedeutung an, wenn er in *Politeia* I die Bestheit der Seele in Anlehnung an die optimale Tauglichkeit von Pferden, Rebscheren oder Augen thematisiert (*Rep.* I 352d–354c): Einige Entitäten, so Platon, besäßen eine artspezifische Leistung (*ergon*), etwas, das von der betreffenden Art entweder ausschließlich oder doch am besten zustande gebracht werde. Jede derartige Entität erfülle ihre artspezifische Funktion entweder gut oder schlecht. Daher könne man für jede Art von Entität, die ein *ergon* besitze, eine entsprechende optimale Tauglichkeit, ihre *aretê*, benennen und im Einzelfall deren An- oder Abwesenheit feststellen. Im Fall der Seele handle es sich bei der funktionalen Exzellenz, so die im Text verteidigte These, um den Zustand der Gerechtigkeit.

Im weiteren Verlauf der *Politeia* entwickelt Platon anknüpfend an das funktionale Begriffsverständnis der *aretê* die These genauer, wonach Gerechtigkeit (*dikaiosynê*) der Bestzustand der menschlichen Seele sein soll. Gerechtigkeit als funktionale Exzellenz der Seele (und analog dazu Gerechtigkeit als Bestzustand des Staates) soll dann bestehen, wenn jeder der Seelenteile (und ebenso jeder soziale Stand in der Polis) »das Seinige tut« (*ta hautou prattein*, *Rep.* IV 433a).

Platon deutet die so verstandene Gerechtigkeit als Einheitsmoment der drei weiteren Tugenden Besonnenheit (*sôphrosynê*), Tapferkeit (*andreia*) und Weisheit (*sophia*), die er den drei von ihm unterschiedenen Seelenteilen *epithymêtikon*, *thymoeides* bzw. *logistikon* zuordnet (und die er ebenso auf die drei sozialen Klassen der Bauern, Handwerker und Kaufleute, der militärischen Wächter und der Philosophen anwendet). Die einzelnen *aretai* stehen in einem Interdependenzverhältnis; keine kommt ohne die andere vor (IV 428a). Platon spricht von einer ›Wechselimplikation‹ (*antakolouthia*) der Tugenden. Die Tugenden der jeweiligen Seelenteile werden ebenfalls als deren jeweiliges funktionales Optimum gedeutet. Die vollkommene *aretê* besteht somit in der Harmonie eines bestmöglichen Zusammenspiels der drei Seelenteile des Individuums (bzw. der drei Stände eines Staates). Dieses soll sich aus der philosophischen Einsicht ergeben. Die Gerechtigkeit (*dikaiosynê*) ist daher nicht nur aufgrund ihrer überragenden extrinsischen Folgegüter, sondern zudem auch als intrinsisches Gut erwiesen (vgl. *Rep.* II 368b–d).

In Buch X kommt Platon auf diesen Zusammenhang zurück; er stellt nochmals fest, dass sich die »Tugend, Schönheit und Richtigkeit eines jeden Werkzeugs, Lebewesens und Handelns« aus dem Gebrauch ergebe, für den es gemacht sei, oder mit Blick auf ihr Naturziel zu verstehen sei (*Rep.* X 601d4–6). Die Zweckausrichtung des Menschen scheint Platon darin zu sehen, sich mittels der Gerechtigkeit auf die Idee des Guten als Letztziel zu orientieren.

58.5 Revisionäres oder konventionelles Tugendverständnis?

Man hat häufig die Frage aufgeworfen, ob Platon mit seinem Tugendbegriff, welcher Gerechtigkeit als seelische Harmonie deutet, noch den landläufigen Sinn von Gerechtigkeit bewahrt oder ob er ihn in revisionärer Weise umdeutet. Eine harmonische Ordnung der Seele (und als Ableitung hieraus Gerechtigkeit als ständische Ordnung des Staates) scheint nicht gerade das zu sein, was die Zeitgenossen Platons (oder wir Heutigen) mit den Ausdrücken Tugend und Gerechtigkeit meinen. Allerdings wird in der *Politeia* deutlich, dass sich Platon um die Nähe zur common-sense-Vorstellung bemüht: Wer gerecht im beschriebenen Sinn sei, begehe weder Unterschlagungen noch Tempelraub, Diebstahl, Verrat, Ehebruch oder ähnliches (*Rep.* IV 442d ff.).

Eine Textstelle aus dem *Menon* wirft noch ein anderes Licht auf die Frage, in welchem Sinn man beim platonischen Tugendbegriff von einer revisionären Tendenz sprechen kann (*Men.* 71e–73c). Bei der Suche nach einer Antwort auf die Frage ›Was ist Tugend?‹ erhält Sokrates dort zunächst die naive Antwort: »Aber das ist doch nicht schwer zu sagen, Sokrates. Zuerst, wenn du willst, (nenne ich dir) die Tugend des Mannes. Die Tugend des Mannes besteht darin, öffentlich tätig zu sein und dabei Freunden Gutes, Feinden Schlechtes zu tun sowie aufzupassen, dass einem selbst nichts Schlechtes passiert. Auch die Tugend der Frau ist leicht anzugeben: Sie muss den Haushalt gut versorgen, alles im Haus instand halten und dem Mann gehorchen. Wieder eine andere Tugend ist die des Kindes, des Jungen und ebenso des Mädchens, und die des älteren Menschen, je nachdem, ob er Sklave oder freier Bürger ist«. Während in diesem Definitionsversuch Tugend soviel wie eine angemessene Erfüllung traditioneller sozialer Rollen bedeutet, bestimmt Platon die Tugend als ein philosophisches Wissen, das rollenunabhängig erlangt werden kann.

Gleichzeitig behält Platon den gewöhnlichen Sprachgebrauch in gewissem Umfang bei. Aus mehreren Stellen seines Werks geht hervor, dass er gewöhnliche oder, wie er sagt, »bürgerliche« Tugenden von höheren, »philosophischen« Tugenden unterschieden wissen will. Bereits im *Phaidon* trifft er die Unterscheidung zwischen der »wahren Tugend«, die auf Klugheit (*phronêsis*) beruhen soll, und deren »Schattenbild«, der auf bloßer Übung basierenden populären und politischen Tugend (*dêmotikê kai politikê aretê*) (*Phd.* 69b und 82a–b). Ebenso gesteht er in *Politeia* IV den nicht-philosophischen Wächtern zwar eine aretê zu, für die es lediglich der Gewöhnung (vergleichbar dem wiederholten Einfärben von Wolle: 429d–e) und der »richtigen Meinung« (*orthê doxa*: 430b) bedürfe. Er macht jedoch deutlich, dass damit von der eigentlichen *aretê* noch gar nicht die Rede ist (IV 430c, vgl. 443c). Im Zusammenhang mit seinem Entwurf einer gerechten Staatsverfassung bezeichnet er den Gehorsam, den die untergeordneten Stände leisten sollen, nur als ein »Abbild der Gerechtigkeit« (*eidôlon dikaiosynês, Rep.* IV 443c). Dass Platon an der Überzeugung festhält, die wahre Tugend gründe sich auf Einsicht, lässt sich im Spätwerk gut belegen (u. a. *Leg.* IV 710a, XII 951b). Konstitutiv für wahre Tugenden sind zwar auch gute Anlagen und Übung, vor allem aber ein langer philosophischer Bildungsgang, der zu einer Ideen- und Prinzipienerkenntnis hinführen soll. Andererseits kann man darauf hinweisen, dass für das Training des Philosophen in der *Politeia* und für die Ausbildung des guten Staatsbürgers in den *Nomoi* ein Erziehungsprogramm vorgesehen ist, das auch in weitem Umfang non-kognitive Elemente enthält.

Literatur

Annas, Julia 1993: »Virtue as the Use of Other Goods«. In: Apeiron 26, 53–66.
Annas, Julia 2010: »Virtue and Law in Plato«. In: Bobonich, C. (Hg.): Plato's *Laws*. A Critical Guide. Cambridge, 71–91.
Carr, David 1988: »The Cardinal Virtues and Plato's Moral Psychology«. In: Philosophical Quarterly 38, 186–200.
Dent, Nicholas 1984: The Moral Psychology of the Virtues. Cambridge.
Devereux, Daniel 1992: »The Unity of the Virtues in Plato's *Protagoras* and *Laches*«. In: The Philosophical Review 101, 765–789.
Ferejohn, Michael T. 1982: »The Unity of Virtue and the Objects of Socratic Inquiry«. In: Journal of the History of Philosophy 20, 1–21.
Irwin, Terence H. 1977: Plato's Moral Theory: The Early and Middle Dialogues. Oxford.
Irwin, Terence H. 1995: Plato's Ethics. Oxford.
Kamtekar, R. 1998: »Imperfect Virtue«. In: Ancient Philosophy 18, 315–339.
Klosko, George 1981: »The Technical Conception of Virtue«. In: Journal of the History of Philosophy 19, 95–102.
Liske, Michael-Thomas 1989: »Was bedeutet ›Lehrbarkeit der Tugend‹ in Platons *Menon*?« In: Archiv für Begriffsgeschichte 32, 76–89.
Mulgan, Richard G. 1968: »Individual and Collective Virtues in the *Republic*«. In: Phronesis 13, 84–87.
Penner, Terry 1973: »The Unity of Virtue«. In: Philosophical Review 38, 35–68.
Reshotko, Naomi 2006: Socratic Virtue. Making the Best of the Neither-Good-Nor-Bad. Cambridge.
Vlastos, Gregory 1972: »The Unity of Virtues in the *Protagoras*«. In: Review of Metaphysics 25, 415–458.

Christoph Horn

59 Wahrheit

59.1 Die sprachliche Ausgangslage

Der klassische griechische Ausdruck für Wahrheit lautet *alêtheia*. Um Platons gedankliche Auseinandersetzung mit der Wahrheitsthematik richtig einschätzen zu können, wird es hilfreich sein, zuerst einige Charakteristika der Verwendung dieses Ausdrucks im Griechischen zu vergegenwärtigen (vgl. Szaif 1998, 25–71):

Moderne Wahrheitstheorien versuchen zu erklären, was es heißt, wenn Aussagen oder Meinungen bzw. deren propositionale Gehalte als wahr oder falsch bezeichnet werden. Auch die altgriechische Sprache besitzt selbstverständlich Mittel, zwischen wahren und falschen Äußerungen und Meinungen im Sinne eines solchen *propositionalen Wahrheitsbegriffes* zu unterscheiden. Jedoch wird Aussagenwahrheit im Altgriechischen in der Regel in Wendungen ausgedrückt, in denen das Wort ›Wahres‹ (*alêthê*) bzw. ›Wahrheit‹ (*alêtheia*) als *Objekt* zu einem Verb des Sagens fungiert, etwa in der typischen Wendung ›Wahres/Falsches sagen‹ (*alêthê/pseudê legein*). Hinzu kommt, dass der Ausdruck ›Wahres‹ (*alêthê*) in dieser Stellung ohne einen maßgeblichen Bedeutungsunterschied durch den Ausdruck ›Seiendes‹ (*onta*) ersetzt werden kann (›Seiendes/Nicht-Seiendes sagen‹). Diese sprachliche Eigentümlichkeit legt ein Vorverständnis nahe, dem gemäß Wahrsein nicht primär eine Eigenschaft von Aussagesätzen oder Meinungen ist, sondern jeweils ein Aspekt der denkunabhängigen Wirklichkeit, der in solchen Aussagen zum Ausdruck kommt.

Wissen impliziert Wahrheit (*Prm.* 134a; *Tht.* 152c5–6, 186c, 187b), darum liegt ein Ansatzpunkt für die Entfaltung des Wahrheitsverständnisses darin, Wahrheit als dasjenige, was durch Erkenntnis sicher und verlässlich erschlossen werden kann, zu thematisieren. Wahrheit wird von Platon in diesem Zusammenhang gleichgesetzt mit Wirklichkeit unter dem Aspekt ihrer Erkennbarkeit. Wie wir sehen werden, erhält dieser Begriff des Wahren als des Erkennbaren eine besondere zusätzliche Pointe bei Platon dadurch, dass er mit der Voraussetzung verknüpft wird, dass nur eine bestimmte Schicht der Wirklichkeit aufgrund ihrer ausgezeichneten Seinsverfasstheit (ihrer besonderen ontologischen Qualität) im eigentlichen Sinne erkennbar ist.

Das Adjektiv ›wahr‹ (*alêthês*) hat auch eine (im Sinne der Logik) *attributive* Verwendungsform, die für die philosophische Begriffsbildung wichtig geworden ist. Ein Merkmal, an dem man diesen Gebrauch erkennen kann, ist, dass wir im Deutschen dafür in der Regel den Ausdruck ›echt‹ als Übersetzung gebrauchen können. Eine Sache ist nicht schlechthin echt, sondern jeweils ein echtes So-und-So, z. B. echtes Gold oder die echte Helena (und nicht eine Doppelgängerin oder ein Trugbild von ihr). Man kann hier von *Sach-* oder *Seinswahrheit* sprechen: Wahrheit/Echtheit, die einer Sache zugesprochen wird, insofern sie ihren Begriff tatsächlich oder in ausgezeichneter Weise erfüllt (Wahrheit des prädikativen Seins), oder insofern es sich um die Sache selbst handelt, das Original, und nicht nur um eine Nachahmung (Sachwahrheit des Originals oder *Urbildes*).

59.2 Wahrheitsethos

Platon versteht das philosophische Argumentieren, im Anschluss an Sokrates, von Beginn an als ein Bemühen um Einsicht und Wahrheit, oft in Verbindung mit einer Antithese zur rhetorischen Überzeugungskunst und sophistischen Erziehung, bei denen es jeweils nur um den sozialen Erfolg, nicht um Wahrheit gehe. So finden wir denn auch im Schlussabschnitt des *Gorgias* ein nachdrückliches Bekenntnis zum Leben aus der Wahrheit (*Gorg.* 526d, vgl. 525a3, 526c1–2), was hier, wie auch an späterer Stelle, mit der Vorstellung einer durch Maß geprägten Charakterhaltung (*emmetria*) verbunden wird (*Gorg.* 525a; *Rep.* VI 486d; *Tim.* 90a–d; vgl. Szaif 2004).

Auch das mittlere und späte Werk Platons bekennt sich zu einem Ethos der Wahrheit und Wahrhaftigkeit. So wird, um nur das wichtigste Beispiel hierfür zu nennen, in der *Politeia* als grundlegender Charakterzug einer philosophischen Veranlagung die *Liebe zur Wahrheit* herausgestellt, die, gleichsam als Chorführerin im Reigen der Tugenden, alle anderen guten Charakterqualitäten nach sich ziehe (*Rep.* VI 485a–487a, 489e–490d; *Leg.* V 730c). Das gesamte Erziehungsprogramm der *Politeia* ist dem ›Aufstieg‹ zur Wahrheit gewidmet (z. B. *Rep.* VI 490a–b, VII 519b, 525b1, 527b9), welche dann, vermittels der Philosophenherrschaft, auch die Grundlage der sozialen Ordnung werden soll. Obwohl Platon ein emphatisches Wahrheitsethos vertritt, verteidigt er die Legitimität benevolenter Lügen, insbesondere wenn sie dazu dienen, jene, die zur Wahrheitserkenntnis und zum Leben aus der Wahrheit nicht fähig sind, auf eine indirekte Weise zu einer ihren wahren Interessen konformeren Lebensweise zu bewegen (*Rep.* II 382c–d, III 389b–c, 414b–c, V 459c–d).

59.3 ›Ontologische‹ Wahrheit im Kontext der platonischen Ideenlehre

Platons Frühwerk vertritt zwar bereits ein Wahrheitsethos, entwickelt den Begriff der Wahrheit aber noch nicht theoretisch. Dies ändert sich mit der metaphysischen Wende in seiner mittleren Werkphase (insbesondere im *Symposion*, im *Phaidon* und in der *Politeia*), in deren Rahmen der Wahrheitsbegriff eine theoretische Bedeutung bekommt, die eng mit den erkenntnistheoretischen und metaphysischen Voraussetzungen der ›Ideenlehre‹ verbunden ist. Die Wissenskonzeption der ›Ideenlehre‹ ist im Kern eine Konzeption des Begriffsverstehens, mit der Maßgabe, dass die zu erkennenden Begriffsgehalte etwas objektiv Feststehendes sind. Was ein Kreis ist, dies hängt nicht von sprachlicher Konvention ab, sondern ist etwas ein für alle mal Feststehendes, das erkannt und in einer sachadäquaten Definition ausgedrückt werden kann. Platon vergegenständlicht solche erkennbaren Begriffsgehalte als ›Ideen‹ oder (noetische) ›Formen‹. Erkenntnis ist Erschließung der Form »selbst«, in Abhebung zu dem, was nur als unvollkommene Exemplifizierung an der Form »teilhat«, wobei diese Teilhabebeziehung der konkreten Gegenstände an den noetischen Formen auch mit einer Abbildbeziehung verglichen wird. Den Formen oder Ideen wird ein höherer Realitätsgehalt als dem Konkreten zugeschrieben (*mallon einai*, *Rep.* V 479c-d, VII 515d, IX 585b-e; *ontôs/teleôs einai*, *Rep.* X 597A5; *Phdr.* 247c-e, 249c; *Tim.* 28a, 52c5-6; *Soph.* 248a11; *Phlb.* 58a, 59d; vgl. Vlastos 1965; Kahn 1981). Mit dem kognitiven ›Aufstieg‹ zu den Formen/Ideen wird folglich ein Wirklichkeitsbereich *sui generis* erschlossen, den Platon auch als den Bereich der ›Wahrheit‹ oder des Wahren bzw. Wahrsten etikettiert (z. B. *Symp.* 212a5; *Phd.* 84a8; *Rep.* VII 519b4; *Phdr.* 247d4, 248c3-4, 249d5; vgl. *Phd.* 65d-e; *Rep.* VI 484c-d, 510a9, 511e, VII 515c2, d6-7).

Diese These von unterschiedlichen Wirklichkeitsschichten mit unterschiedlichem Wahrheits- bzw. Realitätsgehalt hängt bei Platon wesentlich mit Differenzierungen hinsichtlich der Wahrheit des *prädikativen Seins* (Bestimmtseins) der Erkenntnisobjekte zusammen, wobei mindestens drei Aspekte der Sach- oder Seinswahrheit der Ideen/Formen ins Gewicht fallen. In jeder dieser drei Hinsichten ihrer *Sachwahrheit* fungieren die Ideen zugleich auch als das Wahre im Sinne des *Erkennbaren*, so dass sich eine charakteristische Doppelbedeutung in Platons Rede von der Wahrheit und dem Wahren ergibt, welche Sachwahrheit mit Erkennbarkeit verknüpft. Die fraglichen drei Bedeutungshinsichten können wie folgt beschrieben werden (vgl. Szaif 1998, 75–132):

1. Die Idee/Form wird als das Wahre/Echte bezeichnet, insofern sie als ein *Urbild* fungiert, zu dem sich alles andere (die ›teilhabenden‹ Dinge) als Abbild verhält (vgl. u. a. *Rep.* VI 510a8-10, VII 520c; *Symp.* 212a; *Rep.* VI 484c-d, VII 533a2-3; *Crat.* 439a-b; *Soph.* 240a7-8). Als dieses Urbild ist die Idee zugleich die Realität, die Gegenstand der wissenschaftlichen Wesenserkenntnis ist.

2. Die Idee/Form ist etwas Wahres auch darum, weil sie das, was sie ist, in Reinform ist (*Phd.* 67a-b; vgl. *Phlb.* 52d–53b, 58c–d, 59c), ohne Beimischung des Gegenteils oder des entgegengesetzten Nichtseins (*Rep.* 478e–479d; vgl. *Phd.* 74a-d; *Rep.* VII 523a–524d). Diese Reinheit des Bestimmtseins ist verschiedenen Faktoren geschuldet: Ideen werden durch konkrete Gegenstände oft nur in perspektivenabhängiger Weise realisiert, nämlich abhängig von bestimmten Vergleichshinsichten, Zwecksetzungen und sonstigen Faktoren des Beurteilungskontextes, die den Standpunkt des Betrachters einbringen. Dadurch wird ihre Erscheinungsweise instabil und vermischt das Konträre (vgl. Burnyeat 1979). Ein besonders herauszuhebender Grund von Instabilität der Erscheinung ist die *Ungenauigkeit*, mit der viele Bestimmungen, die eine Approximation an ein Ideal der Genauigkeit erlauben, durch das Konkrete realisiert werden (z. B. bei quantitativen Proportionen und anderen mathematischen Eigenschaften; vgl. *Phd.* 74d–75b; *Rep.* VII 529c–d, 530a–b; *Phlb.* 62a–b). Ein weiterer Faktor ist der temporale Charakter von Bestimmtheit (z. B. *Symp.* 211a1–2, b3–5; *Phd.* 78d; *Rep.* VI 485b1–3; *Tim.* 37e–38a, 52a; *Soph.* 246b-c), insofern der Wechsel von Bestimmungen an einem Objekt auch so aufgefasst werden kann, dass dieses Objekt zwei entgegengesetzte Bestimmungen aufweist (vgl. *Prm.* 162b-c). All dies kontrastiert scharf mit dem objektiven Sein der Ideen, welches Gegenstand der definitorischen (wesenserschließenden) Erkenntnis wird, da hier kein Raum mehr für Relativität, Ungenauigkeit und Veränderlichkeit ist. Hierbei ist auch von Interesse, dass Platons Sokrates im *Theaitetos* gegen einen radikalen Wahrheitsrelativismus argumentiert, wie er dem Sophisten Protagoras zugeschrieben werden kann, indem er zu zeigen versucht, dass Erkenntnis bzw. Weisheit Stabilität und Bestimmtheit *an sich* im Bereich ihrer Objekte voraussetzen (*Tht.* 152a-e, 153e, 175a-b, 178b–179b, 183a-c;

Crat. 385e–386e, 439c–440b). Platon dürfte weiterhin die Formen als dasjenige betrachtet haben, worin Bestimmsein *an sich* uneingeschränkt verwirklicht ist, während das Urteilen über Wahrnehmungsgegenstände die Relativierung auf den Standpunkt des Urteilenden kaum je ganz überwinden kann (zum Hintergrund vgl. Cornford 1935; Burnyeat 1990).

3. Die Idee/Form ist zudem auch das Wahre und Wahrste im Sinne des idealen Maßstabes, an dem sich die kompetente (wissende) Beurteilung aller konkreten Exemplifizierungen auszurichten hat (*Rep.* VI 484c–d, VII 520c; s. a. *Phd.* 74d–75b).

Die dem Wahrheitsverständnis der Ideenlehre zugrunde liegende Auffassung vom Sachzusammenhang zwischen der Seinswahrheit und der Erkennbarkeit ist auch der Ausgangspunkt für Platons Spiel mit einer der möglichen etymologischen Assoziationen des Wortes »*a-lêtheia*« im Griechischen im *Sonnengleichnis* (*Rep.* VI 506d–509c; vgl. Szaif 1998, 132–152). Gemäß diesem Gleichnis haben Wahrheit und Sein – als Attribute des Erkenntnisobjektes – eine analoge Funktion wie der klare Lichtschein, der von Objekten, die von der Sonne beschienen werden, reflektiert wird und durch den sie uneingeschränkt sichtbar sind. Die Ideen/Formen sind solche gleichsam im Licht stehenden Objekte, weil sie dank ihrer ontologischen Wahrheit klar und eindeutig bestimmt und von der »verdunkelnden« Beimischung gegenteiligen Nichtseins (das aus der Unreinheit und Vergänglichkeit des Soseins eines Objektes resultiert) frei sind. Dieses »Licht« der Seinswahrheit geht von der Idee des Guten (deren Analogon im Gleichnis die Sonne ist) aus, die in diesem Zusammenhang wohl als Inbegriff oder formale Ursache ontologischer Vollkommenheit verstanden wird. Durch ihre ontologische Vollkommenheit sind die Ideen für das Erfassen unverborgen/transparent, also *a-lêthê* im Sinne der etymologischen Assoziation dieses Wortes (vgl. Heitsch 1962; Beierwaltes 1957). – Platons Spiel mit dieser etymologischen Assoziation rechtfertigt allerdings nicht den Versuch, die Bedeutung von *alêtheia* bei Platon insgesamt aus einer etymologischen Deutung herzuleiten. Platon bedient sich bisweilen etymologischer Assoziationen, wenn er Zusammenhänge veranschaulichen will. Aber Etymologie ist bei ihm nie das maßgebliche Kriterium der Begriffsanalyse.

Platon spricht bisweilen von der »*alêtheia* einer Sache«. Diese Wendung bezeichnet entweder die fragliche Sache selbst in Abhebung zu ihren Abbildern u. dgl. (z. B. *Crat.* 439a–b; *Plt.* 300c) oder das, was diese Sache in Wahrheit ist, also ihr Wesen oder wahres (So-)Sein (z. B. *Phdr.* 262a; *Symp.* 198d; *Soph.* 134c). Der erkenntnisontologische Wahrheitsbegriff Platons hat aber auch eine subjektbezogene Anwendung: *alêtheia* kann im Kontext der Ideenlehre auch die kognitive Verfassung desjenigen bezeichnen, der das wahrhaft Seiende, die Ideen, erfasst hat (*Phd.* 66a; *Rep.* VI 490a–b; *Soph.* 233c; *Tim.* 29c; *Phlb.* 65d). Diese »Wahrheit in der Seele« wird durch den Kontakt des Erkenntnisvermögens mit den Ideen/Formen quasi »gezeugt« (*Rep.* VI 490a–b). Sie ist das Erfassen und Reproduzieren der Ideen/Formen in der Seele, so wie sie als sie selbst sind, in Abhebung zum kognitiven Zustand des Meinens, der nicht über die Vertrautheit mit bloßen ›Abbildern‹ der Formen hinauszugelangen vermag. Im Kontext der Lehre von der Erkenntnis als Wiedererinnerung (Anamnesis) stellt sich dieses Reproduzieren der Wahrheit in der Seele als Reaktivierung des latent bereits vorhandenen Begriffsverstehens in der Seele dar. In diesem Sinne kann Platon auch sagen, dass die »Wahrheit des Seienden« (also das wahre und wesentliche Sein – die Formen, wie sie als sie selbst sind) immer schon in der Seele vorhanden ist (*Men.* 86b).

59.4 Die Theorie propositionaler Wahrheit und Falschheit im Spätwerk Platons

Das Erfassen der Ideen ist in verschiedener Weise mit propositionalen Urteilen verknüpft, die wahr oder falsch sein können. Nicht nur die Definitionen der Ideen und ihre wechselseitigen Beziehungen, sondern auch das Bestimmtsein von konkreten Gegenständen durch Ideen wird in Sätzen ausgedrückt. Ungenügendes Erfassen der Ideen hat falsche Urteile zur Folge, und es ist eines der zentralen Motive des platonischen Bemühens um Erkenntnis der Ideen, unserem Beurteilen konkreter Objekte und Handlungssituationen ein adäquates Fundament zu geben und so dem Irrtum vorzubeugen. Nun sah sich Platon allerdings mit sophistischen Einwänden konfrontiert, die zu plausibilisieren versuchten, dass es Irrtum nicht gebe, weil es unmöglich sei, etwas Falsches zu sagen oder zu meinen. In Erwiderung auf diese Art von Einwand entwickelt Platon eine Erörterung der Möglichkeit von Falschheit im Urteilen, mit der er wenigstens indirekt auch die Frage beantwortet, wie Wahrheit als Eigenschaft von Urteilen und Aussagen zustande kommt.

Zuerst sei kurz die Problematik erläutert, auf die Platon reagiert. Gemäß dem Vorverständnis im Griechischen wird, wie oben erläutert, das ausgesagte Wahre jeweils mit einem Teil oder Aspekt der vorgegebenen Wirklichkeit, der in der Aussage zum Ausdruck kommt, identifiziert. Das ausgesagte Falsche wird dementsprechend als etwas Nichtseiendes, Unwirkliches verstanden. Da nun aber zugleich jedes irgendwie Bestimmte (und wahr Charakterisierbare), als ein solches, ein Seiendes und Wirkliches sein muss, wird die Möglichkeit der Bezugnahme auf das Falsche qua Unwirkliche problematisch. Diese Aporie wird mit Hilfe einer paradoxalen Argumentation eingeführt (vgl. Owen 1971; Frede 1967; Szaif 1998, 332–342, 394–400), die daraus, dass das Ausgesagte immer ›etwas‹ und als ein solches zählbar und charakterisierbar sein muss, ableitet, dass es auch ein Seiendes/Wirkliches sein muss und somit kein Nichtseiendes schlechthin bzw. Falsches (= Unwirkliches) sein kann (vgl. *Euthd.* 283e–284a; *Crat.* 429d; *Tht.* 188c–189b; *Soph.* 237c–e).

Eine erste kurze Auseinandersetzung mit dieser Art von Einwand findet sich im *Euthydemos*, wo in Erwiderung die Möglichkeit angedeutet wird, das wahre Urteil als eine Form der Übereinstimmung mit dem Gegenstand des Urteils zu deuten (*Euthd.* 284c7–8). Jedoch bietet dieser Dialog keinerlei weiterführende Analyse dieser Beziehung. Der *Kratylos*, der die besagte Aporie ebenfalls anspricht, deutet an, dass die fehlende Übereinstimmung etwas mit dem falschen Zuordnen sprachlicher Bezeichnungen zu den Gegenständen, über die etwas gesagt wird, zu tun hat (*Crat.* 430b–d). Zugleich enthält dieser Dialog, dessen Thema die Frage ist, ob es objektive Kriterien der Richtigkeit von Namensgebungen gibt, auch Argumente, die man als eine *reductio ad absurdum* der Vorstellung, dass Sprache die Wirklichkeit *abbilden* muss, um wahrheitsfähig zu sein, lesen kann (*Crat.* 428e–435c; allerdings ist die Interpretation dieses Dialoges sehr umstritten, vgl. Schofield 1982; Szaif 2001).

Im *Theaitetos* (187d–200d) sucht Platon nach einem Erklärungsansatz, der ohne Rekurs auf den problematischen Begriff des Nichtseins verstehen lässt, wie Falschheit im Urteil zustandekommt. Die Lösungsansätze im *Theaitetos* basieren auf der Intuition, dass man im falschen Urteil das, was man eigentlich »zu treffen versucht«, verfehlt, indem man etwas *anstelle von* etwas anderem denkt (189b–c), nämlich, grob gesagt, indem man im Urteil eine im Gedächtnis festgehaltene Kenntnis aktiviert und einem wahrgenommenen oder gedachten Objekt zuordnet, dem sie nicht zugehört (191a–199c; vgl. Fine 1979; Burnyeat 1990; Szaif 1998, 356–393). Die verschiedenen Varianten, in denen dieser Ansatz ausgestaltet wird, lassen die Subjekt-Prädikat-Struktur von Urteilen noch im Dunkeln und klären auch die ontologische Problematik des Nichtseins des Falschen nicht auf. Diese Mängel werden erst im *Sophistes* behoben.

Im *Sophistes* formuliert Platon zunächst eine allgemeine Definition der Falschheit von Meinungen oder Aussagen. In der Formulierung für Aussagen lautet diese Definition wie folgt: Ein Aussagesatz (*logos*) ist falsch, sowohl wenn er von dem, was *ist*, aussagt, dass es *nicht ist*, als auch, wenn er von dem, was *nicht ist*, aussagt, dass es *ist* (*Soph.* 240e10f.). Sein und Nichtsein beziehen sich in dieser Formulierung jeweils auf einen ganzen Aussageinhalt (weshalb man hier »sein« auch als »der Fall sein« paraphrasieren könnte). Es ist festzuhalten, dass in dieser Formulierung zwischen zwei Arten assertorischer Sprechakte differenziert wird: Affirmieren (*als seiend aussagen*) und Negieren (*als nicht-seiend aussagen*). Das Urteilen und Aussagen ist für Platon stets eine Stellungnahme relativ zu der Alternative eines Seins oder kontradiktorisch entgegengesetzten Nichtseins (vgl. *Soph.* 263e; *Tht.* 189e–190a), und es ist wahr dann und nur dann, wenn es sich durch die richtige Wahl zwischen Affirmation oder Negation in Übereinstimmung setzt zu dem vorgegebenen Sein oder Nichtsein. Es ist spezifisch in diesem Sinne, dass man mit Bezug auf Platons *Sophistes* von einer »Übereinstimmungstheorie« der Wahrheit sprechen kann.

Die oben angeführte Falschheitsdefinition verwendet noch den problematischen Begriff eines *schlechthinnigen*, zu Sein im Gegensatz stehenden Nichtseins (*Soph.* 237b–241b, vgl. 258e–259a). Die Lösung, die der *Sophistes* hierfür ausarbeitet (260a–264b), baut auf einer Analyse des elementaren Aussagesatzes in einen bezugnehmenden (»nennenden«) und einen charakterisierenden (»etwas über etwas aussagenden«) Teil auf. Das veritative Nichtsein wird als ein *relationales* Nichtsein des »über etwas Ausgesagten« relativ zu dem Worüber des Aussagens gedeutet, und zwar genauer als ein Verschiedensein des Prädizierten gegenüber dem, was *in Bezug auf* den Bezugsgegenstand der Aussage das Seiende ist (*Soph.* 263b und d; vgl. Szaif 1998, 454–509; Owen 1971; McDowell 1982; Frede 1992; van Eck 1995; Hestir 2003). Falschheit ist somit nur eine besondere Relation des Verschiedenseins, und da Verschiedenheit (Nichtidentität) generell eine Relation ist, die zwischen Seiendem besteht, ist dieser Begriff des Nichtseins von dem eines Nichtseins schlechthin und seiner Aporetik klar dissoziiert.

Literatur
Beierwaltes, Werner 1957: Lux intelligibilis. München.
Burnyeat, Myles F. 1979: »Conflicting Appearances«. In: Proceedings of the British Academy 65, 69–111.
Burnyeat, Myles F. 1990: The *Theaetetus* of Plato. Indianapolis.
Cornford, Francis M. 1935: Plato's Theory of Knowledge. London.
Fine, Gail 1979: »False Belief in the *Theaetetus*«. In: Phronesis 24, 70–80.
Frede, Michael 1967: Prädikation und Existenzaussage. Göttingen.
Frede, Michael 1992: »The *Sophist* on False Statements«. In: Richard Kraut (Hg.): The Cambridge Companion to Plato. Cambridge, 397–424.
Heitsch, Ernst 1962: »Die nicht-philosophische alêtheia«. In: Hermes 90, 24–33.
Hestir, Blake E. 2003: »A ›Conception‹ of Truth in Plato's *Sophist*«. In: Journal of the History of Philosophy 41, 1–24.
Kahn, Charles 1981: »Some Philosophical Uses of ›to be‹ in Plato«. In: Phronesis 26, 105–134.
McDowell, John 1982: »Falsehood and Not-Being in Plato's *Sophist*«. In: Malcolm Schofield/Martha C. Nussbaum (Hg.): Language and Logos. Cambridge, 115–134
Owen, G. E. L. 1971: »Plato on Not-Being«. In: Gregory Vlastos (Hg.): Plato. Bd. I. Garden City, N. Y., 223–267.
Schofield, Malcolm 1982: »The Dénouement of the *Cratylus*«. In: Ders./Martha C. Nussbaum (Hg.): Language and Logos. Cambridge, 61–81.
Szaif, Jan ²1998: Platons Begriff der Wahrheit. Freiburg/München.
Szaif, Jan 2001: »Sprache, Bedeutung, Wahrheit. Überlegungen zu Platon und seinem Dialog *Kratylos*«. In: Allgemeine Zeitschrift für Philosophie 26, 45–60.
Szaif, Jan 2004: »Die Aletheia in Platons Tugendlehre«. In: Marcel van Ackeren (Hg.): Platon Verstehen. Perspektiven der Forschung. Darmstadt, 183–209.
van Eck, Job 1995: »Falsity without Negative Predication. On *Sophist* 255e–263d«. In: Phronesis 40, 20–47.
Vlastos, Gregory 1965: »Degrees of Reality in Plato«. In: Renford Bambrough (Hg.): New Essays in Plato and Aristotle. London, 1–19.

Jan Szaif

60 Wiedererinnerung/Anamnesis

60.1 Die Texte

Entsprechend dem üblichen Sprachgebrauch kann bei Platon mit dem Verb *anamimnêskesthai* und dem Nomen *anamnêsis* ein Sich-Erinnern an wahrgenommene Phänomene oder erlebte Vorkommnisse ausgedrückt werden (vgl. *Rep.* I 329a5, X 604d7). Spezifisch wird damit die Reaktivierung von Kenntnissen bezeichnet, die nicht der Erfahrungswelt des gegenwärtigen Daseins entstammen. Dieser Gebrauch ist auf die Dialoge *Menon* (80d–86c, 97e6–98a5), *Phaidon* (72e–76e, 91e) und *Phaidros* (249bc) beschränkt. In diesen Texten wird die Wiedererinnerung mit der Vorstellung von der Unsterblichkeit bzw. Präexistenz der Seele in Zusammenhang gebracht.

1. Im *Menon* rekurriert Sokrates auf die Anamnesis, um die von ihm als ›eristisch‹ bezeichnete These zu widerlegen, dass man nichts erforschen (*zêtein*) könne: Was man wisse, erforsche man nicht, was man nicht wisse, auch nicht, weil man nicht wisse, wonach man suchen solle (80e). Sokrates löst das Problem, indem er das Erforschen und Erkennen als ein Erinnern der (als unsterblich angesehenen) Seele an das bestimmt, »was sie früher schon wusste« – und es gebe nichts, was nicht als Wissen in ihr sei (81a–e). Er demonstriert die Richtigkeit dieser These dadurch, dass er einen Sklaven, der nie etwas mit Geometrie zu tun hatte, durch Fragen zu der Einsicht bringt, wie man geometrisch ein Quadrat flächenmäßig verdoppelt (82b–86c; vgl. auch *Phd.* 73a7–b2). »Wahre Meinungen« über das, was er nicht weiß, sind also in ihm vorhanden (85c6f.), die durch Fragen »aufgeweckt« zu Wissen werden (86a7f.). – Der Übergang von (unbeständiger) wahrer Meinung zu begründetem und damit festem Wissen wird als Anamnesis bezeichnet (97e6–98a8).

2. Im *Phaidon* (72e3–6, 73a7–b2) wird unter Rückverweis auf den *Menon* das Phänomen apriorischer Erkenntnismöglichkeit – man kann z. B. ein Wissen von exakter Gleichheit besitzen, ohne es je aufgrund von Wahrnehmung erworben haben zu können – als Wiedererinnerung an ein vorgeburtlich vorhandenes Wissen erklärt. Damit wird die Präexistenz der Seele als erwiesen betrachtet (72e–76e, 91e). Zur Wiedergewinnung des Wissens kommt es dann, wenn durch die Wahrnehmung etwas erfasst wird, das in einer Ähnlichkeits- oder Unähnlichkeitsbeziehung (74a3, d1) zu dem zu erkennenden Seienden an sich steht. Die Reaktivierung des Wissens durch Anamnesis be-

zieht Sokrates ausdrücklich auf alles Seiende an sich (›Ideen‹), darunter z. B. das Schöne, Gute, Gerechte selbst (75c7–d5).

3. Im *Phaidros* wird die Anamnesis im großen Seelen-Mythos von Sokrates kurz gestreift: Zum Wesen des Menschen gehöre es, dass er in der Lage sei zu verstehen, was mittels des Artbegriffs (*eidos*) ausgedrückt werde, der aus vielen Wahrnehmungen hervorgehe und durch rationales Denken in eins zusammengefasst werde. Und das sei Wiedererinnerung an das, was unsere Seele einst als wahres Sein gesehen habe (249b6–c4); jede menschliche Seele habe von Natur aus das Seiende geschaut (249e4 f.).

60.2 Probleme der Deutung

In der wissenschaftlichen Diskussion über diese Texte ist es zu verschiedenen Kontroversen gekommen, die z. T. inhaltlich miteinander verbunden sind.

Gelegentlich werden Zweifel geäußert, ob Platon seinen Sokrates die Lehre von der Anamnesis mit wirklicher Überzeugung vertreten lässt: Sie diene nur zur Widerlegung sophistischer Behauptungen (Cobb 1973), Sokrates lasse sich auch im *Phaidon* nicht völlig auf diese Theorie ein (Weiss 2000, 52–54, 67), Platon stehe in Distanz zum Ergebnis der rein dialektischen Diskussion im *Phaidon*, aus der sich nur eine Meinung des Simmias ergebe (Ebert 2004, 199–249, bes. 242 f., 249; ähnlich 2007, 197 zum *Menon*: »a stratagem meant to work with his interlocutor«). Derartige Auffassungen haben in der Forschung (bei allen sonstigen Differenzen) keine allgemeine Akzeptanz gefunden. Gegen sie spricht – unbeschadet logischer Mängel in der Argumentation Platons im Einzelnen – u. a. die Tatsache, dass die Anamnesis-These im *Phaidon* (dazu Gerson 2011 [1999]) ebenso als eine Art Standardlehre des Sokrates klassifiziert wird (72e2 f.) wie die Ideenlehre (76d7–e7) und an ihr ausdrücklich nicht nur von Simmias festgehalten wird (*Phd.* 91e2–92a5 [»wir sagten«, 91e6], vgl. auch 92c11–e2). Die Äußerung im *Phaidros*, wonach zumindest die prinzipielle Fähigkeit zur Wiedererinnerung an das von der nicht inkorporierten Seele Geschaute eine essentielle Bedingung des Menschseins ist (vgl. auch *Phdr.* 249e4–250a1), weist ebenso in eine andere Richtung. Und im *Menon* wird nach einer einschränkenden Bemerkung des Sokrates, die in ihrem genauen Bezugspunkt nicht eindeutig ist (86b6 f.; vgl. Sharples 1991, 156 f.), an der in diesem Dialog vertretenen Anamnesis-These ausdrücklich festgehalten (98a4 f.). Zur Anamnesis im *Menon* als ernstzunehmender Theorie vgl. umfassend Fine 2014.

Nach Lee (2000, bes. 113 f.; vgl. auch 2001, 140, 216) ist das vorgeburtliche Lernen nur als eine Metapher für das allgemeine Wissen zu betrachten, das die Bedingung der Möglichkeit für das Lernen von etwas Unbekanntem ist. Er setzt sich damit gegen eine Deutungstradition (z. B. Huber 1964, 390) ab, die in der Anamnesis ein »Herausholen des vorher gewonnenen, bei der Geburt verlorenen Ideenwissens« (Lee 2000, 94) sieht. Es wird jedoch nicht deutlich, inwiefern dieses allgemeine Wissen bei Platon faktisch etwas anderes sein sollte als das bei der Inkorporation der Seele ›vergessene‹, im Anamnesis-Vorgang zu aktualisierende Ideenwissen; zudem steht eine nur metaphorische Auffassung im Gegensatz zu der Funktion der Anamnesis-Konzeption als Argument für die pränatale Existenz der Seele im *Phaidon* (vgl. Ackrill 1973/1997, 13).

Eine weitere Kontroverse besteht darüber, ob und gegebenenfalls welche Unterschiede zwischen den im *Menon* vertretenen Auffassungen und denen im *Phaidon* (und *Phaidros*) bestehen. Nach Weiss (2000, 54) bieten *Menon* und *Phaidon* zwei unvereinbare Versionen von Wiedererinnerung: Im *Menon* handle es sich um Wiedervergegenwärtigung von Dingen, die man in früheren Leben auf Erden und im Hades gesehen habe, oder um Erkenntnis durch einen Frage-und-Antwort-Prozess mit Zuhilfenahme von Diagrammen, im *Phaidon* dagegen um Wiedererinnerung an pränatal im Reich nicht sinnlich erfassbarer Entitäten geschaute Ideen (ebd. 66 f.). Sind hier aber wirklich grundsätzlich verschiedenartige Vorgänge gemeint? Dazu vertritt Kahn folgende (in Auseinandersetzung mit Scott 1995 gewonnene) Position: »[...] we have a single theory but three incomplete formulations, formulations that require one another for an adequate understanding« (Kahn 2003, 304). Im *Menon* wird (über das geometrische Beispiel hinaus) zweifellos eine umfassende Erklärung von wissensmäßiger Erkenntnis durch Anamnesis beansprucht (81c5–d5, 97e6–98a8), und es lässt sich zeigen, dass die Grundlagen des Sklavenexperiments mit den Vorstellungen im *Phaidon* zur Deckung zu bringen sind (Kahn 2003, 310–312).

Strittig ist ferner, ob bzw. inwiefern Wiedererinnerung von Platon als ein alle Menschen und die Erkenntnis insgesamt betreffendes Phänomen oder ein auf Philosophen und die Erkenntnis der Ideen (als solche) eingeschränktes angesehen wird. Letztere Auffassung vertritt Scott (1995, 15–85). Danach wäre die Anamnesis nicht eine notwendige Bedingung der Begriffsbildung bei allen Menschen, sondern lediglich eine Erklärung spezifischer Erkenntnisvorgänge bei wenigen philosophisch Gebildeten. Dagegen steht aber schon die für alle Menschen geltende Feststellung im *Phaidros* (249b6–c4, s. oben unter (1)). Zwar wird dort im Anschluss an diese Feststellung ein spezieller Anamnesis-Vorgang des Philosophen ausgeführt: Allein sein Denken werde ›befiedert‹. Wer [sc. wie er] die Erinnerungsanstöße *richtig* (*orthôs*) nutze, werde zur Vollendung kommen (249c4–8), nur wenigen stehe die Erinnerungsfähigkeit *hinreichend* (*hikanôs*) zur Verfügung (250a5). Wenn ein so definierter Zugang zur höchsten Erkenntnis den Philosophen vorbehalten ist, folgt daraus jedoch nicht, dass die Anamnesis nicht in einer weniger spezifizierten, ›rudimentären‹ Form bei allen Menschen vorhanden sein kann: Auch sie erfassen, was »hier nach der Schönheit benannt wird«, aber der Anblick des Schönen führe sie nicht zur Schönheit selbst (250e1–3). – Gegen Scott haben schon Williams (2002) und Kahn (2003) mit guten Gründen – vor allem auf der Grundlage des *Phaidon* – für einen weiteren Geltungsbereich der Anamnesis plädiert. Insbesondere zeigt Williams, dass die auf Anamnesis beruhende Ausgangsbasis für ›gewöhnliche Menschen‹ und für Philosophen dieselbe ist, nur dass letztere anders als erstere durch eine auf Anamnesis beruhende Vorstellung von (z. B.) Gleichheit nicht nur (wie alle Menschen) Einzeldinge in ihrer ›Gleichheit‹ erkennen, sondern die (unvollkommen) gleichen Einzeldinge auch mit der Idee der Gleichheit reflektiert in Beziehung setzen können.

60.3 Philosophische Bedeutung

Die über den Kontext der Philosophie Platons hinausweisende philosophische Bedeutung seiner Anamnesis-Lehre liegt darin, dass erstmals von ihm das Problem apriorischer Erkenntnis formuliert und (wenn auch mit den Implikationen seiner Philosophie) eine Lösung vorgestellt wurde.

Literatur

Ackrill, John L. 1973: »Anamnesis in the *Phaedo*: Remarks on 73c–75c«. In: Edward N. Lee/Alexander P. D. Mourelatos/Richard M. Rorty (Hg.): Exegesis and Argument. Studies in Greek Philosophy Presented to Gregory Vlastos. Assen, 177–195 (wieder abgedruckt in: Ders. 1997: Essays on Plato and Aristotle. Oxford, 13–32, danach zitiert).

Cobb, William S. Jr. 1973: »Anamnesis. Platonic Doctrine or Sophistic Absurdity?« In: Dialogue – Canadian Philosophical Review 12, 604–628.

Ebert, Theodor 2004: Platon, *Phaidon*. Übersetzung und Kommentar. Göttingen.

Ebert, Theodor 2007: »›The Theory of Recollection in Plato's *Meno*‹: Against a Myth of Platonic Scholarship«. In: Michael Erler/Luc Brisson (Hg.): *Gorgias – Menon*: Selected Papers from the Seventh Symposium Platonicum. Sankt Augustin, 184–198.

Fine, Gail 2014: The Possibility of Inquiry. Meno's Paradox from Socrates to Sextus. Oxford.

Gerson, Lloyd P. 2011: »The Recollection Argument Revisited (72e–78b)«. In: Jörn Müller (Hg.): Platon, *Phaidon*. Berlin, 63–74. (Ursprünglich in: Mark L. McPherran [Hg.] 1999: Recognition, Remembrance, and Reality. Kelowna, 1–15).

Huber, Carlo E. 1964: Anamnesis bei Plato. München.

Kahn, Charles H. 2003: »On the Philosophical Autonomy of a Platonic Dialogue: The Case of Recollection«. In: Ann N. Michelini (Hg.): Plato as Author. The Rhetoric of Philosophy. Leiden/Boston, 299–312.

Lee, Sang-In 2000: »Platons Anamnesis in den frühen und mittleren Dialogen. Zur Metapher des ›vorgeburtlichen Lernens oder Erkennens‹«. In: Antike und Abendland 46, 93–115.

Lee, Sang-In 2001: Anamnesis im *Menon*. Platons Überlegungen zu Möglichkeit und Methode eines den Ideen gemäßen Wissenserwerbes. Bern/Frankfurt a. M.

Scott, Dominic 1995: Recollection and Experience. Plato's Theory of Learning and its Successors. Cambridge (Auszüge daraus in: Ders. 1999: »Platonic Recollection«. In: Gail Fine [Hg.]: Plato 1. Metaphysics and Epistemology. Oxford, 93–124).

Sharples, Robert W. [3]1991: Plato, *Meno*. Ed. with Translation and Notes. Warminster.

Weiss, Roslyn 2000: »The *Phaedo*'s Rejection of the *Meno*'s Theory of Recollection«. In: Scripta Classica Israelica 19, 51–70.

Williams, Thomas 2002: »Two Aspects of Platonic Recollection«. In: Apeiron 35, 131–152.

Bernd Manuwald

61 Wissen – Meinen

Der von Platon gebrauchte griechische Begriff für das Meinen lautet *doxa* (oder *doxazein* als Verb). *Doxa* und verwandte Ausdrücke der gleichen Wortfamilie mit dem Wortstamm ›dok‹ können auch das einer Sache zugeschriebene *Scheinen* bezeichnen. Beide Bedeutungen, das Meinen des Urteilenden und das Scheinen der Sache (d. h., dass etwas so und so zu sein scheint), hängen natürlich eng zusammen. Für Wissen gibt es mehrere Verben im Griechischen, von denen Platon Gebrauch macht, aber das von ihm am häufigsten gebrauchte Substantiv, welches insbesondere auch in Antithese zum Wort *doxa* verwendet wird, lautet *epistêmê*.

61.1 Philosophische Erkenntnis vs. rhetorische Überzeugungskraft

Ein erster wesentlicher Gesichtspunkt der Differenzierung von Wissen und Meinen bei Platon ergibt sich aus dem Gegensatz, in dem wissenschaftliche bzw. philosophische Erkenntnis zu rhetorischer Überzeugungskunst steht (vgl. *Gorg.* 452e–455a). Überzeugungen, die durch den Einfluss rhetorisch geschickter Rede gewonnen werden, fehlt die genuine Vertrautheit mit der Sache und Einsicht in die Gründe. Solche Überzeugungen sind darum bloße Meinungen, die man unter dem Einfluss anderer überzeugender Reden auch leicht wieder aufgibt. Genuine Erkenntnis hingegen weiß nicht nur um bestimmte Fakten, sondern sie begreift auch, warum es sich so verhält und verhalten muss. Der mathematisch Geschulte z. B., der den Beweis der Inkommensurabilität der Diagonale eines Quadrates verstanden hat, wird sich nicht durch noch so überzeugende rhetorische Argumentationen gegen die Möglichkeit von Inkommensurabilität in seinem Wissen irre machen lassen. Dank der Einsicht in die Gründe ist solche Erkenntnis »überredungsresistent« (vgl. *Men.* 97c–98a; *Tim.* 51e).

61.2 Wissen als Erkenntnis des intellektuell Gegebenen

Ein zweiter wesentlicher Gesichtspunkt für die Unterscheidung von Wissen und Meinen ergibt sich aus einem besonderen Merkmal des platonischen Wissenschaftsverständnisses (vgl. hierzu und zum Folgenden Kap. IV.24). Wissenschaftliche Erkenntnis ist für Platon zuallererst die Erkenntnis unveränderlicher Wesenheiten, die er als Ideen oder (intellektuelle) Formen (*eidê*) bezeichnet und als einen höheren, intellektuellen (»noetischen«) Wirklichkeitsbereich hypostasiert. Die in einer definitorischen Formel auszudrückende Wesenserkenntnis erfüllt bestimmte sehr hoch angesetzte allgemeine Wahrheitsbedingungen (s. Kap. V.59). Man könnte in unserer modernen Terminologie auch von einem besonders hohen Grad an *Objektivität* sprechen, den die platonische Wissenschaft sich zum Maßstab nimmt. Für diese Objektivität ist insbesondere der Ausschluss jeglicher Perspektiven- oder Kontextgebundenheit des Urteils gefordert. Solange das Objekt der Erkenntnis jeweils nur in Verbindung mit einer bestimmten (veränderlichen) Perspektive, Vergleichshinsicht, Zwecksetzung etc. sich als etwas so und so Bestimmtes darstellt, bei verändertem Gesichtpunkt die fragliche Bestimmung aber auch wiederum nicht zu besitzen scheint (vgl. *Phd.* 74a–75d; *Rep.* V 479a–e, VII 523a–524d), hat man es noch nicht mit uneingeschränkter Wahrheit zu tun. Dem Gegenstand selbst, der einem nur in solchen standpunktabhängigen Erscheinungsweisen begegnet, fehlt es an uneingeschränkter Wahrheit des Bestimmtseins (vgl. *Rep.* VI 508d; *Tim.* 51c). Für Platon ist diese Art der Relativität des Bestimmtseins ein charakteristisches Merkmal des sinnlichen Wirklichkeitsbereiches (was allerdings nicht mit der These gleichzusetzen ist, dass *alle* Arten von Bestimmungen in diesem Bereich standpunktrelativ seien). Wenn etwas zum Beispiel nur aus einem bestimmten Blickwinkel oder nur in einer bestimmten Vergleichshinsicht schön ist, oder auf sonst eine Weise in seinem Sosein auf einen Beurteilungskontext eingeschränkt ist, in den der subjektive Standpunkt des Betrachters eingeht, dann ist es nicht wirklich uneingeschränkt schön (vgl. *Symp.* 211a–b). In absolut eindeutiger Weise sei Schönheit hingegen in der Idee oder noetischen ›Form‹ der Schönheit gegeben, die nichts Sinnlich-Anschauliches, sondern ein reiner Gegenstand des Denkens ist, und es ist Aufgabe der philosophischen Forschung, eben dieses Wesen selbst des Schönen, die Idee, zu erkennen.

Weitere wesentliche Einschränkungen der Wahrheit im sinnlich gegebenen Bereich von Wirklichkeit beziehen sich auf die Ungenauigkeit des Bestimmtseins und auf seine temporale Beschränkung (also dass etwas nur für eine begrenzte Zeitspanne so und so bestimmt ist) (vgl. Szaif 1998, 95–102, 110–132; Vlastos 1965; Woodruff 1990).

Da der Begriff des Wissens Wahrheit impliziert (vgl. *Prm.* 134a; *Tht.* 152c5–6, 186c, 187b), kann für

Platon ein kognitiver Zustand nur dann uneingeschränkt Wissen heißen, wenn er Wahrheit (und das heißt für Platon, Wirklichkeit in ihrem An-sich) erschließt. Solche Sachverhalte lassen sich aber seiner Auffassung nach nur im Bereich der rein intellektuellen Erkenntnisgegenstände, der zeitlosen Wesenheiten oder Ideen, entdecken. Alles im sinnlichen Erfahrungsbereich Gegebene ist in der einen oder anderen Weise in seinem Wahrheitsgehalt eingeschränkt, fällt darum außerhalb des Bereichs der wissenschaftlich erschließbaren Wahrheit und kann folglich nur Inhalt einer niederen, weniger objektiven Kognitionsform sein, eben des Meinens (*doxa*) (vgl. *Phd.* 79c–d; *Rep.* V 476e–480a, VI 507a–511e; *Tim.* 27d–28a, 29b–c, 51b–52a; *Phlb.* 59a–d).

Wesenserkenntnis vollzieht sich im Erarbeiten von Definitionen, aus denen sich komplexe Taxonomien ergeben. Das Wissen, welches Platon zunächst als Wesenserkenntnis konzipiert, erweist sich damit zugleich auch als *systematisch* (vgl. z. B. *Phlb.* 18c). Dieser Systematizitätscharakter wird noch durch zwei andere Faktoren bei Platon unterstützt. Zum einen gilt es bereits seit dem Frühwerk als eine notwendige Bedingung des Wissens, dass man es vermag, in einem argumentativen Zwiegespräch gegenüber einem kritisch Fragenden die Konsistenz der eigenen Position zu bewahren. Dies erfordert ein klares Erfassen der Beziehungen, in denen die Begriffe untereinander und zu den konkreten Beispielfällen stehen. Systematizität des Begriffsverstehens (welches für Platon ja Wesenserkenntnis ist), stellt ein unhintergehbares Rationalitätserfordernis dar. Des Weiteren vertritt Platon auch das Ideal einer Integration aller Wissenschaften in ein einheitliches, durch philosophische Dialektik fundiertes Wissensgebäude. Zusammenschau ist ein Grundzug philosophischen Wissens (*Rep.* VII 531c–d, 537c), welches somit wesentlich nach systematischer Kohäsion des gesamten Wissensbestandes strebt (vgl. Burnyeat 2000). Demgegenüber ist das vorwissenschaftliche Meinen durch die Unklarheit seiner Begriffe und deren mangelnde Konsistenz und Kohäsion gekennzeichnet.

61.3 Die Sache selbst und die Weisen von Schein und Erscheinen

Ein Thema, das mit der Unterscheidung zwischen dem wesenserschließenden Wissen und dem Meinen, welches dem sinnlich Gegebenen verhaftet bleibt, in engem Zusammenhang steht, ist die Antithese zwischen dem Wesen bzw. der ›Wahrheit‹ einer Sache und ihren *Erscheinungsweisen*. Dieser Gegensatz zeigt sich schon innerhalb des sinnlich gegebenen Erfahrungsbereiches (*Rep.* X 595c–589d; vgl. *Crat.* 389a–390d). Ein Gebrauchsgegenstand bietet verschiedene Ansichten, je nachdem aus welcher Richtung man ihn betrachtet. Aber es ist natürlich ein und derselbe Gegenstand, der diesen vielen, veränderlichen Erscheinungsweisen zugrunde liegt – die Sache selbst. In den vielen Erscheinungsweisen manifestiert sich darum noch nicht die Wahrheit über diese Sache. Während nun etwa ein Maler nur diese Erscheinungsweisen zu reproduzieren vermag (vgl. *Rep.* X 596d–e, 597e–598c), hat es das kompetente Tun des Handwerkers, der einen Gebrauchsgegenstand, z. B. eine Lyra (eine Art von Saiteninstrument), herstellt, mit dieser konkreten Sache selbst zu tun. Er hat nicht nur eine Vorstellung davon, wie die Sache *aussieht*, sondern einen Begriff davon, wie diese Sache aufgebaut sein muss. Gleichwohl bedeutet dies noch nicht, dass er auch mit dem Wesen der Sache vertraut ist, deren Erkenntnis bei einem Gebrauchsgegenstand immer das Verständnis seiner Funktion bzw. der durch ihn zu erbringenden Leistung voraussetzt. In unserem Beispiel ist es laut Platon nur der Experte, der von der Lyra *Gebrauch* macht, also der Musiker, der tatsächlich ein Verständnis von ihrem Wesen besitzen kann (*Crat.* 390b). Nur er hat ein theoretisches Verständnis von den Klangproportionen und Tonarten, den gewünschten Klangfarben etc., auf die hin die Lyra gebaut wird. Das Wesen des Werkzeuges versteht nur der, der auch die Tätigkeit versteht, dem dieses Werkzeug dient. Dieses (funktional zu definierende) *Wesen* der Lyra ist aber nicht mit einem einzelnen konkreten Gegenstand zu identifizieren. Es ist etwas Allgemeines, das in vielen Einzelexemplaren reproduzierbar ist und zugleich als normativer Maßstab der handwerklichen Produktion zugrunde liegt. Es ist also eine Idee im platonischen Sinne.

Wie Platon u. a. anhand von solchen Beispielen aus dem Bereich praktisch-technischen Wissens veranschaulicht, nimmt die konkrete Sache eine Zwischenstellung ein zwischen den sinnlichen Erscheinungsweisen und dem Wesen bzw. der Idee. Dementsprechend gibt es auch innerhalb der Doxa (d. h. des Meinens, welches noch nicht zur Wesenserkenntnis fähig ist) eine Differenzierung zwischen einem bloßen Mutmaßen (*eikasia*), das sich an die Erscheinungsweisen der Dinge hält (was im ethischen Bereich etwa den durch Lustempfindungen bestimmten Meinungen darüber, was als gut oder als schön zu gelten hat, entspricht), und einer verlässlicheren Form der Kognition (*pistis*), die bereits einen Schritt hinter die bloßen Erscheinungsweisen tut, aber noch nicht zur Wesenseinsicht fähig ist. Ein von Platon oft gebrauchtes Beispiel, wie man bereits im Bereich des sinnlich Gegebenen über die Fixierung auf bloße Erscheinungsweisen konkreter Sachen hinausgelangen und ein höheres Maß an Objektivität erreichen kann, ist das Messen und Wägen etc. (z. B. *Euthphr.* 7b-c; *Rep.* X 602e; *Phlb.* 55d–56c). Der Handwerker, der mit seinen Geräten Längenverhältnisse messen, rechte Winkel bestimmen und andere derartige rechnerische und geometrische Operationen an den konkreten Materialien seines Tuns vornehmen kann, steht bereits in einem objektiveren Verhältnis zu den Sachen. Er ist der Wahrheit näher.

Obwohl also bereits im Bereich des Konkreten und sinnlich Gegebenen eine Differenzierung zwischen bloßer Erscheinung und objektivem Sein (Selbstsein) möglich ist, so sind doch die konkreten Sachen *in toto* mit einer Art und Weise des täuschenden Scheins behaftet, der auf der Ignoranz des gewöhnlichen, vorwissenschaftlichen Menschenverstandes gegenüber den Ideen beruht. Dem gewöhnlichen Verstand (also dem Meinen) erscheinen die konkreten Dinge als etwas, was sie nicht sind, nämlich die Realität selbst desjenigen, was durch ein bestimmtes Begriffswort (z. B. »kreisförmig« oder »gerecht«) bezeichnet wird. In Wirklichkeit sind die konkreten Sachen immer nur gleichsam unvollkommene Reproduktionen dessen, was allein in der Idee in seinem wahren Selbstsein gegeben ist. Platon vergleicht den Zustand des vorwissenschaftlichen Menschenverstandes mit dem von Träumenden (*Rep.* V 475e–476d). So wie Träumende bloße Abbilder (nämlich ihre Traumbilder) für die Wirklichkeit selbst halten, glaubt der gewöhnliche Menschenverstand, in den sinnlich gegebenen Dingen bereits die Wirklichkeit an der Hand zu haben, für die ein bestimmtes Begriffswort steht. So können sie denn auch, wenn sie nach dem Wesen etwa des Schönen oder des Gerechten gefragt werden, nur auf solche konkrete, sinnlich anschauliche Beispiele verweisen – einzelne schöne Gegenstände, einzelne als gerecht geltende Handlungsweisen –, während sie mit dem Hinweis darauf, dass all dies bestenfalls nur eine unvollkommene und zudem kontextrelative Manifestation der eigentlichen Natur des Schönen bzw. des Gerechten sei, nichts anzufangen vermögen. Dieses Verkennen der realen Abhängigkeitsverhältnisse, in denen das Konkrete und Anschauliche zu dem nur intellektuell fassbaren Wesen steht, ist ein Grundzug des doxastischen Bewusstseinszustandes.

61.4 Wissen als sachgemäß begründetes wahres Meinen

Nun hat die Wesenserkenntnis aber auch die Funktion, unserem Urteilen über Konkretes und Herstellen von Konkretem eine sachadäquate *Orientierung* zu geben (vgl. *Rep.* VI 485c–d, VII 519b–d, 540a–b). Inhalt des Wissens sind zwar die Ideen und deren Beziehungen, nicht das Konkrete. Aber dieses Wissen liefert zugleich die Beurteilungsmaßstäbe für das Konkrete. So kann jemand erst dann fundiert beurteilen, ob eine bestimmte Handlungsweise unter den gegebenen Umständen oder eine bestimmte Einrichtung den Forderungen der Gerechtigkeit Genüge tut, wenn er das Wesen der Gerechtigkeit erkannt hat. Dieser Anwendungsbezug des Ideenwissens legt eine Auffassung des Unterschieds von Meinen und Wissen nahe, die sich auf die Art und Weise der Fundierung des Urteils bezieht. Ein und derselbe Einzelfall, der unter einen Begriff gefasst werden soll, wird von einem Menschen, der den fraglichen Begriffsgehalt noch nicht richtig und klar erfasst hat, nur in der Weise des Mutmaßens beurteilt werden können, während ein anderer, der über das Wissen vom objektiven Wesensgehalt des Begriffes verfügt, auf dieser Grundlage zu *erkennen* vermag, ob dieser Einzelfall, unter den gegebenen Umständen, tatsächlich eine Manifestation des fraglichen Begriffsgehaltes ist oder nicht (vgl. *Rep.* VII 520c).

Diese Sichtweise steht jedoch in einem Spannungsverhältnis zu der oben im 2. Abschnitt erläuterten Auffassung, dass genuines Wissen nur mit Bezug auf die intellektuellen Gegenstände möglich sei. Denn während letztere Auffassung verneint oder zu verneinen scheint, dass Erkenntnis mit Bezug auf die sinnlich gegebene Wirklichkeit möglich sei, ist dies bei der zuvor genannten gerade vorausgesetzt. Es scheint darüber hinaus auch aus generellen Erwägungen unplausibel, dass man zwischen Wissen und Meinen nach Gegenstandsbereichen unterscheidet. Die für uns heute übliche und in verschiedenen Kontexten ja auch bei Platon selbst greifbare Sichtweise (vgl. *Men.* 97a–b; *Rep.* X 602c–603a; *Tht.* 201a–c – zur Erörterung im *Theaitetos* s. Kap. IV.22.9) geht davon aus, dass man sich zu ein und demselben Sachverhalt in verschiedenen epistemischen Modi verhalten kann, entsprechend der Qualität der mit dem Urteil verbundenen kognitiven Fundierung (Begründung, Evidenz).

Viele Interpreten haben darum nach Auswegen aus dieser Platon traditionell zugeschriebenen epistemologischen »Zwei-Welten-Theorie« gesucht (vgl. Fine

1990; Smith 2000; s. Kap. V.62), wobei eine zentrale Rolle den Versuchen zukommt, das bedeutsame, aber auch sehr problematische Argument in *Politeia* V 476e–480a, so zu lesen, dass mit ihm nicht behauptet werde, die Gegenstandsbereiche von Wissen und Meinen schlössen einander aus (vgl. hierzu Lafrance 1981; Stemmer 1985; Graeser 1991; Szaif 2007). Andererseits scheinen Platons Formulierungen hier und anderenorts (z. B. *Tim.* 37b–c) doch eine sehr deutliche Festlegung auf eben diese These zu enthalten. Man sollte darum lieber versuchen, sie im Kontext von Platons epistemologischen und ontologischen Anliegen zu interpretieren statt sie zu leugnen.

Letztlich muss man hier wohl zwei Anliegen Platons unterscheiden, die zwei verschiedene Weisen der Differenzierung zwischen Meinen und Wissen bzw. Erkennen nach sich ziehen. Aus der Perspektive eines rein theoretischen Erkenntnisinteresses, in welchem der rationale Kern der menschlichen Seele seine Erfüllung sucht, fällt die dem Konkreten und Veränderlichen verhaftete physische und soziale Wirklichkeit aus dem Bereich des Wissens heraus, weil sich hier nicht jene eindeutige und zeitlose Wahrheit sowie vollständige systematische Bestimmtheit findet, welche für wissenschaftliche Erkennbarkeit gefordert ist. Darum kann in dieser spezifischen erkenntnistheoretischen Perspektive alle auf das Sinnliche bezogene Erkenntnis letztlich doch nur als *doxa* gelten. Aus dem Gesichtspunkt menschlicher Praxis hingegen kommt alles darauf an, konkrete Situationen, Institutionen etc. auf der Grundlage geklärter, sachadäquater Begriffe richtig zu beurteilen. In diesem Zusammenhang liegt es dann auch nahe, von der Möglichkeit des Erkennens mit Bezug auf das Konkrete zu sprechen. Der Sache nach besteht hier nicht wirklich eine Unvereinbarkeit, da der theoretische Wissensbegriff eben eine umfassende, ein für alle mal gültige und systematische Erhellung der Erkenntnisgegenstände meint, wie sie nur mit Bezug auf den noetischen Wirklichkeitsbereich möglich ist, während es aus der Perspektive der Praxis darum geht, die Wirklichkeit, in der sich unser Handeln bewegt, mit Hilfe von korrekt explizierten Begriffen adäquat zu beurteilen, auch wenn dies immer nur ausschnittsweise und auf einen besonderen Beurteilungszusammenhang eingeschränkt geschehen kann. Beide Sichtweisen sind nicht nur miteinander vereinbar, sie hängen sogar wesentlich miteinander zusammen, da ja Begriffsklärung nach Platons Auffassung den Charakter von Ideenerkenntnis hat und folglich das praktische Urteil sein Fundament in der philosophischen Theorie suchen muss.

Literatur

Burnyeat, Myles F. 2000: »Plato on Why Mathematics is Good for the Soul«. In: Timothy Smiley (Hg.): Mathematics and Necessity in the History of Philosophy (= Proceedings of the British Academy 103). New York/Oxford, 1–81.

Fine, Gail 1990: »Knowledge and Belief in *Republic* V–VII«. In: Stephen Everson (Hg.): Epistemology. Cambridge, 85–115.

Graeser, Andreas 1991: »Platons Auffassung von Wissen und Meinung in *Politeia* V«. In: Philosophisches Jahrbuch 98, 365–388.

Lafrance, Yvon 1981: La théorie platonicienne de la doxa. Montreal/Paris.

Smith, Nicholas D. 2000: »Plato on Knowledge as a Power«. In: Journal of the History of Philosophy 38, 145–168.

Stemmer, Peter 1985: »Das Kinderrätsel vom Eunuchen und der Fledermaus«. In: Philosophisches Jahrbuch 92, 79–97.

Szaif, Jan 1998: Platons Begriff der Wahrheit. 2., durchges. Auflage, Freiburg/München.

Szaif, Jan 2007: »*Doxa* and *Epistêmê* as Modes of Acquaintance in *Republic* V«. In: Les Etudes Platoniciennes. Bd. IV. Paris, 253–272.

Vlastos, Gregory 1965: »Degrees of Reality in Plato«. In: Renford Bambrough (Hg.): New Essays in Plato and Aristotle. London, 1–19.

Woodruff, Paul 1990: »Plato's Early Theory of Knowledge«. In: Stephen Everson (Hg.): Epistemology. Cambridge, 60–84.

Jan Szaif

62 Zwei-Welten-Theorie

Der Ausdruck »Zwei-Welten-Theorie« (*two worlds theory*) wird in der Platon-Literatur in verschiedenen Bedeutungen verwendet. Mindestens drei wichtige Verwendungen lassen sich unterscheiden: Erstens wird mit ihm Platon die ontologische These zugeschrieben, dass die Ideen einer anderen Welt angehören als die Sinnendinge (These A); in diesem Sinne bezeichnen bereits die antiken Platoniker (z. B. Philon, *De somniis* 1,188,1 f.; Plutarch, *Mor.* 373B1; Alkinoos, *Didaskalikos* 156,11 f.; Plotin, *Enn.* V 9 [5] 13,13 f.; Syrian, *In Metaph.* 116,30 f.) die Welt der Ideen als »intelligible Welt« (*kosmos noêtos*), die Welt der Sinnendinge als »sinnlich wahrnehmbare Welt« (*kosmos aisthêtos*). Zweitens wird mit »Zwei-Welten-Theorie« Platon – speziell mit Blick auf den Schlussteil von *Politeia* V (476e4–480a13) – die epistemologische These zugeschrieben, dass alle Gegenstände des Wissens Ideen und alle Gegenstände des Meinens Sinnendinge sind (These B; in dieser Bedeutung verwenden den Ausdruck »Zwei-Welten-Theorie« z. B. Fine 1978, 121; Fine 1999, 215; Smith 2000, 146). Drittens wird mit »Zwei-Welten-Theorie« Platon – ebenfalls speziell mit Blick auf den Schluss von *Politeia* V – die epistemologische These zugeschrieben, dass die Gegenstände des Wissens einer anderen Welt angehören als die Gegenstände des Meinens (These C; vgl. z. B. Allen 1961, 325: »Plato there [sc. in *Politeia* V] distinguishes two types of objects, *noêta* and *doxasta*, two Worlds, the Worlds of Knowledge and Opinion«). These C wird im Folgenden nicht eigens besprochen, da sie Platon als eine Folgerung aus These A und These B zugeschrieben wird.

62.1 These A

Wenn unter der Zwei-Welten-Theorie in der ontologischen Lesart lediglich die Auffassung zu verstehen wäre, dass die Klasse der Ideen und die Klasse der Sinnendinge keine gemeinsamen Elemente haben, so fiele es nicht schwer, in den platonischen Dialogen explizite Belege für eine so verstandene Zwei-Welten-Theorie auszumachen (z. B. *Phd.* 79a6–11; *Rep.* VI 509d1–5; *Tim.* 27d6–28a4; s. Kap. IV.23.1). Doch besteht die ontologische Version der Zwei-Welten-Theorie in der stärkeren These, dass Ideen und Sinnendinge verschiedenen Welten (grch. *kosmoi*) angehören (= These A), und für diese These findet sich in den Dialogen kein expliziter Beleg; von einer »intelligiblen Welt« (*kosmos noêtos*) der Ideen ist erst bei antiken Platonikern (vgl. Runia 1999), noch nicht bei Platon selbst die Rede.

Freilich ist im *Timaios* wiederholt von »dieser Welt hier« (*hode ho kosmos*, 29a2, 29b1 f., 30b7, 30c8–d1, 31b2, 48a1, 92c6) die Rede, und der Zusatz des deiktischen Demonstrativpronomens »hode« lässt sich so verstehen, dass mit ihm der Kontrast zwischen *dieser* Welt *hier* und *jener* Welt *dort* (*ho ekei kosmos*, Plotin *Enn.* II 4 [5] 29) ausgedrückt werden soll (nicht zufälligerweise ist es speziell der *Timaios*, auf den sich die antiken Platoniker für den Kontrast zwischen dem *kosmos aisthêtos* und dem *kosmos noêtos* stützen, so z. B. Philon; vgl. Horovitz 1900; Runia 1999, 154–158). Die von dieser ›Welt hier‹ abgegrenzte ›Welt dort‹ ist dann die Welt der Ideen, und das deiktische »dort« ist ähnlich wie die in anderen Dialogen auf Ideen angewandten Wendungen »am intelligiblen Ort« (vgl. *Rep.* VI 509d2, VII 517b5) und »außerhalb des Himmels« (*Phdr.* 247c2 f.) zu verstehen.

Wenn man annimmt, dass im *Timaios* der *kosmos aisthêtos* zumindest implizit von einem *kosmos noêtos* abgegrenzt wird, liegt es nahe, letzteren mit der Idee zu identifizieren, die im *Timaios* dem Demiurgen bei der Gestaltung des *kosmos aisthêtos* als Vorbild dient und als »vollständiges (oder auch: vollkommenes) Lebewesen« (*panteles zôon*, 31b1) bezeichnet wird, das alle anderen intelligiblen Lebewesen (*noêta zôa*) als seine Teile umfasst (vgl. 30c5–8). In der Tat waren die meisten antiken Interpreten und sind einige moderne Interpreten der Auffassung, unter dem *panteles zôon* sei eine alle anderen Ideen umfassende Idee und somit ein *kosmos noêtos* im Sinne der Welt der Ideen (sc. aller Ideen, die von der allumfassenden Idee verschieden sind) zu verstehen (vgl. z. B. Ostenfeld 1997, 170 f.; Perl 1998, 86; Baltes 1999, 277; Halfwassen 2000, 55 f.). Doch nicht alle Interpreten sind dieser Auffassung; die Mehrheit der modernen Interpreten verwirft sie (Literaturnachweise: Strobel 2007, 302 Anm. 188) und sieht *Tim.* 39e7–40a2 als Beleg dafür, dass das *panteles zôon* keineswegs alle anderen Ideen, sondern nur die den Arten von Lebewesen entsprechenden Ideen umfasse, also mit der Gattungs-Idee der Lebewesen identisch sei. Das Lager der erstgenannten Exegeten ist wiederum geteilt in Interpreten, die die alle anderen Ideen umfassende Idee mit der Idee des Guten identifizieren (eine von den antiken Mittelplatonikern vertretene Deutung, die von Baltes 1999, 277 und 360 mit Anm. 30 aufgegriffen wird), und in Interpreten, die diese Identifikation zurückweisen (unter diesen Interpreten sind vor allem die antiken Neuplatoniker zu nennen, deren Deutung von Halfwassen 2000 erneuert wird).

Die These, dass die Ideen nicht dieser Welt hier angehören, wird zuweilen (vgl. z. B. Woodruff 1982, 163) in dem Sinne verstanden, dass die Ideen nicht in/an ihren sinnlich wahrnehmbaren Partizipanten sind. Doch dass die Ideen nicht in/an ihren sinnlich wahrnehmbaren Partizipanten sind (s. Kap. V.57.2), ist nicht hinreichend dafür, dass sie nicht dieser Welt angehören (vgl.: mein Schatten ist nicht in/an mir und existiert doch in dieser Welt). Erst ihre Raum- und Zeittranszendenz macht sie zu Entitäten, die nicht dieser Welt angehören: Nach der vorherrschenden Interpretation sind sie nicht räumlich lokalisierbar (*Symp.* 211a8; *Phdr.* 247d7–e1; *Tim.* 52a2) und existieren nicht in der Zeit (*Tim.* 37e3–38a6); einige Interpreten meinen hingegen, dass den Ideen auch im *Timaios* nicht zeitlose, sondern immerwährende Existenz zugeschrieben werde (vgl. z. B. Cornford 1952, 98 Anm. 1, 102; Whittaker 1968, 137–143).

Der weitergehende Gedanke, dass die Ideen nicht nur nicht dieser Welt angehören, sondern einer anderen Welt und damit – im griechischen Verständnis von *kosmos* – ein geordnetes Ganzes bilden, ist ein Gedanke, der nicht erst im *Timaios*, sondern bereits in der *Politeia* nahegelegt wird: Denn bereits in der *Politeia* (VI 500c2–5) wird den Ideen eine Ordnung zugeschrieben, die an ein wohl strukturiertes Ganzes denken lässt, das den Namen *kosmos* verdient (in *Rep.* VI 500c4 ist tatsächlich von *kosmos* die Rede, jedoch nicht im Sinne von »Welt«, sondern im Sinne von »Ordnung«). Allerdings wird in der *Politeia* nicht deutlich, welche Strukturen es sind, die die Welt der Ideen ein geordnetes Ganzes sein lassen. Im Liniengleichnis (VI 511b7–c2) heißt es, dass der Dialektiker im Ausgang vom nicht-vorausgesetzten Anfang (der *archê anhypothetos*) – womit entweder das Gute selbst oder eine Antwort darauf, was das Gute ist, gemeint sein dürfte (vgl. *Rep.* VII 534b3–d2) – sich an das halte, was vom Anfang abhänge, und bis zum Ende hinabgehe, dabei immer nur von Ideen Gebrauch mache und bei Ideen ende. In dieser Beschreibung scheint eine Ideen-Hierarchie von oben nach unten angedeutet mit der Idee des Guten an der Spitze; welcher Art diese Hierarchie ist, wird nicht gesagt. Man hat an eine Art »Gattungspyramide« (Krämer 1966, 43) gedacht, derart, dass eine Idee umso höher in der Hierarchie steht, je mehr Art-Ideen ihr subordiniert sind. Dies bleibt Spekulation; erst in späteren Dialogen wie dem *Sophistes* und dem *Philebos* wird die Erforschung der Relationen von Ideen zueinander – auch, aber nicht nur von Gattung/Art-Relationen – als zentrale Aufgabe des Dialektikers formuliert (vgl. bes. die programmatischen Bemerkungen in *Soph.* 253d5–e3 und *Phlb.* 16c5–e3).

Obwohl sich in den platonischen Dialogen implizite Belege für die Abgrenzung einer intelligiblen Welt von der sichtbaren Welt finden lassen, hat die Rede von »zwei Welten« den Nachteil, dass sie suggerieren mag, es handle sich um völlig getrennte Welten derart, dass Dinge der einen Welt allenfalls extrinsisch auf Dinge der anderen Welt bezogen sind. Diese Vorstellung gilt es fernzuhalten (vgl. Gonzalez 1996, 227): Denn die Sinnendinge sind das, was sie sind, in Bezug auf die Ideen, an denen sie teilhaben. In der letzten Aporie des ›ideenkritischen‹ ersten Teils des *Parmenides* (133b4–134e8) werden einige unerfreuliche Konsequenzen der Annahme aufgezeigt, die Ideen und die ihnen entsprechenden immanenten Formen bei uns (*par' hêmin*) seien völlig getrennt voneinander derart, dass erstere das, was sie sind, nur in Bezug auf Ideen und letztere das, was sie sind, nur in Bezug auf immanente Formen sind (s. Kap. V.45.3).

Seit Aristoteles (*Metaph.* I 9, 990a34–b8) verbinden Platon-Kritiker damit, dass sie Platon die These A zuschreiben, den Vorwurf der ›Weltverdoppelung‹: Eine gegebene Idee F sei nichts weiter als ein ewig existierendes Reduplikat der sinnlich wahrnehmbaren Dinge, die F sind (vgl. Aristoteles *EN* I 6, 1096a34–b5). Manche modernen Platon-Interpreten haben diesen Vorwurf im Auge, wenn sie sich dagegen wenden, Platon eine Zwei-Welten-Theorie zuzuschreiben (z. B. Crombie 1971, 319–325). Für Aristoteles geht diese Kritik mit der einher, dass die Ideen missverstandene, ›hypostasierte‹ Universalien seien: Anstatt sie als Gebilde des Typs *So etwas* (*toionde*) zu konzipieren, verstehe er sie als Gebilde des Typs *Dieses einer Art* (*tode ti*), d. h. als Einzeldinge (vgl. Kung 1981; Strobel 2007, 32–43). Anstatt z. B. das Universale *Mensch* als so-und-so-etwas zu verstehen, was die einzelnen Menschen prädikativ sind (mit »sind« als Kopula), mache er es zu einem weiteren Einzel-Menschen neben den Einzel-Menschen, von denen es ausgesagt werde. Daraus folgten viele weitere Probleme, unter anderem der Dritte Mensch (vgl. Aristoteles *Metaph.* VII 13, 1039a2 f.; s. Kap. V.45).

62.2 These B

Im Mittelpunkt der Diskussion, ob Platon die zweite Version der Zwei-Welten-Theorie zuzuschreiben ist, also die epistemologische These, dass alle Gegenstände des Wissens Ideen und alle Gegenstände des Meinens Sinnendinge sind (= These B; vgl. Fine 1978, 121), steht der Schlussteil des fünften Buchs der *Politeia*, in dem Folgendes behauptet wird:

(1) Wissen (*gnôsis, epistêmê*) ist dem, was ist, zugeordnet (*epi tô onti*, 477a9, b10, 478a6, c3 f.).
(2) Meinen (*doxa*) ist dem, was zugleich ist und nicht ist, zugeordnet (*epi tô hama onti kai mê onti*, 477a10–b2, 478d5–12).
(3) Unwissen (*agnôsia, agnoia*) ist dem, was nicht ist, zugeordnet (*epi mê onti*, 477a10, 478c3).

Von diesen Thesen aus gelangt man zu These B dadurch, dass man erstens annimmt, dass mit »dem, was ist« in (1) Ideen und mit »dem, was zugleich ist und nicht ist« in (2) Sinnendinge gemeint sind, und zweitens »ist ... zugeordnet« (»*estin epi* ...«) in (1) im Sinne von »ist Wissen über ...« und in (2) im Sinne von »ist Meinen über ...« versteht. (1) und (2) lassen sich unter diesen Voraussetzungen so paraphrasieren:

(1*) (Jedes) Wissen ist Wissen über Ideen.
(2*) (Jedes) Meinen ist Meinen über Sinnendinge.

(1*) und (2*) ergeben die These B: Alle Gegenstände des Wissens sind Ideen; alle Gegenstände des Meinens sind Sinnendinge. Nun scheint dieser These in der *Politeia* direkt widersprochen zu werden (vgl. Fine 1978, 121; Smith 2000, 154 f.): In *Rep.* VI 506c2–10 bekennt Sokrates (ironisch?), er habe über die Idee des Guten kein Wissen, sondern allenfalls wahre Meinungen – also gibt es doch auch Gegenstände des Meinens, die nicht Sinnendinge sind? In *Rep.* VII 520c4 f. heißt es, dass der in die Höhle zurückgekehrte Philosoph *erkennen* werde, was die dortigen Schattenbilder sind und wovon sie Schattenbilder sind – also gibt es doch auch Gegenstände des Wissens, die nicht Ideen sind? Von anderen Dialogen wie dem *Menon* (97a–b) und dem *Theaitetos* (201b6 f.) ganz zu schweigen, in denen klarerweise vorausgesetzt ist, dass wir auch von Sinnendingen Wissen haben können (siehe Fine 1978, 121).

Aufgrund dieser Schwierigkeiten wird von manchen Interpreten bestritten, dass (1*) in (1) und (2*) in (2) enthalten ist. Man kann dabei zwei verschiedene Strategien anwenden: Erstens kann man bestreiten, dass mit »dem, was ist« in (1) Ideen gemeint und mit »dem, was zugleich ist und nicht ist« in (2) Sinnendinge gemeint sind (die Strategie von Fine 1978 mit dem Plädoyer, unter »dem, was ist« wahre Propositionen, unter »dem, was zugleich ist und nicht ist« wahre und falsche Propositionen zu verstehen). Zweitens kann man bestreiten, dass »ist ... zugeordnet« (»*estin epi* ...«) in (1) im Sinne von »ist Wissen über ...« und in (2) im Sinne von »ist Meinen über ...« zu verstehen ist (die Strategie von Smith 2000).

Was die Interpretation von »dem, was ist« in (1) und »dem, was zugleich ist und nicht ist« in (2) betrifft, legt der Abschnitt *Rep.* V 478e1–479e6 ein prädikatives Verständnis von »ist« in (2) nahe (s. Kap. V.50.3), das auf folgende Paraphrase von (2) führt:

(2a) Jedes Meinen, das auf dieses oder jenes F bezogen ist, ist einer Sache zugeordnet, die (in bestimmten Hinsichten) F und (in anderen Hinsichten) nicht F ist.

Als Beispiele für Dinge, die (in bestimmten Hinsichten) F und (in anderen Hinsichten) nicht F sind, werden genannt: die vielen schönen Sinnendinge (*ta polla kala*), die hässlich sind (479a5–7); die vielen gerechten Sinnendinge (*ta dikaia*), die ungerecht sind (479a7); die vielen frommen Sinnendinge (*ta hosia*), die unfromm sind (479a7 f.); die vielen doppelten Sinnendinge (*ta polla diplasia*), die halbe sind (479b3–5); ferner die großen, kleinen, leichten, schweren Sinnendinge, die jeweils das Gegenteil sind (479b6–8). In *Rep.* V 479b9 f. wird schließlich die Verallgemeinerung nahegelegt, dass die vielen als »F« bezeichneten Sinnendinge nicht mehr F sind als nicht F sind. Damit scheint die in *Rep.* V 478e1–5 formulierte Aufgabe erfüllt zu sein, die Dinge zu bestimmen, die sind und nicht sind. (2a) lässt sich demnach so präzisieren:

(2b) Jedes Meinen, das auf dieses oder jenes F bezogen ist, ist einem Sinnending zugeordnet, das (in bestimmten Hinsichten) F und (in anderen Hinsichten) nicht F ist.

Analog zur Paraphrase von (2) mit (2a) lässt sich (1) mit (1a) so paraphrasieren:

(1a) Jedes Wissen, das auf dieses oder jenes F bezogen ist, ist einer Sache zugeordnet, die F derart ist, dass sie nicht (in bestimmten Hinsichten) F und (in anderen Hinsichten) nicht F ist.

Zwar werden in *Politeia* V keine Beispiele für Dinge, die F derart sind, dass sie nicht (in bestimmten Hinsichten) F und (in anderen Hinsichten) nicht F sind, gegeben, doch haben wir als solche Dinge klarerweise

Ideen zu verstehen: Das Schöne selbst ist derart schön, dass es nicht (in bestimmten Hinsichten) schön und (in anderen Hinsichten) nicht schön ist (vgl. *Symp.* 211a2–5 mit Vlastos 1973, 66f.); das Gerechte selbst ist derart gerecht, dass es nicht (in bestimmten Hinsichten) gerecht und (in anderen Hinsichten) nicht gerecht ist, usw. Demnach lässt sich (1a) wie folgt präzisieren:

(1b) Jedes Wissen, das auf dieses oder jenes F bezogen ist, ist der Idee *F* zugeordnet.

An diese Paraphrasen schließt sich die Frage an, ob (1b) impliziert, dass jedes Wissen, das auf dieses oder jenes F bezogen ist, Wissen über die Idee *F* ist, und (2b) impliziert, dass jedes Meinen, das auf dieses oder jenes F bezogen ist, Meinen über eines der vielen als »F« bezeichneten Sinnendinge ist. Damit ist die Frage nach dem Sinn von »ist ... zugeordnet« (»*estin epi* ...«) aufgeworfen.

Nun wird die »*estin epi* ...«-Relation für (1) in *Rep.* V 477b10f. und 478a6 expliziert: Wissen ist insofern dem, was ist, zugeordnet, als es erkennt, dass das, was ist, ist (477b10f.), bzw. erkennt, wie sich das, was ist, verhält (478a6). Diese Formulierungen zeigen: Wissen ist dem, was ist, so zugeordnet, dass es Wissen über das, was ist, ist. Insofern scheinen der Schritt von (1b) zu

(1c) Jedes Wissen, das auf dieses oder jenes F bezogen ist, ist Wissen über die Idee *F*

und der entsprechende Schritt von (2b) zu

(2c) Jedes Meinen, das auf dieses oder jenes F bezogen ist, ist Meinen über ein Sinnending, das (in bestimmten Hinsichten) F und (in anderen Hinsichten) nicht F ist

durchaus gerechtfertigt (anders: Smith 2000). Da allerdings in *Politeia* V unklar bleibt, ob die Thesen (1c) und (2c) für *alle* generellen Terme »F« behauptet werden oder nur für *einige* (die Verallgemeinerung in *Rep.* V 479b9f. lässt offen, über welchen Bereich von generellen Termen generalisiert wird), bleibt unklar, ob (1c) auf (1*) hinausläuft und (2c) auf (2*) (vgl. Annas 1981, 210). Mithin bleibt auch unklar, ob (1) und (2) *via* (1c) und (2c) die These C implizieren.

Weitere Stellen, die für die Beantwortung der Frage relevant sind, ob Platon die These B zuzuschreiben ist, sind *Politeia* VII 534a2f. und *Timaios* 27d5–28a4. In *Rep.* VII 534a2f. wird das Meinen (*doxa*) dem Bereich des Werdens (*genesis*), das einsichtige Denken (*noêsis*) dem Bereich des Seins (*ousia*) zugeordnet. Dieselbe Zuordnung findet sich, etwas ausführlicher formuliert, in *Tim.* 27d5–28a4. Timaios unterscheidet hier zwei Klassen, nämlich erstens die Klasse dessen, was immer ist und kein Werden hat (*to on aei, genesin de ouk echon*), und zweitens die Klasse dessen, was wird und niemals ist (*to gignomenon men, on de oudepote*). Die von Timaios vorgeschlagenen Bestimmungen lassen sich folgendermaßen wiedergeben:

(3) Für alle x: x ist immer und hat kein Werden ↔ x ist mit einsichtigem Denken samt Erklärung erfassbar (*noêsei meta logou perilêpton*)
(4) Für alle x: x entsteht und ist nie ↔ x ist durch Meinen samt erklärungsloser Wahrnehmung meinbar (*doxê met' aisthêseôs alogou doxaston*)

Setzt man nun für »ist immer und hat kein Werden« in (3) »ist eine Idee« und für »entsteht und ist nie« in (4) »ist ein Sinnending« ein, so erhält man:

(3*) Für alle x: x ist eine Idee ↔ x ist mit einsichtigem Denken samt Erklärung erfassbar
(4*) Für alle x: x ist ein Sinnending ↔ x ist durch Meinen samt erklärungsloser Wahrnehmung meinbar.

(3*) und (4*) ergeben die These, dass alles, was mit einsichtigem Denken samt Erklärung erfassbar ist, eine Idee und alles, was durch Meinen samt erklärungsloser Wahrnehmung meinbar ist, ein Sinnending ist. Einmal vorausgesetzt, dass (3) wirklich (3*) impliziert (was nicht klar ist: vielleicht gehören zur Klasse dessen, was immer ist und kein Werden hat, auch mathematische Gegenstände, die keine Ideen sind, wie Taylor 1928, 61 meint) und (4) wirklich (4*) impliziert (was ebenfalls unklar ist: vielleicht gehören zur Klasse des Werdenden auch Seelen, die nur indirekt, durch die von ihnen ausgelösten körperlichen Bewegungen wahrnehmbar sind), so liefert uns der *Timaios* dennoch nicht die These B: denn (4*) behauptet nicht, dass alle Gegenstände des Meinens Sinnendinge sind, sondern dass alle Gegenstände des *mit erklärungsloser Wahrnehmung* verbundenen Meinens Sinnendinge sind; (4*) schließt also nicht aus, dass es Meinungen über Ideen gibt, nämlich Meinungen, die *nicht* mit erklärungsloser Wahrnehmung verbunden sind.

Lässt (3*) entsprechend offen, ob es Wissen über Dinge gibt, die keine Ideen sind? Vorausgesetzt, dass alles Wissen einsichtiges Denken mit Erklärung ist, so impliziert (3*), dass alle Gegenstände des Wissens Ideen sind, schließt also aus, dass es Wissen über Dinge gibt, die keine Ideen sind, und damit auch, dass es Wissen über Sinnendinge gibt. Dazu passt, dass im *Philebos* ausgeschlossen wird, dass werdende Dinge – wozu alle Sinnendinge zu rechnen sind – Gegenstände des Wissens sind (59b4–9; zu den Gründen für die These, dass werdende Dinge nicht Gegenstände des Wissens sind, vgl. Hintikka 1967).

Literatur
Allen, Reginald E. 1961: »The Argument from Opposites in *Republic* V«. In: Review of Metaphysics 15, 325–335.
Annas, Julia 1981: An Introduction to Plato's *Republic*. Oxford.
Baltes, Matthias 1999: *Dianoêmata*. Kleine Schriften zu Platon und zum Platonismus. Stuttgart/Leipzig.
Cornford, Francis M. ³1952: Plato's Cosmology. The *Timaeus* of Plato. Transl. with a Running Commentary [1937]. London.
Crombie, Ian M. ³1971: An Examination of Plato's Doctrines. II. Plato on Knowledge and Reality [1963]. London.
Fine, Gail 1978: »Knowledge and Belief in *Republic* V«. In: Archiv für Geschichte der Philosophie 60, 121–139.
Fine, Gail 1999: »Knowledge and Belief in *Republic* V–VII«. In: Dies. (Hg.): Plato 1. Metaphysics and Epistemology. Oxford, 215–246.
Gonzalez, Francisco 1996: »Propositions or Objects? A Critique of Gail Fine on Knowledge and Belief in *Republic* V«. In: Phronesis 41, 245–275.
Halfwassen, Jens 2000: »Der Demiurg: Seine Stellung in der Philosophie Platons und seine Deutung im antiken Platonismus«. In: Ada Neschke-Hentschke (Hg.): Le *Timeé* de Platon. Contributions à l'histoire de sa réception. Louvain/Paris, 39–62.
Hintikka, Jaakko 1967: »Time, Truth, and Knowledge in Ancient Greek Philosophy«. In: American Philosophical Quarterly 4, 1–14.
Horovitz, Jakob 1900: Das platonische *Noêton Zôon* und der philonische *Kosmos Noêtos*. Marburg.
Krämer, Hans J. 1966: »Über den Zusammenhang von Prinzipienlehre und Dialektik bei Platon. Zur Definition des Dialektikers *Politeia* 534 B–C«. In: Philologus 110, 35–70.
Kung, Joan 1981: »Aristotle on Thises, Suches and the Third Man Argument«. In: Phronesis 26, 207–247.
Ostenfeld, Erik 1997: »The Role and Status of the Forms in the *Timaeus*: Paradigmatism Revised?« In: Tomás Clavo/Luc Brisson (Hg.): Interpreting the *Timaeus – Critias*: Proceedings of the IV Symposium Platonicum. St. Augustin, 167–177.
Perl, Eric D. 1998: »The Demiurge and the Forms: A Return to the Ancient Interpretation of Plato's *Timaeus*«. In: Ancient Philosophy 18, 81–92.
Runia, David T. 1999: »A Brief History of the Term *Kosmos Noetos* from Plato to Plotinus«. In: John J. Cleary (Hg.): Traditions of Platonism. Essays in Honour of John Dillon. Aldershot/Brookfield, 151–169.
Smith, Nicholas D. 2000: »Plato on Knowledge as a Power«. In: Journal of the History of Philosophy 38, 145–168.
Strobel, Benedikt 2007: »Dieses« und »So etwas«. Zur ontologischen Klassifikation platonischer Formen. Göttingen.
Taylor, Alfred E. 1928: A Commentary on Plato's *Timaeus*. Oxford.
Vlastos, Gregory 1973: Platonic Studies. Princeton.
Whittaker, John 1968: »The ›Eternity‹ of the Platonic Forms«. In: Phronesis 13, 131–143.
Woodruff, Paul 1982: Plato. *Hippias Major*. Transl., with Commentary and Essay. Indianapolis.

Benedikt Strobel

VI Literarische Aspekte der Schriften Platons

63 Die Dialogform

63.1 Zum Problem der Titel

Schon bei der ersten Begegnung mit den platonischen Dialogen fällt auf, dass sie sich mit ihren Titeln meistens nicht auf die zur Diskussion stehende Sache beziehen, sondern auf eine der am Gespräch beteiligten Personen (Clay 2000, 151 f. und Hösle 2006, 84). Natürlich gibt es Ausnahmen (*Apologie*, *Symposion*, *Politeia*, *Sophistes*, *Politikos* und *Nomoi*), aber eine gewisse Regelhaftigkeit ist nicht zu übersehen. Dieses charakteristische Merkmal teilen die platonischen Dialoge mit der griechischen Tragödie (man denke an *Agamemnon*, *Antigone*, *Ödipus* u. a.; vgl. Nussbaum 1986, 129). In den Titeln der griechischen Komödie tauchen dagegen nur selten Personennamen auf.

Bei der genauen Wahl des Titels lassen sich von den frühen zu den späten Dialogen bezeichnende Unterschiede beobachten. Fast alle Frühdialoge werden nach dem Gesprächspartner benannt, mit dem Sokrates das Gespräch führt. Sie heißen dementsprechend *Ion*, *Euthyphron*, *Protagoras* usw. Unter den frühen Schriften gibt es zwei, die nicht dieser Regel folgen. Das ist klarerweise bei der *Apologie des Sokrates* der Fall, aber da es sich bei ihr um keinen Dialog handelt, gibt es auch keinen Gesprächspartner, nach dem sie benannt werden kann. Im *Euthydemos* liegt der Fall anders, da der titelgebende Sophist gerade nicht als Gesprächspartner des Sokrates auftritt, sondern selber, zusammen mit seinem Bruder, die Gespräche führt. Diese scheinbare Ausnahme von der oben genannten Regel lässt sich jedoch vielleicht dadurch erklären, dass auch der *Euthydemos* kein reguläres dialektisches Gespräch darstellt, sondern eine Reihe kurzer eristischer Gespräche mit wechselnden Gesprächspartnern.

Die Wahl der Titel in den Spätdialogen folgt anderen Prinzipien. Die Dialoge sind nach dem Gesprächsführer benannt (*Parmenides*, *Timaios* oder *Kritias*) oder nach dem Thema, das Gegenstand des Gesprächs ist (*Sophistes*, *Politikos*, *Nomoi*). Dass die drei zuletzt genannten Dialoge ihre Benennung nicht vom Gesprächsführer her erhalten, korreliert mit dem auffälligen Phänomen, dass deren Gesprächsführer namenlos bleiben (der Gast aus Elea, der Gast aus Athen; vgl. Rowe 2007, 257 und Long 2013, 157). Aus diesem Muster fallen lediglich der *Theaitetos* und der *Philebos* heraus, die beide wieder, wie in den Frühdialogen, nach den Gesprächspartnern benannt werden. Bezeichnenderweise sind sie auch die einzigen Spätdialoge, in denen Sokrates der Gesprächsführer ist. Der Dialogtitel *Philebos* enthält aber noch eine zusätzliche Besonderheit: Er ist gar nicht nach dem eigentlichen Gesprächspartner, Protarchos, benannt, sondern nach jemandem, mit dem Sokrates zuvor ein erfolgloses Gespräch geführt hat, der dann die Lust, die Diskussion fortzusetzen, verloren hat und deshalb, als konsequenter Hedonist, auch keinen weiteren Grund sieht, an ihr teilzunehmen (vgl. Wieland 1982, 73). Man kann eine derartig unorthodoxe, aber dennoch genau reflektierte Titelgebung als ein Indiz dafür auffassen, dass die Titel solcher Dialoge von Platon selber stammen. Ein späterer Redakteur würde sehr wahrscheinlich nach einer konventionelleren Lösung suchen.

63.2 Darstellung von Charakteren

Schon Aristoteles macht an einer Stelle in der *Rhetorik* auf die Eigenheit sokratischer Dialoge aufmerksam, dass in ihnen nicht nur Argumente formuliert, sondern auch Personen mit klar umrissenem Charakter dargestellt werden, der sich darin zeigt, dass sie bestimmte Ziele verfolgen und deshalb bestimmte Entscheidungen treffen (*Rhet.* III 16, 1417a17–22).

Die dramatische Darstellung in den platonischen Dialogen dient der individuellen Charakterisierung der am Gespräch beteiligten Personen. Häufig haben die Figuren sogar sprechende Namen, auf deren Bedeutung Platon auf vielfältige Weise anspielt: das ist z. B. bei Meletos der Fall (*Apol.* 24c, 25c, 26b), bei Kriton (*Euthd.* 291d), Polos (*Gorg.* 463e), Kephalos (*Rep.* I 328c) oder Polemarchos (*Crat.* 394c). Schon Aristoteles weist in seiner Rhetorik auf dieses literarische Mittel hin (*Rhet.* II 23, 1400b20 f.). Die Argumente, die die Gesprächsteilnehmer vertreten, werden in der Regel genau auf ihren Charakter zugeschnitten (vgl. Penner/Rowe 2005, 63 und Rowe 2007, 51), der sich in der dramatischen Handlung schon offenbart, bevor sie zu argumentieren beginnen (vgl. dazu Coventry 1990 und Blondell 2002). Neben dieser allgemeinen Korrelation von Charakter und Argument zeigt die platonische

Darstellung häufig auch die Eignung oder Nichteignung einer Person für die Teilnahme am dialektischen Gespräch an (vgl. Wolfsdorf 2004, 19). Dadurch können die Dialoge dramatisch motivieren, warum die einzelnen Gespräche unterschiedlich erfolgreich sind (Erler 2007, 86), und man erfährt indirekt etwas über die personalen Voraussetzungen, die Teilnahme- und Erfolgsbedingungen dialektischer Gespräche. Denn wenn es so ist, wie der *Gorgias* ausdrückt, dass das Gelingen eines dialektischen Gesprächs davon abhängt, dass die Gesprächspartner bestimmte charakterliche und intellektuelle Eigenschaften besitzen (*Gorg.* 486e–487e spricht von »Wissen«, »Wohlwollen« und »Freimütigkeit«), dann könnte man versuchen, das Scheitern und das Misslingen von Gesprächen dadurch zu erklären, dass es den Gesprächspartnern an mindestens einer der geforderten Eigenschaften mangelt. Sie sind entweder nicht einsichtig genug, d. h. sie verstehen nicht, worum es geht, was eine bestimmte Frage bedeutet oder welche weiteren Sätze eine Antwort impliziert. Oder sie sind nicht wohlwollend genug, d. h. sie sind zu einem ernsten Gespräch gar nicht bereit (*Hp. mai.* 291a), sie versuchen zu täuschen (*Gorg.* 499c), sie wollen unter keinen Umständen widerlegt werden und weigern sich, bestimmte Zustimmungen zu geben (*Gorg.* 497a). Oder sie sind nicht freimütig genug (zu dieser Bedingung vgl. McCabe 2000, 25–59), d. h. sie trauen sich nicht, bestimmte Antworten zu geben, sie schämen sich, bestimmte Positionen zu vertreten (*Gorg.* 482d–e, 487b), oder sie weigern sich aus Loyalität, die Aussagen von jemandem, mit dem sie befreundet sind, zu kritisieren (*Tht.* 162a).

Dieser Zusammenhang von Charakterisierung der Figuren und Aufklärung über Eigenschaften des dialektischen Gesprächs lässt sich z. B. am Kephalos-Gespräch in der *Politeia* beobachten (vgl. zu den unterschiedlichen Einschätzungen dieser Figur Beversluis 2000, 185–202 und Gifford 2001). Kephalos, ein alter Mann, mit dem Sokrates eine Plauderei über das Alter, den Nutzen des Reichtums und Fragen der Lebensführung beginnt, verlässt die Gesprächsrunde, sobald das Gespräch den Charakter einer gebildeten Unterhaltung verliert. Als Sokrates Kephalos' Bemerkungen zum Anlass nimmt, ihn auf eine These zur Gerechtigkeit festzulegen, um deren Schlüssigkeit zu prüfen, überlässt Kephalos diese Diskussion den Jüngeren und verlässt den Raum, um »für die heiligen Dinge Sorge [zu] tragen« (*Rep.* I 331d). Platon stellt Kephalos als jemanden dar, der in seinem Leben zwar alle Konventionen der Sittlichkeit befolgt, der aber zu einer systematischen Reflexion oder Begründung des eigenen Verhaltens nicht in der Lage ist und deshalb eine zentrale Bedingung für ein dialektisches Gespräch nicht erfüllt (so z. B. Wieland 1982, 74 f.).

Auch ansonsten sind es in den Dialogen regelmäßig ältere Menschen, die derartige Probleme mit dem Verfahren dialektischer Gespräche haben, die sie zumeist aber freimütig zugeben. Im *Laches* sieht sich Lysimachos wegen seines Alters und der damit einhergehenden Vergesslichkeit außerstande, an dem Gespräch, zu dem er selber aufgerufen hatte, aktiv teilzunehmen (*La.* 189c–d). Im *Theaitetos* etwa ist es Theodoros, der sich dem sokratischen Gespräch unter Hinweis auf sein Alter entzieht: »ich bin dieser Art zu reden ungewohnt (*aêthês tês toiautês dialektou*), und mich etwa noch daran zu gewöhnen, habe ich nicht mehr die Jahre« (*Tht.* 146b; vgl. *Leg.* X 893a).

Als Gegenbild zu Kephalos, der eine Position unreflektierter konventioneller Sittlichkeit repräsentiert, führt Platon im weiteren Verlauf des Gesprächs die Figur des Thrasymachos ein, der eine radikale Kritik der traditionellen Sittlichkeit formuliert. Diese dramatische Opposition äußert sich neben den Aussagen, die sie formulieren, auch darin, dass Kephalos, der keine dialektische Übung besitzt, sich aus dem Gespräch verabschiedet, um opfern zu gehen, während Thrasymachos umgekehrt in das Gespräch hineindrängt, um für seinen Redebeitrag schließlich auch noch Geld zu verlangen (*Rep.* I 337d). Mit dieser Geldforderung wird eine Art von Machtanspruch erhoben. Denn da üblicherweise nur derjenige Geld verlangen konnte, der als anerkannter Lehrer auftrat, und nur derjenige das Geld zu zahlen bereit war, der dessen Schüler sein wollte, kann man die Geldforderung als Versuch interpretieren, im Gespräch eine klare Hierarchie zu etablieren und die bisherigen Autoritätsverhältnisse umzukehren (in denen Sokrates durch seine Gesprächsführung seine intellektuelle Autorität schon unter Beweis gestellt hat). Mit dieser Form der Charakterisierung gibt Platon zu erkennen, dass komplementär zu Kephalos auch Thrasymachos kein Gesprächspartner ist, mit dem sich ein dialektisches Gespräch zu einem guten Ende führen lässt (vgl. dazu Long 2013, 90 f.). Es ist deshalb auch kein Zufall, dass das Gespräch mit ihm aporetisch endet (zu Aporie s. Kap. V.38).

63.3 Platonische Anonymität

Es ist ein auffälliges Merkmal der platonischen Dialoge, dass Platon in ihnen selber nicht auftritt (Clay 2000, 11). Sogar sein Name wird in den Dialogen nur zweimal direkt erwähnt (*Apol.* 38b und *Phd.* 59b; schon Diogenes Laertios weist auf diese auffällige Zurückhaltung hin: Diog. Laert. III 37). Als indirekte Selbsterwähnung lassen sich vielleicht die Stellen in der *Politeia* interpretieren, in denen Glaukon und Adeimantos, also Platons Brüder, jeweils als »Sohn des Ariston« angesprochen werden (*Rep.* I 327a, II 368a, IV 427d, IX 580b; vgl. Ebert 2002, 72). Diese ungewöhnliche Zurückhaltung unterscheidet Platon von späteren Dialogautoren wie Cicero, Augustinus, Anselm u. a., die in ihren Dialogen häufig eine Person auftreten lassen, die ihren Namen trägt und die sich auch als Stimme des Autors interpretieren lässt (Hösle 2006, 90–92). Da in den Dialogen alle Aussagen und Argumente den Dialogfiguren zugeschrieben werden, Platon also niemals mit eigener Stimme spricht, stellt sich die Frage, wer von den dargestellten Gesprächsteilnehmern eigentlich für Platon spricht. Die Zurechnung von Lehrmeinungen wird zudem dadurch erschwert, dass es, wenn man einmal von den in ihrer Echtheit umstrittenen Briefen absieht, außerhalb der Dialoge keine platonischen Schriften gibt, mit denen man die in den Dialogen vertretenen Meinungen vergleichen könnte. Damit fehlt im platonischen Werk ein unabhängiger Maßstab, den man zur Entscheidung solcher Fragen anlegen könnte. Andererseits gibt es schon bei Aristoteles eine ganze Reihe doxographischer Berichte, die zur Identifikation der platonischen Lehrmeinungen herangezogen werden können. Dabei handelt es sich um Berichte, die sich (i) ausdrücklich auf bestimmte Dialoge beziehen (z. B. *Pol.* II 1–5 auf die *Politeia* und II 6 auf die *Nomoi*) oder die sich (ii) leicht auf bestimmte Dialoge beziehen lassen (etwa *Pol.* I 1 auf den *Politikos*) oder die wir (iii) auf die von Aristoteles selber sogenannten »ungeschriebenen Lehren« (*agrapha dogmata*: *Phys.* IV 2, 209b15) beziehen können, also auf diejenigen Lehren, deren Mitteilung auf die Mitglieder der platonischen Akademie beschränkt war (etwa *Metaph.* I 6).

Das mit dieser Frage verbundene Problem wird in der Forschung gemeinhin als »platonische Anonymität« bezeichnet (Edelstein 1962 und Press 2000). Dass das Problem schon die antiken Platon-Interpreten beschäftigt hat, kann man einer Äußerung von Diogenes Laertios entnehmen, der selbst der Ansicht ist, dass das Problem leicht lösbar ist und die theoretischen Überzeugungen Platons eindeutig durch bestimmte Personen in den Dialogen repräsentiert werden: »Das aber, was nach seiner Meinung richtig ist, gibt er durch vier Personen kund, durch Sokrates, Timaios, den Athenischen Gastfreund und den Fremdling aus Elea« (Diog. Laert. III 52; vgl. dazu Tarrant 2000, 27–32). Diogenes ist also ein Vertreter der sogenannten »Sprachrohrtheorie«, die in der Platon-Forschung lange Zeit dominant war (dazu schon sehr früh kritisch Stenzel 1931, 139; eine umfassende Diskussion findet sich in Corlett 2005; eine ausführliche Verteidigung dieses Ansatzes in Beversluis 2006).

Der Begriff »Anonymität« ist in diesem Zusammenhang nicht ganz unproblematisch, da er hier nicht in seiner herkömmlichen Bedeutung gebraucht wird. Dem Einwand, dass der Begriff »Anonymität« hier einfach falsch verwendet wird, da die platonischen Dialoge offensichtlich nicht anonym veröffentlicht wurden und die Verfasserschaft Platons damit außer Frage steht (Szlezák 1985, 349 und 1993, 34), kann man vielleicht dadurch begegnen, dass man zwischen »auktorialer« und »doktrinaler Anonymität« unterscheidet. Bei der auktorialen Anonymität besteht Unklarheit darüber, wer der Verfasser ist, während bei der doktrinalen Anonymität unklar ist, welche Aussagen im Text die Meinung des Verfassers repräsentieren. Die sog. »platonische Anonymität« meint ausschließlich diese doktrinale Anonymität.

Darüber hinaus kann zwischen einer starken und einer schwachen Anonymitätsthese unterschieden werden. Vertreter einer starken Anonymitätsthese behaupten, dass man aus den in den Dialogen dargestellten Argumentationen niemals darauf schließen kann, dass es sich dabei um eine platonische Lehre handelt (so etwa Wieland 1982, 44 f.; vgl. 50). Mit einer schwachen Anonymitätsthese wird nicht prinzipiell bestritten, dass sich bestimmte Aussagen und Argumente in den Dialogen Platon zurechnen lassen. Es wird aber davon ausgegangen, dass Platon die dargestellten Argumente nicht immer mit den besten Gründen, die ihm zugänglich waren, unterstützt. Insofern spiegeln die Dialoge seine theoretischen Überzeugungen tatsächlich nicht vollständig wider, und aus diesem Grund kann eine Unsicherheit darüber entstehen, ob die Dialogfiguren wirklich für Platon sprechen. Ein Grund für diese doktrinale Zurückhaltung könnte die platonische Schriftkritik sein (s. Kap. VI.65), in der die Möglichkeit bezweifelt wird, dass man die wichtigsten Einsichten durch Schriften klar und eindeutig vermitteln kann (vgl. Szlezák 1985).

63.4 Der sokratische *elenchos* und sein Ursprung

Die platonischen Dialoge stellen regelmäßig die Arbeitsweise spezifischer philosophischer Methoden dar. Vor allem in den Frühdialogen nimmt das dialektische Gespräch meistens die Form eines *elenchos* an. Mit diesem Begriff wird seit Robinson (1953) und Vlastos (1994) das Verfahren der sokratischen Widerlegung bezeichnet, auch wenn von manchen die Angemessenheit dieser Bezeichnung bestritten wird (vgl. Tarrant 2002). Ein *elenchos* ist die in Form von Frage und Antwort durchgeführte Prüfung oder Widerlegung einer Aussage (vgl. Stemmer 1992, 96–127 über die Regeln des *elenchos*). Für diesen *elenchos* sind vor allem zwei Arten von Fragen wesentlich: Definitionsfragen, die nach dem Muster »Was ist x?« gestellt werden, und Satzfragen, auf die man mit »ja« oder »nein« antworten kann. Die Was-ist-x-Frage markiert dabei normalerweise den Ausgangspunkt eines elenktischen Gesprächs (eine Kritik an dieser Interpretation der Definitionsfrage findet sich in Politis 2015). Wenn sie in den Dialogen gestellt wird, ist die anfängliche Konversation zu Ende, und das Gespräch wird unter methodische Kontrolle gebracht. Gefragt wird nun nach der Definition von etwas, von Schönheit, von Gerechtigkeit, von Tugend oder anderem. Wenn der Gesprächspartner eine Antwort auf diese erste Frage gibt und einen Definitionsversuch unternimmt, hat er damit eine These aufgestellt, die von nun an zur Diskussion steht. In der Folge wird der Gesprächsführer seinem Gesprächspartner eine Reihe von Fragen stellen, auf die dieser normalerweise mit »ja« oder »nein« antworten kann. Mit den einzelnen Antworten legt sich der Gesprächspartner auf eine Reihe weiterer Aussagen fest. Bei diesen zugestandenen Aussagen ist nicht immer sofort klar, welchen Stellenwert sie in der Argumentation haben und in welcher logischen Beziehung sie zur ursprünglich behaupteten These stehen. Diese Taktik, als Fragender das Argumentationsziel so lange wie möglich zu verbergen (*kryptein*), analysiert schon Aristoteles in seiner *Topik*, der ersten umfassenden Theorie dialektischer Gespräche (*Top.* VIII 1, 155b20 und b26–157a5). Nach und nach zeigt sich jedoch, dass, wenn man diese Aussagen zusammennimmt, aus ihnen eine andere Aussage abgeleitet werden kann, die im Widerspruch zur Anfangsbehauptung steht. Wenn das eintritt, ist zwar noch nicht notwendig bewiesen, dass die ursprüngliche These falsch ist, aber es ist zumindest klar, dass der Antwortende nicht imstande ist, sie kohärent zu vertreten, sie gegen Einwände zu verteidigen und sie mit anderen seiner eigenen Überzeugungen in Einklang zu bringen.

Auch wenn die mittleren und späten Dialoge sich zu einem großen Teil nicht mehr in Form eines *elenchos* präsentieren, bleibt er doch als eine Methode, auf die man immer wieder verweist und deren Wert man sehr hoch einschätzt, von Bedeutung (z. B. in *Symp.* 201e; *Phdr.* 278c; *Rep.* VII 534c; *Soph.* 230c–d; *Tim.* 54b oder in *Ep. VII*, 344b). Auch Beispiele für einen voll ausgeführten *elenchos* finden sich noch (z. B. in *Symp.* 199b–201c; *Phdr.* 261a–262c; *Phlb.* 21a–d und 34e–35d).

Durch die konsequente Dialogisierung der Argumente wird in den platonischen Dialogen eine besondere logische Transparenz geschaffen. Denn indem die ganze Argumentation in klar voneinander unterscheidbare Einheiten von Fragen und Antworten zerlegt wird, werden in aller Ausführlichkeit die Prämissen etabliert, aus denen Sokrates seine Schlussfolgerungen zieht. Sogar der Ausdruck »Prämisse« selber lässt sich auf das griechische Wort *protasis* (von *proteinein*: »vorstrecken«, »hinhalten«) und damit auf eine Tätigkeit im Rahmen eines dialektischen Gesprächs zurückführen (Kapp 1965, 20): Dem Gesprächspartner, der eine bestimmte These befürwortet, wird vom Fragenden, der diese These widerlegen will, eine Aussage zur Zustimmung oder Ablehnung »hingehalten«. Das zumindest ist der Sprachgebrauch, den Aristoteles in seiner Topik etabliert hat (vgl. dazu *Top.* I 4; zur Entwicklung der Dialektik von Platon zu Aristoteles vgl. Fink 2012). Die Konklusion einer solchen ausführlichen Argumentation wird in den Dialogen meistens mit dem Ausdruck *ara* (»also«) oder *ouk ara* (»also nicht«) sprachlich eindeutig angezeigt (Stemmer 1992, 118). Die platonischen Dialoge sind, trotz des Vorbehalts gegen eine zu starke Terminologisierung der Philosophie (*Phd.* 100d; *Rep.* VII 533de), bisweilen terminologischer, als man denkt (vgl. etwa *Phd.* 115e oder *Tht.* 184c).

Wollte man die historische Frage nach dem Ursprung des *elenchos* stellen, dann wäre das Gerichtsverhör vermutlich der aussichtsreichste Kandidat (zum juristischen Hintergrund vgl. Ausland 2002). Denn das Verhör ist vermutlich die einzige Form des Wortwechsels, die ähnlichen Regeln unterworfen ist wie ein *elenchos*. Und es ist bezeichnend, dass Platon selber in der *Apologie* noch ein Beispiel eines Verhörs überliefert hat (*Apol.* 24c–28a), bei dem die Ähnlichkeit mit einem normalen sokratischen *elenchos* augenfällig ist. Andere Beispiele lassen sich in den Gerichtsreden von Lysias identifizieren (z. B. *Or.* XII 24 f. und XXII 5). Eine aufschlussreiche dramatische Darstellung finden wir in den *Eumeniden* von Aischylos (585 ff.), während wir Aristoteles' *Rhetorik* eine Analyse des Verhörs als Teils der Gerichtsrede verdanken (*erôtêsis*: *Rhet.* III 18). So wie im *elenchos* gibt es auch beim Verhör (i) eine strikte Trennung der Gesprächsrollen (die in normalen Gesprächen unüblich ist), bei der einer fragt und ein anderer antwortet. Gemeinsam ist ihnen ebenfalls (ii) die damit zusammenhängende Beschränkung auf Zweiergespräche. Sowohl der *elenchos* als auch das Verhör stellen (iii) eine Art »Ermittlungsverfahren« dar, in dem durch gezieltes Fragen ein bestimmter Sachverhalt ermittelt werden soll. In beiden Verfahrensformen werden (iv) Fragen vor allem als ja/nein-Fragen formuliert. Und in beiden Fällen, im Verhör vor Gericht und im *elenchos* mit Sokrates, sind (v) die Antwortenden angehalten, die Fragen ehrlich zu beantworten.

63.5 Zur Anzahl der Gesprächsteilnehmer

Dialektische Gespräche werden vorzugsweise zwischen zwei Gesprächsteilnehmern geführt (Robinson 1953, 77; vgl. Hösle 2006, 268–274). Wenn Hirzel dagegen behauptet, dass es »bei Platon fast zur Regel geworden« sei, dass »das Gespräch auf drei oder mehr verteilt« werde (1895, 208), dann zählt er ohne weitere Differenzierung von Gesprächsabschnitten und argumentativen Einheiten einfach die Gesamtheit der im Dialog dargestellten Gesprächsteilnehmer. Vor allem elenktische Gespräche werden aber immer nur mit einem Gesprächspartner pro Gesprächseinheit geführt. Sokrates macht zwar manchmal von der Möglichkeit Gebrauch, den Gesprächspartner zu wechseln, aber mit dem neuen wird das Gespräch wiederum allein geführt. So wird im *Gorgias* das Gespräch erst mit Gorgias, dann mit Polos und schließlich mit Kallikles geführt, in *Politeia I* erst mit Kephalos, dann mit Polemarchos und schließlich mit Thrasymachos. Dabei ist auffällig, dass mit jedem der aufeinander folgenden Gesprächspartner ein höheres Diskussionsniveau erreicht wird.

Wenn aber tatsächlich mit zweien oder dreien gleichzeitig ein Gespräch geführt wird, ist dies häufig darauf zurückführbar, dass es sich bei diesen Gesprächen noch nicht oder nicht mehr um elenktische Argumentationen handelt. Denn die strikte Anwendung der Regel gilt vor allem für diese besondere Gesprächsform (kleinere Ausnahmen finden sich jedoch bisweilen, z. B. *Ly.* 218b–c oder *Rep.* I 347e f.). In den methodisch noch gar nicht kontrollierten Eingangs- oder Rahmengesprächen gilt diese durch die Methode auferlegte Beschränkung noch nicht und ermöglicht dadurch größere Freiheiten in der Gesprächsführung. Auf der anderen Seite gelten die strengen Gründe für das Zweiergespräch nicht mehr, wenn die Dialoge einen stärker expositorischen Charakter haben und es nicht mehr primär darum geht, die Überzeugungen von Personen zu prüfen. Insofern ist es kein Zufall, dass es im *Phaidon* und in der *Politeia*, bei denen dies deutlich der Fall ist, tatsächlich zwei Hauptgesprächspartner gibt, Simmias und Kebes auf der einen und Glaukon und Adeimantos auf der anderen Seite.

Im eristischen Gespräch hingegen, einem von Sophisten praktizierten Gespräch mit Wettkampfcharakter, scheint es keine Beschränkung auf Zweiergespräche zu geben. Im *Euthydemos*, dem einzigen Dialog, in dem Platon ein gewissermaßen kunstgerechtes eristisches Gespräch darstellt (und nicht nur, was häufiger vorkommt, ein Gespräch mit eristischen Elementen), ist diese Beschränkung dementsprechend vollständig aufgehoben.

63.6 Advokatorische Gespräche

Neben der Möglichkeit, den Gesprächspartner direkt zu wechseln, kennen die Dialoge auch alternative Verfahren, um einer anderen Stimme Gehör zu verschaffen. So wird im Rahmen eines dialektischen Gesprächs manchmal für eine begrenzte Zeit eine Art »advokatorisches« Gespräch geführt, in dem einer der beiden Gesprächsteilnehmer, der Fragende oder Antwortende, stellvertretend die Position von jemandem einnimmt, der am Gespräch selber nicht teilnimmt (vgl. Apelt 1912, 104 über die »fiktive Einführung von Personen«; vgl. Szlezák 1993, 137 zur »Einbeziehung einer imaginären Person«; vgl. außerdem McCabe 2000). Klassische Einleitungsformeln für advokatorische Gespräche sind »so lass uns denn für sie sprechen« (*legômen* [...] *hyper autôn*: *Rep.* V 453b) oder »du nämlich antworte mir an seiner Stelle« (*hyper ekeinou*: 476e; vgl. auch *Rep.* I 332c). Die Bewusstheit, mit der von dieser Möglichkeit Gebrauch gemacht wird, zeigt sich neben der formelhaften Einleitung auch darin, dass im *Sophistes* diese Art ein Gespräch zu führen (»sie, als ob sie selbst zugegen wären, so auszufragen«: *Soph.* 243d), ausdrücklich als ein spezifisches »Verfahren« (*methodon*: ebd.) bezeichnet wird. Man kann beobachten, dass die Häufigkeit und auch die Ausführlichkeit, mit der von diesem Kunstgriff Gebrauch gemacht wird, in den Spätdialogen auffällig steigen. Das liegt vermutlich daran, dass die Auseinandersetzung mit konkurrierenden philosophischen Theorien (Parmenides, Herakliteer, Protagoras u. a.) immer mehr an Bedeutung gewinnt. In den advokatorischen Gesprächen werden Vertreter dieser Theorien imaginiert und als virtuelle Gesprächsteilnehmer in die Diskussion mit einbezogen (vgl. dazu Long 2013, 129–138). In diesen Fällen dient das advokatorische Gespräch vor allem als Mittel der Interpretation. Auf diese Weise kann auch der enge Rahmen des Zweiergesprächs überschritten werden, ohne gegen die entsprechende Regel in ihrem strikten Sinne zu verstoßen.

Solche advokatorischen Gespräche werden auch in der Aristotelischen *Topik* beschrieben (*Top.* VIII 5, 159b27–35). Sie stellen dort eine Variante des dialektischen Übungsgesprächs dar, in dem explizit »fremde Meinungen vertreten« werden (b30) und die Antwortenden ihre Zustimmungen geben oder verweigern, »nicht weil sie dies selbst für richtig hielten, sondern weil man im Sinne von Heraklit so reden muss« (b32f.). Denn wenn »der Antwortende [...] die Meinung eines anderen verteidigt, dann muss er offenkundig jede (Prämisse) mit Blick auf dessen Denken zugeben oder ablehnen« (b27–29). In diesem Zusammenhang haben auch die doxographischen Verzeichnisse (*diagraphas*) eine Funktion, die Aristoteles als Hilfsmittel für die dialektischen Übungen anzulegen empfiehlt (*Top.* I 14, 105b12–18). Es ist wahrscheinlich, dass advokatorische Gespräche zur regulären dialektischen Ausbildung an der Akademie gehörten und die Spätdialoge Platons, in denen es eine deutlich verstärkte Auseinandersetzung mit anderen Philosophen gibt, diesen Sachverhalt widerspiegeln (Krämer 1971).

63.7 Gespräche mit und ohne Publikum

Neben den direkten Gesprächsteilnehmern wird in den Dialogen häufig auf die Anwesenheit eines Publikums hingewiesen (*Hp. min.* 363a, 364b; *Prot.* 314e–316a; *Charm.* 153a–154c; *Ly.* 203af., 206ef.; *Euthd.* 273af., 276bc, d, 303b; *Gorg.* 447c, 455cd, 458b–c; *Phd.* 59b–c; *Rep.* I 327c, 328b–c; *Prm.* 127c–d, 136d). Dieses Publikum stellt in den Dialogen eine Art von Öffentlichkeit und öffentlicher Meinung dar, die Veränderungen im Redeverhalten der Gesprächsteilnehmer erzeugt (Clay 2000, 158). Durch die Gegenwart eines solchen Publikums läuft das Gespräch immer wieder Gefahr, den Charakter eines Wettbewerbs anzunehmen (vgl. Kahn 1983 und Dalfen 1989, 87). Wenn zum Beispiel Hippias auf das Publikum verweist, gibt er dabei klar zu erkennen, dass er das Gespräch als eine Art von Wettkampf ansieht: »Wenn du nun willst, so stelle dieser Rede eine andere Rede entgegen, dass jener [Odysseus] der Bessere ist. Dann werden die hier Anwesenden leichter erfahren, wer von uns besser spricht« (*Hp. min.* 369c). Derselbe Hippias plädiert auch im *Protagoras* dafür, einen Schiedsrichter einzusetzen, der für die Einhaltung der »Wettkampfregeln« sorgen soll (*Prot.* 337ef.). Schon Aristoteles macht darauf aufmerksam, dass eine Wettkampfsituation die Reinheit des Urteils beeinträchtigt (*Rhet.* III 12, 1414a14). Für andere hingegen befördert die Anwesenheit von Zuhörern vor allem ein Gefühl von Scham. Eine ganz ähnliche Einschätzung hat Augustinus später dazu bewogen, Selbstgespräche (*Soliloquia*) zu schreiben (*Sol.* II 14). Man will nicht vor den Augen anderer widerlegt werden; von Thrasymachos (*Rep.* I 350c–d) und Dionysodoros (*Euthd.* 297a) erfahren wir sogar, dass sie erröten, als ihre Widerlegung droht. Man wird das Gespräch dann eher strategisch führen, um eine solche »Schande« zu vermeiden. Die dialektisch geforderte Freimütigkeit aufzubringen fällt einigen Gesprächsteilnehmern deshalb sehr schwer (*Gorg.* 461b, 482d). Platon macht somit darauf aufmerksam, dass bestimmte Gespräche erst dann zustande kommen, wenn kein großes Publikum mehr anwesend ist (*Prm.* 136d und *Leg.* I 635a; vgl. aber auch schon *Hp. min.* 363a, 364b und *Mx.* 236d).

63.8 Der Unterschied von Fragen und Behaupten

Es gibt in den platonischen Dialogen viele Stellen, an denen die besondere Form des dialektischen Gesprächs selber thematisiert wird, an denen darüber gesprochen wird, welche Ziele in einem solchen Gespräch verfolgt werden, welche Regeln dafür gelten, und auch, wie die Äußerungen der einzelnen Gesprächsteilnehmer einzuschätzen sind. So erklärt Sokrates gegenüber verschiedenen Gesprächspartnern, selber gar nichts zu behaupten, sondern nur zu fragen, und er rechnet die Behauptungen allein dem Antwortenden zu. Auf die Frage, ob Protagoras und er selbst nicht eine bestimmte These vertreten haben, erwidert er: »Das Andere hast du wohl recht gehört, dass du aber glaubst, ich hätte dieses auch gesagt, das hast du falsch gehört. Denn Protagoras hier hat dies geantwortet, ich habe nur gefragt« (*Prot.* 330ef.; vgl. *Euthphr.*

11c). In einem späteren Dialog betont Sokrates gegenüber Theaitetos, dass »keine dieser Behauptungen von mir ausgeht, sondern immer von meinem Gesprächspartner (*prosdialegomenou*)« (*Tht.* 161b).

Derartige Aussagen lassen eine skeptische und eine dialektische Interpretation zu. Man kann sie als Ausdruck des immer wieder beteuerten sokratischen Nichtwissens sehen: Weil Sokrates gar nicht beansprucht, etwas zu wissen, will er selber auch keine Behauptungen aufstellen und beschränkt sich deshalb auf das Fragenstellen (so z. B. Wieland 1982, 78 f.). Denn mit Fragen allein wird noch kein Wissensanspruch erhoben. Man kann das sokratische Insistieren auf diesen Punkt aber auch als Hinweis auf eine elementare dialektische Regel verstehen. Weil Fragen etwas anderes ist als Behaupten, ist darauf zu achten, dass auch in einem dialektischen Gespräch die Behauptungen nicht dem Fragenden, sondern in erster Linie dem Antwortenden zugeschrieben werden. Für Theodor Ebert ist dieser Befund ein Schlüssel für die angemessene Interpretation der platonischen Dialoge, da sich erst dadurch dem dialektischen Charakter der Dialoge Rechnung tragen lässt (1974, 31–33). Den prägnantesten Ausdruck dieser Einsicht findet man im *Alkibiades maior*. Als Sokrates fragt: »Wo Frage und Antwort gewechselt wird, wer behauptet, der Fragende oder der Antwortende?«, antwortet Alkibiades: »Der Antwortende, dünkt mich, o Sokrates« (*Alc. I* 113a).

Darüber hinaus gibt es in einem dialektischen Gespräch eine klare Rollenteilung, und diese Rollen können nicht willkürlich getauscht werden. Deshalb soll sich der Antwortende so weit wie möglich auf das Antworten beschränken. Er kann zwar Rückfragen stellen, wenn er eine Frage nicht versteht, aber es ist zunächst einmal nicht vorgesehen, Gegenfragen zu stellen und den Fragenden nach seiner eigenen Meinung zu fragen: »Und dich, Bester, sprach er, dünkt es dich nicht so? Mag es doch, antwortete ich. Denn noch untersuchen wir ja nicht, was ich denke, sondern, was du jetzt sagst« (*Charm.* 163e). Sokrates bestreitet also gar nicht, wie man im Ausgang von der skeptischen Interpretation annehmen müsste, dass er eigene Gedanken und Meinungen zum Thema hat. Dass es nicht ausgeschlossen ist, dass man auch einmal die Gesprächsrollen tauscht und dann den ursprünglich Fragenden zu seinen Ansichten befragt, bringt Sokrates mit dem Wort »noch« zum Ausdruck: »Denn noch (*pô*) untersuchen wir ja nicht, was ich denke.«

Sokrates verwahrt sich also mit einem gewissen Recht dagegen, Verpflichtungen für Aussagen zu übernehmen, deren Wahrheit er nie behauptet hat. Die Verantwortung dafür trägt zunächst einmal der Antwortende.

63.9 Unterschiedliche Typen von Antworten

Die Antworten, die von den Gesprächsteilnehmern in den Dialogen gegeben werden, unterscheiden sich u. a. in dem Ausmaß, in dem der Antwortende darin dialektisch aktiv wird. So dienen etwa die reinen ja/nein-Antworten bisweilen nur dazu, der vom Gesprächsführer in Gang gesetzten Argumentation zu folgen. Ganz reaktiv sind jedoch selbst diese Antworten nicht, da die Gesprächspartner in der Regel gebeten werden, zu sagen, was sie selber für wahr halten. Insofern kommt in jedem einfachen »ja« oder »nein«, das man bedacht und freimütig zur Antwort gibt, eine epistemische Leistung zum Ausdruck. Davon unterscheidbar sind diejenigen Antworten, die deutlich eine eigene Verstehensleistung zum Ausdruck bringen, in denen der Antwortende selber eine Schlussfolgerung zieht (etwa in *Phlb.* 22a–b) oder die bisherige Argumentation eigenständig zusammenfasst und nachvollzieht (*Tht.* 147c ff.; *Phlb.* 26c). Dies kann als eine Art Verständniskontrolle dienen; der Antwortende zeigt damit, dass er nicht nur punktuell auf eine Frage antworten kann, sondern das über viele Fragen hinweg entwickelte Argument überblickt. Er beweist so seinen Sinn für Kohärenz. Er kann aber auch Rückfragen und Verständnisfragen stellen, die eine zusätzliche Aktivität des Fragenden initiieren und ihn auffordern, die Bedeutung oder die Intention der Frage genauer zu erklären (*Phd.* 72b, 73c; *Rep.* III 392cd, 413b, IV 429c; *Tht.* 192c–d; *Soph.* 226c, 228a; *Phlb.* 14e, 17a, 44b). Dass eine Verständnisfrage sich nicht nur bei einzelnen Aussagen stellen kann, sondern sich auch auf eine Reihe von Aussagen beziehen kann, deren Absicht und innerer Zusammenhang unklar bleibt, illustriert eine Stelle aus dem *Sophistes*: »Aber um was doch an ihnen allen deutlich zu machen, hast du diese als Beispiele aufgestellt und danach gefragt?« (*Soph.* 226c). Er kann schließlich sogar Einwände erheben (*Charm.* 165e; *Rep.* II 358b–367e, IV 419a, V 449c–450a, 471c–e, VI 487a–d u. a.), die den Gesprächsführer verpflichten, sein Argument besser als zuvor zu begründen. Darüber hinaus gibt es noch die Möglichkeit, dass der Antwortende seine Antwort selber begründet (*Rep.* II 381b–c; vgl. auch *Tht.* 185c–d).

Anders als der Fragende, der häufig offen lässt, ob er dem Gefragten zustimmt, versucht der Antwortende meistens deutlich zu erkennen zu geben, in welchem Maß er von der Wahrheit der ihm vorgelegten Aussage überzeugt ist. Die platonischen Dialoge sind deshalb äußerst reich an variierenden Antwortausdrücken, die von emphatischen Zustimmungen über mechanische Bejahungen bis zu extrem unwillig gegebenen Zustimmungen reichen. Es ist nicht dasselbe, wenn ein Gesprächspartner mit »allerdings« (*pany men oun*), »offenbar« (*dêlon*), »so sei es« (*estô*), »vielleicht« (*isôs*), »so scheint es« (*eoiken*) oder »wenn du meinst« (*ei sy legeis*) antwortet. Beversluis hat in diesem Zusammenhang von »degrees of assent« gesprochen (2000, 45 f.), auf die man achten muss, wenn man die in den Dialogen dargestellten Diskussionen angemessen beurteilen will.

63.10 Die Funktion der dialektischen Homologie

Die Homologie, d. h. die Zustimmung zu einer Aussage oder die Übereinstimmung zwischen zwei Sprechern, gehört zu den konstitutiven Bestandteilen dialektischer Gespräche. »Die Frage nach der Bedeutung der Homologie im sokratischen Gespräch ist identisch mit der Frage nach dem Sinn des Dialogs überhaupt« (Bornkamm 1936, 379; vgl. ebenfalls Szlezák 1985, 350 f.; 1993, 146 f. und 159). Der Standardfall der dialektischen Homologie besteht darin, dass der Gesprächsführer eine Frage stellt, die mit »ja« oder »nein« zu beantworten ist, und der Gesprächspartner darauf mit »ja« antwortet. Aber Zustimmungen werden nicht nur im Hinblick auf Fragen und die in ihnen enthaltenen Aussagen gegeben, sondern auch im Hinblick auf Aussagen, die vom Gesprächsführer behauptet und dem Gesprächspartner gewissermaßen vorgelegt werden. Dialektische Gespräche bestehen aus unzähligen solcher Homologien.

Konstitutiv ist die Homologie aber nicht nur wegen dieses quantitativen Aspekts, sondern auch deshalb, weil das Gespräch stockt, wenn eine Homologie nicht zustande kommt. Wenn der Antwortende seine Zustimmung verweigert, muss der Fragende die betreffende Aussage durch eine Reihe anderer Fragen soweit erläutern oder rechtfertigen, dass die gewünschte Zustimmung nach diesem Umweg doch noch gegeben wird. Falls der Antwortende seine Zustimmung in dieser Frage jedoch beharrlich verweigert, muss der Fragende seine Gesprächsstrategie vollständig ändern oder das Gespräch für gescheitert erklären. Ohne die Zustimmung zu jedem einzelnen Schritt der Argumentation kann das dialektische Gespräch nicht fortgeführt werden (vgl. Gadamer ^{4}2000, 15). Deshalb hat Puster recht, wenn er die Homologie als »Eckpfeiler des *elenchos*« bezeichnet (1983, 90–99).

Neben den kleinen Homologien, durch die die Prämissen des Arguments etabliert werden, gibt es noch eine Art großer Homologie am Ende des Gesprächs, auf die die ganze Argumentation abzielt. Hier rechnet Sokrates die einzelnen Zustimmungen zusammen (ein Vorgang, den er als *syllogizesthai* bezeichnet: *Gorg.* 479c, 498e; *Crat.* 412a; *Rep.* II 365a; *Tht.* 186d; *Phlb.* 41c; vgl. auch *Charm.* 160d) und zieht daraus eine Schlussfolgerung, zu der der Gesprächspartner seine Zustimmung geben muss, da er den einzelnen Teilen des Arguments schon zugestimmt hat (vgl. Irwin 1986). Diese abschließende Homologie bringt im sokratischen Gespräch meistens eine Aussage zum Ausdruck, die zu der anfangs aufgestellten Behauptung des Gesprächspartners im Widerspruch steht. Diese letzte Zustimmung wird deshalb in der Regel nicht gerne gegeben, wie sich z. B. an Protagoras' wachsendem Unmut beim Zustimmen gut beobachten lässt: »Er nickte zustimmend [...] Er sagte ja [...] Auch da nickte er noch zustimmend [...] Nur sehr widerwillig gab er da durch Nicken seine Zustimmung [...] Da war er nicht mehr bereit, durch Nicken sein Einverständnis anzuzeigen, und er schwieg auch [...] Ich sagte: »Was denn nun, Protagoras; sagst du zu dem, was ich frage, weder ja noch nein?« – »Bring es selbst zu Ende«, sagte er« (*Prot.* 360c–d; vgl. auch *Rep.* I 342c–d, 346c und 350c–d: Thrasymachos stimmt schließlich nur noch »unter gewaltigem Schweiß zu« und errötet). Aber durch die vorherigen Homologien hat man sich bereits so weit festgelegt, dass man diese letzte Zustimmung nicht mehr verweigern kann, außer man ist, wie Aristoteles sagt, ein »schlechter Partner« und stört das gemeinsame Werk des dialektischen Gesprächs (*Top.* VIII 11, 161a37–b1). Im *Hippias minor* sehen wir, wie Sokrates seiner eigenen Schlussfolgerung nicht zustimmen kann und dennoch behauptet, dass sie in dieser Form aus den Prämissen, also den zugestandenen Sätzen, folgt (*Hp. min.* 376b–c). Durch diesen abschließenden Vorbehalt fällt nachträglich ein ungünstiges Licht auf die Prämissen und damit auch auf Hippias, der diesen Sätzen zugestimmt hat. Für die Seite des Fragenden muss man wohl unterstellen, dass es sich dabei um eine sog. »peirastische« Argumentation handelt, die das Ziel verfolgt, den Wissensanspruch des Antwortenden auf die Probe zu stellen (zum Begriff der Peirastik vgl. Wagner 2003).

Mit dem Hinweis auf die Bedeutung von Homologien für das dialektische Gespräch wird stärker als sonst üblich die Leistung des Antwortenden hervorgehoben. Damit wird dem Umstand Rechnung getragen, dass an dem Gespräch wirklich zwei Personen beteiligt sind, auch wenn der Antwortende in den platonischen Dialogen nicht immer oder vielleicht sogar nie auf der Höhe des Fragenden ist. Aber wie groß auch immer der Abstand zwischen beiden ist, bleiben die Antworten, selbst wenn sie sich auf nicht mehr als auf »ja« oder »nein« belaufen, von zentraler Bedeutung für das Gespräch. Das muss gegen die Platon-Interpreten betont werden, die den Vorwurf erheben, dass die Gesprächspartner häufig kaum mehr als »ja« und »nein« sagen (z. B. Ross 1951, 6; Vlastos hat dafür den Ausdruck *yes-man* geprägt: 1991, 117; eine viel differenziertere Einschätzung findet sich bei Merlan 1947, 410). Diese Kritik der Dialogform übersieht auch, dass es zur dialektischen Methode selber gehört, die Fragen so zu formulieren, dass sie nur mit »ja« oder »nein« beantwortbar sind, wie es auch bei Aristoteles in der *Topik* festgelegt ist (*Top.* VIII 2, 158a15–17). Zudem bewahren gerade die Homologien den kooperativen Charakter des dialektischen Gesprächs. Denn nur durch sie kann gewährleistet werden, dass der *logos*, die Argumentation, *koinos*, also gemeinsam bleibt, wie es bis zu den spätesten Dialogen gefordert wird (*Phlb.* 26e; *Leg.* I 633a).

Die Homologien stellen Ergebnisse und Zwischenergebnisse im Gespräch dar, so partiell und so vorläufig auch alles ist, worauf man sich geeinigt hat (vgl. Görgemanns 1994, 60 f.). Vor einem nächsten Schritt in der Argumentation beruft sich Sokrates deshalb häufig auf schon gegebene Zustimmungen. Rekapitulationen von Argumenten werden regelmäßig eingeleitet mit Formulierungen wie »du hast mir doch zugegeben« oder »wir sind doch übereingekommen« (*Ion* 540a; *Hp. min.* 368e; *Prot.* 332d–e, 360e; *Euthd.* 280b; *Gorg.* 461a–b, 506e; *Symp.* 201d, 207a, c; *Rep.* 339d, 345c u. a.). Auch Konklusionen werden bisweilen mit der Frage angekündigt »Merkst Du wohl, was aus dem Zugestandenen folgt?« Mit Blick auf die Funktion von Homologien lässt sich plausibel machen, dass es trotz aller Aporien und Zweifel eine ganz grundsätzliche Ergebnisorientierung in den Dialogen gibt. Szlezák ist sogar der Ansicht, dass »die explizite Homologie der Gesprächspartner« deutlich mache, dass es sich dabei um platonische Lehrmeinungen handle (1985, 351). Homologien können in der Tat als ein Indiz gelten, das bei der Zuschreibung von Lehrmeinungen mitberücksichtigt werden muss.

Aber sie können noch kein hinreichender Grund dafür sein, weil ihr Zustandekommen zunächst kontingent ist: Zustimmungen können vorschnell, unüberlegt oder mechanisch gegeben werden, und solche inkorrekten oder unqualifizierten Zustimmungen sagen über die »Platonizität« der vorliegenden Aussage noch nichts aus. Wenn einige der diskutierten Aussagen als platonisch bezeichnet werden sollen, kann dies nicht allein an der Zustimmung liegen, die sie erhalten.

Zur genaueren Bewertung der Homologien wird in den Dialogen oft ausdrücklich angezeigt, ob eine Zustimmung auf korrekte (*kalôs*) oder nicht korrekte Weise (*mê kalôs*) gegeben wurde (vgl. Bornkamm 1936, 382). Denn zustimmen kann man einer Aussage aus vielen zufälligen Gründen. Man kann Zustimmungen voreilig, unüberlegt oder unter Druck geben (vgl. z. B. *Soph.* 242b–c oder *Phlb.* 45a; vgl. Long 1996, 92 f.). Ganz in diesem Sinne werden bei den Stoikern Unvorzeitigkeit und Unübereiltheit als besondere dialektische Tugenden bezeichnet (Diog. Laert. VII 46 f.). Die Dialoge bieten ein breites Spektrum an Bemerkungen, mit denen die dialektische Korrektheit oder Inkorrektheit der Zustimmungen, die für die Einschätzung der Argumente und der Argumentierenden wichtig ist, kommentiert wird.

In den platonischen Dialogen ist das Prinzip, eine Untersuchung durch das Etablieren von Homologien durchzuführen, von allgemeinerer Geltung als das Prinzip, eine Untersuchung durch konsequenten Wechsel von Fragen und Antworten durchzuführen (vgl. Gadamer [4]2000, 38). Denn es gibt Dialoge, vor allem mittlere und späte, in denen die Gesprächsführer stärker dazu übergehen, selber etwas zu behaupten und nicht mehr nur Fragen zu stellen. Die Gesprächspartner geben in diesem Fall auch keine Antworten mehr, aber sie müssen nach wie vor signalisieren, ob sie die Aussagen, die man ihnen vorlegt, billigen oder ablehnen. Auch in dieser Form können die Gespräche nicht fortgesetzt werden, ohne dass die entsprechenden Zustimmungen gegeben werden.

63.11 Was bedeuten die dialektischen Fehlschlüsse?

Trotz allen Bemühungen um argumentative Stringenz gibt es in den Dialogen eine Reihe von besonders auffälligen Fehlschlüssen oder Fehlinterpretationen, die den Leser sehr verwirren können. Dabei fragt man sich, ob diese offensichtlichen Fehler Platon ungewollt unterlaufen, oder ob er sich ihrer vollkommen bewusst war, und den Fehlschlüssen im Rahmen der Dialoghandlung eine dramatische, didaktische oder andere Funktion zukommt (Diskussionen dieses Problems finden sich bei Robinson 1969, Sprague 1962, Klosko 1983 und 1987 und bei Gonzalez 1998, 102–105). Auch Aristoteles versucht im Allgemeinen die Trugschlüsse aus der Dialektik zu verdammen, räumt aber als legitime Ausnahme den Fall ein, »dass man den Gegenstand sonst gar nicht erörtern könnte« (*Top.* I 18, 108a36 f.). Indizien dafür, dass es sich tatsächlich um bewusste Fehler handelt, stellen diejenigen Passagen dar, in denen Sokrates zuerst auf fehlerhafte Weise schließt oder Aussagen eines Gesprächspartners auf fehlerhafte Weise interpretiert, dann aber auf diesen Fehler hingewiesen wird (etwa in *Charm.* 165e) oder ihn im weiteren Verlauf selber moniert (*Hp. min.* 376b–c; *Ly.* 213c–d; vgl. Bordt 1998, 67–75). Die Tatsache, dass die Fehlerhaftigkeit noch im selben Dialog aufgedeckt wird, schließt zumindest in diesen Fällen die Möglichkeit aus, dass Platon der Fehler einfach unterlaufen ist. Und zumindest erhöhte hermeneutische Aufmerksamkeit ist auch dann angebracht, wenn ein solcher Fehler in einem anderen Dialog rückgängig gemacht wird, indem entweder eine These, die in einem Dialog mit schlechten Gründen zurückgewiesen wurde, in einem anderen Dialog mit besseren Gründen behauptet wird oder eine These, die in einem Dialog aus schlechten Gründen behauptet wurde, in einem anderen Dialog mit besseren Gründen zurückgewiesen wird.

Die Frage bleibt jedoch, warum Platon seinen Sokrates nicht immer gleich auf die richtige Weise schließen lässt. Man könnte sich vorstellen, dass bewusste Fehlschlüsse als eine Art von Probe dienen, auf die der betreffende Gesprächspartner gestellt wird (Hösle 2006, 152). Gibt er einem besonders auffälligen Fehlschluss seine Zustimmung, dann fehlt ihm streng genommen das Maß an Einsicht, das man für ein dialektisches Gespräch eigentlich braucht und das zu haben er zuvor vielleicht für sich beansprucht hatte. Erkennt und kritisiert ein Gesprächspartner dagegen solche Fehlschlüsse, dann besitzt er die nötige dialektische Kompetenz. Ferner ist gerade bei den manifesten Fehlschlüssen immer auch die Aktivität des Lesers herausgefordert, der sich fragen soll, was genau an der vorgeführten Schlussfolgerung denn falsch ist. Es scheint auch mit Blick auf die platonische Schriftkritik plausibel zu sein, dass der Text so komponiert ist, dass der Leser ihn nicht naiv rezipiert und ihn nicht als eindeutiges und letztgültiges Abbild der theoretischen Überzeugungen des Autors liest (s. Kap. VI.65). Man kann vermuten, dass die bewussten und besonders auffälligen Fehlschlüsse in den Dialogen ein Mittel sind, um dieses Ziel zu erreichen.

64 Platonische Monologe

Durch die allgemeine Hochschätzung der Dialogform und die besondere Bedeutung, die man dem Dialogischen für die platonische Philosophie zuschreibt (bei Hirzel ist Platon sogar ein »Fanatiker des Dialogs«: 1895, 215 und 259), kann man den Blick dafür verlieren, dass es in beträchtlichem Umfang und in überraschender Vielfalt auch in den Dialogen monologische Reden gibt. Selbst wenn man nur die verschiedenen Arten von Reden registriert, die in den Dialogen nicht nur erwähnt, sondern dort auch vollständig wiedergegeben werden, kommt man, gemessen am herkömmlichen Platon-Bild, zu einem erstaunlichen Ergebnis (die Bedeutung der Monologe betonen besonders Thesleff 1967, 55–62 sowie Szlezák 1985, 35 und z. B. 1997, 82).

64.1 Reden, Mythen und systematische Vorträge

(1) Das bekannteste Beispiel ist die *Apologie*, die die drei Verteidigungsreden des Sokrates enthält (*Apol.* 17a–35b, 35e–38b und 38c–42a, wobei die erste Rede ein Verhör enthält, das Sokrates mit einem seiner Ankläger führt: 24c–28a). (2) Im *Menexenos* trägt Sokrates sogar eine ausformulierte Bestattungsrede vor (*Mx.* 236d–249c), die er allerdings von Aspasia, der zweiten Frau des Perikles, gehört zu haben vorgibt. (3) Im *Symposion* beteiligt sich Sokrates an dem gemeinsamen Plan, Lobreden auf den Eros zu halten. In dieser Rede erzählt er allerdings im Wesentlichen von den philosophischen Lehrgesprächen, die er mit einer gewissen Diotima geführt haben will (vgl. Nightingale 1995, 93–132). (4) Im *Phaidros* überrascht Sokrates seinen Gesprächspartner dadurch, dass er, nachdem dieser ihm eine Lysias-Rede vorgelesen hat (*Phdr.* 230e–234c), aus dem Stegreif zwei Gegenreden vorträgt, die dasselbe Thema zunächst nur rhetorisch angemessener (237a–241d), dann aber auch philosophisch anspruchsvoller behandelt (243e–257b). Hier wird ausdrücklich demonstriert, dass Sokrates den professionellen Rednern nicht nur in nichts nachsteht, sondern sie bei weitem übertrifft. (5) Die Mythen wiederum, die Sokrates in einigen Dialogen erzählt, vor allem im *Gorgias* (523a–527e), im *Phaidon* (107d–114c), in der *Politeia* (614b–624d) und als Teil der schon genannten Reden im *Phaidros*, zeigen deutlich, dass Sokrates ab und zu die strengen Maßgaben des dialektischen Gesprächs ruhen lässt und seine Beweisabsicht stattdessen durch eine zusammenhängende Erzählung verfolgt (dazu Brisson 1998, Morgan 2000, Janka/Schäfer 2002 und Partenie 2009). Unabhängig von Sokrates kann man zudem auf die Mythen hinweisen, die im *Protagoras* (320c–322d), im *Symposion* (189d–191d) und im *Politikos* (268d–274e) von anderen Gesprächsteilnehmern erzählt werden. (6) Dass die monologische Darstellung Sokrates überhaupt keine Probleme bereitet, zeigt sich schließlich auch an seiner ausführlichen Gedichtinterpretation im *Protagoras* (342a–347a) und (7) dem Stück intellektueller Autobiographie, das er im *Phaidon* vorträgt (96a–99d). (8) Eine systematische und zusammenhängende Exposition seiner Gedanken findet sich beispielsweise im *Gorgias* (464b–466a und 506c–509c) und sogar schon im *Ion*, einem der frühesten Dialoge (533c–535a). Es ist also nicht so, dass Sokrates erst später, also etwa ab den mittleren Dialogen, von Reden Gebrauch macht, wie man von einer entwicklungsgeschichtlichen Interpretation her denken könnte (s. Kap. II.3). Zusammenhängende Erörterungen anderer Gesprächsteilnehmer gibt es von Nikias (*La.* 181d–182d) und Laches (*La.* 182d–184c), von Protagoras (*Prot.* 320c–328d) oder von Glaukon (*Rep.* II 358e–362c) und Adeimantos (*Rep.* II 362d–367e). Regelrechte Lehrvorträge werden schließlich von Timaios (*Tim.* 27c–92e) und Kritias (*Criti.* 108e–121c) gehalten.

Diese Menge an Beispielen zeigt deutlich, dass Platon in seinen Dialogen keinesfalls nur dialektische Gespräche darstellt, sondern dass auch die Darstellung und Bewertung monologischer und rhetorischer Redeformen ein wichtiger Bestandteil der platonischen Dialoge ist. Die Kritik der Rhetorik und der monologischen Rede im allgemeinen, die man bei Platon findet, hat also nicht dazu geführt, diese Form der philosophischen Darstellung aus dem Dialog ganz zu verbannen (so wenig wie die Schriftkritik Platon davon abgehalten hat, Dialoge zu schreiben). Sowohl Sokrates selber als auch diejenigen Philosophen, die in den späten Dialogen die Rolle des Gesprächsführers übernehmen (also der Gast aus Elea, Timaios und der Gast aus Athen), machen von ihr Gebrauch. Dabei fällt außerdem auf, wie groß die Breite traditioneller Redegattungen ist, die sich im Gesamtwerk der Dialoge dargestellt findet (die Gerichtsrede, die Bestattungsrede, Lobreden und andere Formen epideiktischer Rede sowie der systematische Lehrvortrag. Bei einigen Dialogen wäre es nicht einmal angemessen zu sagen, dass sie Reden enthalten; denn sie bestehen im Wesentlichen aus Reden (*Menexenos*, *Timaios*, *Kri-*

tias). Außerdem beginnt die dramatische Handlung einiger Dialoge, nachdem unmittelbar zuvor Reden gehalten wurden. Das ist z. B. im *Hippias minor*, im *Gorgias* und im *Parmenides* der Fall, mit etwas mehr Abstand zum gehörten Vortrag auch im *Phaidros*.

64.2 Kritik und Rechtfertigung monologischer Rede

Man könnte jedoch fragen, wie sich die radikale Kritik der Rhetorik, die in den Dialogen immer wieder geäußert wird, mit dem gar nicht seltenen Gebrauch von rhetorischen Formen der Darstellung verträgt. Platon scheint sich dieses Problems genau bewusst gewesen zu sein. Denn das Legitimationsproblem wird in fast allen Darstellungen monologischer Rede mitthematisiert. Es gibt also in den Dialogen einen häufigen, aber keinen unreflektierten Gebrauch monologischer Rede. Dabei lassen sich verschiedene Arten des reflektierten Umgangs mit dieser Form unterscheiden:

1. Wenn sich die Gesprächspartner des Sokrates dieser Form bedienen oder von ihr Gebrauch machen wollen, folgt die sokratische Kritik sofort. Sokrates charakterisiert den Effekt, den das angekündigte oder unangekündigte Halten einer Rede auf ihn hat, als eine Art Betäubung und Benommenheit und kennzeichnet damit die irrationale Wirkung einer bestimmten Form von rhetorischer Praxis auf den Zuhörer. Er beschreibt dies so, dass er nach der Rede sprachlos ist und manchmal nicht einmal weiß, wer oder wo er ist (*Apol.* 17a; *Prot.* 328d; *Mx.* 235bc; *Symp.* 198a–c und *Phdr.* 234d; im *Kriton* stellt sich diese Wirkung sogar da ein, wo Sokrates selber eine Rede vorträgt: *Cri.* 54d). Aufmerksam registriert wird in den Dialogen auch der laute Beifall, mit dem die anderen Zuhörer auf solche Reden reagieren (*Prot.* 334c; *Euthd.* 276b–c, d, 303b; *Symp.* 198a). Der Applaus scheint im Rahmen eines dialektischen Gesprächs eine besonders unangemessene Reaktion zu sein, weil er klar zum Ausdruck bringt, dass das Gespräch als eine Art von Wettkampf verstanden wird. Die Zuhörer ergreifen mit dem Applaus Partei und maßen sich eine Art richterliches Urteil über den Ausgang des Gespräches an. Im dialektischen Gespräch, wie es von Platon konzipiert wird, kann es einen solchen, am Gespräch eigentlich gar nicht beteiligten Richter jedoch nicht geben (vgl. Wieland 1982, 79 f.). Die Gesprächspartner sollen für jede Aussage eine Zustimmung einfordern und dadurch »zugleich Richter und Redner sein« (*Rep.* I 348a).

In der sog. ersten Gesprächskrise des *Protagoras* bittet Sokrates Protagoras, seine ausufernden Antworten (z. B. in *Prot.* 316c–317c, 320c–328d oder in 334a–c) zu kürzen, und hält dieser rhetorischen Praxis entgegen: »Ich bin ein sehr vergesslicher Mensch, und wenn jemand so lange spricht, vergesse ich ganz, wovon eigentlich die Rede ist« (*Prot.* 334c–d; schon Herodot berichtet von der Kritik eines solchen Redegebrauchs: »Als nun die von Polykrates vertriebenen Samier nach Sparta kamen, traten sie vor die Regierenden und redeten lang, denn sie baten sehr dringlich. Die aber gaben bei dem ersten Auftreten die Antwort, den ersten Teil ihrer Rede hätten sie vergessen und den Schluss verstünden sie nicht«: *Historien* III 46). Bei dieser Kritik geht es Sokrates genau besehen nicht so sehr darum, dass er die einzelnen Thesen und Argumente vergisst, sondern dass er durch die Länge der Rede aus dem Blick verliert, »wovon eigentlich die Rede ist«. Kritisiert wird damit, dass der Monolog oder zumindest eine bestimmte Form des Monologs die Sachlichkeit der Untersuchung gefährdet (vgl. Gadamer [4]2000, 36). Und diese Sachlichkeit kann Sokrates zufolge besser bewahrt werden, wenn die Redebeiträge kürzer gemacht und die ganze Untersuchung gesprächsweise, in Form von Fragen und Antworten, durchgeführt wird. Sachlicher wäre dies deshalb, weil im Gespräch besser gewährleistet werden kann, dass bei den Gesprächsteilnehmern ein gemeinsames Bewusstsein der Sache besteht.

2. Wenn Sokrates selber sich einer bestimmten Redegattung bedient, dann beginnt er seinen Vortrag meistens mit einer kritischen Absetzung vom sonst üblichen Gebrauch dieser Gattung und versucht, den eigenen Gebrauch als einen legitimen herauszustellen. Auf diese Weise verfährt Sokrates in seiner Verteidigungsrede (*Apol.* 17a–18a), in der Lobrede, die er im *Symposion* auf die Liebe und das Schöne hält (*Symp.* 198d–199b), und in den beiden epideiktischen Reden, die er zum Thema der Liebe im *Phaidros* improvisiert (*Phdr.* 234e f.). In allen drei Fällen kritisiert Sokrates den traditionellen Gebrauch dieser Redegattungen dafür, dass dort von der Wahrheitsfrage ganz abgesehen wird und die Reden nur auf den rhetorischen Effekt und den pragmatischen Erfolg bei den Zuhörern hin konzipiert werden.

3. In anderen Fällen greift Sokrates bestimmte Formen der zusammenhängenden Rede zwar auf, aber macht bewusst keinen ernsten Gebrauch von ihnen. Bisweilen hat diese sokratische Aneignung einer rhetorischen Form den Charakter einer Parodie. Die Gedichtinterpretation im *Protagoras* kann als ein Beispiel

dienen (*Prot.* 342a–347a; dazu Westermann 2002, 233–268). Viele der darin aufgestellten Behauptungen sind so offensichtlich falsch (z. B. dass die Lakedaimonier die eigentlichen großen Philosophen Griechenlands sind und nur deshalb periodisch Fremdenvertreibungen durchführen, damit sie ungestört philosophieren können: *Prot.* 342c), dass man plausibel vermuten kann, dass diese Missverständnisse und Fehlinterpretationen bewusst eingesetzt werden (Hösle 2006, 325 und Manuwald 2006, 157). Das wird auch dadurch bestätigt, dass Sokrates, nachdem er seine Interpretation vorgetragen hat, empfiehlt, diese Art, Philosophie zu betreiben, ganz aufzugeben (347b–348a). Mit dieser Parodie führt er die Willkür von solchen Interpretationen vor und zeigt, wie unangemessen es ist, Philosophie in Form einer Interpretation betreiben zu wollen (Protagoras dagegen scheint dies als zentralen Teil seiner philosophischen oder sophistischen Kompetenz zu verstehen: *Prot.* 338e). Selbstverständlich demonstriert Sokrates aber auch, dass er diese Form dennoch beherrscht. Da er diese Form darüber hinaus auch noch parodieren kann, ist das Maß an Beherrschung, das er unter Beweis stellt, sogar besonders hoch (nach dem Argument im *Hippias minor*, nach dem derjenige, der absichtlich Fehler macht, eine gewissermaßen doppelte Kompetenz braucht: *Hp. min.* 373c–374d).

Andere Beispiele für einen solchen nicht ernsthaften Gebrauch monologischer Redeformen finden sich im *Menexenos* oder im *Phaidros*, in der ersten der beiden Sokrates-Reden. Im *Phaidros* ist das besonders deutlich, da Sokrates die Rede, die er im Anschluss an die Vorlesung der Lysias-Rede gehalten hat, ausdrücklich widerruft (*Phdr.* 242b–243a), um es in einem zweiten Versuch besser zu machen (vgl. Szlezák 1985, 35). Die erste Rede orientiert sich inhaltlich noch an dem, was Lysias in seiner Rede behauptet hatte. Dadurch kann Sokrates umso eindrucksvoller demonstrieren, dass er zum selben Thema eine bessere Rede halten kann, und das sogar aus dem Stegreif. Die Überlegenheit seiner ersten Rede gilt allerdings nur in formaler Hinsicht und betrifft lediglich die rhetorische Komposition. Nachdem er die Rede vorgetragen hat, distanziert sich Sokrates mit Entschiedenheit von ihr und kritisiert sie inhaltlich als »furchtbar«, »naiv«, »unfromm«, »schamlos« und »unwahr« (242d–243d).

4. Einen anderen Charakter haben diejenigen Fälle, in denen Sokrates aufgrund von Unverständnis oder sogar von Gesprächsverweigerung seiner Gesprächspartner in den Monolog gezwungen wird. Nachdem Sokrates im Gespräch mit Polos einmal unangekündigt in eine monologische Rede verfällt (*Gorg.* 464a–466a), entschuldigt er dies damit, dass Polos im bisherigen Wechsel von Fragen und Antworten das Problem nicht verstanden und deshalb einer zusammenhängenden Erörterung (*dihêgêseôs*) bedurft habe. Auffälligerweise beschreibt Sokrates seine Erörterung selber mit einem rhetorischen Begriff, nämlich als eine Art *epideixis* (464b).

Der Fall einer durch Gesprächsverweigerung provozierten Rede liegt dagegen im Gespräch mit Kallikles vor (*Gorg.* 506c–509c). Aber selbst in diesem extremen Fall versucht Sokrates seine dialektische Manier beizubehalten. Er legt sich selber Fragen vor und beantwortet sie daraufhin, so dass der ganze Monolog gewissermaßen als internalisiertes Gespräch durchgeführt wird, also in genau der Form, durch die im *Theaitetos* (189e f.) oder im *Sophistes* (263e) das Denken bestimmt wird (vgl. Long 2013, 109–138). Auf dieselbe Weise verfährt auch der Gast aus Athen, der Gesprächsführer in den *Nomoi* (*Leg.* X 893a–894a). Dort ist es allerdings die Komplexität der verhandelten Sache, der die beiden anderen Gesprächsteilnehmer nicht mehr gewachsen sind, die ihn veranlasst, »jetzt so zu verfahren, dass ich zuerst an mich selbst die Fragen richte, während ihr auf sicherem Boden zuhört, und dann auch selber die Antworten darauf gebe« (893a).

In der besonderen Situation im *Gorgias* beweist Sokrates viel Sinn für das Problem, das ein monologischer Vortrag für ihn darstellt, und versieht seine Rede mit einem Vorbehalt (»nicht als wüsste ich es, sage ich, was ich sage«: *Gorg.* 506a) und mit einer Aufforderung an die Zuhörer: »Wenn aber einem von euch dünkt, ich stimmte mir selbst bei, wo ich nicht sollte, so müsst ihr dazwischentreten und widerlegen« (ebd.). Durch diese Rezeptionsanweisung versucht Sokrates zu verhindern, in die Art von Monolog zu verfallen, die er an seinen Gegnern so vehement kritisiert hat, in einen dogmatischen oder absoluten Monolog, der keine andere Stimme zulässt. Sokrates versucht also eine Art offenen Monolog zu etablieren, der jederzeit in ein Gespräch umgewandelt werden kann und nicht erst am Ende der Rede eine Diskussion ergibt oder dann nur einen weiteren Monolog erzeugt. Vielleicht könnte man diesen Gebrauch der Form, im Unterschied zum herkömmlichen rhetorischen Monolog, als »dialektischen Monolog« bezeichnen. Neben dem Gespräch als bevorzugtem Mittel der Prüfung von Aussagen oder der Exposition von Thesen wird der Vortrag also nicht ganz abgetan, sondern Sokrates selber stellt auf die oben skizzierte Weise einen legitimen Gebrauch dieser Darstellungsform als zumindest zweitbeste Fahrt vor.

Eine Variation dieser Kritik an der monologischen Form der Darstellung findet sich in den Spätdialogen, in denen immer wieder die unkommunikative und dogmatische Form der Lehre vieler vorsokratischer Philosophen kritisiert wird. Am klarsten kommt dies vielleicht im *Sophistes* zum Ausdruck. Der Gast aus Elea rügt dort die Haltung, die Parmenides und andere frühe Philosophen gegen ihre Zuhörer eingenommen haben: »Jeder, scheint mir, hat uns irgendeine Geschichte (*mython*) erzählt, als ob wir Kinder wären« (*Soph.* 242c). Und er berichtet von der frustrierenden Erfahrung, »dass sie uns andere all zu sehr übersehen und geringschätzig behandelt haben (*ôligôrêsan*). Denn ohne dass sie sich darum kümmern (*phrontisantes*), ob wir ihnen folgen in ihren Reden oder zurückbleiben, bringt jeder das seinige zu Ende« (243a; Aristoteles hat diese Kritik aus dem *Sophistes* in der *Metaphysik* fast wörtlich übernommen: *Metaph.* III 4, 1000a9 ff.). Anders als sonst wird hier nicht nur die argumentative Schlüssigkeit der vorsokratischen Philosophie kritisiert, sondern auch die gewählte Form der Darstellung und Vermittlung von Wissen (vgl. Gadamer ⁴2000, 38 f.). Die Kritik an der mythischen Gestalt ist auch eine Kritik daran, die Zuhörer nicht als intellektuell selbständige Personen aufzufassen. Denn so werde eine Autorität beansprucht, durch die das Gesagte der kritischen Diskussion entzogen wird. Das Monologische der Darstellung wird außerdem dadurch noch einmal verschärft, dass nicht nur die Wahrheit der Theorie nicht zur Diskussion steht, sondern auch deren Verständlichkeit keine Rolle zu spielen scheint. Theorien, die in dieser Form auftreten und über sich keine Rechenschaft ablegen, bekommen aber Züge von Beliebigkeit (ein anderes Beispiel ist die Kritik an der Kommunikationsunfähigkeit der Herakliteer: *Tht.* 179e–180c). Der platonische Dialog, in dessen Rahmen diese Kritik formuliert wird, präsentiert sich hier als überlegene Alternative.

65 Die Schriftkritik

65.1 Kontext und Anspruch der Schriftkritik

Die platonische Schriftkritik ist eine der grundlegenden Erörterungen der Frage nach den richtigen Formen und Medien der philosophischen Kommunikation. Der ursprüngliche Kontext, in dem im *Phaidros* die Frage nach dem Wert des Schreibens aufgeworfen wird, ist politischer Natur. Lysias, so wird dort angemerkt, werde sich vielleicht »aus Empfindlichkeit des Schreibens enthalten«, da ihn ein Politiker als »Redenschreiber« (*logographon*) diffamiert habe (*Phdr.* 257c). Diese Bezeichnung wird als abschätzig empfunden, weil man das Schreiben von Reden und das Veröffentlichen solcher Schriften mit den Sophisten assoziiert (257d). Sokrates erwidert darauf, dass eine solche Kritik von Politikern widersprüchlich sei, da sie in ihrem Handeln dem Verfassen von Schriften sogar eine besonders große Bedeutung zumessen (257e). Denn Politiker streben danach, Gesetze zu erlassen, in denen sie als Antragsteller namentlich genannt werden und die auf diese Weise ihren Ruhm bei der Nachwelt sichern (258b-c). Gesetzestexte sind für Sokrates aber zunächst einmal nichts anderes als eine besondere Gattung von Schriften, die genauso wie andere Schriften veröffentlicht werden. Ein Politiker, der jemand anderem vorwirft, Schriften zu verfassen, kann dies unmöglich ernst meinen.

Neben den Gesetzestexten von Politikern erwähnt Sokrates auch die Dramentexte der Tragödien- und Komödienschriftsteller, die in den jeweiligen Wettbewerben ausgezeichnet und deshalb als Schriften veröffentlicht werden (258b). Beide Beispiele verweisen auf den Prestigegewinn, den das Hinterlassen einer Schrift für den Autor bedeutet (258a–b). Das Faktum, dass etwas für wert befunden wurde, für die Öffentlichkeit festgehalten zu werden, scheint für die Wichtigkeit des Aufgezeichneten zu sprechen, zumal, wenn es das Resultat einer öffentlichen Beurteilung und Abstimmung (in der Volksversammlung oder im Theater) ist und sich somit schon gegen Einwände oder konkurrierende Vorschläge durchgesetzt hat. Diesen Sieg in einer öffentlichen Versammlung als sicheres Zeichen für die Qualität des Beschlossenen zu nehmen, hält Platon jedoch für naiv, da die Rationalität der Verfahren, in denen diese Beschlüsse gefasst und Urteile gefällt werden, einiges zu wünschen übrig lässt (*Apol.* 37a–b; *Gorg.* 455a, 471e f.; *Rep.* I 348a; *Tht.* 172e).

Auch wenn eine politisch motivierte Schriftkritik nicht glaubwürdig ist, möchte Sokrates die allgemeine

Frage untersuchen, ob und mit welchen Gründen man jemandem das Schreiben zum Vorwurf machen kann. Dabei wird betont, »dass das Redenschreiben an sich nichts Hässliches ist« (*Phdr.* 258d) und Kritik sich vor allem darauf beziehen muss, dass man nicht auf die richtige Weise schreibt (ebd.: *mê kalôs* [...] *graphein*). Zur Rechtfertigung einer solchen Kritik muss allerdings geklärt werden, was es heißt, richtig oder nicht richtig zu schreiben (ebd.). In diesem Zusammenhang möchte Sokrates den von Phaidros bewunderten »Lysias prüfen und wer sonst jemals etwas geschrieben hat oder schreiben wird, es sei nun eine politische Schrift oder eine private, im Versmaß wie ein Dichter oder ohne Versmaß wie ein Laie« (ebd.). Da diese Formulierung keine Ausnahme zulässt und sie für alle Schriftsteller zu allen Zeiten und für Geschriebenes in allen Gattungen gilt (vgl. auch 277d), muss man diese Kritik auch auf die platonischen Schriften selber beziehen (was bisweilen auch bestritten wird, z. B. Friedländer 1954, Bd. 1, 177; Mittelstrass 1984, 23; Kühn 1998; dagegen Szlezák 1999 und mit derselben Tendenz Kullmann 1990, 324 und 1991, 8). Da dennoch nicht das Schreiben an sich verdammt wird (vgl. Wieland 1982, 17), handelt es sich hier zwar um eine äußerst allgemeine, aber nicht um eine totale Schriftkritik. Daraus zu folgern, dass Platon »den prinzipiellen Nutzen der Schrift gar nicht bestreitet« (Ebert 1974, 26), wirkt allerdings übertrieben. Überraschenderweise wird aber in Platons letztem Dialog, den *Nomoi*, tatsächlich der Nutzen der Schrift gepriesen (*Leg.* X 890e f.). Im Sinne einer entwicklungsgeschichtlichen Interpretation (s. Kap. II.6) könnte man vermuten, dass Platon seine radikale Position aus dem *Phaidros* inzwischen aufgegeben hat. Doch gegen diese Einschätzung kann man aus verschiedenen Gründen skeptisch sein. Denn zum einen ist es nicht der Gesprächsführer, also der Gast aus Athen, der sich hier äußert, sondern Kleinias, ein als »übereifrig« charakterisierter Gesprächspartner (dazu Thanassas 2002), und zum anderen wird in den *Nomoi* nur ein zweitbester Staat konzipiert, für den es eben kennzeichnend ist, dass man in ihm in größerem Umfang als etwa in der *Politeia* Gesetze und deshalb auch Schriften braucht.

65.2 Der Zusammenhang von Schriftkritik und Kritik der Rhetorik

Die Frage nach den Normen des richtigen Schreibens wird schließlich (in *Phdr.* 259e) durch die Frage nach den Normen des richtigen Redens ergänzt und gewissermaßen vervollständigt. Schriftkritik und Rhetorikkritik, die Kritik des geschriebenen und die des gesprochenen Wortes, gehören also systematisch zusammen (vgl. Szlezák 1985, 32). Denn es geht *erstens* auch in der Rhetorikkritik im *Phaidros* nicht nur um gesprochene, sondern ausdrücklich auch um geschriebene Reden (271b–c). *Zweitens* vergleicht schon der *Protagoras* die Unzulänglichkeit von Rednern mit den Mängeln von Büchern (*Prot.* 329a). Außerdem belässt es *drittens* die Schriftkritik nicht bei einer Kritik der schriftlichen Vermittlung von Wissen, sondern entwirft zugleich die Vision einer mündlichen Form der Belehrung, die von den Mängeln der Schrift nicht betroffen ist. Als solche gelten für sie aber genau die Regeln einer idealen Rhetorik, die zuvor entworfen wurden. Es scheint so zu sein, dass eigentlich erst das dialektische Gespräch die Postulate einer idealen Rhetorik erfüllt. Insofern ist Sokrates der ideale Rhetoriker. *Viertens* schließlich wird mit Hilfe der Schriftkritik der Philosoph als derjenige definiert, der Wertvolleres (*timiôtera*) zu sagen hat, als er in seinen Schriften formuliert (*Phdr.* 278d). Dasselbe gilt aber auch vom wahren Rhetoriker, von dem ja verlangt wird, dass er um die Natur des Ganzen (*tês tou holou physeôs*: *Phdr.* 270c) wissen muss, um über bestimmte Themen kunstgerecht reden zu können. Dieses Ganze wird aber im Vergleich zum Thema seiner Rede meistens ein *timiôteron* sein, so dass auch der wahre Rhetoriker, genauso wie der Dialektiker im Verhältnis zur Schrift, immer mehr und Wertvolleres wissen muss, als er in einer Rede ausdrücken kann (Szlezák 1993, 71–76).

65.3 Der Mythos von der Erfindung der Schrift

Nach diesen Präliminarien und nachdem Sokrates seine Kritik der Rhetorik abgeschlossen hat (*Phdr.* 273b), führt er die Schriftkritik zuerst durch Erzählung eines Mythos ein, der die Erfindung der Schrift in Ägypten zum Thema hat. Es ist auffällig, dass in dem Mythos (274c–275b), auf den sich Sokrates auch im *Philebos* noch bezieht (*Phlb.* 18b–c), nicht erzählt wird, ob Thamus als königlicher Schriftkritiker schließlich auch politische Konsequenzen aus seiner Kritik gezogen hat. Die Frage läge ja nahe, ob die Schrift nach dieser radikalen Kritik überhaupt noch im Reich verbreitet wurde oder ob sie nur für einen eingeschränkten Personenkreis, z. B. nur für Priester oder Beamte eingeführt wurde. Gegen die Möglichkeit der Schriftunterdrückung spricht jedoch die historische Tatsache, dass Ägypten eine der frühesten Schriftkulturen ist (was natürlich auch Platon bekannt war, wie aus *Tim.* 23a hervorgeht), und dass die Überlieferung die Erfindung der Schrift eben auf Theuth zurückführt. Insofern kann man vermutlich auch für den Mythos davon ausgehen, dass die Schrift trotz ihrer prinzipiellen Kritik in Gebrauch genommen wurde. Die Kritik war also nicht so grundsätzlich, dass das Schreiben von vornherein zu unterdrücken war. Dieser Befund ist insofern interessant, als bei Platon derselbe Fall vorliegt, da auch er trotz seiner Schriftkritik Dialoge schreibt.

65.4 Überblick über die einzelnen Kritikpunkte

Die Kritik, die mit Hilfe des Mythos anschaulich und narrativ eingeführt wird, wird schließlich ohne weiteren Rückgriff auf Gehörtes fortgeführt und erläutert (zum Motiv und zur Bedeutung der Berufung auf Gehörtes vgl. Usener 1994 und Erler 2001). Dabei steht neben Eigenschaften, die dem Medium Schrift selber zukommen sollen, auch das Verhältnis auf dem Prüfstand, das man gegenüber dem Schreiben oder dem Geschriebenen einnimmt. Nicht nur die Schrift, sondern auch das Schreiben und das Lesen sind Gegenstand der Kritik. Schließlich wird die normative Frage erörtert, welches Verhältnis insbesondere der Philosoph zum Schreiben von Texten einnehmen soll (Szlezák 1993, 58). Man kann die Kritik, die Sokrates referiert und sich zu eigen macht, in einer Reihe von Punkten zusammenfassen:

1. Die Leser werden auf Dauer ihr Gedächtnis vernachlässigen, »weil sie im Vertrauen auf die Schrift sich nur äußerlich durch fremde Zeichen (*exôthen hyp' allotriôn typôn*), nicht aber selber innerlich durch sich selbst erinnern werden« (*Phdr.* 275a). Belege für die hier kritisierte Einstellung finden sich in der griechischen Tradition bereits sehr früh. Schon in *Der gefesselte Prometheus* wird von »geschriebener Zeichen Fügung, aller Ding' Gedächtnis« gesprochen (*grammatôn te syntheseis, mnêmên hapantôn*: 460 f.). Weil die Schriften in einem ganz handgreiflichen Sinne vorliegen und zur Verfügung stehen, besteht die Gefahr, dass die Leser es nicht mehr für nötig halten, sich selbständig und aktiv an etwas zu erinnern. Denn sie können es mit sehr viel weniger Mühe einfach nachlesen. Bis zu einem gewissen Grad begeben sie sich dadurch aber in eine Art von Abhängigkeit von den »fremden Zeichen« der Schrift. Das Vertrauen in die Schrift (*pistis graphês*) stellt deshalb eine Art von Autonomieverlust dar. Eine analoge Kritik wird im *Protagoras* geübt. Sokrates kritisiert dort den Versuch, Philosophie als Interpretation (z. B. von Gedichten) zu betreiben, als einen Verfall des philosophischen Gesprächs und begründet dies damit, dass man sich beim Interpretieren nur durch die »fremde Stimme« (*allotrian phônên*) der Dichtung unterhalte, statt in einem ernsthaften Gespräch von der eigenen Stimme (*heautôn phônês*) Gebrauch zu machen (*Prot.* 347c). Mit der eigenen Stimme zu sprechen, d. h. seine eigenen Überzeugungen zu formulieren und sich aus sich selbst zu erinnern, gehört für Platon zu den grundlegenden Anforderungen an einen Philosophen (vgl. auch *Hp. min.* 365c–d). Das Thema der Vergesslichkeit, die durch die Gewöhnung an die Schrift hervorgerufen wird, findet auch in der dramatischen Handlung des *Phaidros* seine Entsprechung. Denn Phaidros, der als klassischer Bibliophiler und Vielleser eingeführt wird, kann sich an einigen Stellen des Gesprächs (z. B. *Phdr.* 272c und 277b) nicht recht an das Gesagte erinnern und ist dann auf die Hilfe von Sokrates angewiesen.

2. Die Leser oder auch die Hörer von vorgelesenen Schriften erwerben sich kein Wissen, sondern nur den Schein von Wissen. Sie erliegen häufig dem Trugschluss, dass sie, weil sie vieles gehört haben (*polyêkooi*: *Phdr.* 275a), deshalb auch schon viel wissend seien (*polygnômones*: 275b). Von dieser Gefahr berichtet auch Xenophon in den *Memorabilien*: Sokrates »hatte nämlich erfahren, dass Euthydemos der Schöne viele Schriften der berühmtesten Dichter und Sophisten gesammelt hatte und schon deswegen glaubte, seinen Altersgenossen an Wissen überlegen zu sein« (*Mem.* IV 2.1). Bei Xenophon führen Beobachtungen dieser Art jedoch nicht zu einer grundsätzlichen Schriftkritik. Denn an anderer Stelle, in *Mem.* I 6.14, lobt Sokrates selber »die Schätze der alten Weisen, welche diese in Büchern schriftlich aufgezeichnet und hinterlassen haben« und berichtet von der glücklichen Erfahrung der gemeinsamen Lektüre dieser Schriften. Für Platon kann durch die bloße Rezeption einer großen Zahl von Texten kein wirkliches Wissen entstehen. Ohne eingehenden Unterricht (*aneu anakriseôs kai didachês*: *Phdr.* 277e), der das Geschriebene erklärt, es problematisiert und es von allgemeineren Prinzipien aus begründet, bleibt es bei dem bloß Angelesenen, und vielleicht nicht einmal dabei. Wer etwas nur angelesen hat, der hat sich die Gedanken noch nicht zu eigen gemacht und ist nicht selber in der Lage, die Aussagen des Textes zu begründen und gegen mögliche Einwände zu verteidigen. Dieser Aspekt der Schriftkritik verweist auf ein sokratisches Grundproblem: So wie der Politi-

ker, der Dichter, der Handwerker und der Redner, so meint auch der Leser etwas zu wissen, weiß es aber (als Leser) nicht wirklich. Dieses eingebildete Wissen verhindert den Erwerb wirklichen Wissens. Indem Sokrates außerdem darauf hinweist, dass solche Leute »schwierig im Umgang« sind (*Phdr.* 275a), bekommt die Schriftkritik auch eine moralische Dimension. Dementsprechend sollen die dialektischen Gespräche, insbesondere die elenktischen Gespräche, auch dazu dienen, diejenigen, deren Scheinwissen geprüft und widerlegt wird, »weniger beschwerlich [...] und sanftmütiger« zu machen (*Tht.* 210c; vgl. *Soph.* 230d).

3. Schriften selber reden nicht, sie bezeichnen nur, und zwar immer nur ein und dasselbe (*Phdr.* 275d). Deshalb gibt es auch im eigentlichen Sinne keinen Dialog des Lesers mit dem Text (Szlezák 1985, 355). Wer einen Text befragt, sollte sich darüber klar sein, vom ihm selber keine Antwort zu bekommen. Einen ähnlichen Gedanken formuliert Platon schon im *Protagoras*, als er die Diskussionsschwäche der Redner mit dem Schweigen der Bücher vergleicht: »Wenn einer etwas weiter fragt, so wissen sie wie die Bücher nichts weiter weder zu antworten noch selbst zu fragen« (*Prot.* 328e f.). Wenn man dennoch meint, von Büchern eine Antwort zu bekommen, dann hat man sie sich vermutlich selbst gegeben. Das Gespräch, das hier scheinbar zustande kommt, ist in jedem Fall ein Selbstgespräch. Platon scheint zudem davon auszugehen, dass der Gehalt eines Textes ein für alle mal feststeht. In einem wirklichen Gespräch dagegen kann es vorkommen, dass man schrittweise gehaltvollere Antworten bekommt.

4. Schriften können nicht selber verstehen, an wen sie sich richten. Texte suchen sich ihre Leser nicht selber aus. Eine veröffentlichte Schrift bietet sich wahllos jedem zur Lektüre an (*Phdr.* 275d–e); sie schweift umher (*kylindeitai*: 275e). Ihre Rezeption ist nicht mehr kontrollierbar. Deshalb haben, dem bekannten Sprichwort zufolge, Bücher ihre Schicksale, und zwar, wie meistens unterschlagen wird, je nach Fassungsvermögen des Lesers: »Pro captu lectoris habent sua fata libelli«. Darin besteht aber für Platon eine grundlegende Gefahr beim Schreiben von Texten. Von dieser Gefahr wird auch im *Parmenides* erzählt, wo Zenon davon berichtet, dass ihm die Schrift, die er gerade vorgetragen hat und die er vor langer Zeit einmal zur Verteidigung von Parmenides geschrieben hatte, gestohlen wurde (*Prm.* 128d–e; dazu Kullmann 1990, 326–328). Der Diebstahl einer Schrift scheint ein besonders handgreifliches Beispiel für den Kontrollverlust zu sein, den das Schreiben mit sich bringt.

5. Eine Schrift »ist weder fähig sich selbst zu wehren noch sich selber zu helfen« (*Phdr.* 275e). Wenn sie zu Unrecht kritisiert und Polemiken ausgesetzt wird, dann ist sie auf die Hilfe des Autors, ihres ideellen Vaters angewiesen (ebd.). Platon zufolge sind Schriften keine autarken Gebilde. In der Öffentlichkeit sind sie auf hermeneutische Unterstützung angewiesen, vorzugsweise durch den Autor selbst. Im *Phaidros* selbst wird die Möglichkeit ausgeblendet, dass auch ein anderer als der Autor dem Text zu Hilfe kommen kann. Im Allgemeinen kann sich auch der Interpret zum Advokaten der Schrift machen und sie nach bestem Wissen und Gewissen gegen ungerechtfertigte Einwände in Schutz nehmen. Eine solche advokatorische Einstellung wird z. B. im *Theaitetos* beschrieben. Der berühmte Satz von Protagoras (*Tht.* 151e f.) wäre, wie Sokrates sagt, »nicht verloren gegangen, wenn nur der Vater der [...] Geschichte noch lebte, sondern dieser würde ihr noch auf vielerlei Art zu Hilfe gekommen sein. Nun aber, da sie verwaist ist, misshandeln wir sie, zumal auch nicht einmal die Vormünder, welchen Protagoras sie übergeben hat, ihr zu Hilfe kommen wollen [...] Sondern es scheint, wir selbst werden ihr der Gerechtigkeit wegen helfen müssen« (*Tht.* 164e).

6. Es ist nicht möglich, durch Schriften »die Wahrheit hinreichend zu lehren« (*Phdr.* 276c). Ebenso ausgeschlossen ist es, eine Kunstfertigkeit (*technê*) auf schriftlichem Wege vermitteln zu wollen (275c). Diese Kritik wird später von Aristoteles aufgegriffen: »Es ist aber in jeder Kunst einfältig, sich nach Geschriebenem zu richten« (*Pol.* III 15, 1286a11 f.; vgl. auch *SE* 34, 183b35–184a8). Die Kritik an der Erwartung, dass man sich eine Art von Lehrbuchwissen erwerben könne, wird im *Phaidros* schon vor der eigentlichen Schriftkritik formuliert: »Der Mensch ist toll und glaubt, weil er in Büchern oder sonst wo einige Mittelchen gefunden hat, ein Arzt geworden zu sein, obwohl er doch nichts von der Kunst versteht« (*Phdr.* 268c). Auch nur als Leser zu glauben, »dass etwas Deutliches und Sicheres aus Schriften entstehen könne«, ist ein Zeichen von »großer Einfalt« (ebd.; vgl. auch 277d). Wozu sie in der Lage sind, ist nicht mehr, als »den zu erinnern, der die Dinge weiß, um die es in dem Geschriebenen geht« (275c–d). Das entsprechende Wissen muss man sich also schon vor seiner Lektüre, auf jeden Fall aber unabhängig von ihr angeeignet haben. Die Hoffnung, allein durch Lektüre eine Form von Wissen zu erwerben, ist auch ein Zeichen dafür, dass man einen falschen Begriff von dem hat, was es heißt, etwas zu wissen.

7. Bücher sind für Platon das falsche Versprechen einer schnellen und unmittelbaren Wissensvermitt-

lung. Im Phaidros vergleicht er sie mit Saatgut, das für das Anlegen sog. »Adonisgärten« verwendet wird, welche zwar schnell irgendwelche Blüten treiben, die aber genauso schnell auch wieder eingehen (Phdr. 276b; vgl. Szlezák 1993, 60–63). Von der großen Verführung, die in dieser Hinsicht von Büchern ausgeht, wissen auch die anderen Dialoge zu berichten. Im *Phaidon* beispielsweise erzählt Sokrates, wie er von der Philosophie des Anaxagoras, in die er große Erwartungen gesetzt hatte, enttäuscht wurde. Die besonderen Formulierungen, mit denen er seinen Versuch schildert, sich diese Philosophie zu eigen zu machen, deuten an, dass die Gründe für seine Enttäuschung nicht nur mit dem philosophischen Gehalt des Gelesenen zu tun haben: »ganz eifrig (*spoudê*) griff ich zu den Büchern und las sie durch, so schnell (!) ich nur konnte, um nur aufs schnellste (!) das Beste zu erkennen und das Schlechteste« (Phd. 98b). Sokrates unterliegt hier offensichtlich selber noch der Illusion, durch Bücher kompakt und schnellstmöglich belehrt werden zu können. Dabei ist nicht nur die Schnelligkeit der Lektüre, sondern auch die genannte Intention verräterisch. Mit Ernst und Eifer an ein Buch zu gehen, ist dem *Phaidros* zufolge ein Zeichen von Naivität.

65.5 Darstellungen von Lesen und Schreiben

Wie bedeutsam für Platon die Reflexion auf Mündlichkeit und Schriftlichkeit der Philosophie ist, erkennt man auch daran, dass das Thema keineswegs auf die grundsätzliche Erörterung im *Phaidros* eingeschränkt ist. Neben solchen expliziten Diskussionen findet sich in den Dialogen auch eine Reihe von differenzierten Darstellungen von Vorgängen des Lesens und Schreibens. So wird im *Phaidros* selbst gleich zu Beginn eine Buch-Präsentation und -Rezeption vorgeführt: (1) Lysias trägt im Haus des Epikrates eine geschriebene Rede vor (*Phdr.* 227b). (2) Phaidros, einer der Zuhörer, bittet um die Wiederholung der Lesung (228a). (3) Er kauft das Buch (228b). (4) Er schaut die besten Stellen nach und beginnt, die Rede auswendig zu lernen (ebd.). (5) Phaidros möchte die Rede vor Sokrates auswendig vortragen (228d). (6) Auf dessen Bitten liest Phaidros die Rede schließlich vor (228d–e). Auf diese Weise werden Themen der Schriftkritik schon auf der Ebene der dramatischen Handlung des Dialogs eingeführt.

Als besonders aufschlussreich kann die Eingangsszene des *Theaitetos* gelten. Sie ist die einzige Stelle im platonischen Werk, an der nicht nur die Rezeption, sondern auch die Produktion eines Buches erörtert und dargestellt wird (vgl. Tarrant 1996, 133). In dieser Schilderung lassen sich die folgenden Momente auf dem Weg vom sokratischen Gespräch zum geschriebenen und schließlich vorgelesenen Dialog unterscheiden (vgl. Westermann 2002, 28): (1) Sokrates spricht mit Theaitetos (*Tht.* 142c). (2) Danach erzählt er Eukleides von diesen Gesprächen (142c–d). (3) Eukleides versucht das, was er von Sokrates gehört hat, aufzuschreiben (142d f.). (4) Er versucht, seine Erinnerungslücken zu schließen, indem er Sokrates noch einige Male dazu befragt (143a). (5) Er entscheidet sich, Sokrates im Manuskript nicht als Erzähler vorkommen zu lassen, sondern nur das Gespräch zwischen Sokrates und Theaitetos darzustellen (143b–c; diesen Kunstgriff wendet auch Cicero in den *Tuskulanischen Disputationen* an: I 8). (6) Eukleides lässt das fertige Manuskript von einem Knaben vorlesen (143c ff.). Mit der literarischen Entscheidung, die in Punkt (5) beschrieben wird, ist die grundsätzliche Unterscheidung zwischen erzählenden und dramatischen Dialogen angelegt. Ebenfalls wird so darauf hingewiesen, dass diese dramatische Mimesis eine Illusion ist. Mimetisch getreuer wäre es gewesen, wenn Eukleides' Buch beschrieben hätte, wie Sokrates ihm von dem Gespräch erzählt. Interessant ist zudem, dass auch bei dieser Schilderung einer literarischen Produktion, ganz im Sinne der Schriftkritik, von der Erinnerungsfunktion der Schrift gesprochen wird (*hypomnêmata*: 142e; vgl. *Epin.* 980d). Darüber hinaus zeigt die Rahmenerzählung anschaulich, wie sich langsam eine sokratische Tradition bildet und welche Rolle das Verfassen sokratischer Dialoge dabei spielt. Dass Platon in diesem Fall so weit geht, nicht nur das Gespräch von jemand anderem mündlich überliefern zu lassen, sondern auch den Dialog als von jemand anderem geschrieben auszugeben, gehört zu den Kuriositäten der platonischen Dialogkomposition. Eukleides, dem er den *Theaitetos* auf diese Weise zuschreibt, und den er dabei auch noch für seine eigenständige literarische Leistung preist, ist ein bekannter Sokratiker, der tatsächlich selber eine Reihe von sokratischen Dialogen geschrieben hat (vgl. Guthrie 1969, 499–507).

65.6 Platonische Dialoge als vernünftige Spiele

Wenn die Dialoge selber unter die Schriftkritik fallen und sie damit, wie es im *Phaidros* heißt, nur als Spiele gelten können (vgl. Krämer 1959, 462; Szlezák 1985,

13 f. und 1993, 66), dann scheint die Schriftkritik zu einer einseitigen Abwertung der Dialoge als philosophischer Schriften zu führen. Diese Schlussfolgerung werden die meisten Interpreten nur sehr schwer akzeptieren (z. B. Ebert 1974, 27). Dennoch scheint es zwingend zu sein, dass man bei Anerkennung der Universalität der platonischen Schriftkritik ebenfalls den Spielcharakter der Dialoge anerkennen muss. Gleichwohl bleibt fraglich, ob die Anerkennung ihres Spielcharakters auch zwingend zur philosophischen Entwertung der Schriften führt. Jemand, der diese Konsequenz zieht, ist Blaise Pascal, der im Blick auf Platon und Aristoteles schreibt: »Wenn sie sich zurückgezogen haben, um ihre Bücher über die Gesetze und die Politik zu schreiben, so geschah es wie im Spiel; das war die am wenigsten ernsthafte und die am wenigsten philosophische Seite ihres Lebens« (*Pensées* 331). Für andere Autoren wiederum ist der Spielcharakter der Dialoge gerade das philosophisch Interessante (Gundert 1968, 15 und 54; Roochnik 1990, 164–176).

Dass die Schrift mit Spielen in Zusammenhang gebracht wird, fängt im *Phaidros* bereits mit der Liste der Erfindungen an, die Theuth dem König präsentiert, da zwei Erfindungen, die vor der Schrift genannt werden, Spiele sind (*Phdr.* 274c–d). Man könnte eine gewisse Ironie darin sehen, dass der Erfinder selbst, dem es eigentlich sehr ernst mit der Schrift ist, diese in den Kontext von Spielen stellt und gar nicht der königliche Schriftkritiker, von dem es doch eher zu erwarten wäre. Andererseits ist es sehr unwahrscheinlich, dass der Erfinder eine abwertende Einstellung zu den von ihm selbst erfundenen Spielen hat. Man könnte die Perspektive vielleicht sogar umkehren und die Tatsache, dass die Spiele im Zusammenhang mit Schriftsystemen und Wissenschaften erfunden wurden, so verstehen, dass auch die Spiele etwas repräsentieren, was über die reine Unterhaltung hinausgeht (*Phdr.* 274c–d: Zahl, Rechnung, Geometrie und Astronomie; fast dieselbe für Platon kanonische Anordnung findet sich in *Rep.* VII 522b–530c, *Hp. min.* 366c–368a, *Hp. mai.* 285c und in *Euthd.* 290b–c. Im *Gorgias* findet sich sogar eine ähnliche Verknüpfung dieser Wissenschaften mit einer Art von Spielen: *Gorg.* 450d). Strategiespiele etwa, wie die in der Aufzählung genannten Brettspiele, sind Spiele, die ein hohes Maß an Konzentration und Kalkulation erfordern und deshalb nicht nur amüsieren, sondern auch den Verstand in Bewegung halten. Ein anderer wichtiger Gesichtspunkt von Spielen ist, dass man in ihnen Regeln befolgt. Insofern kann man in Spielen üben, Regeln zu verstehen, sie anzuwenden, Regelbrüche zu thematisieren usw. Spiele gehören damit zu den ersten Modellen von Ordnung, die man sich selber zu eigen macht. Auf diesen Aspekt von Spielen ist in der Moralpsychologie immer wieder aufmerksam gemacht worden (vgl. z. B. Piaget 1986, 23–134). Die Regeln, um die es in der Darstellung der Dialoge geht, wären z. B. solche des *elenchos* oder des dialektischen Gesprächs im Allgemeinen.

Auch ein Blick auf den Wortgebrauch in anderen Dialogen zeigt, dass der Begriff »Spiel« viel weniger pejorativ ist, als man auf den ersten Blick meinen könnte (einen nützlichen Überblick gibt Guthrie 1975, 56–65). Natürlich kann in den Dialogen »Spiel« bisweilen auch eine abwertende Bedeutung haben, so etwa im *Euthydemos*, wo Sokrates die eristische Form der Diskussion als bloße Spielerei abqualifiziert: »Spiel nenne ich es aber deshalb, weil, wenn einer auch vieles und alles dergleichen lernte, er doch von den Gegenständen selbst um nichts besser wüsste, wie sie sich verhalten, sondern nur geschickt sein würde, sein Spiel mit anderen zu treiben, indem er ihnen durch die Vieldeutigkeit der Worte ein Bein stellen und sie umwerfen könnte« (*Euthd.* 278b). Allerdings scheint *paidia* hier weniger als »Spiel«, sondern vielmehr als »Scherz« verstanden zu werden.

Es ist bezeichnend, dass selbst in philosophisch so ernsten Dialogen wie dem *Parmenides*, dem *Timaios* oder den *Nomoi* die Gesprächsführer überhaupt kein Problem darin sehen, ihre philosophischen Gespräche als Spiel, wenngleich als »vernünftiges Spiel«, zu bezeichnen (*Prm.* 137a; *Tim.* 59c–d und *Leg.* III 685a; vgl. *Plt.* 268d). Andere Stellen, an denen Platon die Bedeutung von Spielen für die Erziehung betont, legen nahe, den propädeutischen Charakter der Dialoge zu betonen (z. B. *Rep.* IV 424e und VII 536e f.; außerdem *Plt.* 308d: Spiele als Eignungsprüfung).

Platons Betonung des Spielcharakters von Schriften würde also nicht zu einer totalen Leugnung philosophischer Ernsthaftigkeit führen. Aber der Anspruch, in einem geschriebenen Dialog das Ganze der Philosophie zu repräsentieren, wird dadurch mit einem Vorbehalt versehen. Gegenüber dem idealen Fall mündlicher Belehrung, den wiederholten Lehrgesprächen, die ein erfahrener Dialektiker mit einer geeigneten Seele führt, bleibt die Schrift immer, in jeder ihrer Gattungen, von sekundärer Bedeutung (vgl. Szlezák 1999). Dennoch sind auch nach Platon nicht alle Schriften gleichermaßen mangelhaft. Gerade die Tatsache, dass Platon sich so dezidiert für die Dialogform entschieden hat, legt die Vermutung nahe, dass diese Form gewisse Vorzüge vor anderen Formen philosophischer Mitteilung besitzt (vgl. Friedländer [2]1954, 177 und

Wieland 1982, 53). Wäre jede Form schriftlicher Mitteilung unterschiedslos schlecht, so wäre es vollkommen gleichgültig, welche der möglichen Formen man wählt, und man wäre größerer Mühen bei der literarischen Gestaltung von vornherein überhoben.

Der größte Mangel einer Schrift besteht darin, ihre eigenen Mängel verdecken zu wollen und sie so erscheinen zu lassen, als ob man ihr die Wahrheit über etwas direkt entnehmen könnte. Dieser Anschein von Unmittelbarkeit in der philosophischen Kommunikation täuscht beim Lesen von Texten immer. Deshalb wird dem philosophischen Schriftsteller davon abgeraten, den eigenen Schriften einen Ernst zuzuschreiben, der ihnen nicht zukommt. Platon kritisiert diesen simulierten Ernst der meisten Schriften. Sie sollen vielmehr von einem spielerischen Charakter gekennzeichnet sein, der ihre philosophische Vorläufigkeit klar zum Ausdruck bringt (dieses Sollen betont auch Szlezák 1993, 58). Schriften sollen nicht mehr wollen, als sie können. Dabei ist zu beachten, dass den Schriften nicht an sich selbst ein solcher Spielcharakter zukommt. Das Spielerische ist für die Komposition einer Schrift eine Art von Sollzustand, etwas, das mit einer besonderen schriftstellerischen Leistung erst bewerkstelligt werden muss. Der philosophische Schriftsteller schreibt deshalb ausdrücklich »um des Spieles willen« (*paidias charin*: *Phdr.* 276d).

Im *Phaidros* bemerkt Sokrates, dass die beiden Reden, die er als Reaktion auf die Musterrede von Lysias gehalten hat, exemplarischen Charakter haben, weil sie ein Beispiel (*paradeigma*) dafür enthalten, »wie der, welcher das Wahre weiß, spielend in Reden die Zuhörer verleiten kann« (*Phdr.* 262d). Dabei sind drei Aspekte von Bedeutung: (1) Der *Redner* weiß die Wahrheit (*eidôs to alêthes*), (2) die *Reden* haben Spielcharakter (*prospaizôn*), (3) die *Zuhörer* werden verleitet (*paragoi*). Möglicherweise lässt sich diese Beschreibung einer rhetorischen Strategie auch auf den platonischen Gebrauch der Schrift, genauer gesagt: der Dialogform, beziehen. Das wird durch *Phdr.* 278c bestätigt, wo Sokrates dieselbe Formel vom Wissen der Wahrheit gebraucht, nun aber vom Philosophen spricht und von dessen kritischem Verhältnis zu den eigenen Schriften. In Bezug auf das obige Zitat müsste allerdings geklärt werden, ob man dem »Verleiten« einen konstruktiven Sinn geben kann. Das könnte insofern der Fall sein, als sich Sokrates mit dieser Äußerung auf die beiden Reden bezieht, die er zuvor gehalten hat, von der die zweite doch mit dem Anspruch auftrat, eine zutreffende Darstellung zu geben. Wenn man sagen kann, dass die Zuhörer auch mit einer solchen Rede verleitet werden können, dann werden sie genau genommen zur Wahrheit verleitet (vgl. Hösle 2006, 63).

65.7 Der Zusammenhang von platonischer Anonymität und Schriftkritik

Für das schriftstellerische Selbstverständnis Platons ist eine bekannte Stelle aus dem *Phaidon* von großer Bedeutung. Gefragt danach, wer am letzten Tag von Sokrates im Gefängnis zu den Anwesenden gehörte, schließt der Erzähler seine erste Aufzählung mit dem denkwürdigen Satz: »Platon aber, glaube ich, war krank« (*êsthenei*: *Phd.* 59b). Dieser Satz macht auf einen fundamentalen Sachverhalt aufmerksam, der keinesfalls nur für den *Phaidon*, sondern in einer bestimmten Hinsicht auch für alle anderen Dialoge gilt. Denn dieser Satz macht den Leser auf die Abwesenheit des Autors aufmerksam, indem er ihn mit Verweis auf eine Krankheit entschuldigt. Nun ist es natürlich nicht so, dass Platon bei allen Gesprächen, die er dargestellt hat und an denen er hätte teilnehmen können, einfach immer krank war. Aber in der Tat gehört er selber in keinem einzigen seiner Dialoge zu den Anwesenden (das einzige Werk, in dem er ausdrücklich von seiner Anwesenheit berichtet, ist die *Apologie*, also gerade kein Dialog: *Apol.* 38b). In der Forschung wird dieses Phänomen gemeinhin als »platonische Anonymität« bezeichnet (Edelstein 1962; Press 2000). Von der Sache her gedacht, ließe sich die Schwäche des Autors, von der hier die Rede ist (das Verb, das Platon sich hier selber zuschreibt, *asthenein*, heißt wörtlich »kraftlos« oder »schwach sein«), auch auf die Schwäche der Schrift beziehen, von der etwa im *Siebten Brief* gesprochen wird (*Ep.* VII, 343a: *asthenes*). Denn wenn wir die Schriftkritik ernst nehmen, dann macht sich der Autor, wenn er ein Philosoph ist, im Schreiben schwächer als er eigentlich ist. Denn der Philosoph ist bei Platon ganz wesentlich dadurch definiert, dass er stärkere Gründe hat als diejenigen, die er der Schrift anvertraut (*Phdr.* 278c-d; vgl. Szlezák 1985, 37–48).

Wenn man nach dem Grund für diese platonische Anonymität fragt, muss wiederum auf die Schriftkritik verwiesen werden. Das geht aus einem bildhaften Vergleich hervor, den Platon im *Phaidros* anstellt. Sokrates unterscheidet dort (in *Phdr.* 275e f. und 278a) zwischen dem Vater einer Rede, seinen rechtmäßigen Söhnen (den dialektischen Gesprächen) und seinen unrechtmäßigen Söhnen (seinen Schriften). Er betont mit Bezug auf die dialektischen Gespräche, dass »nur solche Reden verdienten, seine rechtmäßigen Söhne (*hyieis gnêsious*) genannt zu werden« (*Phdr.* 278a). Bei dieser Formulierung ist zu beachten, dass es eine genaue familienrechtliche Bedeutung von *gnêsios* gibt. Als »rechtmäßig« galten Kinder in Athen nur dann, wenn sie innerhalb einer ehelichen Beziehung gezeugt wurden und wenn außerdem Vater und Mutter Athener waren. Es konnten nur die rechtmäßigen Söhne das Bürgerrecht erhalten, und nur sie konnten das Erbe des Vaters antreten. Demzufolge dürfen auch die platonischen Dialoge, die in schriftlicher Gestalt vorliegen, nicht als die vollbürtigen und rechtmäßigen Kinder ihres Autors angesehen werden. In diesem Sinne ließe sich Platons durchgängige Abwesenheit in den Dialogen so erklären, dass es zwar eine väterliche Pflicht gibt, den Kindern bzw. den Reden der Kinder zu Hilfe zu kommen, dass diese Pflicht in vollem Umfang jedoch nur für die rechtmäßigen Kinder gilt. Sie gilt also nicht für seine Dialoge, sondern nur für die innerakademische, mündliche Lehre. Zwar gibt es auch in den geschriebenen Dialogen immer wieder Darstellungen von Versuchen, einem Argument durch eine präzisere Formulierung oder durch eine bessere Begründung zu »helfen« (dazu Szlezák 1985, 66–71), aber nie in dem Ausmaß, dass Platon in ihnen selber als Autor, als »Vater« der Reden auftritt, um seinen Reden zu Hilfe zu kommen und eine autoritative Lösung zu formulieren, wie wir es bei anderen Verfassern philosophischer Dialoge finden, die weniger skeptisch gegenüber dem Schriftmedium sind.

Diese Zurückhaltung wird übrigens, soweit wir wissen, schon bei Aristoteles und in aller Deutlichkeit dann bei Cicero und Augustinus aufgegeben (über diese Eigenheit der Aristotelischen Dialoge informiert uns Cicero in den *Epistulae ad Atticum* (13.19) und den *Epistulae ad Quintum fratrem* (3.5); vgl. dazu Cherniss 1977, 31 f.). Hirzel hält die Selbsteinführung des Autors in den Dialog für einen »letzten, das lebendige Wesen des Dialogs vernichtenden Schritt«, den Platon zu tun sich noch geweigert habe (1895, 271; vgl. Hösle 2006, 90–92).

65.8 Schriftkritik und dialektisches Gespräch

Die platonische Schriftkritik im *Phaidros* enthält neben einer Analyse der Gefahren schriftlicher Mitteilung auch einige Hinweise darauf, wie die bevorzugte Form des mündlichen Philosophierens durchgeführt werden soll. Das Idealbild mündlichen Philosophierens, das dort mit einigen Worten angedeutet wird, stellt ein Gespräch dar, das ein geübter Dialektiker mit einer, wie Platon sagt, »geeigneten Seele« führt (*Phdr.* 276e). Bedauerlicherweise lässt der *Phaidros* die genauen Bestimmungen, die eine Seele zu einer geeigneten Seele machen, im Dunkeln. Da in anderen Dialogen aber sehr wohl darauf reflektiert wird, welche Eigenschaften die Teilnehmer an einem vernünftigen philosophischen Gespräch besitzen sollten (z. B. Wissen, Wohlwollen und Freimütigkeit: *Gorg.* 486e–487e), kann man versuchen, mit Hilfe dieser Bemerkungen die Idee einer speziellen Eignung für dialektische Gespräche weiter aufzuklären.

Im Allgemeinen lässt sich über den erfahrenen Dialektiker sagen, dass er sich in seinen Gesprächen notwendig selektiv verhält, und zwar in zweierlei Hinsicht: (1) in der Auswahl der Personen, mit denen er diskutiert, und (2) in dem Ausmaß des Wissens, das er der betreffenden Person mitzuteilen bereit ist. Gundert spricht sogar vom »Grundgesetz des platonischen Dialogs, dass der Wissende die Art der Gesprächsführung vom jeweiligen Niveau des Lernenden bestimmen lässt« (1968, 44; vgl. auch Szlezák 1990, 55). In der Tat ist die Zielgerichtetheit im Umgang mit Personen ein häufiges Thema in den Dialogen. Im *Phaidon* beispielsweise macht Sokrates auf eine interessante Analogie aufmerksam, die den Umgang mit Menschen und den Umgang mit Argumenten betrifft. Wenn Menschen ihre Freundschaft wahllos, ohne nähere Prüfung, anderen Menschen antragen, kann es leicht passieren, dass sie wegen ihrer unbegründeten Erwartungen von diesen Menschen enttäuscht werden und, wenn ihnen das hinreichend häufig widerfährt, schließlich alle Menschen für schlecht halten (*Phd.* 89d-e). Als Gegenmittel für diese gefährliche Naivität im Umgang mit Menschen und die daraus folgende Misanthropie verweist Sokrates auf eine Kunst der Menschenkenntnis (er spricht sogar ausdrücklich von einer *technê*), die der Enttäuschung vorbeugt, weil sie nahe legt, mit ihren Vertrauensbeweisen selektiver umzugehen (*Phd.* 89e). Es bleibt etwas dunkel, welche Kunst an dieser Stelle genau gemeint ist. Die analoge Kunst im Umgang mit Reden, die der Gefahr einer Misologie, der Verachtung von Argumenten, vorbeugen soll (*Phd.* 90b-d), ist jedenfalls die Dialektik. Das lässt sich aus *Phd.* 90c erschließen: Von Misologie angesteckt sind dort die *antilogikoi*, und deren positives Gegenbild sind bei Platon immer die Dialektiker. Wenn man sich nun wiederum vom *Phaidros* her vergegenwärtigt, dass es zu den zentralen Kompetenzen des Dialektikers gehört, nicht nur Aussagen zu prüfen, sondern auch die geeigneten Menschen zu finden, mit denen ein dialektisches Gespräch erst fruchtbar ist (*Phdr.* 276e; vgl. auch *Phdr.* 271d–272b und *Tht.* 149d f.), dann hat man Grund zu der Vermutung, dass im *Phaidon* mit der Kunst der Menschenkenntnis ebenfalls schon die Dialektik gemeint ist.

Diese Adressatengenauigkeit in der philosophischen Mitteilung fehlt der Schrift vollkommen. Im Unterschied zu einer Abhandlung bietet der Dialog die Möglichkeit, seine doktrinale Zurückhaltung erstens als Zurückhaltung des Gesprächsführers darzustellen und sie zweitens durch die Darstellung mangelhaft qualifizierter Gesprächspartner auch dramatisch zu motivieren. Die Dialogform hebt damit zwar nicht die Mängel der Schrift auf, aber für das Schreiben unter Bedingungen der Schriftkritik stellt sie die geeignetste Form dar. Denn die Mängel der Schrift brauchen im Dialog gar nicht verdeckt werden, sondern können in mehr oder weniger expliziter Form zur Sprache kommen und dargestellt werden. Sie können beispielsweise durch die intellektuellen oder charakterlichen Defizite der auftretenden Personen repräsentiert werden. Deshalb trifft Rutherford mit seiner Vermutung einen wichtigen Punkt: »Perhaps the imperfection of form mirrors the imperfection of the medium« (1995, 270).

Literatur

Annas, Julia 1999: Platonic Ethics. Old and New. Ithaca/London.
Annas, Julia 2006: »Ethics and Argument in Plato's Socrates«. In: Burkhard Reis (Hg.): The Virtuous Life in Greek Ethics. Cambridge, 32–46.
Apelt, Otto 1912: »Die Taktik des platonischen Sokrates«. In: Ders. (Hg.): Platonische Aufsätze. Leipzig (Nachdr. Aalen 1975), 96–108.
Ausland, Hayden W. 1997: »On Reading Plato Mimetically«. In: American Journal of Philology 118, 371–416.
Ausland, Hayden W. 2002: »Forensic Characteristics of Socratic Argumentation«. In: Gary A. Scott (Hg.): Does Socrates Have a Method? Rethinking the Elenchus in Plato's Dialogues and Beyond. University Park, Pennsylvania, 36–60.
Beversluis, John 2000: Cross-Examining Socrates. A Defence of the Interlocutors in Plato's Early Dialogues. Cambridge.
Beversluis, John 2006: »A Defence of Dogmatism in the Interpretation of Plato«. In: Oxford Studies in Ancient Philosophy XXXI, 85–111.
Blondell, Ruby 2002: The Play of Character in Plato's Dialogues. Cambridge.
Blößner, Norbert 1997: Dialogform und Argument. Studien zu Platons *Politeia*. Stuttgart.
Blößner, Norbert 1998: »Kontextbezogenheit und argumentative Funktion: Methodische Anmerkungen zur Platondeutung«. In: Hermes 126, 189–201.
Bordt, Michael 1998: Platon, *Lysis*. Übersetzung und Kommentar. Göttingen.
Bornkamm, Günther 1936: »Homologia. Zur Geschichte eines politischen Begriffs«. In: Hermes 71, 377–393.
Brisson, Luc 1998: Plato the Myth-Maker. Chicago/London.
Cherniss, Harold 1977: »Ancient Forms of Philosophic Discourse«. In: Ders.: Selected Papers. Hg. v. Leonard Tarán. Leiden, 14–35.
Clay, Diskin 2000: Platonic Questions. Dialogues with the Silent Philosopher. University Park, Pennsylvania.
Corlett, J. Angelo 2005: Interpreting Plato's Dialogues. Las Vegas.
Coventry, Linda 1989: »Philosophy and Rhetoric in the *Menexenus*«. In: The Journal of Hellenic Studies 109, 1–15.
Coventry, Linda 1990: »The Role of the Interlocutor in Plato's Dialogues. Theory and Practice«. In: Christopher Pelling (Hg): Characterization and Individuality in Greek Literature. Oxford, 174–196.
Dalfen, Joachim 1975: »Gedanken zur Lektüre platonischer Dialoge«. In: Zeitschrift für philosophische Forschung 29, 169–194.
Dalfen, Joachim 1989: »Platonische Intermezzi – Diskurse über Kommunikation«. In: Grazer Beiträge 16, 71–123.
Ebert, Theodor 1974: Meinung und Wissen in der Philosophie Platons. Untersuchungen zum »Charmides«, »Menon« und »Staat«. Berlin/New York.
Ebert, Theodor 2002: »Platon als philosophischer Dramaturg: Bemerkungen zu Personal und Szenerie der *Politeia*«. In: Helmut Linneweber-Lammerskitten/Georg Mohr (Hg.): Interpretation und Argument. Gerhard Seel zum 60. Geburtstag. Würzburg, 59–74.
Edelstein, Ludwig 1962: »Platonic Anonymity«. In: American Journal of Philology 83, 1–22.
Erler, Michael 1987: Der Sinn der Aporien in den Dialogen Platons. Übungsstücke zur Anleitung im philosophischen Denken. Berlin/New York.
Erler, Michael 2001: »Vom Werden zum Sein. Über den Umgang mit Gehörtem in Platons Dialogen«. In: Elenor Jain/Stephan Grätzel (Hg.): Sein und Werden im Lichte Platons. Fs. für Karl Albert. Freiburg/München, 123–142.
Erler, Michael 1992: »Hilfe und Hintersinn. Isokrates' *Panathenaikos* und die Schriftkritik in Platons *Phaidros*«. In: Livio Rossetti (Hg.): Understanding the *Phaedrus*. St. Augustin, 122–137.
Erler, Michael 2007: Platon. (Grundriss der Geschichte der Philosophie. Die Philosophie der Antike. Bd. 2/2). Basel.
Ferber, Rafael 2007: Warum hat Platon die »ungeschriebene Lehre« nicht geschrieben? München.
Fink, Jakob Leth (Hg) 2012: The Development of Dialectic from Plato to Aristotle. Cambridge.
Frede, Michael 1992: »Plato's Arguments and the Dialogue Form«. In: James C. Klagge/Nicholas Smith (Hg.): Methods of Interpreting Plato and his Dialogues. Oxford Studies in Ancient Philosophy. Suppl. 2. Oxford, 201–219.
Friedländer, Paul ²1954–1960: Platon. 3 Bde. Berlin.
Gadamer, Hans Georg ⁴2000: Platos dialektische Ethik. Phänomenologische Interpretationen zum *Philebos*. Hamburg.

Gaiser, Konrad 1959: Protreptik und Paränese bei Platon – Untersuchungen zur Form des platonischen Dialogs. Stuttgart.
Gaiser, Konrad 2004: »Platon als philosophischer Schriftsteller. Zur Hermeneutik des platonischen Dialogs« [1984]. In: Ders.: Gesammelte Schriften. Hg. v. Thomas A. Szlezák und Karl-Heinz Stanzel. St. Augustin, 3–72.
Geiger, Rolf 2006: Dialektische Tugenden. Untersuchungen zur Gesprächsform in den platonischen Dialogen. Paderborn.
Gifford, Mark 2001: »Dramatic Dialectic in *Republic* Book 1«. In: Oxford Studies in Ancient Philosophy 20, 35–106.
Gill, Christopher 2006: »The Platonic Dialogue«. In: Mary L. Gill/Pierre Pellegrin (Hg.): A Companion to Ancient Philosophy. Oxford, 136–150.
Gill, Christopher/McCabe, Mary M. (Hg.) 1996: Form and Argument in Late Plato. Oxford.
Goldhill, Simon (Hg.) 2009: The End of Dialogue in Antiquity. Cambridge.
Gonzalez, Francisco J. (Hg.) 1995: The Third Way. New Directions in Platonic Studies. Lanham.
Gonzalez, Francisco J. 1998: Dialectic and Dialogue. Plato's Practice of Philosophical Inquiry. Evanston.
Görgemanns, Herwig 1994: Platon. Heidelberg.
Görgemanns, Herwig 1997: »Dialog«. In: Manfred Landfester/Hubert Cancik/Helmuth Schneider (Hg.): Der Neue Pauly. Enzyklopädie der Antike. Bd. 3. Stuttgart/Weimar, 517–521.
Griswold Jr., Charles L. (Hg.) 1988: Platonic Writings, Platonic Readings. New York/London.
Gundert, Hermann 1968: Der platonische Dialog. Heidelberg.
Guthrie, William K. C. 1969: A History of Greek Philosophy III: The Fifth Century Enlightenment. Cambridge.
Guthrie, William K. C. 1975: A History of Greek Philosophy IV: Plato. The Man and his Dialogues: Earlier Period. Cambridge.
Heitsch, Ernst 1987: Platon über die rechte Art zu reden und zu schreiben. Wiesbaden/Stuttgart.
Heitsch, Ernst 1992: »Platons Dialoge und Platons Leser«. In: Ders. (Hg.): Wege zu Platon. Beiträge zum Verständnis seines Argumentierens. Göttingen, 9–28.
Heitsch, Ernst 1993: Platon. Phaidros. Übersetzung und Kommentar. Göttingen.
Hermann, Karl F. 1969: »Ueber Plato's schriftstellerische Motive« [1849]. In: Konrad Gaiser (Hg.): Das Platonbild. Zehn Beiträge zum Platonverständnis. Hildesheim, 33–57.
Hirzel, Rudolf 1895: Der Dialog. Ein literarhistorischer Versuch. Leipzig.
Hösle, Vittorio 2004: Platon interpretieren. Paderborn.
Hösle, Vittorio 2006: Der philosophische Dialog. Eine Poetik und Hermeneutik. München.
Irwin, Terence 1986: »Coercion and Objectivity in Plato's Dialectic«. In: Revue Internationale de Philosophie 40, 49–74.
Janka, Markus/Schäfer, Christian (Hg.) 2002: Platon als Mythologe. Neue Interpretationen zu den Mythen in Platons Dialogen. Darmstadt.
Johnson, William A. 1998: »Dramatic Frame and Philosophical Idea in Plato«. In: American Journal of Philology 119, 577–598.
Kahn, Charles H. 1983: »Drama and Dialectic«. In: Oxford Studies in Ancient Philosophy 1, 77–123.
Kahn, Charles H. 1996: Plato and the Socratic Dialogue. The Philosophical Use of a Literary Form. Cambridge.
Kapp, Ernst 1965: Der Ursprung der Logik bei den Griechen. Göttingen.
Klagge, James C./Nicholas D. Smith (Hg.) 1992: »Methods of Interpreting Plato and his Dialogues«. In: Oxford Studies in Ancient Philosophy. Suppl. 2. Oxford.
Klosko, George 1983: »Criteria of Fallacy and Sophistry for Use in the Analysis of the Platonic Dialogues«. In: Classical Quarterly 33, 363–374.
Klosko, George 1987: »Plato and the Morality of Fallacies«. In: American Journal of Philology 108, 612–626.
Krämer, Hans-Joachim 1959: Arete bei Platon und Aristoteles. Zum Wesen und zur Geschichte der platonischen Ontologie. Göttingen.
Krämer, Hans-Joachim 1971: Platonismus und hellenistische Philosophie. Berlin/New York.
Kuhn, Helmut 1969: »Die wahre Tragödie. Platon als Nachfahre der Tragiker«. In: Konrad Gaiser (Hg.): Das Platonbild. Zehn Beiträge zum Platonverständnis. Hildesheim, 231–323.
Kühn, Wilfried 1998: »Welche Kritik an welchen Schriften? Der Schluß von Platons *Phaidros*, nichtesoterisch interpretiert«. In: Zeitschrift für philosophische Forschung 52, 23–39.
Kullmann, Wolfgang 1990: »Hintergründe und Motive der platonischen Schriftkritik«. In: Wolfgang Kullmann/Markus Reichel (Hg.): Der Übergang von der Mündlichkeit zur Literatur bei den Griechen. Tübingen, 317–334.
Kullmann, Wolfgang 1991: »Platons Schriftkritik«. In: Hermes 119, 1–21.
Long, Anthony A. 1996: Dialectic and the Stoic Sage. In: Ders.: Stoic Studies. Berkeley/Los Angeles 1996, 85–106.
Long, A. G. 2013: Conversation and Self-Sufficiency in Plato. Oxford.
Manuwald, Bernd 2006: Platon. *Protagoras*, Einleitung, Übersetzung und Erläuterungen. Göttingen.
McCabe, Mary M. 2000: Plato and his Predecessors. The Dramatisation of Reason. Cambridge.
McCabe, Mary M. 2006: »Is Dialectic as Dialectic Does? The Virtue of Philosophical Conservation«. In: Burkhard Reis (Hg.): The Virtuous Life in Greek Ethics. Cambridge, 70–98.
Merlan, Philipp 1947: »Form and Content in Plato's Philosophy«. In: Journal of the History of Ideas VIII, 406–430.
Mesch, Walter 2005: »Platons Dialoge als hermeneutisches Problem«. In: Internationales Jahrbuch für Hermeneutik 4, 27–57.
Mittelstrass, Jürgen 1984: »Versuch über den sokratischen Dialog«. In Karlheinz Stierle/Rainer Warning (Hg.): Poetik und Hermeneutik XI: Das Gespräch. München, 11–27.
Morgan, Kathryn 2000: Myth and Philosophy. From the Presocratics to Plato. Cambridge.
Nightingale, Andrea W. 1995: Genres in Dialogue. Plato and the Construct of Philosophy. Cambridge.

Nussbaum, Martha C. 1986: The Fragility of Goodness. Luck and Ethics in Greek Tragedy and Philosophy. Cambridge.
Partenie, Catalin (Hg.) 2009: Plato's Myths. Cambridge.
Penner, Terry/Rowe, Christopher 2005: Plato's *Lysis*. Cambridge.
Piaget, Jean 1986: Das moralische Urteil beim Kinde. München.
Politis, Vasilis 2015: The Structure of Enquiry in Plato's Early Dialogues. Cambridge.
Press, Gerald (Hg.) 2000: Who Speaks for Plato? Studies in Platonic Anonymity. Lanham.
Primavesi, Oliver 1996: Die Aristotelische Topik. Ein Interpretationsmodell und seine Erprobung am Beispiel von Topik B. München.
Puster, Rolf 1983: Zur Argumentationsstruktur platonischer Dialoge. Die »Was ist X?«-Frage in *Laches*, *Charmides*, *Der größere Hippias* und *Euthyphron*. Freiburg/München.
Robinson, Richard 1969: »Plato's Consciousness of Fallacy« [1942]. In: Ders. (Hg.): Essays in Greek Philosophy. Oxford, 16–38.
Robinson, Richard ²1953: Plato's Earlier Dialectic. Oxford.
Roochnik, David 1990: The Tragedy of Reason. Toward a Platonic Conception of Logos. London.
Ross, David 1951: Plato's Theory of Ideas. Oxford.
Rowe, Christopher 2007: Plato and the Art of Philosophical Writing. Cambridge.
Rutherford, Richard B. 1995: The Art of Plato. London.
Sayre, Kenneth M. 1995: Plato's Literary Garden. How to Read a Platonic Dialogue. Notre Dame.
Schleiermacher, Friedrich D. E. 1996: »Einleitung in die Übersetzung der platonischen Dialoge« [1804]. In: Ders:. Über die Philosophie Platons. Hg. von Peter Steiner. Hamburg, 25–69.
Scott, Gary A. (Hg.) 2002: Does Socrates Have a Method? Rethinking the Elenchus in Plato's Dialogues and Beyond. University Park, Pennsylvania.
Sprague, Rosemary K. 1962: Plato's Use of Fallacy: A Study of the *Euthydemus* and Some Other Dialogues. London.
Stemmer, Peter 1992: Platons Dialektik. Die frühen und mittleren Dialoge. Berlin/New York.
Stenzel, Julius ²1931: »Literarische Form und philosophischer Gehalt des platonischen Dialogs«. In: Ders. (Hg.): Studien zur Entwicklung der platonischen Dialektik von Sokrates bis Aristoteles. Leipzig/Berlin, 123–141
Stenzel, Julius 1934: »Zum Aufbau des platonischen Dialogs«. In: Fs. für Karl Joël. Basel 1934, 240–254.
Stokes, Michael C. 1986: Plato's Socratic Conversations. Drama and Dialectic in Three Dialogues. London.
Szlezák, Thomas A. 1985: Platon und die Schriftlichkeit der Philosophie. Interpretationen zu den frühen und mittleren Dialogen. Berlin/New York.
Szlezák, Thomas A. 1987: »Platons ›undemokratische‹ Gespräche«. In: Perspektiven der Philosophie 13, 347–368.

Szlezák, Thomas A. 1990: »Gespräche unter Ungleichen. Zur Struktur und Zielsetzung der platonischen Dialoge«. In: Gottfried Gabriel/Christiane Schildknecht (Hg.): Literarische Formen der Philosophie. Stuttgart, 40–61.
Szlezák, Thomas A. 1993: Platon lesen. Stuttgart-Bad Cannstatt.
Szlezák, Thomas A. 1997: »Theaitetos und der Gast aus Elea. Zur philosophischen Kommunikation in Platons *Sophistes*«. In: Hans-Christian Günther/Antonios Rengakos (Hg.): Beiträge zur antiken Philosophie. Fs. für Wolfgang Kullmann. Stuttgart, 81–101.
Szlezák, Thomas A. 1999: »Gilt Platons Schriftkritik auch für die eigenen Dialoge? Zu einer neuen Deutung von *Phaidros* 278b8–e4«. In: Zeitschrift für philosophische Forschung 53, 259–267.
Szlezák, Thomas A. 2004: Das Bild des Dialektikers in Platons späten Dialogen. Berlin/New York.
Tarrant, Harold 1996: »Orality and Plato's Narrative Dialogues«. In: Ian Worthington (Hg.): Voice into Text. Orality and Literacy in Ancient Greece. Leiden u. a., 129–147.
Tarrant, Harold 2000: Plato's First Interpreters. London.
Tarrant, Harold 2002: »*Elenchos* and Exetasis. Capturing the Purpose of Socratic Interrogation«. In: Scott 2002, 61–77.
Teloh, Henry 1986: »The Importance of Interlocutors. Characters in Plato's Early Dialogues«. In: Proceedings of the Boston Area Colloquium in Ancient Philosophy 2, 25–38.
Thanassas, Panagiotis 2002: »Platons letzte Schriftkritik«. In: Allgemeine Zeitschrift für Philosophie 27, 95–110.
Thesleff, Holger 1967: Studies in the Styles of Plato. Helsinki.
Tigerstedt, Eugene Napoleon 1977: Interpreting Plato. Stockholm.
Usener, Sylvia 1994: Isokrates, Platon und ihr Publikum. Hörer und Leser von Literatur im 4. Jahrhundert v. Chr. Tübingen.
Vlastos, Gregory 1991: Socrates. Ironist and Moral Philosopher. Ithaca.
Vlastos, Gregory 1994: »The Socratic Elenchus: Method is All«. In: Ders.: Socratic Studies. Hg. v. Myles Burnyeat. Cambridge, 1–29.
Wagner, Tim 2003: »Peirastik«. In: Gerd Ueding (Hg.): Historisches Wörterbuch der Rhetorik. Bd. 6: Must-Pop. Tübingen, 737–741.
Westermann, Hartmut 2002: Die Intention des Dichters und die Zwecke der Interpreten. Zu Theorie und Praxis der Dichterauslegung in den platonischen Dialogen. Berlin/New York.
Wieland, Wolfgang 1982: Platon und die Formen des Wissens. Göttingen.
Wolfsdorf, David 2004: »Interpreting Plato's Early Dialogues«. In: Oxford Studies in Ancient Philosophy XXVII, 15–40.

Rolf Geiger

VII Wichtige Stationen der Wirkungsgeschichte

66 Die ältere Akademie und Aristoteles

66.1 Die Akademie und Platons ungeschriebene Lehre

Platon hat vermutlich nach der Rückkehr von seiner ersten sizilischen Reise (387 v. Chr.) am Rande von Athen in der Nähe des ›Akademie‹ genannten Sport- und Kultbezirks ein Grundstück gekauft und dort eine Schule gegründet (vgl. Diog. Laert. 4, 20). Nachrichten über die Geschichte der Schule finden sich in dem Philodem von Gadara zugeschriebenen *Academicorum philosophorum index Herculanensis* und bei Diogenes Laertius. Umstritten ist, ob die Mitglieder der Akademie auf eine einheitliche Lehre verpflichtet waren und welche Bedeutung Platons ungeschriebener Lehre in diesem Zusammenhang zukommt (s. Kap. II.7). Diese Frage ist wiederum nicht zu trennen von der Diskussion über den Wert, den die Zeugnisse des Aristoteles über Platons ungeschriebene Lehre haben.

Was Aristoteles hier Platon zuschreibt, so die These von Cherniss (1944 und 1966), sind Folgerungen, die er selbst aus seiner Fehlinterpretation der platonischen Dialoge zieht. So ist der Platon, »den die Kritik des Aristoteles und die heterodoxen Systeme des Speusippus und Xenocrates in verschiedenen Verzerrungen widerspiegeln, nicht ein hypothetischer Platon auf dem Katheder oder im Seminar, sondern der Plato der uns im vollen Umfang erhaltenen Dialoge« (Cherniss 1966, 13). Der formelle Unterricht in der Akademie sei auf das beschränkt gewesen, was in der *Politeia* Propädeutik ist, d. h. »auf das, was die Griechen Geometrie nannten« (ebd. 86). Die »Akademie war keine Schule, in der eine orthodoxe metaphysische Lehre doziert wurde, aber auch keine Vereinigung, die ihren Mitgliedern die Anerkennung der Ideenlehre auferlegte« (ebd. 98).

Dagegen ist nach Krämer Platons ungeschriebene Lehre Hintergrund und Ausgangspunkt für die verschiedenen in der Akademie entwickelten Systeme. »Die Metaphysik der Schüler und Nachfolger Platons griff – gewiss schon zu Lebzeiten Platons – die darin enthaltenen Probleme auf und suchte sie zum Austrag zu bringen« (Krämer 2004, 7). Bei Xenokrates handle es sich um eine Platon-Interpretation anhand der Dialoge, während die Neuansätze von Speusipp und Aristoteles bewusste Korrekturen und Fortbildungen der platonischen Position seien. Krämer unterscheidet drei typische Formen des Unterrichts: das Lehrgespräch nach Art der platonischen Dialoge, die Disputation in Rede und Gegenrede sowie den zusammenhängenden Lehrvortrag (ebd., 5).

Platons Anliegen, so betont Dillon (2003, 16 f.), war nicht, seinen Schülern ein Lehrgebäude zu hinterlassen, das sie gegen alle Angriffe verteidigen sollten; was er sie lehren wollte, war eine Methode der Untersuchung, mit der sie selbst die Wahrheit finden könnten. Das bedeute jedoch nicht, dass es keine Lehre gegeben habe. Wenn man den verschiedenen Wegen, auf denen die Schüler Platons Lehren entwickelt haben, gerecht werden wolle, müsse man hinter die Dialoge schauen, die für Platon nur der »Unterhaltung« (*Tim.* 59d2) dienten und nicht als offene Darstellung dessen angesehen werden dürften, worum es ihm im Letzten ging. Die wichtigste Quelle für die mündliche Lehre, die hinter den Dialogen steht, sei Aristoteles, und der sei zwanzig Jahre Schüler und Mitarbeiter Platons gewesen. Er habe gewusst, wovon er sprach, doch die Darstellung, die er von dem gebe, was er wisse, sei immer polemisch und zudem andeutend und nicht schulmäßig und systematisch. Dennoch lasse sich, wenn man die Zeugnisse des Aristoteles kritisch lese, eine Lehre rekonstruieren, die zumindest in ihren großen Linien kohärent und vernünftig sei und die zu den Entwicklungen passe, die Speusipp und Xenokrates zugeschrieben werden.

Die Frage nach der Wirkungsgeschichte Platons darf nicht auf den Bereich der Metaphysik, d. h. auf die Lehre von den letzten Prinzipien, den Ideen und den idealen Zahlen, eingeschränkt werden; sie muss alle Disziplinen der Philosophie umfassen. Aristoteles gibt uns einen Einblick in die Arbeit in der Akademie nicht nur dort, wo er die ungeschriebenen Lehren referiert und kritisiert, sondern auch, wo er bei Themen der Logik wie Definition und Beweis, der Ethik wie Freundschaft und Lust, oder der Politik wie der Klassifikation und Bewertung der Verfassungen Platons Gedanken kritisch weiterführt. Das Verhältnis zwischen Platon und seinen Schülern darf nicht als in dem Sinn einseitig gesehen werden, dass die Schüler

Gedanken des Lehrers aufgreifen und weiterentwickeln; es muss auch damit gerechnet werden, dass der Austausch mit den Schülern Platon veranlasst, eigene Positionen zu modifizieren.

66.2 Speusipp

Werke

Nach Platons Tod (348/47) folgte ihm in der Leitung der Akademie Speusipp (ca. 410 bis 338/39), der Sohn seiner Schwester Protone. Die Titel seiner Schriften bei Diogenes Laertius (IV 4) geben einen Einblick in Themen, die in der Akademie diskutiert wurden, z. B. *Über Lust, Über Gerechtigkeit, Über Freundschaft, Der Philosoph, Der Bürger, Über die Seele*. Das umfangreichste Werk sind die *Dialoge über wissenschaftliche Ähnlichkeiten*. Die Fragmente bei Athenaios (6–27 Tarán) zeigen, dass es Speusipp hier um Ähnlichkeiten zwischen einzelnen Spezies von Tieren und Pflanzen geht. Speusipp, so lautet z. B. Frg. 8, sagt »im zweiten Buch der *Ähnlichkeiten*, beinahe gleich seien die Trompetenmuscheln (*kêryx*), die Purpurfische (*prophyra*), die Schnecken (*strabêlos*), die Miesmuscheln (*konchos*) [...]. Außerdem zählt Speusipp wiederum der Reihe nach für sich auf die Miesmuscheln, Kammmuscheln (*ktên*), Muscheln (*mys*), die zweischaligen Muscheln (*pinna*), die Schalenfische (*sôlên*), und in einem anderen Teil die Austern (*ostreon*), die Napfschnecken (*lepas*)«. Es dürfte ein sachlicher Zusammenhang bestehen zwischen den *Ähnlichkeiten* und den beiden bei Diogenes folgenden Titeln *Dihairesen und Hypothesen über Ähnlichkeiten* und *Über Beispiele für Gattungen und Arten*. Offensichtlich geht es Speusipp hier um eine Frage, mit der Platon sich im *Phaidros, Sophistes* und *Politikos* beschäftigt: Mit welcher Methode kommt man von Individuen zu Klassen, und mit welcher Methode unterteilt man Gattungen in Arten? Tarán (1981, 396–406) und Dillon (2003, 81) nehmen an, dass die Einwände, die Aristoteles in *PA* 2, 2–3 (= Frg. 67 Tarán) gegen die Methode der dichotomischen Unterteilung vorträgt, sich gegen Speusipp richten.

Ontologie

Speusipp, so berichtet Diogenes (IV 2 = Frg. 70 Tarán), habe »als erster das Gemeinsame in den Wissenschaften erkannt und sie soweit wie möglich miteinander in Verbindung gebracht«. Er wollte die verschiedenen Wissenschaften in einer einzigen Wissenschaft, welche die gesamte Wirklichkeit umfasst, miteinander verbinden. Ausgangspunkt dafür war Platons ungeschriebene Lehre, wie sie Aristoteles in *Metaph.* I 6 referiert. Durch die Frage des Sokrates nach den Definitionen der ethischen Begriffe sei Platon zu der Annahme gekommen, diese müssten etwas vom Sinnlichen Verschiedenes zum Gegenstand haben, »denn unmöglich könne es eine allgemeine Definition von irgendeinem sinnlichen Gegenstande geben, da diese sich in beständiger Veränderung befänden. Er nannte nun das Seiende dieser Art Ideen« (987b6–8). Außer dem Wahrnehmbaren und den Ideen gebe es die Gegenstände der Mathematik, die ontologisch zwischen den Ideen und den sinnlichen Gegenständen anzusiedeln seien. »Da nun die Ideen für das Übrige Ursachen sind, so glaubte er, dass die Elemente der Ideen Elemente aller Dinge seien. Als Stoff nun seien das Große und das Kleine Prinzipien, als Wesenheit (*ousia*) aber das Eine« (987b18–21).

Die Ontologie des Speusipp lässt sich rekonstruieren aus Jamblichos, *De communi mathematica scientia*, Kap. 4 (abgedruckt bei Tarán 1981, 90–92). Merlan (1960, 98–140) hat die Gedanken dieses Textes Speusipp zugesprochen, und Dillon (1984) hat diese Zuschreibung gegen die Einwände von Tarán (1981, 86–107; vgl. 2003, 41 f.) verteidigt. Speusipp nimmt zwei erste und oberste Prinzipien der mathematischen Zahlen an, das Eine und ein Prinzip der Menge (*plêthos*) und Teilung (*dihairesis*). Das Eine darf man noch nicht als Seiendes bezeichnen, weil es einfach ist und weil es die Ursache des Seienden ist und die Ursache niemals wie das von ihr Verursachte ist. Das zweite Prinzip darf nicht schlecht genannt werden; es kann zwar das Schlechte, aber ebenso das Gute aufnehmen. Ebensowenig ist das Eine das Schöne und Gute; vielmehr ist es über dem Guten und Schönen. Allein aus zwei Prinzipien, das ist offensichtlich Speusipps Einwand gegen Platons ungeschriebene Lehre, lässt sich jedoch die unterschiedliche Wirklichkeit nicht ableiten. Würde man annehmen, es gäbe nur *einen* Stoff und nur *ein* Formprinzip, das Eine, so ergäbe sich, dass die gesamte Wirklichkeit einer einzigen Gattung angehörte; diese eine Gattung wäre die Zahl. Das ist jedoch eine unhaltbare Folgerung, denn es gibt nicht nur Zahlen, sondern ebenso Linien, Flächen und Gestalten. Wir brauchen daher unterschiedliche Prinzipien. Für den auf die Zahl folgenden Bereich, die Linie, sind das der Punkt und der Abstand zwischen zwei Punkten. Speusipp unterscheidet ein erstes und ein zweites stoffliches Prinzip (*hylê*). Die erste Hyle ist die der Zahlen, die nichträumliche Vielheit, die zweite ist die Hyle der Linien, Flächen und der räumlichen Figuren, also offensichtlich die räumliche Ausdehnung in ihren verschiedenen Dimensionen. Aus der Kritik des Aristoteles (*Metaph.* XIII 9, 1085a32–34 = Frg. 51 Tarán) geht hervor, dass zwischen den Prinzipien in den unterschiedlichen Gattungen des Seienden eine Analogie besteht: Der Punkt ist nicht das Eine, aber er ist »wie das Eine«; die Hyle im Bereich der geometrischen Gebilde ist nicht wie im Bereich der Zahlen die »Menge«, aber sie ist »wie die Menge«.

Nach dem Referat des Jamblichos zu urteilen, finden sich in der Ontologie des Speusipp keine Ideen. Aristoteles (*Metaph.* XIII 9, 1086a2–5; XIV 2, 1090a7–10 = Frg. 35 f. Tarán) berichtet von Philosophen, die Schwierigkeiten mit den Ideen hatten und deshalb die mathematischen Zahlen an deren Stellen setzten. Cherniss (1966, 50–53) interpretiert diese Aussagen so, dass Speusipp der Ansicht war, die Ideenlehre und die Methode der Dihairesis seien nicht miteinander vereinbar, und deshalb die Ideenlehre aufgab. Vielleicht argumentierte er ähnlich wie Aristoteles in *Metaph.* VII 14: Wenn man entsprechend der Dihairesis annimmt, dass sowohl der Mensch wie das Pferd Lebewesen sind, dann muss, wenn man die Ideenlehre annimmt, die Idee des Lebewesens sich sowohl in der Idee des Menschen wie in der des Pferdes finden. Ist sie nun in beiden numerisch eine oder ist sie numerisch verschieden? Beide Annahmen führen zu unhaltbaren Folgerungen. Speusipp hielt jedoch mit Platon daran fest, dass es unveränderliche Gegenstände des Wissens gebe, und er setzte an die Stelle der Ideen die Zahlen und die Gegenstände der Geometrie.

Erkenntnislehre

Speusipps Erkenntnislehre (Frg. 75 Tarán) geht aus von Platons Unterscheidung zwischen dem Wahrnehmbaren (*aisthêta*) und dem Intelligiblen (*noêta*). Das Intelligible wird erkannt durch die »kognitive Vernunft« (*epistêmonikos logos*), das Wahrnehmbare durch die »kognitive Sinneswahrnehmung« (*epistêmonikê aisthêsis*). Beide sind jedoch durch das Verhältnis der Teilhabe miteinander verbunden; die kognitive Sinneswahrnehmung hat an der Wahrheit der Vernunft teil (*metalambanein*). Der erläuternde Vergleich ist bezeichnenderweise dem Bereich der Musik entnommen, wo mathematische Verhältnisse sinnlich wahrgenommen werden. Die kunstvolle Tätigkeit (*energeia*), welche die Finger des Harfenspielers entfalten, beruht nicht in erster Linie auf den Fingern selbst, sondern ist Ergebnis der Übung unter der Anleitung der Vernunft (*logismos*); wenn das Ohr des Musikers Harmonie und Disharmonie unterscheidet, dann hat es das nicht aus sich selbst, sondern von der Vernunft. Ebenso hat die kognitive Sinneswahrnehmung von Natur aus teil an der Tätigkeit der kognitiven Vernunft.

66.3 Xenokrates

Xenokrates aus Chalkedon am Bosporos (396/95 bis 314/13) »hörte Platon schon in seiner Jugend und reiste sogar mit ihm nach Sizilien« (Diog. Laert. IV 6). Nach Platons Tod folgte er mit Aristoteles einer Einladung des Fürsten Hermias nach Assos in Kleinasien, wo er wahrscheinlich zusammen mit anderen Akademikern als Lehrer gewirkt hat. Als die Lähmung des Speusipp weit fortgeschritten war, bat er Xenokrates, nach Athen zu kommen und die Leitung der Schule zu übernehmen (ebd. IV 3). 339/38 wurde er zum Scholarchen gewählt, und er leitete die Akademie 25 Jahre lang (ebd. IV 14).

Einteilung der Philosophie, Ontologie

Platon hatte Dialoge geschrieben; das (uns überkommene) Werk des Aristoteles besteht aus Pragmatien, die jeweils einem Sachgebiet gewidmet sind, z. B. den *Analytiken*, der *Physik*, der *Metaphysik*, den *Ethiken*, der *Politik*. Diese Einteilung der Philosophie geht auf Xenokrates zurück: Er gliederte sie in Naturphilosophie (*physikon*), Ethik (*êthikon*) und Logik (*logikon*). Der »Anlage nach (*dynamei*)«, so der Bericht des Sextus (Frg. 1 Heinze [H]/82 Isnardi Parente [IP]), finde diese Unterscheidung sich bereits bei Platon, der viele Fragen der Naturphilosophie, Ethik und Logik diskutiert habe; ganz ausdrücklich sei sie jedoch erst in dem Kreis um Xenokrates, im Peripatos und in der Stoa vorgenommen worden.

Wie Platons ungeschriebene Lehre, so geht auch die Metaphysik des Xenokrates von zwei Prinzipien aus, die er die »Einheit« (*monas*) und die »Zweiheit« (*dyas*) nennt. Die Monas ist das männliche Prinzip und der oberste Gott; er nennt sie auch »Zeus und ungerade und Vernunft (*nous*)« (Frg. 15 H/213 IP). Die Dyas ist das zweite, weibliche Prinzip. Nach dem Wortlaut von Frg. 15 ist sie die Weltseele, die den Bereich unterhalb des Himmels lenkt. Die Zuverlässigkeit dieses Berichts ist umstritten; näherliegend ist es, die Dyas mit dem Großen und Kleinen, dem zweiten Prinzip von

Platons ungeschriebener Lehre, gleichzusetzen und in ihr das stoffliche Prinzip zu sehen. Dann ergibt sich folgender Aufbau: die Nous-Monas ist das oberste göttliche Prinzip; zusammen mit dem stofflichen Prinzip der Dyas bringt es die Seele hervor, welche die Welt nach den in ihr enthaltenen Formen gestaltet (Dillon 2003, 103–107). Dass die Monas Vernunft ist, rückt sie in die Nähe des unbewegten Bewegers des Aristoteles; an dieser Übereinstimmung konnten die späteren Platoniker anknüpfen.

In einem Bericht des Aristoteles (Metaph. VII 2, 1028b24–27 = Frg. 34 H/103 IP) ist diese Skizze näher ausgeführt. »Einige aber behaupten, dass die Ideen und die Zahlen dieselbe Natur hätten, das andere aber folge, Linien und Flächen, bis zur Wesenheit des Himmels und dem Wahrnehmbaren.« Dieses Zeugnis legt folgende Interpretation nahe: Xenokrates hat die Idealzahlen (Ideen) und die mathematischen Zahlen miteinander identifiziert. Im Unterschied zu Speusipp hat er für die Ausdehnung kein eigenes stoffliches Prinzip angenommen; die Dimensionen der Ausdehnung ergeben sich für ihn aus den Zahlen. Für die Ableitung der wahrnehmbaren Körper aus den Zahlen konnte Xenokrates sich auf den *Timaios* (53c–55c) berufen, wo die vier Elemente Feuer, Erde, Wasser und Luft aus Dreiecken konstruiert werden. Auf diese Weise kann auch die Entstehung des »Himmels« erklärt werden. Die Sterne und die Sonne bestehen aus Feuer und »dem ersten Grad der Dichte, der Mond aus dem zweiten Grad der Dichte und der ihm eigenen Luft, die Erde aus Wasser und Feuer und dem dritten Grad der Dichte« (Frg. 56 H/161 IP). Die Himmelskörper bestehen also aus denselben Atomen wie die sichtbaren Dinge auf der Erde, aber dieselben Atome finden sich jeweils in unterschiedlicher Dichte, d. h. in unterschiedlichem Abstand voneinander (vgl. Dillon 2003, 125–128).

Dämonen, Seele

Xenokrates war bestrebt, eine Beziehung zwischen seinem philosophischen Weltbild und der homerischen Religion herzustellen (vgl. Baltes 1999). Er nennt die Monas »Zeus«; »Gott aber sei auch der Himmel, und die feurigen Sterne seien olympische Götter, und [Gott seien auch] andere sublunare unsichtbare Dämonen« (Frg. 15 H/213 IP). Bei Platon (*Symp.* 202d–e) sind die Dämonen die Vermittler zwischen den Göttern und den Menschen. Diese Zwischenstellung der Dämonen hat Xenokrates am Beispiel des Dreiecks dargestellt:

Mit dem Göttlichen verglich er das gleichseitige Dreieck, mit dem Sterblichen das ungleichseitige, das gleichschenklige aber mit dem Dämonischen. Denn das eine ist in jeder Hinsicht gleich, das andere in jeder Hinsicht ungleich, das dritte aber in einer Hinsicht gleich, in einer anderen ungleich, wie die Natur der Dämonen die Leidenschaften des Sterblichen und die Macht des Göttlichen hat (Frg. 23 H/222 IP).

Die Seele ist »eine Zahl, die sich selbst bewegt« (Aristoteles, *De an.* I 2, 404b29f. = Frg. 60 H/165 IP). Plutarch (Frg. 68 H/188 IP) greift, wo er diese Definition erläutert, auf den Bericht des *Timaios* (35a) über die Zusammenfügung der Weltseele zurück. Das Mischen des unteilbaren und des teilbaren Seins, von dem Platon hier spricht, beschreibe das Entstehen der Zahl, denn das Eine sei unteilbar und die Vielheit teilbar. Diese Zahl sei aber noch nicht die Seele, denn es fehle ihr das Vermögen zu bewegen und bewegt zu werden. Deshalb mische der Demiurg das Selbe und das Verschiedene bei, von denen das eine Ursprung der Bewegung und der Veränderung, das andere Ursprung des Bleibens sei. Auf diese Weise entstehe die Seele, die ebenso das Vermögen des zum Stillstand Bringens und des Stillstandes wie das des Bewegtwerdens und des Bewegens sei.

Ethik

Diogenes Laertius (VII 2) berichtet, der Stoiker Zenon habe zehn Jahre lang Xenokrates, »aber auch Polemon« gehört. Polemon war Nachfolger des Xenokrates; er leitete die Akademie bis zu seinem Tod 270/69. Die doxographischen Berichte zeigen, dass die Ethik der Stoa auf die ältere Akademie und damit letztlich auf Platon zurückgeht. Das ausführlichste Referat ist Cicero, *De finibus* IV 14–18 (Frg. 79 H/234 IP); Quelle ist der Akademiker Antiochos von Askalon, Ciceros Lehrer. Die stoische Lehre, das höchste Gut sei, der Natur gemäß zu leben, sei von Xenokrates und Aristoteles ausgearbeitet worden und finde sich am ausdrücklichsten bei Polemon. Jede Natur, so lehren sie, will sich selbst und ihre Art erhalten. Zu diesem Zweck sind auch die Künste geschaffen worden, vor allem die Kunst des Lebens; sie soll bewahren, was die Natur gegeben, und dazu erwerben, was sie nicht gegeben hat. Die Natur des Menschen besteht aus Seele und Körper; die Tugenden der Seele haben Vorrang vor den Gütern des Körpers. Die Weisheit (Kunst des Lebens) hat die Aufgabe, den ganzen aus Seele und Körper bestehenden Menschen zu bewahren. Ursprung der sozialen Beziehungen und Tugenden ist die Liebe von Mann und Frau und die Liebe der Eltern zu den Kindern. Ciceros Bericht ist zu ergänzen durch Plutarch (Frg. 78 H/233); auch er bezieht sich, ohne zu unterscheiden, auf Aristoteles, Xenokrates und Polemon: »Elemente« (*stoicheia*) des Glücks seien die Natur und das Naturgemäße (*to kata physin*); sie seien wählenswert, nützlich und gut. Die Tugend habe die Aufgabe, sie in der richtigen Weise zu gebrauchen und sie so zum vollkommenen Leben zu vollenden.

Die Zeugnisse sprechen von einer Rangordnung der Güter; die Güter der Seele haben Vorrang vor denen des Körpers; dennoch muss die Weisheit sich auch um letztere kümmern. Ob die außersittlichen Güter zum Glück beitragen, hängt von ihrem Gebrauch ab. Dass diese Thesen auf Platon zurückgehen, zeigen Stellen wie *Apol.* 29d–30b, wo Sokrates unterscheidet zwischen Geld und Ansehen auf der einen und Einsicht auf der anderen Seite, oder *Leg.* I 631b–c, wo der Athener unterscheidet zwischen »menschlichen« Gütern wie Gesundheit, Schönheit, Kraft und Reichtum, und den »göttlichen« Gütern Weisheit, Besonnenheit, Gerechtigkeit und Tapferkeit. Gesundheit, Schönheit und Reichtum, so der *Menon* (87e–88a), sind nützlich; sie können aber zuweilen auch schaden; werden sie richtig gebraucht, nützen sie, wenn nicht, schaden sie. Vielleicht wurde bereits in der Akademie diskutiert, ob etwas, das auch schaden kann, ein Gut und Element des Glücks ist. Nach Xenokrates sind die Güter des Körpers und die äußeren Güter notwendige Bedingungen des Glücks (Frg. 77 H/232 IP); nach Polemon ist dagegen die Tugend allein, ohne die körperlichen und äußeren Güter, für das Glück hinreichend (Frg. 123 Gigante).

Xenokrates gilt als konservativer Apologet und erster Kommentator Platons. Er hat versucht, das geschriebene Werk mit der ungeschriebenen Lehre zu verbinden. Im Unterschied zu Speusipp hat er einen dominierenden Einfluss auf den späteren Platonismus. Platons Lehre lebt in der späteren Akademie weitgehend in der Form weiter, die Xenokrates ihr gegeben hat. Es ist besonders der Gedanke einer durchgehenden Stufung der Wirklichkeit, der für die weitere Entwicklung des Platonismus bestimmend wurde.

66.4 Aristoteles

Aristoteles war zwanzig Jahre (367–347) Schüler und Mitarbeiter Platons in der Akademie. Wenn er auf Platon zu sprechen kommt, dann meistens, um ihn zu kritisieren. Aber diese kritische Auseinandersetzung ist eine Form der Aneignung. Aristoteles greift Themen und Fragen Platons auf; Platon wird kritisiert, um seine Lehren weiterzuführen. Das sei an einigen Beispielen skizziert.

Das Eidos

Die Kapitel I 9 und XIII 4 und 5 der *Metaphysik* bringen eine Vielzahl von Einwänden gegen Platons Ideenlehre. Die entscheidende Frage sei, was die Ideen (*eidos*) zur Erklärung der sinnlich wahrnehmbaren Welt beitragen (XIII 5). Sie seien weder Ursache der Bewegung und der Veränderung noch der Erkenntnis noch des Seins der von ihnen verschiedenen Dinge, weil sie nicht deren Wesen (*ousia*) sind, denn dazu müssten sie in den wahrnehmbaren Dingen sein. Es gebe keine Erklärung dafür, wie aus den Ideen das andere werde. Wenn man sagt, sie seien Urbilder (*paradeigma*) und das andere habe an ihnen teil, so seien das leere Worte und poetische Metaphern, denn was ist die Ursache, die auf die Ideen hinschaut und nach ihnen die sichtbaren Dinge gestaltet? Das Wesen und das, dessen Wesen es ist, könnten nicht getrennt voneinander existieren; wie könnten also die Ideen das Wesen der Dinge sein, wenn sie, wie Platon annimmt, von diesen getrennt (*chôris*) sind? Im *Phaidon* (100d) heiße es, die Ideen seien Ursachen sowohl des Seins wie des Werdens. Aber auch wenn es die Ideen gebe, so entstehe doch nichts, wenn es keine Bewegungsursache gibt, und umgekehrt entstehe vieles, für das es nach Ansicht der Platoniker keine Ideen gibt.

Aristoteles behält Platons Begriff des *eidos* bei, aber er fasst ihn so, dass er diesen Einwänden nicht ausgesetzt ist. Das *eidos* einer Kugel aus Erz ist deren Form; diese Form ist jedoch nicht, wie die Platoniker meinen, ein idealer Gegenstand, sondern die wesentliche Bestimmung dieses sinnlich wahrnehmbaren Gegenstands, dieser Kugel aus Erz. Die Form übt keine Ursächlichkeit aus; vielmehr ist es der Handwerker, der dem Erz diese Form gibt. Substanzen (*ousiai*), d. h. das in sich stehende Seiende, im ausgezeichneten Sinn sind die Lebewesen. Auch sie bestehen, wie die Kugel, aus Stoff und Form; Fleisch und Knochen sind der Stoff und das Menschsein ist die Form. Wie bei der Kugel, so ist auch hier die Form nicht ein idealer Gegenstand, die Idee des Menschen, sondern das Was-Sein oder die Wesensbestimmung dieses wahrnehmbaren Individuums Sokrates. Als Ursache des Entstehens ist die Idee auch hier überflüssig, »denn der Mensch erzeugt einen Menschen« (*Metaph.* VII 8, 1033b32); an die Stelle der transzendenten Idee tritt die immanente Form oder das Lebensprinzip dieses individuellen Menschen. »So ist klar, dass es nicht nötig ist, eine Form (*eidos*) als Urbild (*paradeigma*) aufzustellen (denn am meisten würde man sie ja in diesen Fällen brauchen; denn dies sind vorzugsweise Substanzen); der Erzeugende ist hinreichend [das neue Lebewesen] zu machen und Ursache dafür zu sein, dass die Form (*eidos*) im Stoff ist« (*Metaph.* VII 8, 1034a2–5).

Ethik

Eines der ersten Kapitel der *Nikomachischen Ethik* (I 4) setzt sich mit Platons Idee des Guten auseinander. Aristoteles fragt, wie der Allgemeinbegriff ›gut‹ gebraucht werde, und er zeigt, dass ›gut‹ in ebenso vielen Bedeutungen ausgesagt wird wie ›seiend‹, d. h. in allen Kategorien. Platon, so die Kritik, hatte dagegen angenommen, dem einen Wort entspreche eine Sache; er hatte den Allgemeinbegriff hypostasiert und von der Idee des Guten gesprochen. Platons Idee sei das getrennte (*chôriston*), für sich seiende allgemeine Gute, und nicht das Gute, um das es in der Ethik gehe: das Gute, das der Mensch jeweils in seinem Handeln verwirklichen soll und das er als seinen Besitz, als das Glück, erstrebt.

Diese Kritik hindert Aristoteles nicht daran, Grundlegendes von Platon zu übernehmen. So führen seine Moralpsychologie mit der Unterscheidung zwischen dem vernünftigen und dem vernunftlosen Seelenvermögen und sein Begriff der Tugend als Einklang des vernunftlosen Seelenvermögens mit der Vernunft (*EN* I 13) Platons Analysen und Unterscheidungen in der *Politeia* (IV 434c–444a) weiter. In der *Nikomachischen Ethik* finden sich zwei verschiedene Abhandlungen über die Lust (VII 12–15, X 1–5), ein Thema, mit dem Platon sich in den verschiedenen Perioden seines Schaffens auseinandergesetzt hat (*Prot.* 351b–355b; *Rep.* IX 581c–586c; *Phlb.*). Aristoteles greift Platons Fragen auf: Ist die Lust das Gute? Wie ist sie ontologisch zu bestimmen? Ist sie ein Prozess oder ein Werden, das um eines Seins willen ist, oder ist sie eine Tätigkeit, die ihren Zweck in sich selber hat? Welche Formen der Lust sind zu unterscheiden? Anhand welcher Kriterien sind sie zu bewerten? Die Lustabhandlungen des Aristoteles geben Einblick in die Diskussion innerhalb der Akademie.

Speusipp habe Lust und Schmerz als das Größere und Kleinere dem Mittleren gegenübergestellt (*EN* VII 14, 1153b4–6); er hat also Lust und Schmerz als ein Übel betrachtet und den mittleren, ausgeglichenen, lust- und schmerzfreien Zustand als Gut (vgl. *EN* X 2, 1173a5–7 und Frg. 84 Tarán). Demgegenüber meinte der Mathematiker und Astronom Eudoxos von Knidos, der enge Kontakte zur Akademie unterhielt, »die Lust sei das Gut, weil er sah, dass alle Wesen nach ihr streben, die vernünftigen ebenso wie die vernunftlosen« (*EN* X 2, 1172b9 f.).

Zwei Bücher der *Nikomachischen Ethik* (VIII und IX) und ein Buch der *Eudemischen Ethik* (VII) handeln über die Freundschaft (*philia*); sie bezeugen ein intensives Studium von Platons *Lysis* (vgl. Penner/Rowe 2005, 312–322). Beide Ethiken gehen aus von den Aporien des *Lysis* (213d–215c): Ist der Gleiche des Gleichen Freund oder Feind? Ist Freundschaft mit dem Schlechten möglich? Nach dem *Lysis* gibt es einen letzten Grund der Freundschaft, um dessentwillen uns alles andere »lieb« (*philon*) ist, das »Erste Liebe« (*proton philon*, 219d1), und der erste Schritt des Aristoteles zur Lösung der Probleme besteht darin, dass er nach dem »Gegenstand der Liebe« (*phileton*) fragt (*EN* VIII 2, 1155b17–27).

Politik

Platons *Politeia* und seine *Nomoi* stoßen in der *Politik* des Aristoteles auf eine ablehnende Kritik. Das zweite Buch bringt Einwände gegen die Frauen-, Kinder- und Gütergemeinschaft im platonischen Staat (*Pol.* II 2–5) und gegen verschiedene Anordnungen der *Nomoi* (*Pol.* II 6). Das fünfte Buch über den Umsturz der Verfassungen schließt mit einer Kritik (V 12) an Platons Lehre vom Wechsel und Verfall der Verfassungen im achten und neunten Buch der *Politeia*. Anders geht Aristoteles um mit dem dritten großen Werk Platons zur politischen Philosophie, dem *Politikos*. Er greift Thesen des *Politikos* auf und führt sie weiter; er setzt sich mit ihnen in der Weise auseinander, dass sie Ausgangspunkt für seine eigenen Thesen werden.

Das dritte Buch der *Politik* handelt über die Verfassung. Am Anfang des sechsten Kapitels fragt Aristoteles, ob man eine oder mehrere Verfassungen anzunehmen hat und wenn mehrere, welche und wie viele es sind und worin sie sich unterscheiden (*Pol.* 1278b7 f.). Platons *Politikos* kennt *eine* richtige Verfassung: die Herrschaft des wissenden Staatsmanns; sie ist ein in dieser Welt nicht verwirklichtes Ideal. Alle anderen Verfassungen ahmen diese eine allein richtige, wahre Verfassung lediglich nach. Platon klassifiziert sie nach der Zahl der Regierenden, ob einer, wenige oder alle herrschen, und er unterscheidet zwischen den Verfassungen, welche die ideale Verfassung besser, und denen, die sie schlechter nachahmen; das Kriterium dafür ist die Gesetzestreue (*Plt.* 300a1–301c5). Aristoteles greift Platons Unterscheidungen auf. Aber während es nach Platon nur eine »richtige«, nämlich die ideale Verfassung gibt (*Plt.* 297c1, d5, 301d5 f.), kennt Aristoteles drei »richtige« Verfassungen (*Pol.* 1279a24). Platons Unterscheidungskriterium, die Gesetzestreue, bleibt insofern unklar, als der *Politikos* nur vage Hinweise auf das Verfahren der Gesetzgebung gibt und nicht ausdrücklich zwischen gerechten und ungerechten Gesetzen unterscheidet. Das Kriterium des Aristoteles ergibt sich aus dem Begriff des Staates; die richtigen Verfassungen sind die, bei denen die Regierung den gemeinsamen Nutzen oder das allgemeine Wohl im Auge hat; bei den Fehlformen geht es den Regierenden nur um den eigenen Nutzen.

Der *Politikos* geht von der Voraussetzung aus, dass der Staatsmann »einer der Wissenden« (*Plt.* 258b4) ist; an ihr wird während des ganzen Gesprächs festgehalten. Er betont, wie schwierig das Wissen von der Herrschaft über Menschen ist, und er folgert daraus, dass es sich nur bei wenigen finden wird. Aristoteles (*Pol.* 1281a39–b15) unterscheidet zwischen dem Einzelnen und den Vielen, die sich zu einem Gremium zusammenschließen und gemeinsam beraten und entscheiden. Wenn auch jeder Einzelne von den Vielen nur durchschnittliche Qualitäten hat, so sind die Vielen doch als Gremium einem Einzelnen, der sich durch seine guten Eigenschaften vor den Vielen auszeichnet, überlegen; jeder Einzelne von ihnen hat einen Teil von sittlicher Tugend und Phronesis, und diese Teile verbinden sich im Gremium zu einem Ganzen.

Rhetorik und Poetik

Im *Phaidros* (259e–277c) kritisiert Platon die gängige Rhetorik, und er entwirft eine Rhetorik als Kunst (*technê*): die Kunst der Seelenleitung durch Reden. Der Redner muss deshalb die Seele und die verschiedenen Naturen seiner Zuhörer kennen; er muss wissen, welche Art von Menschen durch welche Mittel überzeugt wird. Aristoteles hat in seiner *Rhetorik* dieses Programm ausgeführt. Er nennt drei Überzeugungsmittel, die der Redner beherrschen muss: Die Rede muss den Charakter des Redners in einem günstigen Licht erscheinen lassen; sie muss die Emotionen der Zuhörer in der richtigen Weise beeinflussen; was der Redner behauptet, muss wahr oder anscheinend wahr sein (I 2, 1355b35–1356a20).

Das zehnte Buch der *Politeia* (595a–608b) bringt eine abschließende Kritik der Dichtkunst. Die Dichtung erregt, nährt und kräftigt den vernunftlosen Teil der Seele und verdirbt dadurch den vernünftigen. Platon lässt es offen, ob die Dichtkunst sich gegen dieses Verdikt verteidigen kann. Aristoteles folgt Platon in der Ansicht, dass die Dichtung sich an das nichtvernünftige, affektive Seelenvermögen wendet, aber er beurteilt sie positiv. Die Tragödie hat die Fähigkeit, die Affekte zu reinigen; sie »vollbringt durch Mitleid und Furcht die Reinigung (*katharsis*) derartiger Affekte« (*Poet.* 1449b27 f.).

Literatur

Baltes, Matthias 1999: »Zur Theologie des Xenokrates«. In: Ders.: DIANOHMATA. Kleine Schriften zu Platon und zum Platonismus. Stuttgart, 191–222.

Cherniss, Harold 1944: Aristotle's Criticism of Plato and the Academy. Baltimore [Nachdr. New York 1962].

Cherniss, Harold 1966: Die Ältere Akademie. Ein historisches Rätsel und seine Lösung. Heidelberg [engl. 1945].

Dillon, John 1984: »Speusippus in Jamblichus«. In: Phronesis 29, 325–332.

Dillon, John 2003: The Heirs of Plato. A Study of the Old Academy (347–274 BC). Oxford.

Dorandi, Tiziano (Hg.) 1991: Filodemo, Storia dei filosofi: Platone e l'Academia (PHerc. 1021 e 164). Edizione, traduzione et commento a cura di Tiziano Dorandi. Napoli.

Gigante, Marcellus 1977: »I frammenti di Polemone academico«. In: Rendiconti della Accademia di archeologia, lettere e belle arti, N. S. 51 (1976), 91–144.

Heinze, Richard 1892: Xenokrates. Darstellung der Lehre und Sammlung der Fragmente. Leipzig [Neudruck Hildesheim 1965].

Krämer, Hans ²2004: »Die Ältere Akademie«. In: Hellmut Flashar (Hg.): Grundriss der Geschichte der Philosophie. Die Philosophie der Antike. Bd. 3: Ältere Akademie, Aristoteles, Peripatos. Basel, 1–165.

Merlan, Philip ²1960: From Platonism to Neoplatonism. The Hague.

Penner, Terry/Rowe, Christopher 2005: Plato's *Lysis*. Cambridge.

Ricken, Friedo 2008: Platon V, *Politikos*. Übersetzung und Kommentar. Göttingen.

Senokrate – Ermodoro 1982: Frammenti. Edizione, traduzione e commento a cura di Margherita Isnardi Parente. Napoli.

Tarán, Leonardo 1981: Speusippus of Athens. A Critical Study with a Collection of the Related Texts and Commentary. Leiden.

Friedo Ricken

67 Die skeptische Akademie

Die Antike kennt drei verschiedene Einteilungen der Geschichte der Akademie: (1) Cicero (*De fin.* V 7) unterscheidet zwischen der »neuen« und der »alten« Akademie; zu letzterer rechnet er Speusipp, Xenokrates, Polemon, Krantor und auch die »alten Peripatetiker« unter Aristoteles. (2) Nach der am meisten verbreiteten Einteilung, so berichtet Sextus Empiricus (*PH* I 220), gab es drei Akademien: die »erste und älteste« um Platon, die »zweite und mittlere« um Arkesilaos, die »dritte und neue« um Karneades und Kleitomachos. (3) Einige, so fährt Sextus fort, fügten als »vierte« die um Philon und Charmadas hinzu, und manche nennen sogar »als fünfte« die um Antiochos.

67.1 Arkesilaos

Arkesilaos aus Pitane hörte in Athen zunächst den Musiker Xanthos und wurde dann Schüler des Theophrast; eine enge Freundschaft mit Krantor, dem Schüler des Xenokrates und Polemon, führte ihn schließlich in die Akademie. Nach Polemons Tod wurde Krates Leiter der Akademie. Ihm folgte – vermutlich 268–264 v. Chr. (Dorandi 1991, 58) – Arkesilaos. Er soll 241/40 v. Chr. im Alter von 75 Jahren gestorben sein.

Zeugnisse

»Als erster«, so berichtet Diogenes Laertius (IV 28), »enthielt er sich der Behauptungen wegen der Gegensätze der Argumente. Als erster versuchte er auch, für und gegen dieselbe These zu argumentieren, und als erster hat er den von Platon überlieferten *logos* bewegt und ihn durch Frage und Antwort streitsüchtiger (*eristikos*) gemacht«. Arkesilaos, so ist dieses Zeugnis zu interpretieren, hat sich des Urteils enthalten, weil sich bei jeder Aussage Argumente für sie und Argumente gegen sie bringen ließen. Er hat eine Technik entwickelt, die es erlaubt, für und gegen jede Aussage zu argumentieren. Dabei hat er an die Methode der platonischen Dialoge angeknüpft, die er zu einer Technik des Streitgesprächs weiterentwickelte. Cicero schreibt, Sokrates habe durch Fragen die Ansichten seiner Gesprächspartner erforscht, um dann, wenn er es für angebracht hielt, dazu Stellung zu nehmen. Diese Methode sei dann aufgegeben worden, und Arkesilaos habe sie erneuert. Er habe nicht in der Weise unterrichtet, dass seine Hörer ihn fragten und er antwortete. Vielmehr habe er sie aufgefordert zu sagen, was sie dächten, und dann habe er das Gegenteil vertreten, woraufhin seine Hörer ihre Meinung verteidigten (*De fin.* II 2). Die Methode, gegen alles zu argumentieren und in keiner Sache ein Urteil zu fällen, sei von Sokrates begründet worden, von Arkesilaos wieder aufgegriffen und von Karneades bestätigt worden (*De nat. d.* I 11). In *De oratore* III 67 beschreibt Cicero die Entwicklung der Akademie folgendermaßen: Speusipp, Xenokrates, Polemon und Krantor hätten sich in der Lehre nicht bedeutend von Aristoteles, der zusammen mit Speusipp und Xenokrates Platon gehört hätte, unterschieden. Arkesilaos, der Polemon gehört habe, hätte »aus verschiedenen Büchern Platons und aus den sokratischen Gesprächen vor allem das aufgegriffen, es gebe nichts Gewisses, das mit den Sinnen oder der Vernunft erfasst werden könne«. Er soll mit großer Beredsamkeit jedes Urteil der Sinne und der Vernunft von sich gewiesen haben »und als erster die Methode eingeführt haben – obwohl gerade sie in höchstem Maß sokratisch ist –, nicht darzulegen, was er selbst meint, sondern Gründe gegen die Meinung, die der Gesprächspartner geäußert hat, vorzubringen«.

Kontroversen

Die Deutung dieser Zeugnisse ist umstritten; die philosophische Gestalt des Arkesilaos ist seit der Antike ein Rätsel.

1. Nach Sextus Empiricus *PH* I 234 war er ein dogmatischer Platoniker im Gewand eines Pyrrhoneers. Mit Hilfe der Aporetik habe er seine Schüler geprüft, ob sie für das Verständnis der »platonischen Dogmen« begabt seien, und den Begabten habe er Platons Lehren übermittelt. Die übrige doxographische Tradition enthält jedoch keinen Hinweis darauf, dass Arkesilaos »platonische Dogmen« gelehrt habe. Das ausführlichste Referat darüber, was wir als eine inhaltliche Lehre bezeichnen könnten, ist Sextus (*M* 7, 150–158). Aus ihm geht hervor, dass Arkesilaos ein ausschließlich kritisches Anliegen verfolgt; eine eigene Position wird nicht deutlich. Er arbeitet in diesem Text, in dem es um die stoische Erkenntnistheorie und um die Frage geht, ob die Urteilsenthaltung das Leben aufhebt, mit stoischen Begriffen; sein Anliegen ist, die stoische Position von ihren eigenen Voraussetzungen her *ad absurdum* zu führen (Krämer 1971, 39–44; Ricken 1994, 34–51).

2. ßUmstritten ist die Frage, ob der Skeptizismus des Arkesilaos von Pyrrhon abhängt. Gegen die These, trotz wesentlicher Unterschiede lasse sich ein Einfluss kaum bestreiten (Görler 1994, 814), spricht, dass Arkesilaos den Begriff der Urteilsenthaltung (*epochê*)

von den Stoikern übernommen hat (vgl. Ricken 1994, 53) und die Gestalt des Pyrrhon in wesentlichen Zügen von der nachakademischen Skepsis geschaffen wurde (Krämer 1971, 8 f.). Die Darstellung des Arkesilaos bei Sextus (*PH* I 232–234), die dessen Gemeinsamkeiten mit den Pyrrhoneern hervorhebt, geht auf Ainesidemos oder einen anderen späten Pyrrhoneer zurück (Ioppolo 1992, 193, 197).

3. Arkesilaos war zunächst Schüler des Theophrast. Im Anschluss an Olof Gigon hat deshalb Alfons Weische (1961) den Ursprung seines Skeptizismus im Methoden- und Wissenschaftsideal des frühen Peripatos finden wollen. Dagegen ist vor allem einzuwenden, dass »eine Beziehung der skeptischen Position auf die empirische Einzelwissenschaft peripatetischer Art bei Arkesilaos ganz unwahrscheinlich und auch bei Karneades nicht belegbar« ist (Krämer 1971, 11).

4. Arkesilaos hat das aporetische Moment der platonischen Dialoge wieder entdeckt und die elenktisch-aporetische Methode des platonischen Sokrates erneuert. Gegen diese von vielen Forschern (zuletzt von Müller 2005, 35) vertretene These wird eingewendet, damit werde das Problem nur verschoben, denn es bleibe offen, aus welchen philosophischen Beweggründen, unter welchen Voraussetzungen und in welchem Sinn Arkesilaos diese Erneuerung fordern und durchsetzen konnte (Krämer 1971, 10). Ein anderer Einwand lautet, dem stehe »ein ganz anderer Befund in den Quellen gegenüber«; die skeptische Wendung des Arkesilaos sei »als ein Bruch mit wesentlichen Elementen der platonischen Tradition« angesehen worden (Görler 1994, 821 f.).

5. Die Wendung des Arkesilaos lässt sich allein aus der inneren Situation der Akademie und ihrem Zusammenstoß mit der Stoa erklären. Die Dialektik (s. Kap. V.39) emanzipiert sich von der Ontologie und wird zu einer formalen Technik und zum Instrument einer »prinzipiellen Aporetik« (Krämer 1971, 48). Dabei wurde die Kontinuität der Schule in der Weise gewahrt, dass sie »die erprobten Denkmittel der Älteren übernommen und ihnen in der Polemik gegen die Stoa eine neue Wendung gegeben hat. Abgesehen von der Veränderung der Funktion liegt der tiefere Unterschied freilich darin, dass der ontologische Grundcharakter der Argumente völlig entfallen und durch eine rein erkenntnistheoretische Fragestellung ersetzt worden ist« (ebd. 74). Ein Beispiel ist das gegen die sensualistische Erkenntnistheorie der Stoiker vorgebrachte Argument, dass es Erkennen im strengen Sinn vom sinnlich wahrgenommenen Einzelnen nicht geben kann. Kann ich zwei Eier oder Zwillinge voneinander unterscheiden? Der Eindruck, den die Zwillinge Kastor und Pollux auf mich machen, ist ununterscheidbar. Er ist derselbe, wenn ich Kastor sehe und ihn für Kastor halte und wenn ich Pollux sehe und ihn für Kastor halte. Aber im ersten Fall erfasst er die Wirklichkeit, im zweiten jedoch nicht (vgl. Sext. Emp. *M* VII 410). Das traditionelle platonische Argument lautet: Erkennen gibt es nur vom Allgemeinen, nun gibt es aber Erkennen; also gibt es Allgemeines. Die Polemik der neuen Akademie zieht aus derselben Prämisse eine andere Folgerung: Erkennen gibt es nur vom Allgemeinen; also sind wir nicht imstande, das Einzelne in seiner Individualität zu erkennen (Krämer 1971, 70). Aber auch diese These lässt die Frage nach den Beweggründen offen. Wie kam es zu der beschriebenen Veränderung der Dialektik? Die Konfrontation mit einer anderen Schule, der Stoa, ist keine hinreichende Antwort für die Wende zur Urteilsenthaltung. Weshalb sollte man nicht Einwände gegen die stoische Lehre vorbringen und für die platonische Erkenntnistheorie und Ontologie argumentieren?

Die Interpretationen (d) und (e) schließen sich nicht aus, sondern sie ergänzen einander. Die Neuentdeckung des Sokrates der platonischen Dialoge ist das Motiv für die Wende vom Dogmatismus der Älteren Akademie zum Skeptizismus des Arkesilaos. Damit ist in keiner Weise ausgeschlossen, dass die antistoische Polemik der neuen Akademie sich der vielfältigen begrifflichen Mittel bediente, welche die Schule seit den Tagen Platons entwickelt hatte.

Studium der Dialoge?

Diogenes Laertius (III 66) zitiert Antigonos von Karystos, der in seiner Biographie über den Stoiker Zenon eine »vor kurzem« erschienene Platonausgabe erwähnt, für deren Benutzung den Besitzern ein Entgelt gezahlt werden müsse. Wann und unter wessen Leitung diese Ausgabe entstand, ist umstritten; Wilamowitz datiert sie in die Zeit des Arkesilaos (Görler 1994, 842), Müller (2005, 35) in die des Polemon. Arkesilaos soll schon als junger Mann Platons Werke besessen haben (*Acad. ind.* XIX; Diog. Laert. IV 32). Diese Zeugnisse sprechen für die Vermutung, dass die Dialektik des Arkesilaos durch die Gestalt des platonischen Sokrates inspiriert und motiviert wurde. Cicero verweist darauf, dass sich für Arkesilaos aus dem Nichtwissen die Urteilsenthaltung als sittliche Pflicht ergab, »denn es gebe nichts Unsittlicheres (*turpius*) als dass Zustimmung und Billigung der Erkenntnis und dem Erfassen vorauseilten« (*Ac.* 1, 45). Die »Meinungen ohne Wissen«, so Platon, »sind sämtlich sittlich schlecht (*aischrai*)« (*Rep.* VI 506c6 f.). Für den Sokrates der *Apologie* (23a–b; vgl. *Symp.* 204a; *Phdr.* 278d) ergibt diese Pflicht sich aus einer theologischen Voraussetzung: Nur der Gott ist weise, während die menschliche Weisheit wenig oder nichts wert ist, und der Weiseste unter den Menschen ist, wer wie Sokrates einsieht, dass seine Weisheit nichts wert ist. Das theologisch begründete Wahrheitsethos des Sokrates hat Arkesilaos motiviert, sich vom dogmatischen Systemdenken der älteren Akademie abzuwenden und das in der Akademie nie in Vergessenheit geratene sokratische Erbe des Streitgesprächs an dessen Stelle zu setzen.

Glucker (1978, 37–47) hat zu zeigen versucht, dass Arkesilaos und seine Schule Platons Dialoge studiert haben und der Überzeugung waren, aus einer richtigen Interpretation der Dialoge ergebe sich das Bild eines skeptischen Sokrates und seines nicht weniger skeptischen Schülers Platon. Dafür bringt er drei Belege: (1) In den anonymen *Prolegomena zu Platons Philosophie* (hg. von L. G. Westerink, Paris 1990) werden fünf Argumente dafür gebracht (und aus neuplatonischer Sicht widerlegt), dass Platon ein Skeptiker gewesen ist. (2) In dem anonymen *Kommentar zu Platons Theaitet* (hg. von Diels/Schubart, Berlin 1905, § 54) heißt es zu *Tht.* 150c: »aufgrund solcher Äußerungen halten manche Platon für einen Akademiker, weil er keine Dogmen vertritt«. (3) Der heute allgemein als unecht geltende *Zweite Brief* behauptet, es gebe keine Schriften über Platons Lehre, und was man dafür halte, seien Gedanken »eines schönen und jung gewordenen Sokrates« (*Ep. II*, 314c4). Glucker sieht in dem »jung gewordenen Sokrates« einen Hinweis auf *Prm.* 135d, wo die Tatsache, dass Sokrates die Einwände des Parmenides gegen die Ideenlehre nicht beantworten kann, seiner Jugend zugeschrieben wird. Der Verfasser des *Zweiten Briefes*, so Glucker, ist ein Gegner der skeptischen Akademie. Platon habe nichts geschrieben; die Dialoge, anhand deren Arkesilaos und seine Schule Platons Skeptizismus nachweisen wollen, geben nicht Platons Lehre wieder. Der Verfasser antwortet den akademischen Skeptikern: ›Ihr könnt ruhig eure Dialoge behalten; sie sind nichts anderes als Darstellungen eines schönen, jungen Sokrates. Der wirkliche Platon hat Positiveres und Tieferes zu sagen als der ironische Sokrates der Dialoge, der nur sein Nichtwissen bekennt.‹ Diese Verteidigung bezeugt also das Studium der Dialoge in der skeptischen Akademie. Dagegen ist Tarrant (1985, 72; vgl. Ioppolo 1992, 189–191) der Ansicht, dass erst die späteren Pyrrhoneer (Ainesidemos) Argumente für Platons angeblichen Skeptizismus gesammelt und ausgearbeitet haben, »selbst wenn ihr Keim sich in der Akademie gefunden haben mag«. Nach Görler (1994, 841) gibt es »kein sicheres Indiz dafür, dass in der skeptischen Akademie Platons Werke weiterhin gelesen und philosophisch diskutiert wurden«.

Nachfolger

Nachfolger des Arkesilaos ist Lakydes aus Kyrene. Er soll »seit Menschengedenken als einziger« noch zu Lebzeiten die Leitung der Schule abgegeben haben, und zwar an Telekles und Euandros aus Phokis; ihnen folgte Hegesinos aus Pergamon und dann Karneades (Diog. Laert. IV 59 f.). Nach der Einteilung des Diogenes Laertius ist Arkesilaos der Gründer der »Mittleren« und Lakydes der Gründer der »Neuen« Akademie (I 14; I 19; IV 59). Diesen Einschnitt begründet *Acad. ind.* XXI damit, dass Lakydes die Akademie »zum Stehen brachte, indem er die Schule aus beidem [beiden?] mischte«. Die Formulierung lässt es offen, ob es hier um zwei Methoden oder um zwei Richtungen ging. Hat Lakydes eine skeptisch orientierte mit einer dogmatischen Richtung »gemischt« (Görler 1994, 780)? Oder hat er, was näher liegt, die Lehre des Arkesilaos in eine schulmäßige Form gebracht, so dass Karneades, mit dem Sextus (*PH* 1, 220) die Neue Akademie beginnen lässt, auf ihr aufbauen konnte (Müller 2005, 37)? Schüler des Arkesilaos und Lakydes war der Stoiker Chrysipp (Diog. Laert. 7, 183 f.).

67.2 Karneades

Biographische Zeugnisse

Karneades stammte wie Lakydes aus Kyrene. Er starb 129/128 v. Chr. im Alter von 85 Jahren (Diog. Laert. IV 65) oder 90 Jahren (*Luc.* 16). 137/136 v. Chr. gab er aus Gesundheitsgründen die Leitung der Akademie an Karneades den Sohn des Polemon ab (*Acad. ind.* XXIXf.). Das bekannteste Ereignis in seinem Leben ist die Teilnahme an einer Gesandtschaft nach Rom wegen einer über Athen verhängten Strafe; er beeindruckte das römische Publikum durch eine glänzende Rede für die Gerechtigkeit, um dann am folgenden Tag mit derselben Brillanz gegen die Gerechtigkeit zu argumentieren. Karneades hat nichts Schriftliches hinterlassen (Diog. Laert. IV 65). Seine Philosophie ist bestimmt von der Auseinandersetzung mit dem Stoiker Chrysipp (gest. ca. 208 v. Chr.); »wenn Chrysipp nicht wäre«, so soll er von sich gesagt haben, »wäre auch ich nicht« (Diog. Laert. IV 62). Auch für seine Zeit ist das Studium von Platons Dialogen in der Akademie bezeugt. Crassus erzählt, dass er in Athen zusammen mit Karneades' Schüler Charmadas »überaus sorgfältig« Platons *Gorgias* gelesen habe (Cicero, *De orat.* I 45–47). »Um Aristoteles und Platon, die Patrone der Gerechtigkeit, zu widerlegen, sammelte Karneades in einem ersten Vortrag alles, was zugunsten der Gerechtigkeit gesagt wurde, um es, wie er es tat, umstürzen zu können.« Er bediente sich also der Methode, für und gegen eine Sache zu argumentieren (*in utramque partem disserendi*), »um andere, die irgendetwas behaupten, widerlegen zu können« (Laktanz, *Inst.* V 14,3–5), und davon waren auch Platon und Aristoteles, deren gründliche Kenntnis seine Vorträge in Rom bezeugen, nicht ausgenommen.

Auseinandersetzung mit der Stoa

Wie Arkesilaos, so wendet sich auch Karneades gegen das stoische Wahrheitskriterium des erfassenden Eindrucks. Die Stoiker unterscheiden zwischen ›glaubhaft‹ (*pithanos*) und ›wahr‹ (Sext. Emp. *M* VII 241–252). Während ›glaubhaft‹ ein psychologischer Begriff ist, ist ›wahr‹ ein semantischer Begriff. ›Glaubhaft‹ wird mit Hilfe eines psychischen Erlebnisses definiert; ›wahr‹ bezeichnet eine Eigenschaft von Aussagen. Karneades arbeitet heraus, dass es sich bei dem erfassenden Sinneseindruck um ein Erlebnis handelt, das als solches nicht als Kriterium des semantischen Wahrheitsbegriffs dienen kann. Im Erlebnis ist der objektive Gegenstand immer nur als subjektiv erlebt gegeben, und damit kann die Möglichkeit der Täuschung niemals ausgeschlossen werden. Karneades vergleicht den Eindruck mit einem Boten; dass er behauptet, die Wahrheit zu sagen, ist kein Kriterium dafür, dass er sie wirklich sagt (Sext. Emp. *M* VII 160–165).

Ein Leben ohne Orientierung ist jedoch nicht möglich, und dieser Orientierung dient als praktisches Kriterium der glaubhafte Eindruck (Sext. Emp. *M* VII 167–183). Ein glaubhafter Eindruck ist ein Eindruck, der anscheinend wahr ist. Die glaubhaften Eindrücke sind entweder undeutlich oder deutlich. Im Unterschied zum erfassenden Eindruck der Stoiker kann der deutliche Eindruck falsch sein, aber dennoch ist er Kriterium des Handelns. Wie ist das möglich? Karneades antwortet mit einer statistischen Überlegung. Dass ein deutlicher Eindruck uns täuscht, kommt selten vor; wenn wir uns an ihn halten, führt unser Handeln in den meisten Fällen zum beabsichtigten Erfolg. ›Deutlich‹ ist eine Qualität des einzelnen, isolierten Eindrucks. Das ist jedoch eine Abstraktion, denn jeder Eindruck hängt mit anderen zusammen. Dadurch kann Karneades ein stärkeres Kriterium aufstellen. Er gebraucht das Bild einer Kette, die so stark ist wie ihr schwächstes Glied. Ein Eindruck verdient deshalb nur dann Zustimmung, wenn keiner der Eindrücke, mit denen er verknüpft ist, offensichtlich falsch ist. Dieses Kriterium lässt verschiedene Grade zu, denn wir können an die zusammenhängenden Eindrücke unterschiedliche Anforderungen stellen. So können wir uns damit begnügen, dass jeder der Eindrücke in den Zusammenhang passt, dabei aber undeutliche Eindrücke zulassen. Das Kriterium wird enger, wenn wir fordern, dass jeder Eindruck nicht nur glaubhaft, sondern auch deutlich sein muss und die Eindrücke einer Prüfung unterziehen.

Nach stoischer Auffassung ist die Zustimmung (*synkatathesis, assensio*) ein freiwilliger Akt der Vernunft, durch den wir bestätigen, dass ein Eindruck mit dem Gegenstand, von dem er verursacht ist, übereinstimmt. Diesen Begriff muss Karneades ablehnen, denn jeder glaubhafte Eindruck kann falsch sein. Er unterscheidet deshalb von der stoischen Zustimmung die Billigung (*probatio*); ohne sie könnten wir nicht handeln. Der Maßstab, nach dem die Billigung sich richtet, ist die Glaubhaftigkeit der Eindrücke; weil auch ein glaubhafter Eindruck falsch sein kann, schließt die Billigung den Zweifel nicht aus (Cicero, *Luc.* 99, 104).

Gegen den Determinismus hat Karneades für die Freiheit des Willens argumentiert. Cicero (*De fato* 23, vgl. 31) berichtet von einer Auseinandersetzung mit den Epikureern. Im Unterschied zu Demokrit habe Epikur die ursachelose Abweichung der Atome von der durch die Schwerkraft bestimmten Bahn gelehrt, weil es sonst keine Freiheit gebe. Dagegen habe Karneades eingewendet, die Freiheit lasse sich ohne diese Konstruktion verteidigen. Es sei besser, die Freiheit als Tatsache anzunehmen, als sie durch die Abweichung der Atome, für die keine Ursache genannt werde, erklären zu wollen. Damit werde nicht gegen das Kausalitätsprinzip, nach dem es keine Bewegung ohne Ursache gibt, verstoßen. Karneades unterscheidet: (a) Es geschieht nichts ohne äußere und vorhergehende Ursache. Diesen Satz lehnt er ab; aus ihm folgt der Determinismus. (b) Es geschieht nichts ohne Ursache. Diesem Satz stimmt er zu; auch die Entscheidungen des Willens sind verursacht, aber nicht durch äußere und vorhergehende Ursachen.

Nachfolger

Nachfolger des jüngeren Karneades war Krates aus Tarsos (gest. 127/126), der die Schule zwei Jahre leitete. Ihm folgte Kleitomachos aus Karthago (geb. 187/186); nach dessen Tod im Jahr 110/109 wurde Philon aus Larisa (159/158–84/83) Scholarch (*Acad. ind.* XXIXf., XXXIII). Er floh im Jahr 89/88 während des Ersten Mithridatischen Krieges nach Rom (Cicero, *Brutus* 306), wo Cicero seine Vorlesungen hörte. Philon ist wahrscheinlich nicht nach Athen zurückgekehrt; ob er einen Nachfolger in der Leitung der Schule hatte (Charmadas?), ist umstritten. Die Akademie nach Karneades streitet über dessen Interpretation. Orthodoxer Vertreter seines Skeptizismus ist Kleitomachos. Er soll über vierhundert Bücher geschrieben haben, in denen er vor allem die Lehre des Karneades erläuterte (Diog. Laert. IV 67). Cicero (*Luc.* 98) berichtet von vier Büchern *Über die Zurückhaltung der Zustimmung* (*de sustinendis adsensionibus*); Kleitomachos schreibe, Karneades habe »die Mühen eines Herkules auf sich genommen, um wie ein wildes und furchtbares Tier so die Zustimmung, d. h. die bloße Meinung und das unüberlegte Urteil, aus unserem Geist herauszureißen« (ebd. 108). Dagegen behauptete Karneades' Schüler Metrodoros aus Stratonikaia, der seinen Lehrer gut gekannt haben soll (Cicero, *Luc.* 16), »alle hätten Karneades falsch verstanden, denn er habe nicht alles für unerfassbar gehalten« (*Acad. ind.* XXVI). Metrodor interpretierte Karneades im Sinne eines gemäßigten Skeptizismus (Brittain 2001, 73–128; vgl. Ricken 2003, 178): Er habe die *akatalêpsia* verteten, eine universale *epochê* jedoch abgelehnt. Grundlegend für den Unterschied ist, wie Karneades' Begriff des Glaubhaften (*pithanon*) verstanden wird. Für Kleitomachos ist er ein rein subjektives Kriterium; die Glaubhaftigkeit eines Eindrucks sagt nichts über die Sache und lässt keine Folgerungen für die Wahrheit zu. Dagegen verstand Metrodor das *pithanon* als ein quasi-objektives Kriterium, als Anzeichen der Wahrheit. Umstritten ist die Position des Charmadas (gest. vor 91 v. Chr.). Sextus (*PH* I 220) nennt ihn zusammen mit Philon als Begründer einer vierten Akademie; das spricht dafür, dass er sich wie Metrodor von einem radikalen Skeptizismus abwandte (vgl. Tarrant 1985, 34–40; Brittain 2001, 213). Dagegen steht das Zeugnis, er sei noch orthodoxer gewesen als Kleitomachos. »Unser Karneades pflegte zu sagen, Kleitomachos sage dasselbe [wie er], aber Charmadas sage es auch noch in derselben Weise« (Cicero, *Orator* 51).

67.3 Philon aus Larisa

Philon, so behauptet Augustinus (*Contra acad.* 3, 41), habe begonnen, »die Akademie zur Autorität und den Gesetzen Platons zurückzuführen«. Die Bedeutung Philons für den Wandel von der skeptischen Akademie zum Mittelplatonismus ist bis heute umstritten. Der akademische Skeptizismus, so die These von Tarrant (1985, 13), konnte zu einer Wiederbelebung des Platonismus führen. Philon stehe zwischen Karneades und Eudoros von Alexandrien (Mitte 1. Jh. v. Chr.), mit dem der Mittelplatonismus beginnt; Eudoros vertrete Auffassungen der vierten Akademie. Die Mittelplatoniker konnten die Ablehnung der stoischen Lehre vom erfassenden Sinneseindruck übernehmen, weil damit eine Abwertung der Sinneserkenntnis gegeben war. Weil Philon jedoch die Möglichkeit der Erkenntnis nicht grundsätzlich bestritt, eröffnete sich ein Ausblick auf das Reich der Ideen. Dagegen sieht Brittain in Philon einen Empiristen (2001, 35); philosophische Thesen seien durch das Argumentieren für beide Seiten zu prüfen mit dem Ergebnis, dass philosophisches Wissen unerreichbar ist (ebd., 166–168).

In der philosophischen Entwicklung Philons werden drei Phasen unterschieden (Görler 1994, 920 f.; Brittain 2001, 44–70). Er vertrat zunächst die orthodoxe Karneades-Interpretation des Kleitomachos, wechselte dann zur Position des Metrodoros, um schließlich in den zwei ›römischen Büchern‹ Thesen zu vertreten, die seinen langjährigen Schüler Antiochos zu der ärgerlichen Frage veranlassten, ob man so etwas »von Philon oder von irgendeinem Akademiker jemals gehört hätte« (Cicero, *Luc.* 11). Wenn man das stoische Kriterium des erfassenden Eindrucks zugrunde legt, so die erkenntnistheoretische These der römischen Bücher, dann sind die Dinge tatsächlich unerfassbar, »aber soweit es die Natur der Dinge selbst betrifft, sind sie erfassbar« (Sext. Emp. *PH* I 235; vgl. Cicero, *Luc.* 18). Es gibt keine kataleptischen Eindrücke im Sinne der Stoa; dagegen gibt es eine *katalêpsis* durch die Zustimmung zu Eindrücken, die in der richtigen Weise verursacht worden sind. Gegenüber einem in der richtigen Weise geprüften Eindruck ist eine uneingeschränkte Zustimmung vernünftig; im Bereich der Erfahrung ist also Wissen möglich. Philon habe, so interpretiert Brittain (2001, 166), in den römischen Büchern den Dogmatismus, gegen den die Akademie sich wendet, neu definiert. Die Diskussion mit den Stoikern über die *kataleptikê phantasia* konnte den Eindruck erwecken, die Akademie wende sich gegen das Wahrnehmungswissen. Damit werde nach

Philon jedoch vom eigentlichen Anliegen der Akademie abgelenkt: der Kritik am Wissensanspruch der dogmatischen Philosophie mit der Methode des Argumentierens für beide Seiten.

Die römischen Bücher enthalten auch eine philosophiehistorische These. Philon bestritt, dass es zwei Akademien gebe (Cicero, *Ac.* I 13). Er behauptete, die Akademie habe niemals den stoischen Begriff des Wissens vertreten; sie sei vielmehr immer der Ansicht gewesen, eine nicht-stoische *katalêpsis* sei in begrenzten Bereichen möglich. In philosophischen Fragen habe sie immer für beide Seiten argumentiert, um sich so der Wahrheit zu nähern, ohne damit den Skeptizismus aufzugeben. Auch diese These stieß auf entschiedene Ablehnung; Philon wurde der Lüge bezichtigt (Cicero, *Luc.* 12, 18).

67.4 Antiochos aus Askalon

Biographische Zeugnisse

Antiochos aus Askalon (geb. zwischen 140 und 125 v. Chr.) studierte länger als jeder andere bei Philon und außerdem bei dem Stoiker Mnesarchos (Cicero, *Luc.* 69; Augustinus, *Contra acad.* 3, 41). Später änderte er seine philosophische Position; es kam zum Bruch mit Philon, und Antiochos gründete eine eigene Schule (Glucker 1978, 98–106), die er »Alte Akademie« (Cicero, *Luc.* 70) nannte. Bezeugt ist ein Aufenthalt in Alexandria im Jahr 86/87. Dort kamen ihm zum ersten Mal Philons römische Bücher in die Hände. Er war empört, und es bedurfte einer ausdrücklichen Bestätigung, dass es sich tatsächlich um ein Werk Philons handelte (Cicero, *Luc.* 11). Gegen seinen Lehrer schrieb er darauf ein Buch mit dem Titel *Sosus* (Cicero, *Luc.* 12). Im Jahr 79 v. Chr. hört Cicero in Athen Antiochos' Vorlesungen; er lehrt im Gymnasium des Ptolomaeus (Cicero, *De fin.* V 1). Der *Academicorum index* (XXXIV f.) berichtet, er sei (wahrscheinlich 68 v. Chr.) »in Mesopotamien, als er Lucius Lucullus begleitete, erschöpft von den vielen Anstrengungen gestorben«; sein Nachfolger in der Leitung der Schule sei sein Bruder und Schüler Aristos gewesen.

Synkretismus

Antiochos habe, so berichtet Cicero (*Luc.* 69), die erkenntnistheoretische Position Philons, die er über lange Jahre mit großem Scharfsinn vertreten habe, »im Alter« nicht weniger scharf angegriffen. Er habe dasselbe gesagt wie die Stoiker: dass es ein Kriterium gibt, durch das Wahr und Falsch unterschieden werden können. Obwohl er ein scharfsinniger Denker gewesen sei, werde seine philosophische Autorität durch seine »Unbeständigkeit« (*inconstantia*) gemindert. Cicero fragt, warum Antiochos nicht die Schule gewechselt habe und zu den Stoikern übergetreten sei. Nach Sextus (*PH* I 235) hat Antiochos »die Stoa in die Akademie hinübergebracht, so dass man von ihm sagte: ›Er lehrt in der Akademie stoische Philosophie‹«. Sextus gibt eine Antwort auf Ciceros Frage, weshalb Antiochos dennoch Akademiker geblieben ist: »Er versuchte zu zeigen, dass die Dogmen der Stoiker sich schon bei Platon finden«. Er war der Ansicht, die Stoa sei »eher eine Korrektur (*correctio*) der alten Akademie als eine neue Lehre« (Cicero, *Ac.* I 43). Antiochos ging noch einen Schritt weiter: Auch mit den Peripatetikern stimmten die Stoiker der Sache nach überein; Unterschiede gebe es dagegen in der Formulierung (Cicero, *De nat. d.* I 16). Daraus folgt, dass Antiochos auch Aristoteles und die alten Peripatetiker zur alten Akademie zählte (Cicero, *De fin.* V 7). Von der Älteren Akademie hat Antiochos vor allem Polemon, einen der Lehrer des Stoikers Zenon, geschätzt (Cicero, *Luc.* 131; *De fin.* V 14; vgl. Dillon 1977, 57–59; Barnes 1997, 78).

In der philosophischen Auseinandersetzung seiner Zeit, so erklärt Barnes (1997, 81) Antiochos' Synkretismus, standen die Stoiker auf der einen und die Skeptiker und Epikureer auf der anderen Seite. In der Naturphilosophie verlief die Front zwischen einer teleologischen und einer mechanistischen Weltsicht, in der Erkenntnistheorie ging es darum, ob Wissen möglich ist, und in der Moralphilosophie war umstritten, ob die Tugend oder die Lust das höchste Gut ist. In allen diesen Kontroversen standen die Ältere Akademie und die Peripatetiker auf der Seite der Stoiker; Platon, Aristoteles und Zenon bildeten ein Bündnis, das Wissen, sittliche Zurechnung und Tugend gegen die Angriffe des Skeptizismus, des szientistischen Mechanismus und des Hedonismus verteidigte. Gegenüber diesen großen gemeinsamen Anliegen traten für Antiochos alle Unterschiede zurück.

Vorbereitung des Neuplatonismus?

Antiochos, so die einflussreiche These von Theiler, ist dadurch, dass er der skeptischen Periode der Akademie ein Ende bereitete, »der Begründer des Platonismus der Kaiserzeit« geworden (1934, 37). Die Anfänge des Mittelplatonismus fänden sich in Alexandria, wo Antiochos eine Zeitlang gelehrt habe und wo Eudoros, »einer der wenigen nächsten Nachfolger, von denen wir wissen«, lebte. Theiler führt die Auffassung, die Ideen seien Gedanken Gottes, auf Antiochos zurück (ebd. 40). Eine Abhängigkeit des Eudoros von Antiochos nimmt auch Dillon an. Eudoros habe seinen Platonismus in Alexandria bei Dion gelernt (1977, 115), den der *Akademiker-Index* (XXV) unter den Schülern von Antiochos' Bruder und Nachfolger Aristos nennt. Antiochos habe Platons Ideen mit Hilfe der stoischen Begrifflichkeit als Begriffe oder Gedanken (*koinai ennoiai*, *logoi spermatikoi*) interpretiert und ihnen, um ihre Ewigkeit, Unveränderlichkeit und Transzendenz zu sichern, als Träger den Geist Gottes zugewiesen. Dillon lässt es offen, ob Antiochos diese Lehre als erster vertreten hat oder ob sie sich, als Antwort auf die Kritik des Aristoteles, bereits in der Älteren Akademie findet (1977, 91–96). Dennoch, so betont er (ebd. 114), lasse der Mittelplatonismus als Ganzes sich nicht auf Antiochos zurückführen; bei ihm fehle z. B. die Lehre von der Transzendenz und Immaterialität Gottes und allgemein von einer immateriellen Substanz und das besondere Interesse an der Mathematik; das höchste Gut sei im späteren Platonismus nicht das Leben entsprechend der Natur, sondern die Verähnlichung mit Gott (*homoiôsis theô*, *Tht.* 176b1; s. Kap. V.37). Glucker (1978, 90–97) hat gezeigt, dass es historisch gesehen keinen Grund gibt anzunehmen, es habe in Alexandria eine Schule oder einen Schülerkreis des Antiochos gegeben. Der Aufenthalt in Alexandria, von dem Cicero (*Luc.* 11) berichtet, sei kurz gewesen; Antiochos begleitete den vielbeschäftigten Lucullus, den anderenorts neue Aufgaben riefen; Ciceros Bericht gebe nicht den geringsten Hinweis, dass Antiochos eine Lehrtätigkeit ausgeübt oder eine Schule gegründet habe. Der Alexandriner Dion sei in Athen ein oder zwei Jahre lang Schüler des Aristos gewesen, habe sich dann jedoch von ihm getrennt und sei zum Peripatos übergetreten und erst danach nach Alexandria zurückgekehrt.

Literatur

Barnes, Jonathan 1997: »Antiochus of Ascalon«. In: Miriam Griffin/Ders. (Hg.): Philosophia Togata I. Essays on Philosophy and Roman Society. Oxford, 51–96.
Brittain, Charles 2001: Philo of Larisa. The Last of the Academic Sceptics. Oxford.
Dillon, John 1977: The Middle Platonists. 80 B. C. to A. D. 220. Ithaca, N. Y.
Dorandi, Tiziano (Hg.) 1991: Filodemo, Storia dei filosofi. Platone e l'Academia (PHerc. 1021 e 164). Edizione, traduzione et commento a cura di Tiziano Dorandi. Napoli.
Glucker, John 1978: Antiochus and the Late Academy. Göttingen.
Görler, Woldemar 1994: »Älterer Pyrrhonismus, Jüngere Akademie, Antiochos aus Askalon« In: Hellmut Flashar (Hg.): Grundriss der Geschichte der Philosophie. Die Philosophie der Antike. Bd. 4: Die hellenistische Philosophie. Basel, 717–989.
Ioppolo, Anna Maria 1992: »Sesto Empirico e l'Accademia Scettica«. In: Elenchos 13, 169–199.
Krämer, Hans Joachim 1971: Platonismus und hellenistische Philosophie. Berlin.
Müller, Carl Werner 2005: Art. »Akademie«. In: Hatto H. Schmitt/Ernst Vogt (Hg.): Lexikon des Hellenismus. Wiesbaden, 29–41.
Ricken, Friedo 1994: Antike Skeptiker. München.
Ricken, Friedo 2003: »Rez. zu: Brittain, Charles: Philo of Larisa« [Oxford 2001]. In: Philosophische Rundschau 50, 177–181.
Tarrant, Harold 1985: Scepticism or Platonism? The Philosophy of the Fourth Academy. Cambridge.
Theiler, Willy 1934: Die Vorbereitung des Neuplatonismus. Berlin.
Weische, Alfons 1961: Cicero und die Neue Akademie. Untersuchungen zur Entstehung und Geschichte des antiken Skeptizismus. Münster.

Friedo Ricken

68 Der Mittelplatonismus

Als Mittelplatonismus bezeichnet man die Phase vom Ende der skeptischen Akademie unter Antiochos von Askalon im 1. Jh. v. Chr. bis zu dem im 3. Jh. n. Chr. mit Plotin beginnenden Neuplatonismus (vgl. Dillon 1977; Whittaker 1987; knapp orientierend: Baltes 1992; unentbehrliche Materialsammlung zum antiken Platonismus: Dörrie/Baltes 1987–2008). Die Begrifflichkeit ist nicht antik – die von uns als Mittel- oder Neuplatoniker bezeichneten Denker nannten sich selbst Platoniker oder Pythagoreer – und suggeriert für den kaiserzeitlichen Platonismus vor Plotin fälschlich eine ähnliche Einheitlichkeit wie für den Neuplatonismus, in dessen Entwicklung die zentralen Lehrentscheidungen Plotins nicht mehr angetastet wurden (s. Kap. VII.69 und VII.70). Die Quellenlage für den Mittelplatonismus ist schlecht. Von seinen wichtigsten Vertretern kennen wir aus dem 2. Jh. n. Chr. Numenios (des Places 1973) und Attikos (des Places 1977; Baltes 1983) durch längere Exzerpte des Eusebios von Kaisareia. Andere bedeutende Mittelplatoniker des 1. Jh.s n. Chr. wie Eudoros von Alexandria (Mazzarelli 1985; Bonazzi 2005) und Moderatos von Gades, des 2. Jh.s n. Chr. wie Tauros (Lakmann 1995), Gaios und Albinos (Göransson 1995, 28–33) oder des 3. Jh.s n. Chr. wie Longinos (Männlein-Robert 2001) sind uns nur durch Referate, vor allem bei den Neuplatonikern Proklos und Simplikios, kenntlich. Hinzu kommen Einführungsschriften wie der wohl aus dem 2. Jh. n. Chr. stammende, in älterer Forschung meist dem Albinos zugeschriebene *Didaskalikos* des Alkinoos (Whittaker/Louis 1990; Dillon 1993) und ein auf Papyrus erhaltenes Bruchstück eines anonymen Kommentars zum *Theaitetos* des 1. bis 2. Jh.s n. Chr. (Bastianini/Sedley 1995). Vollständige Texte sind sonst nur von am Rande dem Mittelplatonismus zuzurechnenden Autoren erhalten, die mit dem philosophischen ein medizinisches (Galen, 2. Jh. n. Chr.), apologetisch-exegetisches (der jüdische Bibelexeget Philon von Alexandria, 1. Jh. n. Chr.) oder rhetorisches Interesse (Maximos von Tyros und Apuleius, beide 2. Jh. n. Chr.) verbinden. Eine Zwischenstellung nimmt Plutarch (ca. 50–120 n. Chr.) ein, in dessen *Moralia* mehrheitlich Populärphilosophisches, aber auch philosophische Fachschriften (vor allem *De animae procreatione in Timaeo* und *Platonicae Quaestiones*; vgl. Cherniss 1976) enthalten sind. Sowohl Numenios als auch Attikos sind von Plutarch beeinflusst. Mathematisch ausgerichtete Einführungsschriften stammen von Nikomachos von Gerasa und Theon von Smyrna (beide 2. Jh. n. Chr.).

Der antiskeptische Dogmatismus des Antiochos von Askalon war noch nominell an der Alten Akademie und faktisch an der stoischen Ethik orientiert gewesen (Dörrie/Baltes 1987, Bausteine 19–24; Glucker 1978; Sedley 2012). Dagegen ist seit Eudoros – entsprechend der in der Kaiserzeit allen philosophischen Richtungen gemeinsamen Tendenz, Philosophie als Auslegung autoritativer Texte zu betreiben – das Bestreben erkennbar, auf der Grundlage der Dialoge Platons ein platonisches ›Dogma‹, ein lehr- und lernbares System zu entwickeln, das die traditionellen philosophischen Disziplinen Logik, Ethik, Naturphilosophie (Zuschreibung dieser Dreiteilung an Platon bei Eudoros, fr. 1 Mazzarelli = Dörrie/Baltes 1996, Baustein 101.3; Alkinoos, *Didaskalikos* 3, p. 153,25–154,7 = Dörrie/Baltes 1996, Baustein 101.4; Attikos, fr. 1 des Places) und als Krönung der letzteren die Metaphysik (»Theologie« oder »Epoptie«; zu diesem der Mysteriensprache entlehnten Ausdruck vgl. Plutarch, *De Iside et Osiride* 382D mit Berufung auf Platon und Aristoteles) umfasst und das wie die konkurrierenden hellenistischen Systeme Angaben zum Kriterium der Wahrheitserkenntnis, zur Prinzipienlehre und zum Ziel (Telos) des menschlichen Handelns macht. Als Telosformel des kaiserzeitlichen Platonismus fungiert Platons Forderung der »Anähnlichung an Gott, soweit es möglich ist« (*homoiôsis theô kata to dynaton*, *Tht.* 176b; vgl. Alkinoos, *Didaskalikos* 28, p. 181,19–182,14, mit Nennung der platonischen Parallelen *Rep.* X 613a–b; *Tim.* 90d; Merki 1952; Männlein-Robert 2013). Sie ist freilich theologischer Exegese bedürftig, da die Frage: »Wer ist der platonische Gott?« ein Streitthema war (Maximos von Tyros, *Dialexeis* 11). In ähnlicher Weise dient der Satz, »dass alles Lernen Wiedererinnern ist« (*Phd.* 72e) als epistemologische Formel (Alkinoos, *Didaskalikos* 25, p. 177,45; Attikos, fr. 7,21 des Places; Anonymus *In Theaetetum* 47,47–48,1; 53,10 f.; Tertullian, *De anima* 23,6), mit der das Ideenwissen als Bedingung der Möglichkeit wissenschaftlichen Erkennens festgelegt wird und Alternativen wie die stoische Theorie der »natürlichen Begriffe« oder die aristotelische Abstraktionstheorie auf das metaphysische Fundament der Anamnesislehre gestellt und damit in den Platonismus (re-)integriert werden (Alkinoos, *Didaskalikos* 4, p. 155,20–34; vgl. Sedley 1996). Das dogmatisch-systematische Bestreben der Mittelplatoniker führt zur Bevorzugung der Gattungen der Einführungsschrift und des Kommentars (*hypomnema*), der sich auf ganze Dialoge oder auf besonders schwierige oder umstrittene Einzelstellen (*zetemata*) beziehen kann. Die meiste Aufmerksamkeit erfährt der *Timaios*; seine Exegese ist das Rückgrat aller uns noch greifbaren mittelplatonischen Systeme (Baltes 1975 und 1976). Doch sind daneben außer dem fragmentarisch erhaltenen *Theaitetos*-Kommentar auch Kommentare zu *Alkibiades, Gorgias, Phaidon, Phaidros, Politeia* und *Symposion* bezeugt (Dörrie/Baltes 1993, Bausteine 78–81). Daneben bleiben freiere literarische Formen wie der von Plutarch (allerdings in populäreren Schriften) und Numenios gepflegte Dialog möglich.

Der Mittelplatonismus macht – im Gegensatz zu dem weit einheitlicheren Neuplatonismus – vielfach den Eindruck eines Experimentierfeldes, das für verschiedene, z. T. gegensätzliche philosophische Positionen Raum bietet. Während Plutarch Sympathie für den akademischen Skeptizismus zeigt (Opsomer 1998), greift Numenios die skeptische Phase der Akademie als »Abfall« von Platon an (frr. 24–28 des Places). Während Alkinoos die aristotelischen Kategorien und die Formen des Syllogismus in den Dialogen (vor allem im *Parmenides*) vorgeprägt findet und sogar die Theologie mit aristotelischer Begrifflichkeit formuliert (*Didaskalikos* 6, p. 158,5–159,44; 10, p. 164,18–31), schreibt Attikos *Gegen diejenigen, die behaupten, Platon mit Hilfe des Aristoteles erklären zu können* (frr. 1–9 des Places). Auch über einige zentrale Fragen der Platon-Exegese ist vor Plotin keine Einigkeit erzielt worden: Der berühmte Satz aus dem Sonnengleichnis der *Politeia*, dass die Idee des Guten »nicht Sein, sondern noch jenseits des Seins« sei (*Rep.* VI 509b), wird im theologischen Kontext gern zitiert, doch bleibt ungeklärt, ob der so beschriebene Gott das höchste Sein und der höchste Geist – hierzu tendieren die meisten Mittelplatoniker – oder seins- und geisttranszendent ist, wie später von Plotin vertreten (Whittaker 1969; Baltes 1997). Ein Streitthema war auch der metaphysische Ort der platonischen Ideen: Während Alkinoos und andere sie als »Gedanken Gottes« interpretieren (*Didaskalikos* 10, p. 164,29 f.), sehen andere, wie Porphyrios' Lehrer Longinos, darin eine Infragestellung des Ideenrealismus und setzen die Ideen außerhalb des göttlichen Geistes und ihm gegenüber selbständig an (Longinos, fr. 60 Männlein-Robert).

Schließlich kennzeichnet den Mittelplatonismus insgesamt ein religiöser Zug. Für Numenios sind Platons Schriften Träger einer uralten Weisheit, die sich von Platon bis zu Pythagoras und zu den nichtgriechischen Völkern zurückverfolgen lässt und in letzter Instanz von den Göttern selbst stammt (fr. 1a; fr. 7 des Places). Anlass zu einer solchen Sichtweise boten Passagen, in denen der platonische Sokrates sich scherzhaft auf eine alte, oft nichtgriechische Überlieferung beruft (*Phd.* 70c, 78a; *Phdr.* 275b–c und vor allem die Erzählung von Solon in Ägypten, *Tim.* 21e ff.), sowie die seit dem 1. Jh. v. Chr. fassbare Legende von Platons Aufenthalt in Ägypten (Dörrie/Baltes 1990, Bausteine 62–65). Die neupythagoreische Spielart des Mittelplatonismus gehört damit zusammen (Burkert 1962). Freilich sind Metaphysik und Religion schon in den Dialogen selbst untrennbar verbunden, und möglicherweise hat das religiöse Element des Platonismus dessen Erstarken in der frühen Kaiserzeit mitbedingt. Jedenfalls sind die religiösen Diskurse dieser Epoche unverkennbar platonisch geprägt, wie man an Offenbarungstexten wie dem *Corpus Hermeticum* (Festugière 1949–1954), den (später im Neuplatonismus zu hohem Ansehen gekommenen) *Chaldäischen Orakeln* (Lewy 1978; Majercik 1989) und auch einzelnen der koptisch-gnostischen Texte von Nag Hammadi ablesen kann (Rudolph 1990).

68.1 Dialogtheorie und Lektürekanon

Aus dem Streben nach Systematisierung und aus den Bedürfnissen des Schulbetriebs entsprang der Versuch, die Dialoge Platons ihrem Inhalt nach zu klassifizieren und eine sachlich und didaktisch sinnvolle Reihenfolge ihrer Lektüre festzulegen. Im sogenannten *Prologos* des Albinos (Reis 1999), wohl ein Fragment der Einleitung zu einem umfangreicheren Kommentarwerk zu Platon (Dörrie/Baltes 1993, Baustein 77.6), werden die wichtigsten Dialoge in einem dihairetischen Verfahren in insgesamt acht Arten eingeteilt: »naturphilosophische« (*Timaios*), »logische« (*Kratylos, Sophistes, Politikos, Parmenides*), »staatskundliche« (*Politeia, Kritias, Minos, Nomoi, Epinomis*) und »ethische« (*Apologie, Kriton, Phaidon, Phaidros, Symposion, Briefe, Menexenos, Kleitophon, Philebos*) Dialoge einerseits, »prüfende« (*Euthyphron, Menon, Ion, Charmides, Theaitetos*), »maieutische« (*Alkibiades I, Theages, Lysis, Laches*), »gegenbeweisende« (*Protagoras*) und »widerlegende« (*Hippias maior* und *minor, Euthydemos, Gorgias*) Dialoge andererseits. Die vier erstgenannten Arten argumentieren *ad rem* und fallen damit unter die Gattung des »Lehrdialogs«, die vier letzteren argumentieren *ad hominem* und bilden die Gattung des »Untersuchungsdialogs« (Albinos, *Prologos* 3, p. 148,23–37 = Dörrie/Baltes 1990, Baustein 48.2; vgl. Diogenes Laertios 3,48–61). Aus dieser Einteilung entwickelt Albinos einen vom gänzlichen Anfängertum zum platonischen Telos der »Anählichung an Gott« führenden idealen Lektürekanon: Die »prüfenden« Dialoge reinigen von falschen Meinungen, die »maieutischen« verhelfen zum Bewusstwerden der »natürlichen Allgemeinbegriffe« (der ursprünglich stoische, hier in die platonische Metaphysik eingeordnete Terminus auch bei Alkinoos, *Didaskalikos* 4, p. 155,27) und damit zur Anamnesis der in der Präexistenz geschauten Ideen; die »naturphilosophischen«, »staatskundlichen« und »ethischen« Lehrdialoge errichten daraufhin positiv das Gebäude der richtigen Anschauungen über die Natur und den Menschen und führen so theoretisch wie praktisch zur Gottähnlichkeit; erst dann folgt das Studium der »logischen« sowie der »gegenbeweisenden« und »widerlegenden« Dialoge, die zur argumentativen Untermauerung des Systems und zu seiner Verteidigung gegen Angriffe befähigen (Albinos, *Prologos* 6, p. 150,30–151,14). Von dort kann der ideale Platoniker wieder zu den »prüfenden« Dialogen übergehen und wie in einem Zirkel oder einer Spirale von vorn beginnen, um sich selbst weiter zu vervollkommnen und um sein Wissen an Schüler weiterzugeben – man darf sich an den verantwortungsbewussten Abstieg des Philosophen in die Höhle in der *Politeia* erinnern.

Für den praktischen Unterrichtsbetrieb hatte dieser ideale Lektürekanon vermutlich wenig Relevanz. Ein zweiter, kürzerer Lektüreplan besteht daher nur aus den Dialogen *Alkibiades I*, *Phaidon*, *Politeia* und *Timaios*: Der *Alkibiades I* verhilft zur Abwendung vom Äußeren und zur Hinwendung zu sich selbst, d. h. dem eigentlichen Gegenstand der Philosophie; der *Phaidon* führt das Ideal eines Philosophen vor und enthält mit der Lehre von der Unsterblichkeit der Seele das Rückgrat des Platonismus; die *Politeia* zeigt den Aufstieg zur Tugend mittels eines festen Erziehungsgangs; der *Timaios* umfasst die ganze Naturphilosophie und Theologie und ermöglicht mittels der Erkenntnis der höchsten Wesenheiten die Angleichung an sie (Albinos, *Prologos* 5, p. 149,31–150,12 = Dörrie/Baltes 1990, Baustein 50.1). Dieser verkürzte Kanon ist der Grundstock des späteren neuplatonischen, von Iamblich entworfenen Lektüreplans (Anonymus, *Prolegomena in Platonis philosophiam*, 26,12–35 Westerink = Iamblich, fr. 155 Dalsgaard Larsen = Dörrie/Baltes 1990, Baustein 50.5c); charakteristisch für den Unterschied zwischen Mittel- und Neuplatonismus ist, dass der von Albinos noch als rein logischer Dialog angesehene *Parmenides* nun als theologischer Dialog *par excellence* gleichberechtigt neben den *Timaios* tritt, der infolgedessen nur noch Summe der Naturphilosophie, aber nicht mehr der Theologie ist. Albins Beschränkung auf nur vier Dialoge mag auf den ersten Blick den Eindruck eines extrem reduzierten Platon erwecken; die Existenz des längeren Kanons zeigt jedoch, dass es sich dabei um ein Minimalprogramm handelte, über das die tatsächlich an einer philosophischen Lebensweise interessierten Hörer hinausgegangen sind.

68.2 Einige exegetische Positionen

Prinzipienlehren und Theologie (*Timaios*; *Politeia*; *Parmenides*)

Dass wir über die mittelplatonische Metaphysik besser orientiert sind als über die Ethik oder Erkenntnistheorie, ist zum Teil durch die Überlieferung bedingt, spiegelt aber auch das philosophisch-exegetische Hauptinteresse der Mittelplatoniker am *Timaios* wider, dem Dialog, der in ihren Augen die gesamte Naturphilosophie und Theologie enthielt. Mittelplatonische Prinzipientheorie ist immer *Timaios*-Exegese; allerdings gibt es schon im 1. Jh. n. Chr. bei Moderatos eine prinzipientheoretische Deutung des *Parmenides*, die auf den Neuplatonismus vorausweist.

Die meisten Mittelplatoniker vertreten eine Dreiprinzipienlehre, in der die drei für die Kosmogonie des *Timaios* bedeutsamen Entitäten – der Demiurg, das »Vorbild« oder »vollkommene Lebewesen« und das materiell-räumliche Substrat (*chora*) – als Prinzipien aufgefasst werden: »Neben der Materie, die die Rolle eines Prinzips innehat, nimmt er [Platon] auch noch andere Prinzipien an, das Prinzip des Vorbilds [*paradeigmatikê*; vgl. *Tim.* 29b], d. h. das der Ideen, und das des Gottes, der Vater und Ursache von allem [vgl. *Tim.* 28c] ist« (Alkinoos, *Didaskalikos* 9, p. 163,11–14 = Dörrie/Baltes 1996, Baustein 113.3; vgl. die weiteren Belege bei Dörrie/Baltes 1996, Baustein 113 sowie Apuleius, *De Platone et eius dogmate* 1,5,190 = Dörrie/Baltes 1996, Baustein 123.2 und S. 387 Anm. 3; der älteste Beleg ist Varro, *Res divinae* fr. 206 Cardauns = Augustinus, *De civitate Dei* 7,28). Die *chora* wird, wie schon von Aristoteles vorgegeben, als aristotelische Materie, genauer gesagt als *materia prima*, verstanden; man charakterisiert sie mit dem *Timaios* entnommenen Ausdrücken wie »Ausprägungsstoff«, »Allaufnehmendes«, »Amme«, »Mutter«, spricht ihr, die ja alle Formen aufnehmen soll, jegliche eigene Qualität ab und definiert sie – gegen die stoische und epikureische Auffassung von der Materie als einem Körper und in Anlehnung an Aristoteles – als »weder körperlich noch unkörperlich«; sie ist lediglich »der Möglichkeit nach ein Körper« (Alkinoos, *Didaskalikos* 8, p. 163,7 f. = Aristoteles, *Phys.* III 1, 201a29 f. = Dörrie/Baltes 1996, Baustein 123.1; vgl. 123.2). Das »vollkommene Lebewesen« (*Tim.* 31b) oder »Lebewesen an sich«, das bei Platon alle Formen der Lebewesen in sich enthält und dadurch Vorbild des gleichfalls als Lebewesen begriffenen Kosmos ist (*Tim.* 39e), wird als Ideenkosmos, als Gesamtheit und Inbegriff sämtlicher platonischer Ideen, gedeutet. In Beantwortung der schon von Platon selbst im *Parmenides* aufgeworfenen Frage, wovon es Ideen gibt, bestimmen die Mittelplatoniker die Idee mit einer wohl auf Xenokrates zurückgehenden Definition als »das ewige Vorbild der von Natur aus bestehenden Dinge«, schließen also Artefakte und Individuen aus (Alkinoos, *Didaskalikos* 9, p. 163,23 f.; vgl. Xenokrates fr. 30 Heinze = 94 Isnardi Parente = Dörrie/Baltes 1998, Baustein 132.0; vgl. *Prm.* 130c–d). Dagegen versuchte später Plotin, dem Gedanken der Individualideen einen Sinn abzugewinnen (*Enneaden* V 7). Charakteristisch für den Mittelplatonismus ist die Unterscheidung von »transzendenten« (platonischen) und »immanenten« (aristotelischen) Formen. Immanente Formen sind das von dem Demiurgen und den transzendenten Formen gemeinsam Prinzipiierte, die durch das demiurgische Wirken vermittelte Erscheinung der transzendenten Formen in der Materie. Gern wird dafür das Bild des Siegelrings und seines Abdrucks gebraucht (Alkinoos, *Didaskalikos* 12, p. 167,1–8; Apuleius, *De Platone* 1,6,193; Plotin, *Enneaden* IV 9,4,19 f.; vgl. Baltes 1994, 217). Es handelt sich dabei nicht um eine eklektische Addition von Platonischem und Aristotelischem, sondern um die analog in der Erkenntnistheorie beobachtbare Argumentationsfigur, nach der die aristotelische Metaphysik nur Erklärungswert hat, wenn sie auf das platonische Fundament gestellt wird. Die Frage nach dem Warum und Woher der immanenten Formen kann nach Auffassung der kaiserzeitlichen Platoniker nur mit dem Hinweis auf die transzendenten Formen beantwortet werden (Seneca, *Epistulae* 58,16–22 = Dörrie/Baltes 1996, Baustein 105.1; Alkinoos, *Didaskalikos* 4, p. 155,36–156,10 = Dörrie/Baltes 1996, Baustein 105.2).

Das dritte Prinzip, der Gott oder Demiurg, wird – ausgehend von *Tim.* 39e – als die im »Vorbild«, dem Ideenkosmos, enthaltenen Ideen erkennender und auf dieser Grundlage schaffender göttlicher Geist angesehen. Damit stellen sich exegetische Probleme. Sind die drei Prinzipien des *Timaios*, wie es der Text des Dialogs nahezulegen scheint, voneinander unabhängig und gleichrangig, oder gibt es zwischen ihnen ein Verhältnis der Priorität und Posteriorität? Besonders die Frage, ob der Demiurg dem Vorbild oder das Vorbild dem Demiurgen vorgängig ist oder ob beide eins sind, hat die Mittelplatoniker beschäftigt – anders formuliert: ob das höchste Prinzip Geist oder Sein oder beides ist und ob die Dreiprinzipienlehre auf eine Zwei- oder Einprinzipienlehre zu reduzieren ist. Die häufigste Antwort ist die Bestimmung der Ideen als »Gedanken Gottes«, die letztlich eine Reduktion des paradigmatischen Prinzips auf das demiurgische und auf eine Unterordnung des Seins unter den Geist bedeutet. Die Theorie ist zuerst bei Philon (*De opificio mundi* 20; 36) greifbar und erscheint dann bei Alkinoos (*Didaskalikos* 10, p. 164,29–31; 9, p. 163,14–164,6 = Dörrie/Baltes 1998, Baustein 127.4) und den Doxographen (Dörrie/Baltes 1998, Baustein 127.1). Einige Mittelplatoniker haben aber auf der Unabhängigkeit der Ideen und sogar ihrer Priorität vor dem sie erkennenden Geist bestanden und konnten sich dafür auf eine Reihe von Texten Platons berufen (vor allem *Prm.* 132b–c, wo die Auffassung der Idee als »Gedanke« in die Aporie führt; vgl. Dörrie/Baltes 1998, Bausteine 131.5 und 131.6). Eine Lösung brachte erst Plotins Theorie von der Gleichursprünglichkeit und dynamischen Identität von Geist und Sein, deren Voraussetzung freilich die Übergipfelung beider durch das Eine-Gute und dessen Auffassung als seins- und geisttranszendent war.

Ein weiteres exegetisches Problem ergab sich aus der Tendenz, den Demiurgen des *Timaios* mit der Idee des Guten der *Politeia* zu identifizieren (Attikos, fr. 12 des Places; vgl. die anderen Texte bei Dörrie/Baltes 1998, Baustein 128). Platon hatte den Gott an berühmter Stelle als schwer zu erkennen und nahezu unaussprechlich bezeichnet (*Tim.* 28c; vgl. Alkinoos, *Didaskalikos* 10, p. 164,8). Alkinoos nennt daher drei vom diskursiven Argumentieren verschiedene Wege der erkenntnismäßigen Annäherung an ihn: die negative Theologie (Beispiel: die altakademische Dimensionenfolge), den stufenweisen Aufstieg (*via eminentiae*; Beispiel: die Schönheitsstufen des *Symposion*) und die Analogie, deren Beispiel das in der Ansetzung der Idee des Guten »jenseits des Seins an Würde und Kraft« (*Rep.* VI 509b) gipfelnde Sonnengleichnis der *Politeia* ist (*Didaskalikos* 10, p. 165,5–34). Setzte man nun, wie Alkinoos es tut, Demiurg und Vorbild (Geist und Sein) faktisch in eins, so musste der platonische Gott zugleich (nach dem *Timaios*) als das höchste Sein und (nach der *Politeia*) als alles Sein übersteigend aufgefasst werden. Noch schwerer scheint man sich mit der Vorstellung der Geisttranszendenz getan zu haben, was angesichts der traditionell hohen Wertung des geistigen Erkennens in der griechischen Philosophie nicht erstaunlich ist. Tatsächlich findet man bei den Mittelplatonikern oft vorsichtige, exakt diesen Zwiespalt artikulierende Formulierungen (Alkinoos, *Didaskalikos* 10, p. 164,20 f.; Ps.-Archytas bei Stobaios I,279,15 ff. Wachsmuth/Hense; Origenes, *Gegen Kelsos* 6,64; entsprechend ausdauernd argumentiert Plotin für das Paradoxon, dass das höchste Prinzip nicht geistig erkennend ist). Eine philosophische Lösung hat, soweit für uns erkennbar, vor Plotin einzig Numenios versucht.

Numenios hat, wie später Plotin, den Demiurgen – den Gott des *Timaios* – und das höchste Prinzip – die Idee des Guten der *Politeia* – voneinander getrennt (Baltes 1975; M. Frede 1987). Sein Argument gegen die Gleichsetzung ist exegetischer Art: Der Demiurg ist nach *Tim.* 29e »gut«; gut ist etwas aber einzig durch Teilhabe an der Idee des Guten; folglich ist der Demiurg nicht mit der Idee des Guten identisch (fr. 20 des Places, vgl. fr. 16). Stattdessen setzt er das »Vorbild« des *Timaios* als das erste Prinzip an, das damit Priorität vor dem Demiurgen erhält (fr. 22). Er zieht daraus jedoch weder die Konsequenz, dass die Ideen außerhalb des Geistes sind, noch sieht er, wie es Plotin tun wird, das Höchste als geisttranszendent an. Vielmehr begreift er dieses, das ja als Ideenkosmos das höchste Sein ist, zugleich als einen – freilich von dem demiurgischen Geist verschiedenen und ihm überlegenen – Geist, der für ihn der höchste Gott und mit der Idee des Guten identisch ist. Dieser Geist hat für Numenios, wie von Platon im Sonnengleichnis dargelegt, zur Gesamtheit des Seienden in analoger Weise ein kausales Verhältnis wie der demiurgische Geist zur Gesamtheit des Werdenden (fr. 16 des Places = Dörrie/Baltes 1998, Baustein 128.1). Der demiurgische Geist wiederum wird durch seine schaffende Tätigkeit, d. h. durch seine Zuwendung zur Materie, von dieser »gespalten«, so dass ein dritter Geist entsteht, der anscheinend mit der Weltseele identisch ist, aber auch (wohl auf der Basis von *Tim.* 34b) mit dem Kosmos gleichgesetzt werden kann (fr. 11 des Places). Das Ergebnis ist eine komplizierte Prinzipienlehre von drei Geist-Stufen, die Numenios in *Tim.* 39e ausgedrückt findet, die aber wahrscheinlich von der rätselhaften Passage des pseudoplatonischen *Zweiten Briefs* inspiriert ist, wo von dem »König des Alls« und den um ihn angeordneten »zweiten« und »dritten« Wesen die Rede ist (*Ep. II*, 312e; zur Auslegungsgeschichte dieser in Mittel- und Neuplatonismus gern zitierten Stelle vgl. Saffrey/Westerink 1974, XX–LIX).

Numenios ist damit, soweit wir sehen, der erste, der die platonischen Gottesattribute »Vater« und »Schöpfer« (*Tim.* 28c) auf zwei dem Rang nach verschiedene Gottheiten oder Hypostasen aufgeteilt hat.

Der *Parmenides* – also der für die neuplatonische Prinzipienlehre entscheidende Dialog – ist von den Mittelplatonikern entweder unter die »logischen« Dialoge eingeordnet (Albinos, Alkinoos) oder ignoriert worden (Numenios). Den einzigen einigermaßen sicheren Beleg für eine metaphysische *Parmenides*-Exegese im Mittelplatonismus bietet ein Fragment des Pythagoreers Moderatos von Gades, das uns freilich nur in Form eines von Simplikios referierten Referats des Porphyrios vorliegt (Moderatos bei Simplikios, *In Physica* 230,34–231,24 Diels = Porphyrios, fr. 236F Smith = Dörrie/Baltes 1996, Baustein 122.2; Dodds 1928; Tornau 2000). Moderatos scheint bereits die drei ersten Hypothesen des *Parmenides* auf drei hierarchisch angeordnete Prinzipien (drei »Eine«) bezogen zu haben, von denen das erste wie die Idee des Guten der *Politeia* über allem Sein steht (dies ist zugleich der früheste Beleg für die im Neuplatonismus selbstverständliche exegetische Identifikation der Idee des Guten mit dem Einen der Ersten Hypothese), das zweite die Gesamtheit des geistig Erkennbaren enthält und das dritte die Ebene der Seele darstellt. Im nächsten Schritt wird diese *Parmenides*-Exegese auf die *Timaios*-Exegese angewandt: Eines der drei Einen schafft in dem Bestreben, die seienden Dinge hervorzubringen, in einem Akt der Selbstprivation zunächst eine Art intelligible und sodann mittelbar die den Körperdingen zugrunde liegende Materie. Dadurch wird mit einer deutlichen Wendung gegen die Dreiprinzipienlehre die Materie des *Timaios* in monistischer Weise auf den Demiurgen zurückgeführt. Dieser prinzipientheoretischen Auslegung des *Timaios* dürfte in typisch mittelplatonischer Weise das Hauptinteresse des Moderatos gegolten haben; die *Parmenides*-Exegese ist ihr gegenüber subsidiär. Leider ist nicht mit letzter Sicherheit feststellbar, welches der drei Einen hier schöpferisch tätig ist, d. h. welche der drei Hypothesen des *Parmenides* für Moderatos den Gott des *Timaios* zum Gegenstand hatte. Wenn der Demiurg der Zweiten Hypothese zugeordnet war, dann lag bei Moderatos bereits ein neuplatonisches, Geist und Sein unterhalb des nur negativ bestimmbaren ersten Prinzips ansetzendes System vor (so die Mehrzahl der Forscher in der Nachfolge von Dodds 1928); wenn der Demiurg Gegenstand der Ersten Hypothese war, dann hat Moderatos, wie es für Attikos und andere Mittelplatoniker bezeugt ist, dem demiurgischen Geist Priorität vor dem Ideenkosmos, dem »Vorbild« des *Timaios*, eingeräumt (so Tornau 2000; eine dritte Möglichkeit bei Dörrie/Baltes 1996, Baustein 122.2).

Kosmologie und Seelenlehre (*Timaios*; *Nomoi*)

Aus der überragenden Autorität des *Timaios* ergibt sich die Kosmologie als ein Hauptinteressengebiet der Mittelplatoniker. Es ist bezeichnend für die in dieser Phase des Platonismus herrschende Diversität, dass zu einem der wichtigsten Auslegungsprobleme dieses Dialogs – der schon zwischen Aristoteles und der Alten Akademie heiß umstrittenen Frage, ob Platon in ihm eine Entstehung der Welt in der Zeit vertritt – diametral entgegengesetzte Meinungen vertreten werden (dazu grundlegend Baltes 1976 und 1978; außerdem Baltes 1996 und die Texte in Dörrie/Baltes 1998, Bausteine 136–145). Zwar folgen die meisten Mittelplatoniker der altakademischen Orthodoxie, dass Platons Schöpfungsbericht keinem realen Werden in der Zeit entspricht, sondern wie eine geometrische Zeichnung aus didaktischen Gründen erfolgt (vgl. die Doxographie bei Plutarch, *De animae procreatione in Timaeo* 3, 1013 A–B = Dörrie/Baltes 1998, Baustein 138.1) oder die Abhängigkeit des unausgesetzt im Werden Befindlichen von einer seienden Ursache herausstellen soll (z. B. Alkinoos, *Didaskalikos* 14, p. 169,32–35 = Dörrie/Baltes 1998, Baustein 139.2). Eine wichtige Minderheit, deren Begründer und Hauptvertreter Plutarch von Chaironeia ist, insistierte dagegen auf dem Wortlaut des *Timaios* und einer Weltentstehung in der Zeit. Eine weitere Minderheitsmeinung hängt damit zusammen: Trotz der formalen Gleichursprünglichkeit der drei Prinzipien Gott, Ideen und Materie ist die mittelplatonische Dreiprinzipienlehre wegen der absoluten Passivität der Materie und der Tendenz der Ideen, mit dem Demiurgen eins zu fallen, ihrem Geist nach monistisch. Dagegen ist von Plutarch in den Schriften *Über die Erschaffung der Seele im Timaios* und *Über Isis und Osiris* (Deuse 1983, 12–27) und, offenbar in seiner Nachfolge, von Numenios (fr. 52 des Places = Dörrie/Baltes 1996, Baustein 121.2) und Attikos (fr. 35 des Places = Dörrie/Baltes 1996, Baustein 104.2) ein Geist-Materie-Dualismus vertreten worden, in dem die Materie bzw. eine diese belebende und bewegende böse Urseele zum widergöttlichen Prinzip wird. Exegetisch bedeutet das eine Supplementierung des *Timaios* durch das zehnte Buch der *Nomoi*, wo an berühmter Stelle von zwei kosmischen Seelen, einer guten und einer bösen, die Rede ist (*Leg.* X 896d ff.).

Plutarchs Dualismus erwächst, wie viele Dualismen, aus dem Bedürfnis der Theodizee. Wenn, wie es Plutarchs Überzeugung ist, der Kosmos in der Zeit entstanden ist, dann ist der von Platon beschriebene vorkosmische Zustand ungeordneter Bewegung (*Tim.* 30a, 52d–53a) kein analytisches Konstrukt, sondern eine Realität, die auch im kosmischen Zustand bestehen bleibt und Ursache des Ungeordneten, d. h. Bösen in der Welt ist. Als solche kann sie weder auf den als absolut gut begriffenen Gott noch auf das passiv-qualitätslose Prinzip der Materie kausal zurückgeführt werden (Plutarch, *De animae procreatione in Timaeo* 6, 1015 A–B = Dörrie/Baltes 1996, Baustein 114.1). Unter Berufung auf den platonischen Grundsatz, dass Seele das Prinzip jeglicher Bewegung ist, sowie auf die Rede der *Nomoi* von zwei kosmischen Seelen führt Plutarch also als drittes Prinzip eine der Materie von Anfang an innewohnende und wie diese dem göttlichen Prinzip selbständig gegenüberstehende böse Urseele ein (ebd. 5–6, 1014 A–E = Dörrie/Baltes 2002, Baustein 159.1; ebd. 7, 1015E). Die während des Schöpfungsprozesses entstehende gute Weltseele ist das Ergebnis der Ordnung der bösen Urseele durch den göttlichen Geist, so dass nach Plutarch die Weltseele wie die individuellen Seelen einen rationalen und einen irrationalen Teil hat. Dies ist laut Plutarch gemeint, wenn Platon an bekannt schwieriger Stelle die Weltseele aus einem »unteilbaren« und einem »an den Körpern teilbaren« Bestandteil gemischt sein lässt (*Tim.* 35a). Eine an die Gegebenheiten des Mythos angepasste Variante dieser Theorie trägt Plutarch in der Schrift *Über Isis und Osiris* vor. Osiris und sein Widersacher Typhon (Seth) stehen für den göttlichen Geist und die böse Urseele; die Göttin Isis setzt Plutarch mit der Materie gleich, schreibt ihr aber – offenbar aus religiösen Gründen – eine eigene, von der bösen Urseele verschiedene Beseelung zu, die sie immer nach dem göttlichen Geist und nach dem Geordnetwerden streben lässt (Plutarch, *De Iside et Osiride* 48–49, 370E–371 A = Dörrie/Baltes 1996, Baustein 114.2). Die Schrift ist ein bemerkenswertes Zeugnis für das mittelplatonische Interesse am Religiös-Mythischen sowie für das Ineinandergreifen und die wechselseitige Beeinflussung von Mythenallegorese und Platondeutung.

Literatur

Baltes, Matthias 1975: »Numenios von Apameia und der Platonische *Timaios*«. In: Vigiliae Christianae 29, 241–270 [wieder abgedruckt in: Baltes 1999, 1–32].

Baltes, Matthias 1976: Die Weltentstehung des *Timaios* nach den antiken Interpreten I. Leiden.

Baltes, Matthias 1978: Die Weltentstehung des *Timaios* nach den antiken Interpreten II. Leiden.

Baltes, Matthias 1983: »Zur Philosophie des Platonikers Attikos«. In: Horst-Dieter Blume/Friedrich Mann (Hg.): Platonismus und Christentum. Fs. für Heinrich Dörrie. Münster, 38–57 [wieder abgedruckt in: Baltes 1999, 81–111].

Baltes, Matthias 1992: »Was ist antiker Platonismus?« In: Studia Patristica 24. Papers Presented to the 11th International Conference on Patristic Studies Held in Oxford 1991. Leuven, 219–238 [wieder abgedruckt in: Baltes 1999, 223–248].

Baltes, Matthias 1994: »Idee/Ideenlehre«. In: Reallexikon für Antike und Christentum, Bd. 17, 213–246 [wieder abgedruckt in: Baltes 1999, 275–302].

Baltes, Matthias 1996: »Γέγονεν (Platon, *Tim*. 29b7). Ist die Welt real entstanden oder nicht?« In: Keimpe A. Algra/Pieter W. van der Horst/David T. Runia (Hg.): Polyhistor. Studies in the History and Historiography of Ancient Philosophy presented to Jaap Mansfeld on his Sixtieth Birthday. Leiden, 76–96 [wieder abgedruckt in: Baltes 1999, 303–325].

Baltes, Matthias 1997: »Is the Idea of the Good in Plato's *Republic* Beyond Being?« In: Marc Joyal (Hg.): Studies in Plato and the Platonic Tradition. Essays Presented to John Whittaker, Aldershot, 3–23 [wieder abgedruckt in: Baltes 1999, 351–371].

Baltes, Matthias 1999: ΔΙΑΝΟΗΜΑΤΑ. Kleine Schriften zu Platon und zum Platonismus. Stuttgart.

Bastianini, G./Sedley, David N. (Hg.) 1995: Anonymus. Commentarium in Platonis *Theaetetum*. Firenze (Corpus dei papiri filosofici greci e latini III: Commentari).

Bonazzi, Mauro 2005: »Eudoro di Alessandria alle origini del platonismo imperiale«. In: Mauro Bonazzi/Vincenza Celluprica (Hg.): L'eredità platonica. Studi sul platonismo da Arcesilao a Proclo. Napoli, 115–160.

Burkert, Walter 1962: Weisheit und Wissenschaft. Studien zu Pythagoras, Philolaos und Platon. Nürnberg.

Cherniss, Harold (Hg.) 1976: Plutarch. *Moralia* XIII.1. Ed. with an English Translation. Cambridge, Mass.

Delcomminette, Sylvain/d'Hoine, Pieter/Gavray, Marc-Antoine (Hg.) 2015: Ancient Readings of Plato's Phaedo. Leiden.

des Places, Édouard (Hg.) 1973: Numénius. Fragments. Texte établi et traduit. Paris.

des Places, Édouard (Hg.) 1977: Atticus. Fragments. Texte établi et traduit. Paris.

Deuse, Werner 1983: Untersuchungen zur mittel- und neuplatonischen Seelenlehre. Wiesbaden.

Dillon, John 1977: The Middle Platonists. A Study of Platonism 80 B. C. to A. D. 220. London.

Dillon, John (Hg.) 1993: Alcinous. The Handbook of Platonism. Translated with an Introduction and Commentary. Oxford.

Dodds, Eric R. 1928: »The *Parmenides* of Plato and the Neoplatonic One«. In: Classical Quarterly 22, 129–143.

Dörrie, Heinrich/Baltes, Matthias 1987: Der Platonismus in der Antike 1. Die geschichtlichen Wurzeln des Platonismus. Stuttgart.

Dörrie, Heinrich 1990: Der Platonismus in der Antike 2. Der hellenistische Rahmen des kaiserzeitlichen Platonismus. Stuttgart.

Dörrie, Heinrich 1993: Der Platonismus in der Antike 3. Der Platonismus im 2. und 3. Jahrhundert nach Christus. Stuttgart.

Dörrie, Heinrich 1996: Der Platonismus in der Antike 4. Die philosophische Lehre des Platonismus. Einige grundlegende Axiome/Platonische Physik I. Stuttgart.

Dörrie, Heinrich 1998: Der Platonismus in der Antike 5. Die philosophische Lehre des Platonismus. Platonische Physik II. Stuttgart.

Dörrie, Heinrich 2002: Der Platonismus in der Antike 6.1 und 6.2. Die philosophische Lehre des Platonismus. Von der »Seele« als Ursache aller sinnvollen Abläufe. Stuttgart.

Dörrie, Heinrich/Baltes, Matthias/Pietsch, Christian 2008: Der Platonismus in der Antike 7.1. Die philosophische Lehre des Platonismus. Theologia Platonica. Stuttgart.

Erler, Michael 2001: »Legitimation und Projektion. Die ›Weisheit der Alten‹ im Platonismus der Spätantike«. In: Dieter Kuhn (Hg.): Die Gegenwart des Altertums. Heidelberg, 313–326.

Festugière, André-Jean 1949–1954: La révélation d'Hermès Trismégiste. 4 Bde. Paris.

Frede, Michael 1987: »Numenius«. In: Aufstieg und Niedergang der römischen Welt II.36.2, 1034–1975.

Glucker, John 1978: Antiochus and the Late Academy. Göttingen.

Göransson, Tryggve 1995: Albinus, Alcinous, Arius Didymus. Göteborg.

Hense, Otto/Wachsmuth, Curt 1884: Ioannis Stobaei anthologium. 5 Bde. Berlin.

Lakmann, Marie-Luise 1995: Der Platoniker Tauros in der Darstellung des Aulus Gellius. Leiden.

Lewy, Hans [2]1978: *Chaldaean Oracles* and Theurgy [1965]. Paris.

Majercik, Ruth 1989: The Chaldean Oracles. Leiden.

Männlein-Robert, Irmgard 2001: Longin. Philologe und Philosoph. Eine Interpretation der erhaltenen Zeugnisse. München/Leipzig.

Männlein-Robert, Irmgard 2013: »Tugend, Flucht und Ekstase. Zur ὁμοίωσις θεῷ in Kaiserzeit und Spätantike«. In: Christian Pietsch (Hg.): Ethik des antiken Platonismus. Der platonische Weg zum Glück in Systematik, Entstehung und historischem Kontext. Akten der 12. Tagung der Karl und Gertrud Abel-Stiftung vom 15. bis 18. Oktober 2009 in Münster. Stuttgart, 99–110.

Mazzarelli, Claudio 1985: »Raccolta e interpretazione delle testimonianze e dei frammenti del medioplatonico Eudoro di Alessandria«. In: Rivista di filosofia neo-scolastica 77, 179–209, 535–555.

Merki, Hubert 1952: Ὁμοίωσις θεῷ. Von der platonischen Angleichung an Gott zur Gottähnlichkeit bei Gregor von Nyssa. Freiburg/Schweiz.

Michalewski, Alexandra 2014: La puissance de l'intelligible: la théorie plotinienne des Formes au miroir de l'héritage médioplatonicien. Leuven.

Opsomer, Jan 1998: In Search of the Truth. Academic Tendencies in Middle Platonism. Brüssel.

Opsomer, Jan 2005: »Demiurges in Early Imperial Platonism«. In: Rainer Hirsch-Luipold (Hg.): Gott und die Götter bei Plutarch. Götterbilder – Gottesbilder – Weltbilder. Berlin, 51–99.

Reis, Burkhard 1999: Der Platoniker Albinos und sein sogenannter Prologos. Prolegomena, Überlieferungsgeschichte, kritische Edition und Übersetzung. Wiesbaden.

Rudolph, Kurt ³1990: Die Gnosis. Wesen und Geschichte einer spätantiken Religion [1977]. Göttingen.

Saffrey, Henri-Dominique/Westerink, Leendert G. (Hg.) 1974: Proclus. Théologie platonicienne, livre II. Texte établi et traduit. Paris.

Schofield, Malcolm 2013: Aristotle, Plato and Pythagoreanism in the First Century BC. New Directions for Philosophy. Cambridge.

Sedley, David N. 1996: »Alcinous' Epistemology«. In: Keimpe A. Algra/Pieter W. van der Horst/David T. Runia (Hg.): Polyhistor. Studies in the History and Historiography of Ancient Philosophy presented to Jaap Mansfeld on his Sixtieth Birthday. Leiden, 300–312.

Sedley, David N. (Hg.) 2012: The Philosophy of Antiochus. Cambridge.

Tornau, Christian 2000: »Die Prinzipienlehre des Moderatos von Gades«. In: Rheinisches Museum für Philologie N. F. 143, 197–220.

Whittaker, John 1969: »Ἐπέκεινα νοῦ καὶ οὐσίας«. In: Vigiliae Christianae 23, 91–104.

Whittaker, John 1987: »Platonic Philosophy in the Early Centuries of the Empire«. In: Aufstieg und Niedergang der römischen Welt II.36.1, 81–123.

Whittaker, John/Louis, Pierre (Hg.) 1990: Alcinoos. Enseignement des doctrines de Platon. Introduction, texte établi et commenté par J. W., traduit par P. L. Paris.

Christian Tornau

69 Spätantike I: früherer Neuplatonismus

Unter dem ›früheren Neuplatonismus‹ soll hier – gemäß einer unter den späteren Neuplatonikern geläufigen Einteilung (vgl. Proklos, *Theologia Platonica* 1,1; Damaskios, *In Phaedonem* I 172) – in erster Linie die Epoche des Plotin (205–270 n. Chr.) und des Porphyrios von Tyros (233–ca. 305 n. Chr.) verstanden werden. Auf die dritte große Gründerfigur, Iamblichos von Chalkis (ca. 245–330 n. Chr.), der eher zu dem stark von ihm geprägten Spätneuplatonismus zu rechnen ist, kann nur ein kurzer Ausblick gegeben werden.

Der Neuplatonismus erbt vom Mittelplatonismus das Bestreben, auf der Grundlage der Dialoge ein ›Dogma‹, ein kohärentes philosophisches System Platons, zu entwickeln. Viele der philosophisch-exegetischen Grundentscheidungen Plotins sind zunächst Stellungnahmen zu bereits im Mittelplatonismus diskutierten ›Platonischen Streitfragen‹ (*Platonika Zetemata*), wie der Titel einer Schrift Plutarchs lautet. Von der Eingebundenheit Plotins in die mittelplatonische Diskussion gibt Porphyrios' *Vita Plotini* einen guten Eindruck (vgl. Brisson 1982–1992) und Plotin legt in der Regel großen Wert darauf, dass er keine Neuerungen vornimmt, sondern nur Platons authentische, in dessen Schriften dokumentierte Lehre expliziert (*Enn.* V 1,8). Die Ausnahme ist die Theorie von dem immer auf der Geist-Ebene verbleibenden höchsten Seelenteil, für die Plotin in *Enn.* IV 8,8,1 f. Originalität in Anspruch nimmt (vgl. dazu D'Ancona 2003, 205 f.). Dank der Intensität von Plotins philosophischer Argumentation und wohl auch dank der werbenden Aktivität seines Schülers Porphyrios, die in der Herausgabe der plotinischen Texte in der sog. *Enneaden*-Ausgabe von ca. 301 n. Chr. sowie in der Abfassung einer Vielzahl popularisierender und einführender Schriften im Geiste Plotins bestand (erhalten sind z. B. der *Brief an Marcella* und *De abstinentia*, ein Plädoyer für den Vegetarismus), gilt seit dem 4. Jh. für die zentralen Fragen der platonischen Systematik die Diskussion als abgeschlossen. Die wichtigsten Lehrentscheidungen Plotins, die im späteren Neuplatonismus nicht mehr angetastet wurden, sind die Ansetzung des höchsten Prinzips, des Einen-Guten, jenseits des Seins und des geistigen Erkennens und die Ineinssetzung des geistigen Seins (des platonischen Ideenkosmos) mit dem es erkennenden Geist im Sinne einer dynamischen Identität, die wegen des ihr inhärenten Zweiheitsaspekts das absolute Eine voraussetzt und auf es verweist (vgl.

bes. *Enn.* V 5,1–2 und Beierwaltes 1981, 36, 28). Exegetisch gesprochen, handelt es sich bei der ersten dieser Entscheidungen um eine Interpretation von Platons Ansetzung der Idee des Guten »jenseits des Seins« in der *Politeia* (VI 509b) im Sinne echter Seins- und Geisttranszendenz und um die Gleichsetzung der Idee des Guten mit dem Einen der ersten Hypothese des *Parmenides*, wozu es im Mittelplatonismus allenfalls Ansätze gegeben hatte (s. Kap. VII.68.2 zu Moderatos von Gades). Wie sehr das als Neuerung empfunden wurde, lässt sich daran erkennen, dass Plotins Mitschüler bei Ammonios Sakkas, der Platoniker Origenes (der nicht mit dem gleichnamigen Kirchenvater verwechselt werden darf), pronunciert gegen die Existenz eines seinstranszendenten Prinzips und für die Erstrangigkeit des Demiurgen argumentierte (Origenes, fr. 7 Weber = Proklos, *Theologia Platonica* 2,4; vgl. Weber 1962; Dörrie/Baltes 1993, Baustein 96.7; zu Plotins Lehrer Ammonios vgl. Schwyzer 1983). Die zweite Entscheidung ist eine Weiterentwicklung der mittelplatonischen Auffassung der Ideen als »Gedanken Gottes« und eine Stellungnahme zugunsten der wechselseitigen Reduzierbarkeit der aus dem *Timaios* abgeleiteten mittelplatonischen Prinzipien des »Demiurgen« und des »Vorbildes« (*paradeigma*, *Tim.* 29b u. ö.). Plotin denkt dies freilich mit der ihm eigenen Konsequenz dahingehend weiter, dass er die vermittelnde Funktion des Demiurgen eliminiert und die sichtbare Welt als unmittelbare Abspiegelung des geistigen Seins und als Ausdruck von dessen wesensmäßiger Aktivität begreift (*Enn.* V 8,7; VI 7,1–2; vgl. Schroeder 1992, 40–65). Plotin beruft sich für diese Exegese zwar auf den *Timaios* (39e; vgl. *Enn.* II 9,6,14–24) und den *Phaidros* (247d–e; vgl. *Enn.* V 8,4,52–54) doch faktisch liegt eine Supplementierung der *Timaios*-Exegese durch das aristotelische Konzept des Selbstdenkens vor (zur Benutzung von Aristoteles, *Metaph.* XII 7 und *De an.* III 5 und einer möglichen Vermittlung durch Alexander von Aphrodisias vgl. Armstrong 1960; Szlezák 1979, 135–143). Das Resultat dieser exegetischen Entscheidungen ist das bekannte, für den ganzen Neuplatonismus konstitutive System der drei Prinzipien (›Hypostasen‹) des Einen-Guten, des Geistes-Seins und der Seele (*Enn.* II 9,1; zum Begriff der Hypostase vgl. Horn 1995, 18–28; Hammerstaedt 1994). Das System ist strikt monistisch; auch die seins- und qualitätslose Materie ist ein letzter Ausläufer der vom Einen-Guten ausgehenden Aktivität (O'Brien 1996). Soweit wir sehen können, betont der Neuplatonismus stärker als der Mittelplatonismus die ›aktuale‹ Seite der Metaphysik, nach der das Erkennen der geistigen Prinzipien notwendig die Transformation des Erkennenden bedeutet (*Enn.* V 1,10; VI 7,36,1–10). Diese Differenz zum Mittelplatonismus ist vermutlich durch die Textsorte der uns dort mehrheitlich überlieferten Einführungsschriften mitbedingt. Das Erkennen des transzendenten Einen bedeutet somit das Transzendieren des Seins selbst, auch des eigenen. Wenn man die Assoziation des Irrationalismus fernhält, kann man das ›Plotins Mystik‹ nennen.

In anderen Punkten ist der spätere Neuplatonismus Plotin nicht gefolgt. Die wichtigste Differenz ist sicherlich die von Iamblich und seinen Nachfolgern strikt abgelehnte plotinische Sonderlehre, dass auch während des Aufenthalts der Seele in der Körperwelt, in ihrem ›gefallenen‹ Zustand, ein höchster Seelenteil bei ihrem Ursprung, im Geist, verbleibt (*Enn.* IV 8,8; Dörrie/Baltes 2002, Baustein 172.3; dagegen Iamblich, *In Timaeum* fr. 87 Dillon = Proklos, *In Timaeum* 3,333,25–334,28). Diese Theorie kann als eine nicht-mythische Interpretation der Anamnesislehre aufgefasst werden, deren Modernisierung schon die Mittelplatoniker durch Integration stoischer und aristotelischer Elemente versucht hatten (Alkinoos, *Didaskalikos* 4, p. 155,20–34; s. Kap. VII.68): Anamnesis ist für Plotin kein Sich-Erinnern im üblichen Sinne, sondern die Aktivierung einer der Seele von ihrer geistigen Herkunft her zugehörigen Disposition, die in der Körpergebundenheit aber zunächst inaktiv ist (*Enn.* IV 8,4,28–30; IV 3,25,27–33; vgl. Beierwaltes 1985, 175 f.; Blumenthal 1971, 96 f.). Die aus Plotins Monismus folgende Auffassung vom Übel als Privation des Guten bleibt für die nachfolgenden Neuplatoniker zwar gültig, doch die Konsequenz, dass die Materie als das absolut Nicht-Seiende und Nicht-Gute zugleich das absolut Böse ist, wird von Proklos abgelehnt (Beierwaltes 1985, 182–192). Bei ihm ist die Materie neutral und das Böse ein quasi-seiendes Nebenprodukt (*parhypostasis*) des Guten; zu einem Dualismus plutarchischer Prägung – und zu der dazugehörigen *Nomoi*-Exegese – ist die platonische Tradition nach Plotin nicht mehr zurückgekehrt.

69.1 Plotin

Grundsätzliches zu Platons Autorität und zur Notwendigkeit der Exegese

Plotin hat keine Platon-Kommentare geschrieben. Einige seiner Schriften sind Erläuterungen zu schwierigen Textstellen und lassen sich insofern der Zetemata-

Literatur zuordnen (z. B. *Enn.* IV 1 und IV 2 zu *Tim.* 35a; *Enn.* III 9,1 zu *Tim.* 39e; *Enn.* I 2 zu *Tht.* 176b; *Enn.* VI 4–5 ist ein langes Zetema zu den als komplementär aufgefassten Stellen *Tim.* 35a und *Prm.* 131a–b; zur Einteilung von VI 7 in sechs »Platonische Fragen« vgl. Hadot 1988, 20–26). Meist handelt es sich jedoch um freie Erörterungen philosophischer Sachfragen wie der Unsterblichkeit der Seele (*Enn.* IV 7; vgl. Longo 2009), der Selbsterkenntnis (*Enn.* V 3; vgl. Beierwaltes 1991), der Handlungsfreiheit (*Enn.* VI 8; vgl. Leroux 1990) oder der naturphilosophischen Seelenlehre (*Enn.* IV 3–5; vgl. Dillon/Blumenthal 2015), die freilich immer mit Blick auf die einschlägigen Dialogstellen behandelt werden. Wie wenig sich Philosophie und Exegese in Plotins Augen trennen lassen, zeigt die Schrift III 7 *Über Ewigkeit und Zeit*, die zugleich Sacherörterung und Kommentar zu *Tim.* 37c–38b ist (Beierwaltes 1981). Korrekte Platonauslegung und philosophische Wahrheit fallen in eins.

Plotin bezeichnet sich selbst einmal ausdrücklich als »Exegeten«: »diese Überlegungen sind nicht neu und nicht erst jetzt, sondern schon in alter Zeit ausgesprochen worden, allerdings nicht in expliziter Form; die jetzt vorgetragenen Überlegungen stellen nur die Auslegung (*exegetai*) der damaligen dar, und das Zeugnis, mit dem sie belegen, dass diese Lehrmeinungen alt sind, sind Platons eigene Schriften« (*Enn.* V 1,8,10–14; vgl. V 8,4,54 f.; Szlezák 1979, 9–51; Atkinson 1983, 191 f.). Die Notwendigkeit der Exegese (statt eines bloßen Auswendiglernens der autoritativen Texte, wie es zeitweise im Epikureismus üblich war) wird hier damit begründet, dass das eigentlich Gemeinte den Dialogen lediglich implizit ist und erst aus ihnen entfaltet werden muss. Eine weitere Begründung bietet die Schrift *Über den Abstieg der Seele in die Körper*:

> Es bleibt uns also der göttliche Platon, der viel Wertvolles über die Seele gesagt und in seinen Schriften vielfach über ihre Ankunft [in der Körperwelt] gesprochen hat, so dass für uns Hoffnung besteht, von ihm eine klare Aussage erhalten zu können. Was sagt also dieser Philosoph? Offensichtlich sagt er nicht überall dasselbe, so dass man die Intention dieses Autors mit Leichtigkeit erkennen könnte […] (*Enn.* IV 8,1,23–28).

Die Aussage des *Timaios* (30b), dass der Aufenthalt der Seele in der Körperwelt gottgewollt ist, widerspricht der Metaphorik anderer Dialoge, die diesen Aufenthalt als Gefangenschaft (*Phd.* 67d), Abstieg und »Flügelverlust« (*Phdr.* 246c–d) beschreiben. Eine wirkliche Inkonsistenz in der Bewertung des Körperlichen oder die (der Antike generell fremde) Entwicklungshypothese kommt für Plotin nicht in Frage; es ist also eine harmonisierende philosophische Exegese erforderlich. Plotin findet sie in der Unterscheidung von Weltseele und Einzelseelen: Während die erstere den Weltkörper in selbstverständlicher, müheloser Weise verwaltet, können die menschlichen Einzelseelen sich entweder an den Körper verlieren und ihre Aktivität an ihm zersplittern oder das Verhältnis der Weltseele zum Weltkörper nachahmen, so dass sie schon während des Aufenthalts im Körper von ihm frei sind. Das Übel ist also nicht die Körperlichkeit an sich, sondern die falsche Haltung zu ihm. Unabhängig davon, ob Platons Intention damit getroffen ist, ist das eine philosophisch ergiebige und wohldurchdachte Lösung.

Der Grund für die besondere Autorität Platons ist in dem zitierten Text aus *Enn.* V 1 ausgesprochen: Auch wenn Plotin die Weisheit der Ägypter (*Enn.* V 8,6) – eine irrige Interpretation der Hieroglyphenschrift, die nichts mit Plotins möglicherweise ägyptischer Herkunft zu tun hat – oder die Schulkontinuität zu Pythagoras (z. B. *Enn.* IV 8,1,20–22; V 1,9,28–30) nur selten erwähnt, verkörpert Platon für ihn doch – ähnlich wie für Numenios (s. Kap. VII.68) – die Weisheit »der Alten« (*Enn.* V 1,9,28; IV 3,25,33 mit Anspielung auf *Phd.* 70c), die »alte griechische Philosophie« (*Enn.* II 9,6,5 f. gegen die vermeintliche Neuerungssucht der Gnostiker), deren privilegierter Zugang zur Wahrheit eben durch ihr Alter beglaubigt ist. Damit wird die vorplatonische Philosophie zu einer potentiellen Konkurrenz für Platon (Stamatellos 2007). Tatsächlich erkennt Plotin Anaxagoras, Empedokles und Heraklit ein Wissen von den Prinzipien des Einen und des Geistes und von dem Schicksal der Seele zu (*Enn.* V 1,9,1–7; IV 8,1,11–23) und schreibt Parmenides die Entdeckung der Identität von Denken und Sein zu (*Enn.* V 1,8,14–23 mit Zitat von Parmenides fr. B 3 DK). Was jedoch allen diesen Denkern trotz ihrer richtigen Intuitionen fehlt, ist die argumentative Klarheit und Präzision, die für Plotin die besondere Leistung Platons ist und die dessen Dialoge im Gegensatz zu den Fragmenten der Vorsokratiker zum lohnenden Gegenstand der Exegese macht (vgl. bes. *Enn.* V 1,8,23–27 über den Vorzug von Platons *Parmenides* gegenüber dem historischen Parmenides).

Anders als bei den Vorsokratikern, stellt sich bei Aristoteles weniger die Frage nach der Autorität als die nach der Übereinstimmung mit Platon – ein bereits im Mittelplatonismus bisweilen hitzig diskutiertes Problem. Plotin hat hier keine endgültige Lösung herbeigeführt. Einerseits gehört Aristoteles für ihn – anders als beispielsweise die Stoa – eindeutig zur platonischen Tradition, und wo die Dialoge schweigen, kann Platon mit Hilfe aristotelischer Texte supplementiert werden (Szlezák 1979); ein Beispiel ist die intensive Nutzung von *De anima* in der plotinischen Psychologie (z. B. *Enn.* I 1,1–4). Anderseits wird die aristotelische Bestimmung des obersten Prinzips als »Denken des Denkens« als Abweichung von Platon kritisiert (*Enn.* V 1,9,7–27); Plotins häufige Argumentation gegen die These, dass das Erste Geist sei, richtet sich ebenso gegen Aristoteles wie gegen manche Systeme des Mittelplatonismus (*Enn.* V 6; VI 7,37–41; zur anti-aristotelischen Argumentation vgl. bes. VI 7,37,1–10). Umstritten ist Plotins Stellung zu Aristoteles' Kategorienlehre, die in *Enn.* VI 1–3 auf die Sinnenwelt eingeschränkt und stark modifiziert wird (Isnardi Parente 1994). In gewisser Weise ist damit Porphyrios' rein semantische Interpretation der *Kategorien* und ihre Integration in das platonische Lehrprogramm vorbereitet (Horn 1995; de Haas 2001; Thiel 2004, 176–218). Es ist jedoch unverkennbar, dass es Plotin um die Konstruktion einer ontologischen, Geistes- und Sinnenwelt berücksichtigenden Kategorienlehre unter platonischem Vorzeichen geht und dass die aristotelische Kategorientafel hierfür in seinen Augen nicht das geeignete Material bietet (Wurm 1973; Chiaradonna 2002). Plotin nimmt insofern eine Zwischenstellung ein zwischen der (soweit wir sehen) weitgehend unreflektierten Aufnahme aristotelischen Gedankenguts in den Platonismus bei einigen Mittelplatonikern und der klar definierten Einordnung des Aristoteles in die neuplatonische Propädeutik, wie sie seit Porphyrios gilt.

69.2 Interpretationen einzelner Dialoge

Parmenides

Die Festlegung des Platonismus auf die metaphysische, prinzipientheoretische Deutung des *Parmenides* ist eine der bleibenden Leistungen und wohl auch wichtigsten Neuerungen Plotins. Im Mittelplatonismus wird der *Parmenides* zumeist zur Disziplin der Logik gerechnet (vgl. Albinos, *Prologos*; Alkinoos, *Didaskalikos* 6, p. 159,43 f.); den einzigen Hinweis auf eine vorplotinische metaphysische Deutung gibt Moderatos bei Simplikios (*In Physica* 230,34–231,24 Diels = Porphyrios, fr. 236F Smith; vgl. Dodds 1928 und s. Kap. VII.68). Für Proklos haben die nichtmetaphysischen Deutungsansätze dagegen nur noch historisches Interesse (*In Parmenidem* 630,37–635,27). Die zweite Hälfte des Dialogs, die »Übung« (*Prm.* 136a, 136c) des Parmenides, ist für Plotin der Grundtext der platonischen Henologie (Lehre des Einen (*hen*)). Er erkennt in den ersten drei Hypothesen die drei für ihn grundlegenden Prinzipien des Einen, des Geistes/Seins und der Seele wieder, die dort in ihrem jeweiligen Einheitsgrad beschrieben werden (*Enn.* V 1,8,23–26). Die in der totalen Negation endende Erste Hypothese (*Prm.* 137c–142a) stellt das seinstranszendente absolute Eine dar, das zwar Prinzip alles Seienden ist (*Enn.* VI 9,1,1: »Alles, was ist, ist durch das Eine«), selbst aber nicht mehr seiend und sprachlich nur noch auf dem Wege der negativen Theologie erreichbar ist (*Enn.* VI 9,6; vgl. Halfwassen 2006; zur negativen Theologie vgl. bereits Alkinoos, *Didaskalikos* 10, p. 165,5–19, doch ist das Beispiel dort die altakademische Dimensionenfolge, nicht der *Parmenides*). Die Zweite Hypothese, die Zuschreibung von Sein an das Eine, führt dazu, dass diesem sämtliche einander entgegengesetzten Prädikate wie Bewegung und Stillstand, Ganzheit und Teilartigkeit usw. gleichermaßen zukommen (*Prm.* 142b–155e). Diese Zweite Hypothese beschreibt für Plotin den Geist als Totalität des Seins, in der die Vielheit des Seienden in einer dem an das sinnlich Wahrnehmbare gewöhnten Denken widersprüchlich erscheinenden Weise in eine nichträumliche Einheit-Vielheit vereinigt ist (Beierwaltes 1985, 38–64). Plotin spricht meist kurz vom »Eins-Seienden« oder »Eins-Vielen«. Die Dritte Hypothese (»Eins und Vieles«, *Prm.* 155e–157b) schließlich beschreibt die Seele als Vermittlerin zwischen dem reinen Geist und der raumzeitlichen Körperwelt. Sie ist gegenüber dem Geist in ihrer Einheit dadurch reduziert, dass sie »an den Körpern teilbar wird« (*Tim.* 35a) – an dieser Stelle verbindet sich die *Parmenides*-Auslegung mit der Exegese eines Grundtextes zur Metaphysik der Seele aus dem *Timaios*. Aussagen zu den weiteren Hypothesen finden sich nicht. Plotin hat nicht, wie die späteren Neuplatoniker und schon sein Schüler Porphyrios (fr. 170F Smith = Proklos, *In Parmenidem* 1053,36–1054,37), das Bedürfnis, den Dialog in seiner Gesamtheit metaphysisch durchzuinterpretieren.

Plotin hat aber auch den ersten, aporetischen Teil des Dialogs in seine Exegese einbezogen. Sein Grundsatz, »dass die Ursache nicht dasselbe wie das Verursachte ist« (*Enn.* VI 9,6,54 f.) und dem Einen infolgedessen alle Prädikate abzusprechen sind, kann als Reaktion auf die Regressargumente gelesen werden (Regen 1988). Die Schrift *Enn.* VI 4–5 verteidigt den im Teilhabe-Dilemma (*Prm.* 131a–b) scheinbar *ad absurdum* geführten Satz, dass die Idee »als eine und dieselbe überall zugleich ganz« ist, als ein Paradoxon, das ausgehalten werden muss, wenn man das Verhältnis des immateriellen und unräumlichen (geistig-seelischen) Seins zu den Körpern adäquat denken will. Voraussetzung hierfür ist das adäquate Denken des geistigen Seins an sich nach der Zweiten Hypothese, die somit für Plotin die Lösung des Teilhabe-Dilemmas des ersten Teils enthält (*Enn.* VI 4,2,1–27; VI 4,9; vgl. Tornau 1998, 34–52, 185 f.).

Timaios

Während die systematische Benutzung des *Parmenides* ein neuer Zug ist, folgt Plotin mit der ähnlich umfangreichen Heranziehung des *Timaios* der platonischen Tradition. Die Antithese von Sein und Werden, geistigem Erkennen und sinnlich geprägter Meinung (*Tim.* 27d–28a), ist für ihn eine Grundformel der platonischen Philosophie (IV 7,8[5],46–50). Die im Mittelplatonismus und schon in der Alten Akademie vieldiskutierte Stelle über die Zusammensetzung der Weltseele (*Tim.* 35a) hat Plotin mehrfach kommentiert und im Sinne der Zwischenstellung der Seele zwischen dem »unteilbaren« und dem »teilbaren« Sein interpretiert; Sein, Identität und Differenz, die Elemente, auf die der Text Platons eigentlich den Akzent legt, treten dabei zurück (*Enn.* IV 1; IV 2; IV 3,19; VI 4,1 und 4; zur mittelplatonischen und älteren Diskussion vgl. Plutarch, *De animae procreatione in Timaeo*, mit der Doxographie 1–2, 1012c–1013 A). Den Demiurgen deutet Plotin traditionsgemäß als den göttlichen Geist (*Enn.* V 1,8,5; V 9,3,25 f.; II 3,18,14 f.); wegen der dynamischen Identität von Geist und Sein fällt er aber mit dem ›Vorbild‹, dem Ideenkosmos, in eins und ist nicht mehr höchstes Prinzip, so dass der *Timaios* gewissermaßen systematisch an die zweite Stelle hinter dem *Parmenides* rückt. Wegen der nichtdiskursiven Erkenntnisweise des Geistes, aber auch als Konsequenz aus der nichtzeitlichen Interpretation des *Timaios* (der Plotin mit der Mehrheit der Mittelplatoniker folgt) negiert Plotin jede planend-überlegende Tätigkeit des Demiurgen beim Schöpfungsprozess, den er als natürliche Abbildung nach Art eines Schatten- oder Spiegelbildes auffasst (*Enn.* V 8,7; V 8,12,20–26; VI 4,10; zur nichtzeitlichen Interpretation des *Timaios* vgl. *Enn.* III 2,1,15–26). Anders als im Mittelplatonismus vermittelt der Demiurg also nicht zwischen Geistes- und Körperwelt; eine vermittelnde Rolle schreibt Plotin dagegen – ohne Grundlage im *Timaios* – der Seele zu (*Enn.* V 8,7,15 f.; IV 3,11,17–21; IV 3,12,30–32), deren Tätigkeit in diesem Sinne ebenfalls »demiurgisch« heißen kann (*Enn.* II 9,18,14–17; IV 7,13,4–8; VI 9,1,17 f.).

Daneben bleibt der *Timaios* der wichtigste Text zur Naturphilosophie und Kosmologie. Es ist für Plotins Hermeneutik durchaus bezeichnend, wie er hier mit rationalen Argumenten gegen den Wortlaut argumentiert, nach dem es im supralunaren Bereich Erde gibt (*Tim.* 40a), und sich auf dieser Basis zu einer freieren, ›Erde‹ im Sinne von ›Festigkeit‹ deutenden Interpretation berechtigt fühlt (*Enn.* II 1,6–7; Wilberding 2006, 68–70).

Politeia und Symposion

Aus der *Politeia* lässt Plotin nur dem in der Formel, dass die Idee des Guten »nicht Sein, sondern noch jenseits des Seins ist an Würde und Kraft« (*Rep.* VI 509b), gipfelnden Sonnengleichnis eine ausführliche exegetische Behandlung zukommen. Die – der Intention Platons vermutlich nicht entsprechende (Baltes 1997; anders die Vertreter der Tübinger Platon-Deutung, vgl. bes. Halfwassen 2006) – Interpretation im Sinne der Seins- und Geisttranszendenz und die Identifikation der Idee des Guten mit dem Einen der Ersten Hypothese des *Parmenides* und dem eigentlichen Gegenstand der negativen Theologie kann freilich als Plotins wichtigste, den Neuplatonismus eigentlich begründende exegetische Entscheidung betrachtet werden. So wie es keinen Sehvorgang geben kann, in dem das ihn erst ermöglichende Licht nicht in unthematischer Weise mit-gesehen wird, ermöglicht das Eine-Gute jeden Akt des geistigen Erkennens und wird in ihm mit-gedacht; und so wie das Auge sich, um nicht nur beleuchtete Gegenstände, sondern das Licht selbst zu sehen, allem Äußeren verschließen und auf sich selbst zurückwenden muss, muss der Geist, um das Gute zu erkennen, die Dualität von Erkennendem und Erkanntem und damit sein eigenes Wesen überschreiten und eins werden mit dem nicht mehr seienden Einen-Guten, so dass »Licht Licht sieht« (*Enn.* V 5,7; vgl. VI 7,21,13–17; VI 7,36,10–27; vgl. Bussanich 1988, 180–200; Beierwaltes 1985, 133–147). Das Mittel dieses Aufstiegs und dieser Selbsttranszendierung ist für Plotin der Eros, in dessen Wesen es liegt, immer über das Sein eines Seienden hinaus zu wollen. Liebeserfüllung ist als solche eine seinsüberschreitende Paradoxie, die man zu Recht mit der mystischen Erfahrung des Einen vergleichen kann (*Enn.* VI 7,19–22 und die Partie VI

7,17–36 insgesamt). Der spätere Neuplatonismus ist Plotin in dieser Privilegierung des Eros nicht gefolgt, sondern hat an die Stelle der Erotik die Theurgie gesetzt (vgl. Proklos, *Theologia Platonica* 1,25; Tornau 2006). Plotin findet diesen Gedanken in dem Aufstieg zum Schönen der Diotima-Rede des *Symposion* ausgedrückt, so dass das »Schöne an sich« des *Symposion* (211c–d) und die Idee des Guten der *Politeia* exegetisch identifiziert werden (vgl. bes. die Schrift I 6 *Über das Schöne*). Dass das Schöne und das Gute hier in eins fallen, ist nicht dadurch begründet, dass Plotin seine Philosophie der Seinstranszendenz in dieser Frühschrift noch nicht entwickelt hat, sondern dadurch, dass das Gute als erotisch begehrenswert ins Auge gefasst wird (vgl. bes. I 6,7,14–19). Man kann das Plotins erotische Interpretation des Sonnengleichnisses nennen (Tornau 2005).

Theaitetos

Die mittelplatonische Telosformel von der »Anähnlichung an Gott, soweit möglich« (*Tht.* 176b) wird von Plotin nicht auf die unio mystica mit dem Einen-Guten, sondern auf die – dem Philosophen dauerhaft erreichbare – Lebensweise des Geistes bezogen (*Enn.* I 4,3–4; Zitate von *Tht.* 176b: *Enn.* I 2,1,1–5; I 2,3,5 f.; I 4,16,12; I 6,6,20; zu Plotins eigenem Leben auf der Geist-Stufe vgl. Porphyrios, *Vita Plotini* 8,19–23; Schniewind 2003). Im Zusammenhang mit der Frage, wie eine Anähnlichung an Gott durch Tugend möglich sein soll, wenn – wie etwa von Aristoteles behauptet – Gott über der Tugend steht, entwirft Plotin ein Konzept von Tugend als zur Seinsweise des Geistes empor führender Reinigung der Seele und bereitet damit die Lehre der späteren Neuplatoniker von den Tugendgraden vor (*Enn.* I 2; vgl. Porphyrios, *Sententiae ad intelligibilia ducentes* 32; Marinos, *Vita Procli* 2 f.; Dillon 1983; Saffrey/Segonds 2002, LXIX–C).

Sophistes

Aus diesem Dialog gewinnt Plotin wesentliche Aussagen über die Struktur des geistigen Seins. Die Stelle *Soph.* 248e, nach der das »vollkommen Seiende« notwendigerweise lebend und intelligent und nicht etwa tot und starr ist, ist der Grundtext für Plotins Auffassung vom Selbstdenken des Geistes, der dynamischen Identität von Erkennendem und Erkanntem, als einer triadischen, durch die Momente Sein, Leben und Erkennen gekennzeichneten Struktur, als die der Geist sich im Rückbezug auf sein Prinzip, das Eine-Gute, selbst konstituiert (*Enn.* VI 7,17–18; V 3,5; Szlezák 1979, 104–108; Bussanich 1988, 149–179; Hadot 1960). Die »größten Gattungen« Sein, Bewegung, Stillstand, Identität und Andersheit (*Soph.* 254d–255a) konkretisieren die in der Zweiten Hypothese des *Parmenides* beschriebene Ausdifferenzierung des Eins-Seienden zur Vielheit der einzelnen Formen. Das Selbstdenken des Geistes bedeutet zugleich Identität und Differenz (von Objekt und Subjekt); der Akt des Erkennens impliziert Bewegung, aber das Erkennen des Identischen bedeutet Stillstand und Stabilität (*Enn.* V 1,4,26–43; VI 2,19–22; vgl. die Definition der Ideen als »das sich immer gleich Verhaltende«, *Phd.* 78c; *Tim.* 41d u. ö.). Die ausführlichste Darstellung dieses Sachverhalts gibt Plotin im Mittelteil der großen Kategorienschrift (*Enn.* VI 2), wo die »größten Gattungen« als – ontologisch verstandene – platonische Kategorien der intelligiblen Welt gedeutet werden.

Die platonischen Mythen

Mythen sind für Plotin Erzählungen, die nichtzeitliche Sachverhalte in ein zeitliches Nacheinander auseinanderlegen – hierin der rationalen Argumentation des diskursiven Denkens verwandt –, aber einem noetischen, das Auseinandergelegte wieder in die ursprüngliche Einheit zusammenfügenden Verständnis zugänglich sind und dieses durch rezeptionssteuernde Hinweise fördern (*Enn.* III 5,9,24–29; die Schrift III 5 ist als ganze ein Kommentar zu dem Mythos vom Daimon Eros aus dem *Symposion*; vgl. Hadot 1990). Besonderes Interesse bringt Plotin dem Mythos des *Phaidros* vom Seelenauf- und -abstieg und den Jenseitsmythen von *Politeia*, *Gorgias* und *Phaidon* entgegen. Nach dem Grundsatz von der Unkörperlichkeit und Unräumlichkeit der Seele entkleidet Plotin den Seelenmythos konsequent aller räumlicher Assoziationen und deutet das ›Eingehen‹ der Seele in den Körper als Sichhinwenden des Körpers zur Seele und als Gestaltetwerden durch sie (*Enn.* VI 4,12,28–41 und VI 4–5 insgesamt). Wenn es somit keinen schuldhaften ›Sturz‹ der Seele in den Körper gibt und der affektunterworfene Träger von Schuld einzig das Körper-Seele-Kompositum ist, werden die Mythen vom jenseitigen Strafgericht zum exegetischen Problem. Plotin deutet sie allegorisch auf die durch übermäßige Aufmerksamkeit der Seele verursachte Zersplitterung der seelischen Aktivität, eine Verfehlung also, die ihre eigene Strafe ist (*Enn.* VI 4,15–16; I 1,12).

69.3 Porphyrios und Anonymus Taurinensis; Iamblich

Porphyrios scheint in den Grundentscheidungen seiner Platon-Exegese seinem Lehrer Plotin gefolgt zu sein (Smith 1974; Deuse 1983, 129–230; Reverdin 1966; Halfwassen 2004, 142–152; Fragmentsammlung: Smith 1993). In den *Ausgangspunkten für den Aufstieg zum Geistigen*, die eine Art Elementarlehre der plotinischen Philosophie sind, legt er jedenfalls die Dreiheit der Hypostasen Eines, Geist und Seele zugrunde (*Sententiae ad intelligibilia ducentes* 31 u. ö.); in einem doxographischen Bericht notiert er, dass die von Platon anerkannten göttlichen Prinzipien – in dieser hierarchischen Reihenfolge – das Gute (der *Politeia*), der Demiurg und die Weltseele (des *Timaios*) seien (fr. 221F Smith mit enger Anlehnung an *Enn.* V 1,8; vgl. fr. 223F Smith = Dörrie/Baltes 1998, Baustein 128.4). Näherhin soll Porphyrios in der Diskussion um die drei Prinzipien des *Timaios* dem ›Vorbild‹ (dem Ideenkosmos) in der Weise Priorität vor dem Demiurgen eingeräumt haben, dass er den Demiurgen als die überkosmische Seele deutete und als Ort der Ideen deren Geist bestimmte (Porphyrios, *In Timaeum* fr. 53 Sodano = Dörrie/Baltes 1998, Baustein 131.6; fr. 41 Sodano = Proklos, *In Timaeum* 1,306,31–307,3; Deuse 1977; Opsomer 2005). Offenbar unter dem Einfluss der *Chaldäischen Orakel* hat Porphyrios die triadische Struktur der Geist-Hypostase besonders akzentuiert und in ihr die Momente des »Vaters«, des »väterlichen Geistes« und eines »Mittleren« unterschieden (*De regressu animae*, fr. 284F Smith = Augustinus, *De civitate Dei* 10,23; vgl. *Oracula Chaldaica*, frr. 3; 50; 109 des Places; Augustins Analogisierung dieser Triade mit Plotins Hypostasenlehre dürfte sachfremd sein). Widersprüchliches wird über Porphyrios' Interpretation der Seelenwanderungslehre berichtet: Nach einem Bericht Augustins (fr. 300F Smith = Augustinus, *De civitate Dei* 10,30) hätte er die Wanderung menschlicher Seelen in Tierkörper abgelehnt, die Fragmente der Schrift *Über den freien Willen* (frr. 268–271F Smith) setzen diese jedoch voraus (Smith 1984; ein Harmonisierungsversuch findet sich bei Deuse 1983, 135–159). Mit der bereits erwähnten Einbeziehung der aristotelischen Logik in das platonische Lehrprogramm und mit der Ausweitung der philosophischen Exegese von den Dialogen Platons auf (vermeintlich) ältere, religiöse Autoritäten wie die Orakelliteratur – vor allem die von Plotin noch fast gänzlich ignorierten *Chaldäischen Orakel* – und die Homerischen und Hesiodischen Gedichte, die Plotin nur gestreift hatte (vgl. *Enn.* I 6,8 zur Odysseus-Figur und V 8,13 zum Sukzessionsmythos von Uranos, Kronos und Zeus), steht er am Anfang der spätneuplatonischen Entwicklung.

Porphyrios hat mit Sicherheit den *Timaios* (Sodano 1964; Baltes 1976, 136–171), den *Phaidon* (fr. 179F Smith), den *Sophistes* (fr. 169F Smith = Boethius, *De divisione*) und den *Parmenides* kommentiert, wahrscheinlich auch die *Politeia* und weitere Dialoge. Sein exegetisches Meisterwerk war der *Timaios*-Kommentar, in dem die gesamte reiche Auslegungstradition aufgearbeitet war; die Informationen des Proklos über die mittelplatonische Kommentierung gehen in aller Regel auf Porphyrios zurück. Porphyrios vertrat die nichtzeitliche Deutung von Platons Schöpfungserzählung und bezog die Worte »Er ist geworden« (*Tim.* 28b) auf die Zusammensetzung des Körperkosmos aus Materie und Form, die auf eine Ursache verweise, aber nicht im zeitlichen Sinne entstanden sei; auch die aristotelische Materie sei ja ontologisch, aber nicht zeitlich ›vor‹ dem Materie-Form-Kompositum (Porphyrios, *In Timaeum*, fr. 38 Sodano = Philoponos, *De aeternitate mundi* 6,8, p. 154,23–155,4; fr. 37 Sodano = Philoponos, ebd. p. 148,7–15 = Dörrie/Baltes 1998, Baustein 140.2). Im *Parmenides*-Kommentar ergänzte er Plotins Exegese der ersten drei Hypothesen um Interpretationen der übrigen sechs, in denen er Körper, materiegebundene Formen und Materie behandelt fand (fr. 170F Smith = Proklos, *In Parmenidem* 1053,36–1054,37). Der *Politeia*-Kommentar bot im Zusammenhang mit dem Er-Mythos eine Reflexion über Sinn und Zulässigkeit von Mythen in der philosophischen Argumentation; für Porphyrios dienen sie der ethischen Unterweisung und sind mit Orakeltexten vergleichbar (fr. 182F Smith = Proklos, *In rem publicam* 2,105,23–107,14; Parallelen bei Macrobius, *In Somnium Scipionis* 1,2; vgl. Sodano 1966). Ob Porphyrios einen Gesamtkommentar zur *Politeia* verfasst oder nur den Er-Mythos kommentiert hat, ist nicht sicher. Mit dem Er-Mythos befasste sich auch die Schrift *Über den freien Willen* (fr. 269F–271F Smith).

Porphyrios' Metaphysik ist auch deswegen schwer zu interpretieren, weil unsicher ist, ob der sog. ›Anonymus Taurinensis‹, ein auf einem Turiner Palimpsest in sechs Fragmenten anonym überlieferter Kommentar zum *Parmenides* (Ausgaben: Hadot 1968, II; Linguiti 1995), mit Pierre Hadot dem Porphyrios zuzuschreiben ist (Hadot 1968 und Halfwassen 2004, 145; dagegen: Baltes 2002, 123–125). Es herrscht aber weitgehend Konsens darüber, dass der Kommentar in die Phase zwischen Plotin und Iamblich zu datieren ist (für eine vorplotinische Datierung vgl. Bechtle 1999). Der Kommentator setzt das Eine der Ersten Hypothese wie Plotin jenseits des Seins und des geistigen Erkennens an, macht aber bei der Beschreibung des Verhältnisses dieses Einen zum Seienden und zu ›uns‹ von einer unplotinischen Dialektik Gebrauch: Das Eine ist überseiend, sofern man alles andere und ›uns‹ als seiend betrachtet; bedenkt man aber, dass alles Seiende im Vergleich zum höchsten Einen nichts ist, ist dieses auch wiederum das absolute Sein (Anonymus, *In Parmenidem* fr. II, p. 4,19–28). Entsprechend kann das Eine als jedem Erkannten und Erkennbaren transzendentes, absolutes Erkennen beschrieben werden (fr. II, p. 6,8–12). Eine frühe Formulierung der ›ontologischen Differenz‹ findet sich in der Erklärung zum Eins-Seienden der Zweiten Hypothese: Das Eine, insofern es auf das Seiende wirkt, ist das absolute Sein (im Infinitiv) und die »Idee des Seienden«, an der jedes Seiende teilhaben muss, um zu sein (fr. V, p. 12,22–35). Das geistig Seiende ist für den Kommentator wie für Porphyrios triadisch strukturiert; seine – in letzter Instanz auf *Soph.* 248e zurückgehenden – Grundmomente sind Existenz, Leben und geistiges Erkennen (fr. VI, p. 14,15f.). Die verwendeten Termini *hyparxis, zoê, noêsis* sind wahrscheinlich mittelplatonischer Herkunft, da sie in zwei koptisch-gnostischen Schriften (*Allogenes*, Nag Hammadi Codex 11.3; *Zostrianos*, Nag Hammadi Codex 8.1) belegt sind, deren griechische Originale in der Schule Plotins zirkulierten (Porphyrios, *Vita Plotini* 16,6f.; vgl. Turner 2000, 198–214; Corrigan 2000).

Iamblich entwarf unter Rückgriff auf die mittelplatonische Schultradition einen Lektürekanon der Dialoge Platons, der mit dem *Alkibiades I* begann und mit den prinzipientheoretischen Dialogen *Timaios* (für die Naturphilosophie) und *Parmenides* (für die Theologie) endete (Anonymus, *Prolegomena in Platonis philosophiam* 26,12–35 Westerink = Iamblich, fr. 155 Dalsgaard Larsen = Dörrie/Baltes 1990, Baustein 50.5c; s. Kap. VII.68 und VII.70). Iamblich scheint keinen der in diesem Kanon vertretenen Dialoge (außer den genannten noch *Gorgias, Phaidon, Kratylos, Theaitetos, Sophistes, Politikos, Philebos*) unkommentiert gelassen zu haben (Dillon 1973; Dalsgaard Larsen 1972). Vielfach dürfte es sich dabei um kritische Überarbeitungen der Kommentare des Porphyrios gehandelt haben. Iamblichs Bedeutung für die Platonexegese liegt wesentlich darin, dass die von ihm entwickelte Hermeneutik für die späteren neuplatonischen Kommentatoren verbindlich blieb (nach wie vor grundlegend: Praechter 1910). Ihr Kernstück ist die aus Platons Vergleich einer Rede (*logos*) mit einem Organismus (*Phdr.* 264c) abgeleitete sog. Ein-Skopos-Regel, nach der jeder Dialog Platons nur einen einzigen thematischen Hauptgesichtspunkt (*skopos*) hat, auf den hin jedes Wort des Textes zu interpretieren ist (Iamblich, *In Phaedrum* fr. 1a Dillon = Hermeias, *In Phaedrum* 9,8 f. Couvreur). Iamblich kritisierte Porphyrios, weil er das Proömium des naturphilosophischen *Timaios* ethisch interpretiert hatte (Proklos, *In Timaeum* 1,77,6–78,11 = Porphyrios, *In Timaeum* fr. 10 Sodano; Iamblich, *In Timaeum* fr. 7 Dillon). Daneben vertrat Iamblich eine Theorie des mehrfachen Schriftsinnes, nach der jede Textstelle sowohl ethisch als auch logisch als auch physikalisch als auch metaphysisch-theologisch deutbar ist; die Konsequenz ist, dass die Dialoge dem Exegeten neben dem gerade diskutierten Thema immer zugleich auch den Blick auf die höchsten göttlichen Wesenheiten – die ›intellektuelle Schau‹ (*noera theoria*) – eröffnen.

Literatur
Armstrong, Arthur Hilary 1960: »The Background of the Doctrine ›That the Intelligibles are not Outside the Intellect‹«. In: Les sources de Plotin. Entretiens de la Fondation Hardt sur l'Antiquité Classique 5. Vandœuvres/Genève, 393–413 [wieder abgedruckt in: Arthur Hilary Armstrong: Plotinian and Christian Studies. London 1979, Study IV].
Atkinson, Michael 1983: Plotinus, *Ennead* V 1. On the Three Principal Hypostases. Oxford.
Aubry, Gwenaëlle 2007: »Conscience, pensée et connaissance de soi selon Plotin: Le double héritage de l'*Alcibiade* et du *Charmide*«. In: Études platoniciennes IV: Les puissances de l'âme selon Platon. Paris, 163–181.
Baltes, Matthias 1976: Die Weltentstehung des *Timaios* nach den antiken Interpreten I. Leiden.
Baltes, Matthias 1997: »Is the Idea of the Good in Plato's *Republic* Beyond Being?« In: Marc Joyal (Hg.): Studies in Plato and the Platonic Tradition. Essays Presented to John Whittaker. Aldershot, 3–23 [wieder abgedruckt in Baltes 1999, 351–371].
Baltes, Matthias 1999: ΔIANOHMATA. Kleine Schriften zu Platon und zum Platonismus. Stuttgart, 223–248.
Baltes, Matthias 2002: Marius Victorinus. München/Leipzig.
Bechtle, Gerald 1999: The Anonymous Commentary on Plato's *Parmenides*. Bern.
Beierwaltes, Werner [3]1981: Plotin. Über Ewigkeit und Zeit (*Enneade* III 7). Übersetzt, eingeleitet und kommentiert [1967]. Frankfurt a. M.
Beierwaltes, Werner 1985: Denken des Einen. Studien zur neuplatonischen Philosophie und ihrer Wirkungsgeschichte. Frankfurt a. M.
Beierwaltes, Werner (Hg.) 1990: Plotin. Geist – Ideen – Freiheit (*Enn.* V 9 und VI 8). Hamburg.
Beierwaltes, Werner 1991: Selbsterkenntnis und Erfahrung der Einheit. Plotins *Enneade* V 3. Frankfurt a. M.

Blumenthal, Henry J. 1971: Plotinus' Psychology. The Hague.
Brisson, Luc u. a. (Hg.) 1982–1992: Porphyre. La vie de Plotin. 2 Bde. Paris.
Bussanich, John 1988: The One and its Relation to Intellect in Plotinus. Leiden.
Chiaradonna, Riccardo 2002: Sostanza, movimento, analogia. Plotino critico di Aristotele. Napoli.
Chiaradonna, Riccardo 2015: »Plotin lecteur du *Phédon*: l'âme et la vie en IV 7 [2] 11«. In: Sylvain Delcomminette/Pieter d'Hoine/Marc-Antoine Gavray (Hg.): Ancient Readings of Plato's *Phaedo*. Leiden, 154–172.
Corrigan, Kevin 2000: »Platonism and Gnosticism. The Anonymous *Commentary* on the *Parmenides*: Middle or Neoplatonic?« In: John D. Turner/Ruth Majercik (Hg.): Gnosticism and Later Platonism. Themes, Figures, and Texts. Atlanta, 141–177.
Dalsgaard Larsen, Bent 1972: Jamblique de Chalcis. Exégète et philosophe. 2 Bde. Aarhus.
D'Ancona, Cristina u. a. 2003: Plotino. La discesa dell'anima nel corpo (*Enn.* IV 8 [6]). Plotiniana arabica. Padova.
de Haas, Frans A. J. 2001: »Did Plotinus and Porphyry disagree on Aristotle's *Categories*?« In: Phronesis 46, 492–526.
Deuse, Werner 1977: »Der Demiurg bei Porphyrios und Iamblich«. In: Clemens Zintzen (Hg.): Die Philosophie des Neuplatonismus. Wege der Forschung 436. Darmstadt, 238–278.
Deuse, Werner 1983: Untersuchungen zur mittel- und neuplatonischen Seelenlehre. Wiesbaden.
Dillon, John 1973: Iamblichi Chalcidensis in Platonis dialogos commentariorum fragmenta. Ed. with Translation and Commentary. Leiden.
Dillon, John 1983: »Plotinus, Philo and Origen on the Grades of Virtue«. In: Horst-Dieter Blume/Friedrich Mann (Hg.): Platonismus und Christentum. Fs. für H. Dörrie. Münster, 92–105.
Dillon, John/Blumenthal, Henry J. 2015: Plotinus. Ennead IV.3–IV.4.29: Problems Concerning the Soul. Las Vegas/Zürich/Athen.
Dodds, Eric R. 1928: »The *Parmenides* of Plato and the Neoplatonic One«. In: Classical Quarterly 22, 129–143.
Dörrie, Heinrich/Baltes, Matthias 1990: Der Platonismus in der Antike 2. Der hellenistische Rahmen des kaiserzeitlichen Platonismus. Stuttgart.
Dörrie, Heinrich 1993: Der Platonismus in der Antike 3. Der Platonismus im 2. und 3. Jahrhundert nach Christus. Stuttgart.
Dörrie, Heinrich 1998: Der Platonismus in der Antike 5. Die philosophische Lehre des Platonismus. Platonische Physik II. Stuttgart
Dörrie, Heinrich 2002: Der Platonismus in der Antike 6.1 und 6.2. Die philosophische Lehre des Platonismus. Von der »Seele« als Ursache aller sinnvollen Abläufe. Stuttgart.
Emilsson, Eyjólfur K. 2007: Plotinus on Intellect. Oxford.
Hadot, Pierre 1960: »Être, vie et pensée chez Plotin et avant Plotin«. In: Les Sources de Plotin. Entretiens de la Fondation Hardt sur l'Antiquité Classique 5. Vandœuvres/Genève, 107–157.

Hadot, Pierre 1968: Porphyre et Victorinus. 2 Bde. Paris.
Hadot, Pierre 1988: Plotin. Traité 38 (VI,7). Paris.
Hadot, Pierre 1990: Plotin: Traité 50 (III,5). Paris.
Halfwassen, Jens 2004: Plotin und der Neuplatonismus. München.
Halfwassen, Jens [2]2006: Der Aufstieg zum Einen. Untersuchungen zu Platon und Plotin [1992]. München.
Halfwassen, Jens 2012: »Plotins Interpretation der Prinzipientheorie Platons«. In: Ulrike Bruchmüller (Hg.): Platons Hermeneutik und Prinzipiendenken im Licht der Dialoge und der antiken Tradition. Fs. für Thomas Alexander Szlezák zum 70. Geburtstag. Hildesheim, 223–244.
Hammerstaedt, Jürgen 1994: »Hypostasis«. In: Reallexikon für Antike und Christentum 16, 986–1035.
Harder, Richard/Beutler, Rudolf/Theiler, Willy 1956–1971: Plotins Schriften. Griechischer Text, deutsche Übertragung von R. H., Neubearbeitung von R B. und W. T. 6 Bde. Hamburg.
Henry, Paul/Schwyzer, Hans-Rudolph (Hg.) 1951–1973: Plotini Opera. 3 Bde. Paris-Brüssel/Leiden (editio maior, HS[1]).
Henry, Paul (Hg.) 1964–1982: Plotini Opera. 3 Bde. Oxford (editio minor, HS[2]).
Horn, Christoph 1995: Plotin über Sein, Zahl und Einheit. Stuttgart.
Isnardi Parente, Margherita 1994: Plotino. *Enneadi* VI 1–3. Napoli.
Leroux, G. 1990: Plotin. Traité sur la liberté et la volonté de l'Un [*Ennéade* VI 8 (39)]. Paris.
Linguiti, Alessandro 1995: Anonymus. Commentarium in Platonis *Parmenidem*. Firenze (Corpus dei Papiri Filosofici greci et latini III: Commentari).
Longo, Angela 2009: Plotin. Traité 2 (IV,7). Paris.
Michalewski, Alexandra 2014: La puissance de l'intelligible: la théorie plotinienne des Formes au miroir de l'héritage médioplatonicien. Leuven.
O'Brien, Denis 1996: »Plotinus on Matter and Evil«. In: Lloyd P. Gerson (Hg.): The Cambridge Companion to Plotinus. Cambridge, 171–195.
O'Meara, Dominic J. 1993: Plotinus. An Introduction to the *Enneads*. Oxford.
Opsomer, Jan 2005: »A Craftsman and his Handmaiden. Demiurgy in Plotinus«. In: Thomas Leinkauf (Hg.): Platons *Timaios* als Grundtext der Kosmologie in Spätantike, Mittelalter und Renaissance. Leuven, 67–102.
Praechter, Karl 1910: »Richtungen und Schulen im Neuplatonismus«. In: Genethliakon für Carl Robert. Berlin, 105–156 [wieder abgedruckt in: Karl Praechter: Kleine Schriften. Hildesheim 1973, 165–210].
Regen, Frank 1988: Formlose Formen. Plotins Philosophie als Versuch, die Regreßprobleme des Platonischen *Parmenides* zu lösen. Göttingen.
Reverdin, Olivier (Hg.) 1966: Porphyre. Entretiens de la Fondation Hardt sur l'Antiquité Classique 12. Vandœuvres-Genève.
Saffrey, Henri-Dominique/Segonds, Alain Philippe 2002: Marinus. Proclus ou Sur le bonheur. Texte établi, traduit et annoté. Paris.
Schniewind, Alexandrine 2003: L'éthique du sage chez Plotin. Le paradigme du *spoudaios*. Paris.

Schroeder, Frederic M. 1992: Form and Transformation. A Study in the Philosophy of Plotinus. Montreal.

Schwyzer, Hans-Rudolph: »Plotinos«. In: Pauly's Realencyclopädie der classischen Altertumswissenschaften 21.1 (1951), 471–592 und Suppl. 15 (1978), 310–328.

Schwyzer, Hans-Rudolph 1983: Ammonios Sakkas, der Lehrer Plotins. Opladen.

Schwyzer, Hans-Rudolph 1987: »Corrigenda ad Plotini textum«. In: Museum Helveticum 44, 191–210.

Smith, Andrew 1974: Porphyry's Place in the Neoplatonic Tradition. The Hague.

Smith, Andrew 1984: »Did Porphyry Reject the Transmigration of Human Souls into Animals?« In: Rheinisches Museum für Philologie 127, 276–284.

Smith, Andrew (Hg.) 1993: Porphyrius. Fragmenta. Stuttgart/Leipzig.

Sodano, Angelo Raffaele 1964: Porphyrii in Platonis *Timaeum* Commentariorum fragmenta. Napoli.

Sodano, Angelo Raffaele 1966: »Porfirio commentatore di Platone«. In: Reverdin 1966, 193–228.

Stamatellos, Giannis 2007: Plotinus and the Presocratics. A Philosophical Study of Presocratic Influences in Plotinus' *Enneads*. New York.

Szlezák, Thomas Alexander 1979: Platon und Aristoteles in der Nuslehre Plotins. Basel/Stuttgart.

Thiel, Rainer 2004: Aristoteles' *Kategorienschrift* in ihrer antiken Kommentierung. Tübingen.

Tornau, Christian 1998: Plotin. *Enneaden* VI 4–5 [22–23]. Ein Kommentar. Stuttgart/Leipzig.

Tornau, Christian 2005: »Eros versus Agape? Von Plotins Eros zum Liebesbegriff Augustins«. In: Philosophisches Jahrbuch 112, 271–291.

Tornau, Christian 2006: »Der Eros und das Gute bei Plotin und Proklos«. In: Matthias Perkams/Rosa M. Piccione (Hg.): Proklos. Methode, Seelenlehre, Metaphysik. Akten der Konferenz in Jena am 18.–20. September 2003. Leiden, 201–229.

Tornau, Christian (Hg.) ²2011: Plotin. Ausgewählte Schriften [2001]. Stuttgart.

Turner, John D. 2000: »The Setting of the Platonizing Sethian Treatises in Middle Platonism«. In: John D. Turner/Ruth Majercik (Hg.): Gnosticism and Later Platonism. Themes, Figures, and Texts. Atlanta, 179–224.

Weber, K.-O. 1962: Origenes der Neuplatoniker. München.

Wilberding, James 2006: Plotinus' Cosmology. A Study of *Ennead* II.1 (40). Oxford.

Wurm, Klaus 1973: Substanz und Qualität. Ein Beitrag zur Interpretation der plotinischen Traktate VI 1, 2 und 3. Berlin.

Christian Tornau

70 Spätantike II: späterer Neuplatonismus

Unter »spätem Neuplatonismus« versteht man die von Porphyrios und vor allem Jamblich geprägte letzte Epoche der griechischen Philosophie, die sich ab dem Beginn des 5. Jh.s n. Chr. vor allem in den philosophischen Schulen von Athen und Alexandrien entfaltete; ihre weitgehende inhaltliche Einheit ist von Hadot 1978 gezeigt worden. Da sie sich auch auf Pythagoras berief und auf pseudo-pythagoräische Schriften zurückgriff, kann man sie in Teilen auch als Neu-Pythagoräismus bezeichnen. Der späte Neuplatonismus endete im Wesentlichen mit der Schließung der Schule von Athen durch Kaiser Justinian im Jahre 529 n. Chr. Besonders vermittelt über die Metaphysik des neuplatonisch geprägten Christen Ps.-Dionysius Areopagita beeinflusste das Denken dieser Epoche das Mittelalter bis hin zu Nikolaus von Kues stärker als die echten Werke Platons.

Inhaltlich schloss die Deutung Platons in dieser Epoche an Plotin an. Die für den Neuplatonismus typische herausragende Stellung des Einen, das vermittelt über ein System sich nach unten hin stets weiter auffächernder geistiger und seelischer Hypostasen die materielle Welt hervorbringt, blieb weiterhin zentral, wenn auch im Einzelnen manche Neuerungen eingeführt wurden. Neu war besonders die zunehmend klarere Einordnung der platonischen Dialoge in ein Lese- und Studiensystem, das den Philosophen schrittweise auf seiner Rückkehr zur Identität mit sich selbst in der Vereinigung mit dem Einen führen sollte. Im Dienste des hierauf hinzielenden philosophischen Studiums wurde eine Harmonisierung der platonischen Dialoge sowie ihrer einzelnen Teile untereinander und mit den Werken des Aristoteles sowie mit weiteren Quellen angestrebt. Die bedeutendste Figur in der Platon-Auslegung dieser Zeit war Proklos (412–485), der nahezu 50 Jahre lang die philosophische Schule von Athen leitete. Er kommentierte nicht nur die meisten platonischen Dialoge, sondern fasste auch die Ergebnisse dieser Kommentierungstätigkeit in seiner »Platonischen Theologie« (*Theologia Platonica*) in systematischer Weise zusammen. Erhalten sind mehr oder weniger vollständig seine Kommentare zur *Politeia* sowie zum *Alkibiades maior*, *Kratylos*, *Timaios* und *Parmenides* (zur Bedeutung des Proklos und zum Forschungsstand vgl. Horn 2006). Weitere Platon-Kommentare aus dieser Zeit sind von Damaskios (ca. 460–540) und Olympiodor (gest. nach 565) erhalten.

70.1 Die Stellung Platons unter den Autoritäten

Die späten Neuplatoniker erhoben den Anspruch, das Erbe des griechischen Denkens in seiner Gesamtheit aufzunehmen sowie dessen umfassende Einheit nachzuweisen, zu verteidigen und weiterzugeben. Zu diesem Zweck wurden die als wichtig erachteten Autoritäten – Platon, Aristoteles, die sogenannten »Chaldäischen Orakel« und die orphischen Schriften – als Teile eines umfassenden Systems gedeutet, das durch das richtige Verständnis dieser Texte herauszuarbeiten war (dazu grundlegend Saffrey 1992). Den Dreh- und Angelpunkt dieses Systems bildeten die platonischen Dialoge, die ein ehrwürdiges Alter mit einer ausgearbeiteten philosophischen Lehre verbanden, deren klaren Sinn die Neuplatoniker nur noch deutlich aussprechen, nicht aber verändern wollten. Aus diesem Grunde wurden namentlich die aristotelischen Schriften so interpretiert, dass ihre Aussagen denen Platons in möglichst wenigen Punkten widersprachen. Das erreichte man besonders dadurch, dass die Geltung der meisten aristotelischen Aussagen auf den *kosmos aisthêtos*, die sinnlich wahrnehmbare Welt, beschränkt wurde, während man Platons Aussagen darüber hinaus auch auf die geistige Welt, den *kosmos noêtos*, anwandte. Ein typisches Beispiel hierfür ist die Lehre von der Bewegung (*kinêsis*), wo man mit Platon eine Theorie geistiger Bewegung aufstellte, obwohl Aristoteles' Bewegungsdefinition dies eigentlich ausschloss; für die Neuplatoniker war das freilich nur ein Streit um Worte, keine sachliche Verschiedenheit (zur Harmonisierung von Platon und Aristoteles vgl., mit weiteren Beispielen, Sorabji 1990, 3–5; Hadot 2002; Perkams 2006).

Allerdings war Platon theoretisch nicht die allerhöchste Autorität der Neuplatoniker; diese Rolle kam vielmehr einigen Schriften zu, die nach Meinung der Neuplatoniker das Werk Platons an Alter und damit auch an Ehrfürchtigkeit noch übertrafen, nämlich vor allem die bereits erwähnten »Chaldäischen Orakel« und die orphischen Gedichte; auch einige angeblich pythagoräische Schriften konnten hierunter gerechnet werden, da Pythagoras vor Platon gelebt hatte. Daraus ergab sich eine Quellenhierarchie von diesen Schriften über Platon hin zu Aristoteles und einigen stoischen Einführungsschriften (etwa Epiktets *Encheiridion*, das von Simplikios kommentiert wurde), die sowohl einzelne Stufen der neuplatonischen Ausbildung waren als auch einzelne Teile der neuplatonischen Welt abbilden sollten. Auch wenn dies dazu führte, dass das Studium der Orakel und Gedichte das Ziel eines neuplatonischen Studiums war, änderte dies am faktischen Vorrang Platons wenig, denn dessen Dialoge waren besonders geeignet für die philosophische Vervollkommnung ihres Lesers, vereinten sie doch in sich die Wesenszüge des Pythagoras und des Sokrates:

> Denn in ihm findet sich von der pythagoräischen Gewohnheit das Hochgeistige, das geistig Erkennende, das Göttliche [...], das Hinaufführende, das die aufgeteilten Zugänge Überschreitende, das Aussagende; von der sokratischen Menschenfreundlichkeit aber das Umgängliche, das Sanfte, das Beweisende, der durch Abbilder vermittelte Blick auf das Seiende, das Ethische (Proklos, *Timaios*-Kommentar I, 7, 26–8, 1 Diehl).

Mit einem Wort: Die Dialoge Platons sind für den Neuplatoniker der zentrale literarische Ort der Vermittlung zwischen dem körperlich verfassten Menschen und der geistigen Welt, die seine eigentliche Heimat ist.

70.2 Die Leseordnung der Platon-Dialoge und ihre Skopoi

Die platonischen Dialoge bildeten daher den Mittelpunkt der Ausbildung neuplatonischer Philosophen, worunter freilich nur solche Studierende zu verstehen sind, die sich nach jahrelanger Ausbildung durch Aristoteles-Lektüre auf diesen Schritt vorbereitet (und entsprechend lange durchgehalten) hatten. Sie erwartete eine mehrjährige Platon-Lektüre, die in sich nicht weniger klar und hierarchisch strukturiert war als der Rest des Ausbildungsgangs. Die platonischen Dialoge wurden in zwei Durchgängen gelesen, die nach Meinung der Neuplatoniker jeweils einen Überblick über die komplette Wirklichkeit boten: In einer ersten Reihe waren dies der heute oft für unecht gehaltene *Alkibiades maior*, sodann *Gorgias*, *Phaidon*, *Kratylos*, *Theaitet*, *Sophistes*, *Politikos*, *Phaidros*, *Symposion* und schließlich der *Philebos* (dazu ausführlich Festugière 1969).

Die Rolle jedes Dialogs innerhalb dieses Schemas wurde durch das ihm zugeschriebene Thema, den *skopos*, bestimmt, der genau bezeichnete, welcher Teil der Wirklichkeit durch den Dialog repräsentiert wurde. Von dieser Grundeinschätzung her wurde dann wiederum jede Aussage des Dialogs repräsentiert. Die Interpretation platonischer Dialoge betonte also, ganz anders als viele moderne Auslegungen, nicht die Mannigfaltigkeit der von Platon mehr oder weniger als gleichberechtigt vorgestellten Denkwege, sondern bemühte sich, in diese Mannigfaltigkeit jeweils eine einheitliche Ordnung zu bringen. Im Zusammenhang mit der allegorischen Methode, die jede Aussage des platonischen Textes auf eine bestimmte Struktur in der Welt bezog, führte dies zu einer sehr exakten Zuweisung jedes Dialogelements auf einen Teil der neuplatonischen Wirklichkeit. In besonders eindrucksvoller Weise ist das für die neuplatonische Interpretation der platonischen Mythen gezeigt worden (Cürsgen 2002). Wenn diese Methode auch manchmal zu einigermaßen skurrilen Ergebnissen führt – wer hätte etwa vermutet, dass das Thema des gesamten *Sophistes* der enkosmische Demiurg ist? –, so ist doch zuzugeben, dass die Einheitlichkeit der einzelnen Dialoge durch Platons eigenen Vergleich eines Dialogs mit einem Tier (*Phdr.* 264c) und seinen verschiedenen, dem einen Ziel dienenden Teilen eine gewisse Rechtfertigung am Text findet.

Den Ausgangs- und Höhepunkt der neuplatonischen Platonlektüre bildeten jedoch nicht die genannten Dialoge, sondern er fand sich in den beiden Werken, die zum Schluss der Ausbildung als zweiter Durchgang gelesen wurden und in denen für die Neuplatoniker das gesamte platonische Weltbild enthalten war, dem *Timaios* und dem *Parmenides*.

> Weil sich die gesamte Philosophie in die Untersuchung über das Geistige und die über das sinnlich Wahrnehmbare einteilt, und das zu Recht, weil auch der Kosmos ein doppelter ist, ein geistiger und ein sinnlich wahrnehmbarer, wie Platon auch selbst im Fortgang des *Timaios* (30C) sagt, umfasst der *Parmenides* die Behandlung des Geistigen, der *Timaios* aber die des im Kosmos Befindlichen; denn der eine überliefert alle göttlichen Ordnungen, der andere aber alle Entfaltungen des im Kosmos Befindlichen (Proklos, *Timaios*-Kommentar I, 12, 30–13, 7 Diehl).

In Anlehnung an die Auslegung dieser beiden Werke sollen daher nun kurz einige Grundzüge der spätneuplatonischen Platon-Deutung etwas genauer erläutert werden.

70.3 Die Interpretation des *Timaios*

Das als *skopos* des *Timaios* angesehene Thema, die Naturphilosophie (*hê physiologia*), wird für die Neuplatoniker deswegen von Platon in vorbildlicher Weise angegangen, weil dieser sich nicht nur, wie etwa Aristoteles und einige Vorsokratiker, auf die Beobachtung und Deutung der sinnlich wahrnehmbaren Natur beschränkt, sondern weil er auch die transzendenten Ursachen angibt, die diese Natur hervorbringen (Proklos, *Timaios*-Kommentar I 6, 16–7, 16 Diehl). Bei der Interpretation vorausgesetzt ist also das gesamte System verschiedener Ursachen in seiner neuplatonischen Deutung, bei dem die Stoff- und Formursache der aristotelischen Tradition ganz hinter die Bedeutung der Wirkursache zurücktritt. Als Wirkursache der Natur werden dabei aber stets Phänomene der geistigen Welt angesehen; für Proklos sind sie die Urbilder (*paradeigmata*), von denen alle Gegenstände der sinnlich wahrnehmbaren Welt (*eikones*) vollständig abhängig sind. Vor dem Hintergrund dieser Theorie, deren Grundzüge Proklos bereits in der Einleitung zum *Timaios*-Kommentar ausführlich erläutert, bleibt dann vor allem noch genauer zu klären, in welchen Stufen denn diese Verursachung der sinnlichen Welt durch das Geistige darzustellen ist. Proklos nennt in der Einleitung zum *Timaios*-Kommentar die seiner Meinung nach entscheidenden Stufen: Das Gute bzw. Eine, das geistige Objekt (*to noêton*), das geistig Erkennende (*to noeron*), die hyperkosmischen Götter, die enkosmischen Dinge, in denen die Seele und die Natur mit ihren Elementen Stoff und Form wirksam sind (Proklos, *Timaios*-Kommentar I, 3 f. Diehl); im folgenden Kommentar ist er bemüht, diese Elemente der spätneuplatonischen Ontologie soweit wie möglich in Platons Text wiederzufinden – ein Unternehmen, das verständlicherweise zu langen Digressionen führt und Proklos' Kommentar teils schwer lesbar macht.

Nicht zufällig wurde die neuplatonische Zugangsweise im Fall des *Timaios* bereits in der Spätantike (um 530) zum Objekt heftiger Kritik, als der Christ Johannes Philoponos ausgerechnet diesen platonischen Dialog gegen die Platoniker anführte, um für die christliche These zu argumentieren, dass die Welt einen Ursprung in der Zeit habe: Schließlich hatte Platon selbst den Himmel und die Zeit ›entstanden‹ (*geneton*) genannt (Johannes Philoponos, *Über die Ewigkeit der Welt gegen Proklos*, 115–118 Rabe, nach *Timaios* 38b). Gegen diese Ausführungen, die sich immerhin auf den platonischen Wortlaut berufen konnten, führte Philoponos' neuplatonischer Gegner Simplikios (gest. nach 538) wiederum die von der neuplatonischen Tradition angenommenen terminologischen Unterschiede von Aristoteles und Platon ins Feld, die aber einer inhaltlichen Harmonie nicht entgegenstehen:

Wenn Aristoteles den Kosmos ewig nennt, Platon aber sagt, der Kosmos sei wegen der Teilhabe an der Zeit als ewiger entstanden, und wenn Platon gewiss sagt, der Kosmos sei als körperlicher entstanden, die Zeit aber habe gleichsam in der Bewegung und im Werden das Sein [...] – wie können wir dann noch glauben, Platons ›entstanden‹ und Aristoteles ›nicht entstanden‹ widersprächen sich in ihren Bedeutungen, und nicht nur in ihren Namen? (Simplikios, Kommentar zu Aristoteles' *Physik*, Commentaria in Aristotelem Graeca 10, 1155, 24–33).

In Anbetracht derartiger Diskussionen kann die Erklärung des *Timaios* auf beispielhafte Weise verdeutlichen, wie sehr gerade die neuplatonische Deutung Platons – noch stärker als die des Aristoteles – von den Vorgaben eines metaphysischen Systems geprägt war, das zwar seinerseits aus einer harmonisierenden Deutung Platons erwachsen war, aber längst eine Eigendynamik entwickelt hatte, die selbst die Dialoge von äußeren Voraussetzungen her deutete, die für die Systembildung zentral gewesen waren.

70.4 Die Interpretation des *Parmenides*

Eine noch zentralere Rolle als der *Timaios* hatte für die Neuplatoniker der platonische *Parmenides*: »Der Neuplatonismus folgt an dem Tag auf den Mittelplatonismus, an dem die Platoniker sich daran machen, im *Parmenides* das Geheimnis der platonischen Philosophie zu suchen« (Jean Trouillard; zitiert nach J. Combès, in: Damascius 1997, I). Im Gefolge der grundlegenden Überlegungen Plotins entstanden bei den Neuplatonikern daher eine ganze Reihe von *Parmenides*-Kommentaren, von denen der sogenannte Turiner Anonymus (3./4. Jh., vielleicht Porphyrios) sowie die Kommentare des Proklos und Damaskios zumindest teilweise erhalten sind, während uns andere Kommentare nur aus Referaten des Proklos bekannt sind (eine knappe Darstellung der neuplatonischen *Parmenides*-Deutung findet sich bei Combès, in: Damascius 1997, I–XX; eine ausführliche philosophische Interpretation in Cürsgen 2007).

Prägend sind dabei besonders die sogenannten neun Hypothesen des Parmenides geworden, d. h. die Gesprächsgänge zwischen Parmenides und Sokrates über Einheit und Vielheit. Der erste Gesprächsgang mit seiner Voraussetzung »wenn das Eine ist« wurde aufgrund der ihm zugehörigen negativen Schlussfolgerungen zum Ausgangspunkt der negativen Theologie, d. h. der Beschreibung des transzendenten Einen mit negativen Attributen, deren Sinn aber als das Positive übertreffend verstanden wird. Für Proklos bezeichnen im absteigenden Anschluss hieran die zweite Hypothese das exemplarische Sein des Einen, die Dritte das Sein der Seele, die zugleich (eine) ist und nicht (eine) ist; sie ist der Mittelpunkt der neuplatonischen *Parmenides*-Deutung, ebenso wie der des neuplatonischen Kosmos. Die vierte Hypothese beschreibt dann die nicht transzendenten Formen der materiellen Dinge (*enhyla eidê*), die fünfte schließlich diese materiellen Dinge selbst. Auf diese Weise fundieren die ersten fünf Hypothesen in ihrer metaphysischen Deutung die gesamte Seinslehre mit ihrer inhärenten Dynamik von Sein und Nicht-Sein:

> Denn wenn das Eine ist, ist es zugleich nichts, nach der ersten und fünften Hypothese, und zugleich alles, nach der zweiten und vierten Hypothese, und es ist zugleich und ist nicht, nach der dritten und mittleren von allen fünfen (Damaskios, *Parmenides*-Kommentar IV, 78, 16–19 Westerink/Combès).

Während Proklos damit die positive Struktur der platonischen Hypothesen enden lässt und die vier abschließenden Hypothesen rein negativ versteht, geht Damaskios noch weiter und legt auch diese im Sinne einer absteigenden Seinslogik aus, womit sie ebenfalls in die hierarchisch gegliederte Struktur des neuplatonischen Kosmos integriert werden; das ergibt sich Damaskios zufolge aus einer impliziten Korrektur Platons an der Lehre des Parmenides, insofern ihm zufolge das Nicht-Sein ein Moment am Sein darstellt (Damaskios, *Parmenides*-Kommentar IV, 81 f. Westerink/Combès). Da sich im Materiellen die Entfaltung des Einen in die Vielheit nur noch auf gebrochene Weise vollzieht, zeigt freilich auch für Damaskios die Darlegung der letzten vier Hypothesen des *Parmenides* einen Bruch im gesamten Weltbild an.

Mit diesen hochkomplexen Erörterungen des Damaskios in seinem Metakommentar zum *Parmenides*-Kommentar des Proklos erreicht die neuplatonische Platon-Auslegung einen letzten Höhepunkt in ihrer Entfaltung eines äußerst subtilen Gedankengebäudes, das auf hermeneutischen Grundlagen ruht, deren Komplexität und umfassender Anspruch in der Geschichte des abendländischen Denkens ihresgleichen suchen. Dieser in der Forschung bisher nur ansatzweise gewürdigte Höhepunkt bildete auch zeitlich den Abschluss der neuplatonischen Platon-Interpretation, da mit der Schließung der von Damaskios geleiteten

Athener Schule im Jahre 529 die antike Platon-Kommentierung *de facto* ihr Ende fand (einige Dialoge Platons wurden freilich auch noch danach in Alexandrien kommentiert, wie uns die Platon-Kommentare Olympiodors bezeugen, der nach 565 starb).

Literatur

Cürsgen, Dirk 2002: Die Rationalität des Mythischen. Der philosophische Mythos bei Platon und seine Exegese im Neuplatonismus. Berlin/New York.
Cürsgen, Dirk 2007: Henologie und Ontologie. Die metaphysische Prinzipienlehre des späten Neuplatonismus. Würzburg.
Damascius 1997: Commentaire du *Parménide* de Platon I. Texte établi par L. G. Westerink. Introduit, traduit et annoté par J. Combès. Paris.
Festugière, André-Jean 1969: »L'ordre de lecture des dialogues de Platon aux Ve/VIe s.«. In: Museum Helveticum 26, 281–296.
Gleede, Benjamin 2009: Platon und Aristoteles in der Kosmologie des Proklos. Ein Kommentar zu den 18 Argumenten für die Ewigkeit der Welt bei Johannes Philoponos. Tübingen.
Hadot, Ilsetraud 1978: Le problème du néoplatonisme Alexandrin. Hiéroclès et Simplicius. Paris.
Hadot, Ilsetraud 2002: »Der fortlaufende philosophische Kommentar«. In: Wilhelm Geerlings/Christian Schulze (Hg.): Der Kommentar in Antike und Mittelalter. Beiträge zu seiner Erforschung. Leiden/Boston/Köln, 183–199.
Helmig, Christoph 2012: Forms and Concepts: Concept Formation in the Platonic Tradition. Berlin/Boston.
Horn, Christoph 2006: »Proklos. Zur philosophiegeschichtlichen Stellung und zum Forschungsstand«. In: Matthias Perkams/Rosa M. Piccione (Hg.): Proklos. Methode, Seelenlehre, Metaphysik. Leiden/Boston, 7–34.
Menn, Stephen 2012: Self-Motion and Reflection: Hermias and Proclus on the Harmony of Plato and Aristotle on the Soul. In: James Wilberding/Christoph Horn (Hg.): Neoplatonism and the Philosophy of Nature. Oxford, 44–67.
Perkams, Matthias 2006: »Das Prinzip der Harmonisierung verschiedener Traditionen in den neuplatonischen Kommentaren zu Platon und Aristoteles«. In: Marcel van Ackeren/Jörn Müller (Hg.): Antike Philosophie verstehen. Understanding Ancient Philosophy. Darmstadt, 332–347.
Saffrey, Henri D. 1992: »Accorder entre elles les traditions théologiques. Une caractéristique du néoplatonisme Athénien«. In: Egbert P. Bos/Pieter A. Meijer (Hg.): On Proclus and his Influence in Medieval Philosophy. Leiden/New York/Köln, 35–50.
Schramm, Michael 2013: Freundschaft im Neuplatonismus. Politisches Denken und Sozialphilosophie von Plotin bis Kaiser Julian. Berlin/Boston.
Sorabji, Richard 1990: »The Ancient Commentators and their Influence«. In: Ders. (Hg.): Aristotle Transformed. The Ancient Commentators on Aristotle. London, 1–30.

Matthias Perkams

71 Kirchenväter

»Was hat Athen mit Jerusalem zu tun? Was die Akademie mit der Kirche? Was die Ketzer mit den Christen? Unsere Lehre kommt aus der Säulenhalle des Salomon, der selbst gelehrt hat, dass der Herr in der Einfalt des Herzens zu suchen sei (Weish. 1,1). Da sollen die zusehen, die ein stoisches oder platonisches oder dialektisches Christentum vertreten haben [...]« (Tertullian, *De praescriptione haereticorum* 7,9–11). Tertullians berühmter Versuch einer Grenzziehung zwischen Christentum und Philosophie steht einerseits in schroffem Widerspruch zu der tatsächlichen Entwicklung der frühchristlichen Theologie. Nicht nur, dass diese ihre eigentümliche Gestalt erst durch umformende Rezeption der griechischen, insbesondere platonischen Philosophie erhalten hat (Beierwaltes 1998, 7–24); auch der Gegensatz von Theologie und Philosophie selbst ist erst ein Produkt des lateinischen Mittelalters und wurde von den Kirchenvätern nirgends in dieser Weise formuliert (Kobusch 2006, 26–40). Sie vertraten – entsprechend dem antiken Verständnis von Philosophie als Lebensform – vielmehr die Ansicht, dass erst die christliche Religion den Anspruch der griechischen Philosophie, den Menschen zur Erkenntnis der Wahrheit und zu einem gelingenden Leben, zur Eudaimonie, zu führen, tatsächlich zu erfüllen vermag und in diesem Sinne (mit einer sachgerechten, wenn auch wohl meistens unbewussten Reminiszenz der *Politeia*) die »wahre Philosophie« ist (*Rep.* VII 521c; vgl. z. B. Klemens von Alexandria, *Stromateis* 2,48,1; ebd. 5,133,5 mit einem ausdrücklichen Zitat der Stelle; Augustinus, *Contra Iulianum* 4,72; Laktanz, *Divinae institutiones* 1,1,7). Viele der frühesten christlichen Lehrer bezeichneten sich selbst als Philosophen und traten äußerlich als solche auf – u. a. Tertullian selbst, der den Philosophenmantel trug (Tertullian, *De pallio*; Iustinos, *Dialogus cum Tryphone* 1,1; Athenagoras, *Legatio*, Titel; vgl. auch die werbende Anrede der Kaiser als Philosophen am Anfang der Apologien des Iustinos und des Athenagoras). Die Schule des Origenes im 3. Jh. n. Chr., in der platonische Philosophie als Propädeutikum gelehrt wurde, unterschied sich äußerlich kaum von der wenig späteren Schule Plotins in Rom (Guyot/Klein 1996, 110–116).

Andererseits verdeutlicht Tertullians Text in drastischer Weise die Differenz zwischen den Kirchenvätern und den ihnen zeitgenössischen Mittel- und Neuplatonikern. Trotz aller äußerlichen Ähnlichkeit und methodischen Nähe ist es ein entscheidender Unterschied, ob der autoritative Text, auf dessen Verständnis das Lehrprogramm einer Schule ausgerichtet ist und dem gegenüber alles andere dort Gelehrte nur propädeutischen Charakter hat, Platon oder die Bibel ist – ein trotz seines philosophischen Ranges und seiner unbestreitbaren Wahrheitserkenntnis menschlicher und daher irrtumsanfälliger Text oder ein inspiriertes, durch die Prophetie beglaubigtes Schrifttum, dessen Verfasser der Hl. Geist ist (Euseb, *Praeparatio Evangelica* 13,14,1 f.). Darum ordnet sich kein Kirchenvater – auch wenn er philosophiegeschichtlich noch so sehr zum sog. christlichen Platonismus zu rechnen ist – mit der gleichen Selbstverständlichkeit und mit dem gleichen Gefühl der Verpflichtung (vgl. Plotin V 8,4,54 f.) in die platonische Tradition ein, wie dies Plotin, Porphyrios oder Iamblich tun. Den christlichen Denker verpflichtet seine Religion, von den Traditionen der ihn umgebenden Kultur, so schätzenswert und ehrwürdig sie auch sein mögen, zunächst Abstand zu nehmen und kritisch auf ihre Verträglichkeit mit der Glaubensregel zu sichten. Das ist das Prinzip des ›rechten Gebrauchs‹ (*chrêsis orthê*, *usus iustus*), in dem die Kirchenväter selbst ihre Methode im Umgang mit der antiken Kultur, gerade auch mit der philosophischen Tradition, gesehen haben (Basileios, *Ad adulescentes*; Gregor von Nazianz, *Oratio* 43,11; Hieronymus, *Epistula* 70; mit explizitem Bezug auf die Philosophie: Augustinus, *De doctrina christiana* 2,60; Gnilka 2012 und 1993). Wie schwer die Distanznahme in der Praxis bisweilen fiel, zeigen Texte wie derjenige Tertullians, die ihre Notwendigkeit in radikaler Form in Erinnerung rufen.

Mit dem Chresis-Prinzip hängt als zweiter Grundzug der patristischen Platon-Rezeption der sogenannte Altersbeweis zusammen (Kobusch 2006, 51–57; Gnilka 2005; Pilhofer 1990). Wenn in den ersten Jahrhunderten auf die zahlreichen Übereinstimmungen zwischen Platon und dem Alten Testament hingewiesen wird, so hat das zunächst einen abwehrenden, apologetischen Grund. In dem geistigen Klima von Kaiserzeit und Spätantike, in dem Wahrheit und Tradition tendenziell in eins gesetzt wurden, war für die Christen der späte Eintritt ihrer Religion in die Geschichte ein Problem. Der Mittelplatoniker Kelsos, der im 2. Jh. n. Chr. den ersten großangelegten Angriff auf das Christentum von der Basis eines traditionsorientierten Heidentums aus führte, warf den Christen den Abfall von ihrer ererbten, griechischen Tradition vor und bezichtigte Jesus des Plagiats an Platon, der etwa den Grundsatz, dass man »die andere Wange hinhalten« solle, mit dem Prinzip »Es ist besser, Unrecht zu leiden als Unrecht zu tun« im *Kriton* schon ausgesprochen und besser formuliert habe (Kelsos bei Origenes, *Gegen Kelsos* 7,58; Andresen 1955; zu Kelsos' Platonismus vgl. bes. Origenes, *Gegen Kelsos* 7,45 und Dörrie 1967). Hiergegen suchten die Christen – mit einer Strategie, die vor ihnen schon jüdische Apologeten wie Aristobulos im 2. Jh. v. Chr. (fr. 3–4 Walter = Euseb, *Praeparatio Evangelica* 13,12,1–4 = Dörrie/Baltes 1990, Baustein 69.1), Philon von Alexandria (ca. 25 v. Chr.–40 n. Chr.; *Legum allegoriae* 1,108 u. ö.) und Josephos im 1. bis 2. Jh. n. Chr. (*Contra Apionem* 2,16,165–169 = Dörrie/Baltes 1990, Baustein 69.2; weitere Belege aus dem jüdischen Bereich: Dörrie/Baltes 1990, 481 Anm. 2) angewandt hatten – den Nachweis zu führen, dass Übereinstimmungen zwischen der griechischen Philosophie und der christlichen Verkündigung ihre Ursache in der gemeinsamen Wurzel der mosaischen Schriften habe, die insbesondere von Platon rezipiert bzw. plagiiert worden seien. Damit wurde das vermeintlich junge Christentum zur ›ältesten Philosophie‹; zugleich war mit der Übereinstimmung von Platon und Moses ein Kriterium gewonnen, nach dem die Anwendung platonischen Gedankenguts auf die christliche Botschaft legitimierbar war. Im Hintergrund steht die – selbst philosophische, vor allem stoische – Auffassung, dass die Wahrheit, der universale Logos, dem Menschengeschlecht als ganzem von Natur aus gegeben ist und sich gerade in den ältesten Dokumenten am ursprünglichsten erhalten hat. Der Apologet Iustinos formuliert lapidar: »Was auch immer bei ihnen allen [nämlich den stoischen, platonischen und anderen Philosophen] richtig gesagt worden ist, das ist unser, der Christen, Eigentum« (Iustinos, *Apologie 2*, 13,4; vgl. 13,2 f.).

Einen Ansatzpunkt für den christlichen Altersbeweis bot die für den kaiserzeitlichen Platonismus charakteristische Verehrung für die »Weisheit der Barbaren« (s. Kap. VII.68). Die Kirchenväter zitieren mit Vorliebe Numenios' Wort von »Platon, dem attisch sprechenden Moses« (Numenios, fr. 8 des Places bei Klemens, *Stromateis* 1,150,4; Euseb, *Praeparatio evangelica* 11,10,14; Theodoret, *Graecarum affectionum curatio* 2,114 f. = Dörrie/Baltes 1990, Baustein 69.4), verorten Platons Begegnung mit den alttestamentlichen Schriften historisch in seinem legendären Aufenthalt in Ägypten (Euseb, *Praeparatio evangelica* 11,8,1 = Dörrie/Baltes 1990, Baustein 70.7) und interpretieren die Berufungen des platonischen Sokrates auf vermeintlich alte Überlieferungen als versteckte Hinweise auf die von Platon aufgenommene jüdische Tradition (Ps.-Iustinos, *Cohortatio ad Graecos* 25 mit

Zitat von *Leg.* IV 715e; die Verstecktheit des Hinweises führt der Verfasser auf Platons »Furcht vor dem Schierling« zurück). Anders als im Mittel- und Neuplatonismus, entsteht im Christentum aber eine ganze Hermeneutik, mit der die Übereinstimmungen zwischen Platon und Moses bis ins Detail nachgewiesen werden. Das Ergebnis ist die spezifische Gestalt der antiken christlichen Philosophie, die die Inhalte der biblischen Verkündigung mit den Mitteln der griechischen, d. h. in aller Regel platonischen, Metaphysik auf den Begriff bringt. Der Gott des Alten Testaments, der auf griechisch von sich sagt: »Ich bin der Seiende« (Ex. 3,14), wird parallelisiert mit dem höchsten, unveränderlichen Sein der platonischen Ideen (*Tim.* 27d–28a; vgl. z. B. Ps.-Iustinos, *Cohortatio ad Graecos* 22 = Dörrie/Baltes 1990, Baustein 70.6c; Euseb, *Praeparatio evangelica* 11,11 mit Hinweis auf die Gleichsetzung von unveränderlichem Sein und Gott bei Plutarch, *De E apud Delphos* 17–20; Kobusch 2006, 138); Annäherungen an seine Unsagbarkeit werden mit Hilfe der platonischen negativen Theologie versucht (z. B. Augustinus, *De doctrina christiana* 1,6 und das Gesamtwerk des Ps.-Dionysios Areopagites). Für die Auslegung der Schöpfungsgeschichte in der Genesis wird die analoge (und, nach christlicher Auffassung, von ihr abhängige) Darstellung des *Timaios* einschließlich ihrer mittel- und neuplatonischen Kommentierung herangezogen (Köckert 2009); hierin war den Christen der jüdische Exeget Philon vorausgegangen, der bereits mittelplatonische Lehrstücke wie die Auffassung von den Ideen als Gedanken Gottes und die nichtzeitliche Auffassung der Weltentstehung des *Timaios* in die Genesisexegese importiert hatte (Philon, *De opificio mundi* 7–36; Runia 1986). Für die Deutung und Verteidigung des christlichen Auferstehungsglaubens wird seit dem 4. Jh. n. Chr. die platonische Argumentation für die Unsterblichkeit der Seele genutzt (z. B. Gregor von Nyssa, *De anima et resurrectione*; Augustinus, *De immortalitate animae*); das Sonderproblem der Auferstehung des Fleisches wird in kritischer Auseinandersetzung mit der Seelenwanderungslehre diskutiert (z. B. Augustinus, *De civitate Dei* 22,25–27). Man kann das Ergebnis dieser Platonismus-Rezeption mit einem eingebürgerten Ausdruck als »christlichen Platonismus« bezeichnen, sofern man sich die Differenzen zum nichtchristlichen Platonismus bewusst hält, deren wichtigste die ist, dass der Gegenstand der exegetischen Bemühung nicht Platon, sondern die Bibel ist. Das Phänomen hat seit Adolf von Harnacks Kritik an der »Hellenisierung des Christentums« sehr unterschiedliche Bewertungen in Theologie, Philosophie und auch Klassischer Philologie erfahren (Beierwaltes 1998, 7–24; Kobusch 2006, 11–33).

Eine Gesamtdarstellung des christlichen Platonismus kann in diesem Rahmen nicht einmal ansatzweise geleistet werden. Es wird daher im Folgenden von Platon-Rezeption in einem engen Sinne die Rede sein, d. h. es finden nur Autoren Berücksichtigung, bei denen Platon ausdrücklich erwähnt und/oder zitiert ist. Einige große christliche Neuplatoniker, wie der antiarianische Trinitätstheologe Marius Victorinus im 4. Jh. (Beierwaltes 1998, 24–43; Hadot 1968; Baltes 2002) und der für die Tradierung neuplatonischen Gutes an das Mittelalter wichtige Ps.-Dionysios Areopagites (Beierwaltes 1998, 44–48; Schäfer 2006), bleiben daher notgedrungen unerwähnt; ebensowenig kann die Wirkung des Neuplatonismus auf die kappadokischen Väter (vgl. Rist 1981 und 1996) oder auf Augustinus (vgl. Madec 1989 und 1992; Kany 2007, 50–65) dargestellt werden.

71.1 Apologetik: Iustinos Martyr

Obgleich schon das Neue Testament bereits platonischen Einfluss aufweist – das bekannteste Beispiel ist sicherlich der paulinische »innere Mensch« (Rm. 7,22 u. ö.; vgl. *Rep.* IX 589a) – findet eine Platon-Rezeption im eigentlichen Sinne erst bei den ältesten Apologeten Iustinos (gest. als Märtyrer um 165), Athenagoras und Theophilos von Antiochia (beide 2. Hälfte 2. Jh.) statt, mit denen sich das Christentum ausdrücklich – teils werbend, teils defensiv – der Welt der griechischen Bildung zuwendet (Fiedrowicz 2000 und 2004). Iustinos war vor seiner Bekehrung Platoniker gewesen und bekannte sich auch danach noch zur Philosophie, wenn auch nicht zum Platonismus (*Dialogus cum Tryphone* 1,1; 4,1; ebd. 2,4–6 findet sich eine hübsche, auch selbstironische Karikatur des pythagoreischen und platonischen Schulbetriebs; Andresen 1952/53; Edwards 1991; Heid/Riedweg 2001). Er rahmt seine Apologie mit zwei – zu seiner Zeit sprichwörtlichen – Zitaten aus *Apologie* und *Kriton* und stilisiert sich damit als Verteidiger der Sache der Philosophie gegen die ›Ignoranz der Macht‹ (Iustinos, *Apologie 1*, 2,3: »Ihr könnt uns zwar töten, schaden könnt ihr uns aber nicht« nach *Apol.* 30d bei Epiktet, *Encheiridion* 53,4; *Apologie 1*, 68,2: »Was Gott lieb ist, das soll geschehen« nach *Cri.* 43d, vgl. Epiktet ebd.; vgl. auch das modifizierte Zitat von *Rep.* V 473d–e in *Apologie 1*, 3,3). Elemente platonischer

Lehre, die Iustinos bei Moses vorgeprägt findet, sind die im Er-Mythos der *Politeia* dargestellte Freiheit der menschlichen Willenswahl und Schuldlosigkeit Gottes am Übel (*Apologie 1*, 44 = Dörrie/Baltes 1990, Baustein 70.1a zu *Rep.* X 617e und Dtn. 30,15; 19) und die Erschaffung der Welt durch Gott (*Timaios*); hier schreibt Iustinos – im Gegensatz zu den späteren Kirchenvätern seit Origenes, aber in Übereinstimmung mit der mittelplatonischen Lehre von den drei gleichursprünglichen Prinzipien Materie, Vorbild und Gott – Moses die Annahme einer präexistenten Materie zu, die er als im stoischen Sinne gestalt- und qualitätslos beschreibt (*Apologie 1*, 59 = Dörrie/Baltes 1990, Baustein 70.1b). Iustinos erkennt bei Platon auch Spuren eines Wissens von der göttlichen Trinität (*Apologie 1*, 60 = Dörrie/Baltes 1990, Baustein 70.1c). In diesem Zusammenhang trägt er eine singuläre Interpretation der Chi-förmigen Gestalt der Weltseele im *Timaios* vor (36b–c): Platon habe die Erzählung des Moses von der ehernen Schlange (Num. 21,9) missverstanden und die Kreuzesform des Symbols statt als Präfiguration des christlichen Heilszeichens als ein Chi gedeutet und daher der das All durchdringenden »Kraft nach dem ersten Gott« – d. h. der zweiten Person, dem Christus-Logos – diese Form zugeschrieben (*Apologie 1*, 60,5; vgl. Irenaeus von Lyon, *Epideixis* 34). Unmittelbar darauf erkennt Iustinos Platon unter Berufung auf das vielzitierte Rätselwort des *Zweiten Briefs* von dem »Allkönig« und den ihn umgebenden Stufen des »Zweiten« und »Dritten« (*Ep.* II 312e) auch eine Ahnung von der dritten Person der Trinität zu (*Apologie 1*, 60,7; zur Deutungsgeschichte der Briefstelle in der platonischen Tradition vgl. Saffrey/Westerink 1974, XX–LIX, zu Iustinos: XL). Die Briefstelle ist später noch oft trinitätstheologisch gedeutet worden, dann allerdings – wohl unter dem Einfluss des Porphyrios – unter Zugrundelegung des neuplatonischen Hypostasensystems, so dass die Weltseele nur für die dritte Person in Frage kam (s. unten zu Euseb). Bei Iustinos sieht man dagegen schwer, welcher mittelplatonischen Prinzipienlehre seine trinitätstheologische Deutung (1. Vater – 2. Logos-Weltseele – 3. Geist) entsprechen könnte.

Im Vorgespräch des *Dialogs mit dem Juden Tryphon* schildert Iustinos seine Bekehrung vom Platonismus zur ›wahren‹, christlichen Philosophie, die angeblich in Form eines sokratischen elenktisch-maieutischen Gesprächs mit einem älteren Christen stattgefunden hat (*Dialogus cum Tryphone* 3–8; van Winden 1971). In diesem Binnendialog bekennt sich Iustinos' früheres Selbst zunächst zu dem platonischen Grunddogma von Gott als dem reinen, jenseits des Seins befindlichen Seienden, das zugleich das Gute selbst und das Schöne selbst ist (nach *Rep.* VI 509b und *Symp.* 210e–211b) und einzig mit dem Geist zu erfassen ist (*Phdr.* 247c); hiergegen hat der Christ keine Einwände (*Dialogus cum Tryphone* 4,1; von Gottes Seinstranszendenz ist in diesem Kurzreferat in typisch mittelplatonischer Weise nicht die Rede). Als sich Iustinos aber außerdem zur Unsterblichkeit der Seele und zur Seelenwanderungslehre bekennt, weist ihm sein Gesprächspartner die ethische Unhaltbarkeit der platonischen Seelenlehre nach: Die Seele findet Erlösung und den Weg zu Gott, nicht weil sie ihrem Wesen nach unsterblich und gottähnlich ist, sondern weil sie gerecht und gut ist. Hierfür erhält sie von Gott die Unsterblichkeit als Lohn. Diese verbesserte christliche Seelenlehre macht ausdrücklich Gebrauch von *Tim.* 41a–b: Die Seele hat das Leben nicht aus sich, sondern Gott lässt sie zum Zwecke der Belohnung und Bestrafung daran teilhaben, so wie der Körperkosmos nach Platon nicht wesenhaft unvergänglich ist, aber durch den Willen Gottes ewig fortbesteht (*Dialogus cum Tryphone* 5,4–6,2; Iustinos bekennt sich hier zu einer mittelplatonischen Richtung, die eine zeitliche Deutung der Weltentstehung des *Timaios* vertritt, und wird von dem Christen dafür gelobt). Das von Iustinos artikulierte Unbehagen an der platonischen Argumentation für die Unsterblichkeit ist im 3. Jh. noch bei Tertullian und Origenes zu spüren; erst im 4. Jh. wird sie von neuplatonisch geprägten Denkern wie Gregor von Nyssa und Augustinus unbedenklich genutzt.

71.2 Die Alexandriner: Klemens von Alexandrien, Origenes

Klemens von Alexandria (um 140/50–220 n. Chr.) ist der erste, der über ein ausgearbeitetes Konzept der Nutzung der griechischen Philosophie als *Praeparatio evangelica* (*propaideia*) verfügt (*Stromateis* 1,37,1 etc.; Lilla 1971; Wyrwa 1983). Zwar vertritt er durchaus energisch die Theorie von der literarischen Abhängigkeit der Griechen vom Alten Testament: Platon hat seine Geometrie von den Ägyptern, seine Astronomie von den Babyloniern, seine Ethik und philosophische Theologie aber von den Hebräern (*Protreptikos* 70,1 = Dörrie/Baltes 1990, Baustein 70.4, eine elegante Attacke auf den Kanon der Wissenschaften in *Rep.* VII) – eine These, die in den *Stromateis* auf breitestem Raum und mit einer Unzahl von Belegen entfaltet wird (z. B. *Stromateis* 1,165–166 = Dörrie/Baltes 1990, Baustein

70.2 zur politischen Philosophie). Da die Philosophie aber eine providentielle Funktion hat, insofern sie die Menschen für die wahre, christliche Philosophie vorbereitet und empfänglich macht (*Stromateis* 1,28,3; 6,42,1–3 etc.), ist die partielle Wahrheitserkenntnis der griechischen Philosophen für Klemens auch das Ergebnis der Inspiration des Logos und des Hl. Geistes; in besonders reichem Maße ist sie Pythagoras und Platon zuteil geworden (bes. *Stromateis* 2,100,3; 5,29,4 zu Platon und Pythagoras; 5,88,2 f.; *Protreptikos* 74,4). In der Schöpfungslehre wendet Klemens in engem Anschluss an Philon die *Timaios*-Exegese auf die Genesis-Auslegung an. Entsprechend der für Klemens fraglos gültigen Dichotomie von Sein und Werden, geistig und sinnlich Erkennbarem (*Tim.* 27d–28a) ist das erste Geschöpf Gottes der intelligible Kosmos (Gn. 1,1–6), nach dessen »Vorbild« (vgl. *Tim.* 29b u. ö.) der Körperkosmos gefertigt wird (Gn. 1,7 ff.; *Stromateis* 5,93,4). Die Welt ist nicht ewig, sondern entstanden (*Stromateis* 5,92,1–5 = Dörrie/Baltes 1990, Baustein 70.3 mit Zitat von *Tim.* 28c) – freilich nicht im zeitlichen Sinne, da die Zeit erst mit dem Körperkosmos geschaffen wird. Die Materie ist präexistent, es gibt keine *creatio ex nihilo* (so offenbar die verlorenen *Hypotyposen*, vgl. Lilla 1971, 193; die Charakterisierung der Materie als Nichtsein in *Stromateis* 5,89,6 entspricht der Interpretation der *chora* des *Timaios* bei manchen Mittelplatonikern und bei Plotin). In der Ethik zitiert Klemens beifällig die platonische Telosformel »Anähnlichung an Gott, soweit das möglich ist« (*Tht.* 176b) und stellt ihre Übereinstimmung mit dem AT fest (*Stromateis* 2,100,3; Merki 1952, 44–60). Er verbindet sie mit dem stoischen Vollkommenheitsideal der Empfindungslosigkeit (*apatheia*) und interpretiert sie als Nachfolge Christi, des vollkommenen Menschen (*Stromateis* 6,150,3); in diesem Sinne ist die platonische Ähnlichwerdung mit Gott (*homoiôsis theô*) der Wiedergewinn der ursprünglichen Gottebenbildlichkeit des Menschen nach Gn. 1,26 f. (*kath' homoiôsin* sc. *theou*: *Stromateis* 2,97,1; 2,131,5; 2,134,1 f.).

In der Schule des Origenes (um 185–253) in Alexandria und später in Kaisareia wurden die Schriften aller griechischen Philosophen mit Ausnahme der ›Atheisten‹ (d. h. vor allem der Epikureer) gelesen (Gregor Thaumaturgos, *Oratio prosphonetica* 13; v. Ivánka 1964, 99–148; Görgemanns/Karpp 1985). Die Philosophie diente dabei ausdrücklich als Propädeutikum für die die eigentliche Wahrheitserkenntnis ermöglichende Wissenschaft der Bibelexegese, so wie die Philosophen selbst der griechischen *enkyklios paideia* propädeutische Funktion zuwiesen (Origenes, *Brief an Gregor Thaumaturgos* 1 f.; Origenes fand für den rechten christlichen Gebrauch der paganen Bildung das seitdem vielzitierte biblische Bild des von den Israeliten mitgenommenen und einem sakralen Gebrauch zugeführten Goldes der Ägypter, vgl. Augustinus, *De doctrina christiana* 2,60 f.; Gnilka 1984, 57 f.). Wegen des Selbstverständnisses des Origenes als Bibelexeget sind ausdrückliche Bezugnahmen auf Platon in seinem Werk selten (eine Ausnahme ist *De principiis* 3,6,1, wo *Tht.* 176b in anonymisierter Form zitiert und wie bei Klemens mit Gn. 1,26 f. in Verbindung gebracht wird; vgl. Merki 1952, 60–63). Der große metaphysische Systementwurf der Schrift *Über die ersten Prinzipien* (*peri archon*, *De principiis*) ist zunächst der Versuch, die biblischen und kirchlich tradierten Aussagen über Gott, Schöpfung, Sünde und Erlösung in ein kohärentes Ganzes zu fassen und offenbleibende Fragen durch eigenes Denken zu lösen. Dabei denkt Origenes Gott mittelplatonisch als unkörperlich, als Geist und als im höchsten Sinne seiend (*De principiis* 1,1); die Geschöpfe Gottes der Genesis sind für ihn – entsprechend der von Philon und Klemens begründeten Tradition – zunächst die geistigen und erst in zweiter Linie die körperlichen Wesenheiten (ebd. 2,2,2). Seine Argumentation für das Geschaffensein der Materie durch Gott und gegen ihre Präexistenz (ebd. 2,1,4) kann als Stellungnahme in der mittelplatonischen Diskussion um die drei Prinzipien des *Timaios*, Gott, Vorbild (Ideenkosmos) und Materie, gelesen werden, sie wendet sich aber fraglos auch gegen die zu eng am *Timaios* orientierte Genesis-Exegese eines Iustinos oder Klemens. Für Origenes' Lösung des Theodizeeproblems spielt die Materie – anders als bei Numenios (fr. 52 des Places) oder Plotin (I 8), für die die Materie als Prinzip des Bösen fungiert – keine Rolle, weil die Verantwortung für das Böse bei ihm ganz bei den mit Willensfreiheit ausgestatteten Geistwesen liegt (*De principiis* 2,9,6). Er hätte sich hierzu auf *Rep.* X 617e (»Die Verantwortung liegt beim Wählenden; Gott ist schuldlos«) berufen können, was er vielleicht unterlässt, um die Distanz zur platonischen Seelenwanderungslehre zu wahren. Origenes' philosophische Argumentation für die Willensfreiheit (*De principiis* 3,1) folgt einer stoischen Quelle. Er selbst vergleicht seine Theorie vom Kreislauf des Hervorgehens der Geistwesen aus der Einheit mit Gott und ihrer Rückkehr zu ihm mit der stoischen Lehre von der periodischen Vernichtung und Neuentstehung der Welt in der Ekpyrosis (Weltenbrand), betont aber, dass es sich bei ihm um einen geistigen und keinen materiellen Kreislauf handelt (*Gegen Kelsos*

8,72). Hierin erinnert die origenistische Kreislauftheorie an das neuplatonische Schema von Hervorgang und Rückwendung (*prohodos* und *epistrophê*; vgl. z. B. Plotin V 2,1,9–11; V 2,1,27; V 2,2,1), von dem es sich indessen wieder durch seinen zeitlichen, eher mit einem gnostischen Seelenmythos vergleichbaren Charakter unterscheidet.

Eine explizite Auseinandersetzung mit Texten Platons findet sich nur in dem apologetischen Werk *Gegen Kelsos*, wo sie wegen der zahlreichen von Kelsos gegen die Christen vorgebrachten Platonzitate erforderlich und sachgerecht war (Fédou 1988; Frede 1999b). Origenes leugnet die Übereinstimmungen zwischen platonischer und christlicher Lehre nicht, widerlegt aber Kelsos' Vorwurf einer entstellenden Übernahme durch die Christen mit den Mitteln des christlichen Altersbeweises (*Gegen Kelsos* 4,39 = Dörrie/Baltes 1990, Baustein 70.5; den Vorwurf des Plagiats und der Entstellung erhebt auch Plotin gegen die Gnostiker, vgl. Plotin II 9,6 und Catapano 1996). Laut Origenes ist Jesu schlichte, auf rhetorische und dialektische Mittel verzichtende Aufforderung, »die andere Wange hinzuhalten« (Mt. 5,39; Lk. 6,29), der kunstvollen dialektischen Entfaltung des Prinzips, dass »Unrecht leiden besser ist als Unrecht tun« in Platons *Kriton* (49b–e) sogar überlegen, weil die heilsbringende Botschaft – einmal vorausgesetzt, dass sie in beiden Texten gleichermaßen enthalten ist – in Jesu Fassung einen größeren Hörerkreis erreicht (*Gegen Kelsos* 7,58–61; vgl. 6,1 f.). Scharf wird Platon und den übrigen Philosophen vorgehalten, dass sie trotz ihrer Erkenntnis des *einen* Gottes an der polytheistischen Kultpraxis festhalten (*Gegen Kelsos* 6,3 f. auf der Grundlage von Rm. 1,18–23; als Belege dienen das Bendisfest in *Rep.* I 327a und Asklepios' Hahn in *Phd.* 118a; vgl. Euseb, *Praeparatio Evangelica* 13,14,3; Tertullian, *Apologeticum* 46,5); damit verfehlen sie in Origenes' Augen den eigensten Anspruch der griechischen Philosophie, die Übereinstimmung von Leben und Lehre. Bemerkenswert ist Origenes' Kritik des vor und nach ihm unzählige Male zitierten Satzes: »Den Schöpfer und Vater dieses Alls zu finden, ist schwer, ihn aber, wenn man ihn gefunden hat, allen mitzuteilen, unmöglich« (*Tim.* 28c; z. B. bei Iustinos, *Apologie* 2, 10,6; Athenagoras, *Legatio* 6,2; Klemens, *Stromateis* 5,78,1 u. ö.; Tertullian, *Apologeticum* 46,9; Laktanz, *De ira dei* 1). Origenes erkennt in diesem Satz einerseits ein seiner christlichen Überzeugung von der Fleischwerdung des Logos diametral entgegengesetztes Elitedenken; andererseits spricht für ihn aus dem Gebrauch des Wortes »schwer« (statt »unmöglich«) die Selbstüberhebung Platons, der die Gotteserkenntnis als dem menschlichen Verstand prinzipiell zugänglich betrachtet. Für die Christen wird sie dagegen erst durch die Gnadengabe der göttlichen Selbstoffenbarung ermöglicht, worin ein adäquateres Verständnis von Gottes Transzendenz zum Ausdruck kommt (*Gegen Kelsos* 7,41–44). Diese Kritik des Origenes liegt auf einer ähnlichen Linie wie diejenige des Iustinos an der platonischen Vorstellung von einer wesenhaft gottähnlichen und damit zur Selbsterlösung fähigen Seele.

Verschiedentlich benutzt Origenes auch platonisches Vokabular, um christliche Inhalte zu formulieren. So weist er Kelsos' auf der Lehre von der Auferstehung des Fleisches gründenden Vorwurf des Sensualismus mit folgender Darstellung der christlichen Auffassung von der geistigen Erkenntnis Gottes zurück: »Da wir behaupten, dass der allmächtige Gott Geist oder jenseits von Geist und Sein [*Rep.* VI 509b, mit der mittelplatonischen Unentschiedenheit hinsichtlich der Frage der Seinstranszendenz], einfach, unsichtbar und unkörperlich ist, werden wir sagen, dass Gott von nichts anderem erfasst wird als von dem, was nach dem Bilde dieses Geistes [vgl. Gn. 1,26 f.] entstanden ist [...]. Der Mensch, d. h. die sich des Körpers bedienende Seele [vgl. *Alc. I* 129e], die ›der innere Mensch‹ [Rm. 7,22, aber auch *Rep.* IX 589a], aber auch ›Seele‹ genannt wird, gibt also nicht die Antwort, die Kelsos aufgeschrieben hat, sondern die, die der ›Mensch Gottes‹ [Christus; 2. *Tim.* 3,17] selbst lehrt« (*Gegen Kelsos* 7,38). Hier ist Biblisches mit Platonischem in kunstvollster, erst von Augustinus (*Confessiones* 7,13) wieder erreichter Weise verwoben. Es ist kaum zu entscheiden, ob damit Platon christianisiert oder die christliche Botschaft platonisiert wird, und vermutlich ist die Frage falsch gestellt; fest steht aber, dass Origenes hier, im apologetischen Kontext, die platonischen Texte intensiver nutzt und die Nähe zum Platonismus stärker akzentuiert als er es etwa in der Schrift *Über die ersten Prinzipien* tut.

71.3 Eusebios von Kaisareia

Die von der Textmenge her breiteste patristische Platon-Rezeption findet sich bei Eusebios von Kaisareia (ca. 265–340 n. Chr.). Im letzten Drittel der *Praeparatio Evangelica* (Bücher 11–15) führt Euseb auf breitester Textbasis den Nachweis der Übereinstimmung Platons mit der »Philosophie der Hebräer«. Er knüpft an die Apologeten, an Klemens von Alexandria und an Origenes an und macht vieles von den Vorgängern nur Angedeutete explizit. Platon repräsentiert für ihn die griechische Philosophie als solche und als ganze (Euseb, *Praeparatio evangelica* 11 prol. 3; Favrelle 1982; Frede 1999a); die übrigen Schulen, insbesondere Aristoteles und die Stoa, finden nur dort sein Interesse, wo sie von der von Platon und Moses gemeinsam repräsentierten Wahrheit abweichen (*Praeparatio evangelica* 14–15, vgl. bes. 15,5 Titel; zum apologetischen Argument der Zersplitterung der griechischen Philosophie in Schulen im Gegensatz zu der Einheit der hebräischen Lehre vgl. Iustinos, *Dialogus cum Tryphone* 2; Hippolyt, *Refutatio omnium haeresium* 1; Mansfeld 1992). Die Übereinstimmung Platons mit Moses erklärt sich für Euseb entweder (im Sinne des christlichen Altersbeweises) aus einer von Platon während seines Aufenthalts in Ägypten erworbenen Kenntnis des AT, aus einer Platon von Gott zuteilgewordenen Offenbarung im Sinne von Rm. 1,19 f. oder als selbständige denkerische Leistung Platons (*Praeparatio evangelica* 11,8 = Dörrie/Baltes 1990, Baustein 70.7; vgl. Klemens, *Stromateis* 2,100,3; Origenes, *Gegen Kelsos* 4,39; Tertullian, *De anima* 2,1–4, hier zuungunsten der Philosophen ausgelegt; Augustinus, *De civitate Dei* 8,12). Euseb verwendet für seine Argumentation diejenigen Platontexte, deren apologetische Nutzung bereits Tradition geworden war – *Timaios* und *Politeia* (VI 509b) für die Gottes- und Schöpfungslehre, die Unterweltsmythen aus *Politeia*, *Phaidon* und *Gorgias* für die Lehre vom Jüngsten Gericht (*Praeparatio evangelica* 11,38; 13,16), *Nomoi* X (896d–e, 906a) für die Dämonologie (ebd. 11,26; vgl. Klemens, *Stromateis* 5,92,6; 5,93,2), den *Zweiten Brief* (312e) für die Trinitätstheologie (*Praeparatio evangelica* 11,20) –; er geht bei seiner Textauswahl aber auch eigene Wege, wenn er im Mythos des *Politikos* Aussagen über das Vergehen der Welt und über die Auferstehung des Fleisches findet (ebd. 11,32,5–34,4 = Auszüge aus *Plt.* 269c–273e) oder Platons *Nomoi* detailliert mit dem mosaischen Gesetzgebungswerk vergleicht (*Praeparatio evangelica* 12). Mit seiner typischen dokumentarischen Argumentationstechnik stellt Euseb platonische und biblische Texte nebeneinander und ist erkennbar fasziniert von den Parallelen, die bis in die Bildwelt gehen (ebd. 11,38,7–10; 11,26,8; 11,12,1–3 zum Bild des Lichts in *Ep.* VII 341c–d und Ps. 4,7; 35,10).

Die wechselseitige Beeinflussung platonischer und alttestamentlicher Texte bei Euseb ist gut an seiner Nutzung von *Tim.* 27d–28a (Antithese des »Immer-Seienden« und des »Immer-Werdenden«) im Rahmen der Gotteslehre abzulesen. Euseb parallelisiert die *Timaios*-Stelle mit Ex. 3,14 (»Ich bin der Seiende«, so im Sinne des metaphysischen Textverständnisses der Kirchenväter und schon Philons zu übersetzen; vgl. Ps.-Iustinos, *Cohortatio ad Graecos* 22 = Dörrie/Baltes 1990, Baustein 70.6c); damit ist einerseits der biblische Gottesbegriff platonisch-metaphysisch gedeutet, andererseits der Inbegriff des Seins von der platonischen Ideenwelt auf den als Ursache der seienden wie der werdenden Geschöpfe verstandenen Gott verlagert (*Praeparatio evangelica* 11,9). In derselben Weise deutet Euseb *Rep.* VI 509b (die Idee des Guten = Gott »jenseits des Seins«): Es kommt auf die Ursächlichkeit Gottes im Verhältnis zu Seiendem und Werdendem an; die Diskussion um die Seins- und Geisttranszendenz des Einen-Guten ist für Euseb ohne Interesse, obwohl er Plotin kennt (*Praeparatio evangelica* 11,21). Mit der Voraussetzung der Ursächlichkeit Gottes und der Unterscheidung von Schöpfer und Geschöpf ist für Euseb auch die platonische Auffassung von der Unsterblichkeit der Seele akzeptabel, die Iustinos und Origenes noch problematisch erschienen war (ebd. 11,27–28; vgl. Iustinos, *Dialogus cum Tryphone* 5; Origenes, *Gegen Kelsos* 4,30; *De principiis* 1,3,3).

Eusebs trinitarische Interpretation des *Zweiten Briefs* (312e) unterscheidet sich markant von der älteren des Iustinos. Für Euseb bezeichnen die drei Stufen der Briefstelle die neuplatonischen Hypostasen des höchsten Gottes (des Einen), der »zweiten Ursache« und der Weltseele, die in dieser Reihenfolge Vater, Sohn und Hl. Geist entsprechen (*Praeparatio evangelica* 11,20, wo die Überschrift »Über die drei Hypostasen mit Prinzipienrang« den Titel von Plotin V 1 zitiert; frühere Heranziehungen der Briefstelle etwa bei Iustinos, *Apologie 1*, 60,7; Athenagoras, *Legatio* 23,4; Klemens, *Stromateis* 5,103,1; 7,9,3; Hippolyt, *Refutatio omnium haeresium* 6,37, wo die Abhängigkeit des Gnostikers Valentinos von *Ep.* II 312e behauptet wird; kein Zitat bei Origenes, der einmal ausdrücklich bemerkt, dass die Philosophen kein Wissen vom Hl. Geist hätten: *De principiis* 1,3,1). Euseb folgt damit wahrscheinlich einer an Plotin angelehnten Exegese des Porphyrios, die auch später noch gern in trinitätstheologischem Zusammenhang zitiert wird (Porphyrios, fr. 221F und 222F Smith bei Kyrill von Alexandrien, *Contra Iulianum* 8, 271a, PG 76,916B und 1, 34, PG 76,553B-D; vgl. Didymos der Blinde, *De trinitate* 2,27; zu Porphyrios s. Kap. VII.69.3). Nach den Konzilien von Nikaia (325) und Konstantinopel (381) wird freilich der subordinatianische Zug der Briefstelle und ihrer neuplatonischen Deutungen zum Problem, gegen den Euseb noch keine Bedenken erhebt.

Das für patristische Verhältnisse großzügige Lob, das Euseb Platon für seine Wahrheitserkenntnis spendet (*Praeparatio evangelica* 13,13,66; 13,14,3 u. ö.), macht die Frage drängend, warum man dann als Grieche Christ werden, d. h. sich der hebräischen statt der griechischen Tradition anschließen soll (ebd. 11 prol. 5; 13,13,66; 13,18,17). Eusebs Hauptargument ist der Unterschied zwischen dem rein menschlichen und daher irrtumsanfälligen Denken Platons und der durch die Prophetie beglaubigten göttlichen Offenbarung der Bibel (ebd. 13,14,1 f.). Gegen Platon spricht außerdem die mangelnde Übereinstimmung von philosophischem Monotheismus und polytheistischer Kultpraxis, die Euseb mit einem traditionellen apologetischen Argument auf die »Furcht vor dem Schierling«, also vor einer Anklage und Verurteilung wegen Asebie zurückführt (ebd. 13,14,13, vgl. Ps.-Iustinos, *Cohortatio ad Graecos* 20 = Dörrie/Baltes 1990, Baustein 70.6b; Ps.-Iustinos, ebd. 25; das Motiv geht auf die pagane Philosophenbiographie zurück, vgl. Diogenes Laertios 3,24; Numenios, fr. 23 des Places). Der Vorwurf ist aus christlicher Sicht schwerwiegend, weil stets der für das als wahr Erkannte mit seinem Leben einstehende christliche Märtyrer als Gegenbild zu dem seine Überzeugung aus Opportunitätsgründen verbergenden Philosophen mitgedacht wird. Darüber hinaus sammelt Euseb auch einige – zum Teil traditionelle – inhaltliche Kritikpunkte, wie die Seelenwanderungslehre, die Frauenerziehung in *Politeia* und *Nomoi*, die Päderastie des *Phaidros*; hinzu kommt die Spekulation des *Timaios* über die Zusammensetzung der Weltseele (35a), die angeblich die Unsterblichkeit der Seele in Frage stellt (*Praeparatio evangelica* 13,16–21).

Trotz der umfangreichen Zitate von Primärtexten ist der Platonismus des Euseb ein vermittelter, wie die ausführliche Heranziehung mittel- und neuplatonischer Exegeten (insbesondere des Numenios für die *Timaios*- und *Politeia*-Interpretation) zeigt; freilich geschieht dies nicht zuletzt aus apologetischen Gründen (vgl. bes. ebd. 11,9,8: »... damit man mir nicht nachsagt, dass ich [als Christ] die Aussagen des [nichtchristlichen] Philosophen falsch interpretiere«). Aber auch dort, wo er nicht ausdrücklich neuere Interpretationen zitiert, ist Eusebs Platonverständnis zumeist das des zeitgenössischen Platonismus; ein Beispiel ist seine Lektüre des *Kratylos*, den er ganz als Plädoyer für die Naturgegebenheit und gegen die Konventionalität der sprachlichen Zeichen interpretiert (ebd. 11,6; vgl. Alkinoos, *Didaskalikos* 6, p. 160,3–41; Proklos, *In Cratylum* 10).

71.4 Die Kappadokier: Basileios, Gregor von Nyssa

Die kappadokischen Bischöfe Basileios (um 329–379 n. Chr.), Gregor von Nazianz (um 326–390 n. Chr.) und Gregor von Nyssa (338/39–nach 394 n. Chr.) waren hochgebildete Männer, denen die gesellschaftliche Funktion der traditionellen Bildung bewusst war. Im Sinne des außerkirchlichen Bildungsdiskurses kann Gregor von Nazianz in seiner *Gedächtnisrede auf Basileios* so weit gehen, sein Verhältnis zu Basileios nach der pädagogischen Erotik des *Phaidros* zu stilisieren (Gregor von Nazianz, *Oratio* 43,19 u. ö.), obgleich er natürlich die Kritik des Euseb an Platons Päderastie teilt. Basileios' Schrift *An die Jugend: Wie man aus der griechischen Literatur Nutzen ziehen kann* trägt der Tatsache Rechnung, dass es keine christlichen Schulen gab und junge Christen, die Aussicht auf eine weltliche Karriere haben wollten, in den Grammatik- und Rhetorikschulen zwangsläufig mit der ›heidnischen‹ klassischen Literatur in Berührung kamen. Basileios sieht den Wert dieser Lektüre in einer ethischen Propädeutik, einer Art Training der Tugend (*aretê*), das junge Gemüter für die christliche Verkündigung reif und aufnahmefähig machen soll. Diese Vorbereitung nennt Basileios mit der Formulierung des Sokrates im *Phaidon* »Sorge um die Seele« (*epimeleia tês psychês*: vgl. *Phd.* 107c) und warnt wie dieser vor einem Sichverlieren an den Körper und seine Begierden (Basileios, *Ad adulescentes* 9). Vorbedingung für die von Basileios beschriebene Nutzung der griechischen Philosophie ist freilich das kritische Ausscheiden alles Irrigen, der Glaubensregel Widersprechenden (ebd. 10).

Dasselbe Prinzip ist auch für Basileios' jüngeren Bruder Gregor von Nyssa verbindlich, den man bisweilen den ›philosophischsten‹ unter den Kirchenvätern nennt und der jedenfalls ein großer Kenner Platons und des Platonismus (in der Version Plotins, des Porphyrios und des Mittelplatonismus) war (Dörrie 1983; v. Ivánka 1964, 148–185; Peroli 1997). Statt der ausführlichen Textvergleiche zwischen Platon und dem AT bei Klemens und Euseb ist Gregors Methode jedoch die Reformulierung und Integration platonischen Gutes bei stillschweigender Korrektur oder Fortlassung des Inakzeptablen; ein Vergleich zwischen christlicher und platonischer Philosophie wie der folgende hat Seltenheitswert: »Z. B. sagt auch die nichtchristliche Philosophie, dass die Seele unsterblich ist: dies ist ihr gottesfürchtiger ›Spross‹ [die Zeugungsmetapher steht wegen der Allegorese des Beschneidungsgesetzes, klingt aber auch – mit einer für Gregor typischen Technik – an die »Zeugung im Schönen« von *Symp.* 206b–c an]. Dass die Seele aber von einem Körper in den anderen übergeht und sich von einer rationalen in eine nichtrationale Natur wandelt, das ist ihre fleischliche und fremdstämmige ›Vorhaut‹ [Kritik des *Phaidon*] ... Sie sagt, dass Gott existiert, aber meint, dass er materiell sei [Kritik des stoischen Materialismus]. Sie gesteht zu, dass er der Weltschöpfer ist, meint aber, dass er zu seiner Schöpfung auf eine [präexistente] Materie angewiesen sei. Sie gibt zu, dass er gut und mächtig ist, meint aber, dass er in vielen Punkten dem Zwang des Schicksals nachgibt [Kritik des *Timaios*]« (Gregor von Nyssa, *Vita Moysis* 2, GNO 7.1, p. 44,11–19).

Was bei Origenes, Euseb und anderen noch Gegenstand der Debatte war, erscheint hier als gesichertes Gut. In seinen Schriften über die Erschaffung der Welt und des Menschen hat Gregor in der Nachfolge und Überbietung Philons eine Genesis-Exegese vorgelegt, die sämtliche Motive des *Timaios* aufnimmt, die von Platon offengelassenen Fragen im christlichen Sinne beantwortet und damit eine philosophischen Ansprüchen genügende christliche Kosmogonie schafft (*Apologia in hexaemeron* und *De opificio hominis*, beide PG 44). Der *Dialog über die Seele und die Auferstehung* spielt kurz vor dem Tod der Gesprächsführerin, Gregors Schwester Makrina, der er zugleich die Rolle des sterbenden Sokrates im *Phaidon* und der Seherin Diotima im *Symposion* zuweist: Der Dialog geht über den *Phaidon* insofern hinaus, als er die philosophische Argumentation für die Unsterblichkeit – die ja auch bei Platon selbst nur zu vorläufigen Ergebnissen kommt – durch Makrinas aufgrund der göttlichen Offenbarung erfolgende Unterweisung ergänzt und damit zu endgültiger Gewissheit über Auferstehung, Gericht und persönliche Unsterblichkeit gelangen lässt (*Dialogus de anima et resurrectione*, GNO 3.3, PG 46; vgl. bes. 64 A–B). Für Gregors sog. ›mystische Theologie‹, seine Philosophie des stufenweisen Aufstiegs zu Gott und der Vervollkommnung des Menschen durch die Nachfolge Christi, ist – neben den Schönheitsstufen des *Symposions* (vgl. *Contra Eunomium* 2,89, GNO 1,253,1–8 und *In Basilium fratrem* 4 mit *Symp.* 211c; Plotin I 6,1,20) – die platonische Telosformel von der »Anähnlichung an Gott, soweit es möglich ist« (*Tht.* 176b) von Bedeutung (Merki 1952, 92–164). Gregor bringt sie – wie schon Klemens und Origenes – mit Gn. 1,26 f. in Verbindung und begreift die Ähnlichwerdung des Christen mit Gott als die Wiederherstellung des in der Schöpfung mit der Gottebenbildlichkeit gegebenen und durch die Sünde verlorengegangenen natürlichen Zustandes des Menschen (*De professo Christiano*, GNO 8.1, p. 136,6–138,23 u. ö.; anders als Klemens und Origenes gebraucht Gregor die biblischen Begriffe »Bild« – *eikôn* – und »Ähnlichkeit« – *homoiôsis* – synonym). Dabei vermeidet Gregor aber neuplatonische Formulierungen, in denen die platonische Angleichung an Gott zur Gottwerdung, zur mystischen Einung mit dem höchsten göttlichen Prinzip, wird (vgl. etwa Plotin I 2,6,2 f.). Das Ziel der Angleichung ist Christus, der Logos; an eine Transzendierung des Logos ist nicht gedacht. Bemerkenswert ist Gregors Nutzung des plotinischen Bildhauervergleichs, den Plotin schon aus dem *Phaidros* (252d) übernommen und umgestaltet hatte: Hatte Plotin an die Stelle der erziehenden Formung der Seele des Geliebten bei Platon die Selbstvervollkommnung der eigenen Seele gesetzt, so ist bei Gregor der die Seele reinigende, überflüssige Materie entfernende Bildhauer der Logos, der uns durch Tugend Christus angleicht und uns damit wieder zu dem macht, was wir ursprünglich waren (Gregor von Nyssa, *In inscriptiones psalmorum*, GNO 5, p. 115,25–116,26 nach Plotin I 6,9,8–15).

71.5 Die Lateiner: Tertullian und Augustinus

Im lateinischen Westen wird Platon lange Zeit nicht mit der gleichen Selbstverständlichkeit wie im Osten der erste Rang unter den griechischen Philosophen eingeräumt; der Platonismus hat hier bis ins 3. Jh. n. Chr. mit der Stoa zu konkurrieren, die auf die frühen lateinischen Kirchenväter, etwa auf Tertullian, oft den stärkeren Einfluss ausübt. Als etwa ab der Mitte des 4. Jh.s der (Neu-)Platonismus auch im Westen zur kanonischen Form der Philosophie avanciert, gehört die römische Kultur der Zweisprachigkeit, für die die Werke des Tertullian und Laktanz noch eindrucksvolle Zeugnisse sind, bereits der Vergangenheit an; Ausnahmen wie Ambrosius und Hieronymus bestätigen die Regel (Courcelle 1968). Augustinus und die meisten seiner Zeitgenossen sind auf lateinische Übersetzungen angewiesen, um platonische Philosophie wahrnehmen zu können. Die Folge ist, dass von den Dialogen kaum mehr als der in den Übersetzungen des Cicero und des Calcidius vorliegende *Timaios* rezipiert wird; der christliche Platonismus der lateinischen Spätantike ist also – wie man in Abwandlung des gelegentlich gegen die Neuplatoniker erhobenen Vorwurfs eines ›Platonismus ohne Sokrates‹ (dazu Baltes 1992, 235 f.) sagen könnte – weitgehend ein ›Platonismus ohne Platon‹.

Für Tertullian (ca. 160–220 n. Chr.) ist Platons Aussage, dass Gott »schwer zu finden und allen mitzuteilen unmöglich« sei (*Tim.* 28c), durch das Christentum überholt, das auch Ungebildeten und Handwerkern den Weg zur Gotteserkenntnis eröffnet (Tertullian, *Apologeticum* 46,9; Braun 1977, 357; ähnlich, aber ohne das Platonzitat, Augustinus, *Brief* 137,12; Origenes, *Gegen Kelsos* 7,41). Tertullians Schrift *Über die Seele* beginnt mit einer brillanten Attacke auf den *Phaidon* (Tertullian, *De anima* 1: Sokrates habe nur für die Unsterblichkeit argumentiert, weil er seinen Anklägern den Triumph, ihn getötet zu haben, nicht gönnte; Waszink 1947) und kann über weite Strecken als Kritik dieses Dialogs gelesen werden. Wäre die Seele mit Platon als unkörperlich, ungeworden und unvergänglich aufzufassen, so wäre sie von Gott nicht zu unterscheiden; Tertullian plädiert daher für eine materialistische Seelenlehre, nach der die Seele körperlich und geschaffen ist und Unsterblichkeit nur insofern besitzt, als ihr diese von Gott zum Zweck der ewigen Bestrafung oder Belohnung verliehen wird – eine Kritik am Platonismus, die den stoisch beeinflussten Lateiner Tertullian mit dem Griechen und ehemaligen Platoniker Iustinos verbindet (*De anima* 24,1 f.). Tertullians philosophische Argumente gegen die Anamnesislehre – in erster Linie Einwände gegen den in ihr vorausgesetzten Begriff des Vergessens, das erstens ein göttliches Wesen wie die platonische Seele nicht treffen dürfte und zweitens ein Vergessen natürlicher Fähigkeiten wäre, was unmöglich ist – sind wahrscheinlich peripatetischer Herkunft (ebd. 24). Die Seelenwanderungslehre lehnt Tertullian aus logischen wie ethischen Gründen ab; für seine logischen Einwände – insbesondere gegen das Gegensatz-Argument des *Phaidon* – beruft er sich auf Albinos, sie wurden also auch im Mittelplatonismus diskutiert (*De anima* 29–33, Erwähnung des Albinos in 29,4; vgl. zu ihm Kap. VII.68). Um Tertullians antiplatonische Polemik richtig zu verstehen, muss man allerdings bedenken, dass ihr eigentliches Ziel Häretiker wie die valentinianischen Gnostiker sind, die er wie der Häresiologe Hippolytos von Rom (ca. 170–235 n. Chr.) für verkappte Platoniker hält (*De anima* 3,1: Philosophen als »Patriarchen der Häretiker«; 23,5: Platon als »Gemischtwarenhändler aller Häretiker«; Hippolyts *Refutatio omnium haeresium* verfolgte ausdrücklich das Ziel, die Verwurzelung der Häresien, insbesondere der valentinianischen Gnosis, in der griechischen Philosophie offenzulegen, vgl. *Refutatio* 1 prol. 8 f.; 6,29).

Der Apologet Arnobius (zur Zeit der diokletianischen Verfolgung) attackiert gleichfalls die Anamnesislehre und bezieht das Experiment des *Menon* in seine Kritik ein, das Tertullian übergangen hatte (Arnobius, *Adversus nationes* 2,24). Laktanz (ca. 250–325 n. Chr.) erklärt in deutlichem Gegensatz zu Euseb, dass Platon während seines Aufenthaltes in Ägypten *nicht* mit den jüdischen Schriften in Berührung gekommen sei, die nach Gottes Heilsplan erst durch das Christentum in der griechisch-römischen Welt bekannt werden sollten (Laktanz, *Divinae institutiones* 4,2,3–5 = Dörrie/Baltes 1990, Baustein 71).

Für die Bekehrung Augustins (354–430 n. Chr.) lieferten ins Lateinische übersetzte platonische Schriften, die ihn die Immaterialität Gottes und der Seele denken lehrten, einen wesentlichen Impuls (*Confessiones* 7,13; *De beata vita* 4; *Contra Academicos* 2,5; Horn 1995; v. Ivánka 1964, 189–222; van Fleteren 1999). Neuplatonische Theorieelemente – der Vorrang des Unveränderlichen vor dem Veränderlichen, die Parallelität von Sein und Gutsein, die Privationstheorie des Bösen (Schäfer 2002), die Liebe (*amor*, Eros) als Triebfeder für den Aufstieg der menschlichen Seele zu Gott (Tornau 2005), auch die Begründung der Unsterblichkeit der Seele aus ihrer Immaterialität und Körperunabhängigkeit (*De immortalitate animae*, *De animae quantitate*) – prägen seitdem Augustins Denken und bilden Grundpfeiler seiner Gnaden-, Sünden- und *caritas*-Lehre. Augustinus gesteht den Platonikern ein Wissen von dem wahren Gott und (sachlich in der Tradition Philons und Eusebs, wenngleich kaum aufgrund direkter Lektüre dieser Autoren) von der Funktion des Logos-Sohns als »zweiter Ursache« der Schöpfung zu (*Confessiones* 7,13; vgl. Euseb, *Praeparatio evangelica* 11,14–16 mit Zitat von Philon, *De confusione linguarum* 62 f.; 146 f.). Vom Christentum sind sie jedoch in seinen Augen durch ihr Verhaftetsein in der Grundsünde des Stolzes (*superbia*) und die dadurch begründete Weigerung getrennt, die Inkarnation Christi und die Notwendigkeit der Gnade für die Erlösung anzuerkennen (*Confessiones* 7,14; *De civitate Dei* 10,29; 10,32). Diese prinzipielle Differenz ist zu bedenken, wenn Augustinus erklärt, die Platoniker müssten »nur wenige Punkte ändern«, um mit den Christen vollkommen übereinzustimmen (*De vera religione* 7; *Brief* 118,21).

Unter den von Augustinus gelesenen *libri Platonicorum* war kein Dialog Platons. Er kennt den *Timaios* in der Übersetzung Ciceros (z. B. *De consensu evangeliorum* 1,53 mit Zitat von Cicero, *Timaeus* 8 = *Tim.* 29c; Hagendahl 1967, 131–138; 535–540). Höchst präsent ist der *Timaios* in der Genesisauslegung von *De civitate Dei* 12–13. Das Experiment des *Menon* ist ihm aus Ciceros *Tusculanen* bekannt, doch er verwirft die Anamnesislehre und erklärt das von Platon beschriebene Phänomen mit der natürlichen Aufnahmefähigkeit des Geistes für das geistige Licht Gottes (*De trinitate* 12,24 nach Cicero, *Tusculanen* 1,57; Hagendahl 1967, 143; zu dieser sog. Illuminationstheorie und ihren platonischen Quellen vgl. O'Daly 1987, 204–207; Nash 1969 und 1971) bzw. mit der Präsenz Christi, des inneren Lehrers, im menschlichen Geist (*De magistro* 38; Burnyeat 1999). Ob der frühe Augustinus die Anamnesislehre wörtlich verstanden und eine – aus christlicher Sicht problematische – Präexistenz der Seele angenommen hat, ist umstritten (*Soliloquia* 2,34 mit *Retractationes* 1,4,4; *De animae quantitate* 34; O'Daly 1987, 199–201; Rist 1994, 50 f.). Traditionell ist Augustins Kritik an Platons mit seiner Theologie inkonsistenter Kultpraxis; ein origineller Zug ist die Kontrastierung der letzteren mit der von Augustinus positiv bewerteten Verbannung der Dichter aus dem Idealstaat der *Politeia* (*De civitate Dei* 8,14, vgl. 2,14; 8,21). Ansonsten tritt uns bei ihm hauptsächlich der systematisierte Platon der Doxographen entgegen (vgl. bes. *De civitate Dei* 8,4–11; dort auch eine kurze Überlegung zum chronologischen Verhältnis von Platon und Jeremia; die Thematik des Altersbeweises tritt bei Augustinus sonst fast ganz zurück, vgl. noch *De doctrina christiana* 2,43). Augustinus vertritt die eigenwillige philosophiehistorische Theorie, dass die Metaphysik Platons während der skeptischen Phase der Akademie ›unterirdisch‹ fortbestanden habe und erst mit Plotin wieder öffentlich vertreten worden sei (*Contra Academicos* 3,37–43; *Brief* 118,20); Platon und der Neuplatonismus fließen bei ihm daher tendenziell ineinander (*Contra Academicos* 3,41: Plotin als ›Plato redivivus‹; *Soliloquia* 1,9; *De diversis quaestionibus* 46,1 u. ö.). In Einzelfällen unterscheidet er beides allerdings (zu) scharf: So soll Porphyrios gegen Platon (und Plotin) eine Reinkarnation menschlicher Seelen in Tierkörper abgelehnt und gegen Platons Annahme eines sämtliche Seelen betreffenden unendlichen Kreislaufs der Wiedereinkörperung eine vollständige Befreiung der weisesten Seelen von jeglicher Körperlichkeit vertreten haben (*De civitate Dei* 10,30 = Porphyrios, *De regressu animae*, fr. 298F; 300F

Smith; ebd. 13,19 = Porphyrios, fr. 300bF; 301aF; ebd. 22,26 f. = Porphyrios, fr. 298cF; die Nachricht über Porphyrios' Ablehnung einer Reinkarnation in Tierkörper widerspricht anderen Zeugnissen, s. Kap. VII.69). Die textliche Basis der zweiten dieser Antithesen ist das Gegensatz-Argument des *Phaidon* (72a–b; vgl. *De civitate Dei* 10,30, wo dieses Argument als »in besonders hohem Maße platonisch« bezeichnet wird); die anderslautende Aussage des *Phaidros* (249a), nach der eine philosophische Seele unter bestimmten Bedingungen der Wiedereinkörperung entgehen kann, ist Augustinus dagegen unbekannt oder wird von ihm ignoriert. Jedenfalls hat Augustinus die Antithese aus dem offensichtlichen argumentativen Grund überpointiert, dass er das christliche Dogma von der Auferstehung der Seele im eigenen, von irdischen Mängeln befreiten Körper als den idealen Mittelweg erscheinen lassen möchte (*De civitate Dei* 22,27).

Literatur

Andresen, Carl 1952/53: »Justin und der mittlere Platonismus«. In: Zeitschrift für die neutestamentliche Wissenschaft 44, 157–195 [wieder abgedruckt in: Clemens Zintzen (Hg.): Der Mittelplatonismus. Wege der Forschung 70. Darmstadt 1981, 319–368].

Andresen, Carl 1955: Logos und Nomos. Die Polemik des Kelsos wider das Christentum. Berlin.

Baltes, Matthias 1992: »Was ist antiker Platonismus?« In: Studia Patristica 24. Papers Presented to the 11th International Conference on Patristic Studies Held in Oxford 1991. Leuven, 219–238 [wieder abgedruckt in: Baltes 1999, 223–248].

Baltes, Matthias 1999: ΔΙΑΝΟΗΜΑΤΑ. Kleine Schriften zu Platon und zum Platonismus. Stuttgart, 223–248.

Baltes, Matthias 2002: Marius Victorinus. München/Leipzig.

Beierwaltes, Werner 1998: Platonismus im Christentum. Frankfurt a. M.

Braun, René [2]1977: *Deus Christianorum*. Recherches sur le vocabulaire doctrinal de Tertullien. Paris.

Burnyeat, Myles F. 1999: »Wittgenstein and Augustine *De magistro*«. In: Gareth B. Matthews (Hg.): The Augustinian Tradition. California, 283–303.

Catapano, Giovanni 1996: »Reazione ellenica al cristianesimo nel trattato *Contro gli Gnostici* di Plotino? Alcune considerazioni critiche«. In: Verifiche 25, 323–362.

Courcelle, Pierre [2]1968: Recherches sur les *Confessions* de saint Augustin. Paris.

Döpp, Siegmar/Geerlings, Wilhelm [3]2002: Lexikon der antiken christlichen Literatur. Freiburg.

Dörrie, Heinrich 1967: »Die platonische Theologie des Kelsos in ihrer Auseinandersetzung mit der christlichen Theologie auf Grund von Origenes *c. Celsum* 7,42 ff.«. In: Nachrichten d. Akademie der Wissenschaften in Göttingen, phil.-hist. Klasse 1967 (2), 19–55 [wieder abgedruckt

in: Heinrich Dörrie: Platonica minora. München 1976, 229–262].
Dörrie, Heinrich 1983: »Gregor III (Gregor von Nyssa)«. In: Reallexikon für Antike und Christentum 12, 863–895.
Dörrie, Heinrich/Baltes, Matthias 1990: Der Platonismus in der Antike 2. Der hellenistische Rahmen des kaiserzeitlichen Platonismus. Stuttgart.
Edwards, Mark J. 1991: »On the Platonic Schooling of Justin Martyr«. In: Journal of Theological Studies 42, 17–34.
Erler, Michael 2016: Platonismus. In: Reallexikon für Antike und Christentum. Bd. 27, 837–890; 905–955.
Favrelle, Geneviève 1982: »Le platonisme d'Eusèbe«. In: Édouard des Places (Hg.): Eusèbe de Césarée. La préparation évangélique, livre 11. Introduction, texte et commentaire par G. F., texte grec révisé par É. des P. Sources chrétiennes 292. Paris, 239–391.
Fédou, Michel 1988: Christianisme et religions païennes dans le *Contre Celse* d'Origène. Paris.
Fiedrowicz, Michael 2000: Apologie im frühen Christentum. Die Kontroverse um den christlichen Wahrheitsanspruch in den ersten Jahrhunderten. Paderborn.
Fiedrowicz, Michael 2004: Christen und Heiden. Quellentexte zu ihrer Auseinandersetzung in der Antike. Darmstadt.
Frede, Michael 1999a: »Eusebius' Apologetic Writings«. In: Mark Edwards/Martin Goodman/Simon Price (Hg.): Apologetics in the Roman Empire. Pagans, Jews, and Christians. Oxford, 223–250.
Frede, Michael 1999b: »Origen's Treatise *Against Celsus*«. In: Mark Edwards/Martin Goodman/Simon Price (Hg.): Apologetics in the Roman Empire. Pagans, Jews, and Christians. Oxford, 131–155.
Gnilka, Christian 1993: Chrêsis. Die Methode der Kirchenväter im Umgang mit der antiken Kultur II: Kultur und Conversion. Basel/Stuttgart.
Gnilka, Christian 2005: »Wahrheit und Ähnlichkeit«. In: Raban von Haehling (Hg.): Griechische Mythologie und frühes Christentum. Darmstadt, 194–226.
Gnilka, Christian ²2012: Chrêsis. Die Methode der Kirchenväter im Umgang mit der antiken Kultur I: Der Begriff des rechten Gebrauchs [1984]. Basel.
Görgemanns, Herwig/Karpp, Heinrich (Hg.) ²1985: Origenes. Vier Bücher von den Prinzipien. Hg., übers., mit kritischen und erläuternden Anmerkungen versehen. Darmstadt.
Guyot, Peter/Klein, Richard (Hg.) 1996: Gregor der Wundertäter. *Oratio prosphonetica ac panegyrica in Origenem* – Dankrede an Origenes. Übers. von P. G., eingel. von R. K. Freiburg.
Heid, Stefan/Riedweg, Christoph 2001: »Iustin Martyr«. In: Reallexikon für Antike und Christentum 19, 801–873.
Horn, Christoph 1995: Augustinus. München.
Hadot, Pierre 1968: Porphyre et Victorinus. 2 Bde. Paris.
Hagendahl, Harald 1967: Augustine and the Latin Classics. 2 Bde. Göteborg.
Kany, Roland 2007: Augustins Trinitätsdenken. Bilanz, Kritik und Weiterführung der modernen Forschung zu »De trinitate«. Tübingen.
Karamanolis, George 2013: The Philosophy of Early Christianity. London.

Kobusch, Theo 2006: Christliche Philosophie. Die Entdeckung der Subjektivität. Darmstadt.
Köckert, Charlotte 2009: Christliche Kosmologie und kaiserzeitliche Philosophie. Die Auslegung des Schöpfungsberichtes bei Origenes, Basilius und Gregor von Nyssa vor dem Hintergrund kaiserzeitlicher *Timaeus*-Interpretationen. Tübingen.
Lilla, Salvatore R. C. 1971: Clement of Alexandria. A study in Christian Platonism and Gnosticism. Oxford.
Madec, Goulven 1989: »Le néoplatonisme dans la conversion d'Augustin. État d'une question centenaire«. In: Corenlius P. Mayer/Karl H. Chelius (Hg.): Internationales Symposion über den Stand der Augustinus-Forschung. Würzburg, 9–25.
Madec, Goulven 1992: »Augustin et Porphyre. Ébauche d'un bilan des recherches et des conjectures«. In: Marie-Odile Goulet-Cazé/Goulven Madec/Denis O'Brien (Hg.): ΣΟΦΙΗΣ ΜΑΙΗΤΟΡΕΣ – »Chercheurs de sagesse«. Hommage à Jean Pépin. Paris, 367–382.
Mansfeld, Jaap 1992: Heresiography in Context. Hippolytus' *Elenchos* as a Source for Greek Philosophy. Leiden.
Merki, Hubert 1952: Ὁμοίωσις θεῷ. Von der platonischen Angleichung an Gott zur Gottähnlichkeit bei Gregor von Nyssa. Freiburg/Schweiz.
Nash, Ronald H. 1969: The Light of the Mind. Augustine's Theory of Knowledge. Lexington, Kentucky.
Nash, Ronald H. 1971: »Some Philosophic Sources of Augustine's Illumination Theory«. In: Augustinian Studies 2, 47–66.
O'Daly, Gerard J. P. 1987: Augustine's Philosophy of Mind. London.
Peroli, Enrico 1997: Gregory of Nyssa and the Neoplatonic Doctrine of the Soul. In: Vigiliae Christianae 51, 117–139.
Pilhofer, Peter 1990: Πρεσβύτερον κρεῖττον. Tübingen.
Rist, John M. 1981: »Basil's ›Neoplatonism‹. Its Background and Nature«. In: P. J. Fedwick (Hg.): Basil of Caesarea: Christian, Humanist, Ascetic. Toronto, 137–220.
Rist, John M. 1994: Augustine. Ancient Thought Baptized. Cambridge.
Rist, John M. 1996: »Plotinus and Christian Philosophy«. In: Lloyd P. Gerson (Hg.): The Cambridge Companion to Plotinus. Cambridge, 386–413.
Runia, David T. 1986: Philo of Alexandria and the *Timaeus* of Plato. Leiden.
Saffrey, Henri-Dominique/Westerink, Leendert G. (Hg.) 1974: Proclus. Théologie platonicienne. Livre II. Texte établi et traduit. Paris.
Schäfer, Christian 2002: *Unde malum*. Die Frage nach dem Woher des Bösen bei Plotin, Augustinus und Dionysius. Würzburg.
Schäfer, Christian 2006: Philosophy of Dionysius the Areopagite. An Introduction to the Structure and Content of the Treatise *On the Divine Names*. Leiden.
Tornau, Christian 2005: »Eros versus Agape? Von Plotins Eros zum Liebesbegriff Augustins«. In: Philosophisches Jahrbuch 112, 271–291.
van Fleteren, Frederick 1999: »Plato, Platonism«. In: Allan D. Fitzgerald (Hg.): Augustine Through the Ages. An Encyclopedia. Grand Rapids, 651–654.
van Winden, J. C. M. 1971: An Early Christian Philosopher.

Justin Martyr's *Dialogue with Trypho*, chapters 1 to 9. Introduction, Text and Commentary. Leiden.

von Ivánka, Endre 1964: Plato Christianus. Übernahme und Umgestaltung des Platonismus durch die Väter. Einsiedeln.

Waszink, Jan Hendrik 1947: Quinti Septimi Florentis Tertulliani *De anima*. Ed. with Introd. and Commentary. Amsterdam.

Wyrwa, Dietmar 1983: Die christliche Platonaneignung in den *Stromateis* des Clemens von Alexandrien. Berlin.

Christian Tornau

72 Byzanz

72.1 Philosophie in Byzanz

Die Rede von einer philosophischen Tradition in Byzanz setzt in der Forschungsliteratur erst 1949 ein (vgl. Tatakis 1949); in den 60er Jahren wird dann die Auffassung von ihrem bewusst oder unbewusst platonisch geprägten Charakter ausgeformt und im Zusammenhang damit die Formel der »neuplatonisch-byzantinischen Philosophie« (Oehler 1969, 15 f.) eingeführt. Dem ist entgegengehalten worden, dass man trotz der Assimilation von antiken Begriffen und Perspektiven von »einer authentischen philosophischen Tradition in der byzantinischen Welt« (Benakis 1998, 162) sprechen darf: Man gibt zu bedenken, dass es in Byzanz (zumindest bis 1440) weder Platoniker noch Aristoteliker gab, obwohl mehrere Denker die antiken Autoren zitieren und interpretieren (Trizio 2007, 258 f.). Um die reale Präsenz Platons in Byzanz zu erkennen, sollte man das Augenmerk auf das philosophische Bildungswesen, die Wege der Rezeption und die Debatte über platonische Lehrsätze legen.

Der Platonismus ist die einzige explizit verurteilte philosophische Lehre: Bereits 553 wurde Platon mit Mani, Epikur und Markion gleichgesetzt; ebenso auch noch später (1082 und 1351). Dadurch sind etwa die Platonismus-Anwürfe des Xiphilinos gegen Psellos oder des Gregoras gegen Palamas und ihre heftige Zurückweisung erklärbar. Die kirchlichen Verurteilungen sind aber nicht imstande, eine eindeutige Haltung gegenüber dem Platonismus zu etablieren. Dieser Umstand korrespondiert mit der Eigenart der philosophischen Bildung und dem Status der Philosophie.

Mit Blick auf das Bildungswesen ist festzuhalten, dass in Byzanz die antike Bildungstradition samt dem grundsätzlich privaten Charakter des Schulwesens nur punktuell kopiert wird. In der 425 gestifteten Hochschule in Konstantinopel werden etwa zwei neue Disziplinen zum klassischen Unterrichtsschema hinzugefügt: Jura und Philosophie. 617 übersiedelt Stephanos von Alexandrien in die Hauptstadt, um dort Platon und Aristoteles zu unterrichten. Seither kennt der Schulunterricht der hellenischen Philosophie keinen Bruch. Nach einer Einstellung des Kopierens klassischer Texte wird diese Tätigkeit im 9. Jh. wieder aufgenommen (Ducellier 1990, 64 f.); es sind heutzutage 260 byzantinische Handschriften der platonischen Dialoge erhalten.

In den gemeinen Schulen ging es primär um eine Auseinandersetzung mit den antiken Lehren; die meisten Kommentare sind didaktische Notizen der Lehrer, in denen kein produktives bzw. originelles Philosophieren stattfindet. Auf höherem Niveau wird die Philosophie in privaten Schulen gelehrt bzw. erlernt. Die im Vergleich zum lateinischen Westen größere Autonomie der Philosophie ergibt sich daraus, dass sie – institutionell wie individuell – eher als eine Privatsache präsent ist; Photios schreibt etwa, dass es um eine »ungestrafte Lebensführung« geht (Photius, *Epistularum Liber II*, Epistula 2, in: PG 102, 597 A). Damit ist jedoch nicht eine ›Harmlosigkeit‹ des Philosophierens impliziert, denn gerade unter diesen Umständen werden die Methoden und die inhaltlichen Gehalte der einzelnen philosophischen Verfahren ausgearbeitet. Die Anwendung philosophischer Methodik im öffentlichen Bereich, wie etwa der spekulativen Theologie (die als Bestandteil der ersten Philosophie verstanden wird), ist in der Tat nie ernsthaft institutionell sanktioniert worden; wenn überhaupt, dann werden die inhaltlichen Resultate der philosophischen Schlüsse in Frage gestellt. Die philosophische Position des einzelnen Denkers bleibt hingegen seine Privatsache. Die wenigen Ausnahmefälle, in denen eine philosophische Lehre getadelt wird, haben eine dezidiert politische Färbung (besonders eindeutig sind etwa die Fälle mit den Verurteilungen von Italos, Barlaam und Prochoros Kydones).

Die Philosophen selbst legen Wert darauf, dass sie der Position keines bestimmten philosophischen Vorgängers folgen; sie fühlen sich frei, souverän ihre Lehren, Methoden und Fragestellungen zu bilden. Die persönliche Position wird üblicherweise durch Begriffe und Verfahren expliziert, die aus verschiedenen Traditionen stammen, gerade weil der Philosoph sich von diesen Traditionen gar nicht oder nur oberflächlich beeinflussen lässt. Es besteht dabei im Übrigen eine Art allgemeiner Basis, die die nicht explizierte Axiomatik der Philosophie in Byzanz bildet. Wenn Maximus Confessor von einer »christlichen Philosophie« und Johannes Damascenus von der »einen Philosophie« spricht (vgl. Maximus Confessor, *Mystagogia*, 5, in: PG 91, 673B; *Opuscula theologica et polemica*, 26, in: PG 91, 276AB; Johannes Damascenus, *Fons scientiae*, I, 3, in: PG 94, 533B–536C), ist damit ein allgemeines philosophisches Fundament gemeint, das auf die christliche Glaubenslehre gestützt ist.

72.2 Wege der Platon-Rezeption

Es sind mehrere Kanäle, durch die das platonische Erbe direkt und indirekt in die byzantinische Philosophie einfließt. Am Anfang steht die massive Origenes-Rezeption, durch die der alexandrinische Neuplatonismus heraufzieht: Alle großen Denker des 4. bis 6. Jh.s lassen sich davon inspirieren. Die Verurteilung des Origenismus im 6. Jh. blockiert jedoch die weitere direkte Rezeption. Ebenfalls im 6. Jh. wird das *Corpus Areopagiticum* bekannt, das eine christliche Adaption des athenischen Neuplatonismus, und zwar der Lehren des Proklos, bietet. Die ganze byzantinische Überlieferung kann als eine ›Entplatonisierung‹ des (Ps.-) Dionysius Areopagita betrachtet werden, die bereits in den Werken von Johannes von Skythopolis und von Maximus Confessor ihren Anfang nimmt. Gerade Maximus ist es auch, der einerseits den Origenismus in mehreren Punkten verwirft, gleichzeitig aber bedeutsame Ideen dieses Ansatzes in sein eigenes Denken integriert.

Die Rezeption des Neuplatonismus und der Werke Platons erklärt die Mannigfaltigkeit der Fragestellungen, die als ›platonisch‹ bestimmt werden können. Ein Beispiel dafür ist die These von dem platonischen Grund der Energienlehre des Palamas (Ivánka 1964, 391 f.), die aber unzutreffend ist (Kapriev 2005, 278 f.). Es ist daran zu erinnern, dass Autoritäten wie Maximus und Damascenus die hellenischen Philosophen stärker durch die Vermittlung christlicher Autoren rezipieren, die deren Konzepte in einer von ihrem Ursprung weiter entfernten Fassung überliefern. Während des Bilderstreites werden z. B. in massivem Umfang Begriffe adoptiert, die nicht mehr als authentisch aristotelisch oder platonisch zu erkennen sind. Die tatsächliche Präsenz des platonischen Erbes ist nicht durch Entzifferung der vermutlich unbewusst angenommenen platonischen Tendenzen, sondern durch die Betrachtung seiner expliziten Problematisierungen zu erkennen.

72.3 Etappen der historischen Entwicklung

Der byzantinische Klassizismus und die Folgezeit

Im 9. Jh. entsteht dabei eine neue Situation, die man als Aufbruch des sog. »byzantinischen Klassizismus« bestimmt hat (Lemerle 1971, 196). Die griechische Philosophie wird in der Perspektive der eigenen christlichen Klassik absorbiert. Sie wird nicht mehr nachgeahmt oder angegriffen, sondern in einen produktiven Fundus eines vollkommen verschiedenen Programms verwandelt. In diesem Programm ist die explizite Kommentierung Platons bereits selbstverständlich. Um die Mitte des Jahrhunderts verfasst Leon der Mathematiker – der erste uns in dieser Zeit bekannte Autor, der sich mit Platon befasst – eine Rezension bzw. »Verbesserung« platonischer Texte. Viel umfangreicher wird Platon im Werk des Photios (810/20–891/98) erörtert. Es gibt Gründe zu der Annahme, dass er Texte von Aristoteles und Platon kommentiert hat (Kapriev 2005, 159). Dem Platonismus gegenüber nimmt er in seinen erhaltenen Schriften eine kritische Haltung ein: In erster Linie wird dabei die Ideenlehre zurückgewiesen, die unverblümt als platonisches Gaukelspiel und als philosophisch wie auch theologisch untauglich verurteilt wird. Dieselbe ablehnende Grundhaltung herrscht gegenüber der platonischen Staatslehre vor, die als sittenlos, widersprüchlich und utopisch beurteilt wird; selbst der literarische Stil Platons wird als anspruchsvoll, schlaff und weibisch geschildert (vgl. Photius, *Amphilochiae*, 77, 1; 87; 101, 252, in: PG 101, 480AC; 560 A; 625 A; 1060B). Damit zugleich befasst sich Photios intensiv mit den neuplatonischen Autoren, wobei die Vertreter der alexandrinischen Schule mit ihrer Betonung der Logik und ihrer Haltung gegenüber Aristoteles einen Einfluss auf zentrale Lehren des Photios ausüben. Sein Schüler Arethas von Kaisareia (ca. 850–925) verfasst Scholien zu der *Isagoge* des Porphyrios wie auch zu den *Kategorien* des Aristoteles und lässt mehrere Kopien antiker Texte (inklusive einer vollständigen Kopie der Werke Platons) anfertigen. Er wird als einer der Bahnbrecher für die Wiederbelebung der klassischen Studien in Byzanz betrachtet. Obwohl uns aus dem 10. Jh. und dem Anfang des 11. Jh.s keine Texte über Platon überliefert sind, geben die weiteren Platon-Handschriften aus dieser Zeit gute Gründe zur Annahme, dass das Studium des Platonismus nicht unterbrochen wird (Hunger 1978, 18 f.; Christov 2004, 79 f.; Kapriev 2005, 160 f.).

Blüte der Platon-Rezeption im 11. bis 13. Jahrhundert

Die zweite Hälfte des 11. Jh.s stellt eine Blütezeit der Philosophie und der Beschäftigung mit Platon dar, wobei der Motor dieses Prozesses Michael Psellos (1018–ca. 1096) ist. Er behauptet, dass er selbständig Platon, Aristoteles und ihre Vorläufer kennengelernt habe und sich dann Plotin, Porphyrios, Jamblich, Ammonios, Syrian, Olympiodor, Simplikios und dem »bewundernswerten Proklos« genähert habe. Psellos betrachtet es als seine Aufgabe, die Nähe Platons zur christlichen Position aufzuzeigen, wobei er auf die platonischen Elemente aufmerksam macht, die sich v. a. in den Lehren der Kappadokier und des Maximus finden. Das reformerische Element in seinem Denken besteht allerdings nicht in seinem ›Platonismus‹; so sollte man es auch nicht als eine Inkonsequenz bewerten, dass er sich ebenso eifrig mit Aristoteles beschäftigt und speziell die Rolle der aristotelischen Logik und Physik als notwendige Vorbereitung für die Beschäftigung mit tieferen Fragen der platonischen Metaphysik betont, die als Hinführung zur Theologie gedeutet wird. Er sucht eine Konkordanz zwischen Aristoteles und Platon und hebt hervor, dass er eklektisch an Platon und die griechische Philosophie herantritt.

Während Johannes Italos (ca. 1025–1082) eine Versöhnung des Aristoteles mit Platon und dem Neuplatonismus sucht und die zweite Hälfte des 11. Jh.s durch eine Blüte der Aristoteles-Rezeption gekennzeichnet ist, verwandelt sich im Laufe des 12. Jh.s der Platonismus in seiner proklischen Fassung in eine Art intellektuelle Mode, die z. B. von Theodoros Prodromos (ca. 1100–1158) als dümmlich verspottet wird. Demgegenüber ist die Schrift *Widerlegung der theologischen Elemente des Proklos, des platonischen Philosophen* des Nikolaos von Methone (gest. ca. 1165) eine höchst kompetente Auseinandersetzung mit dem Platonismus: Eine derartige Schrift war in der griechischsprachigen Welt seit Johannes Philoponos und seiner Kritik an der proklischen Auffassung der Ewigkeit der Welt nicht mehr erschienen. Nikolaos strebt danach, die Gedankenzüge des Proklos korrekt zu referieren, wobei er philosophisch vorgebildete Leser voraussetzt. Das Ziel der Ausführungen besteht darin, die Unvereinbarkeit der neuplatonischen mit der christlichen Theologie zu erweisen. Diesen Sachverhalt demonstriert er detailliert in Bezug auf die Thesen der ersten sechs Gruppen, indem er beweist, dass ein auf das proklische Axiom der Einheit des Prinzips gestütztes Denken eine radikale Ablehnung der christlichen Trinitätslehre fordert. Er greift aber das Vokabular der ihm gegenwärtigen Philosophie, das durch Platonismus und Aristotelismus geprägt ist, nicht an; er zeigt sich sogar bereit, einige proklische Thesen zu akzeptieren. Er bemerkt dabei die übereinstimmenden Stellen bei Dionysius und Proklos, den er für einen unorthodoxen Schüler des Areopagiten hält. Es ist noch zu bemerken, dass Nikolaos selbst ziemlich gewandt das im platonischen *Parmenides* entwickelte System der ontologischen Kategorien beherrscht, das er gern sowohl gegen Proklos als auch positiv benutzt. Das bereits erreichte Niveau macht es schon möglich, die platonische Dialektik gegen den Platonismus selbst zu wenden.

Nach dem Fall Konstantinopels 1204 wird Nikaia zum Zentrum des rhomäischen Reiches. Theodoros II. Laskaris (1222–1258, Kaiser 1254–1258) erklärt, dass man sowohl über und durch die aristotelischen, platonischen und sokratischen Lehren als auch über und durch die göttlichen Glaubenssätze philosophiert. Seine eigenen philosophischen Schriften im Bereich der Naturphilosophie und Epistemologie sind stark vom platonischen *Timaios* beeinflusst. Nikephoros Blemmydes (1197–1272), der bedeutendste Philosoph in Nikaia, legt zwar durch seine Kompendien zur Logik und Physik die Betonung auf die aristotelische Überlieferung; macht dabei aber reichlich von den neuplatonischen Kommentatoren Gebrauch. Zugleich studiert er fleißig die politischen Lehren Platons, die einen formativen Einfluss auf seine eigene Position ausüben. Georgios Akropolites (1217–1282) knüpft seinerseits an die Auffassung des Psellos an, der zufolge Aristoteles die große Autorität im Bereich des profanen Wissens und insbesondere der Logik und der Physik ist, während Platon als maßgebend für die Theologie geschätzt wird (Couloubaritsis 2006, 148 f.).

Noch 1261 übersiedelt der in Nikaia geborene Georgios Pachymeres (1242–1310) nach Konstantinopel. Er verfasst ein Kompendium, worin er in 12 Büchern das ganze *Corpus Aristotelicum* behandelt; zeitgleich fasst er eine Paraphrase zu den Briefen des Areopagiten ab. Er liest Platon in der Perspektive des Dionysius, wobei er Motive des Aristoteles hinzufügt. In seinem Kommentar zum zweiten Teil des platonischen *Parmenides* folgt er explizit der Interpretation des Proklos, allerdings in der Perspektive des Areopagiten: Zum Ausgangspunkt wird dabei der Zusammenhang zwischen dem Einen und dem Guten. Im Kontext der christlichen Lehre ergibt sich hier eine besondere Komplikation, insofern Gott zugleich (a) als Einheit und Mehrheit wie auch (b) als Sein schlechthin und Übersein begriffen wird. Pachymeres betont die Untrennbarkeit des Einen und des Seins in der Perspektive ihrer Transzendentalität. Er kommt zu dem Schluss, dass die Zulassung der Unterscheidung und also der Mehrheit im Einen selbst das Eine und die Einheit des Seins nicht zerstört. Das Sein schlechthin bleibt als Prinzip von allem an der Grenze der Seiendheit: Es ist Sein, und zugleich ist es Über- und in diesem Sinn Nichtsein. Das Eine ist seinerseits die unbegrenzte Vielheit aller Einheiten und zugleich damit die bedingungslose Einheit. Die unvermeidliche Konfrontation mit der platonischen Ideenlehre wird im Kontext des christlichen Kreationismus und der göttlichen Kausalität entschärft. Das Sein ist gerade als Ursache von allem Seienden selbst eines. Die platonische Auffassung der Ideen als produktiven Vorbildern beinhaltet jedoch, dass das Eine nicht verbindlich auch als eine erste Ursache fungieren soll. Diese Schwierigkeit wird durch eine ›Übersetzung‹ der platonischen Konstruktionen in die Sprache der Energienmetaphysik des Dionysius überwunden. Das Eine und das Sein (wie aber auch das Gute, die Wahrheit, das Leben usw.) sind keine Ideen, sondern Kräfte oder Energien des schöpferisch tätigen Gottes: Sie haben eine transzendentale Stellung, weil Gott sie als der Schöpfung immanente Größen hervorgebracht hat. Dadurch wird der Versuch unternommen, eine Metaphysik des Seins als Sein zu konstruieren (Boiadjiev 2003, 501 f.). Die skizzierten Probleme bilden den Sinnkern der Diskussionen im 14. Jh. und der Debatten zwischen Platonikern und Aristotelikern im 15. Jh.

Pro und Contra: ›Platonismus‹ und ›Aristotelismus‹ im 14. und 15. Jahrhundert

Als ein erster expliziter Zusammenstoß des Anti- und des Proplatonismus in Byzanz können die Debatten zwischen Nikephoros Chumnos (1250/55–1327) und Theodoros Metochites (1270–1332) gedeutet werden. Aus der Sicht der christlichen Philosophie fühlt sich Chumnos frei, Platon, Plotin und Aristoteles zu rezipieren und zu kritisieren, wobei er insgesamt Aristoteles näher steht. Dies hindert ihn jedoch nicht daran, Kritik an der aristotelischen Prinzipienlehre und insbesondere an der Ewigkeit der unerschaffenen Materie zu üben. Die Materie existiert nicht gesondert von den Formen; beide zusammen werden von Gott aus dem Nichts erschaffen. In dieses Panorama wird auch die platonische Ideenlehre integriert: Die Ideen haben keine selbständige Existenz außerhalb der schöpferischen Urkraft. Was die Platoniker ›Idee‹ nennen, ist die Urform, der eine kontinuierliche Reihe von Seienden mit identischen Wesensmerkmalen entstammt. Diese Merkmale stellen die schöpferische Kraft bzw. den Logos der Dinge dar, der die Kraft der Erzeugung gleich geformter Einzelwesen mit sich bringt. Die Idee des Menschen ist z. B. der zugleich in Materie und Form erzeugte erste Mensch, der in seiner Natur bzw. in seinem Logos bestimmt ist, immer wesensgleiche Lebewesen zu erzeugen. Nur in diesem Sinn sind die Formen unvergänglich. Diese Position bestimmt auch

Chumnos' Kritik an der Seelenlehre Plotins. Zu Gunsten der These von der Einheit der Seele mit dem Leib verwirft er die platonische Lehre von der Präexistenz der Seele und ihrer Wanderung ebenso wie das Verständnis der Erkenntnis als Wiedererinnerung (*anamnesis*). Im Laufe seiner kritischen Auseinandersetzung eignet er sich aber auch plotinische und platonische Sätze – wenn auch in christlicher Umformulierung – an (Benakis 2002, 533 f.).

Theodoros Metochites (1270–1332) bewahrt ebenso seine Unabhängigkeit gegenüber allen philosophischen Schulen. Er verfasst Studien über die *Physik* und etliche naturphilosophische Schriften des Aristoteles, wobei er dessen Überlegenheit in der Erklärung des endlich Seienden hervorhebt. Er zieht jedoch eine strenge Trennungslinie zwischen den verschiedenen Erkenntnisbereichen, welche Gegenstände der Philosophie sind, wobei er sich an das Disziplinenschema hält, das die theoretische Philosophie in natürliche Philosophie, Mathematik und Theologie teilt. Er wendet den Satz der Skeptiker, dass für jedes Argument ein Gegenargument existiert, kompromisslos auf die ganze Naturphilosophie an: Diese umfasst das Wissen über alles, was veränderlich und zusammengesetzt ist; infolge dessen ist es durch eine grundlegende Ambivalenz charakterisiert und kann nicht als wahr oder falsch an sich bestimmt sein. Eine solche Ambivalenz betrifft die mathematischen Objekte nicht: Die Beschaffenheit der mathematischen Axiome und Theoreme steht der Möglichkeit entgegen, gegensätzliche Thesen formulieren zu können. Gerade von hier aus bekennt Metochites seine Vorliebe für den »bewundernswerten Platon«, wenn auch er ihn in seiner Polemik gegen Chumnos eigentlich in Form von Jamblich-Zitaten präsentiert. Im Gegenzug kritisiert er Aristoteles für seine Ignorierung der Mathematik und der Astronomie und zeigt, dass seine Lehre nicht imstande ist, die Zahlen und die Harmonien adäquat zu erklären. Seine Metaphysik wird wegen ihrer »Ungewissheit« und »Meinungsweisheit« angegriffen, nicht zuletzt, insofern die mangelnde Übereinstimmung der aristotelischen ersten Philosophie mit der christlichen Lehre erörtert wird (Ševčenko 1962; Benakis 2002, 666 f.).

Die Protagonisten im Hesychatenstreit des 14. Jh.s sind nicht primär als Vertreter des Platonismus oder des Aristotelismus zu bestimmen, auch wenn sich Barlaam (1290–1350) an der aristotelischen Logik und Metaphysik orientiert, während Nikephoros Gregoras (1290/91–ca. 1360) eher zum Platonismus neigt. Gregoras schließt sich dabei Plotin und seiner Unterscheidung zwischen Dialektik und Logik an: Die Dialektik beschäftigt sich mit dem Seienden und ist ein hochwertiger Teil der Philosophie, während die Logik Wissen von Abbildern der Wirklichkeit darbietet. In dieser Perspektive versucht er eine Rehabilitation des Platonismus. Auch bei ihm ist das Motiv präsent, dass Platon, der die Mathematik und die Astronomie favorisiert, stärker den die Wissenschaften respektierenden Geist der rhomäischen Kultur symbolisiert als Aristoteles; darüber hinaus ist die platonische Dialektik und Dialogik besser auf die christliche Theologie anwendbar. Gregoras knüpft an die Thesen seines Lehrers Metochites an: Er setzt sich für die platonischen Idealbilder ein, wobei er die Terminologie sehr vorsichtig verwendet, um die Ideen nicht als selbständige Substanzen darzustellen. Von dieser Basis aus beschuldigt er Palamas, dass die natürlichen Energien der Gottheit, von denen Palamas spricht, gerade die platonischen höheren Gottheiten oder die Ideen aus dem *Timaios* sind (Beyer 1976, 17 f.; Couloubaritsis 2006, 152 f.).

Das Interesse am Platonismus vermindert sich während der Diskussionen zwischen den byzantinischen Thomisten und ihren Gegnern, die seit den 50er Jahren des 14. Jh.s die philosophische Kultur in Byzanz dominieren. Erst in den 40er Jahren des 15. Jh.s treten explizite Formen des Platonismus wie des Aristotelismus zum ersten Mal in dieser Kultur auf.

Georgios Gemistos (1360–1452), Plethon genannt, ist ein radikaler Platoniker, der sich immer mehr dem authentischen heidnischen Pathos der platonischen Lehre zuwendet. In seiner letzten Schaffensperiode und vor allem in den *Gesetzen* proklamiert er eine von ihm konstruierte neopagane Religion. Die Reanimation der abgekühlten Vorliebe für Platon fasst er als seine Lebensaufgabe auf; dabei ist er zugleich ein unerbittlicher Gegner des Aristoteles und aller von ihm beeinflussten christlichen Denker. Seine Angriffe sind grundsätzlich auf deren metaphysischen, psychologischen und ethischen Lehren gerichtet. Die spezielle Aristoteles-Kritik Plethons ist vom Standpunkt der christlichen Lehre vollzogen: Er erklärt, dass Aristoteles unaufhebbar gottlos sei, weil er weder das absolute göttliche Wesen noch seine vollkommene Natur anerkenne. Plethon unterzieht die aristotelische Ablehnung der Unsterblichkeit der Seele, der göttlichen Schöpfungstätigkeit, der Vorsehung und noch weitere aristotelische Theorien (z. B. seine Auffassungen von Teleologie, Kausalität und Determinismus) einer vernichtenden Kritik. Er insistiert darauf, dass allein die platonische Philosophie die vollkommene philosophische Lehre ist (Karamanolis 2002, 254 f.).

Der Streit um die Stellung der platonischen und aristotelischen Philosophie, die durch Plethons Schrift *De differentiis* (*Über die Weise, wie Aristoteles sich von Platon unterscheidet*) von 1439, die Widerlegung seitens Scholarios und die Antwort Plethons in einer Schrift von 1450 initiiert wird, bleibt nicht auf die beiden Denker beschränkt: Er entwickelt sich zur letzten großen Philosophiediskussion in der Geschichte von Byzanz. Matthaios Kamariotes (gest. um 1490) schreibt zwei Abhandlungen gegen Plethon; ebenso spricht sich auch Theodoros Gazes (ca. 1400–1476/8) gegen ihn aus. Schon mit der Beteiligung Gazes' verlässt die Debatte die Grenzen des oströmischen Reiches, weil er in Italien verweilt und zu den bedeutendsten griechischen Humanisten im Westen zählt. Als erster erwidert ihm Michael Apostolios (ca. 1420–1480), während er bei Andronikos Kallistos (1400–1486) Unterstützung findet. Der stilistisch schärfste Autor (und nebenbei der erste, der auf Latein schreibt) ist Georgios Trapezontios (1395–1472/3), der sich zunächst der Kritik gegen Gazes anschließt, dann aber seine von Bessarion kritisierte Schrift verfasst. Bessarion (1403–1472) ist im Rahmen seiner Schrift *Gegen den böswilligen Ankläger Platons* der einzige Denker, der noch nach einer Harmonisierung zwischen den beiden Lehren von Platon und Aristoteles sucht. Die Tragweite des Streites und der Umstand, dass er auch auf Latein und im Westen geführt wird, fordern mehrere italienische Denker heraus, sich zu beteiligen, so dass diese Kontroverse nachhaltig die Entfaltung des humanistischen Platonismus in Italien beeinflusst.

Es kommt nun zur Bildung eigenständiger Systeme in der christlichen Denkkultur, die als Formen des Aristotelismus und Platonismus bezeichnet werden können und die in dieser Zeit in erbitterter Konkurrenz zueinander stehen. Scholarios identifiziert beinahe die aristotelische und die christliche Lehre, was deshalb möglich ist, weil er Aristoteles durch die Brille der Interpretation des Thomas von Aquin liest. Plethons Position ist hingegen durch einen um jeden Preis durchgehaltenen Anti-Aristotelismus gekennzeichnet. Er lernt die Lehren des Thomas noch bei seinem Lehrer Demetrios Kydones kennen und weiß, dass die thomasische Aristoteles-Interpretation selbst neuplatonische Elemente enthält. Seine Grundeinstellung ist dennoch der Antilatinismus, den er weitgehend mit dem Anti-Aristotelismus identifiziert. Obwohl er sich ebenso wie Scholarios auf Neuplatoniker wie Porphyrios, Philoponos und Simplikios stützt, besteht er darauf, dass er die authentische Lehre Platons wieder-belebt (Podskalsky 1977, 82 f.; Demetracopoulos 2002, 152 f.; Karamanolis 2002, 258 f.).

Erst in der Mitte des 15. Jh.s entsteht also die strikte Opposition von ›Platonismus-Aristotelismus‹, die einige Forscher als für die gesamte byzantinische Kultur gültig betrachten (vgl. Hunger 1978, 11–41). Den Platonismus und Aristotelismus, die als ein Ergebnis der Thomas-Rezeption zu deuten sind, kann man als eine ›Spätlese‹ der philosophischen Entwicklungen in Byzanz kennzeichnen (vgl. Kapriev 2005, 337–340). Diese Figur wird umso treffender, wenn man den Umstand berücksichtigt, dass bereits im 16. Jh. die Produktivität in der byzantinischen Philosophie stark nachlässt, um spätestens in der Mitte des 18. Jh.s ein endgültiges Ende zu nehmen.

Literatur

Benakis, Linos 1998: »Byzantine Philosophy«. In: Routledge Encyclopedia of Philosophy 2, 160–165.

Benakis, Linos 2002: Texts and Studies on Byzantine Philosophy. Athen.

Beyer, Hans-Veit 1976: »Einleitung«. In: Ders. (Hg.): Nikephoros Gregoras, Antirrhetika I. Wien, 17–116.

Boiadjiev, Tzotcho 2003: »Georgios Pachymeres between Plato and Dionysius: the One and the Being«. In: Martin Pickavé (Hg.): Die Logik des Transzendentalen. Fs. für Jan A. Aertsen zum 65. Geburtstag. Berlin/New York, 501–510.

Christov, Ivan 2004: »Neuplatonische Elemente in den Schriften des Patriarchen Photios«. In: Ders. (Hg.): Neuplatonismus und Christentum II. Die byzantinische Tradition. Sofia, 79–108 [bulgarisch].

Couloubaritsis, Lambros 2006: »Platonismes et aristotélismes à Byzance dans l'empire de Nicée et sous les Paléologues«. In: Michel Cacouros/Marie-Hélène Congourdeau (Hg.): Philosophie et sciences à Byzance de 1204 à 1353. Leuven, 143–156.

Demetracopoulos, John 2002: »Georgios Gennadios-Scholarios' *Florilegium Thomisticum*. His Early Abridgment of Various Chapters and Quaestiones of Thomas Aquinas' *Summae* and his anti-Plethonism«. In: Recherches de théologie et philosophie médiévales 69, 117–171.

Ducellier, Alain 1990: Byzanz. Das Reich und die Stadt. Frankfurt a. M./New York [frz. 1986].

Hunger, Herbert 1978: Die hochsprachliche profane Literatur der Byzantiner. Bd. 1. München.

Ierodiakonou, Katerina 2010: Byzantium. In: Robert Pasnau (Hg.): The Cambridge History of Medieval Philosophy. Cambridge, 39–49.

Ivánka, Endre von 1964: Plato Christianus. Übernahme und Umgestaltung des Platonismus durch die Väter. Einsiedeln.

Kapriev, Georgi 2005: Philosophie in Byzanz. Würzburg.

Karamanolis, George 2002: »Plethon and Scholarios on Aristotle«. In: Katerina Ierodiakonou (Hg.): Byzantine Philosophy and its Ancient Sources. Oxford, 253–282.

Lemerle, Paul 1971: Le premier humanisme byzantine. Paris.

Oehler, Karl 1969: Antike Philosophie und byzantinisches Mittelalter. Aufsätze zur Geschichte des griechischen Denkens. München.

Podskalsky, Gerhard 1977: Theologie und Philosophie in Byzanz. Der Streit um die theologische Methodik in der spätbyzantinischen Geistesgeschichte (14./15. Jh.), seine systematischen Grundlagen und seine historische Entwicklung. München.

Ševčenko, Ihor 1962: Études sur la polémique entre Théodore Métochite et Nicéphoros Coumnos. Brüssel.

Speer, Andreas (Hg.) 2012: Knotenpunkt Byzanz. Wissensformen und kulturelle Wechselbeziehungen. Berlin.

Tatakis, Basilios 1949: La philosophie byzantine. Paris.

Trizio, Michele 2007: »Byzantine Philosophy as a Contemporary Historiographical Project«. In: Recherches de Théologie et Philosophie médiévales 74, 247–294.

Georgi Kapriev

73 Arabisches Mittelalter

Die Wirkungsgeschichte des authentischen Platon im Mittelalter fand nur zu einem gewissen Teil in der arabischen Philosophie statt. Mächtiger und nachhaltiger als der Verfasser der Dialoge und als der Platon des Mittel- und Neuplatonismus wirkten dort der Platon der spätantiken Gnomologien und Doxographien, der Platon der moralischen Erbauungsliteratur und der Platon der okkulten Wissenschaften. Dass die mittelalterlichen arabischen Bibliographen *alle* platonischen Dialoge und die Briefe dem Titel nach kannten, darf nicht darüber hinweg täuschen, dass Platon im intellektuellen Milieu des spätantiken christlichen Hellenismus zur Zeit der griechisch-arabischen Rezeption sein Dasein, sofern nicht neuplatonisch adaptiert, in einer (pseudo-)philosophischen »Subkultur« fristete, die sich in gnostischen, orientalisierenden oder vulgarisierten gnomologischen Platonismen und deren Mischformen manifestierte und als solche die arabischen Platonbilder prägte (Jeck 2004, 59–142; Endress 1997, 49–52, 62).

73.1 Arabische Platon-Viten

Platon war in der mittelalterlichen arabischen Philosophie und Literatur unter dem Namen Aflāṭūn bekannt. Zu den Quellen der arabischen Platon-Viten gehören u. a. Theon von Smyrna, (Ps.-)Plutarch und Porphyrios' Philosophengeschichte (Walzer 1960, 235; Peters 1979, 31). Der Philosoph al-ʿĀmirī weiß zu berichten, dass Platons Schriften berühmt, jedoch in Bildern verfasst und kryptisch seien. Auch in anderen arabischen Viten wird ein allegorisch-symbolischer Stil in Platons Schriften oder Sokrates' Reden thematisiert (Gutas 1988, 46 und Anm. 43 f.). Andererseits zeichnet sich der Platon al-ʿĀmirīs durch seine naturwissenschaftlichen und mathematischen Interessen gegenüber Sokrates und Pythagoras aus. Zusammen mit diesen sowie Empedokles und Aristoteles bildet er die autoritative Gruppe von fünf Weisen, denen keine anderen Weisen mehr folgten, sondern nur noch solche Gelehrten, die sich in einer bestimmten Disziplin oder durch eine bestimmte Lebensweise hervorgetan haben (Rowson 1988, 72–75, 203–213). Der anonyme *Muntakhab Ṣiwān al-Ḥikma* tradiert dies in Form des Topos der »Fünf Säulen der Weisheit«, die ihr Wissen von den Propheten übernommen haben. In anderen Quellen wird dieser Topos zur Siebenzahl erweitert und damit in Übereinstimmung mit *Sprüche Salomos* 9, 1 gebracht, wobei die Besetzung dieses Septetts gewissen Variationen unterworfen ist. Nach al-ʿĀmirī war es Platon, nicht (wie nach Ps.-Eratosthenes *apud* Eutokios) Hippokrates von Chios, der das delische Problem löste. Seinen Lebensabend verbrachte Platon zurückgezogen und ausschließlich dem Dienste Gottes gewidmet (Rowson 1988, 73, 212).

Mubashshir ibn Fātiks *Mukhtār al-Ḥikam wa-maḥāsin al-kalim* liegen andere griechische Quellen zugrunde. Dort figurieren Platons Eltern als Nachkommen von Asklepios; und von Platon wird berichtet, er habe sich nach dem Tod Sokrates' zeitweise in Ägypten aufgehalten. Während in den antiken Berichten über eine ägyptische Expedition Platons von Begegnungen mit Propheten oder Priestern die Rede ist (Jeck 2004, 23–25, 159 f.), heißt es in Mubashshirs Notizen, Ziel der Reise Platons sei es gewesen, von dort ansässigen Anhängern des Pythagoras zu lernen (Rosenthal 1965, 46–49). Die Bemerkung, Platon habe ununterbrochen geweint, geht vielleicht auf das von Ps.-Plutarch dem Heraklit beigelegte Epitheton des Weinenden Philosophen zurück.

73.2 Authentische Werke in arabischen Übersetzungen und Kompendien

Über die griechisch-arabischen Überlieferungswege platonischer Schriften und Ideen ist nicht viel bekannt – in jedem Fall scheint die gnostisch-hermetische Gelehrtenkultur in Ḥarrān (dem antiken Carrhae) eine wichtige Vermittlerrolle gespielt zu haben (Tardieu 1986; Gutas 1988, 42–45). Komplette arabische Übersetzungen authentischer Werke Platons sind nicht erhalten. Ob sie je existiert haben, ist nicht gewiss (Rosenthal 1940, 393; Walbridge 2000, 88; Reisman 2004, 264; Arnzen 2012, 181–185; Gutas 2012). Die erhaltenen Fragmente arabischer (Teil-?)Übersetzungen, Zitate oder Kompendien sind bis heute noch nicht in systematischer Form historisch-philologisch aufgearbeitet worden (vgl. die Übersichten in Gutas 2012; Arnzen 2017). Wie dringend eine solche Aufarbeitung ist, wird am Beispiel der Debatte um die Ausführungen al-Fārābīs zu den *Nomoi* (vgl. Harvey 2003, 51–54, und *infra*) und an den widersprüchlichen und vagen Angaben in der Literatur zur arabischen Platon-Überlieferung deutlich. Versuche, die bekannten arabischen Fragmente textkritisch für die Herstellung des griechischen Texts auszuwerten, wurden bisher kaum unternommen (vgl. aber Lorimer 1932; Gutas 1975; Arnzen 2012, 232–257). Angesichts dieses Forschungsstands ist bis auf weiteres sorgfältig zwischen folgenden Zeugnissen der arabischen Rezeption authentischer Schriften Platons zu differenzieren:

a) Werke, von welchen (überwiegend ungenaue, vereinzelt wörtliche) Zitate und/oder Fragmente erhalten sind: *Apol., Cri., Gorg., Leg., Men., Phd., Rep., Symp.* und *Tim.*;
b) Werke, von welchen in der mittelalterlichen arabischen Literatur explizit berichtet wird, dass sie übersetzt worden seien: *Leg., Soph.* (zusammen mit dem Kommentar Olympiodors), und *Tim.*;
c) Werke, von welchen in der mittelalterlichen arabischen Literatur berichtet wird, dass Übersetzungen der entsprechenden Abschnitte von Galens (griechisch nicht erhaltenen) *Synopsen der platonischen Dialoge* angefertigt worden seien: *Crat., Euthd., Leg., Plt., Prm., Rep., Soph.* und *Tim.* (Boudon 2000, 455–460).

Von den unter (b) und (c) genannten Texten ist lediglich die arabische Übersetzung von Galens Synopse von *Tim.* vollständig erhalten (vgl. Kraus/Walzer [1951] 1973; D'Ancona 2003, bes. 228–231, Anm. 18–23). Außerdem existiert eine aus dem Arabischen angefertigte teils wörtliche, teils heftig kürzende persische Version von *Phd.*, die auf entsprechende arabische Vorlagen schließen lässt (Bürgel 1971).

Neben dem oben erwähnten Kommentar Olympiodors zu *Soph.* kennen die arabisch schreibenden Philosophen weitere kommentierende Schriften in (Teil-?)Übersetzungen, darunter Galens *Peri tôn en tô Platônos Timaiô iatrikôs eirêmenôn* (Boudon 2000, 459), Proklos' Kommentar zu *Tim.* (Endress 1973, 24–26; Arnzen 2013), und zwar mit gewisser Wahrscheinlichkeit vollständig (Peters 1979, 16, 20), sowie nicht näher beschriebene »Ausführungen« Plutarchs zu *Tim.* (Walzer 1960, 234; Peters 1979, 16), sodann einen neuplatonischen Kommentar zu *Phd.*, bei dem es sich möglicherweise um den Kommentar Proklos' (Endress 1973, 28 f.) oder einen späteren Kommentar handelt, der auf diesem und Olympiodors *Phaidon*-Kommentar basiert (Rowson 1988, 37, 267 f., 297 f., 356). Auch Proklos' *Eis ton en Politeia mython* zu *Rep.* X ist zumindest in Auszügen bekannt (Walzer [1937] 1962, 42 f.; Endress 1973, 29).

Die unter (a) genannten Zitate und Fragmente sind bis heute nicht in einer umfassenden Edition zusammengestellt (vgl. die Auswahl in Badawī 1974, 121–170). Die wenigen bis *dato* bekannten *Symp.*-Fragmente (aus den Reden Aristophanes' und Alkibiades') scheinen allesamt auf al-Kindīs philosophische Auseinandersetzung mit der Liebe zurückzugehen (Gutas 1988). Die aus *Crit.* überlieferten Fragmente paraphrasieren Kritons Fluchtvorschlag und Sokrates' Überlegungen zu Gesetz, Gerechtigkeit und Erziehung (Badawī 1974, 136–140; Rowson 1988, 36 f.; Baffioni 1994, 329 f.). *Phd.*-Zitate sind aus allen Teilen des Dialogs bei arabisch schreibenden Philosophen, Ärzten und Universalgelehrten zu finden (Rowson 1988, 29–42). Dabei legen Textüberschneidungen den Schluss nahe, dass die Fragmente aus mindestens zwei unterschiedlichen arabischen Versionen von *Phd.* stammen (Bürgel 1971, 285–290).

In welchem Verhältnis die erhaltenen *Leg.*-Zitate zu den unter (b) und (c) genannten Übersetzungen stehen, ist noch nicht umfassend erforscht worden. Die verschiedentlich vertretene Ansicht, al-Fārābī habe für seine kommentierende Schrift Zugang zu einer Übersetzung von *Leg.* gehabt (vgl. Harvey 2003, 61–64), ist durch Gutas' Studien widerlegt (Gutas 1997 und 1998). Vielmehr hat al-Fārābī sich auf Galens Synopse oder eine ähnliche Zusammenfassung von *Leg.* gestützt, in der offenbar die Bücher VII und X–XII nicht berücksichtigt waren (Gutas 1997, 117). Auch anderen mittelalterlichen Autoren, die *Leg.* zitieren oder paraphrasieren, scheinen diese vier Bücher nicht bekannt gewesen zu sein (Rosenthal 1940, 395 f.; Klein-Franke 1973, 130 f.; Peters 1979, 15, 30; Rowson 1988, 258–260, 275–281).

Die umfangreichsten Fragmente werden von Platons *Politeia* überliefert. Besonders ausführlich sind zwei partiell die Dialogform bewahrende Textstücke in dem al-ʿĀmirī zugeschriebenen *Kitāb al-Saʿāda wa-l-isʿād* (mit Fragmenten aus Buch I, II, IX und X; vgl. Arberry 1955) und in den *Masāʾil al-umūr al-ilāhiyya* von al-Isfizārī (mit einer Paraphrase von 506d–509b über Wesen und Idee des Guten; vgl. Reisman 2004). Diverse kürzere Zitate und Paraphrasen finden wir in einer anonymen philosophischen Kompilation aus dem frühen 11. Jh. (Wakelnig 2014, Index 515 f.) sowie in den Werken al-Fārābīs (Reisman 2004, 266 f.), der Ikhwān al-Ṣafāʾ (Baffioni 1994 und 2004), al-Bīrūnīs (Strohmaier 2002, 193), Ibn Bukhtīshūʿs (Klein-Franke 1973, 129–132) und, bisher kaum erforscht, Ibn Dāyas (vgl. Daiber 1996, 860 f., Anm. 26).

73.3 Formen und Doktrinen der philosophischen Rezeption und Transformation

Anders als im griechischen Neuplatonismus oder bei Augustinus stehen Umfang und Intensität der Rezeption der Werke Platons im arabisch-islamischen Mittelalter deutlich hinter der des fast vollständig übersetzten aristotelischen *Œuvres* zurück. Wie Ammonius Saccas, Porphyrius oder Simplicius sind die meisten arabisch schreibenden Philosophen dieser Epoche der Ansicht, dass Platon und Aristoteles im Wesentlichen dieselbe Philosophie gelehrt haben (Walzer 1985, 428 f.; Peters 1979, 16, 25 f., 31 f.). Zwar ist weder für die in der *Suda* erwähnte Schrift Porphyrius' über die Übereinstimmung der Lehren Platons und Aristoteles' noch für irgendeine andere griechische Schrift dieses Genres eine arabische Überlieferung bezeugt, doch wird dieser Topos auch in den Einleitungen der syrisch und arabisch rezipierten alexandrinischen *Categoriae*-Kommentare tradiert (Endress 1991, 242 f.; D'Ancona 2006, 381 f.). Al-Kindī propagiert zumindest für den Bereich der Seelen- und Intellekttheorie die Übereinstimmung von Platon und Aristoteles (Endress 1991, 240 f.); und al-Fārābī erörtert in seiner Schrift über die Harmonie der Ansichten Platons und Aristoteles' doktrinale Divergenzen, die erklärtermaßen von anderen thematisiert worden sind (Walbridge 2000, 120–122). Zu ihrer Harmonisierung benutzt al-Fārābī die pseudo-aristotelische *Theologia Aristotelis* (Rosenthal 1940, 411 f.; Walker 1994, 22–25; Martini Bonadeo 2008; Arnzen 2011, 67–71; Gleede 2012) und einige Propositionen von Proklos' *Elementatio theologica* (Endress 1991, 251). Ähnlich, gleichwohl ohne expliziten Bezug auf dieses Genre, verfährt wenig später al-ʿĀmirī (D'Ancona 2006, 382–399).

Einer der wenigen Gelehrten dieser Epoche, die dieser Strömung zum Trotz fundamentale Differenzen zwischen Platon und Aristoteles problematisieren, ist Abū Bakr al-Rāzī (Walzer [1953] 1962, 17; Walker 1994, 8–10). Freilich ist angesichts der dürftigen Überlieferung seiner philosophischen Schriften umstritten, ob es sich bei seinem Platonismus um einen auf die Doktrinen des *Timaios* reduzierten Platonismus (Pines [1955] 1979, 147), einen neupythagoreischen Platonismus (Walzer 1960, 235) oder einen theurgischen Neuplatonismus (Peters 1979, 19) handelt. Auch Averroes ist bei seiner Kritik der platonischen Ideenlehre in den späten Kommentaren zu Aristoteles' *Metaph.* VII nicht eben um eine Fortschreibung des Topos der Harmonie bemüht.

Nicht auf neuplatonische, sondern auf mittelplatonische Vorbilder geht al-Fārābīs Schrift über die Philosophie Platons zurück, in der Titel, Gegenstand und Inhalt der platonischen Schriften skizziert werden. Dieser Umstand erklärt gewisse Diskrepanzen zwischen dieser und der oben genannten Schrift al-Fārābīs über die Übereinstimmung von Platon und Aristoteles (Walker 1994, 11 f.; zur Frage der Autorschaft vgl. Martini Bonadeo 2008, 28–30; Rashed 2009). Der Verfasser von al-Fārābīs Quelle, nach Rosenthal/Walzer möglicherweise Theon von Smyrna, hielt seine Anordnung der Schriften Platons, beginnend mit *Alc. I* und endend mit *Ep.*, für die chronologische Ordnung ihrer Entstehung (Rosenthal/Walzer [1943] 1973, xii–xvi; Peters 1979, 29 f.). Partielle Übereinstimmungen mit den in Form von Untertiteln beigefügten Angaben zur Bedeutung der Titel oder zum Inhalt der Dialoge finden sich aber auch in Thrasyllos' Beschreibung und tetralogischer Einteilung des platonischen Corpus und deren Rezeption bei Galen (Klein-Franke 1973, 126 f.; Tarrant 1993, 32–38).

Betrachtet man einzelne philosophische Disziplinen und Doktrinen, so fällt insbesondere die Wirkungsgeschichte von Elementen aus *Rep.* und *Leg.* im Bereich der politischen Theorie auf. Dies ist bemerkenswert, da die Neuplatoniker wenig Interesse hieran bekundet hatten, und die sozialen Strukturen der Gesellschaft, in welcher die arabisch schreibenden Philosophen lebten, nichts mit denen des Athenischen Stadtstaats gemein hatten (Peters 1979, 27–29; Walzer 1985, 8–11, 424–429). Im Streit um Funktion und gesellschaftliche Autorität des Imām leugnet Abū Bakr al-Rāzī jedwede politische Relevanz der Prophetie und nennt Sokrates ostentativ »unseren Imām«. Abgesehen von der gottgegebenen Fähigkeit des Vernunftdenkens sind es die von Platon vorgezeichneten, durch Erziehung und Askese erlernbaren Eigenschaften, die für al-Rāzī den idealen Staatslenker auszeichnen (Daiber 1996, 845 f.). Weder al-Rāzīs noch al-Fārābīs politische Theorie handeln von einem fernen, utopischen Staat, vielmehr sind Ethik und Glückseligkeit des Individuums für al-Fārābī durch die soziale Natur des menschlichen Wesens unlösbar mit dem aktiven (diesseitigen) Streben nach einer Gesellschaftsordnung von höchster Gerechtigkeit verknüpft. Seine Proklamation des Philosophen-Königs ist nicht Utopie, sondern konkrete politische Theorie mit diversen zeitgenössischen Adressaten (Walzer 1985, 16–18, 437–490). Deutliche utopistische Züge weist hingegen die Staatstheorie der Ikhwān al-Ṣafāʾ auf, in der Elemente der politischen Philosophie Platons und der schiitischen Imamatslehre in ein neues System transformiert werden (Enayat 1977; Daiber 1996, 849–851; Baffioni 2004). Averroes' Paraphrase/Epitome von *Rep.*, die im Rahmen seines Programms einer lückenlosen Kommentierung der aristotelischen Philosophie den Kommentar zu Aristoteles' *Politik* ersetzt, setzt sich kritisch mit Ansichten Platons auseinander, die nicht mit den sozialen Strukturen einer mehrheitlich islamisch geprägten Stadt vereinbar sind oder aber der aristotelischen Ethik widersprechen. Umgekehrt passt Averroes durchaus vermeintlich orthodoxe islamische Positionen an Thesen Platons an und benutzt die platonische Klassifikation der Regierungsformen zur historischen Deskription und politischen Kritik an den zeitgenössischen Dynastien in Andalusien (Butterworth 1986; Lerner 1974, xiii–xxviii).

Drei weitere signifikante platonische Elemente in der arabisch-islamischen Philosophie können hier nur stichpunktartig benannt werden:

Liebe: Platons Gedanken über das Wesen der Liebe werden in vielfältiger Weise rezipiert. Al-Daylamī bringt den Aristophanes-Mythos aus *Symp.* mit der neuplatonischen Theorie der Liebe als Verlangen nach der Rückkehr zum Schöpfer und Ersten Beweger in Verbindung (Rosenthal 1940, 419 f.; Rosenthal 1941a, 398). Miskawayh entwickelt sein Konzept der göttlichen Liebe (*maḥabba ilāhiyya*) zwischen den Menschen auf der Grundlage der Liebe zu und des Strebens nach dem Guten (Walzer [1957] 1962, 241). Während der Aristophanes-Mythos in diversen wissenschaftlichen Disziplinen Beachtung fand (Gutas 1988, 47–56), waren es vor allem Ärzte, die sich mit dem Konzept von Liebe als Krankheit oder göttlicher Wahnsinn auseinandersetzten (Rosenthal 1940, 420; Klein-Franke 1973, 128–130).

Seele: Die aus *Rep.* und *Tim.* bekannte Dreiteilung der Seele wird – mit gewissen Modifikationen – u. a. von Abū Bakr al-Rāzī, al-ʿĀmirī und Miskawayh gelehrt und übt großen Einfluss auf die philosophische Tugendlehre aus (Rosenthal 1940, 416–419). Auch die besonders in *Phd.* zutage tretende Leibfeindlichkeit der platonischen Seelenlehre wird vielfach rezipiert und vornehmlich in ethischen Kontexten (»philosophische Lebensführung«) fortgeführt (Biesterfeldt 1991, bes. 192–195). Zum Beweis der Unsterblichkeit der Seele greift man teils auf die Argumente Proklos' (Rosenthal 1940, 398–402; Westerink 1973), teils auf die seines Widersachers Johannes Philoponos (Rowson 1988, 258–261, 295–299) zurück.

Ideen/Zwei-Welten-Theorie: Die Wirkungsgeschichte von Platons Ideenlehre (oder dem, was man dafür hielt) ist bisher kaum erforscht. Bei einer groben Periodisierung lassen sich zwei Phasen unterscheiden, eine erste, von der aristotelischen Ideenkritik dominierte Phase, die mit dem Rückgang der Aristoteleskommentierung und -lektüre, also im Osten nach Avicenna (bzw. nach den Bagdader Aristotelikern), im Westen nach Averroes, zum Erliegen kam; und eine zweite, etwa mit Suhrawardī, Ibn ᶜArabī und w einsetzende und bis in die Neuzeit reichende Phase, in der vereinfachte, meist dualistische Versionen der platonischen Ideenlehre in Verbindung mit einer kosmologisch-epistemologischen Zwei-Welten-Theorie zu einer Renaissance der »platonischen« Ideen (ṣuwar aflāṭūniyya) oder noetischen Urbilder (muthul ᶜaqliyya aflāṭūniyya) führen (Badawī [o. J.], bes. Einl. 9–48; Rahman 1975, 46–49, 146–163; Arnzen 2011). Platonische Ideen werden nun vermehrt auch in mystischen und eschatologischen Kontexten diskutiert, allen voran in Traktaten über die Ordnung von Schöpfung, göttlichem Wissen und göttlichem Willen, oder über die fortdauernde Streitfrage nach dem Partikularen und/oder Kontingenten im göttlichen Wissen, der man mit Hilfe universaler platonischer Urbilder im göttlichen Geist beizukommen versucht (van Lit 2014; Sinai 2015).

73.4 Gnomologien, Florilegien etc.

Fast alle mittelalterlichen arabischen Spruchsammlungen präsentieren an prominenter Stelle, vielfach auch exklusiv, Sinnsprüche Platons. Typologie, Struktur und Umfang solcher Spruchsammlungen, die Gnomen, Apophthegmata, Florilegien und doxographisches Material umfassen und im Mittelalter in »europäische« Sprachen übertragen wurden (Hasse 2002, 45–52), sind durch eine kaum überschaubare Vielfalt gekennzeichnet (Gutas 1975, 36–55; Overwien 2005, 27–35). Bisher sind bei weitem nicht alle arabischen Werke dieses Genres ediert, geschweige denn hinsichtlich ihrer Abhängigkeitsverhältnisse untersucht. Dass der Ursprung solcher Sammlungen in »unkontrollierten Abschriften« von Kolleghelften aus dem spätantiken alexandrinischen Lehrbetrieb zu suchen ist (so Klein-Franke 1973, 124), scheint nach der grundlegenden Studie von Gutas kaum mehr haltbar. Vielmehr lässt sich für einen Großteil des arabischen Materials nachweisen, dass es auf arabische Übersetzungen bestimmter griechischer Sammlungen aus der breitgefächerten gnomologischen Tradition des 5. bis 10. Jh.s zurückgeht (vgl. Gutas 1975, 214–435, zu platonischen *dicta* ebd., 332–380). Diese griechisch-arabische Überlieferung schließt stellenweise so eng an die authentischen, den Weisheitssprüchen zugrunde liegenden Werke an, dass sie durchaus als Variantenträger für die Textkritik der betreffenden autoritativen Schrift relevant sein kann (Gutas 1975, 222–224, 390 f., 399 f. etc.). In welchem Verhältnis die gnomologische Tradition zu den arabischen Pseudo-Platonica und den fiktiven doxographischen Elementen steht, ist gleichfalls noch nicht erforscht. Kodikologische Untersuchungen zeigen aber, dass bestimmte Spruchsammlungen häufig im Verbund mit philosophischen Texten kopiert wurden.

73.5 Pseudepigrapha

Die mittelalterlichen arabischen Pseudo-Platonica der Geheimwissenschaften weisen wohl die geringste Kohärenz zu den Gegenständen der authentischen Dialoge auf. Aus dem Bereich der Alchimie ist die nur in lateinischer Übersetzung erhaltene *Summa Platonis* zu nennen (Singer 1946, 116, 124 f.). Ein in Dialogform abgefasster Kommentar hierzu ist auf Arabisch (*Kitāb al-Rawābīᶜ*) und Lateinisch (*Liber quartorum*) erhalten (Thillet 2005; Hasse 2002, 53, 58–63). In dem aus dem *Corpus Gabirianum* stammenden *Kitāb Muṣaḥḥaḥāt Aflāṭūn* wird (ohne inhaltlichen Bezug zu Tim.) ein gewisser Timaios in die Geheimnisse der Alchimie eingeweiht. Weitere alchimistische Pseudo-Platonica sind teils arabisch, teils in lateinischen Übersetzungen erhalten (Ullmann 1972, 155 f.). Pseudo-platonische arabische Astrologica sind bisher nur sporadisch entdeckt worden. Der berühmte Astronom Māshā ʾallāh kannte jedoch sieben astrologische Werke Platons, der auch andernorts in astrologischen Kontexten zitiert wird (Ullmann 1972, 287, 452). Von den erhaltenen pseudo-platonischen Zaubertexten scheint das sogenannte *Kitāb al-Nawāmīs* (nicht zu verwechseln mit einer gleichnamigen pseudo-platonischen Schrift zur Politik, *v. infra*) besonders erfolgreich gewesen zu sein (Singer 1946, 120–124; Gutas 1997, 102). Diese Schrift über okkulte Praktiken mit und an lebenden und toten Tieren wurde in das Persische, Hebräische und Lateinische übersetzt (Pingree 1993; Hasse 2002, 53–57). Andere Pseudo-Platonica beschäftigen sich mit Buchstabenmagie, Zahlenquadraten und Beschwörungen (Ullmann 1972, 365).

In einer zweiten Gruppe lassen sich Pseudepigrapha der moralisch-praktischen und politischen Bildungsliteratur zusammenfassen. Neben unterschiedlichen Versionen eines Testaments und einigen Episteln (Badawī 1974, 235–244; Walzer 1960, 235) ist hier vor allem die »Exhorte über die Erziehung der Jugend« zu nennen. Diese Schrift, die auf griechische Quellen zurückgeht und im Verbund mit der arabischen Übersetzung der Pythagoras zugeschriebenen *Chrysa Epê* überliefert wird, befasst sich mit der Herausbildung guter Charaktereigenschaften und sozialer Verhaltensweisen durch Bildung und weist in der Hervorhebung der Bedeutung der praktischen Wissenschaften (Ökonomie, Pädagogik, Politik) deutliche neupythagoreische Züge auf (Rosenthal 1941b, 383–395; Rosenthal 1970, 285–289). Gleichfalls auf griechischen Quellen basiert eine ethisch-politische Schrift, abermals unter dem Titel *Kitāb al-Nawāmīs*, in der Belange der soziopolitischen Ordnung dem religiösen Gesetz untergeordnet werden und dem Geltungsanspruch der Philosophie ein ismailitisches Konzept der Prophetie entgegen gesetzt wird (Tamer 2005, 305–322).

Drittens schließlich gehören zu den Pseudepigrapha auch die durch das Syrische vermittelten *Definitiones* (*Horoi*; dazu Gutas 2012, 861 f.) sowie einige arabische *Plotiniana* und *Procliana*. Zwei der drei bekannten Handschriften des arabischen *Liber de causis* leiten die Schrift als Werk Platons oder als von Proklos zusammengestellte Auszüge aus dem Werk Platons ein (D'Ancona/Taylor 2003, 603). Dies mag die Ursache dafür sein, dass Platon als Verfasser einer Epistel galt, die die Propositionen 5 und 23 des *Liber de causis* separat überliefert (Badawī 1974, 337–339; D'Ancona/Taylor 2003, 601). Die arabische Adaption von Plotins *Enn.* IV 8[6] über den Abstieg der Seele ist teils in der pseudo-aristotelischen *Theologia Aristotelis*, teils in den sogenannten *Dicta sapientis græci* zu finden. In der letztgenannten Schrift wird sie teilweise dem Platon in den Mund gelegt, was wiederum dazu geführt hat, dass in einer späteren Fassung der *Theologia Aristotelis* und in den Schriften Suhrawardīs auch andere Abschnitte dieser *Enneas*, darunter die berühmte autobiographische Passage IV 8[6], 1.1–11, als Schrift Platons tradiert wurde (D'Ancona 2004, 170–176; Walbridge 2000, 133–137).

Literatur

Arberry, Arthur J. 1955: »Some Plato in an Arabic Epitome«. In: The Islamic Quarterly 2, 86–99.

Arnzen, Rüdiger/Thielmann, Jörn (Hg.) 2004: Words, Texts and Concepts Cruising the Mediterranean Sea. Studies on the Sources, Contents and Influences of Islamic Civilization and Arabic Philosophy and Science Dedicated to Gerhard Endress on his Sixty-fifth Birthday. Leuven/Paris/Dudley, Mass.

Arnzen, Rüdiger 2011: Platonische Ideen in der arabischen Philosophie. Texte und Materialien zur Begriffsgeschichte von »ṣuwar aflāṭūniyya« und »muthul aflāṭūniyya«. (Scientia Graeco-arabica. Bd. VI.) Berlin.

Arnzen, Rüdiger 2012: »Plato's *Timaeus* in the Arabic Tradition«. In: Francesco Celia/Angela Ulacco (Hg.), Il *Timeo*. Esegesi greche, arabe, latine. Greco, Arabo, Latino. Le vie del sapere. Bd. II. Pisa, 181–267.

Arnzen, Rüdiger 2013: »Proclus on Plato's *Timaeus* 89e3–90c7«. In: Arabic Sciences and Philosophy 23, 1–45.

Arnzen, Rüdiger 2017: »Platonism in Near Eastern Arabic-Islamic and Jewish Philosophy (9th to 16th Centuries)«. In: Guido Giglioni/Anna Corrias (Hg.): Brill's Companion to Medieval and Early Modern Platonism. Leiden (im Druck).

Badawī, ʿAbd-al-Raḥmān [o. J.]: Al-Muthul al-ʿaqliyya al-aflāṭūniyya. al-Kuwayt/Bayrūt.

Badawī, ʿAbd-al-Raḥmān 1974: Aflāṭūn fī l-Islām [1353]. Tihrān.

Baffioni, Carmela 1994: Frammenti e testimonianze di autori antichi nelle Epistole degli Iḫwān aṣ-Ṣafā'. Roma.

Baffioni, Carmela 2004: »The ›General Policy‹ of the Ikhwān al-Ṣafā': Plato and Aristotle Restated«. In: Arnzen/Thielmann 2004, 575–592.

Biesterfeldt, Hans H. 1991: »›Phaedo arabus: Elemente griechischer Tradition in der Seelenlehre islamischer Philosophen des 10. und 11. Jahrhunderts«. In: Gerhard Binder/Bernd Effe (Hg.): Tod und Jenseits im Altertum. Trier, 180–202.

Boudon, Véronique 2000: »Galien de Pergame«. In: Richard Goulet (Hg.): Dictionnaire des philosophes antiques. Bd. 3. Paris, 440–464.

Bürgel, Johann C. 1971: »A New Arabic Quotation from Plato's *Phaido* and its Relation to a Persian Version of the *Phaido*«. In: Actas, IV Congresso de Estudos Árabes e Islâmicos, Coimbra-Lisboa, 1 a 8 de setembro de 1968. Leiden, 281–290.

Butterworth, Charles 1986: Philosophy, Ethics and Virtuous Rule: a Study of Averroes' Commentary on Plato's *Republic*. New York/Cairo.

Daiber, Hans 1996: »Political Philosophy«. In: Seyyed H. Nasr/Oliver Leaman (Hg.): History of Islamic Philosophy. London/New York, 841–885.

D'Ancona, Cristina 2003: »The *Timaeus*' Model for Creation and Providence. An Example of Continuity and Adaptation in Early Arabic Philosophical Literature«. In: Gretchen J. Reydams-Schils (Hg.): Plato's *Timaeus* as Cultural Icon. Notre Dame, 206–237.

D'Ancona, Cristina 2004: »The Greek Sage, the Pseudo-Theology of Aristotle and the Arabic Plotinus«. In: Arnzen/Thielmann 2004, 159–176.

D'Ancona, Cristina 2006: »The Topic of the ›Harmony between Plato and Aristotle‹: Some Examples in Early Arabic Philosophy«. In: Andreas Speer/Lydia Wegener (Hg.): Wissen über Grenzen. Arabisches Wissen und lateinisches Mittelalter. Berlin/New York, 379–405.

D'Ancona, Cristina/Taylor, Richard C. 2003: »Liber de causis«. In: Goulet 2003, 599–647.

Enayat, Hamid 1977: »An Outline of the Political Philosophy of the *Rasāʾil* of the Ikhwān al-Ṣafāʾ«. In: Seyyed H.

Nasr (Hg.): Ismāʿīlī Contributions to Islamic Culture. Tehran, 23–49.

Endress, Gerhard 1973: Proclus Arabus. Zwanzig Abschnitte aus der *Institutio Theologica* in arabischer Übersetzung. Beirut/Wiesbaden.

Endress, Gerhard 1991: »›La Concordance entre Platon et Aristote‹, l'Aristote arabe et l'émancipation de la philosophie en Islam médiéval«. In: Burkhard Mojsisch/Olaf Pluta (Hg.): Historia philosophiae medii aevi. Studien zur Geschichte der Philosophie des Mittelalters. Amsterdam/Philadelphia, 237–257.

Endress, Gerhard 1997: »The Circle of al-Kindī. Early Arabic Translations from the Greek and the Rise of Islamic Philosophy«. In: Endress/Kruk 1997, 43–76.

Endress, Gerhard/Kruk, Remke (Hg.) 1997: The Ancient Tradition in Christian and Islamic Hellenism. Studies on the Transmission of Greek Philosophy and Sciences Dedicated to H. J. Drossaart Lulofs on his Ninetieth Birthday. Leiden.

Gleede, Benjamin 2012: »Creatio ex nihilo: A Genuinely Philosophical Insight Derived from Plato and Aristotle? Some Notes on the Treatise on the Harmony between the Two Sages«. In: Arabic Sciences and Philosophy 22, 91–117.

Goulet, Richard (Hg.) 2003: Dictionnaire des philosophes antiques. Supplément. Avec la collaboration de J.-M. Flamand et M. Aouad. Paris.

Gutas, Dimitri 1975: Greek Wisdom Literature in Arabic Translation. A Study of the Graeco-Arabic Gnomologia. New Haven.

Gutas, Dimitri 1988: »Plato's *Symposion* in the Arabic Tradition«. In: Oriens 31, 36–60.

Gutas, Dimitri 1997: »Galen's *Synopsis* of Plato's *Laws* and Fārābī's *Talḫīṣ*«. In: Endress/Kruk 1997, 101–119.

Gutas, Dimitri 1998: »Fārābī's Knowledge of Plato's *Laws*« (Rez. zu: Parens, Joshua 1995: Metaphysics as Rhetoric. Alfarabi's Summary of Plato's *Laws*. Albany). In: International Journal of the Classical Tradition 4, 405–411.

Gutas, Dimitri 2012: »Platon. Tradition arabe«. In: Richard Goulet (Hg.): Dictionnaire des philosophes antiques. Bd. V de Paccius à Rutilius Rufus. Paris, 845–863.

Harvey, Steven 2003: »Did Alfarabi Read Plato's *Laws*?« In: Medioevo 28, 51–68.

Hasse, Dag N. 2002: »Plato Arabico-latinus: Philosophy – Wisdom Literature – Occult Sciences«. In: Stephen Gersh/Maarten J. F. M. Hoenen (Hg.): The Platonic Tradition in the Middle Ages. A Doxographic Approach. Berlin/New York, 31–65.

Jeck, Udo R. 2004: Platonica Orientalia. Aufdeckung einer philosophischen Tradition. Frankfurt a. M.

Klein-Franke, Felix 1973: »Zur Überlieferung der platonischen Schriften im Islam«. In: Israel Oriental Studies 3, 120–139.

Kraus, Paul/Walzer, Richard 1951: Galeni Compendium *Timaei* Platonis aliorumque dialogorum synopsis quae extant fragmenta. (Plato Arabus. Bd. I.) London [Nachdr. Nendel 1973].

Lerner, Ralph 1974: Averroes on Plato's *Republic*. Transl., with an Introd. and Notes. Ithaca/London.

Lorimer, William L. 1932: »Plato in Afghanistan and India«. In: The American Journal of Philology 53, 157–161.

Martini Bonadeo, Cecilia 2008: Al-Fārābī. L'armonia delle opinioni dei due sapienti il divino Platone e Aristotele. Introduzione, testo arabo, traduzione e commentario. Prefazione di G. Endress. Pisa.

Overwien, Oliver 2005: Die Sprüche des Kynikers Diogenes in der griechischen und arabischen Überlieferung. Stuttgart.

Peters, Francis E. 1979: »The Origins of Islamic Platonism: The School Tradition«. In: Parviz Morewedge (Hg.): Islamic Philosophical Theology. Albany, N. Y., 14–45.

Pines, Shlomo 1955: »Nouvelles études sur Awḥad al-Zamān Abu'l-Barakāt al-Baghdādī«. In: Mémoires de la Société des Études Juives. Bd. I. Paris, 7–88 [Nachdr. in: Ders. 1979: Studies in Abu'l-Barakāt al-Baghdādī. Physics and Metaphysics. Jerusalem, 96–173].

Pingree, David E. 1993: »Plato's Hermetic Book of the Cow«. In: Pietro Prini (Hg.): Il Neoplatonismo nel Rinascimento. Roma, 133–145.

Rahman, Fazlur 1975: The Philosophy of Mullā Ṣadrā. Albany.

Rashed, Marwan 2009: »On the Authorship of the Treatise *On the Harmonization of the Opinions of the Two Sages* Attributed to al-Fārābī«. In: Arabic Sciences and Philosophy 19, 43–82.

Reisman, David C. 2004: »Plato's *Republic* in Arabic. A Newly Discovered Passage«. In: Arabic Sciences and Philosophy 14, 263–300.

Rosenthal, Franz 1940: »The Knowledge of Plato's Philosophy in the Islamic World«. In: Islamic Culture 14, 387–422 [Nachdr. in: Ders. 1990: Greek Philosophy in the Arab World. Aldershot].

Rosenthal, Franz 1941a: »Addenda to Islamic Culture, vol. XIV (1940) pp. 387–422«. In: Islamic Culture 15, 396–398 [Nachdr. in: Ders. 1990: Greek Philosophy in the Arab World. Aldershot].

Rosenthal, Franz 1941b: »Some Pythagorean Documents Transmitted in Arabic«. In: Orientalia N. S. 10, 104–115, 383–395.

Rosenthal, Franz 1965: Das Fortleben der Antike im Islam. Zürich/Stuttgart.

Rosenthal, Franz 1970: Knowledge Triumphant. The Concept of Knowledge in Medieval Islam. Leiden.

Rosenthal, Franz/Walzer, Richard (Hg.) 1943: Alfarabius. De Platonis Philosophia. (Plato Arabus. Bd. II.) London [Nachdr. Nendeln 1973].

Rowson, Everett K. 1988: A Muslim Philosopher on the Soul and its Fate: al-ʿĀmirī's *Kitāb al-Amad ʿalā al-abad*. New Haven.

Sinai, Nicolai 2015: »Al-Suhrawardī on Mirror Vision and Suspended Images (*Muthul Muʿallaqa*)«. In: Arabic Sciences and Philosophy 25, 279–297.

Singer, Dorothea W. 1946: »Alchemical Texts Bearing the Name of Plato«. In: Ambix 2, 115–128.

Strohmaier, Gotthard 2002: »Platon in der arabischen Tradition«. In: Würzburger Jahrbücher für die Altertumswissenschaft. Neue Folge 26, 185–200.

Tamer, Georges 2005: »Politisches Denken in pseudoplatonischen arabischen Schriften«. In: Emma Gannagé (Hg.):

The Greek Strand in Islamic Political Thought. Proceedings of the Conference Held at the Institute for Advanced Study, Princeton, 16–27 June 2003. Beyrouth 2005 (= Mélanges de l'Université Saint-Joseph 57 [2004]), 303–335.
Tardieu, Michel 1986: »Ṣābiens coraniques et ›Ṣābiens‹ de Ḥarrān«. In: Journal Asiatique 274, 1–44.
Tarrant, Harold 1993: Thrasyllan Platonism. Ithaca/London.
Thillet, Pierre 2005: »Remarques sur le Liber quartorum du pseudo-Platon«. In: Cristina Viano (Hg.): L'alchimie et ses racines philosophiques. La tradition grecque et la tradition arabe. Paris, 201–232.
Ullmann, Manfred 1972: Die Natur- und Geheimwissenschaften im Islam. Leiden.
van Lit, Lambertus Willem Cornelis 2014: Eschatology and the World of Image in Suhrawardī and his Commentators. Diss. Utrecht.
Wakelnig, Elvira 2014: A Philosophy Reader from the Circle of Miskawayh. Edited and Translated. Cambridge
Walbridge, John 2000: The Leaven of the Ancients. Suhrawardī and the Heritage of the Greeks. Albany, N. Y.
Walker, Paul E. 1994: »Platonism in Islamic Philosophy«. In: Studia Islamica 79, 5–25.
Walzer, Richard 1937: »Un frammento nuovo di Aristotele«. In: Studi Italiani di Filologia Classica N. S. 14, 125–137 [Nachdr. in: Ders. 1962: Greek into Arabic. Essays on Islamic Philosophy. Oxford, 38–47].
Walzer, Richard 1953: »Islamic Philosophy«. In: Sarvepalli Radhakrishnan (Hg.): History of Philosophy, Eastern and Western. Bd. II. London, 120–148 [Nachdr. in: Ders. 1962: Essays on Islamic Philosophy, 1–28].
Walzer, Richard 1957: »Platonism in Islamic Philosophy«. In: Entretiens. Fondation Hardt. Bd. III. Vandœuvres-Genève, 203–224 [Nachdr. in: Ders. 1962, 236–252].
Walzer, Richard 1960: »Aflāṭūn«. In: Encyclopaedia of Islam. New Edition. Bd. 1, 234–236.
Walzer, Richard 1962: Greek into Arabic. Essays on Islamic Philosophy. Oxford.
Walzer, Richard 1985: Al-Farabi on the Perfect State. Abū Naṣr al-Fārābī's Mabādi' ārā' ahl al-madīna al-fāḍila. A Revised Text with Introd., Transl., and Commentary. Oxford.
Westerink, Leendert G. 1973: »Proclus on Plato's Three Proofs of Immortality«. In: Zetetis. Album amicorum door vrienden en collega's aangeboden aan Prof. Dr. E. de Strycker. Antwerpen/Utrecht, 296–306.

Rüdiger Arnzen

74 Lateinisches Mittelalter

Im lateinischen Mittelalter sind die meisten Denker von irgendeiner Art Platonismus beeinflusst worden (Klibansky 1982; Steel 1990; Mojsisch/Summerell 2002, bes. 365–367). Elemente platonischer Philosophie strömten durch viele indirekte Kanäle in die mittelalterliche Geisteswelt ein (Gersh 2002). Römische Philosophen und Literaten wie Cicero, Seneca, Gellius, Apuleius, Firmicus Maternus, Marius Victorinus, Macrobius, Martianus Capella und Boethius rezipieren und diskutieren verschiedene platonische Gedanken. Frühchristliche Apologeten und Theologen, lateinische wie griechische, etwa Minucius Felix, Tertullian, Ambrosius, Augustinus, Hieronymus, die kappadozischen Kirchenväter, Nemesios von Emesa, Pseudo-Dionysios und Maximus Confessor, nehmen in unterschiedlichem Maße auf Platon und die Akademie sowie auf den Mittel- und Neuplatonismus Bezug (Whittaker 1984; Tornau 2008). Desgleichen wird der Neuplatonismus von einigen spätantiken und byzantinischen Aristoteles- und Platon-Kommentatoren wie Themistios, Proklos, Simplikios, Philoponos, Eustratios von Nikaia und Michael von Ephesos in oft problematischen Übersetzungen an das lateinische Mittelalter vermittelt. Auch durch die arabische philosophische Literatur, besonders den *Liber de Causis* und die *Sufficientia* des Avicenna, werden bestimmte neuplatonische Theoreme überliefert (Speer/Arnzen/Guldentops/Trizio/Wirmer 2007, bes. 259–277).

Obwohl der Einfluss dieser ganzen platonischen Literatur auf das mittelalterliche Denken kaum überschätzt werden kann, bietet sie keinen direkten Zugang zu Platon. Vielmehr wird die christliche Weltanschauung in einem neuplatonischen Sinne gedeutet und anhand der neuplatonischen Metaphysik, Psychologie und Ethik philosophisch artikuliert. Dieser christianisierte Platonismus interpretiert Gott als sich selbst denkenden Geist, der die ewigen Ideen aller Geschöpfe in sich schaut und dadurch die Welt aus seiner wesentlichen Gutheit hervorbringt und vorsehend lenkt. Die Schöpfung wird als allumfassende Hierarchie von aus Gott hervorgehenden und auf ihn hingerichteten Wesen aufgefasst. Die menschliche, vom Körper abtrennbare Seele gilt als unsterblich; und gemäß dem christlich-neuplatonischen Lebensideal soll die Seele in der kontemplativen Vereinigung mit Gott ihre Glückseligkeit erreichen. Solche platonisch geprägten Auffassungen von Gott, Welt und Mensch finden sich bei ganz unterschiedlichen mittelalterlichen Autoren, von Alcuin über Bernhard von Clairvaux und Grosseteste bis zu Dionysius dem Kartäuser (Bos/Meijer 1992; Westra 1992; Benakis 1997; Boiadjiev/Kapriev/Speer 2000; Beierwaltes 2001; Kobusch 2006, bes. 26–50).

In der Geschichte der Platon-Rezeption im lateinischen Mittelalter sind vier Phasen zu unterscheiden: die Karolingische Renaissance des 9. Jh.s, der Humanismus des 12. Jh.s, die Wiederentdeckung des Platonismus am Ende des 13. Jh.s und der ›Herbst des Mittelalters‹ im 15. Jh.

74.1 9. Jahrhundert

Autoren des frühen Mittelalters erwähnen Platon nur beiläufig, manchmal abwertend als ein Beispiel heidnischer Weisheit. Einige Autoren, wie Alcuin (*Epistula* 229) und Hrabanus Maurus (*In librum Sapientiae* II, 1), wiederholen die von Hieronymus und Boethius überlieferte Aussage Platons, Bürgergemeinschaften könnten nur dann glücklich sein, wenn sie von philosophischen Herrschern regiert würden (vgl. *Rep.* V 473c–d; Hieronymus, *In Ionam*, 3, 6/9; Boethius, *Consolatio Phil.* I, 4, 2). Zudem ist Hrabanus davon überzeugt, dass die Arithmetik zur Gotteserkenntnis beitrage, weil Platon zufolge »Gott die Welt mittels Zahlen geschaffen habe« (*De clericorum institutione* III, 22). Sedulius Scotus verweist öfter auf Platon und merkt z. B. an, dass Vergil im 6. Buch der *Aeneis* Platons Lehre von der Seelenwanderung folge (*In Donati Artem minorem*, 3). Scotus Eriugena (ca. 800–877), der mit dem Neuplatonismus gründlich vertraut ist, bezieht sich sowohl in seinem Kommentar zu Martianus Capella als auch in seinem Hauptwerk *Periphyseon* regelmäßig auf Platon, den er als »den höchsten Philosophen« bewunderte, weil er als einziger den Schöpfer jenseits der Schöpfung gesucht habe (*Periph.* III, 150). Obgleich Eriugena des Griechischen mächtig war und nicht nur das *Corpus Dionysiacum*, sondern auch einige Werke Gregors von Nyssa und des Maximus Confessor übersetzt hat, beschränkt sich auch seine Platon-Lektüre auf den von Calcidius übersetzten *Timaios*. In der Periode vom späten 9. bis zum ausgehenden 11. Jh. verweisen zwar mehrere Autoren sporadisch auf Platon (u. a. im Kontext der boethianischen Musiktheorie oder einer christlichen Deutung der Weltseele), aber keiner kommt Eriugena gleich. Kennzeichnend für diese Periode ist, dass Anselm von Canterbury, der allgemein als ein platonischer Denker gilt, nur ein einziges Mal den Namen ›Platon‹ erwähnt, nämlich als logisches Beispiel für ein Individuum (*De grammatico*, 20; Marenbon 2002).

74.2 12. Jahrhundert

Im 12. Jh. stehen nicht nur verschiedene neuplatonische Texte wie die *Consolatio Philosophiae* des Boethius (Nauta 1999 und 2002) und Macrobius' Kommentar zum *Somnium Scipionis* (Caiazzo 2002), sondern auch Platons *Timaios* im Mittelpunkt des philosophischen Interesses. In der Chartreser Kathedralschule wird dieser Dialog, der es im Mittelalter nur in der Teil-Übersetzung des Calcidius zu allgemeiner Bekanntheit brachte (das von Cicero übersetzte Fragment wurde kaum gelesen), von Bernhard von Chartres († um 1125) und Wilhelm von Conches (ca. 1085–1154) bis in die kleinsten Details hinein kommentiert. Der *Timaios* übt aber auch auf viele andere Denker des 12. Jh.s (z. B. Thierry von Chartres, Johannes von Salisbury, Bernardus Silvestris, Hermann von Carinthia, Isaak von Stella und Petrus Abaelardus) einen starken Einfluss aus (Speer 1995, bes. 76–221; de Callataÿ 1996, bes. 183–211; Lemoine 1998; Bezner 2002; Otten 2004, bes. 84–104 und 165–171). Das Hauptthema des *Timaios* sei, so Bernhard von Chartres in seinen *Glosae super Platonem*, die natürliche Gerechtigkeit (*naturalis iustitia*), d. h. die von Gott geschaffene, die Ethik und Politik begründende Weltordnung. Anhand der platonischen ›Physik‹, die in einer metaphysischen Kosmologie und Psychologie gipfelt, werden die kausale Gesetzlichkeit und die mathematische Struktur der Natur, in der die materietauglichen Formen (*formae nativae*) als Verbindung zwischen der intelligiblen und der sinnlichen Welt fungieren, neu entdeckt. Wie sein Lehrer Bernhard, so argumentiert auch Wilhelm von Conches, dass der *Timaios* »von der Schöpfung der Welt im Hinblick auf die natürliche Gerechtigkeit« handele (*Glosae super Platonem*, 3). Außerdem versucht er, Platons mythologisch formulierte Lehre der Demiurgie, der Weltseele und der Einzelseelen allegorisch auszulegen. In diesem kosmischen Rahmen komme dem Menschen eine Sonderstellung zu, weil »der Schöpfer der menschlichen Seele ein unauflösliches Wesen, die Vervollkommnung durch wissenschaftliche Erkenntnis und die Entscheidungsfreiheit verliehen hat«, wodurch der Mensch als kunstfertiger Handwerker (*artifex*) Gott und Natur in der vergänglichen Welt nachahmen könne (*Glosae*, 34 und 37). Abaelard (1079–1142) hat ein ambivalentes Verhältnis zu Platon. In seiner *Dialectica* kritisiert er Platon, besonders wegen dessen ungenauer Relationsauffassung und dessen angeblich verfehlter Theologie. Nachdem er aber den *Timaios* studiert hat, ändert sich sein Urteil: er identifiziert die Weltseele mit dem Heiligen Geist, betont mit

Augustinus, dass Platon das Philosophieren als Liebe zu Gott verstand, und plädiert für die Einführung des ›kommunistischen‹ Ideals in den Klostergemeinschaften (*Theologia christiana*, 145 und 150; *Theologia scholarium*, 368). Johannes von Salisbury (ca. 1115–1180), der sowohl in der Schule von Chartres als auch in der des Abaelard ausgebildet worden war, skizziert in seinen rhetorischen Schriften verschiedene Platon-Bilder: im *Entheticus* (vv. 1033–1037) heißt es, dass Platon zufolge die Materie und Gott nicht vollständig erkannt werden können; im *Policraticus* (VII, 5) beleuchtet er die Ähnlichkeiten zwischen Platons Schöpfungsmythos und der Bibel; und im *Metalogicon* (II, 20) distanziert er sich von Platons Ideenlehre (Marenbon 1997).

Trotz der großen Bewunderung, die viele Autoren des frühen 12. Jh.s für die platonische Philosophie hegen, und trotz der Vielheit platonischer Themen, die sie behandeln (Speer, Kobusch, Jeauneau, Fidora, Neschke-Hentschke und Dutton, in: Leinkauf/Steel 2005; Steel 2005; Jeauneau 2006, xix–lvii), ist Platon in der zweiten Hälfte desselben Jahrhunderts fast in Vergessenheit geraten. Die von Henricus Aristippus um 1155 übersetzten Dialoge *Menon* und *Phaidon* haben kaum Leser gefunden und andere Dialoge wurden überhaupt nicht übertragen (Söder 2002). Für diese Entplatonisierung sind mannigfaltige Erklärungen gegeben worden: Einerseits hängt sie mit einem Paradigmenwechsel in der Theologie zusammen, die sich dem Wissenschaftsverständnis des Aristoteles zuwendet und dessen systematische Abhandlungen Platons Dialogen vorzuziehen beginnt; andererseits wird die aristotelische Wende dadurch verstärkt, dass Platon, dessen heidnischen Ansichten man seit der Patristik im lateinischen Westen mit Misstrauen begegnet, weder im byzantinischen noch im arabischen und hebräischen Kulturkreis eine zentrale Autoritätsposition erworben hat. Demgegenüber hatte sich die peripatetische Kommentartradition im ganzen Mittelmeerraum stark entwickelt (Wieland 1985; Speer 2000; Ricklin 2002).

74.3 13. und 14. Jahrhundert

Obgleich vom 13. Jh. an der Aristotelismus den universitären Diskurs sowohl in der Artes- als in der Theologischen Fakultät beherrscht und verschiedene *Magistri Artium* sich vom Platonismus abkehren (Galle/Guldentops 2004; Guldentops 2006), ist Platons Einfluss nie völlig abgeebbt. In der Artes-Fakultät wird der *Timaios* noch bis zur zweiten Hälfte des 13. Jh.s zusammen mit Boethius' *Consolatio* im Anschluss an die *Nikomachische Ethik* gelesen (Dutton 1997). Führende Theologen des 13. Jh.s wie Albert der Große, Thomas von Aquin und Heinrich von Gent assimilieren die *positio Platonica* kritisch ihrem eigenen Denken: die Theorie der Präexistenz der Seele und der Wiedererinnerung wird zurückgewiesen, die Ideen- und Partizipationslehre aber in die christliche Theologie und Metaphysik integriert (Kobusch 1997; Anzulewicz 2002 und 2005; Hankey 2002; Steel 2003). Thomas von Aquin (ca. 1225–1274) kennt wahrscheinlich nur den *Timaios* direkt (d. h. in Calcidius' Übersetzung), und trotz seines christlichen Neuplatonismus steht er Platon sehr ablehnend gegenüber (Aertsen 1997). Thomas zufolge besteht Platons Fehler darin, zu meinen, dass »die Form des erkannten [Objektes] sich notwendigerweise im erkennenden [Subjekt] in der Weise gebe, in welcher sie im erkannten [Objekt] ist«. Weil die Formen auf universelle, immaterielle und unveränderliche Weise vom Intellekt erkannt werden, habe Platon gefolgert, dass »die erkannten Dinge auf diese Weise, nämlich immateriell und unveränderlich, an sich existieren«. Diese Schlussfolgerung beruhe aber auf einem mangelhaften Begriff der Abstraktion, der die abstrahierte *species* zu einer abgetrennten Form mache (*Summa theologiae* I, 84, 1). Nach Thomas tragen solche abgetrennten Formen nichts zur menschlichen Erkenntnis bei und sind auch nicht imstande, die Dinge in der sinnlichen Welt zu verursachen (*In Metaphysicam* I, *lectiones* 15–16; vgl. Henle 1956, bes. 323–350; Porro 2007). Thomas' aristotelische Kritik an der platonischen Epistemologie und Ontologie ist aufs Engste mit seiner Kritik an Platons psychologischem Dualismus verknüpft: die platonische Auffassung, der Mensch sei wesentlich nichts anderes als die Vernunftseele, die sich des Körpers bedient, sei falsch und durch Aristoteles' hylemorphistische Theorie des Leib-Seele-Verhältnisses zu ersetzen (*Summa theologiae* I, 76, 1; *De spiritualibus creaturis*, 2; vgl. Henle 1956, 397–402; Pasnau/Shields 2004, 162–174).

Im Gegensatz zu Thomas zitiert und diskutiert Henricus Bate (geb. 1246) lange Auszüge aus den drei übersetzten Dialogen Platons. In seinem *Speculum divinorum*, einer breitangelegten philosophischen Enzyklopädie, versucht er, den Aristotelismus in allen Wissenschaftsbereichen mit dem Platonismus zu versöhnen. Aristoteles, so Bate, philosophiere meistens der menschlichen Erkenntnis gemäß, Platon aber orientiere sich soweit wie möglich am Göttlichen. Bate steht hier deutlich in der Tradition Alberts, der in seinem Metaphysikkommentar bemerkt hatte, dass die Philosophie nur durch die kombinierte Kenntnis der platonischen und der aristotelischen Lehren ihre Perfektion erreichen kann (*Spec.* XXIII, 17; vgl. Albert, *Metaphysica* I, 5, 15). Seine neuplatonische, von Proklos und Eustratios beeinflusste Ideen- und Partizipationslehre untermauert Bate mit Zitaten aus dem *Timaios* und dem *Phaidon*, und er fügt hinzu: »Im *Menon* wird diese Materie nicht berührt. [...] Platons *Parmenides* aber, ein Text, der bei uns noch nicht im Umlauf ist, enthält vielleicht mehr [Gedanken] darüber, wie ich vor langer Zeit vom Übersetzer dieses Textes [nämlich Wilhelm von Moerbeke] erfahren habe (er hatte mir versprochen, den Text zu schicken, sein Tod hat dies aber verhindert)« (*Spec.* XI, 12). Außerdem exzerpiert Bate den *Timaios* (und den Kommentar des Calcidius) in Bezug auf die Weltseele, das Fatum und die Zeit, und am Anfang seiner philosophischen Theologie zitiert er den »sokratischen Lehrsatz« über die Notwendigkeit des Gebets zusammen mit dem von Moerbeke übersetzten Fragment aus Proklos' *Timaios*-Kommentar, um aufzuzeigen, dass nur derjenige, der betet, Gott, soweit es möglich ist, zu erkennen vermag (*Spec.* XXIII, 10; vgl. *Tim.* 27c–d). In seiner Psychologie schöpft er reichlich aus dem *Phaidon* und dem *Menon*. Seine erfindungsreiche Platon-Interpretation lässt sich an einem Beispiel illustrieren: sich auf eine fehlerhafte Lesart der *Menon*-Übersetzung stützend, behauptet Bate, dass die Tugend der guten Bürger »ein göttliches Los, Geist ohne Geist« (*mens sine mente*; vgl. *Men.* 99e–100a) sei. Damit meine Platon anscheinend, dass der immerzu aktive Intellekt das innerliche und transzendente Seinsprinzip des Menschen sei, obwohl die Tätigkeit dieses Prinzips nicht immer so mit uns verbunden sei, dass wir stets aktuell denken (*Spec.* XVI, 4). Da Bate in solchen Zusammenhängen immer wieder, und oft mit einem anti-thomanischen Unterton, unterstreicht, dass Aristoteles die wahre Intention Platons nie kritisiert habe, sondern mit seinem Lehrer im Grunde übereinstimme, ist seine Philosophie durch einen Synkretismus gekennzeichnet, der einerseits Aristoteles durch eine neuplatonische Brille liest, andererseits Platon in einem peripatetischen Sinne umdeutet (Steel 1997; Guldentops 2005).

Einer ähnlichen, von Albert inspirierten Wiederaufnahme des Platonismus begegnet man in der deutschen Dominikanerschule, insbesondere bei Dietrich von Freiberg und Berthold von Moosburg. Während Dietrich (ca. 1245–1320) eine ziemlich originelle, neuplatonisch-peripatetische Philosophie entwickelt, sich aber mit Platon selbst kaum auseinandersetzt, verteidigt Berthold (geb. um 1300) in seinem Kommentar zu Proklos' *Elementatio theologica* (§ 178) Platons Ideenlehre mit Argumenten, die er prominenten *auctoritates*, wie Eustratios, Augustinus und Averroes, zuschreibt, die er aber hauptsächlich dem *Sapientiale* des fast unbekannten Thomas von York entliehen hat (Mojsisch 1999 und 2005; Sturlese/Retucci 2007, xiii–xv und xxiii–xxxix); Berthold ist wahrscheinlich auch der erste (und der einzige vor Cusanus), der sich auf den *Parmenides*-Kommentar des Proklos bezieht (Steel 1982, bes. 34–37).

Außerhalb der deutschen Dominikanerschule stößt Platon im 14. Jh., das vor allem von Thomas, Duns Scotus und den Nominalisten dominiert wird, nur auf sehr wenig Sympathie. Obgleich die augustinische Ideenlehre in immer neuen Interpretationen fortlebt (Hoenen 1993, 121–156; Herold 1997), wird der Platonismus, den man auch in der scotistischen Lehre von den *formalitates* (d. h. formellen, an sich existierenden Wesensunterscheidungen) wiederauftauchen sieht, scharf kritisiert (Panaccio 1993; Hoenen 2002). Doch verschwindet Platon nicht völlig von der philosophischen Bühne, denn ein durchaus aristotelischer Kopf wie Buridan (ca. 1295–1361) benutzt seine (wahrscheinlich indirekte) Platon-Kenntnis, um das Problem der Apriorität der Vernunft auszuarbeiten (Krieger 2004). Noch wichtiger aber ist in diesem Zusammenhang, dass um 1363 ein in zwei Handschriften überlieferter Kommentar zum *Timaios* entsteht. Der anonyme Kommentator, der den *Timaios* nicht wie Calcidius in zwei, sondern in vier Bücher aufteilt, will nicht nur »Platons heilige Gedanken« erklären, sondern auch dafür sorgen, »dass die Texte von Cicero, Macrobius, Apuleius, Boethius und anderen Philosophen leichter gemäß den platonischen Einsichten verstanden werden können«. Der Kommentator behauptet, der erste nach Calcidius zu sein, der den *Timaios* auslege, und richtet sich gegen »die zahlreichen, sehr gelehrten Theologen und Philosophen«, die sich auf Platon beriefen, ohne seine Texte verstanden oder gar gelesen zu haben (Jeauneau 1973, 195–203; Kaluza 2000).

74.4 15. Jahrhundert

Im 15. Jh. erlebt Platon auch außerhalb Italiens eine Renaissance. Nikolaus von Kues (1401–1464) unterhält nicht nur Kontakte zu maßgeblichen zeitgenössischen Platonikern, wie Heymericus de Campo und

Bessarion, sondern verfügt auch selbst über eine reiche Bibliothek, die eine große Anzahl platonischer Werke enthält. Er kennt Calicidius' *Timaios*-Übersetzung ebenso wie den *Phaidon* und den *Menon* in der Übersetzung von Henricus Aristippus, er annotiert den *Parmenides*-Kommentar des Proklos in der Übersetzung von Moerbeke und besitzt Brunis Übersetzungen der *Apologie*, des *Kriton*, des *Phaidros* und der *Briefe* sowie Georgios Trapezontios' neue Übersetzung des *Parmenides*. Zudem ist er sowohl mit dem spätantiken Neuplatonismus als auch mit der Schule von Chartres gut bekannt (de Gandillac 1982; Führer 2002; Rucco 2003, 7–9). Beeinflusst von Boethius, Albert dem Großen und Henricus Bate (Steel 2000, 151–152), versucht er auseinanderliegende Positionen zusammenzudenken und zu zeigen, dass Aristoteles eher die Formulierung als den Kern der platonischen Ansichten angefochten habe. Dies bedeutet aber keineswegs, dass Cusanus dem antiken Platonismus in allen Punkten zustimmt. Einerseits greift er viele (neu)platonische Philosopheme auf: das Einheitsdenken, die Lehre vom schöpferischen Intellekt und vom intelligiblen Kosmos, den Raumbegriff, die Dialektik und das Paradox der *docta ignorantia* (›gelehrten Unwissenheit‹), die mystisch-apophatische Theologie. Andererseits äußert sich Cusanus in seinem *Idiota de mente* kritisch über die platonische Lehre der Präexistenz der Seele, den Ideen-Innatismus, die Lehre von der Weltseele und der Emanation des Geistes. In *De beryllo* kritisiert er Platon wegen seiner falschen Auffassung der Trinität, seiner nezessitaristischen Vorstellung der Schöpfervernunft und seiner Annahme, dass es Ideen von Artefakten oder mathematischen Gegenständen gebe (Senger 1986 und 2002, bes. 197–227; Borsche 1992; Mojsisch 1997; Thiel 1998; Reinhardt/Schwaetzer 2007).

Dionysius der Kartäuser (1402–1472), der letzte enzyklopädische Geist der mittelalterlichen Scholastik, ist ebenso wie sein Freund Cusanus ein begeisterter Bewunderer des Platonismus. In einigen philosophischen Traktaten (bes. *De lumine christianae theoriae*, *De puritate et felicitate animae*, *Elementatio philosophica*) und in seinem Kommentar zu Boethius' *Consolatio Philosophiae* verweist er häufig auf Platons *Menon*, *Phaidon* und *Timaios*. Obgleich er Platon wegen dessen Religiosität als den tiefsinnigsten Philosophen betrachtet, lehnt auch er die platonische Lehre der Präexistenz der Seele und den Innatismus ab: die Erkenntnis sei nur angeboren, insofern sie allgemein ist, und auch wenn Augustinus und Boethius Platon hier gefolgt seien, sollte man sich doch in diesem Punkt von ihnen distanzieren (*In Cons. Phil.* III, 11, 31). Ferner bemüht sich Dionysius, die platonische Lehre des präexistierenden Chaos in seine christlich-aristotelische Naturphilosophie einzubauen. Wahrscheinlich habe Platon gemeint, dass alle körperlichen Substanzen aus Materie und Form zusammengesetzt sind. Es sei aber schwierig, Platons Intention zu verstehen, weil er sich gewöhnlich einer undeutlichen, metaphorischen Sprache bediene. Mit der Schöpfungslehre des platonischen *Timaios* stehe die polytheistische Emanationslehre des Proklos jedoch im Widerspruch; denn während Proklos eine Kette von sekundären Göttern einführte, habe Platon gelehrt, dass der göttliche Geist, der die Urbilder in sich enthalte, die Erste Ursache und das gutmachende Formprinzip aller Geschöpfe sei. In diesem Sinne habe Dionysius Areopagita die Ideentheorie der ›Stoiker‹ oder ›Platoniker‹ korrigiert (*De lumine* I, 30–32; vgl. Emery 1996, Kap. VI–VII).

74.5 Fazit

Zusammenfassend lässt sich feststellen: Im lateinischen Mittelalter wird Platon sehr hoch geschätzt, sofern seine idealistische Kosmologie und sein spiritualistisches Menschenbild mit der christlichen Theologie vereinbar scheinen. Dennoch bemühen sich mittelalterliche Gelehrte nicht darum, den ›historischen‹ Platon kennenzulernen. Die meisten geben sich mit Calcidius' *Timaeus* zufrieden, und selbst diejenigen, die auch andere Dialoge (vor allem *Menon* und *Phaidon*) gelesen haben und zwischen Platons eigenen Theorien und denen der Platoniker unterscheiden, interpretieren Platon aus ihrer mittelalterlichen neuplatonisch geprägten Perspektive. Der literarische Autor der Dialoge, der manchmal auf aporetische Weise und mit sokratischer Ironie eine nur schwer fassbare und nur im Dialog auffindbare Wahrheit suchte, ist den mittelalterlichen Theologen und Philosophen fremd. Während also der Platonismus im lateinischen Mittelalter in vielfältigen Varianten begegnet, ist Platon selbst nirgendwo wirklich präsent (Gilson 1955, 144; Decorte 1999, 87).

Literatur

Aertsen, Jan A. 1997: »Thomas Aquinas: Aristotelianism versus Platonism?« In: Benakis 1997, 147–162.

Aertsen, Jan A. 2014: »Platonism«. In: Robert Pasnau/Christina van Dyke (Hg.): The Cambridge History of Medieval Philosophy. Cambridge, 76–85.

Anzulewicz, Henryk 2002: »Die platonische Tradition bei Albertus Magnus. Eine Hinführung«. In: Gersh/Hoenen/van Wingerden 2002, 207–277.

Anzulewicz, Henryk 2005: »Die *Timaios*-Rezeption bei Albertus Magnus«. In: Leinkauf/Steel 2005, 329–361.

Anzulewicz, Henryk 2012: »Albertus Magnus über die *philosophi theologizantes* und die natürlichen Voraussetzungen postmortaler Glückseligkeit. Versuch einer Bestandsaufnahme«. In: Carlos Steel/John Marenbon/Werner Verbeke (Hg.), 55–83.

Beierwaltes, Werner 2001: Platonismus im Christentum. Frankfurt a. M.

Benakis, Linos (Hg.) 1997: Néoplatonisme et philosophie médiévale. Turnhout.

Bezner, Franz 2002: »Simmistes veri. Das Bild Platons in der Theologie des zwölften Jahrhunderts«. In: Gersh/Hoenen/van Wingerden 2002, 93–137.

Boiadjiev, Tzotcho/Kapriev, Georgi/Speer, Andreas (Hg.) 2000: Die Dionysius-Rezeption im Mittelalter. Turnhout.

Borsche, Tilman 1992: »Entgrenzung des Naturbegriffs. Vollendung und Kritik des Platonismus bei Nikolaus von Kues«. In: Albert Zimmermann/Andreas Speer (Hg.): Mensch und Natur im Mittelalter. Berlin/New York, 562–571.

Bos, Egbert P./Meijer, Pieter A. (Hg.) 1992: On Proclus and His Influence in Medieval Philosophy. Leiden.

Brock, Stephen L. 2007: »Harmonizing Plato and Aristotle on *Esse*: Thomas Aquinas and the *De Hebdomadibus*«. In: Nova et Vetera. English Edition 5, 465–494.

Caiazzo, Irène 2002: Lectures médiévales de Macrobe: les ›Glosae Colonienses super Macrobium‹. Paris.

Callataÿ, Godefroid de 1996: Annus Platonicus: A Study of World Cycles in Greek, Latin and Arabic Sources. Louvain-le-Neuve.

Calma, Dragos 2012: »Du néoplatonisme au réalisme et retour, parcours latins du *Liber de causis* aux XIIIe–XVIe siècles«. In: Bulletin de philosophie médiévale 54, 217–276.

Calma, Dragos (Hg.) 2016: Neoplatonism in the Middle Ages. Bd. I: New Commentaries on *Liber de causis* (ca. 1250–1350); Bd. II: New Commentaries on *Liber de causis* and *Elementatio theologica* (ca. 1350–1500). Turnhout.

Cary, Phillip 2008: Inner Grace. Augustine in the Traditions of Plato and Paul. Oxford.

Decorte, Jos 1999: »›Sed quoniam Platonis scripta nondum cognovit latinitas nostra...‹ Que faire en l'absence d'une traduction?« In: Rita Beyers/Jozef Brams/Dirk Sacré/Koenraad Verrycken (Hg.): Tradition et traduction. Les textes philosophiques et scientifiques grecs au moyen âge latin. Leuven, 69–87.

Dutton, Paul E. 1997: »Material Remains of the Study of the *Timaeus* in the Later Middle Ages«. In: Claude Lafleur/Joanne Carrier (Hg.): L'enseignement de la philosophie au XIIIe siècle. Autour du »Guide de l'étudiant« du ms. Ripoll 109. Turnhout, 203–230.

Emery, Kent Jr. 1996: Monastic, Scholastic and Mystical Theologies from the Later Middle Ages. Ashgate.

Flores, Juan Carlos 2011: »The Roots of Love of Wisdom: Henry of Ghent on Platonic and Aristotelian Forms«. In: Kent Emery, Jr./Russell L. Friedman/Andreas Speer 2011, 623–640.

Führer, Markus L. 2002: »Cusanus Platonicus. References to the Term ›Platonici‹ in Nicholas of Cusa«. In: Gersh/Hoenen/van Wingerden 2002, 345–370.

Galle, Griet/Guldentops, Guy 2004: »Ferrandus Hispanus on Ideas«. In: Gerd Van Riel/Caroline Macé/Leen Van Campe (Hg.): Platonic Ideas and Concept Formation in Ancient and Medieval Thought. Leuven, 51–80.

Gandillac, Maurice de 1982: »Neoplatonism and Christian Thought in the Fifteenth Century (Nicholas of Cusa and Marsilio Ficino)«. In: Dominic J. O'Meara (Hg.): Neoplatonism and Christian Thought. Albany, 143–168.

Gersh, Stephen 2002: »The Medieval Legacy from Ancient Platonism«. In: Gersh/Hoenen/van Wingerden 2002, 3–31.

Gersh, Stephen/Maarten Hoenen/Pieter van Wingerden (Hg.) 2002: The Platonic Tradition in the Middle Ages. A Doxographic Approach. Berlin/New York.

Gersh, Stephen 2005: Reading Plato, Tracing Plato: From Ancient Commentary to Medieval Reception. Aldershot.

Gilson, Étienne 1955: History of Christian Philosophy in the Middle Ages. London.

Guldentops, Guy 2005: »›Famosus expositor...‹: On Bate's (Anti-)Thomism«. In: Recherches de Théologie et Philosophie médiévales 72, 191–231.

Guldentops, Guy 2006: »James of Douai's Theory of Knowledge«. In: Maria Cândida Pacheco/José Francisco Meirinhos (Hg.): Intellect et imagination dans la philosophie médiévale. Turnhout. Bd. II, 1143–1154.

Guldentops, Guy 2015: »Two ›Platonic‹ Scholastics on the Soul's Presence in the Body: John Quidort and Giles of Viterbo«. In: Archives d'Histoire Doctrinale et Littéraire du Moyen Âge 82, 69–95.

Hankey, Wayne J. 2002: »Aquinas and the Platonists«. In: Gersh/Hoenen/van Wingerden 2002, 279–324.

Henle, Robert J. 1956: Saint Thomas and Platonism. A Study of the *Plato* and *Platonici* Texts in the Writings of Saint Thomas. The Hague.

Herold, Vilém 1997: »Neuplatonismus in der Ideenlehre bei Johann Wyclif und an der Prager Universität«. In: Benakis 1997, 253–271.

Hochschild, Paige E. 2012: Memory in Augustine's Theological Anthropology. Cambridge.

Hoenen, Maarten J. F. M. 1993: Marsilius of Inghen. Divine Knowledge in Late Medieval Thought. Leiden.

Hoenen, Maarten J. F. M. 2002: »›Modus loquendi platonicorum‹. Johannes Gerson und seine Kritik an Platon und die Platonisten«. In: Gersh/Hoenen/van Wingerden 2002, 325–343.

Jeauneau, Édouard 1973: Lectio philosophorum. Recherches sur l'École de Chartres. Amsterdam.

Jeauneau, Édouard 2006: »Introduction«. In: Guillelmi de Conchis Glosae super Platonem. Editionem nouam curauit E. A. Jeauneau. Turnhout, xix–lxvii.

Kaluza, Zénon 2000: »L'organisation politique de la cité dans un commentaire anonyme du *Timée* de 1363«. In: Ada Neschke-Hentschke (Hg.): Le *Timée* de Platon. Contributions à l'histoire de sa réception. Louvain/Paris, 141–171.

Klibansky, Raymond 1982: The Continuity of the Platonic Tradition During the Middle Ages. New York.

Kobusch, Theo 1997: »Heinrich von Gent und die neuplatonische Ideenlehre«. In: Benakis 1997, 197–209.

Kobusch, Theo 2006: Christliche Philosophie. Die Entdeckung der Subjektivität. Darmstadt.
König-Pralong, Catherine 2007: »Figures fantômes de Platon dans la philosophie scolastique médiévale. La traduction *synolon – simul totum*«. In: Freiburger Zeitschrift für Philosophie und Theologie 54, 386–406.
Krieger, Gerhard 2004: »›Plato dicebat‹. Überlegungen zur Renaissance des Platonismus im Spätmittelalter«. In: Jan A. Aertsen/Martin Pickavé (Hg.): »Herbst des Mittelalters«? Fragen zur Bewertung des 14. und 15. Jahrhunderts. Berlin/New York, 72–83.
Leinkauf, Thomas/Steel, Carlos (Hg.) 2005: Platons *Timaios* als Grundtext der Kosmologie in Spätantike, Mittelalter und Renaissance. Leuven.
Lemoine, Michel 1998: Théologie et platonisme au XIIe siècle. Paris.
Marenbon, John 1997: »Platonismus im 12. Jahrhundert: Alte und neue Zugangsweisen«. In: Theo Kobusch/Burkhard Mojsisch (Hg.): Platon in der abendländischen Geistesgeschichte. Darmstadt, 101–119.
Marenbon, John 2002: »Platonism – A Doxographic Approach: The Early Middle Ages«. In: Gersh/Hoenen/van Wingerden 2002, 67–89.
Martello, Concetto 2013: Platone latino. Forme di teoresi nel Medioevo ›alto‹ e ›centrale‹, Sankt Augustin.
Mojsisch, Burkhard 1997: »Platonisches und Platonistisches in der Philosophie des Nikolaus von Kues«. In: Theo Kobusch/Burkhard Mojsisch (Hg.): Platon in der abendländischen Geistesgeschichte. Darmstadt, 134–141.
Mojsisch, Burkhard 1999: »Aristoteles' Kritik an Platons Theorie der Ideen und die Dietrich von Freiberg berücksichtigende Kritik dieser Kritik seitens Bertholds von Moosburg«. In: Karl-Hermann Kandler/Burkhard Mojsisch/Franz-Bernhard Stammkötter (Hg.): Dietrich von Freiberg. Neue Perspektiven seiner Philosophie, Theologie und Naturwissenschaft. Amsterdam/Philadelphia, 267–281.
Mojsisch, Burkhard 2005: »Aristoteles mit oder ohne Platon«. In: Ludger Honnefelder/Rega Wood/Mechtild Dreyer/Marc-Aeilko Aris (Hg.): Albertus Magnus und die Anfänge der Aristoteles-Rezeption im lateinischen Mittelalter. Von Richardus Rufus bis zu Franciscus de Mayronis. Münster, 821–833.
Mojsisch, Burkhard/Summerell, Orrin F. 2002: »Platonismus«. In: Manfred Landfester/Hubert Cancik/Helmuth Schneider (Hg.): Der Neue Pauly. Enzyklopädie der Antike. Rezeptions- und Wissenschaftsgeschichte. Bd. 15/2. Stuttgart/Weimar, 362–378.
Monfasani, John 2015: Greek Scholars between East and West in the Fifteenth Century. Farnham/Burlington.
Nauta, Lodi 1999: »The *Glosae super Boetium*: Method and Contents«. In: Guillelmi de Conchis Glosae super Boetium. Cura et studio L. Nauta. Turnhout, xvii–lxxix.
Nauta, Lodi 2002: »›Magis sit Platonicus quam Aristotelicus‹: Interpretations of Boethius's Platonism in the *Consolatio Philosophiae* from the Twelfth to the Seventeenth Century«. In: Gersh/Hoenen/van Wingerden 2002, 165–204.
Olejniczak Lobsien, Verena/Olk, Claudia (Hg.) 2007: Neuplatonismus und Ästhetik. Zur Transformationsgeschichte des Schönen. Berlin/New York.

Otten, Willemien 2004: From Paradise to Paradigm. A Study of Twelfth-Century Humanism. Leiden/Boston.
Panaccio, Claude 1993: »Guillaume d'Occam et la perplexité des Platoniciens«. In: Monique Dixsaut (Hg.): Contre Platon. Tome I: Le Platonisme dévoilé. Paris, 117–135.
Pasnau, Robert/Shields, Christopher 2004: The Philosophy of Aquinas. Boulder/Oxford.
Porro, Pasquale 2007: »Astrazione e separazione: Tommaso d'Aquino e la tradizione greco-araba«. In: Ders.: Tommaso d'Aquino. Commentia Boezio. Testo latino a fronte. Milano, 527–580.
Reinhardt, Klaus/Schwaetzer, Harald 2007: Nikolaus von Kues in der Geschichte des Platonismus. Regensburg.
Retucci, Fiorella 2013: »Nuovi percorsi del platonismo medievale: i commentari bizantini all'Etica Nicomachea nel Sapientiale di Tommaso di York«. In: Documenti e Studi sulla tradizione filosofica medievale 24, 85–120.
Ricklin, Thomas 2002: »Platon im zwölften Jahrhundert: Einige Hinweise zu seinem Verschwinden«. In: Gersh/Hoenen/van Wingerden 2002, 139–163.
Rucco, Ilario 2003: Il Platone latino: Il *Parmenide*. Giorgio di Trebisonda e il cardinale Cusano. Firenze.
Senger, Hans-Gerhard 1986: »Aristotelismus vs. Platonismus. Zur Konkurrenz von zwei Archetypen der Philosophie im Spätmittelalter«. In: Albert Zimmermann/Gudrun Vuillemin-Diem (Hg.): Aristotelisches Erbe im arabisch-lateinischen Mittelalter. Übersetzungen, Kommentare, Interpretationen. Berlin/New York, 53–80.
Senger, Hans-Gerhard 2002: Ludus sapientiae. Studien zum Werk und zur Wirkungsgeschichte des Nikolaus von Kues. Leiden.
Söder, Joachim 2002: »›Painfully Awkward‹? Die Übersetzungen Platons ins mittelalterliche Latein«. In: Bodo Plachta/Winfried Woesler (Hg.): Edition und Übersetzung. Zur wissenschaftlichen Dokumentation des interkulturellen Texttransfers. Tübingen, 255–262.
Speer, Andreas 1995: Die entdeckte Natur. Untersuchungen zu Begründungsversuchen einer »scientia naturalis« im 12. Jahrhundert. Leiden.
Speer, Andreas 2000: »Von Platon zu Aristoteles. Zur Prinzipienlehre bei David von Dinant«. In: Freiburger Zeitschrift für Philosophie und Theologie 47, 307–341.
Speer, Andreas/Arnzen, Rüdiger/Guldentops, Guy/Speer, Andreas/Trizio, Michele/Wirmer, David 2007: »Philosophische Kommentare im Mittelalter – Zugänge und Orientierungen. Zweiter Teil«. In: Allgemeine Zeitschrift für Philosophie 32(3), 259–290.
Steel, Carlos (Hg.) 1982: Proclus. Commentaire sur le *Parménide* de Platon. Traduction de Guillaume de Moerbeke. Tome I: Livres I à IV. Édition critique. Leuven/Leiden.
Steel, Carlos 1990: »Plato Latinus (1939–1989)«. In: Jacqueline Hamesse/Marta Fattori (Hg.): Rencontres de cultures dans la philosophie médiévale. Traductions et traducteurs de l'Antiquité tardive au XIVe siècle. Louvain-la-Neuve/Cassino, 301–316.
Steel, Carlos 1997: »Das neue Interesse für den Platonismus am Ende des 13. Jahrhunderts«. In: Theo Kobusch/Burkhard Mojsisch (Hg.): Platon in der abendländischen Geistesgeschichte. Darmstadt, 120–133.
Steel, Carlos 2000: »Nature as Object of Science: On the Me-

dieval Contribution to a Science of Nature«. In: Chumaru Koyama (Hg.): Nature in Medieval Thought. Some Approaches East and West. Leiden, 125–152.

Steel, Carlos 2003: »Henricus Gandavensis Platonicus«. In: Guy Guldentops/Carlos Steel (Hg.): Henry of Ghent and the Transformation of Scholastic Thought. Leuven, 15–39.

Steel, Carlos 2005: »Plato«. In: Thomas Glick/Steven J. Livesey/Faith Wallis (Hg.): Medieval Science, Technology, and Medicine. An Encyclopedia. New York/London, 412–414.

Steel, Carlos 2012: »De-Paganizing Philosophy«. In: Carlos Steel/John Marenbon/Werner Verbeke 2012, 19–37.

Steel, Carlos/Marenbon, John/Verbeke, Werner (Hg.) 2012: Paganism in the Middle Ages: Threat and Fascination. Leuven.

Sturlese, Loris/Retucci, Fiorella 2007: »Einleitung – Prolegomena«. In: Berthold von Moosburg. Expositio super Elementationem theologicam Procli. Propositiones 136–159. Hg. von Fiorella Retucci. Hamburg, ix–xlvi.

Thiel, Detlef 1998: »*Chóra, locus, materia*. Die Rezeption des platonischen Timaios (48a–53c) durch Nikolaus von Kues«. In: Jan A. Aertsen/Andreas Speer (Hg.): Raum und Raumvorstellungen im Mittelalter. Berlin/New York, 52–73.

Tornau, Christian 2008: »Die Heiden des Augustinus: Das Porträt des paganen Gebildeten in *De civitate Dei* und in den *Saturnalien* des Macrobius«. In: Therese Fuhrer (Hg.): Die christlich-philosophischen Diskurse der Spätantike: Texte, Personen, Institutionen. Stuttgart, 299–325.

Westra, Haijo J. (Hg.) 1992: From Athens to Chartres. Neoplatonism and Medieval Thought. Leiden.

Whittaker, John 1984: Studies in Platonism and Patristic Thought. London.

Wieland, Georg 1985: »Platon oder Aristoteles? – Überlegungen zur Aristoteles-Rezeption des lateinischen Mittelalters«. In: Tijdschrift voor Filosofie 47, 605–630.

Guy Guldentops

75 Marsilio Ficino und die Renaissance

75.1 Ficino, Platon und der Platonismus

Während die Platon-Rezeption im lateinischen Mittelalter auf wenige Texte (*Phaidon, Timaios, Menon*) beschränkt blieb, begann sie bereits im Frühhumanismus deutlichere Konturen anzunehmen. Dies geschieht vor allem in der Gestalt der *Politeia*-Kommentierungen von Decembrio, Bruni und Bessarion (vgl. Garin 1955; Hankins 1994, Bd. I; Vegetti 2008). Durch Marsilio Ficino (1433–1499) erfährt die Auseinandersetzung mit Platon schließlich einen nachhaltigen Impuls, der bis in das 19. Jh. hinein ausstrahlen wird.

Dieser Impuls setzt sich aus zwei nicht voneinander zu trennenden Momenten zusammen, einem philologischen und einem systematischen Moment. In beidem, vor allem aber in seiner Übersetzungsarbeit setzt Ficino beeindruckende Standards. Ficino hat nicht nur den ganzen Platon übersetzt (diese Übersetzung erschien zuerst 1484 in Florenz, dann 1491 in Venedig), sondern hat ihn auch durchgehend mit Kommentaren und Argumenta versehen und in diesen ausgelegt (Allen 1975, 1981, 1989, 1994; Hankins 1986; Leinkauf 2006). Schon 1456 verfasste er ein leider verloren gegangenes Lehrbuch zu Platon, die *Institutiones ad Platonicam disciplinam*. Dieses war möglicherweise inspiriert durch die seit dem Mittelplatonismus (Alkinoos) einsetzende, an einer Kultur der Mitteilung und Lehre orientierte Systematisierung Platons in Lehrbüchern (*Didaskalikos*), vor allem aber durch den christlichen Platonismus (Augustinus, Dionysius Areopagita, Boethius, Eriugena; vgl. *Opera* 899). Diese frühe Auseinandersetzung mit der platonischen Tradition, die aber schon Platon selbst meinte, wurde forciert durch die Tatsache, dass Ficino auf Anraten von Cosimo il Vecchio und Cristoforo Landino Griechisch lernte und damit Platon in den Manuskripten selbst lesen konnte. Endgültiger Impuls für die intensive Auseinandersetzung mit Platon, sowohl für die Kommentierung einzelner Dialoge und die Gesamtübersetzung, aber auch grundsätzlich für die weiteren Übersetzungen von Plotin sowie Teilen aus Proklos, Jamblich, Dionysius Areopagita war der Auftrag von Cosimo de Medici, für ihn griechische Philosophen zu übersetzen. Historisch verbürgt ist, dass Ficino 1462 vom Mediceer die dadurch berühmt gewordene Villa in Careggi (nahe Florenz; SF II. 87–88) zur freien Nutzung erhielt; kritisch zu sehen ist die

Gründung und das tatsächliche Bestehen einer ›Platonischen Akademie‹ (Hankins 1994 u. 2001). Die wohl einflussreichste Kommentierung eines Platon-Textes durch Ficino ist die auch als *De amore* bekannte, bereits 1469 entstandene Auseinandersetzung mit dem *Symposion*, die schon 1475 in italienischer Fassung erschienen ist (Marcel 1978, 25 f.). Dieser Kommentar erschien in der lateinischen Fassung immer mit dem ganzen Platon (seit der *editio princeps* 1484 alleine 19 Auflagen, elf davon in Frankreich) oder dann in den *Opera omnia* des Ficino (Basel 1561, 1576, Paris 1641). Obgleich ausgerechnet die Volgare-Fassung spät erschien und nicht die von Ficino intendierte Breitenwirkung entfaltete, hatte dieser Kommentar doch – vermittelt über die lateinische Version und über Manuskripte – einen außerordentlichen Erfolg bei den Intellektuellen, den Philosophen und Poeten des späten 15. und des ganzen 16. Jh.s (Marcel 1978, 117 f.), ja noch hinein bis ins 17. Jh. (Leinkauf 1989). Neben Platon hat Ficino noch in einer bis auf heutige Editionen (etwa die *editio maior* von Henry-Schwyzer) ausstrahlenden, kongenialen Weise den ganzen Plotin übersetzt (1484–86) und kommentiert (bis 1490, zusammen herausgegeben 1492), ebenso Teile aus Alkinoos, Porphyrios, Jamblich, Theon von Smyrna, Proklos, Hermias Alexandrinus, Synesios (alles im zweiten Band der *Opera*) und Dionysius Areopagita.

75.2 Ficinos Denken: christlicher Platonismus

Ficinos selbstständiger Beitrag zur Philosophie ist nicht zu trennen von der Tatsache, dass er »in einem ausgezeichneten Sinne in der Tradition philosophiert und lediglich die Lehren Platons und der antiken Platoniker zu erneuern vorgibt« (Kristeller 1972, 4). Diese sog. Erneuerungsthese ist eine selbst schon aus der späteren Antike gezogene Stilisierung, bei der ›Erneuerung‹ oder ›Auslegung‹ in einem doppelten Sinne zu verstehen ist: (1) Einerseits als Versuch, dem an sich nicht direkt zugänglichen, sondern *sub velamine* der äußeren Textgestalt nur präsenten Denken Platons dadurch näher zu kommen, dass genau diese Differenz zwischen Text und Sinn registriert wird und der dadurch eröffnete hermeneutische Spalt, durch den das Licht des ursprünglichen Gedankens einfällt, sorgfältig vermessen wird; (2) andererseits als bewusstes Eintreten in eine Auslegungstradition, die – um ihre inneren Brüche als Schein und Missdeutung zu entlarven – das Denken Platons selbst noch als Teil eines diesen übergreifenden, in sich homogenen Entfaltungszusammenhanges einer einzigen christlichen Wahrheit zu deuten bemüht ist (Schmitt 1970; Walker 1972; Schmidt-Biggemann 1998, 49–63). Dies macht den Platon Ficinos eins zu einem hellenistischen, weil neuplatonischen Platon, und zu einem christlichen, weil er auf die »älteste Weisheit« (*prisca sapientia*) zurückgeht und zu Recht durch die größten christlichen Autoritäten – Augustinus, Dionysius Areopagita, Thomas von Aquin – selbst ausgelegt wird. Die »Wiedergeburt« Platons (*suscitare, resurgere, renasci*, vgl. *Opera* 918, 948, 1537 u. ö.) ist zugleich auch und ganz im Sinne des zeitgenössischen Humanismus Parallelprogramm zur ›Wiedergeburt‹ und ›Erneuerung‹ der zeitgenössischen Kunst seit Dante und Giotto (Kristeller 1972, 10 f.). So sieht man, noch bevor man eine einzige Zeile von Ficinos Platon gelesen hat, Platon in ein kompliziertes Koordinatensystem gestellt, dessen Ordinaten-Abszissen-Gefüge zumindest aus den drei genannten Faktoren: Neuplatonismus, Christentum und Renaissance besteht. Ficinos gesamter Denkansatz erweist sich als Ausdruck einer durch tiefe Religiosität geprägten Lebensform: Dies verbindet ihn, blickt man auf die platonische Tradition, insbesondere mit Autoren wie Porphyrios, Jamblich und Proklos. Blickt man auf die christliche Tradition, so steht ihm die mystisch geprägte Denkform eines Dionysius Areopagita (die er auch kommentiert hat, *Opera omnia* 1013–1128) näher als Thomas von Aquin, der ansonsten hinsichtlich der Terminologie, Einzelfragestellungen und Argumentation (zu *deus-intelligere-esse* vgl. Beierwaltes 1994, 655 f.), insbesondere in Form seiner *Summa contra gentiles* so gegenwärtig ist (Gilson 1957; Collins 1974; Leinkauf 1992, 737, 750). Thomas hat im platonischen Diskurs ein deutliches Pendant in Plotin: Von ihm übernimmt Ficino die systematische Seinseinteilung, den Intellektbegriff, Teile der Seelenlehre sowie die Kritik am Materialismus der Stoa. Aber die Atmosphäre grundsätzlicher Religiosität ist doch dem späteren Neuplatonismus näher als der luziden Intellektualität Plotins. Ficino sieht es jedoch, aus seiner den Neuplatonikern gleichenden Optik so, dass schon Platons Denken selbst der »[scil. christlichen] Religion wirksam zur Hilfe komme« (*TP*, Prooemium; *religioni admodum suffragantibus*, M 1, 36). In der Nachfolge zu Augustinus (etwa *De vera religione* IV 7; *Confessiones* VII 9,13) stellt er platonisches Denken in der Dignität fast auf die gleiche Stufe wie das christliche Denken (*Opera* 855, 872; Kristeller 1972, 12 f.). Die Philosophie Platons und seiner späteren Ausleger ist für Ficino eine

»*pia philosophia*« (*Opera* 871), sie ist selbst Theologie. Das Hauptwerk Ficinos, die *Theologia Platonica* (1469–74), ist Dokument dieser Ineinssetzung.

75.3 Ficinos System

Ficinos Denken hat eine unabweislich religiöse, in Teilen in die Magie und Astrologie hinüberspielende Grundierung (die auch sein gesamtes Dasein umfasst). Dennoch kann man mit guten Gründen von einem ›System‹ sprechen, von einem durch Schichtung und Abstufung bestimmten Seinsbegriff (Kristeller 1972, 55–72), der seinem Denken eine markante Gestalt gibt und es dadurch hat wirksam werden lassen. Dieses ›System‹ ist eine Synthese aus einem neuplatonischen, vor allem aus Plotin gezogenen Schichtenmodell und dem christlichen Stufungsgedanken, der sich aus diesem Modell heraus entwickelt und dabei die verschiedenen Analogie-Konzepte als Interpretamente hervorgebracht hat. Für diese Synthese zeichnet vor allem Dionysius Areopagita verantwortlich, für das Stufungs-und Analogiemodell Thomas von Aquin (Leinkauf 1992, 745 f.). Ficino zeigt in seinen frühen Texten einen an Plotin angelehnten Seinsaufbau: *Deus, mens/intellectus, anima, natura, materia* (A 147–148; Plotin, *Enn.* III 4,1; VI 8,18; VI 9,8); in der später entstandenen *Theologia Platonica* ist Plotin schon verknüpft mit dem christlichen, aus Dionysius Areopagita, Augustinus, Thomas von Aquin gezogenen Stufengedanken, der neben dem Gedanken der ›Kette des Seins‹ (*catena aurea*) vor allem einen durch den Proportionsbegriff bestimmten Ordnungsgedanken aufweist (*Philebos*-Kommentar, c. 27, *Opera* 1234; *TP* I c. 5; M 1, 61 f; X c. 2; 2, 54 f.). In dieser Synthese aus Schichtung und Stufung (Kristeller 1972, 55–72) hält sich bei Ficino ein klares Muster durch: eine symmetrisch um die Seele als Mitte aufgebaute Reihe (Gott-Engel (Geist)-Seele-Qualität-Körper), die zwar deutlich Plotins Vorgabe durchscheinen lässt, jedoch auch klare Unterschiede aufweist, etwa den Wegfall der *physis* oder der *aisthêsis* (*TP* I c. 1, M 1, 38 f; III c. 2, 1, 137; XII c. 3, 2, 164; XVII c. 2, 3, 153 f.; zu den Unterschieden zu Plotin vgl. Kristeller 1972, 88–90). Insgesamt dokumentiert sich in Ficino, wie in anderer Weise auch im Denken des Nicolaus Cusanus, auf eindringliche Weise die Komplexität dessen, was ›christlicher Platonismus‹ heißt: (1) Die Zurückweisung eines starken, durch Transzendenz bestimmten Begriffs von Einheit, ohne doch die fruchtbaren Implikationen dieses Begriffs, seine schon für die antiken Autoren auf das Sein bezogene Bedeutung aufzugeben. (2) Die Verbindung von Einheit und anfänglicher, ternarisch gedachter Vielheit, deren antikes Muster im Selbstvollzug des Denkens besteht, um damit den christlichen Gottesbegriff in den Horizont möglicher denkender Bezugnahme zu rücken. (3) Die Auffächerung des Intellektbegriffs in eine durch Reflexionsintensität und daraus entstehender Aktualitätsgradation bestimmte Reihe (*latitudo intelligentiarum*), um dadurch die Differenz der Engel zu Gott einerseits und die Nähe des Menschen zu den Engeln andererseits bestimmen zu können. (4) Die Aufwertung der Bedeutung der Einzelseele, die als Rationalseele oder Intelligenz direkt als Bild Gottes geschaffen ist; damit verbunden ist die Auslotung der mannigfaltigen Vermögen und Tätigkeitsbereiche des Seelischen, die zu einem starken Begriff der *dignitas hominis* (Menschenwürde) führen (hier auch deutlich abgesetzt vom mittelalterlichen Gegenpart, der *miseria hominis*). (5) Die Ausschaltung der Natur als einer eigenständigen, quasi-hypostatischen Größe und die *recollectio* alles Seienden unter dem Begriff der Qualität, d. h. der distinguierenden, durch seelische Aktivität bestimmten Wie-Bestimmtheit.

Es muss festgehalten werden (gegen Kristeller 1972, 56, 88 u. ö.), dass in Ficinos Ansatz die der Seele unter- oder nachgeordneten Stufen, die Qualität (Natur) und Körper (Materie), ihres ontologischen Selbststandes beraubt werden und »in der dynamisch-operationalen Entfaltung des Seelischen« aufgehen (Leinkauf 1992, 745; vgl. *TP* IV c. 2, M 1, 171 f.; V c. 14, M 1, 178 f: *regere, dominari*; s. Kap. VII.75.3 Abschnitt ›Seele und Selbstbesitz‹). Dies weist deutlich voraus auf die Denkansätze von H. More und R. Cudworth (s. Kap. VII.76.3 und 4).

Eines/Einheit und Gott

Das Eine ist im Denken Plotins und der ihm folgenden Neuplatoniker zugleich der *vor* jedem denkenden Zugriff liegende Anfangs- und Entfaltungspunkt jeder Wirklichkeit als auch der *nach* jedem Denken liegende, weil es der in seinen höchsten Anstrengungen übersteigende Ziel- und Fluchtpunkt jeder intentional auf Erfassen dieser Wirklichkeit ausgerichteten mentalen Einstellung ist. Die radikale Absage an jede zureichende Möglichkeit, das Eine als es selbst denkend zu erfassen, ist die eine Seite des von Plotin ausgehenden Denkens; sie führt, vermittelt über Proklos, bei Dionysius Areopagita zur Entfaltung einer ›negativen Theologie‹. Die andere Seite dieser theologischen

Münze jedoch ist das extrem reichhaltige Spektrum der bedingten, affirmativen Bezugnahmen, in denen das Denken sich das Sein dieser Welt als eine vom Einen abkünftige All-Einheit bewusst machen kann. Dies geschieht dadurch, dass Aussagen über das Eine – wie: »das Eine ist das Gute«, »das Eine ist das neidlos sich mitteilende höchste Sein« etc. – etwas an diesem selbst erschließen, ohne es doch als Ganzes erfassen zu können (Beierwaltes 1985, 216–222). Dies ist der Hintergrund, vor dem Ficino seine vielfältigen Reflexionen zum Einen anstellt, die insbesondere in den Kommentaren zu Platons *Parmenides*, zu bestimmten *Enneaden* Plotins und zu *De divinis nominibus* des Areopagiten zu finden sind (Leinkauf 1992, 738 f.; Beierwaltes 1994, 644 f.). Das Eine ist für Ficino als Bestimmung des christlichen Gottes, der als eine dreifältig in sich selbst vermittelte Einheit von Personen zu denken ist, *nicht* als absolutes, vor aller Vielheit anzusetzendes Eines zu denken – diese Absolutheit kann ihm, widersprüchlicher Weise, nur *sub conditione* zugesprochen werden, etwa wenn ich auf die Gottheit (*deitas*) und nicht auf die Personen Bezug nehme oder auf den Vater als Prinzip von allem (eben auch als Prinzip und Ursprung des Sohnes). Vielmehr ist das Eine oder der eine Gott als eine Form höchsten, absoluten Selbstbezuges zu denken, als vollkommene Selbstreflexion, wie sie – in Aufnahme des *nous*-Begriffs von Aristoteles (*Metaph.* XII) – Plotin für seine Geisthypostase in vielfältigen Ansätzen herausgearbeitet hat, also als reines Sichselbst-Sehen (*TP* I c. 6, M 1, 70: *lux seipsam videns, visus seipso lucens*; II c. 9, M 1, 99–100; XI c. 4; 2, 119; *Comm. in Parm.* c. 56, Opera 1169), als »*notio exactissima sui ipsius*« (*TP* II c. 10, M 1, 104; XI c. 4, M 2, 119). Das Eine ist für Ficino nur im Kontext seiner Platon- und Plotin-Auslegung als »*superius ente*« zu denken (*Comm. in Parm.* c. 41, Opera 1158; c. 47, 1162; zur damit indizierten Kenntnis des Kommentars von Proklos, vgl. Steel 1982, I 38 ff.; Beierwaltes 2002, 218). Für Ficino selbst sind das ›das-Eine-Sein‹ und das ›das-Gute-Sein‹ sind, im Unterschied eben zu Plotin, Prädikate, die einen Gottesbegriff in höchster Weise zum Ausdruck bringen und die neben dem genuin christlichen Verständnis Gottes als »*esse ipsum*«, »*esse absolutum*« oder »*essentia prima*« stehen (*TP* V c. 13, M 1, 204; XII c. 3, 2, 162 f; XV c. 2, 3, 23 f.). Umgekehrt ist Ficinos Gottesbegriff durch das neuplatonische Denken bestimmt, und er weiß sich darin in bester Gesellschaft mit seinen christlichen Gewährsmännern Augustin, Dionysius Areopagita sowie Thomas von Aquin: Gott ist der Eine, der sich in sich seiend (personal) und denkend

entfaltet und der zugleich das Eines-Sein eines jeden Seienden als absoluter Seinsgrund erzeugt und erhält. Auch hier bestand aber wohl für Ficino selbst keine wirkliche Differenz zu (neu)platonischem Denken, denn auch für Proklos ist ja das Eine des platonischen Parmenides der »Gott schlechthin« (*autotheos*, Beierwaltes 2002, 205 f., 217 f.).

Denken/Geist und Engel

Ficino kannte durch seine schon früh einsetzende, intensive Lektüre scholastischer Texte (vor allem Thomas von Aquin) einen großen Teil der reichhaltigen Semantik des mittelalterlichen Intellekt-Begriffs. Dass dieser in vielen Punkten durch Denker vermittelt ist, die von spätantikem Denken beeinflusst waren (wie Augustinus, Boethius, Dionysius Areopagita, Johannes Scotus Eriugena), machte es ihm, sobald er selbst mit der platonischen, vor allem aber neuplatonischen Intellekt-Theorie bekannt wurde, leichter, beide Konzepte selbst zusammen zu sehen (Allen 1984, 561–563; Leinkauf 1992, 741 f.): Auf der einen Seite die christliche Lehre vom ›*intellectus divinus*‹ bzw. die aristotelische, durch die arabische Tradition gebrochene Lehre vom Einzelintellekt und seinem Verhältnis zu einem überindividuellen ›*intellectus agens*‹ (Alexander von Aphrodisias, Themistios, Averroes), auf der anderen Seite die neuplatonische Lehre von der Intellekt-Hypostase. Einerseits musste der neuplatonische Intellekt aus seiner authypostatischen Position, in der er absolute, suisuffiziente Vermittlung des Denkens mit allen noetischen Gehalten (Ideen) war, auf das absolute göttliche Eine hin geöffnet werden, d. h. als Moment des trinitarischen Selbstvollzuges gedacht werden; andererseits musste ebenso der letztlich aristotelische Gedanke einer Stufenfolge von Einzelsubstanzen, die von der vollkommensten (Gott) bis zur einfachsten (dem sinnlich wahrnehmbaren Einzelding) Substanz reicht und in der eine grundsätzliche Gleichartigkeit dieser Substanzen gilt, reformuliert werden. Die christliche Grundvorstellung einer Hierarchie höherer Wesen (Geistwesen), die eine *latitudo intelligentiarum* ausmachen, in welcher der Mensch die unterste Position hält (aber eben selbst noch Moment dieser Ordnung ist), bedingt, dass das Homologe in dieser Ordnung, die vom Menschen über die Engel bis zu Gott reicht, die Intellektnatur selbst ist (*mens angelica* = *multitudo idearum*, A 257). Für Ficino ist Gott ebenso wie die Engel und jeder einzelne Mensch im Wesentlichen ein Selbstverhältnis, d. h. ein durch Denken, Einsehen, Ein-Vielheit bestimmtes lebendiges Selbstvermittlungsgeschehen (*TP* XV c. 2, M 3, 25; XVI c. 7, M 3, 135; XVIII c. 1, M 3,179 f.). Sein und Denken sind in dem ternarischen, kreishaften und lebendigen Selbstbezug des Intellekts, also in der Einheit von Einheit und Vielheit der Momente *species* (= *noêton*), *intellectio* (= *noein*) und *intellectus* (= *nous*) darin identisch, dass Sein grundsätzlich erkennbar ist und dass Denken grundsätzlich Sein erkennt (Plotin, *Enn*. V 3, 5, 42–48; *TP* XVIII c. 8, M 3, 215–217: für den Intellekt ist das Sein das Intelligible). Der plotinische Intellekt ist in Ficinos Denken, wie zuvor schon in der christlichen Tradition, auseinandergetreten in den Intellekt Gottes und in die Intellekte der Geister und Rationalseelen. Der ›catena rerum‹ tritt eine ›catena intelligentiarum‹ zur Seite, die sich von der höchsten, absoluten Selbstreflexion und Selbstkenntnis zum tiefsten, relativen und intermittierenden Selbstreflexionspotential erstreckt.

Seele und Selbstbesitz

Die Seele bildet nicht nur in ontologischer und noologischer Hinsicht das Zentrum von Ficinos ›System‹, sondern sie ist auch Zentrum seines Denkens selbst. Der Ort, der ihr systematisch zukommt – »in der Mitte« (*in medio*) oder »auf der Grenzscheide« (*in horizonte*) des Seins – kommt ihr auch in der tatsächlichen Ausprägung dieses Denkens zu: Seit den frühen Traktaten wie *De voluptate*, seit dem *Symposion*-Kommentar *De amore* und vor allem mit dem Hauptwerk der *Theologia Platonica* steht die Seele im Mittelpunkt der Reflexionen. An ihr und in ihrer Analyse wird ganz im Sinne des (Neu-)Platonismus zugleich das Göttliche mit perspektiviert. Sowohl neuplatonisch – die Seele als »Logos des Geistes« (*logos nou*, Plotin *Enn*. V 1,3, 7–9; 6, 45) – als auch christlich – die Seele als »Bild Gottes« (*imago Dei*) – ist die legitime Möglichkeit gegeben, aus der Selbstbetrachtung der Seele und aus ihrer philosophischen Bestimmung (in einem Schluss vom Niedrigeren zum Höheren) auf das Sein Gottes zu schließen. Die Seele als Selbstverhältnis ist Thema spätestens seit Platons *Alkibiades I* (Augengleichnis, 132c ff.): Mit unvergleichlicher Insistenz und Ingeniosität hat dies Plotin aufgegriffen und für die Folgezeit eine Argumentationshöhe eingezogen, die nicht leicht zu überspringen war (Beierwaltes 1991, 77–93; 1994). Selbstbezug bzw. Selbstverhältnis *ist* die eigentliche Seinsform der Seele. Sofern also Seele wirklich ist, ist sie die Verwirklichung eines Selbstverhältnisses und Selbstbezuges, der, mit Plotin und Augustinus gedacht, nur möglich ist, weil das ›Eine in uns‹ vorgreifend die Einheit des Selbstbezuges immer schon als echte Möglichkeit des menschlichen Seins offen hält (Plotin, *Enn*. VI 9,11,32), so dass die in sich als Denken zurückgehende Seele (Augustinus, *Confessiones* VII 10,16; Plotin, *Enn*. IV 8,1) auf ihr eigentliches Selbst trifft, das aufgehoben ist im reinen Sein und Einssein des ersten Grundes oder Gottes (*TP* VIII c. 4, M 1, 310; X c. 6, M 2, 79; für die Stellen vgl. Beierwaltes 1994, 657). In der Seele ist der Geist (*intellectus*, *mens*) das über die Seele selbst hinausgehende, sie begründende Prinzip (*est aliquid super animam ut anima*, *TP* I c. 5, M 1, 59 f.; vgl. Leinkauf 2002, 195); er ist, der systematischen Schichten- und Stufungsform folgend, in seinem untersten Teil mit dem höchsten der Seele verbunden (*mens impura – anima pura*, *TP* I c. 5; X c. 2). Als Geist jedoch, zu dem in gut humanistischer Weise jeder sich durch die *humaniora* bilden kann, ist der Mensch in sein Höchstes eingetreten und partizipiert dadurch an Unendlichkeit, Universalität und vor allem an Freiheit (Leinkauf 2002, 198–208). Dass der Einzel-Geist als unendliche Kraft gedacht wird, geht »über neuplatonische Ansätze entschieden hinaus« (Beierwaltes 1994, 658) und ist zusammen zu sehen mit ähnlichen Gedanken bei Nicolaus Cusanus. In ganz antikem Sinne ist der Mensch genau dann frei, wenn er sich selbst erkennt und dadurch, da er sich als wesentlich denken Könnenden erkennt, das Denken zu seiner eigentlichen Sache macht. Durch Denken nämlich wird insbesondere auch die religiöse Lebensform auf der höchsten Stufe, jenseits äußerlicher ritueller Vollzüge, realisiert, indem sich die Geiste durch ihre eigenen intellektuellen (denkenden) Zentren (*centra*) »der göttlichen Einheit als einem allgemeinen Zentrum (*universi centro*) verbinden« (*TP* XII c. 4, M 2, 169–171; Plotin, *Enn*. VI 9, 8, 19 f.).

Neben der fundamentalen Strukturhomologie zwischen Gottes Selbstbezug und seelischem Selbstbezug ist die Seele bei Ficino auch ontologisch als ›Mitte‹ des Seins und ›Verknüpfung‹ (*nodus*) oder ›Band‹ (*copula*) der Welt gedacht. Das Seelische ist in diesem Zusammenhang als entfaltende, alles Sein durchdringende Kraft zu sehen, die (1) zugleich überall gegenwärtig ist (*in toto coelo ubique tota*, z. B. *TP* IV c. 1, M 1, 158 f.) und den aus Plotin sachlich abgeleiteten Topos der mittelalterlichen Seelendefinition (*anima est tota in toto corpore et tota in qualibet parte corporis*) nicht in Bezug auf den Einzelleib, sondern in Bezug auf die ganze Natur bzw. Welt zum Ausdruck bringt; die (2) in allem körperlichen, quantitativ wie qualitativ bestimmten Seienden dessen eigentliches Sein ausmacht, so dass gilt: »*in corpore non est comprehensa, sed comprehendens*« (*TP* VI c. 6, M 1, 142; Plotin, *Enn.* VI 4, 1, 7 f.). Es ist bemerkenswert, dass die Bestimmungen der Liebe (*amor*) im *Symposion*-Kommentar (als *nodus* bzw. als *copula* bei Platon) in den folgenden Texten als Bestimmungen des Seelischen auftauchen (*TP* III c. 2, 1, 142). Das Selbstverhältnis, das die Seele wirklich ist, ist also auch dasjenige, was die Grundstruktur der sogenannten ›natürlichen‹ Wirklichkeit ausmacht. Dass die Kunst (*ars*) die Natur nachahmt und sie vollendet, versteht sich vor solch einem Hintergrund dahingehend, dass durch die Kunst auch das mit thematisch wird, was in der Natur ansonsten nur verborgen und subvisibel, im Inneren als ihre Prozess- und Selbstvermittlungsnatur (z. B. in der Selbsterhaltung) gegeben ist. Die Tektonik der Kunstwerke ist eine durch die menschliche Seele hindurch gegangene, damit aus deren Freiheit heraus entworfene Spiegelung und Transformation der Tektonik des Natürlichen selbst (zur Kunst vgl. Kristeller 1972, 287–293, mit den Stellen). Kunst und das, was an ihr das Eigentümliche ist, die erscheinende Schönheit, ist Ausdruck von Proportion, Harmonie, Freiheit (Schöpfungskraft) und daher – in Analogie zum göttlichen Schaffen gesehen – Bild des Geistes; damit ist die Kunst aber auch eine Parallelveranstaltung zur geschaffenen Natur und deren Tektonik (vgl. insbes. *TP* VIII c. 16; Kristeller 1972, 290; Beierwaltes 1994, 660 f.; Leinkauf 2007, 96–101).

Natur, Qualität, Körper

Der gesamte Bereich des Natürlichen, der unterschieden ist in Natur, Qualitäten, Körper und Elementarbestimmungen, ist für Ficino zwar christlich unter den Index der *creatio Dei* gestellt, aber er ist zugleich in neuplatonischer Manier als Explikat der Seelenaktivität zu verstehen. Dies führt zu einem dynamisierten Naturbegriff, wie er kurz zuvor bei Cusanus anzutreffen ist und der dann für die ganze frühneuzeitliche Entwicklung maßgeblich bleiben wird. In die Bestimmung des Natürlichen gehen stabile Kategorien ein, wie die des ›primum in aliquo genere‹, des ›appetitus naturalis‹, der ›affinitas‹ (Kontinuität) der Seinsformen und des Begriffs der ›causa‹/›causalitas‹ (Kristeller 1972, 108–186). Die Natur (von Ficino auch als *natura universalis* bezeichnet) selbst, die in den systematischen Einteilungen neben der Seele bzw. neben der Qualität zu stehen kommt (oder von beiden auch ersetzt werden kann), wird vor allem im umfangreichen Kommentar zum platonischen *Timaios* als »samenhafte« oder »belebende Kraft« verstanden (*In Tim.* c. 1, *Opera* 1438: *seminaria quaedem, & vivifica virtus toti infusa mundi*; c. 26, 1450; Leinkauf 2005, 365 f.; vgl. hierzu das Konzept der *plastick nature* bei Henry More, s. Kap. VII.76.3). Sie ist damit der Seele sachlich gleichgesetzt – faktisch als Welt-Seele, die christlich keinen Selbststand haben durfte, verstanden – und hat dasselbe, ineins ubiquitäre und dynamisch-wirkende Grundverhältnis, das die Seele zu ihrem Körpersubstrat aufweist, zum allgemeinen Welt-Körper oder zur allgemeinen Materie. Dieses Gestaltungs- oder Formungsverhältnis setzt einen bestimmten Formenapparat voraus (worauf ›seminaria virtus‹ Bezug nimmt), der eine an sich ideelle Subsistenzweise aufweist (sei es im intelligiblen Bereich des göttlichen Wortes, sei es im supralunaren, ätherischen Bereich der höheren innerweltlichen Seinsform) und den es dem jeweiligen materiellen Substrat zu vermitteln gilt. In diesem Kontext, der auf Formkonstanz angewiesen ist, spielt der Grundsatz vom ›primum in aliquo genere‹, den Ficino sicherlich schon früh bei Thomas von Aquin kennengelernt hat, eine zentrale Rolle, aber ebenso auch die Vorstellung, dass die Formen selbst als Kräfte oder Prozessformen gedacht werden können (z. B. die Funktion von *calor*).

Liebe

Ficinos unmittelbare Wirkung, ja seine schulbildende Kraft, ging zunächst von seiner Schrift *De amore* aus, also dem 1469 abgeschlossenen Kommentar zum *Symposion* Platons. In diesem Text wird ein fundamentaler Begriff von Liebe entwickelt, der sicherlich im Anschluss an Platon konzipiert wird, dann aber doch weit über ihn hinausgeht. Ficinos Begriff der Liebe ist ein genuin philosophischer; er ist zusammen zu sehen mit den Grundgedanken der Vermittlung, der Vereinigung und der Rückkehr (*conversio, reductio*, A IV c. 6, 176), also mit der zugleich entfaltenden und zurückbeziehenden Tätigkeitsform, die auch dem Seelischen eigen ist, sofern es seine Geistnatur annimmt, aber vor allem ein Signum des christlichen Gottes ist (Kristeller 1972, 92–98 u. 238–271, der darauf hinweist, dass in *TP* der Begriff *amor* von dem der *anima* abgelöst wird; vgl. Beierwaltes 1980; Leinkauf 1989). Sofern im Ausgang von der platonischen Vorgabe das ursprüngliche Strebensziel von Eros (*amor*), zu dessen Wesen der Mangel und die Bedürftigkeit gehören, das Schöne oder das aus sich Lichthafte ist, das in höchster Form in der Idee des Guten gegeben ist, ist auch Ficinos Liebes-Begriff grundsätzlich platonisch geprägt: Gott, als die »unendliche Schönheit« (*infinita pulchritudo*, SF 1, 41, 46) oder als *lumen absolutissimum* (M 3, 357), ist ›schön‹, weil er absolute Selbstvermittlung, Selbstbezug, Selbstbestimmung ist (s. Kap. VII.75.3 Abschnitt ›Eines/Einheit und Gott‹). Als seinssetzendes Prinzip vermittelt Gott allem Sein selbst ein Schön-Sein, durch das es zum Ausdruck oder zum ›Glanz‹ Gottes wird (A II c. 5, 152: *pulchritudo actus quidam sive radius inde per omnia penetrans*). Die Welt insgesamt, als ausstrahlende Setzung Gottes, lässt sich als »Bild« (*pictura*, A V c. 4, 184 f.) verstehen, das durch Ordnung, Zusammenstimmung, Gliederung etc. als schön erscheint: »Der Antrieb (der uns) zu dieser Schönheit (bewegt) muss als universale Liebe bezeichnet werden« (*impetusque ad illam universalis dicendus est amor*, A V, c. 4, 185; vgl. Beierwaltes 1980, 36 f.). Universal ist die Liebe, weil sie nicht nur das Strebemoment der sich in ihren Grund zurückwendenden Seele ausmacht, sondern weil sie in allem Seienden dasjenige ist, was dieses mit anderem zusammenstimmen lässt und dadurch zum »festen Fundament« seines Seins wird. Wie im Denken Plotins, so ist auch für Ficino die durch alles hindurchgehende und in jedem einzelnen Seienden sich als ›Leben‹ geltend machende Bewegung zum Einen (*connectere, vivificare, conspirare, movere*, A III c. 3, 165; *TP* IV c. 1, M 1, 161) der ontologische Aspekt von Liebe, der uns in seiner Vermittlung durch die Weltseele als Schönheit erscheint. Diesem tritt der geistig-mentale Aspekt, als spezifischer Ausdruck der *humanitas*, zur Seite: In ihm erweist sich der ›amor‹ in der Einzelseele als Prinzip der ›purificatio‹ und ›unificatio‹ (A VII c. 14, 259; Beierwaltes 1980, 41 f.).

75.4 Ficinos Wirkung

Die breite Wirkungsgeschichte von Ficino, die nicht nur durch die großen *Opera omnia*, sondern auch etwa durch die Separatverbreitung seiner Briefe erfolgte (*Felice Figliucci*, ed. Gentile 2001), ist bisher nur in Teilen geschrieben (vgl. die Hinweise bei Toussaint 2002). Es fehlt eine zusammenfassende, vor allem auch das 17. und 18. Jh. einschließende Darstellung, wie sie etwa für Cusanus seit einigen Jahren vorliegt (Meier-Oeser 1989). In ihr könnte deutlich werden, dass es gerade auch die große Verbreitung der *Opera omnia* gewesen ist, die durch die Übernahme der Übersetzung ebenso wie durch die kommentierende Interpretation die Platon-Rezeption sozusagen ›gesteuert‹ hat. Es ist eben nicht nur die direkte Ficino-Schule in Italien und Frankreich (zu Lefèvre D'Etaples und dem Beginn der Rezeption in Frankreich vgl. Vasoli 2002 und Toussaint 1999; zu Italien s. Kap. VII.75.5), die das Erbe des Florentiners weiterträgt, sondern es sind die für die frühneuzeitliche Denkentwicklung zentralen Autoren, bei denen Ficino inexplizit, aber kenntnisreich, durch intensive Lektüre vor allem während ihrer intellektuellen Prägephase mit ihren jeweiligen Ansätzen eine Synthese eingeht: Zentrale Gedanken von Ficino, wie die universale Präsenz von *amor*, die Licht-Metaphorik, die Affinitäts- und Sympathiethese, das dynamische Naturverständnis, der Grundgedanke der ›prisca sapientia‹-Tradition wirken bei den verschiedensten Autoren, sei es als jeweils fester Referenzpunkt, als Denkanstoß oder auch als Moment der Kritik. Die lässt sich zeigen für Cornelius Gemma (Leinkauf 2008), Michel de Montaigne (Joukovsky 1982,113 ff.; Vieillard-Baron 1997), Francesco Patrizi (Muccillo 1986; Leinkauf 1990), für Giordano Bruno (Sturlese 1994), Tommaso Campanella oder Galileo Galilei (Hankins 2000, 213 f. u. 224), sollte aber auch für Francis Bacon, Johannes Kepler, Robert Fludd, Gottfried Wilhelm Leibniz u. a. oder auch für die Vertreter der *historia litteraria* ebenso nachgewiesen werden. Dabei könnte deutlich werden, dass die Präsenz Platons nicht ohne die Übersetzungen und Kommentare Ficinos betrachtet werden kann, dass aber zugleich, etwa in der *Timaios*-Exegese, die die Naturphilosophie der nicht-aristotelischen Autoren des 16. Jh.s stark geprägt hat, eine von Ficino zwar ausgehende, aber auch eigenständige Platon-Diskussion stattfand. Hierzu gehören die Arbeiten Francesco Verinos, Francesco Patrizis, Paolo Benis (vgl. von Perger 2005), Jacopo Mazzonis u. a. (s. Kap. VII.75.5). Neben dem ficinianischen Platon oder Platonismus ist neueren Forschungen zufolge gerade auch der durch Ficino adaptierte – übersetzte und kommentierte – Hermes bzw. Asclepius von großem Einfluss auf die frühneuzeitliche Debatte – schon mit der Wirkung auf seine Florentiner Zeitgenossen beginnend (z. B. Ludovico Lazzarelli; vgl. Garin 1978, 1, 425 f.; Walker 1958, 64–72) – gewesen (Felfe 2001, 286 f.; Leinkauf 2001; Neugebauer-Wölk 2001, 406 f.); dieser Einfluss ist im Ausgang von entsprechenden Editionen (Hermes Trismegistus-Ausgabe Paris 1494 mit Zusätzen von Faber Stapulensis), direkt auch in Frankreich greifbar (SF 1, LXVII f.; Walker 1958, 169 f.). Es ist aber auch eine ganz eigene Wirkungsgeschichte von *De vita libri tres* und deren astrologisch-magischen Argumenten zu konstatieren, die beinahe zeitgleich in Italien und Frankreich, genauer im Pariser Humanistenzirkel, rezipiert und kommentiert wurden (Garin 1976; Zambelli 1991; Fumaroli 2002; Vasoli 2002).

75.5 Die Ficino-Schule

Die sogenannte Ficino-Schule ist ein direkter Abkömmling von Ficinos Wirken, vor allem von seinen Vorträgen und Diskussionen in Florenz und Umgebung (Garin 1, 421–436; Hankins 1994; 2001). Die ersten Vertreter sind die noch von ihm direkt unterrichteten und ausgebildeten Florentiner (Ugolino di Vieri Verino, Giovanni di Francesco Nesi, Benedetto Colucci da Pistoia, Alamanno di Marchiadonne Donati u. a.) – auf poetischer Seite wäre hervorzuheben Cristoforo Landino (1424–98) mit den *Disputationes camaldulenses* (1475); dann bildet sich vor allem in Pisa ein Zweig dieser Schule. Eine andere wichtige Präsenz findet das Denken Ficinos und seines Platon-Verständnisses durchgehend in Oberitalien, vor allem im Veneto (Francesco Giorgio Veneto), später dann im Frankreich des 16. Jh.s in Lyon und vor allem auch in Paris (Symphorien Champier, Jaques Charpentier, Mattheus Frigillanus).

Prägende Einzelpersönlichkeiten

Großen Einfluss auf die theologische Diskussion übte in diesem Kontext Egidio da Viterbo (1465–1532) aus, der die *Sentenzen* des Petrus Lombardus *ad mentem Platonis* auslegte und den mystisch-henologischen Aspekt von Ficinos Denken gepriesen hat. Egidios Ansatz führte im nach-tridentinischen Italien zu deutlich antiplatonischen Reaktionen, etwa in G. B. Crispos *De caute legendo Platone* (in: *Disputationes de ethnicis philosophis caute legendis*, Rom 1594; Garin 1978, 1, 424 f.; vgl. zur Platon-Kritik im 16. Jh. Dixsaut 1993–95), obgleich Autoren wie Nicolaus Scutellius und Ambrosius Flandrinus (Parthenopaeus), die Jamblich und Proklos übersetzten und Platon-Dialoge kommentierten, den Platonismus als Waffe im Kampf gegen die Lutheraner einsetzten (Hankins 2005, 392). Neben Egidio ist als vergleichbar eigenständiger, nicht direkt in die Ficino-Schule eingebundener Platoniker vor allem der Minorit Francesco Giorgio Veneto (1460–1540) und dessen Hauptwerk *De harmonia mundi totius, cantica tria* (Venedig 1525) zu nennen. Veneto entwickelt dort eine Konstruktion der Welt entsprechend mathematisch-zahlhaften Proportionen, denen musiktheoretische Werte zugeordnet werden. Das Buch ist dabei selbst ebenso konstruiert wie das, was durch es dargestellt wird. Giorgio lehnt sich durchgehend an neupythagoreische und platonisch-neuplatonische Mathematik an (Jamblich, Proklos). Auch der spanische Humanist und Platoniker Sebastian Fox-Morzillo, der einen großen Kommentar zu Platons *Timaios* verfasst hat (Basel [Oporinus] 1554), zieht einen breiten Autorenkreis der späteren Antike heran, um als Platoniker einen *consensus* Platons mit Aristoteles herauszustellen, aber auch, um Differenzen zwischen beiden Autoren und vor allem zum christlichen Glauben zu markieren (Hankins 2005, 393 f.). Ebenfalls eine eigenständige Position kommt Agostino Steuco (aus Gubino) zu, der in seinem Hauptwerk *De perenni philosophia libri* X (Lyon 1540) Ficinos Gedanken der Verschmelzung von Platonismus und Christentum (als ›pia philosophia‹) mit dem quasi-sakralen Überlieferungsgeschehen (als ›prisca sapientia‹) zu dem Projekt einer universalen »ewigen« platonischen Philosophie steigert (Freudenberger 1935; Schmitt 1966; Schmidt-Biggemann 1998, 677–689). Hier werden augustinische Illuminationslehre, ficinianischer Platonismus und der stoische Gedanke einer natürlichen Religiosität zu einer sich in der Zeit selbst eigentlich aufhebenden Architektur gebildet, die, im Unterschied zu den *De-amore*-Traktaten, kein Pendant im Natürlichen selbst haben kann.

Francesco Cattani da Diacceto (1466–1522), »il più fedele discepolo del Ficino« (Garin 1978, 2, 581; Ficino, *Opera* 937, 945; SF 2, 333), bildete selbst in direktem Anschluss in Florenz Schulen aus: die der Orti Oricellari, mit Palla Rucellai, Giovanni Rucellai, Alessandro de' Pazzi, Giovanni Corsi (dem Ficino-Biographen: Hankins 2001, 19 f.) und Francesco de' Vieri (il Verino primo). Nach letzterem bildete Antonio Lapini da San Giovanni in Pisa einen Ableger des Platonismus aus und beeinflusste mit seinen Platon- und Aristoteles-Vorlesungen den Neffen des älteren de'Vieri, Francesco de'Vieri secondo, der Platon sowohl mit Aristoteles als auch der christlichen Kirche in Harmonie setzen wollte. Dies zeigt sich in seinem *Compendio della dottrina di Platone, in quello che ella è conforme con la Fede nostra* (Fiorenza 1577), vor allem aber im *Libro della natura dell' universo* 1575/6, in dessen Vorwort (1577) Verino versucht (das, wie Hankins 2001, 25 deutlich macht, eine Paraphrase des Vorwortes Ficinos an Lorenzo de' Medici zu seiner Plotin-Übersetzung ist), die platonische Philosophie als eine »gänzlich christliche Philosophie« gegen die drohende, durch die Gegenreformation verstärkte Marginalisierung, ja sogar Exilierung stark zu machen.

Verino bewegte 1576 Großherzog Franz I. dazu, in Pisa den ersten permanenten Lehrstuhl für platonische

Philosophie einzurichten (Dauer: 1576–1621). Lehrstuhlinhaber waren Verino Secondo, Jacopo Mazzoni, Carlo Tommasi da Cortona sowie Cosimo Boscagli (Hankins 2001, 25). Die Tendenz war eklektizistisch oder zumindest auf eine Konkordanz-Theorie ausgerichtet: Von Ficino und Platon selbst bleibt daher nur punktuell etwas übrig. Verino hatte, gegen den Widerstand von peripatetischer Seite, in Pisa ein vierjähriges Platon-Curriculum etabliert, das er auch in Florenz durchsetzen wollte. Das Curriculum war wie folgt strukturiert: erstes Jahr: Konkordanz Platons mit der christlichen Lehre; zweites Jahr: Übereinstimmung des Aristoteles mit Platon; drittes Jahr: Übereinstimmung Platons mit Hippokrates; viertes Jahr: Exposition der moralisch-politischen Lehren Platons (Garin 1978, 2, 588). In dieser Ausprägung der ficinianisch geprägten Platon-Lektüre dominiert einerseits immer mehr der christliche Aspekt; dies ist ein deutlicher Ausdruck vor allem auch des nach-tridentinischen kirchlich-politischen Drucks, dem man durch Entschärfung des heidnischen Platons zu begegnen trachtete. Andererseits ist diese Platon-Lektüre eben nicht vom Typus der *De-amore*-Literatur (s. folgender Abschnitt), sondern weist neben dem genannten ethisch-politischen auch einen naturtheoretischen Schwerpunkt auf, der den platonischen *Timaios* und Ficinos Kommentar aufnimmt (Leinkauf 2005; Hankins 2000 u. 2005).

Die ›Philosophie der Liebe‹

Eine eigene, vielleicht die wichtigste Filiation stellt für die Ficino-Rezeption die »filosofia dell'amore« dar (Garin 1978, 2, 581–615; Nelson 1958; s. Kap. VII.75.3 Abschnitt ›Liebe‹), die das Pendant zu den auffällig vielen Auflagen bildet, die Ficinos *Symposion*-Kommentar erfahren hatte (Marcel 1978, 123); diese Filiation ist, was den Sachgehalt ihrer Texte betrifft, nicht zu trennen von den Themen ›Schönheit‹, ›Seele‹ und ›Einheit‹ (Leinkauf 2007). Nimmt man Pietro Bembos Asolani einmal beiseite (Venetiis, Aldo 1505), ist hier zunächst der bereits erwähnte Diacceto (s. o. ›Prägende Einzelpersönlichkeiten‹) zu nennen, dessen Hauptwerk, *I tre libri d'amore*, Vinegia 1561, eine intensive Auseinandersetzung mit Platon und Ficino darstellt (Kristeller 1946; Nelson 1958; Leinkauf 2006). Es spiegelt aber auch deutlich die synkretistische Position wider, die Giovanni Pico della Mirandola vertreten hat (*Oratio de dignitate hominis*, 2. Teil) – vor allem den Versuch, Platon und Aristoteles in Konkordanz zu sehen. Der Grundansatz bei Diacceto ist, dass das ganze Sein, dadurch dass es zugleich ›Hervorgang‹ aus dem göttlichen Prinzip und ›Rückgang‹ in dasselbe ist, eine *circolarità amorosa* darstellt. Gott ist das Unnennbare (unter Rekurs auf Platons *Parmenides* und Ficinos Kommentar), das schlechterdings Nicht-Viele und Eine; die Seele ist der ›*nodus mundi*‹, die absolute Verknüpfung von allem und die Mitte des Seins, und wird durch die Liebe bewegt, die selbst wiederum eine Antwort auf die Präsenz der lichthaften Schönheit im Seienden ist: Die Liebe vermittelt überall das Niedere mit dem Höheren, steigert das Selbst oder Ich des Menschen durch die Ausbildung von Tugenden sowie die Produktion von Kunst und führt es schließlich zu Gott zurück. Zeitgleich zu Diacetto verfasste Mario Equicola (1470–1525) seine Abhandlung *Libro de natura d'Amore* (1495), erschienen in Venedig 1525. Neben Diaccetto und Equicola ist für den Anfang des Jahrhunderts hauptsächlich zu nennen Leone Ebreo (Jehuda Abarbanel) mit seinen *Dialoghi d'amore*, Roma (Antonio d'Assola) 1531 (1535?), verfasst um 1501–06 (Garin 1978, 2, 596 f; Marcel 1978, 120). Wie für Ficino, so ist auch für Ebreo Liebe eine universale Kraft, die den ganzen Kosmos zusammenbindet und belebt. Das durch ihn dargestellte Bild der Welt gleicht dem des Ficino auch darin, dass eine durchgehende Zirkularität, die Ausdruck der alles bestimmenden Dynamik von ›Hervorgang‹, ›Rückgang‹ und ›Einheit‹ ist, das Grundmuster bildet, in dem sich Affinität, Sympathie, Wechselseitigkeit (*amor mutuus*) und Verbindung als die verschiedenen syntonischen Vollzüge ereignen, deren humanes Symbolon der Kuss (*bacio*) und die Vermählung (*sposalizio*) sind. Lichtmetaphysik, Intellekttheorie und Seelendynamik sind in ein Verhältnis gestellt, wie wir es ebenfalls schon bei Ficino finden (bei Ebreo kommen auch Einflüsse des Giovanni Pico hinzu). Die *Dialoghi d'amore* sind somit, zusammen mit dem *Libro de natura d'amore*, der Initialpunkt einer sich mit Ficinos *Symposion*-Kommentar auseinandersetzenden Tradition, die bis weit ins 17. Jh. reichen wird und in der sich Philosophie, Poetik und Naturtheorie aufs engste durchdringen (Leinkauf 1986). Wie bei Ficino – und bei Plotin, der hier ursprünglich vorangegangen ist – haben wir auch in diesen Texten einen Parallelismus zwischen Kunst und Natur (»fra la creazione artistica e lo spontaneo farsi della natura«, Garin 1978, 2, 598), der sich in der Kunst des 16. Jh.s, etwa im Werk des Leonardo zeigt. Wir finden aber, im Unterschied zu Ficino, der immer auf die zahlhaft-mathematische Grundverfasstheit des Seins und des Denkens geachtet hat, ein nicht-geometrisches, nicht-kalkulatorisches Naturverständnis in diesen Texten – sozusagen die vorweggenommene Negation von Patrizi,

Galilei oder Descartes. Die Filiation der *De-amore*-Thematik lief aber auch das Risiko jeder Modeerscheinung und jeder Überkonzentration (vgl. die sich über das ganze Jahrhundert hinziehenden Abhandlungen von Equicola, Diacceto, Betussi, d'Aragona, Speroni, Patrizi, Nifo, Verino, Nobili etc.): Ihre permanente Wiederaufnahme in akademischen Diskursen und Disputationen führte zum Verfall und zur Dekadenz (vgl. Garins Verweis auf die Accademia Ferrarese in den 1580er Jahren (1978, 2, 600 f.)).

Quellen

Ficino, Marsilio 1576: Marsili Ficini, philosophi Platonici, medici atque theologi omnium praestantissimum Opera. Basileae [= *Opera*].

Ficino, Marsilio 1964/70: Theologia platonica de immortalitate animorum. 3 Bde. Hg. v. Raymond Marcel. Paris [= M].

Ficino, Marsilio 2002–2006: The Platonic Theology. Hg. u. übers. v. Michael J. B. Allen and James Hankins, 6 Bde. Harvard-Cambridge-London (I Tatti).

Ficino, Marsilio 1978: Commentaire sur le banquet de Platon/Commentarium in convivium Platonis sive de amore. Hg. v. Raymond Marcel. Paris [= A].

Ficino, Marsilio 1937: Supplementum Ficinianum. 2 Bde. Hg. v. Paul O. Kristeller. Firenze [= SF].

Forschungsliteratur

Allen, Michael J. B. 1975: Marsilio Ficino: The *Philebus*. Commentary. Berkeley-Los Angeles.

Allen, Michael J. B. 1981: Marsilio Ficino and the Phaedran Charioteer. Berkeley-Los Angeles.

Allen, Michael J. B. 1989: Icastes: Marsilio Ficino's Interpretation of Plato's *Sophist*. Berkeley-Los Angeles.

Allen, Michael J. B. 1994: Nuptial Arithmetic: Marsilio Ficino's Commentary on the Fatal Number in Book VII of Plato's *Republic*. Berkeley-Los Angeles.

Beierwaltes, Werner 1980: Marsilio Ficinos Theorie des Schönen im Kontext des Platonismus. Heidelberg.

Beierwaltes, Werner 1985: Denken des Einen. Studien zur neuplatonischen Philosophie und ihrer Wirkungsgeschichte. Frankfurt a. M.

Beierwaltes, Werner 1991: Selbsterkenntnis und Erfahrung der Einheit. Zu Plotin V 3. Frankfurt a. M.

Beierwaltes, Werner 1994: »Plotin und Ficino: Der Selbstbezug im Denken«. In: Johannes Helmrath/Heribert Müller (Hg.): Studien zum 15. Jahrhundert. Fs. für Erich Meuthen. München, 643–666.

Beierwaltes, Werner 2002: »Marsilio Ficinos Deutung des Platonischen *Parmenides*«. In: Würzburger Jahrbücher für die Altertumswissenschaft, N. F. 26, 201–219.

Blum, Paul Richard 1984: »Einleitung«. In: Marsilio Ficino: Über die Liebe oder Platons Gastmahl, Hamburg, XIII–XLV.

Collins, A. B. 1974: The Secular is Sacred: Platonism and Thomism in Ficino's Platonic Theology. Den Haag.

Dixsaut, Monique (Hg.) 1993–1995: Contre Platon. 2 Bde. Paris.

Felfe, Robert 2001: »Verdammung, Kritik und Überbietung: Das Nachleben hermetischer Traditionen in der Naturgeschichte Johann Jakob Schleuchzers (1672–1733)«. In: Anne-Charlott Trepp/Hartmut Lehmann (Hg.): Antike Weisheit und kulturelle Praxis. Hermetismus in der Frühen Neuzeit. Göttingen, 269–303.

Freudenberger, Theobald 1935: Augustinus Steuchus aus Gibbio. Augustinerchorherr und päpstlicher Bibliothekar (1497–1548) und sein literarisches Lebenswerk. Münster.

Fumaroli, Marc 2002: »Le De triplici vita de Marsile Ficin: un regime de vie pour la republique des lettres?« In: Stéphane Toussaint (Hg.): Marsile Ficin ou les mystères platoniciens, Les Cahiers de l'humanisme. Bd. II. Paris (Les belles lettres), 3–13.

Garin, Eugenio 1955: »Ricerche sulle tradizioni di Platone nella prima metà del sec. XV«. In: Medioevo e rinascimento: studi in onore di Bruno Nardi. Firenze. Bd. I, 339–374.

Garin, Eugenio 1976: Lo zodiaco della vita. La polemica sull'astrologia dal Trecento al Cinquecento. Roma/Bari.

Garin, Eugenio [3]1978: Storia della filosofia italiana. Bd. 1 [1947]. Torino.

Hankins, James 1986: »Some Remarks on the History and Character of Ficino's Translation of Plato«. In: Gian Carlo Garfagnini (Hg.): Marsilio Ficino e il ritorno di Platone. Studi e documenti. Firenze, 287–304.

Hankins, James [3]1994: Plato in the Italian Renaissance. Leiden/New York/Köln.

Hankins, James 2000: »Galileo, Ficino and Renaissance Platonism«. In: Jill Kraye/Martin F. W. Stone (Hg.): Humanism and Early Modern Philosophy. London/New York, 209–237.

Hankins, James 2001: »The Invention of the Platonic Academy of Florence«. In: Rinascimento 41, 3–38.

Hankins, James 2005: »Plato's Psychogony in the Later Renaissance: Changing Attitudes to the Christianization of Pagan Philosophy«. In: Thomas Leinkauf/Carlos Steel (Hg.): Platons *Timaios* als Grundtext der Kosmologie in Spätantike, Mittelalter und Renaissance. Leuven, 389–406.

Joukovsky, Françoise: Le regard intérieur: thèmes plotiniens chez quelques écrivains de la Renaissance française. Paris/Nizet.

Kristeller, Paul O. 1946: »Francesco da Diacceto and Florentine Platonism in the Sixteenth Century«. In: Miscellanea Giovanni Mercati IV. Città del Vaticano, 260–304.

Kristeller, Paul O. 1972: Die Philosophie des Marsilio Ficino [1943]. Frankfurt a. M.

Leinkauf, Thomas 1992: »Platon und der Platonismus bei Marsilio Ficino«. In: Deutsche Zeitschrift für Philosophie 40, 735–756.

Leinkauf, Thomas 2001: »Interpretation und Analogie. Rationale Strukturen im Hermetismus der Frühen Neuzeit«. In: Anne-Charlott Trepp/Hartmut Lehmann (Hg.): Antike Weisheit und kulturelle Praxis. Hermetismus in der Frühen Neuzeit. Göttingen, 41–61.

Leinkauf, Thomas 2002: »Mens und Intellectus. Überlegungen zum Status des menschlichen Geistes in der Philosophie des Marsilio Ficino«. In: Stéphane Toussaint (Hg.): Marsile Ficin ou les mystères platoniciens. Les cahiers de l'humanisme II. Paris, 179–208.

Leinkauf, Thomas 2005: »Aspekte und Perspektiven der Rezeption des *Timaios* in Renaissance und Früher Neuzeit«. In: Ders./Carlos Steel (Hg.): Platons *Timaios* als Grundtext der Kosmologie in Spätantike, Mittelalter und Renaissance. Leuven, 363–385.

Leinkauf, Thomas 2006: »Marsilio Ficinos Platon-Kommentar«. In: Ralph Häfner/Markus Völkel (Hg.): Der Kommentar in der Frühen Neuzeit. Tübingen, 79–114.

Leinkauf, Thomas 2007: »Der neuplatonische Begriff des ›Schönen‹ im Kontext von Kunst- und Dichtungstheorie der Renaissance«. In: Verena Olejniczack-Lobsien/Claudia Olk (Hg.): Neuplatonismus und Ästhetik. Zur Transformationsgeschichte des Schönen. Berlin/New York, 85–115.

Marcel, Raymond 1958: Marsile Ficin (1433–1499). Paris.

Marcel, Raymond 1978: »Introduction«. In: Marsile Ficin: Commentaire sur le banquet de Platon. Paris, 11–131.

Meier-Oeser, Stephan 1989: Die Präsenz des Vergessenen. Zur Rezeption der Philosophie des Nicolaus Cusanus vom 15. bis zum 18. Jahrhundert. Münster.

Muccillo, Maria 1984: »Marsilio Ficino e Francesco Patrizi da Cherso«. In: Sebastiano Gentile/S. Niccoli/Paolo Vitti (Hg.): Marsilio Ficino e il ritorno di Platone. Manoscritti, stampe e documenti. Firenze, 615–679.

Nelson, John Ch. 1958: Renaissance Theory of Love. The Context of Giordano Bruno's Eroici Furori. New York.

Neugebauer-Wölk, Monika 2001: »Nicolai – Tiedemann – Herder: Texte und Kontroversen zum hermetischen Denken«. In: Anne-Charlott Trepp/Hartmut Lehmann (Hg.): Antike Weisheit und kulturelle Praxis. Hermetismus in der Frühen Neuzeit. Göttingen, 397–448.

Perger, Mischa v. 2005: »Paolo Benis *Timaios*-Kommentar: eine christliche Kritik an aristotelischen und neuplatonischen Interpretationen«. In: Thomas Leinkauf/Carlos Steel (Hg.): Platons *Timaios* als Grundtext der Kosmologie in Spätantike, Mittelalter und Renaissance. Leuven, S. 407–451.

Schmidt-Biggemann, Wilhelm 1998: Philosophia Perennis. Historische Umrisse abendländischer Spiritualität in Antike, Mittelalter und Früher Neuzeit. Frankfurt a. M.

Schmitt, Charles B. 1966: »Perennial Philosophy: from Steucho to Leibniz«. In: Journal of the History of Ideas 27, 505–532.

Schmitt, Charles B. 1970: »Prisca Theologia«. In: Il pensiero italiano del rinascimento. Atti del V convegno internazionale. Firenze, 211–236.

Steel, Carlos 1982: »Introduction«. In: Proclus: Commentaire sur le *Parménide* de Platon. Traduction de Guillaume de Moerbeke. Leuven.

Sturlese, Rita 1994: »Le Fonti del Sigillus Sigillorum del Bruno, ossia: il confronto con Ficino a Oxford sull'anima humana«. In: Nouvelles de la république des lettres. Nr. 2, 89–133.

Toussaint, Stéphane 1999: »L'influence de Ficin à Paris et le Pseudo-Denys des humanistes«. In: Bruniana & Campanelliana 5, 381–414.

Toussaint, Stéphane 2002: »Avant-propos«. In: Ders.: Marsile Ficin ou les mystères platoniciens. Les cahiers de l'humanisme II. Paris, VII–IX.

Vasoli, Cesare 2002: »Sugli inizi della fortuna di Ficino in Francia: Germain e Jean de Ganay«. In: Stéphane Toussaint (Hg.): Marsile Ficin ou les mystères platoniciens. Les cahiers de l'humanisme II. Paris, 299–312.

Vieillard-Baron, J.-L. 1997: »Montaigne, lecteur de Platon«. In: Ada Neschke-Hentschke/A. Etienne (Hg.): Images de Platon et lectures des ses œuvres. Les interprétations de Platon à travers les siècles. Louvain, 222–234.

Walker, Daniel P. 1958: Spiritual and Demonic Magic from Ficino to Campanella. London.

Walker, Daniel P. 1972: Ancient Theology. Studies in Christian Platonism from the Fifteenth to the Eighteenth Century. London.

Zambelli, Paola 1991: L'ambigua natura della magia. Filosofi, streghe, riti nel rinascimento. Milano.

Thomas Leinkauf

76 Die Cambridge Platonists

76.1 Allgemeine Voraussetzungen

Die Entfaltung eines an Marsilio Ficino und Giovanni Pico della Mirandola anschließenden, vor allem aber souverän die neuplatonischen Quellen nutzenden Platonismus im England des 17. Jh.s ist schon von Ernst Cassirer als eigentümliches, fast schon isoliert zu nennendes Phänomen aufgefasst worden (Cassirer 2002, 256 und 278 f.). Dieser Sonderstatus, den man dem in Oxford und vor allem in Cambridge entstehenden ›Platonismus‹ zugewiesen hat, ist in zweierlei Hinsicht zu hinterfragen: Erstens ist der Platonismus von Henry More, Ralph Cudworth u. a. zugleich ein Denken, das die neu entwickelten Rationalitätskriterien, die Bedeutung des Experimentellen und die differenzierte Philologie, wie sie seit Galilei, Descartes, Gassendi, Casaubon u. a. um die Wende vom 16. zum 17. Jh. entwickelt worden sind, neben dem ›System‹ des spätantiken und florentiner Platonismus in Anschlag bringt; zweitens steht auch dieser Platonismus, der sich zwar deutlich von dem des 15. und 16. Jh.s unterscheidet (s. Kap. VII.75), in einem Kontext des zeitgenössischen, ebenfalls die Signatur des 17. Jh.s aufweisenden Platonismus, welcher der humanistischen Topik, der lullistischen kombinatorischen Methode und den christlichen Grunddogmen verpflichtet ist, und wäre in einer differenzierten Diagnose (die noch nicht vorliegt) ins Verhältnis zu Autoren wie Juan Caramuel y Lobkowitz, Athanasius Kircher, Gaspar Schott, Ives de Paris u. a. zu setzen. Dann könnte die spezifische, von Cassirer etwa als ›unmodern‹, ›mystisch‹, ›kabbalistisch‹ bezeichnete Faktur dieser Texte (Cassirer 2002, 324 f.) als Pendant zur zeitgleichen europaweiten Präsenz eines universalwissenschaftlichen Schrifttums erwiesen werden und die spezifische, scheinbar chaotische Sammlung von Daten als Ausdruck dieser Wissensform gewürdigt werden, ohne deswegen die Differenzen zum Rationalismus zu übersehen (Leinkauf 1993, 2003). Für die englische Schule jedenfalls geht es, in deutlicher Frontstellung gegen den Atheismus und den Hylozoismus, um eine platonische Theologie als rationale Theologie mit eindeutigem Vernunftprimat (Powicke 1926, 21–24; Cassirer 2002, 245 f., 252 u. ö.; Franz 1994, 22).

Daher stellt sich diese Spielart des Platonismus, wie etwa Cudworth in seinem *True intellectual system of the universe* (1678) im Anschluss vor allem an das Werk Henry Mores beispielhaft vorführt, den Problemen des Determinismus, des Atomismus, des Materialismus, d. h. sie setzt sich mit Texten von Hobbes, Gassendi, Descartes und Spinoza auseinander, um diese vor dem Hintergrund des antiken Denkens zu diskutieren. So greift sie etwa auf das antike Theoriemodell zurück, das den Begriff der intelligiblen, aus sich heraus tätigen und daher in gewissem Sinne ›freien‹ Seinsform des Seelischen zum Prinzip auch des natürlichen Seins gemacht hatte. Dieser Gedanke geht auf Platon und seine spätantiken Nachfolger sowie Kommentatoren zurück, vor allem auf Plotin (auf die Bedeutung des Seelenbegriffs Plotins hat schon Cassirer 2002, 242 f. hingewiesen, vgl. auch Jacob 1987; 1995, Bd. 2, II–XV). Bei den Autoren des Cambridge Platonism sind daher durchgehend nicht nur die antiken Quellen in signifikanter Weise präsent, sondern auch die diese vermittelnden Texte von Marsilio Ficino, Francesco Patrizi, Giordano Bruno sowie der von letzterem beeinflussten englischen Autoren wie Sidney oder Spenser. Das Denken des Ficino und des Giovanni Pico della Mirandola ist schon nachweislich in den Texten von John Colet und Thomas Morus zu Beginn des 16. Jh.s präsent (Seebohm 1869, 37 ff.), so dass auch Giordano Bruno später auf ein nicht unvorbereitetes Terrain stößt. Gefördert wurde der Zugang zu den antiken, v. a. griechischen Quellen auch dadurch, dass seit 1540 als Konsequenz des Wirkens von Erasmus, der sich seit 1506 um die Auseinandersetzung mit dem Griechischen bemüht, eine Regius-Professur für Griechisch in Cambridge eingerichtet worden ist (Powicke 1926, 11 f.).

Als ganz allgemeine Charakteristika dieses Denkens können herausgestellt werden: der von allen Autoren im Kontext auch des kontinentalen Rationalismus unbedingt verfochtene Primat der Vernunft oder des Vernünftigen (über Vorgaben im Denken des Thomas Morus vgl. Cassirer 2002, 239: ein »universaler Theismus, der sich auf reine Vernunftgründe stützt«), eine gegen die stark calvinistisch-puritanistischen Strömungen gewendete liberale theologische Grundhaltung (Powicke 1926, 35–38 zum Latitudinarismus) und schließlich, trotz bestimmter ›mystischer‹ oder ›enthusiastischer‹ Aspekte vor allem im lyrisch-poetischen Ausdrucksbereich, eine Anerkennung der Dimension des Empirisch-Experimentellen. Gleichwohl gibt es Frontstellungen gegen Bacon, gegen Gassendi, auch gegen den geschätzten Descartes, die wieder den Unterschied markieren und das ›Platonische‹ hervortreten lassen. Bei More und Cudworth ist in diesem Zusammenhang nach der zunächst positiven Auseinandersetzung mit Descartes eine Abwendung zu beobachten, deren Motivation in der radikalen Mathematisierung und Quantifizierung des körperlich-ausgedehnten Seins zu suchen ist, in dem Bemühen vor allem, der absoluten Mechanisierung des Lebendigen – das dadurch in das Unausgedehnte, Unkörperliche, Unsichtbare zurückgedrängt wird – die auf Platon (*Timaios*, *Phaidros*, *Nomoi* X) und insbesondere Plotin zurückgreifende Vorstellung einer universalen Belebtheit als Konsequenz der Gegenwart des Seelischen entgegenzustellen (Powicke 1926, 119 f., 156 f.; Cassirer 2002, 327–335).

Da Henry Mores *Opera omnia* in der von ihm selbst besorgten lateinischen Übersetzung, begünstigt durch die lateinische, intensiv kommentierte Ausgabe von Johann Lorenz Mosheim, sowie Ralph Cudworth's *True intellectual system of the universe* von vielen Autoren der zweiten Hälfte des 18. Jh.s gelesen wurden – prominentes Beispiel hierfür ist Kant (s. Kap. VII 12.5) – kann man sagen, dass dem Cambridger Platonismus, neben Marsilio Ficino und neben den Autoren der *historia litteraria*, eine bedeutende Funktion in der Vermittlung eines platonisch-christlichen Denktypus an die neuen Strömungen des philosophischen Kritizismus, der Transzendentalphilosophie und des Idealismus zukommt (Cassirer 2002, 379 f.; Jacob 1995, Bd. 1, XXXVI–LXVI; Bd. 2, XXX–XLIX; s. Kap. VII.76.5).

76.2 Die Situation in Oxford und Cambridge. Entstehung und erste Ausprägung der Cambridger Schule

Der spürbare Einfluss platonischen Denkens in England reicht zurück auf den Beginn des 16. Jh.s, als vom italienischen Humanismus beeinflusste Autoren wie John Colet (Italienaufenthalt in den 90er Jahren des 15. Jh.s) und dann Thomas Morus, neben der Anwendung philologischer Kriterien und der kritischen Transformation scholastischer Lehr- und Darstellungsmethoden in neue Formen der Lektüre, Kritik und Mitteilung, immer wieder gerade auf Ficino zurückgegriffen haben (Colet zitiert die *Theologia Platonica* in seinen Vorlesungen zu dem Briefcorpus des Paulus; Seebohm 1869, 37 ff.; Cassirer 2002, 304 ff.). Der Einfluss setzte sich fort in der elisabethanischen Zeit, in den Jahren 1580–1600, als Giordano Bruno in England Vorlesungen hielt, in denen er direkt aus Ficinos *Theologia Platonica*, *De vita libri tres* oder auch den *Argumenta* zu Platon, Plotin und Hermes Trismegistos heraus argumentierte (Sturlese 1994), als grundlegende Texte der platonischen ›neuen Philosophie‹ wie insbesondere die *Nova de universis philosophia* von Francesco Patrizi (Ferrara 1591 und 1593) europaweit rezipiert wurden (vgl. Leinkauf 1993, 39–45, 77 Anm. 75, 353 Anm. 89) und auch von Denkern wie Francis Bacon, Robert Fludd, Marin Mersenne aber auch Ralph Cudworth und Henry More gelesen wurden. Zugleich zeigt die zweite Hälfte des 16. Jh.s in der Entwicklung der poetologischen Ansätze wie auch in der tatsächlichen Dichtung den Einfluss von Ficinos Kommentar zu Platons *Symposion*, der unter dem Titel *De amore* europaweit beachtet wurde (Nelson 1958; Cassirer 2002, 310 f; s. Kap. VII.75.1). Dies ist insbesondere für Edmund Spenser festzuhalten, dessen Dichtungen – *The Fairy Queen*, aber auch die Hymnen (z. B. *An Hymne on Haevenly Beautie*, vv. 64–70, 132 f.; Spenser 1929, 596–599 zur Bestimmung der Seele als ›Form‹ des Schönen mit Plotin I 6, cc. 1–3) – den jungen Henry More und andere Autoren des Cambridger Kreises beeindruckt haben (Cassirer 2002, 310–313; Rogers 1988, 249).

In der Entwicklung platonischen Denkens im England des 17. Jh.s gibt es zunächst eine frühe Phase, die vor allem mit den Namen Herbert von Cherbury (1582/83–1648), Robert Fludd (1574–1637) und Thomas Jackson (1579–1640) verbunden ist. Diese Autoren wirkten in London (Cherbury) und vor allem Oxford (Fludd, Jackson), sie bereiten den Boden für die philosophische Strömung, die dann als Cambridger Platonismus bezeichnet wird: Cherbury durch seine liberale Theologie und seinen starken, antiskeptischen Vernunftbegriff (*recta ratio*), Fludd durch seine komplexe, durch neuplatonische Elemente strukturierte Ontologie (Weltseele, Sympathie-Gedanke), kabbalistisch-magische Gedanken sowie die ›reduktionistische‹, auf nur zwei Grundkräften aufbauende Naturtheorie (in der Tradition Telesios, Brunos, Gassendis), Jackson durch seinen Rationalismus (*recta ratio*, natürliche Theologie), der starke Impulse durch den Neuplatonismus erfuhr (Plotins Hypostasen-Gedanke, Ficino). Cherbury übte Einfluss auf Culverwell aus (Lehre vom *instinctus naturalis*; vgl. Pailin 1988, 237), Jackson wurde von Whichcote, Theophilus Gale und Henry More rezipiert (vgl. Hutton 1988, 223).

An diese frühe, vorbereitende Phase schließen sich dann an Benjamin Whichcote (1609–1683), der »eigentliche Begründer der Schule« (Cassirer), und John Smith (1616–1652), deren Predigten und Schriften wichtige Anstöße für die Hauptautoren More und Cudworth gegeben haben, auch wenn diese Impulse im Wesentlichen zunächst die religiöse und ethische Positionierung gegenüber dem übermächtigen puritanischen Ansatz meinten. Diese Positionierung ist zunächst, mehr noch als das genuin ›Platonische‹, an den Äußerungen von engagierten Denkern wie Whichcote, Smith und Culverwell registriert worden. Ihnen wurde aufgrund ihres liberal-theologischen, überall auf die Gültigkeit und Überprüfbarkeit des Rationalen und durchgehend auf die Unvermeidlichkeit heterogener, pluraler religiöser Einstellungen setzenden Ansatzes immer wieder eine zurückzuweisende Nähe zu den Sozinianern, vor allem aber zu den Arminianern unterstellt (Powicke 1926, 35–38). Das, aus puritanisch-calvinistischer Sicht, schwerwiegende Verdikt des Latitudinarismus, der eine ›indifference & laxity in religious, and political faith‹ zum Ausdruck bringe, wurde ausgesprochen (Powicke 1926, 37). Fast alle Autoren der Cambridger Schule sind durch eine calvinistische oder puritanische Grundausbildung gegangen, sei es durch das jeweilige Elternhaus, sei es durch den Eintritt in die Colleges – vor allem das wichtige Emmanuel College, wo Whichcote, der Lehrer von Henry More und Ralph Cudworth, seit 1626 tätig war (1633–43 zunächst Tutor, dann Fellow), hatte seit den 1580er Jahren Verbindung zur immer stärker werdenden puritanischen Bewegung. Dieser Einfluss des Puritanismus erhielt um 1630 mit der fast zeitgleichen Neubesetzung von Leitungs- und Professorenstellen einen Knick in Richtung auf die liberalere, letztlich in der Tradition des Pelagius stehende Bewegung des Arminius und seiner Schule. Dies ist wichtig, weil der Ursprung des Cambridger Platonismus zunächst im gesprochenen Wort lag, in den Predigten und Vorträgen (in der Tradition von John Colet oder John Fischer 1459–1535). Diese wiederum hatten durchgehend keine theoretische, sondern eine praktische, moralphilosophische und christlich-caritative Ausrichtung. In ihnen verband sich die aus dem Humanismus des 16. Jh.s weiterwirkende Individualisierung des Denkens (Montaigne, Cardano, Bruno) mit einem christlichen Platonismus, der sein Fundament in der universalen Gültigkeit des Geistig-Vernünftigen sah, die keinen Raum ließ für eine ›potentia absoluta‹ Gottes, im Sinne eines absolut willkürlichen Eingreifen-Könnens, für eine vernunftimmune Gnadenwahl oder für einen das Denken opfernden Glaubensbegriff (siehe den autobiographischen Bericht Henry Mores in der Praefatio generalissima zu den Opera omnia, More 1679, Bd. II/1, V: huius dogmatis [sc. Fati ac Praedestinationis Calvinisticae] abhorrentia). Die Cambridger wollten eine Harmonie von ›reason‹ und ›faith‹ – immer wieder wird die »lucerna domini« aus Sap. 20,27, die »candle of the Lord«, mit der Vernunft selbst gleichgesetzt, so dass das Vernünftige im Sinne des *nous* des Plotin das Licht in der Welt ist – sie setzten auf die Übereinstimmung von eigener Einsicht (sofern sie den Gesetzen vernünftigen Denkens folgt) und göttlicher Intention, sie ›glaubten‹ an und vertrauten auf die grundsätzliche Kommunikabilität eines rationalen Glaubens, in dem insbesondere das Ethische erstrangiger Natur war (Powicke 1926, 15–49, bes. 18 ff.): »A man has much right to use his own understanding in judging of truth as he has a right to use his own eyes to see his way« (Whichcote 1753, Aphorisms Nr. 40). Das war die durch Whichcote prominent vertretene Position, auf der dann die auch theoretischen Systementwürfe von Henry More und Ralph Cudworth aufbauten. Benjamin Whichcote schließt in seinen Predigten und überlieferten Aphorismen, neben der zentralen Orientierung an Christus, an die »noblest of human teachers«, d. h. an Sokrates und Platon an (zu Whichcote vgl. Powicke 1926, 50–86; Robert 1968; Rogers 1988, 252–255), indem er die Bedeutung des der menschlichen Natur innewohnenden Potentials der Tugendhaftigkeit hervorhebt. Moralisches Gutsein, so der Grundtenor, ist das höchste Ziel des Menschen, das er nur durch die Aktivierung seiner Vernunft erreichen kann (Whichcote 1751, Bd. 1, 371: »The spirit in man is the candle of the Lord«, 1753, Eight Letters, Nr. 2, 27 f.). Durch Realisierung und Anwendung seines Rationalitätspotentiales kann der Mensch eine Religion etablieren »that is grounded in reason and by divine authority« (Whichcote 1751, Bd. III, 271 f.), wobei die Vernunft dem Glauben vorausgeht (Powicke 1926, 59), d. h. dass ›blindes‹ Glauben zu vermeiden ist und der Glaube oder die religiöse Überzeugung noch dem Satz vom zureichenden Grund untersteht (Cassirer 2002, 252): »reason is not a shallow thing: it is the first participation from God« (Whichcote 1753, Aphorisms Nr. 460).

Whichcote hat als ›Platoniker‹ vor allem dadurch gewirkt, dass er die Texte Platons, Plotins und Ficinos seinen Schülern dringend zur Lektüre empfohlen hat (Rogers 1988, 254). Auch John Smith, obgleich er Schüler von Whichcote gewesen ist, gehört in diese ›Entstehungsphase‹ des spezifisch Cambridger Platonismus: Er wirkte ebenfalls vornehmlich durch seine *Discourses* zu verschiedenen Themen, die 1660 ihre erste Auflage hatten (zu Smith vgl. Powicke 1926, 87–109; Micheletti 1976; Rogers 1988, 272–274). In ihnen vertritt Smith, insbesondere im *Discourse concerning the true way or method of attaining Divine knowledge* (den Powicke als »epitome of his mind« bezeichnet: 1926, 96), eine klassisch platonische Lehre vom Aufstieg der Seele, der den Rückgang in sich, in die eigene

Vernünftigkeit, d. h. in den rational-noetischen Teil der menschlichen Seele zur Voraussetzung hat. Dieser Aufstieg findet sein Ziel in einer ›intellektuell-intelligiblen‹ Form der Einung: »God is best discerned *noera epaphê*, as Plotinus phraseth it, by an intellectual touch of him« (Smith 1978, 4; zitiert sowohl bei Powicke 1926, 108 als auch Cassirer 2002, 244; für Plotin vgl. VI 9, 7, 25; V 3, 10, 42; 17, 24–25). Das »intellectual life« ist für ihn – in der Aufnahme von Plotins Interpretation von *Tht.* 176d – eine »living imitation of a god-like perfection« (*Discourse of the Immortality of the Soul* c. 7; vgl. etwa VI 7, 8 zur *zôê teleia* des *nous* bzw. des Denkenden, VI 7, 12; V 1, 3, 5 ff. die Seele als *einkôn tis nou*), es vollzieht sich in der »gereinigten Seele« als dem *pedion tês alêtheias* »as antient philosophy says« (Smith 1978, 4). Im Inneren der Seele und im Vollzug des Denkens selbst findet der Mensch seine spezifische Freiheit und einen Zugang zum Göttlichen (Smith 1978, 12). Im Unterschied zu Whichcote, More und Cudworth vertritt Smith jedoch den Primat des Vernünftigen und Rationalen, obgleich er ihn anerkennt (Smith 1978, 388), nicht so entschieden und neigt einer in letzter Instanz das Intuitive betonenden Gotteserkenntnis/-erfahrung zu, die durch seelischen Enthusiasmus befördert wird (Powicke 1926, 98–100; Rogers 1988, 274). Dieses ›Intuitive‹ ist jedoch präzise von einem Irrationalität meinenden Enthusiasmus zu unterscheiden, es greift mit Plotin letztlich auf Platons und auch Aristoteles' Theorie der unmittelbaren (durch die Metapher des Berührens und Schauens zum Ausdruck gebrachten) Erkenntnis des Höchsten zurück. Dies dokumentiert Smith in seiner vierstufigen, an Platon orientierten Einteilung der Menschen: (i) »the complex and multifarious man«, (ii) »the Rationalist«, (iii) »the Enthusiast« und (iv), die höchste und zu erstrebende Stufe, »the true metaphysical and contemplative man« (*Discourse of the Excellency and Nobleness of True Religion*, c. 1). Allein letzterem gelingt die intellektuelle Einung. Smith unterliegt auch, wie More und Cudworth, einem signifikanten Einfluss der Philosophie des Descartes, deren Dualismus und mechanistische Physiologie er im Unterschied zu diesen kritiklos und unvermittelt zu den platonischen Theoremen übernimmt. Die ethische Grundausrichtung des Platonismus von Cambridge ist bei Benjamin Whichcote, John Smith, Henry More, Ralph Cudworth oder Culverwell durchgehend und unbesehen ihrer individuellen Ansätze festzustellen, ihre Dominanz hat Cassirer dazu gebracht, von einem »›Apriori‹ der reinen Sittlichkeit« zu sprechen (Cassirer 2002, 255).

76.3 Henry More

Henry More ist der durch Veröffentlichungen am besten bekannte Vertreter des Cambridger Platonismus, zugleich gilt er aufgrund seines Briefwechsels mit Rene Descartes, seiner Diskurse mit Anne Conway (1631–1679) und seiner deutlichen Wirkung auf Isaac Newton sowohl unter Zeitgenossen als auch in der Tradition als bedeutender Intellektueller, der durch das Etikett ›Platonist‹ oder ›Platonische Schule‹ nicht hinreichend zu erfassen ist (zur *Vita Praefatio generalissima*, in: More 1675–79, Bd. II/1, I–XXIV; Powicke 1926, 150–154; Jacob 1987, I–X). Seine Publikationen setzen mit einer durch intensive Lektüre der antiken, insbesondere der platonischen Tradition geprägte Werkfolge ein, die deutlich in der Tradition des klassischen philosophischen Lehrgedichts auf der einen als auch der englischen, philosophisch geprägten Dichtung – vor allem Edmund Spensers (*Fairy Queen* 1590–96) und John Davies (*Nosce te ipsum* 1599) – auf der anderen Seite steht: die Folge aus seit 1640 entstandenen Gedichten – *Psychozoia, Pychathanasia, Antipsyochopannychia, Antimonopsychia* – die More 1642 in Cambridge unter dem Titel *Psychôdia platonica: or a Platonicall Song of the Soul* erstmals publiziert. More hatte sich seit 1635, nachdem er zuvor Aristoteles, Girolamo Cardano und Julius Scaliger gelesen hatte, insbesondere dem Studium der Philosophie Platons und der Platoniker von Plotin bis hin zu Ficino zugewandt (*Praefatio generalissima*, in: More 1675–79, Bd. II/1, VII; Bullough 1931, XXIX f.; Staudenbaur 1968, Jacob 1987, XI f.). Er ist wohl der erste, der in Cambridge eine vollständige Plotin-Ausgabe besitzt, vermutlich in der Übersetzung des Ficino (Ward 1911, 38 f.). Die *Enneaden* Plotins und der *Theologia Platonica* des Ficino bilden zu dieser Zeit das systematische Gerüst, in das sowohl seine Kenntnis des Platon, die hauptsächlich auf dem *Phaidon*, dem *Phaidros* und dem *Timaios* basiert, als auch seine eigenen Vorstellungen eines rationalen Denkzusammenhanges ›einträgt‹.

Die Seelenthematik und die aus ihr folgende Ausdehnung der Kraft des Psychischen auf das gesamte Sein ist auch verantwortlich für die irreführende Etikettierung von Mores Denken als »Vitalismus« (Cassirer 2002, 332, Anm.; Jacob 1987, Preface). Es ist kein Zufall, dass More nach den frühen Seelen-Abhandlungen, die er später nicht in die selbstbesorgte Werkausgabe aufgenommen hat (*Praefatio generalissima*, in: More 1675–79, Bd. II/1, VIII), eine separate Abhandlung zur Unsterblichkeit der Seele verfasst: Der Text *De animae immortalitate* (publiziert 1659, dann in *Opera omnia* 1675–79) nimmt nicht nur die ersten Schriften thematisch-inhaltlich auf, sondern ist zusätzlich schon, und zwar in der leichter zugänglichen Form der Prosa, eine Reaktion auf die Seelen-Theorie des Descartes (*Praefatio generalissima*, X; Jacob 1987, XXXI ff.).

Der Systemaufbau, den More seinen frühen und zu Teilen eben auch seinen späteren, in der Auseinandersetzung mit Descartes, Hobbes und Spinoza weiter entwickelten Einzelthesen zugrunde legt, ist in dem Konzept der sog. ›Ogdoas‹ zusammengefasst, die zuerst in der *Psychozoia* expliziert wird: die Ogdoas ist ein durch einen Kreis aus Kreisen bzw. eine aus konzentrischen Schalen bestehende Sphäre vorzustellendes, hierarchisch gestuftes Bild des Seinsaufbaus (hierzu vgl. Ficino, *De amore* II 3, s. Kap. VII.75; vgl. das Diagramm in More 1878, 148). Die einzelnen Stufen bilden ineins eine festgelegte, dem *ordo explicationis* entsprechende Sequenz und ein durch wechselseitige Entsprechungen strukturiertes Gefüge: die erste Stufe (i) ist das Eine (von More, in Aufnahme von Platons Ineinssetzung von Einem und Guten, zugleich als ›Ahad‹ = *to hen* und ›Atove‹ = *tagathon* bezeichnet, *Psychozoia* I, str. 5–7, More 1931, 112 f.). Die zweite Stufe (ii) ist der Intellekt oder Geist, von More, der zweiten Hypostasis Plotins *ho aiôn* entsprechend, als ›Aeon‹ bezeichnet (ebd. I, str. 8, 13): »the very intellectuall world, eternal life«. Dieser unveränderliche (»no change or mutability«) Intellekt ist ein innerer ›Raum‹ geistiger ›Ausdehnung‹ (siehe unten zu »inner extension«/«spissitudo«) und eine »inward beauty« oder »Autocalon« (str. 14, 16), der ein »outward Idole« entspricht, dessen wechselhafte Erscheinungsform die Seele zur Deklination bringt (*Phd.* 65; *Symp.* 181), dessen Verweischarakter auf die stabile, ewige Form der Ideen sie jedoch zum Aufstieg und zu »true Cognizance« führt (str. 10–12, 14 f.); das »Aeon-Land«, das dem *hyperuranios topos* aus Platons *Phaidros* entspricht, ist ein »life in full serenity«; die dritte Stufe (iii) ist »Uranore«, die Psyche/Seele, »the virgin wife of Aeon«, »th' eldest daughter [of Ahad]« (*Psychozoia* I, str. 15 f.), diese Seele, die als Geistseele dem platonischen ›überhimmlischen‹ Ort zugewiesen werden kann (so noch *Enchiridium* c 6, sect. 4, *Opera* 1675–79, II/1, 155), ist eben als Naturgeist (siehe unten) in die Physis eingelassen und deren Lebens- und Gestaltungsprinzip; (iv) »Semele«, die Imagination oder Einbildungskraft, (v) »Arachne«, die Sinneswahrnehmung, (vi) »Physis« oder Natur selbst, (vii) »Tasis« oder die Ausdehnung (*extension*) und schließlich (viii) »Hyle« als Materie (zu den Benennungen vgl. durchgehend den eigenen Kommentar von More in More 1878, More 1931 (nur in Teilen); Jacob 1995, Bd. 1, XXI f; 2, IV f.). Es ist deutlich, dass die Stufen i–iv (Eines, Intellekt, Seele, Imagination) zum Bereich des Intelligiblen gehören, die Stufen (oder Kreise) v–viii hingegen zum Bereich der sinnlichen Phänomene, ebenso macht More klar, dass beide Bereiche sich gegenseitig spiegeln, und zwar so, dass das jeweils im Extrem Liegende aufeinander verweist: i–viii, ii–vii, iii–vi, iv–v (Eines-Materie, Intellekt-Ausdehnung, Seele-Physis, Einbildungskraft-Sinneswahrnehmung, wobei More die Einbildungskraft als Funktion der Seele, die Sinneswahrnehmung als Funktion der Natur versteht, vgl. Jacob 1991, 1, xxii). Diese System-Struktur, die eine durchgehende Entfaltungspräsenz des Noetisch-Seelischen im gesamten Sein artikuliert, hält sich auch in den späteren Werken durch. Man kann sogar sagen, dass erst dort, vor allem im *Enchiridium metaphysicum* von 1671, etwa in der Entwicklung des Begriffs der »geistigen« oder »inneren« Ausdehnung der Zusammenhang von Intellekt und Tasis oder im Begriff des »Spirit of Nature« (der spätere Ausdruck für Physis, siehe unten) die komplexen Tätigkeitsweisen der Seele in der Natur wirklich mit wissenschaftlichem Anspruch erklärt werden.

In Mores Denken findet seit etwa 1660 ein deutlicher Umschwung statt, mit Kulmination in den *Divine dialogues* (1668) und dem *Enchridium metaphysicum* (1671, im Folgd. EM). Er zeigt sich darin, dass er zunächst akzeptierte: ›es gibt einige Phänomene in der Natur, die mechanistisch zureichend erklärt werden können‹, nach 1660 hingegen zunehmend die Position vertritt: ›es gibt kein einziges rein mechanisches Phänomen in der Natur‹ (und daher auch keine hinreichende mechanistische Erklärung, vgl. hierzu mit Nachweisen Gabbey 1990). Es ist die starke, weil ineins metaphysische und dynamische Konzeption von Intellekt und Seele, die More der platonischen Tradition verdankt, die gerade auch seine innovativen, ›modernen‹ Einsichten, wie die von der genuin geistigen Ausdehnung, der »spissitudo« und der »inner extension«, substantiell trägt (*Enchiridium metaphysicum*). So geht die Konzeption der inneren, intensiven und geistigen Kraft als dem ursprünglichen Modus der Verbreitung des Noetisch-Psychischen, wie er schon in der Psychathanasia (Cantus II, str. 2, 33: »one spirit goes through all this bulk, not by extension but by a totall Self-reduplication«) entworfen ist, in die spätere Konzeption von *De immortalitate animae* ein wie auch in die Ausführungen des *Enchiridium metaphysicum*: dort ist ›Raum‹ entweder als »extension of space« oder als »material extension«, jeweils jedoch als ein Phänomen der Intensität, Kraft und des Inneren verstanden (c. 8, sect. 13; vgl. Jacob 1995, Bd. 1, XLVIII). Insgesamt ist die Essenz der Kritik am mechanistisch-atomistischen Seins-und Wirklichkeitsbegriff eine Wiederaufnahme und Restitution eines starken Konzeptes von Immaterialität, Durchdringlichkeit, Omnipräsenz und Instantaneität, die alle im Einheits- und Kraft-Begriff des Neuplatonismus gründen. Dies zeigt sich insbesondere an der Lehre vom »Spirit of Nature«, »the great Quartermaster general of Divine Providence« (*Immortality of the Soul* III, c. 13, sect. 10) die einerseits die Einheit des Seelischen und die Tatsache, dass es einen gemeinsamen Naturgeist für die Welt gebe, nur die Tiere und Menschen kennen individuierte oder partikulare Seelen (*Immortality of the Soul* III, cc. 12–13; vgl. Jacob 1987; 1995, 1, XX f.) betont, anderseits diesen Geist-Begriff verwendet, um die Defekte des mechanistischen Ansatzes zu beheben: Unerklärbarkeit entfernter Wirkungen, Unerklärbarkeit des wirklichen Anfangens von Bewegungen, Unerklärbarkeit von stabilen Energieniveaus, Unerklärbarkeit von finalen oder zweckgerichteten Strukturen in der Natur etc. (zur Mechanismus-Kritik vgl. Gabbey 1990, bes. 21–23).

Als stabile Komponenten des More'schen Denkansatzes lassen sich vielleicht folgende Parameter festhalten: (1) ein starker Vernunftbegriff, der die durchgehende Rationalität menschlichen Wissens behauptet (EM c. 1, sect. 6, Opera 1675–79, Bd. II/1, 142: alle uns begegnenden Dinge sind zu sehen als ob sie »tamquam humanae rationi consona [...] obiecta esse possunt«); (2) die Lehre von angeborenen Ideen, die in »dispositional-potentieller Form« existieren (Rogers 1988, 263) und einen Zusammenhang mit der Anamnesis-Lehre Platons und dem Konzept der Präexistenz der Seele aufweisen (vgl. *An Antidote* 1652, Book I, c. 3, sect. 3); (3) die Position eines gemäßigten epistemischen Skeptizismus (vgl. Popkin 1979), der sich auf der Basis allgemeiner Vernunftgeltung (a) sowie der Fähigkeiten des menschlichen Intellekts (b) auf Wahrscheinlichkeit, empirische Evidenz und göttliche Illumination stützt (*An antidote*, Book I); dies zeigt sich insbesondere dadurch, dass More die Begriffe als »universalia« sowie die rein begrifflichen Unterscheidungen den ›Künsten‹ der Dialektik und der Logik vindiziert und die allein wirklich existierenden (also ›seienden‹) Einzeldinge, »singularia«, als Gegenstandsbereich einer erfahrungs- und experimentgestützten Naturwissenschaft, die er auch als Metaphysik versteht, zuweist (EM c. 2, sect. 21, Opera 1675–79 Bd. II/1, 147; c. 3, sect. 4–7). Wirkliche ›Substanzen‹, seien sie geistige, seelische oder natürliche, vollständig zu erkennen, ist dem Menschen nicht möglich (ebd., c. 1, sect. 6, 142); (4) eine Ontologie, deren generelle Unterscheidungen dann aber einerseits auf der Annahme eines alles bestimmenden, autarken und vollkommenen Gottes (das Eine, EM c. 1, sect. 6: *autogenê*, *autotelê*), der alles als absolute Ursache (emanativ) bestimmt, fundieren (so ist kosmisch-natürliches ›Leben‹ zunächst ein »shadow and image of life/ultimam infimamque divinae essentiae umbram« [Brief an Descartes, AT V, 383, Plotin IV 3, 9], das dann erst, siehe n. 5, eine eigenständige Position als spirit of nature gewinnen wird), anderseits auf Basis der Einsicht vollzogen werden, dass Sein/Seiendes ausschließlich als singuläres Einzelseiendes ›existiert‹, als Generalgegensatz von ›Geist‹ (*spiritus*), der als durchdringlich, unteilbar, aktiv-spontan, und ›Materie‹, die als undurchdringlich (Antitypia), teilbar und passiv – sie ist absolut aus sich selbst unbeweglich (EM c. 10, sect. 2, 178–9) – bezeichnet wird, zu denken ist (Rogers 1988, 265); (5) einen auf (4) aufbauenden, die ›geistig‹-noetische Dimension betonenden Begriff des »Spirit of Nature«, der als Transformation des Begriffs der Seele (Uranore) zu verstehen ist und zwar als eine Transformation, die durchgehend die universale, aktive, verlebendigende Präsenz dieses »Spirit of Nature« im Ganzen des welthaft Seienden betont (EM c. 13, 222; Jacob 1991, Bd. 2, I–XXIX; Bondì 2001, 117–130, 161–178). More demonstriert diese aktiv-gestaltende Präsenz an verschiedenen Beispielen von Naturprozessen – etwa hydrostatischen, magnetischen oder lichtradiativen (hierzu EM cc. 11–26 passim, Gabbey 1990, 22 f; Jacob 1995, Bd. 2, XVIII ff.) – wobei immer eine identische argumentative Grundfigur zu beachten ist: »altior quaedam ac Divina causa subest huic Phaenomeno quam quae pure sit Mechanica« (ebd., c. 13, sect. 7, 213; *Immortality of the Soul* III, c. 13, *Antidote against atheism* 1653, II: »some higher principle, a Principle that hath knowledge and council etc.). Dieses ›Höher‹, ›Übergeordnet‹, ›Mächtiger‹ etc. ist der semantische Ort, an dem der in seinem Ursprung, d. h. in der Weltseele transzendente, in seinem Sein jedoch in die materielle Welt aktiv eingelassene »Spirit of Nature« festgemacht wird. Er ist eins transzendent-übergeordnet und immanent-zugeordnet (EM c. 12, sect. 10, 214). Diese genuinen Leistungen der Seele in der Materie – *dispositio, ordo, permeatio, gubernatio, conservatio* – greift More schon seit der *Psychozoia* aus Platon, Plotin oder Ficino auf, er bündelt sie mit großer Folgewirkung für Ralph Cudworth im Begriff des »spiritus plasticus«, der »platstick nature« oder »plastick power« (EM c. 19, sect. 14, 268: c. 28, sect. 17; Hunter 1950). Diese Kraft (*vis, dynamis*) ist die direkte Entfaltung der – mit Plotin-Proklos gesprochen – *apeirodynamia* Gottes (des Einen), seines unendlichen Entfaltungs- und Gestaltungspotentiales bis hin in die unterste Stufe des Geistig-Seelischen, also bis in die vorreflexive, unbewusste, ›instinktive‹ Tätigkeitsform des »Spirit of Nature« (EM c. 13, 222: c. 28, 317 f.; vgl. Jacob 1995, Bd. 2, I–XXIX; zur scharfen Trennung des rationalen vom ›plastischen‹ Seelenteil vgl. *Immortality of the Soul* III, c. 1, sect. 2). Diese Spiritualisierung des Natürlichen, die es im Grunde auch ›theologisiert‹ (vgl. Leinkauf 1993, 35–45), ist seit den Analysen Cassirers immer wieder als das Rückständige, Vor-Moderne, ja Rückwärtsgewandte im Denken nicht nur Henry Mores, sondern des Cambridger Platonismus überhaupt verstanden worden (Cassirer 2002, 256 f., 323–343). Die neuere Forschung sieht jedoch, dass hier, vor allem durch die systematische Abkopplung des Begriffs des Räumlichen von dem der Teilbarkeit und dem ›partes extra partes‹-Axiom und durch die dadurch ermöglichte Zuordnung geistiger Einheiten zu einem nicht-abstrakten, realen und ›Ausdehnung‹ mit umfassenden Existenzmodus (der durch *spissitudo, locus internus/intimus, amplitudo spiritualis* bestimmt ist), ein über Descartes und auch über Boyle hinausgehender, von der argumentativen Kraft her nur durch Leibniz' neu entwickelte Dynamik (die ebenfalls ›metaphysische‹ Kraftpunkte annimmt) erreichter Standard gegeben ist, von dem auch weder Robert Boyle noch Isaak Newton unbeeindruckt geblieben sind.

Die explizite Präsenz Platons oder des Platonischen nimmt im späteren Denken, etwa im *Enchiridium metaphysicum* ab, dies hat mit der zunehmenden Dominanz kabbalistischer und christlich-mystischer Orientierung und der stärkeren Betonung des Naturtheoretischen zu tun.

76.4 Ralph Cudworth

Ralph Cudworth (1617–1688; zur Vita Powicke 1926, 110–114; Rogers 1988, 267–269) gilt als der neben More scharfsinnigste, gebildetste und dem platonisch-neuplatonischen Denken am tiefsten verpflichtete Vertreter der Cambridger Schule (Janet 1860). Cudworth hat, im Unterschied zu More, nur ein ganz schmales Œuvre vorzuweisen (vgl. das Verzeichnis Rogers 1988, 245–6), dessen Zentrum jedoch in einem der wirkmächtigsten und eindrucksvollsten Werke der ganzen Schule des Cambridger Platonismus gipfelt, dem *True intellectual system of the universe* von 1678, das, obgleich es mehrere Hundert Folioseiten umfasst, dennoch ein Torso geblieben ist. Dieses Werk hat, ebenfalls im Unterschied zu Mores ›metaphysisch‹-theoretischem Hauptwerk, dem *Enchiridium metaphysicum* (1671), aber in Übereinstimmung mit *The immortality of the Soul* und dem *Enchiridium ethicum*, eine deutlich ethisch-religiöse Stoßrichtung: die Idee der sittlich-religiösen Freiheit soll gegen alle Spielarten des Fatalismus und Atheismus verteidigt werden (Cassirer 2002, 284; Breteau 1995 und 1997, 150). Es stellt eine radikale Abrechnung mit der Philosophie des Thomas Hobbes, dem Cartesianismus und dem Materialismus im Allgemeinen dar. Seine große Wirkung entfaltete es vor allem durch die lateinische Übersetzung Johann Lorenz Mosheims, die, zusätzlich mit ausführlichen Anmerkungen und Kleinabhandlungen versehen, zunächst in Jena erschien (1733) und dann noch einmal 1773 in Leiden aufgelegt wurde. Zusätzlich erfuhr das *True system* noch mehrere englische Auflagen und auch eine Übersetzung ins Italienische (Pavia 1823/4). Neben dem *True intellectual system* sind noch die wichtigen ethischen Abhandlungen *A Traetise concerning Eternal and Immutable Morality* sowie *A Treatise on Freewill* zu nennen, die auf der Basis platonischer Theoreme – Substantialität der Seele, Selbstbestimmtheit, weil Selbstbewegtheit der Seele, Vorwissen des höchsten Guten, transzendente, finalursächliche Normativität von Gesetzen, Ordnungen etc. – gegen Thomas Hobbes' gesamten philosophischen, insbesondere jedoch anthropologisch-ethischen Ansatz argumentieren (Zarka 1997): Cudworth weist hier nicht nur Hobbes' Argumente aus dem Leviathan und seiner Debatte mit Bramhall zurück, sondern grundsätzlich deterministisch-fatalistische Ansätze. Der vollständigen Zerstörung der Möglichkeit von Moralität in Bezug auf die (1) »morall action«, (2) das »morall subject« und (3) die moralischen Normen setzt Cudworth seinen Ansatz entgegen, der (1) ein »inneres Handlungsprinzip« als wirkliche Ursache des menschlichen Handelns annimmt, d. h. eine »substance immatérielle auto-active« (Zarka 1997, 43), die Freiheit als Selbstbestimmungsmöglichkeit besitzt (Aufnahme des antiken Grundgedankens des ›in nostra potestate‹, oder der ›sui potestas‹, *Treatise of Freewill* c. 4, 15; TIS, Preface, A3v), der (2) die menschliche Seele als moralisches Subjekt ansetzt, das ein inneres Bewegungsprinzip als »constant, restless, uninterrupted desire or love of good as such« aufweist (ebd., c. 8, 28), das durch einen

Vor-Begriff oder einen Vor-Geschmack (vgl. Stoa: *prolêpsis*, Nicolaus Cusanus: *praegustatio*, Cudworth spricht TIS, 691 von »natural anticipation or prolepsis«) des »summum bonum« gelenkt wird. Dieses moralische Subjekt ist das, was man »Self« oder Ich-Identität nennt; Cudworth bestimmt es als »the soul redoubled upon itself« oder als »self-reduplicated life« (ebd. c. 10, 36–37); diese Subjekte als Seelen sind in der Lage »[to] actively change themselves and determine themselves« (c. 2, 8). Und er setzt (3) als moralische Norm gegen alle Relativismen Gott als absolutes Maß allen Seins und Handelns an, der die Essentialität des Guten, Gerechten und Ehrenhaften garantiert (*Treatise of eternity and immutability of morality*; vgl. Zarka 1997, 46–48; Berteau 1997, 150–153). Cudworth erreicht in seinen Reflexionen zur autonomen Tätigkeit der Seelen an vielen Punkten das Problemniveau und auch teilweise die argumentative Schärfe seines Zeitgenossen Leibniz, insbesondere der Gedanke der »inneren Notwendigkeit« des autonomen inneren Selbstvollzuges des Seelischen – verdeutlicht an der Struktur des Traumzustandes, an der Konsequenz, dass Auslöschung der Selbsttätigkeit nur als *annihilatio* denkbar ist – erinnert an Passagen aus den *Nouveaux essais* und der *Monadologie* (vgl. Berteau 1997, 151 f.). Die Argumentationen in diesen späteren ethischen Abhandlungen setzen sachlich durchgehend die Analysen des *True intellectual system of the universe* voraus.

Das *True intellectual system of the universe* (TIS) ist zwar nicht vollendet worden, doch weist schon der fertiggestellte Teil eine höchst subtile, durch viele Digressionen bestimmte Analyse der verschiedenen Positionen und Spielarten des Materialismus, Atomismus und Fatalismus, die für Cudworth ebensoviele Spielarten des Atheismus sind (dies ist der Inhalt des einzig vollendeten ersten Buches: *against Atheism*), auf. Schon das Vorwort kann als »l'esquisse d'un monumental ›Discours de la liberté et de la nécessité‹« gelten (Berteau 1997, 150), den Themen, die in den oben kurz diskutierten Abhandlungen kondensiert durchdiskutiert werden. Cudworth will, wie zuvor und ihn sicherlich in vielen Punkten leitend und anregend auch More, zwischen der Skylla des materialistischen Determinismus und der Charybdis eines theologischen Fatalismus bzw. Voluntarismus, zwischen Descartes und Hobbes, zwischen Gassendi und Boyle, zwischen Spinoza und Malebranche eine *tertia via* finden, die sowohl menschliche Freiheit als auch die absolute Position des göttlichen ersten Prinzips intakt lässt, die aber zusätzlich auch die sinnvolle rationale Struktur des Kosmos oder Weltenbaus zum Ausdruck bringt. Ebenso wie in den Schriften Mores seit der frühen Psychozoia (siehe oben 11. 3) lässt sich auch im TIS eine typisch neuplatonische Ontologie nachweisen, die eine abgestufte, graduell-hierarchische Struktur (*Scale or Ladder of Entity*) darstellt: (i) *a Perfect Omnipotent Being* (das Eine/Gott), (ii) *intellect, Minds*, (iii) *soul, Souls*, (iv) *Inanimate Bodies*, (v) *stupid, senseless Matter* bzw. *bulkie Extension* (TIS I, c. 5, 855 ff. mit Zitat aus Boethius, Consol. V 4; hierzu Hutton 1997, im Preface A4v genügte zunächst eine grobe Dreiteilung: (1) *Deity/Trinity*, (2) *Souls*, (3) *Body or Matter*). Cudworth, der sich sowohl an Plotin, Proklos als auch an Boethius und Ficino anlehnt, stellt doch diese ganze Seinsordnung aus der Sicht des nach-cartesischen 17. Jh.s in die alles umgreifende Klammer des Gegensatzes ›cogitation-extension‹, den er – neuplatonisch-aristotelisch – als Gegensatz von Vermögen und Massen, *dynameis-ogkoi*, auslegt (TIS I, c. 5, 828–831), ebenso, wie More in seinem *Enchiridium metaphysicum*, versucht auch Cudworth die Existenz, die Dignität und den Primat unkörperlich-geistiger Substanzen nachzuweisen (TIS, Preface ***1v–2r; I, c. 5, 770 ff.). More tat dies – gegen Descartes, Hobbes, Boyle u. a. – naturtheoretisch-experimental, Cudworth tut dies – gegen dieselben Autoren – philologisch, d. h. begriffsgeschichtlich und geistesgeschichtlich (daher fehlt bei ihm die Bestimmung des »spirit of Nature« oder der ›plastick nature‹ als ausgedehnt-unkörperlich wie in More, siehe oben 11.3, vgl. Jacob 1995, Bd. 2, XXX f.): aus der antiken Lehre zieht er den Gegensatz von »two kinds of substances« heraus, »the first [i] *onkoi*, bulks or tumours, a meer passive thing. The second [ii] *dynameis*, self-active powers, or virtues, or *physis drastêrios*, the energetick nature« (829). Diesen weist er respektive den folgenden Grundgegensatz zu: [i] ist Ausdehnung, Andersheit, Uneinheit (*disunity*), Teilbarkeit (*aliud extra aliud*), Undurchdringlichkeit (*antitypous*), [ii] ist Leben, Selbst-Tätigkeit, Denken, Einheit, Selbigkeit (830): »a thinker is a Monade or one single Substance« (830). Ebenso wird den Dynameis, mit More, eine »essential inside«, innere Tiefe und »internal energie« zugewiesen (831). Alle diese Faktoren sind, obwohl sie wie bei Henry More eine deutliche Stoßrichtung auf ›Rettung‹ eines substantiellen Seelen-Begriffs aufweisen (vgl. TIS, Preface ***1v, I, c. 1, 20, 40 f.: *incorporeal substance*, c. 5 passim), deutlich an Plotins *nous*-Begriff orientiert, den Cudworth auch immer wieder beizieht, so etwa 828, wo er Plotin III 2,1 (*nous ou diastas aph'heautou*) zitiert, sowie am auch von More diskutierten Topos der durchgehenden Präsenz einer geistig-seelischen Einheit am vielheitlichen Körpersubstrat (Plotin IV 7; TIS, 782 f.; hierzu Leinkauf 1993, 56 f.) und an der Bedeutung von *dynamis/vis-virtus* im Denken der Neuplatoniker bis hin zu Ficino, Patrizi und Campanella (TIS I, c. 1, 47: »the higher self-active vigour of the mind«; Leinkauf 1993, s. v. Kraft, *vis, virtus*). Ein klassisches Neoplatonicum, das letztlich aus Platon gezogen ist, ist die Entfaltungs- oder Konstiutionsordnung des Seienden (*descensus, Descent*), die grundsätzlich vom höherstufigen auf das niederstufige Sein geht – und daher die hierarchische Struktur mit Gliederung in Perfektionsgrade voraussetzt – und niemals umgekehrt (der inverse Weg ist ausschließlich derjenige des Strebens und der Erkenntnis) (TIS I, c. 5, 728 f., 858 f.; vgl. Cassirer 2002, 328 f.). Cudworth weist die These, dass Höheres aus Niederem entstehen könnte, als ebenso atheistisch und widersprüchlich zurück, wie diejenige, dass etwas aus Nichts entstehen könnte (»nothing out of nothing«) oder dass alles nur aus bereits vorliegender Materie modifiziert sei (TIS I, c. 5, 738–757). Neben der Skalierung des Seins und der durchgehend dynamischen Interpretation der in diesem sich vollziehenden Prozesse, die den Hypostasen Plotins (aber auch den Modifikationen Ficinos) folgt, ist Platonisches im TIS durchgehend präsent.

Die Stoßrichtung gegen Atheismus und gegen einen Determinismus, der rein mechanische oder unbewusst agierende ›Kräfte‹ in der Natur ansetzt, »subjecting all things to the regular and orderly fate, of one plastic or planted nature, ruling over the whole« (TIS I, c. 3, 132), gegen eine »energetick nature« also, die anders als die neuplatonische, alles ordnend durchdringende Seele keine ›theoretische‹ und reflexive Natur aufweist, muss sich auf Platon, Plotin, ja sogar auf die alchemisch-magische Tradition (Paracelsus, van Helmont) berufen, ebenso wie schon More, dessen Konzept der ›plastick nature‹ ausführlich diskutiert wird (TIS I, c. 3, 146–148). So bindet Cudworth die Vorstellung einer ›plastick‹ oder ›energetick nature‹ zurück an Platon (*Soph.* 265e oder *Leg.* X), Plotin (III 2, 16, III 8, 1 u. 2, 1–5) und an den Archeus der »Chymists and Paracelsists« zurück, sofern dort die vegetative Seele oder die untere Weltseele (s. Kap. VII.68) als formende Kraft verstanden wird (TIS I, c. 3, 151–159). Die ›plastick nature‹ ist auch für Cudworth eine Funktion der Weltseele, die sich unterhalb des Tierischen »ohne Verstand« (157) und »ohne Selbstbewusstsein« vollzieht (159 mit Berufung auf Plotin IV 4, 13; II 3, 17). Dennoch ist sie nicht bloße, mechanische Bewegung wie das Brennen eines Feuers, Cudworth zitiert Plotin – »the philosopher« – aus III 2, 16: *pasa de zôê energeia kai hê phaulê. energeia de ouch hôs to pur energei, all' he energeia hautês, kan mê aisthêsis tis parê, kinêsis tis ouk eiê* (TIS I, c. 3, 159). Die plastische Natur ist also wie unser unterbewusstes oder vorbewusstes, habituelles oder intuitives Handeln zu denken, sie ist, dies entnimmt Cudworth bei Aristoteles (*PA* I 1), »inneres« (»inward«) Prinzip und Tätigsein (156 f.). Entscheidend ist, dass ›plastick nature‹ analog zum plotinischen Begriff des *logos* interpretiert wird (Plotin III 2, 16), d. h. als Zusammenspiel eines dominierenden, übergreifend-umgreifenden Logos und eines exekutierenden, seminalen Logos. Zwar ist die ›plastick nature‹ »the lowest of all lives, nevertheless since it is a life, it must needs be incorporeal« (TIS I, c. 3, 163). Diese Diskussion wird I c. 5, 668–686 bei Gelegenheit der Auseinandersetzung mit Hobbes wieder aufgenommen: die Seele als »active force« und als Bewegungsursache – »either as cogitative or plastickly self-active« (668), die Natur als »a middle betwixt both these extremes« (Gott und zufälliger Materiebewegung), als »nature [...] artificial and methodical«, die Bewegungen und Naturvorgänge als »secondary or inferior cause« (680) steuert.

Ebenfalls deutliche Anleihen beim platonischen Denken macht Cudworth bezüglich der Restitution eines starken Gottesbegriffs, der Gott als eine »perfect conscious understanding nature«, »selfexistent from eternity« und als »Mind« versteht (TIS I, c. 4, 195). Cudworth zieht hierbei zwar immer wieder Proklos zu Rate, »the grand Champion auf the Worlds eternity« (254), vor allem den *Timaios*-Kommentar, aber auch *Theologia Platonica* oder *Elementatio theologica* (ebd., 192, 219, 235 f., 254 u. ö.), aber er sieht in ihm letztlich »a confounder of Platonick Theology« (304, 306). Plotin hingegen ist der eigentliche Referenzautor, der Platon, den ›Monarchisten‹ (oder Monotheisten) nicht verfälscht hat: »However though Plato acknowledged and worshiped many Gods, yet it is undeniably evident, that he was no Polyarchist, but a Monarchist, an assertor of One Supreme God, the only *autophyês*, or Selforiginated Being« (ebd., 403, mit Belegen 404–5). Hier zitiert Cudworth die singuläre Plotin-Stelle VI 8, 14 zu *aition heautou* mit der Bemerkung: »this is so unusual a notion« (ebd. 405). Cudworth diskutiert dann die Hypostasen »oder drei Götter«, die er schon in Platon findet (*Trinitas Platonica, Ep.* 2, 314), dann in Plotin und Proklos, um die hypostatische, differenzierte Ordnung des Göttlichen von einem krassen Polytheismus abzusetzen und als Vorform des christlichen Trinitätsgedankens zu erweisen (TIS I, c. 4, 406–632, zur Vorform 557, 570 ff.).

76.5 Wirkungsgeschichte

Die Wirkungsgeschichte der Cambridge Platonists ist noch nicht im Einzelnen nachgezeichnet. Sie setzt einerseits unmittelbar in der zweiten Hälfte des 17. Jh.s in England ein (Glanville, Boyle, Newton), sie ist aber auch schon, etwa durch die Lektüre und Kritik, die Autoren wie Leibniz, Bayle oder Sturm an verschiedenen Thesen vorgenommen haben, ein ›kontinentales‹ Phänomen.

Zu den vielfältigen Ausstrahlungen im England des 17. und 18. Jh.s vergleiche man für Henry More die Beiträge in dem Tagungsband zum 300-jährigen Todestag Mores (Hutton 1990), zu George Berkeley und vor allem Isaac Newton Jacob (Jacob 1995, Bd. 1, LVII, Bd. 2, XXXIV f. und XXXVII f.; zu Newton auch Rogers 1979), zu Cudworth und Leibniz André Robinet (Robinet 1997), zu More und Leibniz siehe Jacob (1995, Bd. 2, XLII–XLVIII), zur ›ästhetischen‹ Wirkungsgeschichte über Shaftesbury ist der Abschnitt »Ausgang und Fortwirkung der Schule von Cambridge – Shaftesbury« instruktiv (Cassirer 2002, 344–383), zu More und Yeats Bondì (2001). Insbesondere ist festzuhalten, dass Cudworths *True intellectual system* durch die lateinische Übersetzung einige Verbreitung und Rezeption gefunden hat. Es ist nachzuweisen, dass viele ›platonisch‹ orientierte Autoren des 18. Jh.s diesen Text studiert haben, sei es auch nur, um ihn als Steinbruch für ihr eklektisches Verständnis der Tradition zu benützen. So wird man, ginge man den Dingen nach, wohl immer wieder Bezugnahmen wie die folgende feststellen können: Jacobi, der ein Exemplar der Mosheim'schen Ausgabe besaß (vgl. Katalog in AA II/1, Nr. 625), inseriert 1784 in einen Brief an Herder (Werke 1816, Bd. III, 495) ein klares, wenn auch unausgewiesenes Platon-Zitat: »circa omnium regem cuncta sunt etc.« (*Ep. II* 314c) in einem genuin christlichen Kontext (dies könnte angeregt sein durch Cudworth, *True intellectual system* I, c. 4, 406 f. zur *trinitas Platonica*), er bezieht sich aber vermutlich auch auf den durch Mosheim präparierten Cudworth in seiner Diskussion des Gottesbegriffs vor dem Hintergrund Determinismus-Fatalismus in seinen Briefen über die Lehre des Spinoza (s. Kap. VII.77.2, Franz 1996, 62 f.; allgemein zur Präsenz von Cudworth im Frühidealismus Franz 1996, 21–28). Der stark ›idealistische‹ Raumbegriff Mores hat nicht nur auf Isaac Newton gewirkt, sondern, vermutlich durch die lateinisch verfassten *Opera omnia*, auch auf Autoren wie Gottfried Plouquet (Jacob 1995, Bd. 1, LXIIf.) oder Immanuel Kant (Baker 1937). Auch die Entwicklung eines naturphilosophisch fundierten Vitalismus im 19. Jh. mit Autoren wie K. F. Burdach (1776–1847), J. Müller (1801–1858), Hermann Lotze (1817–1881) oder Carl Gustav Carus (1789–1869) rezipiert Ansätze der Cambridge Platonists oder entwickelt doch Systeme großer Affinität (vgl. Jacob 1992). Es wäre zu untersuchen, inwieweit der platonisch und zugleich kantisch geprägte Seelen- und Kraftbegriff des frühen Schelling auch aus einer Auseinandersetzung mit Mores oder Cudworths Texten sich entwickelt hat; einen deutlichen Beweis der Lektüre der Mosheim-Ausgabe gibt zumindest der *Timaios*-Kommentar von 1794, bezeichnenderweise an einer Stelle, wo es um die Natur der Seele als »ursprüngliches Prinzip der Bewegung« und um die Voraussetzung einer universalen, die Welt organisierenden und strukturierenden Kraft geht (vgl. Schelling 1794, 28). Hierzu vermerkt Schelling in einer Anmerkung: »Schon Mosheim hat den richtigen Sinn dieser Stelle [es handelt sich um Platon, *Phlb.* 30c] eingesehen, und mit einigen anderen Gründen unterstützt. Cudworth System. Intell. 684« (Schelling 1994, 81). Alles deutet darauf hin, dass Schelling seine Überlegungen auch unter Konsultation des Cudworth-Textes und der Mosheim'schen Interpretationen entwickelt hat.

Quellen

Cudworth, Ralph 1673: The True Intellectual System of the Universe. London [= TIS].

Cudworth, Ralph 1977: Collected Works. Hg. v. B. Fabian. Hildesheim.

Cudworth, Ralph 1996: A Treatise Concerning Eternal and Immutable Morality. London (Knapton) 1731. New Ed. by Sarah Hutton. Cambridge.

Cudworth, Ralph 1996: A Treatise of Freewill. Ed. by J. Allen. London 1838 [Nachdr. Hildesheim (Olms) 1979]. New Ed. by Sarah Hutton. Cambridge.

More, Henry 1642: Psychozoia [...]. A Christiano-Platonicall Display of Life.

More, Henry 1675–79: Opera omnia, Tomus I: Opera theologica, Tomus II/1-2: Opera philosophica. Londini.

More, Henry 1876: The Complete Poems of Dr. Henry More. Ed. by A. B. Grosart. New York [Nachdr. 1967].

More, Henry 1878: The Complete Poems of Henry More. Ed. by A. B. Grosart. Edinburgh [Nachdr. Hildesheim 1969].

More, Henry 1931: Philosophical Poems of Henry More. Comprising Psychozoia and Minor Poems. Ed. with an Introd. and Notes by Geoffrey Bullough. Manchester.

More, Henry 1987: The Immortality of the Soul. Ed. with an Introd. by Alexander Jacob. Dordrecht.

More, Henry 1995: Henry More's Manual of Metaphysics. A Translation of the *Enchiridium metaphysicum* [1679]. With an Introd. and Notes by Alexander Jacob. Part 1, Chapters 1–10 and 27–28, Part 2, Chapters 11–16. Hildesheim/Zürich/New York.

Patrizi, Francesco 1591: Nova de universio philosophia. Ferrara. [²1593].
Smith, John 1978: Select Discourses Treating 1. Of the True Way or Method of Attaining to Divine Knowledge etc. [...], by John Smith [...] with a Brief Account of his Life and Death. Ed. John Worthington. London (Morden) 1660 [Nachdr. New York 1978].
Spenser, Edmund 1929: The Works (Globe Edition). Ed. by Richard Morris. London.
Whichcote, Benjamin 1751: The Works. Ed. with Preface by the Third Lord of Shaftesbury. 4 Bde. Aberdeen.
Whichcote, Benjamin 1753: Moral and Religious Aphorisms, with Very Large Additions by Samuel Salter, D.D: To Which are Added Eight Letters Which Passed between Dr. Whichcote [...] and Dr. Tuckney [...]. London.

Forschungsliteratur
Eine gute Literatursammlung findet sich in: Schobinger, Jean-Pierre (Hg.) 1988: Grundriss der Geschichte der Philosophie. Die Philosophie des 17. Jahrhunderts. Bd. 3: England. Basel, 285–290 [Schobinger 1988].
Baker, J. T. 1937: »Henry More and Kant«. In: Philosophical Review 46, 298–306.
Bondì, Roberto 2001: L'onnipresneza di Dio. Saggio su Henry More. Soveria Mannelli.
Breteau, Jean-Louis 1995: »Un grand espace pour la liberté: Le dilemme du libre arbitre dans la pensée de Ralph Cudworth«. In: Archives de Philosophie 58.
Breteau, Jean-Louis 1997: »La nature est un art. Le vitalisme de Cudworth e de More«. In: Rogers/Vienne/Zarka 1997, 145–157.
Bullough, Geoffrey 1931: »Introduction«. In: Henry More: Philosophical Poems of Henry More. Comprising Psychozoia and Minor Poems. Ed. with an Introd. and Notes by Geoffrey Bullough. Manchester, XI–LXXXI.
Cassirer, Ernst 1932: Die Platonische Renaissance in England und die Schule von Cambridge. Berlin.
Cassirer, Ernst 2002: Die platonische Renaissance in England und die Schule von Cambridge [1932]. Gesammelte Werke Bd. 14. Hamburg.
Franz, Michael 1994: Schellings Tübinger Platon-Studien. Göttingen.
Gabbey, A. 1982: »Philosophia Cartesiana Triumphata: Henry More 1646–1671«. In: T. M. Lennon/J. M. Nicholas/J. W. Davis (Hg.): Problems of Cartesianism. Kingston/Montreal, 171–249.
Gabbey, A. 1990: »Henry More and the Limits of Mechanism«. In: Hutton 1990, 19–36.
Hall, Alfred Rupert 1990: Henry More: Magic, Religion and Experiment. Oxford.
Hunter, W. B. Jr. 1950: »The Seventeenth Century Doctrine of Plastic Nature«. In: Harvard Theological Review 43, 197–213.
Hutton, Sarah 1988: »Thomas Jackson«. In: Schobinger 1988, 221–223.
Hutton, Sarah (Hg.) 1990: Henry More (1614–1687). Tercentenary Studies. Dordrecht.
Hutton, Sarah 1997: »Cudworth, Boethius and the Scale of Nature«. In: Rogers/Vienne/Zarka 1997, 93–100.

Jacob, Alexander 1987: »Introduction«. In: More 1987, I–CIII (bes.: More and Neoplatonism, LXXIX–XCIII).
Jacob, Alexander 1991: »The Neoplatonic Conception of Nature in More, Cudworth and Berkeley«. In: Stephen Gaukroger (Hg.): The Use of Antiquity: The Classical Tradition and the Scientific Revolution. Dordrecht, 101–122.
Jacob, Alexander 1992: De naturae natura: A Study of Idealistic Conceptions of Nature and the Unconscious. Stuttgart.
Jacob, Alexander 1995: »Introduction«. In: Henry More: Henry More's Manual of Metaphysics. A Translation of the *Enchridium metaphysicum* [1679]. With an Introd. and Notes by A. J. Hildesheim/Zürich/New York, Bd. 1, I–LXVI; Bd. 2, I–XLIX.
Janet, Paul 1860: Essai sur le médiateur plastique de Cudworth. Paris.
Leinkauf, Thomas 1991: »Die ›Centrosophia‹ des Athanasius Kircher: Geometrisches Paradigma und geozentrisches Interesse«. In: Berichte zur Wissenschaftsgeschichte 14, 217–229.
Leinkauf, Thomas 1993: Mundus combinatus. Untersuchungen zur Struktur der barocken Universalwissenschaft am Beispiel Athansius Kirchers. Berlin.
Leinkauf, Thomas 2003: »Wissen und Universalität. Zur Struktur der scientia universalis in der Frühen Neuzeit«. In: Perspektiven der Philosophie 29, 81–103.
Micheletti, M. 1976: Il pensiero di John Smith, platonico di Cambridge. Padua.
Nelson, John Ch.: Renaissance Theory of Love. The Context of Giordano Bruno's Eroici Furori. New York.
Pailin, David, A. 1988: »Herbert von Cherbury«. In: Schobinger 1988, 224–239.
Popkin, Richard 1979: The History of Scepticism. From Erasmus to Spinoza. Berkeley/Los Angeles.
Powicke, Frederick, J. 1971: The Cambridge Platonists. A Study [London 1926]. Connecticut.
Roberts, J. D. 1968: From Puritanism to Platonism in Seventeenth Century England. Den Haag.
Robinet, André 1997: »Les différentes lectures du System de Cudworth par Leibniz«. In: Rogers/Vienne/Zarka 1997, 187–196.
Rogers, Graham A. J.: 1979: »Locke, Newton and the Cambridge Platonists«. In: Journal of the History of Ideas 40, 191–205.
Rogers, Graham A. J. 1988: »Die Cambridger Platoniker«. In: Schobinger 1988, 240–290.
Rogers, Graham A. J. 1997: »Die Cambridge-Platoniker und das neue Wissen«. In: Theo Kobusch/Burkhart Mojsisch (Hg.): Platon in der abendländischen Geistesgeschichte. Darmstadt, 155–169.
Rogers, Graham A. J./J. M. Vienne/Y. C. Zarka (Hg.) 1997: The Cambridge Platonists in Philosophical Context. Politics, Metaphysics and Religion. Dordrecht/Boston/London.
Schobinger, Jean-Pierre (Hg.) 1988: Grundriss der Geschichte der Philosophie. Die Philosophie des 17. Jahrhunderts. Bd. 3: England. Basel.
Seebohm, Frederic ²1869: The Oxford Reformers. John Colet, Erasmus, and Thomas More. London.
Staudenbaur, C. A. 1968: »Galileo, Ficino, and Henry More's

Psychathansia«. In: Journal of the History of Ideals 29, 565–578.

Staudenbaur, C. A. 1974: »Platonism, Theosophy and Immaterialism. Recent Views of the Cambridge Platonists.« In: Journal of the History of Ideas 35, 157–169.

Sturlese, Rita 1994: »Le fonti del ›Sigillus sigillorum‹ del Bruno, ossia: il confronto con Ficino a Oxford sull'anima umana.« In: Nouvelles de la république des lettres 2, 89–133.

Ward, Richard 1911: The Life of the Learned and Pious Dr. Henry More. Hg. v. M. F. Howard. London.

Webster, C. 1969: »Henry More and Descartes: Some New Sources«. In: The British Journal of the History of Science 4, 359–377.

Zarka, Yves Charles 1997: »Critique de Hobbes et fondement de la morale chez Cudworth«. In: Rogers/Vienne/Zarka 1997, 39–52.

Thomas Leinkauf

77 Deutsche Klassik und deutscher Idealismus/Platon-Philologie im 19. Jahrhundert

77.1 Die Situation im 18. Jahrhundert

Im 18. Jh. ist die Dominanz eines ›empfindsamen‹, gefühlsbestimmten Platon zu konstatieren, dessen Denken vor allem über eine Popularisierung des Sokratischen vorliegt. Dies zeigt sich bei Autoren wie Johann Georg Hamann, *Sokratische Denkwürdigkeiten* (Amsterdam 1759; hierzu Blanke 1954; Jörgensen 1983, 177 f.; zu Platon vgl. Hamann 1983, 13, 39, 43, 51, 57, 61 f., 81, 119; 1994, 74 f.), Jakob Wegelin, *Die letzten Gespräche des Sokrates* (Zürich 1760), Moses Mendelssohn, Karl Philipp Moritz, dem Editor der *Zeitschrift für Psychologie: ΓΝΩΘΙ ΣΕΑΥΤΟΝ oder Magazin zur Erfahrungsseelenkunde* (seit 1783), Johann Georg Schlosser, *Fortsetzung des platonischen Gesprächs von der Liebe* (Hannover 1796), Frans Hemsterhuis, »der einzig ächte Sokratiker seines Zeitalters« (Schlegel, Philosophische Fragmente n. 21, SA 5, 2) mit seinen *Lettres sur l'homme et ses rapports* (1772) und der *Lettre sur les désirs* (1770) in unterschiedlicher Weise und Folgewirkung (Böhm 1929; Vieillard-Baron 1979, 69–99; Franz 1996, 76–82; Hammacher 1997, 184 f.; Fresco 1997, 173 f.).

Diese aufklärerische und sentimentale Funktionalisierung Sokrates-Platons, die Konzentration auf das Seelische und den Gefühlsinnenraum als Resultat der Popularisierung, bedient sich einerseits der älteren *historia litteraria* (Brucker, Mosheim), andererseits der ›metaphysischen‹ Adaptation Platons, wie sie etwa bei Leibniz vorliegt. Wichtig ist außerdem Mosheims Übersetzung und Kommentierung von Cudworths *The true intellectuell system of the universe* von 1773; hierdurch besteht eine direkte Verbindung zu den Cambridge Platonists (s. Kap. VII.76). Die positive Bewertung von Sokrates und Platon selbst, der jetzt im Rückgriff auf den Mittelplatonismus und dessen Systematisierung gedeutet wird (Franz 1996, 5), ist getrennt zu halten von der zeitgleichen, in der Sache völlig unangemessenen Verurteilung des spätantiken Platonismus (Plotin, Proklos, Neuplatonismus insgesamt) als Philosophie der ›Schwärmerei‹ und des ›Enthusiasmus‹ durch Johann Jakob Brucker (*Historia critica philosophiae*, Lipsiae 1742) und im Anschluss hieran durch Tiedemann, Buhle, ja sogar noch Schlegel (*Geschichte der alten und neuen Literatur 5. und 6. Vorlesung*, SA 4,

74 f., 77; vgl. Beierwaltes 1972, 83 f., 145; Leinkauf 1998, 37 f.).

Einer der wichtigsten Dialoge in dieser Platon-Rezeption ist der *Phaidon* (vgl. zu Leibniz GP III, 54; IV, 281; VII, 334 f., Mates 1973). Mendelssohns freie, der Popularisierungsströmung folgende Übersetzung *Phädon oder über die Unsterblichkeit der Seele* von 1767, die Hegel später als Verwandlung des platonischen *Phaidon* »in Wolffische Metaphysik« ridikülisieren wird (M 19, 68), ist ein »Bestseller des 18. Jahrhunderts« (Bourel 1979, 161), der in fast allen Privatbibliotheken nachzuweisen ist (Bourel 1979, 171). Mendelssohns Werk hat – in der mit diesem Text verbundenen Aufforderung, über die ›Substanz‹ der Seele sich klar zu werden, oder in der damit zusammenhängenden Pointierung eines intelligiblen Telos der Sittlichkeit – insbesondere auf Kant gewirkt (*KrV*, B 413–426: es ist symptomatisch, dass hierbei der Name Platons gar nicht fällt; vgl. Reich 1935, 14 f.). Mendelssohn vermittelt der Diskussion des späten 18. Jh.s, im Rückgriff auch auf Leibniz, die klare Trennung des ›teilbaren‹, ›veränderlichen‹ und ›vergänglichen‹ Körpers von der ›unteilbaren‹, ›unveränderlichen‹ und ›unvergänglichen‹, d. h. unsterblichen Seele (Mendelssohn 1979, 60–71, 90–101, 107 ff.). In der »Kette von Platon bis Kant« (Rotenstreich 1979, XXVII) bildet der *Phädon* von Mendelssohn mit seiner radikalen Abwendung von der Sinnlichkeit hin zum Intelligiblen und der Funktion, der der Weisheit bzw. Vernunft dabei zugewiesen wird, ein bedeutendes Glied. Neben anderen Faktoren führte die Lektüre des (Mendelssohn'schen) Platons zur Standpunktänderung in Kants Moralphilosophie (Reich 1935, 22; s. Kap. VII.77.2), strahlte aber auch auf Schelling aus (SW V, 123: Reinigung der Seele, Philosophie als Trennung vom Körperlichen; VI, 36: »der hohe sittliche Geist der echteren Platonischen Werke, des Phädo, der Republik u. a.«).

Neben dem *Phaidon* sind in derselben Zeit, der zweiten Hälfte des 18. Jh.s, auch andere Dialoge präsent, so der *Timaios* (vgl. zur Rezeption bei den französischen Aufklärern Hartbecke 2005; zur Auseinandersetzung des frühen Schelling mit diesem Text s. Kap. VII.77.4; vgl. auch Jacobi 1976, III, 36), ferner der *Sophistes*, von dem Jacobi 1787 sagt, er sei ein »Meisterwerk des Göttlichen« (Jacobi 1976, Bd. II, 72, vgl. auch 67 f., III, 455 f.), sowie der *Philebos*, den sowohl Jacobi als auch Schelling in den 1790er Jahren konsultieren (s. Kap. VII.77.2 und VII.77.6; in dieser Hinsicht ist es falsch zu sagen, dass der *Philebos* zusammen mit dem *Sophistes* und dem *Parmenides* für das philosophische Bewusstsein des 18. Jh.s »nicht

existierten« und »erst durch ihn [Hegel] [...] Geltung erlangten«, Gadamer 1972, 8).

Neben diese deutlich durch die Aufklärung und die Empfindsamkeit bestimmte ›Konjunktur‹ Platons ist diejenige zu stellen, die in einem direkteren Zugriff auf die gesamte platonische Tradition das Verhältnis des Platonischen zum Christlichen am Problem des ›Platonismus der Kirchenväter‹ diskutierte. Von besonderer Bedeutung für die Diskussion des 18. Jh.s war hierbei das Buch *Le Platonisme dévoilé, ou essai touchant le verbe Platonicien* (Amsterdam 1700) von J. Souverain (Franz 1996, 28–43, 38 f.). Platon-Lektüre fand auch ausführlich statt in für die weitere Entwicklung der deutschen Philosophie so entscheidenden Bildungsstätten wie dem Tübinger Stift (Rosenkranz 1844, 40; Franz 1996, 99–149). Hier wird auch, durch die Nähe zur Theologischen Fakultät, die grundsätzliche Problematik der Vereinbarkeit der *Theologia Platonica* mit der christlichen Theologie und dem patristischem Platonismus deutlich (Franz 1996, 11). Als die Diskussion bestimmende Platon-Deutungen sind hierbei diejenige von Plessing (*Untersuchungen über die Platonischen Ideen*, in: Denkwürdigkeiten aus der philosophischen Welt, hg. von Karl Adolf Cäsar, Bd. 3, Leipzig 1786, 110–190) wie auch diejenige von Tennemann zu erwähnen (*System der Platonischen Philosophie*, Leipzig 1794), die beide in je verschiedener Intensität unter dem Einfluss von Kant bzw. Reinhold stehen (Vieillard-Baron 1988, 79–90; Franz 1996, 82–98, zu Tennemanns *Timaios*-Deutung 93 f.).

Aus der Auseinandersetzung mit dem empfindsamen, sokratisch und dialogisch geprägten Platon entwickelt sich dann gegen Ende des 18. Jh.s einerseits ein ›ästhetischer Platonismus‹ (vor allem bei Hölderlin), der auf den *Phaidros* und das *Symposion* zurückgreift (s. Kap. VII.77.5), andererseits das Paradigma des »platonischen Literaturdialogs« durch Schlegel und Schleiermacher (Krämer 1988, 583–585) und, darauf aufbauend, die deutsche, international jedoch breit wirkende Platon-Philologie des 19. Jh.s (s. Kap. VII.77.9). Seit etwa 1790, und mit zunehmender Beschleunigung seit 1805, wird die Platon-Rezeption von einer intensiven Rezeption des antiken und christlichen Neuplatonismus begleitet. Sie stellt sich als Auseinandersetzung mit Plotin, Proklos, Eriugena, Ficino, Leone Ebreo, Giordano Bruno dar (Beierwaltes 1972; Düsing 1981; Halfwassen 1999, 2003). Friedrich Schiller liest Leone Ebreo (an Goethe 7. April 1794), Jacobi liest Giordano Bruno und publiziert 1789 mit großer Folgewirkung Exzerpte aus *De la causa* in der ersten Beilage zu den Briefen *Über die Lehre des Spinoza* (Jacobi 1976 f., IV/1, 5–46), Schelling lernt spätestens 1805 vermittelt durch Windischmann größere Teile des Plotin kennen, später (1820/1) auch Proklos' *Institutio theologica* (Beierwaltes 1972, 100–144, 101 f.; vgl. Plitt II, 72 f., III, 4, 12); Hegel setzt sich intensiv mit Proklos auseinander, der ihm durch Creuzer und Cousin nahegebracht worden war (Beierwaltes 1972, 154–187; Halfwassen 1999).

Platon war zugänglich vor allem durch die große Zweibrücker Ausgabe (*Bipontina*), die mit dem griechischen Text von Stephanus und der lateinischen Übersetzung von Ficino (s. Kap. VII.75) durch Tiedemann herausgegeben worden ist (Platon 1781–6; zusammen mit *Dialogorum Platonis Argumenta*) – diese Ausgabe wird später von Kant, Schlegel, Jacobi, Schelling oder Hegel benutzt (Franz 1996, 3) –, ferner durch die Ausgabe von Fischer (Lipsiae 1770–1771) sowie durch verschiedene Übersetzungen (J. F. Kleuker, Platon – Werke, 6 Bde., Lemgo 1778–97; F. L. Graf zu Stolberg, *Auserlesene Gespräche des Platon*, 3 Theile, Königsberg 1796–7). Autoren wie Leibniz oder Mendelssohn benutzten die Ausgabe vom Ficino (Bourel 1979, 165). Ficinos Übertragung ist auch durch die *Bipontina* präsent, als deutsche Übersetzung ist diejenige von Stolberg viel benutzt worden (z. B. Jacobi 1999, 236). Seit 1804 erscheint dann die von Schlegel und Schleiermacher ursprünglich gemeinsam konzipierte, dann aber von Schleiermacher allein realisierte Platon-Übersetzung mit den wichtigen Einleitungen (Schleiermacher 1969; 1996).

77.2 Friedrich Heinrich Jacobi

Jacobi, der sich selbst mehrfach als einen Platoniker bezeichnet (vgl. Hammacher 1997, 184), spielt für die deutsche Entwicklung zu Ende des 18. Jh.s neben Mendelssohn eine wichtige Rolle für die Präsenz Platons: Schon 1784 implantiert er in einen Brief an Herder in einem genuin christlichen Kontext – keine Tat könne geschehen, »als durch das Wort« – Platon durch ein unangezeigtes Zitat der berühmten Stelle aus dem zweiten Brief: »circa omnium regem cuncta sunt etc.« (*Ep. II* 312e–313a, vermutlich aus der Ficino-Übertragung der *Bipontina*; vielleicht auch ein kritischer Reflex der Lektüre von Souverain, *Le platonisme dévoilé*, wo mehrfach gerade der zweite Brief zitiert und diskutiert wird; vgl. Franz 1996, 38–43). Deutlicher kommt die platonische Kontur seines Denkens dann allerdings erst um 1799–1800 und in der folgenden Zeit heraus (hier sind Schlegel und Schleiermacher einflussreich; zur Auseinandersetzung mit Schleiermachers Übersetzung vgl. Jacobi 1976, II, 236 f.). In der Abhandlung *Unternehmen des Kriticismus* von 1801 heißt es etwa: »Der Philosoph muß mit Platon anfangen von Maß, Zahl, überhaupt vom Bestimmten (Anm.: siehe den *Philebus*)«, unsere Begriffe der zentralen geistigen Inhalte – Substanz, Sein, Realität – seien »lauter Wechselbegriffe« (vgl. *Sophistes* 242d, 248b, 251d, 259e: *koinonia, symplokê*). »Einheit setzt Allheit, Allheit Vielheit, Vielheit Einheit zum Voraus (vgl. Kant, *KrV* B 106). Einheit ist daher Anfang und Ende dieses ewigen Zirkels, und heißt – Individualität, Organismus, Object-Subjectivität« (Jacobi 1976, III, 175 f.; zu Maß und Prinzip III, 212). Platon stellt ein ›konkretes‹, wirklich seiendes Göttliches gegen den bloßen Begriff eines ›unendlichen Wesens‹ (d. h. gegen Spinozas Grundkonzept der »substantia infinita«, *Ethica I*, de f. 6; prop. 8, 10–12 u. ö.), dem das »Daseyn« mangele, das keine Struktur besitze. Dagegen ist Wesen, Dasein, Substanz für Jacobi an genuin platonische Vorstellungen gebunden (Anfang-Mitte-Ende; Einheit; Erstes-Letztes etc.; vgl. Jacobi, *Von den göttlichen Dingen* 1811; Jacobi 1999, 165 f., 227; vgl. ebd. 173 zum *Timaios*, 186 zum Eros und dem *Symposion*, 190 f., 235 zum *Philebos*; vgl. Hammacher 1997, 186 f.). Jacobi hält noch 1811 fest, dass die epistemologische Seite von Platons Ideenlehre – Platon, der »Lehrer der eingeborenen Ideen und ihrer objectiven Gültigkeit« – mit dem, was Spinoza in *De intellectus emendatione* konstatiere, und mit dem, was »der neuere Spinozismus« (also Schelling) als intellektuelle Anschauung bezeichne, »auffallend zusammentrifft« (Jacobi 1999, 232–233, 236 mit emphatischem Bezug auf das Höhlengleichnis): Das »an sich Wahre, Gute und Schöne« vergegenwärtigt und ›offenbart‹ sich dem Menschen als unvorgreiflicher Ideenbesitz, die Vernunft ist »aecht platonisch« – so positioniert sich Jacobi hier selbst – als »Sinn für das Übersinnliche« (Jacobi 1999, 233). Auch der Gesetzes-Begriff aus den *Nomoi* ist für Jacobi von großer Bedeutung, vor allem als Gegensatz gegen blinde, »ungefähre« Kausalität (Jacobi 1999, 214 f., 237), ebenso die Unterscheidungstheorie und Dialektik, vor allem des *Sophistes* (239–241). Eine klare These zu Platon gibt Jacobi in der Abhandlung *Von den Göttlichen Dingen*, insofern er die platonische Lehre als »entschieden dualistisch und theistisch« charakterisiert (Jacobi 1999, 241; dagegen Schelling, *Denkmal* 1999, 276 f.; Schlegel stellt in seiner Rezension zu diesem Jacobi-Text den Bezug zu Platon explizit her, vgl. SA 3, 1158–169). In der Vorrede zu der noch zu Lebzeiten zum größten Teil besorgten Werkausgabe aus dem Jahr 1815 könnte das Bekenntnis zu Platon nicht deutlicher sein, wenn es heißt: »weil ich zu der ächten unentmannten Lehre des alten Platon mich bekenne« (Jacobi 1976, II, 29). Dies bedeutet aus der Perspektive Jacobis, einer Philosophie in Platons Sinne zu folgen, d. h. eine »über die Naturlehre sich erhebende, den Naturbegriff durch den Freiheitsbegriff einschränkende [...] Lehre« zu vertreten. Der ›echte‹ Platon ist für Jacobi also ein aus dem sokratischen Pathos einerseits (*Phaidon*) und den dialektisch-ontologischen Texten wie *Politeia* (die Gleichnisse), *Theaitetos* (Epistemik), *Sophistes* und *Philebos* (Ideen-Dialektik) andererseits verknüpfter Platon (Jacobi 1976, II, 67–72, 92 f.). Jacobi sieht sein Denken dort als ›platonisch‹, wo es gegen den Logizismus des Verstandes auf die Vernunftanschauung (den *nous* Platons) setzt und wo das Er-weisen oder Aufweisen vor dem Be-weisen angesetzt wird, das Sich-Zeigen (oder Offenbaren) des Intelligiblen, der Ideen als »wahrhaft« Seiendes, auf das »Seelenauge« trifft (Jacobi 1976, II, 74; 1999, 239 f., Hammacher 1999, 138 f.).

77.3 Immanuel Kant

Dass es bei allen Differenzen eine gewisse Affinität zwischen bestimmten Aspekten von Platons Denken und dem zunächst ganz anders auftretenden transzendentalen Ansatz Kants gibt, kann man schon indirekt der Tatsache entnehmen, dass die direkt durch Kant beeinflussten Autoren wie Friedrich Plessing (*Metaphysisches System des Plato* 1787), Gottlob Ernst Schulze (*De ideis Platonis* 1785) oder Dietrich Tiedemann (*Dialogorum Platonis Argumenta exposita et illustrata*, letzter Band der *Bipontina* 1781–87) das Erkenntnisproblem Platons auf Basis von Kants kritischer Diskussion des Ideen-Begriffs in der *KrV* und der Zuordnung Platons zur Intellektualwelt behandelten (Jantzen 1996, XLIXf.). Auch Schelling versuchte schon früh, Kants Vernunftbegriff und den platonischen *nous*, bestimmte Kategorien aus der *KrV* und platonische Prinzipien (*Philebos*) zu synthetisieren (s. Kap. VII.77.6). Bestimmte Autoren der neukantianischen Schule haben sich ferner mit Platons Ideenlehre auseinandergesetzt (Cohen) oder wichtige Werke zu Platon mit Blick auf Kant verfasst (zur Bedeutung Platons für Cohen, Natorp, Cassirer vgl. Holzhey 2004, 28 f.). Kant selbst hat Platon vermutlich nicht direkt gelesen, sondern in der Form rezipiert, die ihm Jakob Brucker in seiner *Historia critica philosophiae* (Leipzig 1742) gegeben hatte (dort Bd. I, 627–728 zu Platon und seiner Philosophie). Für Brucker als Quelle spricht etwa *KrV*, A 316, B 372 mit der expliziten Erwähnung Bruckers (vgl. Mollowitz 1935, 14 f., 18 ff., der auch die anderen Platon-Stellen Kants auf Brucker zurückführt; vgl. auch Vieillard-Baron 1979, 40 f.). Vielleicht hat Kant auch Schlossers *Platos Briefe* nebst einer historischen Einleitung von 1792 konsultiert (vgl. *Von einem vornehmen Tone*, A 398: »der Briefsteller«). Eine wirklich kompetente philologisch-philosophische Lektüre scheint nicht vorzuliegen.

In den frühen naturtheoretischen Schriften Kants spielt Platon zunächst keine Rolle, hier stehen Descartes, Leibniz, die Wolff-Schule und Newton im Vordergrund. Auf antikes Denken wird höchstens hinsichtlich der Diskussion atomistisch-korpuskularer Probleme zurückgegriffen (*Allgemeine Naturgeschichte* 1755, Vorrede A XXIIIf.; *Einzig möglicher Beweisgrund* 1763, A 174 f.). Erst in *De mundi sensibilis atque intelligibilis forma* von 1770, im Bereich der theoretischen Philosophie, wird Platon mehrfach im Zusammenhang mit dem Ideen-Begriff und der Dimension des Intellektualen angeführt (sectio 2, § 9. maximum perfectionis vocatur nunc temporis ideale, Platoni Idea [= *KrV* A 568, B 596], sectio 5, § 25: intuitum purum intellectualem [...] qualis est divinus, quam Plato vocat Ideam; vgl. Reflex. 4447, 4862; Vieillard-Baron 1979, 41–44). Kant bereitet hier, im Blick auf Platons Ideen-Begriff und mit größter Folgewirkung, seine apriorische Begriffsstruktur vor (vgl. allgemein zu Kant-Platon Mollowitz 1935; Heimsoeth 1965, 350 f.). Dies und ein Brief an Ruhmken lässt darauf schließen, dass sich Kant seit kurz vor 1770 mit Platon beschäftigt hat: »verum antiquitatis amor me ad Platonem detulit, in cuius placitis maxime acquiesco«, worauf Kant ein Zitat eines Briefs von Leibniz an Huet folgen lässt, das man getrost als Dokument seiner eigenen Einstellung lesen kann: »Doctrina Platonis metaphysica et moralis, quam pauci ex fonte hauriunt, sancta est rectaque, et quae de ideis aeternisque veritatibus habet admiranda« (vgl. Heimsoeth 1967, 124 f.; Leibniz GP III, 17). Wie schon Heimsoeth festgehalten hat, ist der Platon Kants der Platon des Platonismus, also der neuplatonisch-christlichen Auslegungsgeschichte mit ihrer theologisch-dynamischen Ideen-Konzeption, in der auch noch Kants Gewährsmänner standen (Heimsoeth 1965, 352 f.). Mit dem Entfalten und der Anwendung des transzendental-kritischen Ansatzes wird jedoch der Spalt zwischen Kant und Platon immer größer und die ursprünglich affirmierte Orientierung an der Intellektualwelt zurückgedrängt gegenüber der Vorsicht, die der aufgeklärte und kritische

Philosoph gegenüber jeder ›Schwärmerei‹ am Platze sein lassen muss.

Kritik der reinen Vernunft, theoretische Philosophie

Kants Bestimmung des traditionellen Idealismus – »von der eleatischen Schule an, bis zum Bischof Berkeley« – als ein Denken, für das »alle Erkenntnis durch Sinne und Erfahrung [...] nichts als lauter Schein« sei, die Wahrheit hingegen »in den Ideen des reinen Verstandes und Vernunft« liege (*Prolegomena* 1783, A 205), trifft auch Platon. Das transzendentale Antidot, die Umkehrung mit der Konsequenz, dass Erkenntnis aus reinem Verstand und reiner Vernunft »nichts als lauter Schein«, Wahrheit hingegen »nur in der Erfahrung« ist (ebd.), schließt Platon aus der ›kritischen‹ Philosophie aus und weist ihn einem »schwärmerischen Idealismus« zu (ebd., A 207, Anm.). Dies ist exakt die Position, die Kant Platon gegenüber auch in der *Kritik der reinen Vernunft* (1781) eingenommen hatte (*KrV, Von den Ideen überhaupt* A312–320, B 368–377; vgl. Jacobis Stellungnahme zu Kants Auseinandersetzung mit Platons Ideenbegriff in Jacobi 1999, 206 f.): »Plato bediente sich des Ausdrucks Idee so, dass man wohl sieht, er habe darunter etwas verstanden, was nicht allein niemals von den Sinnen entlehnt wird, sondern welches sogar die Begriffe des Verstandes, mit denen sich Aristoteles beschäftigte, weit übersteigt, indem in der Erfahrung niemals etwas damit Kongruierendes angetroffen wird. Die Ideen sind ihm Urbilder der Dinge selbst, und nicht bloß Schlüssel zu möglichen Erfahrungen, wie die Kategorien« (*KrV* A 313, B 370; vgl. Heimsoeth 1965, 349 f.; 1967, 130 ff.). Bemerkenswert ist, dass Platon in der *Widerlegung des Idealismus*, die in der 2. Auflage eingefügt ist, keine Rolle spielt, Zielpunkt ist Berkeley (*KrV* B 274 f.). Vielleicht hat dies damit zu tun, dass Kant, trotz aller Differenz zu Platon und trotz aller geradezu allergischen Reaktion gegen ›Schwärmerei‹, doch seinen Begriff des Noumenalen explizit auf Platon zurückführt (*Vorlesungen über philosophische Enzyklopädie*, 40; *Refl.* 1363, 1634, 4449; vgl. Tonelli 1967, 96–97). Die Erwähnung im Abschnitt *Von den Ideen überhaupt* ist alles andere als abweisend, geringschätzend oder vorurteilsbehaftet; sie ist vielmehr Ausdruck der Sorge um einen adäquaten Sprachgebrauch. Kant geht zu Platon zurück, um an ihm zu zeigen (nicht innerhalb von Platons Œuvre zu untersuchen, *KrV* A 313–314), was ›Idee‹ ursprünglich sachhaltig und sinnvoll geheißen hatte (*KrV* A 319, B 376 f.). Dabei wird deutlich: (1) Platon erkannte richtig, dass die menschliche Vernunft »natürlicher Weise« auf Erkenntnisse aus ist, die erfahrungstranszendent sind und »nichtsdestoweniger ihre Realität« haben (*KrV* A 314, B 371). Dies ist, wird die ›Realität‹ in die regulative, orientierende Kraft gestellt, nicht weit von Kants eigenem, kritischen Vernunftbegriff entfernt (der Bestimmung des transzendentalen Gebrauchs desselben, *KrV* A 319; explizit *KrV* A 568, B 596). (2) Platon »fand seine Ideen vorzüglich in allem, was praktisch ist, d. i. auf Freiheit beruht« (ebd.). Freiheit ist ein »eigentümliches Produkt der Vernunft« (ebd.). Dies verweist darauf, dass Kant, wie später auch der Neukantianismus, sich gerade in der Ethik und praktischen Philosophie an Platon orientiert. Kant ist hierüber ausgesprochen deutlich: Die ›Ausdehnung‹ des Ideenbegriffs auf »spekulative Erkenntnisse«, auf mathematisch-geometrische Sachverhalte oder die »mystische Deduktion dieser Ideen« lehnt er ab, die »hohe Sprache« sei auch einer tiefer gehängten Auslegung zugänglich (*KrV* A 315, B 371).

In zwei Bereichen also, die eine Unterbestimmung des zweiten positiven Momentes, der praktisch-sittlichen Dimension der Idee darstellen, und die auch die beiden folgenden Kritiken Kants – die *Kritik der praktischen Vernunft* und die *Kritik der Urteilskraft* – betreffen, trifft der Ideen-Begriff Platons für Kant etwas an der Sache des Denkens selbst und bleibt daher – gegen das Wegschieben etwa von Seiten Bruckers (*KrV* A 316 explizit kritisiert) – philosophisch grundlegend leitend: (1) mit der Idee der Tugend und mit dem durch die Differenz zwischen ihrer Normativität (Urbild) und der Defizienz faktischen Handelns (Erfahrungswerte) markierten Spielraum menschlicher Freiheit und Entscheidung. Kant anerkennt in Platons Ideenbegriff, sofern er sich auf das *aretê*-Konzept und auf »die praktische Kraft« des Idealen (*KrV* A 569, B 597) richtet, dass einzig mit solch einem normativen, alle empirischen Momente *apriori* übersteigenden ›Maß‹ »alles Urteil über den moralischen Wert oder Unwert« einer Handlung möglich sei (*KrV* A 315, B 372). Kant stellt das Beispiel der »platonischen Republik« (*KrV* A 316 f., B 373 f.) heraus, in der durch die Herrschaft der Philosophen die Herrschaft des moralischen Gesetzes präludiert werde. Platons Perspektive zeige überhaupt den Bereich auf, »wo menschliche Vernunft wahrhafte Kausalität« zeige und wo »Ideen wirkende Ursachen« werden (*KrV* A 317, B 374). (2) Mit dem Begriff der Welt (des Kosmos) als einer »Weltordnung«, die, als Organismus und als vielfältig in sich vermitteltes Ganzes, die »architektonische Verknüpfung derselben [Ordnung] nach Zwecken, d. i.

nach Ideen« denkbar macht (vgl. *KrV* B 848, 857; *KdU* §§ 90–91) und d. h. letztlich als Produkt des Handelns einer transzendenten Ursache (Gottes) und damit auch als Ausdruck von ›Freiheit‹ und ›Sittlichkeit‹. Diese Einschätzung Platons, (i) er darf für theoretische Philosophie wegen seines hyperbolischen, spekulativen Ideen-Begriffs nicht in Anschlag gebracht werden (zu ›spekulativ‹ vgl. etwa *KrV* A 634, 686, 662, 714), (ii) er ist in Bezug auf die noumenale Fundierung der praktischen Philosophie immer noch Vorbild, (iii) er weist in Bezug auf die Naturphilosophie, sofern diese nicht die ›theoretische‹ Bestimmung der Ursachen der Erscheinungen betrifft, sondern die Idee der Welt als eines zweckmäßig geordneten Ganzen, grundsätzlich den richtigen Weg, bleibt eine Konstante in Kants Denken (vgl. *KrV* A 471 f., B 499 f.; A 568 f., B 596 f.; *Von einem vornehmen Ton*, A 391–397). Bei einem eigentlich klassischen platonischen Lehrstück allerdings, dem Seelenbegriff, spielt Platon nur indirekt eine Rolle, insofern er nämlich in die Gedanken Mendelssohns zur Unsterblichkeitsproblematik eingegangen ist, dessen Thesen Kant kritisiert (*KrV* B 413–437; *Was heißt: sich im Denken orientieren?*, A 312 f.; s. Kap. VII.77.1). Er ist aber immer dann auch unausgesprochen präsent, wenn es in der *KrV* um die *Architektonik der reinen Vernunft* (*KrV* A 832 f., B 860 f.) oder das »architektonische Interesse der Vernunft« geht (*KrV* A 475, B 503, *KpV* A 18 f.), ja überhaupt ist Platon für Kant der Philosoph »des Intellektuellen« (*KrV* A 853, B 881) und d. h. der Philosoph, der in seiner vor-kritischen (über einen schalen Dogmatismus hinausgehenden) Denkweise das Prinzip ›Vernunft‹ und ›Intellektualität‹ inauguriert hat und ein Philosophieren darstellt, an dem sich kritisches Denken immer noch zu messen hat. Diesen ›positiv-substantiellen‹ Platon, den Begründer des Vernunft- und Ideenbegriffs (»Plato der Akademiker«), setzt Kant in der Abhandlung *Über einen neuerdings erhobenen vornehmen Ton in der Philosophie* von 1796 scharf von dem »Mystagogen«, »Schwärmer« und Exaltierten« Platon ab (»Plato der Briefsteller«, der »neuerlich ins deutsche übersetzte«; vgl. Stolberg, Schlosser; s. Kap. VII.77.1), damit zugleich von dem – vor allem durch neuere deutsche Übersetzungen und Adaptationen – konstruierten empfindsam-poetischen Platon, dem der »platonisierende Gefühlsphilosoph« als zeitgenössisches Gegenstück entspricht (ebd., A 405–413; s. Kap. VII.77.1). Kant geht gegen einen falschen Begriff der »Ahnung« und des »Ahnens« vor, gegen prätendiertes Wissen durch unmittelbaren Zugriff, gegen ›das den Schleier der Isis Heben‹. Er synthetisiert dabei allerdings bestimmte Aspekte aus Platons Werk (z. B. den *Siebten Brief*, A 409) mit dem durch Brucker und anderen als Schwärmerei konstruierten Neuplatonismus (s. Kap. VII.77.1, sowie *Von einem vornehmen Ton* A 415 zur Differenz von »Theophanie« und »Theologie«).

Kritik der praktischen Vernunft, Moralphilosophie, Politik

In der kantischen Ethik zeigt sich schon in der *Grundlegung zur Metaphysik der Sitten* von 1785, obgleich Platon gar nicht oder, wie in der *KpV*, nur selten erwähnt wird, ein deutlicher Einfluss der antiken Ethik (Forschner 2000, 69), vor allem die Konstruktion des Gegensatzes von epikureischem Eudaimonie-Konzept und platonisch-sokratischer ›Moralität‹, die auf dem Prinzip des freien Willens und der Vernunftnatur des Menschen gegründet ist (zu Sokrates vgl. Bielefeldt 2001; Hengstermann 2005, 18–22). Es zeigt sich hier ein deutlicher Reflex der *Phaidon*-Lektüre, etwa in der Verwendung des Begriffs ›Misologie‹ (*Phd.* 89d, 90d), der das problematische Verhältnis des Menschen zu seiner eigenen Vernunftnatur anzeigt (vgl. Forschner 2000, 77 f.), vor allem aber, dies schon seit der Inauguraldissertation *De mundi sensibilis atque intelligibilis forma et principiis* von 1770, der Grundansatz eines antiken, von Platon grundgelegten ethischen Rationalismus (§ 7). Die Bestimmung des »maximum perfectionis« als Idee (*idea*) im Anschluss an Platon sowie die folgende Gleichsetzung des ethischen Ideals mit der Gottheit im Sinne der platonischen Tradition (*De mundi sensibilis* § 9), die seit der Dissertation schon auf die kritische Philosophie vorausweist, bilden ein ins kantische Denken produktiv eingeschlossenes Platonicum (*KrV* A 804 ff., B 832 f., A 808: »Idee einer moralischen Welt hat [...] objektive Realität«).

Die stille Präsenz Platons, vor allem seines starken Vernunft- und Ideenbegriffs in der *KpV*, ist durch die Dissertation, vor allem aber durch die mehrfache Auseinandersetzung mit Platon in der *KrV* vorbereitet. Dazu gehört auch die »Neueinführung des ›Ideal‹-Begriffs für die Platonische Idee«, die schon für die theoretische Philosophie den Umschlag von einer metaphysisch orientierten zur kritischen, vom endlichen Bewusstsein ausgehenden Philosophie markierte, die aber vor allem moralisch-politische Implikationen hatte (Heimsoeth 1965, 352 f.). Man kann als hermeneutische Faustregel vielleicht festhalten: Da Kant Platon vor der Explikation seiner praktischen Philosophie fast durchgehend in Gegensatz zu

Epikur bzw. dem Epikureismus einführt, kann man, ohne Gewalt zu gebrauchen, bei den in der *KpV* angezogenen Vergleichen zwischen Epikureismus und einer Position der reinen Vernunft das Fehlen eines Namens einmal natürlich durch Kant selbst ersetzen, zum anderen hier aber legitim auch durch den Namen Platon und die Ideen-Lehre (so wie Kant selbst es in der *KrV* erklärt hat; Kant baut aber auch den Gegensatz Epikur-Stoa auf, *KrV* A 200–203). Eine Differenz zu Platon ist in der Universalisierung und ›Demokratisierung‹ der reinen Vernunftnatur und der mit ihr verbundenen Moralität zu sehen, die in vielen Punkten auch auf die stoische Philosophie zurückgreift (Weltenbürger, Ideal des Weisen, natürliche Vernünftigkeit; vgl. Forschner 1994, 133 ff.; Gibert 1994, 14–28). Zudem weist Kants Willensbegriff Affinitäten zum antiken, vor allem platonischen Denken auf, sofern man auch hier schon ein »rationales Wollen« sehen kann (Weidemann 2001; Horn 2002, 51 f. zu *Gorgias* 466a–467a). Hinter den systematischen Affinitäten zu Platon – Ideen-Begriff, Vernünftigkeit, Tugend-Konzept – tritt jedoch die explizite Bezugnahme auf Platon zurück. So geht er nicht in die Aufzählung der großen antiken Schulen ein: Kyniker, Epikureer, Stoiker, Christen (*KpV* A 230). Dies vielleicht deswegen, weil Kant sieht, dass Platons Position in die stoische und christliche eingegangen ist. Die Stoa tritt jedenfalls mit der praktischen Philosophie seit Ende der 1780er Jahre in den Vordergrund (*KpV* A 153, 200 f., 208 f., 228, 230; *Die Religion* 1793/4, A 61 f., B 67 f., A 64, B 71; *Über den Gemeinspruch* 1793, dort die Auseinandersetzung mit Garve und dessen Übertragung von Cicero, *De officiis*).

In der Schrift *Vom ewigen Frieden* geht Kant zum wiederholten Mal, wenn auch inexplizit, auf Platons Staatsentwurf ein, und zwar auf die Rolle der Philosophen im Staat (B 67 f.; *Rep.* 473c–d; Höffe 1995, 7 f.). In der stabilen, auf Platon aufruhenden Verknüpfung von Vernünftigkeit und Wirklichkeit und in der kritischen Anwendung dieses Platonikums auf die praktisch-politische Theorie hat man in der Forschung auch einen »Rechts-Platonismus Kants« gesehen (Brandt 1995, 135). Die mögliche Funktion der Ideen hat Kant in der *KrV* hinreichend dargestellt, die mögliche Funktion der Philosophie bzw. Philosophen im Staat wird in der Friedensschrift zurückgenommen auf »das freie Urteil der Vernunft«, das durch den Besitz der Gewalt nicht verdorben werden dürfe (B 70). Der Realismus Kants ist grundsätzlich gegen die Übertragung ›konstruierter‹ Staatsmodelle auf die Wirklichkeit. Dies zeigt auch noch einmal in aller Deutlichkeit eine wichtige Anmerkung im *Streit der Fakultäten* von 1798 (II c. 9, A 158 f.), wo davor gewarnt wird, »Platos Atlantica, Morus' Utopia, Haringtons Oceana und Allais' Severambia« für mehr als Fiktionen und Bühnenstücke zu halten.

Kritik der Urteilskraft, Theorie des Schönen

Der Ideenbegriff, wie Kant ihn in der *KdU* einführt und verwendet (*KdU, Analytik des Schönen*, § 17, A 53 f.), schließt direkt an die *KrV* an (*Von den Ideen*, A 312–320, B 368–377), ohne allerdings, wie dort, explizit auf Platon hinzuweisen. Kant führt hier zusätzlich die Unterscheidung der »Normalidee« vom »Urbild der Schönheit« ein (u. a. am Schematismus-Kapitel der *KrV* orientiert), deren kanonische, »nicht aus der Erfahrung hergenommenen Proportionen« sozusagen den allgemeinen Schematismus bilden, der noch der Vielfalt des Spezifischen und Individuellen normativ voraus liegt (*KrV* A 58). Dass nach Kant kein objektives Prinzip des Geschmacksurteils möglich ist (*KdU* § 34), dass nicht einmal mehr von einer »objektiven Zweckmäßigkeit der Natur« in einem unkritischen, vortranszendentalen Sinne gesprochen werden kann, macht die Differenz zu Platons ›objektivem‹ Idealismus allerdings immer deutlicher. Auch im kruzialen Paragraphen 59, *Von der Schönheit als Symbol der Sittlichkeit* (*KdU* A 251 f.), wird der auf Platon und den Platonismus zurückgehende Zusammenhang von Gutem und Schönem (*splendor boni*) nicht als dieses stabile Traditionsstück in den Blick genommen. Wohl jedoch begegnet Platon im zweiten, eher dem Sein, der Struktur der Natur, der Finalität der Ordnung des Weltganzen gewidmeten Teil der dritten Kritik. Im Abschnitt zur Analytik der teleologischen Urteilskraft (§ 62; A 269–270) rekurriert Kant auf die Struktur der Geometrie, deren »Zweckmäßigkeit« offenbar »objektiv und intellektuell« ist, denn »sie drückt die Angemessenheit der Figur zur Erzeugung vieler abgezweckter Gestalten aus und wird durch Vernunft erkannt« (A 267; vgl. auch ebd., A 269 f. zu Geometrie und »reiner Anschauung«). Platons Verknüpfung von Vernunfterkenntnis, Ideenbegriff und Ansichsein der Dinge, die Kant bereits bei seiner ersten Lektüreerfahrung heraushebt, bleibt auch hier das feste Interpretament, ebenso die, was Platon selbst betrifft, Anerkennung der »Begeisterung« gegenüber der sich aus ihr erst entwickelnden und eher für die späteren Platoniker geltenden »Schwärmerei«: Es sei »wohl verzeihlich«, dass die Bewunderung/Begeisterung »durch Mißverständnis« bis zur Schwärmerei steigen mochte (A 270).

77.4 Fichte und Hölderlin

Dass auch Fichte, wie alle aus seiner Generation, Platon wohl schon relativ früh kannte, vermutlich hauptsächlich durch die gängigen deutschen Übersetzungen oder Umformungen von Mendelssohn, Schlosser, Stolberg u. a., belegen die meist beiläufigen Erwähnungen (*System der Sittenlehre* 1798/9, § 18, V., GA I/5, 216 zu *Ep. VII*, die in Schlossers *Plato's Briefe* von 1795 zugänglich war; § 32, ebd., 311 zu *Rep.* VII 519b–c; *Privatissimum für G. D.*, 1803, 3te Stunde, GA II/6, 337: »die schlechthin in sich selber und durch sich selber lebendige, göttliche Idee (Plato)« als Äquivalent für Fichtes »intelligible Objectivität«; *Logik*, Erlangen 1805, GA II/9, 82: Zitat aus den pseudoplatonischen *Definitiones* 415a; ebd. 124: Platons Geometrie-Begriff, *Rep.* VI 510 ff.; *Metaphysik*, Erlangen 1805, ebd. 157 f.: Platon, zusammen mit Johannes und Spinoza, Vertreter der »heiligen Philosophie«, der Ontologie des *ontôs on* – ähnlich GA II/11, 117; *Anweisung zum seligen Leben* 1806, 2. Vorl., GA I/9, 73: »unter den Griechen« sei Platon »auf diesem [fichteschen] Wege«, das Vorhaben der populären und zugleich wissenschaftlichen Mitteilung tiefster Vernunfterkenntnis zu leisten; 5. Vorl., ebd., 110: Platon habe »unter den alten Philosophen« eine »Ahndung« der höheren Moralität gehabt, »unter den neuern Jacobi«). Zudem hat er Johann Jakob Wagners *Wörterbuch der Platonischen Philosophie* (Göttingen 1798) studiert (vgl. GA III/3, 141). Aber Platon spielt keine explizite Rolle in den verschiedenen Entwürfen der Wissenschaftslehre. Sofern er erwähnt wird, wie etwa im *4. Vortrag der Wissenschaftslehre* (Erlangen 1805), dann jedoch positiv und affirmativ, etwa dass Platon Kant, der »deutlich das Wissen als solches zum ausschließenden Objekte seiner Betrachtung gemacht« habe, »am nächsten war, so viel wir beurtheilen können« (GA II/9, 181; vgl. Janke 1999, 8). Platon ›übertrifft‹ und ›beschämt‹ die neueren Denker darin, dass er für das Objektive, Ideelle, rein Seiende eine Existenz »im Gesichte, ehe sie in [...] objektiver Anschauung« sind, ansetzte (*Sittenlehre* 1812, GA II/13, 334, 338; vgl. *Rep.* V 476a f., VI 507b f.). In der Vorlesung aus dem Sommersemester 1812 an der Berliner Universität *Vom Verhältnis der Logik zur wirklichen Philosophie* stellt Fichte zum wiederholten Male einen Zusammenhang zwischen Kants Vernunftgesetz und den Kategorien aus der *KrV* einerseits und Platons »Urbilder der Dinge, als Ideen, in dem göttlichen Verstande« andererseits her (GA II/14, S19), um, provozierend, eine Umkehrung der gewöhnlichen epistemischen Einstellung anzusetzen: »Wie wäre es, wenn [...] die Pflanzen, das Thier, der Mensch, ›in abstracto‹, wie der Logiker spricht (vielleicht mit Unrecht), ebenfalls in einem höhern Sinne wirklich wären, als die Erscheinung derselben in concreto« (ebd., darauf unmittelbar der Rekurs auf *Rep.* VI 484c, *Phdr.* 24d; zu diesem Umkehrungs-Topos auch *Brief an Paul Joseph Appia 23. Juni 1804*, GA III/5, 245: Fichte und Kant setzen mit den Alten, z. B. Platon, Jesus, der ganzen Christenheit voraus, dass die ›Weisheit‹, dass Erfahrung, Beobachtung, Empirie »das höchste und letzte bleibe«, die »wahre, eigentliche Thorheit« sei). Platon ist für Fichte durchgehend als Idealist, als Denker des ›objektiv‹ Vernünftigen, der Ideen, der »Gesichte« wichtig, aber nur als Referenzpunkt. Fichte strengt weder intensive Studien über ihn an, noch macht er den Versuch, platonische Kerngedanken im eigenen Denken fruchtbar zu machen.

Fichte soll hier vor allem deswegen erwähnt werden, weil es neben der Affinität zu Platon, die sich in den genannten positiven Stellungnahmen stabil durch sein Œuvre durchhält und die wirkungsgeschichtlich ›schwächer‹ zu bewerten ist, als ein direkter Einfluss – auf diese Affinitäten, sei es der Sprachkritik (*Phaidros*), der Dialektik-Konzeption (*Sophistes*), die Aufstiegsdynamik zu höherer Erkenntnis (*Symposion*), zum Bild-Begriff, zur Paideia (*Politeia*, Höhlengleichnis) wird immer wieder nur hingewiesen und angespielt (vgl. Hammacher 1981, 402 f.; Janke 1993, 127 f., 171, 349 f. zu Licht; Taver 1999, s. v.; Düsing 1999, 108: Synopse von platonischer *anamnesis* und *periagogê* bzgl. Anweisungen zum seligen Leben W V, 413; Oesterreich/Traub 2006, s. v., etwa näher zum Erziehungsgedanken 293–304) – die allgemeine katalytische Funktion ist, die ihn für so viele Autoren, die sich mit Platon dann direkt auseinandergesetzt haben, von entscheidender Bedeutung hatte werden lassen. In erster Linie ist hier Friedrich Schlegel zu nennen, dann sicherlich der junge Schelling, Schleiermacher, Novalis und auch Hölderlin. Für alle ist die durch Fichte geleistete Übersteigung des kantischen Begriffs von ›Subjektivität‹, von ›Intellektualität‹ und ›Idealität‹ auf ein vor-reflexives, absolutes Prinzip hin wesentlich gewesen. Die Betonung eines solchen ›Absoluten‹ findet sich bei Schlegel, Schelling, Schleiermacher, aber auch bei Hegel, dann gerade auch im Kontext der Auseinandersetzung mit Platons Begriff der Idee, des wahrhaft Seienden oder des Einen (deutlich hingewiesen hat auf diese Rolle Fichtes im Platon-Diskurs Krämer 1988). Fichte war also zugleich der eigenständige, revolutionäre Denker des ›Ich‹ und der absoluten Begründung des Denkens (und Seins) in der unvorgreiflichen ›Tathandlung‹ des einzelnen Bewusstseins und, indem er die Implikationen seines eigenen Ansatzes immer weiter entfaltete, auch ein Denker, dessen Zentralthemen – Aufstieg, Anschauung, Licht, Liebe, Wissen – genuin platonischer aber auch neuplatonischer Provenienz gewesen sind (Janke 1999, 41 zu GA II/9, S. 223–227: transzendental-kritische Auslegung des platonischen Sonnengleichnisses; Janke 1999, 72 zu 258: Transformation der Ideen-Koinonie; zum Neuplatonischen bei Fichte vgl. Schrimpf 1965; Baumgartner 1980; Düsing 1999, 124 f.). Dieser Zusammenhang ist auch von den Zeitgenossen gesehen worden, etwa von Novalis, der am 10. Dezember 1798 an Schlegel mit Blick auf Plotin schreibt: ich »erschrak beinah über seine Ähnlichkeit mit Fichte und Kant« (Schriften IV, Stuttgart 1960 ff., 252).

Hölderlin ist, im Unterschied zu Fichte, in vielen Hinsichten als ›Platonicus‹ zu bezeichnen, so weisen etwa schon die Hymnen an die Göttin der Harmonie und andere zeitgleiche Texte (um 1790–92) mit den Themen Liebe, Schönheit, Freundschaft Einflüsse von Platon, Leibniz, Rousseau und Shaftesbury auf. Dies tritt neben den Einfluss, den Kant, aber auch Fichte auf Hölderlin ausübten (zu Fichte SW VI/1, 164). Vor allem aber die Vorarbeiten zu und verschiedenen Fassungen des Hyperion zeigen deutlich Spuren einer Platon-Lektüre (vgl. Harrison 1975, 43–83; Hölderlin, Brief an Neuffer Juli 1793 zur Phaidros-Eingangspassage und Hyperion, SW VI, 86, III, 296 ff). Hölderlin schreibt Neuffer am 10.10.1794 (SW I, 137) von seiner Entwicklung ästhetischer Ideen als »Kommentar über den Phädrus des Platon« (über Kant und reine Subjektivität hinausgehend, hierzu Strack 1976, 128 ff.; vgl. die Frühfassungen des Hyperion, Hyperions Jugend, SW III, 192–195: Rekurs auf Phdr. 248), so dass man geradezu von einer platonischen Liebes- und Schönheitsphilosophie sprechen kann (Düsing 1981, 103 f.). Allerdings muss die Differenz dieses ›ästhetischen‹ Ansatzes im »Rahmen idealistischer Bewußtseinstheorien« zu der späteren »bewußtseinsüberlegenen« Metaphysik der Liebe und des Schönen festgehalten werden (Düsing 1981, 104). Wichtig mit Blick auf die idealistische Dialektik ist die Verknüpfung der Arbeiten am Hyperion mit Symp. 203b, d. h. mit dem Gegensatz Poros/Überfluss = Inhalt und Ziel des Strebens ins Unendliche, unendliches Streben und Fortschritt (Schiller, Kant) und Penia/Armut = Endlichkeit, Trieb zur Passivität, Rezeptivität. Die Vereinigung beider Strebeformen oder Triebe, von Unendlichem und Endlichem, ist die Liebe (Düsing 1981, 105). Im Hyperion wird aber auch mehrfach auf Symp. 189c–193d (Aristophanes-Rede) mit dem Mythos der in Hälften ›geteilten‹ Menschen angespielt: »die immer treuer liebende Hälfte des Sonnengottes« (W III, 56), »das eisern unerbittliche Gesetz, geschieden zu sein, nicht Eine Seele zu sein mit seiner liebenswürdigen Hälfte« (ebd., 73). Hölderlin vertritt eine ontologische Deutung der Ideen, die Vorstellung einer dem Werden und Vergehen enthobenen wahrhaften Wirklichkeit (vgl. Hyperions Jugend, SW III, 224 und SW IV/1, 216 f.: Einheit alles Lebendigen, Einswerdung mit Allem, Einheit, die auch der des seiner selbst bewussten Ich überlegen ist; vgl. Düsing 1981, 106). Die Aufgabe der fichteschen Position, d. h. des subjektiven unendlichen Strebens (vgl. die Darstellung im Brief an den Bruder vom 13. April 1795), ist Basis der endgültigen Hyperion-Fassung. Mit Bezug auf die nur ästhetisch (anschauend) zu erreichende Vereinigung des Ich mit dem höchsten Sein sagt Hölderlin (vgl. SW III, 237): »Ich glaube, wir werden am Ende alle sagen: ›heiliger Plato, vergib! Man hat schwer an dir gesündigt‹«. Dennoch: Hölderlins Vorrang der Idee des Schönen und die Verbindung dieser Konzeption mit einem (pantheistischen) Begriff des Einen ist nicht platonisch, sondern entspringt der Diskussionslage des 18. Jh.s mit dem ›ästhetischen‹ Platonismus auf der einen und dem spinozistischen Pantheismus auf der anderen Seite (s. Kap. VII.77.1; vgl. Düsing 1981, 108). Hölderlin basiert jedoch auf Platon, z. B. ist Schönheit für ihn mit Platon (Phdr. 250d–e) das »Hervorleuchtendste« und »Liebreizendste«, er sieht sie jedoch – unplatonisch – in Diotima als Gott in Menschgestalt realisiert, als Epiphanie der Schönheit. Diese Schönheit ist (1) als hen kai pan verstanden (Jacobi-Einfluss, vgl. das Exzerpt SW IV/1, 207 ff.), die Verknüpfung des ›pantheistischen‹ und spinozistischen Allheitsmomentes mit der ontologisch-kosmologischen Rolle des Schönen kommt »dem ästhetischen Platonismus der Renaissance nahe« (Düsing 1981, 109; zusätzlich Einfluss von Bruno, Shaftesbury, Hemesterhuis), (2) als hen diapheron heauto verstanden, als »das Eine in sich selbst unterschiedene« (SW III, 81, 83), mit Bezug auf Symposion 187a; vgl. Cassirer 1961, 82 f.). Der Begriff der Liebe wird jetzt erweitert vom Streben und der Dynamik des Ziel-Erreichens zu einer Liebe, die im Erfüllungszustand bleibt, selbst Eigenschaft des Göttlichen ist: Einigkeit der Unterschiedenen im Ganzen (evtl. Bezug auf Phaidros 249 ff.). Das Moment der Begeisterung in Liebe und Dichtung weicht von der klassischen Verbindung von Ideenlehre und Vernunfterkenntnis ab, wie sie für Schelling und vor allem für Hegel dann wieder bestimmend wird. Ab den Empedokles-Fragmenten ändert Hölderlin seine Position und verlässt den ästhetischen Platonismus (Düsing 1981, 112), die unmittelbare Einheit des Göttlichen und Menschlichen wird aufgebrochen, Götter werden zu getrennt Seiendem, gewinnen eigene Realität.

77.5 Friedrich Schlegel

Platon ist für den frühen Schlegel, dessen Platon-Studien wohl bis in das Jahr 1788 zurückgehen, zunächst eine primär im Kontext poetischer Überlegungen präsente Gestalt, d. h. es ist der für das 18. Jh. typische Sokrates-Bezug (s. Kap. VII.77.1), das Dialogische und Rhetorische im Blickpunkt, die Interferenz und auch – entsprechend der Mythos- und Poetikrekonstruktion – die Indifferenz von Dichtung und Philosophie (das Paradigma des von Schleiermacher dann argumentativ ausgefalteten ›platonischen Literaturdialogs‹ vorbreitend, vgl. Krämer 1988, 584 und 600 f.): Bei Platon stellt sich laut Schlegel die Frage, »ob einige platonische Gespräche poetische Philosopheme oder philosophische Poeme« darstellten (*Über das Studium der griechischen Poesie* 1795/7, SA 1, 122; vgl. auch *Gespräch über die Poesie* 1800, SA 2, 198). Platon schließe sich mit seinen Lehren »über musikalischen Enthusiasmus und Göttlichkeit der Kunst« unmittelbar an den »griechischen Volksglauben« an, dass »Poesie im eigentlichen Sinne eine Gabe und Offenbarung der Götter« sei (SA 129, vermutlich Bezug auf *Ion*, *Phaidros*, *Politeia*). Für Schlegel ist Platons Denken, dies ist einerseits Erbe der empfindsam-poetisierenden Platon-Lektüre des 18. Jh.s, andererseits aber auch Ausdruck seines eigenen, starken Poesie-Begriffs, nicht von dessen Sprachform zu trennen. So »leuchte« Platons »Vorliebe für die dithyrambische Dichtart noch mehr aus dem Geiste und der Farbe aller seiner Werke hervor« und folge »aus dem Zusammenhange seiner politischen Grundsätze«, so drücke sich in Platons Denken durch die Sprachform auch ein »mystischer Anstrich« aus (*Geschichte der Poesie*, SA 2, 43; *Philosophische Fragmente*, 1. Epoche, 1794 f., n. 22; SA 5, 2: Plato, »der ein gewaltiger Mystiker war«). »Auch als Werke der Darstellung gehören *Phaedon* und die *Republik* zu dem Vortrefflichsten, was der griechische Geist hervorgebracht hat« (*Geschichte der alten und neuen Literatur* 1812–14, SA 4, 31). Im Athenäums-Fragment Nr. 165 (1798) wird Platon bescheinigt, dass in ihm »alle reinen Arten der griechischen Prosa in klassischer Individualität unvermischt, und of schneidend nebeneinander« sich finden, dass aber die »besonders [ihm] eigne Art, worin er am meisten Plato ist, die dithyrambische« ist (SA 2, 119). Dazu passt die Auskunft: »Plato hat es mehr gegen die Poeten als gegen die Poesie; er hielt die Philosophie für den kühnsten Dithyrambus und für die einstimmigste Musik« (Athenäums-Fragment Nr. 450; SA 2, 156). Schlegel scheint aber in den 1790er Jahren, wie schon in *Über das Studium der griechischen Poesie*, die Verbindung von politischem Denken und Kunstlehre als ein Spezifikum Platons gesehen zu haben. Selbst eine in den Athenäums-Fragmenten perspektivierte »Philosophie des Romans« (ein Grundanliegen Schlegels), sollte ihre »Grundlinien« in Platons »politischer Kunstlehre« erhalten (Athenäums-Fragment Nr. 252, SA 2, 129). Die ironische Frage »oder steht Plato niedriger als die jetzigen Philosophen?« (Athenäums-Fragment Nr. 303) deutet ganz klar darauf hin, dass Platon auf derselben intellektuellen ›Höhe‹ steht wie die zeitgenössischen Denker, wie Jacobi, Mendelssohn, Hemsterhuis, Kant, vor allem aber Fichte (SA 2, 134; zu Fichtes Einfluss auf Schlegels Platon-Deutung, vgl. Krämer 1988, 585 f., 606 f.). Platon tut dies aber in der Synthese aus Sprachausdruck und Sachgehalt (*Gespräch über die Poesie* 1800, SA 2, 207). Daher Schlegels äußerst sensible, der Haltung von Jacobi und Schelling vergleichbare Behandlung der Frage, ob Platon tatsächlich als Platon durch die Übersetzungen hindurch scheine. Bei Platon bildet sich so etwas wie »eine Sprache in der Sprache«, eine sekundäre, aber sachlich wesentliche Ebene der Bedeutung dadurch, dass sie vom »Enthusiasmus beseelt« ist (*Über die Philosophie* 1799, SA 2, 184). Es entsteht »ein schönes Sanskrit«, das gewollt ist und nur die verstehen können, »die es verstehen sollen« (ebd.). In dieser Verbindung von ›heiliger‹ Sprache, Dithyrambus und philosophischer Kunst ist Platons Philosophie auch eine »würdige Vorrede zur künftigen Religion« (*Ideen* n. 27, SA 2, 224), d. h., sofern Religion wie auch die Poesie als ›progressive Universalpoesie‹ ein Ausdruck des Unendlichen ist, ist Platons Philosophie Realisierung des Unendlichen (*Philosophie des Plato*, 202; Krämer 1988, 601 ff.). Insofern die Philosophie »nur Organon, Methode, Konstitution der richtigen, d. h. der göttlichen Denkart [ist]«, welche eben das Wesen der wahren Poesie ausmacht« (*Literatur* 1803, SA 3, 22), kann sie auch nur – im Vorgriff auf Schellings negative Philosophie – auf »negative Weise und durch indirekte Darstellung« ihren Gegenstand, »das was allein und wahrhaft wirklich ist«, erfassen. Insofern aber ist konsequenterweise die Poesie, die als höchste Wissenschaft – »im vollsten Sinne dieselbe, welche Plato Dialektik nannte« – denselben Gegenstand hat, »positive Darstellung des Ganzen« (ebd.). Platons Philosophie ist also als Poesie positive, als Dialektik negative Darstellung des wirklich Seienden, wobei grundsätzlich gilt: Platon »hat die Philosophie ganz als Kunst behandelt« (*Geschichte der alten und neuen Literatur* 1812–14, SA 4, 30, 52; *Philosophie des Plato*, 201 f.). In beiden Formen drückt sie das Unendliche als Selbstausdruck des Göttlichen aus, sie ist, zumindest in ihrer poetisch-mystischen ›Form‹, Vorbild für eine zukünftige Philosophie (*Lessings Gedanken* 1804, SA 3, 79), die, wie später immer deutlicher wird, als christliche Philosophie zu denken ist:

> die Platonische Philosophie wird, wenn sie nicht mit dem Christentum verbunden und durch dasselbe berichtigt ist, statt die Fülle der Wahrheit selbst zu ergreifen, nur einem mehr oder minder wesenlosen geistigen Schatten von Halbwahrheiten nachgehen, und dabei noch von allen Seiten sich in die Abwege jeder denkbaren Schwärmerei zu verirren in steter Gefahr sein (SA 3, 160; vgl. *Geschichte der alten und neuen Literatur* 1812–14, 5. Vorlesung, SA 4, 73).

Schlegel stuft Platon vor Aristoteles, vor der platonischen (neuplatonischen) Philosophie ein als denjenigen, der

> eigentlich die Weisheit« verkörpere, »der ganze Geist der Philosophie ist in ihm. […] Sein Lob des Seyns gegen das Werden ist nicht im Streit mit dem Idealismus – das Reich Gottes muß auch nach diesem *seyn* – nur durch den Tod gelangt man zu Gott. Grade im höchsten Denken und Handeln des Menschen offenbart sich dieses ewig *Seyende*. In Gott ist keine Veränderung denkbar (*Philosophische Fragmente* 2. Epoche II, n. 624, SA 5, 91).

Zudem enthalte Platon »die reinen Elemente aller Philosophie«, d. h. einerseits die Vernunftphilosophie, »welche in ihrer abgesonderten Reinheit die dialektische Kunst gebiert, andererseits die Philosophie der Phantasie, die symbolische, in seinen Mythen« (*Zur Philosophie und Theologie* 1810–13, n. 23, SA 5, 125). Die in den Augen Schlegels von Platon bestrittene »positive« Erkenntnis sowohl der Gottheit als auch des sich stets wandelnden Natürlichen, lässt »kein eigentliches System der Philosophie zu« (*Philosophie des Plato*, 203), denn auch das Verhältnis Gottes zur Natur ist nur »bildlich allegorischer Erkenntnis« zugänglich (ebd.; zum Asystematischen des Schlegel-Platon, das auf Schlegels eigenes Poesie- und Philosophie-Konzept zurückgeht, vgl. Krämer 1988, 605 f.). Schlegels Platon-Bild hat durch die postume Publikation seiner *Kölner Vorlesungen zur Entwicklung der Philosophie* (1804/5) durch seinen Freund Windischmann im Jahre 1836 eine starke wirkungsgeschichtliche Bedeutung gewonnen, denn in diesen Vorlesungen findet sich ein Abschnitt zu Platons Philosophie (Schlegel 2007, 201–224), neben der »Charakteristik des Platons« aus den *Pariser Vorlesungen* (1802/4, KA XI, 118–125) und dem Abschnitt *Von der sokratischen und platonischen Dialektik* der *Vorlesungen über Propädeutik und Logik* (1805/6, KA XIII, 203–210) der einzige größere zusammenhängende Text zu Platon (Krämer 1988, 600; 1996). In ihm kondensieren sich die bereits skizzierten einzelnen Auslassungen zu Platon. Ferner wird deutlich, dass Platon in verschiedener Hinsicht mit dem Begriff des ›Unendlichen‹ zu verbinden ist: Zum einen ist sein Denken stets unfertig, unabgeschlossen geblieben, dokumentiert ein unendliches »Streben« ist eine »werdende Philosophie« (*Philosophie des Plato*, 206), zum anderen ist auch das, was erkannt und gewusst werden soll, ein in sich und an sich Un-Endliches, Transzendentes, Nicht-Wissbares (*Philosophie des Plato*, 202–205 und 210). Zwar kann das Resultat von Platons Denken kein ›System‹ und abgeschlossenes Ganzes sein, dafür ist aber das Denken selbst als Prozess, Fortschreiten, Entwicklung von Gedanken (Ideen) systematisch – es weist eine »Tendenz« auf, ist »progressiv« (207, 208), positive Kriterien des eigenen Schlegel'schen Denkansatzes – bildet ein »subtiles Gedankengewebe« und begründet »den hohen objectiven Werth der platonischen Werke« (ebd., 204 f.). Für Schlegel ist Platons Denken eine ›Kunst‹ des Dialogischen, des »gemeinschaftlichen Selbstdenkens« als Gespräch, und zwar als strukturiertes, kunstvoll aufgebautes Gespräch (ebd., 204 f.) und auch als in sich zusammenhängende Komposition aus den verschiedenen Dialogen (ebd., 205). Die sprachliche und gedankliche ›Form‹ des platonischen Werkes basiert nach Schlegel auf dem »Princip der relativen Undarstellbarkeit des Höchsten« (ebd., 210). Von zentraler Bedeutung, vor allem auch für Schleiermacher und eine bestimmte spätere Platon-Forschung, ist Schlegels deutliche Zurückweisung der von Tennemann aufgestellten (Tennemann, *System der Platonischen Philosophie*, Leipzig 1792, Bd. 1, 114), auf Aristoteles (*Physica* 209b) und die spätere Antike zurückgehenden These von ›Platons ungeschriebener Lehre‹ (*Philosophie des Plato*, 206 f.; vgl. Krämer 1988; Arndt 1996): »Wir haben daher Gründe genug anzunehmen, dass wir Plato's eigentliche, wahre Philosophie in seinen Schriften besitzen« (*Philosophie des Plato*, 207). Schlegels Interesse gilt besonders der Frage der Echtheit der einzelnen Dialoge. Er sieht die *Nomoi*, den *Kratylos*, den *Menon*, das *Symposion* als unecht oder problematisch an, auch vom *Timaios*, aus dem man »bisher die platonische Philosophie vollständig aufstellte und vortrug«, sei der »größte Theil unächt« (ebd., 208; s. Kap. VII.77.7 zu Schellings Wende in der *Timaios*-Einschätzung). Inhaltlich sieht Schlegel in Platons Denken (1) eine Weiterentwicklung und Begründung von Sokrates' Lehre vom »absolut Guten und Schönen«, (2) eine Entfaltung des anaxagoreischen Prinzips des »göttlichen Verstandes« und (3) den Versuch einer »Verbindung der Philosophie des Heraklit und des Parmenides« (ebd., 10; 211: Versuch einer »Mittelphilosophie«; zu den Implikationen Elsässer 1994, 3 f.). Schlegel kritisiert den ›Idealismus‹ Platons als unvollkommen, weil er, obwohl er richtig den Geist und die Intelligenz »zum ersten Princip« erheben will, dennoch »dies Bewußtseyn blos als Verstand, als Vernunft« auffasst (ebd., 213). Da der Idealismus (mit Fichte) »alles aus dem Geiste herleiten und entstehen lassen« will, kann er keine »schon sehr abgeleitete, verwickelte, künstliche Form des Bewußtseyns« an den Anfang stellen. Platon sei gezwungen, ein Un- oder Nicht-Geistiges ›neben‹ dem Geist als Gegenprinzip aufzustellen, die Materie oder den Stoff, und erhalte so einen »Dualismus« (ebd., 213). In der Synthese aus Heraklit-Parmenides gebe es ein Missverhältnis, ein Übergewicht des Eleatischen Elementes (eleatischer Pantheismus), das durch den Gedanken der »Beharrlichkeit« Platon daran hinderte, den Begriff einer »lebendigen Gottheit«, einer dynamisch-lebendigen Bestimmung des Seins zu entwickeln (ebd., 214; Elsässer 1994, 4 Anm. 8). Schlegel stellt gegen die Festschreibung des unveränderlichen Seins, gegen den Dualismus Sinnlich-Übersinnlich, Stoff-Form, Werden-Sein, das Prinzip des Strebens, Begehrens und der Liebe, das allein eine wirkliche Synthese und einen »vollendeten Idealismus« möglich gemacht habe (ebd., 214 f.). So ist die von Platon entwickelte Eros-Konzeption in ihrer systematischen Verknüpfung mit der *anamnesis*-Lehre und der Theorie des (intelligiblen) Schönen zwar die an sich richtige, aber dennoch auf die Dominanz des »Verstandes« reduzierte Form der Philosophie (ebd., 215 f., 221 f.). Platons Denken weise eine »zu große Entgegensetzung von Idee und Wirklichkeit« auf, einen Dualismus, der die beiden Seiten des Verhältnisses gegen die Intention des Autors bewertet: Die Ideenwelt wird zur »Schattenwirklichkeit«, an die man »nicht glaubt«, die Wirklichkeit wird zum Reich der Sinnlichkeit und Gefühle, das »verachtet« wird (ebd., 222).

Ein weiteres wichtiges, Ideenschau, Seelenlehre und Streben/Liebe verknüpfendes Theoriemoment Platons ist die *anamnêsis*-Lehre, auf die Schlegel mehrfach zu sprechen kommt: »der Hauptgedanke seiner Philosophie« ist Erinnerung an das Göttliche »aus einem ursprünglichen, ungleich herrlichern und geistigern Dasein«, wobei aber das »ursprüngliche Licht« »verdunkelt« werde durch die sinnliche Wirklichkeit. Daher, dies bildet die sachliche Verknüpfung mit der ›Kunstlehre‹ und dem ›Mythisch-Allegorischen‹ bei Platon, könne die Gottheit nicht direkt, sondern nur in Ähnlichem gefunden werden (*Philosophie des Plato*, 215 f.; vgl. auch *Geschichte der alten und neuen Literatur*, 4. Vorlesung, SA 4, 53). Trotz der herausgestellten Defizite oder Beschränktheiten der platonischen Lehre, die Schlegel übrigens in den anderen Erwähnungen Platons nicht durchscheinen lässt, gilt ihm Platon als derjenige, der »den ersten Rang« unter den »Selbstdenkern aller Zeiten und Nationen« einnimmt (*Philosophie des Plato*, 222). Schlegels Bewertung ist allerdings schwankend: Stellt er einmal die Unvollkommenheit etwa der praktischen Lehre heraus (ebd., 221 f.), so heißt es andererseits mehrfach, dass »Moral«, außer in Spinoza, nur in Platon zu finden sei (*Philosophische Fragmente*, 2. Epoche, n. 73, SA 5, 58; vgl. auch n. 594, 69). So kann er auch die Ideenlehre ganz eng mit der ›praktischen Philosophie‹ zusammen sehen – Platons Ideen »sind praktische *ontôs onta*, also Dinge an sich und Reich Gottes in Eins« (*Philosophische Fragmente*, 2. Epoche, n. 1244, SA 5, 79) – zugleich aber auch die ›ästhetische‹ Dimension betonen, die mit Platons Denken verbunden ist: Diese *ontôs onta* »soll und kann nur Poesie darstellen« (ebd., 2. Epoche 2, n. 288, 88).

In den Jahren 1812–14 gilt für Schlegel Platon, im Unterschied zu Aristoteles, der die Philosophie als Wissenschaft behandelt, als der, der die Philosophie als Kunst behandelt, und bei dem »die denkende Vernunft in dem ruhenden Zustande der Anschauung und der anschauenden Bewunderung der höchsten Vollkommenheit« sich befindet (*Geschichte der alten und neuen Literatur*, 4. Vorlesung, SA 4, 52). Schlegel unterscheidet auch die zeitgenössische Philosophie nach dem prototypischen Gegensatz, den er in Platon – Philosophie als Kunst – und Aristoteles – Philosophie als Wissenschaft – ausgedrückt sieht. Da Platon und Aristoteles »das ganze Gebiet des menschlichen Denkens und Wissens« abgedeckt haben, gelte: »noch jetzt ist jede Philosophie unvermeidlich entweder platonisch oder aristotelisch, oder ein Versuch, beide Geisteswege glücklich oder unglücklich zu verschmelzen« (*Geschichte der alten und neuen Literatur*, 4. Vorlesung, SA 4, 56; auch 11. Vorlesung, SA 4, 140 f.).

77.6 Schleiermacher

Schleiermacher bezeichnet in einem im Jahre 1800 verfassten Brief Platon als den »Schriftsteller«, der auf ihn in unvergleichlicher Weise »gewürkt und mich in das Allerheiligste nicht nur der Philosophie, sondern der Menschen überhaupt [...] eingeweiht« hat (KGA IV, 82). Dennoch zeigt die Entwicklung Schleiermachers vor den 1790er Jahren eine von Platon kaum berührte, aus der Auseinandersetzung mit Eberhard, Kant und Jacobi entstehende Formierung (Arndt 1996, VII). Platon ist ihm, wie fast allen Intellektuellen der damaligen Zeit, aus Schule und Studium in Teilen vertraut. Interessanterweise jedoch legt Schleiermacher zunächst seinen Schwerpunkt bei Aristoteles und dessen ethischen Schriften (KGA I/1, die Ausgabe der Aristoteles-Studien). Von Platon sagt er, dass er ihn wenig »im Ganzen verstanden« hätte, ihm »nur ein dunkler Schimmer« vorschwebte (an Henriette Herz, 10. Oktober 1802).

Dennoch ist der Name Schleiermachers mit dem des Platon fast schon unauflöslich verbunden, vor allem wegen des großen, letztlich unvollständig gebliebenen Übersetzungswerks. Die Grundidee zu diesem *Opus magnum* verdankt Schleiermacher Friedrich Schlegel, der selbst aber, abgesehen vom Anstoß und bestimmten Anregungen, nicht wirklich an der Übersetzung mitarbeitet (KGA V/3, 101, 486; Schlegel KA XIX, 535–539; Patsch 1988; Arndt 1996, IX–XI): er verfasst bis 1802 nur die Einleitungen zum *Parmenides* und *Phaidon* (KA XVIII, 531–537) sowie eine allgemeine Einleitung in das Studium Platons (nicht erhalten, aber in die Platon-Vorlesung 1804/5 eingegangen, s. Kap. VII.77.5). Schlegel regt das Projekt seit etwa 1798 an, Schleiermacher studiert dann ab 1799 intensiv Platon, kurz darauf beginnen die Verhandlungen zunächst mit dem Verleger Frommann, im März 1800 erfolgt die Zusage für die Aufnahme ins Verlagsprogramm. Es konnte, auch anhand von Selbstzeugnissen Schleiermachers (vgl. Schleiermacher Briefe 1860–63, Bd. 4, 90), gezeigt werden, dass Schlegel für die hermeneutische Basiskonzeption der Übersetzung und für die Gesamteinschätzung Platons verantwortlich ist. Die Schlegelsche Vorstellung der Übersetzung als »systematische und genetische Nachkonstruktion eines Ganzen« (Arndt 1996, XII) wirkte auf Schleiermacher wie auch auf Ast und andere (s. Kap. VII.77.9). Durch Schlegels – aus Schleiermachers Sicht – unverständliches Desengagement sieht sich Schleiermacher veranlasst, selbst Studien über Platon anzustellen, die über das Philologische hinausgehen. Es entsteht 1800–1803 ein Heft *Zum Platon* (KGA I/3, 343–375), ferner eine kritische Rezension von Asts *De Platonis Phaedro*, Jena 1801 (ebd., 469–481), sowie ein Passus zu Platon in den *Grundlinien einer Kritik der bisherigen Sittenlehre* (1803), in dem nicht nur die frühe Orientierung am Ethisch-Politischen, wie sie schon die Aristoteles-Lektüre prägte und in Auseinandersetzung mit Kant, Jacobi, Spinoza auch auf die Einschätzung des Platon übertragen wird, sondern dieser – wohl im Anschluss an Jacobi – zusammen mit Spinoza als »objektiver« Denker des Unendlichen und Einen gesehen wird (Schleiermacher 1803, 45; hierzu Arndt 1996, XVf.). Nach Schlegels Rückzug kündigt sich Schleiermacher mit Datum vom 29. Juli 1803 im Intelligenzblatt der Allgemeinen Literaturzeitung (Nr. 212, 12.11.1803, Sp. 1732 f.: *Anzeige die Übersetzung des Platon betreffend*) erstmals öffentlich als verantwortlicher Fortsetzer des von Schlegel nur angekündigten Übersetzungsvorhabens an. Zu diesem, jetzt ›seinem‹ Projekt verfasst Schleiermacher eine allgemeine Einleitung, die zunächst vor allem hermeneutisch-technische Prolegomena zur Übersetzungsarbeit darstellt, keine wirkliche Darstellung oder (im schlegelschen Sinne) Charakteristik Platons gibt. Dennoch gehen hier zentrale Entscheidungen ein: (1) das Abweisen einer esoterischen »ungeschriebenen« Lehre, (2) die Rekonstruktion einer »natürlichen« Folge der Gespräche, aus der ein systematischer Zusammenhang erschließbar würde, (3) die Entscheidung (damit 2 substantiell werden kann) über die Echtheit der Dialoge. Diese Einleitung steht in engstem sachlichen Zusammenhang mit der Hallenser Hermeneutik Schleiermachers (Virmond 1984; Arndt 1996, XX): Sie exemplifiziert den »Ausgang vom Nichtverstehen« als Beginn des möglichen Verstehensprozesses, der sich an einer organologischen Ganzheitsidee orientiert, ebenso den – ebenfalls mit auf Schlegel zurückgehenden – Gedanken der ›Individualität‹ als Kern einer Ausfaltung und »Auswicklung« des Werkes (Prozess- und Werdens-Gedanke Schlegels, s. Kap. VII.77.5). Paradigma für diese hermeneutische Grundhaltung und ihre Konsequenzen ist dabei die *Phaidros*-Deutung, die Schlegel wie auch Schleiermacher als einen solchen individuellen Kern und Keim des ganzen Werkes, der die »Ahnung des Ganzen« hervortreten lässt, verstehen wollen.

Platons Denken stellt für Schleiermacher eine Synthese und systematische Vereinigung von vorsokratischer Naturphilosophie, Sophistik und Sokratischem dar. Sie ist aber auch eine »höhere Combination« der Gedanken Heraklits und Anaxagoras' (*Geschichte der Philosophie*, Berlin 1839, 104). Damit spiegelt sich schon die – letztlich aus der Stoa kommende und durch die *historia litteraria* vermittelte, bereits bei Kant wirkmächtige – Grundeinteilung der Philosophie in Dialektik, Physik und Ethik, die Schleiermacher als Muster übernimmt, in dieser Synthese (vgl. Scholtz 1984, 93 ff.). In den Texten Platons dient daher der *Sophistes* als Musterdialog für die mit der Sophistik zusammenhängende Dialektik: Er bildet die ›formale‹ Seite des Denkens, ist aber ein »Spiegel des Realen« (Schleiermacher 1996, 9; Steiner, ebd., XXVIII), dient als »heuristisches Prinzip der absoluten Einheit oder der Idee der Gottheit« (ebd.). Vor allem aber ist die Dialektik der Teil der Philosophie, der »die Principien« der beiden anderen enthält, d. h. sie reflektiert das wahrhafte Seiende (*ontôs on*) und das wahrhaft Gute (*agathon*), insofern sie noch nicht relativiert oder eingeschränkt sind durch ihre Applikation auf Physik oder Ethik (*Dialektik* 1811, Schleiermacher 1986, 5, 66: was Platon von dem *agathon* sagt (*Rep.* VI 508) das gilt von dem Absoluten). Der *Timaios* expliziert die Physik, seine »wahrscheinliche Rede« ist für Schleiermacher die mitteilbare Form dessen, was in der Natur als Produkt von Sein und Werden entsteht; die *Politeia* schließlich ist der Text, der das Sittliche in Platons Denkansatz am deutlichsten zum Ausdruck bringt. Schleiermacher ist hier jedoch, im Rückgriff sicherlich auf seine frühen Studien zur Ethik und Politik des Aristoteles sowie beeinflusst durch Kant, noch Platon-kritischer als Hegel an vergleichbarer Stelle (s. Kap. VII.77.7): »hier konzentriert sich alles verfehlte der hellenischen Geistesentwicklung, und es zeigt sich deutlich das Unvermögen dieser Natur zu einer befriedigenden Gestaltung ethischer Verhältnisse« (ebd.). In Schleiermachers Chronologie bilden frühe Dialoge so etwas wie einen Kern- und Keimpunkt, der die Charakteristik und Individualität der späteren inhaltlichen Entwicklung antizipiert oder »ahnden« lässt (*Einleitung* I 1, 1. Aufl., 49: »erste Ahndung [...] von dem, was allem folgenden zum Grunde liegt«): Der *Phaidros* – für ihn der früheste Dialog – betrifft das Logische, der *Parmenides* das Physische und der *Protagoras* des Ethische. So erhält man die allgemeine Einteilung der Philosophie auf verschiedenen Entwicklungsstufen, es ergibt sich ein Großes und Ganzes, das als platonisches ›System‹, als das organisch Gewachsene dem Verständnis sich erschließen will (Scholtz 1995, 278 f.). Der *Sophistes* ist für Schleiermacher, wie auch zuvor schon für Jacobi (s. Kap. VII.77.2) und etwa zeitgleich für Schelling (s. Kap. VII.77.7) und Hegel (s. Kap. VII.77.8), der Schlüssel für den Zugang zu Platons Denken, vor allem zur Dialektik. In seinem »Mittelpunkt«, d. h. in dem Passus zur Gigantomachie und der dialektischen Bestimmungen des Seienden und der größten Gattungen, schließe sich »das innerste Heiligthum der Philosophie auf«: die Prävalenz des Seins gegen das Nichtsein, die Gemeinschaft der Begriffe, das Leben des Seienden (*Platons Werke* II/2, 1824, 136). Schleiermacher sieht im *Sophistes* eine Differenzierung zwischen absolutem, gegensatzlosem Sein und dem Sein als Reich der Gegensätze. Im *Sophistes* ist mit dem »wahrhaft Seienden« ein absolutes, lebendiges, in sich die Gegensätze vermittelndes Sein zu denken, das allem Relativ-Gegensätzlichen selbst noch einmal entgegensteht (ebd., 138; hierzu und zu modernen Deutungen vgl. Scholtz 1995, 259–262). Mit Bezug auf *Soph*. 253c–d und 254b f. stellt Schleiermacher auch einen Zusammenhang von Dialektik und Ideen- bzw. Gattungsverknüpfung her (*Platons Werke*, Anmerkungen, II/2, 1824, 508–511). Dabei wird das Sein als dynamische, durch alle anderen Bestimmungen hindurchgehende Instanz gedacht, die anderen *genê* als in je verschiedener Weise Einheit und Vielheit verknüpfend. Diese ›Hypothese‹ ist »Keim für seine Aussagen zur platonischen Dialektik in seiner Philosophiegeschichte« (Scholtz 1995, 263 f.) mit der Differenzierung in ein (1) absolutes, höchstes Sein, das Gegensatz-los ist (das Sein der Eleaten), (2) ein Sein, das in sich »das Gebiet des Gegensatzes« darstellt und in *tauton* sowie *thateron* auseinander tritt (ein Reflex auf die Seinslehre der Megarer), wobei die Einheit durch gegenseitige Teilhabe gegeben ist, (3) das Gebiet des »empirisch realen Gegensatzes« mit Bewegung-Ruhe und anderen Gegensatzpaaren (*Geschichte der Philosophie*, hg. von Heinrich Ritter, Berlin 1839, 100 f.). Dieses Schichten-Modell versteht man besser, wenn man es in Bezug zu Schleiermachers Deutung des *Timaios* und der *Politeia* bringt, die als ›physikalische‹ und ›ethische‹ Texte neben dem ›logisch‹-dialektischen *Sophistes* diese Dreiteilung ebenfalls haben, nämlich der *Timaios* mit dem ewigem Sein (1), den Gattungen, die durch Identität und Differenz gegliedert sind (2), und empirisch-veränderlichem Sein (3), die *Politeia* mit Idee des Guten »jenseits des Seins« (1), den ewigen Ideen (2) und

Welt des Werdens (3). Es lässt sich zeigen, dass diese Schichten mit der Grundeinteilung der Philosophie korrespondieren: (1) die Dialektik als Behandlung des gegensatzlosen Seins, (2) die Physik und Ethik als spekulativ-deduktive Wissenschaft mit ihren Subjekts- und Gattungsbegriffen (die auf das Sein und Wesen bezogen sind) behandelt das gegensätzliche, unveränderliche Sein, (3) die empirischen Wissensformen, Naturkunde, Geschichte, Aspekte der Dichtungslehre etc., mit Urteilen und Prädikatsbegriffen (die auf Tun und Leiden bezogen sind) behandeln das endlich-veränderliche Sein (Scholtz 1995, 266 f.). Schleiermacher hat, mit Folge für seine Gesamtdeutung Platons, im *Sophistes* »die relationale Struktur des Logos« erkannt (Gadamer 1972, 147). Deutlich ist auch, dass die Urteilslehre (Wirkung von Kant und Schlegel) gegenüber der Dihairese von Schleiermacher stark hervorgehoben wird. Hierin lässt sich auch eine sachlich-systematische Verbindung des Platon-Verständnisses zur eigenen philosophischen Position in der Dialektik aufzeigen (Scholtz 1995, 271 f.).

Schleiermachers Platon ist in gewisser Weise vom Platonismus abgetrennt zu sehen, er soll rein nur er selbst sein, seine Individualität und sein Charakteristisches (auch im Sinne Schlegels) zeigen. Dieses Zugänglichmachen ist die Leistung der Übersetzung Schleiermachers (Steiner 1996, S. XXIV–XXV). Sie ist bei weitem nicht die erste deutsche Übersetzung (s. Kap. VII.77.1), aber sie ist die erste philologisch durchgehend reflektierte, die sich zur Aufgabe macht, »gleichsam die deutsche Zweitschrift des urschriftlich griechisch ausgedrückten Gedankens« zu geben (vgl. Jantzen 1996, LI). Die Übersetzungen, die in enger Konsultation seiner Freunde Spalding und Heindorf entstanden sind (*Platons Werke*, Erster Theil, Erster Band, Berlin bei Reimer 1804, 1. Aufl., V), sind in ihrer eng am griechischen, partikelreichen Text vorgehenden Übertragung ohne die kommentierenden Anmerkungen kaum wirklich zu würdigen, sie verweisen auf benutzte/bevorzugte Textausgaben, auf Lesarten, Konjekturen oder auch Aporien.

77.7 Schelling

Schellings frühe Auseinandersetzung mit Platon, die im Kontext intensiver Platon-Diskussionen im Tübinger Stift stattfindet, bezieht sich vor allem auf den *Timaios*, aber auch auf *Apologie, Ion, Phaidon, Menon, Theiatetos* und *Philebos*. Schelling untersucht in den *Vorstellungsarten der alten Welt* von 1792 Platons Dichter- und Prophetenbegriff, die Genie-Konzeption etc. (Schelling 1792), in seinem ›*Geist der Platonischen Philosophie*‹ (1794), die Dialogische Form, den *logos maieutikos* sowie den Mythos (Schelling 1794) und im durch die Lektüre von Kants *KdU* angeregten Timaios-Kommentar den Natur-, Ideen- und Seinsbegriff Platons (T; zu den frühen Platon-Studien vgl. Plitt, 1, 25, 29; Franz 1996, 3 f., 189 f., 221 ff.). Diese frühe Platon-Auseinandersetzung steht auch unter der Wirkung des ›ästhetisierten‹ Platons, wie ihn Mendelssohn (s. Kap. VII.77.1) u. a. promulgiert haben: »Ich wünschte mir Platons Sprache oder die seines Geistesverwandten, Jacobis, um das absolute, unwandelbare Seyn von jeder bedingten, wandelbaren Existenz unterscheiden zu können« (*Vom Ich* 1795, SW I, 216). Sie rückt zur gleichen Zeit aber Platons Ontologie – das ›Objective‹ – in die Perspektive von Kants Erkenntniskritik, aber ohne ihn in eine subjektivistische Position zu ziehen (so Sandkaulen-Bock 1990, 19 f.; Henrich 1991, 86 f.; dagegen Franz 1996, 244 f.). Vielmehr wird gerade herausgestellt, dass es das ›objektive‹ Sein ist, etwa das der Weltseele oder der Ideen im *kosmos noêtos*, das den ›subjektiven‹ Vorstellungen Kants und des Frühidealismus entgegengestellt ist (T, 28 f., 30, 38; zu Schellings Seelen-Begriff und Platon im Kontext von 1798 vgl. Vieiallard-Baron 1979, 147–178). Die sichtbare Welt ist »Typus einer höheren Welt« (T, 31), die im idealen Vorstellungsentwurf unserer Vernunft subsistiert, die aber selbst auf eine höhere Vernunft verweist, denn »die subjektive Form der Vernunft [geht] überall auf absolute Einheit« (T, 38–39). Hier bereitet sich die Übertragung des Form-Begriffs (aus der kantischen transzendentalen Dialektik und Reinholds Vorstellungsvermögen) auf Fichtes Wissenschaftslehre und den Begriff eines absoluten Ichs vor, in die deutliche platonische Voraussetzungen (starker Einheitsbegriff, Prinzipcharakter, Idealität) eingehen (Franz 1996, 253 ff.): beispielsweise der »göttliche Verstand« als Ort der Ideen-Koinonie, wo diese in Einheit »getrennt« existieren (T, 35–37: *Philebos: peras-apeiron*). Zum Einfluss Kants in diesem Zusammenhang, auch in Bezug auf die Übertragung der Kategorien Quantität, Qualität und Kausalität in die platonische Trias ›Grenze‹, ›Unbegrenztes‹ und ›Gemeinsames‹ (*koinon*) in der direkt anschließenden Schrift *Über die Möglichkeit einer Form der Philosophie überhaupt*, sind die Analysen von Michael Franz zu vergleichen (Franz 1996, 254–257, 276 f.; schon Sandkaulen-Bock 1990, 27). Es lässt sich zeigen, dass Schelling in einer seiner ersten, nach der *Darstellung meines Systems* von 1801 verfassten Präsentationen des Identitätssystems – dem Dialog

Bruno (1802) – wieder auf seine frühe Auseinandersetzung mit Platon zurückgreift (SW IV, 242, 244, 252, 261 f., 271, 310 u. ö.; Vieillard-Baron 1979, 178–188; Franz 1996, 262–269, bes. 268; Durner 2005, XVIIff.), wobei jetzt schärfer der Unterschied zu Platons ›Dualismus‹, insbesondere bezüglich des Materie-Begriffs, hervortritt (*Bruno*, SW IV, 310 zu *Tim*. 47e–53c, das, zusammen mit SW II, 20, die Position ab *Philosophie und Religion* vorbereitet), ebenso wie sich die Präsenz eines durch Giordano Bruno vermittelten neuplatonischen Denkansatzes bemerkbar macht (Beierwaltes 1980, 204–240). Im Vordergrund steht, wie bei Hegel (s. Kap. VII.77.8), mit Blick auf den *Timaios* und den *Philebos*, die komplexe ›Harmonie‹, die Synthese aus Identität und Nichtidentität, Verbundenem und Unverbundenem als (absolute) Einheit (SW IV, 236).

Schelling selbst rückt dann die Bewertung Platons 1804 in das Licht, das er ihr gegen eine *communis opinio* und auch gegen seine eigene frühe Orientierung am *Timaios* zu geben wünscht: der ›roheste Versuch‹ der Ableitung der Sinnenwelt aus dem Absoluten (Gott) sei der, der der Gottheit eine Materie zu unterlegen versucht (vgl. SW VI, 36, mit der prononcierten Akzentsetzung auf »dem höheren sittlichen Geiste der ächteren platonischen Werke, des *Phädon*, der *Republik* u. a.« gegenüber dem *Timaios*). Diese Aufteilung des platonischen Werkes selbst in eine ›realistisch-kosmogonische‹ und eine ›idealistisch-psychologische‹ Dimension – die eigene Resultate der frühen *Timaios*-Deutung gleichsam wieder einzieht (der *Timaios* sei gar kein Dialog Platons, so Schelling an Windischmann, Plitt II, 8 f.; dies könnte ihm von Friedrich Schlegel, der 1804/5 den *Timaios* ebenfalls als unecht deklariert, direkt oder durch Windischmann vermittelt worden sein, s. Kap. VII.77.4) –, wird die sich durchhaltende Position Schellings bleiben. Dabei wird, schon ab 1804, die Grundthese entwickelt, dass Platon seine göttliche Lehre vornehmlich von den »frühesten Philosophen«, den »Urhebern der Mysterien«, abgeleitet habe und dass der ›wahre‹ Platon oder das »wahrhaft Platonische« in der Umkehrung der Kosmogonie aus einer ›positiven‹ Schöpfungslehre in eine ›negative‹ Theorie von der Entstehung der Welt durch den Fall der Seele aus dem Intelligiblen-Göttlichen bestehe (*Philosophie und Religion* 1804, SW VI, 16, 38 f.; vgl. Fichtes Reaktion GA II/10, 58 f.).

Schelling sieht Platon später (mit Sicherheit seit den Erlanger Vorlesungen in den 1820er Jahren), ähnlich wie etwa Schleiermacher oder Hegel in seinen *Vorlesungen zur Geschichte der Philosophie*, als den ersten Systematiker, der die historisch vor ihm liegende Vielheit und auch den Widerspruch einer Vielzahl von Systemen überwunden hat. Neben dieser Einschätzung der philosophiegeschichtlichen Bedeutung Platons spielen aber auch bestimmte Begriffe und Theoreme Platons eine zentrale Rolle in Schellings eigenem Denkansatz: Das *thaumazein* (*Tht.* 155d) als schlechthinniger Anfang allen Philosophierens und als ein erstaunendes in die Tiefe des außer dem Ich seienden Seins Gehen (Schelling U II, 410; W 63; SW VIII, 124; IX, 229–230; Hutter 1996, 99–106, 351; Leinkauf 1998, 14 f.), die *anamnesis*-Lehre (*Men.* 98a; *Phdr.* 249b) als Dokument des Philosophierens, dem sich das Wesentliche, Substantielle, wirklich Seiende aus einem unvorgreiflichen Vor-Besitz der Seele selbst erschließt (Schelling U I, 127; Durner 1979; Peetz 1995, 242–247; hier besteht ein Zusammenhang mit dem Konzept der Mit-Wissenschaft der Seele aus der Weltalter-Philosophie, vgl. SW VI, 42; WA I, 4–5, II, 112 f., III, 204–7; Leinkauf 1998, 15), die Lehre von der ›Reinigung‹ der Seele, der Abtrennung vom Körperlichen als Kerndoktrin des *Phaidon* (SW V, 123; VI, 38 f., 62), der Begriff des Eros (*Symp.* 203A ff.) als eine universale, das Menschliche und Göttliche, den Ideenbereich und die Erscheinungswelt vermittelnde Kraft, und als das durch ›Mangel‹ (Nicht-Sein, Nicht-Wissen) und ›Besitz/Reichtum‹ (Können, Wissen) bestimmte sich selbst Annehmen des Seins und des im Seienden sich vollziehenden Denken (SW VIII, 244; W, 107; Leinkauf 1998, 16–17), der Gedanke, dass es eine *anupothetos archê* gebe (*Rep.* VI 510b), ein Erstes als »Unvordenkliches« (Schelling WA III, 215) bzw. ein durch absolute Voraussetzungslosigkeit bestimmtes Prinzip im Sein und Denken (Schelling SW XI, 322–323; Leinkauf 1998, 17, 76 f.), sowie der seit den Anfängen im Jahr 1792 präsente Rekurs auf zentrale Passagen und die Grundkategorien des *Philebos*, insbesondere auf die Grundkategorien *peras-apeiron-meikton-aitia* (vgl. Tilliette 1970, 2, 182 f., 197 f., 295 zur Spätphilosophie). Es lässt sich konstatieren, dass die lebenslange Beschäftigung Schellings mit Platon, die stets eine breite Kenntnis des Œuvres aufweist, dennoch, was die Schwerpunkte betrifft, (1) von der frühen, naturtheoretisch (kosmologisch) geprägten Orientierung am *Timaios*, die aber auch schon den *Philebos* miteinbezogen hat, über eine (2) an der Struktur der Seele und der Epistemik orientierte Phase, die Identitätsphilosophie, die Freiheitsschrift und Teile der Weltalter umfasst (SW VII, 347, 360, 385 f.: Differenz zu Platon im Willens-Begriff) und auf die spätestens seit 1805 auch Plotin wirkt (Beierwaltes 1972, 100–144), zu einer (3) auf die Prinzipienlehre und Ontologie konzentrierten Rezeption in der Spätphilosophie sich entwickelt (zentraler Text: *Darstellung der reinrationalen Philosophie*), die zwar frühe Einsichten in den Vernunftbegriff (Platons *nous* in Verbindung mit Kant, vgl. T, 38 f., SW XI, 265 f.) bewahrt (SW XI, 344, 380: Ontologie: *ontôs on*, consensus Platonis et Aristotelis; Franz 1992, 103), andererseits aber jetzt Aristoteles neben Platon stellt (Franz 1992, 105–185; Leinkauf 1998, 44–157). Trotz des zunehmenden Einflusses von Neuplatonismus und vor allem von Aristoteles bleibt Platon – neben den vielleicht in dieser Bedeutung nur noch Kant zu stellen ist – derjenige Denker, der die »Grundlage der Metaphysik« gelegt hat, dessen Einsichten, Intuitionen und Sprachform (Mythen) die nicht zu übertreffende Grundlage noch der ingeniösesten Weiterentwicklung, sei es durch Aristoteles, sei es durch die christlichen Autoren, sei es durch Kant, bleiben (SW XI, 380–381; Franz 1992, 109 f., 113). Es ist signifikant und bewahrt viel von dem ›ästhetischen‹, den Geist-Begriff, die Freiheit immer wieder an den Anfang gestellt habenden Schelling, dass die späte Würdigung Platons wieder an den Anfang, den durch den Sprachgestus dominierten Platon des 18. Jh.s, zurückkehrt: »Man hat Platon oft den Dichter unter den Philosophen genannt, nicht mit Unrecht, denn die Poesie geht voraus, sie schafft die Sprache«, sie wird »durch den Dichter zum Werkzeug des freien Geistes, zur Sprache der Götter« (SW XI, 381).

77.8 Hegel

In Hegels Werk besitzen wir mit dem mehrfach überarbeiteten, umfangreichen Abschnitt zu Platon in den *Vorlesungen zur Geschichte der Philosophie* ein Dokument, das wir in dieser Form weder bei Jacobi, Kant, Fichte oder Schelling überliefert haben (Hegel M, 19, 11–132; zur Textentwicklung vgl. Vieillard-Baron 1976). Am ehesten entspricht diesem wichtigen Text der Platon-Teil aus Schlegels Kölner Vorlesungen von 1804/5 sowie Schleiermachers Einleitungen zu seiner eigenen Platonübersetzung. Die inhaltlich zentralen Momente bei Platon, die Hegel direkt für sein eigenes Denken als wichtig erachtet hat, sind in dem Ideen-Begriff, der Dialektik und dem Geist- oder Vernunftbegriff zu sehen (Gadamer 1972, 8 ff.; Beierwaltes 1995, 10). Damit steht Hegel zunächst ganz unauffällig in einer Reihe mit Schlegel oder Schelling. Der Unterschied liegt in den unterschiedlichen Deutungen dieser einzelnen Momente. Hegel wird Schlegel und vor allem Schleiermacher auch darin folgen, dass wir »aus Platos Dialogen sein System vollständig zu erkennen im Stande sind« (M 19, 25), dass die Trennung in ›esoterisch-exoterisch‹ im Sinne einer ungeschriebenen Lehre ein »schlechter Unterschied« sei. Vielmehr ist »das Esoterische das Spekulative, das geschrieben und gedruckt ist und doch ein Verborgenes bleibt für die, die nicht das Interesse haben, sich anzustrengen« (Platon-Vorlesung, M 19, 77, z. B. für Tennemann, »bei dem gar nicht davon [vom Spekulativ-Dialektischen] die Rede ist«, 76). Selbst wenn das Diktum von Gadamer, dass Hegel »als erster die Tiefe der platonischen Dialektik erfaßt« habe (Gadamer 1971, 8), nicht zuträfe, so wäre doch wahr daran, dass Hegel unter den Denkern der Neuzeit als einer der ersten einen so differenzierten Dialektik-Begriff entwickelt hat, dass er Platons dialektisch-dialogisches Denken in vielen Punkten angemessen würdigen konnte.

Präsenz im Werk vor 1810

Platon ist natürlich für Hegel nicht erst mit der Konzeption des Kapitels aus den *Vorlesungen über die Geschichte der Philosophie* präsent gewesen, wie er sie seit 1820 in immer neuen Ansätzen entwickelt hat. Die durchaus intensive Beschäftigung geht bei ihm, wie auch bei Schelling und Hölderlin, schon auf die Studienzeit am Tübinger Stift zurück (Rosenkranz 1844, 40, zur Frankfurter Zeit Hegels: 100; Düsing 1981, 112 f.; Franz 1996, 3 f., 207). Wir finden Platon in verschiedenen Kontexten seit den frühen Schriften explizit erwähnt oder implizit präsent, vor allem zu Beginn der Frankfurter Zeit (seit Anfang 1797) und zwar »offensichtlich durch die Anregung Hölderlins« (Düsing 1981, 113; vgl. auch Halfwassen 2000). Diese Kontexte betreffen (1) die Religions- und Mythosproblematik (M 1, 20: Sokrates' Äskulap-Opfer; 41: griechische Religion, Bezug auf *Symp.* 172d, 205; 244: Zusammenhang Religion-Liebe, Rekurs auf *Phdr.* 251a, hierzu Düsing 1981, 113); (2) den Zusammenhang mit der auch bei Hegel positiv besetzten Figur des Sokrates (M 1, 50–54, 53 mit Bezug auf *Phd.* 82); (3) die Frage nach der Struktur des Seins und der Welt (*Geist des Christentums* 1798/1800, M 1, 386: Platons Trennung des »rein Lebendigen«, d. h. Geistigen, Anschauenden, Transzendent-Göttlichen vom »Beschränkten«, Sinnlichen und Zeitlichen, fast identischer Text schon im Grundkonzept ebd., 314, Bezug vermutlich *Phaidros*; *Differenzschrift* 1801, GW 4, 64: »Plato drückt die reelle Entgegensetzung durch die absolute Identität« durch seinen Begriff des ›Bandes‹ im *Timaios* aus, vgl.

31–32; Platons *desmos* kann also um 1801 als Symbol oder Bild der spekulativen Vernunftwahrheit der Identität Entgegengesetzter gelten; vgl. Schelling T, 34, 37, 40; *Bruno*, SW IV, 236; vgl. Hegel, *Jenaer Realphilosophie* 1805/6 Hoffmeister 56: Bezug auf die Sehtheorie im *Timaios*; *Phänomenologie* hg. Hoffmeister, 239 wiederum Bezug auf *Tim.* 71d: Zusammenhang Leber-Zorn-Prophetie, zum *Platonisme de Hegel a Iéna* Vieillard-Baron 1979, 129–135); (4) den Blick auf moralische Fragen (M 1, 85: Platon wird, neben Rousseau, als Autor genannt, bei dem sich »Aussprüche einer reinen Moral« finden lassen); (5) den Zusammenhang mit einem differenzierten Begriff von Skeptizismus (*Verhältnis des Skepticismus zur Philosophie* 1802, GW IV, 207, 211 f. zum *Parmenides* »welcher das ganze Gebiet jenes Wissens durch Verstandesbegriffe umfaßt und zerstört«; Wiehl 1965, 162 f.; Vieillard-Baron 1979, 133 f., Beierwaltes 1995, 20); (6) den Zusammenhang mit Hegels Reflexionen zur Dialektik und zur Struktur des ›Begriffs‹. Dabei ist es signifikant, dass Hegel einerseits die Zuordnung, die die ältere Tradition von Platons Dialektik, als dem »positiven Ausdruck des göttlichen Lebens«, und »Ekstase« als Vollzugsform höchster Anschauung und als »reiner Begriff« vorgenommen hatte – mit Sicherheit steht hier der Neuplatonismus im Blick –, für ein ›Missverständnis‹ erklärt (*Phänomenologie*, Vorrede, Hoffmeister, 57) und dass er andererseits die »spekulative Tiefe« dem Aristoteles zuschreibt, Aristoteles gegenüber Platon doch hervorhebt. Hier bereitet sich schon eine zu Schelling differente, zu Friedrich Schlegel jedoch affine Auffassung der platonischen Philosophie – gerade auch in ihrem Verhältnis zu Aristoteles – vor (s. Kap. VII 12.4 die Zuordnung Platon – Weisheit [Poesie, Kunst, Anschauung], Aristoteles – Wissenschaft [Begriff, Dialektik]; vgl. *Enzyklopädie* 1830, Vorrede 11, 19; Gadamer 1971, 25 f.).

Setzt man Hegel als Autor des sog. Ältesten Systemprogramms des deutschen Idealismus (1796/7; M 1, 234–236) an, kann der dort zum Ausdruck gebrachte ›ästhetische Platonismus‹ (Düsing), der in der Überordnung der Idee des Schönen vor die des Guten und der Wahrheit besteht und dem ein »ästhetischer Akt« der Vernunft beigeordnet wird, als Vorstufe zu den weiter oben skizzierten Bezugnahmen auf Platon gelesen werden (M 1, 235: »die Idee der Schönheit, das Wort in höherem platonischen Sinne genommen«). Deutlich ist hier der Einfluss Schillers (höchste Tätigkeit der Vernunft ist ästhetisch) und Hölderlins (Höherstellung der Idee des Schönen, Bedeutung der Dichtung) zu notieren (Düsing 1981, 115 f.).

Wissenschaft der Logik

In der *Wissenschaft der Logik* finden sich bereits klare Positionierungen Hegels zu den genannten Hauptmomenten Idee (1), Dialektik (2), Geist/Vernunft (3):

1. »Die platonische Idee ist nichts anderes als das Allgemeine oder bestimmter der Begriff des Gegenstandes; nur in seinem Begriffe hat etwas Wirklichkeit« (*WdL* 1, 31, 2, 88). Hegel sieht also 1811/12 die ›Idee‹ Platons als Äquivalent seines Begriffs des ›Allgemeinen‹ oder des ›(bestimmten) Begriffs‹. Die Logik Hegels (als: Wissenschaft der Logik) als »die eigentliche Metaphysik« ist in dieser Perspektive auch Entfaltung der genuinen Implikationen des platonischen Ideenbegriffs, d. h. Entfaltung der notwendigen, allgemeinen (ideellen) Momente der Selbstdifferenzierung des Seins der Subjektivität in ihrer ›Objektivität‹ (*WdL* 1, 5, 31 f.).

2. Die »Dialektik, nach welcher Plato das Eine im *Parmenides* behandelt, ist gleichfalls mehr für eine Dialektik der äußern Reflexion zu achten. Das Sein und das Eine sind beide eleatische Formen, die dasselbe sind. Aber sie sind auch zu unterscheiden; so nimmt sie Plato in jenem Dialoge« (*WdL* 1, 87). Von ›äußerer‹ Reflexion spricht Hegel bei dieser dialektischen Konfrontation von Sein und Einem, weil der platonische »Weg eine Voraussetzung« hat, die selbst nicht thematisch werde (1, 163 f.; vgl. Bubner 1980, 130 f.). Die Dialektik Platons ist in *WdL* also noch ›Vorstufe‹ oder ›abstrakte‹ Grundform des Denkens; da sie mit dem einfachen ›Vergleichen‹, Entgegensetzen und Negieren operiert, ohne die spekulative Vermittlung zu erreichen (*WdL* 1, 85 f.), ähnlich wie in der Seinslogik mit dem Unmittelbaren, Abstrakten und dem einfachen Gegensatz angefangen werden muss, dessen Voraussetzungen erst in der Wesenslogik aufgezeigt werden können.

3. Platons Kategorie des ›Anderen‹ – *to heteron* – aus dem *Sophistes* (251a–259d: *he thaterou physis*) ist aus Hegels Sicht nicht nur als »eins der Momente der Totalität« (des Seins) dem Einen entgegengesetzt (dies deutet eher auf den *Parmenides*), sondern als das Andere an sich oder als das Andere an ihm selbst zu verstehen, das, z. B. als Natur, das Andere des Geistes ist (*WdL* 1, 105; vgl. *Platon-Vorlesung* M 19, 69–70; Theunissen 1980, 246, 262 f.; Bubner 1980, 135 f.; zur Problematik der *Sophistes*-Deutung vgl. Gadamer 1971, 21 f.). Der Geist oder die Vernunft als dasjenige Moment des Geistigen, das dessen höchstes ist, weil in ihm und durch ihn sich die Lebendigkeit des dialektischen Selbstvollzuges zeigt, ist für Hegel, der sich da-

bei in der direkten Traditionslinie Platons und Kants sieht, der genuine Ort der Dialektik: »Es ist als unendlich wichtiger Schritt anzusehen, dass die Dialektik wieder [d. h. wie schon von Platon, der der Urheber der Dialektik als Wissenschaft ist, jetzt von Kant und Hegel] als der Vernunft notwendig anerkannt worden« (*WdL* 2, 492). Der Geist ist das Andere der Natur, der Ort der Dialektik und somit die ideelle Totalität der geistigen Bestimmungen.

Es ist, jenseits der expliziten Bezugnahmen auf Platon, mit guten Gründen hervorgehoben worden, dass von einer »Allgegenwart Platons in der Wissenschaft der Logik« gesprochen werden kann (Wiehl 1965; Theunissen 1980, 33, der aber darauf hinweist, dass mit der Wesenslogik Aristoteles stärker ins Spiel kommt: 324 f.). Hierzu einige Beispiele: die Einheit von Quantität und Qualität in der Seinslogik als ›Maß‹ als Aufnahme des *Philebos* (Wiehl 1965, 160); der Begriff einer ›wahrhaften, eigentlichen oder substantiellen Wirklichkeit‹ als Aufnahme des *ontôs on* (Theunissen 1980, 45; Hegel übersetzt in den *Platon-Vorlesungen Phdr.* 247e: »was in Wahrheit an und für sich selbst ist«); die Zurückweisung der platten, handgreiflichen ›Wahrheit‹ des unmittelbar sinnlich gegebenen Seins als Aufnahme der Kritik Platons am Phänomenalen und seines Doxa-Begriffs (Gadamer 1971, 10; Theunissen 1980, 140 f., 144); der Begriff des ›Anderen‹ und die Dialektik von Sein und Nichtsein mit der ›Aufwertung‹ des Nichtseins zu einem relativ Seienden als Aufnahme der *megista-genê*-Diskussion des *Sophistes* (Beierwaltes 1980; Theunissen 1980, 247 f., 250 f.); die Bestimmung des Endlichen als eines ›Widerspruchs in sich selbst‹ (*Platon-Vorlesung*, M 19, 64) als Aufnahme des Gesetzes von Entstehen und Vergehen (*genesis kai phthorê*) aus *Phaidon* und *Timaios* (Theunissen 1980, 274 f.). Diese wenigen Stellen belegen noch keine ›Allgegenwart‹, diese erweist sich erst dann, wenn man durchgehend im Text die »Selbstanknüpfung Hegels an Platon« (Beierwaltes 1995, 16; Düsing 1980, 98, 129, 135 f.), wie er selbst sie später in seinen Vorlesungen explizit herausstellt, schon in der *Logik*, der *Heidelberger Enzyklopädie* oder anderen Texten dieser Zeit herausarbeitet (Düsing 1990; Halfwassen 1999, 2000, 2003 in Verbindung mit der Anknüpfung an neuplatonisches Denken).

Die Platon-Vorlesung

Die oben genannten drei Hauptmomente des nicht äußerlich-historisch operierenden Interesses Hegels an Platon, Idee (1), Dialektik (2) und Geist/Vernunft (3), bilden auch zentrale Punkte der seit 1819/20 entwickelten Vorlesungen zu Platon. Zum Dialektik-Begriff gibt es einen eigenen Absatz (M 19, 62–86), ebenso zur »Philosophie des Geistes« (ebd. 105–131). Es treten aber noch viele andere Momente hinzu: der Naturbegriff, die Ethik, das Staatskonzept. Im Folgenden soll auf die drei Hauptpunkte eingegangen werden (zu Hegels *Platon-Vorlesung* ausführlich Vieillard-Baron 1979, 125–388).

1. *Ideen*: So hebt Hegel emphatisch hervor, dass die »wahrhaft speculative Größe« Platons, seine Epoche-machende Bedeutung in der »nähere(n) Bestimmung der Idee« liege. Philosophie sei für Platon dadurch von ›Wert‹, dass sie »Denken dessen (ist), was an und für sich ist« (M 19, 31, wieder aufgenommen 66) und d. h. des Allgemeinen, der Idee in Form des Begriffs (63: das Ideelle ist das »Allerrealste«, 68: das Allgemeine). Dieses Allgemeine, als Idee, ist bei Platon auch durch das »Bewußtsein des Übersinnlichen« bestimmt, durch das Bewusstsein des »an und für sich Wahrhaften und Rechten« (35). In seiner Deutung Platons kann Hegel sprachlich ›Idee‹, ›Allgemeines‹, ›Gutes‹ (im Sinne von ›Wesenhaftes‹) nebeneinander- und auch gleichstellen (39, 52 f.: die Gerechtigkeit, die Schönheit »und derlei Gattungen sind allein das in Wahrheit Seiende« und werden »allein in der Seele angeschaut«, 74, 63: Hegel übersetzt ›Idee‹ »zunächst« mit »Gattung«, dann aber mit »Allgemeines, an sich Seiendes«; vgl. zur Sache Beierwaltes 1995, 11 f.). Hegel sieht in der Idee also begriffliche und ontische, ›subjektive‹ und ›objektive‹, transzendent-metaphysische Bestimmungen verschränkt. »Philosophie ist ihm [Platon] überhaupt Wissenschaft des an sich Allgemeinen. Er drückt dies im Gegensatz gegen das Einzelne so aus: ›Ideen‹, immer wiederkehrend und darauf zurückkommend« (38). Entscheidend ist an Hegels Verständnis des Ideellen oder der »Intellektualwelt«, dass sie als »nicht jenseits der Wirklichkeit, im Himmel, an einem anderen Ort« befindlich zu denken sei, »sondern sie ist wirkliche Welt« (39). Wesentliche Bestimmung des Ideenbegriffs Platons sei »die Ansicht, dass nicht das sinnlich Existierende das Wahre ist, sondern allein das in sich bestimmte Allgemeine« (40). ›Enthusiasmus‹ bei Platon sei »Liebe zu den Ideen« und damit Liebe zum »Ewigen«, »Göttlichen«, »in sich Einen«, das aber als »konkret in sich« (im Sinne Hegels, d. h. als begrifflich in sich vermittelt, durchgehend Bestimmte) zu denken sei (40). Dies ›Allgemeine‹ jedoch sei weder als (prädikationslogisch applizierte) Eigenschaft an einem x zu denken noch als »Wesen an ihm selbst«, als Substanz dieses x selbst,

in einem gedanklich-subjektiven Sinne, sondern als »das Seiende, Substanz außer uns«: hier dürfe aber nicht das Missverständnis der Verdinglichung eintreten, die Ideen als eine (von Aristoteles dann kritisierte) zweite Wirklichkeit ›neben‹ der sinnlichen ersten Wirklichkeit; ebenso wenig dürfe die sie denkende, setzende Instanz als ein »Anderes des Bewußtseins« gedacht werden (Demiurg, Schöpfergott etc.; M 19, 40–41). Die Ideen dürfen aber auch nicht ›ästhetisch‹ missverstanden werden, als Gegenstand einer subjektiven »intellektuellen Anschauung« (vgl. Jacobi, Schlegel, Schelling); sie seien vielmehr »im Erkennen«, »nicht unmittelbar im Bewußtsein«, sondern ihre Unmittelbarkeit nur »Resultat« des in seine Einfachheit zusammengefassten Erkennens (41). Man sieht: Hegel will in Platons Ideen einen großen Teil seiner eigenen Theorie des Allgemeinen, der Begriffsgenese und der dialektischen Wissenserzeugung ›wiederfinden‹. Er stellt die Objektivität des platonischen Seins- und Ideenkonzepts in die ›Objektivität‹ seines eigenen Begriffs des Geistes hinein. Die Ideen sind als Produkte des Denkens (»durch den Geist hervorgebracht«, das Allgemeine ist »nur durch die Tätigkeit des Denkens«) zugleich »allein das Sein«, sind »real«, »sind« (M 19, 41; Beierwaltes 1995, 12 mit Verweis auf *Enzyklopädie* [1830] § 237, 194). In der Idee als »absolutem Begriff« oder »Subject« ist die Einheit von Objektivität (Realität) und Subjektivität (Begriff) zu denken. Hegel sieht diese Einheit bereits in Platons Ideenbegriff vorgeformt, als »das absolut sich selbst Denkende« gewinnt die Idee zusätzlich eine metaphysische und ›theologische‹ Dimension (M 19, 82 f., dort auch Rekurs auf die neuplatonische theologische Interpretation des *Parmenides* durch Proklos).

2. *Dialektik*: Eine zentrale Rolle spielt Platon für Hegel bei der Ausarbeitung eines eigenen Dialektik-Begriffs, der, gegen die Reduktion der Dialektik auf Rhetorik (Spätantike, Humanismus) und gegen die Konstellation von Dialektik und Schein bei Kant, die Notwendigkeit der Dialektik erweisen will – also, gegen die rhetorische Fehldeutung und gegen die kantische Notwendigkeit des ›Scheins‹, ihre Substantialität, die »notwendige Bewegung der reinen Begriffe« (M 19, 62; vgl. auch *WdL* 1, 26 f., 38 f.; Bubner 1980, 126) wiederherstellt. Hegel widmet Platons Dialektik-Begriff einen eigenen Abschnitt (M 19, 62–86), in dem er Schichten dieses Begriffs herauspräpariert: (1) eine Dialektik, »die Platon gemeinschaftlich hat mit den Sophisten«, die das Besondere auflöst, »um so das Allgemeine zu produzieren« (M 19, 64–65, Hegel nennt diese Dialektik 71 auch »allgemeine« oder »leere Dialektik«, mit *Soph.* 259b–d), (2) eine »wahre« Dialektik als »spekulativ«, die das Allgemeine in sich bestimmt und die Widersprüche und Gegensätze »auflöst« (65 f.). Diese Dialektik richte sich auch explizit gegen die »Dialektik der Eleaten« (73 f.). Dabei ist deutlich, dass Hegel das spekulative Potential der späten Dialoge *Sophistes*, *Philebos* und *Parmenides*, das durchaus schon etwa von Jacobi oder Schelling in den Blick genommen worden war, in einer ganz neuen, vor allem durch die neuplatonische Auslegungstradition gestützten Weise auslotet (alle diese Dialoge als ›dialektische‹ erwähnt M 19, 69; vgl. Beierwaltes 1972, 88 ff.; Baum 1986, 175–194; Halfwassen 1999). Hegel bezeichnet auch die epistemische »Verfahrungsweise der Seele«, die Platon als die des *dialegesthai* bezeichnet, als »Dialektik«, Wissenschaft vom Seienden und Gedachten, die von der Hypothesenwissenschaft, von dem »Räsonnement (*dianoian*)«, der Reflexion und von der Sinnlichkeit abzusetzen sei (M 19, 57–60, 59 f.). Die Dialektik als »wahre Wissenschaft« betrachte hingegen »das Allgemeine für sich selbst, das geistig Allgemeine« (60), d. h. also: die Ideen und ihre Verflechtungsstruktur, und bewege sich »in reinen Begriffen« (61). Nach Hegel finde sich bei Platon zwar nicht, wie dann schon mehr bei den Neuplatonikern und vor allem bei ihm selbst, »das vollkommene Bewußtsein über diese Natur der Dialektik«, aber eben doch »die Darstellung der Bewegung dieser [reinen] Begriffe« (M 19, 62, 65: Platon »noch auf räsonnierende Weise dialektisch«). Die »reinen Gedanken an und für sich betrachten, heißt Dialektik«, solche reinen Gedanken sind: »Sein und Nichtsein (*to on, to ouk on*), das Eine und Viele, das Unendliche (Unbegrenzte) und begrenzte (Begrenzende)« (M 19, 67; mit Verweis auf *Rep*. VII 538–539; 74: die höchste Form des »Allgemeinen für sich« ist »die Identität des Seins und Nichtseins«). Im *Sophistes*, dem es um die »reinen Begriffe« oder »Ideen« Bewegung-Ruhe, Sichselbstgleichheit-Anderssein, Sein-Nichtseins geht, leiste Platon, gegenüber jeder schlecht vereinseitigenden Pseudo-Dialektik, gerade das Entscheidende, nämlich den Unterschied der Bestimmungen in ihrer Einheit »zu erhalten«, weder die Vielheit in der Einheit, noch diese in jener untergehen zu lassen (M 19, 70). Platon löst hier mindestens das ein, was Hegel schon seit der *Differenzschrift* als ›spekulativ‹ und dem eigentlichen ›Bedürfnis‹ des Denkens entsprechend gegen Kant, Reinhold und Fichte festgehalten hat: die Identität des Identischen und Nicht-Identischen (GW IV, 64). Hegel bezeichnet dies hier mit Bezug auf das ›Spekulative‹ an Platons Dialektik als die »Indifferenz in der Dif-

ferenz«, als das, was zugleich die »Differenz absolut Entgegengesetzter« und die »Einheit von diesem« denkt (M 19, 72). Die »Hauptbestimmung«, das »allein Interessante«, das »wahrhaft Große« (76) von Platons Dialektik erschließt sich Hegel in einer durchaus problematischen Interpretation des *Sophistes* (M 19, 75, 76; zu der »unrettbar falschen Übersetzung« [Beierwaltes] von *Soph.* 259c4f. vgl. Gadamer 1971, 21; Beierwaltes 1995, 18 ff., 23), die das Spekulative im ›Zusammenbringen‹ (76) des Verschiedenen und Widersprüchlichen in eine Einheit sehen will, in der Setzung von »Identität«, wo bei Platon eben nur relatives Identisch-Sein bzw. relatives Anders-Sein behauptet wird (vgl. *Soph.* 241d; Beierwaltes 1995, 22 f.; Hegel »denkt [...] diese immanente Gemeinsamkeit oder differente Relationalität zur Identität um«). Das dreimalige Insistieren auf der Identität des Verschiedenen, des Selben und des Anderen, »in ein und derselben Rücksicht« (M 19, 75–76) macht überdeutlich, dass es hier um Hegels eigenstes Anliegen geht, das er in Platon hineinliest. Diese an der Interpretation des *Sophistes* gewonnene, eigene Positionen hinzunehmende Einsicht in Platons Dialektik, in den »höheren Sinn« seiner Philosophie, sei jedoch nicht überall, sondern besonders im *Philebos* (M 19, 77–79; *Enzyklopädie* 1830, § 95, 114) und *Parmenides* (79–86) enthalten. Hegel sieht die Dialektik insbesondere im *Parmenides* realisiert, und zwar als lebendige »Bewegung der reinen Gedanken« (81). Hier verbindet sich die Ideenlehre Platons mit der Bewegung des Denkens zur Dialektik, sofern (siehe Punkt 1) die reinen Gedankenbestimmungen (Sein, Nichtsein, Ruhe, Bewegung, Gleichheit, Ungleichheit etc.) für Hegel als die Ideen Platons aufzufassen sind und Platon im *Parmenides* am präzisesten zeigt, dass diese Gedankenbestimmungen jeweils »die Identität mit ihrem Anderen« sind (82).

3. *Geist/Seele*: Auch der »Philosophie des Geistes« widmet Hegel in seiner Vorlesung einen eigenen Abschnitt (M 19, 105–131), in welchem er gleich das Defizit konstatiert, dass Platon »noch kein ausgebildetes Bewußtsein über den Organismus des theoretischen Geistes« besessen habe (105, vgl. auch 108 f.). Ausgeführt und damit von Interesse sei nur die »Idee Platos über die sittliche Natur des Menschen« (105 f.), die er in der *Politeia* entfaltet habe. Die »Realität des Geistes« ist unter dieser sittlich-praktischen Prämisse für Platon als »Organisation eines Staates« (106) gegeben. An ihr will er (vgl. *Rep.* II 368–369) wie in einem Vergrößerungsglas das Wesen der Gerechtigkeit betrachten. Hegel stellt auch hier, wo es um die Gerechtigkeit geht, Platon in den Horizont seiner eigenen rechtsphilosophischen und geisttheoretischen Positionen: »die Gerechtigkeit in ihrer Realität und Wahrheit ist allein im Staate« (M 19, 107, vgl. 107–109). In der *Politeia*, so Hegel, habe Platon allerdings »die griechische Sittlichkeit nach ihrer substantiellen Weise dargestellt« (111, vgl. auch *Enzyklopädie* 1830, §§ 474, 552). Das Ideale und Fiktionale an Platons Staat sei gerade Ausdruck der Tatsache, dass die »wirkliche Welt« dargestellt werde, »nicht wie sie dem Gehör, Gesicht usf. in die Sinne fällt« (ebd.), sondern in ihrer geistigen Bestimmtheit, die aber noch ohne den ›modernen‹ Begriff subjektiv-individueller Freiheit auskommen muss: »alle [gelten] nur als allgemeine Menschen« (113 f., 123 f.). Zusätzlich finden sich bei Platon auch hinsichtlich des ›theoretischen‹ Aspektes des Geistes Ausführungen, etwa zu den Unterschieden der Erkenntnisarten oder überhaupt zur Natur des Vernünftigen (in Beziehung mit dem Ideen- und Dialektik-Begriff), auf die Hegel in seinen Ausführungen immer wieder eingeht. Der »Geist des Menschen« ist für Sokrates wie für Platon die »Quelle« der Bewusstwerdung des Göttlichen (M 19, 42), d. h. der Ideen, des Allgemeinen, des an sich Wahren und Guten. Hegel deutet das *auto kinoun* (*Phdr.* 245c5 ff., 246c) als Bestimmung der Seele als Selbstbewegung, wodurch sie »Moment des Geistes« ist oder das Denken selbst (M 19, 47). Geist ist also selbst der Sache nach vollständige intellektuelle, denkende Selbstbewegung als »Sich-in-sich-selbst-reflektieren« (M 19, 48; hierzu Beierwaltes 1995, 14 Anm. 21), nicht eine ›Eigenschaft‹ der Seele im Sinne der verdinglichenden, substantialistischen Vorstellung, dass das Denken noch als eine Qualität zu einem schon bestehenden Ding ›Seele‹ hinzukomme, sondern so, dass das Sein der Seele, »ihre Substanz« selbst das Denken ist (M 19, 47 f.). Der menschliche Geist als Seele ist das lebendige, dynamische und beständige »Sich-sich-Gleichsetzen« (M 19, 48) und dadurch das »Sich-selbst-Erhalten im Anderen« (ebd.) als Denken. Dieses Denken wiederum ist »Tätigkeit des Allgemeinen« (ebd.), was nichts anderes als ›Tätigkeit‹ oder Selbstvollzug der Ideen ist. Denn die Ideen (Gutes, Wahres, Schönes, Gerechtes etc. als Allgemeine) werden »allein in der Seele angeschaut«, sind nur im und als Denken (M 19, 53). Der Geist, bei Platon als denkend sich bewegende Seele und als reine Vernunft gedacht, ist damit auch aktualer Vollzug der Verflechtung der Ideen, ihrer »Gemeinschaft«, wie Platon sie im *Sophistes* herausgestellt hatte (*Soph.* 248e, zu dieser Stelle Gadamer 1971, 21 f.; Beierwaltes 1995, 13). Allerdings moniert Hegel, dass

»der Zusammenhang, dass das Geistige sich aus sich selbst realisiert, verkörpert, [...] ein Punkt [sei], der bei den Alten nicht in seiner Tiefe erörtert« sei (M 19, 49). Hegel präzisiert diesen Gedanken im Kontext seiner *Parmenides*-Auslegung: die dialektische Bestimmung der einfachen Gedanken, der Ideen und des Allgemeinen ist bei Platon nicht mit »dem Bewußtsein über die Natur des Begriffs« so verbunden, dass dessen Reflektiertsein-in-sich oder die Einsicht, dass er »der in sich zurückgekehrte Gedanke« ist, selbst noch einmal zur Reflexion käme (M 19, 83 f.). In dieser Reflektiertheit wäre der Begriff, wären die Ideen »Geist, das wahrhaft absolute Wesen« als Einheit des Gegensatzes und des Entgegengesetzten (83). Weil Platon diese Verbindung im *Parmenides* nicht herstellt und weil er auch überhaupt in seinem Denken noch die Ideen als das Wesen der Dinge von Gott als dem Insichreflektiertsein getrennt hält, will Hegel der neuplatonischen theologischen Deutung des *Parmenides* nicht folgen (84). Das ›Geistige‹ ist zwar als Begriff und Spekulation – im *Sophistes*, im Seelen-Begriff des *Phaidros*, in der Dialektik des *Philebos* und *Parmenides* – vorhanden, aber es fehlt die Synthese mit dem Begriff des Göttlichen.

Hegel sieht Platon in der Entwicklung des philosophischen Gedankens als ›Epoche‹ an (M 19, S. 66). Platon vereinigt die grundlegenden Einsichten von Parmenides und Heraklit – in die substantielle Einheit des Seins, dem Sein als »reinem Gedanken« (*WdL* 1, 68, 74) einerseits und in die fundamentale Bedeutung des Werdens, des Prozesses und der dialektischen Vermittlung andererseits – und hat daher »welthistorische« Bedeutung (M 19, 12: »welthistorisches Individuum; vgl. Leinkauf 2012). »Mit Platon fängt die philosophische Wissenschaft als Wissenschaft an« (M 19, 11) heißt eben nicht, dass mit ihm die Philosophie beginnt oder dass mit ihm die Wissenschaft anfängt (das leistete schon Parmenides). Vielmehr ist die Wissenschaft als Wissenschaft – in der Sicht Hegels – schon reflektiertes Resultat einer Synthesisleistung, in welcher das Eleatische und Herakliteische als zwei wesentliche Momente der Natur des Denkens selbst produktiv vermittelt (nicht negiert oder weggeschoben) sind: »Plato ist Vereinigung der vorhergehenden Prinzipien«, sie sind »in ihm« (M 19, S. 66–67; Beierwaltes 1995, 26–27).

Hegels Platon-Deutung, insbesondere seine Interpretation des *Parmenides*, hatte Einfluss auf die Auseinandersetzung mit Platon im 19. Jh. (vgl. etwa Zeller, *Platonische Studien*, Tübingen 1839 [Nachdr. Amsterdam 1969], 157–196; Kuno Fischer, *De Parmenide Platonico*, Stuttgart 1851) und vor allem auch im 20. Jh. (hierzu Düsing 1980, 96 f. mit zustimmender und kritischer Literatur).

77.9 Die Platon-Philologie des 19. Jahrhunderts

Die zu Beginn des 19. Jh.s entstehende Platon-Philologie ist ein Kind der zunächst philosophischen Platon-Rezeption und -Transformation des letzten Drittels des 18. Jh.s. Sie ist also nicht ohne den starken Impuls denkbar, den das durch Fichte geprägte Platon-Bild Schlegels (s. Kap. VII.77.5) sowie das durch die beiden vorgenannten geprägte, aber eine resistente Eigenständigkeit aufweisende Platon-Bild Schleiermachers (s. Kap. VII.77.6) auf deren jeweilige Leser, Freunde und Schüler ausgeübt haben (Krämer 1988, 610–621; zum »Platon des Philologues« vgl. auch Vieillard-Baron 1979, 207–217 mit einer ausführlichen Bibliographie 390–396; ebenso Erler 2007, 542–547). Der ›philologische‹ Platon ist also nicht ohne die Vorentscheidungen zu verstehen, die aus den subjektivitätsphilosophischen Basisannahmen folgen, die in Kants Transzendentalphilosophie und deren kritischer ›Überwindung‹ durch Fichtes Wissenschaftslehre grundgelegt sind (vgl. Krämer 1988, 585–588). Schlegel hat seine prägende Platon-Deutung auf den Begriff des Unendlichen, des Asystematischen und des Prozesses aufgebaut, damit sind – aus anachronistischer Perspektive – Fragestellungen der älteren Tradition mit entscheidend: Abweisung einer ›ungeschriebenen‹, esoterischen Lehre als das eigentliche System, Zurückweisung der Echtheit zentraler Dialoge wie des *Timaios*, Fundierung des philosophischen Ansatzes Platons nicht im ›Sein‹, sondern im ›Werden‹, im – sokratisch geprägten – ironisch-reflexiven Prozess. Damit sind die philologischen und philosophischen Kriterien, die Tennemann seiner Platon-Darstellung zugrunde gelegt hat, zurückgewiesen: radikale Einheit des Werkes, zeitlose Systemstruktur, klare chronologische Ordnung aus den werkimmanenten Hinweisen Platons. Dagegen haben die in Kap. VII.77.5 dargestellten Zentralaussagen Schlegels aus den Kölner Vorlesungen von 1804/5–1805/6 schon vor ihrer postumen Publikation durch Windischmann (Friedrich Schlegel, *Philosophische Vorlesungen aus den Jahren 1804 bis 1806*, Bd. 1, 1836) in Form von Abschriften oder auch direkter Mitteilung auch auf die Platon-Philologie gewirkt (Windischmann 1836, III). Dies ist zunächst zu konstatieren für Müllers Dresdner *Vorlesungen zur Deutschen*

Wissenschaft und Literatur von 1806 (vgl. *Kritische, ästhetische und philosophische Schriften*, hg. von Walter Schroeder und Werner Siebert 1967, Bd. 1, 60 ff., 241 f.; Bd. 2, 74 f.: durchgehend zum Unendlichkeitsproblem) und für Asts *Grundriß einer Geschichte der Philosophie* (Landshut 1807) sowie vor allem sein Werk *Platons Leben und Schriften* (Leipzig 1816); die Platon-Darstellung des Fichte-Schülers Johann Friedrich Herbart, *De platonici systematis fundamento commentatio* (1805) mit Zusätzen von 1808 (vgl. *Sämtliche Werke*, hg. von Gustav Hartenstein, Bd. 12, 1852, 98 f.), die aber ebenfalls die Vorstellung einer ›Entwicklung‹ (drei Epochen) von Platons Denken kennt, steht außerhalb dieser Linie und wird dann von Ueberweg (*Untersuchungen über die Echtheit und Zeitfolge platonischer Schriften*, 1861) wieder »der Vergessenheit entrissen« (Krämer 1988, 611; vgl. Vieillard-Baron 1979, 208). Die aus Schlegel-Schleiermacher resultierende Restriktion auf die Dialoge, die Konzentration auf die Sprachform sowie die anachronistische – dem klassischen griechischen Denken diametral entgegengesetzte – Bedeutung des Unendlichen und Prozessualen ist aus der Platon-Diskussion des 19. und auch aus großen Teilen des 20. Jh.s nicht wegzudenken. In direkter Abhängigkeit von Schleiermachers Ausführungen in den verschiedenen Einleitungen (s. Kap. VII.77.6) steht, neben Ast, vor allem auch Bekker mit seiner nach der *Bipontina* philologisch wichtigsten Ausgabe: *Platonis Dialogi, graece et latine*, erschienen 1816–1818 in Berlin (den Textbänden folgten 1823 noch zwei Kommentarbände). Bekker übernimmt, im Einklang etwa auch mit August Boeckh (vgl. auch dessen Schriften: *In Platonis qui vulgo fertur Minorem eiusdemque libros priores de legibus*, Halle 1806; *Philolaos*, Berlin 1819), die später, seit der Arbeit von Hermann, als obsolet geltende Einteilung der Dialoge durch Schleiermacher. Karl Friedrich Hermann hat in seiner Schrift *Über Plato's schriftstellerische Motive* (1849) direkt auch die Weichen für die bis in die Gegenwart reichende Diskussion um die sog. ›ungeschriebene Lehre‹ bzw. den ›esoterischen‹ Platon in Richtung auf eine zu Schleiermacher diametral entgegen gesetzte Position gestellt: Die Ideenlehre, die Prinzipienlehre, der Kern des platonischen Denkens könne nicht wirklich Gegenstand der hierfür untauglichen Verschriftlichung der Sprache darstellen, sondern müsse in mündlichen Vorträgen mitgeteilt und weitergegeben worden sein (zur Diskussion Steiner 1996, XXX–XXXVI). So ist auch die Platon-Philologie des 19. Jh.s, da es in ihr natürlich um die Chronologie der Dialoge, die Frage nach der Einheit des Werkes und d. h. nach einem möglichen ›System‹ des Platon und um die unabweisbar von Platon selbst (*Phaidros*) in den Ring geworfene Frage um die Bedeutung der Schriftlichkeit gehen musste (s. Kap. VI.65), nicht von der ›Philosophie‹ oder der Intentionalität von Platons Denken zu trennen. Vielmehr wirkten die zwischen 1798 und 1804/5 getroffenen Grundentscheidungen sowie ihre Umsetzung durch Texterstellung sowie durch Übersetzungen schon unmittelbar in die nächste Generation hinein (Hermann, Zeller) und, durch diese vermittelt, dann auf die Diskussion des 20. Jh.s (Robin, Krämer, Gaiser, Reale, Szelzák auf der einen, Cherniss, große Teile der angelsächsischen Schule, Brisson, Isnardi-Parente, Burnyeat, Heitsch auf der anderen Seite; s. Kap. II.7).

Quellen
Fichte, Johann Gottlieb 1833/56: Werke. Hg. von Immanuel Hermann Fichte. Berlin 1833/4 u. 1845/6. Nachdr. Berlin 1971 [= W].
Hamann, Johann Georg 1983: Sokratische Denkwürdigkeiten. Aesthetica in nuce. Hg. v. Sven-Age Joergensen. Stuttgart.
Hegel, Georg Friedrich Wilhelm 1968 ff.: Gesammelte Werke. Hg. v. der Rheinisch-Westfälischen Akademie der Wissenschaften. Hamburg [= GW].
Hegel, Georg Friedrich Wilhelm 1971: Werke in zwanzig Bänden. Hg. v. Eva Moldenhauer und Karl Markus Michel. Frankfurt a. M. [= M].
Hegel, Georg Friedrich Wilhelm 1973: Vorlesungen über die Beweise vom Dasein Gottes 1829–31. Hg. v. G. Lasson. Hamburg.
Hegel, Georg Friedrich Wilhelm 1975: Wissenschaft der Logik. Hg. v. G. Lasson. Hamburg.
Hermann, Karl Friedrich 1839: Geschichte und System der platonischen Philosophie. Erster Teil. Heidelberg.
Hermann, Karl Friedrich 1849: »Über Plato's schriftstellerische Motive«. In: Gesammelte Abhandlungen und Beiträge XIII. Göttingen, 281–305.
Hölderlin, Friedrich 1943 ff.: Sämtliche Werke. Hg. v. Friedrich Beißner. Stuttgart [= SW].
Jacobi, Friedrich Heinrich 1976 ff.: Werke. Hg. v. Friedrich Roth und Friedrich Köppen. 6 Bde. Darmstadt.
Jacobi, Friedrich Heinrich 1999: »Von den göttlichen Dingen und ihrer Offenbarung« [1811]. In: Walter Jaeschke (Hg.): Der Streit um die göttlichen Dinge (1799–1812). Hamburg, 157–241.
Mendelssohn, Moses 1979: *Phädon* oder über die Unsterblichkeit der Seele [1767]. Hamburg.
Plitt, Gustav L. (Hg.) 1869/70: Aus Schellings Leben. In Briefen. 3 Bände. Leipzig.
Schelling, Friedrich Wilhelm Joseph 1792: »Vorstellungen der alten Welt über verschiedene Gegenstände gesammelt aus Homer, Plato u. a.« (Studienheft 28). In: Michael Franz (Hg.) 1996: Schellings Tübinger Platon-Studien. Göttingen, 283–300.
Schelling, Friedrich Wilhelm Joseph 1794: »Über den Geist

der Platonischen Philosophie« (Studienheft 34). In: Michael Franz 1996: Schellings Tübinger Platon-Studien. Göttingen, 306–318.
Schelling, Friedrich Wilhelm Joseph 1856–61: Sämmtliche Werke. Hg. v. K. F. A. Schelling. Stuttgart [= SW].
Schelling, Friedrich Wilhelm Joseph 1979: Die Weltalter. Hg. v. Manfred Schröter. München [= WA].
Schelling, Friedrich Wilhelm Joseph 1992: Urfassung der Philosophie der Offenbarung. Hg. v. Walter Ehrhardt. Hamburg [= U].
Schelling, Friedrich Wilhelm Joseph 1994: »Timaeus« 1794. Hg. v. Hartmut Bucher (Schellingiana Bd. 4). Stuttgart-Bad Cannstatt [= T].
Schelling, Friedrich Wilhelm Joseph 1999: »Denkmal der Schrift von den göttlichen Dingen etc.« In: Walter Jaeschke (Hg.): Der Streit um die göttlichen Dinge (1799–1812). Hamburg.
Schlegel, Friedrich 1958 ff.: Kritische Ausgabe. Hg. v. E. Behler. Paderborn/München/Wien [= KA].
Schlegel, Friedrich 1988: Kritische Schriften und Fragmente 1802–1828. Hg. v. E. Behler und H. Eichner. 6 Bde. Paderborn/München/Wien/Zürich [= SA].
Schlegel, Friedrich 2007: »Die Philosophie des Plato 1804/5«. In: Andreas Arndt/Jure Zovko (Hg.): Schriften zur Kritischen Philosophie. Hamburg, 201–224.
Schleiermacher, Friedrich D. E. 1817–26: Platons Werke. Berlin.
Schleiermacher, Friedrich D. E. 1969: »Einleitung (zu seiner Platon-Ausgabe 1804)«. In: Konrad Gaiser (Hg.): Das Platonbild. Zehn Beiträge zum Platonverständnis. Hildesheim, 1–32 (Einleitung zu I 1).
Schleiermacher, Friedrich D. E. 1980 ff.: Kritische Gesamtausgabe. Hg. v. Hans-Joachim Birkner, Gerhard Ebeling, Hermann Fischer, Heinz Kimmerle, Kurt Victor Selge. Berlin/New York [= KGA].
Schleiermacher, Friedrich D. E. 1986: Dialektik [1811]. Hg. v. A. Arndt. Hamburg.
Schleiermacher, Friedrich D. E. 1996: Über die Philosophie Platons. Geschichte der Philosophie: Vorlesungen über Sokrates und Platon (zwischen 1819 und 1823). Die Einleitungen zur Übersetzung des Platon 1804–1828. Hg. v. Peter M. Steiner. Hamburg.

Forschungsliteratur
Arndt, Andreas 1996: »Schleiermacher und Platon«. In: Peter M. Steiner (Hg.): Friedrich Schleiermacher. Über die Philosophie Platons. Hamburg, XI–XX.
Baum, Manfred 1986: Die Entstehung der Hegelschen Dialektik. Bonn.
Baumgartner, Hans Michael 1980: »Die Bestimmung des Absoluten. Ein Strukturvergleich der Reflexionsformen bei J. G. Fichte und Plotin«. In: Zeitschrift für philosophische Forschung 34, 321–342.
Behler, Ernst 1999: »Friedrich Schlegels späte Idealismuskritik und das Thema der ›Göttlichen Dinge‹«. In: Walter Jaeschke (Hg.): Der Streit um die göttlichen Dinge 1799–1812. Hamburg, 174–194.
Beierwaltes, Werner 1972: Platonismus und Idealismus. Frankfurt a. M. [²2004].
Beierwaltes, Werner 1980: Identität und Differenz. Frankfurt a. M.
Beierwaltes, Werner 1995: »Distanz und Nähe zur Geschichte: Hegel und Platon«. In: Giorale di metafisica, Nuova serie XVII, 5–28 zitiert [auch in: Ch. Schubert/K. Brodersen (Hg.): Rom und der Griechische Osten. Fs. für Hatto H. Schmitt. Stuttgart, 9–21].
Beierwaltes, Werner 2002: »Platons Timaios im Deutschen Idealismus: Schelling und Windischmann«. In: M. Barbanti/G. R. Giardina/P. Manganaro (Hg.): ENÔSIS KAI PHILIA. UNIONE E AMICIZIA. Omaggio a Francesco Romano. Catantia, 143–162.
Bielefeldt, Heiner 2001: Kants Symbolik. Ein Schlüssel zur kritischen Freiheitsphilosophie. Freiburg.
Blanke, Fritz 1954: J. G. Hamann und Sokrates. Ein Beitrag zur Geschichte der Sokratesdeutung. Konstanz.
Böhm, Benno 1929: Sokrates im 18. Jahrhundert. Leipzig.
Bourel, Dominique 1979: »Nachwort zur Entstehung des Phädon«. In: Moses Mendelssohn: Phädon oder über die Unsterblichkeit der Seele. Hamburg, 161–173.
Brandt, Reinhard 1995: »Vom Weltbürgerrecht«. In: Otfried Höffe (Hg.): Immanuel Kant. Zum ewigen Frieden. Berlin, 133–148.
Bubner, Rüdiger 1980: »Dialog und Dialektik oder Plato und Hegel«. In: Ders.: Zur Sache der Dialektik. Stuttgart, 124–160.
Bubner, Rüdiger 1995: »Die Entdeckung Platons durch Schelling und seine Aneignung durch Schleiermacher.« In: Ders.: Innovationen des Idealismus. Göttingen, 9–42.
Cassirer, Ernst 1961: »Hölderlin und der deutsche Idealismus.« In: Alfred Kelletat (Hg.): Hölderlin. Beiträge zu seinem Verständnis in unserem Jahrhundert. Tübingen.
Durner, Manfred 1979: Wissen und Geschichte bei Schelling. München.
Durner, Manfred 2005: »Einleitung«. In: F. W. J. Schelling: Bruno oder über das göttliche und natürliche Prinzip der Dinge. Hamburg, VII–XLVIII.
Düsing, Edith 1999: »Sittliches Streben und religiöse Vereinigung. Untersuchung zu Fichtes später Religionsphilosophie«. In: Walter Jaeschke (Hg.): Der Streit um die göttlichen Dinge 1799–1812. Hamburg, 98–128.
Düsing, Klaus 1980: »Ontologie und Dialektik bei Plato und Hegel«. In: Hegel-Studien 15, 95–150.
Düsing, Klaus 1981: »Ästhetischer Platonismus bei Hölderlin und Hegel«. In: Christoph Jamme/Otto Pöggeler (Hg.): Homburg vor der Höhe in der deutschen Geistesgeschichte. Stuttgart, 101–117.
Düsing, Klaus 1990: »Formen der Dialektik bei Plato und Hegel«. In: Manfred Riedel (Hg.): Hegel und die antike Dialektik. Frankfurt a. M., 160–191.
Elsässer, Michael 1994: Friedrich Schlegels Kritik am Ding. Hamburg.
Erler, Michael 2007: Platon (= Grundriss der Geschichte der Philosophie. Die Philosophie der Antike 2/2). Basel.
Forschner, Maximilian ²1994: Über das Glück des Menschen: Aristoteles, Epikur, Thomas von Aquin, Kant. Darmstadt.
Forschner, Maximilian 2000: »Guter Wille und Haß der Vernunft«. In: Otfried Höffe (Hg.): Grundlegung zur Meta-

physik der Sitten. Ein kooperativer Kommentar. Frankfurt a. M., 66–82.

Franz, Albert 1992: Philosophische Religion. Eine Auseinandersetzung mit den Grundlegungsproblemen der Spätphilosophie F. W. J. Schellings. Würzburg/Amsterdam.

Franz, Michael 1996: Schellings Tübinger Platon-Studien. Göttingen.

Fresco, Marcel 1997: »Platonismus bei Hemsterhuis«. In: Theo Kobusch/Burkhart Mojsisch (Hg.): Platon in der abendländischen Geistesgeschichte. Darmstadt, 170–182.

Gadamer, Hans Georg 1972: »Schleiermacher als Platoniker« [1968]. In: Ders.: Kleine Schriften. Bd. 3. Tübingen, 141–149.

Gibert, Carlos M. 1994: Der Einfluß von Christian Garves Übersetzung von Ciceros *De officiis* auf Kants *Grundlegung zur Metaphysik der Sitten*. Regensburg.

Halfwassen, Jens 1999: Hegel und der spätantike Neuplatonismus. Untersuchungen zur Metaphysik des Einen und des Nous in Hegels spekulativer und geschichtlicher Deutung. Bonn.

Halfwassen, Jens 2000: »Die Bedeutung des spätantiken Platonismus für Hegels Denkentwicklung in Frankfurt und Jena«. In: Hegel Studien 33, 85–131.

Halfwassen, Jens 2003: »Metaphysik als Denken des Ganzen und des Einen im antiken Platonismus und im deutschen Idealismus«. In: Heidelberger Jahrbuch 47, 263–283.

Hammacher, Klaus 1981: »Problemgeschichtliche und systematische Analyse von Fichtes Dialektik«. In: Ders. (Hg.): Der transzendentale Gedanke. Die Gegenwärtige Darstellung der Philosophie Fichtes. Hamburg, 388–406.

Hammacher, Klaus 1997: »Platon bei Jacobi«. In: Theo Kobusch/Burkhart Mojsich (Hg.): Platon in der abendländischen Geistesgeschichte. Darmstadt, 183–192.

Hammacher, Klaus 1999: »Jacobis Schrift von den göttlichen Dingen«. In: Walter Jaeschke (Hg.): Der Streit um die göttlichen Dinge 1799–1812. Hamburg, 129–141.

Harrison, R. B. 1975: Hölderlin and Greek Literature. Oxford.

Hartbecke, Karin 2005: »Der *Timaios* in der französichen Aufklärung«. In: Thomas Leinkauf/Carlos Steel (Hg.): Platons Timaios als Grundtext der Kosmologie in Spätantike. Mittelalter und Renaissance. Leuven, 453–479.

Hengstermann, Christian 2005: Der Mensch: Endzweck von Geschichte und Kosmos. Immanuel Kants Begründung der Würde des Menschen als Anspruch an Ethik, Politik und Theologie. Münster.

Heimsoeth, Heinz 1965: »Kant und Plato«. In: Kant-Studien 56, 349–372.

Heimsoeth, Heinz 1967: »Plato in Kants Werdegang«. In: Studien zu Kants philosophischer Entwicklung. Hildesheim, 124 ff.

Henrich, Dieter 1991: Konstellationen. Probleme und Debatten im Ursprung der idealistischen Philosophie 1789–1795. Stuttgart.

Höffe, Otfried 1995: »Der Friede – ein vernachlässigtes Ideal«. In: Ders. (Hg.): Immanuel Kant. *Zum ewigen Frieden*. Berlin, 5–29.

Holzhey, Helmut 2004: »Der Neukantianismus«. In: Ders./Wolfgang Röd (Hg.): Die Philosophie des ausgehenden 19. und 20. Jahrhunderts. München, 11–129.

Horn, Christoph 2002: »Wille, Willensbestimmung, Begehrungsvermögen«. In: Ottfried Höffe (Hg.): Immanuel Kant. Kritik der praktischen Vernunft. Berlin, 43–61.

Hutter, Axel 1996: Geschichtliche Vernunft. Die Weiterführung der Kantischen Vernunftkritik in der Spätphilosophie Schellings. Frankfurt a. M.

Jamme, Christoph 1980: »Plato, Hegel und der Mythos«. In: Hegel-Studien 15, 151–169.

Janke, Wolfgang 1993: Vom Bilde des Absoluten. Grundzüge der Phänomenologie Fichtes. Berlin.

Janke, Wolfgang 1999: Johann Gottlieb Fichtes Wissenschaftslehre 1805. Darmstadt.

Jantzen, Jörg 1996: »Schleiermachers Platon-Übersetzung und seine Anmerkungen dazu«. In: Peter M. Steiner (Hg.): Friedrich Schleiermacher. Über die Philosophie Platons. Hamburg, XLV–LVIII.

Joergensen, Sven-Aage 1983: »Nachwort«. In: Johann Georg Hamann: Sokratische Denkwürdigkeiten. Hg. von S.-A. J. Stuttgart.

Krämer, Hans 1988: »Fichte, Schlegel und der Infinitismus in der Platondeutung«. In: Deutsche Vierteljahrsschrift für Literaturwissenschaft und Geistesgeschichte 62, 583–621.

Krings, Hermann 1994: »Genesis und Materie – Zur Bedeutung der *Timaios*-Handschrift für Schellings Naturphilosophie«. In: Hartmut Buchner (Hg.): F. W. J. Schelling, »Timaeus« 1794. Stuttgart-Bad Cannstatt, 115–155.

Leinkauf, Thomas 1987: Kunst und Reflexion. Untersuchungen zum Verhältnis Philipp Otto Runges zur philosophischen Tradition. München.

Leinkauf, Thomas 1998: Schelling als Interpret der philosophischen Tradition. Zur Rezeption und Transformation von Platon, Plotin, Aristoteles und Kant. Münster.

Leinkauf, Thomas 2012: »Hegel und Platon. Die Stellung Platons in Hegels Konzeption der Geschichte der Philosophie«. In: Argumenta in dialogos Platonis, Teil 2: Platoninterpretation und ihre Hermeneutik vom 19. bis zum 21. Jahrhundert. Akten des Internationalen Symposions vom 07.–09. Februar 2008 im Istituto Svizzero di Roma. Rom, 127–142.

Mates, Benjamin 1973: »Leibniz and the *Phaedo*«. In: Studia leibnitiana. Suppl. XII. Wiesbaden, 138–148.

Mojsisch, Burkhard (Hg.) 2003: Platonismus im Idealismus. Die platonische Tradition in der klassischen deutschen Philosophie. München.

Mollowitz, Gerhard 1935: »Kants Platoauffassung«. In: Kant-Studien 40, 13–67.

Oesterreich, Peter L./Traub, Hartmut 2006: Der ganze Fichte. Die populäre, wissenschaftliche und metaphilosophische Erschließung der Welt. Stuttgart.

Patsch, Hermann 1966: »Friedrich Schlegels *Philosophie der Philologie* und Schleiermachers frühe Entwürfe zur Hermeneutik«. In: Zeitschrift für Theologie und Kirche 63, 434–472.

Patsch, Hermann 1982: »Friedrich August Wolf und Friedrich Ast: Die Hermeneutik als Appendix der Philologie«. In: Ulrich Nassen (Hg.): Klassiker der Hermeneutik. Paderborn, 76–107.

Patsch, Hermann 1988: »Friedrich Asts *Euthyphron*-Übersetzung im Nachlaß Friedrich Schlegels. Ein Beitrag zur Platon-Rezeption in der Frühromantik«. In: Jahrbuch des freien deutschen Hochstifts, 112–127.
Peetz, Siegbert 1995: Die Freiheit im Wissen. Eine Untersuchung zu Schellings Konzept der Rationalität. Frankfurt a. M.
Reich, Klaus 1935: Kant und die Ethik der Griechen (Philosophie und Geschichte, Bd. 56). Tübingen.
Rosenkranz, Karl 1844: Georg Wilhelm Friedrich Hegels Leben. Berlin [Nachdr. Darmstadt 1977].
Rotenstreich, Nathan 1979: »Einleitung«. In: Mendelssohn, VII–XXVII.
Sandkaulen-Bock, Birgit 1990: Der Ausgang vom Unbedingten. Über den Anfang in der Philosophie Schellings. Göttingen.
Scholtz, Gunter 1984: Die Philosophie Schleiermachers. Darmstadt.
Scholtz, Gunter 1995: »Platonische Dialektik. Schleiermachers Interpretation und Rezeption von Platons Ideenlehre«. In: Ethik und Hermeneutik, Frankfurt a. M., 258–285.
Schrimpf, Gangolf 1965: »Des Menschen Seligkeit: ein Vergleich zwischen Plotins *Peri eudaimonias*, Meister Eckharts Buch der göttlichen Tröstungen und Fichtes Anweisung zum ewigen Leben«. In: K. Flasch (Hg.): Studien zur Philosophie Platons und zur Problemgeschichte des Platonismus. Frankfurt a. M., 431–454.
Strack, Friedrich 1976: Ästhetik und Freiheit. Hölderlins Idee von Schönheit, Sittlichkeit und Geschichte in der Frühzeit. Tübingen.
Szlezák, Thomas A. 1999: »Hegel über Platon. Zum Platon-Kapitel der *Vorlesungen über die Geschichte der Philosophie*«. In: Perspektiven der Philosophie 25, 187–224.
Taver, Katja V. 1999: Johann Gottlieb Fichtes Wissenschaftslehre von 1810. Versuch einer Exegese. Amsterdam/Atlanta.
Theunissen, Michael 1980: Sein und Schein. Die kritische Funktion der Hegelschen Logik. Frankfurt a. M.
Tilliette, Xavier 1970: Schelling. Une philosophie en devenir. 2 Bde. Paris.
Tonelli, Giorgio 1967: »Kant und die antiken Skeptiker«. In: Studien zu Kants philosophischer Entwicklung. Hildesheim, 93–123.
Vieillard-Baron, Jean-Louis 1979: Platon et l'Idéalisme Allemand 1770–1830. Paris.
Vieillard-Baron, Jean-Louis 1988: Platonisme et interprétation de Platon a l'époque moderne. Paris.
Virmond, Wolfgang 1984: »Der fiktive Autor. Schleiermachers technische Interpretation der platonischen Dialoge (1804) als Vorstufe seiner Hallenser Hermeneutik«. In: Archivio di filosofia 52, 225–232.
Weidemann, Hermann 2001: »Kants Kritik am Eudaimonismus und die Platonische Ethik«. In: Kant-Studien 92, 19–37.
Wiehl, Reiner 1965: »Platos Ontologie in Hegels Logik des Seins«. In: Hegel-Studien 3, 157–180.

Thomas Leinkauf

78 Neukantianismus, Phänomenologie und Hermeneutik

Die neukantianische Platon-Lesart im ausgehenden 19. und ersten Drittel des 20. Jh.s ist ebenso berühmt wie berüchtigt. Sie bildet einen Kern der Platon-Renaissance um die Zeit der Wende ins 20. Jh. Diese Renaissance präsentiert sich als ein durchaus mehrdimensionales Phänomen. Namentlich drei aufeinander referierende Dimensionen kann man darin nach der Reihenfolge ihrer philosophischen Gewichtung unterscheiden. Statt nur Namen und Buchtitel aneinander zu reihen, soll diese Diskussion um Platon daher typisiert und nach *weltanschaulicher*, *systematisch-wissenschaftlicher* und *archäologischer* Lesart differenziert werden. Diesen Lesarten entsprechen jeweils *ideologische*, *apologetische* und *therapeutische* Forschungsmotive.

78.1 Die weltanschauliche Lesart Platons

Die von Klaus-Christian Köhnke für den Anfang der 80er Jahre des 19. Jh.s diagnostizierte »Wende zu Platon« in der akademischen, insbesondere neukantianischen Philosophie soll sich nicht zuletzt ideologisch-weltanschaulichen Motiven verdanken. Es ist vor allem Wilhelm Windelbands Sokrates- und Platon-Bild, das als Beleg dient für die These, dass man in Bismarck oder dem deutschen Kaiser eine würdige Nachfolge für die aus sokratischer Erneuerung rehabilitierte Herrschaft der Autorität der Vernunft sehen konnte (vgl. Köhnke 1986, 408 ff., bes. 426 f.). Mit dieser inzwischen vieldiskutierten These ist jedoch für das Verständnis des besagten Phänomens wohl nur wenig gewonnen. Denn Windelbands Platon-Lesart ist keineswegs charakteristisch für die Pointe der Platon-Renaissance im Neukantianismus, vor allem, weil mit ihr offenbar kaum philosophisch-systematische Ambitionen verbunden sind. Windelband ist als Philosophiehistoriker weniger an einem produktiven, das eigene Philosophieren fördernden Verständnis der platonischen Philosophie, sondern eigenem Bekunden nach vielmehr an der Person, dem Lehrer, dem Schriftsteller, dem Theologen, dem Sozialpolitiker oder sogar dem »Propheten« Platon interessiert (vgl. Windelband 1900). Es ist deshalb angemessen, wenn etwa Helmut Holzhey in einer jüngeren Darstellung zu »Platon im Neukantianismus«

(Holzhey 1997) diese Auslegungslinie nicht näher berücksichtigt.

Dennoch ist nicht zu übersehen, dass insbesondere Windelbands Lesart des platonischen Idealismus nicht ohne Folgen für das Platon-Bild der Jahrhundertwende geblieben ist. Dabei wird die zunächst eingenommene philosophiehistorische Distanz schließlich aufgegeben zugunsten eines energischen Plädoyers für die Erneuerung des »Platonismus als Form und Methode der Erkenntnis«. Ernst Horneffer, dem Verfasser einer Schrift über *Platon und die Philosophie der Gegenwart* aus dem Jahre 1920, die man dafür beispielhaft zitieren kann, geht es im Wesentlichen um die Wiederbelebung der persönlichen Attitüde in der platonischen Philosophie. »Führerschaft und Meisterschaft« gelten dabei als die Eckpunkte der Renaissance des Bildungsideals der Antike (Horneffer 1920, 88 ff., 121). Interessanter vielleicht als dieser Gedanke ist an Horneffer allerdings, dass er persönlich gewissermaßen zwischen den Stühlen sitzt: Einerseits ist er als Ehemann Hedwig Lotzes, der Enkelin Rudolph Hermann Lotzes, mit quasi familiären Banden in die eher systematisch-geltungstheoretische Lesart der platonischen Philosophie verstrickt; andererseits steht er als Göttinger Doktorand Ulrich von Wilamowitz-Moellendorffs im Dunstkreis einer mit nahezu päpstlicher Autorität wirkenden Platon-Philologie und sieht die von ihm eingeforderte »Leidenschaft« philosophiehistorischer Forschung ausgerechnet im Platon-Werk Erwin Rohdes (1898) realisiert. Dass solche Zwitterstellung problematisch sein kann, zeigt besonders seine Auseinandersetzung mit Vaihingers *Philosophie des Als-Ob* (1920). Horneffer hält Vaihingers Fiktionalismus für den Ausdruck eines »wiedererwachten Bedürfnisses« nach der platonischen Idee. Es stecke darin auch ein gutes Stück Verzweiflung, die »dem Positivismus der Tatsachen gegenüber die Idee um jeden Preis wieder zur Geltung« bringen und durchsetzen wolle – jedoch werde dabei »die ganze höhere Ideenwelt« bestenfalls noch »als Fiktion« zugelassen (Horneffer 1920, 52 und 84). So sei die Vaihinger'sche Philosophie der Fiktion insgesamt als Symptom einer defizitären Charakteristik der Kultur des 19. Jh.s aufschlussreich, denn sie lehre, was in Wahrheit Not tue: »die Rückkehr zur Realität der Idee, zum *Platonismus*« (ebd., 86).

Einen solchen Platonismus findet der Autor zu seiner Zeit nirgends realisiert. Vaihinger einerseits wird als Ausdruck der Krise gelesen, andererseits jedoch wird der jüngeren Forschung (zu der Vaihinger ja immerhin zählt) ein vor allem »produktives Verhältnis zu Platon« attestiert, in dem das platonische Gedankengut als »Bestätigung und Bewährung der gegenwärtigen philosophischen Aufgabe« ausgelegt wird. Wie er dabei allerdings »der modernen systematischen Philosophie an- und eingegliedert« wird, bleibt dem Autor dann insbesondere mit Blick auf einen anderen Neukantianer, Paul Natorp, jedoch suspekt (ebd., 119 f.). – Genau an dieser Stelle aber wird das Verständnis philosophiegeschichtlicher Aneignung, für welches Horneffer, der philosophisch sonst nicht weiter auffällig geworden ist, hier beispielhaft steht, in seiner Inkonsequenz deutlich: einerseits mag man bei der »rein historischen Betrachtung« nicht stehen bleiben, sondern möchte sie um die philosophische ergänzen; andererseits fürchtet man die systematisierende Lesart als Fehlerquelle, die den idealen Anspruch des antiken Vorbilds zu beschädigen droht. Einerseits weiß man, dass man der historischen Quelle ohne eine angemessene philosophische Frage keine Antwort entlocken wird; andererseits meint man, nur solche Fragen stellen zu sollen, die nicht primär von philosophisch-wissenschaftlicher, sondern eben von weltanschaulicher Bedeutung sind.

Wenn Köhnke also die »Wende zu Platon« in weltanschaulichen Motiven begründet findet, so referiert er damit tatsächlich eine Lesart, die noch weit bis ins 20. Jh. hinein einschlägig ist. Explizit *philosophische* Motive einer solchen Wende werden damit aber nicht beschrieben, weil Philosophie sich auch im Kaiserreich gewiss nicht im Kommentieren der politischen Verhältnisse erschöpft, wie Köhnke dies manchmal suggeriert. Das weltanschauliche Motiv einer Wende zum platonischen Idealismus stellt deshalb ein philosophisch eher marginales Phänomen dar. Als aufschlussreicher erweist sich die Gegenüberstellung und Gewichtung der beiden weiteren genannten Platon-Lesarten, die gewiss scharf voneinander unterscheidbar sind, die gleichwohl beide darin übereinkommen, sich gegen die weltanschauliche Lesart auszusprechen, um stattdessen ein Verständnis streng philosophischer Observanz zu empfehlen: die neukantianische und die phänomenologisch-hermeneutische. Die eine darf wohl unter dem Stichwort systematisch-wissenschaftlicher, die andere vielleicht unter dem einer archäologischen Lesart Platons firmieren.

78.2 Die systematisch-wissenschaftliche Lesart Platons: Neukantianismus

Bis Mitte der 20er Jahre des 20. Jh.s war man weithin überzeugt davon, es sei vor allem Kant selbst gewesen, der dem Platonismus einen respektablen systematischen Platz im neuzeitlich-abendländischen Denken wiederverschafft habe. So spricht etwa Richard Kroner wie selbstverständlich von Kant als dem »Erneuerer der platonischen Philosophie«, welcher »zuerst dem deutschen Denken wieder die Richtung auf das von Plato entdeckte Reich der Ideen gab« (Kroner 1921, 36). Und auch Max Wundt erkennt 1924 in der Philosophie Kants ausdrücklich eine »Erneuerung« des Platonismus (Wundt 1924, 428 f.). Derartige Urteile sind aber offenbar bereits als Reflex auf die inzwischen etablierte systematisierende Auslegungslinie der neukantianischen Tradition, und hier insbesondere der Marburger Schule, zu verstehen – zumal man entgegen der zitierten Auffassung auch vermuten darf, dass Kant selbst in Wahrheit eine vergleichsweise bescheidene Kenntnis der platonischen Philosophie besaß, und dass er in Platon eher einen »Schwärmer« sah (Bubner 1992, 90), der so ohne weiteres nicht zu rehabilitieren war, mit dessen vermeintlicher Metaphysik man sich jedoch prinzipiell auseinanderzusetzen hatte (vgl. Patt 1997). Nun muss man allerdings hinzufügen, dass es sich dabei nur um jenen Platon handeln konnte, den man noch gegen Ende des 18. Jh.s zu kennen meinte: um einen Platon, der entschieden im Schatten des Neuplatonismus stand, in dessen Werk man einseitig das Moment der Jenseitigkeit, der »Fremdheit des Geistes in der Welt«, wie Dilthey (1970, 59) es nennt, verschärft hatte, und der zu allem Überfluss in erheblichem Umfang mit christlichem Gedankengut kontaminiert war.

Eine ausdrücklich philosophierende Aneignung des platonischen Werkes war daher erst mit Schleiermacher im Anfang des 19. Jh.s wieder möglich geworden (vgl. Jaeger 1954, 131). Dabei war es vor allem die systematische Intention Schleiermachers, die diese Entwicklung forcierte. Dilthey hat das später so formuliert: Stets war Schleiermacher beherrscht von dem »Grundgedanken, dass die Welt ein systematischer Zusammenhang sei, dessen Erkenntnis ein alle Erscheinungen logisch gliederndes System fordere« (Dilthey 1970, 43). Einen solchen Zusammenhang suchte er bereits bei Platon. Was Kant für die Philosophie im Allgemeinen festgehalten hatte: Dass man nicht sie, sondern allenfalls das Philosophieren lernen könne, meinte Schleiermacher auf die Arbeit mit Platon übertragen zu können, so dass das dialektische Philosophieren selbst zum Lektüreziel des Werkes erklärt wird. Dazu gehörte zunächst auch und wesentlich die Eliminierung einiger der aufdringlichsten spekulativen Gedanken, die sich aus der Tradition heraus verdunkelnd auf die Texte gelegt hatten. An erster Stelle ist dabei an die neuplatonische These von einer angeblichen »Geheimlehre in Platon« gedacht (vgl. Schleiermacher 1855, bes. 11 ff.).

Nun ist es wohl mehr als eine historische Marginalie, dass das Wiederaufleben der Diskussion um die ungeschriebene Lehre zu Anfang des 20. Jh.s in den Arbeiten Léon Robins (1908) und Julius Stenzels (1917) ausgerechnet in deren Auseinandersetzung mit der Platon-Interpretation des Neukantianers Paul Natorp auszumachen ist. Das ist zunächst verständlich, da die Natorp'sche Lesart offenbar einen Grundgedanken der Esoterik-Lehre stützte: den einer »geheimen«, die scheinbar ungeordnet vorliegenden Dialoge durchherrschenden Systematik – nur dass Natorp diese Lehre weder für »ungeschrieben« noch für geheim hielt (vgl. Lembeck 1994, 243 ff.). Dieser Problemkomplex wäre hier nun vielleicht weniger bedeutsam, würde nicht die Thematik des ›Ungeschriebenen‹ am Ende der Entwicklung der Platon-Rezeption im ersten Drittel des 20. Jh.s im ›Ungesagten der hermeneutischen Situation‹ des Philosophierens gewissermaßen wieder auftauchen und ein ganz anderes Licht werfen auf den explizit *philosophischen* Anspruch an den Versuch einer historischen Aufarbeitung der Geschichte des Philosophierens.

Die Neukantianer namentlich der Marburger Tradition sind nun vor allem für ihren systematisierenden Anspruch gegenüber der Philosophiegeschichte bekannt. Nicht allein Platon, sondern auch andere maßgebende Gestalten der Geschichte des philosophischen Idealismus – so vor allem Descartes oder Leibniz – wurden als Zeugen eines Philosophierens gelesen, das mit nahezu unausweichlicher Konsequenz auf die kantische Transzendentalphilosophie hinauslief. Die Rekonstruktion eines vermeintlich »urkundlichen« Kant war daher mit einer Neubelebung auch des platonischen Denkens verbunden. Spätestens seit Hermann Cohens erstem Kant-Buch (Cohen 1871) war man sich darin einig, die Entwicklung der systematischen Philosophie stets unter »Kontrolle und Rechtfertigung vor der Geschichte« (Görland 1912, 223) betreiben zu wollen. Auch wenn etwa Cohen, als Begründer der Marburger Schule, keine Monographie zu Platon geschrieben hat, so sind seine ebenso umfang- wie einflussreichen Werke doch durchweg mit Bezügen zur platonischen Philosophie durchwirkt. Nirgends jedoch werden dabei historische oder philologische Ansprüche vertreten, sondern stets dominiert die »operative Perspektive« (Ollig 1979, 50), die lediglich eigene systematische Thesen in der Autorität eines Platon zu gründen suchte (vgl. Lembeck 1994, 15 ff.).

Ganz anders lagen die Verhältnisse bei Cohens Kollegen Natorp. Als Schüler des Bonner Altphilologen Hermann Usener hat er nicht allein die philosophische, sondern auch die altphilologische Diskussion um Platons Werk – z. B. im Streit um eine korrekte Bestimmung der Chronologie der platonischen Dialoge – wesentlich mitbestimmt. Natorps Umgang mit der platonischen Philosophie ist nach Niveau und Gründlichkeit im Vergleich zu neukantianischen Zeitgenossen unübertroffen – wie sogar einer seiner schärfsten Kritiker, Hans-Georg Gadamer, zugeben muss (vgl. Gadamer 1985a, 228).

Entscheidend ist hier die philosophische »Ernsthaftigkeit« (Gadamer 1985b, 91), mit der Platons Werk von Natorp rezipiert wird. Platon wird das Verdienst zugeschrieben, die Grundfragen der neuzeitlichen Philosophie in unnachahmlicher Präzision vorformuliert zu haben, indem er die allgemeinsten Bedingungen der Erkenntnis – bereits ganz im Sinne der transzendentallogischen Ambitionen Kants – als Voraussetzungen für die Konstitution des konkreten Seins benannte. Es ging dabei um die Ausbildung des philosophischen Systems nach zwei Seiten hin: nach der Seite einer »letzten Verallgemeinerung des Problems des Logischen« und zugleich nach der einer »Zuspitzung auf die Frage des Individuellen« hin (Natorp 1918, 428). In seinem Buch *Platos Ideenlehre* von 1903, dem maßgeblichen Werk Natorps, in welchem die neukantianische Lesart Platons nachhaltig pointiert wird, wird Platon – in der Tradition Cohens – vor allem als Erfahrungstheoretiker gelesen. Die wesentlichen Indizien dafür werden in den Spätdialogen gefunden. Ohnehin wird die Auslegungslinie der Neukantianer vom Versuch einer allgemeinen Bestimmung der logischen Funktion der Ideen dominiert, wobei es namentlich um eine Verhältnisklärung dieser logischen Funktion zur Erkenntnis der phänomenalen Welt geht. Denn wenn die Ideenlehre, so war man überzeugt, den Konstitutionsgedanken nicht zu begründen vermöchte, so könne sie auch zu nichts anderem dienen (Natorp 1903, 234).

Es sind insbes. die Dialoge *Parmenides*, *Sophistes* und *Philebos*, die sich für eine solche logisch-epistemologische Interpretation anbieten. Die von Platon im *Parmenides* diskutierten Hypothesen zum Verhältnis des Einen zum Nicht-Einen, der Einheit zur Vielheit, belegen nach Natorp die notwendige Beziehungsgemeinschaft der kategorialen Grundbegriffe des Denkens als Ermöglichungsbedingung für das prädizierende Urteil. Interpretiert Natorp in diesem Zusammenhang »das Eine« als Ausdruck der Denkfunktion der synthetischen Einheit, so »das Nicht-Eine« als den prinzipiell unbegrenzten Fundus relationaler Bestimmungen (vgl. ebd., 238 ff.). Prädizierendes Urteilen besagt demnach: die Einheitsforderung durch eine Begrenzung des seiner Natur nach Unbegrenzten approximativ einzulösen.

Auf dieser Reflexionsgrundlage entwickelt der *Sophistes* laut Natorp nun eine ganz neue Logik als »allgemeine Theorie der Prädikation« (ebd., 285 ff.). Denn im Abschnitt über die *Koinonie* der Begriffe, über ihre ursprünglichen Verflechtungsformen und Verknüpfungsarten, steht angeblich nichts Geringeres zur Debatte als das »Problem der Kategorien« (ebd., 287). Belegt somit der *Sophistes* die transzendentalphilosophische Synthesis-These vom »Denken als Beziehen« und begründet damit den prozessualen Charakter des Denkens überhaupt, so ergänzt der *Philebos* diesen Gedanken schließlich in »empirisch-wissenschaftliche[r] Richtung« (ebd., 301). Die ontologische Bedeutung der Ideenlehre wird damit vollständig zugunsten ihrer epistemologischen und wissenschaftstheoretischen Bedeutung verabschiedet. Die Einsicht in die ursprüngliche Korrelation des Unbestimmten und seiner Bestimmung wird als Forschungsanweisung lesbar. Die einzelwissenschaftliche Erkenntnis beschreibt danach einen Weg zunehmender Spezifikation und die damit verbundene approximative Annäherung an den Erfahrungsgegenstand.

Doch nun wird diese Wegbeschreibung auch für die Philosophie leitend. Die philosophische Erkenntnis geht denselben Weg wie die Wissenschaft – nur in die umgekehrte Richtung. Die Bestimmungsfunktion der Vernunft soll zurückgeführt werden auf ihre letzte logische Einheit, auf das Gesetz des Logischen selbst, das aber im Wesentlichen die Form der Denkbewegung in jene beiden besagten Richtungen hin beschreibt (vgl. Natorp 1911, 45 und 1921, 15). Dieses Gesetz bedeutet nun vor allem, dass Erkenntnis, nach der »modernen Einsicht Platons«, zuletzt auf das dynamische Verhältnis von *symplokê* und *dihairesis* als die Grundbegriffe des Denkens zurückzuführen und also darin auch zu begründen sei (Natorp 1912, 77).

Bei all dem ist nun besonders bemerkenswert, dass Natorps systematisierende Aneignung der Spätphilosophie Platons, die sehr prinzipielle Probleme des Logischen mit einer Zuspitzung auf die Frage nach dem Individuellen zusammen bindet, genau dort ihren Höhepunkt findet, wo es im Kern um die eher allgemein wirkende Frage geht, was eigentlich ein Philosoph sei (so eben lautet die Ausgangsfrage im *Sophistes*), namentlich was ein solcher eigentlich tue, sofern er philosophiere. Dies wiederum wird bei Platon *ex negativo* entwickelt, nämlich anhand der Explikation dessen, was ein Sophist sei, insofern dieser ausdrücklich als *Nicht-Philosoph* verstanden werden dürfe. Solche Explikation führt im Zusammenhang mit den *Fragen nach Sein und Nicht-Sein* über die Diskussion einer Kategorienlehre hin auf das ›Gesetz‹ der Erkenntnis. Philosophieren heißt nun, sich um das Ursprungs- und Geltungsproblem der Erkenntnis zu bemühen, indem der Konstitutionsprozess des Seins auf »immer fundamentalere Voraussetzungen« zurückgeführt wird. Diese werden schließlich in jenem ›Gesetz‹ des Denkens zusammengefasst, demzufolge es sich bei jeder vermeintlichen Seinserkenntnis nur um ein dynamisches, uneinholbares Beziehungsgeschehen im Bewusstsein handelt. So wird das »Gesetz des Denkens« in einem dialektischen Prozess gegründet und dabei selbst als ein lebendiges Geschehen verstanden, das seine spezifisch wissenschaftliche Beschreibung bei Natorp dann auch nicht allein in der Logik, sondern darüber hinaus in der Psychologie als einer Wissenschaft vom Denk*vollzug* finden soll (Natorp 1912).

Die Bestimmung der nicht-philosophischen Attitüde des Sophisten sowie der Ausweis der seins-konstitutiven Funktion des Erkenntnisprozesses werden nun ihrerseits notwendig *philosophierend* vorgenommen. Und dies gilt ebenso für den Natorp'schen Nach-Vollzug wie für den platonischen Ur-Vollzug des Philosophierens selber. Ist also das Philosophieren als wissenschaftliches Erkenntnisstreben ein lebendiges Geschehen im Subjekt – so ist offenbar dieses Subjekt dasjenige, in *welchem Philosophie sich ereignet*. Alfred Görlands bekannter, ebenso plakativ wie bescheiden anmutender Satz, dass der Philosoph »nichts als der Ort sei, an dem die Philosophie vonstatten« gehe (Görland 1909, 395), kann so gesehen auch als eine die eigentliche Pointe eher verschüttende denn bezeichnende Äußerung verstanden werden. Denn vielleicht diskutiert der *Sophistes*-Dialog gerade deshalb auch die Frage der Differenz zwischen dem Sophisten als dem Nicht-Philosophen und dem eigentlichen Philosophen, um am Ende auf diese Weise die Frage nach dem *Was* der Philosophie vom Modus ihres subjektiven Vollzugs her, von ihrem *Wie* her zu klären.

Diese Deutung ist dem logizistischen Ansatz der neukantianischen Lesart Platons allerdings nicht ohne weiteres eigen, sondern wird erst dort virulent, wo die Epistemologie der Neukantianer mit der nahezu parallel sich entwickelnden phänomenologischen Philosophie konfrontiert wird. Und dies ereignet sich, was die Platon-Rezeption anbelangt, in erster Linie im Werk Martin Heideggers.

78.3 Die ›archäologische‹ Lesart Platons: Phänomenologie und Hermeneutik

Die Platon-Rezeption in phänomenologischer (und hermeneutischer) Tradition ist zu erheblichen Teilen von der neukantianischen Interpretation beeinflusst. Damit ist allerdings weniger der vermeintliche Platonismus der phänomenologischen »Wesensforschung« gemeint, wie sie vor allem im Werk Edmund Husserls ausgebildet wird (vgl. die Lesarten bei Natorp 1912, 288 f. oder Troeltsch 1925, 657 f.). Denn Husserl ist allenfalls in einem sehr vagen Sinne an platonischen Konzepten orientiert, die sich ihm zufolge ohnehin nur in philosophiehistorischer »Dichtung« überliefern (Husserl 1976, 511 f.; vgl. Lembeck 1988, 168 f. und 2004). Es ist vielmehr vor allem die Methode der »Destruktion«, wie sie in der Phänomenologie Heideggers als philosophiehistorische Archäologie entwickelt und auf Platon angewendet wird, die eine kritische Auseinandersetzung mit den Neukantianern herausfordert.

Charakteristisch für diese Herausforderung ist bereits ein sehr frühes Dokument der phänomenologischen Platon-Lesart. Heidegger hielt im Wintersemester 1924/25, also nur wenige Wochen nach Natorps Tod, als junger Extraordinarius in Marburg eine Platon-Vorlesung zur phänomenologischen Interpretation des *Sophistes*-Dialogs. Er schickt dem Vortrag einen Nachruf auf Natorp voraus. Darin lobt er insbesondere das »Niveau des philosophischen Verstehens«, das in dessen Platon-Forschung herrsche, aber er merkt auch deren »beispiellose Einseitigkeit« an, ohne diese jedoch näher zu bestimmen (Heidegger 1992a, 1 ff.). Während der folgenden, umfangreichen Vorlesung selbst fällt hingegen der Name Natorps kein einziges Mal mehr. Weil aber auch sonst die Forschungsliteratur kaum berücksichtigt wird, muss das noch nichts besagen. Dennoch ist es völlig klar, dass Heidegger in dieser Vorlesung (gewissermaßen anonym) auch mit Formen der Platon-Aneignung à la Natorp abrechnet. Denn an anderer Stelle, in noch früheren Freiburger Vorlesungen, ist diese Anonymität längst gelüftet. So wird man etwa die folgenden Sätze aus der *Ontologie-Vorlesung* aus dem Sommersemester 1923 insbesondere auf das neukantianische Philosophieren beziehen dürfen: »Die Tendenz der heutigen Philosophie [kann] als ›Platonismus der Barbarisch‹ bezeichnet [werden]; barbarisch, weil ihr der eigentliche Wurzelboden Platos fehlt. Für die Art des Fragens, der Ansatzbildung und des Erkenntnisanspruchs ist die ursprüngliche Situation längst aufgegeben und nie wieder erreichbar« (Heidegger 1995, 43). Was ist nun an der systematisierenden Auslegung der Neukantianer barbarisch? Es ist hier so, wie es eben ist mit den Barbaren: sie bleiben den Heimischen fremd, weil sie nicht deren Sprache sprechen, sondern – bestenfalls – ihre eigene. Dabei ist von den Problemen mit der Sprache der Philosophie die Rede, namentlich mit der im Neukantianismus dominierenden Sprache der philosophischen Theorie: sie, so die These, amputiert das platonische Philosophieren.

Heidegger selbst liest die platonische Philosophie daher nicht als einen (womöglich defizitären) theoretischen Entwurf, sondern als lebendiges Zeugnis einer Philosophie im Vollzug. Freilich muss solche Lebendigkeit erst rekonstruiert werden – und zwar »im Ausgang von Aristoteles« (vgl. Heidegger 1992a, 21–188). Heidegger erkennt in Aristoteles' Philosophie eine elaborierte Variante des platonischen Denkens, die das ursprüngliche Philosophieren Platons über das Seinsproblem auf den theoretischen Begriff gebracht hat – und die auf diese Weise jener Tendenz den Weg erst bahnt, die eine systematische Auslegung Platons à la Natorp schließlich möglich machte; freilich damit eben einer Tendenz, die ›barbarisch‹ den eigentlichen Boden des platonischen Philosophierens verfehlt. Als dafür beispielhaft wird die aristotelische Tugendlehre aus der *Nikomachischen Ethik* analysiert. Die Tugenden werden dort, so Heidegger, als paradigmatische »Verhaltensweisen« zu Korrelaten spezifischer Lebens- und Wirklichkeitsbereiche erklärt. Damit aber wird eine faktisch begegnende Verhaltensweise gegenüber der Lebenswelt zu einem Gegenstand der Theorie, einem Gegenstand des Erkennens verkürzt.

Dieses Theoretisierungsmotiv ist erklärbar, und es bildet für Heidegger bekanntlich auch den Kern der später als »Skandal« bezeichneten Dominanz der Erkenntnistheorie im Diskurs der gegenwärtigen Philosophie (vgl. Lembeck 1996). Diese hält die theoretische Erkenntnis irrtümlich für ein ursprüngliches Phänomen. Dieser Irrtum wird verständlich, wenn man sieht, dass er sein Motiv in einer Erfahrung des faktischen Lebens selbst hat, wonach das Wissen und die Erkenntnisse, auf denen es vermeintlich basiert, prinzipiell unsicher sind. In jeder Erkenntnis aber liegt die Tendenz auf Gültigkeit und Verlässlichkeit. Von daher ist die Aufgabe einer Sicherung der Erkenntnis motiviert. Mit dem Versuch jedoch, das Erkennen selbst in seiner universalen Leistung zu begründen, wird in eins die Vorherrschaft des theoretischen Bewusstseins begründet (Heidegger 2007, 141 und 1999, 87 ff.). Nach Heidegger macht es sich diese Tradition jedoch zu leicht (Heidegger 1994, 91, 108 ff.), wenn sie glaubt, die Einstellung theoretischer Unbetroffenheit sei der Welt gegenüber adäquat. Sie unterschlägt dabei, dass die Probleme mit der Unzulänglichkeit des Erkennens sich erst aus der Erfahrung des faktischen Lebens selbst her motivieren, aus dem »selbstweltlichen« Vollzug. Die theoretische Einstellung ist also deshalb zu ›leicht‹, weil sie das ursprüngliche Motiv, die selbstweltliche Verunsicherung, die zur Theorie führte, ausblendet und damit ihre eigenen Ursprünge verschüttet (Heidegger 2007, 142). Theorie tendiert zur Fest-stellung des Lebens, sie »entlebt« das Erlebnis (Heidegger 1992b, 77). Sie für das philosophische Fragen kopieren zu wollen, hieße demnach, das ursprüngliche Bekümmerungsmotiv, aus dem Philosophie erwächst, zu verabschieden (Heidegger 1994, 46).

Diese Thesen werden von Heidegger bereits in seinen frühen Freiburger Vorlesungen entwickelt. Sie fließen auch in die Platon-Auslegung ein und machen deren Eigenart erst verständlich. Schon die Aristoteles-Interpretation betont diesen Horizont einer theoretisierenden Verarmung des menschlichen Sein-Verhältnisses – und damit des eigentlichen Sujets des Philosophierens. Dabei ist es nicht so, dass Aristoteles sich hier einfach geirrt hätte, vielmehr ist, »was Aristoteles sagt, [genau] das, was ihm Platon an die Hand gab, nur radikaler, wissenschaftlicher ausgebildet« (Heidegger 1992a, 11 f.). Deshalb gibt es

> kein wissenschaftliches Verständnis, d. h. historisches Zurückgehen zu Plato ohne Durchgehen durch Aristoteles. Aristoteles sperrt gleichsam jeden Zugang zu Plato. Das ist eine Selbstverständlichkeit, wenn wir uns darauf besinnen, dass wir immer aus dem Späteren kommen und als Spätere rückwärts gehen zu den Früheren und dass es auf dem Felde grundsätzlicher philosophischer Betrachtung keine Beliebigkeit gibt (ebd., 189).

Denn als Spätere sind wir selbst aus aristotelischer Tradition in die Situation der theoretischen Restriktion gestellt. Philosophiehistorische Destruktion tut daher Not, die die »Vergangenheit für uns frei« macht, sie aus der Tradition löst, um sie ursprünglich zu »wiederholen« (ebd., 413).

Auch die *Sophistes*-Interpretation Heideggers ist daher entsprechend destruktiv angelegt (vgl. dazu die Analyse bei Brach 1996, bes. 28 ff., 250 ff.). Zunächst steht die sachliche Thematik, die Dialektik von Sein und Nichtsein, zur Debatte. Dabei ist für Heidegger nicht unerheblich, dass diese Debatte im Kontext der Ausgangsfrage nach dem Verhältnis des Sophisten zum Philosophen aufkommt. Der Sophist, so Heidegger, wirkt in seinem diskursiven Verhalten eigentlich wie der personifizierte Widerspruch (Heidegger 1992a, 396). Er spielt gleichermaßen mit dem Sein wie mit dem Nichtsein, so als ob der Satz des Parmenides nichts bedeute. Was dieser in der Theorie behauptet, dass das Nichtsein eben nicht sein könne, wird durch die Faktizität der Negation in der Person des Sophisten in Frage gestellt. Eine Aporie tut sich auf, die nach Lösung verlangt. Der sich anschließende Versuch einer Verabschiedung der parmenideischen Thesen führt jedoch in die andere Aporie einer nunmehr vollständigen Disjunktion von *stasis* und *dynamis*, von Ruhe und Bewegung. Beide Aporien bilden den Ausgangspunkt der nachfolgenden Diskussionen.

Die erste Aporie wird in dieser Diskussion wie folgt aufgelöst: Wenn die Verteidiger des Parmenides die alleinige Existenz des Seins behaupten und das Sein des Nichtseins leugnen, dann müssen sie also zugeben, dass der *Logos*, in dem diese These ausgesprochen ist, ebenfalls irgendwie *ist*. Eine These aber ist wesentlich Geltung. Damit, so Heidegger, beruft sich Platon bereits implizit auf eine Differenz zwischen Geltung und Sein (oder mit Heidegger: auf die ontologische Differenz; Heidegger 1992a, 467). Auch die zweite Aporie, die Disjunktion von Bewegung und Ruhe betreffend, wird durch die Annahme eines »dritten Seins« »in der Seele« aufgelöst – eines Dritten, das Heidegger zufolge wiederum die Geltung der Begriffe repräsentiert. Mit beiden Annahmen ist ihm zufolge nun jedoch der Übergang von einer ontologischen zu einer *logischen* Untersuchung vollzogen. Darum geht es in den folgenden Teilen des Dialogs dann auch nur noch um begriffslogische Überlegungen.

Es ist klar, dass in Heideggers Augen mit diesem Kunstgriff jene philosophische Grundposition bereits bezogen worden ist, die dann die abendländische Philosophie bis in die Gegenwart hinein dominiert und die in der Gestalt der Transzendentalphilosophie kulminiert. Denn dieser nunmehr möglich gewordenen Grundposition zufolge zeichnet sich das Denken wesentlich darin aus, den Repräsentanten des Seins im Denken mit dem seienden Sein zu identifizieren. Der dadurch ermöglichte und qualifizierte Logos kann nun legitim sich selbst und die Welt als Strukturmannigfaltigkeit bestimmen. Es wird damit auch eine Kohärenztheorie der Wahrheit möglich, in der mit der Korrespondenztheorie zugleich der Gedanke eines selbständigen Seins zurückgedrängt wird. Darin erblickt Heidegger die Ähnlichkeit von platonischer Metaphysik und neukantianischer Transzendentalphilosophie, die beide eine Theorie der Verbindung von Sein und Denken liefern, und die beide die Strukturidentität von Sein und Denken auf ein Moment zurückführen, in dem die formale Dominanz des Denkens seine Begründung erfährt. Dabei gerät jedoch das unmittelbare Erleben selbst unter die Verfügungsgewalt eines Denkens, das sich jenes nur als vergegenständlichtes Sein im Erkenntnisprozess vorstellen kann.

Diese Philosophie *verbirgt* daher das Sein zugunsten der Eröffnung der Möglichkeit, über die Welt nachdenken zu können. Dies ist eine Grundentscheidung, die, einmal getroffen, nicht ohne weiteres rückgängig zu machen ist. Heidegger sieht das Verdienst seiner Interpretation dieser Zusammenhänge in deren Offenlegung als »formaler Anzeige« einer hermeneutischen Situation, die dadurch gekennzeichnet ist, dass Platon in ihr nach der Philosophie *fragt*. Im Modus der Frage liegt denn auch der Nukleus für die Umwandlung der Philosophie zur Wissenschaft bei Aristoteles. In Aristoteles wird explizit *thematisch*, was sich in Platons Philosophieren ursprünglich nur *ereignete*. Nur von Aristoteles her ist sonach der platonisch »erste Anfang« der Philosophie in einem »anderen Anfang« zu »wiederholen« (vgl. Brach 1996, bes. 253).

Damit ergibt sich für Heidegger die Aufgabe der philosophiehistorischen Destruktion des platonischen Philosophierens im Sinne einer »doppelten Re-vitalisierung« (ebd., 256). Die erste Stufe führt auf die Feststellung eines Objekts der Philosophie, das prinzipiell die Frage zulässt, was es sei. Dies ist Thema der Wiederaneignung der aristotelischen Philosophie. Die zweite Stufe befragt diese erste Stufe auf ihre ehemalige »Ent-lebungsleistung« hin: sie führt auf Platon zurück, dem sich das Philosophieren als ein Grundgeschehen zueignete, *in* dem er in ihm stehend *über* es sprach. Es wird in der Interpretation jene Lebenssituation »wiederholt« resp. »angezeigt«, in der eine solche Was-Frage nach Philosophie möglich wurde und in der ein Verhalten zum Sein in eine Entscheidung gestellt wird, die dann zugunsten der Vergegenständlichung des Seins getroffen wird. Will die gegenwärtige Philosophie diese Wiederholung leisten, muss sie die herrschende Logozentrik (d. h. die eigene hermeneutische Situation) mit bedenken und ihre eigene Theoriekontaminiertheit dadurch zu überwinden suchen, dass sie dasjenige, das sich im Theoretischen dem Zugriff entzieht, also dasjenige, was nicht explizit im platonischen

Text steht, als ein »Ungesagtes« herausstellt, indem sie es »formal anzeigt«. Das Ungesagte ist dabei das noch nicht zur Sprache gekommene Erleben in der hermeneutischen Situation, die den Begriff als situationsgebundenen »Vorgriff« auf die Weltgegenstände aus sich entlässt. Ziel der destruierenden Lesart Platons ist demnach die Anzeige dieser vorgriffskonstituierenden Situation (Heidegger 2007, 34 f.).

Was somit bereits in den frühen Freiburger Vorlesungen mit direktem Bezug u. a. auf die Philosophie Natorps als Therapeutikum der hermeneutischen Situation der Gegenwart vorgeschlagen wird, wird ansatzweise dann im Vollzug der Destruktion der antiken Philosophiegeschichte durchgeführt. Ziel dieses archäologischen Verfahrens ist nicht primär die Kritik an der defizitären Lage der Philosophie durch Identifikation von vermeintlich ›Schuldigen‹. Nach Heidegger wird allenfalls verständlich, wieso es noch immer möglich ist, eine »prophetische Philosophie« zu propagieren, oder dagegen eine vermeintlich »wissenschaftliche Philosophie« zu setzen – woher also weltanschauliche und systematisierende Lesart motiviert sind. Denn in beiden Fällen wird die Philosophie auf kurzem Wege vergegenständlicht und damit ›leicht‹ gemacht. Der Weg jedoch, den noch die Griechen gingen, der schwerere Weg also, wird vermieden: »durch das Philosophieren selbst zur Philosophie zu kommen« (Heidegger 1992a, 155 ff.). Ihn wenigstens durch Freilegung sichtbar zu machen, ist darum Aufgabe der phänomenologischen Destruktion.

Heideggers Fundamentalkritik an der neukantianischen Platon-Auslegung wird von seinem Schüler Hans-Georg Gadamer geteilt; ebenso fließen die Prinzipien der philosophiegeschichtlichen Destruktion – durch Aristoteles hindurch zurück zu Platon – in dessen Arbeiten zur griechischen Philosophie ein. So beschreibt Gadamer die Aufgabe der Interpretation, sie habe »innerhalb der platonischen Sprachgebung auch jene Sinntendenzen auszuarbeiten, die sich dem begrifflichen Maßstab des Aristoteles entzogen«, um dabei jenseits des Begrifflichen »auf die sich gleichbleibende Sachanschauung« zurückzukommen, »die Plato allerorten mit Aristoteles zusammenrückt« (Gadamer 1985a, 13). Es ist allerdings aufschlussreich, dass Gadamer diese ›formale Anzeige‹, die die Platon-, aber auch die Aristoteles-Lesart seines Lehrers zu evozieren sucht, nicht als deiktische Geste, sondern geradezu als eine normative Anweisung versteht: »Das ist ein Aristoteles«, heißt es etwa noch in seinen *Erinnerungen*, dessen Sprache »als formale Anzeige befolgt [!] werden will« (Gadamer 1995, 19).

Gadamers spätere Sympathie für die These von einer »ungeschriebenen Lehre« Platons (vgl. Gadamer 1985b, 129 ff.) kann sich nun allerdings auf die sinnarchäologischen Ursprungsanalysen à la Heidegger gerade nicht berufen. Denn es ist klar, dass dessen formal anzeigende ›Freilegung‹ eines »Ungesagten« im platonischen Philosophieren etwas ganz anderes behauptet, als die Existenz einer esoterischen Lehre Platons. Sie behauptet geradezu das Gegenteil: nämlich den Ereignis- und Anspruchscharakter der Philosophie, der mit dem systematischen Entwurf womöglich gar im Rahmen einer ›Lehre‹ bloß verschüttet wird. Es ist also ein den Prozess des Philosophierens verstellendes Unternehmen, das wir in einer systematisierenden Lesart à la Natorp, aber auch in der Fraktion der ›Esoterik-Befürworter‹ vorfinden.

Was von Heidegger hier als prinzipielles Verdikt gegen die Neukantianer eingewandt worden war, wurde von Gadamer später in »falschen Fragestellungen« wiedergefunden, die jene an die historischen Texte heranzutragen pflegten und die dann zu »Scheinproblemen« führten (Gadamer 1991, 337). Zu diesen Irrtümern zählte natürlich in erster Linie der Versuch, die Philosophie in methodischer Abhängigkeit vom »Faktum der Wissenschaft« zu verstehen, da eben darin der Primat der theoretischen Weltbegegnung nur befestigt wurde. Es folgten in Konsequenz daraus »falsche Modernismen« (ebd., 142) auch in der problemgeschichtlichen Auslegung der antiken Philosophie; so am bekanntesten die Identifikation der platonischen Idee als Hypothesis mit dem Naturgesetz. In diesem Manko soll schließlich auch der »uneingestandene Hegelianismus« des Neukantianismus zum Ausdruck kommen, da Hegel in dieser Identifizierung von Idee und Gesetz bei Platon vorangegangen sei.

Gadamers Kritik erscheint hier jedoch problematisch (vgl. Lembeck 1994, 59, 94 ff.). Selbstverständlich ist die Hypothesis bei Platon auch nach neukantianischer Auffassung keine Annahme, die *in der Erfahrung* bewährbar wäre, wie dies für den Begriff der Hypothese im Sinne der Naturwissenschaft gilt. Vielmehr unterliegt sie ausschließlich einer Prüfung an ihren *logischen Folgen*, die die innere Konsistenz eines Argumentationszusammenhangs garantiert. Die neukantianischen Platon-Leser behaupten nichts anderes. Noch der von Gadamer so geschätzte ›Metakritische Anhang‹ Natorps zur zweiten Auflage des *Platon-Buches* von 1921 bringt das wiederholt klar zum Ausdruck (Natorp 1921, 469 f.). Das verwundert auch nicht, ist doch der transzendentale Idealismus der Marburger gewiss nicht kompatibel mit der gleichzeitigen Berufung auf die vermeintlich begründungstheoretische Funktion der empirischen Erfahrung. Ebenso schwer nachvollziehbar ist die im selben Zusammenhang aufgestellte Behauptung Gadamers, es sei ein typisch neukantianischer Fehler, »das entscheidende Problem der platonischen Ideenlehre, verführt durch Aristoteles [!], in der Teilhabe des einzelnen an der Idee« zu sehen, obwohl doch »[d]er alleinige Sinn des Problems der *Methexis* [...] in dem Verhältnis der Ideen zueinander besteht« (Gadamer 1991, 438). Natorps Lehre vom Ideen-Relationismus behauptet jedoch gar nichts anderes.

Auf der anderen Seite betont Gadamer seine Nähe zum späten Natorp der *Allgemeinen Logik* und des ›Metakritischen Anhangs‹, der die frühere Unterscheidung des Logikers von dem Mystiker Platon jedenfalls teilweise zurücknahm. Zu ergänzen ist, dass auch die *Philosophische Systematik* (Natorp 1958), die Gadamer als Vorlesung in den Sommersemestern 1922 und 1923 in Marburg kennen gelernt hatte, die ihm unsympathische logizistische Verengung des Philosophierens bereits zugunsten seinsmetaphysischer Meditationen zu überwinden begann. Der Bestimmungsgrund des Seins wird hier aus dem Denken in den selbst unaussprechlichen Urgrund des »es ist« verlagert, also in den Ursprung des Faktums, dass überhaupt und immer schon »etwas ist« (vgl. Lembeck 1994, 300 ff.). Die entscheidende These dabei ist, dass dieser unsagbare Grund des »es ist« letzter Ursprung alles Seins und Sagbar-Seins sei, woraus folgt, dass jenes Ursein in aller Seins-Aussage sich schließlich doch selbst ausspricht. So ist das Sprechen über das Unsagbare als die eigentliche Entäußerungsform des Seinsgrundes selbst zu verstehen, als dessen schöpferisches »Aus-sich-heraustreten«, wie es in der *Systematik* heißt (Natorp 1958, 386 f.). Der lebendige Anspruch des Seins im »Logos selbst« begegnet ursprünglich, so Natorp, als »wortendes Wort«, als »sprechender Spruch« (ebd., 33). Die von Natorp im ›Metakritischen Anhang‹ explizierte platonische Suche nach dem einen »Logos selbst aller ›Logoi‹« (Natorp 1921, 468), welcher nicht nur mittelfristiges Setzen von Sein, sondern die Unterstellung eines immer schon stabilen Seinssinns bedeutet, wird von Gadamer daher auch folgerichtig mit der Entdeckung der Sprache als dem eigentlichen »Haus des Seins« zusammengedacht. Der Sinn des bekannten Satzes, »Sein das verstanden werden kann, ist Sprache« (Gadamer 1990, 478), ist auch auf diese Auseinandersetzung Gadamers mit dem neukantianischen Platon, namentlich in der Deutung des ›Metakritischen Anhangs‹, zurück zu führen. Gadamer betont daher, dass die Wendung der Hermeneutik zur Sprache ihr Vorbild in Platons »Flucht in die Logoi« gehabt habe. Es ist dies letztlich eine Flucht in die Endlichkeit der Sprache, konkret: in das gesprochene Wort und in die Sprache des Gesprächs. »Es meint Sprache und das, was die Sprache sagt. Mit einem Schlage wandelt sich die Logik der Tradition, die noch dem deutschen Idealismus zugrunde lag, in die Lebendigkeit lebensweltlicher Wirklichkeit. Sie begegnet als Sprache« (Gadamer 1995, 21). Doch wenngleich er Natorp auf dem Weg hin zu dieser Wahrheit wähnte, sah er sie eingeholt erst in Heideggers Aristoteles-Lektüre, wo ›to on legetai‹ übersetzt wird als ›das Sein wird gesprochen‹, »d. h. so redet man davon« (ebd.). Erst Heidegger ist es also, so kann man erneut feststellen, der Gadamer auch bezüglich des rechten Platon-Verständnisses zur philosophischen »Offenbarung« wird (ebd., 7).

78.4 Der philosophische Anspruch philosophiehistorischer Aneignung

Der Tenor der gesamten Diskussion um den historischen Platon, sowohl im Neukantianismus wie auch in der darauf vielfach referierenden Phänomenologie, steht unter der Frage nach dem grundsätzlich philosophischen Anspruch philosophiehistorischer Aneignung. Der erstgenannte weltanschauliche Zugang ist, wie gesehen, wohl weniger philosophisch als *ideologisch* motiviert. Es gilt, Platon in dunkler Zeit als Modellfall eines prophetischen Ideen-Sehers wiederzubeleben. Es wäre dieser Anspruch nicht weiter der Rede wert, käme er nicht einerseits mit dem in seiner Schlichtheit problematischen Postulat einer vermeintlich objektiven historischen Quellenforschung daher, und wäre nicht andererseits das Bewusstsein einer kulturellen Krise am Ende auch im philosophisch strengen Sinne Motiv zur »Wiederholung« des antiken Denkens – nur dass freilich nicht eine objektive Geschichtswissenschaft dabei die Rettung verheißt, sondern diese sich vielmehr selbst als ein Ausdruck der Krankheit erweist.

Im Zusammenhang mit dem zweiten, dem systematisierenden Zugang, kann man sich des Eindrucks nicht erwehren, dass die philosophiehistorische Aneignung hier nahezu wie eine Inbesitznahme wirkt. Dies ist ja auch der einschlägige Vorwurf gegen die neukantianische Lesart, der jedoch wohl nur greift, wenn man Philosophiegeschichte als Faktengeschichte in historistischer Manier versteht. Zumindest die

Marburger Neukantianer haben das nie getan, vielmehr haben sie in den philosophiegeschichtlichen Protagonisten »Typen« gesehen, »Typen« einer problemgeschichtlich identifizierbaren »Denkart«, die so immer wieder auftauchen und wirksam werden kann – und deren Recht systematisch und nicht historisch begründbar ist. Der Gang zurück zu Platon wirkt damit großteils *apologetisch*: Es soll so gezeigt werden, dass die systematisch begründete Wahrheit, explizit oder nicht, schon immer galt, und insofern überhistorisch genannt werden darf. Dies ist der legitimatorische Aspekt der Apologie. Aber auch der ursprüngliche Platon soll dergestalt mit Hinweis auf seine »Aktualität« verteidigt werden, nicht zuletzt im Zuge einer erneuten Konfrontation mit dem im 19. Jh. wieder entdeckten Aristoteles. Mit beidem erklärt sich auch der Eindruck, dass man das Platon-Buch Natorps vielleicht noch ebenso spannend finden könnte, wenn darin kein einziges Mal ein griechischer Name oder ein griechisches Wort fiele und der Titel sich auf den Untertitel beschränkte: ›Eine Einführung in den Idealismus‹. Dahinter steht der Gedanke einer *philosophia perennis*, vor deren systematischem Problemkern die Darstellung der lebendigen Geschichte des Denkens und seiner »hermeneutischen Situation« bestenfalls wie ein mehr oder weniger guter »Roman« – so Husserl in einem Manuskript von 1935 – wirken kann.

Schaut man nun auf den dritten Zugang und damit auf jenen Platon, wie Heidegger ihn rekonstruiert, so findet man hier eine auf beide vorgängigen Haltungen referierende Position: mit der weltanschaulichen Attitüde verbindet sie das Krisenbewusstsein, jedoch bei vollständiger Differenz von Diagnoseergebnis und Therapievorschlag. Und im Vergleich zur systematisierenden Lesart ist es das Platon-Bild selbst, das sich von jenem, welches etwa Natorp beschreibt, scheinbar kaum unterscheidet. Allerdings will Heidegger damit weder eine systematische Einstellung pseudohistorisch rechtfertigen, noch will er sie, im Gegenteil, des schieren Irrtums zeihen. Denn auch in der Sprache des Dialogs kann ein philosophischer Text nichts anderes nachzeichnen als ein Denken, das es sich bereits systematisierend ›leicht‹ gemacht hat. Jedoch lässt der platonische Text es eher zu als spätere Texte, ihn als Dokument eines ›Sündenfalls‹ zu verstehen, der durch sich selbst hindurch auf jenes »Ungesagte« der hermeneutischen Situation zurück verweist, aus welcher er entsprungen ist. Heideggers Lesart ist deshalb sinn-*archäologisch* ausgerichtet: er sieht in Platon den charakteristischen, aber noch in keinem allzu harten Panzer verborgenen Fall eines Denkens, das sich im Versuch, sich selber zu erkennen, notwendig verfehlt – so wie sich eben jedes Denken, das sich theoretisierend selbst vergegenständlicht, notwendig verfehlen muss. Aristoteles macht diese Verfehlung, ohne sie als solche zu erkennen, nur als erster dingfest – und damit macht er sie zum Status quo der Philosophie des Abendlandes. Heideggers Platon-Lesart dient somit dem *therapeutisch* gemeinten Nachweis einer ursprünglichen Neigung der Vernunft, die philosophierende Auseinandersetzung mit dem Sein als *Theoria* zu missverstehen – und damit die Philosophie insgesamt als eine Wissenschaft zu missverstehen, die sie nicht ist. Die Neukantianer, namentlich Natorp, liegen also mit ihrer Platon-Deutung ganz richtig – aber sie stellen genau deshalb nur ein weiteres Beispiel dieser Verfallsgeschichte dar. Die *philosophia perennis* erweist sich als *deformatio perennis*. Selbst dort, wo Natorp den Ereignischarakter des Philosophierens erahnt, wo er das Gesetz des Denkens im *Sophistes* und *Philebos* als unabschließbares Geschehen deutet, bleibt sein Versuch, dem Ort dieses Geschehens etwa in der Psychologie sich zu nähern, theoretisch kontaminiert. So ist vielleicht der letzte Satz aus dem Natorp-Nachruf Heideggers auch durchaus doppeldeutig, denn er kommt einer in lobende Worte gekleideten Vernichtung gleich: Natorp, so heißt es da, »hatte aus einem wirklichen Verständnis der griechischen Philosophie gelernt, dass auch heute noch kein Anlass besteht, auf die Fortschritte der Philosophie sonderlich stolz zu sein« (Heidegger 1992a, 5).

Literatur

Brach, Markus J. 1996: Heidegger – Platon. Vom Neukantianismus zur existentiellen Interpretation des *Sophistes*. Würzburg.

Bubner, Rüdiger 1992: »Platon – der Vater aller Schwärmerei. Zu Kants Aufsatz *Von einem neuerdings erhobenen vornehmen Ton in der Philosophie*«. In: Ders.: Antike Themen und ihre moderne Verwandlung. Frankfurt a. M., 80–93.

Cohen, Hermann 1871: Kants Theorie der Erfahrung. Berlin.

Dilthey, Wilhelm 1970: Das Leben Schleiermachers [1870]. Bd. I/2. Gesammelte Schriften Bd. XIIII/2. Göttingen.

Gadamer, Hans-Georg 1985a: Griechische Philosophie I. Gesammelte Werke Bd. 5. Tübingen.

Gadamer, Hans-Georg 1985b: Griechische Philosophie II. Gesammelte Werke Bd. 6. Tübingen.

Gadamer, Hans-Georg [6]1990: Wahrheit und Methode. Grundzüge einer philosophischen Hermeneutik [1960]. Gesammelte Werke Bd. 1. Tübingen.

Gadamer, Hans-Georg 1991: Griechische Philosophie III. Gesammelte Werke Bd. 7. Tübingen.

Gadamer, Hans-Georg 1995: Hermeneutik im Rückblick. Gesammelte Werke Bd. 10. Tübingen.

Gill, Christopher/Renaud, François (Hg.) 2010: Hermeneutic Philosophy and Plato. Gadamer's Response to the *Philebus*. Sankt Augustin.

Görland, Alfred 1909: Aristoteles und Kant bezüglich der Idee der theoretischen Erkenntnis. Gießen.

Görland, Alfred 1912: »Hermann Cohens systematische Arbeit im Dienste des kritischen Idealismus«. In: Kant-Studien 17, 222–251.

Heidegger, Martin 1992a: Platon: *Sophistes* (WS 1924/25). Gesamtausgabe, 2. Abtl. Bd. 19. Hg. v. Ingeborg Schüßler. Frankfurt a. M.

Heidegger, Martin 1992b: Grundprobleme der Phänomenologie (WS 1919/20). Gesamtausgabe, 2. Abtl. Bd. 58. Hg. v. Hans-Helmuth Gander. Frankfurt a. M.

Heidegger, Martin [2]1994: Phänomenologische Interpretationen zu Aristoteles. Einführung in die phänomenologische Forschung (WS 1921/22) [1985]. Gesamtausgabe, 2. Abtl. Bd. 61. Hg. v. Walter Bröcker und Käte Bröcker-Oltmanns. Frankfurt a. M.

Heidegger, Martin [2]1995: Ontologie. Hermeneutik der Faktizität (SS 1923) [1988]. Gesamtausgabe, 2. Abtl. Bd. 63. Hg. v. Käte Bröcker-Oltmanns. Frankfurt a. M.

Heidegger, Martin [2]1999: Zur Bestimmung der Philosophie (SS 1919) [1987]. Gesamtausgabe, 2. Abtl. Bd. 56/57. Hg. v. Bernd Heimbüchel. Frankfurt a. M.

Heidegger, Martin [2]2007: Phänomenologie der Anschauung und des Ausdrucks. Theorie der philosophischen Begriffsbildung (SS 1920) [1993]. Gesamtausgabe, 2. Abtl. Bd. 59. Hg. v. Claudius Strube. Frankfurt a. M.

Holzhey, Helmut 1997: »Platon im Neukantianismus«. In: Theo Kobusch/Burkhard Mojsisch (Hg.): Platon in der abendländischen Geistesgeschichte. Darmstadt, 226–240.

Horneffer, Ernst 1920: Platon und die Philosophie der Gegenwart. Kassel.

Husserl, Edmund [2]1976: Die Krisis der europäischen Wissenschaften und die transzendentale Phänomenologie (Husserliana Bd. VI). Den Haag.

Jaeger, Werner [2]1954: Paideia. Die Formung des griechischen Menschen [1933–1947]. 3 Bde. Leipzig/Berlin.

Kim, Alan 2010: Plato in Germany: Kant – Natorp – Heidegger. Sankt Augustin.

Kim, Alan (Hg.) 2017: Brill's Companion to German Platonism. Leiden.

Köhnke, Klaus C. 1986: Entstehung und Aufstieg des Neukantianismus. Frankfurt a. M.

Kroner, Richard [3]1977: Von Kant bis Hegel. I. Bd. [1921]. Tübingen.

Lembeck, Karl-Heinz 1988: Gegenstand Geschichte. Geschichtswissenschaftstheorie in Husserls Phänomenologie (Phaenomenologica 111). Den Haag.

Lembeck, Karl-Heinz 1994: Platon in Marburg. Platonrezeption und Philosophiegeschichtsphilosophie bei Cohen und Natorp. Würzburg.

Lembeck, Karl-Heinz 1996: »›Eine ganz verschiedene Sprache‹. Neukantianische Motive und ihre Verwandlung in Heideggers Phänomenologie.« In: Alexander Riebel/Reinhard Hiltscher (Hg.): Wahrheit und Geltung. Fs. für Werner Flach zum 65. Geburtstag. Würzburg, 151–168.

Lembeck, Karl-Heinz 2004: »Wesensschau«. In: Historisches Wörterbuch der Philosophie. Bd. 12. Basel, 655–659.

Natorp, Paul 1903: Platos Ideenlehre. Eine Einführung in den Idealismus. Leipzig.

Natorp, Paul 1910: Die logischen Grundlagen der exakten Wissenschaften. Leipzig/Berlin.

Natorp, Paul 1911: Philosophie. Ihr Problem und ihre Probleme. Göttingen.

Natorp, Paul 1912: Allgemeine Psychologie nach kritischer Methode. Tübingen.

Natorp, Paul 1918: »Bruno Bauchs ›Immanuel Kant‹ und die Fortbildung des Systems des kritischen Idealismus«. In: Kant-Studien 22, 426–459.

Natorp, Paul 1921: Platos Ideenlehre. Zweite, durchges. u. um einen metakritischen Anhang versehene Ausgabe. Leipzig.

Natorp, Paul 1958: Philosophische Systematik. Aus dem Nachlaß hg. v. Hans Natorp. Hamburg.

Ollig, Hans-Ludwig 1979: Religion und Freiheitsglaube. Zur Problematik von Hermann Cohens später Religionsphilosophie. Königstein/Taunus.

Patt, Walter 1997: Formen des Anti-Platonismus bei Kant, Nietzsche und Heidegger. Frankfurt a. M.

Robin, Léon 1908: La Théorie Platonicienne des Idées et des Nombres d'après Aristote. Paris.

Rohde, Erwin [2]1898: Psyche. Seelenkult und Unsterblichkeitsglaube der Griechen [1890]. Freiburg i. Br.

Schleiermacher, Friedrich [3]1855: »Einleitung«. In: Platons Werke, Bd. I [1804]. Berlin, 5–36.

Stenzel, Julius 1917: Studien zur Entwicklung der platonischen Dialektik von Sokrates zu Aristoteles. Arete und Dihairesis. Breslau.

Troeltsch, Ernst 1925: Aufsätze zur Geistesgeschichte und Religionssoziologie. Gesammelte Schriften Bd. IV. Tübingen.

Vaihinger, Hans [6]1920: Die Philosophie des Als-ob. System der theoretischen, praktischen und religiösen Fiktionen der Menschheit auf Grund eines idealistischen Positivismus [1911]. Leipzig.

Windelband, Wilhelm 1900: Platon. Stuttgart.

Wundt, Max 1924: Kant als Metaphysiker. Ein Beitrag zur Geschichte der deutschen Philosophie im 18. Jahrhundert. Stuttgart.

Karl-Heinz Lembeck

79 Die Platon-Rezeption bei Friedrich Nietzsche und in der französischen Gegenwartsphilosophie

79.1 Nietzsche

Im Blick auf die Platon-Rezeption bei Friedrich Nietzsche ist zwischen seiner polemischen Auseinandersetzung mit dem Platonismus und seiner wesentlich nuancierteren Beschäftigung mit der philosophischen Persönlichkeit Platons zu unterscheiden. ›Platonismus‹ ist in Nietzsches Diktion ein Kampfbegriff, mit dem er metaphysische Dualismen bzw. dogmatische Idealismen geißelt, die dem Prinzip: »je mehr Idee, desto mehr Sein« (KSA 12, 253) folgen und »Hinterwelten« jenseits des sinnlich Erfahrbaren erfinden. Nietzsches Erzfeind, das Christentum, ist nichts anderes als »Platonismus für's Volk« (KSA 5, 12), und sein eigener »umgedrehter Platonismus« folgt der diametral entgegengesetzten Perspektive: »je weiter ab vom wahrhaft Seienden, um so reiner schöner besser ist es. Das Leben im Schein als Ziel« (KSA 7, 199; vgl. Müller 2005, 221–244). Nietzsches Antiplatonismus (Duval 1969; Wiehl 1990) ist dabei allerdings nicht immer davor gefeit, selbst auf platonische Denkstrukturen zu rekurrieren (Bremer 1979). Als Urheber der Dekadenzerscheinung des Platonismus, die *à la longue* den europäischen Nihilismus angetrieben hat, ist Platon v. a. im mittleren und späteren Werk Nietzsches regelmäßig die Zielscheibe invektiver Kritik.

Anders, und v. a. differenzierter, stellt sich das Bild dar, das Nietzsche in den Werken und Vorlesungen seiner Basler Zeit (1869–1879) von Platon zeichnet (Dixsaut 1997 u. 2006; Ghedini 1999). Diese Deutung ist eingebettet in das letztlich nicht vollendete Projekt eines »Philosophenbuchs«, das die antike Philosophie in toto umfassen sollte. Die Konturen dieses Unternehmens lassen sich der Vorlesung »Die vorplatonischen Philosophen« (KGW II 4, 207–362) sowie dem nicht abgeschlossenen Manuskript »Die Philosophie der Griechen im tragischen Zeitalter« (KSA 1, 801–872) entnehmen: Nietzsche nähert sich den antiken Denkern nicht primär doxographisch über ihr vermeintliches philosophisches ›System‹ (wie Hegel und Zeller) an, sondern über ihre individuelle Lebensform (Müller 2016). Er betont für die frühgriechischen Denker den engen Zusammenhang von Leben und Lehre, von Ethos und Logos: Sie sind »ganz und aus einem Stein gehauen«, insofern zwischen ihrem Denken und ihrem Charakter »strenge Nothwendigkeit« herrscht (KSA 1, 807); die von ihnen geformten Typen sind exemplarische »Möglichkeiten des Lebens«, die auch dann noch gelten, wenn ihre Lehren längst widerlegt sind (Niehues-Pröbsting 2004, 148–153). Dementsprechend greift Nietzsche in seiner Rekonstruktion dieser philosophischen Lebensformen massiv auf das insbesondere bei Diogenes Laertios überlieferte anekdotische Material der antiken Philosophen-Viten zurück (Niehues-Pröbsting 1983).

Platon, den Nietzsche in analoger Weise in seinen Basler Vorlesungen zu ihm (KGW II 4, 1–188) rekonstruiert, nimmt nun gegenüber den »vorplatonischen« Philosophen, die von Thales bis einschließlich Sokrates reichen, eine Sonderstellung ein: Diese verkörpern »reine« bzw. »originale« Typen, während mit Platon die sog. »Mischphilosophen« beginnen (KGW II 4, 214 u. 265; vgl. Rapp 2011, 341–343), die als Hybride früherer Typen erscheinen. Nach Nietzsche spiegelt sich der Mischcharakter Platons schon in seinem literarischen Stil wider, den Nietzsche als ein Konglomerat aus allen früheren Formen auffasst – und tendenziell abqualifiziert: Platon ist in seiner literarischen »Formlosigkeit und Stillosigkeit« (KSA 1, 543) der »erste décadent des Stils« (KSA 6, 155).

Die Melange der platonischen Philosophie (v. a. der Ideenlehre) und der Persönlichkeit Platons setzt sich aus drei Schichten zusammen, (1) einer sokratischen, (2) einer pythagoreischen und (3) einer heraklitischen (KGW II 4, 214), wie Nietzsche in Anlehnung an Diogenes Laertios (III, 8) diagnostiziert. Diese drei Legierungen lassen sich wie folgt analysieren:

1. Prägend für Platon ist natürlich in erster Linie die Figur seines Lehrers Sokrates, von dem Nietzsche ebenfalls ein äußerst facettenreiches und ambivalentes Porträt zeichnet (Müller 2013). Wesentlich unter seinem Einfluss entwickelt Platon eine philosophische Lebensform, die durch drei zentrale Impulse charakterisierbar ist: Platon ist (a) moralisierend, (b) weltflüchtig und (c) dogmatisch.

a) Mit Sokrates hält Platon das Ethische für begrifflich erfassbar und errichtet sein Idealbild der Sittlichkeit auf dem Fundament der dialektischen Erkenntnis. Dieser moralische Impetus durchdringt sein gesamtes Denken; selbst das zentrale Lehrstück seiner Ontologie, die Ideenlehre, ist letztlich ethisch inspiriert, nämlich gewonnen an den Begriffen des Guten und des Gerechten an sich (und eben nicht am Pferd oder am Tisch an sich; KGW II 4, 158–162). Er propagiert folgerichtig eine an Sokrates und seinem Wirken orientierte Erziehung zum Tugendwissen, die gegen die irrationalen Instinkte angeht, insofern der philosophische Typus von Sokrates »als Besieger der Instinkte durch *sophia*« (KGW II 4, 360) erscheint. Insoweit folgt Platon also der sokratischen Gleichsetzung von »Wissen = Tugend = Glück«, geht aber zugleich einen wesentlichen Schritt über seinen Lehrer hinaus. Das so zu realisierende Glück ist nämlich nur ein »halbwirkliches«, solange sich die Seele noch im »Grabmal des Körpers« befindet (KGW II 4, 182; unter Bezug auf *Gorg.* 493a). Hieraus resultiert eine philosophische Lebensform, die im Sinne einer *meletê thanatou* auf ein fortwährendes Sterben, auf eine Herauslösung aus dem Sinnlichen hinausläuft. Diese Gleichsetzung von Philosophieren und Sterben-Lernen, mit ihrer Hoffnung auf ein jenseitiges Leben, hält Nietzsche schon nicht mehr für sokratisch, sondern für genuin platonisch (KGW II 4, 86). Hier sieht er einen kategorialen Leib-Seele-Dualismus am Werk, der in eine – die christliche Moral präfigurierende – Sinnenfeindlichkeit mündet.

b) Die Hoffnung auf ein jenseitiges Glück ist zugleich Ausdruck einer lebensfeindlichen Weltflüchtigkeit, die in der Schaffung der »Hinterwelt« der Ideen ihr metaphysisches Korrelat hat. Die Beschreibung, die Nietzsche von Platons philosophischem Idealbild gibt, verwandelt ihn in einen misanthropischen Realitätsverweigerer: »§. 11 Bild des vollkommen Philosophen. Er lebt ganz in den reinsten Abstraktionen, sieht u. hört nicht mehr, schätzt nicht mehr, was die Menschen schätzen, haßt die wirkliche Welt u. sucht seine Verachtung zu verbreiten. Er lebt wie in einer Höhle [...]« (KGW II 4, 154 f.). Dieses revertierte Höhlengleichnis zeigt, dass der durch die Loslösung der Vernunft von der Sinnlichkeit auf der Weltflucht ins Sein befindliche Philosoph den Boden unter den Füßen verloren hat.

c) Dieses Leben im Abstrakten befördert auch den unnachgiebigen Dogmatismus, der in Platons Philosophie waltet. Ähnlich wie schon Sokrates vor ihm universalisiert Platon die von ihm praktizierte Lebensform, weil er glaubt, dass seine Wahrheit auch die für alle anderen sein muss. Die vermeintlich transzendente Idee des Guten und die Wahrheit bei Platon sind nach Nietzsche »bis zur Identität gehende Selbstdarstellungen ihres Urhebers« (Bremer 1979, 93) – Selbstdarstellungen, von denen Platon freilich selbst vergessen hat, dass sie bloß seine Erfindungen sind (KSA 11, 612). Die Gründung der platonischen Akademie hat wesentlich die Funktion der Befestigung dieser Auffassungen im Kampf gegen andere (KGW II 4, 9), nachdem die Umsetzung der Kallipolis auf Sizilien gescheitert ist.

2. In diesem Versuch der tyrannischen Durchsetzung seiner Auffassungen gegen andere zeigt sich der pythagoreische Anteil der Persönlichkeit Platons, den Nietzsche für den eigentlichen Kern seiner Lebensform hält: »Wir dürfen ihn nicht als Systematiker in vita umbratica betrachten, sondern als agitatorischen Politiker, der die ganze Welt aus den Angeln heben will und *unter anderem* auch zu diesem Zwecke Schriftsteller ist« (KGW II 4, 9). Dies entspricht dem Porträt von Pythagoras, der bei Nietzsche weniger als Philosoph, sondern primär als »religiöser« und »politischer Reformator« charakterisiert wird (KGW II 4, 252–260). In diesem Punkt weicht Nietzsche auch explizit von Diogenes Laertios (III, 8) ab, der die politische Dimension des platonischen Denkens wesentlich auf Sokrates zurückführt. Denn Sokrates war nach Nietzsche – im Gegensatz zu Platon – kein Revolutionär, sondern ein »guter Bürger« (KGW II 4, 155), der keine Politik (zumindest im konventionellen Sinne) betreiben wollte.

3. Der herakliteische Anteil an Platons Persönlichkeit ist der am Schwersten zu lokalisierende, zugleich aber auch der wichtigste im Blick auf die Gesamtbewertung. Heraklits Philosophie wird von Nietzsche in ontologischer Sicht in hohem Maße geschätzt (Rapp 2011, 348–350) und zugleich sehr konsequent mit einer Art »Künstlertum« verglichen (z. B. KGW II 4, 290; KSA 7, 831 u. 868). Dies korrespondiert mit seiner Deutung der Vorsokratiker als »tragische Philosophen«: Nietzsche hält die Parallelbildung der Tragödie und der Philosophie in Griechenland für kein kontingentes Zusammentreffen, sondern für eine innerlich affine Doppelreaktion des Griechentums auf allgemeine Leidenserfahrungen: Die Philosophie ist so »der künstlerische Trieb in der Verpuppung« (KSA 7, 529). Platon attestiert Nietzsche nun in seiner Jugendzeit »*universalkünstlerische Regungen*« (KGW II 4, 44) deren weitere Entwicklung jedoch durch die Intervention des kunstfeindlichen Sokrates »abgelenkt« wurde (vgl. Diogenes Laertios III, 5) und sich statt dessen in eine höchst ›untragische‹ Kunstform kanalisierte, nämlich den platonischen Dialog (GT 14; KSA 1, 93), der dann in seinem dialektischen Duktus dem Grundsatz des ästhetischen Sokratismus verpflichtet ist, dass alles verständig sein muss, um schön zu sein. Das Künstlerische bleibt aber bei Platon so ein bloßer »Nebentrieb« (KGW II 4, 161), während seine Kunstfeindlichkeit, mit der Platon gewissermaßen einen

Teil seiner eigenen Persönlichkeit zu exorzieren versucht, schließlich immer weiter wächst.

Doch trotz dieser kunstfeindlichen und antitragischen Injektion durch Sokrates betont Nietzsche, dass Platon nicht von Anfang an Sokratiker war, sondern zuerst Herakliteer, und dass er auch nie zu einem »reinen« Sokratiker wurde (KGW II 4, 45), sondern eine hybride philosophische Persönlichkeit blieb. Platon ist also in Nietzsches Kategorien zwar selbst definitiv kein tragischer Philosoph – aber dennoch so etwas wie ein verhinderter (bzw. deformierter) Künstlerphilosoph im vorsokratischen Sinne; hier liegt sein unverkennbar heraklitisches Erbe. Allein deshalb ist sein Werk trotz fehlender genuin ästhetischer Qualität zumindest an einigen Stellen auch noch der ferne Resonanzboden der früheren Philosophie im tragischen Zeitalter: »Denken wir uns Plato verloren: u. die Philosophie mit Aristoteles beginnen: so könnten wir uns jenen älteren Philosophen, der zugleich Künstler ist, gar nicht mehr imaginiren« (KGW II 4, 8).

Nietzsche beklagt verschiedentlich den enormen historischen Kollateralschaden, den diese »Ablenkung« des künstlerisch veranlagten Platon durch Sokrates verursacht hat: Die Griechen waren im Begriff »einen höheren Typus des Menschen zu entdecken« (KSA 8, 105) – wohl den des wahren Künstlerphilosophen, des dionysischen Philosophen, als den Nietzsche sich dann später selbst stilisiert. Aber hier kommt es zu einer historischen Zäsur:

> Es ist keine müssige Frage, ob nicht Plato, von der sokratischen Verzauberung frei geblieben, einen noch höheren Typus des philosophischen Menschen gefunden hätte, der uns auf immer verloren ist. [...] Und doch giebt es kaum einen schwereren Verlust, als den Verlust eines Typus, einer neuen bis dahin unentdeckt gebliebenen höchsten *Möglichkeit des philosophischen Lebens* (KSA 2, 216 f.).

Das zwiespältige und ambivalente Bild, das Nietzsche von Platons »Sphinx-Natur« (KSA 5, 14) entwirft und das er selbst einmal als »Carikatur« (KGW VIII 2, 187) bezeichnet, liegt auch hierin begründet: Trotz aller harschen Kritik am Platonismus hegt Nietzsche doch Sympathien für Platon als eine philosophische Möglichkeit des Lebens – aber weniger für das, was er *de facto* war bzw. geworden ist, sondern für das, was er hätte sein bzw. werden können.

Jörn Müller

79.2 Französische Gegenwartsphilosophie

Mit Nietzsche beginnt eine postmoderne Platon-Lektüre (Zuckert 1996), die in der folgenden Zeit besonders in Frankreich oft direkt auf ihn zurückgreift. Die Rezeption in der französischen Gegenwartsphilosophie ist durch ein ambivalentes Verhältnis zu Platon gekennzeichnet. Die Mehrheit der Philosophie der Postmoderne bzw. des Poststrukturalismus ist bekanntlich von einem Antiplatonismus geprägt. Sie folgt dabei Nietzsches Platon-Interpretation und seiner These, die Aufgabe der zukünftigen Philosophie sei die Umkehrung des Platonismus. In dieser Hinsicht ist sie auch Heidegger verbunden, der in Platon den perniziösen Beginn der abendländischen Metaphysik sieht. Der von Platon durchgeführte Wandel der Bedeutung der *alêtheia* von ihrer ursprünglichen Bedeutung der Unverborgenheit zur *orthotês* im Sinne der Korrektheit des Verständnisses und des Urteils markiert demzufolge den Ausgangspunkt der abendländischen Metaphysik.

Die Autoren, um die es hier geht, sind alle als Denker der Differenz zu bezeichnen und distanzieren sich dementsprechend von der platonischen Metaphysik, die meist als »Einheitsdenken« verstanden wird. Dennoch ist eine gemeinsame Tendenz zu beobachten, zu Platon zurückzukehren und in ihm einen Fürsprecher für die Gründung einer neuen Metaphysik (Deleuze), einer Ethik als Erster Philosophie (Lévinas) und einer Dekonstruktion, die das Moment der Alterität und Heterogenität innerhalb der Metaphysik selbst zur Geltung bringt (Derrida), zu sehen. Die drei Autoren stimmen letztlich darin überein, dass Platon an seiner Aktualität nichts eingebüßt hat.

Lévinas

In seinem Essay »Die Bedeutung und der Sinn« stellt Lévinas der »zeitgenössischen Philosophie der Bedeutung«, die v. a. von Hegel, Bergson und Merleau-Ponty repräsentiert wird, den Platonismus entgegen. Was seiner Ansicht nach in der »zeitgenössischen Philosophie der Bedeutung« zu kritisieren gilt, ist ihre These, dass »die Wahrheit [...] nicht von ihrem historischen Ausdruck zu trennen« ist (Lévinas 1989, 22). Lévinas hingegen will über den Historismus und den Relativismus der zeitgenössischen Philosophie hinweg zu einer neuen Form des Universalismus gelangen, die jedoch nicht auf der Basis der Ontologie, sondern auf der Ethik neu gegründet werden soll.

Im Gegensatz zu Heidegger und anderen antiplatonisch gesinnten Philosophen seiner Zeit proklamiert Lévinas eine Rückkehr zum Platonismus auf eine neue Weise. Diese Rückkehr geschieht auf der Basis der Ethik. Dabei verortet Lévinas den Beginn der Metaphysik anders als Heidegger nicht bei Platon, sondern bei Aristoteles. Denn dieser unterscheidet zwischen verschiedenen philosophischen Disziplinen und räumt der Ontologie als Erster Philosophie (*prôtê philosophia*: Metaph. VI 1, 1026) den Vorrang gegenüber der Ethik ein. Lévinas' These der Ethik als Erster Philosophie ist insofern explizit gegen die These Aristoteles' der Ontologie als Erster Philosophie gerichtet. Lévinas hebt die Bedeutung der Ethik für die Philosophie stark hervor und schließt sich der vor-aristotelischen Philosophie an, in der die Spaltung zwischen verschiedenen Disziplinen noch nicht ausgeprägt war.

Die primäre Motivation zur Rückkehr zum Platonismus besteht für Lévinas darin, dass Platon den Vorrang der Ethik gegenüber der theoretischen Philosophie einräumt. Ethik ist sowohl für Platon als auch für Lévinas mit einem unmittelbaren und unbedingten Anspruch verbunden und nicht durch formale Prinzipien bestimmt. Lévinas zufolge trage ich eine unendliche Verantwortung für den Anderen, da ich auf seinen Anspruch unweigerlich antworte. Seine Konzeption der Ethik steht von vornherein im Zeichen des Anderen und der Transzendenz: Die »Infragestellung meiner Spontaneität durch die Gegenwart des Anderen heißt Ethik« (Lévinas 1993, 51). Platons These »Das Gute an sich ist kein Sein, sondern jenseits des Seins« (*Rep.* 509b) könnte hierbei als die wichtigste Inspiration für Lévinas gelten. Dabei bringt Lévinas Platons Idee des Guten jenseits des Seins in Verbindung mit Descartes' Auffassung, dass die Idee des Unendlichen unser Denkvermögen transzendiert. »Indem das Gute jenseits des Seins verortet wird, durchbricht Platon die Totalität des Seins und zeigt, dass jede Totalität ihre Möglichkeit einem transzendierenden Prinzip verdankt« (Stähler 2011, 33). Da das Gute bei Platon die Totalität des Seins transzendiert und durchbricht, steht der Platonismus bei Lévinas für die Denkform vor der aristotelischen Metaphysik, zu der es zurückzukehren gilt.

Eine weitere Parallele zwischen Platon und Lévinas besteht in der Bedeutung des Erotischen für die Philosophie. Da Platons Auffassung über das Verhältnis zwischen Begehren und Wahrheit, Eros und Philosophie für Lévinas von besonderem Interesse ist, nimmt er bewusst Bezug auf die Darstellung des Eros im *Symposium* und im *Phaidros*. Platon zufolge ist der Eros nicht auf die Lust, sondern auf die Schönheit gerichtet. Eros erscheint dabei als eine Macht, die uns aus dem gewohnten Rahmen der Erfahrungen hinausführt, und als die treibende Kraft, die uns in die Philosophie führt. Der Philosoph ist demnach ein Liebender und Freund der Weisheit. Er besitzt sie nicht, da sie nur zu Göttern gehört, sondern begehrt sie leidenschaftlich. Dieses Begehren, das uns in die Philosophie führt, ist an sich unerklärbar. Eros als unergründbares Begehren gehört der Philosophie wesentlich an. Für Lévinas stellt daher Eros ein Moment der Alterität in der Philosophie dar, die sich innerhalb dieser nicht integrieren lässt und dadurch ein vollständiges philosophisches System unmöglich macht. Eros fungiert letztlich als Öffnung zur Unendlichkeit, die sich der Totalität eines philosophischen Systems stets entzieht. Trotz dieser herausragenden Bedeutung des Eros marginalisiert Lévinas diesen in seinem Spätwerk, indem er anstelle des Eros eine Liebe ohne Eros betont.

Außerdem ist Platon deshalb für Lévinas von Belang, weil er in der platonischen Dialogform eine »vom Anderen ausgehende Orientierung« (ebd., 285) entdeckt. Die sokratische Ironie ist als Erkenntnis einer ultimativen Offenheit des dialektischen Prozesses zu verstehen, die sich vorrangig nach dem Anderen orientiert und die Möglichkeit totalitärer Abschließung eines philosophischen Systems von vornherein ausschließt.

Lévinas wird generell als Philosoph der Differenz angesehen, da er der Differenz und der Alterität eine zentrale Bedeutung einräumt. Dennoch ist er Platoniker, da er die metaphysische Transzendenz bejaht. Dabei unterscheidet er die Metaphysik als totalitäres System, welche von Parmenides den Ausgang nimmt und nichts außerhalb der Totalität des Seins anerkennt, von der Metaphysik als Transzendenz, welche bei Platon beginnt und das Gute jenseits des Seins platziert. Das Gute ist das transzendente Prinzip, das dem Sein stets vorausgeht und die Totalität des Seins zum Unendlichen hin öffnet. Die Unterscheidung zwischen beiden Formen der Metaphysik steht dabei parallel zu seiner zentralen Unterscheidung zwischen Totalität und Unendlichkeit. Platon ist für Lévinas der erste Denker, der die Unendlichkeit jenseits der Totalität des Seins in die Philosophie eingeführt hat.

Ein weiteres Indiz dafür, dass Lévinas als Platoniker anzusehen ist, liegt in seiner Annahme einer Ahistorizität. Wie Derrida konstatiert, geht er von einer »Ahistorizität des Sinns in seinem Ursprung« (Derrida 1997, 227) aus. Auch für Lévinas gibt es vor der Geschichte bereits Sinn, wie es für Platon unabhängig von der geschichtlichen Realisierung bereits Ideen gibt. Zusammenfassend lässt sich mit Brian Schroeder feststellen: »Levinas' construal of transcendence as immanent ethics functions as a corrective of sorts to interpretations of Plato that emphasize a near dogmatic conception of transcendental universalism« (Schroeder 2005, 287).

Derrida

Im Unterschied zu Lévinas verortet Derrida den Beginn der abendländischen Metaphysik bei Platon. In dieser Hinsicht schließt er sich Heidegger und Nietzsche an. Derrida wirft dabei Platon einen Logozentrismus vor. Die Geschichte der Philosophie seit Platon sei eine Geschichte der Herrschaft der Stimme (Phonozentrismus) und des Logos (Logozentrismus) über die Schrift. Logozentrismus und Phonozentrismus kennzeichnen Derrida zufolge die abendländische philosophische Tradition, die sich »von Platon (über Leibniz) bis Hegel [...] und von den Vorsokratikern bis Heidegger« fortzieht (Derrida 1983, 11). Sie beruhen dabei auf der falschen Annahme, dass die *phônê* unmittelbar mit der Wahrheit zusammenhängt. Der Primat des Akustischen (bzw. der Stimme) gegenüber dem Graphischen (bzw. der Schrift) habe zu der Annahme eines transzendentalen Signifikats sowie zu der Identifizierung der gesprochenen Rede mit dem göttlichen Logos geführt. »Die Differenz zwischen Signifikat und Signifikant« sei dabei »das leitende Schema, von dem her der Platonismus sich errichtet und seinen Gegensatz zur Sophistik bestimmt« (Derrida 1995, 125).

Aus Derridas Sicht muss man daher zunächst Platon genauer untersuchen, um die darauffolgende Geschichte der abendländischen Philosophie zu verstehen. Im *Phaidros* (274b–275e) sieht Derrida einen Initialtext abendländischer Schriftfeindlichkeit. Platons Abneigung gegen die Schrift ist dabei als allgemeine Tendenz der abendländischen Metaphysik aufzufassen, welche das Materielle und das Äußerliche vom Logos verbannen will. Derrida zufolge beruht die abendländische Metaphysik auf dem Ausschluss jeder Äußerlichkeit und damit auch der Schrift. Sie sei »immer schon Erniedrigung [und] Verdrängung der Schrift« (Derrida 1983, 12) gewesen. »Denn das Wesen der Schrift besteht darin, die Präsenz zu unterbrechen und zu verschieben, einen Zeitverzug zwischen Sprechen und Verstehen herzustellen und sich dem Logos als materielles und exteriorisierendes Element anzuheften« (Koschorke 1997, 41). Der Grund für die Verdrängung der Schrift in der abendländischen Philosophie liegt letztlich darin, dass sie zur Sphäre des Trugbilds gehört (Kim 2004, 29), das das Urbild-Abbild-Modell von innen her bedroht.

Die Schrift macht Derrida zufolge die Bedingung der Möglichkeit und Unmöglichkeit der Sprache aus. Er fasst die Schrift als »Ursprung der Sprache« (Derrida 1983, 77) auf. Denn die Sprache ist »schon immer eine Schrift gewesen« (ebd., 99). Derrida meint dabei mit der Schrift nicht einfach das, was auf einem materiellen Träger niedergeschrieben ist. Die Schrift ist für ihn etwas, das selbst im »nicht-graphischen Ausdruck« am Werk ist (ebd., 105). Gemeint ist nicht die Schrift im geläufigen Sinne, sondern eine »ursprüngliche Schrift«. Derrida sagt: »Noch ehe das sprachliche Zeichen überhaupt ›aufgezeichnet‹ ›repräsentiert‹, in einem ›Schriftsystem‹ ›dargestellt‹ wird, impliziert es eine Ur-Schrift« (ebd., 92). Die Urschrift kann kein Gegenstand einer Wissenschaft sein, da sie sich stets einer Identifikation entzieht und überhaupt nicht als identifizierbare Form erscheint. Dennoch ist sie vor dem Schreibakt bereits am Werk, sobald der Zeichenprozess in Gang gesetzt wird. Sie ist die Bewegung der Zeichenfunktion selbst, welche nicht zum Teil des sprachlichen Systems gehört, sondern die »Bedingung für jedes sprachliche System« (ebd., 105) ausmacht. Diese Bewegung der Zeichenfunktion, die den Raum der Sprache erst eröffnet, nennt Derrida die »*différance*«. Derrida zufolge besteht die *différance* aus der Spur, die anstelle des abwesenden Ursprungs den Signifikationsprozess in Gang setzt.

In »Platons Pharmazie« (Derrida 1995, 71–190) geht Derrida der Verknüpfung von Schrift und *pharmakon* im *Phaidros* nach. Das *pharmakon* erscheint dabei als ein zweischneidiger Begriff, der gleichzeitig »Heilmittel« und »Gift« bedeutet. Die Schrift mit ihren gleichzeitig heilenden und schädlichen Wirkungen wird dort dem *pharmakon* gleichgesetzt. Das Eigentliche des *pharmakon* besteht Derrida zufolge in seiner »Inkonsistenz«, »Uneigentlichkeit« und »Nicht-Identität mit sich« selbst (Derrida 1995, 133). Genauso wie die Schrift gehört auch das *pharmakon* zur Exteriorität und ist »in die Struktur des *logos* einbegriffen« (ebd., 130). Derrida hält den *Phaidros* letztlich für einen gescheiterten Versuch, ein abgeschlossenes philosophisches System zu gründen, da der Text selbst stets von der Äußerlichkeit der Schrift heimgesucht wird. Für Derrida ist der Text identisch mit der Spur und der Schrift, welche durch die Exteriorität gekennzeichnet sind. Derridas Strategie bei seiner Platon-Lektüre liegt darin, Platons Text als Text ernst zu nehmen und den darin integrierten Prozess der Selbstdekonstruktion ans Tageslicht zu bringen. Dabei muss eingeräumt werden: Derridas Interesse liegt weniger in Platon als Autor als im Platonismus als System (Miller 2007, 145). Es geht Derrida darum, zu hinterfragen, welche Rolle Platons Texte in der Geschichte der abendländischen Philosophie gespielt haben. Derrida entdeckt dabei die Schrift als etwas, das mit dem Platonismus koexistiert und diesen stets heimsucht. »Platonism itself is a force that infinitely continues, repeats, and disseminates itself across both the Platonic text and the history of philosophy« (ebd., 146).

Die zentrale Unterscheidung im *Phaidros* ist die zwischen dem toten Buchstaben und dem lebendigen Geist. Die »lebendige und beseelte Rede des wahrhaft Wissenden« steht dabei der geschriebenen Rede entgegen, die im Vergleich zur ersten wie ein »Schattenbild« angesehen werden könnte (*Phdr.* 276a). Die gesprochene Rede als reiner Ausdruck der lebendigen Seele sei besser und mächtiger als die Schrift. Darüber hinaus evoziere die Schrift die Vernachlässigung des Gedächtnisses und mache das Gedächtnis schlaff. Der wesentliche Aspekt der Schrift besteht jedoch in ihrer Äußerlichkeit. Die Schrift ist etwas Fremdes und Äußerliches, das sich außerhalb der lebendigen Seele befindet. Sie besteht aus fremden Zeichen, die von außen her die Wahrheit und die Erkenntnis bedrohen. Sie ist »ihrem Wesen nach schlecht, dem Gedächtnis äußerlich, und sie bringt kein Wissen hervor, sondern eine Meinung, keine Wahrheit, sondern Schein« (Derrida 1995, 115). Im Gegensatz dazu sei die Stimme dafür geeignet, das Wissen darzustellen, das »von innen her aus sich selbst« entspringt. Während daher die gesprochene Rede natürlich und innerlich ist, ist die Schrift unnatürlich und äußerlich. Die »beseelte Rede« wird als das natürliche Band angesehen, das die menschliche Sprache mit dem göttlichen Logos verbindet. »Alle metaphysischen Bestimmungen der Wahrheit [...] sind mehr oder weniger nicht zu trennen von der Instanz eines Logos oder einer von ihm abstammend gedachten Vernunft [...] als unendliche[r] Verstand Gottes [...]. In diesem Logos war die ursprüngliche und wesentliche Verbindung zur *phone* niemals unterbrochen« (Derrida 1983, 24).

In *Schurken* kommt Derrida erneut auf Platon zurück und fragt: »Wir haben Platon noch nicht verlassen. Werden wir es je?« (Derrida 2003, 185). Parallel zu Lévinas erkennt auch Derrida die eminente Bedeutung der Idee des Guten bei Platon an. Platons Idee des Guten macht demnach die »erste Gestalt des ›Unbedingten‹« (ebd.) aus. Dennoch verfehlt Platon aus Derridas Sicht sowohl einen radikalen Rationalismus als auch die Rolle der Diskontinuität und Heterogenität für die Gründung des Staates. Zum einen versäumt Platon es, das Verhältnis zwischen Vernunft und Staat zu hinterfragen, da er durch die Zusammenführung von Vernunft und Politik seinen Rationalismus in einen »Rationalismus des Staates« verwandelt (ebd., 188). Zum anderen verkennt er die Tatsache, dass jede politische Entscheidung die Irrationalität und die Diskontinuität in sich enthält. Derrida stellt fest: »Eine Verantwortung oder Entscheidung lässt sich nicht in einem Wissen als solchem fundieren, ohne den Sprung irgendeiner Diskontinuität oder radikalen Heterogenität zwischen den beiden Bereichen« (ebd., 194).

Zusammenfassend lässt sich konstatieren: Derridas Denken operiert auf der Gegenüberstellung zwischen »Stimme/Geist/Identität/Innen« und »Schrift/Materialität/Alterität/Außen« (Koschorke 1997, 45). Dabei geht es ihm nicht darum, diese Opposition als solche zur Geltung zu bringen, sondern darum, die gegenseitige Durchdringung beider Pole aufzuzeigen. Bei Platon entdeckt er gerade ein Paradebeispiel, wie ein philosophisches System von vornherein durch die Exteriorität heimgesucht wird und sich insofern als Schrift im Sinne einer radikalen Heterogenität manifestiert. Außerdem ist auf seine Nähe zum Neuplatonismus und zur negativen Theologie mehrfach hingewiesen worden, nachdem er u. a. die Gabe als Dimension des *Es gibt* jenseits des Seins (vgl. Derrida 1993) und die *chôra* als die dritte Gattung jenseits der Unterscheidung zwischen dem Intelligiblen und dem Sinnlichen (vgl. Derrida 2000) thematisiert hat.

Deleuze

Deleuze versteht in seinen frühen Hauptwerken *Differenz und Wiederholung* und *Logik des Sinns* sein philosophisches Unternehmen als »umgedrehten Platonismus«, wie Nietzsche ihn postuliert hat (KSA 7, 199). Insofern lässt sich seiner Platon-Interpretation eine zentrale Stellung innerhalb seiner Philosophie einräumen. Dabei geht es Deleuze – vergleichbar mit Derrida – darum, das Urbild-Abbild-Modell anhand des Trugbilds zu unterminieren (vgl. Kim 2004, 30). Deleuze definiert die Trugbilder als »jene Systeme, in denen sich das Differente *durch* die Differenz selbst auf das Differente bezieht. Das Wesentliche liegt darin, daß wir in diesen Systemen keinerlei *vorgängige Identität*, keinerlei *innere Ähnlichkeit* finden. Alles ist Differenz in den Reihen, und Differenz von Differenz in der Kommunikation der Reihen« (Deleuze 1992, 371).

Deleuzes Ausgangspunkt ist die Feststellung, dass jedem philosophischen Begriff ein Problem zugrunde liegt. Ein Begriff wird erfunden, um ein Problem zu identifizieren. Der Begriff ist daher stets von einer problematischen Natur. Das heißt, er gehört nicht der Sphäre der Idealität an, sondern der der Materialität. Denn ein Problem ist für Deleuze stets ein empirisches und materielles Problem. Deleuzes Umkehrung des Platonismus beginnt schon mit dieser Verbindung von Begriff und Problem. Das Problem, das Platons Philosophie betrifft, ist Deleuze zufolge das Problem der athenischen Demokratie und deren Problematik der Rivalität. Die griechische Demokratie gründet sich auf der Versammlung freier Bürger, die miteinander in eine Rivalität eintreten. Platons Theorie der Idee macht es sich zur Aufgabe, als Kriterien der Auswahl zwischen wohlbegründeten und falschen Argumenten der Rivalen, zwischen wahren und falschen Aussagen, zu fungieren. Daher ist der Platonismus im Grunde eine »Lehre der Wahl, der Auswahl von Bewerbern und Rivalen« (Deleuze 2000, 184). Es geht Platon darum, »die ›Sache‹ selbst von ihren Bildern, das Original von der Kopie, das Urbild vom Trugbild zu unterscheiden« (Deleuze 1993, 311). Platon hat jedoch den Begriff der Idee nicht mit dem Ziel erfunden, die Welt der Abbilder (Kopien) insgesamt abzulehnen, sondern um die wahren, ikonischen Bilder von den falschen, simulierten zu unterscheiden und diese zu verbannen. Platons Ideenlehre ist daher im Grunde moralisch motiviert.

Sie ist aber auch gleichzeitig historisch motiviert. Denn Platon war seinerzeit mit einer neuen geschichtlichen Situation konfrontiert und brauchte einen neuen Lösungsansatz. Die griechischen Stadtstaaten bildeten sich zum ersten Mal in der Geschichte zu einem einzigen Immanenzfeld, welches ohne jegliche Transzendenz barbarischer Kulturen auskommt. Da sie die Transzendenz der Barbaren zurückweisen, sieht Platon sich genötigt, einen »neuen Transzendenztyp« aufzurichten, »der sich von der imperialen oder mythischen Transzendenz unterscheidet« (Deleuze 2000, 185). Er erfindet mit seiner Konzeption der Idee letztlich eine neue Transzendenz, »die *im* Immanenzfeld selbst liegt und wirksam wird [...]. Und die moderne Philosophie wird Platon darin auch weiterhin folgen: Im Innern des Immanenten als solchem begegnet man einer Transzendenz« (ebd.). In dieser einzigartigen Verbindung zwischen Immanenz und Transzendenz sieht Deleuze den Grundstein der abendländischen Philosophie gelegt, welcher bis heute noch aktuell geblieben ist.

Platon entdeckt jedoch ein weitreichendes Problem im Herzen seiner Ideenlehre und muss einräumen, dass das Trugbild »nicht einfach ein falsches Abbild ist«, sondern dass »es die Begriffe des Abbilds und die des Vorbilds oder Urbilds in Frage stellt« (Deleuze 1993, 314). Denn: »Das Abbild ist ein mit Ähnlichkeit ausgestattetes Bild, das Trugbild ein Bild ohne Ähnlichkeit« (ebd., 315). Deleuze bringt hiermit das Trugbild als Prinzip zur Geltung, um das Urbild-Abbild-Modell und die Konzeption der Ähnlichkeit insgesamt zu unterminieren. Das Trugbild macht die Ordnung der Teilhabe und Ähnlichkeit unmöglich. Da es nur simulierte Effekte gibt, gibt es keine Hierarchie zwischen dem Ursprünglichen und dem Abgeleiteten, zwischen dem Wahren und dem Falschen mehr. Das Trugbild ist die Operation der Differenz an sich, die sich jedes Mal, wenn sie sich wiederholt, neu und anders aktualisiert.

Deleuze zufolge bedeutet die Umkehrung des Platonismus die Bejahung des Seins der Trugbilder an sich. Es gibt demnach keine Ähnlichkeit zwischen Urbild und Abbild, zwischen Idee und Ding mehr. Während das Urbild-Abbild-Modell auf dem internen Prinzip der Ähnlichkeit beruht, simuliert das Trugbild Effekte der Ähnlichkeit und der Identität, welche lediglich externe Effekte ohne internes Prinzip sind. Da alles nur simulierte Effekte sind und es keine Identität gibt, degradiert sich die Idee schließlich zu einem bloßen Effekt. Die Idee ist demnach nicht mehr das Prinzip, das die Identität und die Ähnlichkeit garantiert, sondern selbst durch den differenziellen Prozess der Trugbilder erst konstituiert. Die Idee ist daher nicht das Original, sondern das Produkt der Differenz selbst. Mit anderen Worten: Sie ist nicht bereits vor der Geschichte vorhanden, sondern konstituiert sich erst im historischen Prozess. Das Original steht daher nicht mehr am Anfang der Geschichte, sondern konstituiert sich erst am Ende oder in der Mitte nachträglich.

Deleuzes Ziel in *Differenz und Wiederholung* besteht darin, »eine immanente Theorie der Ideen« (Smith 2012, 17) zu konstruieren, die auf der Basis des Trugbilds und der immanenten Differenz funktioniert. Anhand des Trugbilds konzipiert Deleuze einen neuen Begriff der Idee, die »zum Trugbild immanent« ist und »auf dem Begriff der puren Differenz« basiert (ebd.). Die Operation des Trugbilds liegt darin, den Grund als Instanz der Unterscheidung zwischen dem Ursprünglichen und dem Abgeleiteten grundsätzlich in Frage zu stellen und anstelle dessen einen Abgrund, ein »Zu-Grunde-Gehen (*effondement*)« zu platzieren. Dieses »Zu-Grunde-Gehen« ist dabei durchaus positiv konnotiert und bedeutet die »Freiheit des nichtvermittelten Untergrunds« und den »Bezug des Untergrunds zum Unbegründeten« (Deleuze 1992, 96). Dieses »Zu-Grunde-Gehen« als grundloser Abgrund ersetzt die Idee als Grund und fungiert als die von Foucault postulierten »Bedingungen nicht der möglichen, sondern der realen Erfahrung« (ebd., 98).

Was ist dann zu tun in der Welt ohne Identität, Ähnlichkeit und Wahrheit? Deleuzes Theorie des Trugbilds läuft letztlich darauf hinaus, die »Macht des Falschen« zu bejahen. Deleuze interpretiert es als eine frohe Botschaft, dass es keine Wahrheit mehr gibt. Diese Einsicht eröffnet ihm die Möglichkeit, die immanente Macht des Trugbilds zu affirmieren und an der Schnittstelle zwischen dem Wahren und dem Falschen eine dritte Dimension der Produktion des Sinns zu entdecken. Die Transzendenz wird nicht mehr als Kriterium der Wahrheit benötigt, da das Immanenzfeld jene Dimension der Sinnproduktion bereits in sich enthält, welche als sein eigenes transzendentales Prinzip fungiert. In Deleuzes Frühwerk übernimmt das Trugbild diese Rolle der differentiellen Sinnproduktion. Der Begriff Trugbild verschwindet aber in Deleuzes Philosophie nach *Differenz und Wiederholung* und *Logik des Sinns*. Anstelle dessen treten Begriffe wie Gefüge (*assemblage*), Ereignis und das Virtuelle. Deleuze distanziert sich von dem Gedanken, dass das Trugbild etwas simuliert, und gelangt zur neuen Formulierung, der zufolge sich alles im Prozess der Aktualisierung als Trennung von seinem eigenen Virtuellen konstituiert. So gesehen ist alles die Aktualisierung seiner immanenten, virtuellen Idee. Dementsprechend wird auch die Differenzierung als die Funktion des Trugbilds durch die Aktualisierung des Virtuellen ersetzt.

Es stellt sich nun die Frage: Warum verschwindet der Begriff ›Trugbild‹ aus dem Vokabular Deleuzes? Letztlich benötigt er diesen vorbelasteten Begriff nicht mehr, nachdem er seinen eigenen Begriff ›Gefüge‹ und später das Begriffspaar ›das Virtuelle/das Aktuelle‹ etabliert hat. Er führt dieses Begriffspaar ein, um das Verhältnis zwischen dem Möglichen und dem Wirklichen in Frage zu stellen. Das Wirkliche ist demnach als Verwirklichung der vorgegebenen Möglichkeit aufzufassen. Deleuze kehrt dieses metaphysisch konstruierte Verhältnis um, indem er das Virtuelle als Ergebnis der Aktualisierung definiert. Das Virtuelle ist nicht bereits vor der Aktualisierung vorhanden, sondern konstituiert sich erst im Prozess der Aktualisierung selbst. Deshalb hat jedes Aktuelle sein eigenes Virtuelles. Somit konstituiert Deleuze einen Begriff des Universalismus, der gleichzeitig die Singularität mit integriert. Dabei benötigt er keine Transzendenz, da die Immanenz ihre eigene transzendentale Ebene und somit ihre eigene Berechtigung in sich enthält.

Abschließend lässt sich feststellen: Deleuzes Umkehrung des Platonismus bedeutet keineswegs eine Ablehnung desselben (Smith 2012, 16). Deleuze sagt im Gegenteil: »Daß diese Umkehrung viele platonische Merkmale bewahrt, ist nicht nur unvermeidbar, sondern wünschenswert« (Deleuze 1992, 87). Deleuze unternimmt vielmehr den Versuch, innerhalb des platonischen Modells Elemente zu entdecken, die dieses hinterfragen und gleichzeitig erneuern können. Zum einen zeigt Deleuze auf, wie Platon an seinem Ziel, das Trugbild endgültig zu verbannen, scheitert, da dieses gerade dasjenige Element ist, das sein Projekt erst in Gang setzt. Mit anderen Worten: Das Trugbild ist das reale Problem, das dem platonischen Projekt von Beginn an zugrunde liegt. Zum anderen bezieht sich Deleuze dennoch auf das platonische Projekt, da die Problematik des Verhältnisses zwischen Immanenz und Transzendenz, die sich in der platonischen Philosophie zum ersten Mal in aller Deutlichkeit kristallisiert, im Zentrum seines eigenen Denkens liegt. In *Differenz und Wiederholung* definiert er sein philosophisches Projekt als »transzendentalen Empirismus« (ebd., 187), der als Versuch gelesen werden soll, innerhalb der Immanenz das transzendentale Prinzip ihrer selbst zu verorten. Wenn der Platonismus nicht die treue Gefolgschaft seiner Lehre bedeutet, sondern erneute und innovative Versuche, seine Texte neu zu lesen, mit einschließt, so könnte man Deleuze als Platoniker im weit gefassten Sinne bezeichnen, weil er wie kaum ein anderer in der antimetaphysisch geprägten Gegenwartsphilosophie die Rückkehr zur Metaphysik in die Wege geleitet hat.

Hyun Kang Kim

Literatur

Achtenberg, Deborah 2008: »The Eternal and the New: Socrates and Levinas on Desire and Need«. In: Brian Schroeder/Silvia Benso (Hg.): Levinas and the Ancients. Bloomington, 24–39.

Benso, Silvia 2008: »Aesthethics: Plato, Levinas, and Art«. In: Epoche 13 (1), 163–183.

Bremer, Dieter 1979: »Platonisches, Antiplatonisches. Aspekte der Platon-Rezeption in Nietzsches Versuch einer Wiederherstellung des frühgriechischen Seinsverständnisses«. In: Nietzsche-Studien 8, 39–103.

Bryant, Levi 2008: Difference and Givenness: Deleuze's Transcendental Empiricism and the Ontology of Immanence. Evanston.

Deleuze, Gilles 1992: Differenz und Wiederholung. München.

Deleuze, Gilles 1993: Logik des Sinns. Frankfurt a. M.
Deleuze, Gilles 2000: Kritik und Klinik. Frankfurt a. M.
Derrida, Jacques 1983: Grammatologie. Frankfurt a. M.
Derrida, Jacques 1993: Falschgeld. Zeit geben I. München.
Derrida, Jacques 1995: Dissemination. Wien.
Derrida, Jacques 1997: Die Schrift und die Differenz. Frankfurt a. M.
Derrida, Jacques 2000: Über den Namen. Drei Essays. Wien.
Derrida, Jacques 2003: Schurken. Zwei Essays über die Vernunft. Frankfurt a. M.
Dixsaut, Monique 1997: »Nietzsche lecteur de Platon«. In: Ada Neschke-Hentschke (Hg.): Images de Platon et lectures des ses œuvres. Les interprétations de Platon à travers les siècles. Louvain/Paris, 295–313.
Dixsaut, Monique 2012: »Lire, récrire, interpréter: trois approches nietzschéennes de Platon«. In: Michael Erler/Ada Neschke-Hentschke (Hg.): Argumenta in dialogos Platonis. Teil 2: Platoninterpretation und ihre Hermeneutik vom 19. bis zum 21. Jahrhundert. Basel, 203–224.
Duval, Robert 1969: »Le point de depart de la pensée de Nietzsche. Nietzsche et le platonisme«. In: Revue des sciences philosophiques et théologiques 53, 601–637.
Gersh, Stephen 2006: Neoplatonism after Derrida. Parallelograms. Leiden/Boston.
Ghedini, Francesco 1999: Il Platone di Nietzsche. Genesi e motivi di un simbolo controverso (1864–1879). Neapel.
Gonzalez, Francisco J. 2008: »Levinas Questioning Plato on Eros and Maieutics«. In: Brian Schroeder/Silvia Benso (Hg.): Levinas and the Ancients. Bloomington/Indianapolis, 40–61.
Hager, Fritz-Peter 1984: »Das Platon-Verständnis Nietzsches«. In: Rudolf Berlinger/Wiebke Schrader (Hg.): Nietzsche – kontrovers IV. Würzburg, 34–70.
Kim, Hyun Kang 2004: Ästhetik der Paradoxie. Kafka im Kontext der Philosophie der Moderne. Würzburg.
Koschorke, Albrecht 1997: »Platon/Schrift/Derrida«. In: Gerhard Neumann (Hg.): Poststrukturalismus: Herausforderung an die Literaturwissenschaft. Stuttgart, 40–58.
Lévinas, Emmanuel 1989: »Die Bedeutung und der Sinn«. In: Ders. (Hg.): Der Humanismus des anderen Menschen. Hamburg, 9–59.
Lévinas, Emmanuel 1993: Totalität und Unendlichkeit. Versuch über die Exteriorität. Freiburg/München.
Lévinas, Emmanuel 1998: Jenseits des Seins oder anders als Sein geschieht. Freiburg/München.
Miller, Paul Allen 2007: Postmodern Spiritual Practices. The Construction of the Subject and the Reception of Plato in Lacan, Derrida, and Foucault. Columbus.
Müller, Enrico 2005: Die Griechen im Denken Nietzsches. Berlin/New York.
Müller, Jörn 2013: »Leben und Sterben des Sokrates im Spiegel Friedrich Nietzsches«. In: Philosophisches Jahrbuch 120, 41–62.
Müller, Jörn 2016: »Theorie und Lebensform der antiken Philosophien im Spiegel Nietzsches«, In: Günter Gödde/Nikolaos Loukidelis/Jörg Zirfas (Hg.): Nietzsche und die Lebenskunst. Ein philosophisch-psychologisches Kompendium. Stuttgart, 107–118.
Naas, Michael 2008: »Lending Assistance Always to Itself: Levinas' Infinite Conversation with Platonic Dialogue«. In: Brian Schroeder/Silvia Benso (Hg.): Levinas and the Ancients. Bloomington/Indianapolis,79–102.
Niehues-Pröbsting, Heinrich 1983: »Anekdote als philosophiegeschichtliches Medium«. In: Nietzsche-Studien 12, 255–286.
Niehues-Pröbsting, Heinrich 2004: Die antike Philosophie. Schrift, Schule, Lebensform. Frankfurt a. M.
Nietzsche, Friedrich: Werke. Kritische Gesamtausgabe. Hg. v. Giorgio Colli/Mazzino Montinari u. a. Berlin/New York 1967 ff. [= KGW].
Nietzsche, Friedrich ²1999: Sämtliche Werke. Kritische Studienausgabe. 15 Bde. Hg. v. Giorgio Colli/Mazzino Montinari. München. [= KSA].
Peperzak, Adriaan T. 1997: Platonic Transformations. With and after Hegel, Heidegger, and Levinas. Lanham.
Rapp, Christof 2011: »Friedrich Nietzsche and Pre-Platonic Philosophy«. In: Oliver Primavesi/Katharina Luchner (Hg.): The Presocratics from the Latin Middle Ages to Hermann Diels. Stuttgart, 335–357.
Rinon, Yoav 1992/1993: »The Rhetoric of Jacques Derrida II: Phaedrus«. In: Review of Metaphysics 46, 537–558.
Sandford, Stella 1999: »Plato and Levinas: The Same and the Other«. In: Journal of the British Society for Phenomenology 30(2), 131–150.
Schroeder, Brian 2005: »Breaking the Closed Circle. Levinas and Platonic *paideia*«. In: Claire Elise Katz (Hg.): Emmanuel Levinas: Critical Assessments of Leading Philosophers. Bd. III. New York, 285–295.
Smith, Daniel W. 2012: »Platonism. The Concept of the Simulacrum: Deleuze and the Overturning of Platonism«. In: Ders. (Hg.): Essays on Deleuze. Edinburgh, 3–26.
Stähler, Tanja 2011: Platon und Lévinas. Ambiguität diesseits der Ethik. Würzburg.
Welchman, Alistair 2009: »Deleuze's Post-Critical Metaphysics«. In: Symposium: Canadian Journal of Continental Philosophy 13(2), 25–54.
Wiehl, Reiner 1990: »Nietzsches Antiplatonismus«. In: Rémi Brague/Jean-François Courtine (Hg.): Herméneutique et ontologie: mélanges en hommages à Pierre Aubenque. Paris, 275–299.
Williams, James 2004: Gilles Deleuze's Difference and Repetition: A Critical Introduction and Guide. Edinburgh.
Zuckert, Katherine 1996: Postmodern Platos: Nietzsche, Heidegger, Gadamer, Strauss, Derrida. Chicago.

80 Analytische Platon-Rezeption

80.1 Einleitung

Hier und da ist zwar zu lesen, dass bereits Platon analytische Philosophie betrieben habe (»analytic philosophy was practiced by Plato« meint z. B. A. P. Martinich in Martinich/Sosa 2001, 1, und schon A. J. Ayer (1964, 56) versichert, dass eine vollständige Liste all der ›großen Philosophen‹, deren Werk vornehmlich analytisch ist, Platons Namen enthalten würde), doch ist fraglich, ob Platon der analytischen Philosophie sonderlich zugetan wäre. Lässt er nicht Sokrates im *Theaitetos* seine Sympathie mit einem »unbeschwerten und nicht mit Genauigkeit geprüften Umgang mit den Wörtern und Redeweisen« (184c1–3) bekunden, also einer Haltung Ausdruck verleihen, die dem Geist der analytischen Philosophie geradezu entgegengesetzt ist, wenn anders von analytischen Philosophen die Maxime ausgegeben wird, besonderen Wert auf den genau geprüften Umgang mit den Wörtern und Redeweisen zu legen?

Dass die platonischen Dialoge dennoch – der aus dem *Theaitetos* zitierten Verlautbarung zum Trotz – für analytisch orientierte Leser Interessantes bieten und entsprechend auch eine analytische Rezeption erfahren haben, hat vor allem zwei Gründe: Die Dialoge enthalten Stellen, an denen Argumente entwickelt werden, die so formuliert sind, dass nicht offensichtlich ist, aus welchen Prämissen welche Folgerungen nach welchen Schlussregeln gezogen werden, und die daher zu einer analytischen Rekonstruktion mit formalen Mitteln einladen; und sie enthalten Stellen, deren gedanklicher Gehalt an Fragen rührt, die in der analytischen Philosophie einen prominenten Platz einnehmen. Den interessantesten Stoff für analytisch orientierte Leser bieten offensichtlich die Stellen, für die beides gilt, an denen also Argumente formuliert werden, die zu einer analytischen Rekonstruktion einladen, und deren gedanklicher Gehalt mit Fragen zu tun hat, die sich in der analytischen Philosophie der Diskussion erfreuen.

Das analytische Interesse an einem platonischen Dialog bemisst sich daran, wie viel in ihm auf rekonstruktionsbedürftige Weise argumentiert wird und wie viel analytisch relevanten gedanklichen Gehalt er besitzt. Dialoge wie der *Parmenides*, *Theaitetos* oder *Sophistes* werden besonders stark rezipiert, weil sie reichlich Material für die Rekonstruktion von Argumenten bieten und ihr gedanklicher Gehalt etliche Anknüpfungspunkte für analytische Diskussionen aufweist; etwas weniger stark zum einen Werke wie die frühen sokratischen Dialoge oder der *Phaidon*, die viel für die Argument-Rekonstruktion hergeben, deren analytisch relevanter gedanklicher Gehalt dagegen eher bescheiden ausfällt, zum anderen Dialoge wie der *Timaios*, bei denen das Verhältnis umgekehrt ist. Eher selten werden die *Apologie* oder das *Symposion* bearbeitet, die in der einen wie der anderen Hinsicht weniger ergiebig sind.

Im folgenden Umriss der analytischen Platon-Rezeption sollen beide Aspekte des analytischen Interesses an Platon zur Sprache kommen, freilich mit unvermeidlicher Beschränkung auf Themen, die in der Rezeption eine besonders wichtige Rolle gespielt haben, nämlich (1) ›Ideen und Dritter Mensch‹, (2) ›Sein und Nicht-Sein‹, (3) ›Epistemologie‹. Da diese Themen in den frühen Dialogen teils gar nicht, teils nur implizit präsent sind, mag im Folgenden der Eindruck entstehen, als gäben die frühen Dialoge für einen analytischen Zugang wenig her – dem ist aber nicht so: aufgrund ihres argumentativen Reichtums sind sie auch für den analytisch orientierten Leser von Interesse. Und etliche ihrer Argumente harren noch der sorgfältigen Analyse, im Gegensatz zu manch abgedroschenem Feld in den mittleren und späten Dialogen.

80.2 Ideen und Dritter Mensch

Zu den Erbstücken, die die analytische von der voranalytischen Philosophie übernommen hat, gehört der sogenannte Universalienstreit. Anders als die von Platon im *Sophistes* geschilderte Gigantomachie zwischen den Ideen- und den Körperfreunden (vgl. 246a4–249d8 und dazu aus analytischer Sicht Künne 2004) tobt er in der analytischen Philosophie nicht um platonische Ideen, sondern um Eigenschaften, Relationen, Mengen, Zahlen, Propositionen und abstrakte Gegenstände anderer Art (vgl. zum älteren Stand des Streits in der analytischen Philosophie die in Stegmüller 1978 gesammelten Beiträge sowie Künne 1983; zum neueren Stand Künne 2006; klassische ältere und neuere Beiträge zum Universalienstreit in der analytischen Philosophie sind wiederabgedruckt in Tooley 1999). Auch wenn die analytischen Philosophen, die als Verfechter der Existenz von abstrakten Gegenständen das Erbe der Ideenfreunde angetreten haben, zuweilen ›Platonisten‹ genannt werden (vgl. z. B. Quine 1947, 74 und zur Rechtfertigung dieses Sprachgebrauchs Stegmüller 1967, 53–54), ist ihr Platonismus »with little connection with the views of Plato himself« (Dummett 1973, 541). Zwar finden sich vereinzelt Worte pauschaler Zustimmung zur Ideenlehre (vgl. Russell 1948, 91); doch dient die Bezugnahme auf sie häufiger der Distanzierung oder der Vorbeugung drohender Missverständnisse. Ein Beispiel dafür findet sich in Rudolf Carnaps *Meaning and Necessity* (1946), wo sich der Autor mit Bezug auf platonisch klingende Formulierungen von der ›Hypostasierung‹ von Eigenschaften distanziert:

> As I understand it, a hypostatization or substantialization or reification consists in mistaking as things entities which are not things. Examples of hypostatizations of properties ... in this sense are such formulations as ›the ideas have an independent subsistence‹, ›they reside in a super-heavenly place‹ [siehe *Phdr.* 247c3, BS], ›they were in the mind of God before they became manifested in things‹, and the like, provided that these formulations are meant literally and not merely as poetical metaphors. (We leave aside the historical question of whether these hypostatizations are to be attributed to Plato himself or rather to his interpreters.) These formulations, if taken literally, are pseudo-statements, devoid of cognitive content, and therefore neither true nor false (Carnap 1956, 22).

Carnap steht mit dem an der zitierten Stelle geäußerten Verdacht, dass Platons Ideenlehre Eigenschaften zu Dingen mache (»hypostasiere«), nicht allein – der Verdacht findet sich, mit Einschränkung auf die mittleren Dialoge, ähnlich formuliert bei Bertrand Russell und Gilbert Ryle (einschlägige Stellen bei Russell bespricht Penner 1987, 318, 322–323; zu Ryle siehe unten). Dem heutigen Leser erschließt sich nicht unmittelbar, was eigentlich so schlimm daran ist, Eigenschaften als Dinge zu behandeln – dazu muss er sich mit bestimmten Annahmen der Typen-Theorie vertraut machen, die im Hintergrund der Beurteilung der Ideenlehre bei Russell, Ryle und Carnap stehen (vgl. Penner 1987, 1–11).

Dass im Universalienstreit der analytischen Philosophie Platon nur am Rande, sozusagen in historischen Fußnoten, vorkommt, heißt nun aber nicht, dass es keine ernstzunehmende analytische Rezeption der platonischen Ideenlehre gäbe. Es gibt sie, nur findet sie an anderer Stelle statt, in Beiträgen, die primär der Interpretation einschlägiger Platon-Stellen gewidmet sind (die allerdings zum Teil auch beanspruchen, durch die Interpretation einer Platon-Passage Licht auf systematische Probleme zu werfen – dies gilt z. B. für Castañeda 1972 und 1978). Diese Beiträge stammen zum einen aus der Feder von analytischen Philosophen mit historischem Interesse wie Gilbert Ryle, Wilfrid Sellars oder Peter Geach, zum anderen aus der Feder von Historikern der antiken Philosophie mit Interesse an analytischer Philosophie wie Gregory Vlastos, G. E. L. Owen oder Michael Frede. Eine bemerkenswerte Folge der Rezeption dieser primär exegetischen Arbeiten ist, dass Platon in jüngerer Zeit auch in systematischen analytischen Beiträgen zum Universalienproblem angemessener gewürdigt wird, etwa von David Armstrong, dem wohl bedeutendsten Universalientheoretiker in der neueren analytischen Philosophie (vgl. Armstrong 1978, 64–76).

Gilbert Ryles erstmals 1939 publizierter Aufsatz zum *Parmenides* (Ryle 1965) kann als Anfangspunkt einer gründlichen analytischen Rezeption der platonischen Ideenlehre gelten (er ist nicht zufällig dem Dialog gewidmet, der als »das berühmteste Meisterstück der Platonischen Dialektik« (Hegel 1998, 79) auf analytische Philosophen eine anhaltend starke Anziehungskraft ausübt: Russell z. B. preist in den *Principles of Mathematics* den *Parmenides* als »perhaps the best collection of antinomies ever made« (Russell 1964, 355), und in jüngerer Zeit hat F. von Kutschera dem *Parmenides* eine eigene Studie gewidmet: Kutschera 1995). Ryle begründet hier zum einen die exegetische These, dass Platon im *Parmenides* die Schwierigkeiten dokumentiere, in die er sich mit der Ideenlehre der mittleren Dialoge durch die Behandlung der Ideen als Gegenstände desselben Typs wie die konkreten Einzeldinge manövriert habe, verfolgt aber auch ein systematisches Interesse: er entwickelt ein Regress-Argument, mit dem er zu zeigen versucht, dass die – laut Ryle von Platon eingeführte – Analyse von singulär prädikativen Sätzen der Form »x ist (ein/eine) F« (wobei »x« für einen singulären Term, »F« für einen generellen Term steht) als synonyme Varianten von entsprechenden Sätzen der Form »x exemplifiziert F-Sein« (wobei »x« für einen singulären Term, »F-Sein« für einen abstrakten singulären Term steht) verfehlt ist (vgl. Ryle 1965, 106–107 und Armstrong 1978, 70–71).

Den eigentlichen Grundstein zur analytischen Rezeption der platonischen Ideenlehre legte allerdings kein analytischer Philosoph, sondern ein an analytischer Philosophie interessierter Historiker der antiken Philosophie, Gregory Vlastos in seinem 1954 publizierten Aufsatz »The Third Man Argument in the *Parmenides*« (Vlastos 1954; einige weitere Aufsätze, die Vlastos zur überragenden Figur der analytischen Platon-Rezeption des letzten Jahrhunderts machten, sind gesammelt in Vlastos 1973). Dieser dem Regressargument in *Parmenides* 132a1–b2 gewidmete Aufsatz machte nicht nur den Auftakt zu einer Reihe von immer ausgefeilteren und, was den formalen und begrifflichen Apparat angeht, immer anspruchsvolleren Rekonstruktionen des Arguments (die wichtigsten: Sellars 1955; Geach 1956; Strang 1963; Vlastos 1969; Cohen 1971; Mignucci 1990; Pelletier/Zalta 2000; Lienemann 2010), das dank dieser beispiellos intensiven Rezeption zu dem zumindest in analytischen Kreisen berühmtesten Argument Platons, dem legendären ›TMA‹, avancierte (mittlerweile dient es als Ausgangspunkt für Gedanken über Sinn und Zweck des Analysierens platonischer Argumente, vgl. Cohen/Keyt 1992); Vlastos arbeitete in dem Aufsatz auch bereits die drei Prämissen des TMA heraus, die, natürlich erheblich umformuliert, noch in den jüngsten Rekonstruktionen des TMA überdauert haben:

1. die Eines-über-Vielen-Prämisse (OOM [One over Many]),
2. die Selbstprädikations-Prämisse (SP [Self-Predication]) sowie
3. die Nicht-Identitäts-Prämisse (NI [Non-Identity]).

Leider lassen sich die drei Prämissen nicht wiedergeben, ohne eine bestimmte Rekonstruktion des TMA vorauszusetzen; daher kann auch die folgende Wiedergabe nicht vermeiden, tendenziös zu sein: OOM fordert, einer beliebigen nicht leeren Menge von Dingen, die unter einen beliebigen generellen Term, »(ein/eine) F«, fallen, genau eine Idee mit dem Namen »Der/die/das F(e) selbst« zuzuordnen, derart, dass die Elemente der Menge dank der Idee (ein/eine) F sind; SP macht die Idee zu etwas, das selbst (ein/eine) F ist; NI schließt aus, dass die Idee ein Element der Menge ist, denen sie gemäß OOM zugeordnet ist.

Vlastos' Identifikation der drei genannten – von ihm noch anders, ohne Rekurs auf den erst von Sellars 1955 in die Diskussion über das Argument eingeführten Begriff der Menge (»class«) wiedergegebenen – Prämissen des TMA war weit mehr als der Grundstein für alle späteren Rekonstruktionen des Arguments; sie war der Grundstein für die weitere analytische Rezeption von Platons Ideenlehre, die sich vor allem um eben diese drei Prämissen als – tatsächliche oder bloß vermeintliche – Prinzipien der Ideenlehre gedreht hat und noch immer dreht.

Mit der Wahl der Formulierung von OOM hängt eine der wichtigsten Fragen der analytischen Rezeption der platonischen Ideenlehre zusammen, nämlich die Frage, wie eng oder wie weit die Klasse der Ideen zu fassen ist. Die Diskussion darüber (vgl. z. B. Fine 1980) verläuft in ähnlichen Bahnen wie die der zeitgenössischen analytischen Ontologie über die Umgrenzung der Klasse der Eigenschaften. Eine allzu generöse Formulierung von OOM – etwa dahingehend, dass jeder beliebigen (ggf. auch leeren) Menge von Dingen, die (ein/eine) F sind, genau eine Idee mit dem Namen »Der/die/das F(e) selbst« zugeordnet ist – kann dazu führen, dass man sich Ideen einhandelt, bei denen äußerst fraglich ist, ob es in Platons Sinne wäre, ihre Existenz anzunehmen, z. B. Ideen namens »Das nicht an sich selbst Teilhabende selbst«, »Das runde Quadrat selbst«, »Das Einhorn selbst«. Freilich unterliegen nicht nur Ideen, bei denen eine Antinomie eintritt (wie im Falle des nicht an sich selbst Teilhabenden selbst) oder die in keiner möglichen Welt Partizipanten haben (wie im Falle des runden Quadrats selbst) oder die nur in der wirklichen Welt keine Partizipanten haben (wie im Falle des Einhorns selbst), dem Verdacht, dass Platon in seiner Ontologie für sie keine Verwendung hat, sondern bereits scheinbar harmlose Ideen, die für generelle Terme mit einem Negationsausdruck angesetzt werden, z. B. das für den Term »nicht schön« angesetzte Nicht-Schöne selbst.

Ob es im Sinne Platons wäre, für den Term »nicht schön« eine Idee anzusetzen, hängt nicht zuletzt davon ab, was er mit der Einführung der Ideen bezweckt: Soll mit ihnen z. B. erklärt werden, dass generelle Terme jeweils einen Sinn haben (der ›semantischen Konzeption‹ von Universalien gemäß: vgl. Fine 1993, 21 f. im Anschluss an Armstrong 1978, xiii–xiv, 65), so empfiehlt es sich, auch für den Term »nicht schön« – der zweifellos einen Sinn hat – eine entsprechende Idee anzusetzen; soll dagegen mit den Ideen erklärt werden, dass bestimmten Dingen eine in allgemeinen wissenschaftlichen Aussagen erklärbare gemeinsame Natur zukommt (der ›realistischen Konzeption‹ von Universalien entsprechend: vgl. wieder Fine 1993, 21 f.), so sind Zweifel angebracht, ob eine Idee des Nicht-Schönen anzunehmen ist (welche Natur ist den Dingen gemein, die nicht schön sind?). Im Zusammenhang mit der Formulierung von OOM ist auch diskutiert worden, ob Platon zu Beginn der Entwicklung der Ideenlehre (also im *Phaidon*) Ideen für generelle Terme reserviert, die sinnlich wahrnehmbaren Dingen nicht essentiell zugeschrieben werden (z. B. »schön«, »fromm«, »groß«), und die Ausweitung auf essentiell zugeschriebene generelle Terme wie »ein Mensch« oder »ein Lebewesen« erst eine spätere Entwicklung ist (vgl. Nehamas 1973).

Noch stärker als die Diskussion um die angemessene Wiedergabe von OOM hat die analytische Rezeption von Platons Ideenlehre die Debatte um SP bestimmt (vgl. den Überblick über die Diskussion bei Strobel 2007, 18–31 sowie die eingehende Auseinandersetzung mit prominenten Positionen bei Lienemann 2010, 117 ff.). Einerseits scheint Platon das Prinzip, dass für eine gegebene Idee, der/die/das F(e) selbst, gelten soll, dass sie (ein/eine) F ist, in allen Phasen der Entwicklung seiner Ideenlehre vorauszusetzen – dafür spricht zumindest das häufige Vorkommen von SP-Instanzen in den frühen wie mittleren und späten Dialogen, d. h. von Instanzen (der griechischen Entsprechungsstücke) von Sätzen des Schemas »Der/die/das F(e) (selbst) ist F« resp. »Die F-heit (selbst) ist F«. Andererseits scheint das Prinzip absurd zu sein, lässt sich doch aus ihm beispielsweise ableiten, dass das Lebewesen selbst, eine unvergängliche Idee (vorausgesetzt, OOM schließt ein, dass es diese Idee gibt – siehe oben), ein Lebewesen, also ein sterbliches, mithin vergängliches Wesen, ist. Soll Platon seine Ideenlehre wirklich mit dieser – bereits von Aristoteles (*Top.* VI, 148a14–22) notierten (vgl. Owen 1968 und Vlastos 1973, 323–334) – Absurdität belastet haben (s. Strobel 2012)?

In der weitverzweigten Diskussion um SP sind verschiedene Vorschläge zur Lösung dieses Problems vorgeschlagen worden. ›Zugegeben‹, sagen manche (vgl. z. B. Nehamas 1979; Patterson 1985a; Meinwald 1992; White 1992), ›das Prinzip wird von Platon akzeptiert, aber es ist weit davon entfernt, absurd zu sein, sondern so zu verstehen, dass man den in SP-Instanzen enthaltenen Prädikat-Ausdrücken der Form »ist F« eine außergewöhnliche Lesart (z. B. im Sinne von »ist, was es heißt, F zu sein«) zuteil werden lässt, derart, dass die SP-Instanzen evidente Wahrheiten ausdrücken‹. ›Wir müssen vorsichtig sein‹, geben andere zu bedenken (vgl. z. B. Vlastos 1973, 221–322), ›Platon das Prinzip zuzuschreiben, denn zumindest manche der vermeintlichen SP-Instanzen in den Dialogen drücken in Wirklichkeit gar keine Aussagen über Ideen, sondern harmlose All-Aussagen aus‹. Wieder andere (vgl. z. B. Heinaman 1981; 1989; Malcolm 1991) meinen, dass Platon das Prinzip als gültig ansehe, weil er Ideen als perfekte Modelle ihrer sinnlich wahrnehmbaren Partizipanten verstehe. Um den Modell-Charakter der platonischen Ideen plausibel zu machen, ist von Geach (1956, 76) mit Berufung auf Gespräche mit Wittgenstein vorgeschlagen worden, Ideen als Standards zu verstehen.

Falls man SP, in welcher Formulierung und gemäß welcher Interpretation der Formulierung auch immer, als Prinzip der Ideenlehre einstuft, sieht man sich mit einer Frage konfrontiert, die auf die Formulierung von OOM zurückverweist: Gilt auch für eine gegebene Idee, der/die/das F(e) selbst, dass ihr F-Sein mit der Teilhabe an einer Idee zu erklären ist? Interpreten, die eine Formulierung von OOM wählen, in der eine positive Antwort auf diese Frage enthalten ist, haben sich sodann mit NI auseinanderzusetzen: Warum sollte mit NI ausgeschlossen werden, dass es sich bei der Idee, dank der der/die/das F(e) selbst F ist, um sie selbst handeln? Ist nicht zumindest in einigen Fällen die Teilhabe einer Idee an sich selbst zuzulassen (als Beleg für die These, dass Platon Selbstpartizipation in einigen Fällen erlaubt, hat man sich auf Stellen im *Sophistes* bezogen, vgl. Nehamas 1982)?

80.3 Sein und Nicht-Sein

Wer von dem-und-dem sagt, es existiere nicht, läuft Gefahr, von seinem – bewusst oder unbewusst – auf eleatischen Pfaden wandelnden Gesprächspartner zurechtgewiesen zu werden: »Indem du von ihm sagst, dass es nicht existiert, setzt du doch voraus, dass es existiert – denn wenn es nicht existieren würde, könntest du gar nicht darauf Bezug nehmen!« Dieses von Quine als »the old Platonic riddle of nonbeing« (Quine 2003, 1) bezeichnete Problem, das bereits Parmenides in seinem Lehrgedicht und dann wieder Platon (vgl. *Soph.* 237b7–239c8) beschäftigt hat, erfreut sich auch in der analytischen Philosophie regen Interesses; freilich wird es hier mit einer erfolgversprechenden Strategie zu lösen versucht, die Parmenides und Platon noch nicht ins Auge gefasst haben: die Terme, mit denen in solchen verneinten Existenz-Sätzen vermeintlich auf das-und-das Bezug genommen wird, werden durch geeignete Paraphrasen als nur vermeintlich bezugnehmende Terme decouvriert – dies ist z. B. Quines auf Russells in »On Denoting« (Russell 1905) entwickelter Theorie definiter Kennzeichnungen beruhende Strategie in »On What There Is« (Quine 2003).

Doch ist ›Platons altes Rätsel des Nicht-Seins‹ tatsächlich ein Rätsel der Nicht-Existenz (wie Quine unterstellt)? Damit ist die Hauptfrage der analytischen Rezeption von Platons Äußerungen zu Sein und Nicht-Sein berührt, die Frage, in welcher der verschiedenen Verwendungen von *einai* jeweils von Sein und Nicht-Sein die Rede ist und welche Verwendungen von Platon explizit unterschieden werden. Den Anstoß zur Diskussion über beide Fragen gab John Ackrills erstmals 1957 publizierter Aufsatz »Plato and the Copula: *Sophist* 251–259« (Ackrill 1971) mit der These, dass im *Sophistes* eine vollständige Verwendung von *einai* im Sinne von »existieren« von einer unvollständigen im Sinne von »identisch sein mit ...« sowie einer weiteren unvollständigen als Kopula abgegrenzt werde. Die gegen Ackrills These gerichteten Arbeiten Malcolm (1967), Owen (1971) und Frede (1967) verfolgten den Nachweis, dass die von Ackrill für seine These in Anspruch genommenen Fälle der scheinbar vollständigen Verwendung von *einai* im *Sophistes* verkappte Fälle eines unvollständigen Gebrauchs von *einai* seien – eine These, die ihrerseits von Robert Heinaman mit triftigen Gründen einer Metakritik unterzogen worden ist (vgl. Heinaman 1983; 1986). Die in diesen Beiträgen als selbstverständlich vorausgesetzte Unterscheidung zwischen unvollständiger und vollständiger Verwendung von *einai* wurde erst von Lesley Brown eigens untersucht (vgl. Brown 1999).

Fredes sorgfältige Behandlung der Zeilen 255c12–13 legte nahe, dass Platon im *Sophistes* nicht zwischen einer unvollständigen und einer vollständigen Verwendung von *einai*, sondern zwischen zwei unvollständigen Verwendungen von *einai* unterscheide: einer Verwendung (»... ist$_1$...«), die einschließe, dass der in einem Satz der Form »...*estin*...« auf das *estin* folgende Term für dasselbe stehe wie der Term vor dem *estin*, und eine Verwendung (»... ist$_2$...«), die einschließe, dass der auf das *estin* folgende Term für etwas Anderes stehe als der Term vor dem *estin*. Ob den Zeilen 255c12–13 diese Unterscheidung tatsächlich entnommen werden kann, ist zwar fraglich; doch hat sich Fredes Unterscheidung als fruchtbar erwiesen für die Deutung der Hypothesenreihe im zweiten Teil des *Parmenides* (vgl. Meinwald 1991).

Was Platons Beitrag zur Analyse von *mê einai* betrifft, ist kontrovers diskutiert worden, ob er sich im *Sophistes* nicht nur mit dem *mê einai* als Ausdruck verneinter Identität im Sinne von »nicht dasselbe sein wie ...«, sondern auch mit dem *mê einai*, in dem das *einai* nicht als Ausdruck der Identität, sondern als Kopula fungiert, beschäftigt (vgl. van Eck 1995). Die Erörterung dieser Frage ist relevant für das Verständnis der Analyse des falschen Satzes in 263b8–d5, bei der unklar ist, wie sie auf der vorhergehenden Analyse von *mê einai* aufbaut. Platon versucht hier das entscheidende Argument, mit dem sich der Sophist der ihm zugedachten Bestimmung als Produzent von Lug und Trug zu entziehen versucht – es sei unmöglich, Falsches zu sagen, weil Falsches zu sagen heiße, *ta mê onta* zu sagen, und es unmöglich sei, *ta mê onta* zu sagen –, dadurch zu kontern, dass er herausstellt, dass allenfalls das, was uneingeschränkt *mê on* ist, nicht sagbar sei (vgl. aber 238d1–239a12), doch die mit einem falschen Satz gesagten *mê onta* nicht uneingeschränkt *mê onta*, sondern *mê onta* im Sinne von *hetera tôn ontôn* (263b7) seien. Wie dieser Konter genau zu verstehen ist, ist umstritten (insbesondere der Sinn von *hetera*); klar ist aber, dass im *Sophistes* das Eigentümliche der Verwendung von *mê einai* in der Redeweise »Falsches zu sagen heißt *ta mê onta* zu sagen« verfehlt wird: *mê einai* wird darin veritativ im Sinne von »nicht der Fall sein« auf Sachverhalte angewandt, aber Gebilde wie Sachverhalte tauchen in Platons Ontologie nicht auf (genausowenig wie Propositionen).

Die von Charles Kahn in seiner quellenreichen Arbeit *The Verb ›Be‹ in Ancient Greek* (Kahn 1973) etablierte Unterscheidung der veritativen Verwendung von *einai* als weiterer vollständigen Verwendung neben der existenziellen hat sich nicht nur als nützlich erwiesen, um besser zu verstehen, was im *Sophistes* in der Auseinandersetzung mit dem oben erwähnten Argument des Sophisten schiefgeht, sondern ist auch für die Deutung der Zuordnung von Wissen und *onta*, Nicht-Wissen und *mê onta* sowie Meinung und *onta kai mê onta* in *Politeia* V auf interessante Weise herangezogen worden. In einer innovativen Deutung des betreffenden Textstücks hat Gail Fine zu zeigen versucht, dass darin *einai* und *mê einai* veritativ gebraucht würden und Wissen dem, was der Fall ist, Nicht-Wissen dem, was nicht der Fall ist, und Meinung dem, was der Fall ist und was nicht der Fall ist, zugeordnet werden würden (vgl. Fine 1978). Diese Interpretation hat den Vorteil, dass sich mit ihr vermeiden lässt, Platon die offensichtlich problematische Auffassung zuzuschreiben, dass es nur Wissen über Ideen, kein Wissen über sinnlich wahrnehmbare Gegenstände gebe; sie hat aber den Nachteil, mit einigen Formulierungen in dem Textstück unvereinbar zu sein, die eher für eine unvollständige, nämlich kopulative Verwendung von *einai* und *mê einai* sprechen (vgl. insbes. 479b9–10).

Die Annahme einer solchen Verwendung von *einai* und *mê einai* ist auch an den Stellen der *Politeia* im Vorteil, an denen Platon von *mallon onta* und *hêtton onta* spricht (VII 515d3, IX 585b9–10, d7), also in Bezug auf den sogenannten ontologischen Komparativ bei Platon: denn während es keinen Sinn ergibt, zu sagen, dass eine Idee in höherem Maße existiert (existentielle Verwendung) oder in höherem Maße der Fall ist (veritative Verwendung) als ihre Partizipanten, ist es durchaus sinnvoll zu sagen, dass sie dieses oder jenes in höherem Maße ist (kopulative Verwendung) als ihre Partizipanten.

In Bezug auf den *Timaios* (37e3–38b3) ist die Frage erörtert worden, ob Platon ein *einai* ohne Zeitbezug (zeitloses *einai*) von einem *einai* mit Zeitbezug (präsentisches *einai*) unterscheide (vgl. Owen 1966; Patterson 1985b). Wenn man dies bejaht und überdies mit Blick auf die *Timaios*-Stelle annimmt, dass Platon das zeitlose *einai* nur auf Ideen angewandt wissen will, so schließt sich daran die Frage an, ob er so weit geht anzunehmen, dass alle Prädikate, die zutreffend auf Ideen angewandt werden, von einem Zeitbezug frei sind, oder nur einige Prädikate als frei von einem Zeitbezug einstuft. Diese Frage ist im Rahmen analytischer Rekonstruktionen von *Sophistes* 248c11–e5 zugunsten der zweiten Option beantwortet worden (vgl. Keyt 1969; Künne 2004).

80.4 Epistemologie

Das griechische *epistasthai* hat zwei verschiedene Verwendungen: zum einen wird es im Sinne von »kennen«, zum anderen im Sinne von »wissen« verwendet, und entsprechend wird auch *epistêmê* zum einen im Sinne von »Kenntnis«, zum anderen im Sinne von »Wissen« gebraucht. Das Kennen hat Gegenstände, und dabei handelt es sich nur in Einzelfällen um Propositionen (vgl. »Peter kennt den Satz des Pythagoras«); das Wissen hat Inhalte, dabei handelt es sich immer um Propositionen (vgl. »Peter weiß, dass $a^2 + b^2 = c^2$«). Die Behandlung epistemologischer Fragen in den platonischen Dialogen leidet daran, dass nirgends zwischen beiden Verwendungen ausdrücklich unterschieden wird und häufig unklar bleibt, wovon eigentlich die Rede ist, wenn von *epistêmê* die Rede ist – ob von der Kenntnis von Gegenständen oder dem Wissen bestimmter Inhalte. Daher ist es eines der Hauptanliegen der analytischen Rezeption der platonischen Epistemologie, mithilfe der Unterscheidung zwischen den beiden Gebrauchsweisen von *epistasthai* und *epistêmê* Passagen bei Platon zu klären, die der *epistêmê* gewidmet sind.

Sie bezieht sich dabei verständlicherweise vor allem auf den Dialog, dessen zentrales Anliegen es ist, zu definieren, was *epistêmê* ist, den *Theaitetos* – dem Dialog sind drei große in analytischem Geist geschriebene Kommentare gewidmet (McDowell 1973; Bostock 1988; Burnyeat 1990; unnötig zu bemerken, dass sich die analytische Rezeption dieses Dialogs nicht auf epistemologische Fragen beschränkt, wie die gründlichen Analysen seiner beiden berühmten Gleichnisse, des Wachstafel- und des Taubenschlag-Gleichnisses, zeigen, die z. B. von der analytischen Diskussion über *de-re-* und *de-dicto*-Kontexte und die verschiedenen Verhaltensweisen von singulären Termen in diesen Kontexten zehren). Und sie findet hier eine Definition von *epistêmê* (»*epistêmê* ist wahre Meinung mit einem *logos*«), die jene zu antizipieren scheint, die in der analytischen Epistemologie wohl am ausgiebigsten diskutiert worden ist: »Wissen ist gerechtfertigte wahre Meinung« (vgl. dazu die im ersten Teil von Bieri 1987 versammelten Beiträge von R. M. Chisholm, E. L. Gettier, K. Lehrer/Th. Paxson, G. H. Harman und F. Dretske). Freilich darf die Ähnlichkeit der Formulierungen nicht darüber hinwegtäuschen, dass mit dem *logos*, von dem in der Definition des *Theaitetos* die Rede ist, keine Rechtfertigung für eine Behauptung, sondern eine Erklärung von etwas gemeint ist (wie die im *Theaitetos* nachfolgende Erörterung der Definition zeigt).

Neben Platons Beiträgen zur Klärung des *epistêmê*-Begriffs spielen in der analytischen Rezeption der platonischen Epistemologie auch Fragen der Erklärungs- und Rechtfertigungstheorie eine Rolle. So ist z. B. anhand der mittleren Bücher der *Politeia* diskutiert worden, ob Platon eher zu einer fundamentalistischen oder eher zu einer kohärentistischen Theorie der Rechtfertigung neigt, die entsprechenden Diskussionen in der zeitgenössischen analytischen Epistemologie aufnehmend (vgl. Fine 1990).

Teil der analytischen Rezeption platonischer Epistemologie ist schließlich auch die Beschäftigung mit der Frage, warum Sokrates vor allem in den frühen Dialogen so sehr auf Definitionen aus ist und wie er mit den von seinen Gesprächspartnern unterbreiteten Definitionsvorschlägen umgeht. Die Definitionsforderung scheint von Sokrates mit der unplausiblen, in der Literatur als ›Socratic fallacy‹ bezeichneten Überlegung motiviert zu werden, dass wir nicht wissen können, ob dieses oder jenes (ein/eine) F ist, wenn wir nicht mit einer Definition angeben können, was es heißt, (ein/eine) F zu sein (vgl. Geach 1966). Die Diskussion darüber, ob Sokrates wirklich Opfer der ›Socratic fallacy‹ geworden ist, hält weiterhin an.

Was seinen Umgang mit Definitionsvorschlägen betrifft, ist der Versuch unternommen worden, die Kriterien für eine gute Definition zu bestimmen, die von Sokrates vorausgesetzt werden, wenn er Definitionsvorschläge, die ihm von seinen Dialog-Partnern unterbreitet werden, als unzulänglich zurückweist (vgl. Dancy 2004 mit ausführlicher Besprechung früherer Literatur).

Literatur

Ackrill, John L. 1971: »Plato and the Copula: *Sophist* 251–259« [1957]. In: Gregory Vlastos (Hg.): Plato. A Collection of Critical Essays. I: Metaphysics and Epistemology. New York, 210–222.

Armstrong, David M. 1978: Nominalism and Realism. Universals and Scientific Realism. Bd. I. Cambridge.

Ayer, Alfred J. 1964: Language, Truth and Logic. London.

Bieri, Peter (Hg.) [4]1997: Analytische Philosophie der Erkenntnis [1987]. Weinheim.

Bostock, David 1988: Plato's *Theaetetus*. Oxford.

Brown, Lesley 1999: »Being in the *Sophist*: A Syntactical Enquiry« [1986]. In: Gail Fine (Hg.): Plato, Bd. I. Oxford, 455–478.

Burnyeat, Myles F. 1990: The *Theaetetus* of Plato. Indianapolis.

Carnap, Rudolf [2]1956: Meaning and Necessity. A Study in Semantics and Modal Logic [1946]. Chicago/London.

Castañeda, Hector-Neri 1972: »Plato's *Phaedo* Theory of Relations«. In: Journal of Philosophical Logic 1, 467–480.

Castañeda, Hector-Neri 1978: »Plato's Relations, Not Essences or Accidents, at *Phaedo* 102b2–d2«. In: Canadian Journal of Philosophy 8, 39–53.

Cohen, Sheldon M. 1971: »The Logic of the Third Man«. In: Philosophical Review 80, 448–475.

Cohen, Sheldon M./Keyt, David 1992: »Analysing Plato's Arguments: Plato and Platonism«. In: James C. Klagge/Nicholas D. Smith (Hg.): Methods of Interpreting Plato and His Dialogues. Oxford Studies in Ancient Philosophy. Suppl. Vol., 173–200.

Dancy, R. M. 2004: Plato's Introduction of Forms. Cambridge.

Dummett, Michael 1973: Frege. Philosophy of Language. London.

Fine, Gail 1978: »Knowledge and Belief in *Republic* V«. In: Archiv für Geschichte der Philosophie 60, 121–139.

Fine, Gail 1980: »The One over Many«. In: Philosophical Review 89, 197–240.

Fine, Gail 1990: »Knowledge and Belief in *Republic* V–VII«. In: Stephen Everson (Hg.): Companions to Ancient Thought. Bd. I: Epistemology. Cambridge, 85–115.

Fine, Gail 1993: On Ideas. Aristotle's Criticism of Plato's Theory of Forms. Oxford.

Frede, Michael 1967: Prädikation und Existenzaussage. Platons Gebrauch von »... ist ...« und »... ist nicht ...« im *Sophistes*. Göttingen.

Geach, Peter T. 1956: »The Third Man Again«. In: Philosophical Review 65, 72–78.

Geach, Peter T. 1966: »Plato's *Euthyphro*: An Analysis and Commentary«. In: Monist 50, 369–382.

Hegel, Georg W. F. [3]1998: Vorlesungen über die Geschichte der Philosophie II [1833]. Frankfurt a. M.

Heinaman, Robert 1981: »Self-Predication in the *Sophist*«. In: Phronesis 26, 55–66.

Heinaman, Robert 1983: »Being in the *Sophist*«. In: Archiv für Geschichte der Philosophie 65, 1–17.

Heinaman, Robert 1986: »Once More: Being in the *Sophist*«. In: Archiv für Geschichte der Philosophie 68, 121–125.

Heinaman, Robert 1989: »Self-Predication in Plato's Middle Dialogues«. In: Phronesis 34, 56–79.

Kahn, Charles H. 1973: The Verb ›Be‹ in Ancient Greek. Dordrecht (= The Verb ›Be‹ and its Synonyms. Philosophical and Grammatical Studies, 6).

Keyt, David 1969: »Plato's Paradox that the Immutable is Unknowable«. In: Philosophical Quarterly 19, 1–14.

Künne, Wolfgang 1983: Abstrakte Gegenstände. Semantik und Ontologie. Frankfurt a. M.

Künne, Wolfgang 2004: »Die ›Gigantomachie‹ in Platons *Sophistes*. Versuch einer analytischen Rekonstruktion«. In: Archiv für Geschichte der Philosophie 86, 307–321.

Künne, Wolfgang 2006: »Properties in Abundance«. In: Peter F. Strawson/A. Chakrabarti (Hg.): Universals, Concepts, and Qualities: New Essays in the Meaning of Predicates. Aldershot, 249–300.

Kutschera, Franz von 1995: Platons *Parmenides*. Berlin/New York.

Lienemann, Béatrice 2010: Die Argumente des Dritten Menschen in Platons Dialog *Parmenides*. Rekonstruktion und Kritik aus analytischer Perspektive. Göttingen.

Malcolm, John 1967: »Plato's Analysis of *to on* and *to mê on* in the *Sophist*«. In: Phronesis 12, 130–146.

Malcolm, John 1991: Plato on the Self-Predication of Forms. Early and Middle Dialogues. Oxford.

Martinich, Aloysius P./Sosa, David (Hg.) 2001: A Companion to Analytic Philosophy. Oxford.

McDowell, John 1973: Plato's *Theaetetus*. Oxford.

Meinwald, Constance C. 1991: Plato's *Parmenides*. Oxford.

Meinwald, Constance C. 1992: »Good-bye to the Third Man«. In: Richard Kraut (Hg.): The Cambridge Companion to Plato. Cambridge, 365–396.

Mignucci, Mario 1990: »Plato's ›Third Man‹ Arguments in the *Parmenides*«. In: Archiv für Geschichte der Philosophie 72, 143–181.

Nehamas, Alexander 1973: »Predication and Forms of Opposites in the *Phaedo*«. In: Review of Metaphysics 26, 61–91.

Nehamas, Alexander 1979: »Self-Predication and Plato's Theory of Forms«. In: American Philosophical Quarterly 16, 93–103.

Nehamas, Alexander 1982: »Participation and Predication in Plato's Later Thought«. In: Review of Metaphysics 36, 343–374.

Owen, Gwilym E. L. 1966: »Plato and *Parmenides* on the Timeless Present«. In: Monist 50, 317–340.

Owen, Gwilym E. L. 1968: »Dialectic and Eristic in the Treatment of the Forms«. In: Ders. (Hg.): Aristotle on Dialectic. The *Topics*. Proceedings of the Third Symposium Aristotelicum. Oxford, 103–125.

Owen, Gwilym E. L. 1971: »Plato on Not-Being«. In: Gregory Vlastos (Hg.): Plato. A Collection of Critical Essays. I: Metaphysics and Epistemology. New York, 223–267.

Patterson, Richard 1985a: Image and Reality in Plato's Metaphysics. Indianapolis.

Patterson, Richard 1985b: »On the Eternality of Platonic Forms«. In: Archiv für Geschichte der Philosophie 67, 27–46.

Pelletier, Francis J./Zalta, Edward N. 2000: »How to Say Goodby to the Third Man«. In: Nous 34, 165–202.

Penner, Terry 1987: The Ascent from Nominalism. Some Existence Arguments in Plato's Middle Dialogues. Dordrecht.

Quine, Willard van Orman 1947: »On Universals«. In: Journal of Symbolic Logic 12, 74–84.

Quine, Willard van Orman [14]2003: »On What There Is« [1948]. In: Ders.: From a Logical Point of View. Cambridge, 1–19.

Russell, Bertrand 1905: »On Denoting«. In: Mind 14, 479–493.

Russell, Bertrand 1948: The Problems of Philosophy. New York.

Russell, Bertrand [8]1964: Principles of Mathematics [1903]. London.

Ryle, Gilbert 1965: »Plato's *Parmenides*«. In: Reginald E. Allen (Hg.): Studies in Plato's Metaphysics. London, 97–147.

Sellars, Wilfrid 1955: »Vlastos and ›The Third Man‹«. In: Philosophical Review 64, 405–437.

Stegmüller, Wolfgang [2]1967: »Das Universalienproblem einst und jetzt« [1956]. In: Ders.: Glauben, Wissen und Erkennen. Das Universalienproblem einst und jetzt. Darmstadt, 48–118.

Stegmüller, Wolfgang (Hg.) 1978: Das Universalien-Problem. Darmstadt (= Wege der Forschung 83).

Strang, Colin 1963: »Plato and the Third Man«. In: Proceedings of the Aristotelian Society. Suppl. Bd. 37, 147–164.

Strobel, Benedikt 2007: »Dieses« und »So etwas«. Zur ontologischen Klassifikation platonischer Formen. Göttingen (= Hypomnemata 168).

Strobel, Benedikt 2012: »Bemerkungen zur Analytischen Platon-Exegese mit einem Fallbeispiel: Zwei-Ebenen-Paradoxien in Platons Ideenlehre?«. In: Ada Neschke-Hentschke/Michael Erler (Hg.): Argumenta in dialogos Platonis. Teil 2: Platoninterpretation und ihre Hermeneutik vom 19. bis zum 21. Jahrhundert. Akten des Internationalen Kolloquiums vom 7. bis 9. Februar 2008 im Istituto Svizzero di Roma. Basel, 326–360.

Tooley, Michael (Hg.) 1999: The Nature of Properties. Nominalism, Realism, and Trope Theory. New York/London.

Van Eck, Job 1995: »Falsity without Negative Predication: On *Sophistes* 255e–263d«. In: Phronesis 40, 20–47.

Vlastos, Gregory 1954: »The Third Man Argument in the *Parmenides*«. In: Philosophical Review 63, 319–349.

Vlastos, Gregory 1969: »Plato's ›Third Man‹ Argument (*Parm.* 132A1–B2): Text and Logic«. In: Philosophical Quarterly 19, 289–301.

Vlastos, Gregory 1973: Platonic Studies. Princeton.

White, Nicholas P. 1992: »Plato's Metaphysical Epistemology«. In: Richard Kraut (Hg.): The Cambridge Companion to Plato. Cambridge, 277–310.

Benedikt Strobel

81 Aktuelle Forschungstendenzen

81.1 Neuere Forschungstendenzen

In der Platon-Forschung sind nicht immer sämtliche Dialoge und alle Teilthemen gleichermaßen präsent; es gibt stets gewisse Favoriten und ebenso blinde Flecken der wissenschaftlichen Aufmerksamkeit. Dennoch fällt es reichlich schwer, klare und einheitliche Tendenzen auszumachen, da die weltweite Platon-Forschung in ganz unterschiedliche nationale Traditionen und Forschungsschulen zerfällt. Diese sind mittlerweile zwar stark vernetzt, arbeiten aber nicht auf einem gemeinsamen Fundament von feststehenden und geteilten Basisannahmen. Immerhin kann man für die angelsächsische und die deutschsprachige Forschungsszene eine Reihe von privilegierten Themen und Thesen identifizieren, die in den letzten Jahrzehnten die Agenda der Forschung bestimmten (vgl. Rossetti 2004).

In den sechziger bis achtziger Jahren des 20. Jh.s standen die Ideentheorie, die Ontologie, die Semantik sowie die Epistemologie Platons und schließlich seine Begriffslogik im Mittelpunkt der Aufmerksamkeit. Im deutschsprachigen Kontext mag die ontologisierende Tendenz des Interesses an Platon – etwa mit Blick auf die ›Seinsfrage‹ im *Sophistes* – mit dem Einfluss Heideggers zusammenhängen. In der angelsächsischen Welt war es die analytische Philosophie, die Platons theoretische Philosophie für sich entdeckte. Man stellte Fragen wie etwa: Behauptet Platon tatsächlich die Existenz von derart extravaganten Sonder-Entitäten, wie manche Dialoge, aber auch die Berichte des Aristoteles suggerieren? In welchem Sinn könnte er ihre Existenz annehmen? Was könnten sie erklären? Oder testet er nur eine Annahme, gelangt aber insgesamt zu einem negativen Ergebnis? Wie spielen ontologische, semantische und epistemologische Aspekte in der Ideentheorie zusammen? Beispielsweise löste das ›Argument vom dritten Menschen‹ (s. Kap. V.45) oder die Unterscheidung von Wissen und Meinen (s. Kap. V.61) eine breite Debatte aus; Platons Entdeckung der Aussagewahrheit im *Sophistes* stellte ein bedeutendes Diskussionsobjekt dar. Entsprechend bildeten der *Phaidon*, der *Parmenides*, der *Theaitetos* und der *Sophistes* bevorzugte Untersuchungsgegenstände der Forschung.

Seit Beginn der neunziger Jahre und in den ersten Jahren des 21. Jh.s scheinen dagegen drei andere Fragestellungen von besonderer Bedeutung zu sein, nämlich (1) die platonische Ethik, (2) die Psychologie Platons und (3) die Dialogform.

1. Angestoßen durch die aus den achtziger Jahren stammenden Arbeiten von P. Hadot und M. Foucault entdeckte die Platon-Forschung der beginnenden Neunziger mehr und mehr die Tatsache, dass die von Sokrates inspirierte Ethiktradition eine wesentlich andere Ausrichtung besitzt als die moderne Moralphilosophie, welche von Kantianismus, Utilitarismus und strategisch-rationalen Vertragstheorien bestimmt ist. Man nahm nun verstärkt wahr, dass Ethik im Sinn Platons in erster Linie ein akteurzentriertes, individuenbezogenes Orientierungswissen zu bieten suchte. Die Wiederentdeckung dieses Ethiktyps bei Platon und seine eingehende Diskussion, z. B. bei J. Annas (1993), U. Wolf (1996), A. Nehamas (1999), D. Russell (2005) oder Price (2011), arbeitet die zentralen Themen des platonischen Modells von Moralphilosophie, nämlich von Glück und gelingendem Leben, von Tugenden und ihren rationalen Grundlagen, erstmals umfassend heraus. Platons Themen und Überzeugungen decken sich keineswegs mit dem neuzeitlichen Theorieansatz auf der Basis von Pflichten und Normen, von moralischen Dilemmata oder Handlungskonsequenzen, stehen zu diesen Punkten aber auch nicht in einem diametralen Gegensatz (vgl. Gill 2005). Aus den zahlreichen einschlägigen Untersuchungen ergaben sich nicht nur grundlegende Neueinschätzungen von Dialogpartien und platonischen Theoriestücken, sondern auch vielfach zeitgenössische Plädoyers zugunsten einer gewissen systematischen Attraktivität des platonischen Modells (z. B. als Form des moralischen Realismus: Rist 2012).

2. Mit dieser neueren Fokussierung auf Fragen der ethischen Lebensführung steht eine weitere Tendenz in Verbindung. Im Verlauf der Diskussion über Moralphilosophie registrierte man verstärkt, dass Platons Psychologie und seine Theorie der praktischen Identität auf komplexeren Grundlagen beruht als bislang vermutet und daher einer eingehenden neuen Diskussion bedarf. Wie erklärt Platon das Zusammenspiel von Begehren, Denken und Handeln? Welches Verständnis von Wünschen, welches von Rationalität legt er dabei zugrunde? Was versteht Platon unter ›Seele‹, was unter ›Seelenteilen‹? Wie kommt er mit dem Problem der Willensschwäche zurecht? Wie beschreibt er das Lustphänomen, und wie weit lässt er es gelten? Besitzt Platon eine Theorie des animalischen Unbewussten? Was versteht er unter Selbsterkenntnis? Wie interpretiert er Emotionen? Ist Platon moralischer Intellektualist, und wenn ja, ist er dies im Sinn des Sokrates? Ändert er seine Position in substantieller Hinsicht im Verlauf seiner Reflexionen? Wichtige Arbeiten zu diesen und ähnlichen Fragen stammen etwa von Ch. Gill (1996; Kap. 4), D. Frede (1997), J. Cooper (1999), H. Lorenz (2006), T. Brickhouse/N. D. Smith (2010) sowie die Beiträge in Barney/Brennan/Brittain (2012). Es zeigt sich in der neueren Diskussion, dass man Platon nur verstehen kann, wenn man sowohl moderne rationalistische wie anti-rationalistische Vorurteile hinter sich lässt.

3. Schließlich scheint noch hervorhebenswert, dass man sich in den vergangenen zwei Jahrzehnten wesentlich ausführlicher als zuvor mit den literarischen Aspekten der platonischen Schriften und mit der Verbindung von Dialogform und Argument auseinander setzte. Von besonderem Interesse sind dabei Fragen wie: Warum schreibt Platon überhaupt Dialoge, und welches Verhältnis zeigen diese zu den Schriften der anderen Sokrates-Schüler? Welche Methoden der philosophischen Untersuchung (wie *elenchos*, *hypothesis*-Verfahren oder *dihairesis*) finden sich, und wie werden sie gebraucht? Wie gelangt Platon zu seinen Theorien und Resultaten? Welche Rolle spielen Mythen, Reden, Erzählungen, Gleichnisse und andere literarische Kunstgriffe in Platons Schriften? Welche Regeln der Gesprächsführung werden von Sokrates, Parmenides, dem eleatischen Fremden oder anderen Dialogfiguren implizit praktiziert oder explizit erwähnt? Wie verhalten sich Platons Texte zur zeitgenössischen Rhetorik und wie zur Tragödie und Komödie des 5. Jh.s? Welcher Zusammenhang besteht zwischen den Porträts von Gesprächsteilnehmern, der Inszenierung eines dramatischen Kontexts und der jeweiligen philosophischen Diskussion? Welche Rolle spielen die ›ungeschriebenen Lehren‹, von denen Aristoteles und andere antike Quellen berichten, für die Dialoge? Wichtige Arbeiten zu den genannten Themen stammen etwa von A. W. Nightingale (1995), Ch. Kahn (1996), R. Blondell (2002), A. Michelini (2003), R. Geiger (2006) und M. Erler (2007a).

81.2 Institutionen und Kongresse

Die stetig wachsende Internationalisierung der Platon-Forschung sowie ihre zunehmende Vernetzung finden ihren Ausdruck in verschiedenen wissenschaftlichen Institutionen und den von ihnen organisierten Veranstaltungen. An erster Stelle ist dabei die 1989 gegründete ›International Plato Society‹ (IPS; http://www.platosociety.org) zu nennen, in der im

Jahr 2007 Platon-Forscher aus 35 Ländern organisiert waren (vgl. Erler 2007a, 8). Sie veranstaltet unter dem Titel *Symposium Platonicum* im 3-Jahres-Rhythmus wissenschaftliche Fachkonferenzen zu Platon, deren Erträge regelmäßig veröffentlicht werden. Bisher wurden folgende Konferenzen abgehalten bzw. dokumentiert: 1986 (Mexico City): »*Los diálogos tardíos*« (vgl. Lan 2001); 1989 (Perugia): »*Phaedrus*« (vgl. Rossetti 1992); 1992 (Bristol): »*Politikos*« (vgl. Rowe 1995); 1995 (Granada): »*Timaeus – Critias*« (vgl. Brisson/Calvo 1997); 1998 (Toronto): »*Euthydemus – Lysis – Charmides*« (vgl. Brisson/Robinson 2001); 2001 (Jerusalem): »*Nomoi*« (vgl. Brisson/Scolnicov 2007); 2004 (Würzburg): »*Gorgias – Menon*« (vgl. Brisson/Erler 2007); 2007 (Dublin): »*Philebus*« (vgl. Dillon/Brisson 2009); 2010 (Tokio): »*Politeia*« (Notomi/Brisson 2013); 2013 (Pisa): »*Symposium*«; 2016 (Brasilia): »*Phaedo*«. Ebenfalls speziell der Erforschung Platons gewidmet ist die 2001 von französischen, italienischen und spanischen Forschern ins Leben gerufene ›Société d'études platoniciennes‹ in Paris, die über das akademische Jahr verteilt Seminare zu ausgewählten Thematiken anbietet (zuletzt im Frühjahr 2015 zur Thematik: »Produire les vertus«). Erwähnenswert ist auch das seit 1997 im Zwei-Jahres-Rhythmus abgehaltene *Symposium Platonicum Pragense* (zuletzt 2015 zum *Timaios*), dessen Erträge auch publiziert werden.

Darüber hinaus leisten natürlich auch Gesellschaften, die der Erforschung der antiken Philosophie *in toto* gewidmet sind – wie etwa die 2001 in Deutschland gegründete ›Gesellschaft für antike Philosophie‹ (GANPH; http://www.ganph.de) im Rahmen ihrer alle drei Jahre veranstalteten internationalen Kongresse (Berlin 2004; Hamburg 2007; Würzburg 2010; München 2013; Zürich 2016) sowie ihrer jährlich im Januar stattfindenden Kolloquien – wesentliche Beiträge zur weiteren Entwicklung der internationalen Platon-Forschung. Für Fachkongresse zu Platon in den letzten Jahren sei exemplarisch auf den Bamberger Kongress zu den Pseudoplatonica (2003; vgl. Döring/Erler/Schorn 2005), auf »New Images of Plato« (2000 in Liechtenstein; vgl. Reale/Scolnicov 2002), auf »Plato ethicus« (Piacenza 2003; vgl. Migliori/Napolitano Valditara 2004), auf »Argumenta in dialogos Platonis« (Rom 2006 und 2008; vgl. Neschke-Hentschke 2010; Erle/Neschke-Hentschke 2012) sowie auf eine GANPH-Tagung zum Thema »Politischer Platonismus: Befund – Tradition – Kritik« (Erlangen/Nürnberg 2005; vgl. Eckl/Kauffmann 2008) verwiesen.

81.3 Quellen- und Forschungsliteratur

Der generelle Trend in der Quellen- und Forschungsliteratur geht einerseits zu einer vertiefenden Spezialisierung im philosophischen und philologischen Bereich, zum anderen aber auch in Richtung einer »popularisierenden« Verbreitung des *Corpus Platonicum* und seiner Übersetzungen (insbesondere in den elektronischen Medien; s. u.).

Neuere Platon-Ausgaben

Für den deutschen Sprachraum ist hier an erster Stelle das von der Mainzer Akademie der Wissenschaften unter der Leitung von Ernst Heitsch und Carl Werner Müller seit 1994 betriebene Projekt einer übersetzten Kommentierung aller platonischen Dialoge zu nennen, in dessen Rahmen bisher Kommentare zum *Phaidros* (E. Heitsch), *Philebos* (D. Frede), *Lysis* (M. Bordt), *Protagoras* (B. Manuwald), *Nomoi* (K. Schöpsdau), *Phaidon* (T. Ebert), *Theages* (K. Döring), *Kritias* (H.-G. Nesselrath), *Politikos* (F. Ricken), *Euthyphron* (M. Forschner), *Hippias Maior* (E. Heitsch), *Laches* (J. Hardy), *Minos* (J. Dalfen), *Theages* (K. Döring) und zur *Apologie* (E. Heitsch) erschienen sind. Ein vergleichbares Projekt für den französischen Sprachraum ist die von Flammarion in Paris herausgegebene Übersetzungsreihe zum *Corpus Platonicum*. Eine Neuausgabe des griechischen Textes der ›kanonischen‹ *Platonis Opera* von J. Burnet (1900–1907) wird momentan in Oxford betrieben (vgl. Duke u. a. 1995 ff.). Beachtenswert sind auch die jüngst erfolgten Neuausgaben der Platon-Papyri und der Platon-Scholien (vgl. CPF 1999 und Cufalo 2007).

Reihen und Zeitschriften

Die oben erwähnten Gesellschaften unterhalten auch einige speziell der Erforschung Platons gewidmete Reihen und Zeitschriften:

1. Die ›International Plato Society‹ publiziert seit 2001 eine Internet-Zeitschrift mit Artikeln und Rezensionen (*Plato Journal*; vgl. http://platosociety.org/plato-journal) sowie eine beim Academia-Verlag erscheinende Schriftenreihe *International Plato Studies*, die neben den Kongressakten der *Symposia Platonica* auch weitere Schriften umfasst (bis 2015 insgesamt 34 Bände veröffentlicht; vgl. http://www.academia-verlag.de/titel/serie/serie_International_Plato_Studies.htm).
2. Die ›Société d'études platoniciennes‹ veröffent-

licht bei *Les Belles Lettres* seit 2004 jährlich mit den *Études platoniciennes* eine Zeitschrift, die neben Rezensionen und einer umfangreichen Bibliographie auch jeweils mehrere Artikel zu einem ausgewählten Themenschwerpunkt umfasst (zuletzt 2014: »Platon et la psychè«).

Zu erwähnen wäre hier auch noch die Reihe *Collegium Politicum – Contributions to Classical Political Thought*, in der ein der *Politeia* gewidmeter Band erschienen ist (Lisi 2007). Im Zeitschriftensektor erscheinen v. a. in den speziell der antiken Philosophie gewidmeten Journalen regelmäßig Artikel zu Platon; exemplarisch genannt seien hier (ohne Anspruch auf Vollständigkeit): *Ancient Philosophy*; *Apeiron*; *Classical Quarterly*; *Mnemosyne*; *Oxford Studies in Ancient Philosophy*; *Phronesis*; *Philologus*; *Philosophie antique*; *La parola del passato*; *Revue de philosophie ancienne*; *Würzburger Jahrbücher für die Altertumswissenschaften*.

81.4 Hilfsmittel und elektronische Ressourcen

Ein nicht zuletzt im Blick auf die bibliographischen Verweise unverzichtbares Hilfsmittel ist der jüngst im Rahmen des neuen *Ueberweg* erschienene Band zu Platon (Erler 2007a, bes. 550–743: Bibliographie; vgl. auch die bibliographische Sammlung von McKirahan 1978) von Michael Erler, der zeitgleich auch ein handliches kleines Werklexikon für das *Corpus Platonicum* vorgelegt hat (Erler 2007b). Hilfreich sind auch einige in den letzten Jahren erschienene Prosopographien (Nails 2002), Wortkonkordanzen (Siviero 1994 ff.; Radice/Ramelli/Vimercati 2003) sowie Lexika (Brisson/Pradeau 1998; Schäfer 2007). Für die Literaturrecherche von großem Nutzen sind auch die von Luc Brisson seit 2000 jährlich vorgelegten umfassenden Bibliographien, die an seine einschlägigen Literaturberichte in den *Lustrum*-Bänden (1977, 1983, 1988, 1992, 1999, 2004) anknüpfen und die auch im Internet abrufbar sind (u. a. über die Homepage der IPS unter: http://www.platosociety.org/newbibliography.html); der über viele Universitätsserver elektronisch zugängliche »Philosopher's Index« bietet hier eine sinnvolle Ergänzung.

Ein weiterer Trend der letzten Jahre ist die vermehrte Zugänglichkeit von Texten Platons und einschlägiger Forschung über das Internet. Hier findet man etwa die »klassischen« deutschen Übertragungen von Schleiermacher, Susemihl u. a. (z. B. auf den Seiten des Gutenberg-Projekts unter http://gutenberg. spiegel.de, ebenso unter http://www.opera-platonis.de, sowie unter http://www.zeno.org/Philosophie/M/Platon. Im Rahmen des Perseus-Projekts (http://www.perseus.tufts.edu/hopper) ist das *Corpus Platonicum* auf griechisch und englisch zugänglich. Zu erwähnen ist hier auch noch der über zahlreiche Universitäts-Netzwerke verfügbare *Thesaurus Linguae Graecae* (TLG), der diverse Rechercheoptionen für den griechischen Originaltext bietet. (Eine Liste mit Links zu Online-Versionen zu Platons Werken findet sich unter http://plato-dialogues.org/links.htm).

Die Qualität der im Internet verfügbaren und regelmäßig aktualisierten Schlagwort-Artikel zu Platon ist in den letzten Jahren signifikant gestiegen: Exemplarisch erwähnt seien hier die Personenartikel in der *Internet Encyclopedia of Philosophy* (von T. Brickhouse und N. D. Smith; http://www.iep.utm.edu/p/plato.htm) sowie in der *Stanford Encyclopedia of Philosophy* (von R. Kraut; http://plato.stanford.edu/entries/plato); letztere bietet auch mehrere gehaltvolle Einzeleinträge aus wissenschaftlicher Feder (u. a. zu Platons Ethik, Ästhetik, Epistemologie, Freundschaftsbegriff und Eros-Lehre).

Literatur

Annas, Julia 1993: The Morality of Happiness. New York/Oxford.
Arietti, James A. 1991: Interpreting Plato. The Dialogues as Drama. Savane.
Barbaric, Damir (Hg.) 2005: Platon über das Gute und die Gerechtigkeit. Würzburg.
Barney, Rachel/Brennan, Tad/Brittain Charles (Hg.) 2012: Plato and the Divided Self. Cambridge.
Blondell, Ruby 2002: The Play of Character in Plato's Dialogues. Cambridge.
Blößner, Norbert 1997: Dialogform und Argument. Studien zu Platons *Politeia*. Stuttgart.
Bobonich, Christopher 2002: Plato's Utopia Recast. Oxford.
Bobonich, Christopher (Hg.) 2010: Plato's *Laws*. A Critical Guide. Cambridge.
Brickhouse, Thomas/Smith, Nicholas 2010: Socratic Moral Psychology. Cambridge.
Brisson, Luc/Calvo, Tomás (Hg.) 1997: Interpreting the »*Timaeus-Critias*«. Proceedings of the Fourth Symposium Platonicum Granada. St. Augustin.
Brisson, Luc/Pradeau, Jean-Francois (Hg.) 1998: Le vocabulaire de Platon. Paris.
Brisson, Luc/Robinson, Thomas R. (Hg.) 2001: On Plato: *Euthydemus, Lysis, Charmides*. Selected Papers from the 5th Symposium Platonicum. St. Augustin.
Brisson, Luc/Scolnicov, Samuel (Hg.) 2003: Plato's *Laws*: From Theory into Practice. Proceedings of the 6th Symposium Platonicum. St. Augustin.
Brisson, Luc/Erler, Michael (Hg.) 2007: *Gorgias – Menon*. Selected Papers from the Seventh Symposium Platonicum. St. Augustin.

Cain, Rebecca B. 2007: The Socratic Method. Plato's Use of Philosophical Drama. London.
Cooper, John M. 1999: Reason and Emotion. Essays on Ancient Moral Psychology and Ethical Theory. Princeton.
CPF 1999 = Corpus dei papiri filosofici greci e latini. Testi e lessico nei papiri di cultura greca e latina. Parte I: Autori noti. 1: I filosofi. III. Tomo I (Nicolaus Damascenus – Platonis Fragmenta. Tomo II (Platonis Testimonia – Zeno Tarsensis). Florenz.
Cufalo, Domenico (Hg.) 2007: Scholia Graeca in Platonem I: Scholia ad dialogos tetralogiarum I–VII continens. Rom.
Dillon, John/Brisson, Luc (Hg.) 2009: Plato's *Philebus*. Selected Papers from the Eighth Symposium Platonicum. Sankt Augustin.
Döring, Klaus/Erler, Michael/Schorn, Stefan 2005: Pseudoplatonica. Akten des Kongresses zu den Pseudoplatonica vom 6.–9. Juli 2003 in Bamberg. Stuttgart.
Duke, Elizabeth A. u. a. (Hg.) 1995 ff.: Platonis opera. Oxford.
Eckl, Andreas/Kauffmann, Clemens (Hg.) 2008: Politischer Platonismus. Würzburg.
Erler, Michael 2007a: Platon (Grundriss der Geschichte der Philosophie 2/2). Basel.
Erler, Michael 2007b: Kleines Werklexikon Platon. Stuttgart.
Erler, Michael/Neschke-Hentschke, Ada (Hg.) 2012: Argumenta in dialogos Platonis. Teil II: Platoninterpretation und ihre Hermeneutik vom 19. bis zum 21. Jahrhundert. Akten des internationalen Kolloquiums vom 7. bis 9. Februar 2008 im Istituto Svizzero di Roma. Basel.
Frede, Dorothea 1997: Platon, *Philebos*. Göttingen.
Frede, Michael 1992: »Plato's Arguments and the Dialogue Form«. In: James C. Klagge/Nicholas D. Smith (Hg.): Methods of Interpreting Plato and his Dialogues. Oxford, 201–219.
Geiger, Rolf 2006: Dialektische Tugenden. Untersuchungen zur Gesprächsform in den Platonischen Dialogen. Paderborn.
Gill, Christopher 1996: Personality in Greek Epic, Tragedy, and Philosophy. The Self in Dialogue. Oxford.
Gill, Christopher 2005: Virtue, Norms, and Objectivity. Issues in Ancient and Modern Ethics. Oxford.
Heitsch, Ernst/Müller, Carl Werner (Hg.) 1994 ff.: Platon Werke. Übersetzung und Kommentar. Göttingen.
Irwin, Terence H. 1995: Plato's Ethics. New York.
Janka, Markus/Schäfer, Christian (Hg.) 2002: Platon als Mythologe. Neue Interpretationen zu den Mythen in Platons Dialogen. Darmstadt.
Kahn, Charles 1996: Plato and the Socratic Dialogue. The Philosophical Use of a Literary Form. Cambridge.
Lan, Conrado Eggers (Hg.) 2001: Platón: Los Diálogos Tardíos. Actas del [First] Symposium Platonicum, Mexico. St. Augustin.
Lisi, Franciso L. (Hg.) 2007: The Ascent to the Good. St. Augustin.
Lorenz, Hendrik 2006: The Brute Within. Appetitive Desire in Plato and Aristotle. Oxford.
McKirahan, Richard D. Jr. 1978: Plato and Socrates. A Comprehensive Bibliography (1958–1973). New York.

Meinwald, Constance 2016: Plato. Oxford.
Merker, Anne 2011: Une morale pour les mortels. L'Éthique de Platon et d'Aristote. Paris.
Michelini, A. (Hg.) 2003: Plato as Author. The Rhetoric of Philosophy. Leiden.
Migliori, Maurizio/Napolitano Valditara, Linda M. (Hg.) 2004: Plato ethicus. Philosophy is Life. St. Augustin.
Nails, Debra 2002: The People of Plato. A Prosopography of Plato and other Socratics. Indianapolis.
Nehamas, Alexander 1999: Virtues of Authenticity. Essays on Plato and Socrates. Princeton.
Neschke-Hentschke, Ada (Hg.) 2010: Argumenta in dialogos Platonis. Teil I: Platoninterpretation und ihre Hermeneutik von der Antike bis zum Beginn des 19. Jahrhunderts. Akten des internationalen Symposions vom 27.–29. April 2006 im Istituto Svizzero di Roma. Basel.
Nightingale, Andrea W. 1995: Genres in Dialogue. Plato and the Construct of Philosophy. Cambridge.
Notomi, Noboru/Brisson, Luc (Hg.) 2013: Dialogues on Plato's *Politeia* (Republic). Selected Papers from the Ninth Symposium Platonicum. Sankt Augustin.
Nussbaum, Martha C./Sihvola, Juha (Hg.) 2002: The Sleep of Reason. Erotic Experience and Sexual Ethics in Ancient Greece and Rome. Chicago.
Price, Anthony W. 2011: Virtue and Reason in Plato and Aristotle. Oxford.
Radice, Roberto/Ramelli, Ilaria/Vimercati, Emmanuele 2003: Lexicon. 1. Plato. Mailand (elektronische Version auf CD-ROM hg. von Roberto Bombacigno).
Reale, Giovanni/Scolnicov, Samuel (Hg.) 2002: New Images of Plato. Dialogues on the Idea of the Good. St. Augustin.
Renaut, Olivier 2014: Platon. La Médiation des émotions. L'éducation du *thymos* dans les dialogues. Paris.
Rist, John M. 2012: Plato's Moral Realism. The Discovery of the Presupposition of Ethics. Washington.
Rossetti, Livio (Hg.) 1992: Understanding the *Phaedrus*. Proceedings of the Second Symposium Platonicum, Perugia. St. Augustin.
Rossetti, Livio (Hg.) 2004: Greek Philosophy in the New Millenium. St. Augustin.
Rowe, Christopher J. (Hg.) 1995: Reading the *Statesman*. Proceedings of the Third Symposium Platonicum, Bristol. St. Augustin.
Russell, Daniel 2005: Plato on Pleasure and the Good Life. Cambridge.
Schäfer, Christian (Hg.) 2007: Begriffswörterbuch zu Platon und der platonischen Tradition. Darmstadt.
Siviero, Mauro 1994 ff.: Concordantiae in Platonis opera. Hildesheim.
Szlezák, Thomas A. 2004: Das Bild des Dialektikers in Platons späten Dialogen. Berlin/New York.
Van Riel, Gerd 2000: Pleasure and the Good Life: Plato, Aristotle, and the Neoplatonists. Leiden.
Wagner, Ellen (Hg.) 2000: Essays on Plato's Psychology. Lanham.
Wolf, Ursula 1996: Die Suche nach dem guten Leben. Platons Frühdialoge. Reinbek.

Christoph Horn / Jörn Müller

VIII Anhang

Abkürzungsverzeichnis

Aristoteles
APo.	Zweite Analytiken
APr.	Erste Analytiken
Ath.Pol.	Staat der Athener
Cael.	De caelo
Cat.	Kategorienschrift
De an.	De anima
De int.	De interpretatione/Peri hermeneias
De philos.	De philosophia [Fragmente]
Div.somn.	De divinatione per somnia
EE	Eudemische Ethik
EN	Nikomachische Ethik
Ep.	Briefe
Frg.	Fragmente
GA	De generatione animalium
GC	De generatione et corruptione
HA	Historia animalium
IA	De incessu animalium
Insomn.	De insomniis
Iuv.	De iuventute
Long.	De longaevitate
MA	De motu animalium
Mem.	De memoria
Metaph.	Metaphysik
Meteor.	Meteorologie
MM	Magna Moralia
PA	De partibus animalium
Phys.	Physik
Poet.	Poetik
Pol.	Politik
PP	Problemata Physica
Resp.	De respiratione
Rhet.	Rhetorik
SE	De sophisticis elenchis
Sens.	De sensu
Somn.Vig.	De somno et vigilia
Top.	Topik

Aristophanes (Aristoph.)
Ach.	Acharner
Av.	Vögel (Aves)
Eccl.	Ecclesiazousen
Nu.	Wolken (Nubes)
Pax	Frieden (Pax)
Pl.	Reichtum (Plutos)
Ra.	Frösche (Ranae)
V.	Wespen (Vespae)

Aristoxenos (Aristox.)
Harm.	Harmonica
Rhythm.	Rhythmica

Augustinus (Aug.)
Civ.	De civitate Dei
Conf.	Confessiones
Contra acad.	Contra academicos
Sol.	Soliloquia
Trin.	De trinitate

Boethius (Boeth.)
Consol.	De consolatione philosophiae

Cicero (Cic.)
Acad.	Academica Posteriora I
Arch.	Pro Archia
Att.	Epistulae ad Atticum
De fin.	De finibus
De or.	De oratore
Div.	De divinatione
Fat.	De fato
Har.resp.	De haruspicum responsis
Inv.	De inventione
Leg.	De legibus
Luc.	Lucullus o. Academica priora II
Nat.deor.	De natura deorum
Off.	De officiis
Orat.	Orator
Parad.	Paradoxa Stoicorum
Rab.post.	Pro Rabirio Postumo
Rep.	De republica
Top.	Topica
Tusc.	Tusculanae disputationes

Diogenes Laertius
Diog. Laert.	Vitae philosophorum

Diels/Kranz
DK	Hermann Diels/Walther Kranz 1951/1952: Die Fragmente der Vorsokratiker. Griechisch und Deutsch. 3 Bde. Hildesheim.

Epiktet (Epict.)
Diatr.	Diatriben
Enchir.	Handbüchlein der Moral (Encheiridion)

Galen
De nat. fac.	De naturalibus facultatibus
De plac.	De placitis Hippocratis et Platonis

Herodot (Hdt.)
Historien

Hermeias
In Phdr.   In Platonis Phaedrum

Hesiod (Hes.)
Op.   Werke und Tage (Opera et dies)
Th.   Theogonie

Hippolytos
Ref.   Refutatio omnium haeresium

Homer (Hom.)
Il.   Ilias
Od.   Odyssee

Isokrates (Isoc.)
Or.   Reden (Orationes)

Kant, Immanuel
KdU   Kritik der Urteilskraft
KpV   Kritik der praktischen Vernunft
KrV   Kritik der reinen Vernunft

Laktanz (Lact.)
Inst.   Divinae institutiones

Lucian
Laps.   Pro lapsu inter salutandum

Nietzsche, Friedrich
KSA   Kritische Studienausgabe

Philodem (Philod.)
Acad. hist.   Academicorum historia
Acad. index   Academicorum index

Platon
Alc. I   Alkibiades I
Alc. II   Alkibiades II
Amat.   Anterastai/Amatores
Apol.   Apologie
Ax.   Axiochos
Charm.   Charmides
Clit.   Kleitophon
Crat.   Kratylos
Cri.   Kriton
Criti.   Kritias
Def.   Definitionen/Horoi
Demod.   Demodokos
Ep.   Briefe
Epigr.   Epigramme
Epin.   Epinomis
Erx.   Eryxias
Euthd.   Euthydemos
Euthphr.   Euthyphron
Gorg.   Gorgias
Hipparch.   Hipparchos
Hp. mai.   Hippias maior
Hp. min.   Hippias minor
Ion   Ion
Iust.   De iusto
La.   Laches
Leg.   Nomoi
Ly.   Lysis
Men.   Menon
Min.   Minos
Mx.   Menexenos
Phd.   Phaidon
Phdr.   Phaidros
Phlb.   Philebos
Plt.   Politikos
Prm.   Parmenides
Prot.   Protagoras
Rep.   Politeia
Sis.   Sisyphos
Soph.   Sophistes
Symp.   Symposion
Thg.   Theages
Tht.   Theaitetos
Tim.   Timaios
Virt.   De virtute

Plotin (Plot.)
Enn.   Enneaden

Plutarch (Plut.)
Mor.   Moralia
Them.   Themistokles

Porphyrios (Porph.)
Abst.   De abstinentia
Myst.   De mysteriis Aegyptiorum
Sent.   Sententiae
VP   De vita Pythagorica

Schleiermacher, Friedrich
KGA   Kritische Gesamtausgabe

Sextus Empiricus (Sext. Emp.)
M   Adversus mathematicos
PH   Grundzüge der Pyrrhonischen Skepsis (Pyrrhoneioi hypotyposeis)

Stobaios (Stob.)
Ecl.   Eklogen

Stoicorum Veterum Fragmenta
SVF   Hans von Arnim (Hg.) 1964: Stoicorum Veterum Fragmenta [1903 ff.]. 4 Bde. Stuttgart.

Theophrast (Theophr.)
Char.   Charaktere
HP   Historia plantarum
Metaph.   Metaphysik

Xenophon (Xen.)
An.   Anabasis
Cyr.   Institutio Cyri
Hell.   Hellenika
Mem.   Memorabilia
Oec.   Oikonomikos

Auswahlbibliographie

Jeder Beitrag des Handbuchs umfasst eine systematische Bibliographie. Wer zu einem bestimmten Themenbereich bei Platon arbeitet, sei auf sie verwiesen. Die Auswahlbibliographie führt Titel mit Einleitungs- und Überblickscharakter auf.

Annas, Julia [8]1992: An Introduction to Plato's *Republic* [1981]. Oxford.
Annas, Julia 1999: Platonic Ethics, Old and New. Ithaca/London.
Benson, Hugh H. (Hg.) 2006: A Companion to Plato (Blackwell Companions to Philosophy 36). Malden, Mass.
Bobonich, Christopher 2002: Plato's Utopia Recast: His Later Ethics and Politics. Oxford.
Bordt, Michael 2002: Platon. Freiburg i. Br.
Bormann, Karl 2003: Platon. Freiburg i. Br.
Brickhouse, Thomas C./Smith, Nicholas 1989: Socrates on Trial. Oxford.
Bröcker, Walter 1967: Platos Gespräche. Frankfurt a. M.
Cairns, Douglas/Herrmann, Fritz-Gregor/Penner, Terry (Hg.) 2007: Pursuing the Good: Ethics and Metaphysics in Plato's *Republic*. Edinburgh.
Erler, Michael 2006: Platon. München.
Erler, Michael 2007: Platon. (Grundriss der Geschichte der Philosophie. Die Philosophie der Antike. Hg. v. Hellmut Flashar. Bd. 2/2). Basel.
Ferrari, Giovanni R. F. (Hg.) 2007: The Cambridge Companion to Plato's *Republic*. Cambridge.
Fine, Gail (Hg.) 1999: Plato 1: Metaphysics and Epistemology. Oxford.
Fine, Gail (Hg.) 1999: Plato 2: Ethics, Politics, Religion, and the Soul. Oxford.
Fine, Gail (Hg.) 2008: The Oxford Handbook of Plato. Oxford.
Fröhlich, Günter 2015: Platon und die Grundfragen der Philosophie. Göttingen.
Görgemanns, Herwig 1994: Platon. Heidelberg.
Graeser, Andreas 1983: Sophistik und Sokratik, Plato und Aristoteles. München.
Griswold, Charles Jr. (Hg.) 1988: Platonic Writings/Platonic Readings. University Park, Pennsylvania.
Guthrie, William K. C. 1975: A History of Greek Philosophy. Bde. IV und V. Cambridge.
Höffe, Otfried (Hg.) [3]2011: Platon. *Politeia*. 3. bearb. Auflage (Klassiker auslegen 7). Berlin.
Horn, Christoph (Hg.) 2011: Platon. *Symposium* (Klassiker auslegen 39). Berlin.
Horn, Christoph (Hg.) 2013: Platon. *Gesetze/Nomoi* (Klassiker auslegen 55). Berlin.
Irwin, Terence 1995: Plato's Ethics. New York.
Kahn, Charles 1996: Plato and the Socratic Dialogue: The Philosophical Use of a Literary Form. Cambridge.
Krämer, Hans Joachim [2]1967: Arete bei Platon und Aristoteles. Zum Wesen und zur Geschichte der platonischen Ontologie [1959]. Heidelberg.
Kraut, Richard (Hg.) 1992: The Cambridge Companion to Plato. Cambridge.
Kutschera, Franz von 2002: Platons Philosophie. 3 Bde. Paderborn.
McCabe, Mary M. 1994: Plato's Individuals. Princeton.
Moravcsik, Julius 1992: Plato and Platonism. Cambridge, Mass.
Müller, Jörn (Hg.) 2011: Platon: *Phaidon* (Klassiker auslegen 44). Berlin.
Nails, Debra 2002: The People of Plato: A Prosopography of Plato and Other Socratics. Indianapolis.
Neschke-Hentschke, Ada 1995: Platonisme politique et théorie du droit naturel. Bd. 1. Louvain/Paris.
Pleger, Wolfgang H. 2009: Platon. Darmstadt.
Rowe, Christopher/Schofield, Malcolm (Hg.) 2000: The Cambridge History of Greek and Roman Political Thought. Cambridge.
Schäfer, Christian (Hg.) 2007: Platon-Lexikon. Begriffswörterbuch zu Platon und der platonischen Tradition. Darmstadt.
Silverman, Allan 2002: The Dialectic of Essence: A Study of Plato's Metaphysics. Princeton.
Szlezák, Thomas A. 1993: Platon lesen. Stuttgart-Bad Cannstatt.
Taylor, Alfred E. 2001: Plato: The Man and his Work. London.
Vegetti, M. (Hg.) 1998 ff.: Platone, La *Repubblica*. Traduzione e commento (Bd. I: libro I; Bd. II: libro II–III; Bd. III: libro IV; Bd. IV: libro V; Bd. V: libro VI–VIII; Bd. VI: libro VIII–XI). Napoli.
Vlastos, Gregory (Hg.) 1971: Plato: A Collection of Critical Essays. Bd. I: Metaphysics and Epistemology. Bd. II: Ethics. Notredame.
Vlastos, Gregory 1973/1981: Platonic Studies. Princeton.
Vlastos, Gregory 1991: Socrates: Ironist and Moral Philosopher. Cambridge.
Vlastos, Gregory 1994: Socratic Studies. Cambridge.
Vlastos, Gregory 1995: Studies in Greek Philosophy. Bd. 2: Socrates, Plato, and their Tradition. Hg. v. Daniel W. Graham. Princeton.

White, Nicholas P. 1976: Plato on Knowledge and Reality. Indianapolis.
White, Nicholas P. 1979: A Companion to Plato's *Republic*. Oxford.

Wolf, Ursula 1996: Die Suche nach dem guten Leben: Platons Frühdialoge. Reinbek.
Zehnpfennig, Barbara ³2005: Platon zur Einführung. Hamburg.

Autorinnen und Autoren

Marcel van Ackeren, PD Dr., Dipl. Pol.-Wiss., Fellow der Kollegforschergruppe »Theoretische Grundlagen der Normenbegründung in Medizinethik und Biopolitik« an der Universität Münster (V.56 ›technê‹-Analogie).

Rüdiger Arnzen, Dr., Wissenschaftlicher Mitarbeiter am Seminar für Orientalistik und Islamwissenschaft der Ruhr-Universität Bochum (VII.73 Arabisches Mittelalter).

Hans-Ulrich Baumgarten, Prof. Dr., apl. Professor am Institut für Philosophie der Heinrich-Heine-Universität Düsseldorf (IV.26 Handlungstheorie).

Michael Bordt, Prof. Dr., Professor für Ästhetik, philosophische Anthropologie und Geschichte der Philosophie und Vorstand des Instituts für Philosophie und Leadership an der Hochschule für Philosophie der Jesuiten in München (IV.30 Theologie; V.37 Angleichung an Gott).

Klaus Döring, Prof. em. Dr., Professor für Klassische Philologie an der Otto-Friedrich-Universität Bamberg (I. Zur Biographie Platons).

Sabrina Ebbersmeyer, Prof. Dr., Associate Professor für Philosophie an der University of Copenhagen (Dänkemark) (V.47 Liebe).

Michael Erler, Prof. Dr., Professor für Klassische Philologie an der Julius-Maximilians-Universität Würzburg (III. Kontext der Philosophie Platons).

Dirk Fonfara, Dr., Wissenschaftlicher Mitarbeiter bei der Heidelberger Akademie der Wissenschaften (Karl-Jaspers-Forschungsprojekt) (IV.35 Pädagogik).

Dorothea Frede, Prof. em. Dr., Professorin für Philosophie an der Universität Hamburg (V.48 Lust).

Gabriel García Carrera, Promovend an der Rheinischen Friedrich-Wilhelms-Universität Bonn (V.54 Selbsterkenntnis).

Rolf Geiger, Dr., Wissenschaftlicher Mitarbeiter am Philosophischen Seminar der Eberhard Karls Universität Tübingen (VI. Literarische Aspekte der Schriften Platons).

Guy Guldentops, Dr., Wissenschaftlicher Mitarbeiter am Thomas-Institut der Universität zu Köln (VII.74 Lateinisches Mittelalter).

Jochem Hennigfeld, Prof. Dr., Professor für Philosophie an der Universität Koblenz-Landau (IV.33 Sprachphilosophie).

Christoph Horn, Prof. Dr., Professor für Philosophie an der Rheinischen Friedrich-Wilhelms-Universität Bonn (IV.25 Moralphilosophie; IV.27 Politische Philosophie; V.58 Tugend; VII.81 Aktuelle Forschungstendenzen).

Georgi Kapriev, Prof. Dr., Professor für Philosophie an der St. Kliment-Ohridsky-Universität Sofia, Bulgarien (VII.72 Byzanz).

Hyun Kang Kim, Prof. Dr., Professorin für Designtheorie und Ästhetik an der Hochschule Düsseldorf (VII.79 Die Platon-Rezeption bei Friedrich Nietzsche und in der französischen Gegenwartsphilosophie).

Thomas Leinkauf, Prof. Dr., Professor für Philosophie an der Westfälischen Wilhelms-Universität Münster; Direktor der Leibniz-Forschungsstelle in Münster (VII.75 Marsilio Ficino und die Renaissance; VII.76 Die Cambridge Platonists; VII.77 Deutsche Klassik und deutscher Idealismus/Platon-Philologie im 19. Jahrhundert).

Karl-Heinz Lembeck, Prof. Dr., Professor für Philosophie der Julius-Maximilians-Universität Würzburg (VII.78 Neukantianismus, Phänomenologie und Hermeneutik).

Bernd Manuwald, Prof. em. Dr., Professor für Klassische Philologie (Gräzistik) an der Universität zu Köln (V.51 Philosophie; V.60 Wiedererinnerung/Anamnesis).

Walter Mesch, Prof. Dr., Professor für Philosophie an der Westfälischen Wilhelms-Universität Münster (IV.31 Kosmologie; IV.32 Naturphilosophie; IV.36 Theorie der Geschichte; V.41 Einheit).

Jörn Müller, Prof. Dr., Professor für antike und mittelalterliche Philosophie an der Julius-Maximilians-Universität Würzburg (IV.24 Psychologie; IV.29

Anthropologie; V.40 Dualismus (Leib-Seele-Relation); V.53 Seelenwanderung; VII.79 Die Platon-Rezeption bei Friedrich Nietzsche und in der französischen Gegenwartsphilosophie; VII.81 Aktuelle Forschungstendenzen).

Matthias Perkams, Prof. Dr., Professor für Philosophie mit dem Schwerpunkt antike und mittelalterliche Philosophie am Institut für Philosophie der Friedrich-Schiller-Universität Jena (VII.70 Spätantike II: späterer Neuplatonismus).

Rudolf Rehn, Prof. em. Dr., Professor für Philosophie an der Hochschule Vechta (V.55 Sonnen-, Linien- und Höhlengleichnis).

Friedo Ricken, Prof. em. Dr. Dr., Professor für Philosophie an der Hochschule für Philosophie der Jesuiten in München (V.42 Freundschaft; VII.66 Die ältere Akademie und Aristoteles; VII.67 Die skeptische Akademie).

Christian Schäfer, Prof. Dr., Professor für Philosophie an der Universität Bamberg (V.49 Mythos/Mythenkritik).

Klaus Schöpsdau (†), Prof. Dr., war Professor für Klassische Philologie an der Universität des Saarlandes (IV.28 Theorie des Rechts).

Anna Schriefl, Dr., Wissenschaftliche Mitarbeiterin am Institut für Philosophie der Rheinischen Friedrich-Wilhelms-Universität Bonn (V.44 Glück).

Joachim Söder, Prof. Dr., Professor für Philosophie an der Katholischen Hochschule Nordrhein-Westfalen in Aachen (II. Zu Platons Werken).

Niko Strobach, Prof. Dr., Professor für Philosophie an der Westfälischen Wilhelms-Universität Münster (IV.21 Logik und Methodologie; V.38 Aporie; V.39 Dialektik/Dihairesis).

Benedikt Strobel, Prof. Dr., Professor für Philosophie der Antike im Fachbereich I der Universität Trier (IV.23 Ontologie; V.45 Idee/Ideenkritik/Dritter Mensch; V.50 Ontologischer Komparativ; V.57 Transzendenz; V.62 Zwei-Welten-Theorie; VII.80 Analytische Platon-Rezeption).

Jan Szaif, Prof. Dr., Professor am Department of Philosophy der University of California Davis (IV.22 Epistemologie; V.59 Wahrheit; V.61 Wissen – Meinen).

Christian Tornau, Prof. Dr., Professor für Klassische Philologie an der Julius-Maximilians-Universität Würzburg (VII.68 Der Mittelplatonismus; VII.69 Spätantike I: früherer Neuplatonismus; VII.71 Kirchenväter).

Simon Weber, Dr., Wissenschaftlicher Mitarbeiter am Institut für Philosophie der Rheinischen Friedrich-Wilhelms-Universität Bonn (V.43 Gerechtigkeit).

Hartmut Westermann, Dr., Wissenschaftlicher Mitarbeiter am Seminar für Katholische Theologie an der Freien Universität Berlin (IV.34 Ästhetik; V.46 Ironie; V.52 Schönes/Schönheit).

Personenregister

A
Abaelard, Petrus 460
Abarbanel, Jehuda 474
Abū Bakr al-Rāzī 454–455
Achill 40, 56
Ackrill, John 106, 110–111, 264–265, 536
Adeimantos 2, 52, 68, 163, 176, 283, 376, 378, 384
Admet 279
Aelian 6
Agathon 54, 56, 307–308, 328
Ainesidemos 408–409
Aischines 67–68, 85
Aischylos 13, 65, 342, 378
Akademos/Hekademos 4
Alamanno di Marchiadonne Donati 473
Albertus Magnus 461–462
Albinos 414–415, 418, 443
al-Bīrūnīs 454
al-ᶜĀmirī 452–455
Alcuin 459
al-Daylamī 455
Alexamenos aus Teos 16
Alexander der Große 10
Alexander von Aphrodisias 469
al-Fārābī 453–455
al-Isfizārī 454
Alkestis 56, 279
Alkibiades 9, 33, 55, 57, 68, 84, 303–304, 308–309, 380, 453
al-Kindī 454
Alkinoos 367, 414–417, 466–467
Alkmaion von Kroton 150, 284
Allais, Delys Varirasse D' 494
al-Suhrawardī 456–457
Ambrosius Flandrinus 473
Ambrosius von Mailand 442, 459
Ammonios Sakkas 422, 448, 454
Amphion 69
Amyklas 83
Anaxagoras 2, 15, 64, 79–80, 172, 224, 391, 423, 501
Anaximander 15, 287
Anaximenes von Lampsakos 303
Anaximenes von Milet 15
Annas, Julia 22, 113, 291, 293, 541

Annikeris 4
Anonymus Taurinensis 427, 433
Anselm von Canterbury 376, 460
Antigonos von Karystos 20, 408
Antiochos von Askalon 403, 407, 411–412, 414
Antiphon 2, 47, 87–88
Antisthenes 15, 67–68, 85, 208
Anytos 45, 88
Aphrodite 56, 307, 322
Apollodoros 17, 56, 85
Apollon 2, 9, 14, 17–18, 46, 48, 119, 161, 208, 336
Apostolios, Michael 451
Apuleius, Lucius 14, 17, 459, 462
d'Aragona, Tullia 475
Archelaos 15, 79, 283
Archytas 4–5, 36, 73, 96
Arendt, Hannah 185
Arethas von Kaisareia 448
Aristippos 15, 67, 85
Aristobulos 435
Aristodemos 56
Aristogeiton 39
Aristokles 2, 16
Ariston 2, 18
Aristophanes 13, 20, 23, 56, 70, 81–82, 94, 101, 303, 305, 308, 317, 336, 453, 496
Aristophanes von Byzanz 20
Aristos 412–413
Aristoteles 2, 5, 7–8, 14, 16, 21, 25, 31, 64–67, 70, 72–73, 77–78, 81, 83–84, 86, 106, 108–111, 114, 118, 140, 145, 151–152, 156–158, 160, 164, 170, 181, 185, 191, 203, 206, 221, 223, 227, 229, 234, 244, 264, 266–268, 270, 281, 288, 290, 298, 305, 307, 323, 350–351, 368, 374, 376–379, 381–383, 390, 394, 400, 402–406, 410, 412–413, 416, 419, 423, 426, 430–433, 440, 446, 448, 450–452, 454–455, 461–463, 473–474, 480, 485, 498–499, 501, 504–507, 518–522, 536, 540–541
Aristoxenos von Tarent 7, 15, 83, 350
Arkesilaos 20, 407–408, 410
Arminius 479

Armstrong, David M. 534
Arnim, Hans von 25
Arnobius d. Ä. 443
Asklepiades 100
Asklepios 18, 453, 472
Aspasia 44, 384
Ast, Friedrich 500, 510
Athenagoras 436
Athenaios 6, 16, 401
Athene 11, 13, 42
Attikos 414–415, 419
Augustinus 190, 376, 379, 394, 411, 427, 436, 443, 459, 461–463, 466–470
Aulus Gellius 16
Averroes 454–456, 462, 469
Avicenna 456, 459
Axiothea 6
Ayer, Alfred J. 533

B
Bacon, Francis 472, 477–478
Baltes, Matthias 367
Barlaam von Kalabrien 447, 450
Barnes, Jonathan 412
Basileios 441
Bate, Henricus 461, 463
Bayle, Pierre 486
Bekker, Immanuel 22, 510
Bembo, Pietro 474
Benedetto Colucci da Pistoia 473
Beni, Paolo 472
Berkeley, George 486, 492
Bernardus Silvestris 460
Bernhard von Chartres 460
Bernhard von Clairvaux 459
Berthold von Moosburg 462
Bessarion, Basilius 451, 463, 466
Betussi, Giuseppe 475
Beversluis, John 381
Bias von Priene 77
Bieri, Peter 538
Blass, Friedrich 25
Blemmydes, Nikephoros 449
Blondell, Ruby 541
Bochenski, Joseph M. 106
Boeckh, August 510
Boethius 459–461, 463, 466, 469, 484
Böhme, Gernot 106, 264

Bondì, Robert 486
Bordt, Michael 206, 211, 280
Boscagli, Cosimo 474
Bostock, David 538
Boyle, Robert 483–484, 486
Bramhall, John 483
Brandwood, Leonard 21, 25–26, 29
Brisson, Luc 510, 543
Brittain, Charles 411
Brochard, Victor 215
Brown, Lesley 145, 322, 537
Brucker, Johann Jakob 488, 491–493
Bruni, Leonardo 310, 463, 466
Bruno, Giordano 472, 477–479, 489, 496, 503
Bryson aus Herakleia 15
Bubner, Rüdiger 235
Buhle, Johann Gottlieb 488
Bukhtīshūcs 454
Burdach, Friedrich 486
Buridan, Johannes 462
Burnet, John 22
Burnyeat, Myles 208, 510, 538
Büttner, Stefan 244

C

Caelius Aurelianus 73
Calcidius 442, 460–463
Campanella, Tommaso 472, 485
Campbel, Lewis 24
Cardano, Girolamo 479–480
Carnap, Rudolf 534
Carone, Gabriela R. 270
Carus, Carl Gustav 486
Casaubon, Isaac 477
Cassirer, Ernst 477, 480, 483, 491
Chalcidius 174
Champier, Symphorien 473
Charmadas 407, 411
Charmides 3, 36–37, 54, 68, 93
Charpentier, Jaques 473
Cherbury, Herbert von 478
Cherniss, Harold 32, 400, 402, 510
Chisholm, Roderick 538
Chroust, Anton-Hermann 21
Chrysipp 409
Chumnos, Nikephoros 449–450
Cicero, M. Tullius 15, 84, 86, 190, 376, 391, 394, 403–404, 407–408, 410–413, 442, 444, 459–460, 462, 494
Claudius Aelianus 16
Clemens Alexandrinus 84, 467
Cohen, Hermann 491, 515
Cohen, Marc 299
Colet, John 477–479
Conway, Anne 480
Cooper, John M. 30, 541
Corlett, J. Angelo 30
Cornford, Francis M. 109–110, 215

Corsi, Giovanni 473
Cortona, Carlo Tommasi da 474
Coseriu, Eugenio 235
Cosimo il Vecchio 466
Cousin, Victor 490
Crassus, Lucius Licinius 410
Creuzer, Friedrich 490
Crispos, G. B. 473
Cudworth, Ralph 468, 477–478, 480, 482–486, 488
Culverwell, Nathaniel 478–480
Cusanus, Nicolaus 430, 462, 470–472

D

Daidalos 45
Damascenus, Johannes 447
Damaskios 430, 433
Damon 14
Dancy, Russel M. 538
Dante Alighieri 467
Davidson, Donald 158
da Vinci, Leonardo 474
Decembrio, Angelo Camillo 466
Deleuze, Gilles 526, 529–532
Demodokos 57
Demokrit 65, 79, 83, 163, 231, 410
Derbolav, Josef 235
Derrida, Jacques 526–529
Descartes, René 155, 196–197, 204, 269, 475, 477, 480–481, 483–484, 491, 515
Devereux, Daniel T. 348
Diacceto, Francesco Cattani da 473–475
Diès, Auguste 210
Dietrich von Freiberg 462
Dikaiarch aus Messene 14, 16
Dike 73
Dillon, John 400–401, 413
Dilthey, Wilhelm 515
Diogenes Laertios 5, 17–18, 20–22, 376, 400–401, 403, 407–409
Diogenes von Apollonia 200
Diogenes von Sinope 16, 199
Dion von Syrakus 4–5, 22, 35–36, 175, 413
Dionyodoros 38
Dionysios aus Athen 33
Dionysios I. von Syrakus 4, 175
Dionysios II. von Syrakus 4–5, 35–36
Dionysius der Kartäuser 460, 463
Dionysodoros 37, 89, 379
Dionysos 13, 46
Diopeithes 79
Diotima 57, 73–74, 77, 82, 91, 308, 310, 313, 328, 347, 384, 442, 496
Dittenberger, Wilhelm 25
Dodds, Eric R. 95
Dover, Kenneth J. 26
Dretske, Fred 538

Dropides 2
Droz, Geneviève 316, 318–319

E

Eberhard, Johann August 500
Ebert, Theodor 107, 115, 380
Ebreo, Leone 474, 489
Echekrates 48, 64, 72
Eckl, Andreas 235
Egidio da Viterbo 473
Eileithyia 329
eleatischer Fremder 541
Empedokles 64, 73–74, 78–79, 81–82, 284, 331–332, 423, 452
Enders, Markus 210
Ephialtes 87
Epigenes 85
Epikrates 6, 391
Epiktet 431
Epikur 164, 231, 410, 446, 494
Equicola, Mario 474–475
Erasmus von Rotterdam 477
Erastos 35
Er (Er-Mythos) 288
Eriugena, Johannes Scotus 460, 466, 469, 489
Erler, Michael 543
Eros 50, 56, 67, 308–309, 326, 328, 330
Eryximachos 56–57, 308
Euandros 409
Eudoros 411–412, 414
Eudoxos 7, 16, 164, 405
Eukleides 391
Euklid von Alexandria 4, 97
Euklid von Megara 4, 57, 67
Euphraios 35
Eupolis 69, 88, 306
Euripides 13, 64–65, 69, 77, 84–85, 342
Eusebios 439, 441, 443
Eustratios 459, 462
Euthydemos 37–38, 89, 374, 389
Euthyphron 38

F

Fakhr al-Dīn al-Rāzī 456
Favorin aus Arelate 16
Felix, Marcus Minucius 459
Ferber, Rafael 32
Fichte, Johann Gottlieb 495, 497, 499, 502–504, 507, 509–510
Ficino, Marsilio 22, 310, 466–467, 469, 471, 473–474, 477–480, 482, 484–485, 489–490
Fine, Gail 348–349, 367, 369, 537
Fischer, John 479
Fischer, Kuno 490
Flückiger, Felix 190
Fludd, Robert 472, 478
Foucault, Michel 336, 541

Fox-Morzillo, Sebastian 473
Francesco Nesi, Giovanni di 473
Franz I. 473
Franz, Michael 502
Frede, Dorothea 108, 265–266, 541
Frede, Michael 111, 263, 534
Frege, Gottlob 111, 235
Freud, Sigmund 158, 307
Frigillanus, Mattheus 473
Frommann, Carl Friedrich Ernst 500

G

Gadamer, Hans-Georg 504, 516, 520–521
Gaios 414
Gaiser, Konrad 31, 235, 510
Galen 453–455
Galileo Galilei 472, 475, 477
Garin, Eugenio 475
Garve, Christian 494
Gassendi, Pierre 477–478, 484
Geach, Peter T. 534, 536
Geiger, Rolf 541
Gellius, Aulus 459
Gemma, Cornelius 472
Georgios Akropolites 449
Georgios Pachymeres 449
Georgios Trapezontios 451, 463
Gerson, Lloyd P. 203, 210
Gettier, Edmund 538
Gigon, Olof 408
Gill, Christopher 248, 265, 541
Giotto di Bondone 467
Glanville, Joseph 486
Glaukon 2, 7, 51, 68, 163, 176, 283, 293, 322, 376, 378, 384
Glaukos 151
Glucker, John 409, 413
Goethe, Johann Wolfgang von 320, 489
Goldschmidt, Victor 207
Gonzalez, Francisco 322
Gorgias 38–40, 81, 87, 90, 96, 242, 378
Görland, Alfred 517
Görler, Waldemar 409
Graeser, Andreas 157
Gregor von Nazianz 441
Gregor von Nyssa 436–437, 441, 460
Gregoras, Nikephoros 446, 450
Groag, Emil 157
Grosseteste, Robert 459
Grynaeus, Simon 22
Gundert, Hermann 394
Gutas, Dimitri 454
Guthrie, William K.C. 281
Gyges 52, 283–284, 316

H

Hackforth, Reginald 215–216, 267
Hadot, Pierre 427, 430, 541
Halfwassen, Jens 367
Halliwell, Stephen 318
Hamann, Johann Georg 488
Hankins, James 473
Harman, Gilbert 538
Harmodios 39
Harnack, Adolf von 436
Harringtons, James 494
Hartmann, Nicolai 162
Hegel, Georg Friedrich Wilhelm 211, 489–490, 495–496, 501, 503–508, 520
Hegesandros aus Delphi 17
Hegesinos 409
Heidegger, Martin 185, 517–522, 540
Heimsoeth, Heinz 491
Heinaman, Robert 537
Heindorf, Ludwig Friedrich 502
Heinrich von Gent 461
Heitsch, Ernst 26, 510, 542
Helena 322–323, 356
Helmont, Johan Baptista van 485
Hemsterhuis, Frans 488, 496–497
Henricus Aristippus 461, 463
Henry, Paul 467
Hephaistos 42
Hera 66
Herakleides Pontikos 7, 326
Herakles 69
Heraklit 2, 40, 64–65, 74, 77–78, 81, 201, 231, 243, 284, 287, 336, 379, 423, 453, 499, 501, 509
Herbart, Johann Friedrich 510
Herder, Johann Gottfried 486, 490
Hermann von Carinthia 460
Hermann, Karl Friedrich 26, 28, 510
Hermeias von Atarneus 35
Hermes 54, 472
Hermes Trismegistos 478
Hermias Alexandrinus 150, 402, 467
Hermippos aus Smyrna 15
Hermodor aus Syrakus 14
Hermogenes 41, 85, 232–234
Hermokrates 58
Herodikos aus Selimbria 100
Herodot 181, 252, 255, 316–317, 385
Herz, Henriette 500
Hesiod 77, 84, 94, 98, 207, 246, 318
Heymericus de Campo 462
Hieronymus 442, 459
Hipparchos 39
Hippias von Elis 40, 54–55, 65, 90, 232, 344, 379, 381
Hippodamos von Milet 191
Hippokrates 54
Hippokrates von Chios 453

Hippokrates von Kos 100, 325, 474
Hippolytos von Rom 443
Hippothales 43
Hirschberger, Johannes 162
Hirzel, Rudolf 378, 394
Hobbes, Thomas 190, 199, 477, 481, 483–485
Hoepfner, Wolfram 6
Höffe, Otfried 287
Hölderlin, Friedrich 489, 495–497, 504–505
Holzhey, Helmut 513
Homer 40, 66, 68, 77, 81, 84, 86, 93, 207, 240–241, 244, 246, 278, 318
Hopper, Marcus 22
Horn, Christoph 323
Horneffer, Ernst 514
Huet, Pierre Daniel 491
Humboldt, Wilhelm von 237
Husserl, Edmund 517, 522

I

Iamblichos von Chalkis 401, 416, 421–422, 427, 430, 435, 448, 450, 466–467, 473
Ibn Bukhtīshū 454
Ibn ᶜArabī 456
Ibn Dāyas 454
Ibn Miskawayh 455
Ion von Ephesos 40–41, 240–241
Irwin, Terence H. 163, 283–284, 292–293
Isaak von Stella 460
Isnardi-Parente, Margherita 510
Isokrates 5, 50, 65–66, 90–91, 255, 342
Italos, Johannes 447–448
Iustinos Martyr 435–437, 443

J

Jachmann, Günther 20
Jackson, Thomas 478
Jacob, Alexander 486
Jacobi, Friedrich Heinrich 486, 489–490, 495, 497, 500–502, 504, 507
Jaeger, Werner 210
Janell, Walther (Gualtherus) 25
Jeremia 444
Jesus Christus 252, 495
Johannes (Evangelist) 495
Johannes von Salisbury, 460
Johannes von Skythopolis 447
Johnson, William Ernst 108
Josephos 435
Justinian 430

K

Kahn, Charles H. 28–29, 142, 280–281, 322, 361, 537, 541
Kallias 54

Kallikles 39, 70, 88, 93, 112, 126, 163, 282, 287, 303, 378, 386
Kallippos 5
Kamariotes, Matthaios 451
Kant, Immanuel 162, 201, 478, 486, 489–491, 493–494, 496–497, 500–502, 504, 506–507, 509, 514
Karneades 408–411
Kastor 408
Kebes 8, 48–49, 65, 74, 80, 85, 378
Kelsen, Hans 190
Kelsos 435, 439
Kephalos 11, 47, 51, 374–375, 378
Kepler, Johannes 472
Ketchum, Richard J. 324
Kierkegaard, Sören 303
Kircher, Athanasius 477
Klagge, James 30
Klearchos aus Soloi 14
Kleinias 37, 45, 47, 83, 181, 212, 388
Kleito 42
Kleitomachos 407, 411
Kleitophon 41
Klemens von Alexandria 434, 437–439, 441
Kleombrotos 85
Kodros 2
Köhnke, Klaus-Christian 513–514
Kopernikus, Nikolaus 71
Korax 90
Koriskos 35
Krämer, Hans 31–32, 400, 510
Krantor 407
Krates 407, 411
Kratylos 2, 41–42, 64–65, 77, 84, 232–235
Kraus, Manfred 235
Kraut, Richard 175
Kritias 2–3, 36–37, 42, 58, 68, 93, 99, 217, 255, 337, 384
Kritoboulos 85
Kriton 37–38, 42, 48, 85, 374, 454
Kroner, Richard 515
Kronos 38, 53, 207, 253–254
Ktesippos 85
Kutschera, Franz von 106, 108–109, 111–112, 264–265, 534
Kydones, Demetrios 451

L
Laches 43, 384
Laktanz 442–443
Lakydes 409
Lamachos 9
Landino, Cristoforo 466, 473
Laodamas 36
Lapini da San Giovanni, Antonio 473
Lastheneia 6
Ledger, Gerald R. 21, 25–26
Lee, Sang-In 361

Lehrer, Keith 538
Leibniz, Gottfried Wilhelm 109, 472, 483–484, 486, 488–491, 496, 515
Leon der Mathematiker 448
Lesniewski, Stanislaw 112
Lessing, Gotthold Ephraim 319
Lévinas, Emmanuel 526–529
Lisi, Francisco L. 190
Lobkowitz, Juan Caramuel y 477
Lombardus, Petrus 473
Longinos 414–415
Lorenz, Hendrik 541
Lotze, Hedwig 514
Lotze, Rudolph Hermann 514
Lovejoy, Arthur O. 206
Lucullus, Lucius 412–413
Lukian 310
Lukrez 81
Lysias 49–50, 68, 236, 378, 384, 386–387, 391, 393
Lysimachos 43, 375
Lysis 43, 280

M
Mackenzie, Mary Margaret 195
Macrobius, Ambrosius Theodosius 459–460, 462
Makrina 442
Malcolm, John 537
Malebranche, Nicolas 484
Mani 446
Manutius, Aldus 22
Markion 446
Marsyas 57
Martianus Capella 459
Martinich, Aloysius P. 533
Māshā'allāh 456
Maternus, Firmicus 459
Mates, Benson 297
Maurus, Hrabanus 460
Maximus Confessor 447, 459
Mazzoni, Jacopo 472, 474
McCabe, Mary 263
McDowell, John 262, 538
Medici, Cosimo de 466
Medici, Lorenzo de 473
Megillos 45, 47, 181
Meinwald, Constance 111, 300
Melesias 43
Meletos 34, 79, 374
Melissos 76
Menander 13, 69
Mendelssohn, Moses 488–489, 493, 495, 497, 502
Menelaos 305
Menexenos 43–44, 85, 280
Menn, Stephen 215
Menon 44–45, 261
Mersenne, Marin 478
Metochites, Theodoros 449–450

Metrodoros 411
Michael von Ephesos 459
Michelini, Ann 541
Minos 45
Mithradates 4
Mnesarchos 412
Moderatos 414, 416, 418, 424
Moerbeke, Wilhelm von 462–463
Montaigne, Michel de 472, 479
Moravcsik, Julius 112, 265–266
More, Henry 468, 477–478, 480–482, 484, 486
Moritz, Karl Philipp 488
Morus, Thomas 477–478, 494
Moses 435–437, 440
Mosheim, Johann Lorenz von 478, 483, 486, 488
Most, Glenn W. 316
Mubashshir ibn Fātik 453
Müller, Adam H. 509
Müller, Carl Werner 21, 408, 542
Müller, Johannes 486

N
Nag Hammadi 415
Nails, Debra 28, 30, 33
Natorp, Paul 491, 514–516, 520–522
Neanthes aus Kyzikos 15–16
Nehamas, Alexander 541
Nemesios von Emesa 459
Neschke-Hentschke, Ada 190
Neuffer, Christian Ludwig 496
Newton, Isaac 483, 486, 491
Nietzsche, Friedrich 283, 524–526, 528–529
Nifo 475
Nightingale, Andrea W. 541
Nikias 8–9, 43, 92, 384
Nikolaos von Methone 448
Nikomachos von Gerasa 414
Nobili, Flamino 475
Novalis 495–496
Numenios 220, 414–415, 418–419, 423, 435, 438
Nussbaum, Martha C. 293

O
Odysseus 40, 379
Oehler, Klaus 337
Olympiodoros d. J. 17, 430, 434, 448, 453
Origenes 422, 434, 437–440, 442, 447
Orpheus 56, 73, 77
Osiris 419
Ostenfeld, Erik 269
Owen, Gwilym E. L. 179, 265, 534, 537

P
Palamas 446–447, 450
Panokritos 16

Paracelsus 485
Parmenides 24, 47, 55, 64–65, 73–76, 79, 81, 83, 110, 112, 137, 143, 262, 298, 300, 322, 350, 379, 387, 390, 409, 423, 433, 469, 499, 509, 519, 536, 541
Pascal, Blaise 392
Patrizi, Francesco 472, 474–475, 477–478, 485
Paulus 478
Pausanias 13, 56, 82, 307, 310, 353
Paxson, Thomas 538
Pazzi, Alessandro de 473
Pelagius 479
Penia 57, 67, 308
Penner, Terry 280
Pépin, Jean 318
Perdikkas III. 10, 35, 283
Perikles 8, 12, 33, 54, 79, 85, 87, 95, 185, 384
Periktione 2
Phaidon 48–49, 64, 67, 72, 84, 348
Phaidros 49–50, 56, 236, 307–308, 316, 328, 388–389, 391
Pheidiades 16
Pheidias 12–13, 40
Pherekyedes 331
Philebos 50
Philipp II. 10
Philipp von Opus 7, 14, 16, 21–22, 181
Philodem aus Gadara 15–16
Philolaos 71–72, 284
Philon von Alexandria 417, 435, 438, 443
Philon von Larissa 220, 367, 407, 411
Philoponos, Johannes 432, 448, 451, 455, 459
Phoibos 18
Photios 447–448
Pico della Mirandola, Giovanni 474, 477
Pindar 209, 317, 331, 333
Piso, L. Calpurnius 16
Plautus 13
Plessing, Friedrich Victor Leberecht 489, 491
Plethon, Georgios Gemistos 450
Plotin 220, 276, 349, 367, 414–415, 417–418, 421–427, 430, **433**–435, 438, 440, 442, 444, 448–450, 457, 466, 468, 470, 472–474, 477–480, 482, 484–485, 488–490, 496, 503
Plouquet, Gottfried 486
Plutarch 12, 17, 81, 87, 221, 367, 403–404, 414–415, 419, 421, 453
Polemarchos 51, 374, 378
Polemon 4, 6, 403–404, 407–409, 412
Pollux 408
Polos 39, 96, 163, 176, 283, 374, 378, 386
Polykrates 385

Popper, Karl R. 178, 185
Poros 57, 67
Porphyrios 415, 418, 421, 424, 427, 430, 435, 437, 440, 444, 448, 451, 454, 467
Poseidon 42
Potone 5
Powicke, Frederick, J. 479
Prauss, Gerold 107
Prochoros Kydones 447
Prodikos von Keos 54, 65, 69, 87, 90, 231
Proklos 215, 414, 422, 424, 427, 430, 432–433, 447–449, 453–455, 457, 459, 462–463, 466–468, 473, 483–485, 488–490, 507
Prometheus 54, 69, 98, 316
Protagoras 11, 15, 54, 58, 68–70, 78, 87–91, 94, 98, 113, 132, 175, 182, 189, 200, 231–232, 312, 317, 357, 379, 381, 384–386, 390
Protarchos 50, 141, 172, 293, 374
Proteus 305
Psellos, Michael 446, 448–449
Ps.-Dionysius Areopagita 430, 436, 447–449, 459, 463, 466–468
Ps.-Eratosthenes 453
Ps.-Plutarch 453
Pufendorf, Samuel von 190
Puster, Rolf 381
Pyrilampes 2
Pyrrhon 408
Pythagoras 15, 64, 71–73, 77, 81, 325–326, 331, 423, 430–431, 438, 452–453, 457
Pythodoros 47

Q
Quine, Willard Van Orman 111, 536
Quintilian 303

R
Rawls, John 282
Reale, Giovanni 510
Reeve, C.D.C. 177
Reinhold, Carl Leonhard 489, 502, 507
Rickless, Samuel 301
Ritter, Constantin 25
Robin, Léon 510, 515
Robinet, André 486
Robinson, Richard 377
Robinson, Thomas M. 270
Rohdes, Erwin 514
Roloff, Dietrich 305–306
Rorty, Richard 265
Ross, William D. 110, 215
Rousseau, Jean-Jacques 496, 505
Rowe, Christopher 26, 280
Rucellai, Giovanni 473
Rucellai, Palla 473

Ruhnken, David 491
Russell, Bertrand 235, 534, 536
Russell, Daniel 294, 541
Rutherford, Richard B. 395
Ryle, Gilbert 106, 179, 265, 534

S
Sachs, David 288
Salomon 434
Santas, Gerasimos 166
Satyros aus Kallatis 15
Saunders, Trevor J. 184, 195
Saussure, Ferdinand de 235
Sayre, Kenneth M. 31, 267
Scaliger, Julius 480
Schanz, Martin 22, 25
Schefer, Christina 32
Schelling, Friedrich 486, 489–491, 495–497, 499, 501–505, 507
Schiller, Friedrich 489, 496, 505
Schironi, Francesca 21
Schlegel, Friedrich 488–490, 495, 497–500, 502–505, 507, 509
Schleiermacher, Friedrich 22, 28–29, 108, 279, 489–490, 495, 497–498, 500–501, 503–504, 509–510, 515, 543
Schlosser, Johann Georg 488, 491, 495
Scholarios, Gennadios II. 451
Schramm, Michael 267
Schulze, Gottlob Ernst 491
Schwyzer, Hans Rudolf 467
Scott, Dominic 361
Scotus, Johannes Duns 462
Scotus, Sedulius 460
Scutellius, Nicolaus 473
Sedley, David 235
Sellars, Wilfrid 534–535
Seneca, Lucius Annaeus 459
Sextus Empiricus 73, 402, 407–409, 411–412
Shaftesbury, Earl of 496
Sidney, Algernon 477
Simmias 8, 48–49, 85, 268, 348, 361, 378
Simonides 54, 68
Simplikios 73, 80, 414, 418, 431–432, 448, 451, 454, 459
Skemp, Joseph B. 267
Smith, John 478–479
Smith, Nicholas D. 367, 369
Sokrates 2–3, 5, 7–13, 15–16, 24, 27–28, 33–34, 36–45, 47–50, 52, 54, 56–58, 64, 66–74, 78–81, 84–86, 88, 90–93, 95–96, 98–99, 106–109, 113–114, 117, 119–122, 125, 131, 133, 136–138, 141, 149, 151, 153, 156–157, 161, 163, 165, 170–175, 178–179, 185, 202–203, 207–209, 211–212, 217–219, 221, 223, 226, 231–233,

235–236, 240–241, 244, 256, 258, 261–262, 268, 273, 276–281, 283–284, 286–288, 291–293, 295, 297, 299–301, 303–309, 313, 316, 318–319, 322, 325, 327–328, 330, 334, 336–337, 339, 342–343, 345, 347, 349, 351, 353, 355–356, 360–361, 369, 374–394, 404, 407–409, 415, 431, 433, 435, 441, 443, 452–455, 479, 488, 493, 499, 504, 508, 533, 538, 541
Sokrates der Jüngere 53–54
Solmsen, Friedrich 206, 212, 215
Solon 2, 42, 67–68, 94, 255, 415
Sophokles 13, 65, 69, 209
Sotion aus Alexandreia 15
Souverain, Jacques 489–490
Spalding, Georg Ludwig 502
Spenser, Edmund 477–478, 480
Speroni, Sperone 475
Speusippos 2, 5, 7, 14, 400–405, 407
Spinoza, Baruch de 477, 481, 484, 486, 490, 495, 499–500
Stalley, Richard F. 194–195
Staudacher, Peter 264
Steiner, Peter M. 157
Stemmer, Peter 162, 326
Stenzel, Julius 162, 515
Stephanos 446
Stephanus, Henricus II. 22, 490
Steuco, Agostino 473
Stolberg, Leopold 490, 495
Strauss, Leo 185
Sturm, Leonhard Christoph 486
Susemihl, Franz 543
Synesios 467
Syrian 367, 448
Szlezák, Thomas A. 29, 32, 265, 382, 510

T
Tarán, Leonardo 401
Tarrant, Harold 409, 411
Tauros 414
Taylor, Alfred E. 370
Taylor, Charles 204
Teisias aus Syrakus 90
Telekles 409
Telesio, Bernardino 478

Tennemann, Wilhelm Gottlieb 489, 498, 509
Terenz 13
Terpsion 57
Tertullian 434, 442–443, 459
Thales 15, 65–66, 77
Thamus 236, 388
Theages 57
Theaitetos 7, 23–24, 27, 53, 55–57, 97, 131, 143, 264, 380, 391
Theiler, Willy 149, 412
Themistios 459, 469
Themistokles 57, 95
Theodoros 55, 57, 375
Theodoros Gazes 451
Theodoros II. Laskaris 449
Theodoros Metochites 449–450
Theodoros Prodromos 448
Theon von Smyrna 414, 452, 467
Theophilos 436
Theophrast 31, 305, 407–408
Thesleff, Holger 30
Theuth 50, 316, 389, 392
Thierry von Chartres 460
Thomas von Aquin 190, 451, 461–462, 467–469, 471
Thomas von York 462
Thrasyllos 20, 455
Thrasymachos 51, 88, 90, 93, 283, 285, 288, 293, 303, 375, 378–379, 381
Thukydides 8, 185
Tiberius, Julius Caesar Augustus 20
Tiedemann, Dietrich 488, 490–491
Timaios 58, 71, 73, 139, 217–219, 221, 317, 370, 376, 384, 456
Timotheos 8
Typhon (Seth) 419

U
Uranos 207
Usener, Hermann 516

V
Vaihinger, Hans 514
Veneto, Francesco Giorgio 473
Verdross, Alfred 189
Vergil 460
Verino, Ugolino di Vieri 473
Verino I., Francesco de Vieri 473

Verino II., Francesco de Vieri 472–473, 475
Victorinus, Marius 436, 459
Vlastos, Gregory 26, 28, 112, 121, 265, 280, 288, 292, 296, 304, 322, 348, 352, 377, 382, 534
Voegelin, Eric 185

W
Wagner, Johann Jakob 495
Wegelin, Jakob 488
Weische, Alfons 408
Weiss, Roslyn 361
Whichcote, Benjamin 478–480
Wilamowitz-Moellendorff, Ulrich von 408, 514
Wilhelm von Conches 460
Williams, Bernard 162, 177, 284
Williams, Thomas 362
Windelband, Wilhelm 513
Windischmann, Karl Joseph Hieronymus 490, 498, 503, 509
Wittgenstein, Ludwig 107, 536
Wolf, Erik 190
Wolf, Ursula 541
Wolff, Christian 491
Wundt, Max 515

X
Xanthippe 48
Xanthos 407
Xenokrates 7, 14, 20, 400, 402–404, 407, 417
Xenophanes 77, 207–209, 243
Xenophon 25, 67, 85, 151, 170, 224, 231, 255, 351, 353, 389
Xiphilinos, Johannes 446

Y
Yeats, William Butler 486
Young, Charles M. 26, 113

Z
Zeller, Eduard 206, 209, 510
Zenon von Elea 47, 65, 76, 262, 390
Zenon von Kition 403, 408, 412
Zeus 38, 42, 45, 53–54, 56–57, 66, 208, 253

Sachregister

A
Abbild 138, 218–219, 221, 227–229, 233–234, 237–238, 242–244, 275, 300, 320, 324, 339, 341, 357–358, 450
Affekte 64, 89, 193–194, 249–250
agathon (gut, das Gute) 162, 167, 328–331, 351; s. auch Güter; s. auch Idee des Guten
aisthêsis (Wahrnehmung) 58, 140, 148, 203, 218, 240, 242–243, 274, 295, 320, 330, 339–340, 370, 402
akrasia s. Unbeherrschtheit/Willensschwäche
Analogie von Seele und Staat 52, 151, 166, 177, 262, 273, 286
anamnêsis (Wiedererinnerung) 44, 125, 269, 334, 360–361, 422, 443–444
Angleichung an Gott (*homoiôsis theô*) 161, 167, 202–204, 241, 258–259, 438, 442
Antiplatonismus 524, 526
apeiron (das Unbegrenzte) 79, 141, 330, 502
Aporie 86, 92, 260–263
Argumentieren für beide Seiten 411–412
Aristotelische Logik 448–450
Arithmetik 6, 37, 47, 53, 96, 98–99, 130, 248, 275, 460
Ästhetik 240, 242–244
Astronomie 37, 96, 98–99, 101, 126, 168, 215, 218, 225–228
Atheismus 47, 182, 199, 212, 484–485
Aufstieg (*anagôgê*) 57, 76, 128–130, 162, 200–201, 248–249, 275, 284, 313, 329, 340–341, 347, 356–357, 417, 425, 442–443, 479
Aussagesatz 110, 236, 356, 359

B
Begehrungsvermögen s. *epithymêtikon*
Begierde (*epithymia*) 151–152, 172–173, 197, 200–202, 286–287, 289, 307, 312–313, 441
Besitz/Eigentum 52, 185, 285, 292, 313
Besonnenheit (*sôphrosynê*) 34, 36, 45, 122, 246–247, 336
Bewegung
– Bewegung der Himmelskörper 59, 71, 80, 97, 168, 188, 212, 214–216, 225, 227–228, 260
– Bewegung des Kosmos 58, 147, 149, 173, 217, 220–221, 229, 253, 255, 419
– Bewegungsprinzip 147, 149–150, 155, 217, 221, 334, 483, 486
– Bewegung und Ruhe 48, 55, 108, 235, 275, 519
– Kreisbewegung 59, 214, 227, 253, 259
– Seelische Bewegung 189, 195, 197–198
Billigung (*probatio*) 408, 410

Biographismus s. entwicklungsgeschichtliche Deutung
boulêsis s. Willensbegriff
Brauchbares (*chrêsimon*)/Nützliches (*ôphelimon*) 33, 40, 162, 171, 242–243, 286, 297, 328

C
chôrismos-Problem 48, 156
Chronologie der platonischen Dialoge 23–24, 30, 33, 281, 501, 510, 516

D
daimonion 34, 50, 57, 175, 201
Definition 106–108, 111, 113, 115, 401
Delphi, Orakel von Delphi 50, 161, 336
Demiurg 59, 82–83, 139–140, 154, 201, 211, 215–216, 218–221, 225, 227–229, 254–255, 259, 275, 287, 345, 367, 403, 416–419, 422, 425, 427, 432, 507
Demokratie 87–88, 93–96, 174, 176, 181–183
deuteros plous (zweitbeste Fahrt) 49, 181
Dialektik 66, 106, 125–128, 130–131, 179–180, 248, 264–267, 339–341, 394–395, 408
Dialogform 28–29, 100, 157, 374–380, 382–383, 392–395
Dichotomie 266
Dichtung 13, 40, 54, 68–69, 84, 207–209, 240–244, 246–250, 318–319
Dihairese 265–267
dikaiosynê s. Gerechtigkeit
dionysisch 526
doxa s. Meinung
dreifache Welle (*trikymia*) 178
Dreiteilung der Seele s. Seelenteilung; s. auch *logistikon*, *thymoeides*, *epithymêtikon*
dritte Gattung (*triton genos*) 51, 139–140, 155, 229
Dritter Mensch 112, 298–299, 533–534; s. auch Selbstprädikation
Dualismus 154–155, 158, 196–197, 204, 268–271, 331, 419, 461, 499
– Anthropologischer Dualismus 201
Dyas/unbegrenzte Zweiheit 6, 96, 402

E
Edle Lüge s. politische Lüge
eidolon s. Abbild
eikasia (Vermutung) 127, 219, 340, 364
eikôn (Bild) 227, 442
Einheit der Tugenden 85, 89, 151, 176, 273, 287, 352

Einheit (*monas*) 96, 129–130, 190, 272–276, 402–403
Eintracht 278, 315
eirôneia s. Ironie
Element 37, 81, 197, 218, 220, 229, 274, 403
Elenktik 86, 91, 106, 113–114, 118, 120–121, 126, 223
enthousiasmos (göttliche Inspiration) 240–241, 480, 506
entos anthrôpos (innerer Mensch) 150, 201, 204, 287, 436, 439
Entplatonisierung 447, 461
Entwicklungsgeschichtliche Deutung der Dialoge 28–29, 203, 270, 272
epistêmê (Wissen) 57, 117–120, 123–128, 130–134, 352, 363
Epistemologie 117–124, 240, 538
epithymêtikon (appetitiver Seelenteil) 52, 150, 166, 177, 197, 202, 248, 286, 354
erfassender Eindruck (*kataléptikê phantasia*) 410–411
ergon-Argument 147, 165, 285, 343, 354
Eristik s. sophistische Eristik
Erkenne dich selbst (*gnôthi sauton*) 161, 266, 336; s. auch Selbsterkenntnis
Erkenntnis s. Epistemologie; s. auch *epistêmê* (Wissen)
erôs (Liebe) 56, 67, 201, 261, 278–279, 307–310, 326, 328, 503; s. auch Liebe
erstes Geliebtes s. *prôton philon*
Erziehung (*paideia*) 46–47, 52, 68, 98, 128, 242, 246–250, 329, 331, 338
Etymologie 233–235, 358
eudaimonia (Glück) 12, 86, 98, 120, 161, 164, 170, 217, 223–224, 258, 290–293, 351, 353, 434
Eudämonismus 164–166, 181, 290, 351
Eugenik 185–186
Ewigkeit 59, 155, 221, 228, 275, 320, 413, 448

F

Falschheit 56, 132, 314, 358–359
Feminismus 185
Fortschritt 252–255
Frauen 11, 52, 56, 59, 178, 183–185, 191, 250, 285, 308, 310, 332, 355, 404–405, 441
Freundschaft 43–44, 277–281, 307–308, 405

G

Gattung 55, 367–368
Gefühlsinnenraum 488
genus proximum 108, 199, 266
Gerechtigkeit 165, 167–168, 282–288, 293, 354
– Natürliche Gerechtigkeit (*naturalis iustitia*) 460
Gleichheit 49, 93, 178, 188, 191, 203, 362
Glück s. *eudaimonia*
Gott s. Theologie
Grenze (*peras*) 51, 72, 141, 275, 314, 502
Güter, Gütertheorie 164–165, 170, 182, 292, 351, 353, 404
gymnastikê (Gymnastik) 39, 47, 52, 98, 246–248, 250, 329, 331

H

Hebammenkunst s. *maieutikê*
Hedonismus 312, 314
Höhlengleichnis 53, 98, 128, 140, 166, 248, 321, 337–341, 347

Homologie (Zustimmung im sokratischen Gespräch) 381–382, 410–411
homo-mensura-Satz 89, 182, 200
hypothesis-Verfahren 48–49, 72, 97, 114–115

I

Idealstaat 46, 58, 95, 151, 176–177, 179, 183–184, 217, 242–244, 248, 255–256, 292–293
Idee des Guten 7, 52, 140, 165–167, 171, 272–274, 329–330, 338–341, 349–350, 367, 369, 405, 415, 425
– Rezeption 162
– Verhältnis zu Gott 208–210
– Verhältnis zum Demiurgen 220
Ideenhypothese 72, 126, 136, 153, 298, 300
Ideenlehre 29, 31–32, 52, 74, 96, 153, 206, 218, 227, 235, 284, 287, 300–301, 334, 350, 357–358, 402, 404, 448–449, 454–455, 461–462, 490–491, 496, 499, 508, 510, 516, 534–536
Identität 48, 55, 107, 109–111, 139, 210, 275, 299, 425–426, 503, 507–508
Idiopragieformel (*to heautou prattein*) 36, 177, 284–285, 354; s. auch Gerechtigkeit
Immaterialität der Ideen 425, 461
Immaterialität der Seele 212, 269, 331, 461
Immoralismus 165, 282–283, 287–288
Ironie 86, 96, 120, 262, 303–305, 463

K

kallipolis s. Idealstaat
Kardinaltugenden s. Tugend
Katastrophe 42, 254
Kategorienfehler 199, 267, 288
kognitive Sinneswahrnehmung 402
koinônia (Gemeinschaft) 111, 277
Kommunismus 178, 184–185, 285, 461
Komödie 13, 68–69, 242–243, 314
Konvention 41, 88–89, 162, 164, 234–235, 288, 354–355, 375, 441
Körper s. *sôma*
Kosmos 58, 71, 77, 79–80, 97, 155, 173, 188, 190, 201–202, 215, 217–221, 224–228, 273, 275, 287, 344–345, 367, 417–419, 431–433, 437–438, 484
Kreuzklassifikation 266
Kunstfertigkeit s. *technê*

L

Lehrtätigkeit Platons 5–6, 8
Leib-Seele-Relation 196–198, 268–271, 461
Leseordnung der platonischen Dialoge 431
Liebe 50, 258, 277, 279–280, 307–310, 385, 455, 471, 474, 496, 506; s. auch *erôs*
Liniengleichnis 53, 70, 96–97, 127–129, 339–340, 347
Logik 106–109, 111–115
logistikon (rationaler Seelenteil) 52, 150, 153, 166, 177, 200, 248, 286, 337, 354
logos 36, 41–42, 50, 58, 66, 70, 75, 91, 110, 219–220, 226, 232, 235–238, 317, 320, 428, 435, 442, 470, 485, 538
Lust (*hedonê*) 39, 46, 50–51, 171–172, 193, 291, 293, 312–315, 405

M

maieutikê (Hebammenkunst) 261, 304
Materie 31, 59, 75, 211, 218–219, 229, 259, 416–419, 422, 427, 433, 449, 485, 503
– Materialismus 212
– präexistente Materie 437, 442
Mathematik 96–97, 114, 126, 129, 140, 264
mathêmatika (mathematische Gegenstände) 140
Medizin 100, 118–119, 126
Meinung (*doxa*) 45, 58, 123–124, 127, 131, 363–366, 369
Mereologie 106, 111
meros (Teil) 112, 266
Metallmythos s. politische Lüge
Metaphysik s. Ontologie
Methodologie 113–114, 124
mimêsis (Nachahmung) 53, 240, 242–244, 319
monas s. Einheit
mousikê (Musik, geistige Bildung) 240–243, 329, 331
Mythos/Mythenkritik 316–320, 384

N

Nachahmung (*mimêsis*) 42, 53, 168, 229, 233–234, 242–243, 356
Name 110–111, 236–237
Neuplatonismus 412, 414–419, 421–422, 424–425, 427–428, 430–434, 436–437, 439–441, 443–454, 459–463, 467–468, 470–471, 478
Nicht-Sein 48, 74–75, 244, 322, 433, 536
Nichtwiderspruchssatz 109, 114
nomos (Gesetz) 88, 93, 188–189, 235, 243
nomos-physis-Problem 189, 232–233, 283
nous (Intellekt, Vernunft) 79–80, 202, 207, 215–216, 224, 241, 337, 402, 484, 491

O

Ontologie 74–75, 135–136, 138–139, 141–144, 401–402
Ontologischer Komparativ 321–324
Ordnung (*kosmos, taxis*) 59, 155, 168, 188, 224–225
ousia 107, 137–138, 144, 232–233, 349–350

P

paideia s. Erziehung
paidia (Spiel, Scherz) 303, 391–392
peras (Grenze) 141, 330, 502
periagôgê (Umwendung) 98, 128, 248
philia s. Freundschaft
Philosophenkönigtum 52–53, 175, 178, 313
phylakes s. Wächter
pistis (Glauben, Meinung, Überzeugung) 127, 219, 243, 340, 365
pithanos (glaubhaft) 410
plastick nature 484–485
platonische Anonymität 375–376, 393
Platons Garten und Haus 5–6
poiêtikê s. Dichtung
politische Lüge 177, 203, 246, 356
prepon (das Schickliche) 40, 162, 328
prôton philon (erstes Geliebtes) 44, 167, 280, 405
psychê s. Psychologie, Seelenteilung, Weltseele
Psychologie 147–149, 151–152, 154–158, 196

Q

Quantoren/Quantität 107–109

R

rationaler Seelenteil s. *logistikon*
Raum (*chôra*) 31, 220, 229, 324
Relativismus 112
Religion 66, 206–209, 415
Rhetorik 38, 50, 90–91, 93, 219, 264, 384–385, 388, 406
Ring des Gyges 52, 283–284

S

Schickliches s. *prepon*
Schönes/Schönheit 38, 56–57, 240, 308, 328–331, 496
Schriftkritik 71, 91, 237, 387–391, 393–395
Seele s. Psychologie, Seelenteilung, Seelenwanderung, Weltseele
Seelenteilung 150–152, 177, 197, 286, 315, 354, 455; s. auch *logistikon*, *thymoeides*, *epithymêtikon*
Seelenwanderung 331–335
Seinsbegriff im Sophistes 143–144
Selbstbewegung 122, 149, 173, 213, 225, 253
Selbsterkenntnis 149, 161, 336–337
Selbstprädikation 112, 210, 296–297, 299, 301, 323, 535
Semantik 110–111
Skeptiker, Skeptizismus 119, 237–238, 407, 409, 411–412, 415, 482
skopos (zentraler Gedanke eines Dialogs) 428, 431–432
Sokratische Paradoxa 170, 344, 352
Sokratischer/moralischer Intellektualismus 85–86, 151, 160, 170, 175, 352
Sokratisches Nichtwissen 34, 109, 113, 119–122, 223, 261, 304, 309, 380, 408
sôma (Körper) 149, 196–198, 202, 273
sôma-sêma-Vergleich 197, 268
Sonnengleichnis 329, 339, 349
Sophistik 11–12, 54, 87–90, 161, 163, 254, 263–264, 267, 282–283, 303, 342, 344, 501, 536–537
sophistische Ethik 165, 172, 200, 255, 282–283, 286, 351
sophistische Fehlschlüsse 108–109
sophistische Ironie 304–305
sophistischer *technê*-Begriff 342, 356
sophistischer Wissensbegriff 120, 358
sophistische Streitkunst/Eristik 38, 89, 92
Sorge um die Seele (*epimeleia tês psychês*) 41, 149, 154, 157, 161, 175, 246, 441
– Sorge um sich selbst (*epimeleia heautou*) 336
Sprache 89, 231–238, 242, 340, 359, 521
Sterben-Lernen 48, 149, 154, 161, 201, 258, 271
Strafrecht, Straftheorie 192, 194–195
Suffizienzthese/These von der Tugend als hinreichende Glücksbedingung 161, 165, 283, 291–293, 404
synagôgê (Versammlung, engl. *collection*) 266

T

technê (Kunstfertigkeit, Fertigkeit) 98, 342, 390
Teilhabe (*methexis*) 48, 72, 136–137, 166, 208, 210, 269–270, 275–276, 288, 295–296, 300, 328, 349, 357, 402, 425, 521, 535–536
Teleologie 59, 166–167, 200, 227

Theologie 47, 206–215, 416–417, 424
- Vereinbarkeit mit christlicher Theologie 448–449, 460–461
thymoeides (muthafter Seelenteil) 52, 59, 150–151, 173, 177, 247–248, 286, 354
Timokratie 178
Tod 34, 48–49, 139, 147, 197–198, 224, 247, 258, 331–334
to heautou prattein s. Idiopragieformel
Totalitarismus 184–185
tragisches Zeitalter 524, 526
Tragödie 13, 64, 67–69, 241–243, 250, 387, 406
Transzendenz 347–349
- Geisttranszendenz 417, 422, 425, 440
- Seinstranszendenz des Guten 273, 340, 415
- Transzendenz der Ideen 156, 228, 368, 413
- Transzendenz Gottes 437, 439
trikymia (dreifache Welle) 178
Tugend (*aretê*) 44, 55, 165–166, 292, 342–343, 345, 351–354, 426
- Erziehung zur Tugend 246–250
- Kardinaltugenden 45, 149, 151, 182, 278, 282, 351
- politische Tugend (*aretê politikê*) 99, 174–175
Tyrann 46, 50, 165, 173, 175–179, 181–182, 278, 282, 286–287, 293, 313

U
Umwendung s. *periagôgê*
Unbeherrschtheit/Willensschwäche (*akrasia*) 85, 151, 158, 170, 273

Unfreiwillig Unrecht tun, Unfreiwilligkeitsthese 47, 55, 170, 193, 344
ungeschriebene Lehre 31, 237, 400, 509, 515
Unitarismus 28–30, 157
Universalien 138, 296, 368, 533–535
Unsterblichkeit 49, 107, 139, 152–153, 156, 197, 200, 224, 258, 268, 331–332, 334, 360, 436–437
Urteilsenthaltung (*epochê*) 407–408

V
Verfall der Verfassung (*metabolê politeiôn*) 178
Verhältnismäßigkeit (*symmetria*) 330–331
Vermutung s. *eikasia*
Vorlesung »Über das Gute« 7, 129

W
Wächter 52, 177–178, 185, 247, 285
Wahrnehmung s. *aisthêsis*
Weltseele 59, 101, 139–140, 150–151, 154, 157, 213, 215, 217, 219–221, 225, 228–229, 259, 419, 423, 437
Willensbegriff (*boulêsis*) 164, 173, 410, 437–438, 494, 503
Wissen s. *epistêmê*

Z
Zeit 221, 227–228, 275, 347, 368, 432
Zustimmung im sokratischen Gespräch 410–411
Zustimmung (*synkatathesis, assensio*) 381
Zwei-Welten-Theorie 358–359, 367–370, 455

MIX
Papier aus verantwortungsvollen Quellen
Paper from responsible sources
FSC® C105338

If you have any concerns about our products,
you can contact us on
ProductSafety@springernature.com

In case Publisher is established outside the EU,
the EU authorized representative is:
**Springer Nature Customer Service Center GmbH
Europaplatz 3, 69115 Heidelberg, Germany**

Printed by Libri Plureos GmbH
in Hamburg, Germany